Heinz Möhlmeier, Günter Nath, Dr. Günter Wierichs, Gregor Wurm

Allgemeine Wirtschaftslehre

für steuer- und wirtschaftsberatende Berufe

9. Auflage

Bestellnummer 6772

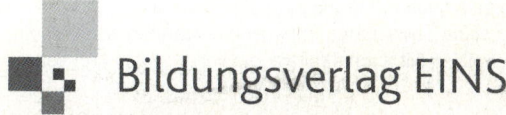

Haben Sie Anregungen oder Kritikpunkte zu diesem Produkt?
Dann senden Sie eine E-Mail an 6772_009@bv-1.de
Autoren und Verlag freuen sich auf Ihre Rückmeldung.

www.bildungsverlag1.de

Bildungsverlag EINS GmbH
Sieglarer Straße 2, 53842 Troisdorf

ISBN 978-3-8237-**6772**-5

Inhaltsverzeichnis

1	**Rechtliche und soziale Rahmenbedingungen menschlicher Arbeit im Betrieb**

2   Grundlagen des Wirtschaftens

3   Rechtliche Rahmenbedingungen des Wirtschaftens

4 Zahlungsverkehr

5 Grundzüge des Handelsrechts

6 Unternehmensformen

7 Finanzkrisen und Auflösung der Unternehmung

8   Investition und Finanzierung

9   Grundzüge der Wirtschaftsordnung und Wirtschaftspolitik

1 Rechtliche und soziale Rahmenbedingungen menschlicher Arbeit im Betrieb

1.1 Wandel der Arbeitsbedingungen

1.1.1 Entwicklung der Arbeitswelt

Im Verlauf seiner Entwicklung hat der Mensch stets versucht, seine Arbeit durch technische Hilfsmittel und organisatorische Maßnahmen produktiver zu gestalten.

Die Erfindung neuer Maschinen und Produktionsverfahren ermöglichte im 19. Jahrhundert den Übergang von den handwerklichen zu den industriellen Herstellungsverfahren und leitete den tief greifenden Wandel von einer **Agrar-** in eine **Industriegesellschaft** ein. Fabriken in den Städten ersetzten die alten Handwerksbetriebe. Die notwendigen Arbeitskräfte fanden sich in der vom Land in die Städte strömenden arbeitslosen Bevölkerung.

Die **Maschinisierung und Mechanisierung der Arbeitswelt** führte nicht nur zu einer grundlegenden Veränderung der traditionellen Arbeits- und Produktionsverfahren, sondern auch zu einer hochgradig arbeitsteiligen Wirtschaft mit industrieller Massenproduktion. Hierbei ist der Mensch der technischen Apparatur zugeordnet, er bedient die Maschine und stellt sich auf ihren Takt ein. Bei der **Fließbandarbeit** verrichtet er am vorbeilaufenden Werkstück bestimmte Handgriffe, meist nach vorgegebener Zeiteinteilung. Durch diese Produktionsweise wurde eine erhebliche Steigerung der Arbeitsproduktivität erreicht.

In der 2. Hälfte des vergangenen Jahrhunderts stand die Entwicklung der industriellen Produktion im Zeichen der **Automatisierung des Arbeitsprozesses.** Unter der Automation versteht man technische Verfahren, die darauf abzielen, die Produktion von selbstständig arbeitenden Maschinen durchführen zu lassen. Menschliche Arbeit wird dadurch nicht überflüssig, aber sie ändert sich in ihrer Qualität und Quantität. Dem Menschen kommt vorrangig die Aufgabe der Planung, Lenkung und Kontrolle des Produktionsprozesses zu. Die aufgrund der Automation freigesetzten Arbeitskräfte finden zunehmend Beschäftigung im **Dienstleistungsbereich** der Wirtschaft.

Der Wandel in der Arbeitswelt blieb und bleibt nicht ohne Folgen für die soziale Situation des Menschen. Das anfängliche Fehlen sozialen Schutzes führte im 19. Jahrhundert zu gesellschaftlichen Missständen:

- mangelnde Fürsorge bei Krankheit und Arbeitslosigkeit,
- keine Alterssicherung,
- niedrige Masseneinkommen,
- Kinderarbeit,
- unzureichende Ernährung,
- schlechte Wohnverhältnisse.

Ausgehend von Zusammenschlüssen der Arbeiterschaft bildeten sich Mitte des 19. Jahrhunderts die **Gewerkschaften** und **politischen Parteien,** die eine Verbesserung der Arbeits- und Lebensbedingungen forderten.

Mithilfe einer entsprechenden Gesetzgebung gelang es nach und nach, die negativen Begleiterscheinungen und Fehlentwicklungen der Industrialisierung zu korrigieren. Heute ist der einzelne Arbeitnehmer durch eine umfangreiche **Arbeits- und Sozialgesetzgebung** geschützt.

1

Seit Ende des 20. und zu Beginn des 21. Jahrhunderts verändert sich die Arbeitswelt.

- Die Industriegesellschaft wandelt sich immer mehr zur Wissens- und Dienstleistungsgesellschaft.
- Dienstleistungen werden Industrieprodukten immer mehr vorgeschaltet und nachgelagert bzw. sie begleiten diese immer mehr.
- Die Globalisierung der Wirtschaft führt zu einem immer stärkeren Austausch von Gütern und Dienstleistungen auf internationaler Ebene und zu immer stärkeren Verzahnungen der Wirtschaften verschiedener Länder.
- Die Gesellschaft wird zunehmend pluralisiert. Gleichzeitig wird die Individualisierung im privaten und beruflichen Bereich zunehmen. Dies wird zu neuen Wertmaßstäben und zu Änderungen der sozialen Beziehungen führen.
- Aufgrund des Geburtenrückgangs wird sich zwangsläufig die Altersstruktur in den Unternehmen ändern. Weibliche und ausländische Mitarbeiter werden neue Zielgruppen für Arbeitgeber werden.

Beispiele:

- *Heute ist es bereits normal, dass die Bestellung der Pizza über ein Callcenter z. B. in Indien erfolgt. Von dort wird die Bestellung an den örtlichen Lieferanten in Deutschland weitergeleitet.*
- *Callcenter aus der Ukraine befragen in Deutschland im Auftrag eines deutschen Unternehmens Kunden nach ihrer Kundenzufriedenheit.*

1.1.2 Rahmenbedingungen für Arbeit

Personalwirtschaft – man spricht auch von Personalwesen, Personalmanagement, Human Resource Management – befasst sich mit dem **Produktionsfaktor Arbeit**, d. h. der Gesamtheit der mitarbeiterbezogenen Gestaltungs- und Verwaltungsaufgaben im Unternehmen, insbesondere mit Einstellung, Einsatz, Entlohnung, Fort- und Weiterbildung sowie Ausscheiden von Arbeitskräften. Verantwortlich für die Personalwirtschaft sind die Unternehmensleitung, die Vorgesetzten bzw. Führungskräfte und die Personalabteilung, in größeren Betrieben unter Mitwirkung des Betriebsrats.

Seit einigen Jahren findet in allen Lebensbereichen ein Wertewandel statt. Werte wie Fleiß, Ordnung und Gehorsam stehen wieder gleichwertig neben Selbstentfaltungswerten wie freier Wille, Individualität und Flexibilität. Dieser Wertewandel verändert auch die Einstellungen gegenüber der Arbeit. Die Ansprüche an die beruflichen Fähigkeiten haben sich erhöht und qualitativ verändert.

Ziele der Personalwirtschaft sind insbesondere

- **wirtschaftlich ausgerichtete Ziele**

  Beispiele:

  - *Steigerung der Mitarbeiterleistung durch Verbesserung des Leistungsprozesses und der Motivation,*
  - *Senkung der Personalkosten für die derzeitigen Mitarbeiter,*
  - *Abbau der nicht zwingend benötigten Stellen.*

- **soziale Ziele**

  Diese Ziele – auch humanitäre Ziele genannt – sind auf die Menschen im Betrieb und auf das Arbeitsumfeld ausgerichtet und dienen zur Erfüllung der Bedürfnisse und Erwartungen der Menschen.

1

> **Beispiele:**
> - *abwechslungsreiche und auf den Mitarbeiter ausgerichtete Gestaltung der Arbeitsaufgabe,*
> - *sichere und ergonomische Gestaltung des Arbeitsplatzes,*
> - *flexible und an den menschlichen Rhythmus angepasste Gestaltung der Arbeitszeit,*
> - *gerechte und angemessene Gestaltung der Personalentlohnung,*
> - *Fortbildung, Bildungsurlaub und Aufstiegschancen,*
> - *kooperative und gerechte Gestaltung der Personalführung,*
> - *Schaffung eines arbeitsförderlichen Betriebsklimas.*

Aufgaben der Personalwirtschaft sind insbesondere

- **Personalpolitik**
  Hierzu zählen alle Grundsätze und Entscheidungen, die sich auf die wechselseitigen Beziehungen zwischen Vorgesetzten und Mitarbeitern, zwischen den Mitarbeitern untereinander und auf die Mitarbeiter und ihre Arbeit beziehen. Unterschieden werden
  - Grundsatzentscheidungen: sie sind richtungweisend und werden als Leitlinien der Unternehmensleitung im Personalbereich festgelegt;
  - Einzelentscheidungen: diese dienen der Umsetzung der Grundsatzentscheidungen im konkreten Fall und in den einzelnen Unternehmensbereichen.
- **Personalcontrolling**
  Hier werden Planungsprozess, Kontrolle und Steuerung mit der Informationsversorgung verbunden. Darunter fallen insbesondere Personalplanung, Personalkontrolle, Informationsversorgung und Steuerung.
- **Beachtung der rechtlichen Vorgaben**
  Arbeitsrecht ist in erster Linie Arbeitnehmerschutzrecht. Es wird ergänzt durch das Sozialrecht. Jeder Arbeitsplatz muss festgelegten Arbeits- und Gesundheitsschutzanforderungen entsprechen. Von besonderer Bedeutung sind insbesondere das Arbeitssicherheitsgesetz und die Arbeitsstättenverordnung.

Die Leistungen der einzelnen Arbeitnehmer/-innen hängen insbesondere ab von

- objektiven Bestimmungsgrößen wie Arbeitsgestaltung und Humanbeziehungen,
- subjektiven Bestimmungsgrößen wie Kenntnissen, Fertigkeiten, Leistungsfähigkeit, Leistungswilligkeit, Leistungsdisposition, Leistungsmotivation durch Lob und Übertragung von Verantwortung, leistungsgerechter Entlohnung, beruflichem Vorwärtskommen.

1.1.3 Arbeitsschutz

> Unter dem Begriff **„Arbeitsschutz"** sind alle Maßnahmen für die Sicherheit und Gesundheit der Beschäftigten bei der Arbeit zu verstehen.

Zum Bereich Arbeitsschutz zählen insbesondere

- die **Verhütung von Arbeitsunfällen**, Berufskrankheiten und arbeitsbedingten Gesundheitsgefahren,
- die menschengerechtere **Gestaltung der Arbeit**,
- Fragen der **Arbeitszeit** *(z. B. Sonn- und Feiertagsarbeit)* sowie
- der **Schutz** besonders schutzbedürftiger Personengruppen *(z. B. Jugendliche, Schwangere)*.

1

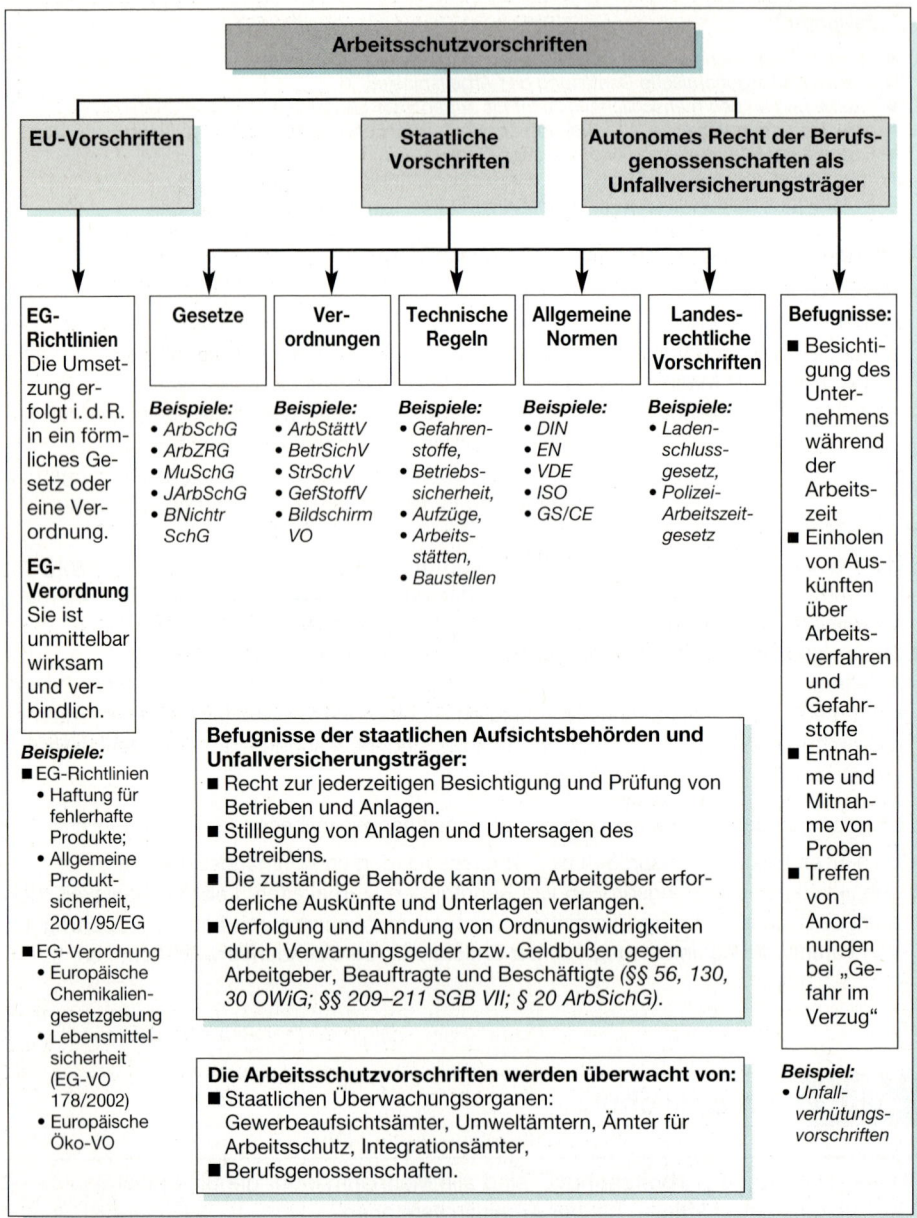

Mit der Anmeldung eines Gewerbebetriebs oder einer freiberuflichen Tätigkeit erfolgt automatisch die Anmeldung bei der für die jeweilige Branche zuständigen Berufsgenossenschaft (BG).

Jeder Arbeitgeber ist für den Arbeits- und Gesundheitsschutz der Mitarbeiter/-innen verantwortlich, vgl. *§§ 3, 4 ArbSchG, § 2 GUV-V A1, § 618 BGB.*

Der betriebliche Arbeitsschutz verfolgt das Ziel, Sicherheit und Gesundheitsschutz der Beschäftigten bei der Arbeit zu gewährleisten und zu verbessern.

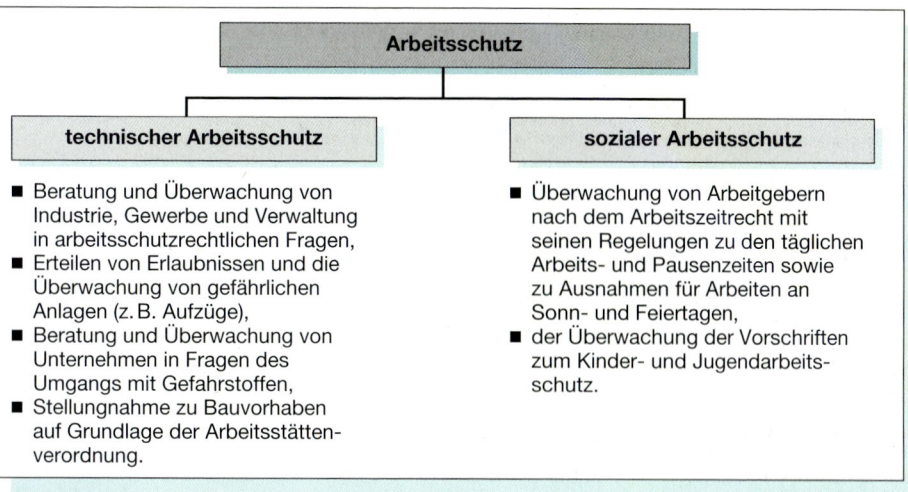

1.1.3.1　Jugendarbeitsschutzgesetz

Jugendliche nach dem Jugendarbeitsschutzgesetz (*JArbSchG*) sind Personen, die das 15. Lebensjahr, aber noch nicht das 18. Lebensjahr vollendet haben.

Nach dem *JArbSchG* sind Jugendliche wegen der noch nicht abgeschlossenen geistig-seelischen Entwicklung nur begrenzt leistungsfähig. Deshalb will das *JArbSchG* Jugendlichen

- einen besonderen Schutz gewähren und
- den Einstieg in die Arbeitswelt erleichtern.

Beispiel:

Der 17-jährige Auszubildende Gabriel Frey soll wegen des erhöhten Arbeitsanfalls ab 1. Oktober täglich 10 Stunden arbeiten.

Die Gewerbeaufsichtsämter und Kammern sind für die Überwachung der Einhaltung des *JArbSchG* zuständig.

Schutzbestimmungen des Jugendarbeitsschutzgesetzes (*JArbSchG*)		
Geltungs-bereich	■ Alle Arbeitgeber, die Jugendliche beschäftigen, soweit sie mindestens 15 Jahre, aber noch keine 18 Jahre alt sind (Auszubildende, Arbeiter, Angestellte). ■ Die Beschäftigung Jugendlicher im Familienhaushalt sowie geringfügige Hilfeleistungen fallen nicht unter das *JArbSchG*.	§ 1 *JArbSchG*
Arbeitszeit	■ höchstens 8 Std. täglich, 40 Std. wöchentlich bei einer verbindlichen 5-Tage-Woche *Ausnahme:* 8,5 Std. täglich, wenn freitags nur 6 Stunden gearbeitet wird. Soweit Tarifverträge längere Arbeitszeiten vereinbaren, muss innerhalb von 2 Monaten ein Ausgleich erfolgen. ■ samstags: keine Beschäftigung *Ausnahme:* Betriebe mit Samstagsarbeit, jedoch Ausgleich an einem Wochentag; zwei Samstage im Monat sollen mindestens beschäftigungsfrei bleiben. ■ an Sonn- u. Feiertagen: grundsätzlich Beschäftigungsverbot *Ausnahme:* wie samstags, jedoch müssen mindestens zwei Sonntage im Monat beschäftigungsfrei bleiben.	§§ 4, 8, 12 *JArbSchG*

1

Schutzbestimmungen des Jugendarbeitsschutzgesetzes *(JArbSchG)*		

Arbeits-beginn/-ende, Freizeit, Ruhepausen	■ keine Beschäftigung vor 6:00 und nach 20:00 Uhr
	Ausnahme: über 16-Jährige in Bäckereien, Gastronomie-, Land-wirtschafts-, Schichtbetrieben
	■ mindestens 12 Std. Freizeit zwischen Arbeitsende und Arbeits-beginn
	■ bei 4,5 bis 6 Std. Arbeitszeit:
	  • mindestens 30 Minuten Pause nach 4,5 Std. Arbeitszeit
	■ bei mehr als 6 Arbeitsstunden:
	  • mindestens 60 Minuten Pause
	■ nach 4,5 Std. spätestens erste Pause
	■ Mindestdauer je Pause: 15 Minuten
		§§ 4, 5, 8, 12 JArbSchG

Bezahlter Urlaub	■ Alter des Jugendlichen zu Beginn des Kalenderjahres
	  • unter 16 Jahre: 30 Werktage
	  • unter 17 Jahre: 27 Werktage
	  • unter 18 Jahre: 25 Werktage
		§ 19 JArbSchG

Beschäfti-gungsverbot	■ Arbeiten, die objektiv die physische und psychische Leistungs-fähigkeitübersteigen *(z. B. Akkord- und Fließbandarbeit mit vor-gegebenem Arbeitstempo)* ■ gefährliche Arbeiten (Gefahrstoffe, biologische Arbeitsstoffe) *Ausnahme:* zulässig bei Jugendlichen über 16 Jahren zu Aus-bildungszwecken ■ Beschäftigung Minderjähriger bis zur Vollendung des 15. Lebens-jahres und Vollzeitschulpflichtige (Kinderarbeitsverbot) *Ausnahme:* die nicht mehr der Vollzeitschulpflicht unterliegen-den Kinder 7 Std. pro Tag und 35 Std. in der Woche	*§§ 2, 5, 7, 16, 17 JArbSchG*

Berufs-schulbesuch	■ Anrechnung der Berufsschulzeit auf Ausbildungs- und Arbeits-zeit
	■ Freistellung für den Berufsschulunterricht bei Fortzahlung der Vergütung
	Für **Jugendliche** (unter 18 Jahre) gilt *Beschäftigungsverbot:*
	  • soweit der Unterricht vor 9:00 Uhr beginnt; dies gilt auch für Personen, die über 18 Jahre alt und noch berufsschulpflich-tig sind,
	  • an einem Berufsschultag pro Woche mit mehr als 5 Unter-richtsstunden von mindestens je 45 Minuten,
	  • in Berufsschulwochen mit mindestens 25 Std. planmäßigem **Blockunterricht** an mindestens 5 Tagen,
	■ Volljährige Berufsschulpflichtige müssen **im Anschluss** an den Berufsschulunterricht – auch bei Blockunterricht – auf Verlan-gen des Arbeitgebers wieder in den Betrieb.
	Überschreitet die Dauer des Berufsschulunterrichts die an diesem Tag zu leistende Ausbildungszeit im Betrieb, so ist bei Volljäh-rigen die darüber hinaus aufgewendete Zeit für den Berufs-schulunterricht **nicht** auf die wöchentliche Ausbildungszeit an-zurechnen *(vgl. BAG v. 13.02.2003)*.
		§ 9 Abs. 1–2 JArbSchG, § 15 BBiG

Prüfung	Der Ausbilder hat **jugendliche** Auszubildende
	  • für die Teilnahme an Prüfungen und Ausbildungsmaßnahmen,
	  • an dem Arbeitstag unmittelbar vor dem Tag der schriftlichen Abschlussprüfung frei zu stellen.
	Diese Zeiten gelten als Arbeitszeit und sind zu vergüten.
		§ 10 JArbSchG

Ärztliche Untersuchung	■ erste Untersuchung frühestens 14 Monate vor Beginn der Be-schäftigung ■ Nachuntersuchung in den letzten 3 Monaten des ersten Aus-bildungsjahres	*§§ 32–46 JArbSchG*

1.1.3.2 Arbeitszeitgesetz

Arbeitszeit ist die Zeitspanne, für die Arbeitnehmer/-innen die Arbeitskraft dem/der Arbeitgeber/-in zur Verfügung stellen. Im Arbeitszeitrecht ist zu unterscheiden zwischen
Das Arbeitszeitgesetz *(ArbZG)* enthält Mindestregelungen. Diese Regelungen können durch tarifvertragliche Vereinbarungen oder Betriebsvereinbarungen zugunsten der Arbeitnehmer geändert werden.

Die früheren **Beschäftigungsverbote** und -beschränkungen für **Frauen** sind mit Ausnahme des Beschäftigungsverbots für Frauen im Bergbau unter Tage **aufgehoben** worden. Damit können nun Frauen alle anerkannten Ausbildungsberufe erlernen und ausüben.

Zum Schutz und zur Vorsorge bei gesundheitlichen Belastungen gelten die gesetzlich normierten Regelungen gleichermaßen für Frauen und Männer:

- arbeitsmedizinische Untersuchungen
- Umsetzungsanspruch auf einen Tagesarbeitsplatz bei gesundheitlicher Gefährdung sowie bei Betreuung von Kindern unter zwölf Jahren und schwerpflegebedürftigen Angehörigen im Rahmen der betrieblichen Möglichkeiten

Werktage i. S. des *ArbZG* sind alle Tage von Montag bis einschließlich Samstag (6-Tage-Woche!).

Schutzbestimmungen nach dem Arbeitszeitgesetz (ArbZG)	
■ **gilt für alle Arbeitnehmer über 18 Jahre in Betrieben und Verwaltungen** *Ausnahmen:* Jugendliche (unter 18 Jahre), Auszubildende, leitende Angestellte, Personal- und Dienststellenleiter im öffentlichen Dienst, Chefärzte, bestimmtes Personal in der Luftfahrt und Schifffahrt, Arbeitnehmer in Bäckereien und Konditoreien, Arbeitnehmer des öffentlichen Dienstes mit hoheitlichen Aufgaben ■ **Arbeitszeit ist die Zeit vom Beginn bis zum Ende der Arbeit ohne Ruhepausen** *(§ 2 Abs. 1 ArbZG).*	
Tägliche Arbeitszeit	**Sonn- und Feiertagsarbeit**
■ Höchstens 8 Stunden *(§ 3 S. 1 ArbZG).* *Ausnahme:* Die tägliche Arbeitszeit kann bis auf 10 Stunden verlängert werden, wenn die Verlängerung innerhalb eines Ausgleichszeitraums von 6 Monaten oder alternativ von 24 Wochen erfolgt *(§ 3 S. 2 ArbZG).* ■ Wöchentliche Arbeitszeit max. 48 Stunden. ■ Ununterbrochene Mindestruhezeit von 11 Stunden nach Beendigung der täglichen Arbeitszeit *(§ 5 Abs. 1 ArbZG).* *Ausnahmen: § 5 Abs. 2 bis 4 ArbZG.* ■ Ruhepausen: • mindestens 30 Minuten bei einer Arbeitszeit von mehr als 6 bis 9 Stunden *(§ 4 ArbZG),* • mindestens 45 Minuten bei einer Arbeitszeit von über 9 Stunden. • Eine Aufteilung der Ruhezeiten in jeweils 15 Minuten ist möglich. Länger als 6 Stunden darf nicht ohne Ruhepausen gearbeitet werden.	Grundsatz: Arbeiten ist an Sonntagen und gesetzlichen Feiertagen verboten *(§ 9 Abs. 1 ArbZG).* *Ausnahmen laut Arbeitzeitgesetz (§§ 9, 10, 13, 14 ArbZG):* ■ Nach *§ 10 ArbZG* gibt es 16 Ausnahmetatbestände. **Beispiele:** • Not- und Rettungsdienst der Feuerwehr, • Arbeiten zur Aufrechterhaltung der öffentlichen Sicherheit, • Arbeiten in Krankenhäusern, Altersheimen usw., • Arbeiten in Gaststätten und Hotels, • Arbeiten bei Sport- und Freizeitveranstaltungen. ■ Ausgleich für Sonn- und Feiertagsbeschäftigung: • mindestens 15 Sonntage im Kalenderjahr müssen für jeden Arbeitnehmer beschäftigungsfrei sein, • für jeden Sonn- und Feiertagsarbeitstag ist ein Ersatzruhetag an einem Werktag zu gewähren a) bei Sonntagsarbeit innerhalb von 2 Wochen, b) bei Feiertagsarbeit an einem Wochentag innerhalb von 8 Wochen. Hiervon können nach *§ 12 ArbZG* im Tarifvertrag oder in Betriebsvereinbarungen Abweichungen vereinbart werden.

1

In Notfällen oder außergewöhnlichen Fällen kann entsprechend *§ 14 ArbZG* von bestimmten Vorschriften abgewichen werden.

Weitere Arbeitszeitvorschriften sind zu finden im Ladenschlussgesetz *(LadSchlG)*, im Jugendarbeitschutzgesetz *(JArbSchG)*, in Sozialvorschriften über den Straßenverkehr, dem Fahrpersonalgesetz *(FPersG)* und der Fahrpersonalverordnung *(FPersV)*.

1.1.3.3   Mutterschutzgesetz

Es gelten für **weibliche Arbeitnehmer** besondere Vorschriften, um einen höheren Schutz durch Begrenzung der Arbeitszeit und die Ausübung eingeschränkter Beschäftigungsarten/-formen während der Schwangerschaft und für die Zeit nach der Geburt eines Kindes zu gewährleisten. *Art. 6 GG* garantiert jeder Mutter den Anspruch auf den Schutz und die Fürsorge der Gemeinschaft. Dem tragen das **Mutterschutzgesetz** *(MuSchG)* und das **Bundeselterngeld- und Elternzeitgesetz** *(BEEG)* vom 05.12.2006 Rechnung.

Schutzvorschriften				
Kündigungsschutz	**Beschäftigungsverbot**	**Gefahrenschutz**	**Mutterschaftshilfe**	**Urlaubsanspruch**
▪ keine Kündigung während der Schwangerschaft und 4 Monate nach der Geburt *(§ 9 MuSchG)* ▪ Kündigungsschutz während der Elternzeit *(§ 18 BEEG)*	▪ Beschäftigungsverbot[1] während der Mutterschutzfrist von insgesamt 14 Wochen: • 6 Wochen vor der Geburt und • 8 Wochen (bei Früh- und Mehrlingsgeburten 12 Wochen) nach der Geburt. Nicht beanspruchte Fristen vor der Geburt werden den Fristen nach der Geburt hinzugerechnet. *(§§ 3 Abs. 2, 6 MuSchG)* ▪ bei Gefahr von Berufskrankheiten *(§ 4 Abs. 2 MuSchG)* ▪ Verbot schwerer körperlicher Arbeit *(§ 4 Abs. 1 MuSchG)* ▪ Verbot der Mehrarbeit, Sonntags- und Nachtarbeit *(§ 8 Abs. 3, 4, 6 MuSchG)*	▪ keine Arbeit, die das Leben und die Gesundheit der Mutter und ihres Kindes gefährdet *(§ 3 Abs. 1 MuSchG)* ▪ Vorschriften für die Arbeitsplatzgestaltung von Schwangeren und stillenden Müttern *(§ 2 MuSchG)*	▪ Anspruch auf ärztliche Betreuung und Hebammenhilfe ▪ Anspruch auf Mutterschaftsgeld während der Schutzfrist in Höhe des bisherigen Nettoeinkommens *(§ 11 MuSchG)* ▪ Anspruch auf Elternzeit und Elterngeld	▪ Mutterschutzfristen und Zeiten mit Beschäftigungsverbot für schwangere Frauen und Mütter sind bei der Berechnung des Jahresurlaubes wie Beschäftigungszeiten zu berücksichtigen *(§ 17 MuSchG)* ▪ ein Resturlaub kann auf das Jahr, in dem die Mutterschaftsfrist endet, oder auf das nächstfolgende Urlaubsjahr übertragen werden.

---

[1] Auf ausdrücklichen Wunsch der Mutter ist eine Beschäftigung möglich *(§ 3 Abs. 2 MuSchG)*

Mutterschutz	
Rechtsgrundlagen	■ Grundgesetz *(Art. 6 Abs. 4 GG)* ■ Bundeselterngeld- und Elternzeitgesetz *(BEEG)* ■ Gesetz zum Schutz der erwerbstätigen Mutter *(MuSchG)*
Beginn des Schutzes	■ Ab Tag der Kenntnisnahme über die Schwangerschaft durch den Arbeitgeber; der Arbeitgeber kann auf seine Kosten ein schriftliches Attest verlangen. Die Beschäftigung einer werdenden Mutter ist dem Gewerbeaufsichtsamt mitzuteilen.
Gestaltung des Arbeitsplatzes	■ Bei der Einrichtung des Arbeitsplatzes sind alle Vorkehrungen und Maßnahmen zum Schutz von Leben und Gesundheit der werdenden Mutter zu treffen *(§ 2 Abs. 1 MuSchG)*. ■ Bei stehenden oder sitzenden Tätigkeiten ist der Arbeitnehmerin eine Sitzgelegenheit zum kurzen Ausruhen bereitzustellen *(§ 2 Abs. 2 MuSchG)*. Bei ständig sitzender Tätigkeit muss eine Gelegenheit zu kurzen Unterbrechungen ihrer Arbeit gegeben werden.
Arbeitszeit-beschränkungen	■ keine Nachtarbeit (zwischen 20 Uhr und 6 Uhr) ■ keine Mehrarbeit (max. 8,5 Std. je Tag, 90 Stunden in 2 Wochen) ■ Freistellung in den letzten 6 Wochen **vor** der voraussichtlichen Entbindung *(§ 3 Abs. 2 MuSchG)* ■ Freistellung zur Durchführung der notwendigen ärztlichen Untersuchungen *(§ 16 MuSchG)*
Schutz vor und nach der Entbindung	■ 6 Wochen **vor** dem wahrscheinlichen Geburtstermin sind werdende Mütter freizustellen, sie können freiwillig während dieser Zeit weiterarbeiten, ■ für mindestens 8 Wochen **nach** der Entbindung besteht ein Beschäftigungsverbot, dieses wird für Früh- und Mehrlingsgeburten auf 12 Wochen verlängert. Für Frauen nach Frühgeburten ist die Schutzfrist um den Zeitraum zu verlängern, um den sich die Mutterschutzfrist vor der Frühgeburt verkürzt hat.
Lohnfortzahlung	■ Bei Beschäftigungsverbot oder Beschränkungen der Arbeitszeit nach den Vorschriften des *MuSchG* ist vor Beginn oder nach Ende der Mutterschutzfristen der volle Lohn zu zahlen *(§ 11 MuSchG)*. ■ Der Mutterschutzlohn richtet sich nach dem Durchschnittsverdienst der letzten 13 Wochen oder letzten 3 Monate vor Beginn der Schwangerschaft.
Mutterschaftsgeld	■ Ab Beginn der Schutzfrist (6 Wochen vor der mutmaßlichen Entbindung) wird Mutterschaftsgeld bei Arbeitnehmerinnen in Höhe von 13,00 EUR je Tag (Monat = 30 Tage) gezahlt; ist der kalendermäßige Nettoverdienst höher als 13,00 EUR je Tag, so muss der Arbeitgeber den Unterschiedsbetrag zahlen. ■ Mutterschaftsgeld ist einkommensteuerfrei *(§ 3 Abs. 1d EStG)*, allerdings unterliegen die Bezüge dem Progressionsvorbehalt *(§§ 13, 14 MuSchG)*.
Kündigung	■ Die Kündigung einer Arbeitnehmerin ist während der Schwangerschaft und bis zu 4 Monate nach der Entbindung unzulässig, wenn dem Arbeitgeber die Schwangerschaft oder Entbindung bekannt war oder innerhalb von 2 Wochen nach Kündigung mitgeteilt wird *(§ 9 Abs. 1 S. 1 MuSchG)*. ■ Einer werdenden Mutter kann in dem Zeitraum von 280 Tagen vor dem ärztlich festgestellten voraussichtlichen Geburtstermin nicht gekündigt werden *(BAG vom 07.05.1998)*. ■ Eine Kündigung während der Elternzeit ist unzulässig *(§ 18 BEEG)*. ■ Ausnahmsweise kann aus besonderen Gründen, die nicht anlässlich der Schwangerschaft oder der Entbindung entstanden sind, gekündigt werden *(§ 9 MuSchG, § 18 BEEG)*. ■ Zum Ende der Elternzeit kann die Arbeitnehmerin das Arbeitsverhältnis nur unter Einhaltung einer Kündigungsfrist von 3 Monaten kündigen *(§ 19 BEEG)*.

Mutterschaftsgeld als auch Arbeitgeberzuschuss sind sozialversicherungsfrei und lohnsteuerfrei. Die Mitgliedschaft in den gesetzlichen Versicherungen bleibt bestehen. Der Zeitraum wird in der gesetzlichen Rentenversicherung angerechnet.

1

1.1.3.4   Elterngeld und Kinderbetreuungskosten

Im Rahmen der Förderung von Familien werden neben Kindergeld gewährt
- Elterngeld/Elternzeit sowie
- Kinderbetreuungskosten.

Elterngeld/Elternzeit

Elternteile, die für die Erziehung ihres Kindes aus dem Beruf vorübergehend aussteigen, erhalten als Lohnersatz für 12 Monate ein Elterngeld vom Staat.
Anspruch auf Elterngeld haben Elternteile,
- die ihren Wohnsitz oder gewöhnlichem Aufenthaltsort in Deutschland haben,
- denen die Personensorge für das Kind zusteht,
- bei denen das Kind im Haushalt lebt,
- die ihr Kind selbst erziehen und betreuen,
- die keine oder eine Erwerbstätigkeit bis 30 Wochenstunden ausüben
  (auch Auszubildende und Arbeitsuchende haben Anspruch auf Erziehungsgeld).

Elternzeit ist ein Zeitraum unbezahlter Freistellung von der Arbeit nach der Geburt eines Kindes. Einen Rechtsanspruch hierauf haben
- die Eltern und
- die Großeltern, wenn sie mit ihrem Kind und dem Enkelkind in einem Haushalt leben und das Enkelkind betreuen und erziehen *(§ 15 Abs. 1a BEEG)*.

Höhe des Elterngeldes	■ Der Elternteil, der wegen der Erziehung des Neugeborenen auf eine Erwerbstätigkeit verzichtet oder diese einschränkt (laufendes Nettoarbeitsentgelt an einer Erwerbstätigkeit wird angerechnet), erhält im ersten Lebensjahr des Kindes 67 % seines früheren Nettolohnes, aber höchstens 1.800,00 EUR. *Ausnahme:* Alleinerziehende erhalten ein erhöhtes Elterngeld, wenn sie vor der Geburt des Kindes unter 1.000,00 EUR Nettolohn erhalten haben. Das Elterngeld erhöht sich je 20,00 EUR, die der Nettolohn unter 1.000,00 EUR liegt, um je einen Prozentpunkt. **Beispiel:** *Nettolohn 880,00 EUR 1.000 – 880 = 120 Mindestlohn* *120 : 20 = 6 %* *Statt 67 % werden 73 % (= 67 % + 6 %) des letzten Nettolohnes als Elterngeld gezahlt.* ■ Erzielt das Ehepaar kein oder nur ein geringes Einkommen, so bekommt es einen Mindestbetrag von 300,00 EUR. ■ Das Mindestelterngeld von 300,00 EUR wird nicht auf das Arbeitslosengeld II angerechnet. ■ Arbeiten Mutter und Vater des neugeborenen Kindes nach der Geburt mehr als 30 Stunden in der Woche, wird kein Elterngeld gezahlt. ■ Die Mindestzeit, für die Elterngeld bezogen werden kann, beträgt zwei Monate. Der Elternteil, der Elterngeld beziehen will, ist deshalb gezwungen, für mindestens zwei Monate aus dem Berufsleben auszusteigen, um sich intensiv um das Kind zu kümmern.
Bonus	■ Wenn zusätzlich der andere Partner vorübergehend aus dem Beruf aussteigt und die Kindererziehung übernimmt, wird als Bonus ein Elterngeld für zwei zusätzliche Monate gezahlt. ■ Wird innerhalb von 24 Monaten nach der Geburt eines Kindes ein weiteres Kind zur Welt gebracht und wird deshalb keine berufliche Tätigkeit aufgenommen, wird zusätzlich zum Mindestelterngeld von 300,00 EUR die Hälfte der Differenz zwischen dem Mindestelterngeld und dem Elterngeld für das erste Kind gezahlt. Nach diesem Prinzip wird auch das Elterngeld für das nächste Neugeborene Kind erhöht, wenn die Mutter nach der Elternzeit des zuvor geborenen Kindes nur Teilzeit gearbeitet hat.

Dauer der Zahlungen	▪ Das Elterngeld wird als steuerfreier und sozialversicherungsfreier Lohnersatz für ein Jahr gezahlt, zuzüglich zwei „Vätermonate", wenn die Mutter für diesen Zeitraum an ihren Arbeitsplatz zurückkehrt. ▪ Sonderregelungen gelten für Alleinerziehende: Sie erhalten das Elterngeld für 14 Monate.
Wahlrecht	▪ Der Bezugszeitraum von 12 Monaten kann zwischen den Eltern aufgeteilt werden. ▪ Die Bezugsdauer von Elterngeld kann einmalig ohne Begründung geändert werden.
Anrechnung	▪ In der Mutterschutzfrist während der ersten acht Wochen nach der Geburt wird das Elterngeld mit dem Mutterschaftsgeld der Krankenkasse und der Zuzahlung durch den Arbeitgeber verrechnet. ▪ Das Elterngeld gilt nicht als Einkommen im Rahmen des Wohngeldes.
Elternzeit	Die Elternzeit beträgt 3 Jahre und gilt für Mütter/Väter, ▪ die ihr Kind – nach Ablauf der Mutterschutzfrist – selbst (durch Mutter oder Vater oder beide gleichzeitig) betreuen, ▪ die erwerbstätig sind. Während der Gesamtdauer der Elternzeit besteht ▪ das Arbeitsverhältnis fort, ▪ Kündigungsschutz.
Einkommensteuer, Sozialversicherung	▪ Das Elterngeld ist einkommensteuerfrei, bestimmt jedoch den steuerlichen Progressionsvorbehalt. ▪ Vom Elterngeld werden keine Sozialversicherungsbeiträge erhoben.

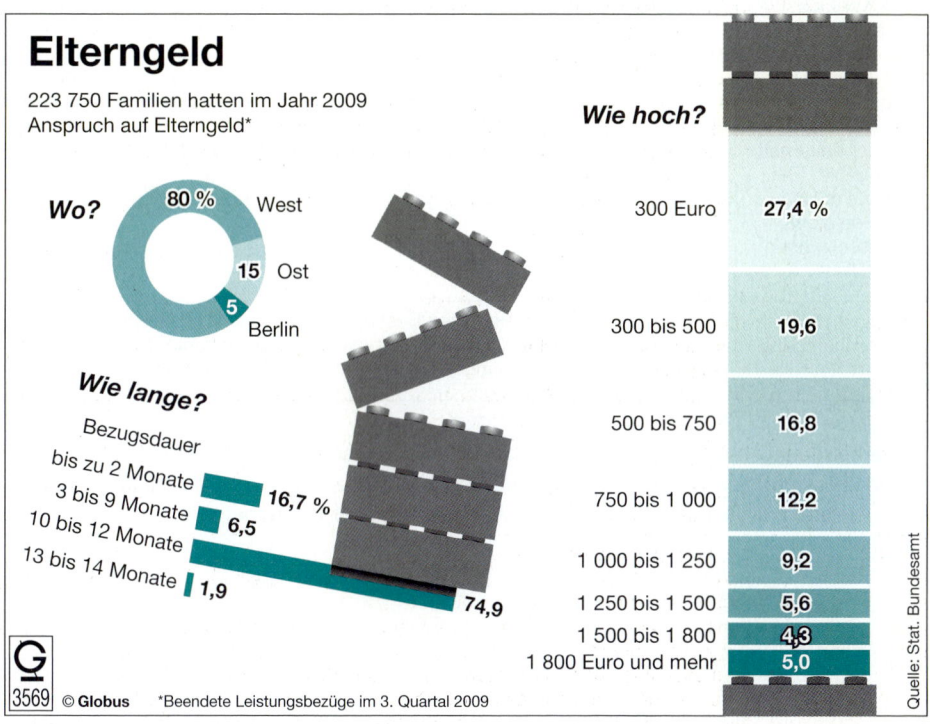

Elterngeld

223 750 Familien hatten im Jahr 2009
Anspruch auf Elterngeld*

Wo?
80 % West
15 Ost
5 Berlin

Wie lange?
Bezugsdauer
bis zu 2 Monate — 16,7 %
3 bis 9 Monate — 6,5
10 bis 12 Monate — 74,9
13 bis 14 Monate — 1,9

Wie hoch?

300 Euro	27,4 %
300 bis 500	19,6
500 bis 750	16,8
750 bis 1 000	12,2
1 000 bis 1 250	9,2
1 250 bis 1 500	5,6
1 500 bis 1 800	4,3
1 800 Euro und mehr	5,0

3569 © Globus   *Beendete Leistungsbezüge im 3. Quartal 2009

Quelle: Stat. Bundesamt

1

▨ Kinderbetreuungskosten

Kinderbetreuungskosten sind Aufwendungen für Dienstleistungen, die Alleinerziehende oder berufstätige (angestellte und selbstständige) Eltern für die Betreuung ihres zum Haushalt gehörenden Kindes bezahlen.

Für die steuerliche Anerkennung der Betreuungskosten sind verschiedene Fallgruppen zu unterscheiden.

Fallgruppen	Steuerliche Anerkennung der Betreuungskosten für ...	
	Kindergartenkinder (Kinder zwischen 3 und 6 Jahren)	▪ Kinder, die das 14. Lebensjahr noch nicht vollendet haben, ▪ Kinder, die wegen einer vor Vollendung des 25. Lebensjahres eingetretenen körperlichen oder seelischen Behinderung außerstande sind, sich selbst zu unterhalten.
▪ Beide Elternteile sind erwerbstätig	Eltern können für das zu ihrem Haushalt gehörende Kind zwei Drittel der Betreuungskosten, höchstens jedoch 4.000,00 EUR pro Kind und Jahr als Sonderausgaben vom Gesamtbetrag ihrer Einkünfte abziehen (§ 9c Abs. 2 S. 4 EStG).	Zwei Drittel der Kinderbetreuungskosten, höchstens aber 4.000,00 EUR pro Kind und Jahr sind „wie" Werbungskosten bzw. Betriebsausgaben abzugsfähig (§ 9c Abs. 1 EStG).
▪ Der/die Alleinerziehende ist erwerbstätig		
▪ Eheleute, aber nur ein Partner ist erwerbstätig		Kein Ansatz von Werbungskosten oder Betriebsausgaben
▪ Alleinerziehende/r, ist in Ausbildung oder dauerhaft erkrankt; Eheleute müssen beide die Voraussetzungen erfüllen		Zwei Drittel der Kinderbetreuungskosten, höchstens aber 4.000,00 EUR pro Kind und Jahr sind nur als Sonderausgaben vom Gesamtbetrag der Einkünfte abzuziehen (§ 9c Abs. 2 S. 1–3 EStG).
▪ Haushaltsnahe Beschäftigung	Im Rahmen von haushaltsnahen Beschäftigungen und Dienstleistungen können nach § 35a EStG Kinderbetreuungskosten abzugsfähig sein. Nicht abzugsfähig sind Aufwendungen für die Erteilung von **Unterricht**.	

Kinderbetreuungskosten werden steuerlich anerkannt, wenn sie nachgewiesen werden. Es reichen nachprüfbare Angaben durch Erklärung, dass eine Rechnung vorliegt und die Zahlung geleistet wurde, um eine steuerliche Anerkennung der Kinderbetreuungskosten zu erhalten.

1.1.4 Arbeitssicherheit

1.1.4.1 Unfallschutz

Rechtsvorschriften
- Arbeitsschutzgesetz mit Verordnungen
  - Arbeitsstättenverordnung *(ArbStättV)*
  - Betriebssicherheitsverordnung
  - Bildschirmarbeitsverordnung *(BildscharbV)*
  - Lastenhandhabungsverordnung
  - Verordnung zum Schutz der Beschäftigten vor Lärm und Vibrationen *(DIN[1] EN ISO 7779, 9241, 11690-1, DIN EN 23741, DIN 18041, 45645)*
  - Biostoffverordnung
  - Gefahrstoffverordnung
  - Technische Regeln
- Geräte- und Produktsicherheitsgesetz *(GPSG)* mit seinen Verordnungen, z. B. Maschinenverordnung, Explosionsschutzverordnung
- Arbeitssicherheitsgesetz *(ASiG)*
- Chemikaliengesetz mit Verordnungen
- Atomgesetz mit seinen Verordnungen
  - Röntgenverordnung
  - Strahlenschutzverordnung
- Sozialgesetzbuch VII *(SGB VII)*

Die Überwachung der **Arbeitssicherheit**[2] in Deutschland erfolgt insbesondere durch
- die staatlichen Gewerbeaufsichtsämter,
- die Ämter für Arbeitschutz,
- die Umweltschutzämter und
- die Berufsgenossenschaften.

Nach *§ 15 SGB VII* erlassen die Berufsgenossenschaften als Träger der gesetzlichen Unfallversicherung Unfallverhütungsvorschriften, heute Vorschriften für Sicherheit und Gesundheitsschutz genannt, die vom Bundesminister für Arbeit und Soziales genehmigt werden müssen.

Arbeitgeber(innen) haben zur Verhütung von Arbeitsunfällen, Berufskrankheiten und arbeitsbedingten Gesundheitsgefahren für eine wirksame Erste Hilfe zu sorgen und Abwehrmaßnahmen zum Schutz der Arbeitnehmer/innen zu treffen.

Beispiel:

Schumann gründet als Steuerberater ein Steuerberaterbüro.
Werden Arbeitnehmer beschäftigt, ist die wesentliche Vorschrift das Arbeitsschutzgesetz. Hiernach muss der Steuerberater eine Gefährdungsbeurteilung vornehmen, um die nötigen Schutzmaßnahmen durchzuführen. Zusätzlich muss nach dem Arbeitssicherungsgesetz und den dazu von der Berufsgenossenschaft erlassenen Unfallverhütungsvorschriften eine Fachkraft für Arbeitssicherheit bestellt werden.

---

[1] www.din.de/
[2] www.arbeitssicherheit-online.com

1

In Betrieben erfolgt der Unfallschutz im Rahmen des Arbeitsschutzes durch die gesetzlich vorgesehenen Sicherheitsbeauftragten und -ingenieure, ferner im Rahmen der gesetzlichen Unfallversicherung[1] durch die technischen Aufsichtsbehörden der Berufsgenossenschaften *(z. B. Maschinenbau- und Metall-Berufsgenossenschaft)* und durch die Beauftragten der Gewerbeaufsichtsämter bzw. des Staatlichen Amtes für Arbeitsschutz oder des Staatlichen Umweltamtes.

Vorschriften für Sicherheit und Gesundheitsschutz (Unfallverhütungsvorschriften)

Unfallverhütungsvorschriften sind Mindestnormen für eine unfallsichere Einrichtung der Betriebe und Betriebsanlagen sowie ein unfallsicheres Verhalten. Die Berufsgenossenschaften erlassen genehmigungspflichtige Unfallverhütungsvorschriften

- zu Maßnahmen der Unternehmer und zum Verhalten der Versicherten zur Verhütung von Arbeitsunfällen,
- zur ärztlichen Untersuchung besonders gefährdeter Arbeitnehmer.

Bei allen Unfallverhütungsmaßnahmen ist der Betriebsrat mitbestimmungsberechtigt. Er kann über die gesetzlichen Vorschriften hinausgehende Betriebsvereinbarungen abschließen und ist verpflichtet, sich für die Durchsetzung der Unfallverhütungsvorschriften einzusetzen *(§§ 87–89 BetrVG)*.

Unfallverhütungsvorschriften (Auszug)

...

§ 14 Die Versicherten haben alle der Arbeitssicherheit dienenden Maßnahmen zu unterstützen. Sie sind verpflichtet, Weisungen des Unternehmens zum Zwecke der Unfallverhütung zu befolgen, es sei denn, es handelt sich um Weisungen, die offensichtlich unbegründet sind. Sie haben die zur Verfügung gestellten persönlichen Schutzausrüstungen zu benutzen. Die Versicherten dürfen sicherheitswidrige Weisungen nicht befolgen.

§ 15 Die Versicherten dürfen Einrichtungen nur zu dem Zweck verwenden, der vom Unternehmer bestimmt oder üblich ist.

§ 16 (1) Stellt ein Versicherter fest, dass eine Einrichtung sicherheitstechnisch nicht einwandfrei ist, so hat er diesen Mangel unverzüglich zu beseitigen. Gehört dies nicht zu seiner Arbeitsaufgabe oder verfügt er nicht über Sachkunde, so hat er den Mangel dem Vorgesetzten zu melden. ...

§ 30 (3) Rettungswege und Notausgänge dürfen nicht eingeengt werden und sind stets freizuhalten. ...

§ 35 (1) Versicherte dürfen bei der Arbeit nur Kleidung tragen, durch die ein Arbeitsunfall, insbesondere durch sich bewegende Teile von Einrichtungen, durch Hitze, ätzende Stoffe, elektrostatische Aufladung, nicht verursacht werden kann. ...

§ 47 Bereiche, in denen gesundheitsgefährliche Stoffe erfahrungsgemäß in gefährlicher Konzentration oder Menge auftreten können, dürfen nur von ausdrücklich befugten Personen und unter Anwendung der erforderlichen Sicherheitsmaßnahmen betreten oder befahren werden.

1.1.4.2   Sicherheits- und Gesundheitsschutzkennzeichnung

Auf Gefahren und Risiken, die trotz sicherheitstechnischer (GS-Zeichen = geprüfte Sicherheit) oder sicherheitsorganisatorischer Maßnahmen *(z. B. Tragen von Sicherheitsschuhen)* verbleiben, ist am Arbeitsplatz durch auffällige Sicherheitskennzeichnung (rote Verbots-, blaue Gebots-, gelbe Warn-, grüne Rettungsschilder) hinzuweisen.
Sicherheitskennzeichnungen

- sind kein Ersatz für technische und organisatorische Schutzmaßnahmen,
- geben eindeutige und wichtige Verhaltensvorgaben sowie Informationen und liefern Hinweise auf Sicherheitseinrichtungen.

---

[1] Vgl. zur gesetzlichen Unfallversicherung Seite 99 ff.

Des Weiteren besteht die Kennzeichnungspflicht bei allgemeinen Sicherheitsrisiken auf dem Betriebsgelände und bei der Beförderung gefährlicher Güter zu Lande, zu Wasser und in der Luft.

Kennzeichen sind so anzubringen, dass diese von allen Personen gesehen werden können.

Beispiele:

Verbotszeichen	Warnzeichen	Gebotszeichen	Rettungszeichen	

Feuer, offenes Licht und Rauchen verboten	Warnung vor gefährlicher elektrischer Spannung	Schutzschuhe tragen	Erste Hilfe	Richtungsangabe zur ersten Hilfe

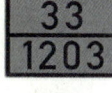

Gefahrenquellen frühzeitig erkennen bedeutet Unfälle vermeiden.

1.1.4.3   Sicherheitsregeln für Bildschirmarbeitsplätze

Der Computer hat sich seit vielen Jahren als unverzichtbares Arbeitsmittel durchgesetzt. So ist heute praktisch jeder Büroarbeitsplatz auch ein Bildschirmarbeitsplatz[1]. Um nachteilige Auswirkungen der Bildschirmarbeit auf die Gesundheit der Mitarbeiter/-innen zu vermeiden, sind von allen Arbeitgeber/-innen Normen und Richtlinien einzuhalten:

Bildschirmarbeitsverordnung *(BildscharbV)* *§ 4 Anforderungen an die Gestaltung* sowie *Anhang Nr. 10 und 14* www.bge.de/asp/dms.asp?url=/gv/bildscharbv/titel.htm	*DIN 4543* Büroarbeitsplätze, Flächen für die Aufstellung und Benutzung von Büromöbeln Teil 1 Sicherheitstechnische Anforderungen, Prüfung
BGI 650 Berufsgenossenschaftliche Information: Bildschirm- und Büroarbeitsplätze, Leitfaden für die Gestaltung Verwaltungsberufsgenossenschaft www.vbg.de	*DIN 4549* Büromöbel, Schreibtische, Büromaschinentische und Bildschirmarbeitsplätze, Maße
DIN EN 527 Büromöbel Teil 1 Büroarbeitstische, Maße	*DIN 4554* Büromöbel ohne Bürositzmöbel Anforderungen und Prüfung
DIN EN 527, DIN 4543, DIN 4549, DIN 4554, www.din.de/cmd?level=tpl-home&contextid=din	

---

[1] Siehe Prüfliste: www.ergonetz.de/bildschirm/downloads/checkliste.pdf

1

Diese Anforderungen gelten für alle Beschäftigten, die einen wesentlichen Teil ihrer normalen Arbeitszeit am Bildschirm verbringen. Dies bedeutet, dass jeder, der täglich etwa ein bis zwei Stunden am Bildschirm arbeitet, unter den Geltungsbereich der Vorschriften fällt.

Beispiel:

Der Bildschirm sollte so aufgestellt werden, dass die Blickrichtung um etwa 35° nach unten gesenkt ist, dabei einen rechten Winkel mit der entsprechend geneigten Bildschirmoberfläche bildet und der Blick die Oberkante des Bildschirms trifft.

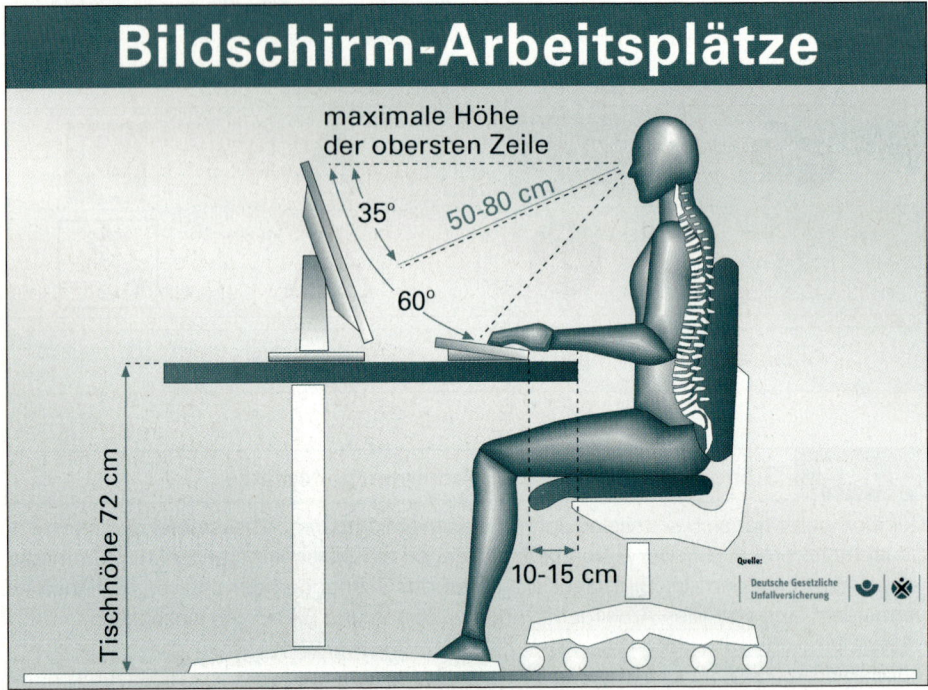

Quelle: Deutsche Gesetzliche Unfallversicherung e.V. (DGUV)

1.2 Berufsausbildung

Beispiel:

Die 17-jährige Auszubildende Anja Weiser möchte nach dem Besuch der Höheren Handelsschule eine Berufsausbildung als „Steuerfachangestellte" beim Steuerberater Hans Kern beginnen. Der Berufsausbildungsvertrag, ein Formular der zuständigen Steuerberaterkammer, wird von

- *dem Ausbilder, dem Steuerberater und vereidigten Buchprüfer Hans Kern,*
- *der Auszubildenden, Anja Weiser,*
- *den gesetzlichen Vertretern der Auszubildenden, ihren Eltern Ludwig und Lotti Weiser,*

unterzeichnet.

1.2.1 Duale Ausbildung

Berufsbildung umfasst die Berufsausbildung, die Berufsausbildungsvorbereitung, die berufliche Fortbildung und Umschulung. Es gelten die normalen arbeitsrechtlichen Regelungen, soweit das Berufsbildungsgesetz *(BBiG)* keine abweichenden Vorschriften beinhaltet.

Berufsbildung (§ 1 BBiG)			
Berufsausbildungs-vorbereitung	Berufsausbildung	berufliche Fortbildung	berufliche Umschulung
Heranführung an • eine Berufsausbildung in einem anerkannten Ausbildungsberuf oder • eine gleichwertige Berufsausbildung durch Vermittlung von Grundlagen zum Erwerb beruflicher Handlungskompetenz.	■ Berufliche Grundbildung • Erwerb von Berufserfahrung • fachliche Fertigkeiten • Kenntnisse ■ Lernorte • Kanzlei und • Berufsschule/Berufskolleg.	■ Erhaltung und Erweiterung beruflicher Kenntnisse und Fertigkeiten, ■ Anpassung an technische Entwicklungen.	Befähigung zu einer anderen beruflichen Tätigkeit.

Die Berufsausbildung in Deutschland erfolgt im **dualen Ausbildungssystem**. Die praktische Ausbildung wird im *Ausbildungsbetrieb* durchgeführt. Parallel dazu erfolgt die Vermittlung der theoretischen Kenntnisse in der *Berufsschule* in Form des Teilzeit- oder Blockunterrichts.

1

Grundstruktur des Bildungswesens in der Bundesrepublik Deutschland

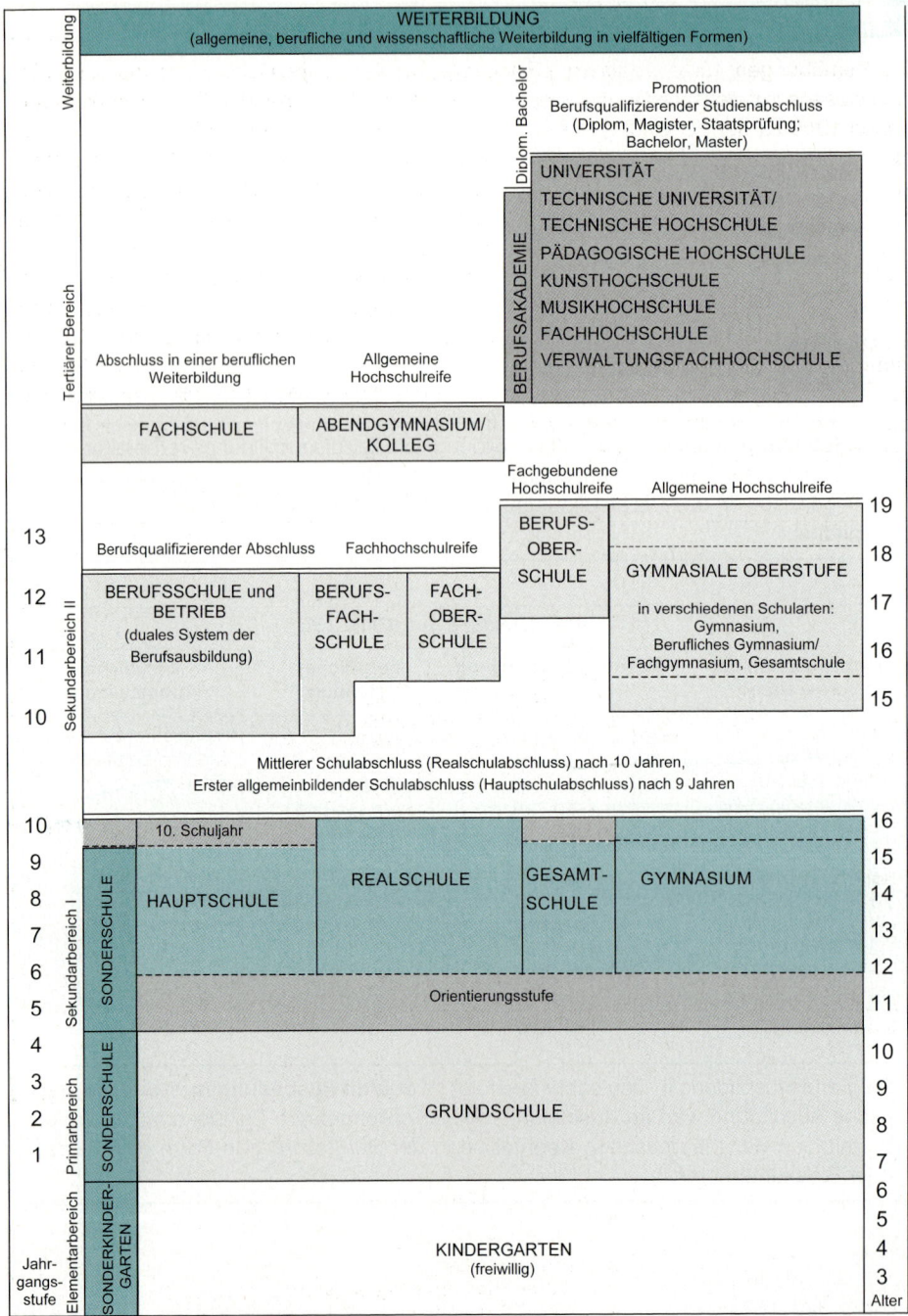

Quelle: Sekretariat der Ständigen Konferenz der Kultusminister der Länder in der Bundesrepublik Deutschland, Dokumentations- und Bildungsinformationsdienst, Bonn, Januar 2009

1.2.2 Entstehung und Rechtsgrundlagen der Berufsausbildung

1

Die Bemühungen, für das gesamte Bundesgebiet eine einheitliche Regelung des Lehrlingswesens auf dem Gebiet der steuer- und wirtschaftsberatenden Berufe zu erlangen, haben 1949 zu der Schaffung des Ausbildungsberufs des *„Gehilfen in wirtschafts- und steuerberatenden Berufen"* geführt, für den zunächst die Industrie- und Handelskammern zuständig waren. Das **Berufsbildungsgesetz** *(BBiG)* von 1969 hat dann die Zuständigkeit für diesen Ausbildungsberuf der Wirtschaftsprüferkammer und den damals bestehenden Berufskammern der Steuerberater und Steuerbevollmächtigten zugewiesen. Die Wirtschaftsprüferkammer nahm die nach dem *BBiG* gegebene Möglichkeit wahr, ihre Zuständigkeit durch entsprechende Vereinbarungen auf die Berufskammern der Steuerberater und Steuerbevollmächtigten zu übertragen. Seit dem Zusammenschluss beider Berufskammern am 1. Jan. 1975 zu den Steuerberaterkammern sind diese für den Ausbildungsberuf zuständig. Die **Ausbildungsordnung** vom 9. Mai 1996 hat für die Gehilfenausbildung eine neue Rechtsgrundlage und gleichfalls eine geänderte Berufsbezeichnung als *„Steuerfachangestellter/Steuerfachangestellte"* geschaffen.

Auf die Berufsausbildung finden folgende Rechtsvorschriften Anwendung:

Gesetze	**Beispiele:** ■ *Berufsbildungsgesetz (BBiG)* ■ *Bürgerliches Gesetzbuch (BGB)* ■ *Jugendarbeitsschutzgesetz (JArbSchG)* ■ *Arbeitszeitgesetz (ArbZG)* ■ *Bundesurlaubsgesetz (BUrlG)* ■ *Entgeltfortzahlungsgesetz (EFZG)* ■ *Mutterschutzgesetz (MuSchG)* ■ *Bundeserziehungsgeldgesetz (BEEG)* ■ *Tarifvertragsgesetz (TVG)* ■ *Arbeitsgerichtsgesetz (ArbGG)* ■ *Betriebsverfassungsgesetz (BetrVG)* ■ *Sozialgesetzbuch (SGB)*
Rechtsverordnungen	**Beispiele:** ■ *Ausbildungsverordnungen gem. § 4 BBiG und Erprobungsverordnungen gem. § 6 BBiG* ■ *Ausbildereignungsverordnungen gem. § 30 Abs. 5 BBiG* ■ *Rechtsverordnungen für Fortbildungsprüfungen (§ 53 BBiG)*
Kammerrecht	**Beispiele:** ■ *Prüfungsordnungen gem. § 47 BBiG* ■ *Rechtsvorschriften für die Prüfung von Zusatzqualifikationen für Auszubildende (§ 9 BBiG)*
Sonstige Rechtsquellen	**Beispiele:** ■ *Berufsausbildungsvertrag* ■ *Tarifverträge* ■ *Betriebsvereinbarungen* ■ *betriebliche Übung* ■ *der Gleichbehandlungsgrundsatz* ■ *das Direktionsrecht* ■ *das Richterrecht*

1

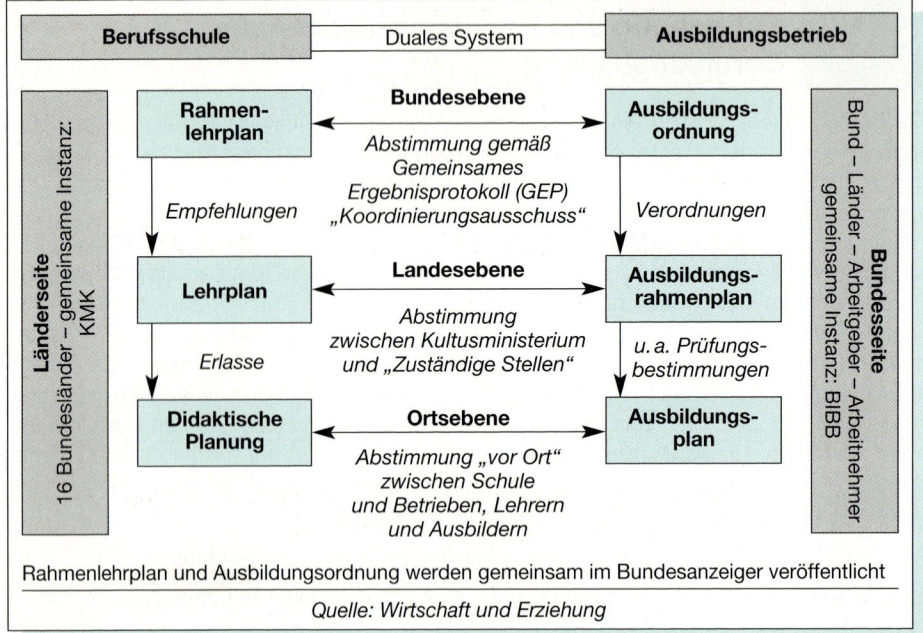

Quelle: Wirtschaft und Erziehung

Berufsbildungsgesetz

Das Berufsbildungsgesetz bildet die gesetzliche Grundlage für die Ausbildungsberufe im Dualen System. Die Einzelvorschriften konkretisieren die Eignung der Ausbildungsstätte, die persönliche und fachliche Eignung der Ausbilder, die Entstehung und die Inhalte des Berufsausbildungsvertrages, die Ordnung der Berufsausbildung, das Prüfungswesen und die Regelung sowie die Überwachung der Berufsausbildung.

Insbesondere regelt das *BBiG 2005* gegenüber dem *BBiG 1969* die Verpflichtung zur Lernortkooperation, die „gestreckte" Abschlussprüfung, die Antragsmöglichkeit zum zusätzlichen Ausweis der berufsschulischen Leistungsfeststellungen auf dem Zeugnis für die abgelegte Abschlussprüfung, einen Rechtsanspruch auf Zulassung zur Abschlussprüfung nach dem Besuch einer Vollzeitschule, Erleichterungen bei der Abnahme der Berufsabschlussprüfung sowie der Schaffung von Ausbildungsverbünden.

Ausbildungsordnung

Die Ausbildungsordnung regelt Dauer und Inhalt der Ausbildung sowie die Prüfungsanforderungen. Sie wird von Ministerien erlassen und durch die zuständigen Kammern überwacht.

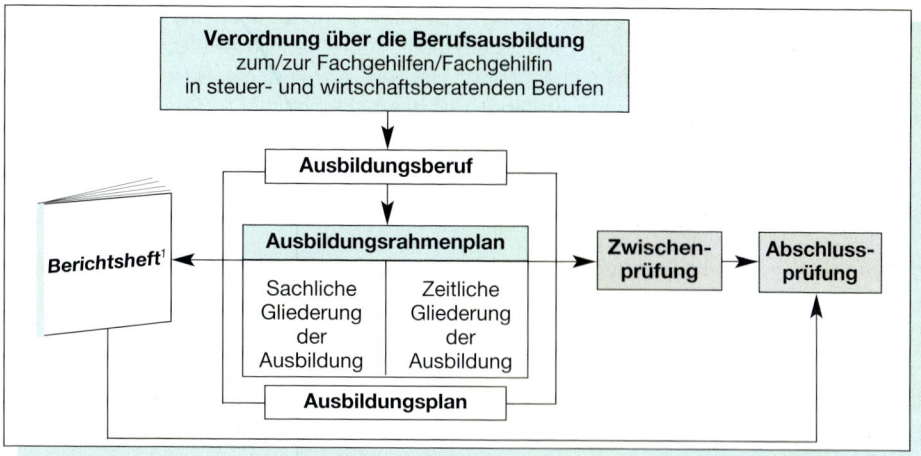

Nach dem **Ausbildungsberufsbild** sind für die Steuerfachangestellten folgende Kenntnisse und Fertigkeiten Gegenstand der Berufsausbildung:

1. *Ausbildungspraxis*
1.1 Bedeutung, Stellung und gesetzliche Grundlagen der steuerberatenden und wirtschaftsprüfenden Berufe
1.2 Personalwesen, arbeits- und sozialrechtliche Grundlagen
1.3 Berufsbildung
1.4 Arbeitssicherheit, Umweltschutz und rationelle Energieverwendung
2. *Praxis- und Arbeitsorganisation*
2.1 Inhalt und Organisation der Arbeitsabläufe
2.2 Kooperation und Kommunikation
3. *Anwenden von Informations- und Kommunikationstechniken*
4. *Rechnungswesen*
4.1 Buchführungs- und Bilanzierungsvorschriften
4.2 Buchführungs- und Abschlusstechnik
4.3 Lohn- und Gehaltsabrechnung
4.4 Erstellen von Abschlüssen
5. *Betriebswirtschaftliche Facharbeit*
5.1 Auswerten der Rechnungslegung
5.2 Finanzierung
6. *Steuerliche Facharbeit*
6.1 Abgabenordnung
6.2 Umsatzsteuer
6.3 Einkommensteuer
6.4 Körperschaftsteuer
6.5 Gewerbesteuer
6.6 Bewertungsgesetz
6.7 Vermögensteuer[2]

---

[1] Lt. *BBiG 2005* jetzt „schriftliche Ausbildungsnachweise".
[2] Festlegung der Inhalte erfolgte vor Abschaffung der Vermögensteuer (das *VStG* wird seit 1997 nicht mehr angewendet).

1

Der Ausbildende hat unter Zugrundelegung des Ausbildungsrahmenplans für den/die Aus-
zubildende(n) einen **Ausbildungsplan** zu erstellen. Sollte der/die Auszubildende in einer
landwirtschaftlichen Buchstelle ausgebildet werden, so sind die Besonderheiten der
Steuer- und Wirtschaftsberatung für land- und forstwirtschaftliche Betriebe zu berücksichtigen.

Außerdem ist vom Auszubildenden ein **Berichtsheft** in Form eines Ausbildungsnachwei-
ses zu führen.

Während des zweiten Ausbildungsjahres wird eine schriftliche **Zwischenprüfung** anhand
praxisbezogener Fälle oder Aufgaben in einer Prüfungsdauer von 180 Minuten durchgeführt. Die Prüfungsdauer kann bei einer programmierten Prüfungsform unterschritten
werden.

Die Zwischenprüfung erstreckt sich auf die im Ausbildungsrahmenplan für das erste Ausbildungsjahr aufgeführten Kenntnisse und Fertigkeiten der Führung von Nebenbüchern,
der Lohn- und Gehaltsabrechnung und auf den im Berufsschulunterricht entsprechend
den Rahmenplänen zu vermittelnden Lehrstoff, wobei regelmäßig die Aufgabenstellung
aus den Fächern Steuerlehre, Buchführung und Wirtschafts- und Sozialkunde erfolgt. Dabei hat das Ergebnis der Zwischenprüfung keinen Einfluss auf die Dauer der Ausbildung.
Die Zwischenprüfung dient allein der Ermittlung des Ausbildungsstandes und soll dem
Auszubildenden sowie dem Ausbildenden Gelegenheit geben, festgestellte Mängel bis zur
Abschlussprüfung zu beseitigen.

Am Ende der Ausbildungszeit legt der/die Auszubildende vor dem Prüfungsausschuss der
zuständigen Steuerberaterkammer die **Abschlussprüfung** ab, die sich auf alle im Ausbildungsrahmenplan angegebenen Kenntnisse und Fertigkeiten sowie auf die im Berufsschulunterricht für die Berufsausbildung notwendigen Lerninhalte bezieht. Die Abschlussprüfung wird schriftlich in den drei Fächern Steuerwesen, Rechnungswesen, Wirtschafts-
und Sozialkunde und mündlich im Prüfungsfach „Mandantenorientierte Sachbearbeitung"
durchgeführt.

Die **Zulassung** zur Abschlussprüfung setzt voraus:

■ absolvierte Ausbildungszeit oder eine nicht später als 2 Monate nach dem Prüfungs-
  termin endende Ausbildungszeit,
■ Teilnahme an der Zwischenprüfung,
■ geführtes Berichtsheft (Ausbildungsnachweis),
■ eingetragenes Berufsausbildungsverhältnis.

Die **Prüfung** erstreckt sich auf folgende **schriftliche** Prüfungsfächer:

■ Steuerwesen (Bearbeitungszeit etwa 150 Minuten),
■ Rechnungswesen (Bearbeitungszeit etwa 120 Minuten),
■ Wirtschafts- und Sozialkunde (Bearbeitungszeit etwa 90 Minuten).

Das **mündliche Prüfungsfach** „Mandantenorientierte Sachbearbeitung" besteht aus
einem Prüfungsgespräch. Der Prüfling soll ausgehend von einer von zwei ihm mit einer
Vorbereitungszeit von höchstens zehn Minuten zur Wahl gestellten Aufgaben zeigen, dass

er berufspraktische Vorgänge und Problemstellungen bearbeiten und Lösungen darstellen kann. Für das Prüfungsgespräch kommen insbesondere folgende Gebiete in Betracht:

a) allgemeines Steuer- und Wirtschaftsrecht,
b) Einzelsteuerrecht,
c) Buchführungs- und Bilanzierungsgrundsätze,
d) Rechnungslegung.

Das Prüfungsgespräch soll für den einzelnen Prüfling nicht länger als 30 Minuten dauern.

Ergänzungsprüfung: Sind in der schriftlichen Prüfung die Prüfungsleistungen in bis zu zwei Prüfungsfächern mit „mangelhaft" und in dem weiteren Prüfungsfach mit mindestens „ausreichend" bewertet worden, so ist auf Antrag des Prüflings oder nach Ermessen des Prüfungsausschusses in einem der mit „mangelhaft" bewerteten Prüfungsfächer die schriftliche Prüfung durch eine mündliche Prüfung von etwa 15 Minuten zu ergänzen, wenn diese für das Bestehen der Prüfung den Ausschlag geben kann. Das Prüfungsfach ist vom Prüfling zu bestimmen. Bei der Ermittlung des Ergebnisses für dieses Prüfungsfach sind die Ergebnisse der schriftlichen Arbeit und der mündlichen Ergänzungsprüfung im Verhältnis 2:1 zu gewichten.

Bei der Ermittlung des Gesamtergebnisses haben die Prüfungsfächer das gleiche Gewicht.

Zum Bestehen der Abschlussprüfung müssen im Gesamtergebnis, im Prüfungsfach Steuerwesen und in mindestens zwei weiteren der vier genannten Prüfungsfächer mindestens ausreichende Leistungen erbracht werden. Werden die Prüfungsleistungen in einem Prüfungsfach mit „ungenügend" bewertet, ist die Prüfung nicht bestanden.

Rahmenlehrplan

Der Rahmenlehrplan ist nach Ausbildungsjahren gegliedert. Er umfasst Lernfelder, Zeitrichtwerte, Zielformulierungen und Lerninhalte.

- **Lernfelder** sind thematische Einheiten, die sich an konkreten beruflichen Aufgabenstellungen und Handlungsabläufen orientieren, die mit dem Berufsbild verbunden sind.
- **Zeitrichtwerte** geben an, wie viele Unterrichtsstunden zum Erreichen der Lernziele einschließlich der Leistungsfeststellung vorgesehen sind.
- **Zielformulierungen** beschreiben die angestrebten Ergebnisse, die von den Lernenden in einem Lernfeld erreicht werden sollen. Sie werden als Elemente der beruflichen Handlungskompetenz unter Beachtung des Ausbildungsberufsbildes und des Ausbildungsrahmenplanes beschrieben.
- **Lerninhalte** sind die Unterrichtsinhalte, durch deren Behandlung die für ein Lernfeld angegebenen Zielformulierungen zu erreichen sind.

1

Übersicht über die Lernfelder des Ausbildungsberufes Steuerfachangestellte/Steuerfachangestellter				
Lernfelder	**Zeitrichtwerte**			
	1. Jahr	**2. Jahr**	**3. Jahr**	**Gesamt**
1	Mit der Berufsausbildung beginnen und im Betrieb mitarbeiten	40			40
2	Bei der Wahrung von Interessen der Mandanten gegenüber der Finanzverwaltung mitwirken und steuerlich relevante Vorgänge der Mandanten begründet zuordnen sowie die Grundlagen der Einkunftsermittlung darstellen	80			80
3	Bei der Ermittlung der Einkünfte mitwirken	80			80
4	Werte und Werteströme im Mandantenauftrag erfassen und dokumentieren	80			80
5	Am Abschluss und der Erfüllung von Verträgen im Betrieb mitwirken	40			40
6	Einkommen- und Körperschaftsteuererklärungen erstellen und -bescheide prüfen		80		80
7	Handels- und gesellschaftsrechtliche Fragen der Mandanten klären und beantworten		80		80
8	Im Mandantenauftrag Geschäftsvorfälle aus betrieblichen Funktionsbereichen erfassen und dokumentieren		40		40
9	Lohn- und Gehaltsabrechnungen für Mandanten vornehmen und buchen		40		40
10	Umsatzsteuerlich relevante Geschäftsvorfälle der Mandanten auf ihre Steuerbarkeit und Steuerpflicht überprüfen		40		40
11	Umsatzsteuervoranmeldungen/-erklärungen erstellen und Bescheide prüfen			60	60
12	Gewerbesteuererklärungen erstellen und Steuerbescheide prüfen			60	60
13	Investitionsanlässe bei Mandanten unterscheiden und deren Finanzierungsmöglichkeiten beurteilen			40	40
14	Beim Erstellen von Jahresabschlüssen mitarbeiten			80	80
15	Beim Auswerten und Interpretieren von Jahresabschlüssen unter Einschluss mikro- und makroökonomischer Kriterien mitwirken			40	40
	Gesamt	**320**	**280**	**280**	**880**

Vertiefungen innerhalb der Lernfelder sind im Rahmen weiter gehender berufsspezifischer Aufgabenstellungen und durch den Einsatz von Informations- und Kommunikationssystemen zu realisieren.

1.2.3 Berufsausbildungsvertrag

Ein **Berufsausbildungsverhältnis** als privatrechtliches Verhältnis zwischen dem Auszubildenden (bei Minderjährigen dem gesetzlichen Vertreter: Vater, Mutter, Vormund) und dem Ausbildenden wird durch Vertrag begründet *(§ 10 Abs. 1 BBiG)*. Der **Berufsausbildungsvertrag** kommt durch die Einigung der Vertragsparteien zustande und ist in schriftlicher Form abzufassen *(§ 11 Abs. 1 BBiG)*.

Ausbildender (Wirtschaftsprüfer/Steuerberater/vereidigter Buchprüfer/Steuerbevollmächtigter/Wirtschafts-/Steuerberatungsgesellschaft) ist derjenige, der einen anderen zur Berufsausbildung einstellt. Vom Ausbildenden ist derjenige zu unterscheiden, der die Ausbildung durchführt. Das kann der Ausbildende selbst oder ein von ihm beauftragter **Ausbilder** sein. Der **Auszubildende** ist derjenige, der ausgebildet wird.

Als **Mindestangaben** muss der Berufsausbildungsvertrag folgende Angaben enthalten *(§ 11 Abs. 1 S. 2 BBiG)*:

- Art, sachliche und zeitliche Gliederung sowie Ziel der Berufsausbildung, insbesondere die Berufstätigkeit, für die ausgebildet werden soll,
- Beginn und Dauer der Berufsausbildung,
- Ausbildungsmaßnahmen außerhalb der Ausbildungsstätte (Besuch der Berufsschule),
- Dauer der regelmäßigen täglichen Ausbildungszeit,
- Dauer der Probezeit (mindestens 1 Monat, maximal 4 Monate; *§ 20 BBiG*),
- Zahlung und Höhe der Vergütung *(§§ 17–19 BBiG)*,
- Dauer des Urlaubs,
- Voraussetzungen, unter denen der Berufsausbildungsvertrag schriftlich gekündigt werden kann.
  - Kündigung in der Probezeit *(§ 22 Abs. 1 BBiG)*
  - Kündigung nach der Probezeit
    - aus wichtigem Grund *(§ 22 Abs. 2 Nr. 1 u. 4 BBiG)*
    - durch Aufgabe **dieser** Berufsausbildung mit einer Kündigungszeit von 4 Wochen *(§ 22 Abs. 2 Nr. 2 BBiG)*

Die Beteiligten (Ausbildender, Auszubildender, Erziehungsberechtigte) übernehmen mit dem Abschluss des Berufsausbildungsvertrages **Pflichten**, die gleichzeitig die **Rechte** der anderen Vertragspartner sind *(§§ 13–19, 27–33 BBiG)*.

Pflichten der Vertragsparteien	
Auszubildender	Dienstleistungspflicht, Gehorsamspflicht, Sorgfaltspflicht, Schweige- und Treuepflicht, Berufsschulpflicht, Lernpflicht, Führung des Berichtsheftes, Haftpflicht
Ausbildender	Ausbildungspflicht, Fürsorgepflicht, Vergütungspflicht, Zeugnispflicht, Meldepflicht
Erziehungsberechtigte	Unterstützungspflicht, Haftpflicht

Die **Ausbildungsdauer** beträgt grundsätzlich 3 Jahre.

Vor Ablauf der Ausbildungszeit kann ein Auszubildender nach Anhören des Ausbildenden und der Berufsschule **vorzeitig** zur Prüfung zugelassen werden, wenn seine Leistungen dies rechtfertigen. Diese Ausnahmeregelung in Anspruch zu nehmen setzt voraus, dass die bisher erbrachten Leistungen des Auszubildenden über dem Durchschnitt liegen, sodass davon auszugehen ist, dass der Prüfungsstoff im Wesentlichen beherrscht wird. Unter welchen Bedingungen eine vorzeitige Abschlussprüfung möglich ist, regeln die zuständigen Steuerberaterkammern unterschiedlich.

1

Andererseits ist auf Antrag des Auszubildenden die Ausbildungsdauer zu **verlängern**, wenn die Verlängerung erforderlich ist, um das Ausbildungsziel zu erreichen.

Die **Ausbildungsdauer endet**

- mit Ablauf der vereinbarten Ausbildungszeit oder
- mit dem Tage der Feststellung des Prüfungsergebnisses (kann vor oder nach dem Ablauf der vereinbarten Ausbildungszeit liegen).

Besteht der Auszubildende die Abschlussprüfung nicht, **so verlängert** sich das Ausbildungsverhältnis auf sein Verlangen bis zur nächstmöglichen Wiederholungsprüfung, im Falle des Nichtbestehens der Wiederholungsprüfung bis zu einer evtl. zulässigen erneuten Wiederholungsprüfung, höchstens jedoch um ein Jahr.

1.2.4   Berufsausübung

Die beruflichen Tätigkeitsbereiche des(r) Steuerfachangestellten umfassen im Wesentlichen die Aufgabenbereiche, die für die freiberuflich tätigen Angehörigen der steuer- und wirtschaftsberatenden Berufe gelten.

Der gesetzliche Auftrag der **Steuerberater** umfasst:

- Mandanten bei der Erfüllung ihrer Buchführung zu unterstützen,
- sie in Steuerangelegenheiten zu beraten und
- sie vor Finanzbehörden und Finanzgerichten zu vertreten.

Des Weiteren übernehmen die **Wirtschaftsprüfer** und **vereidigten Buchprüfer** die Aufgabe, betriebswirtschaftliche und Jahresabschlussprüfungen durchzuführen und Bestätigungsvermerke über das Ergebnis dieser Prüfungen zu erteilen.

Immer häufiger schließen sich Wirtschaftsprüfer und Steuerberater zu Gesellschaften[1] zusammen. Nach § 49 ff. StberG sind zulässig: Aktiengesellschaften, Kommanditgesellschaften auf Aktien, Gesellschaften mit beschränkter Haftung, Offene Handelsgesellschaften, Kommanditgesellschaften (einschl. GmbH & Co. KG) und Partnerschaftsgesellschaften. Offene Handelsgesellschaften und Kommanditgesellschaften können als Steuerberatungsgesellschaften anerkannt werden, wenn sie wegen ihrer Treuhandtätigkeit als Handelsgesellschaften in das Handelsregister eingetragen worden sind. Weiterhin zulässig sind Sozietäten als Gesellschaft des bürgerlichen Rechts *(GbR) nach § 705 ff. BGB*.

◻ Steuerfachangestellte(r)

Dem(r) Steuerfachangestellten kommt die Aufgabe zu, den Berufsangehörigen bei seiner Arbeit zu unterstützen und zuzuarbeiten.

Beispiele:

- *Übernahme von laufenden Buchführungsarbeiten,*
- *steuerliche Arbeiten für einen bestimmten Mandantenkreis,*
- *je nach Größe der Beratungspraxis Übernahme selbstständiger Arbeitsbereiche wie Lohnabrechnung für die Mitarbeiter der Beratungspraxis,*
- *Vorbereitung der Abschlüsse für Kapitalgesellschaften einschließlich Anhang und Lagebericht.*

---

[1]   Vgl. Seiten 360 ff.

Die verantwortungsvolle **Tätigkeit** des(r) Steuerfachangestellten setzt voraus:

- fundierte und breit angelegte Kenntnisse auf dem Gebiet des Rechnungs- und Steuerwesens,
- ausreichendes Fachwissen auf dem Gebiet des Arbeits-, Sozial- und Wirtschaftsrechts,
- betriebswirtschaftliche Grundkenntnisse und Grundzüge der Datenverarbeitung,
- Fähigkeit und Bereitschaft zur ständigen Fortbildung, um das Fachwissen permanent weiterzuentwickeln und den neuesten Gegebenheiten anzugleichen,
- gute Umgangsformen mit Mandanten und Behörden sowie sicheres Auftreten mit der Fähigkeit zur Menschenführung.

Es gibt **keine Tarifverträge** für den Bereich der steuer- und wirtschaftsberatenden Berufe. Vereinbarungen über Gehaltszahlungen, Urlaubsdauer, soziale Sonderzuwendungen usw. bedürfen der einzelvertraglichen Regelung.

■ Bürovorsteher(in)

Sowohl besondere Eignung und Bewährung als auch die überdurchschnittliche berufliche Bereitschaft zur Fortbildung erlauben es dem(r) Fachangestellten, Bürovorsteher(in) zu werden. Dem Bürovorsteher/der Bürovorsteherin wird ein hohes Maß an Verantwortung und Vertrauen abverlangt. Grundsätzlich obliegt ihm/ihr die Aufgabe, den reibungslosen Ablauf der Praxistätigkeiten zu organisieren. Weitere Aufgabenübertragungen sind abhängig von der Größe der Büropraxis.

Beispiele:

- *Selbstständige Mandantenbetreuung*
- *Fristenkontrolle und Terminführung*
- *Gebühren- und Kostenberechnung*
- *Regelung personeller Angelegenheiten*
- *Ausbilderfunktion übernehmen und die berufliche Fort- und Weiterbildung der übrigen Mitarbeiter organisieren und fördern*

■ Fort- und Weiterbildungsmöglichkeiten

Ohne berufliche Fortbildung wird der/die Steuerfachangestellte seinen (ihren) Beruf auf Dauer nicht mit Erfolg ausüben können. Deshalb bieten viele Institutionen Fortbildungskurse für Steuerfachangestellte an. Dazu zählen die Berufsverbände des steuerberatenden Berufs sowie die Steuerberaterkammern. Der Blick in die Fachzeitschriften gibt einen ersten Überblick. Auskünfte erteilen zudem die jeweiligen Geschäftsstellen der Standesorganisationen.

Zum Nachweis von Kenntnissen, Fertigkeiten und Erfahrungen, die durch berufliche Fortbildung erworben wurden, bieten die Steuerberaterkammern die Fortbildungsprüfung mit der Abschlussbezeichnung **Steuerfachwirt/in** oder **Steuerfachassistent/in** an. Ebenfalls bieten die Industrie- und Handelskammern die klassische Fortbildungsprüfung zum/zur **Bilanzbuchhalter(in)** an. Zulassungsvoraussetzung zur Prüfung ist der Abschluss einer erfolgreich beendeten 3-jährigen kaufmännischen Ausbildung sowie eine umfassende Tätigkeit im betrieblichen Rechnungswesen von 3 Jahren nach Abschluss der Ausbildung.

Klassischerweise handelt es sich bei dem Beruf des Steuerberaters bzw. Wirtschaftsprüfers um einen weitgehend akademischen Beruf. Trotzdem steht dem/der Steuerfachangestellten im Gegensatz zum Rechtsanwalts-/Notargehilfen oder der Arzthelferin generell die Möglichkeit offen, zur **Prüfung zum/zur Steuerberater(in)** oder **Wirtschaftsprüfer(in)** zugelassen zu werden.

1

> *Beispiel:*
>
> *Zulassungsvoraussetzung zur Steuerberaterprüfung für einen Steuerfachangestellten ist die 10-jährige hauptberufliche Tätigkeit nach dem Berufsausbildungsabschluss auf dem Gebiet der von den Bundes- oder Landesfinanzbehörden verwalteten Steuern (Verkürzung auf 7 Jahre für Bilanzbuchhalter und Steuerfachwirte).*
> *Zulassungsvoraussetzung zur Wirtschaftsprüferprüfung für einen Steuerfachangestellten ist die mindestens 10-jährige Mitarbeit bei einem Wirtschaftsprüfer oder einer Wirtschaftsprüfungsgesellschaft und die Ableistung einer wenigstens 2-jährigen Prüfertätigkeit in dieser Zeit (§ 9 Abs. 2 WPO).*
> *Nur denjenigen Steuerfachangestellten stehen die letztgenannten Fortbildungsmöglichkeiten offen, die außerordentlich befähigt und gut vorbereitet sind.*

1.3   Aufgaben und Grundlagen des Arbeitsrechts

> Das **Arbeitsrecht** beinhaltet alle Rechtsnormen, die sich auf eine in persönlicher Abhängigkeit geleistete Arbeit beziehen.

Arbeitsrecht ist das Sonderrecht, das die Rechtsbeziehungen zwischen Arbeitgeber und Arbeitnehmer regelt. Über 80 % aller Erwerbstätigen sind nicht selbstständige Arbeitnehmer(innen).
Gründe für ein sich ständig änderndes Arbeitsrecht sind
- die Schutzbedürftigkeit von Arbeitnehmer(innen),
- die persönliche Abhängigkeit von Arbeitnehmer(innen),
- die wirtschaftliche Abhängigkeit von Arbeitnehmer(innen),
- die zuerst einmal nicht eigene, sondern fremde Nutzen der Leistung der Arbeitnehmer(innen),
- das Bedürfnis nach einem Ausgleich zwischen den Interessen von Arbeitgeber(innen) und Arbeitnehmer(innen).

Arbeitsverhältnis

Das Arbeitsverhältnis umfasst die Gesamtheit aller Rechtsbeziehungen zwischen Arbeitgeber(in) und Arbeitnehmer(in).

Das Arbeitsverhältnis wird i. d. R. durch einen privatrechtlichen Arbeitsvertrag zwischen Arbeitgeber(in) und Arbeitnehmer(in) begründet, der ein Dienstvertrag nach § 611 BGB ist und Arbeitnehmer(innen) zur unselbstständigen Arbeit verpflichtet.
Arbeitnehmer(innen)
- sind weisungsgebunden,
- gliedern sich in einen fremden Organisationsbereich ein,
- sind an feste Arbeitszeiten und häufig gleichzeitig an einen festen Arbeitsplatz gebunden und
- verpflichten sich zur Erbringung der gesamten Arbeitskraft.

Aus dem Arbeitsvertrag, aus den Betriebsvereinbarungen, aus tarifvertraglichen und gesetzlichen Bestimmungen ergeben sich die einzelnen Rechte und Pflichten, insbesondere die Art der zu leistenden Arbeit und deren Vergütung.
Das Arbeitsverhältnis beginnt mit dem Abschluss des Arbeitsvertrages, auch wenn der Arbeitsantritt später erfolgt. Es wird im Normalfall durch Kündigung beendet.

Arbeitgeber(in) – Arbeitnehmer(innen)

Arbeitgeber(in) ist, wer
- Arbeitnehmer(innen) beschäftigt einschließlich der zu ihrer Berufsbildung Beschäftigten,
- die Arbeitsleistung von Arbeitnehmer(innen) aufgrund des Arbeitsvertrages fordern kann,
- Arbeitnehmer(innen) das Arbeitsentgelt schuldet,
- Arbeitgeber(innen) gleichgestellt ist und wer in sonstiger Weise selbstständig tätig wird.

Arbeitnehmer/-innen im arbeitsrechtlichen Sinne sind
- natürliche Personen,
- die aufgrund eines privatrechtlichen Vertrags verpflichtet sind,
- höchstpersönlich ihre Arbeitskraft
- sachlich-fachlich und örtlich weisungsgebunden,
- organisatorisch und zeitlich eingebunden,
- in persönlicher Abhängigkeit
- gegen Entgelt zur Verfügung zu stellen.

Steuerrechtlich und sozialversicherungsrechtlich sind zum Teil abweichende Definitionen möglich.

Als **arbeitnehmerähnlich** (vgl. *§ 12a TVG*) gelten natürliche Personen, die
- weder weisungsgebunden noch persönlich abhängig,
- aber wirtschaftlich abhängig und sozial schutzbedürftig sind und
- nur für einen Auftraggeber arbeiten.

Hierzu zählen insbesondere Heimarbeiter(innen) und ihnen Gleichgestellte.

Die Unterscheidung in Arbeiter(in) und Angestellte(r) hat heute rechtlich kaum noch Bedeutung.

Die Einordnung als **leitende/r Angestellte/r** nach *§ 5 Abs. 3 BetrVG* erfolgt insbesondere nach
- nach der Befugnis der selbstständigen Einstellung und Entlassung von Arbeitnehmer(innen),
- nach der Wahrnehmung unternehmerisch bedeutsamer Aufgaben in eigener Verantwortung,
- aufgrund weitgehender Vollmachten (z. B. Generalvollmacht, Prokura)

Für leitende Angestellte
- ist grundsätzlich das Betriebsverfassungsgesetz nicht anwendbar *(§ 5 Abs. 3 BetrVG)*,
- muss in Betrieben mit mindestens 10 leitenden Angestellten ein Sprecherausschuss errichtet werden *(§ 1 SprAuG)*,
- gilt nicht das Arbeitszeitgesetz *(§ 18 Abs. 1 Nr. 1 ArbZG)*,
- muss mindestens ein/e leitende/r Angestellte/r dem Aufsichtsrat einer mitbestimmten Gesellschaft angehören,
- gilt u. U. ein verminderter Kündigungsschutz *(§ 14 Abs. 2 KSchG)*.

Vom Arbeitnehmer sind zu unterscheiden
- Beamte, Richter, Soldaten,
- Familienangehörige gem. *§§ 1619, 1360 BGB,*
- Gesellschafter von Personengesellschaften,
- Organmitglieder von juristischen Personen,
- Strafgefangene.

Rechtsquellen des Arbeitsrechts

1

Europäisches Recht
EG-Richtlinien
EG-Verordnungen

Deutsches Verfassungsrecht

Grundgesetz	**Landesverfassungen**
Art. 1 Abs. 1 GG	Schutz der Menschenwürde
Art. 2 Abs. 1 GG	Recht auf freie Entfaltung der Persönlichkeit
Art. 2 Abs. 2 GG	Recht auf Leben und körperliche Unversehrtheit
Art. 3 Abs. 1 GG	Gleichheitssatz
Art. 3 Abs. 2 GG	Gleichheit von Mann und Frau
Art. 9 GG	Koalitionsfreiheit
Art. 12 Abs. 1 GG	freie Wahl von Beruf, Arbeitsplatz und Ausbildungsstätte

Deutsche Gesetze und Rechtsverordnungen

Für alle Arbeitnehmer/-innen geltende Vorschriften	**Für bestimmte Berufszweige geltende Vorschriften**	**Kollektives Arbeitsrecht**
Beispiele:	*Beispiele:*	*Beispiele:*
■ *Bürgerliches Gesetzbuch (BGB)*	■ *Gewerbeordnung (z.B. § 105 ff. GewO)*	■ *Tarifvertragsgesetz (TVG)*
■ *Arbeitszeitgesetz (ArbZG)*	■ *Handelsgesetzbuch (z. B. § 59 ff. HGB)*	■ *Berufsbildungsgesetz (BBiG)*
■ *Arbeitsschutzgesetz (ArbSchG)*	■ *Fahrpersonalgesetz (FPersG)*	■ *Beschäftigtenschutzgesetz (BSchutzG)*
■ *Arbeitssicherheitsgesetz (ASiG)*	■ *Heimarbeitsgesetz (HAG)*	■ *Betriebsverfassungsgesetz (BetrVG)*
■ *Arbeitsstättenverordnung (ArbStättV)*	■ *Seemannsgesetz (SeemG)*	■ *Mitbestimmungsgesetz (MitbestG)*
■ *Arbeitsgerichtsgesetz (ArbGG)*	■ *Ladenschlussgesetz (LadSchlG)*	■ *Nachweisgesetz (NachwG)*
■ *Allgemeines Gleichbehandlungsgesetz (AGG)*	■ *Bildschirmarbeitsverordnung (BildscharbV)*	■ *Tarifvertrag*
■ *Arbeitnehmer-Entsendegesetz (AEntG)*	■ *Biostoffverordnung*	■ *Betriebsvereinbarung*
■ *Arbeitnehmererfindungsgesetz (ArbEG)*	■ *Druckluftverordnung*	■ *Entgeltfortzahlungsgesetz (EntgFG)*
■ *Bundesurlaubsgesetz (BUrlG)*	■ *Baustellenverordnung*	■ *Gesetz zur Verbesserung der betrieblichen Altersversorgung (BetrAVG)*
■ *Bundeselterngeld- und Elternzeitgesetz (BEEG)*		■ *Sozialgesetzbuch (SGB)*
■ *Jugendarbeitsschutzgesetz (JArbSchG)*		■ *Gesetz zur Bekämpfung der Schwarzarbeit (SchwarzArbG)*
■ *Kündigungsschutzgesetz (KSchG)*		■ *Teilzeit- und Befristungsgesetz (TzBfG)*
■ *Aufwendungsausgleichgesetz (AAG)*		
■ *Mutterschutzgesetz (MuSchG)*		
■ *Nachweisgesetz (NachwG)*		
■ *Teilzeit- und Befristungsgesetz (TzBfG)*		

Tarifvertrag
Tarifvertragsgesetz *(TVG)*

Betriebsvereinbarungen *(§ 88 BetrVG)*

Arbeitsvertrag *(§ 611 ff. BGB)*

1

> **Beachte:** Für die Berufserstausbildung, berufliche Fortbildung, berufliche Umschulung gelten die normalen arbeitsrechtlichen Regeln soweit das Berufsbildungsgesetz (BBiG) keine abweichenden Vorschriften beinhaltet.

Das **Arbeitsrecht** ist in keinem umfassenden Arbeitsgesetzbuch kodifiziert, sondern ergibt sich aus einer **Vielzahl von Einzelgesetzen**.

Beispiele:

Frau Marga Möge, 20 Jahre alt, schließt mit dem Steuerberater Steuer einen Berufsausbildungsvertrag ab.	*§§ 3, 4 BBiG*
Nach bestandener Prüfung zur Fachangestellten unterschreiben Frau Möge und Herr Steuer einen unbefristeten Arbeitsvertrag.	*§§ 145, 611 ff.* *Es gelten die allgemeinen Regeln (z. B. §§ 104 ff., 145 ff., 164 ff., 275 ff., 305 ff., 320 ff., 611 ff. BGB; SGB, BUrlG, Tarifvertrag, evtl. Betriebsverein-barungen).*
Im September beantragt Frau Möge 1 Woche Urlaub.	*§§ 3, 4, 5, 11 BUrlG*
Frau Möge wird schwanger und teilt dem Arbeitgeber mit, dass sie im Juni des Folgejahres ein Baby erwartet.	*§ 9 MuSchG*

Teilbereiche des Arbeitsrechtes

Individualarbeitsrecht	**Kollektivarbeitsrecht**
Regelung der Beziehungen zwischen dem Arbeitgeber und dem einzelnen Arbeitnehmer ■ Arbeitsvertragsrecht ■ Kündigungsschutzrecht	Regelung der Beziehungen zwischen den Arbeitgeberverbänden und der Gesamtheit der Belegschaft bzw. den Arbeitgeberverbänden und Gewerkschaften ■ Tarifvertragsrecht ■ Betriebsverfassungsrecht ■ Arbeitskampf-/Schlichtungsrecht ■ Arbeitsgerichtsbarkeit

1.3.1   Individualarbeitsrecht

1.3.1.1   Arbeitsvertragsrecht

> Der **Arbeitsvertrag** (Einzelarbeitsvertrag) bildet die Rechtsgrundlage für ein individuell geschlossenes Arbeitsverhältnis zwischen dem einzelnen Arbeitnehmer und dem Arbeitgeber.

Der **Arbeitsvertrag ist ein Dienstvertrag** im Sinne des *§ 611 ff. BGB*. Das Arbeitsverhältnis selbst stellt rechtlich gesehen ein auf Austausch von Arbeitsleistung und Vergütung gerichtetes Dauerschuldverhältnis zwischen Arbeitnehmer und Arbeitgeber dar.

1

Prinzipiell gilt für das Arbeitsvertragsrecht der **Grundsatz der Vertragsfreiheit** *(Art. 12 GG)* und die inhaltliche **Gestaltungsfreiheit**, die jedoch durch Arbeitsrechtsvorschriften eingeschränkt wird. Seit dem 21. Juli 1995 haben nach dem *„Gesetz über den Nachweis der für ein Arbeitsverhältnis geltenden wesentlichen Bedingungen – Nachweisgesetz"* grundsätzlich alle Arbeitnehmer einen **Anspruch** auf eine in Schriftform gehaltene Vertragsausfertigung. Der Arbeitgeber hat spätestens 1 Monat nach dem vereinbarten Beginn des Arbeitsverhältnisses die wesentlichen Vertragsbedingungen schriftlich niederzulegen, die Niederschrift zu unterzeichnen und dem Arbeitnehmer auszuhändigen *(§ 2 Abs. 1 S. 1 Nachweisgesetz)*. Verstößt der Arbeitgeber gegen dieses Schriftformerfordernis, wird der Arbeitsvertrag allerdings nicht unwirksam, er ist vielmehr auch ohne Einhaltung der Schriftform gültig. Der Arbeitnehmer kann allerdings seinen Arbeitgeber auf Fertigung und Herausgabe einer Niederschrift **verklagen**.

Bei Arbeitsverträgen mit Minderjährigen ist die Zustimmung des gesetzlichen Vertreters notwendig.

Bestehende Arbeitsverträge
Für bereits bestehende, mündliche Arbeitsverträge gilt das Nachweisgesetz nur bedingt. Nur dann, wenn der Arbeitnehmer ausdrücklich eine Niederschrift, also einen schriftlichen Arbeitsvertrag verlangt, ist der Arbeitgeber verpflichtet, innerhalb von zwei Monaten eine solche Niederschrift, die im Wesentlichen einem Arbeitsvertrag gleicht, dem Arbeitnehmer auszuhändigen.

Ausnahmen gibt es auch
Ist der Arbeitnehmer nur bis zu 400 Stunden im Jahr als vorübergehende Aushilfe oder ausschließlich im Familienhaushalt tätig (Haushaltshilfe, Pflegehilfe), so ist ein schriftlicher Arbeitsvertrag nicht notwendig. Voraussetzung hierfür ist aber, dass nur geringfügig gearbeitet wird. Nur in diesen Fällen darf auch weiterhin auf mündlicher Vertragsbasis gearbeitet werden.

Der Arbeitgeber wird durch den Arbeitsvertrag **erheblich gebunden**. Aus diesem Grund steht dem Arbeitgeber ein **Fragerecht** zu. Der Arbeitnehmer hat zulässige Fragen zu seiner Ausbildung, zu seinen früheren Arbeitsverhältnissen, Fähigkeiten und zu seiner Gesundheit zu beantworten. Das Fragerecht des Arbeitgebers bestimmt sich nach dem Umfang und den Grenzen des Aufgabenkreises, der dem Arbeitnehmer übertragen werden soll.

Beispiel:

Die Frage nach einer bestehenden Schwangerschaft ist grundsätzlich nicht zulässig und braucht deswegen nicht beantwortet zu werden.

Nach *§ 2 NachwG* muss ein Arbeitsvertrag mindestens enthalten:

- den Namen und die Anschriften der Vertragsparteien
- den Zeitpunkt des Beginns des Arbeitsverhältnisses
- bei befristeten Arbeitsverhältnissen: die vorhersehbare Dauer des Arbeitsverhältnisses
- den Arbeitsort, bzw. der Hinweis darauf, dass der Arbeitnehmer an verschiedenen Orten beschäftigt werden kann
- eine kurze Charakterisierung oder Beschreibung der vom Arbeitnehmer zu leistenden Tätigkeit
- die Zusammensetzung und Höhe des Arbeitsentgelts einschließlich der Zuschläge, der Zulagen, Prämien und Sonderzahlungen sowie anderer Bestandteile des Arbeitsentgelts und deren Fälligkeit
- die vereinbarte Arbeitszeit
- die Dauer des jährlichen Erholungsurlaubs
- die Fristen für die Kündigung des Arbeitsverhältnisses
- einen in allgemeiner Form gehaltener Hinweis auf die Tarifverträge, Betriebs- und Dienstvereinbarungen, die auf das Arbeitsverhältnis anzuwenden sind

- die Dauer der im Ausland auszuübenden Tätigkeit
- die Währung, in der das Gehalt ausgezahlt wird
- ein zusätzliches, mit dem Auslandsaufenthalt verbundenes Arbeitsentgelt und damit verbundene zusätzliche Sachleistungen
- die vereinbarten Bedingungen für die Rückkehr des Arbeitnehmers

1.3.1.2   Pflichten und Rechte aus dem Arbeitsverhältnis

Die Pflichten und Rechte des Arbeitnehmers und Arbeitgebers ergeben sich inhaltlich aus den Arbeitsrechtsbestimmungen, es sei denn, im Arbeitsvertrag werden zulässige Abweichungen vereinbart. Aus den Pflichten des Arbeitgebers ergeben sich einerseits die Rechte des Arbeitnehmers und aus den Rechten des Arbeitgebers die Pflichten des Arbeitnehmers.

Pflichten des Arbeitgebers = Rechte des Arbeitnehmers		
Vergütungs-pflicht	§§ 612, 614 616 BGB, § 64 HGB	■ pünktliche Zahlung des Lohnes bzw. des Gehaltes unter der Voraussetzung, dass die Arbeitsleistung tatsächlich erbracht wurde ■ unverschuldete Verhinderung berechtigt nicht zur Kürzung der Entgeltzahlung (z. B. Lohnfortzahlung im Krankheitsfalle bis 6 Wochen, Ladung als Zeuge vor Gericht, eigener Hochzeitstag, Tod des Ehepartners)
Fürsorge-pflicht	§ 617 ff. BGB § 62 HGB	■ Anmeldung des Arbeitnehmers bei der Krankenkasse und Abführung der Sozialversicherungsbeiträge ■ Schutz der Gesundheit des Arbeitnehmers sowie Beachtung der Unfallverhütungsvorschriften und der Arbeitsgesetze ■ Gleichbehandlungspflicht von Frauen und Männern, Teilzeit- und Vollzeitbeschäftigten ■ den Arbeitnehmer vor ungerechter Behandlung durch Vorgesetzte, vor rechtswidrigen Handlungen von Arbeitskollegen und Vorgesetzten (z. B. Beleidigungen, Körperverletzungen, Mobbing) zu schützen ■ angemessener Schutz der Interessen des Arbeitnehmers ■ Haftung für Verletzungen der Fürsorgepflicht
Urlaub	§ 19 JArbSchG § 3 ff. BUrlG	■ Gewährung von bezahltem Erholungsurlaub unter Beachtung der Mindestbestimmungen des JArbSchG, des Bundesurlaubsgesetzes bzw. der geltenden Tarifverträge, soweit der Arbeitnehmer mindestens 6 Monate dem Betrieb angehört ■ Arbeitnehmer haben jedes Kalenderjahr einen gesetzlichen Urlaubsanspruch von 24 Werktagen, wobei das Gesetz von einer Sechs-Tage-Woche ausgeht. Bei der üblichen Fünf-Tage-Woche beträgt demnach der gesetzliche Urlaubsanspruch 20 Werktage oder vier Wochen. Einige Tarifverträge garantieren längere Zeiten, z. B. 30 Tage. Der Urlaub muss während des laufenden Kalenderjahres möglichst zusammenhängend genommen werden.
Informations-und Anhörungs-pflicht	§§ 81–85 BetrVG	■ Unterrichtung über Aufgaben und Gestaltung des Arbeitsplatzes ■ Unterrichtung über Gesundheits- und Unfallgefahren am Arbeitsplatz ■ Erörterung der Leistungsbeurteilung und Einsicht in die Personalakte ■ Beschwerderecht bei ungerechtfertigter Behandlung oder Benachteiligung
Zeugnis-pflicht	§ 630 Abs. 1 BGB	■ Ausstellung eines Zeugnisses über Art und Dauer der Beschäftigung; auf Wunsch des Arbeitnehmers sind Angaben über Führung und Leistung aufzunehmen. ■ Inhaltlich muss das Zeugnis wahrheitsgemäß, aber wohlwollend sein; gute Leistungen sind zu erwähnen, schlechte nur, wenn sie schwerwiegend und wesentlich für die Tätigkeit sind.

1

Pflichten des Arbeitnehmers = Rechte des Arbeitgebers		
Pflicht zur Arbeitsleistung	§ 611 Abs. 1 BGB	■ Der Arbeitnehmer ist verpflichtet, die Arbeitsleistung nach Vertrag zu erbringen. Die Arbeit ist nach bestem Wissen und Gewissen zu erbringen (bei Schlechterfüllung kann der Arbeitnehmer schadensersatzpflichtig werden).
Gehorsamspflicht	Lt. Urteilen des BVerfG heute	■ Der Arbeitnehmer hat die Weisungen des Arbeitgebers zu befolgen. Dem Arbeitgeber steht ein Weisungsrecht/ Direktionsrecht zu.
Treue- und Verschwiegenheitspflicht	Bestandteil eines jeden Arbeitsvetrages vgl. z. B. BVerfG, NJW 1978, 365	■ Wahrnehmung und Vertretung der Interessen des Arbeitgebers ■ Verbot der Weitergabe von Geschäfts- und Firmengeheimnissen ■ Verbot der Annahme von Zahlungen zum eigenen Vorteil (Schmiergelder ⇒ § 299 StGB) ■ Schadensersatzpflicht bei Pflichtverletzung, evtl. Möglichkeit der fristlosen Kündigung oder ggf. strafrechtliche Verfolgung
Pflicht zur Beachtung des Wettbewerbsverbotes	§§ 60, 61 HGB § 133 f. GewO	■ Verbot der Geschäfte auf eigene oder fremde Rechnung im gleichen Geschäftszweig des Arbeitgebers (Ausnahme: Der Arbeitgeber gibt Einwilligung) ■ Verbot eigener Geschäfte durch kaufmännische Angestellte in einem beliebigen Geschäftszweig. ■ Die „Konkurrenzklausel" im Arbeitsvertrag erlaubt für eine gewisse Zeit nach dem Ausscheiden aus dem Arbeitsverhältnis ein Wettbewerbsverbot (bei kaufmännischen Angestellten maximal 2 Jahre), Pflichtverletzungen können Schadenersatzforderungen nach sich ziehen.

1.3.1.3   Beendigung des Arbeitsverhältnisses

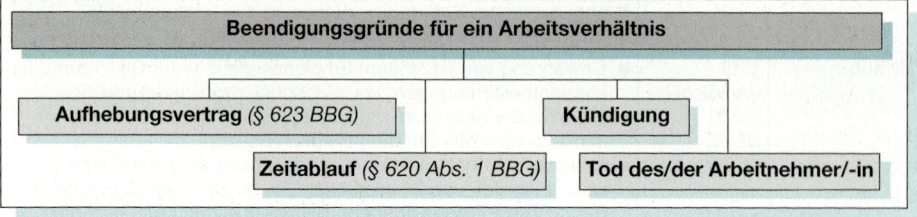

Aufhebungsvertrag

Arbeitgeber und Arbeitnehmer vereinbaren in einem Aufhebungsvertrag, dass das Arbeitsverhältnis zu einem bestimmten Zeitpunkt enden soll. Während eine Kündigung eine einseitige Erklärung ist und daher auch dann wirkt, wenn der Gekündigte mit ihr nicht einverstanden ist, ist ein Aufhebungsvertrag nur dann wirksam, wenn beide Vertragsparteien zustimmen.

Der Aufhebungsvertrag muss gemäß § 623 BGB zwingend in schriftlicher Form erfolgen.

Bietet der Arbeitgeber dem Arbeitnehmer einen Aufhebungsvertrag an, muss er den Arbeitnehmer darauf hinweisen, dass möglicherweise eine Sperrfrist für den Bezug von Arbeitslosengeld besteht. Unterlässt der Arbeitgeber diese Aufklärung, könnte er dazu verpflichtet werden, dem Arbeitnehmer das dadurch entgangene Arbeitslosengeld zu ersetzen.

Aus sozialversicherungsrechtlichen und steuerlichen Gründen sollten der vereinbarte Beendigungszeitpunkt und der Anlass für die Beendigung eindeutig im Vertrag genannt werden. Weitere Vertragsbestandteile sind:

- neben der Höhe und Fälligkeit der Abfindung noch ausstehende Zahlungen (Provisionen, Überstundenausgleich, Reisekosten etc.),
- Abreden bezüglich des Resturlaubs,
- eine etwaige Freistellung von der Arbeit bis zum Ende des Arbeitsverhältnisses,
- die Verschwiegenheitspflicht des Arbeitnehmers, insbesondere wenn dieser bereits eine neue Arbeitsstelle in Aussicht hat,
- die Rückgabe von Firmeneigentum und das Schicksal eines möglichen Firmenhandys oder Laptops, Firmenfahrzeuges etc.,
- Abreden über Erfindungen des Arbeitnehmers.

Das Widerrufsrecht der *§§ 312, 355 BGB* findet auf Aufhebungsverträge keine Anwendung.

▮ Befristetes Arbeitsverhältnis

Ein befristeter Arbeitsvertrag muss schriftlich vereinbart werden. Fehlt die Schriftform, ist die Befristung unwirksam und der Arbeitsvertrag gilt als unbefristet abgeschlossen.

Die Zulässigkeit befristeter Arbeitsverträge ist im Teilzeit- und Befristungsgesetz *(TzBfG)* geregelt. Nach *§ 3 Abs. 1 TzBfG* ist ein Arbeitnehmer befristet beschäftigt, wenn ein Arbeitsvertrag auf bestimmte Zeit geschlossenen wurde, d. h. die Dauer des Arbeitsvertrags ist kalendermäßig bestimmt (kalendermäßig befristeter Arbeitsvertrag) oder ergibt sich aus Art, Zweck oder Beschaffenheit der Arbeitsleistung (zweckbefristeter Arbeitsvertrag).

Die Befristung eines Arbeitsverhältnisses ist grundsätzlich nur dann zulässig, wenn es dafür eine sachliche Rechtfertigung nach *§ 14 Abs. 1 TzBfG* gibt.

Ein **sachlicher Grund** liegt insbesondere vor, wenn
- der betriebliche Bedarf an der Arbeitsleistung nur vorübergehend besteht (Saisonarbeiten, zeitlich begrenzte Arbeitsaufgaben),
- die Befristung im Anschluss an eine Ausbildung oder ein Studium erfolgt, um den Übergang des Arbeitnehmers in eine Anschlussbeschäftigung zu erleichtern,
- der Arbeitnehmer zur Vertretung eines anderen Arbeitnehmers beschäftigt wird,

  > **Beispiel:** *Vertretung bei Elternzeit, Mutterschutz, Krankheit von Arbeitnehmer(innen)*

- die Eigenart der Arbeitsleistung die Befristung rechtfertigt,
- die Befristung zur Erprobung erfolgt,
- in der Person des Arbeitnehmers liegende Gründe die Befristung rechtfertigen,
- der Arbeitnehmer aus Haushaltsmitteln vergütet wird, die haushaltsrechtlich für eine befristete Beschäftigung bestimmt sind, und er entsprechend beschäftigt wird, oder
- die Befristung auf einem gerichtlichen Vergleich beruht.

Ohne sachlichen Grund ist die Befristung eines Arbeitsvertrages nur bei einer Neueinstellung in zwei Fällen zulässig:
- Befristung bis zu einer Dauer von zwei Jahren *(§ 14 Abs. 2 TzBfG)*,
  - Während der Gesamtdauer von 2 Jahren kann die Befristung insgesamt dreimal verlängert werden.
  - Auszubildende können nach Abschluss ihrer Ausbildung beim gleichen Arbeitgeber nur mit sachlichem Grund befristet weiterbeschäftigt werden, weil bereits ein befristetes Arbeitsverhältnis zu diesem Arbeitgeber bestanden hat.
- Befristung bis zu einer Dauer von fünf Jahren bei Arbeitnehmern, die das 52. Lebensjahr vollendet haben *(§ 14 Abs. 3 TzBfG)*. Innerhalb der Gesamtdauer ist eine mehrfache Verlängerung des Arbeitsvertrages zulässig.

1

Kündigung

Die Kündigung ist eine einseitige empfangsbedürftige Willenserklärung eines Vertrags-partners, die das Arbeitsverhältnis beenden will. Die Kündigung muss eindeutig und un-missverständlich sein; sie braucht den Kündigungsgrund nicht unbedingt zu enthalten, sie ist formfrei, verlangt aber grundsätzlich die **Schriftform** *(§ 623 BGB)* **und die eigen-händige Unterschrift**. Bei Kündigung von Berufsausbildungsverhältnissen nach der Pro-bezeit ist jedoch der Kündigungsgrund stets anzugeben (die ordentliche Kündigung ist ausgeschlossen).

Die Nichtbeachtung der Schriftform bedeutet die Unwirksamkeit der Kündigung *(§§ 125, 126, 623 BGB)*.

Die Willenserklärung Kündigung wird wirksam, wenn sie der anderen Vertragspartei zuge-gangen ist, sie muss nicht angenommen werden.

Der Zugangszeitpunkt ist bedeutsam für den Lauf weiterer Fristen wie z. B. für

- die Kündigungsfristen nach *§ 622 BGB,*
- die Frist nach *§ 4 KSchG* zur Klageerhebung,
- Mitteilungen, die eine besondere Kündigungsfrist zur Folge haben *(z. B. Schwerbehinderung, Schwangerschaft).*

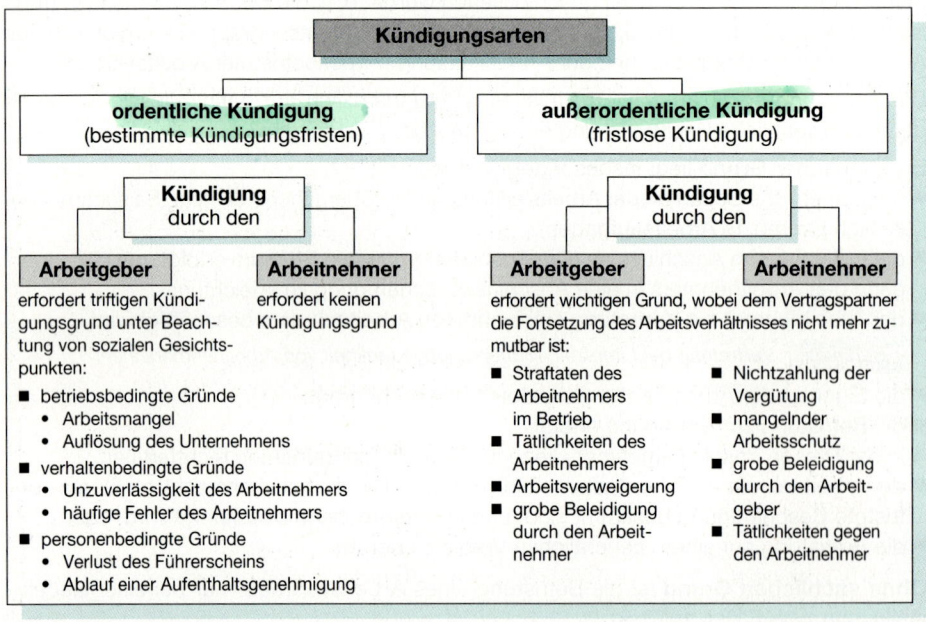

Zugang verlangt, dass die Willenserklärung so in den Empfangsbereich des Empfängers ge-langt, dass dieser unter regelmäßigen Umständen davon hätte Kenntnis erlangen müssen.

Beispiele:

- *Einwurf in den Briefkasten, persönliche Übergabe*
- *Übergabeeinschreiben: mit der Aushändigung durch den Postboten bzw. Abholung bei der Post*

Die **Kündigungsfristen** können sich bei einer ordentlichen Kündigung aus dem Gesetz, aus dem Arbeitsvertrag oder einem Tarifvertrag ergeben.

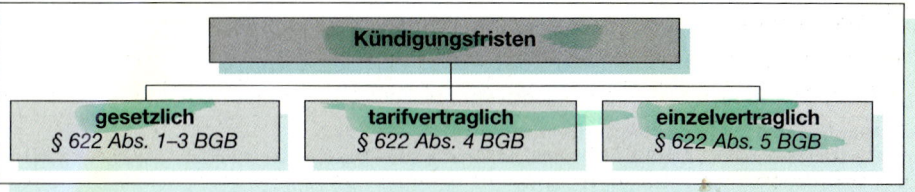

Das Arbeitsverhältnis eines Arbeitnehmers kann mit einer Frist von vier Wochen zum 15. oder zum Ende eines Kalendermonats gekündigt werden *(§ 622 Abs. 3 BGB)*. Für eine Kündigung durch den Arbeitgeber bestehen nach der Dauer der Betriebszugehörigkeit gestaffelte längere Fristen *(§ 622 Abs. 2 BGB)*.

Gesetzliche Kündigungsfristen bei ordentlicher Kündigung

Kündigungsfristen bei Dienstverhältnissen Ein Dienstvertrag ist ein gegenseitiger Vertrag über ■ eine einmalig zu erbringende Leistung von Diensten gegen Entgelt o d e r ■ auf Dauer angelegte Tätigkeiten gegen Entgelt Zu unterscheiden sind **unabhängige Dienstverträge**, z. B. mit selbstständigen Ärzten, Rechtsanwälten, Steuerberatern usw., und **abhängige Dienstverträge** wie Angestelltenverträge von Vorstandsmitgliedern einer AG, Geschäftsführern einer GmbH.		*§ 611 BGB*
Die Vergütung erfolgt ■ nach Tagen ■ nach Wochen ■ nach Monaten ■ nach Vierteljahren oder einem längeren Zeitraum ■ nicht nach Zeitabschnitten	Die Kündigung muss erfolgen ■ an jedem Tag für den Ablauf des folgenden Tages ■ spätestens am 1. Werktag einer Woche für den Ablauf des folgenden Samstags ■ spätestens am 15. des Kalendermonats für den Schluss des Kalendermonats ■ unter Einhaltung einer Kündigungsfrist von 6 Wochen zum Schluss des Kalendervierteljahres ■ jederzeit, aber es ist eine Kündigungsfrist von 2 Wochen einzuhalten, wenn das Dienstverhältnis den Verpflichteten vollständig oder hauptsächlich in Anspruch nimmt.	*§ 621 BGB* *Nr. 1* *Nr. 2* *Nr. 3* *Nr. 4* *Nr. 5*
Kündigungsfristen bei Arbeitsverhältnissen Diese Kündigungsfristen sind für alle Arbeitnehmer verbindlich, wenn keine anderen Regelungen vorgehen wie z. B. Laut Individualvertrag oder Tarifvertrag.		*§ 622 BGB*
■ **Kündigung durch den Arbeitnehmer** Arbeitnehmer können frei unter Einhaltung der ordentlichen Kündigungsfrist von 4 Wochen zum 15. oder zum Ende des Kalendermonats kündigen.		*§ 622 Abs. 1 BGB*
■ **Kündigung durch den Arbeitgeber** Das Kündigungsrecht der Arbeitgeber wird eingeschränkt. Bei Kündigung des Arbeitsverhältnisses durch den Arbeitgeber verlängern sich bei ordentlicher Kündigung die Kündigungsfristen entsprechend der Dauer des Arbeitsverhältnisses. Die gesetzlichen Kündigungsfristen sind Mindestkündigungsfristen. Grundlage für die Berechnung der Kündigungsfrist ist die Dauer der Betriebszugehörigkeit im Zeitpunkt des Zugangs der Kündigung.		*§ 622 Abs. 2 BGB*
Bei der Kündigung von Aushilfen für die Dauer von 3 Monaten gibt es keine Mindestfrist, ist aber vereinbar. Die Kündigungsfrist während einer max. 6-monatigen Probezeit beträgt 2 Wochen.		*§ 622 Abs. 3 BGB*
Das Arbeitsverhältnis dauert ... weniger als 2 Jahre mehr als 2 Jahre mehr als 5 Jahre mehr als 8 Jahre	Die Kündigung ist zulässig mit ... 4 Wochen zum 15. oder zum Monatsende, 1 Monatsfrist zum Ende eines Kalendermonats, 2 Monatsfrist zum Ende eines Kalendermonats, 3 Monatsfrist zum Ende eines Kalendermonats,	*§ 622* *Abs. 1 BGB* *Abs. 2 Nr. 1* *Abs. 2 Nr. 2* *Abs. 2 Nr. 3*

1

mehr als 10 Jahre	4 Monatsfrist zum Ende eines Kalendermonats,	*Abs. 2 Nr. 4*
mehr als 12 Jahre	5 Monatsfrist zum Ende eines Kalendermonats,	*Abs. 2 Nr. 5*
mehr als 15 Jahre	6 Monatsfrist zum Ende eines Kalendermonats,	*Abs. 2 Nr. 6*
mehr als 20 Jahre	7 Monatsfrist zum Ende eines Kalendermonats.	*Abs. 2 Nr. 7*

■ **Kündigung durch den Insolvenzverwalter** Die Kündigungsfrist beträgt höchstens 3 Monate, soweit keine kürzere Frist maßgebend ist.	*§ 113 InsO*
■ **Berechnung der Kündigungsfristen** Die Berechnung der Kündigungsfristen richtet sich nach *§ 186 ff. BGB.* Der Tag des Zugangs der Kündigung wird bei der Frist nicht mitgerechnet, die Frist beginnt erst mit dem nächsten Tag zu laufen. Die Kündigung ist auch wirksam, wenn das Ende der Kündigungsfrist auf einen Samstag, Sonntag oder gesetzlichen Feiertag fällt (*§ 193 BGB* ist **nicht** anzuwenden). Nach dem EuGH-Urteil vom 19.01.2010 (AZ C-555/07) darf die Regelung des *§ 622 Abs. 2 Satz 2 2BGB* nicht mehr angewendet werden.	*§ 186 ff.* *BGB*

Sonderregelungen
- Alle Fristen können tarifvertraglich gekürzt oder verlängert werden. Arbeitnehmer und Arbeitgeber, die nicht tarifvertraglich gebunden sind, können dennoch die tarifvertraglich vereinbarten Regelungen im einzelnen Arbeitsvertrag übernehmen (*§ 622 Abs. 4 BGB*).
- In Betrieben mit bis zu 20 Beschäftigten kann generell eine Kündigungsfrist von 4 Wochen vereinbart werden (*§ 622 Abs. 4 BGB*).
- Der Beendigungszeitpunkt wird in einigen Arbeits- und Tarifverträgen eingeschränkt, indem eine ordentliche Kündigung nur zum Ende des Quartals ausgesprochen werden darf. Dann ist die jeweilige Monatsfrist einzuhalten und eine ordentliche Kündigung nur zum 31. März, 30. Juni, 30. September und 31. Dezember des jeweiligen Kalenderjahres möglich.

Beispiele:

- *Einem Arbeitnehmer wird mit einer Frist von vier Wochen am Dienstag, den 03.08.2010 das ordnungsgemäße Kündigungsschreiben übergeben. Die Frist endet am 30.09.2010.*
- *Einem Arbeitnehmer wird mit einer Frist von vier Wochen am 31.01.2010 das ordnungsgemäße Kündigungsschreiben übergeben. Die Frist endet am 28./29.02.2010.*
- *Einem Arbeitnehmer wird mit einer Frist von vier Wochen am 28.02.2010 das ordnungsgemäße Kündigungsschreiben übergeben. Die Frist endet am 31.03.2010.*
- *Einem Arbeitnehmer wird mit einer Frist von 6 Monaten zum Quartalsende am 31.01.2010 das ordnungsgemäße Kündigungsschreiben übergeben. Die Frist endet am 30.09.2010.*

Kündigungsschutz

Allgemeiner Kündigungsschutz

Die **Kündigung eines Arbeitnehmers ist rechtsunwirksam**, wenn das Arbeitsverhältnis in demselben Betrieb oder Unternehmen länger als 6 Monate bestand **und** die Kündigung sozial ungerechtfertigt ist (*§ 1 Abs. 1 KSchG*). Das KSchG findet dann Anwendung, wenn kein Kleinbetrieb i. S. d. *§ 23 KSchG* vorliegt. Dabei werden teilzeitbeschäftigte Arbeitnehmer bis zu 30 Wochenstunden nur mit dem Faktor 0,75, bis 20 Wochenstunden mit dem Faktor 0,5 berücksichtigt.

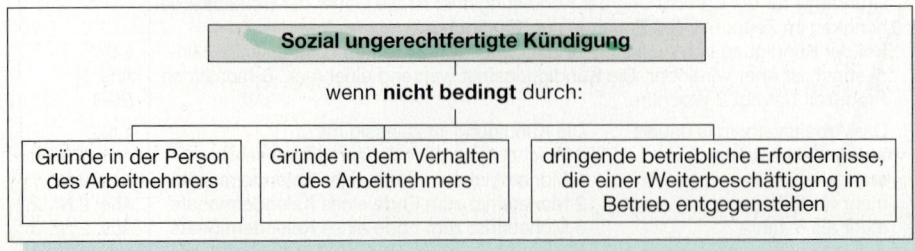

Zulässige Kündigungsgründe

- **Gründe in der Person**

  mangelnde körperliche und geistige Leistung; mangelnde Ausbildung; mangelnde Fähigkeit, sich die erforderlichen Kenntnisse anzueignen; lang dauernde Erkrankung ohne Erkennbarkeit der baldigen Genesung

- **Verhaltensbedingte Gründe**

  wiederholte Unpünktlichkeit; Schlechtarbeit; Verstöße gegen Gehorsams- und Verschwiegenheitspflicht

- **Dringende betriebliche Erfordernisse**

  Absatzschwierigkeiten, Produktionseinschränkungen, Stilllegung einzelner Abteilungen, Änderung von Produktionsmethoden

Verstößt die Kündigung gegen eine **ungerechtfertigte soziale Auswahl** *(§ 95 BetrVG)*, bei der es auf

- die Dauer der Betriebszugehörigkeit,
- das Lebensalter,
- Unterhaltspflichten und/oder
- eine Schwerbehinderung

ankommt, oder wird die Umsetzungsmöglichkeit innerhalb des Unternehmens oder Betriebsteiles nicht berücksichtigt, steht dem Betriebsrat ein Widerspruchsrecht zu.

Abmahnung

Bevor eine ordentliche Kündigung ausgesprochen wird, verlangt die ständige Rechtsprechung des Bundesarbeitsgerichts (keine gesetzliche Regelung) eine Abmahnung des Arbeitgebers an den Arbeitnehmer.

Die Abmahnung

- ist eine Warnung des Arbeitgebers an den Arbeitnehmer; der Arbeitgeber weist den Arbeitnehmer darauf hin, dass dieser seine arbeitsvertraglichen Pflichten nicht oder nicht vollständig erfüllt (genaue Beschreibung des einzelnen **Fehlverhaltens**, Nennung des konkreten Fehlverhaltens unter Angabe von Ort, Datum und Uhrzeit, Pauschalbehauptungen sind nicht ausreichend),
- muss den Hinweis enthalten, dass im Wiederholungsfall der Bestand des Arbeitsverhältnisses gefährdet ist,
- fordert den Arbeitnehmer auf, sich in **Zukunft vertragsgetreu** zu verhalten und droht für den Fall der erneuten Pflichtverletzung mit arbeitsrechtlichen Konsequenzen,
- hat **keine gesetzliche Grundlage** (sie ist aus Richterrecht entstanden),
- kann **formlos** erteilt werden); sie sollte aber aus Beweisgründen schriftlich erfolgen und der **Zugang nachweisbar** sein,
- muss den abgemahnten **Lebenssachverhalt** detailliert **beschreiben**.

Beispiele:

- *Der Arbeitnehmer hält die vertraglichen Arbeitszeiten nicht ein.*
- *Der Arbeitnehmer verletzt die Anzeigepflichten bei Krankheit.*
- *Der Arbeitnehmer missbraucht Dienstgeheimnisse.*
- *Der Mitarbeiter erledigt während der Dienstzeiten private Angelegenheiten.*

Voraussetzung für eine verhaltensbedingte Kündigung ist eine zuvor wirksam erteilte Abmahnung, weil dem Arbeitnehmer durch eine Abmahnung die Gelegenheit gegeben werden soll, die Arbeitsleistung bzw. sein Verhalten zu ändern.

1

Nach der **Rechtsprechung** des Bundesarbeitsgerichtes seit dem Jahre 1997 erfordern auch Störungen im Vertrauensbereich des Arbeitsverhältnisses eine Abmahnung, es sei denn der Vertrauensbereich ist erheblich gestört. In diesen Fällen kann die Kündigung ohne den vorherigen Ausspruch einer Abmahnung erteilt werden.

Die verhaltensbedingte Kündigung aufgrund Störungen im betrieblichen Bereich, sowie die personen- und betriebsbedingten Kündigungsgründe erfordern keine Abmahnung.

Es gibt keine **zeitliche Grenze**, innerhalb derer die Abmahnung ausgesprochen werden muss. Eine längere Zeitspanne von einigen Monaten, in welchem der Arbeitgeber das Verhalten akzeptiert zu haben scheint, verwirkt allerdings das Recht zur Abmahnung.

Wenn der Arbeitnehmer sich nach einer berechtigten Abmahnung längere Zeit vertragstreu verhält, verwirkt das Recht aus der Abmahnung. Wann dieser Zeitpunkt gekommen ist, hängt von der Art und Schwere des Vorwurfs ab (OLG Hamm 2 Jahre, BVG 3–5 Jahre).

In Kleinbetrieben sowie während der ersten sechs Monate der Beschäftigung kann die Abmahnung entfallen.

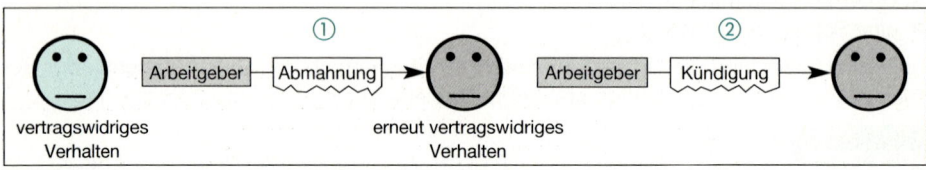

	①	②
	Arbeitgeber — Abmahnung →	Arbeitgeber — Kündigung →
vertragswidriges Verhalten	erneut vertragswidriges Verhalten	

Besonderer Kündigungsschutz

Auszubildende	■ **In der Probezeit:** Das Berufsausbildungsverhältnis kann innerhalb der vertraglich vereinbarten Probezeit (mindestens 1 Monat, maximal 4 Monate) jederzeit vom Arbeitgeber oder vom Auszubildenden ohne Einhaltung einer Frist zu jedem beliebigen Termin gekündigt werden *(§ 22 Abs. 1 BBiG)*. Die Kündigung muss schriftlich erfolgen *(§ 22 Abs. 3 BBiG)*; Kündigungsgründe müssen nicht angegeben werden. ■ **Nach der Probezeit:** Der **Arbeitgeber** kann nur kündigen, wenn er einen wichtigen Grund hat. Die Kündigung muss innerhalb von 2 Wochen nach Bekanntwerden des Kündigungsgrundes ohne Einhaltung einer Frist erfolgen *(§ 22 Abs. 2 u. 4 BBiG)*. Der **Auszubildende** kann kündigen, wenn er • einen wichtigen Grund hat; die Kündigung muss innerhalb von 2 Wochen nach Eintritt des Kündigungsgrundes ohne Einhaltung einer Frist erfolgen *(§ 22 Abs. 2 u. 4 BBiG)*, • die Berufsausbildung beenden will oder sich für eine andere Berufstätigkeit ausbilden lassen will. In diesen Fällen hat der Auszubildende eine Kündigungsfrist von 4 Wochen einzuhalten *(§ 22 Abs. 2 Nr. 2 BBiG)*.
Probearbeitsverhältnisse	Wurde einzelvertraglich eine Probezeit (max. 6 Monate) vereinbart, so verkürzt sich die Kündigungsfrist während dieser Probezeit auf 2 Wochen.
Aushilfen	Bei Aushilfsarbeitsverhältnissen, die bis zu drei Monaten dauern, kann nach *§ 622 Abs. 5 BGB* durch Vereinbarung im Arbeitsvertrag die Kündigungsfrist verkürzt werden.
Betriebsratsmitglieder/ Jugend- und Auszubildendenvertreter	Der Arbeitgeber kann nur aus wichtigem Grund kündigen. Die in Berufsausbildung stehenden Betriebsratmitglieder und Jugend- und Auszubildendenvertreter sind in ein unbefristetes Arbeitsverhältnis zu übernehmen, wenn der Ausbildungsbetrieb nicht 3 Monate vor Ausbildungsabschluss schriftlich kündigt *(BetrVG)*.

Schwerbehinderte	Kündigung nur mit Zustimmung des Integrationsamtes, Kündigungsfrist mindestens vier Wochen, ab 20 Beschäftigte sind 5% der Arbeitsplätze mit Schwerbehinderten zu besetzen, sonst hat der Arbeitgeber eine abnehmend gestaffelte Ausgleichsabgabe je nicht besetzter Stelle im Monat zu zahlen *(§ 71 ff. SGB IX)*.
Werdende Mütter	Kündigung während der Schutzfrist unzulässig, die Arbeitnehmerin kann jedoch während der Schutzfrist zum Ende der Schutzfrist kündigen *(§ 9 MuSchG)*.
Wehrdienst-/ Zivildienstleistende	Kündigung während der Wehrdienst-/Zivildienstzeit ist nicht zulässig, das Beschäftigungsverhältnis ruht nur *(§ 2 ArbPlSchG)*.
Junge Mütter/Väter in der Elternzeit	Eine Kündigung während der Elternzeit ist unzulässig *(§ 18 BEEG)*. Arbeitnehmer, die erziehungsberechtigt sind, können nach *§ 19 BEEG* das Arbeitsverhältnis zum Ende der Elternzeit mit einer Frist von drei Monaten kündigen.
Geltung des Kündigungsschutzgesetzes	Der gesetzliche Kündigungsschutz nach dem Kündigungsschutzgesetz gilt erst in Betrieben, die mehr als 10 Mitarbeiter beschäftigen *(§ 23 KSchG)*.

Kündigungsschutzverfahren

Hält der Arbeitnehmer eine Kündigung für ungerechtfertigt, hat er folgende Möglichkeiten:

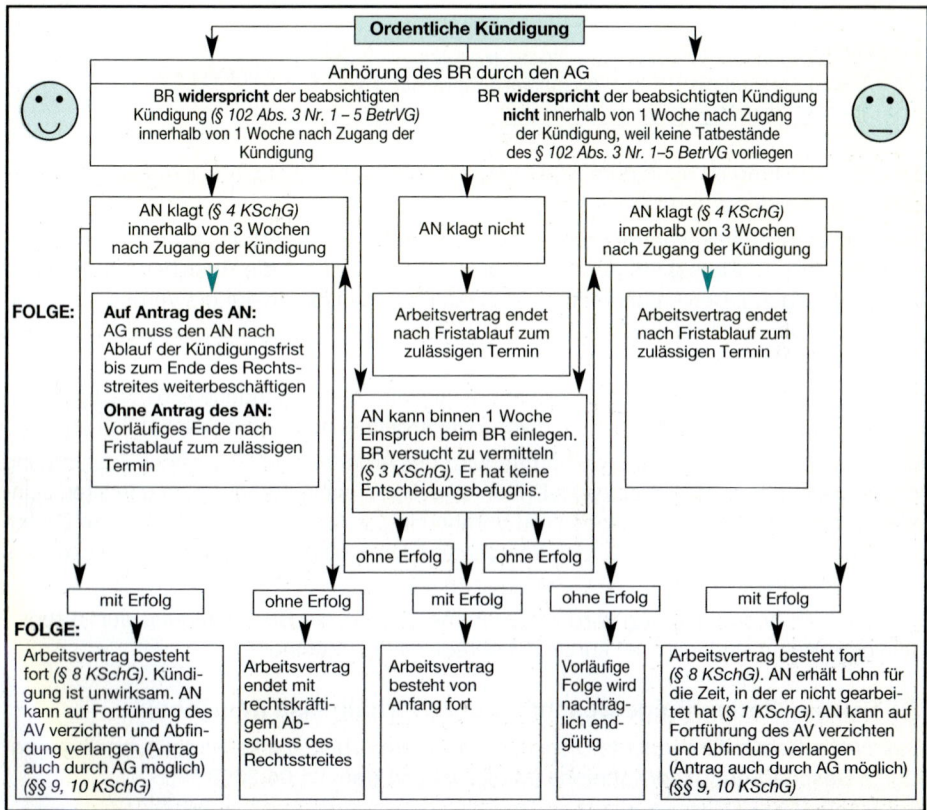

Das Kündigungsschutzverfahren ist bei einer **außerordentlichen Kündigung** bis auf die nicht bestehende Kündigungsfrist seitens des Arbeitgebers und der nur bestehenden dreitägigen Widerspruchsfrist des Betriebsrates identisch.

1

Arbeitszeugnis

Bei Beendigung des Arbeitsverhältnisses hat der Arbeitnehmer Anspruch auf Ausstellung eines Zeugnisses *(§§ 630 BGB, 109 GewO)*. Die elektronische Form ist nicht zulässig.

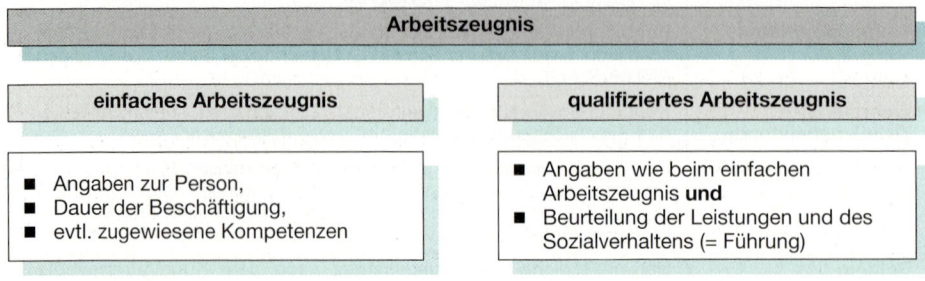

Arbeitszeugnis	
einfaches Arbeitszeugnis	**qualifiziertes Arbeitszeugnis**
■ Angaben zur Person, ■ Dauer der Beschäftigung, ■ evtl. zugewiesene Kompetenzen	■ Angaben wie beim einfachen Arbeitszeugnis **und** ■ Beurteilung der Leistungen und des Sozialverhaltens (= Führung)

1.3.1.4   Besondere Formen des Arbeitsverhältnisses

Formen		
Berufsaus-bildungsverhältnis	**Teilzeitarbeits-/ Aushilfsarbeitsverhältnis**	**Leiharbeitsverhältnis**

Berufsausbildung ist nach dem *BBiG* berufliche Erstausbildung in einem staatlich aner-kannten Ausbildungsberuf.

Beim **Teilzeitarbeitsverhältnis** liegt in der Regel eine kürzere Arbeitszeit vor als bei einer vergleichbaren Vollbeschäftigung. Arbeitsrechtlich entspricht die Absicherung der einer Vollbeschäftigung. Der Arbeitnehmer hat einen Rechtsanspruch auf die Verringerung sei-ner vertraglich vereinbarten Arbeitszeit, soweit bei dem Arbeitgeber mehr als 15 Arbeit-nehmer beschäftigt sind *(§ 8 TzBfG)*.

Liegt eine **Arbeitsplatzteilung** (Job-sharing) vor, wird die vorhandene Arbeitsaufgabe ei-nes Arbeitsplatzes unter Abstimmung von zwei Arbeitnehmern gemeinschaftlich erfüllt.

Bei einem echten **Leiharbeitsverhältnis** wird der Arbeitnehmer mit seiner Zustimmung vorübergehend in dem Betrieb eines Dritten eingesetzt, während bei einem unechten Leih-arbeitsverhältnis der Arbeitnehmer von vornherein zur Arbeitsleistung bei einem Dritten eingestellt wird. Die entsprechenden Vorschriften des Arbeitnehmerüberlassungsgesetzes sind zu beachten.

Eine **Aushilfsbeschäftigung** wird angenommen, wenn die Beschäftigung nur in regel-mäßig geringem Umfang oder kurzfristig unregelmäßig stattfindet.

Exkurs: Geringfügige Beschäftigungsverhältnisse (Minijobs)

Das zweite Gesetz für moderne Dienstleistungen am Arbeitsmarkt (Hartz II) regelt gering-fügige **Beschäftigungsverhältnisse (Minijobs) seit dem 01.04.2003:**

Die Eckpunkte sind:

■ **Die Verdienstgrenze für geringfügig Beschäftigte** *(§ 8 Abs. 1 Nr. 1 SGB IV)* bzw. ge-ringfügig Beschäftigte in Privathaushalten *(§ 8a SGB IV)* beträgt seit April 2003 monat-lich **400,00 EUR.**

Entrichtet der Arbeitgeber hierfür pauschal 30,77 % Sozialabgaben[1] *(KV 13 %, RV 15 %; Umlage1: 0,6 %, Umlage 2: 0,07 %, InsG-Umlage 0,41 %)*, kann er für das Arbeitsengelt unter Verzicht auf die Vorlage einer Lohnsteuerkarte die Lohnsteuer einschließlich Solidaritätszuschlag und Kirchensteuer mit einem einheitlichen **Pauschalsteuersatz** in Höhe von insgesamt 2 % erheben *(§ 40a Abs. 2 EStG)*.

In diesen Fällen sind die pauschalen Sozialabgaben und die pauschale Steuer vom Arbeitgeber an die Knappschaft Bahn See zu entrichten *(§ 40a Abs. 6 EStG)*.

■ Für die Sozialabgaben wird bei einem monatlichen Arbeitsentgelt zwischen **400,01 EUR bis zu einer Grenze von 800,00 EUR** eine sogenannte **Gleitzone** eingeführt. Oberhalb von Arbeitsentgelten von 400,00 EUR besteht danach Versicherungspflicht in allen Zweigen der Sozialversicherung. Der **Arbeitgeber** muss in diesem Fall den **vollen** Arbeitgeberanteil zur Sozialversicherung für das gesamte Arbeitsentgelt entrichten. Beim Arbeitnehmer hingegen steigen die Beträge linear bis zum vollen Arbeitnehmeranteil an.

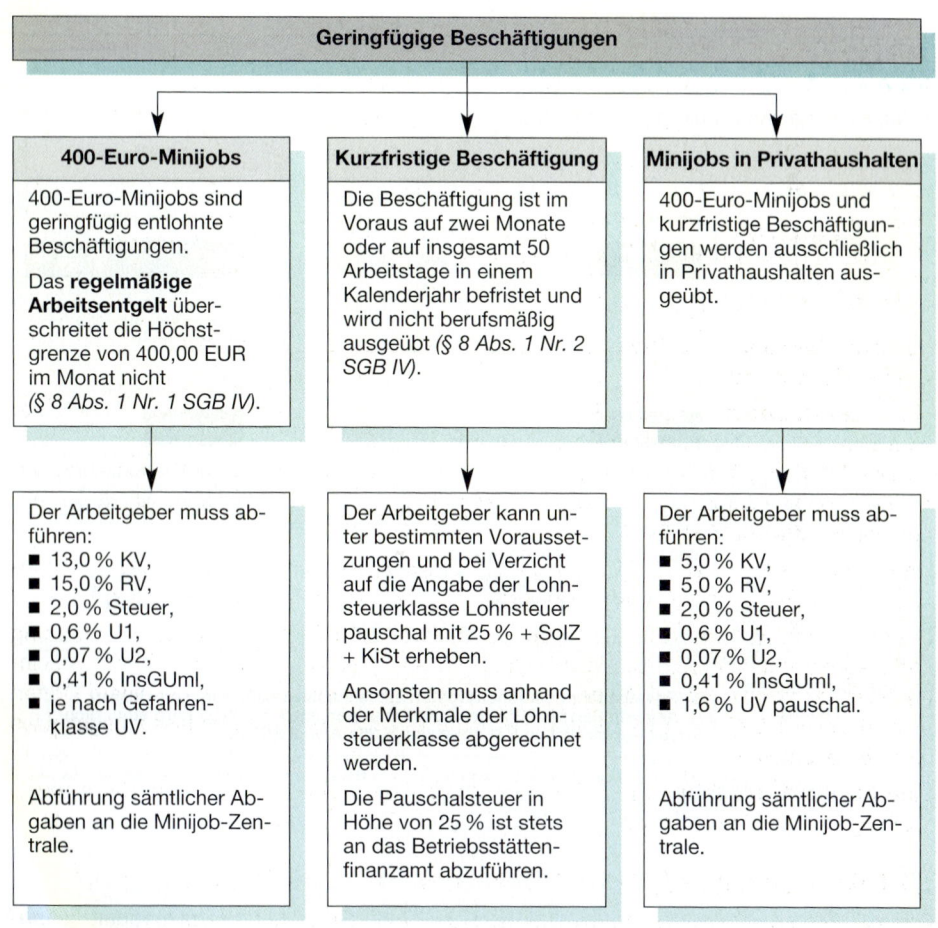

Geringfügige Beschäftigungen

400-Euro-Minijobs	Kurzfristige Beschäftigung	Minijobs in Privathaushalten
400-Euro-Minijobs sind geringfügig entlohnte Beschäftigungen. Das **regelmäßige Arbeitsentgelt** überschreitet die Höchstgrenze von 400,00 EUR im Monat nicht *(§ 8 Abs. 1 Nr. 1 SGB IV)*.	Die Beschäftigung ist im Voraus auf zwei Monate oder auf insgesamt 50 Arbeitstage in einem Kalenderjahr befristet und wird nicht berufsmäßig ausgeübt *(§ 8 Abs. 1 Nr. 2 SGB IV)*.	400-Euro-Minijobs und kurzfristige Beschäftigungen werden ausschließlich in Privathaushalten ausgeübt.
Der Arbeitgeber muss abführen: ■ 13,0 % KV, ■ 15,0 % RV, ■ 2,0 % Steuer, ■ 0,6 % U1, ■ 0,07 % U2, ■ 0,41 % InsGUml, ■ je nach Gefahrenklasse UV. Abführung sämtlicher Abgaben an die Minijob-Zentrale.	Der Arbeitgeber kann unter bestimmten Voraussetzungen und bei Verzicht auf die Angabe der Lohnsteuerklasse Lohnsteuer pauschal mit 25 % + SolZ + KiSt erheben. Ansonsten muss anhand der Merkmale der Lohnsteuerklasse abgerechnet werden. Die Pauschalsteuer in Höhe von 25 % ist stets an das Betriebsstättenfinanzamt abzuführen.	Der Arbeitgeber muss abführen: ■ 5,0 % KV, ■ 5,0 % RV, ■ 2,0 % Steuer, ■ 0,6 % U1, ■ 0,07 % U2, ■ 1,6 % UV pauschal. Abführung sämtlicher Abgaben an die Minijob-Zentrale.

Alternativen der Steuerberechnung nur bei 400-Euro-Minijobs.

---

[1] Vgl. *§§ 8, 8a SGB IV, § 249b SGB V, § 168l Abs. 1b SGB VI*

1

Beispiel:

Annahme = Arbeitsentgelt 400,00 EUR

	Arbeitgeber			Arbeitnehmer/-in		
Form der Besteuerung	**Lohn-steuer**	**SolZ**	**KiSt**	**Lohn-steuer**	**SolZ**	**KiSt**
Pauschsteuer 2 % § 40a Abs. 2 EStG	8,00 EUR	0,00 EUR	0,00 EUR	0,00 EUR	0,00 EUR	0,00 EUR
Pauschale Lohn-steuer 20 % § 40a Abs. 2a EStG	80,00 EUR	4,40 EUR	7,20 EUR	0,00 EUR	0,00 EUR	0,00 EUR
Besteuerung nach LSt-Klasse I bis IV	0,00 EUR	0,00 EUR	0,00 EUR	0,00 EUR	0,00 EUR	0,00 EUR
Steuerklasse V	0,00 EUR	0,00 EUR	0,00 EUR	35,83 EUR	0,00 EUR	3,22 EUR
Steuerklasse VI	0,00 EUR	0,00 EUR	0,00 EUR	47,00 EUR	0,00 EUR	4,23 EUR

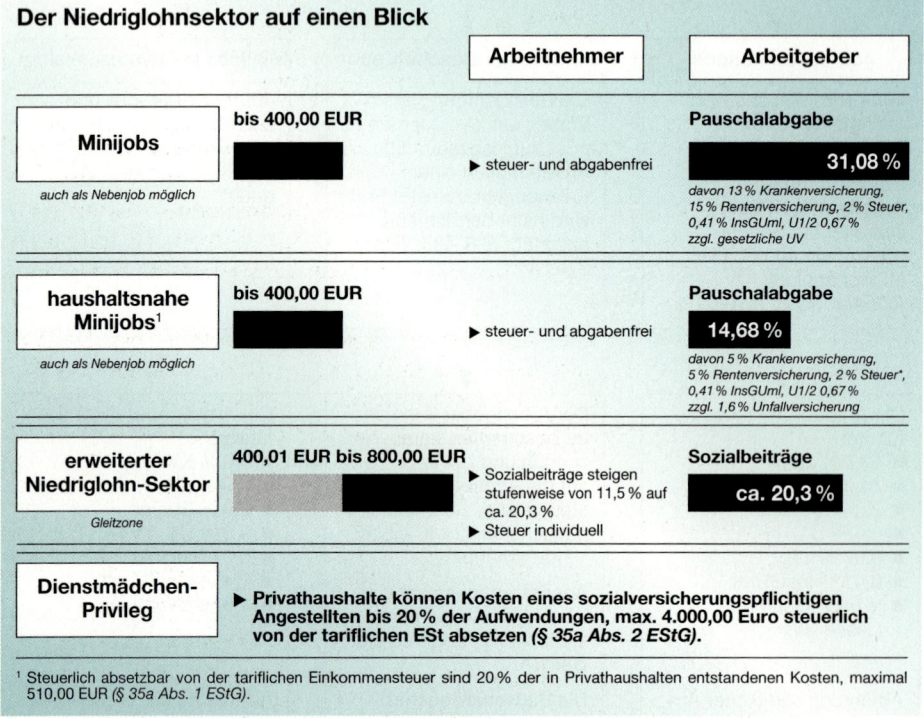

Der Niedriglohnsektor auf einen Blick

	Arbeitnehmer	**Arbeitgeber**

Minijobs

auch als Nebenjob möglich

bis 400,00 EUR

▶ steuer- und abgabenfrei

Pauschalabgabe

31,08 %

davon 13 % Krankenversicherung, 15 % Rentenversicherung, 2 % Steuer, 0,41 % InsGUml, U1/2 0,67 % zzgl. gesetzliche UV

haushaltsnahe Minijobs[1]

auch als Nebenjob möglich

bis 400,00 EUR

▶ steuer- und abgabenfrei

Pauschalabgabe

14,68 %

davon 5 % Krankenversicherung, 5 % Rentenversicherung, 2 % Steuer, 0,41 % InsGUml, U1/2 0,67 % zzgl. 1,6 % Unfallversicherung*

erweiterter Niedriglohn-Sektor

Gleitzone

400,01 EUR bis 800,00 EUR

▶ Sozialbeiträge steigen stufenweise von 11,5 % auf ca. 20,3 %
▶ Steuer individuell

Sozialbeiträge

ca. 20,3 %

Dienstmädchen-Privileg

▶ **Privathaushalte können Kosten eines sozialversicherungspflichtigen Angestellten bis 20 % der Aufwendungen, max. 4.000,00 Euro steuerlich von der tariflichen ESt absetzen (§ 35a Abs. 2 EStG).**

[1] Steuerlich absetzbar von der tariflichen Einkommensteuer sind 20 % der in Privathaushalten entstandenen Kosten, maximal 510,00 EUR (§ 35a Abs. 1 EStG).

1.3.2 Kollektivarbeitsrecht

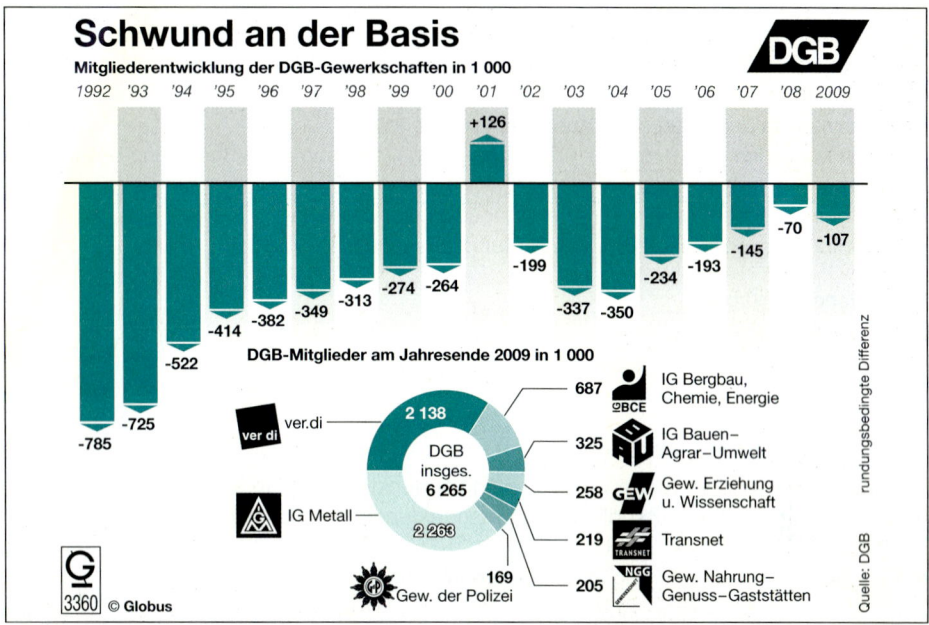

Arbeitnehmer und Arbeitgeber haben das Recht, sich in Organisationen zusammenzu-schließen, um einen sozialen Ausgleich zwischen den unterschiedlichen Interessenlagen der Vertragsparteien herbeizuführen. Dieses Recht auf **Koalitionsfreiheit** ist verfassungs-rechtlich garantiert *(Art. 9 Abs. 3 GG)*.

Die Arbeitnehmer organisieren sich in **Gewerkschaften**, die Arbeitgeber gleicher Wirt-schaftszweige in **Arbeitgeberverbänden** (Fachverbänden) mit der Dachorganisation Bundesverband der Deutschen Arbeitgeberverbände (BDA als tarifrechtlicher Zusammen-schluss). Sie werden als **Tarifvertragsparteien, Tarifpartner** oder **Sozialpartner** bezeichnet.

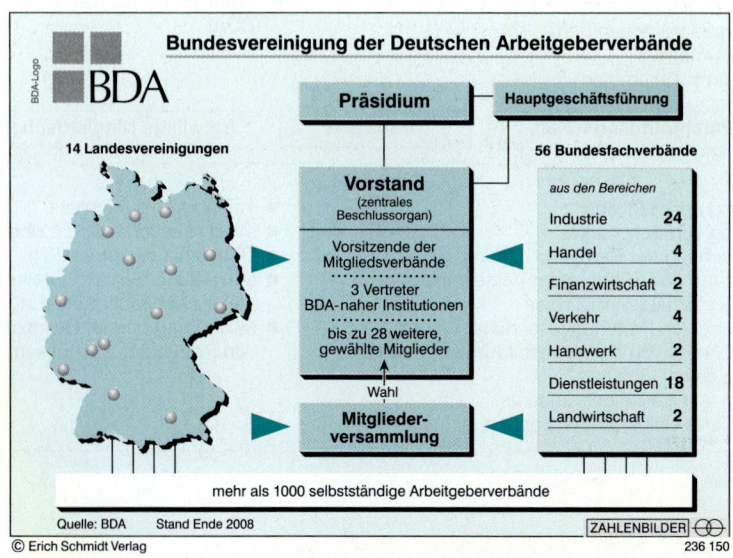

1

▨ Aufgaben der Gewerkschaften

Allgemeine Aufgaben

- Verbesserung der sozialen und wirtschaftlichen Lage der Mitglieder durch Wochen-arbeitszeitverkürzung, Verlängerung der Urlaubsdauer, Anhebung der Löhne und Ge-hälter
- Intensivierung der beruflichen Aus- und Weiterbildung
- Verstärkung des Schutzes vor Arbeitslosigkeit, Arbeitsunfällen, Insolvenz des Arbeit-gebers
- Mitwirkung bei der Erstellung neuer Ausbildungsordnungen
- Mitwirkung bei der Besetzung von Prüfungsausschüssen

Rechtliche Aufgaben

- Tarifvertragsabschluss
- Durchführung von Arbeitskämpfen
- Mitgliedervertretung vor Arbeitsgerichten

Wirtschaftspolitische Aufgaben

- Einkommens- und Vermögensumverteilung zugunsten der Mitglieder
- Mitwirkung bei wirtschaftspolitischen Entscheidungen im Gesetzgebungsverfahren wie Wirtschafts- und Steuergesetze
- Mitbestimmungserweiterung in den Unternehmen

▨ Aufgaben der Arbeitgebervereinigungen

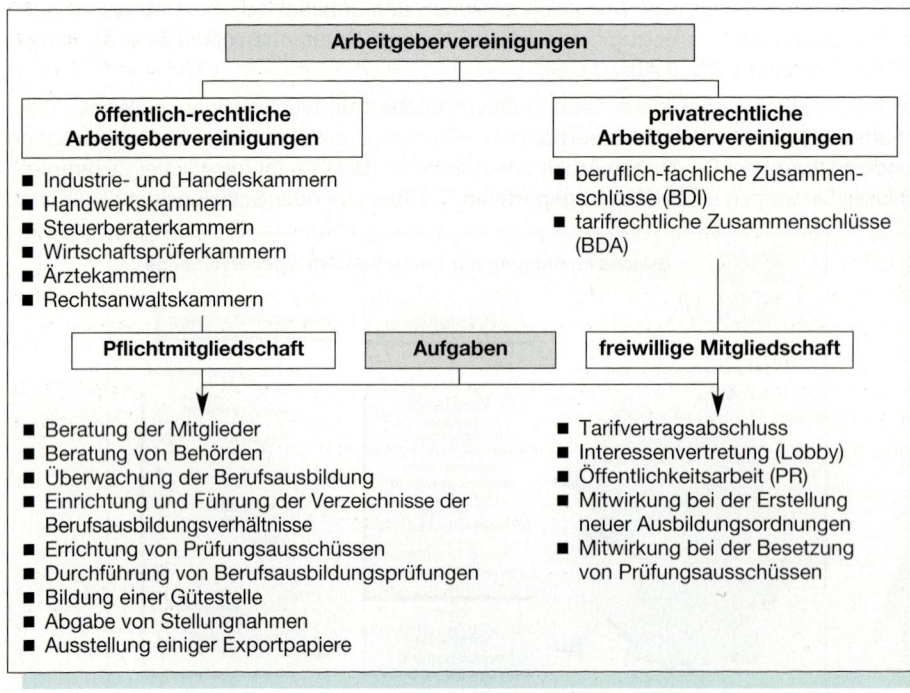

◼ Steuerberaterkammern

1

Es gibt in Deutschland 21 Steuerberaterkammern in der Rechtsform der Körperschaft des öffentlichen Rechts, diese bilden zusammen die Bundessteuerberaterkammer.

Mitglied einer Steuerberaterkammer sind alle Steuerberater, alle Steuerbevollmächtigten und Steuerberatungsgesellschaften.

Aufgaben der Steuerberaterkammern sind nach § 76 StBerG
- Bestellung und Widerruf von Steuerberatern,
- Bestellung und Widerruf von Steuerberatergesellschaften,
- Führung des Berufsregisters,
- Interessenwahrnehmung der Berufsangehörigen,
- Beratung und Information von Mitgliedern,
- Vermittlung bei Streitigkeiten unter Mitgliedern,
- Berufsaufsicht,
- Vermittlung einer Praxisvertretung z. B. bei Krankheit, Praxisabwicklung oder Praxistreuhandschaft im Todesfall von Berufsangehörigen,
- Abwehr unerlaubter Steuerrechtshilfe
- Erstellung von Gutachten für Gerichte bei Gebührenstreitigkeiten,
- Überwachung der Ausbildung, Durchführung der Zwischen- und Abschlussprüfungen für Steuerfachangestellte,
- Aus- und Fortbildung der Mitarbeiter,
- Durchführung der Fortbildungsprüfung zum/zur Steuerfachwirt(in).

1.3.2.1   Tarifverträge

Der Tarifvertrag ist ein privatrechtlicher kollektiver Vertrag nach § 145 ff. BGB zwischen tariffähigen Parteien, in dem die Rechte und Pflichten der Tarifvertragsparteien vereinbart werden. Geregelt werden insbesondere Inhalt, Abschluss und Beendigung von Arbeitsverhältnissen, Löhne, Gehälter und arbeitsrechtliche Fragen.

Tarifverträge werden abgeschlossen zwischen
- Gewerkschaften und Arbeitgebervereinigungen (→ Koalitionen genannt) oder zwischen
- Gewerkschaften und einzelnen Arbeitgebern.

Sie sind das wichtigste Instrument der Tarifpartner zur Förderung der Interessen der Mitglieder und zur Gestaltung von Arbeits- und Wirtschaftsbedingungen.

Tarifverträge werden von den **Tarifvertragsparteien** in eigener Verantwortung und frei von staatlichen Einflussnahmen abgeschlossen; man spricht daher von Tarifautonomie (Art. 9 Abs. 3 GG). Tarifverträge verlangen **Schriftform**.

Beim Bundesministerium für Arbeit und Soziales ist laut § 6 Tarifvertragsgesetz (TVG) ein **Tarifregister** zu führen, in das Abschluss, Änderungen oder Aufhebung der Tarifverträge sowie Beginn und Beendigung der Allgemeinverbindlichkeit einzutragen sind.

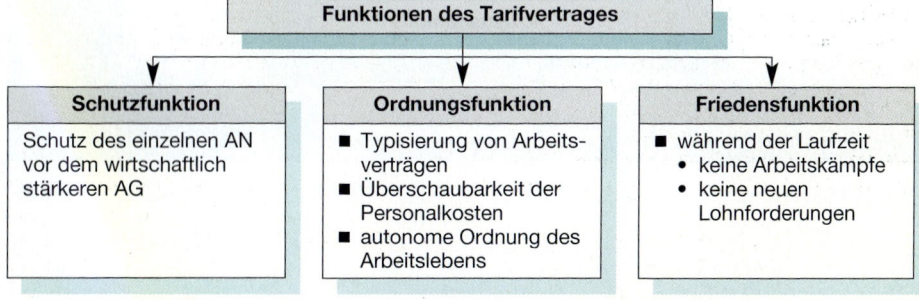

Funktionen des Tarifvertrages		
Schutzfunktion	**Ordnungsfunktion**	**Friedensfunktion**
Schutz des einzelnen AN vor dem wirtschaftlich stärkeren AG	◼ Typisierung von Arbeitsverträgen ◼ Überschaubarkeit der Personalkosten ◼ autonome Ordnung des Arbeitslebens	◼ während der Laufzeit • keine Arbeitskämpfe • keine neuen Lohnforderungen

1

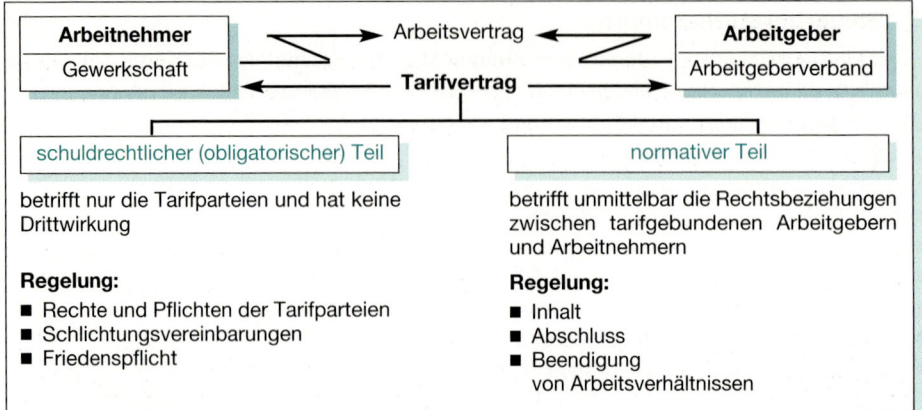

Bei **Haustarif-Verträgen** schließen einzelne Arbeitgeber den Tarifvertrag ab.

Weil die Tarifvertragsparteien die Tarifverträge in eigener Verantwortung schließen, spricht man von **Tarifautonomie** *(Art. 9 Abs. 3 GG)*. Die Tarifautonomie ist das nach dem *GG* verbriefte Recht, Tarifverträge frei von staatlichen Eingriffen abzuschließen.

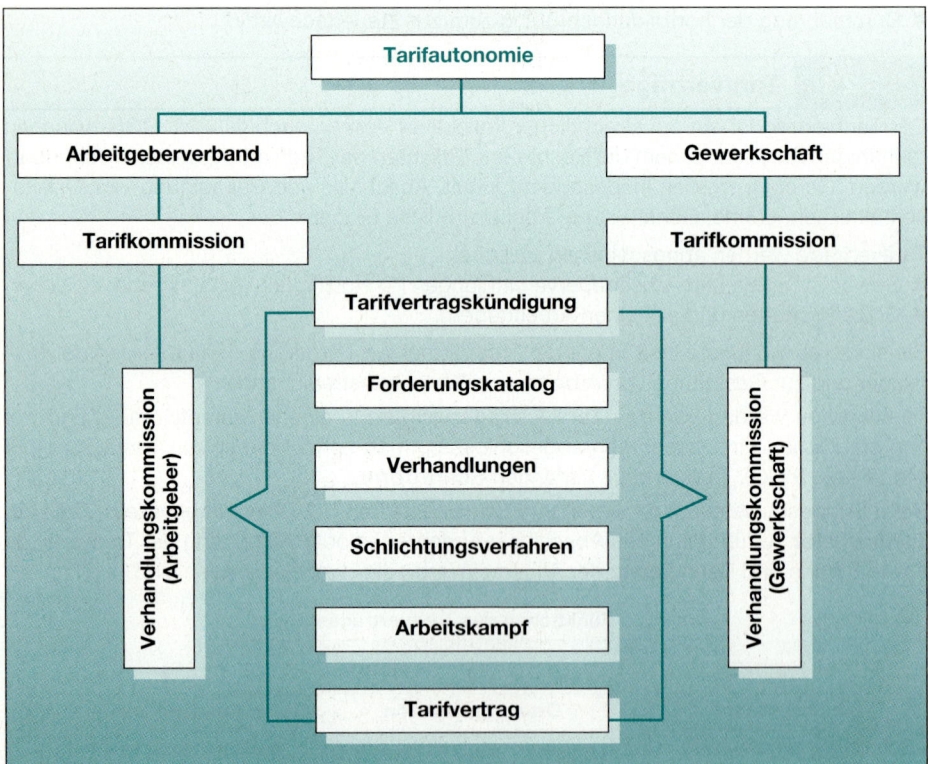

Tarifvertragsarten

Manteltarifverträge beinhalten grundlegende Vereinbarungen, die in der Regel über einen Zeitraum von mehreren Jahren gültig sind. **Lohn-** bzw. **Gehaltstarifverträge** enthalten dagegen nur Regelungen über Vergütungen.

Tarifvertragsbedingungen sind **Mindestbedingungen**.

Tarifvertragsarten		
Arten von Tarifverträgen	**Dauer**	**Inhalt**
Manteltarif-vertrag	mehrere Jahre	Manteltarifverträge enthalten ■ keine konkrete Vergütungshöhe und auch ■ keine Eingruppierungen der Beschäftigten in Lohn- oder Gehaltsgruppen oder -stufen. Im Manteltarifvertrag werden insbesondere längerfristige, allgemeinere Regelungen getroffen, die häufig auch für einen größeren Personenkreis gelten, d.h. sie bilden den „Mantel" für speziellere Tarifverträge. Inhalte sind ■ Einstellungs- und Kündigungsschutzbestimmungen, ■ Arbeitzeitregelungen, ■ Arbeitsbewertungsverfahren, ■ Regelungen zu Krankheit, ■ Krankmeldung und Lohnfortzahlung, ■ Erholungs- und Sonderurlaub, ■ Zuschläge für Mehr-, Nacht- und Schicht-, Sonn- und Feiertagsarbeit, ■ Regelungen zu Überstunden, ■ Vermögenswirksame Leistungen, ■ Altersicherung, ■ Bestimmungen zum Rationalisierungsschutz sowie zur Qualifizierung ■ Arbeitsschutz
Rahmentarif-vertrag	wenige Jahre	Ein Rahmentarifvertrag - auch Lohn- und Gehaltsrahmentarifvertrag genannt - umfasst Regelungen bezüglich ■ der Ausgestaltung und Festlegung von Lohn- und Gehaltsgruppen, ■ der Gruppenmerkmale ■ der Ausgestaltung der Leistungsentlohnung.
Lohn-, Gehalts- und Entgelttarif-vertrag	zwischen 12–24 Monate	In diesem Tarifvertrag wird die Höhe der **tariflichen Vergütung** geregelt. Es werden Lohn-, Gehalts- oder Entgelttabellen dargestellt, um Vergütungsgruppen inklusive der Vergütung der jeweiligen Gruppe abzubilden. Dabei kommt die unterste Entgeltgruppe einem Mindestlohn gleich.
Flächentarif-vertrag	wenige Jahre	Er gilt für ■ eine bestimmte Branche, ■ einen bestimmten Wirtschaftszweig, ■ einen bestimmten regionalen Bereich. Ein Flächentarifvertrag kann sowohl bei einer als auch bei mehreren Branchen Anwendung finden. *Beispiele:* ■ *Flächentarifverträge sind die der IG Metall, z.B. fällt die Daimler AG unter den IG Metall Tarifvertrag Nordwürttemberg/Nordbaden.* ■ *Flächentarifvertrag der Dienstleistungsgewerkschaft ver.di.*

1

Arten von Tarifverträgen	Dauer	Inhalt
Spartentarifvertrag	unterschiedlich	Dies sind Tarifverträge, die in einer Sparte eines Tarifgebietes angewendet werden. So wird der Tarifvertrag für den öffentlichen Dienst (TVöD) in Spartentarifverträgen für einzelne Bereiche konkretisiert. Es gibt Spartentarifverträge für die Beschäftigten des öffentlichen Nahverkehrs, für Beschäftigte von Krankenhäusern oder des Ordnungsdienstes, die sich zwar am TVöD anlehnen, in einzelnen Punkten jedoch unterschiedlich gestaltet sein können.
Haus-, Firmen- und Werkstarifvertrag	unterschiedlich	Hier werden auf der Arbeitgeberseite nur von einem **einzelnen Arbeitgeber** – nicht vom Arbeitgeberverband – Verträge geschlossen; diese gelten deshalb nur für ein einzelnes Unternehmen. *Beispiel:* *Volkswagen AG und IG Metall* *Die VW AG unterliegt eigentlich dem Flächentarifvertrag der IG Metall. Volkswagen ist aber schon vor Jahren aus dem Flächenabkommen ausgestiegen und hat in separaten Verhandlungen mit der IG Metall einen Haustarifvertrag abgeschlossen.*
Ergänzungstarifvertrag	unterschiedlich	Für Unternehmer besteht die Möglichkeit zusätzlich zum Flächentarifvertrag Ergänzungstarifverträge abzuschließen, in denen **unternehmensspezifische Regelungen** enthalten sind. Es soll eine betriebsindividuelle Lösung möglich gemacht werden, ohne dass in Verhandlungen über einen Haustarifvertrag eingestiegen werden muss.

Besteht für den Arbeitgeber Tarifbindung, so muss der Tarifvertrag auf alle Arbeitnehmer des Industriezwigs/Betriebs – unabhängig von der Zugehörigkeit zu einer Gewerkschaft – unterschiedslos angewendet werden.

Der Arbeitgeber ist verpflichtet, die für seinen Betrieb geltenden Tarifverträge an geeigneter Stelle auszuhängen *(§ 8 TVG)*.

Weitere Unterteilung der Tarifverträge nach Geltungsbereichen:

Geltungsbereiche	
Tarifbereich	■ Bundes-, Landes-, Bezirks- und Ortstarifverträge ■ Werktarifverträge

Tarifpartner	■ Verbandstarifvertrag (Normalfall)
	  • eine Gewerkschaft und ein Arbeitgeberverband
	■ Haustarifvertrag (Firmentarif)
	  • eine Gewerkschaft und ein Arbeitgeber
	■ Branchentarifvertrag (je Wirtschaftszweig)

Gültigkeit	■ fachlich
	  • nach Produktionsgebieten eines Industriezweiges
	■ personalbezogen
	  • nach Angestellten und Arbeitern
	■ räumlich
	  • Bundes-/Landesebene oder -region
	■ zeitlich
	  • ein-, zwei- oder mehrjährig

Bindung	■ Normalfall:
	  • Mitglieder der tarifschließenden Gewerkschaft (in der Praxis: Anwendung meist auf alle Mitarbeiter)
	  • Arbeitgeber, die Mitglieder des tarifabschließenden Arbeitgeberverbandes sind
	  • Arbeitgeber mit Abschluss eines Firmentarifvertrages

Geltungsbereiche	
Bindung	■ Möglichkeit nach dem Tarifvertragsgesetz: **Allgemeinverbindlich(keits)erklärung** Die Erklärung erfolgt nach dem im *TVG* geregelten Verfahren durch den Bundesminister für Arbeit und Soziales. Nach Eintragung im Tarifregister und Veröffentlichung im Bundesanzeiger gelten die Rechtsnormen des Tarifvertrages auch für bisher nicht tarifgebundene Arbeitgeber des Tarifbezirkes.

Tarifvertragliche Wirkungen

Vorteile

- klare Regelung von Pflichten und Rechten (Richtlinienfunktion)
- sozialer Friede der Tarifpartner und Gleichbehandlung während der Laufzeit (Friedenspflicht)
- kalkulierbare Lohnkosten bei den Arbeitgebern
- Vereinfachung bei Arbeitsvertragsabschluss
- Sicherheit bei den Arbeitnehmern (Mindestlohn, Mindestarbeitsbedingungen, soziale Gesichtspunkte)

Nachteile

- Gefahr von Machtkonzentrationen bei ungenügender Kontrolle
- starrer Lohn nach unten

Bindung von Tarifverträgen

Tarifverträge sind nur verbindlich für

- Arbeitnehmer, die Mitglied einer Gewerkschaft sind, und
- Arbeitgeber, die einem Arbeitgeberverband angehören, der mit der Gewerkschaft einen Tarifvertrag abgeschlossen hat, oder
- Arbeitgeber, die selbst einen (Firmen-)Tarifvertrag abgeschlossen haben.

In Ausnahmefällen kann der Tarifvertrag nach dem im TVG geregelten Verfahren vom Bundesminister für Arbeit und Soziales für allgemein verbindlich erklärt werden. Nach Eintragung im Tarifregister und Veröffentlichung im Bundesanzeiger gelten die Rechtsnormen des Tarifvertrages auch für bisher nicht tarifgebundene Arbeitnehmer des Tarifbezirks.

Besteht ein Tarifvertrag, so haben die Bestimmungen des Tarifvertrags Gesetzeskraft. Abweichungen vom Tarifvertrag im Arbeitsvertrag sind ungültig, es sei denn, die Abweichung wurde im Tarifvertrag ausdrücklich erlaubt oder sie erfolgt ausschließlich zum Vorteil des Arbeitnehmers.

Aus diesem Grund sind übertarifliche Gehälter zulässig, untertarifliche Gehälter in der Regel nicht.

Nicht tarifgebundenen Arbeitnehmern kann ein Gehalt nach dem Tarifvertrag gezahlt werden, wenn dies im Arbeitsvertrag gesondert vereinbart wird.

1

1.3.2.2   Betriebsvereinbarungen

Eine Betriebsvereinbarung ist ein Vertrag nach BGB zwischen Arbeitgeber und Betriebsrat, der Rechte und Pflichten für alle Arbeitnehmer eines Unternehmens formuliert *(§ 77 Abs. 4 S. 2 BetrVG).*

Regelung durch Betriebsvereinbarungen	
Bindungen	**Regelungsmöglichkeiten**
■ Schriftform *(§ 77 Abs. 2 BetrVG)* ■ Der Betriebsrat muss in einem ordentlichen Beschluss über den Inhalt und Abschluss der Betriebsvereinbarung, die das Ergebnis der Verhandlung darstellt, abstimmen. Dieser Beschluss ist die Willenserklärung des Betriebsrats, aus der dann zusammen mit der übereinstimmenden Willenserklärung des Arbeitgebers der Vertrag „Betriebsvereinbarung" entsteht. ■ Der Betriebsrat muss einen Beschluss fassen, mit dem er den Betriebsratsvorsitzenden ermächtigt, stellvertretend für den Betriebsrat die Betriebsvereinbarung abzuschließen. ■ Die Einigung zwischen Arbeitgeber und Betriebsrat muss jeweils von einer vertretungsberechtigten Person der beiden Parteien – beim Betriebsrat i. d. R. dem Betriebsratsvorsitzenden – unterschrieben werden. ■ Offenlegung im Unternehmen, ■ keine Schlechterstellung als der Tarifvertrag; nur Ergänzung, ■ keine Geltung für leitende Angestellte.	Gegenstand einer Betriebsvereinbarung können alle Fragen sein, bei denen dem Betriebsrat ein gesetzliches Mitbestimmungsrecht zusteht. ■ soziale Angelegenheiten • *Beginn und Ende der täglichen Arbeitszeit* • *Pausenregelungen* • *Zeit, Ort und Zahlung des Lohnes* • *Aufstellung allgemeiner Urlaubsgrundsätze* • *Fragen der betrieblichen Lohngestaltung* • *Förderung der Vermögensbildung* • *Sonderfall: Sozialplan* ■ personelle Angelegenheiten • *Personalplanung* • *Vorschläge zur Sicherung und Förderung der Beschäftigung* • *Personalfragebögen* • *Beurteilungsgrundsätze* • *Förderung der Berufsbildung* ■ wirtschaftliche Angelegenheiten bei Betrieben mit mehr als 100 ständig Beschäftigten Unterrichtung über • *die wirtschaftliche und finanzielle Lage des Unternehmens,* • *die Absatzlage,* • *Rationalisierungsmaßnahmen*

Wurden durch Einzelvereinbarung für den Arbeitnehmer günstigere Regelungen vereinbart, gehen diese der Betriebsvereinbarung vor.

Jeder Vertragspartner kann eine bestehende Betriebsvereinbarung nach *§ 77 Abs. 5 BetrVG* mit einer Frist von drei Monaten kündigen. Abweichende Kündigungsfristen können vereinbart werden.

1.3.2.3   Tarifkonflikte

Weitere Unterteilung der Tarifverträge nach Geltungsbereichen:

Tarifverträge enden entweder durch Zeitablauf oder durch Kündigung eines Tarifpartners. Jeder Tarifpartner ernennt Vertreter für die Tarifkommission, in der die Forderungen vorgetragen und beraten werden. In den **Tarifverhandlungen** begründet jede Partei ihre wirtschaftliche Lage und erläutert, worauf es ihr bei dem Verhandlungsergebnis ankommt.

Kommt keine Einigung zustande, versuchen die Gewerkschaften durch Demonstrationen, Streikdrohungen, Betriebsversammlungen und Warnstreiks Druck auf die Arbeitgeber auszuüben.

In den meisten Wirtschaftsbereichen können die Tarifparteien frei vereinbaren, wie sie Tarifverhandlungen führen. Dabei beantragt oft nach Scheitern der Tarifverhandlungen

1

eine Partei die **Schlichtung**, um den Arbeitsfrieden zu erhalten. Die aus Vertretern der Tarifparteien zu bildende Kommission kann einen unparteiischen Schlichter heranziehen, dem die schwierige Aufgabe obliegt, die gescheiterten Tarifverhandlungen zu einem guten Ende zu bringen.

Gibt es keine Einigung, kommt es zum Arbeitskampf. Zulässige Kampfmittel sind **Streik** auf der Arbeitnehmerseite und **Aussperrung** auf der Arbeitgeberseite.

Suche nach dem Kompromiss
Bei jeder neuen Tarifrunde ist es das gleiche Ritual: Die Gewerkschaften fordern mehr, als sie durchsetzen können; die Arbeitgeber bieten weniger an, als sie schließlich zugestehen müssen. Die Suche nach einem Kompromiss, der für beide Seiten tragbar ist, verläuft nach Regeln, die in Satzungen und Verträgen festgelegt sind. Kampfmaßnahmen sind nur unter ganz bestimmten Voraussetzungen möglich. Damit soll die andere Seite wieder an den Verhandlungstisch gezwungen werden. Der normale Ablauf sieht so aus: Wenn die Tarifverhandlungen zu keinem Ergebnis führen und eine Seite sie für gescheitert erklärt, kann versucht werden, den Streit mithilfe eines

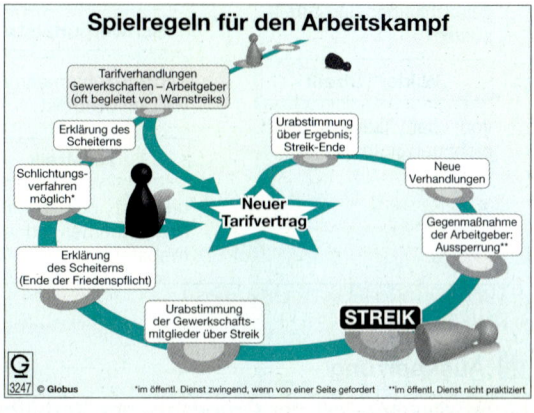

unbeteiligten Dritten zu schlichten. Eine besondere Regelung kennt der öffentliche Dienst: Scheitern die Verhandlungen und fordert eine Seite die Schlichtung, dann muss sich die Gegenseite auf Schlichtungsgespräche einlassen. Wenn auch diese Schlichtung scheitert, setzt die Gewerkschaftsführung eine Urabstimmung über Streik an, dem in der Regel drei Viertel aller Mitglieder zustimmen müssen. Auf den Streik können die Arbeitgeber mit Aussperrung reagieren. (Im öffentlichen Dienst gab es noch nie Aussperrungen; sie sind juristisch umstritten.) Der Streik endet, wenn in neuen Verhandlungen ein Kompromiss gefunden wird und in einer zweiten Urabstimmung mindestens ein Viertel der Gewerkschaftsmitglieder zustimmt. *Quelle: Globus*

Streik

> Der **Streik** (Ausstand) ist eine kollektive Arbeitsniederlegung mit dem Ziel, Forderungen nach höheren Löhnen oder besseren Arbeitsbedingungen gegen Arbeitgeber durchzusetzen, um danach die Arbeit wieder aufzunehmen.

Das **Streikrecht** ist ein aus *Art. 9 Abs. 3 GG* abgeleitetes erlaubtes Mittel des Arbeitskampfes.

Ein Streik gilt nur als genehmigt, wenn mindestens 75 %[1] der gewerkschaftlich organisierten Arbeitnehmer in der vom Gewerkschaftsvorstand eingeleiteten **Urabstimmung** dem Streik zustimmen. Die von der Streikleitung ernannten **Streikposten** sollen **Streikbrecher** beeinflussen und **Streikende** von strafbaren Handlungen abhalten.

Das Arbeitsverhältnis wird durch den Streik nicht gelöst.

Jeder Arbeitnehmer (auch Nichtorganisierte) ist streikberechtigt. Streikgeldzahlungen erhalten nur Gewerkschaftsmitglieder.

Ein **Streikende** ist dann beschlossen, wenn in einer erneuten Urabstimmung mindestens 25 % der Gewerkschaftsmitglieder sich dafür aussprechen.

---

[1] Soweit die Gewerkschaftssatzung keine abweichende Regelung zulässt.

1

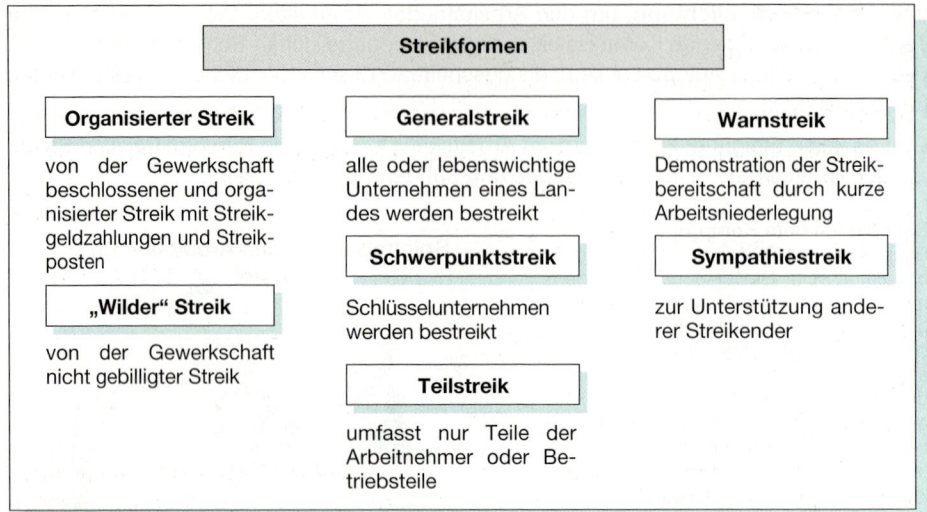

Aussperrung

Im Arbeitskampf gilt der **Grundsatz der Verhältnismäßigkeit der Mittel**. Aus diesem Grund steht dem Arbeitgeber das Kampfmittel der Aussperrung zu.

> Die **Aussperrung** ist der Ausschluss der Arbeitnehmer von der Arbeit bei gleichzeitiger Verweigerung der Lohn- und Gehaltszahlung.

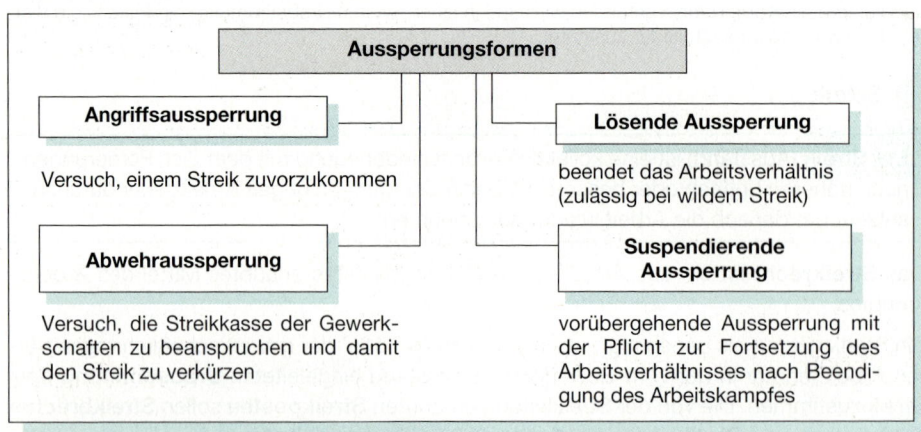

Auswirkung von Arbeitskämpfen

Der Arbeitskampf sollte immer das letzte Mittel in einem Tarifkonflikt darstellen. Er erfordert von beiden Tarifparteien großen Einsatz und hohe Kosten:

für den **Arbeitgeber:**

- Produktionsausfall,
- Gewinneinbußen.

für die **Gewerkschaften:**

- Streikgeldzahlungen,
- Einkommenseinbußen bei den Arbeitnehmern,
- Sympathieverlust bei der vom Streik mittelbar betroffenen Öffentlichkeit.

Für die **Bundesagentur für Arbeit** gilt das **Neutralitätsgebot** *(§ 116 Abs. 1 Satz 1 AFG).* Arbeitskämpfe dürfen durch Arbeitslosen- und Kurzarbeitergeldzahlungen an unmittelbar am Arbeitskampf beteiligte Arbeitnehmer nicht unterlaufen werden. Soweit eine mittelbare Beteiligung von Arbeitnehmern vorliegt, regelt das *„Gesetz zur Sicherung der Neutralität der Bundesanstalt für Arbeit bei Arbeitskämpfen"* den Leistungsanspruch. Mittelbar ist ein Arbeitnehmer eines Betriebes betroffen, wenn er den Betrieb weder bestreikt noch selbst ausgesperrt ist, aber wegen eines Arbeitskampfes seine Tätigkeit einstellen muss.

> **Beispiel:**
>
> *Zulieferungen bleiben wegen des Arbeitskampfes aus.*

Ein **Leistungsanspruch** auf Arbeitslosen- und Kurzarbeitergeld liegt heute nur noch bei mittelbar vom Arbeitskampf betroffenen Arbeitnehmern vor, wenn der Betrieb außerhalb des räumlichen und fachlichen Geltungsbereichs des umkämpften Tarifbereichs liegt.

1.4　Entlohnung der Arbeit

Weil es objektive Kriterien für eine absolute Lohngerechtigkeit nicht gibt, ist die Frage nach einer möglichst **gerechten Entlohnung** seit jeher das zentrale Thema der Tarifpolitik und der betrieblichen Lohngestaltung. Für Arbeitnehmer ist entscheidend, dass sie einen Lohn bekommen, der den Anforderungen und Leistungen an ihrem Arbeitsplatz entspricht. Dazu gehört auch, dass sie ihr eigenes Einkommen im Verhältnis zu denen der Kollegen, die höher- oder minderwertige Tätigkeiten verrichten, als angemessen empfinden.

1.4.1　Entlohnungsformen

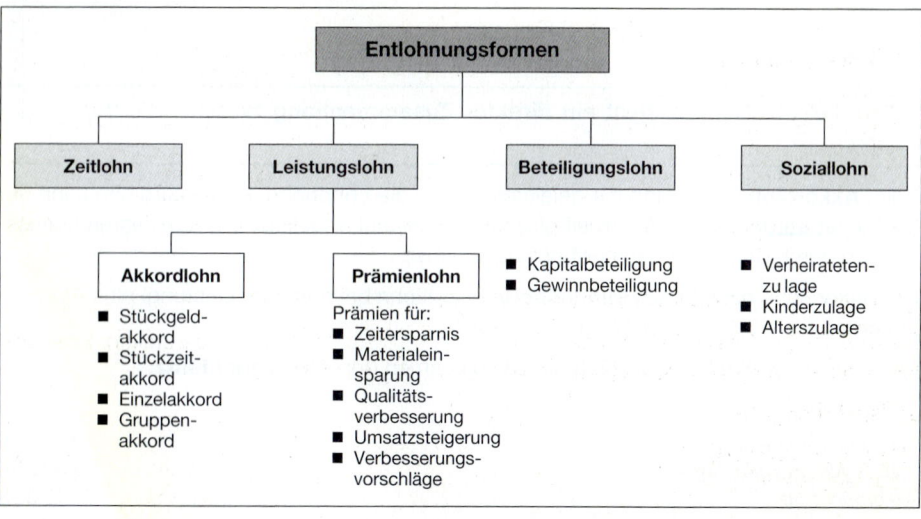

1

Der Lohn wird im Regelfall als **Geldlohn** gewährt, in Ausnahmefällen als **Naturallohn** *(z. B. Sachbezüge, Vorteilszuwendungen)*. Der Geldlohn ist ein **Nominallohn** und wird durch Lohnerhöhungen der Inflationsrate einschließlich Produktionsfortschritt im Idealfall angepasst, um den **Reallohn** nicht absinken zu lassen.

Zeitlohn

> Beim Zeitlohn besteht **keine direkte Verbindung** zwischen Lohn und Leistung.

Der Arbeitnehmer wird entsprechend der Dauer der geleisteten Arbeitszeit entlohnt. Der Zeitraum der Entlohnung kann z. B. eine bestimmte Zeiteinheit (60 Minuten, 45 Minuten), ein Tag, eine Woche oder ein Monat sein.

Der Zeitlohn ist kein Leistungslohn, aber dennoch erwartet der Arbeitgeber eine bestimmte Leistung vom Arbeitnehmer.

Der Zeitlohn kann als reiner Zeitlohn oder als Zeitlohn mit Leistungszulagen *(z. B. Qualitäts-, Mengen-, Anwesenheitsprämien)* gezahlt werden.

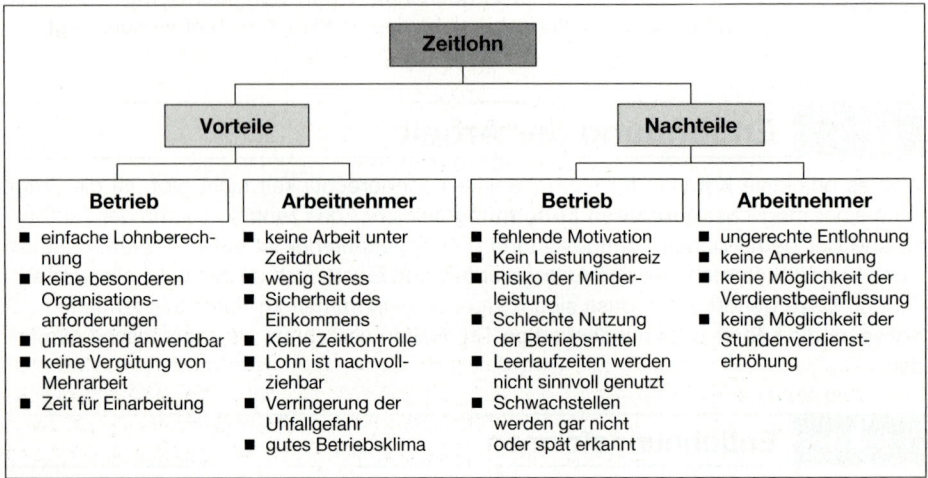

Leistungslohn

> Beim Leistungslohn besteht **ein direkter Zusammenhang** zwischen Leistung und Lohn.

Beim **Akkordlohn** bestimmt die geleistete Arbeit die Lohnhöhe. Ein Akkordlohn kann nur berechnet werden, wenn die Arbeit gleichartig, bekannt, regelmäßig wiederkehrend, messbar und durch den Arbeitnehmer beeinflussbar ist.

Der Akkordlohn besteht aus **Mindestlohn** (= Zeitlohn bei normaler Leistung) plus **Akkordzuschlag** (ca. 15–30 % des Mindestlohnes).

Mindestlohn und Akkordzuschlag bilden zusammen den **Akkordrichtsatz.**

Beispiel:

Tariflohn (= Mindestlohn)	*10,00 EUR*
+ 25 % Akkordzuschlag	**2,50** *EUR*
Akkordrichtsatz	*12,50 EUR*

Wird der Akkordsatz in Geld je Einheit festgelegt, so liegt der Geldakkordsatz oder Stückgeldakkord vor.

Stückgeldakkord: Bruttolohn = Stückzahl · Geldakkordsatz

Wird der Akkordsatz in einer Auftragszeit je geleisteter Einheit festgestellt, so liegt der Zeitakkordsatz oder Stückzeitakkord vor.

Stückzeitakkord: Bruttolohn = Stückzahl · Zeitakkordsatz · Minutenfaktor

Beispiele:

Stückgeldakkord

$$Geldakkordsatz: \frac{12,50\ EUR}{25\ Stck.} = 0,50\ EUR\ je\ Stück$$

Bruttoverdienst bei Normalleistung:

$$\begin{array}{rcll}
Stückzahl & \cdot & Geldakkordsatz & = & Bruttolohn \\
780 & \cdot & 0,50\ EUR & = & 390,00\ EUR
\end{array}$$

Stückzeitakkord

$$Zeitakkordsatz: \frac{100\ Dezimalminuten}{25\ Stck.} = 4\ Dezimalminuten\ Vorgabezeit\ je\ Stück$$

$$Dezimalminutenfaktor = \frac{12,50\ EUR}{100\ Dezimalminuten} = 0,125\ EUR$$

Bruttoverdienst bei Normalleistung:

$$\begin{array}{rcccll}
Stückzahl & \cdot & Zeitakkordsatz & \cdot & Minutenfaktor & = & Bruttolohn \\
780 & \cdot & 0,125\ EUR & \cdot & 4 & = & 390,00\ EUR
\end{array}$$

Bruttoverdienst bei Mehrleistung:

$$\begin{array}{rcccll}
Stückzahl & \cdot & Zeitakkordsatz & \cdot & Minutenfaktor & = & Bruttolohn \\
975 & \cdot & 0,125\ EUR & \cdot & 4 & = & 487,50\ EUR
\end{array}$$

Beim **Einzelakkord** wird die Leistung des einzelnen Mitarbeiters erfasst und entlohnt. Bei Anwendung des **Gruppenakkords** werden die Akkordzettel regelmäßig auf einen Gruppenführer ausgestellt und wie Einzelakkordscheine ausgerechnet. Die Summe der Verdienste aus den Einzelakkordscheinen ist der Akkordverdienst der Gruppe. Die Verteilung des Lohnes auf die Gruppenmitglieder ist dabei problematisch. Als Verteilungsschlüssel bietet sich der Zeitlohnwert der einzelnen Mitglieder an.

Beispiel:

Akkordverdienst der Gruppe: 960,00 EUR
Summe der Akkordzeitlöhne: 800,00 EUR

Akkordfaktor: $\dfrac{960,00\ EUR}{800,00\ EUR} = 1,2$

Akkordanteil: Zeitlohn · Akkordfaktor

Verteilungsrechnung:

Gruppenakkord-beteiligte	aufgewendete Zeit	Lohnsatz je Stunde	Zeitlohnwert	Akkordfaktor	Akkord-verdienst
Reim, Erni	30	9,00 EUR	270,00 EUR	1,2	324,00 EUR
Henke, Ulrich	20	9,56 EUR	190,00 EUR	1,2	228,00 EUR
Traub, Karin	34	10,00 EUR	340,00 EUR	1,2	408,00 EUR
	84		800,00 EUR		960,00 EUR

1

Vorteile des Gruppenakkords liegen in der gegenseitigen Kontrolle der Gruppenmitglieder, der Kooperation der Mitglieder und der optimalen Arbeitsteilung. **Nachteile** ergeben sich gerade bei größeren unüberschaubaren Gruppen. Der Gruppenakkord kann bei leistungsstarken Mitgliedern zur Unzufriedenheit führen.

Die fortschreitende Automatisierung der Fertigung bedingt häufig eine Abkoppelung der Lohnbemessung von der Ausbringungsmenge. Der Akkordlohn wird ersetzt durch den **Prämienlohn**.

Prämienlohn = Grundlohn + Prämienzuschlag

Überschreitet der Mitarbeiter die Normalleistung, so erhält er eine **Einzelprämie** oder eine **Gruppenprämie**.

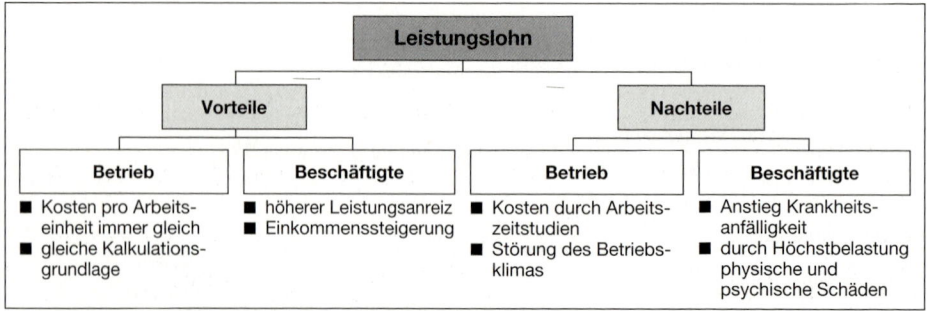

Beteiligungslohn

Der **Beteiligungslohn** in Form der **Erfolgsbeteiligung** ist ein zusätzlicher Leistungsanreiz im Rahmen der Entlohnungsformen.

Gestaltungsmöglichkeiten

■ nach den **beteiligten Mitarbeitern:**
  • alle Arbeitnehmer
  • ausgewählte Arbeitnehmergruppen

  Beispiel:

  Tantieme für leitende Angestellte

■ nach der **Bezugsgröße** der Beteiligung:
  • Ertragsbeteiligung (Wertschöpfung, Umsatz)
  • Gewinnbeteiligung (Bilanzgewinn, korrigierter Bilanzgewinn)
  • Leistungsbeteiligung (Produktivität, Produktionsmenge)

■ nach der **Auszahlungsweise** der Erfolgsanteile:
  • Barauszahlung
  • Vermögensbildung:
    indirekte Beteiligung (Fond für das Mitarbeiterkapital)
    direkte Beteiligung:
    – durch Eigenkapital (Belegschaftsaktie, GmbH-Anteil, stiller Gesellschafter, Kommanditist)
    – durch Fremdkapital (Schuldverschreibung, Darlehen)

■ nach dem **Aufteilungsschlüssel:**
  • gleiche Anteile
  • Staffelung nach Betriebszugehörigkeit, Lohnhöhe oder Lebensalter

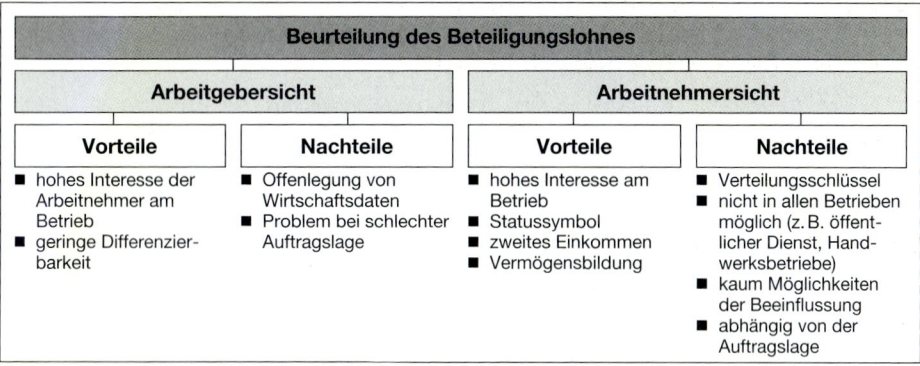

Beurteilung des Beteiligungslohnes			
Arbeitgebersicht		**Arbeitnehmersicht**	
Vorteile	**Nachteile**	**Vorteile**	**Nachteile**
■ hohes Interesse der Arbeitnehmer am Betrieb ■ geringe Differenzierbarkeit	■ Offenlegung von Wirtschaftsdaten ■ Problem bei schlechter Auftragslage	■ hohes Interesse am Betrieb ■ Statussymbol ■ zweites Einkommen ■ Vermögensbildung	■ Verteilungsschlüssel ■ nicht in allen Betrieben möglich (z. B. öffentlicher Dienst, Handwerksbetriebe) ■ kaum Möglichkeiten der Beeinflussung ■ abhängig von der Auftragslage

▉ Personalzusatzkosten (Personalnebenkosten)

Personalzusatzkosten sind alle Kosten des Arbeitgebers, die zusätzlich zum reinen Arbeitslohn vom Arbeitgeber gezahlt werden.

Je nach Branche können diese Personalzusatzkosten noch einmal bis zu 100 % des reinen Arbeitslohnes zusätzlich ausmachen.

Die meisten Arbeitnehmer wissen genau, wie viel sie verdienen – aber nur wenige wissen, wie viel sie tatsächlich kosten. Denn die Lohnkostenrechnung, die ein Unternehmen aufstellt, sieht anders aus als die simple Formel „Arbeitszeit mal Stundenlohn". Über das Direktentgelt für geleistete Arbeit hinaus müssen die Unternehmungen ja auch an Feiertagen, im Urlaub und bei Krankheit wei-terzahlen. Hinzu kommen Zusatzleistungen wie Weihnachtsgeld oder Urlaubsgeld. Außerdem müssen Arbeitgeberanteile zur Sozialversicherung abgeführt werden. All dies zusammengenommen ergibt den „zweiten Lohn", die Personalzusatzkosten.

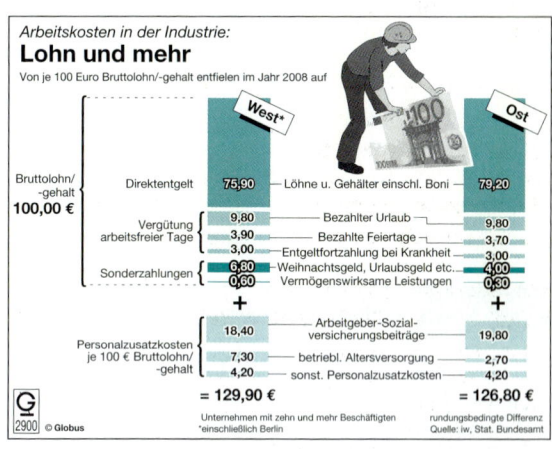

Personalzusatzkosten können	
gesetzlich vorgeschrieben sein.	**Beispiele:** ■ Arbeitgeberanteil zu den Sozialversicherungen; Umlagen U1, U2, InsG ■ Beiträge zur Berufsgenossenschaft ■ bezahlte Feiertage und sonstige Ausfallzeiten ■ Entgeltsfortzahlung im Krankheitsfall, bei Arztbesuch, Heirat, Urlaub ■ Aufwendungen aufgrund des Mutterschaftsschutzgesetzes ■ Aufwendungen aufgrund des Schwerbehindertengesetzes ■ Aufwendungen nach dem Betriebsverfassungsgesetz
aufgrund Tarifvertrag verbindlich sein.	**Beispiele:** ■ Zahlung eines Urlaubsgeldes ■ Zahlung von zusätzlichen Monatsgehältern (z. B. Weihnachtsgeld) ■ betriebliche Altersversorgung ■ Zahlung der vermögenswirksamen Leistungen

▷

1

Personalzusatzkosten können	
freiwillig gewährt werden.	**Beispiele:** ■ *Kosten für Aus-, Weiter- und Fortbildung* ■ *Aufwendungen für die Altersversorgung von Arbeitnehmern* ■ *Aufwendungen für betriebliche Einrichtungen wie z. B. Kindergärten, Erholungsheime, Sportanlagen, Kantinen* ■ *Familienbeihilfen* ■ *Fahrtkostenzuschüsse* ■ *Erholungsheime* ■ *Vermögensbildung* ■ *Zahlung von Weihnachtsgeld/Urlaubsgeld*
ohne **Gegenleistung** gewährt werden.	**Beispiele:** ■ *gesetzliche Feiertage* ■ *persönliche Gründe wie z. B. Arztbesuch, Heirat* ■ *Lohnfortzahlung bei Krankheit, Mutterschaft* ■ *Urlaubsgeld* ■ *Weihnachtsgeld*
nicht **leistungs-bezogen** sein	**Beispiele:** ■ *Zulagen* ■ *Zuschläge* ■ *Prämien*

1.4.2   Arbeitsbewertung

Die Bewertung von Arbeit hat **diskriminierungsfrei** zu erfolgen, d. h. es muss sicherge-stellt werden, dass sowohl Entgeltsysteme als auch Bewertungen einzelner Arbeitsplätze alle Anforderungen erfüllen, die den Rechtsnormen und der Rechtsprechung des Europäi-schen Gerichtshofs und des Bundesarbeitsgerichts entsprechen.

Die Differenzierungen müssen
■ durchschaubar, nachvollziehbar und überprüfbar sein,
■ aufgrund gleicher Kriterien für frauen- wie für männerdominierte Tätigkeiten erfolgen,
■ nach Kriterien erfolgen, die die Tätigkeiten vollständig und angemessen beschreiben,
■ nach Kriterien erfolgen, die weder in der Formulierung noch in der Auslegung diskrimi-nieren bzw. auf Geschlechterstereotype Bezug nehmen.

Um die Löhne und Gehälter innerhalb eines Betriebes gerecht zu staffeln, bedarf es einer genauen Erfassung der Anforderungen an die einzelnen Arbeitsplätze. Mithilfe der Arbeits-wertstudien erfolgt die Ermittlung der Schwierigkeitsgrade der Arbeit, die die Grundlage für die Bestimmung der Lohnhöhe darstellen.

Es lassen sich die einzelnen Anforderungen global beschreiben, auch **summarische Arbeitsbewertung** *(Rangfolge- und Lohngruppenverfahren)* genannt, oder es werden die Anforderungen für jede Anforderungsart getrennt beurteilt, auch als **analytische Arbeits-bewertung** *(Rangfolge- und Stufenwertzahlverfahren)* bezeichnet.

Summarische Arbeitsbewertung

Es wird eine Gesamtbeurteilung der Arbeitsschwierigkeiten vorgenommen. Sie findet ihren Niederschlag in Tarifverträgen, die eine Entlohnung nach Beschäftigungsgruppen (Lohn- oder Gehaltsgruppen) vorsehen.

Vergütungsgruppen		
Gruppe	Lohngruppen-Definition	Lohn-schlüssel
I	■ Tätigkeiten, die ohne Vorkenntnisse nach Anweisung oder kurzer Einweisung unmittelbar ausgeführt werden können, und ■ die mit einer geringen Verantwortung für Betriebsmittel und/oder für die eigene Arbeit verbunden sind.	80 %
II	■ Tätigkeiten, die mit Vorkenntnissen nach Anweisung und Einweisung ausgeführt werden können, und ■ die mit geringer, fallweise höherer Verantwortung für Betriebsmittel und/oder für die eigene Arbeit verbunden sind.	83 %
III	■ Tätigkeiten, die mit erhöhten Vorkenntnissen und einer aufgabenbezogenen Unterweisung oder Einarbeitung ausgeführt werden können, ■ die erhöhte Anforderungen an Genauigkeit oder Gewissenhaftigkeit voraussetzen, ■ die einer erhöhten, fallweise großen muskelmäßigen Belastung unterliegen, ■ die mit geringer, fallweise erhöhter Verantwortung für Betriebsmittel und/oder für die eigene Arbeit verbunden sind.	87 %
IV	■ Tätigkeiten, die Vorkenntnisse aufgrund aufgabenbezogener Unterweisung oder Einarbeitung, fallweise längerer Berufspraxis voraussetzen, ■ die erhöhte Anforderungen an Genauigkeit oder Gewissenhaftigkeit stellen, ■ die einer erhöhten, fallweise großen Belastung unterliegen, ■ die mit erhöhter Verantwortung für Betriebsmittel und/oder Arbeitsprodukt verbunden sind.	90 %
V Ecklohn	■ Tätigkeiten, die durch eine einschlägige abgeschlossene Berufsausbildung oder einen gleichwertigen Abschluss vermitteltes Fachwissen erfordern, das auch durch entsprechende Berufserfahrung erworben sein kann, ■ die mittlere Anforderungen an Aufmerksamkeit sowie Denkfähigkeit voraussetzen, ■ die fallweise mittlerer muskelmäßiger Beanspruchung unterliegen, ■ die mit mittlerer Verantwortung für Betriebsmittel, eigene Arbeit und/oder Arbeit und Sicherheit anderer verbunden sind.	100 %
VI	■ Tätigkeiten, die neben einem durch eine einschlägige abgeschlossene Berufsausbildung oder durch einen gleichwertigen Abschluss vermittelten Fachwissen zusätzlich längere Berufspraxis voraussetzen, ■ die große Anforderungen an Aufmerksamkeit sowie Denkfähigkeit voraussetzen, ■ die großer muskelmäßiger Beanspruchung unterliegen, ■ die fallweise mit großer Verantwortung für Betriebsmittel, eigene Arbeit und/oder Arbeit und Sicherheit anderer verbunden sind.	110 %
VII	■ Tätigkeiten, die neben der abgeschlossenen Berufsausbildung zusätzliches Fachwissen erfordern, das über die Lohngruppe VI hinausgeht und durch eine Zusatzausbildung oder eine entsprechende Berufserfahrung erworben sein kann, ■ die große bis sehr große Anforderungen an Aufmerksamkeit wie Genauigkeit/Konzentration und Denktätigkeit im Sinne von Kombinieren und Disponieren (Anforderungen an Umsicht, Abstraktionsvermögen oder Dispositionsfähigkeit) stellen, ■ die mit einer großen bis sehr großen Verantwortung für Betriebsmittel, eigene Arbeit und/oder Arbeit und Sicherheit anderer verbunden sind.	120 %

1

▨ Analytische Arbeitsbewertung

Die einzelnen Stellen werden in bestimmte Grundtätigkeiten zerlegt und entsprechenden Anforderungsarten zugeordnet. Jede Anforderungsart erhält eine Wertzahl. Die Summe der Wertzahlen ist das Kriterium für die Einordnung in eine Lohngruppe.

Anforderungskatalog nach dem Genfer Schema von 1950:

Anforderungsarten	
Geistige Anforderungen	■ Fachkenntnisse ■ Nachdenken (geistige Beanspruchung)
Körperliche Anforderungen	■ Geschicklichkeit ■ Muskelbelastung ■ Aufmerksamkeit (Belastung der Sinne und Nerven)
Verantwortung	■ Betriebsmittel und Produkte ■ Sicherheit und Gesundheit anderer ■ Arbeitsablauf
Arbeitsbedingungen (Umgebungseinflüsse)	■ Temperatur ■ Nässe (Wasser, Feuchtigkeit, Säure) ■ Schmutz (Öl, Fett, Staub) ■ Gas, Dämpfe ■ Lärm, Erschütterung ■ Blendung, Lichtmangel ■ Erkältungsgefahr, Arbeiten im Freien ■ Unfallgefährdung

1.5   Mitwirkung und Mitbestimmung der Arbeitnehmer

1.5.1   Gesetzliche Grundlagen

> Unter **Mitbestimmung** ist die gesetzliche Teilhabe der Arbeitnehmer oder ihrer Vertretungen am Willensbildungsprozess im Unternehmen zu verstehen.

In Deutschland regeln acht verschiedene Gesetze die Mitbestimmung. Die Mitbestimmung findet statt

■ auf der betrieblichen Ebene, indem die Arbeitnehmer Betriebsräte wählen, die ihre Interessen gegenüber dem Arbeitgeber vertreten;

■ auf der Unternehmensebene (Unternehmensmitbestimmung), indem die Arbeitnehmer ihre Vertreter im Aufsichtsrat wählen.

Eine spezielle Variante ist das Montanmitbestimmungsgesetz für Unternehmen im Bereich Kohle und Stahl mit mehr als 1.000 Beschäftigten.

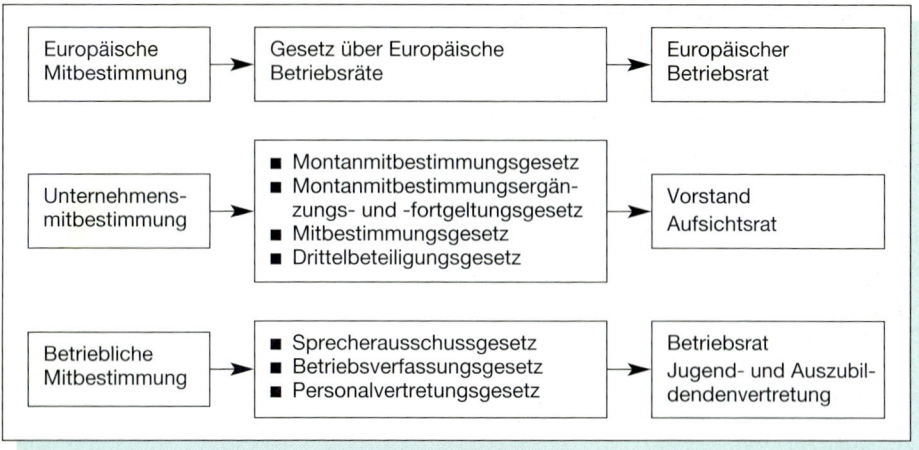

Quelle: Daten gemäß Institut der deutschen Wirtschaft Köln

1.5.2 Beteiligungsrechte auf der Ebene des Arbeitsplatzes

Dem Arbeitnehmer stehen auf der Ebene des Arbeitsplatzes individuelle **Mitwirkungs-
und Beschwerderechte** *(§§ 81–86a BetrVG)* zu:

Recht
- auf Unterrichtung über Aufgaben (Tätigkeit, Verantwortung) seines Arbeitsbereiches,
- auf Unterrichtung über Gesundheits- und Unfallgefahren an seinem Arbeitsplatz,
- auf Anhörung, soweit er persönlich in betrieblichen Angelegenheiten betroffen ist,
- auf Erörterung seiner Leistungsbeurteilung,
- auf Einsicht in seine Personalakte,
- zur Beschwerde wegen Benachteiligung durch Arbeitgeber oder Arbeitskollegen,
- zum Vorschlag von Beratungsthemen an den Betriebsrat.

1.5.3 Beteiligungsrechte auf der Ebene des Betriebes

Der **Betriebsrat**
- nimmt als Repräsentant der Belegschaft die Beteiligungsrechte auf der Betriebsebene nach dem Betriebsverfassungsgesetz *(BetrVG)* im eigenen Namen als Träger
eines freien Mandats wahr,
- kann nur in Betrieben mit i. d. R. fünf wahlberechtigten Arbeitnehmern *(§ 7 BetrVG)*
gewählt werden.

Ein **Betriebsrat** (BR) wird nach *§ 1 BetrVG* in Betrieben mit mindestens fünf ständigen
wahlberechtigten Arbeitnehmern von diesen alle vier Jahre gewählt *(§ 13 BetrVG)*. Wahlberechtigt sind nach *§ 7 BetrVG* alle Arbeitnehmer, die das 18. Lebensjahr vollendet
haben; wählbar sind alle Wahlberechtigten, die mindestens sechs Monate dem Betrieb
angehören *(§ 8 BetrVG)*.

1

Auf Religionsgemeinschaften *(§ 118 Abs. 2 BetrVG)* und Verwaltungen und Betriebe der öffentlichen Hand *(§ 130 BetrVG)* ist das *BetrVG* nicht anwendbar. Auf Tendenzbetriebe und -unternehmen ist die Anwendung des *BetrVG* eingeschränkt *(§ 118 Abs. 1 BetrVG)*.

Betrieb i. S. d. *BetrVG* ist eine organisatorische Einheit, mit der der Unternehmer allein oder in Gemeinschaft mit seinen Mitarbeitern einen arbeitstechnischen Zweck fortgesetzt verfolgt (vgl. auch *§ 4*: Betriebsteile, Nebenbetriebe). Mehrere Unternehmen können einen einheitlichen Betrieb i. S. d. *BetrVG* bilden. Ebenso kann ein Unternehmen mehrere Betriebe haben.

Nach *§ 26 Abs. 3 BetrVG* wird der Betriebsrat bei Abgabe seiner Erklärungen durch den **Betriebsratsvorsitzenden** bzw. dessen Stellvertreter vertreten. Die BR-Tätigkeit ist ehrenamtlich. BR-Mitglieder sind aber von der Arbeitsleistung unter Vergütungsfortzahlung freizustellen, soweit dies für die ordnungsgemäße Erledigung der BR-Arbeit erforderlich ist. Entsprechendes gilt für Bildungs- und Schulungsveranstaltungen *(§ 37 Abs. 6, 7 BetrVG)*.

Die **Kosten** der Betriebsratstätigkeit trägt nach *§ 40 Abs. 1 BetrVG* der Arbeitgeber, der nach *§ 40 Abs. 2 BetrVG* auch Räume, sachliche Mittel und Büropersonal im erforderlichen Umfang zur Verfügung zu stellen hat. Zu den Kosten der BR-Tätigkeit, die der Arbeitgeber zu erstatten hat, gehören auch die Kosten eines vom Betriebsrat gegen ihn geführten Rechtsstreits, und zwar unabhängig von seinem Ausgang.

Betriebsratsmitglieder genießen wegen ihres Amtes einen **besonderen Kündigungsschutz**. Nach *§ 15 KSchG* ist eine ordentliche Kündigung von BR-Mitgliedern unzulässig.

Im Verhältnis zwischen Betriebsrat und Arbeitgeber gilt der Grundsatz der vertrauensvollen **Zusammenarbeit** *(§ 2 Abs. 1 BetrVG)*. Arbeitskampfmaßnahmen und politische Betätigungen im Betrieb sind unzulässig *(§ 74 Abs. 2 BetrVG)*. Grobe Pflichtverletzungen des Betriebsrates können den Ausschluss einzelner Betriebsratmitglieder bzw. die Auflösung des Betriebsrates zur Folge haben *(vgl. § 23 Abs. 1 BetrVG)*. Grobe Pflichtverletzungen des Arbeitgebers begründen einen Unterlassungsanspruch aus *§ 23 Abs. 3 BetrVG*.

Das Betriebsverfassungsgesetz regelt auf der Betriebsebene die Zusammenarbeit zwischen Arbeitgeber und Arbeitnehmern. Zum Zwecke des gerechten Interessenausgleichs kann in Unternehmen mit mindestens fünf wahlberechtigten und mindestens drei wählbaren Arbeitnehmern ein Betriebsrat mit einer Amtszeit von vier Jahren gewählt werden. Der Betriebsrat ist geschlechtsspezifisch im zahlenmäßigen Verhältnis der Belegschaft zu besetzen, wenn der Betriebsrat aus mehr als 3 Personen besteht.

Auf einer ersten **Wahlversammlung** wird ein Wahlvorstand gewählt. Eine Woche später wird auf einer zweiten Wahlversammlung der Betriebsrat geheim und unmittelbar gewählt (zweistufiges Wahlverfahren). Wahlberechtigt sind alle volljährigen Arbeitnehmer und außerdem Leiharbeitnehmer, die länger als 3 Monate im Betrieb eingesetzt werden. Wählbar sind alle Wahlberechtigten mit einer Betriebszugehörigkeit von mindestens 6 Monaten.

Der **Betriebsrat** übt als gesetzliche Vertretungsmacht für die Arbeitnehmerschaft eines Betriebs Beteiligungsrechte aus (betriebliche Mitbestimmung).

1

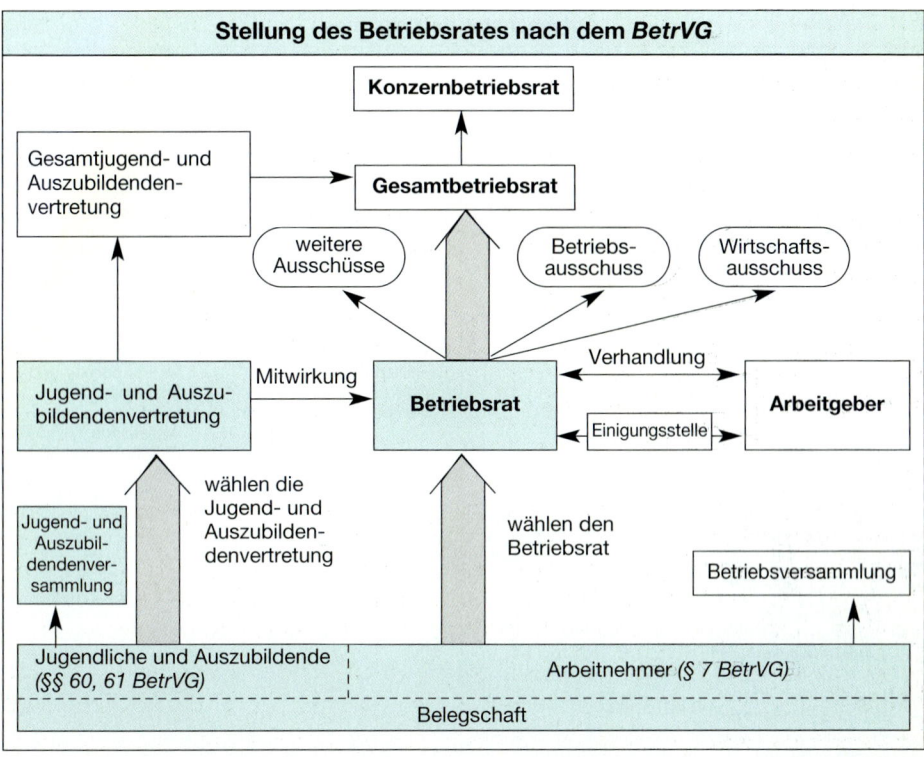

Stellung des Betriebsrates nach dem *BetrVG*

Zusammensetzung des Betriebsrates		
Wahlberechtigte	**Betriebsratsmitglieder**	
5 – 20	ein Betriebsobmann	Bei über 9.000 Wahlberechtigten
21 – 50	3 Mitglieder	kommen je angefangene 3.000
51 – 100	5 Mitglieder	zwei Betriebsratsmitglieder hinzu.
101 – 200	7 Mitglieder	Der Betriebsrat bildet ab 9 Mit-
201 – 400	9 Mitglieder	gliedern einen **Betriebsaus-**
401 – 700	11 Mitglieder	**schuss**, der die Geschäfte des
701 – 1.000	13 Mitglieder	Betriebsrates führt. Bei Betrieben
1.001 – 1.500	15 Mitglieder	mit mehr als 100 Arbeitnehmern
1.501 – 2.000	17 Mitglieder	können nach Maßgabe einer mit
2.001 – 2.500	19 Mitglieder	dem Arbeitgeber zu treffenden
2.501 – 3.000	21 Mitglieder	**Rahmenvereinbarung** Aufgaben
3.001 – 3.500	23 Mitglieder	auf **Arbeitsgruppen** übertragen
3.501 – 4.000	25 Mitglieder	werden.
4.001 – 4.500	27 Mitglieder	
4.501 – 5.000	29 Mitglieder	
5.001 – 6.000	31 Mitglieder	
6.001 – 7.000	33 Mitglieder	
7.001 – 9.000	35 Mitglieder	

1

Aufgaben des Betriebsrates			
Sozialer Bereich	**Personeller Bereich**	**Wirtschaftlicher Bereich**	
	Mitwirkung		
Mitbestimmung	**Widerspruchsrecht**	**Beratungsrecht**	**Informationsrecht**
■ Soziale Angelegen-heiten *(§ 87 BetrVG)* • Betriebsordnung • Urlaubsregelung • Beginn und Ende der Arbeitszeit • Zeit, Ort, Art der Entgeltzahlung • Entlohnungs-grundsätze • Akkord- u. Prämiensätze • Vorschlagwesen • Pausenregelung • Soziale Einrichtun-gen, Kantine, Aufenthaltsraum, sanitäre Anlagen, Überstunden ■ betriebliche Bildungs-maßnahmen *(§ 98 BetrVG)* ■ Sozialplan bei Betriebsveränderung *(§§ 112, 112a BetrVG)* ■ betrieblicher Umwelt-schutz *(§ 89 BetrVG)* ■ Fremdenfeindlichkeits-fragen *(§ 99 Abs. 2 Nr. 6 BetrVG)*	■ Personelle Einzelmaßnahmen *(§ 99 BetrVG)* • Versetzung • Ein- und Umgruppierungen • Kurzarbeit • Einstellungen (bei Betrieben mit mehr als 20 Arbeit-nehmern) ■ Kündigungen *(§ 102 BetrVG)*	■ Arbeitsplatzgestaltung *(§ 90 BetrVG)* • Baumaßnahmen • technische Anlagen • Arbeitsablauf ■ Personalplanung, Förderung betrieblicher Bildung *(§ 92 ff. BetrVG)* ■ Betriebsänderungen, Stilllegung *(§§ 106, 111–113 BetrVG)*	■ Einstellung leitender Angestellter *(§ 105 BetrVG)* ■ Einsichtnahme in die Personalakte einzelner Mitarbeiter *(§ 83 BetrVG)* ■ Wirtschaftliche Angelegenheiten *(§ 106 BetrVG)* • wirtschaftliche und finanzielle Lage • Produktions- und Absatzlage • Einführung neuer Arbeits- und Rationalisierungs-methoden
wenn der Betriebsrat nicht zustimmt:	wenn der Betriebs-rat nicht angehört wird: / der Betriebs-rat muss angehört werden, aber wenn er widerspricht:	mit Beratung, aber ohne Zustimmung des Betriebsrates:	ohne Zustimmung des Betriebsrates:
unwirksam		**wirksam**	

Zusammenarbeit		
Betriebsversammlung *(§ 42 ff. BetrVG)*	**Einigungsstelle** *(§ 76 BetrVG)*	**Wirtschaftsausschuss** *(§ 106 BetrVG)*
■ Einberufung jedes Quartal mit Einladung an die Arbeitgeberseite ■ Gewerkschaft und Arbeitgeberverband können beratend teilnehmen ■ einmal jährlich Bericht des Arabeitgebers über die wirtschaftliche Lage des Unternehmens	■ bei Bedarf oder auf Dauer eingerichtete Stelle mit einer vom Arbeitgeber und Be-triebsrat bestellten gleichen Anzahl von Mitgliedern sowie einem unparteiischen Vorsitz-enden zur Beilegung von Meinungsverschie-denheiten ■ die Möglichkeit einer Klage vor dem Arbeits-gericht bleibt unberührt	■ Beratung von wirtschaf-lichen Angelegenheiten zwischen Ausschuss und Arbeitgeber mit anschließender Unter-richtung des Betriebs-rates ■ Besetzung bei mehr als 100 Beschäftigten mit drei, maximal sieben sachverständigen Personen, von denen mindestens eine Person Betriebsratsmitglied sein muss

1

Jugend- und Auszubildendenvertretung

Zusammensetzung

- **aktives Wahlrecht:** Wahl alle 2 Jahre zwischen dem 1. Oktober und dem 30. November durch alle Jugendlichen, die das 18. Lebensjahr, oder Auszubildende, die das 25. Lebensjahr noch nicht vollendet haben.

- **passives Wahlrecht:** wählbar sind alle Arbeitnehmer, die das 25. Lebensjahr noch nicht vollendet haben

- **Besetzung**
  - hängt von der Mitarbeiterzahl dieser Personengruppe ab
  - mindestens ein Vertreter, höchstens 15 Vertreter

Aufgaben unter Mitwirkung über den Betriebsrat

- **Antragsrecht** *(§ 70 Abs. 1Nr. 1 BetrVG)*
  Die JAV hat insbesondere ein Antragsrecht
  - zu Fragen der betrieblichen Berufsausbildung,
  - zu Fragen der Arbeitszeiten junger Arbeitnehmer/-innen,
  - zur Gestaltung der Arbeitsplätze junger Arbeitnehmer/-innen,
  - zu Fragen der generellen Urlaubsregelungen junger Arbeitnehmer/-innen.

- **Überwachungsrecht** *(§ 70 Abs. 1 Nr. 2 BetrVG)*
  Die JAV überwacht insbesondere die Einhaltung
  - des Jugendarbeitsschutzgesetzes *(JArbSchG)*,
  - des Berufsbildungsgesetzes *(BBiG)*,
  - des Tarifvertrages *(TV)* sowie
  - von Betriebsvereinbarungen.

- **Anregungsrecht** *(§ 70 Abs. 1 Nr. 3 BetrVG)*
  Die JAV kann Anregungen an den Betriebsrat weitergeben, über die dieser beraten muss.
  Hält der Betriebsrat die Anregungen für berechtigt, muss er diese gegenüber dem Arbeitgeber weiterverfolgen.

- **Sprechstunden** *(§ 69 BetrVG)*
  Die JAV kann Sprechstunden während der Arbeitszeit einrichten. Zeit und Ort sind durch Betriebsrat und Arbeitgeber zu vereinbaren. An den Sprechstunden der JAV kann der Betriebsratsvorsitzende oder ein beauftragtes Betriebsratsmitglied beratend teilnehmen.

- **Teilnehmerrecht** *(§§ 67–68 BetrVG)*
  Die JAV hat das Recht zur Teilnahme an Betriebsratssitzungen und Besprechungen zwischen Arbeitgeber und Betriebsrat bei Angelegenheiten, die jugendliche Arbeitnehmer betreffen.

- **Jugend- und Ausbildungsversammlung** *(§§ 71 und 43 BetrVG)*
  Die JAV kann vor oder nach der vierteljährlichen Betriebsversammlung eine JA-Versammlung einberufen.

Besonderer Schutz von Betriebsratsmitgliedern und Mitgliedern des Wahlvorstandes nach dem *BetrVG*

- Unkündbarkeit bis einschließlich ein Jahr nach ihrer Tätigkeit als Betriebsratsmitglied oder als Mitglied des Wahlvorstandes (nur außerordentlich kündbar mit Zustimmung des Betriebsrates oder des Arbeitsgerichts),

- Weiterzahlung des Arbeitsentgelts bei der Interessenvertretung,

- Betriebsratskosten trägt der Arbeitgeber,

  Beispiele:

  Wahlkosten (§ 20 Abs. 3 BetrVG), Kosten und Sachaufwand für Tätigkeit und Sprechstunden (§ 40 BetrVG), Kosten der Einigungsstelle (§ 76a BetrVG)

- Recht der Betriebsratsmitglieder auf dreiwöchigen bezahlten Bildungsurlaub,

- Schutz vor Versetzung, wenn dies zum Verlust des Mandats oder der Wählbarkeit führen würde.

1

1.5.4 Beteiligungsrechte auf der Ebene der Unternehmensleitung

Die Arbeitnehmer haben nach dem Betriebsverfassungsgesetz **Mitbestimmungsrechte durch Beteiligung im Aufsichtsrat** (Unternehmensmitbestimmung). Die auch als **wirtschaftliche Mitbestimmung** bezeichnete Unternehmensmitbestimmung erfährt ihre Rechtfertigungsgründe in dem

- Schutz der Persönlichkeit der Mitarbeiter,
- Interessenausgleich zwischen „Arbeit und Kapital" und „der Kontrolle unternehmerischer Macht",
- Demokratisierungsprinzip im Unternehmensbereich.

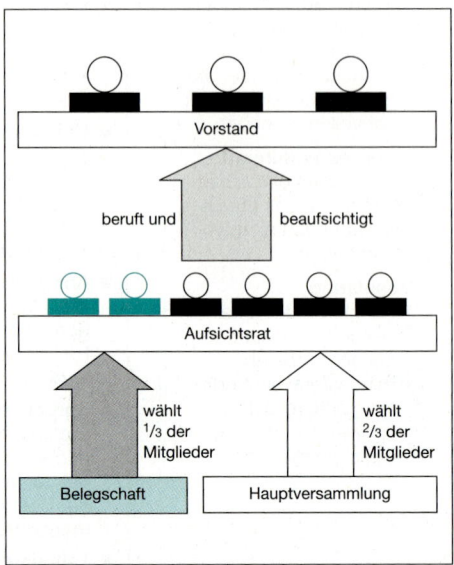

Mitbestimmung nach dem Drittelbeteiligungsgesetz (frühere Bezeichnung BetrVG von 1972)

Nach dem *BetrVG* wird der Einfluss der Arbeitnehmer neben der allgemeinen Mitbestimmung durch den Betriebsrat auch durch die Entsendung von Arbeitnehmern in den Aufsichtsrat von Kapitalgesellschaften allgemein geregelt (Gesellschaften mit beschränkter Haftung mit mehr als 500 Arbeitnehmern).

Wegen des Aufteilungsverhältnisses zwischen den Sitzen der Anteilseigner und der Arbeitnehmervertreter im Aufsichtsrat spricht man von einer **„Drittelparität"**.

Mitbestimmung nach dem Mitbestimmungsgesetz von 1976

Nach dem *MitbestG* setzt sich der Aufsichtsrat in mitbestimmten Unternehmen (Kapitalgesellschaften mit mehr als 2.000 Arbeitnehmern) **paritätisch** aus der gleichen Zahl von Mitgliedern der Anteilseigner und der Arbeitnehmer zusammen.

Es herrscht trotzdem **kein völliger Kräfteausgleich**, weil

- die Stimme des Aufsichtsratvorsitzenden bei Abstimmungen mit Stimmengleichheit nach dem zweiten Wahlgang den Ausschlag gibt,
- den Arbeitnehmervertretern zwingend ein leitender Angestellter angehören muss (sachliche Nähe seines Tätigkeitsbereiches zur Unternehmensleitung),
- die Anteilseigner auch gegen den Willen der Arbeitnehmer den Aufsichtsratsvorsitzenden bestimmen können.

Mitbestimmung nach dem Montan-Mitbestimmungsgesetz von 1951

Die Montan-Mitbestimmung für Unternehmen des Bergbaus sowie der eisen- und stahlverarbeitenden Industrie lässt sich als **gleichgewichtige Mitbestimmung** bezeichnen. Der Aufsichtsrat ist **paritätisch** besetzt.

1

Wer sitzt im Aufsichtsrat?

Montan-Mitbestimmung
(paritätisch)
Unternehmen im Bergbau und in
der Eisen- und Stahlindustrie
mit mehr als 1 000 Beschäftigten

Mitbestimmung in großen Kapitalgesellschaften
(mit über 2 000 Mitarbeitern)
nach dem MitbestGesetz von 1976
hier: bis 10 000 Mitarbeiter

Arbeitnehmer-seite

Kapital-seite

2 Betriebs-ange-hörige

4 Vertreter der Anteils-eigner

2 Gewerk-schafts-vertreter

1 weiteres Mitglied

1 weiteres Mitglied

11. Mitglied
neutral,
von beiden Seiten
gewählt

in Pattsituationen
ausschlaggebend

Arbeitnehmer-seite

Kapital-seite

4 Betriebs-angehörige (darunter ein leitender Angestellter)

6 Ver-treter der Anteils-eigner, darunter 1 Aufsichts-ratsvorsitzender mit zusätzlicher Stimme in Pattsituationen

2 Gewerk-schafts-vertreter

2. Stimme des Aufsichtsrats-vorsitzenden in Pattsituationen
ausschlaggebend

dpa
Grafik 0104

Die Anteilseigner können ihre Ziele im Gegensatz zum *MitbestG* nicht ohne die Zustimmung mindestens eines Teils der Gegenseite oder des **„neutralen Mannes"** durchsetzen. Das Gleiche gilt für die Zielsetzung der Arbeitnehmerseite. Ein **Kräftegleichgewicht** ist vollzogen.

Der neutrale Mann wird auf Vorschlag der übrigen Aufsichtsratsmitglieder mit Mehrheit der Aufsichtsratvertreter gewählt; es bedarf jedoch der Zustimmung von mindestens je 3 Arbeitnehmer- und Anteilseignervertretern.

Kosten der Mitbestimmung

Die gesetzliche Mitbestimmung in den Unternehmen hat ihren Preis. Als größte Einzelposten sind die Ausgaben für die Tätigkeit des Betriebsrates und für die Durchführung von Sozialplänen zu vermerken.

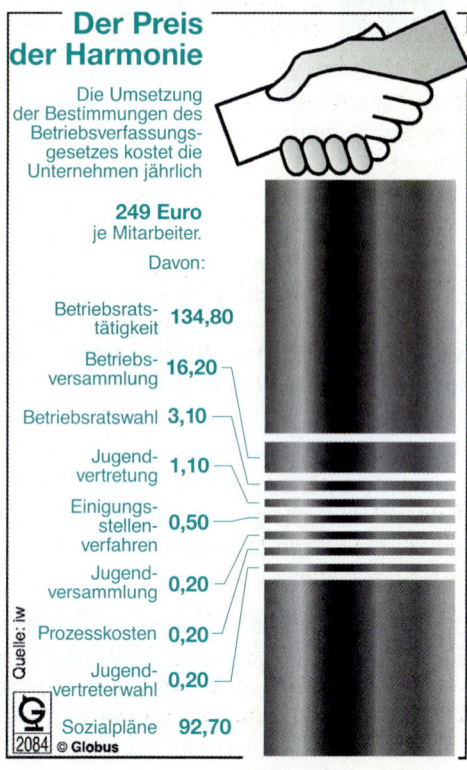

Der Preis der Harmonie

Die Umsetzung
der Bestimmungen des
Betriebsverfassungs-
gesetzes kostet die
Unternehmen jährlich

249 Euro
je Mitarbeiter.

Davon:

Betriebsrats-tätigkeit	**134,80**
Betriebs-versammlung	**16,20**
Betriebsratswahl	**3,10**
Jugend-vertretung	**1,10**
Einigungs-stellen-verfahren	**0,50**
Jugend-versammlung	**0,20**
Prozesskosten	**0,20**
Jugend-vertreterwahl	**0,20**
Sozialpläne	**92,70**

Quelle: iw

G
2084 © Globus

1

1.6   Soziale Sicherung

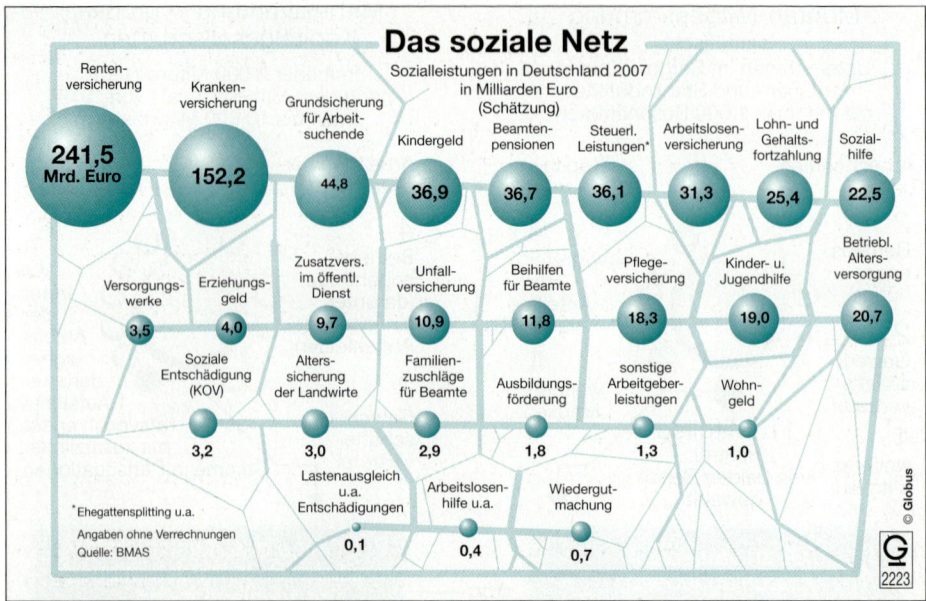

1.6.1   Entwicklung der Sozialpolitik

Das im Grundgesetz verankerte **Sozialstaatsprinzip** *(Art. 20 und 28 GG)* verpflichtet den Staat, für soziale Sicherheit und Gerechtigkeit innerhalb der Gesellschaft zu sorgen. Mit dem Sozialstaatsprinzip wird der Staat in seinem Verhältnis zur Gesellschaft auf eine aktive Rolle als Sozialstaat verpflichtet. Das Ziel der Gesetzgebung ist die Herstellung sozialer Gerechtigkeit im Rahmen der rechtsstaatlichen Ordnung und die Gesetzesauslegung nach dem sozialstaatlichen Auftrag.

Historisch betrachtet führte die Idee der Aufklärung in Verbindung mit dem Liberalismus zu der Vorstellung, dass der Einzelne in der Gesellschaft seine persönlichen Angelegenheiten selbst regeln könne. Der Staat hatte die notwendigen Freiräume für die freie individuelle Entwicklung zu schaffen und sich nur auf die äußeren Sicherheitsbedürfnisse zu konzentrieren. Die Wirtschaftsordnung war nach den Grundsätzen der **freien Marktwirtschaft** gestaltet.

Die Entwicklung führte jedoch zu sozialen Ungerechtigkeiten. Der Staat sah sich zum Handeln gezwungen. Rechtliche Voraussetzung der Maßnahmen des Staates war eine umfassende **Sozialgesetzgebung**, welche die Gewährung von Sozialleistungen regelt und die Grundlage zahlreicher Schutzbestimmungen sowie der Rechte der Arbeitnehmer im Betrieb bildet.

Die **Sozialpolitik** des Staates zielt insbesondere darauf ab:

- ein **System der sozialen Sicherung** in der Grundversorgung zu schaffen, das der Schutzbedürftigkeit des Einzelnen bei Krankheit, Unfall, Invalidität, Arbeitslosigkeit, Ausscheiden aus dem Erwerbsleben Rechnung trägt sowie wirtschaftlich benachteiligte oder schwächere Bevölkerungskreise finanziell unterstützt,

- soziale Nachteile auszugleichen und für **Chancengleichheit** in Aus- und Fortbildung zu sorgen,
- menschengerechte **Lebens- und Arbeitsbedingungen** anzustreben,
- eine angemessene **betriebliche Mitbestimmung** der Arbeitnehmer zu verwirklichen,
- eine ausgewogene **Einkommens- und Vermögensverteilung** unter den großen sozialen Gruppen herbeizuführen.

Neben diesen sozialpolitischen Maßnahmen des Staates zur Grundsicherung der Bevölkerung muss jeder heute zusätzliche vorbeugende Maßnahmen für eine ausreichende Gesamtversorgung treffen. Insbesondere aufgrund des Rückgangs der Geburtenrate (→ weniger Beitragszahler), längeren Ausbildungszeiten (→ kürzere Beitragszeiten), hoher Arbeitslosigkeit (→ weniger Beitragseinnahmen), Frühverrentung (→ kürzere Beitragszeiten), steigender Lebenserwartung (→ längere Rentenzahlungen und mehr Rentenempfänger) muss das gesetzliche Rentensystem geändert werden, weil es sonst nicht mehr finanzierbar bleibt.

Beispiel

1957: drei Arbeitnehmer finanzierten einen Rentner
2035: ein Arbeitnehmer finanziert einen Rentner

Aufgrund dieser Entwicklung wird die staatliche Rente an Bedeutung verlieren und die private Altersvorsorge muss an Bedeutung gewinnen.

Am Jahresende 2009 erhielten in Deutschland 8,3 Millionen Menschen Transferleistungen der sozialen Mindestsicherungssysteme. Damit waren 10,1 % der in Deutschland lebenden Menschen auf existenzsichernde finanzielle Hilfen des Staates angewiesen. Im Verlauf des Jahres 2009 sind für diese Leistungen Ausgaben in Höhe von insgesamt 45,6 Milliarden Euro entstanden. Die Transferleistungen der sozialen Mindestsicherungssysteme sind finanzielle Hilfen des Staates, die zur Sicherung des grundlegenden Lebensunterhalts dienen. Dazu zählen folgende Leistungen:

- Arbeitslosengeld II/Sozialgeld nach dem Zweiten Buch Sozialgesetzbuch (*SGB II*, „Grundsicherung für Arbeitsuchende"),
- Laufende Hilfe zum Lebensunterhalt außerhalb von Einrichtungen nach dem *SGB XII* („Sozialhilfe"),
- Grundsicherung im Alter und bei Erwerbsminderung nach dem *SGB XII* („Sozialhilfe"),
- Regelleistungen nach dem Asylbewerberleistungsgesetz,
- Leistungen der Kriegsopferfürsorge nach dem Bundesversorgungsgesetz.

Das Alterseinkünftegesetz *(AltEinkG)* beschreibt die verschiedenen Formen und Schichten der Altersvorsorge:

1. Schicht: Basisversorgung	Gesetzliche Rentenversicherung	Berufsständische Altersversorgung	Versorgung der Landwirtschaftlichen Alterskassen	Private kapitalgedeckte Leibrentenversicherung (Rürup-Rente)		Private kapitalgedeckte Altersversorgung (Riester-Rente)
2. Schicht: staatlich geförderte Zusatzversorgung	**Betriebliche Altersversorgung**					
	Pensionszusage	Unterstützungskasse	Pensionskasse	Pensionsfonds	Direktversicherung	
3. Schicht: private Kapitalanlage	rein privat finanzierte Altersvorsorge durch private Kapitalansammlung					
	Beispiele:	*Kapitallebensversicherungen, private Rentenversicherungen mit Kapitalwahlrecht, Anlage in Bundesschatzbriefen, Investmentfonds, Aktien, Ratensparverträge, Immobilien*				

1

1.6.2   Zweige der sozialen Sicherung

> Die Versicherung ist der Zusammenschluss von Wirtschaftssubjekten, die selbst oder deren Eigentum einer gleichen Gefahr ausgesetzt sind, zur gemeinsamen Deckung des bei dem Einzelmitglied durch den zufälligen Gefahreneintritt verursachten Schadens.

Durch Beitragszahlungen von allen Versicherten wird ein Geldfonds geschaffen, aus dem diejenigen Versicherten, die der Eintritt einer solchen Gefahr (= Versicherungsfall) tatsächlich betroffen hat, Zahlungen zum Ausgleich des dadurch entstandenen finanziellen Schadens erhalten.

Das Grundprinzip der kollektiven Risikoübernahme unterstellt, dass der Versicherungsfall in Wirklichkeit nur bei wenigen Versicherten eintreten wird.

In Deutschland kann das Versicherungsgeschäft nur betrieben werden in der Rechtsform
- des Versicherungsvereins auf Gegenseitigkeit (VVaG)
- der Aktiengesellschaft
- der Anstalt oder Körperschaft des öffentlichen Rechts.

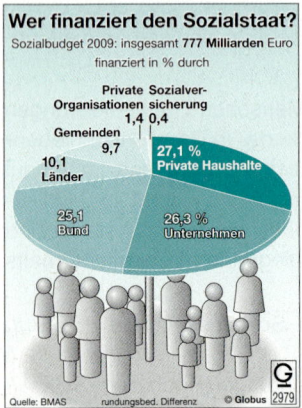

Wer finanziert den Sozialstaat?
Sozialbudget 2009: insgesamt **777 Milliarden** Euro finanziert in % durch
Private Sozialver-Organisationen sicherung
1,4 0,4
Gemeinden 9,7
27,1 % Private Haushalte
10,1 Länder
25,1 Bund
26,3 % Unternehmen
Quelle: BMAS   rundungsbed. Differenz   © Globus 2979

Darüber hinaus gibt es den Grundsatz der Spartentrennung, d.h. das Lebens-, Kranken-, Rechtsschutz- und das übrige Schaden- und Unfallversicherungsgeschäft müssen grundsätzlich von jeweils rechtlich selbstständigen Versicherungsgesellschaften betrieben werden. Die Spartentrennung hat die Konzernbildung zur Folge, da nur so alle Versicherungsarten aus einer Hand angeboten werden können. Wer beispielsweise bei einem Allianz-Vertreter eine Lebens-, eine Kranken- und eine Haftpflichtversicherung abschließt, hat in Wirklichkeit bei drei verschiedenen, rechtlich selbstständigen Versicherungsgesellschaften abgeschlossen. Ein möglichst weit gehender Versicherungsschutz hat sich auf vielen Gebieten im Interesse der Allgemeinheit als notwendig erwiesen. Deshalb hat der Staat bestimmte Versicherungen zwingend vorgeschrieben.

Beispiele:

Alle Kfz-Halter müssen Mitglied einer Kfz-Haftpflichtversicherung sein. Damit soll erreicht werden, dass bei selbst verschuldeten Unfällen die Schadenforderungen auf alle Fälle gedeckt sind. Das Einkommen der Autofahrer würde in der Regel nicht ausreichen, um die bei schweren Unfällen entstehenden finanziellen Verpflichtungen tragen zu können.

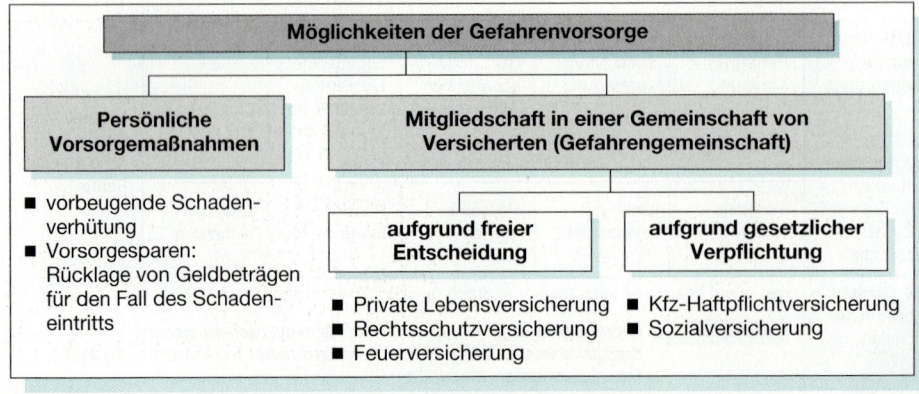

Möglichkeiten der Gefahrenvorsorge		
Persönliche Vorsorgemaßnahmen	**Mitgliedschaft in einer Gemeinschaft von Versicherten (Gefahrengemeinschaft)**	
■ vorbeugende Schadenverhütung ■ Vorsorgesparen: Rücklage von Geldbeträgen für den Fall des Schadeneintritts	**aufgrund freier Entscheidung**	**aufgrund gesetzlicher Verpflichtung**
	■ Private Lebensversicherung ■ Rechtsschutzversicherung ■ Feuerversicherung	■ Kfz-Haftpflichtversicherung ■ Sozialversicherung

Überblick über das Versicherungswesen

Das Versicherungswesen unterscheidet die Bereiche **Individualversicherung** und **Sozialversicherung.** Beide Bereiche sind in mehrere Versicherungszweige untergliedert.

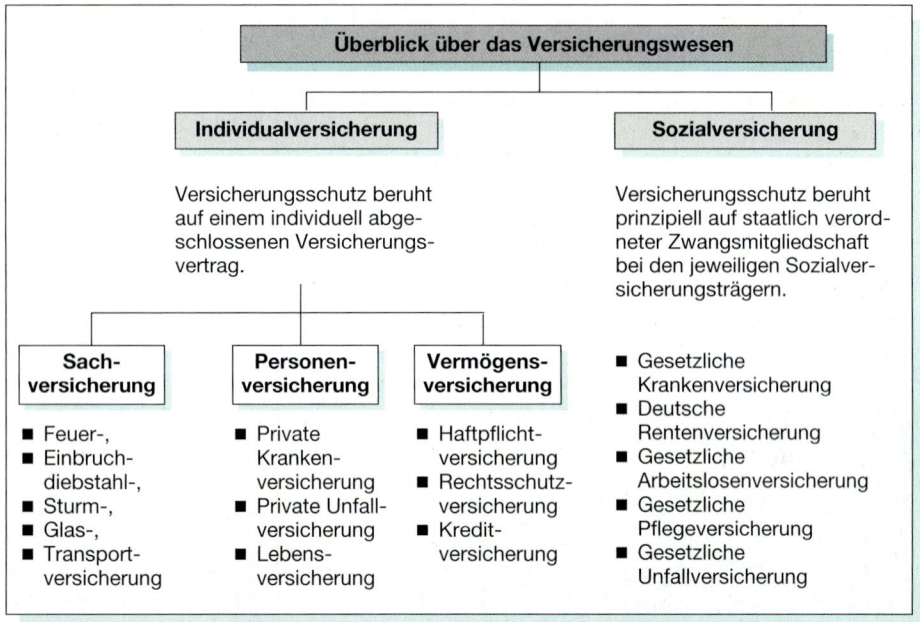

Die fünf Säulen der Sozialversicherung

Die deutsche Sozialversicherung ist ein gesetzliches Versicherungssystem (= Zwangsversicherung). Es bietet als Solidargemeinschaft wirksamen finanziellen Schutz vor den großen Lebensrisiken und deren Folgen wie Krankheit, Arbeitslosigkeit, Alter, Betriebsunfällen und Pflegebedürftigkeit.

Die Ausgaben für soziale Sicherung betrugen in 2005 über 800 Milliarden EUR, d. h. diese Ausgaben übersteigen bei weitem das Haushaltsvolumen der Bundesrepublik Deutschland.

Die Träger der gesetzlichen Sozialversicherung sind rechtsfähige Körperschaften des öffentlichen Rechts mit Selbstverwaltung. Ihre Aufgaben werden ihnen per Gesetz zugewiesen.

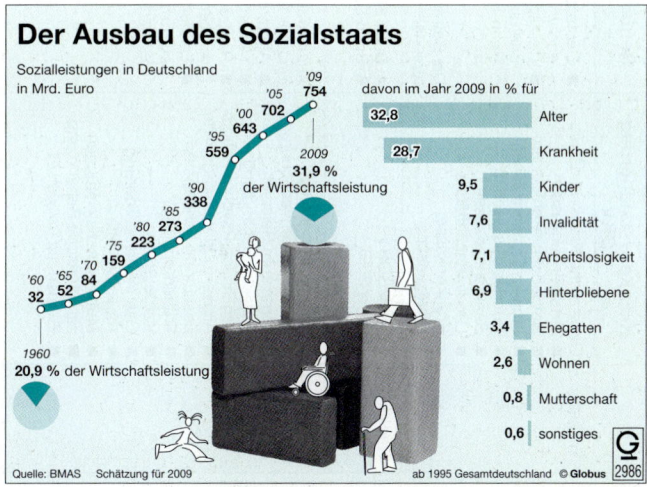

Der Ausbau des Sozialstaats

1

	Krankenversicherung GKV	Rentenversicherung RV	Arbeitslosenversicherung AV	Pflegeversicherung PV	Unfallversicherung UV
Träger	Gesetzliche Krankenkassen: ■ Ortskrankenkassen ■ Betriebskrankenkassen ■ Innungskrankenkassen ■ Bundesknappschaft ■ Seekrankenkasse ■ Landwirtschaftliche Krankenkasse ■ Ersatzkassen	■ Deutsche Rentenversicherung in Berlin ■ Deutsche Rentenversicherung Knappschaft-Bahn-See in Bochum Die Betreuung übernehmen regionale Träger (früher LVA)	■ Bundesagentur für Arbeit (BA)	■ Pflegekassen bei den gesetzlichen Krankenkassen und Verband der privaten Krankenversicherung e. V. § 75 SGB XI	■ gewerbliche Berufsgenossenschaft ■ landwirtschaftliche Berufsgenossenschaft ■ Unfallversicherungsträger der öffentlichen Hand
Rechtsquellen	4. Buch SGB 5. Buch SGB	4. Buch SGB 6. Buch SGB	4. Buch SGB 7. Buch SGB 3. Buch SGB	4. Buch SGB 11. Buch SGB	4. Buch SGB 7. Buch SGB
Aufgaben/ Leistungen	Zu den Leistungen der gesetzl. Krankenversicherung gehören zum Beispiel: ■ ärztliche Behandlung einschließlich Psychotherapie ■ Arznei- und Verbandsmittel ■ bestimmte Fahrtkosten ■ Früherkennung ■ Vorbeugung ■ Gesundheitsförderung ■ Haushaltshilfe ■ Mutterschaftsleistungen ■ zahnärztliche Behandlung ■ Zahnersatz (teilweise)	Auf Antrag und nach Erfüllung der Voraussetzungen: ■ Altersrenten ■ Hinterbliebenenrenten ■ Renten wegen Erwerbsminderung ■ Leistungen zur Teilhabe zur Erhalt- und Bemessung der Erwerbsfähigkeit	Aufgaben der AV sind insbesondere ■ aktive Arbeitsplatzförderung ■ Zahlung von Leistungen an Arbeitsuchende ■ Winterbauförderung	Dienst-, Sach- und Geldleistungen für den Bedarf an Grundpflege und hauswirtschaftlicher Versorgung sowie Kostenerstattung § 4 SGB XI	■ Verhütung von Unfällen am Arbeitsplatz und in der Schule ■ Prävention arbeitsbedingter Gesundheitsgefahren ■ im Falle eines eingetretenen Arbeits-/Wegeunfalls oder einer Berufskrankheit ■ Übernahme der Sach- und Dienstleistungen zur Heilbehandlung bzw. Rehabilitation sowie finanzielle Leistungen z. B. in Form von Renten (Versicherten- und Hinterbliebenenrenten).
Höhe der Beiträge	14,9 % des Bruttoarbeitsentgeltes, höchstens von der Beitragsbemessungsgrenze[1] für KV	19,9 % des Bruttoarbeitslohnes, höchstens von der Beitragsbemessungsgrenze[1] für RV	2,8 % des Bruttoarbeitslohnes, höchstens von der Beitragsbemessungsgrenze[1] für RV	1,95 % bzw. 2,2 % des Bruttoarbeitslohnes, höchstens von der Bemessungsgrenze[1] für KV	Beitragshöhe richtet sich nach der Gefahrenklasse für den jeweiligen Beruf
Finanzierung	AN: 7 % + 0,9 % Zuschlag + evtl. Zusatzleistung bis 1 % AG: 7 %	■ AN und AG zahlen je 50 % des Beitrages ■ Bundeszuschuss	AN: 50 % AG: 50 %	AN ohne Kind: 1,225 % AN mit Kind: 0,975 % AG: 0,975 % **Beiträge in Sachsen:** AN ohne Kind: 1,725 % AN mit Kind: 1,475 % AG: 0,475 %	AG übernimmt in voller Höhe die Beiträge.

[1] Die Beitragsbemessungsgrenze gibt den monatlichen Einkommenshöchstbetrag an, von dem Beiträge berechnet werden (KV/PV 3.750,00 EUR; RK/AV 5.500,00 EUR alte Bundesländer/4.650,00 EUR neue Bundesländer). Seit 2009 erfolgt die Zahlung der KV-Beiträge mit einem bundeseinheitlichen Beitragssatz in den Gesundheitsfonds.

1.6.2.1 Gesetzliche Krankenversicherung

Träger der Krankenkassen in Deutschland		
Träger der Gesetzlichen Krankenversicherung (GKV)	**Träger außerhalb der GKV**	**Private Kranken-versicherung**

Primärkassen ca. 47 Mio. Versicherte	**Ersatzkassen** ca. 23,6 Mio. Versicherte	**Besondere Kostenträger** ca. 3 Mio. Versicherte	ca. 8,5 Mio. Versicherte
Beispiele: • AOK • Betriebskrankenkassen • Signal-Iduna-IKK • Landwirtschaftliche Krankenkassen • Seekrankenkasse • Bundesknappschaft	*Beispiele:* • Barmer-GEK • Deutsche Angestellten Krankenkasse DAK • Techniker Krankenkasse TK • Kaufmännische Krankenkasse KKH	*Beispiele:* • Sozialhilfeträger • Beihilfestellen von Bund, Ländern und Gemeinden • Berufsgenossenschaften	*Beispiele:* • Deutsche Krankenversicherung DKV • Allianz • Central • HUK-Coburg • Barmenia • Debeka

Aufgabenbereiche der gesetzlichen Krankenversicherung sind

- Gesundheitserhaltung des Einzelnen und seiner Familie sowie
- Wiederherstellung der Gesundheit.

Versicherte in der gesetzlichen Krankenkasse

In der Gesetzlichen Krankenversicherung sind die Versicherten zu unterscheiden:

Versicherte		
Pflichtversicherte	**Familienversicherte**	**Freiwillig Versicherte**

Dies sind Personen, die kraft Gesetz in der GKV zwangsversichert sind.
 Hierzu rechnen insbesondere
 ■ Arbeitnehmer mit einem regelmäßigen Einkommen, das die Jahresentgeltgrenze nicht überschreitet,
 ■ Arbeitsuchende mit Anspruch auf Arbeitslosengeld,
 ■ Auszubildende,
 ■ Praktikanten,
 ■ Rentner,
 ■ Behinderte,
 ■ Sozialhilfeempfänger.
	Ehegatten, Kinder und Lebenspartner einer eingetragenen Lebenspartnerschaft sind beitragsfrei mitversichert.
	 ■ Diese Personen
	  • dürfen nicht selbstständiges Mitglied einer GKV oder PKV sein,
	  • müssen in Deutschland leben.
	 ■ Das Gesamteinkommen des Familienversicherten muss unter 1/7 der monatlichen Bezugsgröße liegen.
	 ■ Kinder sind mitversichert, wenn sie
	  • unter 18 Jahre alt sind,
	  • unter 23 Jahre alt und nicht erwerbstätig sind,
	  • unter 25 Jahre alt und noch in der Schulausbildung sind.
		Diese Personen sind nicht pflichtversichert, haben sich aber freiwillig einer GKV angeschlossen
		 ■ Personen, die nicht mehr pflichtversichert sind und mindestens 24 Monate in den letzten 5 Jahren oder mindestens 12 Monate ununterbrochen und unmittelbar vor dem Ausscheiden Mitglied in der GKV waren,
		 ■ Familienmitglieder, die mindestens 24 Monate in den letzten 5 Jahren oder mindestens 12 Monate ununterbrochen und unmittelbar vor dem Ausscheiden Mitglied in der GKV waren,
		 ■ Personen, die sofort mit der ersten Beschäftigung die Jahresarbeitsentgeltgrenze von 49.950,00 EUR (mtl. 4.162,50 EUR) überschreiten,
		 ■ Schwerbehinderte,
		 ■ Arbeitnehmer, die innerhalb von 2 Monaten nach Rückkehr aus dem Ausland eine Beschäftigung aufnehmen,
		 ■ Beihilfeberechtigte.

1

Leistungen

Die durch Gesetz vorgeschriebenen Leistungen der gesetzliche Krankenkassen (GKV) sollen eine medizinische Grundversorgung der Versicherten gewährleisten.

Grundlage für Leistungen der GKV soll immer die einfache und zweckmäßige Lösung sein.

Leistungen	
Grundversorgung	**Zusatzleistungen**
Diese Leistungen sind als Pflichtleistungen vom Gesetzgeber allen gesetzlichen Krankenkassen vorgegeben; sie machen 96 % der Leistungen der GKV aus.	Die verbleibenden 4 % der Leistungen der GKV sind von der einzelnen Krankenkasse zu bestimmen, d. h. hier werden sich zukünftig die gesetzlichen Krankenkassen unterscheiden und im Wettbewerb stehen.

Beispiele:
- *Arznei- und Verbandmittel*
- *Ärztliche Behandlung*
- *Auslandsschutz*
- *Empfängnisverhütung*
- *Familienhilfe*
- *Früherkennung/Untersuchungen[1]*
- *Gesundheitsförderung*
- *Kieferorthopädische Behandlung*
- *Krankenhausbehandlung*
- *Krankheitsverhütung und Vorbeugung, z. B. Impfungen*
- *Kuren*
- *Mutterschaftsleistungen*
- *Physikalisch-therapeutische Verordnungen wie z. B. Bäder, Massagen, Krankengymnastik (bei Zuzahlungen des Versicherten)*
- *Zahnärztliche Behandlung (bei Zuzahlungen des Versicherten)*
- *Zahnersatz (bei Zuzahlungen des Versicherten)*
- *Zuzahlungsbefreiungen*

Beispiele:
- *Ernährungsberatung*
- *Gymnastikkurse*
- *Rheumakurse*
- *Chirotherapie*
- *Stellen einer Haushalthilfe in besonderen Fällen*
- *Schutzimpfungen für Auslandsaufenthalt*
- *Sonstige Vorsorgemaßnahmen (z. B. Kostenübernahme bei Teilnahme an Gesundheitskursen von zertifizierten externen Dienstleistern)*

---

[1]   Für Kinder bis zum 6. Lebensjahr; Krebsvorsorgeuntersuchungen für Frauen ab dem 20., für Männer ab dem 45. Lebensjahr; Gesundheits-Check-up und Hautkrebs-Screening für Männer und Frauen alle zwei Jahre ab dem 35. Lebensjahr; für alle Versicherten zweimal jährlich Vorsorgeuntersuchungen zur Erhaltung gesunder Zähne.

Gesundheitsreform

Seit 2007 trat in verschiedenen Schritten eine Gesundheitsreform in Kraft.

1

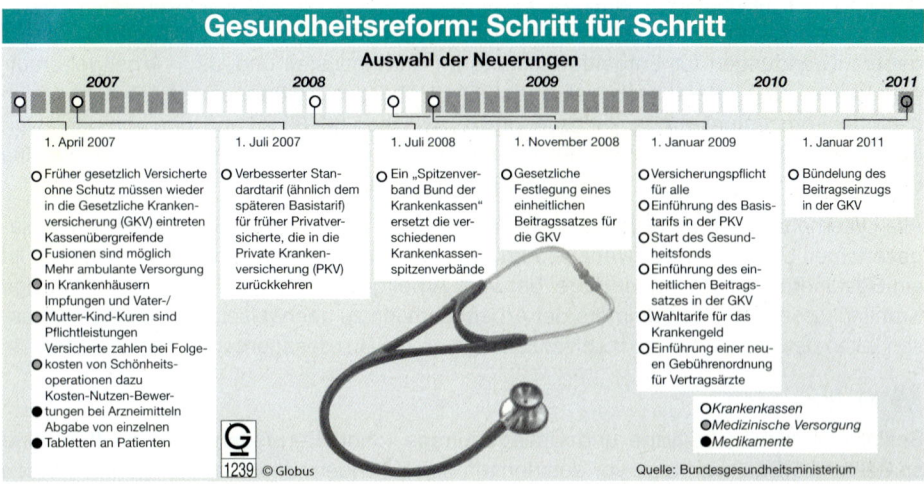

Gesundheitsreform: Schritt für Schritt

Auswahl der Neuerungen

2007 2008 2009 2010 2011

1. April 2007
- Früher gesetzlich Versicherte ohne Schutz müssen wieder in die Gesetzliche Krankenversicherung (GKV) eintreten Kassenübergreifende
- Fusionen sind möglich Mehr ambulante Versorgung
- in Krankenhäusern Impfungen und Vater-/Mutter-Kind-Kuren sind Pflichtleistungen Versicherte zahlen bei Folgekosten von Schönheitsoperationen dazu Kosten-Nutzen-Bewertungen bei Arzneimitteln
- Abgabe von einzelnen Tabletten an Patienten

1. Juli 2007
- Verbesserter Standardtarif (ähnlich dem späteren Basistarif) für früher Privatversicherte, die in die Private Krankenversicherung (PKV) zurückkehren

1. Juli 2008
- Ein „Spitzenverband Bund der Krankenkassen" ersetzt die verschiedenen Krankenkassenspitzenverbände

1. November 2008
- Gesetzliche Festlegung eines einheitlichen Beitragssatzes für die GKV

1. Januar 2009
- Versicherungspflicht für alle
- Einführung des Basistarifs in der PKV
- Start des Gesundheitsfonds
- Einführung des einheitlichen Beitragssatzes in der GKV
- Wahltarife für das Krankengeld
- Einführung einer neuen Gebührenordnung für Vertragsärzte

1. Januar 2011
- Bündelung des Beitragseinzugs in der GKV

○ Krankenkassen
◑ Medizinische Versorgung
● Medikamente

1239 © Globus

Quelle: Bundesgesundheitsministerium

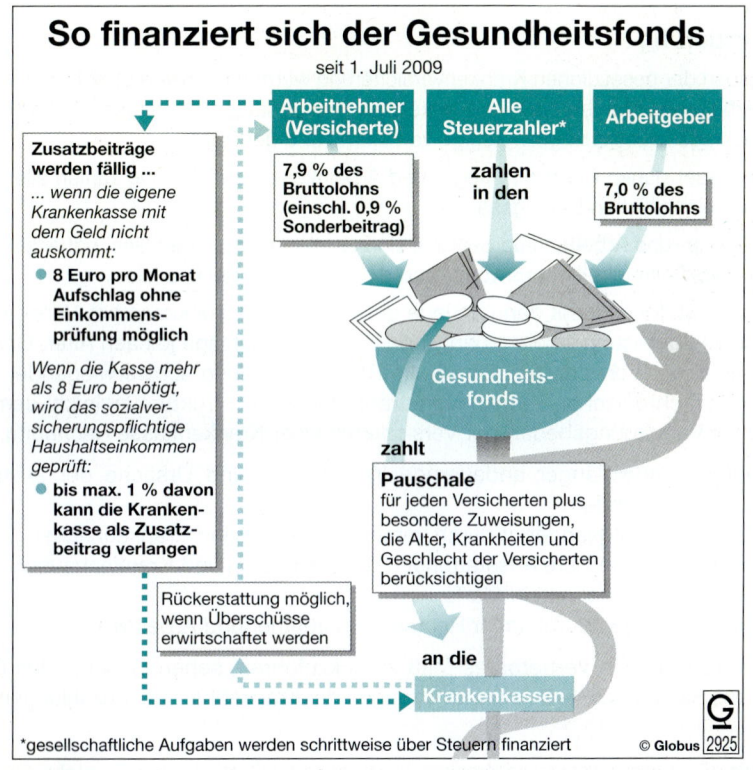

So finanziert sich der Gesundheitsfonds
seit 1. Juli 2009

Zusatzbeiträge werden fällig ...
... wenn die eigene Krankenkasse mit dem Geld nicht auskommt:
- **8 Euro pro Monat Aufschlag ohne Einkommensprüfung möglich**

Wenn die Kasse mehr als 8 Euro benötigt, wird das sozialversicherungspflichtige Haushaltseinkommen geprüft:
- **bis max. 1 % davon kann die Krankenkasse als Zusatzbeitrag verlangen**

Arbeitnehmer (Versicherte)
7,9 % des Bruttolohns (einschl. 0,9 % Sonderbeitrag)

Alle Steuerzahler*
zahlen in den

Arbeitgeber
7,0 % des Bruttolohns

Gesundheitsfonds

zahlt

Pauschale
für jeden Versicherten plus besondere Zuweisungen, die Alter, Krankheiten und Geschlecht der Versicherten berücksichtigen

Rückerstattung möglich, wenn Überschüsse erwirtschaftet werden

an die

Krankenkassen

*gesellschaftliche Aufgaben werden schrittweise über Steuern finanziert

© Globus 2925

Umlageverfahren

Nach dem **Aufwendungsausgleichsgesetz** *(AAG)* haben Arbeitgeber, die nicht mehr als 30 Arbeitnehmer beschäftigen, einen Ausgleichsanspruch an die jeweilige Krankenkasse des Arbeitnehmers. Dafür entrichtet der Arbeitgeber für alle Mitarbeiter eine Umlage (U1 = Arbeitgeberaufwendungen für Entgeltfortzahlung im Krankheitsfall und U2 = Arbeitgeberaufwendungen für Mutterschaftsleistungen). Die Höhe des Beitragssatzes U1 richtet sich nach dem prozentualen Ausgleichsanspruch (zwischen 50–80 %) und wird von der jeweiligen Krankenkasse autonom festgesetzt. Der Beitragssatz U2 bezieht sich immer auf eine Erstattungsleistung von 100 % für Mutterschaftsleistungen.

Alle Unternehmen, unabhängig von der Anzahl der Mitarbeiter/-innen, nehmen am Umlageverfahren U2 teil. Die Insolvenzgeldumlage – auch U3 genannt – in Höhe von 0,41 % ist ein Bestandteil der Umlagebeträge, der vom Arbeitgeber zu tragen und an die jeweilige Krankenkasse des Arbeitnehmers/der Arbeitnehmerin zu überweisen ist. Die Krankenkassen leiten den Betrag für die Insolvenzumlage an die Bundesagentur für Arbeit weiter.

Meldewesen

Sozialversicherungsbeiträge und Umlagebeträge (ohne Berufsgenossenschaften) sind spätestens 5 Bankwerktage vor dem letzten des Kalendermonats an die Krankenkassen zu melden, damit die Zahlung 3 Bankwerktage vor Monatsende durch Lastschriftverfahren/Überweisung/Scheck (valutagenau) sichergestellt ist.

Finanzierung

Die Ausgaben der gesetzlichen Krankenversicherung werden finanziert über Beiträge der Mitglieder (Arbeitgeber zahlen 50 % des gekürzten Beitragsatzes, Arbeitnehmer 50 % des gekürzten Beitragssatzes zuzüglich Zulage von 0,9 %) und der Rentner.[1]

Wie in der gesetzlichen Renten-, Pflege- und Arbeitslosenversicherung zahlen alle Beitragszahler einen einheitlichen Beitragssatz.

Die Arbeitgeber- und Arbeitnehmerbeiträge sind zu entrichten an den Gesundheitsfonds, weiterhin wird der Gesundheitsfonds vom Bund durch Steuermittel finanziert.

Der Gesundheitsfonds zahlt dann an jede gesetzliche Krankenkasse pro Versicherten eine pauschale Zuweisung sowie ergänzende Zu- und Abschläge je nach Alter, Geschlecht und Krankheit der Versicherten. Durch die Berücksichtigung schwerwiegender und kostenintensiver chronischer Krankheiten trägt der Risikostrukturausgleich dem unterschiedlichen Versorgungsbedarf der Versicherten einer Krankenkasse Rechnung.

Nicht häufigere oder länger andauernde Krankheiten sind Ursache der ausufernden Krankheitskosten, sondern
■ das größere Leistungsangebot durch immer mehr Ärzte und Krankenhäuser,
■ hochwertigere und teurere Ausstattungen der Arztpraxen und Krankenhäuser,
■ Ausweitung des Arzneimittelbedarfs,
■ geringere Einnahmen durch mehr Rentner, Frührentner und Arbeitslose.

Um die Kosten auf ein vertretbares Maß zurückzuführen, sehen Gesetze des Gesundheitswesens Sach- und Geldleistungskürzungen der Krankenkassen, Zuzahlungen/Selbst-

---

[1] Weiterhin dürfen die gesetzlichen Krankenkassen nach *§ 242 SGB V* **bei Finanzbedarf** maximal 1% der beitragspflichtigen Einnahmen des Mitglieds – i.d.R. des Bruttolohnes – bis zur Beitragsbemessungsgrenze KV als **Zusatzbeitrag** erheben. Den Aufschlag müssen die Arbeitnehmer allein zahlen.

1

beteiligungen der Versicherten, Eigenvorsorge durch Zusatzversicherungen, Deckelung der Krankenkassenausgaben und Budgetierung der Arztpraxen vor.

1.6.2.2   Deutsche Rentenversicherung

Träger der gesetzlichen Rentenversicherung in Deutschland sind
- die Deutsche Rentenversicherung Bund,
- die Deutsche Rentenversicherung Knappschaft Bahn See,
- die Regionalträger der Deutschen Rentenversicherung.

> Aufgabe der **gesetzlichen Rentenversicherung** ist die finanzielle Sicherung der Arbeitnehmer und ihrer Familie bei Berufs- und Erwerbsunfähigkeit, Alter und Tod.

Versicherte

Die gesetzliche Rentenversicherung unterscheidet ebenso wie die gesetzliche Krankenversicherung zwischen Pflichtversicherten und freiwillig Versicherten.

Versicherte	
Pflichtversicherte	**freiwillig Versicherte**
■ **Arbeiter, Angestellte** ■ **Auszubildende** ■ **Studenten** bei Einkommen über der Geringfügigkeitsgrenze von 400,00 EUR ■ **Behinderte** in anerkannten Werkstätten ■ **einige Selbstständige** *(z. B. Hausgewerbetreibende, Künstler[1], Publizisten, Existenzgründungszuschussempfänger)* ■ **Bezieher von Krankengeld, Arbeitslosengeld, Vorruhestandsgeld** ■ **Wehr- und Zivildienstleistende** ■ **Mütter oder Väter** während der max. 3-jährigen Elternzeit nach der Geburt eines Kindes	■ **Jedermann**, der der Rentenversicherung nicht schon als Pflichtmitglied angehört, kann für **Zeiten von der Vollendung des 16. Lebensjahres an die freiwillige Mitgliedschaft** beantragen *(z. B. Selbstständige)*.

Leistungen

Leistungen aus der Rentenversicherung werden nur gewährt, wenn der Versicherte ihr eine Mindestanzahl von Versicherungsjahren angehört hat. Diese sog. Wartezeit schwankt je nach Art der beantragten Rente zwischen 5 und 15 Jahren.

Witwen und **Witwer** erhalten ohne Rücksicht auf Alter und Erwerbsfähigkeit 60 % des Gesamtrentenanspruchs des Versicherten. Die Höhe der Renten wird Jahr für Jahr der allgemeinen Einkommensentwicklung angepasst. Höhere Verdienste der Arbeitnehmer ziehen daher auch eine Erhöhung der Renten nach sich (Dynamisierung der Renten).

---

[1] Die Träger der Deutschen Rentenversicherung erhielten 2008 die Befugnis, Abgabepflicht, Höhe und Vorauszahlungen nach dem Künstlersozialversicherungsgesetz *(KSVG)* festzustellen.

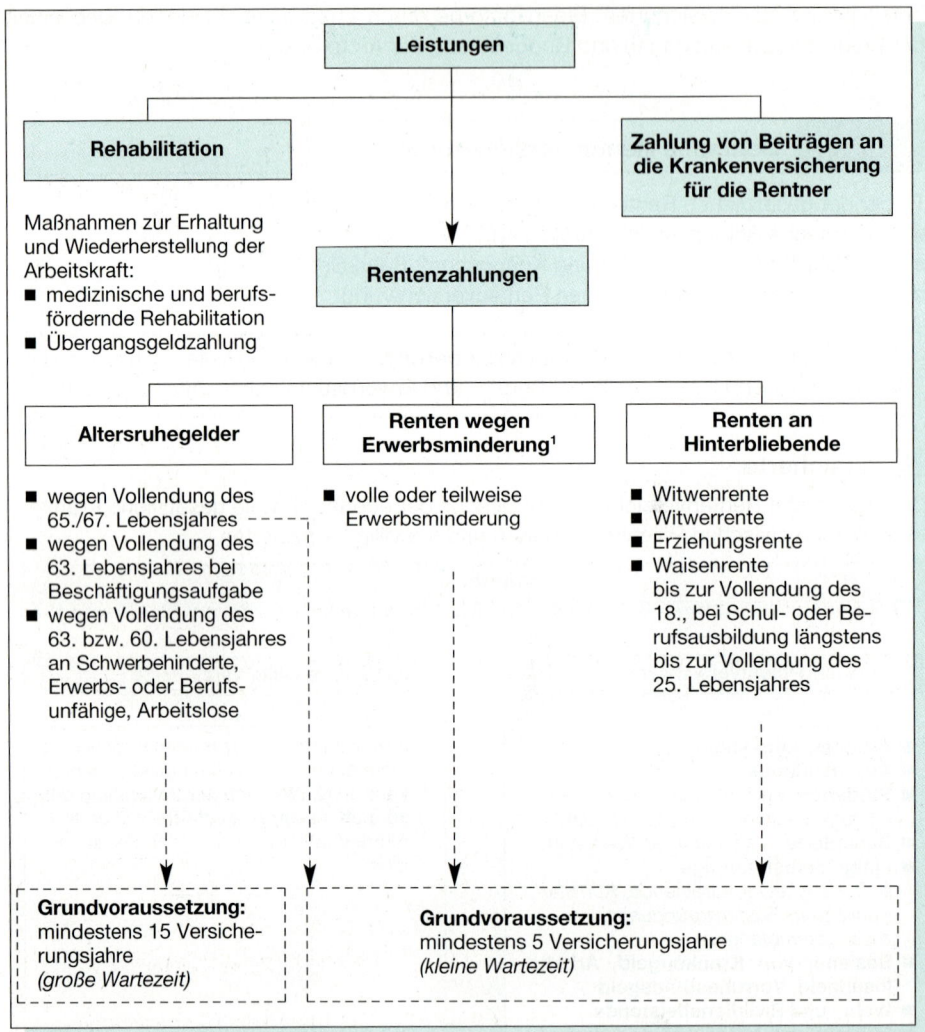

Die Regelaltersgrenze von 65/67 Jahren ist aber nicht bindend. Versicherte können bis zu drei Jahre vor der jeweils maßgebenden Altersgrenze in Rente gehen. Ihre Rente fällt dann für jedes vorzeitige Jahr des Rentenbezugs um 3,6 % des jeweiligen Rentenanspruchs geringer aus.

Außerdem kann die Altersrente ab dem 60. Lebensjahr als **Altersteilrente** von 1/3, 1/2 oder 2/3 der Vollrente bezogen werden. Dadurch wird ein Hineingleiten in den Ruhestand ermöglicht, denn ein Hinzuverdienst ist in bestimmten Grenzen zulässig.

Eine weitere Möglichkeit des Hineingleitens in den Ruhestand ist die Wahrnehmung von **Altersteilzeitmodellen**.

---

[1] Seit 2001 gibt es nur noch Erwerbsminderungsrenten in zwei Stufen: abhängig davon, ob ein Erkrankter nicht mehr als 3 Stunden täglich (dann volle Erwerbsminderungsrente) oder mehr als 3 Stunden bis 6 Stunden täglich (dann halber Anspruch) arbeiten kann.

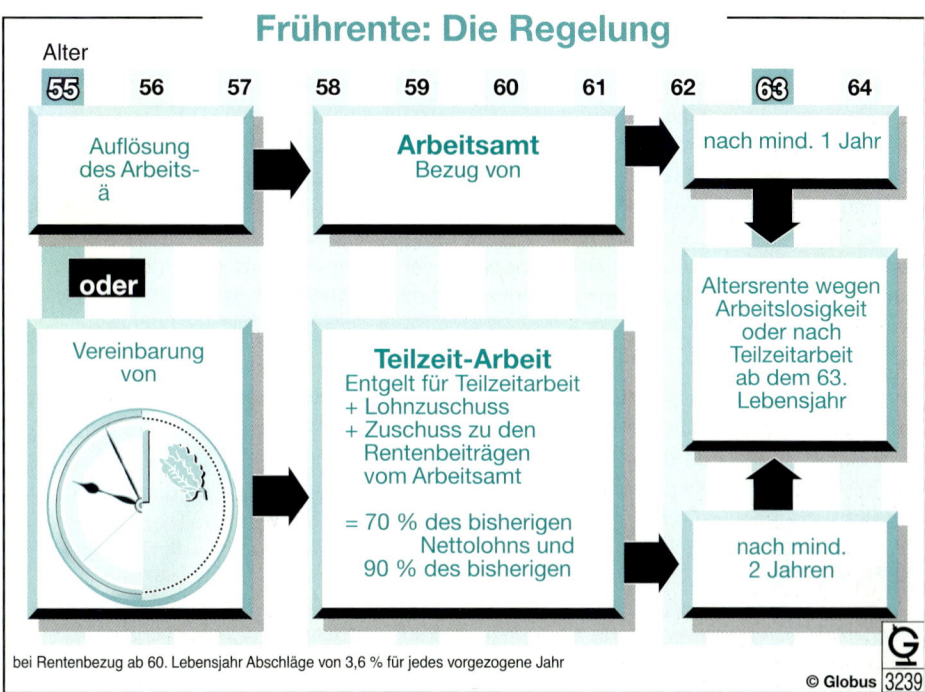

Frührente: Die Regelung

Alter
| 55 | 56 | 57 | 58 | 59 | 60 | 61 | 62 | 63 | 64 |

Auflösung des Arbeits-ä ➤ **Arbeitsamt** Bezug von ➤ nach mind. 1 Jahr

oder

Vereinbarung von ➤ **Teilzeit-Arbeit** Entgelt für Teilzeitarbeit + Lohnzuschuss + Zuschuss zu den Rentenbeiträgen vom Arbeitsamt

= 70 % des bisherigen Nettolohns und 90 % des bisherigen ➤ nach mind. 2 Jahren

Altersrente wegen Arbeitslosigkeit oder nach Teilzeitarbeit ab dem 63. Lebensjahr

bei Rentenbezug ab 60. Lebensjahr Abschläge von 3,6 % für jedes vorgezogene Jahr

© Globus 3239

Rentenberechnung

Zugangsrenten (neu festzusetzende Renten) werden unter Berücksichtigung der allgemeinen Einkommensentwicklung nach der **Rentenformel** berechnet.

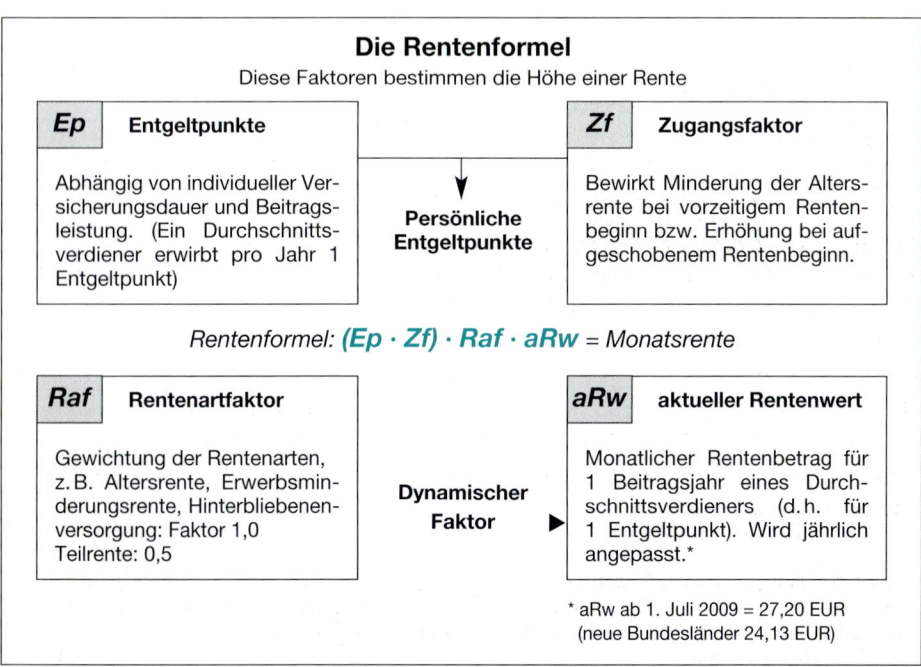

Die Rentenformel

Diese Faktoren bestimmen die Höhe einer Rente

Ep Entgeltpunkte

Abhängig von individueller Versicherungsdauer und Beitragsleistung. (Ein Durchschnittsverdiener erwirbt pro Jahr 1 Entgeltpunkt)

Persönliche Entgeltpunkte

Zf Zugangsfaktor

Bewirkt Minderung der Altersrente bei vorzeitigem Rentenbeginn bzw. Erhöhung bei aufgeschobenem Rentenbeginn.

Rentenformel: $(Ep \cdot Zf) \cdot Raf \cdot aRw$ = Monatsrente

Raf Rentenartfaktor

Gewichtung der Rentenarten, z. B. Altersrente, Erwerbsminderungsrente, Hinterbliebenenversorgung: Faktor 1,0
Teilrente: 0,5

Dynamischer Faktor ▶

aRw aktueller Rentenwert

Monatlicher Rentenbetrag für 1 Beitragsjahr eines Durchschnittsverdieners (d. h. für 1 Entgeltpunkt). Wird jährlich angepasst.*

* aRw ab 1. Juli 2009 = 27,20 EUR (neue Bundesländer 24,13 EUR)

1

Die Renten werden nach einer vereinfachten Formel berechnet. Danach hängt die Höhe der Monatsrente von vier Faktoren ab. Mit den **Entgeltpunkten** wird die individuelle Arbeits- und damit Beitragsleistung der Versicherten bei der Rentenfestsetzung berücksichtigt: Ein Versicherungsjahr mit durchschnittlichem Arbeitsverdienst ergibt einen vollen Entgeltpunkt. Je länger die Lebensarbeitszeit und je höher das beitragspflichtige Einkommen, desto größer ist die Zahl der erworbenen Entgeltpunkte und damit die Rente. Auch für bestimmte beitragsfreie Zeiten werden Entgeltpunkte gutgeschrieben. Durch den **Zugangsfaktor** erhöhen oder vermindern sich die Entgeltpunkte, wenn die Altersrente erst nach dem gesetzlich vorgesehenen Rentenbeginn oder schon vorher in Anspruch genommen wird. Im **Rentenartfaktor** kommt das unterschiedliche „Gewicht" der verschiedenen Renten zum Ausdruck: Die Altersrente, Erwerbsminderungsrente und Hinterbliebenenversorgung hat den Faktor 1,0; die Teilrente dagegen 0,5.

Über den jährlich neu zu bestimmenden **aktuellen Rentenwert** werden die persönlichen Entgeltpunkte schließlich mit der allgemeinen Einkommensentwicklung verknüpft: Er gibt an, welcher monatliche Rentenbetrag auf einen Entgeltpunkt (d.h. auf ein Versicherungsjahr mit Durchschnittseinkommen) entfällt. Die Monatsrente ergibt sich durch Multiplikation der Entgeltpunkte mit dem aktuellen Rentenwert.

Beispiel:

Herr Müsig vollendete am 28. Dez. 2008 sein 65. Lebensjahr und bezieht seit 1. Jan. 2009 eine Altersrente für langjährig Versicherte. Seine Rentenberechnung führt zu folgendem Ergebnis:

im Jahre	Verdienst (EUR)	geteilt durch Durchschnittseinkommen	= Entgeltpunkte (EP)
1964–1990	...	...	24,2395
1991	38.100,00	22.712,10	1,6775
1992	41.000,00	23.938,70	1,7127
1993	42.400,00	24.633,02	1,7213
1994	44.500,00	25.125,91	1,7711
1995	44.600,00	25.904,60	1,7217
1996	44.900,00	26.422,54	1,6993
1997	45.500,00	26.660,30	1,7067
1998	46.000,00	27.060,12	1,6999
1999	46.300,00	27.357,70	1,6924
2000	47.000,00	27.740,55	1,6943
2001	48.000,00	28.231,49	1,7002
2002	48.000,00	28.626,00	1,6768
2003	49.000,00	29.938,00	1,6933
2004	50.000,00	29.060,00	1,7206
2005	50.000,00	29.202,00	1,7122
2006	51.000,00	29.494,00	1,7292
2007	51.000,00	29.951,00	1,7028
2008	52.000,00	30.084,00	1,7285
Summe der Entgeltpunkte			55,0000

Sowohl der maßgebliche Zugangsfaktor bei einer Altersrente mit 65 Jahren als auch der Rentenartfaktor für eine Altersrente betragen im Jahre 2009 1,0. Die Monatsrente ergibt sich mithin aus

$$(55,0000 \cdot 1,0) \cdot 1,0 \cdot 27,20^{[1]} = 1.496,00 \text{ EUR}$$

(55,0000 · 1,0)	·	1,0	·	27,20[1]	=	1.496,00 EUR
Ep		Zf		Raf		aRw
Entgeltpunkte		Zugangsfaktor		Rentenartfaktor		aktueller Rentenwert

Monatsrente

---

[1] Stand 2. Halbjahr 2009

▮ Finanzierung

Die zur Hälfte von Arbeitnehmern und Arbeitgebern getragenen Beiträge zur gesetzlichen Rentenversicherung finanzieren ca. 80 % der Gesamtausgaben der Rentenversicherungsträger. Den restlichen Teil von ca. 20 % decken Zuschüsse des Bundes.

Die Beitragsentrichtungen durch die jetzt arbeitende Generation führen zu Rentenzahlungen an die nicht mehr erwerbstätige Generation. Es gilt der **Generationenvertrag**. Außerdem muss nach dem BVG-Urteil v. 3. April 2001 bis zum Jahre 2005 durch den Gesetzgeber sichergestellt sein, dass bei Eltern mit Kindern die Kindererziehung als Beitrag zur Sicherung der Rentenleistungen zu werten ist und ihnen daher nicht die gleichen Kassenbeiträge abverlangt werden dürfen wie Kinderlosen.

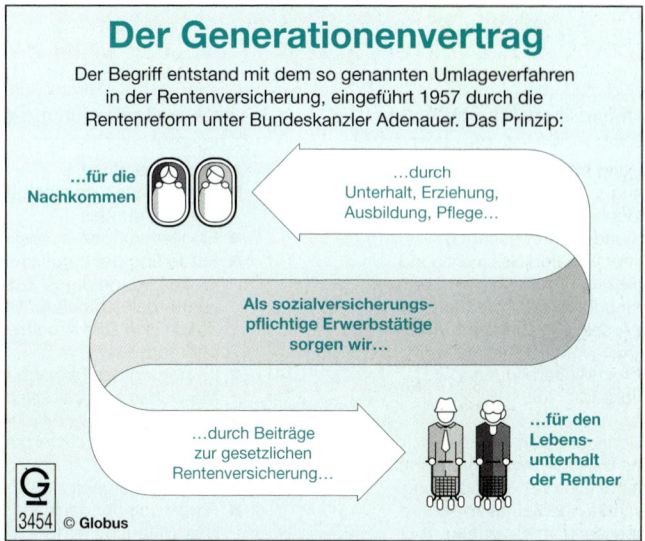

Durch die zunehmende **Überalterung** der Bevölkerung ergeben sich Probleme für den Vertrag zwischen den Generationen. Die Frührentner und das Lebensalter der Rentner nehmen ständig zu, die Erwerbstätigen aufgrund des Geburtenrückganges jedoch ab. Die so zunehmende Alterslast für die Erwerbstätigen führt automatisch zu sozialen Spannungen bei der Lösung der Finanzierung.

Maßnahmen und diskutierte **Vorschläge** zur Lösung:
- Erhöhung der Versicherungsbeiträge
- Senkung des Rentenniveaus durch temporäre Abkoppelung von der Einkommensentwicklung und Gewährung eines reinen Inflationsausgleichs
- Anhebung der Altersgrenze von 65 Jahre stufenweise auf 67 Jahre
- Zahlung einer Grundrente nach Aufbau einer eigenveranlassten Vorsorge (Dreisäulen-System durch Grundrente, Betriebsrente, private Altersvorsorge durch Lebensversicherung oder Sparguthaben, Immobilien etc.)
- Bundeszuschusserhöhung/-festschreibung, Kreditaufnahme, Vermögensveräußerungen
- steuerfinanzierte anstatt beitragsfinanzierte Rente (z. B. „Riester-Rente")
- private und tariflich abgesicherte Vorsorge mit und ohne staatliche Zuschüsse oder Freibetragsgewährung

1957 finanzierten drei Arbeitnehmer einen Rentner; 2035 wird ein Arbeitnehmer allein einen Rentner finanzieren. Durch diese Entwicklung wird die staatliche Rente an Bedeutung verlieren und die private Altersvorsorge unerlässlich werden.

1

1.6.2.3   Arbeitslosenversicherung

Träger der Arbeitslosenversicherung ist die **Bundesagentur für Arbeit** mit ihrer Zentrale in Nürnberg:

- sie ist eine unmittelbare Körperschaft des öffentlichen Rechts mit Selbstverwaltung,
- sie untersteht der Rechtsaufsicht des Bundesministeriums für Arbeit und Soziales.

Neben der Zentrale gibt es 10 Regionaldirektionen, 176 **Agenturen für Arbeit** und 610 Geschäftstellen.

Leistungen der Bundesagentur für Arbeit

an Arbeitnehmerinnen/Arbeitnehmer	**an Arbeitgeberinnen/Arbeitgeber**

■ Ausbildungs- und Arbeitsvermittlung[1]
■ Arbeitsberatung
■ Arbeitsmarktbeobachtung
■ Arbeitsmarkt- und Berufsforschung
■ Bekämpfung der illegalen Beschäftigung
■ Berufsberatung
■ Entgeltsicherung für ältere Arbeitnehmer
■ Erteilung von Arbeitserlaubnissen an Ausländer
■ Förderung
  • der beruflichen Weiterbildung
   – Unterhaltsgeld
   – Bildungsgutscheine
   – Weiterbildungskosten
  • der Teilhabe behinderter Menschen am Arbeitsleben
■ Leistungen der aktiven Arbeitsförderung
  • Arbeitsbeschaffungsmaßnahmen
  • Strukturanpassungsmaßnahmen
  • Personal Service Agenturen
  • Zahlung von Lohnkostenzuschüssen
  • Zuschüsse für Eingliederungen
  • Mobilitätshilfen
  • Gründungszuschüsse
■ Leistungen zur Förderung der ganzjährigen Beschäftigung in der Bauwirtschaft
■ Rehabilitationsleistungen
■ Verwaltung der Beiträge der Arbeitslosenversicherung
■ Zahlung von Kindergeld (als Familienkasse)
■ Zahlung von Lohnersatzleistungen
  • Arbeitslosengeld I
   (früher Arbeitslosengeld)
  • Arbeitslosengeld II
   (früher Arbeitslosenhilfe)
  • Zahlung von Saisonkurzarbeiter-, Kurzarbeiter-, Insolvenzgeld
Über bestimmte Träger erfolgt zusätzlich die Förderung
■ der Brufsausbildung durch z. B. ausbildungsbegleitende Maßnahmen,
■ von Einrichtungen der beruflichen Aus- und Weiterbildung,
■ von Jugendwohnheimen,
■ von Arbeitsbeschaffungsmaßnahmen,
■ von Eingliederungsmaßnahmen.
	■ Arbeitsberatung
	■ Einstellungszuschuss bei Neugründungen
	■ Eingliederungszuschüsse
	■ Förderung der beruflichen Weiterbildung durch Zuschüsse zum Arbeitsentgelt für Ungelernte, Zuschüsse zum Arbeitsentgelt für bedrohte AN
	■ Förderung der Teilhabe behinderter Menschen am Arbeitsleben
	■ Leistungen zur beruflichen Eingliederung schwerbehinderter Personen
	■ Kurzarbeitergeld
	■ Förderung der ganzjährigen Beschäftigung in der Bauwirtschaft
	■ Leistungen nach dem Altersteilzeitgesetz
	■ Zuschüsse zu Sozialplanmaßnahmen
	■ Zuschüsse zu Infrastrukturmaßnahmen

---

[1] Nach dem *Beschäftigungsförderungsgesetz* werden auch private Arbeitsvermittler zugelassen.

Versicherte

Die Arbeitslosenversicherung kennt ausschließlich Pflichtversicherte.

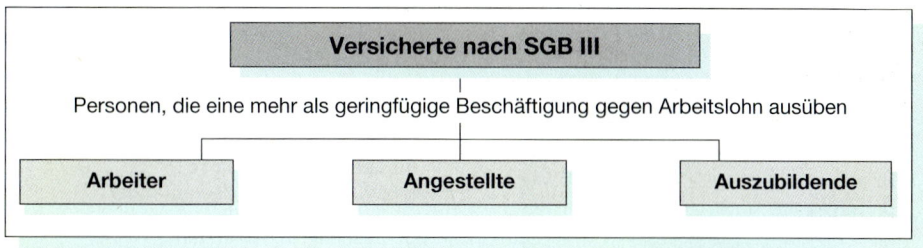

Finanzielle Leistungen an Arbeitsuchende

Die finanzielle Sicherung in Zeiten der Arbeitslosigkeit ist eine unabdingbare Voraussetzung, um den unverschuldet arbeitslos gewordenen Arbeitnehmer und seine Familie nicht in wirtschaftliche Not geraten zu lassen.

Arbeitslosengeld I ist eine Entgelt- oder Lohnersatzleistung, die über die Arbeitslosenversicherung abgedeckt wird *(SGB III)*.

Arbeitslosengeld II ist eine Grundsicherung für **erwerbsfähige, hilfsbedürftige** Arbeitsuchende *(SGB II)*. Träger des Arbeitslosengeldes II ist der Bund.

Erwerbsfähige Hilfsbedürftige

Die Leistungen umfassen:

- **Regelleistung**

Regelleistung Arbeitslosengeld II/Sozialgeld			
■ Alleinstehend ■ Alleinerziehend ■ Personen mit minderjährigem Partner	■ Partner ab Beginn des 19. Lebensjahres	■ Kinder ab Beginn des 15. Lebensjahres bis Vollendung des 18. Lebensjahres	■ Kinder bis zur Vollendung des 14. Lebensjahres
100 %	90 %	80 %	60 %

- evtl. **Mehrbedarf** für z. B. werdende Mütter ab der 13. Schwangerschaftswoche, Behinderte,
- Leistungen für angemessenen Unterhalt und Heizung,
- Leistungen in Notfällen als Darlehen,
- einmalige Leistungen z. B. für mehrtägige Klassenfahrten.

Bezieher von Arbeitslosengeld II sind kranken-, pflege- und rentenversichert. Die Beträge zahlt i. d. R. der Bund pauschal.

Nicht erwerbsfähige Hilfsbedürftige

Nicht erwerbsfähige Mitglieder der Bedarfsgemeinschaft von Arbeitslosengeld II-Empfängern (z. B. minderjährige Kinder, Eltern) erhalten **Sozialgeld** von der Gemeinde/Stadt, wenn sie keinen Anspruch auf Leistungen nach dem *SGB XII* haben.

Das Sozialgeld soll
- den Lebensunterhalt sichern,
- einen evtl. Mehrbedarf ausgleichen,
- die angemessene Unterkunft und Heizung ermöglichen.

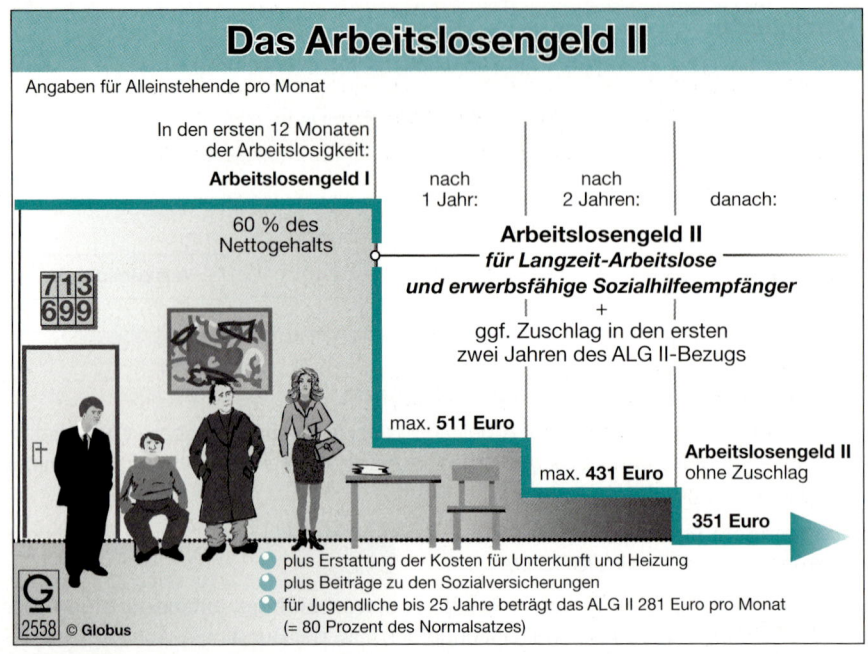

Das Arbeitslosengeld II

Angaben für Alleinstehende pro Monat

In den ersten 12 Monaten der Arbeitslosigkeit:

Arbeitslosengeld I

60 % des Nettogehalts

nach 1 Jahr: nach 2 Jahren: danach:

Arbeitslosengeld II
für Langzeit-Arbeitslose
und erwerbsfähige Sozialhilfeempfänger
+
ggf. Zuschlag in den ersten
zwei Jahren des ALG II-Bezugs

max. **511 Euro**

max. **431 Euro**

Arbeitslosengeld II
ohne Zuschlag

351 Euro

- plus Erstattung der Kosten für Unterkunft und Heizung
- plus Beiträge zu den Sozialversicherungen
- für Jugendliche bis 25 Jahre beträgt das ALG II 281 Euro pro Monat (= 80 Prozent des Normalsatzes)

2558 © Globus

Arbeitslosengeld

Arbeitslosengeld I (ALG I)
(→ Versicherungsleistung)

Anspruch auf **Arbeitslosengeld I** hat, wer ...
- unfreiwillig arbeitslos ist, eine neue Beschäftigung sucht und arbeitsbereit ist,
- sich persönlich bei Agentur für Arbeit arbeitsuchend gemeldet hat,
- die Anwartschaftszeit erfüllt,
- das 65. Lebensjahr noch nicht vollendet hat,
- Arbeitslosengeld **beantragt** hat, *(§§ 117–122 SGB III)*

Anspruchsdauer *(§ 127 SGB III)*:
Die Anspruchsdauer auf Arbeitslosengeld richtet sich nach der vorhergehenden versicherungspflichtigen Beschäftigungsdauer, der Rahmenfrist, dem vollendeten Lebensjahr (max. 12–24 Monate).

Höhe:
Die Höhe richtet sich nach dem versicherungspflichtigen Bruttoarbeitsentgelt, das in den letzten 52 Wochen vor der Arbeitslosigkeit erzielt wurde. Von diesem durchschnittlichen Bruttoarbeitsentgelt werden pauschaliert gesetzliche Abzüge (Steuern nach Steuerklasse, SV-Beiträge) abgezogen.
Von dem ermittelten Nettobezug beträgt das Arbeitslosengeld 60 % bzw. 67 % für Arbeitslose mit mindestens einem Kind *(§§ 129–130 SGB III)*

Vorhandenes Vermögen hat keinen Einfluss auf die Höhe von Arbeitslosengeld I, weil es sich um eine versicherungsähnliche Leistung handelt, die aus den Beiträgen finanziert wird.

Pflichten von Arbeitslosengeldbeziehern
- Meldepflichten
- Hinterlegung des Sozialversicherungsausweises
- Mitwirkungspflicht
- Erstattungspflicht für zu Unrecht erhaltene Leistungen

Wer vom Arbeitslosengeld I zum Arbeitslosengeld II wechseln muss, kann für eine Übergangszeit einen Zuschlag beantragen.

Arbeitslosengeld II (ALG II = Hartz IV)
+ evtl. **Sozialgeld** (→ Fürsorgeleistung)

Anspruch auf **Arbeitslosengeld II** hat, wer ...
- arbeitsuchend gemeldet ist,
- bei Beantragung von Arbeitslosengeld II den Anspruch auf Arbeitslosengeld I ausgeschöpft hat,
- hilfebedürftig ist, d. h. bestimmte Vermögens- und Einkommensgrenzen – auch des Ehegatten – dürfen nicht überschritten werden,
- zwischen 15 und 65 Jahre alt ist,
- erwerbsfähig ist und täglich mindestens 3 Stunden arbeiten kann,
- in Deutschland den gewöhnlichen Aufenthalt hat,
- als ausländischer Arbeitnehmer eine Arbeitserlaubnis hat,
- einen **Antrag** auf Arbeitslosengeld II gestellt hat, zusätzlich sind Formulare für Unterkunfts- und Heizungskosten, für Einkommenserklärungen, zur Vermögensfeststellung und für weitere Angehörige auszufüllen.

Sozialgeld erhalten nicht erwerbsfähige Mitglieder, die in einer Bedarfsgemeinschaft mit dem Empfänger von ALG II leben.
Zu einer Bedarfsgesellschaft rechnen
- erwerbsfähige Hilfsbedürftige,
- im Haushalt lebende Eltern,
- allein Erziehende von Minderjährigen,
- Ehepartner, Partner in eheähnlicher Gemeinschaft,
- minderjährige, unverheiratete bedürftige Kinder, die im Haushalt leben.

Anspruchsdauer
Das Arbeitslosengeld II wird zeitlich unbegrenzt gewährt, wenn die Anspruchsvoraussetzungen dauerhaft erfüllt sind. Die Leistungen werden für ca. sechs Monate bewilligt. Die Hilfebedürftigkeit wird fortlaufend überprüft.

Höhe:
Die Höhe richtet sich nach dem Bedarf des Empfängers. Eigenes Vermögen und Einkommen der im Haushalt lebenden Angehörigen werden in Berechnung einbezogen. Vermögensgegenstände zur Altersicherung bleiben i. d. R. unberücksichtigt.

1

Rechte und Pflichten der Empfänger von Arbeitslosengeld II

Empfänger von Arbeitslosengeld II erhalten bei der Suche nach einem Arbeitsplatz einen persönlichen Ansprechpartner bzw. einen „Fallmanager". Im Ermessen der Agentur für Arbeit können Arbeitssuchende folgende Leistungen erhalten:

- Erstattung von Bewerbungs- und Reisekosten für Vorstellungsgespräche,
- Kosten für Teilnahme an Trainingsseminaren,
- Umzugshilfen,
- Eingliederungszuschüsse,
- Weiterbildung,
- Vermittlungsgutscheine,
- Unterstützung bei Betreuung von Kindern und pflegebedürftigen Angehörigen.

Empfänger von Arbeitslosengeld II müssen jede zumutbare Arbeitsstelle annehmen, die ihnen von der Bundesagentur für Arbeit vermittelt wird. Angebotene Jobs können nur abgelehnt werden, wenn nachgewiesen wird, dass der Arbeitssuchende seelisch, körperlich und geistig nicht in der Lage ist, diese Tätigkeit auszuüben. Zumutbar sind auch sogenannte Arbeitsangelegenheiten der Gemeinden/Städte.

Es muss mit der Agentur für Arbeit eine Eingliederungsvereinbarung getroffen werden.

Pflichtverletzungen führen zu Kürzungen des Arbeitslosengeldes II.

> **Beispiele:**

- *Wiederholte Weigerung, eine Arbeit anzunehmen*
- *Regelverstöße*

▨ Sicherung von Arbeitsplätzen

Die Maßnahmen zur Arbeitsplatzsicherung sollen dazu dienen, bestehende Arbeitsverhältnisse auch in ungünstigen Wirtschaftslagen und während vorübergehender Arbeitsausfälle zu erhalten. Daneben können solche Unternehmen Zuschüsse erhalten, die für Arbeitslose und ältere Arbeitnehmer zusätzlich Arbeitsplätze schaffen.

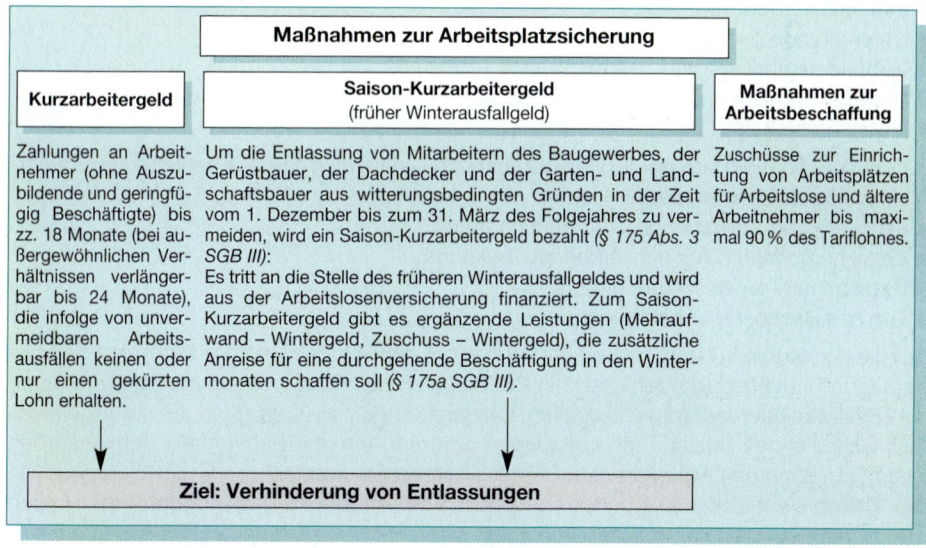

Maßnahmen zur Arbeitsplatzsicherung		
Kurzarbeitergeld	**Saison-Kurzarbeitergeld** (früher Winterausfallgeld)	**Maßnahmen zur Arbeitsbeschaffung**
Zahlungen an Arbeitnehmer (ohne Auszubildende und geringfügig Beschäftigte) bis zz. 18 Monate (bei außergewöhnlichen Verhältnissen verlängerbar bis 24 Monate), die infolge von unvermeidbaren Arbeitsausfällen keinen oder nur einen gekürzten Lohn erhalten.	Um die Entlassung von Mitarbeitern des Baugewerbes, der Gerüstbauer, der Dachdecker und der Garten- und Landschaftsbauer aus witterungsbedingten Gründen in der Zeit vom 1. Dezember bis zum 31. März des Folgejahres zu vermeiden, wird ein Saison-Kurzarbeitergeld bezahlt *(§ 175 Abs. 3 SGB III)*: Es tritt an die Stelle des früheren Winterausfallgeldes und wird aus der Arbeitslosenversicherung finanziert. Zum Saison-Kurzarbeitergeld gibt es ergänzende Leistungen (Mehraufwand – Wintergeld, Zuschuss – Wintergeld), die zusätzliche Anreise für eine durchgehende Beschäftigung in den Wintermonaten schaffen soll *(§ 175a SGB III)*.	Zuschüsse zur Einrichtung von Arbeitsplätzen für Arbeitslose und ältere Arbeitnehmer bis maximal 90 % des Tariflohnes.
Ziel: Verhinderung von Entlassungen		

1

■ Finanzierung

Die Bundesagentur für Arbeit finanziert sich aus den Beiträgen aus der Arbeitslosenversicherung, aus Zahlungen des Bundes z. B. für Arbeitslosengeld II, Kindergeld und aus Steuermitteln. Der Bund garantiert die Zahlungsfähigkeit der Bundesagentur für Arbeit.

■ Sofortmeldung für schwarzarbeitsträchtige Branchen

Für besonders schwarzarbeitsträchtige Branchen wurde eine **Sofortmeldung** eingeführt. Der Arbeitgeber ist seitdem verpflichtet, noch vor der Aufnahme eines Beschäftigungsverhältnisses der Datenstelle der Deutschen Rentenversicherung eine Meldung zu erstatten, wenn die Beschäftigung in einer der folgenden neun schwarzarbeitsträchtigen Branchen stattfindet:

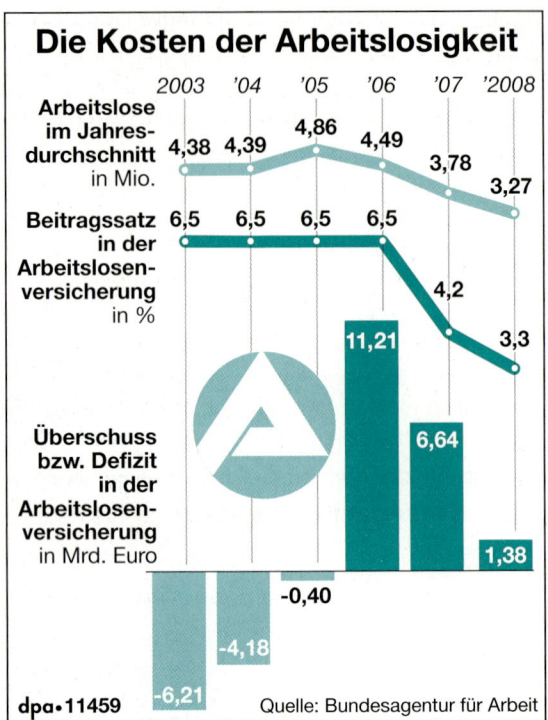

Die Kosten der Arbeitslosigkeit

	2003	'04	'05	'06	'07	'2008
Arbeitslose im Jahresdurchschnitt in Mio.	4,38	4,39	4,86	4,49	3,78	3,27
Beitragssatz in der Arbeitslosenversicherung in %	6,5	6,5	6,5	6,5	4,2	3,3
Überschuss bzw. Defizit in der Arbeitslosenversicherung in Mrd. Euro	-6,21	-4,18	-0,40	11,21	6,64	1,38

dpa·11459   Quelle: Bundesagentur für Arbeit

- Baugewerbe,
- Gaststätten- und Beherbergungsgewerbe,
- Personenbeförderungsgewerbe,
- Speditions-, Transport- und damit verbundene Logistikunternehmen,
- Schaustellergewerbe,
- Unternehmen der Forstwirtschaft,
- Gebäudereinigungsunternehmen,
- Unternehmen, die sich am Auf- und Abbau von Messen und Ausstellungen beteiligen,
- Fleischwirtschaft.

Sofort – unabhängig von der Monatsabrechnung – sind im Wege des bestehenden DEÜV-Meldeverfahrens zu melden:
- Familien- und Vorname des/der Beschäftigten,
- Versicherungsnummer (soweit bereits bekannt),
- Betriebsnummer des Arbeitgebers,
- Tag des Beschäftigungsbeginns.

Auf die gemeldeten Daten können neben den mit der Bekämpfung der Schwarzarbeit betrauten Ermittlungsbehörden und den Prüfdiensten der Rentenversicherungsträger auch die Unfallversicherungsträger zugreifen. Letztere können so überprüfen, ob ein Arbeitnehmer während des Bezugs von Leistungen aufgrund eines Arbeitsunfalls Schwarzarbeit leistet, um dann den Arbeitgeber in Regress nehmen zu können.

Das Gesetz sieht weiter eine bußgeldbewährte Verpflichtung für Arbeitgeber/-innen in den genannten Branchen vor, alle Arbeitnehmer/-innen nachweislich und schriftlich darauf hinzuweisen, dass diese bei ihrer Tätigkeit stets einen Pass, Personalausweis, Pass- oder Ausweisersatz mitzuführen haben *(§ 2 SchwarzArbG)*.

1.6.2.4 Gesetzliche Pflegeversicherung

Personen gelten als **pflege-bedürftig**, wenn sie „wegen einer körperlichen, geisti-gen oder seelischen Krank-heit oder Behinderung für die gewöhnlichen und re-gelmäßig wiederkehrenden Verrichtungen im Ablauf des täglichen Lebens auf Dauer, voraussichtlich für mindestens sechs Monate, in erheblichem oder höhe-rem Maße der Hilfe bedür-fen" *(§ 14 Abs. 1 SGB XI)*.

Die Pflegeversicherung

Seit dem 1.4.1995 gibt es Leistungen aus der Pflegeversicherung für die häusliche Pflege und seit dem 1.7.1996 für Pflegebedürftige in Heimen.

Was sie leistet (monatlich):

Häusliche Pflege	Übernahme der Kosten für ambulante Pflegedienste (Sachleistungen)	Zuschuss für pflegende Angehörige, Nachbarn oder Freunde (Geldleistungen)	Stationäre Pflege in Heimen
Pflegestufe I (erheblich Pflege-bedürftige; mind. 1,5 Std./Tag)	440 Euro	225 Euro	1 023 Euro
Pflegestufe II (schwer Pflege-bedürftige; mind. 3 Std./Tag)	1 040 Euro	430 Euro	1 279 Euro
Pflegestufe III (Schwerstpflege-bedürftige; mind. 5 Std./Tag)	1 510 Euro (Härtefälle 1 918 Euro)	685 Euro	1 510 Euro (Härtefälle 1 825 Euro)

Sach- und Geldleistungen können auch kombiniert in Anspruch genommen werden. Daneben gibt es ergänzende Leistungen bei Aus-fall der Pflegepersonen, bei Tages- und Nachtpflege sowie Kurzzeitpflege.

Was sie kostet:

Die Pflegeversicherung ist Pflicht für alle krankenversicherten Bürger.
★ Beitragsbemessungsgrenze: **3 750,00 Euro**
 Versicherungspflichtgrenze: **4 162,50 Euro**
★ Beitragssatz: **1,95 % vom Arbeitsentgelt**,
 davon tragen **Arbeitnehmer** und **Arbeitgeber** jeweils die Hälfte, also **0,975 %**
★ Beitragszuschlag für Kinderlose: **0,25 %**, trägt allein **der Arbeitnehmer**

Vom Zuschlag ausgenommen:
- Rentner, geboren vor dem 1.1.1940
- Jugendliche bis 23 Jahre
- Wehr- u. Zivildienstleistende
- Empfänger von Arbeitslosengeld II

Quelle: BMG Stand Januar 2010 © Globus 3274

Versicherte

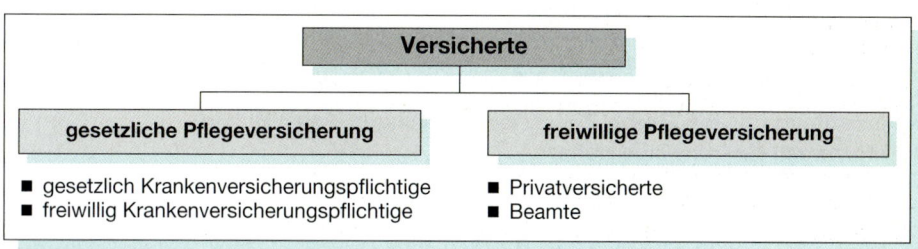

Versicherte

gesetzliche Pflegeversicherung	**freiwillige Pflegeversicherung**
■ gesetzlich Krankenversicherungspflichtige ■ freiwillig Krankenversicherungspflichtige	■ Privatversicherte ■ Beamte

Leistungen

Die Leistungen richten sich nach dem Grad der Bedürftigkeit.

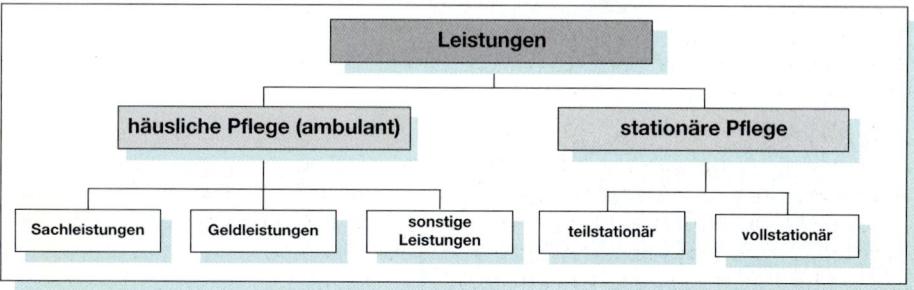

Leistungen

häusliche Pflege (ambulant): Sachleistungen · Geldleistungen · sonstige Leistungen

stationäre Pflege: teilstationär · vollstationär

Zum 01.07.2008 ist die Pflegereform mit dem Gesetz zur strukturellen Weiterentwicklung der Pflegeversicherung – Pflegeweiterentwicklungsgesetz *(PfWG)* – und dem Pflegezeit-gesetz *(PflegeZG)* in Kraft getreten. Kernpunkte der Reform sind:

1

- **Pflegestützpunkte**: Mit neuartigen, wohnortnah gelegenen „Pflegestützpunkten" soll Rat suchenden Personen (insbesondere Pflegebedürftigen und ihren Angehörigen) eine fachkompetente Beratung „aus einer Hand" angeboten werden. Als Mitarbeiter der Pflegekassen sollen „Pflegeberater" fungieren.
- **Preisvergleichsliste**: Die Pflegekassen sollen dazu verpflichtet werden, Pflegebedürftige, die Leistungen aus der sozialen Pflegeversicherung beantragen, unverzüglich eine Vergleichsliste über die Leistungen und Vergütungen der im Wohnortbereich zugelassenen Pflegeheime und ambulanten Pflegeeinrichtungen zu übermitteln.
- **Verbesserung der Rahmenbedingungen für neue Wohnformen**: Durch Fördermöglichkeiten sollen das sogenannte betreute Wohnen und Wohngemeinschaften ermöglicht werden. Pflegekassen können nun leichter Verträge mit sogenannten Einzelpflegekräften schließen.
- **Leistungserhöhungen**: Zu den Stichtagen 01.01.2010 und 01.01.2012 sollen die Leistungen der Pflegeversicherung in bestimmter (genau festgelegter) Höhe angehoben werden. Ab dem Jahr 2015 soll dann zu einer regelmäßigen „Dynamisierung" der Leistungen übergegangen werden (ähnlich wie z.B. bei Renten aus der gesetzlichen Rentenversicherung).
- **Anspruch auf unbezahlte Freistellung**: Pflegende nahe Angehörige haben Anspruch auf sechs Monate unbezahlte Freistellung (Pflegezeit). Ein Recht auf Rückkehr sichert den Arbeitsplatz. Für Betriebe mit bis zu 15 Beschäftigten ist eine solche Regelung freiwillig (§ 7 Abs. 2 PflegeZG). Außerdem gewährt § 2 Abs. 1 PflegeZG jedem Beschäftigten das Recht, bei einer akut auftretenden Pflegesituation eines nahen Angehörigen bis zur Höchstdauer von zehn Arbeitstagen der Arbeit fernzubleiben. Berufstätige sollen in einem solchen Fall die Möglichkeit haben, sich über Pflegeleistungsangebote zu informieren und die erforderlichen organisatorischen Vorkehrungen zu treffen oder ihre Angehörigen zunächst kurzfristig selbst zu Hause zu versorgen, bis diese in einer geeigneten Pflegeeinrichtung untergebracht werden können.
- **Erfolgsprämie für Heime**
- **Vermittlung privater Pflege-Zusatzversicherungen durch Heime**
- **Schulungen für freiwillige Helfer**

Finanzierung

Die Finanzierung erfolgt durch anteilige Beiträge der Arbeitnehmer (AN) und der Arbeitgeber (AG). Bei Rentnern gilt der gleiche Beitragssatz wie bei Erwerbstätigen: die Hälfte trägt der Rentner, die andere Hälfte übernimmt die Rentenversicherung. Leistungsbezieher der Bundesagentur für Arbeit erhalten den vollen Beitrag für die Pflegeversicherung durch die Bundesagentur für Arbeit.

Der Beitragsanteil zur gesetzlichen Pflegeversicherung beträgt bis zur Beitragsbemessungsgrenze in der KV:

1. Personengruppe			Sachsen
■ Arbeitnehmer, die ihre Elternschaft gegenüber dem Arbeitgeber nachweisen, ■ Arbeitnehmer bis zum Ablauf des Monats, in dem sie das 23. Lebensjahr vollendet haben, ■ Arbeitnehmer, die vor dem 01.01.1940 geboren wurden, ■ Wehr- und Zivildienstleistende	Anteil AN	0,975 %	1,475
	+ Anteil AG	0,975 %	0,475
	= Gesamtanteil	1,950 %	1,950
2. Personengruppe	Anteil AN	1,225 %	1,725
■ Kinderlose Arbeitnehmer, die nicht unter die 1. Personengruppe fallen	+ Anteil AG	0,975 %	0,475
	= Gesamtanteil	2,200 %	2,200

1.6.2.5 Gesetzliche Unfallversicherung

Gesetzliche Grundlage: *SGB VII*

Träger der gesetzlichen Unfallversicherung sind:

- Berufsgenossenschaften (Körperschaften des öffentlichen Rechts),
- Unfallkassen/Gemeindeunfallversicherungsverbände sowie
- Landwirtschaftliche Berufsgenossenschaften.

Gewerbetreibende, Selbstständige, Freiberufler werden mit der Anmeldung ihrer Tätigkeit automatisch Pflichtmitglied in der zuständigen Berufsgenossenschaft. Die Anmeldung erfolgt entweder durch die zuständige Stelle (z. B. bei Gebewerbetreibenden durch das Gewerbeamt der Stadt) oder selbst.

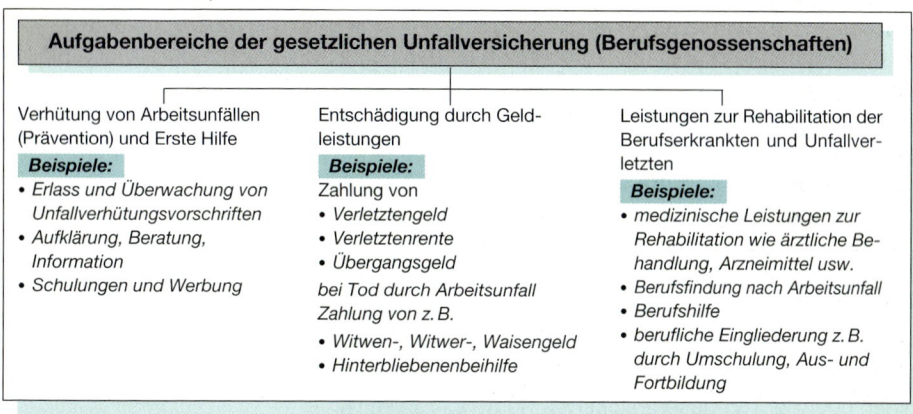

Aufgabenbereiche der gesetzlichen Unfallversicherung (Berufsgenossenschaften)

Verhütung von Arbeitsunfällen (Prävention) und Erste Hilfe	Entschädigung durch Geldleistungen	Leistungen zur Rehabilitation der Berufserkrankten und Unfallverletzten
Beispiele: • Erlass und Überwachung von Unfallverhütungsvorschriften • Aufklärung, Beratung, Information • Schulungen und Werbung	*Beispiele:* Zahlung von • Verletztengeld • Verletztenrente • Übergangsgeld *bei Tod durch Arbeitsunfall Zahlung von z. B.* • Witwen-, Witwer-, Waisengeld • Hinterbliebenenbeihilfe	*Beispiele:* • medizinische Leistungen zur Rehabilitation wie ärztliche Behandlung, Arzneimittel usw. • Berufsfindung nach Arbeitsunfall • Berufshilfe • berufliche Eingliederung z. B. durch Umschulung, Aus- und Fortbildung

Versicherte

Die gesetzliche Unfallversicherung unterscheidet zwischen Pflichtversicherten und freiwillig Versicherten.

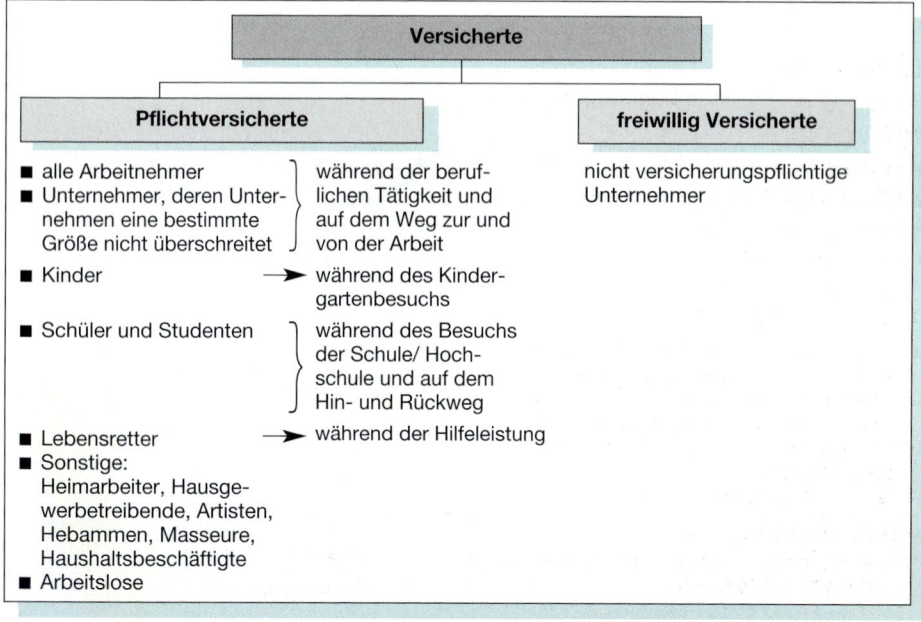

Versicherte

Pflichtversicherte		freiwillig Versicherte
■ alle Arbeitnehmer ■ Unternehmer, deren Unternehmen eine bestimmte Größe nicht überschreitet	während der beruflichen Tätigkeit und auf dem Weg zur und von der Arbeit	nicht versicherungspflichtige Unternehmer
■ Kinder	→ während des Kindergartenbesuchs	
■ Schüler und Studenten	während des Besuchs der Schule/ Hochschule und auf dem Hin- und Rückweg	
■ Lebensretter	→ während der Hilfeleistung	
■ Sonstige: Heimarbeiter, Hausgewerbetreibende, Artisten, Hebammen, Masseure, Haushaltsbeschäftigte ■ Arbeitslose		

1

Der gesetzliche Auftrag

Die Berufsgenossenschaften und die Unfallversicherungsträger der öffentlichen Hand sollen „mit allen geeigneten Mitteln"

- Arbeitsunfälle, Berufskrankheiten und arbeitsbedingte Gesundheitsgefahren verhüten,
- deren Ursachen nachgehen,
- für eine wirksame Erste Hilfe sorgen,
- die Folgen von Arbeitsunfällen und Berufskrankheiten mindern.

Maßnahmen im Bereich der Unfallverhütung

Die Unfallverhütung ist ein Schwerpunkt der Unfallversicherung. Zu diesem Zweck werden von den **Berufsgenossenschaften** (Unfallversicherungsträger) Unfallverhütungsvorschriften erlassen, die für die betroffenen Unternehmen verbindlich und den Arbeitnehmern bekannt zu geben sind. Ziel der Vorschriften ist der Schutz der Arbeitnehmer vor Unfällen und Berufskrankheiten und die ordnungsgemäße Einrichtung und Erhaltung der Betriebsstätten, Maschinen und Gerätschaften.

Die Berufsgenossenschaften überwachen die Einhaltung der Vorschriften. Bei Verstößen können hohe Bußgelder (bis 10.000,00 EUR) verhängt werden.

Maßnahmen zur Milderung und Beseitigung der Unfallfolgen

Der Unternehmer ist verpflichtet, jeden Unfall unverzüglich zu melden. In einem anschließenden Untersuchungsverfahren werden Art, Umfang und Ursache der Schädigung festgestellt. Gleichzeitig wird geklärt, ob und in welcher Form die Erwerbsfähigkeit des Versicherten wiederhergestellt werden kann bzw. in welcher Höhe bei bleibenden Unfallfolgen oder bei Tod des Versicherten Rente zu zahlen ist.

Leistungen

Leistungsansprüche entstehen durch:
- Arbeitsunfälle   ■ Wegeunfälle
- Berufskrankheiten

Der Versicherte bzw. seine Hinterbliebenen können folgende **Leistungen** erhalten:

- **Heilbehandlung**
- **Übergangsgeld** für die Dauer der unfallbedingten Arbeitsunfähigkeit, sofern der Versicherte keinen Arbeitsverdienst oder Krankengeld erhält
- **Berufshilfe** zur Wiedereingliederung in das Arbeitsleben; kann der Versicherte seine bisherige Berufstätigkeit nicht wieder aufnehmen, so werden ggf. die Ausbildungskosten für einen anderen Beruf übernommen
- **Verletztenrente**, wenn die Unfallfolgen eine Erwerbsminderung von mindestens 20 % verursachen

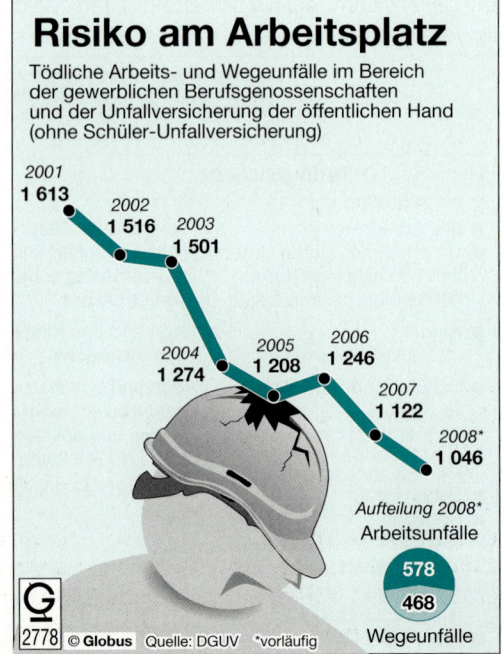

Risiko am Arbeitsplatz

Tödliche Arbeits- und Wegeunfälle im Bereich der gewerblichen Berufsgenossenschaften und der Unfallversicherung der öffentlichen Hand (ohne Schüler-Unfallversicherung)

2001 **1 613**
2002 **1 516**
2003 **1 501**
2004 **1 274**
2005 **1 208**
2006 **1 246**
2007 **1 122**
2008* **1 046**

Aufteilung 2008*
Arbeitsunfälle
578
468
Wegeunfälle

2778 © Globus Quelle: DGUV *vorläufig

- **Sterbegeld**
- **Hinterbliebenenrente**, wenn der Versicherte an den Unfallfolgen oder einer Berufs-krankheit gestorben ist (Anspruchsberechtigte sind Witwer, Witwen, Eltern und Kinder)
- **Abfindungszahlungen** anstelle von Verletztenrenten bzw. Hinterbliebenenrenten

Erweitertes Meldeverfahren

Bisher hatten alle Unternehmer nach Ablauf eines jeden Kalenderjahres den sogenannten **Lohnnachweis** an den Unfallversicherungsträger in Papierform oder online zu melden. Die Löhne und Gehälter der Beschäftigten wurden dabei je nach Art der Tätigkeit unter den verschiedenen Gefahrtarifstellen nachgewiesen.

Ab 2012 entfällt dieser Lohnnachweis. Die Daten werden aber weiterhin benötigt, deshalb wird das **DEÜV-Meldeverfahren** zwischen Arbeitgebern und Einzugsstellen seit 2009 er-weitert. Die Verpflichtung zum Übermitteln zusätzlicher Meldedaten gilt für alle Entgelt-meldungen (Unterbrechungs-, Jahres- und Abmeldungen), die für Zeiträume nach dem 31. Dezember 2008 ausgeführt werden.

Die Entgeltmeldungen werden um folgende Felder erweitert:
- die Mitgliedsnummer des Unternehmens beim zuständigen Unfallversicherungsträger,
- die Betriebsnummer des zuständigen Unfallversicherungsträgers,
- die Gefahrtarifstelle, der die Mitarbeiter zuzuordnen sind,
- die vom Mitarbeiter geleisteten Arbeitsstunden sowie
- das an den Mitarbeiter gezahlte und für die Unfallversicherung beitragspflichtige Entgelt (UV-Entgelt).

Die Beitragsüberwachung der Unfallversicherung zusammen mit der Prüfung des Ge-samtsozialversicherungsbeitrages erfolgt durch den Prüfdienst der Deutschen Rentenver-sicherung Bund. Dabei soll jede Prüfung mit
- einer einheitlichen Informationsgrundlage über den Betrieb,
- gleichen Planungsdaten für die Prüfdauer,
- einheitlichen fachlichen und inhaltlichen Informationen sowie
- gleichartiger technischer Unterstützung
durchgeführt werden.

Der Prüfdienst der Deutschen Rentenversicherung Bund stellt u. a. fest, ob das Unterneh-men die für die Berechnung der Beiträge zu berücksichtigenden Arbeitsentgelte der Beschäftigten ordnungsgemäß angegeben und den jeweiligen **Gefahrentarifstellen** rich-tig zugeordnet hat.

Damit der Mittelstand von Bürokratie entlastet wird, soll die Finanzverwaltung die Lohn-steuerprüfung mit dem Prüfdienst der Deutschen Rentenversicherung Bund abstimmen, um einheitliche Prüftermine zu vereinbaren.

Finanzierung

Die Beiträge zur Unfallversicherung werden zu 100 % vom Arbeitgeber übernommen. Berufsgenossenschaften erheben ihre Beiträge im Umlageverfahren nach dem Prinzip der nachträglichen Bedarfsdeckung, d. h. nach Ablauf eines Haushaltsjahres wird der Über-schuss der Aufwendungen über die Erträge festgestellt und die festgestellte Differenz ergibt das Umlagesoll.

Das Umlagesoll wird von der Berufsgenossenschaft auf die ihr angehörenden Unterneh-men verteilt und durch Bescheide im Nachfolgejahr eingefordert.

Die Höhe der Beiträge für das einzelne Unternehmen bestimmt sich
- aus der Gefahrenklasse des Unternehmens,
- der Summe der im abgelaufenen Jahr gezahlten Arbeitsentgelte.

1

Je nach Unfallquoten und -kosten des einzelnen Unternehmens gegenüber vergleichbaren Unternehmen können Beitragszuschläge verlangt oder Beitragsnachlässe gewährt werden.

Für die Schlusszahlung von Beiträgen zur Berufsgenossenschaften werden i. d. R. sonstige Rückstellungen in der Buchführung gebildet.

1.6.2.6   Sonstige staatliche Maßnahmen der sozialen Sicherung

Sozialhilfe

Rechtsquellen: Bundessozialhilfegesetz *(BSHG)*
Gesetz über die Grundsicherung im Alter und bei Erwerbsminderung *(GSiG) SGB X II*

Als **Sozialhilfe** erhalten

- nicht erwerbsfähige Personen **Hilfe zum Lebensunterhalt**,
- Personen, die Hilfe aufgrund einer besonderen Lebenslage benötigen. Es wird **Hilfe** geleistet
  - zur Gesundheit,
  - zur Eingliederung,
  - zur Pflege,
  - zur Überwindung besonderer sozialer Schwierigkeiten,
  - zur Bewältigung anderer Lebenslagen.
- Personen aufgrund ihres Alters und bei Erwerbsminderung. Sie erhalten eine **Grundsicherung**.

Die staatliche Sozialhilfe ist das letzte vom Staat gewährte Mittel, Notlagen eines Bedürftigen, der keine Hilfe mehr von anderen erhält, zu beheben.

Träger der Sozialhilfe	
öffentlich-örtliche Träger	Kreisfreie Städte und Landkreise
öffentlich-überörtliche Träger	Landschaftsverbände, Landeswohlfahrtsverbände
nichtstaatliche Träger	Freie Wohlfahrtsverbände in Kooperation mit den öffentlichen Trägern

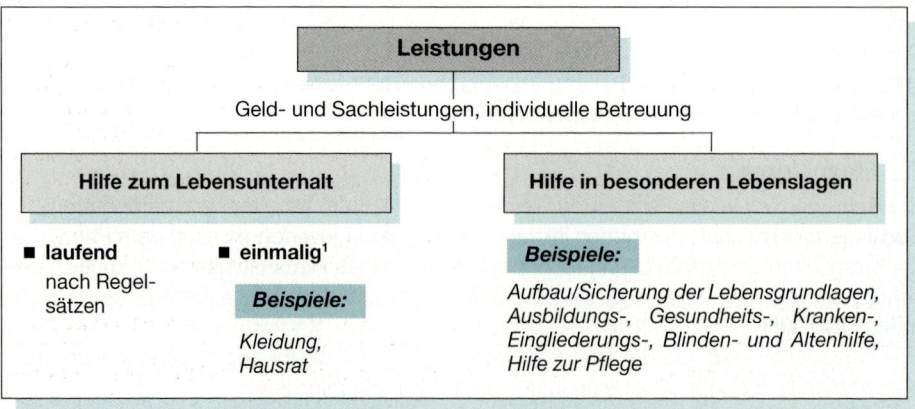

---

[1]   Seit 2005 mit integriert in den Regelsatz.

Grundsicherung

> Die Grundsicherung ist eine **eigenständige, bedürftigkeitsabhängige Sozialleistung** (Grundsicherung geht vor Sozialhilfe).

Jedem, der durch Alter oder dauerhafte Erwerbsminderung endgültig aus dem Erwerbsleben ausgeschieden ist und dessen Einkommen oder Vermögen für den notwendigen Lebensunterhalt nicht ausreichen, soll es nach dem *SGB XII, Kap. 4* durch einen menschenwürdigen Unterhalt ermöglicht werden, keine Sozialhilfe beantragen zu müssen.

Anspruch auf Grundsicherung besteht immer dann, wenn die Rente bzw. das Gesamteinkommen einen nach der Sozialhilfe berechneten Leistungsanspruch (Regelsatz, angemessene Aufwendungen für Heizung und Unterkunft, Mehrbedarf, Kranken- und Pflegeversicherungsbeiträge) nicht übersteigt. Die Leistungen der Grundsicherung beginnen mit der Antragstellung und sind steuerfrei. Eigene Einkommen- und Vermögensbestandteile (außer geringes Barvermögen, Hausrat, angemessenes Grundstück mit Haus) werden angerechnet.

Jährliche Einkommensgrößen von Kindern und Eltern des Bedürftigen über 100.000,00 EUR verhindern einen Anspruch auf Grundsicherung *(§ 16 SGB IV)*.

Kindergeld

Das **Kindergeld** soll als familienpolitische Maßnahme für das Kind eine gewisse Grundversorgung gewährleisten. Es ist keine Sozialleistung, sondern eine steuerliche Ausgleichszahlung, die unabhängig vom Einkommen der Eltern je Monat gezahlt wird.

Kinder	<ul><li>Kinder ab Geburt bis zum vollendeten 18. Lebensjahr.</li><li>Kinder über 18 Jahre bis zum vollendeten 25. Lebensjahr, wenn sie in einer Berufsausbildung für einen Beruf sind.</li><li>Kinder über 18 Jahre ohne Ausbildungsplatz und ohne berufsqualifizierenden Abschluss bis zur Vollendung des 25. Lebensjahres.</li><li>Kinder ohne Arbeitsplatz bis zur Vollendung des 21. Lebensjahres.</li><li>Für behinderte Kinder kann Kindergeld über das 25. Lebensjahr des Kindes hinaus unter bestimmten Voraussetzungen bezogen werden. ***Beispiel:*** *Kind kann seinen Lebensbedarf nicht selbst decken.*</li><li>Kinder während der Ableistung eines so genannten Freiwilligen Dienstes.</li></ul>
Antrag	Der Antrag auf Kindergeld muss schriftlich bei der zuständigen Familienkasse der Bundesagentur für Arbeit am Wohnsitz gestellt werden. Für Angehörige des Öffentlichen Dienstes sind die Besoldungsstellen und für Empfänger von Versorgungsbezügen ist die Familienkasse zuständig, die mit der Festsetzung der Bezüge befasst ist.
Kindergeld	Es ist nach der Zahl der Kinder gestaffelt und beträgt nach *§ 66 Abs. 1 EStG*: 1. Kind 184,00 EUR 2. Kind 184,00 EUR 3. Kind 190,00 EUR jedes weitere Kind 215,00 EUR Überschreiten die Einkünfte und Bezüge des Kindes den maßgeblichen Grenzbetrag von 8.004,00 EUR im Kalenderjahr, besteht für das gesamte Kalenderjahr kein Kindergeldanspruch.
Pflichten	Wenn Kindergeld beantragt wurde, besteht nach *§ 68 Abs.1 EStG* die Pflicht, unverzüglich alle Änderungen in den persönlichen Verhältnissen der Familienkasse mitzuteilen.
Rechtsbehelfe	▪ Einspruch bei der Familienkasse ▪ Klageerhebung beim Finanzgericht

Ab 2010 betragen die kinderbedingten Freibeträge insgesamt 7.008,00 EUR (Kinderfreibetrag 2.244,00 EUR + Freibetrag für Betreuungs- und Erziehungs- oder Ausbildungsbedarf 1.260,00 EUR je Elternteil). Der Kinderfreibetrag hat Einfluss auf die Höhe der Kirchensteuer und des Solidaritätszuschlages.

1

■ Wohngeld

Rechtsgrundlagen: *Wohngeldgesetz, SGB II (ALG II)*

Wohngeld soll einkommensschwachen Mietern und Eigentümern von selbst genutzten Eigenheimen oder Eigentumswohnungen helfen, die angemessenen Wohnkosten zu tragen. Es muss bei der örtlichen Wohngeldstelle schriftlich beantragt werden.

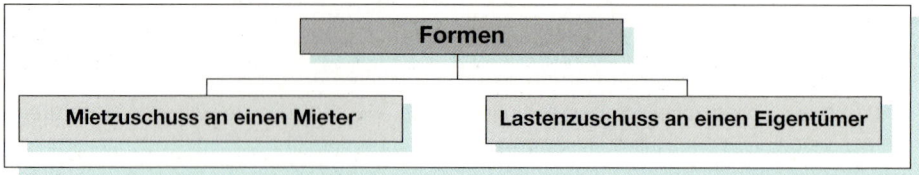

■ Ausbildungsförderung

Ausbildungsförderung wird nach *§ 2 Bundesausbildungsförderungsgesetz (BAföG)* geleistet für den Besuch von

■ weiterführenden allgemeinbildenden Schulen ab Klasse 10 (z. B. *Haupt-, Real- und Gesamtschulen, Gymnasien*),

■ Berufsfachschulen, einschließlich der Klassen aller Formen der beruflichen Grundbildung ab Klasse 10 (z. B. *Berufsvorbereitungsjahr*); die Förderungsfähigkeit setzt gemäß *§ 2 Abs. 1 Nr. 2 BAföG* voraus, dass in einem zumindest zweijährigen Bildungsgang ein berufsqualifizierender Abschluss erreicht wird,

■ Fach- und Fachoberschulklassen, deren Besuch eine abgeschlossene Berufsausbildung nicht voraussetzt,

■ Berufsfachschulklassen und Fachschulklassen, deren Besuch eine abgeschlossene Berufsausbildung nicht voraussetzt, sofern sie in einem zumindest zweijährigen Bildungsgang einen berufsqualifizierenden Abschluss vermitteln,

■ Fach- und Fachoberschulklassen, deren Besuch eine abgeschlossene Berufsausbildung voraussetzt,

■ Abendhauptschulen, Berufsaufbauschulen, Abendrealschulen, Abendgymnasien und Kollegs,

■ Höheren Fachschulen und Akademien,

■ Hochschulen.

Betriebliche oder überbetriebliche Ausbildungen – sogenannte Ausbildungen im dualen System – können nach dem *BAföG* nicht gefördert werden; dies gilt auch für den Besuch der Berufsschule.

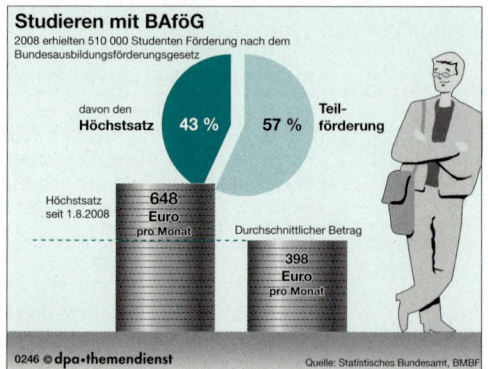

1.6.2.7　Altersvorsorge nach dem Altersvermögensgesetz *(AVmG)*

Das gesetzliche Rentensystem funktioniert nach dem Umlagesystem auf der Grundlage des Generationenvertrages. Die Erwerbstätigen bezahlen mit ihren Beiträgen weitestgehend die Renten der Rentner.

Die **gesamte Altersvorsorge** sollte neben der gesetzlichen Rentenversicherung auch die **private und betriebliche Altersvorsorge** umfassen.

Private Altersvorsorge

Zur Sicherung des Lebensstandards im Alter fördert der Staat eine stärkere eigenständige Altersvorsorge nach dem sogenannten Drei-Schichten Modell (Basisversorgung, staatlich geförderte Zusatzversorgung, private Kapitalanlage).[1]

Die private Vorsorge baut sich nach dem Prinzip der Kapitaldeckung auf, d.h. die Versicherten zahlen Beiträge ein und erhalten im Alter diese angesparten Kapitalerträge (vermehrt um Zinsen und vermindert um Verwaltungsaufwendungen) als Rente ausgezahlt. Die Bundesanstalt für Finanzdienstleistungsaufsicht **(BaFin)** kontrolliert und zertifiziert, ob die am Markt angebotenen Produkte den gesetzlichen Vorgaben entsprechen.

Die **Basis-Rente** (auch „Rürup-Rente" genannt) ist eine steuerlich geförderte Altersvorsorge einer freiwilligen, privaten kapitalgedeckten Lebensversicherung. Die Basis-Rente ist insbesondere für Freiberufler und Selbstständige interessant, die in der Regel nicht in die gesetzliche Rentenversicherung einzahlen. Die Beiträge zum Aufbau einer Basis-Rente sind im Rahmen der gesetzlichen Höchstbeträge als Sonderausgaben absetzbar, wenn

- der Versicherungsvertrag nur die Zahlung einer monatlichen lebenslangen Leibrente vorsieht,
- die Rente erst nach Vollendung des 60. Lebensjahres beginnt,
- die Ansprüche aus dem Versicherungsvertrag weder vererbt, beliehen, veräußert noch kapitalisiert werden können.

Steuerlich begünstigte Vertragstypen sind insbesondere:

- Banksparpläne
- Investmentfonds-Sparpläne
- Private Rentenversicherungsverträge

Zu den Altersvorsorgebeiträgen gehören auch die aus dem individuell versteuerten Arbeitslohn des Arbeitnehmers oder eines Rentners, der eine Erwerbsminderungsrente bezieht, geleisteten Beiträge aus einem Pensionsfonds, einer Pensionskasse oder einer Direkt-Versicherung (**„Riester-Rente"**).

Nach *§ 82 Abs. 4 AVmG* scheiden solche Aufwendungen aus der zusätzlichen Förderung aus, wenn für die Aufwendungen

- eine Arbeitnehmersparzulage nach dem *5. VermBG* gewährt wird oder
- eine Wohnungsbauprämie gezahlt wird oder
- ein Sonderausgabeabzug nach *§ 10 EStG* möglich ist.

Private Altersvorsorge				
Ledige Person, kein Kind.	**Jahresbruttolohn**	**15.000,00 EUR**	**25.000,00 EUR**	**50.000,00 EUR**
	Eigenleistung[2] = (Sparleistung – Staatszuschuss)	446,00 EUR	846,00 EUR	1.846,00 EUR
	Staatszuschuss:[3, 4] ■ Grundzulage ■ Kinderzulage	154,00 EUR	154,00 EUR	154,00 EUR
	Gesamte Sparleistung (maximal 4 % des rentenversicherungspflichtigen Arbeitseinkommens im Vorjahr, maximal 2.100,00 EUR)	600,00 EUR	1.000,00 EUR	2.000,00 EUR

---

[1] Vgl. Seite 79
[2] Mindestens 60,00 EUR
[3] einmalig für junge Leute bis 25 Jahre tzsätzlich 200,00 EUR
[4] evtl. Sonderausgabenabzug

Private Altersvorsorge			
Ledige Person, ein Kind, geb. 09.09.2009.	**Jahresbruttolohn**	**15.000,00 EUR**	**25.000,00 EUR**	**50.000,00 EUR**
	Eigenleistung = (Sparleistung – Staatszuschuss)	146,00 EUR	446,00 EUR	1.446,00 EUR
	Staatszuschuss:[1,2] ■ Grundzulage ■ Kinderzulage[3]	154,00 EUR 300,00 EUR	154,00 EUR 300,00 EUR	154,00 EUR 300,00 EUR
	Gesamte Sparleistung (maximal 4 % des rentenversicherungspflichtigen Arbeitseinkommens im Vorjahr, maximal 2.100,00 EUR)	600,00 EUR	1.000,00 EUR	2.000,00 EUR
Verheiratet, ■ **1. Kind, geb. 01.01.2007,** ■ **2. Kind, geb. 02.02.2010, ein Ehepartner arbeitet.**	**Jahresbruttolohn**	**15.000,00 EUR**	**25.000,00 EUR**	**50.000,00 EUR**
	Eigenleistung = (Sparleistung – Staatszuschuss)	167,00 EUR	361,00 EUR	1.361,00 EUR
	Staatszuschuss: ■ Grundzulage ■ Kinderzulage 1. Kind ■ Kinderzulage 2. Kind	154,00 EUR 185,00 EUR 300,00 EUR	154,00 EUR 185,00 EUR 300,00 EUR	154,00 EUR 185,00 EUR 300,00 EUR
	Gesamte Sparleistung (maximal 4 % des rentenversicherungspflichtigen Arbeitseinkommens im Vorjahr, maximal 2.100,00 EUR)	800,00 EUR	1.000,00 EUR	2.000,00 EUR
Verheiratet, ein Kind, geb. 10.10.2010, beide Ehepartner arbeiten.	**Jahresbruttolohn**	**15.000,00 EUR**	**25.000,00 EUR**	**50.000,00 EUR**
	Eigenleistung = (Sparleistung – Staatszuschuss)	592,00 EUR	992,00 EUR	1.392,00 EUR
	Staatszuschuss: ■ Grundzulage 1. Partner ■ Grundzulage 2. Partner ■ Kinderzulage	154,00 EUR 154,00 EUR 300,00 EUR	154,00 EUR 154,00 EUR 300,00 EUR	154,00 EUR 154,00 EUR 300,00 EUR
	Gesamte Sparleistung (maximal 4 % des rentenversicherungspflichtigen Arbeitseinkommens im Vorjahr, maximal 2.100,00 EUR)	1.200,00 EUR	1.600,00 EUR	2.000,00 EUR

Betriebliche Altersvorsorge nach dem Betriebsrentengesetz *(BetrAVG)*

Man spricht von betrieblicher Altersversorgung *(§ 1 BetrAVG)*, wenn der Arbeitgeber Arbeitnehmern aufgrund eines Arbeitsverhältnisses Versorgungsleistungen bei Alter, Invalidität oder Tod zusagt. Die Finanzierung kann durch den Arbeitgeber und/oder den Arbeitnehmer **(Entgeltumwandlung)** erfolgen.

Für die Abwicklung stehen mehrere Möglichkeiten zur Verfügung:

■ Direktversicherung, berufsständische Versorgungswerke, öffentliche rechtliche Versorgungswerke *(§ 3 Nr. 62 EStG)*,

■ Pensionsfonds, Pensionskassen und Direktversicherungen *(§ 3 Nr. 63 EStG)*,

■ Unterstützungskassen *(§ 4d EStG)*,

---

[1] Einmalig für junge Leute, die bei Vertragsabschluss nicht älter als 25 Jahre sind, zusätzlich 200,00 EUR.

[2] evtl. Sonderausgabenabzug

[3] Die Kinderzulage: ■ für jedes Kind, das vor 2008 geboren wurde: 185,00 EUR, ■ für Kinder, die **ab dem Jahr 2008** geboren wurden: 300,00 EUR.

1

- Pensionsfonds *(§ 4e EStG)*,
- Direktzusagen *(§ 6a EStG)*,
- bestimmte Pensionsfonds, Pensionskassen und Direktversicherungen *(§ 10a EStG)*,
- Pensionskassen *(§ 40b EStG)*

In diesem Zusammenhang sind neben den finanziellen und verwaltungsmäßigen Belastungen der einzelnen Durchführungswege auch deren steuer- und sozialversicherungsrechtliche Behandlung von Bedeutung.

Begünstigte Arbeitnehmer sind alle Arbeitnehmer in einem abhängigen Beschäftigungsverhältnis, Versicherte während einer anzurechnenden Kindererziehungszeit bis 3 Jahre, Wehr- und Zivildienstleistende, geringfügig Beschäftigte (soweit sie auf die Rentenversicherungsfreiheit verzichtet haben), Bezieher von Lohnersatzleistungen *(z. B. Kranken- und Arbeitslosengeldbezieher)* sowie rentenversicherungspflichtige Selbstständige.

Die Einzahlungen erfolgen auf der Grundlage eines betrieblichen **Altersvorsorgevertrages** *(§§ 10a Abs. 1, 82 EStG)*, der vom Bundesbeaufsichtigungsamt für das Versicherungswesen nach dem **Altersvorsorgeverträge-Zertifizierungsgesetz** genehmigt ist. Die Verträge müssen folgende **Bedingungen** erfüllen:
- während der Ansparphase sind laufend Beiträge zu leisten,
- die Auszahlung erfolgt nicht vor Erreichen des 60. Lebensjahres oder vor Beginn einer verminderten Rente,
- für das eingezahlte Kapital ist eine Einlagensicherung vorgesehen,
- der Anbieter des Altersvorsorgevertrages muss mit Vertragsbeginn zusichern, dass
  - zu Beginn der Auszahlungsphase mindestens die eingezahlten Beiträge vorhanden sind,
  - die Auszahlung bis zur Vollendung des 85. Lebensjahres in Form einer gleich bleibenden oder steigenden monatlichen Leistung erbracht werden kann,
  - zu Beginn der Auszahlungsphase ein Teil des Kapitals in eine Rentenversicherung eingezahlt wird, damit nach dem 85. Lebensjahr eine lebenslange Rente gezahlt wird.
- der Altersvorsorgevertrag muss die Möglichkeit bieten,
  - den Vertrag ruhen zu lassen oder
  - mit einer Frist von 3 Monaten zum Ende des Kalenderjahres zu kündigen, um das bisher gebildete Kapital auf einen anderen Altersvorsorgevertrag eines anderen Anbieters zu übertragen,
- die Abtretung oder Übertragung von Forderungen oder Eigentumsrechten aus dem Altersvorsorgevertrag an Dritte muss ausgeschlossen sein.

Der zertifizierte Altersvorsorgevertrag berechtigt zu einer **Altersvorsorgezulage** (Grund- und Kinderzulage) oder zum Abzug der Sparleistung als **Sonderausgabe** von der Einkommensteuer, wenn die Beiträge zur Altersvorsorge aus dem versteuerten Arbeitslohn des Arbeitnehmers geleistet werden *(§§ 10a, 79–99 EStG)*. Im Rahmen der Einkommensteuerveranlagung ist zu prüfen, welcher Weg für den Steuerpflichtigen günstiger ist. Die gewährten Zulagen werden dabei als eigene Zahlungen angesetzt. Belässt der Arbeitgeber die Altersversorgungsbeträge steuer- und sozialversicherungsfrei (echte Entgeltumwandlung oder Zuzahlung), entfällt zunächst der Anspruch auf Zulage bzw. Sonderausgabenabzug. Stellt der Arbeitnehmer dennoch einen Antrag auf Zulage bzw. Sonderausgabenabzug, weil dadurch die Förderung höher ist, wird eine Nacherhebung von Lohnsteuer und Sozialversicherung vorgenommen.

Eine betriebliche Altersvorsorge eignet sich für Arbeiter, Angestellte, Geschäftsführer, Vorstände; sie gilt nicht für Beamte, Selbstständige und Freiberufler.

Bei der betrieblichen Altersversorgung (bAV) gilt zu beachten:
- der Arbeitgeber übernimmt für seine Mitarbeiter die Zahlung der Beiträge in Versorgungseinrichtungen, aus denen die Mitarbeiter/Hinterbliebenen später eine Rente erhalten,
- Teile des Bruttolohnes des Mitarbeiters werden in Vorsorgebeiträge umgewandelt.

1

Übersicht:	betriebliche Altersversorgung					
	Kurzbe-schreibung	Personen	Anlageform	Höchst-grenze	Steuerliche Behandlung	Sozialver-sicherung
Pensions-fonds	Dies ist eine rechtlich selbstständige Einrichtung, die Beiträge am Kapital-markt anlegt, um aus den Erträgen Versorgungs-leistungen zu erbringen.	– Arbeitnehmer – geringfügig Beschäftigte – Geschäfts-führer – Vorstände	– Rentenver-sicherung – Fonds	4 % der BBG[1] der gesetzl. RV zuzüglich 1.800,00 EUR	Steuerfreie Einzahlung bis 4 % der BBG[1] Auszahlung ist steuerpflichtig als „sonstige Einkünfte" (§ 22 Nr. 5 EStG)	abgabenfrei nach § 2 Abs. 2 Nr. 5 ArEV[2]
Pensions-kasse (PK)	Die Pensions-kasse bietet gegen arbeit-nehmer- oder arbeitgeberfi-nanzierten Bei-trägen Versorgungs-leistungen.	– Arbeitnehmer – geringfügig Beschäftigte – Geschäfts-führer – Vorstände	– klassische Rente – fondsgebun-dene Rente	4 % der BBG[1] der gesetzl. RV zuzüglich 1.800,00 EUR	Steuerfreie Einzahlung bis 4 % der BBG[1] Auszahlung ist steuerpflichtig als „sonstige Einkünfte" (§ 22 Nr. 5 EStG)	abgabenfrei nach § 2 Abs. 2 Nr. 5 ArEV
Direktver-sicherung (DV)	AG schließt als Versicherungs-nehmer auf das Leben des AN eine Versi-cherung ab.	– Arbeitnehmer – geringfügig Beschäftigte – Geschäfts-führer – Vorstände	– klassische Rente – fondsgebun-dene Rente	4 % der BBG[1] der gesetzl. RV zuzüglich 1.800,00 EUR	Steuerfreie Einzahlung bis 4 % der BBG[1] Auszahlung ist steuerpflichtig als „sonstige Einkünfte" (§ 22 Nr. 5 EStG)	abgabenfrei nach § 2 Abs. 2 Nr. 5 ArEV
Direktzusage	Der AG macht dem AN eine Versorgungs-zusage. Die Zusage löst keinen Lohn-zufluss aus.	– Arbeitnehmer – geringfügig Beschäftigte – Geschäfts-führer – Vorstände	– Betriebsrente, Kapital-abfindung	keine Höchst-grenze	– bei Gehalts-umwandlung steuerfrei bis 4 % der BBG[1] – Auszahlung ist steuer-pflichtig nach § 19 EStG (Versor-gungs-bezüge)	bei Finanzierung durch AN/AG abgabenfrei: aber Beitrags-pflicht in der KV/PV
Unterstüt-zungskasse (UK)	Der Arbeitge-ber wird Mit-glied der UK und führt für AN Beiträge an die UK ab, aus denen Versorgungs-leistungen ge-zahlt werden.	– Arbeitnehmer – geringfügig Beschäftigte – Geschäfts-führer – Vorstände	Rentenzahlun-gen, Kapital-abfindung	– 88 % der Leistungs-empfänger max. Alters-rente 27.769 EUR, max. Witwenrente 17.179 EUR – restliche Leis-tungsempfän-ger höhere Renten	– bei Gehalts-umwandlung steuerfrei bis 4 % der BBG[1] – Auszahlung ist steuer-pflichtig nach § 19 EStG (Versor-gungs-bezüge)	bei Finanzierung durch AN/AG abgabenfrei: aber Beitrags-pflicht in der KV/PV

Während des Erwerbslebens kann der sogenannte Vorsorgeaufwand steuermindernd mit dem Finanzamt abgerechnet werden. In der späteren Leistungsphase, also während des Ruhestands, wird die Rente zum Ausgleich nachhaltiger besteuert als zuvor.

Direktversicherung, Pensionskasse, Unterstützungskasse und Pensionsfonds werden nicht in der Unternehmensbilanz berücksichtigt. Die Direktzusage führt zur Bildung von Pensionsrückstellungen.

---

[1] BBG = Beitragsbemessungsgrenze
[2] ArEV = Arbeitsentgeltverordnung

Bei Insolvenz des Arbeitgebers

- kann bei betrieblicher Altersversorgung in Form der Direktversicherung oder Pensions-kasse der Arbeitnehmer die Versicherung privat weiterführen,
- erfolgt bei betrieblicher Altersversorgung in Form der Unterstützungskasse, der Direktzu-sage und des Pensionsfonds eine Absicherung über den Pensionsversicherungsverein.

1.6.3   Risiken im Netz der sozialen Sicherheit

Alle sozialen Leistungen des Staa-tes zusammen bilden das **„Netz der sozialen Sicherheit"**.

Zunehmend wird diskutiert, ob das System der sozialen Siche-rung hinreichend an die wirt-schaftlichen und gesellschaftlichen Veränderungen anpassungsfähig ist und ob die Übersichtlichkeit des Systems noch gegeben ist.

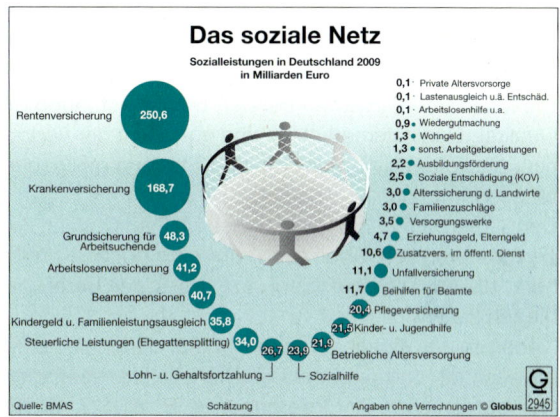

Abhängigkeit der Sozialleistungen von veränderten Wachstumsbedingungen	
Ursachen	Verlangsamtes wirtschaftliches Wachstum führt zu geringerem Zuwachs bei den Arbeitsentgelten, Einkommenseinbußen, erhöhter Arbeitslosigkeit und damit zur Verringerung der Beiträge und Einnahmen der Träger der sozialen Einrichtungen unter gleichzeitiger Zunahme der Sozialausgaben an die Leis-tungsempfänger
Maßnahmen	■ Überprüfung der sozialen Leistungen ■ Absicherung einer notwendigen Grundversorgung ■ Förderung der privaten Altersvorsorge ■ Ausweitung des Beitragspotenzials ■ Einschränkung der Sozialausgaben

Obwohl von einer ausgezeichneten wirtschaftlichen Entwicklung seit dem 2. Weltkrieg für die Bundesrepublik Deutschland gesprochen werden kann, ist die Beschäftigungspolitik nicht immer in der Lage, Arbeitslo-sigkeit und ihre Folgen zu verhin-dern.

Betroffen von den veränderten Ar-beitsmarktbedingungen sind insbe-sondere die Arbeitnehmer mit keinen oder geringen Ausbildungsqualifika-tionen, gesundheitlichen Einschrän-kungen und ältere Arbeitnehmer.

Der Sozialpolitik obliegt dabei die Aufgabe, abgestimmt auf die jewei-lige Situation, die **Defizite der Be-schäftigungspolitik** auszugleichen.

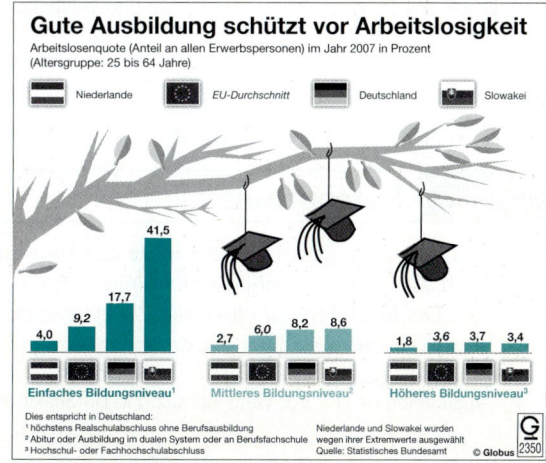

1

1.7   Datenschutz und Datensicherheit[1]

Kaum eine andere Berufsgruppe verfügt über so detaillierte und umfassende Informationen über die wirtschaftlichen und persönlichen Verhältnisse von natürlichen und juristischen Personen wie die des steuerberatenden Berufsstandes. Aufgrund des außergewöhnlich stark ausgeprägten Vertrauensverhältnisses zwischen Steuerberater und Mandant sowie aus berufständischen und gesetzlichen Anforderungen heraus ist in der Steuerberatungskanzlei eine besonders hohe Sensibilität im Umgang mit Daten erforderlich.

Die einzelnen Geschäftsabläufe in der Steuerberatungskanzlei sind durch den intensiven Einsatz von Systemen der Informationstechnik geprägt. Hard- und Software sind unverzichtbare Hilfsmittel für den Steuerberater und seine Mitarbeiter.

Die Mandanten erwarten bei den Dienstleistungen des Steuerberaters ein hohes Maß an Qualität. Qualitätsmerkmale sind vor allem der vertrauliche Umgang mit ihren Informationen, die korrekte Abwicklung ihrer Steuerangelegenheiten sowie die pünktliche Dienstleistungserbringung.

Der Steuerberater muss ein hohes Maß an Qualität zum einen aus berufsrechtlichen Gründen sicherstellen, aber auch, um eine hohe „Kundenzufriedenheit" bei den Mandanten herzustellen. Dies hat die Folge, dass der Berater diese Mandanten langfristig an sich binden kann.

Neben seinen eigenen Interessen und denen seiner Mandantschaft muss der Steuerberater auch die ordnungsmäßige Dienstleistungserbringung gewährleisten. Dies ergibt sich aus gesetzlichen Anforderungen *(z. B. BDSG, StGB, StBerG, HGB)*, den Berufsgrundsätzen, den GoB und den GoBS.

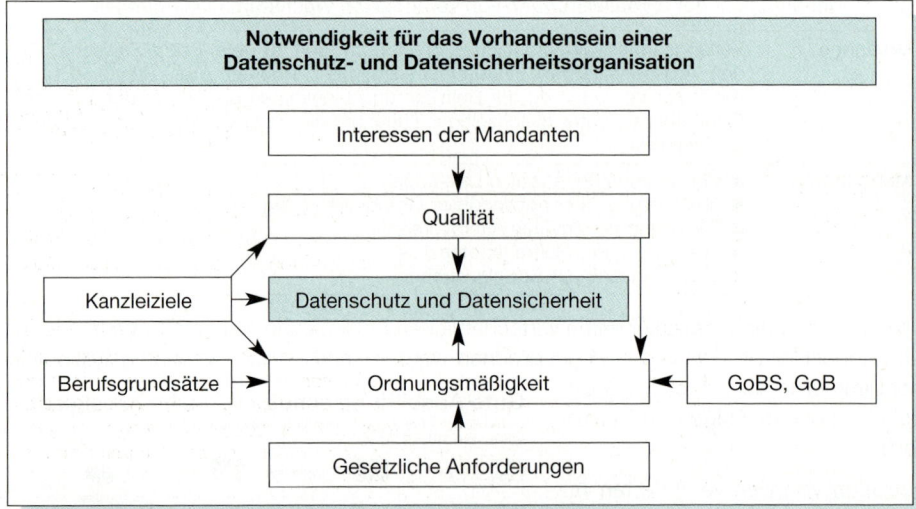

1.7.1   Datenschutz

Datenschutz ist der **gesetzliche Schutz des Persönlichkeitsrechts** und zielt damit ausschließlich auf Informationen, die sich unmittelbar oder mittelbar auf natürliche Personen beziehen. Dabei stehen vor allem die Zulässigkeit der Erhebung, Verarbeitung und Nutzung sowie die Vertraulichkeit der personenbezogenen Daten im Vordergrund.

---

[1]   Vgl. ausführlich DATEV eG: Datenschutz und Datensicherheit in der Kanzlei.

Gesetzliche Grundlagen des Datenschutzes

1

Grundgesetz *(Art. 1 und 2 GG)*	EU-Datenschutzrichtlinie
Bundesdatenschutzgesetz *(BDSG)*	
Landesdatenschutzgesetze	

Telekommunikationsgesetz	Teledienstdatenschutzgesetz	Betriebsverfassungsgesetz

Prinzipien des Datenschutzes

Während sich das für den steuerberatenden Berufsstand geltende Standesrecht vornehmlich auf den vertraulichen Umgang mit Informationen der Mandanten bezieht, sind im *BDSG,* den Vorgaben des Bundesverfassungsgerichts *(BVG)* zur restriktiven und unter Gesetzesvorbehalt stehenden Datenverarbeitung folgend, die **Grundprinzipien des Datenschutzes** umgesetzt:

Prinzip	Erläuterung
■ **Verbotsprinzip**	Der Umgang mit personenbezogenen Daten ist danach zunächst grundsätzlich immer verboten. Er ist nur dann erlaubt, wenn sich eine Befugnis hierzu aus ■ speziellen Regelungen zur Datenverarbeitung außerhalb des *BDSG,* ■ dem als Auffanggesetz konzipierten *BDSG* selbst, ■ der Einwilligung des Betroffenen ergibt.
■ **Zweckbindung**	Der Steuerberater darf die Angaben seines Mandanten grundsätzlich nur zur Erfüllung seines Mandats *(z. B. zur Erstellung der Einkommensteuererklärung)* und den hiermit unmittelbar in Zusammenhang stehenden Tätigkeiten verarbeiten. Die Zweckbindung gilt auch für Daten, die durch eine Übermittlung erlangt wurden.
■ **Erforderlich-keitsprinzip**	Die Datenerhebung, -verarbeitung und -nutzung ist auf den für die Zweckbestimmung des Erlaubnisrahmens erforderlichen Umfang zu beschränken. Hieraus ergibt sich, dass nicht alle Informationen, die man über einen Mandanten erlangt, auch gespeichert werden dürfen. Sie sind auf das zur Mandatserfüllung erforderliche Maß zu beschränken. **Beispiel:** *Erfährt der StB während des Gesprächs mit seinem Mandanten, dass er seinen nächsten Urlaub auf Kreta verbringen möchte, mag dies für ihn interessant sein. Er will schließlich seinen nächsten Urlaub auch dort verbringen und ist an entsprechenden Urlaubstipps interessiert. Dies hat jedoch nichts mit dem übernommenen Mandat zu tun und darf daher nicht mit den Angaben zur Einkommensteuererklärung gespeichert werden.*
■ **Verhältnis-mäßigkeits-prinzip**	Der mit der Verarbeitung personenbezogener Daten verbundene Eingriff in das Persönlichkeitsrecht des Einzelnen gebietet eine fallweise Abwägung der widerstreitenden Grundrechte auf informationelle Selbstbestimmung und auf Informationsfreiheit. **Beispiel:** *Der Versand von Mandantenrundschreiben mit allgemeinen Informationen stellt eine Nutzung der Adressdaten dar, die nicht zur Erfüllung des Mandatsverhältnisses erforderlich ist. Der eindeutig geäußerte Wille des Mandanten, keine Mandantenrundbriefe zu erhalten, würde hier zu einer Abwägung gegen die Nutzung führen.*

1

Prinzip	Erläuterung
■ **Technischer und organisatorischer Schutz**	Der Kanzleiinhaber (Normadressat) hat Vorkehrungen zu treffen, dass durch technische und organisatorische Maßnahmen die Rechte der Betroffenen hinreichend geschützt werden. Er hat durch entsprechende Maßnahmen und Maßgaben die konkrete Umsetzung durch die einzelnen Mitarbeiter zu bewirken. Soweit er einen betrieblichen **Datenschutzbeauftragten** zu bestellen hat, hat dieser ihn durch Ausübung der ihm zugewiesenen Aufgaben zu unterstützen. Da dem betrieblichen Datenschutzbeauftragten jedoch eigene Kompetenzen fehlen, ändert sich an der Verantwortlichkeit nichts.

1.7.1.1   Ziel des Datenschutzes

Jede Verarbeitung personenbezogener Daten tangiert Persönlichkeitsrechte des Betroffenen, d. h. kollidiert ggf. mit dem jedem Einzelnen verfassungsrechtlich verbürgten Recht auf **informationelle Selbstbestimmung**.

Danach gilt folgende Aussage des Bundesverfassungsgerichts *(BVG)*:

> „Wer nicht mit hinreichender Sicherheit überschauen kann, welche ihn betreffenden Informationen in bestimmten Bereichen seiner sozialen Umwelt bekannt sind, und wer das Wissen möglicher Kommunikationspartner nicht einigermaßen abzuschätzen vermag, kann in seiner Freiheit wesentlich gehemmt werden, aus eigener Selbstbestimmung zu planen oder zu entscheiden. Mit dem Recht auf informationelle Selbstbestimmung wären eine Gesellschaftsordnung und eine diese ermöglichende Rechtsordnung nicht vereinbar, in der Bürger nicht mehr wissen können, wer was wann bei welcher Gelegenheit über sie weiß ...“

Das Bundesdatenschutzgesetz *(BDSG)* realisiert den Schutz des Einzelnen, indem es den Umgang mit personenbezogenen Daten in drei Stufen – Erhebung, Verarbeitung und Nutzung – regelt.

Die Stufe der **Verarbeitung** betrifft den eigentlichen Umgang mit personenbezogenen Daten in der betrieblichen Praxis.

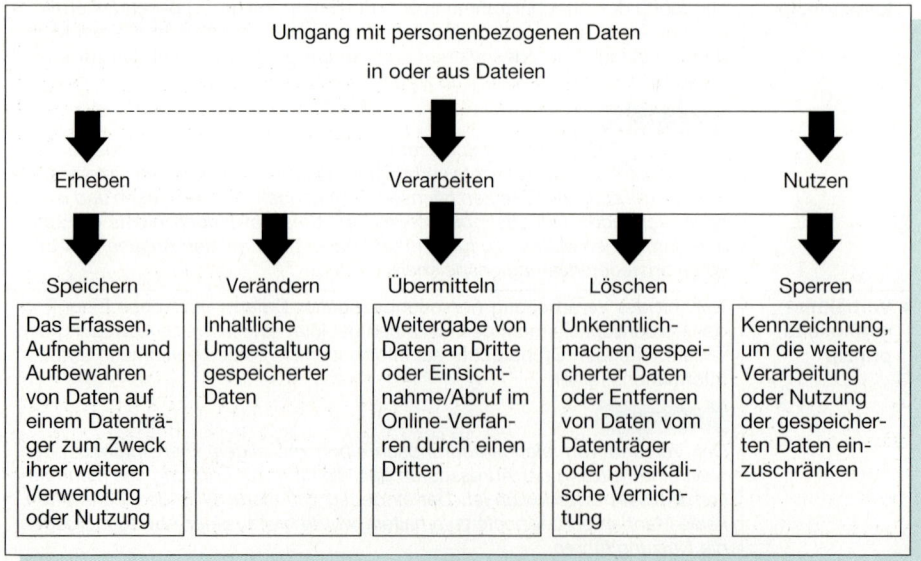

1.7.1.2 Bundesdatenschutzgesetz *(BDSG)*

■ Grundregeln des *BDSG*

- Die Verarbeitung von Daten ist zulässig, wenn der Betroffene zustimmt oder eine Rechtsvorschrift sie gestattet.
- Das Speichern von Daten muss grundsätzlich mitgeteilt werden.
- Dem Betroffenen muss grundsätzlich Auskunft erteilt werden über seine Daten, den Zweck der Speicherung, und mitgeteilt werden, an wen die Daten regelmäßig weitergegeben werden.
- Unrichtige Daten sind zu berichtigen. Überflüssige, unzulässige und bestrittene Daten sind zu löschen oder zu sperren.
- Die Daten sind vor Missbrauch zu schützen (sichern).
- Die Einhaltung des Datenschutzes ist durch interne Kontrollinstanzen – neben den externen – zu überwachen.

■ Aufbau und Gliederung des *BDSG*

Abschnitte	*BDSG*	Inhalte
I.	§§ 1–11	Hier finden sich u. a. Zweck und Anwendungsbereich des Gesetzes, Begriffsbestimmungen, das Prinzip der Datenvermeidung und Datensparsamkeit, allgemeine Regelungen zur Zulässigkeit der Datenerhebung, -verarbeitung und -nutzung, Regelungen zur Übermittlung personenbezogener Daten ins Ausland, Bestimmungen des Beauftragten für den Datenschutz, die zu ergreifenden technischen und organisatorischen Maßnahmen sowie Regelungen zur Videoüberwachung, zu mobilen Speicher- und Verarbeitungsmedien (Chipkarten) und zur Auftragsdatenverarbeitung.
II.	§§ 12–26	Dieser Abschnitt regelt die Zulässigkeitsvoraussetzungen und die Rechte der Betroffenen für den öffentlichen Bereich auf Bundesebene und die Funktion des Bundesbeauftragten für den Datenschutz.
III.	§§ 27–38a	Zunächst werden die Zulässigkeitsvoraussetzungen und die Rechte der Betroffenen geregelt, anschließend folgen Bestimmungen zur Datenschutzkontrolle, und zwar im Hinblick auf die nach Landesrecht zuständigen Aufsichtsbehörden.
IV.	§§ 29–42a	Hier werden Sondervorschriften behandelt, z. B. Berufs- und Amtsgeheimnis, Datenverarbeitung durch Forschungseinrichtungen, Verarbeitung personenbezogener Daten durch Medien, Datenschutzbeauftragte bei Rundfunkanstalten.
V.	§§ 43–44	In diesem Abschnitt stehen die Bußgeld- und Strafvorschriften.

Die Bestimmungen des *BDSG* kommen zunächst dann nicht zur Anwendung, wenn andere Vorschriften des Bundes die Verarbeitung personenbezogener Daten inklusive deren Veröffentlichung bereits regeln *(§ 1 Abs. 4 Satz 1 BDSG)*.

Das *BDSG* und die **berufsständischen Verschwiegenheitspflichten** des steuerberatenden Berufs erstrecken sich damit auf alles, was den Kanzleiangehörigen hinsichtlich der Verhältnisse eines Mandanten in Ausübung der Tätigkeit für die Kanzlei (Berufstätigkeit) oder bei dieser Gelegenheit anvertraut worden oder sonst bekannt geworden ist. Hierzu zählen auch solche Tatsachen bezüglich eines Mandanten, die keine unmittelbare Verbindung zur Berufstätigkeit haben, *z. B. private Äußerungen anlässlich eines Gespräches mit dem Mandanten.*

1

Daneben gilt für die bei der Verarbeitung geschützter personenbezogener Daten beschäftigten Mitarbeiter das **Datengeheimnis** nach *§ 5 BDSG*. Hiernach ist den bei der Datenverarbeitung beschäftigten Mitarbeitern untersagt, geschützte personenbezogene Daten unbefugt zu verarbeiten oder zu nutzen. Sie dürfen z. B. nicht Unbefugten bekannt gegeben oder zugänglich gemacht werden – auch nicht innerhalb der Steuerberatungskanzlei!

Die „Befugnis" des Mitarbeiters zur Verarbeitung von Daten ergibt sich zunächst aus den Regelungen des *BDSG* bzw. spezieller Datenschutzvorschriften. Für den einzelnen Mitarbeiter ergibt sie sich ferner aus seiner Aufgabenstellung in der Steuerberatungskanzlei und den zur Wahrung des Datenschutzes und der Datensicherheit bestehenden internen Richtlinien. Ein Missbrauch von Daten liegt daher auch vor, wenn beruflich bekannt gewordene Angaben zu privaten Zwecken verwandt werden.

Gemäß gesetzlicher Bestimmung muss der bei der Verarbeitung personenbezogener Daten beschäftigte Mitarbeiter ausdrücklich formell auf das Datengeheimnis hingewiesen werden. Dies gilt in der Steuerberatungskanzlei unabhängig von der standesrechtlichen Verpflichtung nach *§ 62 StBerG*. Die Verpflichtung zur Wahrung des Datengeheimnisses besteht auch nach Beendigung der jeweiligen Tätigkeit, d. h. auch nach Ausscheiden aus der Steuerberatungskanzlei weiter.

Verstöße gegen das Datengeheimnis können gemäß *§ 43 BDSG* und anderen einschlägigen Rechtsvorschriften, z. B. *§ 203 StGB*, mit Freiheits- oder Geldstrafen geahndet werden. Ferner können Schadensersatzverpflichtungen des Mitarbeiters sowie arbeitsrechtliche Konsequenzen entstehen.

■ Kontrollmaßnahmen nach dem *BDSG*

Es werden **zehn Kontrollmaßnahmen** bei automatisierter Datenverarbeitung in einer Anlage zu *§ 9 Satz 1 BDSG* ausdrücklich erwähnt. Die einzelnen Anforderungen und mögliche Sicherungsmaßnahmen werden gegenübergestellt:

Maß-nahmen	Anforderungen	Sicherungsmaßnahme
Zugangs-kontrolle	Unbefugten den Zugang zu Datenverarbeitungsanlagen, mit denen personenbezogene Daten verarbeitet werden, zu verwehren	■ Bei Abwesenheit Geräte abschließen oder in den Räumen einschließen ■ Datenträger (Disketten, DV-Listen) vor dem Zugang Unberechtigter schützen und bei Abwesenheit verschließen ■ Einblick auf den Bildschirm nur berechtigten Benutzern gewähren
Daten-träger-kontrolle	Verhinderung, dass Datenträger unbefugt gelesen, kopiert, verändert oder entfernt werden	Datenträger (Disketten, Streamer, EDV-Ausdrucke) ordnungsgemäß verwalten *Beispiele:* ■ *eindeutige Kennzeichnung* ■ *sichere Verwahrung* ■ *Beachtung der Aufbewahrungspflichten* ■ *physisches Löschen nicht mehr benötigter Daten/Dateien* ■ *gesicherte Entsorgung* ■ *Datenträgeraustausch nur auf dem vorgesehenen Weg*

Maß-nahmen	Anforderungen	Sicherungsmaßnahme
Speicher-kontrolle	Unbefugte Eingabe in den Speicher sowie die unbefugte Kenntnisnahme, Veränderung oder Löschung gespeicherter personenbezogener Daten verhindern	■ Verwendung von Benutzerkennung (Identifikation) und Passwort (Authentisierung), die geheim zu halten sind ■ Verhinderung von unberechtigter Einsichtnahme ■ Einsatz geeigneter vorhandener Sicherheitssoftware
Benutzer-kontrolle	Verhinderung, dass Datenverarbeitungssysteme mithilfe von Einrichtungen zur Datenübertragung von Unbefugten genutzt werden	■ Geheimhaltung der Benutzerkennung und des Passwortes ■ Terminal-Identifikation/Ausweisleser ■ Überprüfung eines persönlichen Merkmals
Zugriffs-kontrolle	Gewährleistung, dass die zur Benutzung eines Datenverarbeitungssystems Berechtigten ausschließlich auf die ihrer Zugriffsberechtigung unterliegenden Daten zugreifen können	■ Protokollieren unberechtigter Zugriffsversuche ■ Sorgsamer Umgang mit Benutzerkennung und Passwort ■ Sicherheitscode für Transaktionen ■ Einschränkung der Zugriffsrechte
Übermitt-lungs-kontrolle	Gewährleistung, dass überprüft und festgestellt wird, an welche Stellen personenbezogene Daten durch Einrichtungen zur Datenübertragung übermittelt werden können	■ Protokollierung der Datenübermittlungen ■ Dokumentation der Empfänger ■ Autorisierung der Benutzer
Eingabe-kontrolle	Gewährleistung, dass nachträglich überprüft und festgestellt werden kann, welche personenbezogenen Daten zu welcher Zeit von wem in Datenverarbeitungssysteme eingegeben worden sind	■ Eingabe-Protokolle (automatisiert oder manuell) ■ Urbeleg-Aufbewahrung ■ Bearbeitungsrichtlinien
Auftrags-kontrolle	Gewährleistung, dass personenbezogene Daten, die im Auftrag verarbeitet werden, nur entsprechend den Weisungen des Auftraggebers verarbeitet werden können	■ Beachtung der Anweisungen des Auftraggebers ■ Vertragsgestaltung ■ Kontrolle der Einhaltung der Richtlinien
Trans-port-kontrolle	Verhinderung, dass bei der Übertragung personenbezogener Daten sowie beim Transport von Datenträgern die Daten unbefugt gelesen, kopiert, verändert oder gelöscht werden können	■ Verpackungs- und Versandvorschriften für Datenträger ■ Nutzung nur hierzu bestimmter besonderer Versandarten ■ Legitimationsprüfung bei Direktabholung/Kurierdienst ■ Datenverschlüsselung für den Transportweg ■ Daten gegen Verfälschungen sichern
Organi-sations-kontrolle	Interne Organisation der Steuerberatungskanzlei so gestalten, dass sie den besonderen Anforderungen des Datenschutzes gerecht wird	■ Funktionstrennung ■ Beachtung vorhandener Bedienungs- und Benutzeranweisungen ■ Beachtung der Richtlinien zu Datenschutz und Datensicherheit ■ Beachtung der vorgesehenen Maßnahmen zu Datenschutz und Datensicherheit ■ Beachtung der Aufbewahrungsrichtlinien

1

1.7.1.3 Datenschutzbeauftragter

Der Datenschutzbeauftragte ist in Privatunternehmen zu bestellen, wenn mindestens 20 Arbeitnehmer mit der Erhebung, Verarbeitung und Nutzung personenbezogener Daten beschäftigt werden.

> **Aufgabe des Datenschutzbeauftragten** ist es, für die Beachtung des *BDSG* sowie anderer Vorschriften des Datenschutzes im Unternehmen zu sorgen. Er soll auf die Wahrung der Rechte der Betroffenen bei der Verarbeitung ihrer personenbezogenen Daten achten.

Hierzu hat er für den Vollzug des *BDSG* betriebsinterne Verfahren, Anweisungen und Richtlinien zu erarbeiten und deren Einhaltung zu kontrollieren. Das Gesetz legt ihm darüber hinaus drei besonders genannte Pflichten auf. Er muss:

- die ordnungsgemäße Anwendung der Datenverarbeitungsprogramme, mit deren Hilfe personenbezogene Daten verarbeitet werden, überwachen,
- die bei der Verarbeitung personenbezogener Daten tätigen Personen durch geeignete Maßnahmen mit den Vorschriften des Gesetzes wie auch anderen Vorschriften im Datenschutz vertraut machen,
- bei der Auswahl der bei der Verarbeitung personenbezogener Daten tätigen Personen beratend mitwirken.

Die Tätigkeit des Datenschutzbeauftragten ist also die eines **innerbetrieblichen Kontrollorgans**. Die für allgemeine Fragen der Organisation oder der Sicherheit im Unternehmen zuständigen Organisationseinheiten sowie die datenverarbeitenden Stellen im Unternehmen werden aus ihrer primären Verantwortung für den Datenschutz und die Datensicherung durch den Datenschutzbeauftragten nicht entlassen.

Sie haben den Datenschutzbeauftragten bei der Wahrnehmung seiner Kontrollfunktionen zu unterstützen und insbesondere

- eine Übersicht über die DV-Anlage und die stattfindenden Verarbeitungen zur Verfügung zu stellen (Dateiübersicht),
- über neue Vorhaben automatisierter Datenverarbeitung rechtzeitig vorher zu informieren,
- die für die Tätigkeit erforderlichen Hilfskräfte, Räume, Einrichtungen und Mittel zur Verfügung zu stellen.

Zehn Gebote der Europäischen Datenschützer

1. Die Diensteanbieter sollten jeden Benutzer des Internet unaufgefordert über die Risiken für seine Privatsphäre informieren. Der Benutzer wird dann diese Risiken gegen die erwarteten Vorteile abwägen müssen.

2. In vielen Fällen ist die Entscheidung, am Internet teilzunehmen und wie es zu benutzen ist, durch nationales Datenschutzrecht geregelt. Dies bedeutet, dass personenbezogene Daten nur auf eine nachvollziehbare Art und Weise gespeichert werden dürfen. Medizinische und andere besonders sensible personenbezogene Daten sollten nur in verschlüsselter Form im Internet übertragen oder auf den an das Internet angeschlossenen Computer gespeichert werden. Polizeiliche Steckbriefe und Fahndungsaufrufe sollten nicht im Internet veröffentlicht werden.

3. Initiativen für eine engere internationale Zusammenarbeit, ja sogar für eine internationale Konvention, die den Datenschutz im Zusammenhang mit grenzüberschreitenden Computernetzen und Diensten regelt, sollten unterstützt werden.

1

4. Es sollte ein internationaler Kontrollmechanismus geschaffen werden, der auf bereits existierenden Strukturen wie der Internet Society und anderer Einrichtungen aufbauen könnte. Die Verantwortung für den Schutz personenbezogener Daten muss in einem gewissen Ausmaß institutionalisiert werden.

5. Nationale und internationale Gesetze sollten unmissverständlich regeln, dass auch der Vorgang der Übermittlung (zum Beispiel durch elektronische Post) vom Post- und Fernmeldegeheimnis geschützt wird.

6. Darüber hinaus ist es notwendig, technische Mittel zur Verbesserung des Datenschutzes der Benutzer auf dem Netz zu entwickeln. Es ist zwingend, Entwurfskriterien für Informations- und Kommunikationstechnologien und Multimedia-Hard- und -Software zu entwickeln, die den Benutzer befähigen, die Verwendung seiner personenbezogenen Daten selbst zu kontrollieren. Generell sollten die Benutzer jedenfalls in den Fällen die Möglichkeit haben, auf das Internet ohne Offenlegung ihrer Identität zuzugreifen, in denen personenbezogene Daten nicht erforderlich sind, um eine bestimmte Dienstleistung zu erbringen.

7. Auch für den Schutz der Vertraulichkeit sollten technische Mittel entwickelt werden. Insbesondere die Nutzung sicherer Verschlüsselungsmethoden muss eine rechtmäßige Möglichkeit für jeden Benutzer des Internets werden und bleiben.

8. Die Arbeitsgruppe würde eine Studie über die Machbarkeit eines neuen Zertifizierungsverfahrens durch die Ausgabe von „Qualitätsstempeln" für Diensteanbieter und Produkte im Hinblick auf ihre Datenschutzfreundlichkeit unterstützen. Diese könnten zu einer verbesserten Transparenz für die Benutzer der Datenautobahn führen.

9. Anonymität ist ein wichtiges zusätzliches Gut für den Datenschutz im Internet. Einschränkungen des Prinzips der Anonymität sollten strikt auf das begrenzt werden, was in einer demokratischen Gesellschaft notwendig ist, ohne jedoch das Prinzip als solches in Frage zu stellen.

10. Schließlich wird es entscheidend sein, herauszufinden, wie Selbstregulierung im Wege einer erweiterten „Netiquette" und datenschutzfreundliche Technologie die Implementierung nationaler und internationaler Regelung über den Datenschutz ergänzen und verbessern können. Es wird nicht ausreichen, sich auf eine dieser Handlungsmöglichkeiten zu beschränken: Sie müssen effektiv kombiniert werden, um zu einer globalen Informations-Infrastruktur zu gelangen, die das Menschenrecht auf Datenschutz und unbeobachtete Kommunikation respektiert.

Quelle: Global Online

1.7.2 Datensicherheit

Die **Datensicherheit** wird hauptsächlich aus dem eigenen Sicherheitsbedürfnis angestrebt, auch wenn sich ihre Notwendigkeit aus vielen gesetzlichen Anforderungen ableiten lässt. Diese beziehen sich allerdings meistens nur auf den Umgang mit Informationen. Die Datensicherheit bezieht sich aber nicht nur auf **Daten**, sondern auch auf alle übrigen **Komponenten eines Informationssystems** und berücksichtigt neben technischen auch organisatorische sowie personelle Aspekte.

Die **Datensicherung** (im weiteren Sinne) ist die Summe der technischen, organisatorischen und personellen Maßnahmen, um die Datensicherheit zu gewährleisten. Datensicherung im engeren Sinne (auch Bestandssicherung genannt) kann mit Backup gleichgesetzt werden.

Ziele

Datensicherheit ist der **Zustand**, in dem die Vertraulichkeit, die Verfügbarkeit und die Integrität der Informationen und aller Komponenten eines Informationssystems gewährleistet sind. Bei der Kommunikation kommt die Verbindlichkeit als viertes Datensicherheitsziel hinzu.

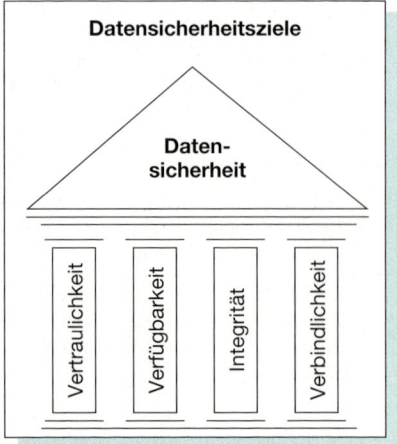

- Die **Vertraulichkeit** ist gewahrt, wenn Informationen nur von Berechtigten zur Kenntnis genommen werden können. Hierdurch soll ein Informationsabfluss ausgeschlossen werden.

- Die **Verfügbarkeit** ist gewahrt, wenn Informationen und IT-Komponenten von Berechtigten bei Bedarf genutzt werden können.

- Die **Integrität** ist gewahrt, wenn Daten und Programme nur bestimmungsgemäß erzeugt und verändert werden können.

- Die **Verbindlichkeit** ist gewahrt, wenn die Urheberschaft und der Empfang beweisbar sind sowie die Korrektheit (oder Unversehrtheit) der übertragenen Informationen gewährleistet ist.

Bedrohungen

Die Datensicherheit ist durch verschiedene Bedrohungen gefährdet. Diese gehen von der Technik, der Natur oder von den Menschen aus. Die Ursachen für Schadensereignisse an den unterschiedlichsten IT-Systemen der Kanzlei können in folgende Kategorien eingeteilt werden:

- Technisches Versagen *(z. B. Stromausfall, defekte Netzwerkkarte)*
- Höhere Gewalt *(z. B. Brand, Hochwasser, Wasserrohrbruch)*
- Vorsätzliches Handeln *(z. B. Mitnahme von Daten nach Kündigung)*
- Irrtum, Nachlässigkeit, Fehlbedienung, Organisationsversäumnisse *(z. B. Verwechselung der Laufwerksbezeichnung bei der Formatierung eines Datenträgers, Lagerung von Datenträgern auf der Fensterbank, versehentliches Verschütten von Kaffee in die Lüftungsschlitze eines PC, Eingabefehler)*
- Schaden stiftende Software *(z. B. Viren)*

Nachfolgend werden einige Bedrohungen aufgezählt, denen die einzelnen IT-Objekte ausgesetzt sind.

Beispiele:

Einsatz von DV-gestützten Arbeitsstationen	Netzwerk-Server	DFÜ-Server

■ Diebstahl
■ Virenimplantation
■ Einspielen von unlizenzierter Software
■ Unberechtigter Zugriff von Externen
  • bei der Installation
  • bei der Reparatur
  • bei/nach der Entsorgung
  • von Handwerkern
  • von Reinigungskräften
■ Fehlbedienung, Irrtum und Nachlässigkeit
■ Mitnahme von Daten durch Mitarbeiter
■ Diebstahl von Datenträgern
■ Technischer Defekt (z. B. Controller-Defekt)
	■ Unberechtigter Zugriff durch Mitarbeiter auf Daten
	■ Versehentliche Löschung von Programmen oder Daten
	■ Fehler beim Backupverfahren
	■ Ausführbarer Code wird mit einem Virus infiziert
	■ Technischer Defekt (z. B. Festplatten-Crash)
	■ Unberechtigter Zugriff von Externen, z. B. bei
	  • Fernwartung
	  • Wartung
	  • Installation
	■ Diebstahl des Servers
	■ Keine Trennung von Programmen und Daten
	■ Einspielen von unlizenzierter Software
	■ Kennungen und Passwörter werden weitergegeben
	■ Fehler bei der Administration
		■ Das Passwort für die Dateneinreichung an das DATEV-Rechenzentrum ist nicht aktiviert und Mandantendaten werden unter einer falschen Beraternummer eingereicht
		■ Ausfall des DFÜ-Servers wegen eines technischen Defekts
		■ Aufspielen von Kommunikationssoftware, die das Eindringen von Hackern ermöglicht

Datenträger	**Datenträgeraustausch**	**Kommunikation**
■ Diebstahl von Datenträgern ■ Äußere Störeinflüsse durch Feuchtigkeit, Hitze, Kälte und magnetische Felder werden bei der Aufbewahrung nicht beachtet ■ Fehlerhafte Nutzung von Backup-Datenträgern aufgrund einer unzureichenden Kennzeichnung ■ Lesbarkeit der Backup-Medien wird nicht kontrolliert ■ Keine datenschutzgerechte Entsorgung ■ Backup-Kopien können nach einer Konfigurationsveränderung (z. B. einem Betriebssystemwechsel) nicht mehr gelesen werden ■ Entmagnetisierung von Datenträgem ■ Lesefehler aufgrund von Alterungsprozessen	■ Import und Export von Computerviren ■ Bei Wiederverwendung von Disketten wird der alte Inhalt nicht endgültig gelöscht ■ Diskette wird nicht an den richtigen Mandanten geschickt ■ Disketten werden nicht unter Verschluss aufbewahrt ■ Diebstahl von Disketten ■ Disketten werden unversiegelt verschickt ■ Disketten sind unzureichend gekennzeichnet	■ Aufzeichnen der Datenströme (Auslesen der Daten) ■ Abhören ■ Unberechtigte Kenntnisnahme bei der Zwischenspeicherung von Datenpaketen (z. B. im Internet) ■ Unterbrechung der Übertragung ■ Fehlleiten von Datenpaketen (z. B. im Internet) ■ Verfälschung von Datenpaketen bei der Übertragung

1

Ausdrucke, Listen und sonstige Paperware	*Organisatorische Schwachstellen*	*Nutzung von Online-diensten im Internet*
■ *Produktion im unge-schützten Bereich (Aufstellung des Druckers im Büroflur)* ■ *Unsichere Aufbewahrung von Handakten und anderen Unterlagen* ■ *Unberechtigtes Kopieren* ■ *Diebstahl von Unterlagen* ■ *Einsicht durch Besucher oder andere Externe, wenn die Unterlagen nicht gesichert aufbewahrt werden* ■ *Kenntnisnahme von Mandanteninformationen durch unberechtigte Kanzleimitarbeiter*	■ *Keine Regelungen oder Anweisungen für den Umgang mit der Informationstechnik* ■ *Unzureichende Ausbildung oder Information der Mitarbeiter* ■ *Passwörter werden aufgeschrieben und der Zettel wird am Arbeitsplatz (z. B. unter der Tastatur) aufbewahrt* ■ *Zu kurze oder leicht zu erratende Passwörter* ■ *Passwörter von Herstellern oder Technikern werden nicht geändert bzw. ge-löscht* ■ *Fehlerprotokolldateien (z. B. beim Backup) werden nicht ausgewertet* ■ *Vorhandene Sicherheits-funktionen werden nicht genutzt oder ausgeschaltet (z. B. keine Zugangskon-trolle für den Netzbetrieb)* ■ *Internet und Onlinedienste werden von Mitarbeitern nicht nur zur betrieblichen Aufgabenerfüllung genutzt* ■ *Mitarbeiter können unlizenzierte Programme oder Dateien mit strafrechtlich relevanten Inhalten auf die Kanzleirechner kopieren*	■ *E-Mails können von Unberechtigten gelesen werden* ■ *Einzelne Dateien können vireninfiziert sein (auch Text-Dokumente oder Tabellen aus Kalkulations-programmen)* ■ *Integrität und Qualität von Software und Informationen sind zweifelhaft* ■ *Die Vertraulichkeit der übertragenen Informatio-nen ist nicht gewährleistet* ■ *Mitarbeiter erhalten Supervisorrechte und da-mit Schreibberechtigung auf Programmbestände (hohes Virenrisiko mit schwerwiegenden Folgen)* ■ *Wartungs- und Fern-wartungsarbeiten werden nicht kontrolliert*

▧ Handlungsbedarf

Neben den gesetzlichen Anforderungen und dem Verhältnis zum Mandanten ergibt sich die Notwendigkeit für eine **Datensicherheitskonzeption** auch aus den unternehmeri-schen Zielen des Kanzleiinhabers.

Kaum ein anderer Bereich verfügt über so eine große Dynamik wie die Informationstech-nik. Durch die zunehmende Leistungsfähigkeit der Technik kommen stets neue Nut-zungsmöglichkeiten hinzu. Internet und Onlinedienste üben derzeit durch ihre vielfältigen Möglichkeiten einen großen Reiz aus. Diese **neuen Technologien** machen auch vor der Steuerberatungskanzlei nicht Halt. Vernetzte Workstation sind in vielen Kanzleien eine Selbstverständlichkeit. Onlinedienste (Internet, DFÜ, ELSTER-/ELENA-Verfahren) nutzt der Steuerberater verstärkt für die Informationsbeschaffung und -übertragung. Doch der Ein-satz neuer Techniken bringt stets neue **Risiken** mit sich.

1

Gründe für den Handlungsbedarf aus Sicht des Kanzleiinhabers

- Gesetzliche Anforderungen müssen beachtet werden.
- Die Mandanten erwarten eine Datenschutz- und Datensicherheitsorganisation bei ihrem Steuerberater.
- Die Anzahl der Anwendungen wird immer größer.
- Die Anwendungssysteme werden komplexer.
- Die Abhängigkeit von der Informationsverarbeitung steigt zunehmend und damit auch die Anfälligkeit.
- Die Systeme werden offener (Internet, Intranet usw.).

1.7.3 Zusammenhang zwischen Datenschutz und Datensicherheit

Datenschutz und Datensicherheit stehen in keinem konkurrierenden Verhältnis zueinander, sondern **nebeneinander**. Sie verfügen über eine **gemeinsame Schnittmenge**. Falls personenbezogene Daten verarbeitet werden, muss in Bezug auf die Sicherheitsziele vor allem die Vertraulichkeit gewährleistet sein. Wenn IT-Systeme eingesetzt werden, sind entsprechende Datensicherheitsaspekte zu berücksichtigen. Letztendlich hat dies zur Folge, dass jede Kanzlei, die PCs einsetzt, für sich eine **individuelle Datensicherheitskonzeption** erstellen muss, um sich vor Schadensereignissen zu schützen oder die Folgen eines Schadensereignisses verkraftbar zu machen.

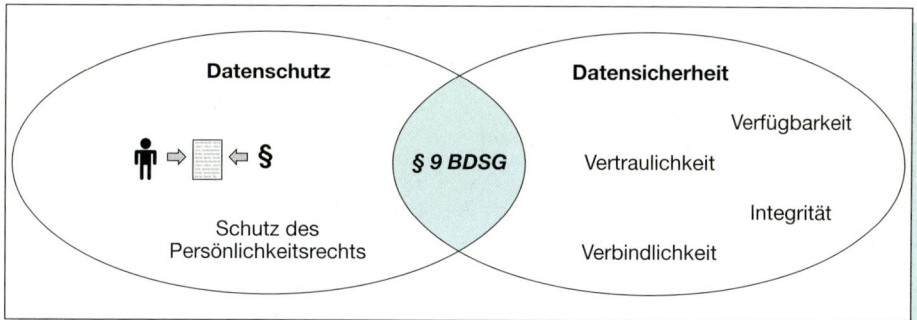

1.8 Gerichtsbarkeit[1]

1.8.1 Arbeitsgerichtsbarkeit

Beispiel:

Sonja Stern ist davon überzeugt, dass die fristgerechte Kündigung zum 30. Juni nicht nach sozialen Gesichtspunkten erfolgte. Auch das Gespräch mit ihrem Arbeitgeber, Steuerberater Dr. Uwe Hartig, führt nicht zur Zurücknahme der Kündigung. Frau Stern will gerichtlich gegen die Kündigung vorgehen.

---

[1] Das Justizkommunikationsgesetz v. 1. April 2005 ermöglicht einen umfassenden elektronischen Rechtsverkehr mit den Gerichten und die Führung von elektronischen Gerichtsakten.

1

Das **Arbeitsgericht** ist **sachlich zuständig** für alle Streitigkeiten aus:

- dem Arbeitsvertrag,
- dem Tarifvertrag,
- den Betriebsvereinbarungen,
- den Bestimmungen des Betriebsverfassungsgesetzes *(BetrVG)*,
- den Bestimmungen des Mitbestimmungsgesetzes *(MitbestG)*.

Örtlich ist das Arbeitsgericht zuständig, in dessen Bezirk sich der Erfüllungsort für das Arbeitsverhältnis (Niederlassung, Zweigniederlassung des Arbeitgebers) befindet.

Vor Beginn des Prozesses findet eine **Güteverhandlung** vor dem „Vorsitzenden Richter" statt, um die Parteien zu einer Klagerücknahme, -anerkennung oder Vergleich zu bewegen, um ohne Urteilsspruch das Gerichtsverfahren abzukürzen sowie Gerichtskosten und Arbeit zu sparen.

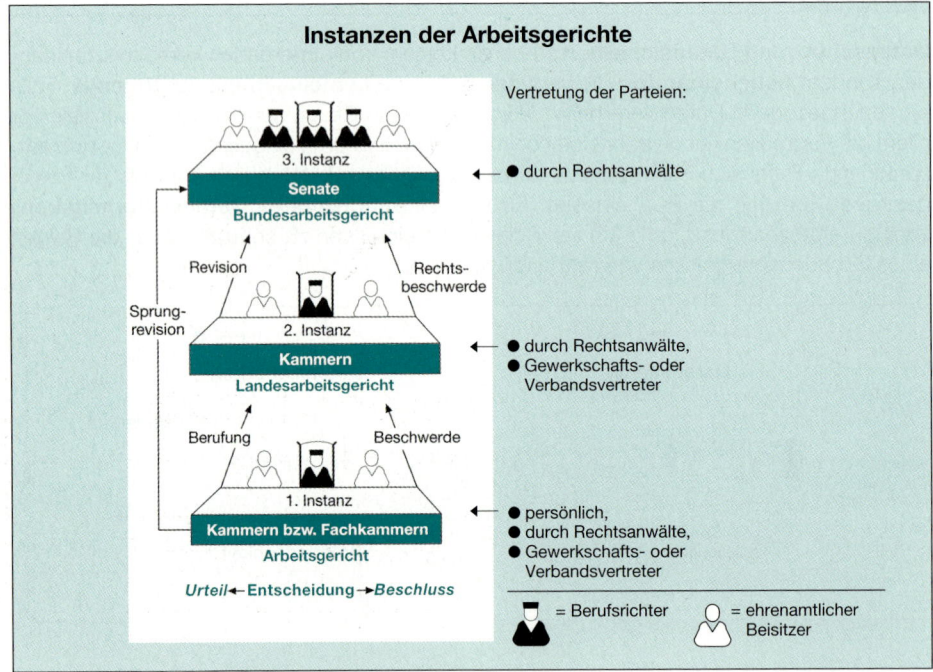

Im **ersten Rechtszug** entscheidet das **Arbeitsgericht** nach mündlicher Verhandlung durch Urteil (oder Vergleich), in Angelegenheiten des *BetrVG* und *MitbestG* durch Beschluss. Sofern der Streitwert 600,00 EUR übersteigt, ist die *Berufung* gegen Urteile und die *Beschwerde* gegen Beschlüsse beim **Landesarbeitsgericht** möglich. Gegen das Urteil des Landesarbeitsgerichts ist die Revision bzw. gegen einen Beschluss die *Rechtsbeschwerde* beim **Bundesarbeitsgericht** in Erfurt als höchste Instanz möglich, soweit die Vorinstanz das Rechtsmittel wegen grundsätzlicher Bedeutung der Rechtssache zugelassen hat.

Die Parteien müssen alle Tatsachen vorbringen und Beweismittel beibringen, auf deren Grundlage das Gericht ohne eigene Nachforschungen einen Vergleich herbeiführt oder ein Urteil verkündet. Im **Beschlussverfahren** stellt das Gericht von sich aus Ermittlungen an und klärt den Sachverhalt. Bei der **Berufung** wird der gesamte Streitfall erneut geprüft, bei der **Revision** jedoch nur die richtige Rechtsanwendung der Vorinstanzen.

1.8.2 Sozialgerichtsbarkeit

Das Sozialgericht ist sachlich zuständig für Streitigkeiten aus der Sozialversicherung, der Arbeitsvermittlung und Arbeitslosenversicherung sowie der Kriegsopferversorgung.

Die Dreigliedrigkeit des Instanzenweges ist wie bei der Arbeitsgerichtsbarkeit durch **Sozialgericht, Landessozialgericht und Bundessozialgericht** gegeben. Das Verfahren unterscheidet sich nur insofern von der Arbeitsgerichtsbarkeit, dass mit wenigen Ausnahmen ein Vorverfahren durchgeführt wird. Dabei entscheidet die bei dem Versicherungsträger eingerichtete Widerspruchsstelle über einen gegen einen Verwaltungsakt (Bescheid) gerichteten **Widerspruch** durch **Widerspruchsbescheid**.

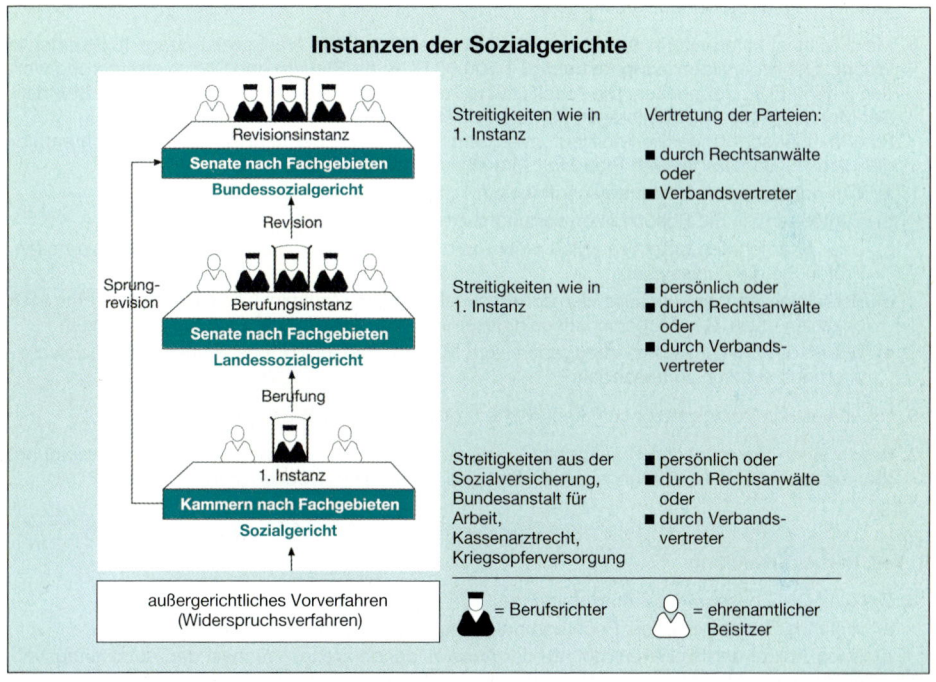

Instanzen der Sozialgerichte

1

Übungsaufgaben

I. Teil: Arbeitsbedingungen

1. Beschreiben Sie den Wandel der Arbeitsbedingungen und die daraus entstehenden Folgen für den arbeitenden Menschen.

2. Begründen Sie, warum die Arbeitsplatzgestaltung nicht die alleinige Einflussgröße der Arbeitsbedingungen darstellt.

3. Für welchen Arbeitnehmerkreis gilt das Jugendarbeitsschutzgesetz und welchen besonderen Arbeitsschutz bietet das Jugendarbeitsschutzgesetz?

4. Begründen Sie, wann weibliche Arbeitnehmer dem besonderen Arbeitsschutz unterliegen, und erläutern Sie diese Schutzvorschriften.

5. Maria Matt ist Mitarbeiterin der „Männe OHG, Meisenheim". Die Arbeitszeit beträgt 40 Stunden je Woche. Der Arbeitslohn je Monat beträgt 1.500,00 EUR; für Steuern und Sozialversicherung werden 543,50 EUR einbehalten. Die Arbeitszeit je Tag beträgt 8 Stunden; je Monat 173,30 Stunden. Der Monat soll mit 18 Arbeitstagen gerechnet werden.
   Frau Matt ist schwanger und soll laut ärztlichem Attest am 7. September voraussichtlich entbinden. Am 10. September wird Frau Matt Mutter der Tochter Meike.
   a) Wer hat Anspruch auf Mutterschaftsgeld?
   b) Berechnen Sie die Schutzfristen vor und nach der Entbindung.
   c) Das Unternehmen bittet Frau Matt während der Schutzfristen 3 Stunden je Tag auszuhelfen. Prüfen Sie die Zulässigkeit.
   d) Berechnen Sie den Zuschuss, den der Arbeitgeber in den Monaten Juli und August an Frau Matt bezahlen muss. Das Mutterschaftsgeld der Krankenkasse soll 13,00 EUR je Tag betragen.
   e) Wie ist der Zuschuss des Arbeitgebers zum Mutterschaftsgeld lohnsteuerlich und sozialversicherungsrechtlich zu behandeln?

6. Unter welchen Voraussetzungen steht Müttern oder Vätern Elterngeld oder Elternzeit zu?

7. Beschreiben Sie mögliche Unfallgefahren in Ihrem Ausbildungsbetrieb und deren Vermeidung. Wer erlässt die Unfallverhütungsvorschriften und ist für deren Überwachung zuständig?

II. Teil: Berufsausbildung

8. Die Max OHG beschäftigt 6 Auszubildende.
   a) Welches Gesetz bildet die Rechtsgrundlage für die gesamte Berufsausbildung?
   b) Nach Ablauf der Probezeit möchte der Auszubildende Walter Wechsel das Ausbildungsverhältnis auflösen, um einen anderen Beruf zu erlernen.
   Beurteilen Sie den Sachverhalt!
   c) Die Auszubildende Petra Plapper ist im 3. Ausbildungsjahr. Sie erzählt im Freundeskreis, die Max OHG habe 1.000.000,00 EUR Schulden bei diversen Lieferanten. Dies erfahren die Eigentümer der Max OHG und bitten Sie zu prüfen, ob das Ausbildungsverhältnis mit Frau Plapper sofort gelöst werden kann.
   d) Die Auszubildende Susi Sommer (22 Jahre alt) möchte wissen, welche Urlaubsansprüche sie anmelden kann. In welchem Gesetz findet sie Angaben über den Mindesturlaub?
   e) Die Berufsausbildung von der Auszubildenden Erna Ende endet laut Vertrag am 31. August 15. Die schriftliche Prüfung findet am 15. Mai 15 und die mündliche Prüfung am 20. Juni 15 statt. Am 20. Juni um 16 Uhr teilt der Vorsitzende des Prüfungsausschusses Frau Ende mit, dass sie die Prüfung mit der Gesamtnote gut bestanden hat und überreicht darüber eine vorläufige Bescheinigung. Am 12. August wird in einer Feierstunde offiziell das Prüfungszeugnis überreicht. Ab welchem Tag hat sie Anspruch auf das Gehalt einer Angestellten, wenn sie von dem Arbeitgeber als Angestellte übernommen wird?
   f) Für den volljährigen Auszubildenden Peter Pingel beträgt laut geltendem Tarifvertrag die wöchentliche Arbeitszeit 37,5 Stunden: montags 5,5 Stunden, dienstags bis freitags 8 Stunden. Montags besucht der Auszubildende regelmäßig 8 Stunden die Berufsschule.
   Der Auszubildende bittet zu prüfen, ob er für die Differenz von 2,5 Stunden (= 8 Std.–5,5 Std.) eine Mehrarbeitsvergütung vom Ausbilder verlangen kann.

9. Erörtern Sie Rechte und Pflichten aus dem Berufsausbildungsverhältnis.

10. Welche Fortbildungsmöglichkeiten stehen den Steuerfachangestellten im Rahmen der beruflichen Fortbildung offen?

III. Teil: Arbeitsrecht

11. Welche Aufgaben hat das Arbeitsrecht?

12. Unterscheiden Sie Individual- und Kollektivarbeitsrecht.

13. Nennen Sie rechtliche Grundlagen des Arbeitsrechts.

14. Beschreiben Sie Pflichten und Rechte von Arbeitnehmern und Arbeitgebern aus dem Arbeitsverhältnis.

15. Welche Gründe führen zu einer Beendigung eines Arbeitsverhältnisses?

16. Unterscheiden Sie die ordentliche und außerordentliche Kündigung. Nennen Sie Beispiele, die eine außerordentliche Kündigung rechtfertigen.

17. Welche gesetzlichen und verlängerten Kündigungsfristen gelten für Arbeitnehmer?

18. Erklären Sie, wann eine Kündigung sozial ungerechtfertigt ist.

19. Karin Kommal und Fridolin Fungi haben am 1. August 2010 eine Ausbildung zur/zum Steuerfachangestellten bei der Steuerberaterin Kluge angefangen.
Im Mai 2011 möchte Karin Kommal kündigen, weil sie Streit mit der Ausbilderin hatte.
Fridolin Fungi stellt fest, dass er für diesen Ausbildungsberuf ungeeignet ist und möchte eine neue Ausbildung als Auszubildender im EDV-Bereich starten.
Beurteilen Sie die Situation der beiden Auszubildenden!

20. Die Steuerfachangestellte Martha Macht arbeitet seit 13 Monaten beim Steuerberater Genau ohne einen schriftlichen Arbeitsvertrag. Der Steuerberater beschäftigt 11 Angestellte.
Martha Macht arbeitet sehr schluderig, beim Buchen unterlaufen ihr häufig gravierende Fehler.
Herr Genau möchte deshalb das Arbeitsverhältnis mit Frau Macht auflösen.
a) Ist eine fristlose Kündigung möglich?
b) Welche ordentliche Kündigungsfrist muss der Steuerberater einhalten?
c) Was würde eine Abmahnung bedeuten?
d) Was muss eine Abmahnung beinhalten?
e) Was soll die Abmahnung beim Empfänger erreichen?
f) Wie kann der Empfänger der Abmahnung reagieren, wenn seiner Meinung nach die Abmahnung ungerechtfertigt ist?

21. Frau Erna Emmel, 23 Jahre alt, seit 3 Jahren Verkäuferin bei ILLY e. K., kündigt am Freitag, den 4. Dezember. Wann ist ihr letzter Arbeitstag, wenn die gesetzlichen Kündigungsfristen gelten?

22. Dem Arbeitnehmer Pech ist am 7. Mai zum 30. Juni gekündigt worden. Die schriftliche Kündigung geht dem Arbeitnehmer am Mittwoch, den 9. Mai zu.

Bis zu welchem Zeitpunkt muss der Arbeitnehmer spätestens bei welchem Gericht die Kündigungsschutzklage erheben?

23. Der Arbeitnehmer Pech verlangt von dem Arbeitgeber ein qualifiziertes Arbeitszeugnis.
a) Welche Angaben muss ein qualifiziertes Arbeitszeugnis enthalten?
b) Welche „Notenstufen" werden in Arbeitszeugnissen in Anlehnung an BAG-Urteile verwendet?

24. Welche Rechte hat der Arbeitnehmer bei Beendigung des Arbeitsverhältnisses?

25. Nennen Sie die Sozialpartner nach dem Kollektivarbeitsrecht.

26. Erläutern Sie „Tarifautonomie", „Tarifgebundenheit" und „Allgemeinverbindlichkeitserklärung".

27. Welche Regelungen enthält ein Tarifvertrag?

28. Erklären Sie die Unterschiede zwischen Tarifvertrag und Betriebsvereinbarung.

1

29. Bei Durchführung von Arbeitskämpfen sind bestimmte Regeln zu beachten. Welche der folgenden Behauptungen entsprechen diesen Regeln, welche nicht?

a) Nach dem Scheitern von Tarifverhandlungen kann der Vorstand der Gewerkschaft den Streik ausrufen.

b) In Schlichtungsverfahren ist der Spruch des unparteiischen Schlichters für die Tarifvertragsparteien verbindlich.

c) Führt ein Schlichtungsverfahren nicht zur Einigung, so beginnt am nächsten Tag der Streik.

d) Bei wilden und organisierten Streiks zahlt die Gewerkschaft Streikgeld.

e) Bei der Urabstimmung gilt der Streik als genehmigt, wenn mindestens 75 % der unter den Geltungsbereich des Tarifvertrags fallenden Gewerkschaftsmitglieder zustimmen.

f) Der Streik löst das Arbeitsverhältnis für die Dauer des Streiks nicht auf.

g) Wer nicht Gewerkschaftsmitglied ist, hat auch kein Streikrecht.

h) Wenn der Streik ausgerufen ist, haben die Unternehmer das Recht zur Aussperrung.

i) Bei der Aussperrung haben nur die arbeitswilligen Streikbrecher das Recht, das Firmengelände zu betreten. Während der Laufzeit eines Tarifvertrages sind Arbeitskämpfe nicht erlaubt.

30. Frau Freude ist schwanger.
Voraussichtlicher Termin der Entbindung: 15. Sept. 10
Tatsächlicher Tag der Entbindung: 16. Sept. 10

a) Berechnen Sie Beginn und Ende der Mutterschutzfrist bei einer normalen Geburt.

b) Wann beginnt und endet die Elternzeit?

31. Die Arbeitnehmerin A nimmt nach der Geburt ihres ersten Kindes eine dreijährige Elternzeit, die am 18. Mai 10 endet. Im Verlauf dieser Elternzeit wird sie erneut schwanger. Die Mutterschutzfrist beginnt am 17. März 10 und endet am 23. Juni 10

a) Für welchen Zeitraum besteht kein Abspruch auf Arbeitgeber-Zuschuss zum Mutterschaftsgeld?

b) Für welchen Zeitraum kann Zuschuss zum Mutterschaftsgeld abgerechnet werden?

IV. Teil: Entlohnung

32. Nehmen Sie eine Abgrenzung der einzelnen Entlohnungsformen vor.

33. Nicht alle Tätigkeiten lassen sich nach Leistungskriterien vergüten. Erklären Sie aus der Sicht des Betriebes und des Beschäftigten, wann eine Entlohnung nach dem Zeitlohn sinnvoll ist.

34. Stellen Sie Vor- und Nachteile des Zeitlohnes sowie des Akkordlohnes gegenüber.

35. Prämienlohn gilt als besonders motivationsfördernd im Rahmen von Entlohnungssystemen. Erläutern Sie diese Aussage.

36. Der Soziallohn wird „zweiter Lohn" genannt. Aus welchen Gründen ist diesem Lohn besondere Beachtung zu schenken?

37. Das Lohngruppenverfahren ist eine Form der Arbeitsbewertung. Nehmen Sie eine Abgrenzung zu den übrigen Verfahren vor.

38. Welchen Sinn haben Stellenbewertungen?

39. a) Unterscheiden Sie Personalkosten.

b) Nach welchen Kriterien können Lohnbelege sortiert werden?

V. Teil: Mitwirkung, Mitbestimmung

40. In welchen Gesetzen ist die Mitwirkung und Mitbestimmung der Arbeitnehmer in Betrieben und Unternehmungen geregelt?

41. Welche Möglichkeiten hat der Betriebsrat im Bereich der betrieblichen Mitbestimmung?

42. Nennen Sie allgemeine Aufgaben des Betriebsrates.

43. Welche Mitwirkungsmöglichkeiten über den Betriebsrat stehen der Jugend- und Auszubildendenvertretung zur Verfügung?

44. Erklären Sie die paritätische Mitbestimmung.

45. Nennen Sie die wesentlichen Mitbestimmungsunterschiede zwischen dem Mitbestimmungsgesetz von 1976 und dem Montan-Mitbestimmungsgesetz.

VI. Teil: Soziale Sicherung

46. Geben Sie die Ziele der Sozialpolitik an, die der Staat im Rahmen der Sozialgesetzgebung erreichen will.

47. Nennen Sie Gründe für den Abschluss einer Versicherung.

48. Unterscheiden Sie zwischen Individualversicherung und Sozialversicherung und nennen Sie zugehörige Versicherungszweige.

49. Begründen Sie die Versicherungspflicht bei der Sozialversicherung.

50. Karla Knall ist Mitarbeiterin der Fussel GmbH und erhält ein Monatsgehalt von 5.000,00 EUR.
    a) Prüfen Sie, ob Frau Knall rentenversicherungspflichtig ist!
    b) Wovon wird der Rentenversicherungsbeitrag berechnet?
    c) Kann sich Frau Knall bei einer privaten Krankenkasse versichern lassen?
    d) Nennen Sie mindestens 5 verschiedene Leistungen der gesetzlichen Krankenversicherung
    e) Auf der Fahrt zum Arbeitsplatz fährt Frau Knall bei ihrem Bäcker vorbei, um sich ihr Frühstück einzukaufen. Auf dem Weg zum Bäcker rutscht sie aus und bricht sich den Unterarm.
       Die zuständige Versicherung weigert sich, dies als Arbeitsunfall anzuerkennen.
       Bei welchem Gericht kann sie klagen?
    f) Nach ihrer Genesung geht Frau Knall wieder zu ihrem Arbeitsplatz. Sie fällt vor dem Hauptportal des Unternehmens und zieht sich eine schmerzhafte Zerrung zu.
       Welche Institution hat die Kosten für die ärztliche Behandlung zu tragen?

51. Kim Köbes begann am 1. April als Auszubildende beim Steuerberater Steuer ihre Ausbildung.
    Am 18. April erlitt sie unverschuldet einen Fahrradunfall. Der behandelnde Arzt stellte am 18. April die Arbeitsunfähigkeit fest und schrieb sie bis zum 30. Juni arbeitsunfähig krank.
    Sie ist bei der AOK Rheinland pflichtversichert.
    a) Ab wann besteht Anspruch auf Entgeltfortzahlung nach Entgeltfortzahlungsgesetz?
    b) Ab wann besteht Anspruch auf Krankengeld?
    c) Wer zahlt das Krankengeld aus?
    d) Der Arbeitgeber nimmt am Umlageverfahren teil.
       Welche Umlage erbringt hier welche Leistung?
    e) Wie wird Krankengeld im Rahmen der ESt-Veranlagung behandelt?

52. In der gesetzlichen Krankenversicherung wird zwischen Sach- und Geldleistungen sowie zwischen Regel- und Mehrleistungen unterschieden. Grenzen sie diese Begriffe voneinander ab. Nennen Sie jeweils 2 Beispiele.

53. Wer hat Anspruch auf
    a) Arbeitslosengeld I?
    b) Arbeitslosengeld II?

54. Wie meldet man sich arbeitsuchend?

55. Erklären Sie den Begriff arbeitsuchend.

56. Welche Arbeitnehmer unterliegen der gesetzlichen Pflegeversicherung und welche Leistungen stehen ihnen zu?

57. Der 18-jährige Auszubildende Jürgen Renn verunglückt mit seinem Pkw auf dem Weg zur Arbeit. Die Reparaturkosten des Pkw betragen 5.000,00 EUR und die der unfallbeschädigten Ampelanlage 1.000,00 EUR. Renn liegt 12 Wochen im Krankenhaus und anschließend ist er weitere 6 Monate arbeitsunfähig krank. Seine Erwerbsfähigkeit ist auf Dauer um 30 % gemindert. Wer trägt welche Aufwendungen dieses Unfalles?

1

58. Geben Sie einen Überblick über die Aufgabenbereiche und Leistungen
    a) der gesetzlichen Krankenversicherung,   d) der gesetzlichen Pflegeversicherung,
    b) der gesetzlichen Rentenversicherung,   e) der gesetzlichen Unfallversicherung.
    c) der Arbeitslosenversicherung,

59. Unterscheiden Sie die verschiedenen Zweige der Sozialversicherung im Hinblick auf die Beitragsaufbringung und Finanzierung der Ausgaben.

60. Staatliche Sozialleistungen werden in individuellen Notlagen oder aus familienpolitischen Erwägungen gewährt. Nennen Sie Beispiele und begründen Sie die Leistungsgewährung.

61. Erklären Sie, warum die Gesamtheit der sozialen Leistungen abhängig ist von wirtschaftlichen und gesellschaftlichen Veränderungen.

62. Als tragende Säule der Altersvorsorge ist neben der umlagefinanzierten Rentenversicherung und der privaten Versicherung die betriebliche Altersvorsorge zu nennen.
    a) Geben Sie die Durchführungswege der betrieblichen Altersvorsorge an.
    b) Beschreiben Sie kurz die einzelnen Durchführungswege.
    c) Erklären Sie die Unterschiede der Durchführungswege.
    d) Nennen Sie die Rechtsgrundlagen für die betriebliche Altersvorsorge.

VII. Teil: Datenschutz

63. Unterscheiden Sie Datenschutz und Datensicherheit.

64. Welche Kontrollmaßnahmen sind nach dem Bundesdatenschutzgesetz *(BDSG)* erforderlich?

65. Erläutern Sie die Aufgaben eines Datenschutzbeauftragten nach dem *BDSG*.

66. Welche Besonderheiten ergeben sich beim Datenschutz bei europäisch/international tätigen Kanzleien?

67. Welche Ziele verfolgt die Datensicherheit?

68. Die Datensicherheit der unterschiedlichen IT-Systeme der Kanzleien ist in vielfältiger Weise Bedrohungen ausgesetzt. Nennen Sie Beispiele und zeigen Sie aus Sicht der Kanzleien Möglichkeiten auf, den Bedrohungen durch eine Datensicherungskonzeption zu begegnen.

VIII. Teil: Gerichtsbarkeit

69. Erklären Sie den Aufbau der Arbeitsgerichtsbarkeit.

70. Für welche Streitigkeiten ist die Sozialgerichtsbarkeit zuständig?

2 Grundlagen des Wirtschaftens

2.1 Bedürfnisse, Bedarf, Nachfrage

2

▇ Bedürfnisse

Jeder Mensch empfindet eine Vielzahl von Wünschen, die in der Sprache der Wirtschaft Bedürfnisse genannt werden. Bedürfnisse entstehen gefühlsmäßig. Sie sind zwar individueller Natur, werden aber in hohem Maße durch die Umwelt beeinflusst, in der der einzelne Mensch lebt.

> Ein **Bedürfnis** ist das subjektive Empfinden eines Mangels, verbunden mit dem Bestreben, diesen Mangel zu beseitigen.

Bedürfnisse werden individuell empfunden und differieren unter den Menschen. Je stärker ein Bedürfnis ist, umso intensiver ist das Bestreben zur Befriedigung. **Güter** sind die Mittel, mit denen ein Bedürfnis befriedigt werden kann. Die Bedürfnisbefriedigung wird zur Grundlage wirtschaftlichen Handelns.

> *Beispiel:*
>
> *Das Bedürfnis nach Nahrungsaufnahme entsteht aus dem Empfinden eines Mangels, den wir als Hunger bezeichnen. Dieses Mangelempfinden löst Handlungen des Menschen aus, Nahrungsmittel zu beschaffen, um den Hunger zu stillen, d. h. den Mangel zu beseitigen (→ Grundlage für die Entstehung von Landwirtschaft und Ernährungsindustrie).*

Bedürfnis (Mangelempfinden)	löst Handlungen aus →	**Bedürfnisbefriedigung** (Mangelbeseitigung)

Bedürfnisarten

Die Bedürfnisse des Menschen unterscheiden sich in ihrer Dringlichkeit. Da der Mensch mit den begrenzt vorhandenen Mitteln nicht alle seine Bedürfnisse zugleich befriedigen kann, wird er die Bedürfnisse entsprechend ihrer Dringlichkeit zu befriedigen suchen.
Nach der **Dringlichkeit der Bedürfnisse** unterscheidet man zwischen Existenz- und Wahlbedürfnissen.

> **Existenzbedürfnisse** (Grundbedürfnisse) sind Bedürfnisse, deren Befriedigung zur Sicherung der Lebensgrundlagen des Menschen notwendig ist.

> *Beispiel:*
>
> *Niemand kann auf Dauer ohne Unterkunft, Kleidung und ohne Grundnahrungsmittel wie Brot, Gemüse, Fett, Milch usw. leben.*

> **Wahlbedürfnisse** sind die Kultur- und Luxusbedürfnisse.

> *Beispiel:*
>
> *Verfügt der Einzelne über mehr Geldmittel, als zum „nackten" Leben erforderlich sind, so kann er wählen, welche Bedürfnisse er darüber hinaus befriedigen will. Der eine legt besonderen Wert auf modische Kleidung, der andere besucht gerne Feinschmeckerlokale, ein Dritter erfüllt sich den Wunsch nach einer Videokamera.*

Mit zunehmendem Wohlstand und fortschreitender kultureller und technischer Entwicklung treten die Wahlbedürfnisse in den Vordergrund.

Existenzbedürfnisse (Grundbedürfnisse)	
Beispiele:	■ *Nahrung:* z. B. Essen, Getränke ■ *Kleidung:* z. B. Hose, Hemd, Kleid, Pullover, Mantel, Strümpfe, Schuhe, Unterwäsche ■ *Unterkunft:* z. B. Wohnraum mit Möbeln, Badezimmer, Küche

Wahlbedürfnisse	
Kulturbedürfnisse	**Luxusbedürfnisse**
Beispiele: ■ *sich bilden* ■ *Entspannung durch Fernsehen, Radio hören* ■ *besuchen von Theater- und Kinovorstellungen, von Diskotheken, von Sportveranstaltungen* ■ *Auto fahren* ■ *reisen* ■ *telefonieren*	**Beispiele:** ■ *wertvollen Schmuck kaufen,* ■ *teure Getränke trinken,* ■ *kostspielige Autos fahren,* ■ *Kleider und Möbel von Edeldesignern erwerben,* ■ *eine Villa bauen,* ■ *ein Privatflugzeug zu besitzen,* ■ *ein Bild von Picasso zu besitzen*
Individualbedürfnisse	**Kollektivbedürfnisse**
Die einzelnen Bedürfnisse sind von Mensch zu Mensch verschieden, sie können nur individuell von der einzelnen Person befriedigt werden.	Dies sind Bedürfnisse einer Gemeinschaft oder Gruppe wie z. B. einer Klasse, einer Gemeinde, einer Stadt, eines Bundeslandes. **Beispiele:** ■ *Sicherheit durch Gerichte und Polizei,* ■ *Einrichtung und Unterhaltung von Schulen, Universitäten, Krankenhäusern, Kindergärten,* ■ *Errichtung und Unterhaltung von Straßen, Gehwegen, Wanderwegen.*

Ausgangspunkt jeden **wirtschaftlichen Handelns** bilden die **Bedürfnisse** des Menschen, d. h. das Empfinden eines Mangels mit dem Streben, diesen Mangel zu beseitigen. Bedürfnisse initiieren Handlungen, sie haben Antriebscharakter. Wirtschaftlich relevant und messbar werden Bedürfnisse, wenn sie am Markt befriedigt werden, d. h. wenn **Bedarf** entsteht. Bedarf ist durch Kaufkraft entstehende Nachfrage.

Es ist nicht immer leicht, Existenz-, Kultur- und Luxusbedürfnisse voneinander abzugrenzen.

Beispiele:

■ *Die unterschiedlichen Lebens- und Umweltbedingungen führen dazu, dass das Verlangen nach Pelzkleidung von den Eskimos als Existenzbedürfnis, in unseren Breitengraden dagegen als Luxusbedürfnis empfunden wird.*
■ *Der Wunsch nach einem zuverlässigen Auto wird in seiner Dringlichkeit von einem Taxifahrer höher eingestuft als von jemandem, der das Auto nur zu Ausflugsfahrten benutzt.*

Vielfach richtet sich das Streben der Menschen auf die Erlangung von Statussymbolen, um den eigenen Wohlstand und gesellschaftlichen Rang zu demonstrieren.

Der amerikanische Psychologe Abraham H. **Maslow** hat die Bedürfnisse aufgrund ihrer Dringlichkeit ausgehend von den Grundbedürfnissen hierarchisch nach Stufen geordnet. Zunächst trachtet der Mensch danach, elementare physiologische Grundbedürfnisse zu befriedigen; wenn diese weitgehend gedeckt sind, entstehen Sicherheitsbedürfnisse, anschließend werden soziale Bedürfnisse angestrebt, es folgen Anerkennungs- und Selbsterfüllungsbedürfnisse.

In der sich daraus ergebenden fünfstufigen **Bedürfnishierarchie** sind **ökonomische** (wirtschaftliche) und **außerökonomische** (nicht wirtschaftliche) Bedürfnisse enthalten.

Bedürfnishierarchie nach Abraham H. Maslow

5. Stufe: **Selbsterfüllungsbedürfnisse**
Selbstverwirklichung, d. h., so zu sein und zu handeln, wie es dem inneren Drang entspricht (z. B. Musiker will musizieren, Maler will malen), aktive Lebens- und Umweltgestaltung

4. Stufe: **Wertschätzungs- und Anerkennungsbedürfnisse**
Dies sind insbesondere Selbstachtung und Wertschätzung durch andere wie z. B. Bewunderung, Verehrung, aber auch Status, Streben nach Macht, Ansehen, Geltung.

3. Stufe: **Soziale Bedürfnisse**
Dies sind Zugehörigkeits- und Liebesbedürfnisse wie z. B. Geborgenheit, Gruppenzugehörigkeit, Familie, Kontakt, menschliche Zuwendung, Freundschaft, Geselligkeit, Liebe, Informationsaustausch, Beziehungen

2. Stufe: **Sicherheitsbedürfnisse**
(z. B.: Schutz vor Gefahr, Vorsorge für Krankheit, Altersvorsorge, Kündigungsschutz, Vorsorge vor Arbeitslosigkeit, Gerechtigkeit)

1. Stufe: **Physiologische Bedürfnisse**
insbesondere existenzielle Bedürfnisse wie z. B. Atmen, Essen, Trinken, Wohnen, Schlafen, Kleidung, Sexualität

Nach der **Bewusstheit der Bedürfnisse** unterscheidet man zwischen offenen und latenten Bedürfnissen.

- **Offene Bedürfnisse** sind dem Menschen bewusst.

- **Latente Bedürfnisse** sind Wünsche, die erst durch das Umfeld des Menschen geweckt werden müssen, bevor sie als Bedürfnis empfunden werden.

Beispiel:

Die Werbung versucht, die Bedürfnisse der Menschen zu beeinflussen. Andererseits erforschen die Unternehmen die offenen und latenten Bedürfnisse der Verbraucher, um die gewünschten Produkte herzustellen und für sie einen Absatzmarkt zu finden.

Nach der **Art der Bedürfnisbefriedigung** unterscheidet man

- **Individualbedürfnisse:** diese kann jeder Einzelne im Rahmen seiner finanziellen Möglichkeiten allein befriedigen.

- **Kollektivbedürfnisse:** die Befriedigung erfolgt mit Gütern, die allen Mitgliedern der Gesellschaft zur Verfügung stehen.

Beispiele:

Straßen, Schulen, geordnete Rechtsprechung, saubere Umwelt

Einteilung der Bedürfnisse		
nach der Dringlichkeit	**nach der Bewusstheit**	**nach der Art der Befriedigung**
■ Existenzbedürfnisse ■ Kulturbedürfnisse ■ Luxusbedürfnisse	■ offene Bedürfnisse ■ latente Bedürfnisse	■ Individualbedürfnisse ■ Kollektivbedürfnisse

Art und Zahl der Bedürfnisse unterliegen im Verlauf der wirtschaftlichen, technischen und kulturellen Entwicklung einem ständigen Wandel.

Beispiel:

Galt vor 50 Jahren ein Schwarzweißfernsehgerät als ausgesprochener Luxusartikel, den sich nur Besserverdienende „leisten" konnten, so ist heute der Besitz eines Farbfernsehgerätes für die meisten eine Selbstverständlichkeit geworden.

Die Bedürfnisse des Menschen sind unbegrenzt. Sie bilden den Ausgangspunkt wirtschaftlichen Handelns.

Bedarf

Aus der Vielzahl der Bedürfnisse muss eine Konkretisierung derart erfolgen, dass der Einzelne

■ die Art und Menge der Güter, die er zur Bedürfnisbefriedigung erwerben möchte, benennen kann **und dass**
■ er die finanziellen Mittel besitzt, um diese ausgewählten Güter zu erwerben.

Aufgrund der begrenzten finanziellen Mittel werden für den Einzelnen viele Bedürfnisse unerfüllt bleiben.

Zur sinnvollen Verwendung seiner Mittel wird der Mensch seine Bedürfnisse zunächst ihrer Dringlichkeit nach ordnen und sodann entscheiden, mit welchen Gütern er diese Bedürfnisse befriedigen will.

> **Bedarf**
> ■ ist die konkrete Bedürfnisbefriedigung durch Erlangung bestimmter materieller, sozialer oder geistiger Güter,
> ■ wird bei genügender Kaufkraft zur Nachfrage,
> ■ wird durch einen Kaufentschluss am Markt als Nachfrage wirksam.

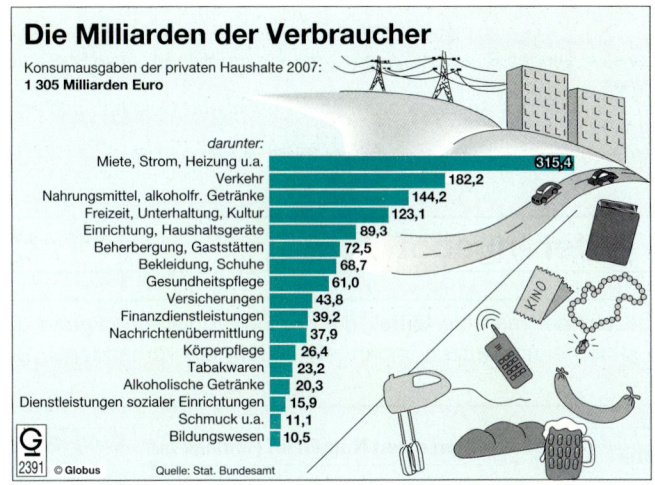

Die Milliarden der Verbraucher

Konsumausgaben der privaten Haushalte 2007:
1 305 Milliarden Euro

darunter:

Miete, Strom, Heizung u.a.	315,4
Verkehr	182,2
Nahrungsmittel, alkoholfr. Getränke	144,2
Freizeit, Unterhaltung, Kultur	123,1
Einrichtung, Haushaltsgeräte	89,3
Beherbergung, Gaststätten	72,5
Bekleidung, Schuhe	68,7
Gesundheitspflege	61,0
Versicherungen	43,8
Finanzdienstleistungen	39,2
Nachrichtenübermittlung	37,9
Körperpflege	26,4
Tabakwaren	23,2
Alkoholische Getränke	20,3
Dienstleistungen sozialer Einrichtungen	15,9
Schmuck u.a.	11,1
Bildungswesen	10,5

2391 © Globus   Quelle: Stat. Bundesamt

Nachfrage

Verfügt der Einzelne über genügend finanzielle Mittel und ist er bereit, diese zur Bedarfsdeckung einzusetzen, so entsteht **Nachfrage.**

> **Nachfrage** ist der individuelle Bedarf, der am Markt als Nachfrage in Form von Kaufentscheidungen wirksam wird.

Die Nachfrage wird insbesondere bestimmt von

- der Bedürfnisstruktur des Nachfragenden,
- dem Preis des Gutes,
- den Preisen anderer Güter,
- dem Einkommen des Konsumenten/Investors,
- dem Geschmack und den Vorlieben des Konsumenten/Investors,
- den Erwartungen des Konsumenten/Investors.

Aufgabe der Wirtschaft und damit Aufgabe der Unternehmen ist es, diese Nachfrage zu befriedigen. Die Nachfrage führt zur Produktion und Bereitstellung von Gütern und zu Angeboten von Dienstleistungen durch Unternehmen, um die geforderten Bedürfnisse zu befriedigen. Ziel einer Volkswirtschaft ist die bestmögliche Versorgung der Bevölkerung mit Gütern und Dienstleistungen.

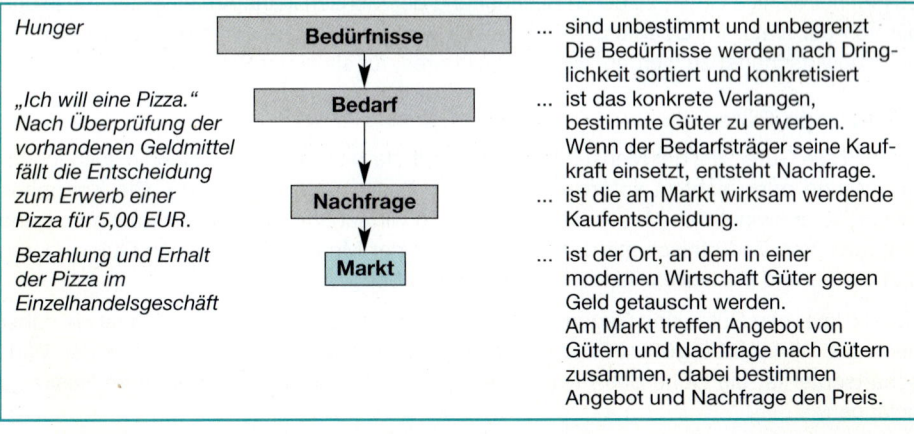

Hunger

Bedürfnisse ... sind unbestimmt und unbegrenzt Die Bedürfnisse werden nach Dringlichkeit sortiert und konkretisiert

*„Ich will eine Pizza."
Nach Überprüfung der vorhandenen Geldmittel fällt die Entscheidung zum Erwerb einer Pizza für 5,00 EUR.*

Bedarf ... ist das konkrete Verlangen, bestimmte Güter zu erwerben. Wenn der Bedarfsträger seine Kaufkraft einsetzt, entsteht Nachfrage.

Nachfrage ... ist die am Markt wirksam werdende Kaufentscheidung.

Bezahlung und Erhalt der Pizza im Einzelhandelsgeschäft

Markt ... ist der Ort, an dem in einer modernen Wirtschaft Güter gegen Geld getauscht werden. Am Markt treffen Angebot von Gütern und Nachfrage nach Gütern zusammen, dabei bestimmen Angebot und Nachfrage den Preis.

Beispiele:

- *Nach einem anstrengenden Berufsschultag hat die Auszubildende Lisa Röltgen Lust, ins Kino oder Theater zu gehen.*
- *Sie informiert sich über das Angebot, prüft, ob sie genügend Geld hat, und entscheidet sich für einen Kinobesuch.*
- *Sie löst an der Kinokasse eine Eintrittskarte zum Preis von 8,00 EUR.*

2

2.2   Güterangebot

> Als **Güter** bezeichnet man die Mittel, die der Bedürfnisbefriedigung des Menschen dienen. Sie stiften einen Nutzen, indem sie helfen, die vorhandenen Bedürfnisse zu befriedigen.

Güter	stiften einen Nutzen im Hinblick auf ⟶	Befriedigung der Bedürfnisse

Nach der **Verfügbarkeit der Güter** unterscheidet man zwischen freien und knappen Gütern.

Güter	
Freie Güter	**Knappe Güter = Wirtschaftsgüter**
■ sind im Verhältnis zu den Bedürfnissen reichlich vorhanden ■ können ohne Einschränkungen von jedermann erlangt werden	■ ihre Bereitstellung verursacht Kosten ■ haben einen Preis
Beispiele: ■ *Tageslicht* ■ *Regenwasser* ■ *Luft*	*Beispiele:* ■ *elektrisches Licht* ■ *Leitungswasser* ■ *Straßenbahnfahrkarte*

▮ Freie Güter

Es gibt nur wenige Güter, zu deren Beschaffung der Mensch keine Arbeit leisten muss und die von der Natur im Überfluss bereitgestellt werden. Mit diesen freien Gütern braucht nicht gewirtschaftet zu werden. Niemand ist bereit, für sie einen Preis zu zahlen.

▮ Knappe Güter

Nahezu alle Güter, die der Mensch benötigt, stellt die Natur entweder nicht in ausreichender Menge oder nicht in sofort verwertbarem Zustand zur Verfügung. Die Knappheit dieser Güter zwingt den Menschen, mit ihnen zu wirtschaften. Er muss versuchen, seine unbegrenzten Bedürfnisse mit den nur in begrenzter Menge vorhandenen Gütern durch sparsames und planvolles Handeln in Einklang zu bringen.

Nur die knappen Güter sind Gegenstand des Wirtschaftslebens. Man bezeichnet sie daher auch als **Wirtschaftsgüter**. Gradmesser für die Knappheit bzw. den Wert der Wirtschaftsgüter ist die Höhe des Preises, den man bezahlen muss, um in ihren Besitz zu gelangen.

Nach der **Beschaffenheit der Güter** lassen sich materielle und immaterielle Güter unterscheiden.

- **Materielle** (stoffliche) Güter sind Sachgüter.

  > **Beispiele:**

  Brot, Zement, Auto

- **Immaterielle** (stofflose) Güter sind Dienstleistungen und Rechte.

  > **Beispiele:**

  - *Dienstleistungen sind der Haarschnitt durch einen Friseur, die Geschäfte der Kreditinstitute und Versicherungen. Auch die Leistungen, die von den Angehörigen der wirtschafts- und steuerberatenden Berufe und ihren Mitarbeitern erstellt werden, sind Dienstleistungen. Charakteristisch für die Dienstleistungen ist, dass sie im Gegensatz zu den Sachgütern nicht auf Vorrat produziert werden können. Ihre Bereitstellung und Inanspruchnahme erfolgen deshalb gleichzeitig.*
  - *Zu den Rechten zählen Patente, Lizenzen, Geldforderungen, Wegerechte usw.*

Nach der wirtschaftlichen **Verwendung der Güter** unterscheidet man zwischen Konsumgütern und Produktionsgütern.

- **Konsumgüter** dienen unmittelbar der Bedürfnisbefriedigung des Menschen.

  > **Beispiele:**

  Lebensmittel, Haushaltsgeräte, Kinobesuch

- **Produktionsgüter** (Investitionsgüter) dienen dagegen nur mittelbar der Bedürfnisbefriedigung. Sie werden hergestellt und eingesetzt, um damit andere Güter zu produzieren.

  > **Beispiele:**

  Maschinen, Rohstoffe, Telefonanlage innerhalb der Steuerberater-Praxis

Ein Gut kann sowohl als Produktions- als auch als Konsumgut verwendet werden

> **Beispiel:**

Das Auto, das der Steuerberater zum Besuch von Mandanten benötigt, ist Produktionsgut. Benutzt der Steuerberater das Auto zu einer Urlaubsreise, so ist es Konsumgut.

Nach der **Nutzungsdauer der Güter** unterscheidet man schließlich zwischen Gebrauchs- und Verbrauchsgütern:

- **Gebrauchsgüter** können über einen längeren Zeitraum genutzt werden.

- **Verbrauchsgüter** können nur einmal verwendet werden.

> **Beispiele:**

- *Zur Herstellung von Schreibtischen werden in einer Möbelfabrik laufend Kreissägen, Fräs- und Schleifmaschinen, Werkzeuge usw. **gebraucht**. Dabei wird Holz, Leim, Lack, Strom usw. **verbraucht**.*
- *Zur Datenverarbeitung wird der PC **gebraucht**. Dabei wird Papier und Tonermaterial für den Drucker **verbraucht**.*

2

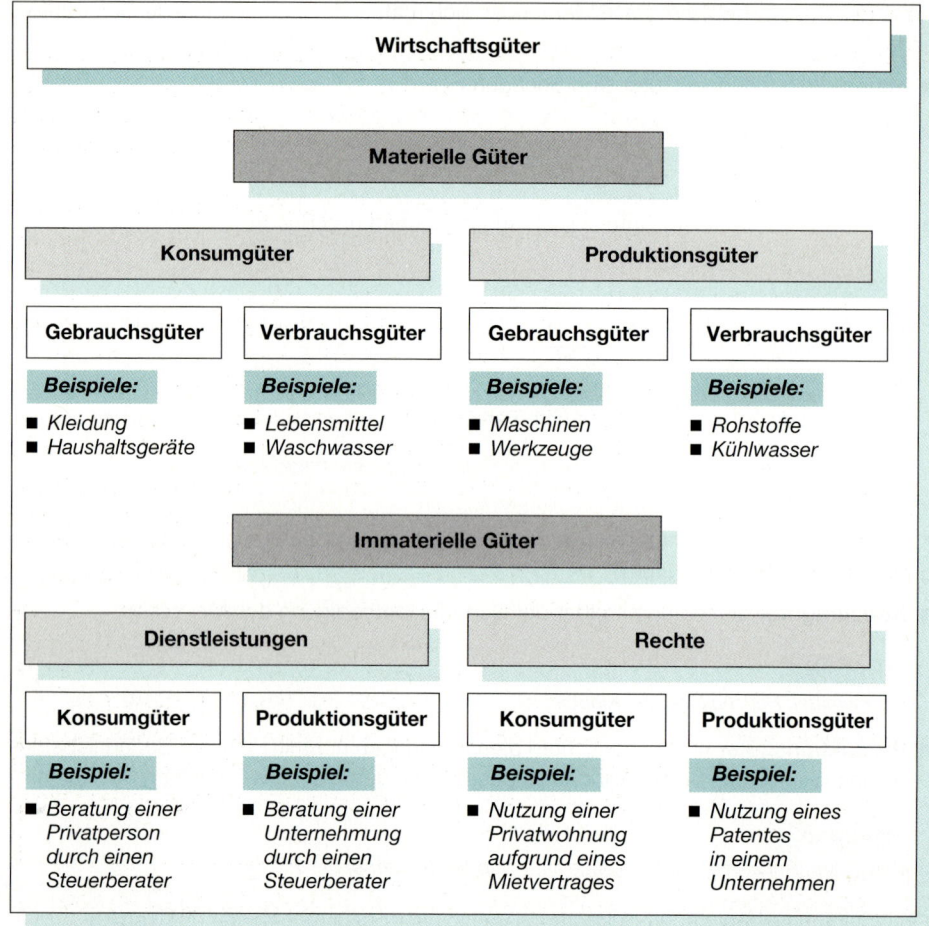

2.3   Wirtschaften

Zwischen der Knappheit der Güter auf der einen Seite und der tendenziellen Unbegrenztheit der menschlichen Bedürfnisse auf der anderen Seite besteht ein naturgegebenes Spannungsverhältnis, das die Menschen zwingt, mit den vorhandenen Mitteln zu wirtschaften und unter Beachtung des ökonomischen Prinzips, des Humanitätsprinzips und des Umweltschonungsprinzips die knappen Mittel zielgerecht einzusetzen.

> **Wirtschaften** ist die planvolle Beschaffung und Verwendung knapper Güter zur bestmöglichen Befriedigung menschlicher Bedürfnisse.

Zu unterscheiden sind

■ **Betriebswirtschaft:** Die Betriebswirtschaftslehre (BWL) befasst sich mit der Darstellung und Erklärung der wirtschaftlichen Vorgänge in den Unternehmen – auch Betriebe genannt – sowie den Beziehungen eines Unternehmens zu anderen Unternehmen, zu den Verbrauchern sowie zur Gesamtwirtschaft.

Unternehmen sind planmäßig organisierte Wirtschaftseinheiten, in denen Güter beschafft, verarbeitet, verwertet, verwaltet und abgesetzt werden:

Ziel von Unternehmen ist es, Bedürfnisse der Konsumenten, der anderen Unternehmen sowie des Staates zu erkennen, um die gewünschten Güter und Dienstleistungen am Markt anzubieten. Betriebswirtschaftliche Entscheidungen werden beeinflusst von Recht, Psychologie, Soziologie und Ökologie.

Die Betriebswirtschaftslehre (= BWL) kann untergliedert werden in

- **allgemeine BWL:** hierzu gehören z. B. die Problemfelder Führung, Material-, Produktions-, Personal-, Finanz-, Informationswirtschaft, Marketing, Rechnungswesen, Controlling.
- **spezielle BWL:** hierzu sind z. B. zu rechnen Handels-, Industrie-, Bank-, Versicherungs-, Landwirtschafts-, Touristik-, Handwerksbetriebslehre, Steuerlehre, Prüfungswesen.

■ **Volkswirtschaft:** Die Volkswirtschaftslehre (= VWL) beinhaltet die Untersuchung der Auswirkungen von Entscheidungen in Einzelwirtschaften auf die gesamte Volkswirtschaft sowie den internationalen Güter- und Warenaustausch.

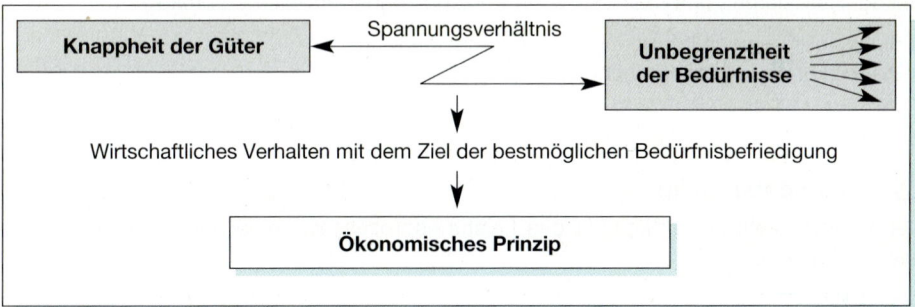

2.3.1 Grundprinzipien

Ökonomisches Prinzip

Wirtschaftliches Verhalten vollzieht sich nach dem ökonomischen Prinzip, d. h. es wird ein möglichst günstiges Verhältnis zwischen Aufwand und Ertrag angestrebt.

Das ökonomische Prinzip kann als **Maximum-** oder **Minimumprinzip** formuliert werden. Es entspricht vernunftgemäßem Verhalten, wenn der Mensch versucht, mit den ihm gegebenen Mitteln einen möglichst großen Erfolg zu erzielen oder aber einen bestimmten Zweck mit einem möglichst geringen Einsatz von Mitteln zu erreichen.

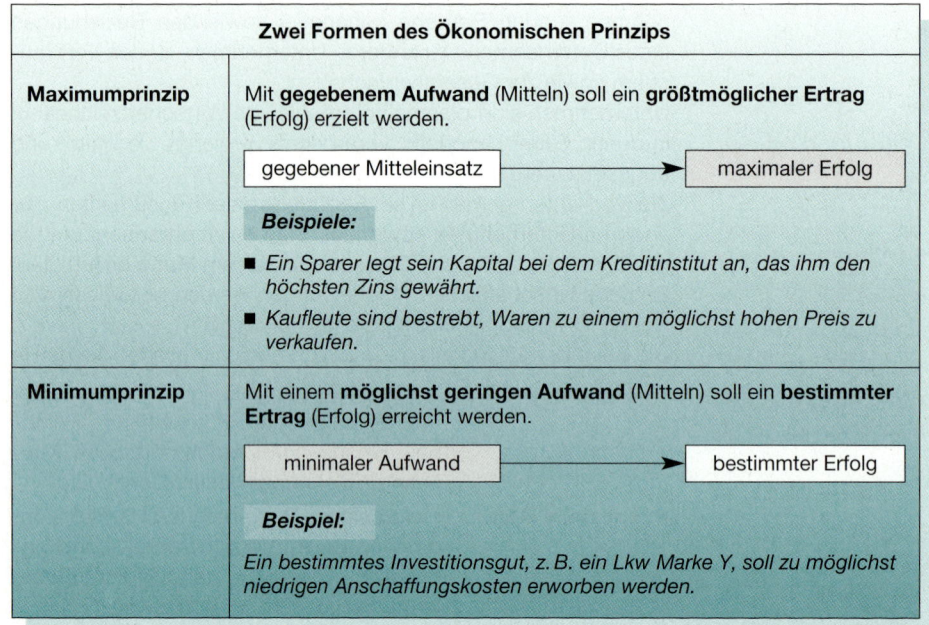

Zwei Formen des Ökonomischen Prinzips

Maximumprinzip	Mit **gegebenem Aufwand** (Mitteln) soll ein **größtmöglicher Ertrag** (Erfolg) erzielt werden.
	gegebener Mitteleinsatz ────────► maximaler Erfolg
	Beispiele:
	■ *Ein Sparer legt sein Kapital bei dem Kreditinstitut an, das ihm den höchsten Zins gewährt.*
	■ *Kaufleute sind bestrebt, Waren zu einem möglichst hohen Preis zu verkaufen.*
Minimumprinzip	Mit einem **möglichst geringen Aufwand** (Mitteln) soll ein **bestimmter Ertrag** (Erfolg) erreicht werden.
	minimaler Aufwand ────────► bestimmter Erfolg
	Beispiel:
	Ein bestimmtes Investitionsgut, z. B. ein Lkw Marke Y, soll zu möglichst niedrigen Anschaffungskosten erworben werden.

Die Beachtung des ökonomischen Prinzips trägt dazu bei, das Spannungsverhältnis zwischen der Knappheit der Güter und der Unbegrenztheit der Bedürfnisse zu mildern.

Bei der Realisierung des ökonomischen Prinzips können Probleme bereiten

■ die unvollkommene Information des Entscheiders,
■ die Risikoneigung des Entscheiders,
■ die Bewertung von Aufwand und Ertrag.

Humanitätsprinzip

Der Mensch steht im Mittelpunkt des Leistungsprozesses; seine Erfordernisse sind zu berücksichtigen.

Beispiel:

menschengerechte Arbeitsorganisation und Führung

Umweltschonungsprinzip

Die Umwelt soll so viel wie möglich geschont werden, d. h. Umweltbelastungen sollen verhindert oder zumindest vermindert werden.

Beispiel:

geräuscharme Baumaschinen, schadstoffarme Fahrzeuge

2.3.2 Leitmaximen wirtschaftlichen Handelns

Alle Teilnehmer am Wirtschaftsleben verfolgen mit ihrem wirtschaftlichen Handeln charakteristische Ziele.

Private Haushalte

Die privaten Haushalte versuchen, sich durch die Erzielung von Einkommen die Geldmittel für

- die Sicherung ihrer Existenz,
- ein angenehmes, finanziell sorgenfreies Leben,
- die Erlangung von Eigentum und Ansehen

zu beschaffen.

Dies hat zur Folge, dass die privaten Haushalte auf der einen Seite bestrebt sind, ein möglichst hohes Einkommen zu erzielen. Auf der anderen Seite versuchen sie, ihr Einkommen so zu verwenden, dass möglichst viele Bedürfnisse befriedigt werden, d. h. ihren Nutzen zu *maximieren*.

Unternehmungen in der Marktwirtschaft

Erwerbswirtschaftliches Prinzip: Das langfristige Ziel der Unternehmen in der Marktwirtschaft besteht in der *Maximierung* des *Gewinns* („Erwerbs"), d. h., sie versuchen, eine möglichst hohe Differenz zwischen den betrieblichen Aufwendungen und Erträgen zu erzielen. Um dieses Ziel zu erreichen, sind die Unternehmungen einerseits bestrebt, die Kosten der Produktion möglichst gering zu halten, andererseits aus dem Verkauf ihrer Produkte einen möglichst hohen Erlös zu erzielen.

Öffentliche Unternehmen und Versorgungsbetriebe

Öffentliche Unternehmen und **Versorgungsbetriebe** stehen im Dienste der Allgemeinheit. Für sie gilt das Bedarfsdeckungsprinzip.

Beispiele:

Krankenhäuser, Verkehrsbetriebe, Schulen

Bedarfsdeckungsprinzip: Das Handeln öffentlicher Unternehmen und Versorgungsbetriebe ist in erster Linie auf die Deckung des öffentlichen Bedarfs ausgerichtet. Sie versuchen, eine angemessene Versorgung der Bevölkerung sicherzustellen und gleichzeitig die Kosten der Produktion möglichst gering zu halten.

Wer die Dienstleistungen öffentlicher Unternehmen und Versorgungsbetriebe in Anspruch nehmen möchte, muss zwar in aller Regel hierfür einen Beitrag leisten, doch reichen diese Beiträge gewöhnlich nicht aus, um die Kosten zu decken.

Wird die Kostendeckung nicht erreicht, sind Subventionen der öffentlichen Hand notwendig, um den Betrieb aufrechtzuerhalten.

Beispiel:

Die Deutsche Bahn AG hat in den vergangenen Jahren versucht, durch die Aufgabe unrentabler Strecken ihre Kosten zu senken. Dieses Handeln ist am erwerbswirtschaftlichen Prinzip ausgerichtet. Kritiker der Streckenstilllegungen fordern dagegen, dass die Deutsche Bahn AG ihr Handeln auch am gemeinwirtschaftlichen Prinzip zu orientieren habe, d. h. so lange Beförderungsdienstleistungen anzubieten habe, wie ein entsprechender Bedarf existiert.

Öffentliche Haushalte und **Verwaltungseinrichtungen** und sonstige **staatliche Institutionen** sind notwendig, um die Volkswirtschaft funktionsfähig zu erhalten, die öffentliche Ordnung sicherzustellen sowie Rechtssicherheit und Gerechtigkeit zu gewährleisten.

Sie erfüllen ihre Aufgaben aufgrund eines öffentlichen (= gesetzlichen) Auftrags.

Beispiele:

Bund, Länder, Gemeinden, Einwohnermeldeämter, Finanzämter, Gerichte

Die notwendigen Geldmittel entstammen dem Steueraufkommen der Bevölkerung. Der *Bundesrechnungshof* bzw. die *Landesrechnungshöfe* wachen darüber, dass die Kosten des Betriebs möglichst gering gehalten und keine unnötigen Ausgaben getätigt werden.

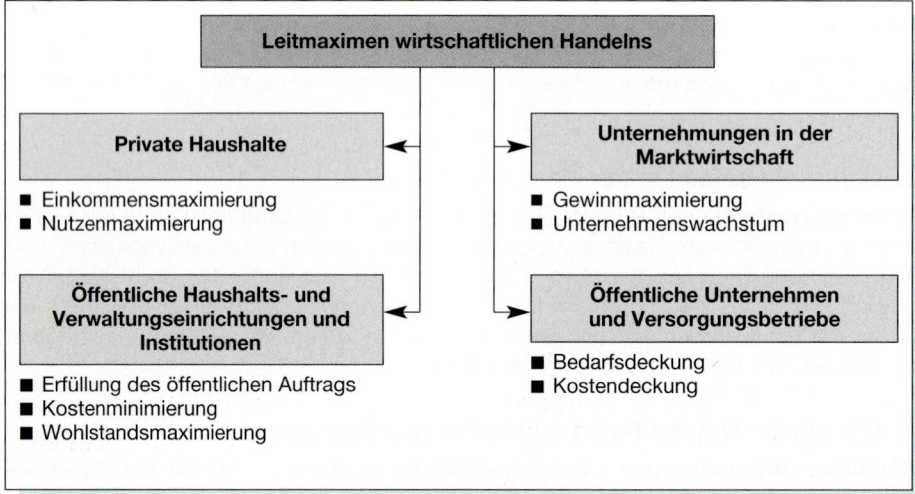

2.3.3   Wirtschaftsbereiche

An der Bereitstellung des in seiner Fülle und Differenziertheit kaum noch überschaubaren Güterangebots sind verschiedene Bereiche der Wirtschaft beteiligt, die sich auf die Erstellung bestimmter Güter spezialisiert haben.

Eine Vielzahl von Unternehmen muss in der Regel zusammenwirken, um ein einzelnes Wirtschaftsgut zu produzieren.

Beispiel:

Die vereinfachte Darstellung des Weges eines Möbelstückes in allen seinen Produktionsstufen, angefangen von der Gewinnung der Rohstoffe bis hin zur Belieferung des Konsumenten durch den Einzelhandel, vermittelt einen Eindruck von der Kooperation und Arbeitsteilung innerhalb der Wirtschaft.

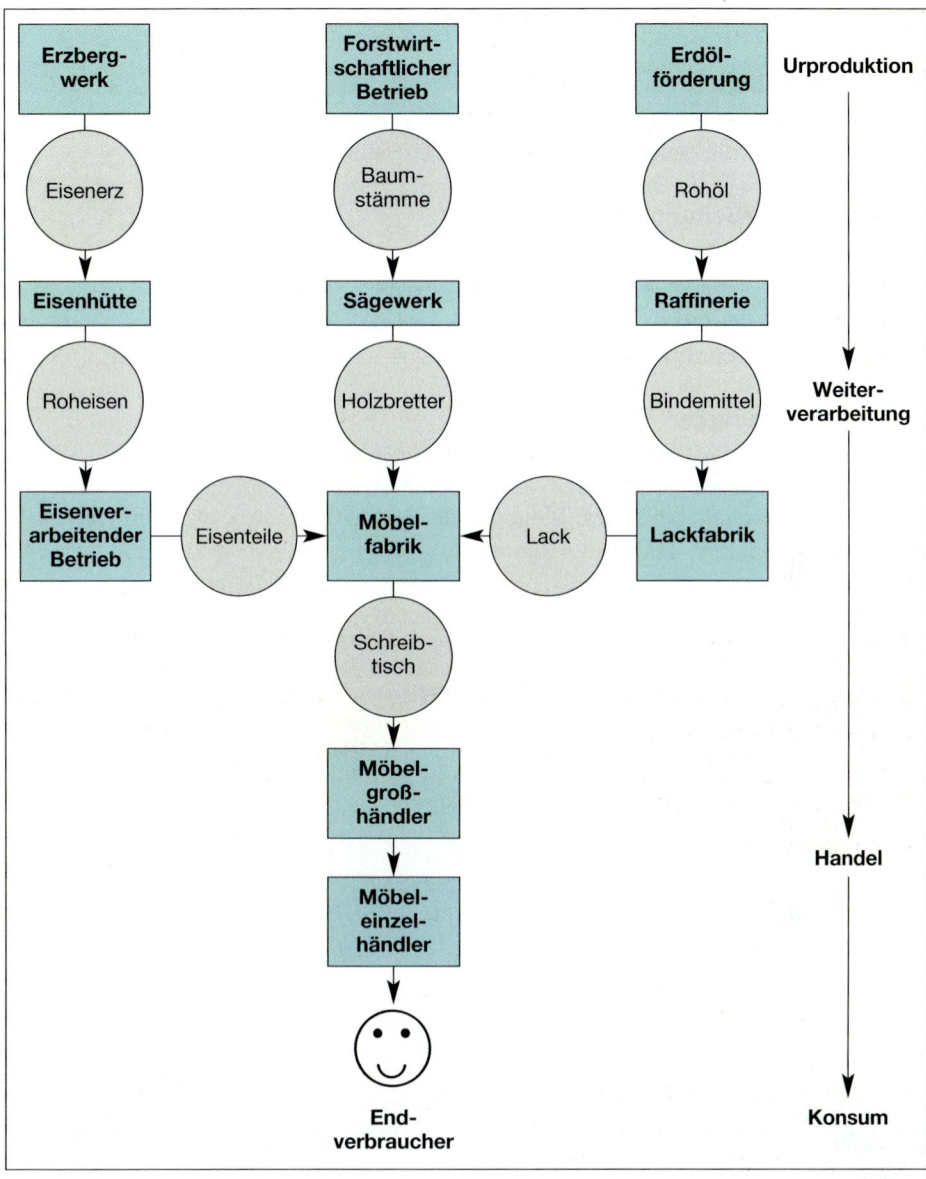

Die Arbeitsteilung innerhalb der Wirtschaft, der wir unseren hohen Lebensstandard verdanken, nimmt mit dem technischen Fortschritt zu. Sie bewirkt aber auch, dass niemand mehr in der Lage ist, sich mit den zum Leben benötigten Wirtschaftsgütern selbst zu versorgen.

> Unter der **volkswirtschaftlichen Arbeitsteilung** versteht man die Spezialisierung der Unternehmen auf die Produktion bestimmter Güter.

Jede arbeitsteilige Volkswirtschaft weist drei **Wirtschaftsbereiche** auf.

Urerzeugung

Gegenstand der Urerzeugung, des **primären Wirtschaftsbereichs**, ist die Gewinnung von Rohstoffen und Erzeugnissen, wie sie von der Natur geboten werden.

Weiterverarbeitung

Nur selten sind die Produkte der Urerzeugung konsumreif, also ohne weitere Be- bzw. Verarbeitung zur unmittelbaren Befriedigung menschlicher Bedürfnisse geeignet.

Die Weiterverarbeitung der Urprodukte zu Fertigerzeugnissen geschieht innerhalb des **sekundären Wirtschaftsbereiches** in den Industrie- und Handwerksbetrieben.

Dienstleistungen

Zum **tertiären Wirtschaftsbereich** zählen schließlich alle Betriebe, die Dienstleistungen „produzieren", wie Handelsbetriebe, Kreditinstitute und Versicherungen. Auch bei den Praxen der Wirtschaftsprüfer und Steuerberater handelt es sich folglich um Dienstleistungsbetriebe.

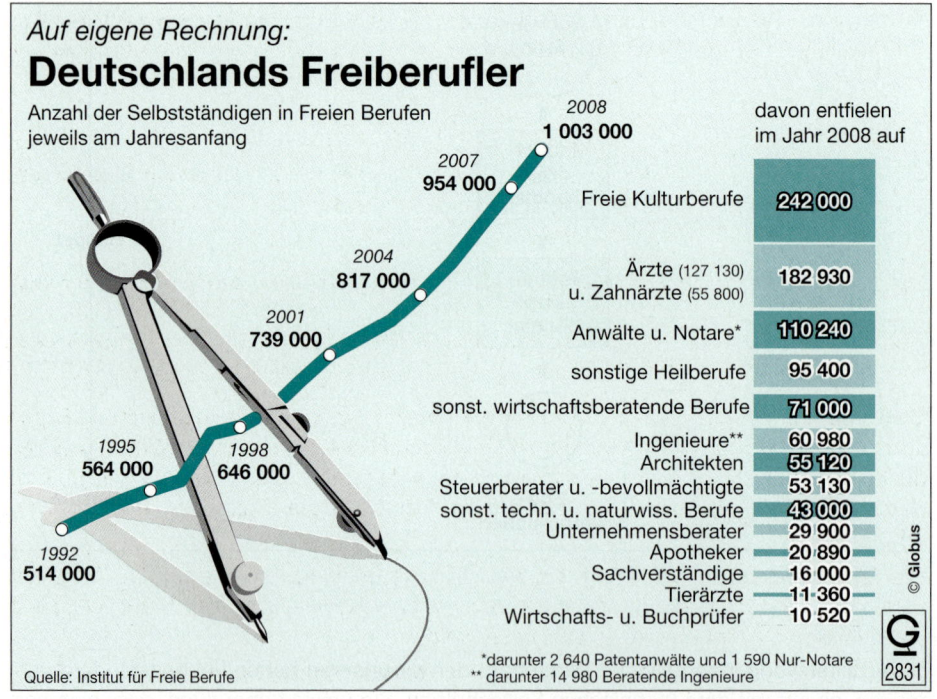

Auf eigene Rechnung:

Deutschlands Freiberufler

Anzahl der Selbstständigen in Freien Berufen jeweils am Jahresanfang

2008 1 003 000
2007 954 000
2004 817 000
2001 739 000
1998 646 000
1995 564 000
1992 514 000

davon entfielen im Jahr 2008 auf

Freie Kulturberufe	242 000
Ärzte (127 130) u. Zahnärzte (55 800)	182 930
Anwälte u. Notare*	110 240
sonstige Heilberufe	95 400
sonst. wirtschaftsberatende Berufe	71 000
Ingenieure**	60 980
Architekten	55 120
Steuerberater u. -bevollmächtigte	53 130
sonst. techn. u. naturwiss. Berufe	43 000
Unternehmensberater	29 900
Apotheker	20 890
Sachverständige	16 000
Tierärzte	11 360
Wirtschafts- u. Buchprüfer	10 520

Quelle: Institut für Freie Berufe

*darunter 2 640 Patentanwälte und 1 590 Nur-Notare
** darunter 14 980 Beratende Ingenieure

© Globus

2831

Wirtschaftsbereiche		
Urproduktion ▼ **Primärer Bereich**	**Produzierendes Gewerbe** ▼ **Sekundärer Bereich**	**Dienstleistungen** ▼ **Tertiärer Bereich**

■ Landwirtschaft
■ Forstwirtschaft
■ Fischerei
	■ Bergbau[1]
	■ Energieversorgung
	■ Grundstoff-
	■ Investitions-
	■ Konsumgüterindustrie
	■ Baugewerbe
	■ Handwerk
		■ Handel
		■ Verkehr
		■ Kreditinstitute
		■ Versicherungen
		■ Sonstige Dienstleistungen
		  • Ärzte, Krankenhäuser
		  • Steuerberater, Wirtschaftsprüfer
		  • Theater, Kinos, Gaststätten, Hotels
		  • Medien

2

2.3.4 Internationale Arbeitsteilung

Neben der Arbeitsteilung zwischen den Unternehmen innerhalb einer Volkswirtschaft existiert auch eine weltweite Arbeitsteilung zwischen den Ländern.

Zwei Gründe sind hierfür vorhanden:

■ Manche Güter sind aufgrund der natürlichen Gegebenheiten (Klima, geografische Lage) in einzelnen Ländern überhaupt nicht oder nur in sehr geringem Umfang verfügbar.

Beispiele:

Bodenschätze, Pflanzen, Tiere

■ Der Entwicklungsstand der einzelnen Volkswirtschaften ist unterschiedlich. Dies führt zu unterschiedlichen Produktionsergebnissen und -kosten.

Beispiele:

■ *Die Produktionskosten können im Ausland aufgrund des niedrigeren Lohnniveaus geringer als im Inland sein.*

■ *Voraussetzung für die Entwicklung und Nutzung moderner Technologien bei der Produktion ist ein hoher Stand beruflichen Wissens und Könnens, über den die Entwicklungsländer vielfach nicht verfügen.*

Voraussetzung für die internationale Arbeitsteilung ist der ungehinderte Import und Export von Gütern. Der freie Welthandel sorgt für das Funktionieren des internationalen Güteraustauschs. Durch eine sinnvolle internationale Arbeitsteilung kann das Güterangebot in den einzelnen Volkswirtschaften zum Nutzen der dort lebenden Menschen verbessert und erhöht werden.

Die **Globalisierung** ist Ausdruck für die weltweite Öffnung der Märkte, das Entstehen multinational operierender Unternehmungen („Global Players") und den freien Austausch von Gütern, Dienstleistungen und Informationen.

Heute können sich die Unternehmungen den optimalen Standort aussuchen.

Beispiele:

Forschen in den USA, Entwickeln in Indien, Produzieren in Deutschland, Finanzieren in London und Vertrieb weltweit.

---

[1] In öffentlichen Statistiken wird der Bergbau in der Regel nicht unter der Urproduktion, sondern unter „produzierendes Gewerbe" erfasst.

Globalisierung ist jedoch kein neues Phänomen: Seit Jahrtausenden entwickelt sich die Globalisierung durch Reisen, Handel und Migration (Ein- und Auswanderung) sowie den Austausch von Kultur, wissenschaftlichen Erkenntnissen und technischem Know-how. Neu ist lediglich die Geschwindigkeit, mit der sich der Globalisierungsprozess in den letzten Jahrzehnten beschleunigt hat. Deshalb befürchten die Globalisierungskritiker, die immer schneller wachsende Weltwirtschaft könnte auch zu immer krasseren sozialen Schieflagen führen.

2

2.4   Produktionsfaktoren

So wie die Güter in der Natur vorgefunden werden, stehen sie noch nicht für den Konsum bereit. Der Einsatz von Arbeit und betrieblichen Anlagen ist notwendig, um die Güter konsumreif zu machen.

Beispiele:

- *Das Obst muss geerntet, um konsumiert werden zu können,*
- *Bäume müssen gefällt, anschließend kann das Holz zu Möbelstücken verarbeitet werden.*

Produktionsfaktoren (⇒ „inputs") sind Sachgüter und Dienstleistungen, die im Produktionsprozess miteinander kombiniert und eingesetzt werden, um Güter und Dienste (⇒ „outputs") herzustellen, weiter zu verarbeiten und zu verkaufen.

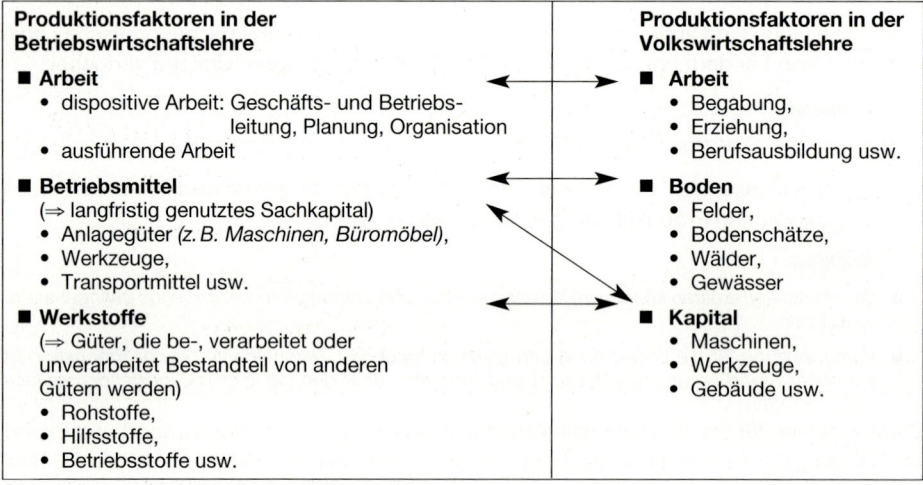

Es ist die Grundidee des Wirtschaftens, die Produktionsfaktoren rationell so einzusetzen, dass der Bedarf befriedigt werden kann.

Weitere beeinflussende Faktoren können sein:

- Rechts- und Wirtschaftsordnung,
- Standortfaktoren,

Beispiele:

Bodenkosten, Büromieten, Gewerbeflächen, Transportkosten; Nähe zu Rohstoffen, Nähe zum Absatzmarkt, Ausbildung der Arbeitnehmer, Arbeitskosten

- Steuern, Gebühren, Zölle, öffentliche Hilfen, Fördermaßnahmen, Subventionen, Abschreibungserleichterungen,
- Energieversorgung
- Umweltschutzauflagen, Entsorgung,
- geologische und klimatische Bedingungen.

2.4.1 Arbeit

▢ Begriff und Arten der Arbeit

Ohne menschliche Arbeit ist jede wirtschaftliche Tätigkeit undenkbar. In den Produktionsfaktor Arbeit gehen die Fähigkeiten des Menschen in unterschiedlicher Weise ein.

2

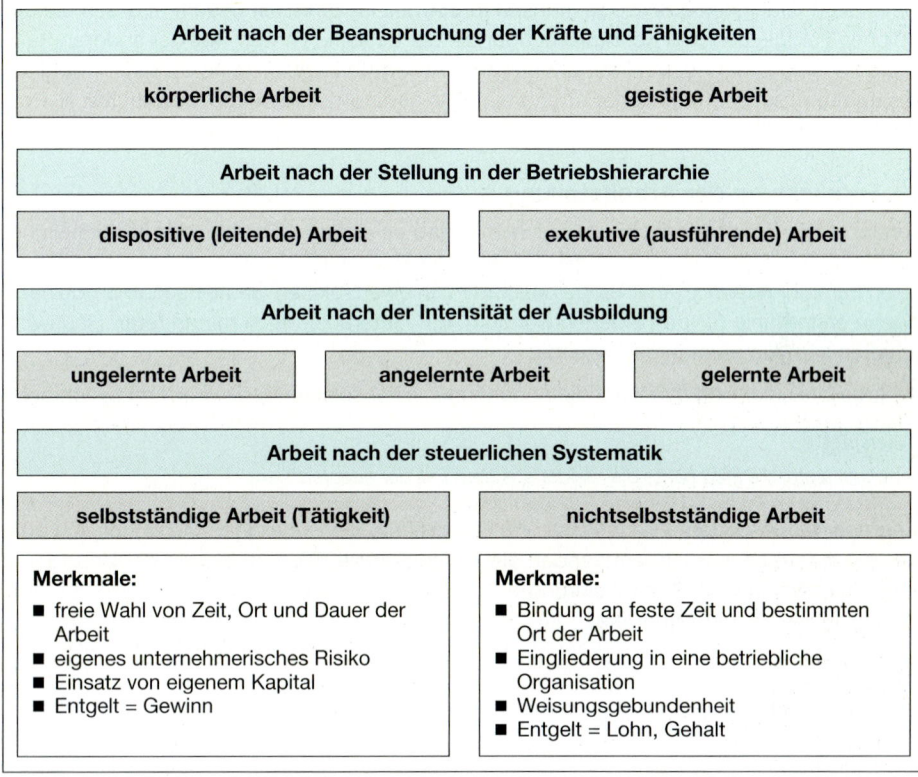

Arbeit nach der Beanspruchung der Kräfte und Fähigkeiten	
körperliche Arbeit	geistige Arbeit

Arbeit nach der Stellung in der Betriebshierarchie	
dispositive (leitende) Arbeit	exekutive (ausführende) Arbeit

Arbeit nach der Intensität der Ausbildung		
ungelernte Arbeit	angelernte Arbeit	gelernte Arbeit

Arbeit nach der steuerlichen Systematik	
selbstständige Arbeit (Tätigkeit)	nichtselbstständige Arbeit
Merkmale: ■ freie Wahl von Zeit, Ort und Dauer der Arbeit ■ eigenes unternehmerisches Risiko ■ Einsatz von eigenem Kapital ■ Entgelt = Gewinn	**Merkmale:** ■ Bindung an feste Zeit und bestimmten Ort der Arbeit ■ Eingliederung in eine betriebliche Organisation ■ Weisungsgebundenheit ■ Entgelt = Lohn, Gehalt

Beispiele:

■ *Ein Steuerfachgehilfe verrichtet exekutive Arbeit. Er erzielt Einkommen aus nichtselbstständiger Arbeit (§ 19 EStG).*
■ *Der Geschäftsführer einer GmbH verrichtet dispositive Arbeit. Auch er erzielt als Arbeitnehmer Einkommen aus nichtselbstständiger Arbeit.*

> Volkswirtschaftlich versteht man unter **Arbeit** jede auf ein wirtschaftliches Ziel gerichtete menschliche Tätigkeit.

▢ Bestimmungsgrößen des volkswirtschaftlichen Arbeitspotenzials

Quantität und Qualität des Arbeitspotenzials einer Volkswirtschaft werden bestimmt durch:

■ die Bevölkerungszahl,
■ die Bevölkerungsstruktur hinsichtlich Alter und Geschlecht,
■ die Erwerbsquote,

$$\text{Erwerbsquote} = \frac{\text{Erwerbspersonen}}{\text{Wohnbevölkerung}} \cdot 100$$

- die Qualifikation der Erwerbspersonen,
- die Arbeitsmentalität,
- die Mobilität der Erwerbspersonen.

Die Leistungsfähigkeit des Produktionsfaktors Arbeit ist zunächst bestimmt durch die beruflichen Fertigkeiten und Kenntnisse, über die der Einzelne verfügt. Auf der anderen Seite ist sie abhängig vom Ausmaß der praktizierten **Arbeitsteilung**, die eine Spezialisierung auf bestimmte Arbeitsbereiche erlaubt und eine Steigerung der **Arbeitsproduktivität** (= Produktionsmenge je Arbeitsstunde) ermöglicht.

Entwicklung der Arbeitsteilung

Bereits in der frühen Menschheitsgeschichte gab es einfache Formen der Arbeitsteilung. Die Menschen lebten damals in **geschlossenen Hauswirtschaften**, die aus einem größeren Familienverbund, einer Sippe bestanden. In einer solchen Gemeinschaft produzierte man in erster Linie für den eigenen Konsum. Ein Güteraustausch mit anderen Hauswirtschaften kam nur ausnahmsweise vor.

Die Arbeitsteilung blieb daher auf die Angehörigen einer solchen Hauswirtschaft beschränkt.

Beispiel:

Der Mann jagte, die Frau nähte die Kleider aus dem Fell der erlegten Tiere.

Aufgrund der besonderen Kenntnisse und Fähigkeiten, die von einigen Menschen im Laufe der Zeit erworben wurden, entstanden die ersten **Berufe**. Die Entstehung der Berufe und die damit verbundene Spezialisierung auf einen engeren Arbeitsbereich führte zur Notwendigkeit des **Tauschhandels**.

Beispiel:

Jemand, der die Kunst der Metallerzeugung und -bearbeitung erlernt hatte, betätigte sich als Schmied. Die von ihm zum Leben benötigten Güter tauschte er gegen die von ihm hergestellten Güter ein.

Die Entstehung neuer Techniken und die Weiterentwicklung des beruflichen Wissens und Könnens führte im Laufe der Zeit zu einer weiteren **Spezialisierung** innerhalb eines Berufes.

Beispiel:

Aus dem Beruf des Schmieds entstanden die Berufe des Waffenschmieds, des Hufschmieds usw.

Es zeigte sich bald, dass durch die Zerlegung eines Arbeitsvorgangs in einzelne Teilverrichtungen die Produktivität der menschlichen Arbeitsleistung noch weiter gesteigert werden konnte.

Beispiel:

Bei der Fließbandarbeit ist der einzelne Arbeiter auf bestimmte Handgriffe spezialisiert. Er ist innerhalb des Produktionsprozesses nur für einen eng umrissenen Teilvorgang verantwortlich, nicht mehr jedoch für das ganze Endprodukt.

Die **Arbeitszerlegung** und der begleitende Einsatz hochwertiger Maschinen ermöglichen die **Massenproduktion**. Einfache Verrichtungen, die früher von den Menschen ausgeführt wurden, werden von hoch technisierten Produktionsanlagen übernommen. Die Automation des Produktionsprozesses reduziert die Aufgabe des Menschen auf die Übernahme von Steuerungs- und Kontrollfunktionen.

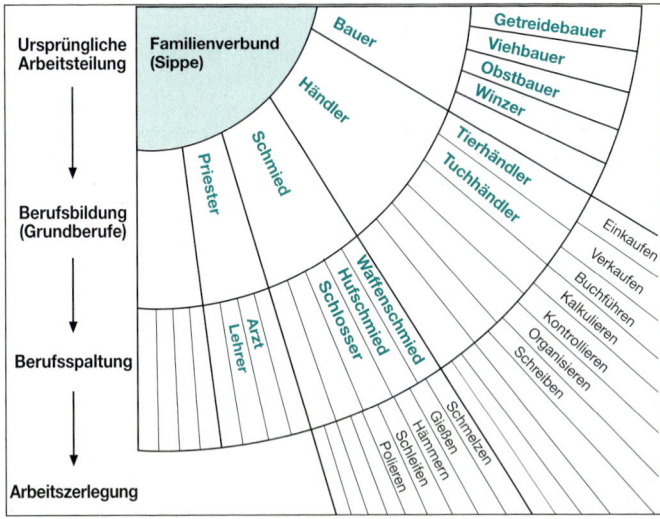

2.4.2 Boden, Umweltnutzung, Umweltressourcen

> Der Produktionsfaktor **Boden** ist im weitesten Sinne die zu wirtschaftlichen Zwecken genutzte Natur. Er umfasst alle natürlichen Ressourcen.

Beispiele:

Bodenschätze, Bodenfläche, Gewässer, Klima

Die zunehmende Bevölkerungsdichte und die wachsende Produktion hat den Produktionsfaktor Boden zu einem besonders knappen und wertvollen Gut gemacht. Gegenüber den anderen Produktionsfaktoren weist er die Besonderheit auf, dass er weder vermehrbar noch transportierbar ist. Sein Wert ist damit von seiner Lage und seiner natürlichen Beschaffenheit abhängig.

Innerhalb des Wirtschaftslebens wird der Boden in dreierlei Weise genutzt.

2

Anbauboden

> Der Boden ist land- und forstwirtschaftliche Nutzfläche.

Beispiele:

Getreide-, Gemüse-, Obstanbau, Weideland, Teichanlagen für die Fischzucht, Waldfläche

Abbauboden

> Der Boden ist Quelle wichtiger Rohstoffe.

Beispiele:

Kohle- und Erzbergwerke, Öl- und Gasvorkommen, Steinbrüche, Kiesgruben

Die einmal abgebauten Rohstoffe sind nicht mehr regenerierbar. Diese „Einmaligkeit" zeigt den Menschen die Grenzen eines auf der Ausbeutung der Natur begründeten Wirtschaftswachstums auf und verpflichtet sie gegenüber den nachfolgenden Generationen zum Schutz der Natur und zur weitgehenden Erhaltung der natürlichen Ressourcen.

Standortboden

> Der Boden ist Grundfläche für jeden wirtschaftlichen Zweck.

Beispiel:

Der Boden ist Standort für die Produktionsstätten der Industrie, für Handelsbetriebe, Verkehrs- und Freizeitanlagen und nicht zuletzt für die Wohnungen und Häuser der Menschen.

Für jede Unternehmung muss genau überlegt werden, welcher Standort für sie der günstigste ist. Je nach dem Unternehmensgegenstand können bei der Wahl des geeigneten Standortes die einzelnen Standortfaktoren eine unterschiedliche Bedeutung haben.

Standortfaktoren

Ergebnisse empirischer Analysen zur Standortwahl von Unternehmen

Rangfolge der Standortfaktoren nach Ruppert[1]	Rangfolge der Standortfaktoren nach Leibfritz/Teschner[2]	Rangfolge der Standortfaktoren nach Lüder/Küpper[3]
1. Reservoir an Arbeitskräften	1. Reservoir an Arbeitskräften, Lohnkostenniveau	1. Gewerbeflächenangebot
2. Räumliche Erweiterungsmöglichkeiten	2. Gewerbeflächenangebot	2. Verkehrsanbindung
3. Qualifikation der Arbeitsplätze	3. Verkehrsanbindung, Transportkosten	3. Reservoir an Arbeitskräften
4. Kommunalabgaben, öffentliche Finanzhilfen	4. wirtschaftsnahe Infrastruktur	4. Transportkosten
5. Lage zum Absatz- und Beschaffungsmarkt	5. Investitionszulagen, Zuschüsse, Sonderabschreibungen	5. öffentliche Finanzhilfen
6. Verkehrsanbindung	6. Kommunalabgaben	6. Ver- und Entsorgung
7. Umweltschutzauflagen	7. Umweltschutzauflagen	7. Lohnkostenniveau
8. Betreuung durch die Kommune	8. Kredithilfen, Bürgschaften	8. Investitionsausgaben
9. Energie- und Wasserversorgung	9. soziale Infrastruktur	9. Steuerbelastung
10. soziale Infrastruktur	10. kommunale Finanzhilfen	

[1] Ruppert, W.: Produktionsstandorte der Industrie im Urteil der Unternehmen, Ergebnisse einer IFO-Umfrage.
[2] Leibfritz, W./Teschner, S.: Staatliche Einflüsse auf die Standortwahl der Unternehmen.
[3] Lüder, K./Küpper, W.: Unternehmerische Standortwahl und regionale Wirtschaftsförderung, Göttingen.

Für Steuerberater und Wirtschaftsprüfer ist bei der Standortwahl von besonderer Bedeutung das Umfeld hinsichtlich:

- Bevölkerungsdichte und -struktur (Einkommensverhältnisse)
- Wirtschaftsstruktur
- Verkehrslage inkl. Parkmöglichkeiten
- Konkurrenz
- Kosten für geeignete Büroräume

2

Internationale Standortfaktoren

Mit den politischen Umwälzungen in Mittel- und Osteuropa und mit der zunehmenden Konkurrenz durch die südostasiatischen Schwellenländer haben sich auch die Strukturen der internationalen Arbeitsteilung verändert.

Der zunehmende Wettbewerbsdruck aus dem Ausland hat in Deutschland eine Diskussion um die Attraktivität des Wirtschaftsstandorts Deutschland ausgelöst. Die Standortfaktoren im internationalen Wettbewerb um Investitionen sind quantitativer und qualitativer Natur.

Quantitative Standortfaktoren	Qualitative Standortfaktoren
■ Arbeitskosten ■ Arbeitsproduktivität ■ Wochenarbeitszeit ■ verlorene Arbeitstage durch Arbeitskämpfe ■ Steuerbelastung ■ Umweltschutzaufwand ■ Umsatzrentabilität	■ Qualifikation der Arbeitskräfte ■ Produktqualität ■ Service ■ Rechtssicherheit ■ Infrastruktur ■ Lebensqualität ■ politische Stabilität

2.4.3 Kapital

Arbeit und Boden werden als **ursprüngliche** Produktionsfaktoren bezeichnet. Wäre der Mensch nur auf sie allein gestellt, könnte er seine Lebensbedingungen nur in geringem Umfang verbessern.

Durch seinen Erfindungsgeist angespornt, sucht der Mensch jedoch ständig nach Möglichkeiten, den Erfolg seiner Arbeit zu steigern. Durch die Herstellung und den Einsatz von Werkzeugen, Maschinen, Transportmitteln, Mikroprozessoren usw. wird die Produktivität, das Ergebnis der Arbeitsleistung, erheblich gesteigert.

> Der Produktionsfaktor **Kapital** umfasst alle Produktionsmittel, die bei der Gütererzeugung eingesetzt werden.

Kapital wird als **abgeleiteter** (derivativer) Produktionsfaktor bezeichnet, weil zu seiner Entstehung die Kombination von Arbeit und Boden notwendig ist.

2

Sparen – Voraussetzung der Kapitalbildung

Beispiel:

Als Robinson Crusoe auf der einsamen Insel strandete, hatte er zunächst nur seine Arbeitskraft und die Natur mit ihren Pflanzen, Tieren und Bodenschätzen – so wie er sie vorfand – zur Verfügung, um sein Leben zu fristen.
Anfangs ernährte sich Robinson von Fischen, die er mit seinen bloßen Händen mühselig aus dem Wasser griff. Bald überlegte er, wie er seinen Fischfang verbessern könnte.
Er verbrauchte in den nächsten Tagen nicht seine gesamte Fischbeute, sondern legte so lange einen Teil der gefangenen Fische als Vorrat zurück, bis er eine ganze Tagesration „gespart" hatte. Als er so weit war, konnte er einen Tag lang seine ganze Arbeitskraft in die Herstellung einer Angel stecken; zur Ernährung verbrauchte er seinen Fischvorrat. Mit der neu geschaffenen Angel gelang es ihm, in kurzer Zeit seinen Tagesbedarf an Fischen zu decken. In der gewonnenen Zeit stellte er als Nächstes eine Reuse, ein Netz und ein kleines Boot her. Jetzt konnte er nicht nur in noch kürzerer Zeit, sondern auch wesentlich bequemer seinen Bedarf an Fischen decken. Er wäre sogar in der Lage gewesen, weitaus mehr an Fischen zu fangen, als er selbst zu seinem eigenen Lebensunterhalt benötigte.
Bald darauf baute er Geräte und Werkzeuge, die ihn beim Bau einer Hütte, bei der Bestellung des Ackers und der Viehhaltung unterstützten.
Durch die Schaffung und den Einsatz des Produktionsfaktors Kapital gelang es Robinson, seine Lebensbedingungen im Laufe der Jahre immer weiter zu verbessern.

Das Beispiel macht deutlich: Die Entstehung des Produktionsfaktors Kapital ist nur möglich, wenn der Mensch auf die konsumtive Verwendung eines Teils seines Einkommens verzichtet.

Beispiel:

Robinson musste zunächst seinen Fischkonsum einschränken und einen Vorrat anlegen.

In einer modernen Volkswirtschaft geschieht die Schaffung des Produktionsfaktors Kapital nicht mehr unmittelbar durch die Bildung eines Gütervorrates, sondern durch das Sparen von Geld.

> **Sparen** bedeutet Konsumverzicht, der in der Regel zur Bildung von Geldkapital führt.

Durch die Vermittlung von *Kapitalsammelstellen* (Kreditinstitute, Lebensversicherungen) wird dieses Geldkapital den Unternehmen zur Verfügung gestellt.

Die Unternehmen verwenden das Geldkapital für ihre Investitionen, d. h. zum Erwerb von Maschinen, Fabrikanlagen und Vorräten.

Voraussetzung für das Sparen innerhalb einer Volkswirtschaft sind **Sparfähigkeit** und **Sparwille** der Bevölkerung.

Kein Sparen im volkswirtschaftlichen Sinne ist das *Horten*, bei dem zwar auch Konsumverzicht geleistet wird, aber keine produktive Geldverwendung erfolgt *(„Strumpfsparen")*.

Arten des Sparens

■ Freiwilliges Sparen

Der Konsumverzicht wird aufgrund der freiwilligen Entscheidung der Sparer geleistet. Die gesparten Geldmittel können in verschiedenen Formen angelegt werden.

Sparformen sind:
- Spar- und Termineinlagen
- Wertpapiere
- Bausparen
- Kapitallebensversicherungen

Sparmotive sind:
- Vorsorge für die Zukunft
- Erzielung von Kapitaleinkünften *(Zinsen, Dividenden)*
- Geldansammlung für konkrete Anschaffungen und größere Ausgaben *(Autokauf, Urlaubsreise)*

Auch Unternehmen können „sparen", wenn auf die Ausschüttung eines Teils der erwirtschafteten Gewinne verzichtet wird. Diese Geldmittel stehen damit für weitere unternehmerische Zwecke zur Verfügung.

■ Zwangssparen

Der Konsumverzicht wird unfreiwillig geleistet, indem von den Einkommensbeziehern ein bestimmter Teil ihres Einkommens in Form von *Steuern* und *Sozialabgaben* (Renten-, Kranken-, Pflege-, Arbeitslosenversicherung) an den Staat bzw. die Sozialversicherungsträger abzuführen ist.

2

Das Steigen der Preise führt ebenfalls zu einem unfreiwilligen Konsumverzicht und bedeutet Zwangssparen: Die Inflation „verzehrt" Einkommen, das für den Konsum hätte ausgegeben werden können.

◼ Investieren – Voraussetzung für wirtschaftliches Wachstum

> **Investieren** bedeutet die Verwendung von Geldkapital für Unternehmenszwecke.

Die der Unternehmung von ihren Kapitalgebern (Kreditinstituten, Eigentümern) zur Verfügung gestellten Geldmittel werden durch Investitionen in Realkapital (Sachkapital) umgewandelt.

Arten der Investition

■ Anlageinvestitionen

Das Geld wird für die Beschaffung von dauerhaft verwendbaren Produktionsmitteln verwendet.

> Die **Anlageinvestitionen** umfassen **Ausrüstungen**, **Bauten** und **sonstige Anlagen**.

Beispiele:

Ausrüstungen: *Maschinen, Betriebsausstattungen, Geschäftseinrichtungen, Werkzeuge, Fahrzeuge*
Bauten: *Fabrikbauten, Lagerhallen, Verwaltungsgebäude, Stromleitungen*
Sonstige Anlagen: *EDV-Software, Urheberrechte (immaterielle Anlageinvestitionen)*

Ersatzinvestitionen dienen der Erhaltung des vorhandenen Anlagenbestandes (Kapitalerneuerung), indem abgenutzte oder veraltete Anlagen durch neue ersetzt werden. Die ursprüngliche Produktionskapazität bleibt gleich.

Erweiterungsinvestitionen dienen dem Wachstum der Unternehmung (Kapitalneubildung), indem zusätzliche Produktionsanlagen angeschafft werden. Die vorhandene Produktionskapazität wird erweitert.

Rationalisierungsinvestitionen dienen der Kostensenkung und der Steigerung der Produktivität. Häufig wird hierbei der Produktionsfaktor Arbeit durch den Produktionsfaktor Kapital ersetzt.

Beispiel:

Durch die Anschaffung einer computergesteuerten Produktionsanlage werden weniger Arbeitskräfte benötigt.

■ Vorrats-/Lagerinvestitionen

Das Geld wird für die Beschaffung von Vorräten bzw. Warenlagern verwendet.

> **Beispiele:**
>
> *Roh-, Hilfs- und Betriebsstoffe, Fertigerzeugnisse*

Die Unternehmensinvestitionen entscheiden über die Entwicklung und die Zukunft einer Volkswirtschaft.

Das Ausmaß der Investitionstätigkeit hängt ab von den
■ Absatzmöglichkeiten für die erzeugten Produkte,
■ Investitionskosten,
■ allgemeinen Zukunftserwartungen (politische Stabilität, sozialer Friede, Höhe der Unternehmenssteuern).

Exkurs: Betriebswirtschaftlicher Kapitalbegriff

Die volkswirtschaftlichen Begriffe Geldkapital und Realkapital sind von den in der Betriebswirtschaftslehre und im Rechnungswesen benutzten Begriffen Eigenkapital und Fremdkapital zu unterscheiden. Hier versteht man unter dem Kapital die auf der Passivseite der Bilanz ausgewiesene Finanzierung (Mittelherkunft) der Unternehmung:

■ Das **Fremdkapital** umfasst die Schulden der Unternehmung, d. h. die von den Gläubigern *(z. B. Kreditinstituten)* zur Verfügung gestellten Geldmittel. Das Fremdkapital steht der Unternehmung *zeitlich befristet* zur Verfügung. Für die Dauer der Kapitalüberlassung muss die Unternehmung Zinsen zahlen.

■ Das **Eigenkapital** ist die Differenz zwischen dem Vermögen und dem Fremdkapital der Unternehmung. Das Eigenkapital gehört den an der Unternehmung beteiligten Personen und steht der Unternehmung zeitlich unbegrenzt zur Verfügung. Den Eigentümern fließt der Gewinn zu, sie tragen aber auch das Verlustrisiko.

Aktiva (Vermögen)	Bilanz	Passiva (Kapital)
Anlagevermögen = langfristig gebundene Vermögensteile		**Eigenkapital**
Umlaufvermögen = kurzfristig gebundene Vermögensteile		**Fremdkapital** langfristig kurzfristig
Mittelverwendung = Investitionen		**Mittelherkunft** = Finanzierung

---

2.4.4 Kombination der Produktionsfaktoren

Der **Produktionsprozess** vollzieht sich durch Kombination der Produktionsfaktoren Arbeit, Boden und Kapital.

> **Beispiele:**
>
> ■ *In der Landwirtschaft wirken Arbeitskräfte, landwirtschaftliche Anbaufläche und Maschinen zusammen, um die Felder bewirtschaften zu können.*
> ■ *Ein Automobilunternehmen benötigt eine Vielzahl von Fachkräften, wie Ingenieure, Kaufleute und Facharbeiter, um mit geeigneten Produktionsanlagen Fahrzeuge produzieren zu können.*
> ■ *Ein Steuerberater benötigt geeignete Praxisräume und EDV-Geräte, um seine Mandanten betreuen zu können.*

Je nach Art der Güter, die produziert werden sollen, müssen die Produktionsfaktoren in unterschiedlichem Umfang eingesetzt werden.

Bei einer **arbeitsintensiven** Produktionsweise liegt der Schwerpunkt auf dem Einsatz des Produktionsfaktors Arbeit.

> **Beispiel:**
>
> *Die Tätigkeit der freien Berufe wie Ärzte, Rechtsanwälte, Notare, Steuerberater, Wirtschaftsprüfer usw. erfordert einen hohen Arbeitseinsatz und besonders geschultes Personal. Die Kosten für die Betriebsausstattung sind demgegenüber vergleichsweise gering.*

Bei einer **kapitalintensiven** Produktionsweise liegt der Schwerpunkt auf dem Einsatz des Produktionsfaktors Kapital.

> **Beispiel:**
>
> *Energie kann nur unter großem Kapitaleinsatz erzeugt werden. Die Kosten für das Personal sind im Vergleich dazu relativ gering.*

In welchem Umfang die einzelnen Produktionsfaktoren eingesetzt werden, hängt nicht nur von den technischen Gegebenheiten, sondern auch von ihren Kosten ab. Wenn die Kosten eines Produktionsfaktors steigen, wird die Unternehmensleitung versuchen, soweit dies technisch möglich ist, ihn durch einen kostengünstigeren zu ersetzen (substituieren). Die kostengünstigste Faktorkombination ist die **Minimalkostenkombination**.

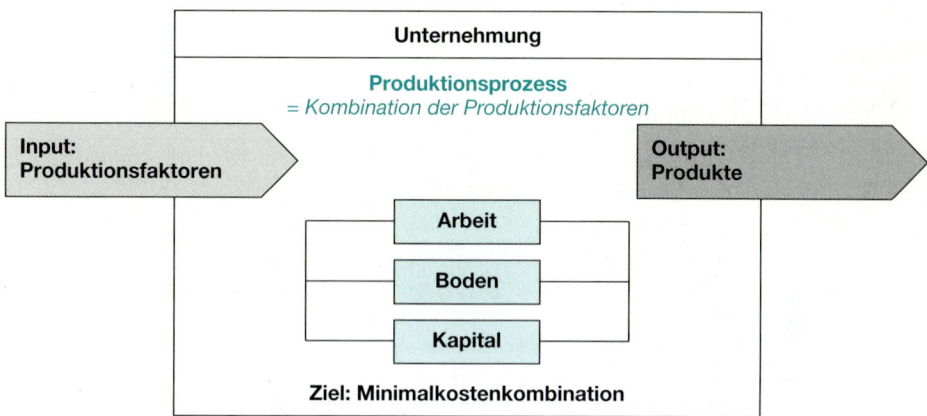

> **Beispiel:**
>
> *Ein Tabakwarenhersteller will sich auf die Produktion der Nobelzigarre „Al Capone" spezialisieren. Es ist technisch möglich, die Zigarren in Handarbeit mit vielen Arbeitskräften und geringem Kapitaleinsatz (arbeitsintensiv) oder mit Spezialmaschinen und wenigen Arbeitskräften (kapitalintensiv) herzustellen.*
>
> *Die Einsatzmenge des Produktionsfaktors Boden ist umso geringer, je weniger Arbeitskräfte eingesetzt werden.*
>
> *Für die Herstellung von 600.000 Zigarren pro Jahr sind folgende 4 Faktorkombinationen technisch möglich:*

Faktor- kombination	Kapitaleinheiten (Menge)	Arbeitseinheiten (Menge)	Bodeneinheiten (Menge)
(1)	*1*	*120*	*20*
(2)	*2*	*60*	*15*
(3)	*4*	*30*	*10*
(4)	*12*	*10*	*5*

Die Kosten betragen für eine
- *Kapitaleinheit   10.000,00 EUR*
- *Arbeitseinheit   2.000,00 EUR*
- *Bodeneinheit   1.000,00 EUR*

Faktor-kombination	Kosten für PF Kapital (EUR)	Kosten für PF Arbeit (EUR)	Kosten für PF Boden (EUR)	Gesamtkosten (EUR)
(1)	10.000,00	240.000,00	20.000,00	270.000,00
(2)	20.000,00	120.000,00	15.000,00	155.000,00
(3)	**40.000,00**	**60.000,00**	**10.000,00**	**110.000,00**
(4)	120.000,00	20.000,00	5.000,00	145.000,00

Faktorkombination (3) ist die Minimalkostenkombination mit Gesamtkosten in Höhe von 110.000,00 EUR.

In Industrieländern ist zu beobachten, dass bei steigenden Arbeitskosten aufgrund von Rationalisierungsinvestitionen industrielle Produkte zunehmend in voll- bzw. teilautomatisierten Produktionsprozessen erstellt werden. Der Produktionsfaktor Arbeit wird hier durch den Produktionsfaktor Kapital ersetzt. Die dadurch steigende Arbeitsproduktivität hat einerseits Arbeitszeitverkürzungen ermöglicht, andererseits aber auch Arbeitsplätze vernichtet und zu Arbeitslosigkeit geführt.

Eine andere Wirkung steigender Arbeitskosten ist die Verlagerung besonders arbeitsintensiver Produktionsprozesse in solche Regionen und Länder (sog. „Billiglohnländer"), in denen Arbeitskräfte reichlich vorhanden und die Arbeitskosten deutlich geringer sind.

Beispiel:

Aufgrund von allgemeinen Lohnsteigerungen steigen im oben aufgeführten Beispiel die Kosten für den Produktionsfaktor Arbeit auf 4.000,00 EUR pro Arbeitseinheit.

Faktor-kombination	Kosten für PF Kapital (EUR)	Kosten für PF Arbeit (EUR)	Kosten für PF Boden (EUR)	Gesamtkosten (EUR)
(1)	10.000,00	480.000,00	20.000,00	510.000,00
(2)	20.000,00	240.000,00	15.000,00	275.000,00
(3)	40.000,00	120.000,00	10.000,00	170.000,00
(4)	**120.000,00**	**40.000,00**	**5.000,00**	**165.000,00**

Faktorkombination (4) ist jetzt die Minimalkostenkombination mit Gesamtkosten in Höhe von 165.000,00 EUR.

Um die neue Minimalkombination zu erreichen, sind notwendig:
- *Investitionen in Höhe von 80.000,00 EUR (8 zusätzliche Kapitaleinheiten zu je 10.000,00 EUR),*
- *Freisetzung von 20 Arbeitseinheiten,*
- *Verringerung der Bodenfläche um 5 Einheiten.*

Es sind somit technische und wirtschaftliche Gründe, die zu einer bestimmten Kombination der Produktionsfaktoren führen. Ändern sich die technischen Voraussetzungen (z. B. Erfindung einer neuen Maschine) oder die wirtschaftlichen Gegebenheiten (z. B. steigende Löhne), wird die Unternehmung versuchen, die Kombination der Produktionsfaktoren den geänderten Bedingungen anzupassen.

Auch die Wirtschaftsprüfer-/Steuerberaterpraxis ist bei ihrer Leistungserstellung auf das Zusammenwirken der Produktionsfaktoren angewiesen.

Beispiel:

Der junge Steuerberater Dipl.-Kfm. Michael Klein beabsichtigt, eine eigene Praxis zu eröffnen, nachdem er zuvor 3 Jahre in einer Wirtschaftsprüfungsgesellschaft als Angestellter beschäftigt war und er dort umfangreiche Berufserfahrungen erwerben konnte.
In der City findet er einen günstigen Standort für seine Praxis. In der 1. Etage eines Bürohauses kann er geeignete Räume anmieten. Er beauftragt einen Büroausstatter mit der Einrichtung der Praxis. Mithilfe einer Zeitungsannonce findet er eine routinierte Steuerfachgehilfin, die er zum Termin der Praxiseröffnung einstellt.

Zusammenwirken der Produktionsfaktoren in einer Steuerberater-Praxis		
Arbeit	**Boden**	**Kapital**
■ Steuerberater(in) ■ Steuerfachgehilfe(in) ■ Sekretärin ■ Auszubildende(r)	■ günstig gelegener Standort für die Praxis ■ zweckmäßige Größe der Praxisräume ■ Parkmöglichkeiten	■ Büromöbel ■ DV-System ■ Telefonanlage ■ Büromaterial ■ Fachliteratur

2

2.4.5 Betriebliche Kennzahlen zur Messung der Effizienz des Faktoreinsatzes

Betriebliche Kennzahlen sollen unternehmensintern und -extern messen, in welchem Ausmaß die betrieblichen Ziele erreicht worden sind. Sie geben Aufschluss darüber, wie sich die Entscheidungen des Managements im Zeit- oder Branchenvergleich ausgewirkt haben. Sie dienen der Planung künftiger und der Kontrolle vergangener Maßnahmen.

Insbesondere das Rechnungswesen liefert Zahlenangaben, die, in Kennzahlen verarbeitet, Führungskräften und Leitung Aussage- und Erkenntniswerte vermitteln.

Wichtige betriebliche Kennzahlen sind die **Produktivität**, die **Wirtschaftlichkeit** und die **Rentabilität**.

▉ Produktivität

> Die **Produktivität** ist das Maß für die mengenmäßige Leistungsfähigkeit der Produktionsfaktoren Arbeit und Kapital, d. h. dem Verhältnis des Produktionsergebnisses und dem Einsatz an Produktionsfaktoren.

$$\text{Arbeitsproduktivität} = \frac{\text{Produktionsergebnis}}{\text{Arbeitseinsatz}}$$

Die Arbeitsproduktivität kann gemessen werden in Produktionsergebnis je Arbeitsstunde oder Arbeitnehmer.

$$\text{Kapitalproduktivität} = \frac{\text{Produktionsergebnis}}{\text{Kapitaleinsatz}}$$

Die Kapitalproduktivität kann gemessen werden in Produktionsergebnis je Maschinenstunde oder Maschine.

Die Kennzahl Produktivität ist nur im Vergleich zu anderen Produktivitäten *(z. B. ähnlicher Unternehmen, früherer Jahre)* aussagefähig. Die Steigerung der gesamtwirtschaftlichen Arbeitsproduktivität bestimmt unter anderem den Verhandlungsspielraum für Gehaltserhöhungen. Auf ein Unternehmen bezogen heißt dies, der Faktor Arbeit darf nicht mehr kosten, als er erwirtschaftet. Übersteigen die Arbeitskosten infolge Lohnerhöhungen die Arbeitsproduktivität, wird der Faktor Arbeit zu teuer, d. h. Unternehmen werden die Kostensteigerung durch Einsparungen – z. B. durch Freisetzung von Arbeitnehmern – ausgleichen, weil notwendige Preissteigerungen nicht auf die Kunden abgewälzt werden können. Die Arbeitsproduktivität ist durch die stetig besser werdende Arbeitsplatzausstattung gestiegen. Die Kapitalproduktivität schwankt dagegen je nach Branche.

Um die Produktivität zwischen Volkswirtschaften vergleichen zu können, wird die gesamtwirtschaftliche Produktivität berechnet.

$$\text{Gesamtwirtschaftliche Produktivität} = \frac{\text{Bruttoinlandsprodukt}}{\text{Erwerbstätige} \cdot \text{durchschnittliche Arbeitszeit je Erwerbstätigem}}$$

Produktivitätskennziffern drücken lediglich ein mengenmäßiges Verhältnis aus. Sie stellen keinen Ursache-Wirkung-Zusammenhang her.

2

> **Beispiel:**
>
> *Die Arbeitsproduktivität einer Steuerfachangestellten wird durch die Anschaffung eines neuen DV-Systems gesteigert: Während vorher 50 ESt-Erklärungen pro Monat bearbeitet werden konnten, können bei gleicher Arbeitszeit jetzt 55 ESt-Erklärungen bearbeitet werden.*

Weil über den Wert der erzeugten Ausbringungsmenge, die Leistung, und den Wert des Faktoreinsatzes, die Kosten, nichts ausgesagt wird, lässt sich mit einer Produktivitätskennziffer auch keine Aussage über die Wirtschaftlichkeit oder die Rentabilität der Produktion treffen. So kann eine Produktivitätssteigerung durchaus unwirtschaftlich sein, wenn sie mit hohen Kosten verbunden ist oder wenn sie aus Absatzmangel nicht genutzt werden kann.

Wirtschaftlichkeit

Die **Wirtschaftlichkeit** ist das wertmäßige Verhältnis von Leistung (= Wert der Produktion) und Kosten (= Wert der eingesetzten Produktionsfaktoren).

$$\text{Wirtschaftlichkeit} = \frac{\text{Leistung (Menge} \cdot \text{Preis)}}{\text{Kosten (Menge} \cdot \text{Preis)}}$$

Wirtschaftlichkeit > 1 = Leistung > Kosten ⇒ Betriebsgewinn

Wirtschaftlichkeit < 1 = Leistung < Kosten ⇒ Betriebsverlust

> **Beispiel:**
>
> *Von einer Steuerfachangestellten werden pro Monat 50 ESt-Erklärungen bearbeitet. Das Honorar des Steuerberaters beträgt jeweils 250,00 EUR. Die monatlichen Kosten für Gehalt, Arbeitsmittel usw. betragen 11.000,00 EUR. Aufgrund der Anschaffung eines neuen DV-Systems könnte die Anzahl der bearbeiteten ESt-Erklärungen monatlich um 5 erhöht werden. Gleichzeitig steigen die monatlichen Kosten um 288,00 EUR.*

$$W_1 = \frac{50 \text{ Stück} \cdot 250,00 \text{ EUR}}{11.000,00 \text{ EUR}} = \mathbf{1,14} \qquad W_2 = \frac{55 \text{ Stück} \cdot 250,00 \text{ EUR}}{11.288,00 \text{ EUR}} = \mathbf{1,22}$$

Die Anschaffung des neuen DV-Systems ist wirtschaftlich, da mit jedem als Kosten eingesetzten EUR nach der Rationalisierungsmaßnahme 0,08 EUR mehr erwirtschaftet werden kann.

Eine höhere Produktivität führt also nur dann auch zu einer Verbesserung der Wirtschaftlichkeit, wenn die Ausbringungsmenge in einem stärkerem Maß steigt als die Produktionskosten.

Rentabilität

Die **Rentabilität** ist das Verhältnis des Periodenerfolges (Ertrag – Aufwand = Gewinn) zu anderen Größen.

$$\text{Eigenkapitalrentabilität} = \frac{\text{Periodenerfolg}}{\text{Eigenkapital}} \cdot 100$$

$$\text{Umsatzrentabilität} = \frac{\text{Periodenerfolg}}{\text{Umsatz}} \cdot 100$$

$$\text{Gesamtkapitalrentabilität} = \frac{\text{Periodenerfolg + verr. Fremdkapitalzinsen}}{\text{Gesamtkapital (EK + FK)}} \cdot 100$$

Die **Eigenkapitalrentabilität** misst die Rentabilität des eingesetzten Kapitals, d.h. die Verzinsung des eingesetzten Eigenkapitals.

Die **Umsatzrentabilität** gibt den relativen Gewinnanteil in den Umsätzen an, d.h. sie spiegelt wider, ob sich die Geschäftstätigkeit lohnt.

Die **Gesamtkapitalrentabilität** gibt die Verzinsung des gesamten Kapitals an; sie sollte bei der Überprüfung der Kreditkosten eines neuen Kredites als Beurteilungsgröße herangezogen werden.

2

> **Beispiel:**
>
> *Die Bilanz der Steuer GmbH weist ein Eigenkapital von 180.000,00 EUR aus.*
> *Summe der jährlichen Erträge* . . . . *1.323.200,00 EUR*
> *Summe der jährlichen Aufwendungen* . . . . *1.280.000,00 EUR*
>
> *Jahresgewinn* . . . . *43.200,00 EUR*
>
> *Eigenkapitalrentabilität* $= \dfrac{43.200,00\ EUR}{180.000,00\ EUR} = \underline{\underline{\mathbf{24\,\% \ p.a.}}}$

▢ Liquidität

Ein Unternehmen ist liquide und wahrt das finanzielle Gleichgewicht, wenn es zu jedem Zeitpunkt fällige Verpflichtungen begleichen kann. Liquidität verlangt flüssige Zahlungsmittel.

Es sollte Ziel der Unternehmenspolitik sein, die Liquidität zu erhalten und Liquiditätsreserven vorzuhalten, um z.B. Gefahren aus Fehleinschätzungen, Planungsfehlern oder unvorhersehbaren Ereignissen ausgleichen zu können.

Der **Liquiditätsgrad** gibt an, wie ein Unternehmen seine Zahlungsverpflichtungen erfüllen kann.

Liquidität 1. Grades $=\dfrac{\text{Bestand Zahlungsmittel}}{\text{Kurzfristige Verbindlichkeiten}}$ · 100 (sollte mindestens 20 % betragen)
(cash ratio)

Liquidität 2. Grades $=\dfrac{\text{Zahlungsmittel + Forderungen}}{\text{Kurzfristige Verbindlichkeiten}}$ · 100 (sollte mind. 50 %, besser ≥ 100 % betragen)
(quick ratio)

Liquidität 3. Grades $=\dfrac{\text{Umlaufvermögen}}{\text{Kurzfristige Verbindlichkeiten}}$ · 100 (sollte 150 % bis 200 % betragen)
(current ratio)

Folgende Maßnahmen können zum Beispiel die Liquidität verbessern:

- Verkauf von Forderungen an Factoringgesellschaften,
- Leasing,
- Aufnahme von Krediten,
- Aufnahme neuer Gesellschafter,
- Erhöhung der Kapitaleinlagen der Gesellschafter,
- Veräußerung von Anlagevermögen,
- Beschleunigung der Eintreibung von Außenständen.

2.5 Wirtschaftskreislauf

Eine Analyse des Wirtschaftskreislaufes einer Volkswirtschaft dient
- der Beschreibung von abgelaufenen Wirtschaftsperioden,
- der Prognose für zukünftige Wirtschaftsperioden.

2.5.1 Wirtschaftssubjekte – Wirtschaftsobjekte

Gewirtschaftet wird überall dort, wo planvolle Entscheidungen zur Beschaffung und Verwendung knapper Güter getroffen werden.

Private Haushalte, Unternehmungen und staatliche Einrichtungen sind die Träger selbstständiger wirtschaftlicher Entscheidungen. Sie werden Wirtschaftssubjekte genannt.

Wirtschaftssubjekte		Wirtschaftsobjekte	
private Haushalte	▪ sie erhalten Einkommen aus Erwerbstätigkeit, Vermögen und Transfers, ▪ sie verbrauchen Konsumgüter, ▪ sie bilden Vermögen (Sparen)	**Produktionsfaktoren**	▪ Boden ▪ Kapital ▪ Arbeit ▪ Information ▪ Umwelt
Unternehmungen	▪ sie produzieren für den Markt Güter und Dienstleistungen, ▪ es werden Produktionsfaktoren kombiniert und eingesetzt, ▪ sie sollen bestrebt sein, kostendeckend zu arbeiten, ▪ es entstehen Einkommen	**Güter**	▪ Konsumgüter ▪ Verbrauchsgüter ▪ Gebrauchsgüter
Einrichtungen des Staates z.B. Gebietskörperschaften ▪ Bund ▪ Länder ▪ Gemeinden ▪ Bundesagentur für Arbeit	▪ sie beschäftigen Arbeitnehmer, ▪ sie produzieren Dienstleistungen, ▪ sie kaufen Güter und Dienstleistungen bei den Unternehmen, ▪ sie produzieren öffentliche Güter, ▪ sie erzielen hoheitliche Einnahmen (Steuern), ▪ sie nehmen Kredite auf	**Investitionsgüter**	Der Ge- oder Verbrauch dieser Güter dient der Neuschaffung anderer Güter.
übrige Welt (Ausland)	▪ alle Wirtschaftssubjekte mit Sitz im Ausland, ▪ alle fremden Staaten	**Dienstleistungen**	Hierzu zählen z.B. ▪ Bankgeschäfte, ▪ Finanzgeschäfte, ▪ Versicherungsgeschäfte, ▪ Beratung (z.B. Steuer- und Rechtsberatung), ▪ Hotel- und Gaststättengewerbe, ▪ Fernsehen, Rundfunk, ▪ Schulen, Hochschulen

Zur Herstellung von Gütern und Dienstleistungen werden Produktionsfaktoren eingesetzt. Die wesentlichen Produktionsfaktoren sind Kapital und Arbeit.

Konsumgüter dienen dem Ge- und Verbrauch. Private Haushalte konsumieren Güter und Dienstleistungen.

Investitionsgüter und Dienstleistungen dienen der Bereitstellung neuer Güter. Unternehmen investieren in Investitionsgüter und Dienstleistungen.

Der Staat konsumiert (z.B. Personal- und Sachausgaben) und investiert (z.B. Straßenbau).

Beispiele:

- *Herr und Frau Lins treffen gemeinsam die Entscheidung, ein neues Auto zu kaufen.*
- *Die Unternehmungsleitung der Firma Eichholz beschließt, zwei neue Mitarbeiter einzustellen.*
- *Der Rat der Stadt Köln beschließt den Bau eines öffentlichen Hallenbades.*

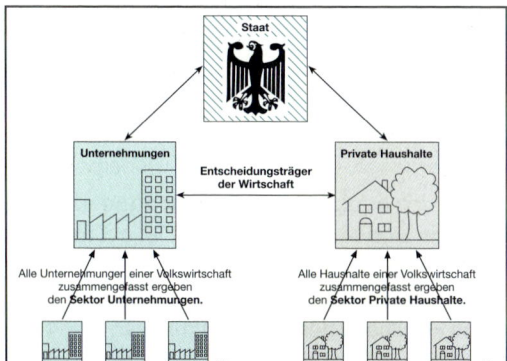

Die Wirtschaftssubjekte eines Landes bilden in ihrer Gesamtheit und mit ihren Beziehungen zueinander eine **Volkswirtschaft**.

2

Eine Volkswirtschaft kann auch länderübergreifend sein, wenn in einem gemeinsamen Wirtschaftsraum

- für die Wirtschaftssubjekte weitgehend gleiche gesetzliche Rahmenbedingungen existieren,
- ein ungehinderter Austausch von Waren, Dienstleistungen, Geld und Kapital erfolgen kann,
- eine gemeinsame Währung installiert ist,
- die Wirtschaftspolitik aufeinander abgestimmt ist.

Es ist Ziel der europäischen Integration, einen solchen gemeinsamen Wirtschaftsraum zu schaffen.

2.5.2   Einfacher Wirtschaftskreislauf

Das wirtschaftliche Geschehen in Deutschland bietet mit seinen ca. 82 Millionen Einwohnern, 37 Millionen privaten Haushalten, 2,8 Millionen Unternehmungen und 20.000 staatlichen Wirtschaftseinheiten das Bild einer kaum überschaubaren, verwirrenden Vielfalt.

Um die komplizierten Vorgänge innerhalb der Volkswirtschaft überblicken und das reibungslose Funktionieren des Wirtschaftsablaufs verstehen zu können, bedient man sich einer vereinfachten Darstellung, eines Modells. In diesem **Modell** sind alle gleichartigen Wirtschaftssubjekte zu jeweils einer Gruppe zusammengefasst. Es werden im Folgenden zunächst die Verbindungen zwischen der Gruppe der Unternehmungen und der privaten Haushalte betrachtet. Die Beziehungen, die zwischen den verschiedenen Unternehmungen bestehen, werden dabei vernachlässigt.

Güterkreislauf

In den hoch entwickelten Volkswirtschaften der Gegenwart werden die zur Bedürfnisbefriedigung benötigten Güter nur in sehr geringem Umfang innerhalb des eigenen Haushalts produziert.

Beispiel:

Mit Do-it-yourself-Arbeiten, wie Anstreichen der Wohnung, Durchführung kleiner Reparaturen, Handarbeiten, Einkochen, Radieschen im eigenen Garten züchten usw. kann die Güterversorgung eines Haushaltes nur zu einem geringen Teil geregelt werden.

Das war nicht immer so: In der frühesten und einfachsten Wirtschaftsform, der geschlossenen Hauswirtschaft, wurde nahezu alles, was man zum Leben brauchte, durch die Familienangehörigen selbst hergestellt, angefangen von den Nahrungsmitteln bis zur Bekleidung und Unterkunft.

2

Inzwischen hat sich eine weitgehende Trennung zwischen dem **Konsum in den privaten Haushalten** und der **Produktion in den Unternehmungen** vollzogen. Die meisten Güter, die in den Haushalten ge- und verbraucht werden, werden in den Unternehmungen hergestellt und gelangen anschließend als Güterangebot auf den Markt.

> **Private Haushalte** sind **Lebensgemeinschaften** mit gemeinsamer Wirtschaftsführung. Die durchschnittliche Haushaltsgröße beträgt in Deutschland 2,1 Personen.

Die Unternehmungen und die privaten Haushalte stehen in einer ständigen Verbindung zueinander, Güterproduktion und -konsum sind Vorgänge, die sich laufend wiederholen.

Die Produktion der Güter in den Unternehmungen erfolgt durch **Kombination** (das Zusammenwirken) der **Produktionsfaktoren** Arbeit, Boden und Kapital. Sie ist nur möglich, wenn die privaten Haushalte die hierzu notwendigen Produktionsfaktoren bereitstellen.

> Im **Produktivgüterstrom** stellen die privaten Haushalte den Unternehmungen die Produktionsfaktoren zur Verfügung.

Beispiele:

- *Herr Führes ist Sachbearbeiter in einer Steuerberaterpraxis. Er stellt wöchentlich 38 Stunden seine Arbeitskraft zur Verfügung.*
- *Herr Weintraut hat ein Grundstück geerbt, das er an ein Gartencenter langfristig verpachtet hat.*
- *Frau Albert ist vermögend. Aufgrund ihres Besitzes von 3.500 Bayer-AG-Aktien ist sie Miteigentümerin dieser Unternehmung.*

Die Produktion in den Unternehmungen ist in ihrer letzten Bestimmung auf den Konsum gerichtet. Die Unternehmungen stellen die Konsumgüter her, um diese anschließend an die Haushalte zu verkaufen.

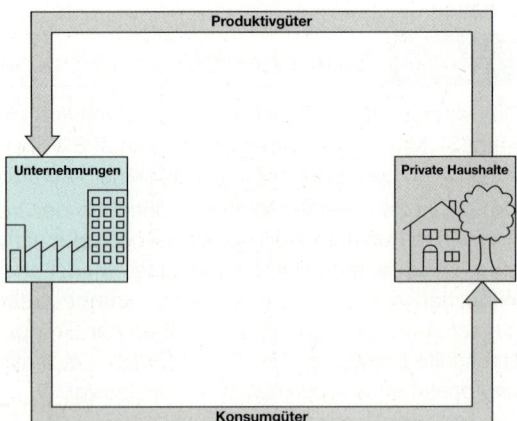

> Im **Konsumgüterstrom** fließen die von Unternehmen produzierten Konsumgüter an die privaten Haushalte.

Der Produktivgüterstrom und der Konsumgüterstrom bilden zusammen den **Güterkreislauf**.

Der Güterkreislauf zwischen den Unternehmungen und den privaten Haushalten ist Grundmerkmal jeder arbeitsteiligen Volkswirtschaft. Es ist leicht zu erkennen, dass eine Unterbrechung des Produktivgüterstroms auch zu einer Unterbrechung des Konsumgüterstroms führen würde.

Beispiel:

Die Haushalte verzichten darauf, den Unternehmungen ihre Arbeitskraft zur Verfügung zu stellen. Da in diesem Fall in den Unternehmungen nicht weiterproduziert werden könnte, müsste zwangsläufig auch der Konsumgüterstrom ausbleiben. Die Haushalte wären gezwungen, sich mit den Gütern, die sie zur Deckung ihres Bedarfs benötigen, selbst zu versorgen.

▊ Geldkreislauf

Als Gegenleistung für die Bereitstellung der Produktionsfaktoren Arbeit, Boden und Kapital werden bei den privaten Haushalten und den privaten Haushalten der Unternehmer Einkommen erzielt:

1. Arbeitnehmereinkommen

Hierzu zählen Einkommen aus unselbstständiger Arbeit wie z. B. Lohn, Gehalt, Bezüge von Beamten, Richtern, Soldaten

2. Unternehmereinkommen

Hierzu zählen Einkommen aus unternehmerischer Tätigkeit und aus Vermögen wie z. B. Gewinn, Pacht, Grundrente, Miete, Zinsen, Dividenden, Lizenzgebühren

> Im **Einkommenstrom** erhalten die privaten Haushalte in Form von Geldzahlungen das Entgelt für die Bereitstellung der Produktionsfaktoren.

Geldzahlungen für z. B. Löhne, Gehälter, Zinsen, Pacht sind

- für private Haushalte Einkommensquellen,
- für Unternehmungen Aufwendungen.

Beispiele:

- *Herr Führes bezieht als Steuerfachangestellter ein Monatsgehalt von 2.400,00 EUR.*
- *Herr Weintraut erzielt aufgrund der Verpachtung seines Grundstücks an das Gartencenter eine jährliche Pachteinnahme von 28.000,00 EUR.*
- *Frau Albert erhält als Aktionärin von der Bayer AG eine jährliche Gewinnausschüttung. Aufgrund der guten Ertragslage dieser Unternehmung werden für das zurückliegende Geschäftsjahr 0,90 EUR Dividende je Aktie ausgeschüttet.*

Die Haushalte verwenden die erzielten Einkommen zum Kauf der Konsumgüter.

> Im **Konsumausgabenstrom** leisten die privaten Haushalte Geldzahlungen an die Unternehmungen als Entgelt für die gekauften Konsumgüter.

Die Haushaltsausgaben für Konsumgüter sind daher aus der Sicht der Unternehmungen die Erlöse aus dem Verkauf ihrer Produkte.

Der **Geldkreislauf** setzt sich aus dem Einkommenstrom und dem Konsumausgabenstrom zusammen. Nicht zu Unrecht vergleicht man den Geldkreislauf mit dem Blutkreislauf eines Lebewesens. Das Geld ist der „Treibstoff", der den Wirtschaftsablauf in Gang hält. Einerseits sind die Geldeinkommen Anreiz für die Haushalte, den Unternehmungen die zur Gütererzeugung erforderlichen Produktionsfaktoren zur Verfügung zu stellen. Andererseits sind die Erlöse mit den darin enthaltenen Gewinnen der Antrieb für die Unternehmungen, die zur Deckung des Bedarfs notwendigen Güter herzustellen und zu verkaufen.

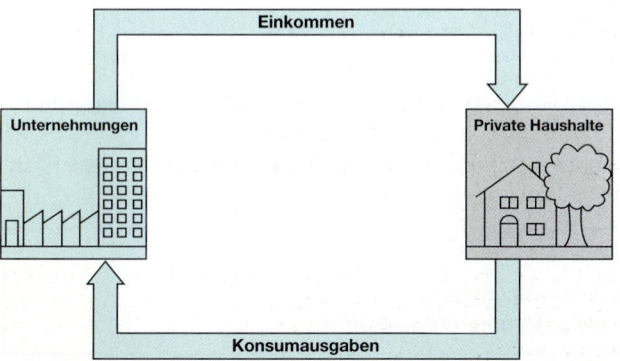

2

> Geldkreislauf und Güterkreislauf bilden zusammen den **Wirtschaftskreislauf**, der den Wirtschaftsablauf innerhalb einer Volkswirtschaft in vereinfachter Form darstellt. Geldkreislauf und Güterkreislauf verlaufen in entgegengesetzter Richtung.

Dies ist dadurch begründet, dass auf der einen Seite die Einkommen die Gegenleistung der Unternehmungen für die Bereitstellung der Produktionsfaktoren durch die Haushalte, und auf der anderen Seite die Konsumausgaben die Gegenleistung der Haushalte für die bezogenen Konsumgüter darstellen. Produktivgüterstrom und Einkommenstrom einerseits sowie Konsumgüterstrom und -ausgabenstrom andererseits stimmen folglich wertmäßig überein.

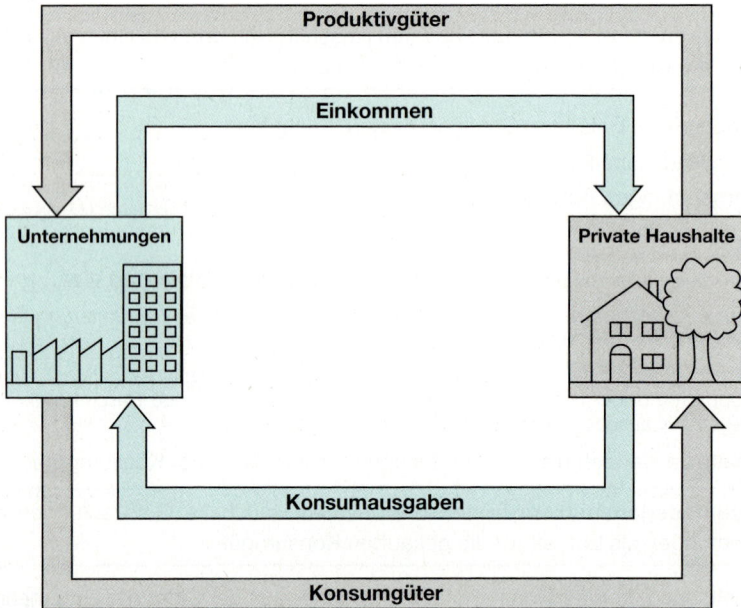

Da die Produktionsfaktoren in den Unternehmungen und die Konsumgüter in den Haushalten aufgebraucht, „verzehrt" werden, müssen sie immer wieder neu in den Güterkreislauf eingebracht werden.

Beispiele:
- *Die in den Unternehmungen benutzten Maschinen haben nur eine begrenzte Lebensdauer und müssen daher in bestimmten Zeitabständen ersetzt werden.*
- *Die Mitarbeiter der Unternehmungen müssen ihre Arbeitskraft jeden Tag neu zur Verfügung stellen.*

Das Geld führt dagegen einen dauernden Kreislauf aus. Eine bestimmte Geldmenge reicht folglich aus, um den Wirtschaftskreislauf dauerhaft aufrecht zu erhalten.

Wirtschaftskreislauf:	Geldkreislauf = Güterkreislauf
Geldkreislauf:	Wert aller Konsumgüter
Güterkreislauf:	Wert der gesamten Produktion

2.5.3 Erweiterter Wirtschaftskreislauf

Im Modell des einfachen Wirtschaftskreislaufs ist unterstellt worden, dass die privaten Haushalte ihr gesamtes Einkommen für den Kauf von Konsumgütern ausgeben. Auch die Rolle des Staates wird in diesem Modell nicht berücksichtigt. Beides ist wirklichkeitsfremd.

■ Einbeziehung der Kreditinstitute

Sparen

Die privaten Haushalte können frei entscheiden, ob sie ihr Einkommen konsumieren, also zum Kauf von Konsumgütern verwenden, oder ob sie einen Teil davon zurücklegen und sparen.

> **Sparen** ist der Verzicht darauf, einen Teil des Einkommens zu verbrauchen.

Dieser Konsumverzicht ist jedoch nur vorübergehend. Zu einem späteren Zeitpunkt, wenn das Sparziel erreicht ist, dienen die angesammelten Sparbeträge einem konsumtiven Zweck.

Wer einen Teil seines Einkommens sparen will, wird diesen Betrag möglichst sicher und verzinslich anlegen wollen.

Die Kreditinstitute bieten ihren Kunden eine Vielzahl nach Betrag, Laufzeit, Rentabilität (Verzinsung) und Risiko unterschiedlicher Möglichkeiten der Geldanlage an.

Die **Sparquote** gibt an, wie viel Prozent des verfügbaren Einkommens in einer Volkswirtschaft durchschnittlich gespart wird.

$$\text{Sparquote} = \frac{\text{private Ersparnis} \cdot 100}{\text{verfügbares Volkseinkommen}}$$

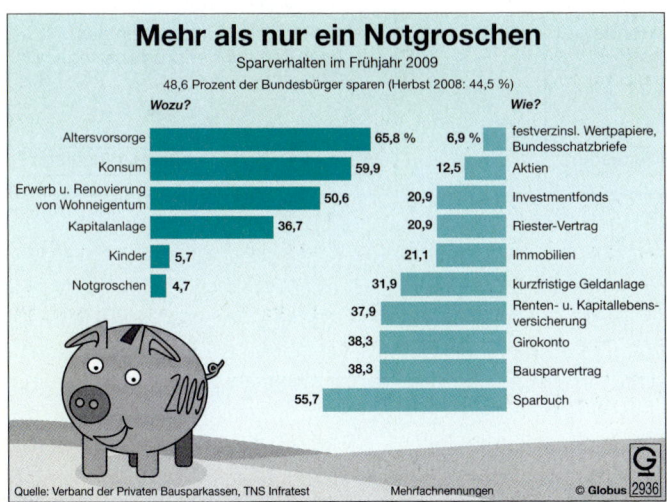

Mehr als nur ein Notgroschen
Sparverhalten im Frühjahr 2009
48,6 Prozent der Bundesbürger sparen (Herbst 2008: 44,5 %)

Wozu?
Altersvorsorge	65,8 %
Konsum	59,9
Erwerb u. Renovierung von Wohneigentum	50,6
Kapitalanlage	36,7
Kinder	5,7
Notgroschen	4,7

Wie?
6,9 %	festverzinsl. Wertpapiere, Bundesschatzbriefe
12,5	Aktien
20,9	Investmentfonds
20,9	Riester-Vertrag
21,1	Immobilien
31,9	kurzfristige Geldanlage
37,9	Renten- u. Kapitallebensversicherung
38,3	Girokonto
38,3	Bausparvertrag
55,7	Sparbuch

Quelle: Verband der Privaten Bausparkassen, TNS Infratest   Mehrfachnennungen   © Globus 2936

Die **Konsumquote** gibt an, wie viel Prozent des verfügbaren Einkommens für Konsumzwecke ausgegeben wird. Sparquote und Konsumquote addieren sich daher immer zu 100 %.

Für den Fall, dass das laufende Einkommen zur Finanzierung der Ausgaben nicht ausreicht (z. B. bei *größeren Anschaffungen*), können die privaten Haushalte bei den Kreditinstituten Konsumkredite erlangen.

Investieren

Die Kreditinstitute vermitteln die bei ihnen angelegten Geldbeträge an die Unternehmungen weiter. Diese Geldmittel geben den Unternehmungen die Möglichkeit, Investitionen vorzunehmen.

Investition ist die Mittelverwendung für Unternehmenszwecke.

Die Investitionsvorhaben können durch langfristige Kredite oder durch Bereitstellung von zusätzlichem Eigenkapital finanziert werden.

Vorübergehend nicht benötigte Geldmittel können auf der anderen Seite von den Unternehmungen bei Kreditinstituten *(z. B. in Form von Termineinlagen)* verzinslich angelegt werden.

Beispiel:

Die WEKA Fertighaus AG stellt eine zunehmende Nachfrage nach ihrem neuesten Produkt „Wochenend 2000" fest. Die vorhandenen Produktionsanlagen reichen nicht mehr aus, um alle Kaufwünsche fristgerecht erfüllen zu können.
Für eine Erweiterungsinvestition werden 3.000.000,00 EUR benötigt. Der Kapitalbedarf soll durch einen Investitionskredit und durch die Ausgabe zusätzlicher Aktien gedeckt werden.
Die Dresdner Bank AG gewährt den Investitionskredit und vermittelt die neuen WEKA AG Aktien an ihre Kunden.

Investitionen lassen sich in eine Phase der Durchführung und in eine Phase der Nutzung der Investition einteilen. Volkswirtschaftlich ergibt sich während der ersten Phase ein Einkommenseffekt und während der zweiten Phase ein Kapazitätseffekt.

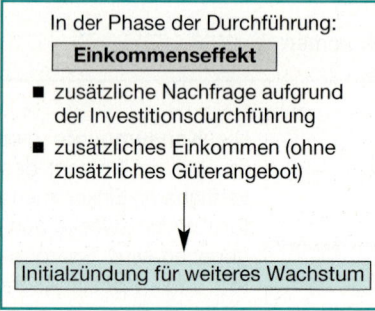

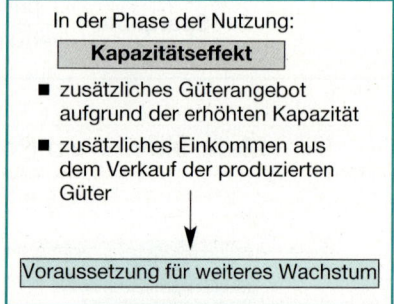

Voraussetzung für die Durchführung von Investitionen in den Unternehmungen ist eine entsprechende Ersparnisbildung der privaten Haushalte.

Im Kreislaufmodell wird deutlich, dass nur solche Geldbeträge für Investitionen zur Verfügung stehen, die bei Kreditinstituten angelegt werden. Geldbeträge, die stattdessen gehortet werden („im Sparstrumpf verschwinden"), werden dem Geldkreislauf vorübergehend entzogen und können deshalb nicht produktiv verwendet werden.

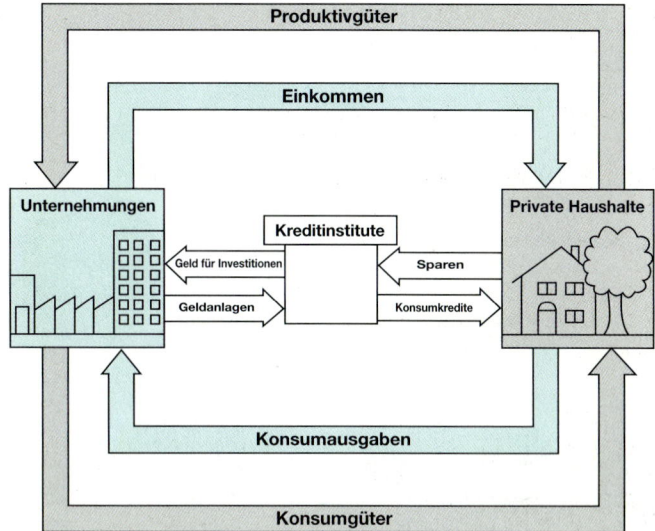

Einbeziehung des Staates

Der Wirtschaftssektor **Staat** ist die Zusammenfassung aller öffentlichen Haushalte. Hierzu zählen die Gebietskörperschaften (Bund, Länder, Städte, Gemeinden), die Einrichtungen der Sozialversicherung und alle sonstigen staatlichen Institutionen, die gemeinnützige Aufgaben erfüllen.

Der Staat tritt sowohl als Konsument als auch als Produzent auf.

Der Staat hat in einer Volkswirtschaft vielfältige Aufgaben in den Bereichen der öffentlichen Verwaltung, der Rechtsprechung, der Landesverteidigung, des Zivilschutzes, des Umweltschutzes, im Gesundheits-, Bildungs- und Sozialwesen zu erfüllen.

Zur Erfüllung seiner Aufgaben erhebt der Staat Abgaben wie z. B. Steuern, Gebühren und Beiträge und veräußert diese möglichst gemeinwohlmaximierend z. B. in Form von Subventionen und Transfers.

Staatseinnahmen

Die Staatseinnahmen setzen sich zum überwiegenden Teil aus den verschiedenen **Steuern** zusammen, die der Staat zwangsweise bei den privaten Haushalten und Unternehmungen erhebt.

2

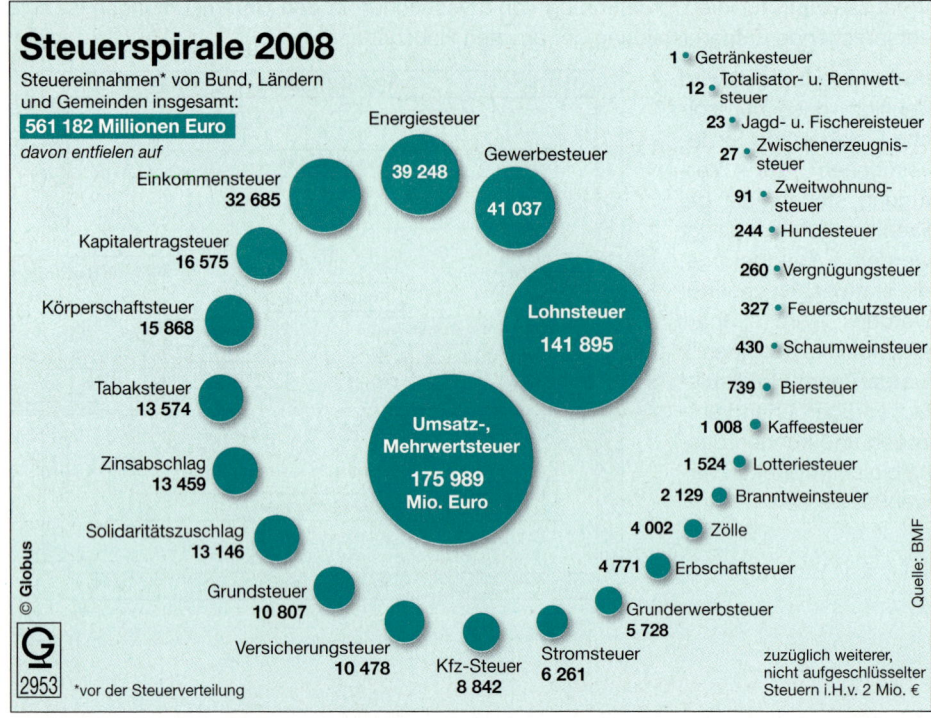

Steuerspirale 2008

Steuereinnahmen* von Bund, Ländern
und Gemeinden insgesamt:

561 182 Millionen Euro

davon entfielen auf

1 • Getränkesteuer
12 • Totalisator- u. Rennwettsteuer
23 • Jagd- u. Fischereisteuer
27 • Zwischenerzeugnissteuer
91 • Zweitwohnungsteuer
244 • Hundesteuer
260 • Vergnügungsteuer
327 • Feuerschutzsteuer
430 • Schaumweinsteuer
739 • Biersteuer
1 008 • Kaffeesteuer
1 524 • Lotteriesteuer
2 129 • Branntweinsteuer
4 002 • Zölle
4 771 • Erbschaftsteuer

Energiesteuer
39 248

Gewerbesteuer
41 037

Einkommensteuer
32 685

Kapitalertragsteuer
16 575

Körperschaftsteuer
15 868

Lohnsteuer
141 895

Tabaksteuer
13 574

Umsatz-,
Mehrwertsteuer
**175 989
Mio. Euro**

Zinsabschlag
13 459

Solidaritätszuschlag
13 146

Grundsteuer
10 807

Versicherungsteuer
10 478

Kfz-Steuer
8 842

Stromsteuer
6 261

Grunderwerbsteuer
5 728

zuzüglich weiterer,
nicht aufgeschlüsselter
Steuern i.H.v. 2 Mio. €

© Globus

2953

*vor der Steuerverteilung

Quelle: BMF

Daneben erzielt der Staat Einnahmen aufgrund von Gebühren und Beiträgen, die das Entgelt für die Inanspruchnahme staatlicher Leistungen darstellen.

Beispiele:

- *Beiträge zur gesetzlichen Renten-, Kranken- und Arbeitslosenversicherung*
- *Ausstellungsgebühr für einen neuen Reisepass*

Schließlich finanziert der Staat einen Teil seiner Ausgaben durch die Aufnahme von Krediten, indem Schuldverschreibungen ausgegeben und durch die Vermittlung der Kreditinstitute an Kapitalanleger verkauft werden.

Beispiel:

Ein privater Kapitalanleger kauft für 10.000,00 EUR Bundesobligationen, die mit $3\frac{1}{4}$ % p. a. verzinst werden und eine Laufzeit von 5 Jahren haben.

Staatsausgaben

Als Staatsausgaben fließen die vereinnahmten Geldmittel des Staates wieder an die Unternehmungen und die privaten Haushalte zurück.

Der Geldstrom an die privaten Haushalte umfasst:

- Arbeitsentgelte für die Bediensteten des Staates,
- Transferzahlungen.

> **Transferzahlungen** sind unentgeltliche Leistungen des Staates an bestimmte Privatpersonen. Durch diese Ausgaben versucht der Staat, innerhalb der Volkswirtschaft für soziale Gerechtigkeit zu sorgen.

Beispiele:

- Renten und Pensionen für aus dem Erwerbsleben ausgeschiedene Personen und deren Hinterbliebene
- Sozialleistungen wie Arbeitslosengeld, Wohngeld, Kindergeld usw.

Der Geldstrom an die Unternehmungen umfasst:

- **Entgelte für Sachleistungen der Unternehmungen an den Staat**

Beispiele:

- Das Land NRW plant die Errichtung der vierspurigen Rheinbrücke. Nach Ablauf des öffentlichen Ausschreibungsverfahrens erhält die REGO Hochbau AG aufgrund ihres Angebotes über 35.000.000,00 EUR den Zuschlag.
- Die Schulmöbelfabrik Löffert & Co. beliefert die Stadt Dresden mit 200 Schulbänken zur Ausstattung der städtischen Berufsschule zum Preis von 25.000,00 EUR.

- **Subventionen**

> **Subventionen** sind unentgeltliche Zuwendungen des Staates an bestimmte Unternehmungen zur Förderung gesamtwirtschaftlich wichtiger Forschungsvorhaben sowie zur Unterstützung einzelner Wirtschaftsregionen oder Wirtschaftsbranchen. Die Gewährung von Subventionen kann auch in Form von Steuererleichterungen erfolgen.

Beispiele:

- Förderung der Grundlagenforschung zur Nutzung der Sonnenenergie
- Unterstützung der Stahlindustrie zum Erhalt von Arbeitsplätzen

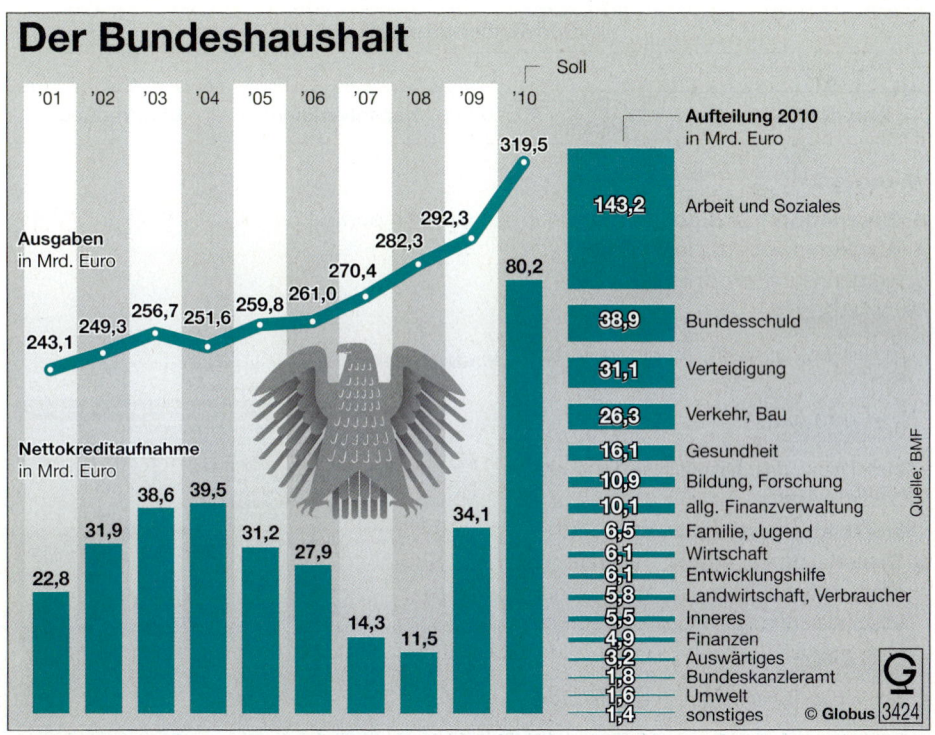

Der Bundeshaushalt

2

Einbeziehung des Auslandes

Der Wirtschaftssektor Ausland besteht aus der Zusammenfassung aller ausländischen Wirtschaftssubjekte.

> Der **Außenwirtschaftsverkehr** umfasst den Austausch von Waren, Dienstleistungen und Kapital mit fremden Volkswirtschaften.

Für Deutschland spielen die Beziehungen zum Ausland eine besondere Rolle:
Deutschland ist ein vergleichsweise rohstoffarmes Land und muss deshalb eine Vielzahl der zur Güterherstellung benötigten Produkte aus dem Ausland einführen. Auch können viele Dinge des täglichen Verbrauchs, die wir sehr schätzen *(z. B. bestimmte Lebensmittel)*, nur aus dem Ausland bezogen werden. Schließlich sind die Deutschen sehr reisefreudig und verbringen gerne ihren Urlaub im Ausland.
Das dazu benötigte Geld muss im Gegenzug durch entsprechende Wirtschaftsleistungen für das Ausland „verdient" werden.
Da ungefähr ein Drittel der bei uns erzeugten Produkte an das Ausland verkauft wird, sind eine Vielzahl von Arbeitsplätzen im Inland von der Nachfrage des Auslandes abhängig.
Ein freier Welthandel ermöglicht eine internationale Arbeitsteilung und dient damit den in den einzelnen Volkswirtschaften lebenden Menschen.

Voraussetzungen für möglichst ungehinderte Wirtschaftsbeziehungen mit ausländischen Volkswirtschaften sind:

- geordnete wirtschaftliche und politische Verhältnisse im In- und Ausland,
- vergleichbare Rechtsordnungen,
- stabile Wechselkurse zwischen den Währungen,
- keine Handelsbarrieren durch Zölle.

Warenverkehr

- **Warenimport:** Aus dem Ausland werden Güter importiert.
- **Warenexport:** Aus dem Inland werden Güter exportiert.

> **Beispiele:**
>
> *Erdgas aus Russland, Textilien aus Indien, elektronische Geräte aus Korea, Fotokameras aus Japan*

> **Beispiele:**
>
> *Maschinen, pharmazeutische Produkte, Kraftfahrzeuge*

Dienstleistungsverkehr

- **Dienstleistungsimport:** Inländische Wirtschaftssubjekte nehmen Dienstleistungen des Auslandes in Anspruch.

> **Beispiel:**
>
> *Ein Auszubildender verbringt seinen Urlaub in Spanien.*

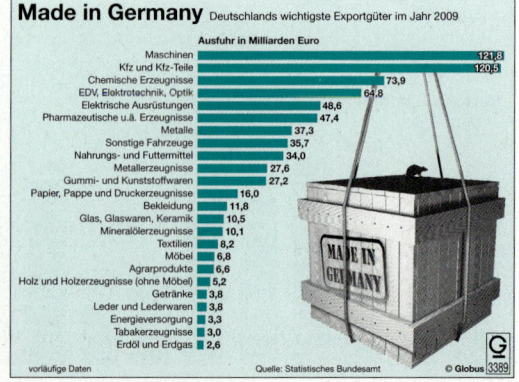

Made in Germany Deutschlands wichtigste Exportgüter im Jahr 2009

Ausfuhr in Milliarden Euro

Maschinen	121,8
Kfz und Kfz-Teile	120,5
Chemische Erzeugnisse	73,9
EDV, Elektrotechnik, Optik	64,8
Elektronische Ausrüstungen	48,6
Pharmazeutische u.ä. Erzeugnisse	47,4
Metalle	37,3
Sonstige Fahrzeuge	35,7
Nahrungs- und Futtermittel	34,0
Metallerzeugnisse	27,6
Gummi- und Kunststoffwaren	27,2
Papier, Pappe und Druckerzeugnisse	16,0
Bekleidung	11,8
Glas, Glaswaren, Keramik	10,5
Mineralölerzeugnisse	10,1
Textilien	8,2
Möbel	6,8
Agrarprodukte	6,6
Holz und Holzerzeugnisse (ohne Möbel)	5,2
Getränke	3,8
Leder und Lederwaren	3,8
Energieversorgung	3,3
Tabakerzeugnisse	3,0
Erdöl und Erdgas	2,6

vorläufige Daten   Quelle: Statistisches Bundesamt   © Globus 3389

- **Dienstleistungsexport**: Ausländische Wirtschaftssubjekte nehmen Dienstleistungen des Inlandes in Anspruch.

> **Beispiel:**
>
> *Ein Steuerberater berät einen Mandanten in Abu Dhabi.*

Kapitalverkehr

- **Kapitalexport:** Inländische Wirtschaftssubjekte legen Geld im Ausland an.

> **Beispiel:**
>
> *Der Steuerberater Dr. Hamm erwirbt britische Staatsanleihen, weil diese einen höheren Zinssatz haben.*

- **Kapitalimport:** Ausländische Wirtschaftssubjekte legen Geld im Inland an.

> **Beispiel:**
>
> *Ein japanischer Computerhersteller investiert im Inland, indem er hier eine Zweigniederlassung errichtet.*

Unentgeltliche Übertragungen

Ausländische Wirtschaftssubjekte erhalten Geld aus dem Inland ohne eine direkte Gegenleistung.

> **Beispiele:**
>
> - *Entwicklungshilfe an Länder der Dritten Welt*
> - *Spenden im Rahmen der Welthungerhilfe*
> - *Zahlungen von Gastarbeitern an im Ausland gebliebene Familienangehörige*

Inländische Wirtschaftssubjekte erhalten unentgeltliche Zahlungen aus dem Ausland.

> **Beispiel:**
>
> *Ein Inländer erbt von einem ausländischen Verwandten Geld, das er sich hierher überweisen lässt.*

Unter Einbeziehung der Kreditinstitute, des Staates und des Auslandes ergibt sich der **erweiterte Wirtschaftskreislauf**.

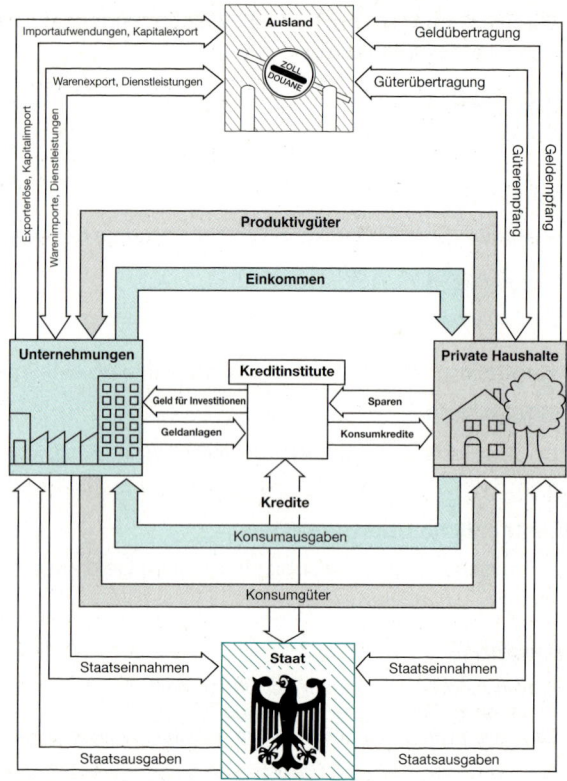

Die Betrachtung des Wirtschaftskreislaufes verlangt fünf Sachverhalte:

1. eine Volkswirtschaft	Wirtschaftliche Betätigung aller Wirtschaftssubjekte in einem Wirtschaftsgebiet.
2. Wirtschaftsobjekte	Sachgüter (Waren), Dienstleistungen, Rechte, Patente, Forderungen, Geld.
3. Wirtschaftssubjekte	Private Haushalte, Unternehmen, öffentliche Haushalte, übrige Länder.
4. ökonomische Transaktionen	Übergang eines Wirtschaftsgutes von A nach B.
5. ökonomische Aktivitäten	■ Produktion und Verwendung von Gütern, ■ Erzielen, Verteilen und Verwenden von Einkommen, ■ Bildung und Anlage von Vermögen, ■ Gewährung und Vergabe von Krediten.

Modellkritik

Das Modell vermittelt den Eindruck, als sei der Wirtschaftsablauf stets störungsfrei und als sei das Handeln der verschiedenen Wirtschaftssubjekte völlig aufeinander abgestimmt.

Nicht immer sind in der Wirklichkeit die Annahmen erfüllt, dass

■ die privaten Haushalte so viel sparen, wie die Unternehmungen für ihre Investitionen benötigen,

■ die Unternehmungen so viele Konsumgüter produzieren, wie die privaten Haushalte kaufen wollen und können,

- der Staat in dem Umfang über Einnahmen verfügt, wie zur Bestreitung der Staatsausgaben erforderlich ist,
- der Austausch von Waren, Dienstleistungen und Kapital mit anderen Volkswirtschaften ausgeglichen ist.

In jeder dynamischen, im Zeitablauf sich verändernden und fortentwickelnden Volkswirtschaft entstehen Schwankungen und Störungen innerhalb des Wirtschaftsablaufs. Es sind zunächst die Kräfte des Marktes, die auf einen Ausgleich hinwirken. Daneben versucht der Staat, mithilfe seiner Wirtschaftspolitik lenkend und korrigierend auf das Wirtschaftsgeschehen Einfluss zu nehmen.

2

2.6 Inlandsprodukt und Volkseinkommen

2.6.1 Das Inlandsprodukt – Maßstab des wirtschaftlichen Wohlstands

Zur quantitativen Darstellung des wirtschaftlichen Geschehens in einer Volkswirtschaft für eine abgelaufene Periode werden Gesamtrechnungen erstellt. Um Aussagen über die wirtschaftliche Leistungsfähigkeit und Entwicklung einer Volkswirtschaft zu erfahren, muss man z. B. den gesamten Umfang der Produktion und seine Veränderungen im Zeitablauf messen.

> Das **Inlandsprodukt** (BIP) ist der Gesamtwert aller Sachgüter und Dienstleistungen, die während eines Jahres innerhalb einer Volkswirtschaft hergestellt werden.

Bildlich gesehen kann man sich das Inlandsprodukt als einen riesigen Berg von Gütern vorstellen, der all das umfasst, was in der Volkswirtschaft während eines Jahres hervorgebracht worden ist, einerlei, ob es sich um Sachgüter *(z. B. Autos)* oder Dienstleistungen *(z. B. Kinobesuche)* handelt.
Die Menge der verfügbaren Produktionsfaktoren und der Wirkungsgrad ihres Einsatzes bestimmen das mögliche Ausmaß des Inlandsprodukts einer Volkswirtschaft.
Um das BIP wertmäßig genau bestimmen zu können, werden die Güter mit ihren Herstellungskosten zuzüglich des Saldos aus Gütersteuern und Gütersubventionen bewertet.

Im Inlandsprodukt enthalten sind

- Sachgüter wie z. B. Konsumgüter, Investitionsgüter, Roh-, Hilfs- und Betriebsstoffe,
- Dienstleistungen wie z. B. Mieten von Wohnungen, Pachten von Geschäftsräumen, Telefongespräche, Radio- und Fernsehübertragungen, Leistungen von Banken und Versicherungen.

Beispiel:
Der Unterricht in der Schule stellt einen Beitrag des Staates zum Inlandsprodukt dar. Die Gehälter der Lehrer stellen die „Herstellungskosten" des Unterrichts dar.

Nach den Regeln des Europäischen Systems Volkswirtschaftlicher Gesamtrechnungen (ESVG) gehören **schattenwirtschaftliche Aktivitäten** unter den Produktionsbegriff und sind deshalb in das Bruttoinlandsprodukt z. B. durch Zuschläge einzubeziehen.

Keine Produktionstätigkeit sind nach ESVG selbstverrichtete Hausarbeiten.

Das Inlandsprodukt wird traditionell als Maßstab für den materiellen Wohlstand einer Volkswirtschaft benutzt *(„Wohlstandsindikator")*. Sein Wachstum wird als eine Verbesserung des Lebensstandards der Bevölkerung angesehen.

Beispiel:	2007	2008	2009
Inlandsprodukt[1] *in Mrd. EUR*	2.428,2	2.495,8	2.407,2
Wachstum gegenüber dem Vorjahr *in Mrd. EUR*	101,60	67,60	−88,60
in Prozent	4,4	2,8	−3,5

Ausdruck für das **Wirtschaftswachstum** einer Volkswirtschaft ist im Allgemeinen der Anstieg des Inlandsprodukts.

Ob ein quantitatives Wachstum jedoch *tatsächlich* die Lebensbedingungen der Bevölkerung verbessert, wird zunehmend kritisch betrachtet.

Die traditionelle Inlandsproduktsberechnung berücksichtigt nämlich nicht die Schäden und Nachteile, die durch die Mehrproduktion verursacht sind:

- Umweltbelastungen und -schäden durch Raubbau an der Natur *(„Waldsterben")*,
- Klimabelastungen *(„Ozonloch")*,
- Zivilisationskrankheiten,
- Verlust an Lebensqualität durch Lärm, Verkehrsdichte, Hektik und Stress im Alltag und Beruf.

2.6.2 Wertschöpfung der Unternehmung

Um festzustellen, wie groß das Inlandsprodukt ist, muss man die einzelnen Produktionsleistungen am Ort ihrer Entstehung erfassen.

Beispiel:

Ein forstwirtschaftliches Unternehmen verkauft Holz zum Preis von 10.000,00 EUR an ein Sägewerk.

Das Sägewerk schneidet das Holz zu Brettern und verkauft es zum Preis von 16.000,00 EUR an eine Möbelfabrik.

Die Möbelfabrik verarbeitet die Bretter zu Naturholzmöbeln und verkauft diese zum Preis von 25.000,00 EUR an eine Möbelhandlung.

Die Möbelhandlung verkauft die gelieferten Erzeugnisse als Bio-Möbel nach und nach zum Preis von 42.000,00 EUR an die Endverbraucher.

Es ist leicht zu erkennen, dass die beteiligten Unternehmen jeweils einen unterschiedlichen Beitrag zur Herstellung des Endproduktes geleistet haben:

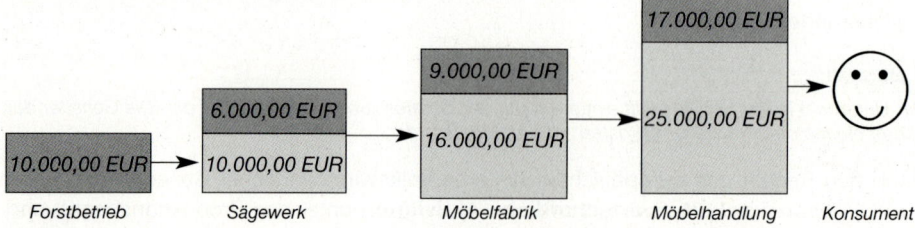

| Forstbetrieb | Sägewerk | Möbelfabrik | Möbelhandlung | Konsument |

---

[1] In jeweiligen Preisen

	Vorleistungen	Bruttowertschöpfung	Produktionswert
Forstbetrieb	–	10.000,00 EUR	10.000,00 EUR
Sägewerk	10.000,00 EUR	6.000,00 EUR	16.000,00 EUR
Möbelfabrik	16.000,00 EUR	9.000,00 EUR	25.000,00 EUR
Möbelhandlung	25.000,00 EUR	17.000,00 EUR	42.000,00 EUR
	51.000,00 EUR	42.000,00 EUR	93.000,00 EUR

Die **Bruttowertschöpfung** der Unternehmung ist die Differenz zwischen dem Verkaufs-erlös der eigenen Leistungen, dem sog. Produktionswert, und dem Kaufpreis der von an-deren Unternehmen bezogenen Vorleistungen.

> Die **Wertschöpfung** in der Unternehmung geschieht durch Kombination der Produk-tionsfaktoren Arbeit, Boden und Kapital.

Die Besitzer der Produktionsfaktoren, also die Arbeitnehmer, Kapitalanleger, Grund-stücksbesitzer und Unternehmer, erhalten für ihre Leistungen ein Entgelt in Form von Löh-nen und Gehältern, Zinsen, Mieten, Pachten, Gewinnausschüttungen.

Diese Zahlungen stellen das Einkommen der privaten Haushalte dar.

Aufgrund des Produktionsprozesses werden die in der Unternehmung eingesetzten Pro-duktionsanlagen und -mittel abgenutzt, sodass sie nach Ablauf ihrer Nutzungsdauer wie-der erneuert werden müssen.

Die entstandenen Wertminderungen des Sachkapitals stellen Aufwendungen dar und wer-den als Abschreibungen erfasst. Die Abschreibungsbeträge sind in die Verkaufspreise mit-einkalkuliert und fließen damit beim Verkauf der Produkte in die Unternehmung zurück. Die Abschreibungsgegenwerte dienen später der Finanzierung der Ersatzinvestitionen.

Die **Nettowertschöpfung** ist somit identisch mit den Einkommen, die den privaten Haus-halten zufließen.

Produktionswert		
Vorleistungen	Bruttowertschöpfung	
	Abschreibungen	Nettowertschöpfung

Beispiel:

Die Möbelfabrik aus dem obigen Beispiel hat an die Mitarbeiter Gehälter in Höhe von 5.500,00 EUR, an die Kreditgeber Zinsen in Höhe von 500,00 EUR und an die Eigentümer des Firmengrundstücks Miete in Höhe von 1.000,00 EUR zu zahlen. Die Abschreibungen für die eingesetzten Maschinen und Geräte betragen 800,00 EUR.

Wertschöpfungsrechnung		
Vorleistungen	16.000,00 EUR	
Abschreibungen	800,00 EUR	
Nettowertschöpfung 8.200,00 EUR Gehälter 5.500,00 EUR Zinsen 500,00 EUR Miete 1.000,00 EUR Gewinn 1.200,00 EUR		Verkaufserlöse 25.000,00 EUR

2.6.3 Wege der Inlandsproduktsberechnung

Das Inlandsprodukt kann auf drei verschiedenen Wegen ermittelt werden, wobei jeweils ein anderer Untersuchungsaspekt im Vordergrund steht:

- **Entstehungsrechnung:** Wo ist das Inlandsprodukt entstanden?

    Wie viel haben die einzelnen Wirtschaftsbereiche zum gesamtwirtschaftlichen Ergebnis beigetragen?

- **Verwendungsrechnung:** Wie wird das Inlandsprodukt verwendet?

    Wurde es konsumiert, investiert oder exportiert?

- **Verteilungsrechnung:** Wie verteilen sich die bei der Entstehung des Inlandproduktes erzielten Einkommen?

Das **Bruttoinlandsprodukt** (BIP)

- ist der in EUR gemessene wirtschaftliche Gesamtwert aller produzierten Sachgüter und geleisteten Dienstleistungen, die während eines Kalenderjahres innerhalb einer Volkswirtschaft, d. h. im Inland, von Inländern und Ausländern produziert werden;
- bezieht sich auf die wirtschaftlichen Vorgänge im Wirtschaftsgebiet Deutschland;
- misst die wirtschaftliche Leistung im Inland;
- berechnet den materiellen Wohlstand eines Landes.

---

1. Entstehungsrechnung BIP (Produktionsansatz)	2. Verwendungsrechnung BIP (Ausgabenansatz)	3. Verteilungsrechnung BIP

Produktionswert
− Vorleistungen
= Bruttowertschöpfung
+ Gütersteuern
− Gütersubventionen
	private Konsumausgaben
	+ Konsumausgaben des Staates
	+ Bruttoinvestition einschl.
	   Vorratsvermögen
	= inländische Verwendung
	+ Exporte
	− Importe
		Arbeitnehmerentgelte
		   (Inländer)
		+ Unternehmens- und
		   Vermögenseinkommen
		= **Volkseinkommen**
		+ Produktions- und Importabgaben an den Staat minus Subventionen vom Staat
		+ Abschreibungen
		− Saldo der Primäreinkommen aus der übrigen Welt

= **Bruttoinlandsprodukt**	= **Bruttoinlandsprodukt**	= **Bruttoinlandsprodukt**

Entstehungsrechnung

Das **Bruttoinlandsprodukt** wird von der Produktionsseite dargestellt. Es wird errechnet als Differenz aus dem Wert der produzierten Waren und Dienstleistungen **(= Produktionswert)** und dem Vorleistungsverbrauch. Diese Differenz wird **Bruttowertschöpfung** (BWS) genannt. Anschließend werden die Gütersteuern wie z. B. Tabak- oder Mineralölsteuer hinzuaddiert; die Subventionen werden abgezogen.

Das Bruttoinlandsprodukt wird von den volkswirtschaftlichen Sektoren Land- und Forstwirtschaft, Fischerei, produzierendes Gewerbe ohne Bau, Baugewerbe, Handel, Gastgewerbe, Verkehr, Finanzierung, Vermietung, Unternehmensdienstleister, öffentliche und private Dienstleister erwirtschaftet.

Die Entstehungsrechnung weist die Beiträge der einzelnen Wirtschaftsbereiche zum Inlandsprodukt aus. Die Veränderungen dieser Beiträge im langfristigen Zeitablauf spiegeln die strukturelle Veränderung der Volkswirtschaft wider.

Verwendungsrechnung

Die Verwendungsrechnung zeigt die Verwendung der Güter aus der Inlandsproduktion und den Importen. Das Bruttoinlandsprodukt wird hier von der **Nachfrageseite** her ermittelt, indem man die Ausgaben für die Endverwendung von Waren und Dienstleistungen,

d. h., die privaten und staatlichen Konsumausgaben, die Investitionen und den Außenbeitrag (= Export – Import) berechnet.

Die Verwendungsrechnung gibt Auskunft darüber, von welchen Wirtschaftsbereichen die produzierten Güter beansprucht werden bzw. für welche Zwecke sie hergestellt werden. Die **privaten Konsumausgaben** umfassen alle Käufe von Sachgütern und Dienstleistungen durch private Haushalte.

Beispiel: *Private Konsumausgaben in Mrd. EUR und in Prozent*[1]

Jahr	Nahrungs-mittel Getränke, Tabak-waren	Beklei-dung und Schuhe	Wohnung, Wasser, Strom, Gas u.a. Brenn-stoffe	Einrich-tungsge-genstände, Geräte für den Haus-halt	Verkehr, Nachrich-tenüber-mittlung	Freizeit, Unterhal-tung und Kultur	Beher-bungs- und Gast-stätten-dienstleis-tungen	Übrige Verwen-dungs-zwecke	Insgesamt	Konsum-ausgaben je Einwohner
2005	182,16 14,5 %	65,93 5,2 %	301,14 24,0 %	85,97 6,8 %	214,40 17,1 %	117,68 9,4 %	68,37 5,4 %	221,26 17,6 %	1.256,91 100 %	15.596,00 EUR
2006	185,02 14,3 %	66,66 5,2 %	309,78 24,0 %	88,09 6,8 %	224,68 17,4 %	120,20 9,3 %	71,07 5,5 %	224,27 17,4 %	1.289,77 100 %	16.020,00 EUR
2007	188,64 14,4 %	69,57 5,3 %	311,22 23,8 %	88,69 6,8 %	220,45 16,9 %	124,22 9,5 %	74,72 5,7 %	228,83 17,5 %	1.306,34 100 %	16.270,00 EUR
2008	195,16 14,6 %	70,80 5,3 %	325,32 24,3 %	90,78 6,8 %	222,53 16,6 %	125,58 9,4 %	76,57 5,7 %	230,98 17,3 %	1.337,72 100 %	16.700,00 EUR
2009	193,30 14,4 %	70,55 5,3 %	326,66 24,4 %	90,90 6,8 %	228,81 17,1 %	124,33 9,3 %	75,89 5,7 %	229,55 17,1 %	1.339,99 100 %	16.747,00 EUR

Die **Konsumausgaben des Staates** umfassen die Güterkäufe des Staates für seinen laufenden Bedarf sowie die Einkommensleistungen an die öffentlichen Bediensteten.

Bruttoanlageinvestitionen sind Ausrüstungen (Maschinen, Fahrzeuge, sonstige Produktionsmittel), Bauten (Häuser, Straßen, Brücken, Verwaltungsgebäude) und sonstige Anlagen (EDV-Software, Urheberrechte).

Addiert man hierzu die Vorratsveränderungen [Differenz zwischen Anfangs- und Endbeständen bei den Vorräten (Roh-, Hilfs-, Betriebsstoffen, Halb-, Fertigerzeugnisse)], so erhält man die **Bruttoinvestitionen**.

▨ Verteilungsrechnung

Eine direkte Berechnung des Bruttoinlandsproduktes über die Verteilungsseite ist in Deutschland wegen fehlender statistischer Erhebungen über die Unternehmens- und Vermögenseinkommen nicht möglich.

Ausgehend vom Volkseinkommen subtrahiert man die im Produktionsprozess entstandenen Arbeitnehmerentgelte aller Inländer und erhält als Differenz die Unternehmens- und Vermögenseinkommen. Zum Volkseinkommen werden die Produktions- und Importabgaben an den Staat hinzugerechnet, die Subventionen werden abgezogen, anschließend werden die Abschreibungen addiert und der Saldo der Primäreinkommen aus der übrigen Welt hinzugerechnet, um zum Bruttoinlandsprodukt zu gelangen.

Die Verteilungsrechnung gibt Auskunft über die Höhe und die Arten der Faktoreinkommen, die von Inländern innerhalb eines Jahres aufgrund ihrer Wertschöpfungsbeiträge im In- und Ausland erzielt werden.

Zu unterscheiden sind

■ das Arbeitnehmerentgelt als Summe aller Arbeitnehmereinkommen; es beinhaltet die Bruttolöhne und -gehälter zuzüglich Lohnnebenkosten in Form von Arbeitgeberbeiträgen zur Sozialversicherung und weiterer Sozialaufwendungen der Arbeitgeber.

■ die Unternehmens- und Vermögenseinkommen; hierzu zählen z. B. Gewinne der Unternehmen und Freiberufler, Zinsen und sonstige Kapitaleinkünfte, Mieten, Pachten.

---

[1] Quelle: destatis

Die Lohnquote drückt den relativen Anteil der Arbeitnehmereinkommen am Volkseinkommen aus. Ziel der gewerkschaftlichen Tarifpolitik ist es u. a., die Lohnquote zu erhöhen.

$$\text{Lohnquote} = \frac{\text{Arbeitnehmerentgelt}}{\text{Volkseinkommen}} \cdot 100$$

Die Lohnquote gibt **keine** Auskunft über die Höhe der Einkommen, die insgesamt von den Arbeitnehmerhaushalten erzielt werden, da in ihr weder Transferleistungen des Staates noch die Nebeneinkünfte der Arbeitnehmerhaushalte berücksichtigt werden.

Beispiel:

Das Monatsgehalt der Steuerfachangestellten Zina Zoll beträgt 1.450,00 EUR. Sie hat ein Haus geerbt, das sie für 1.000,00 EUR vermietet. Sie besitzt festverzinsliche Wertpapiere im Werte von 10.000,00 EUR, die zu 5 % p. a. verzinst werden.
Miet- und Zinseinkünfte werden nicht in der Lohnquote berücksichtigt.

Die Lohnquote ist **keine** Auskunft über die Gerechtigkeit der Einkommensverteilung innerhalb einer Volkswirtschaft, weil sie keine Einkommensunterschiede berücksichtigt.

Beispiel:

Das Jahresgehalt eines Profi-Fußballerspielers in Höhe von 500.000,00 EUR wird ebenso in der Lohnquote erfasst wie das Monatsgehalt einer Verkäuferin in Höhe von 1.500,00 EUR.

Bruttoinlandsprodukt (BIP) 2009[1]					
Entstehung BIP 2009	**Mrd. EUR**	**= Verwendung BIP 2009**	**Mrd. EUR**	**= Verteilung BIP 2009**	**Mrd. EUR**
Land- und Forstwirtschaft, Fischerei	18,11	Konsumausgaben der privaten Haushalte und der privaten Organisationen ohne Erwerbszweck	1.416,36	Arbeitnehmerentgelte	1.223,10
+ produzierendes Gewerbe ohne Bau	471,74			+ Unternehmens- und Vermögenseinkommen	588,08
+ Baugewerbe	98,56	+ Konsumausgaben des Staates	472,07	+ Produktions- und Importabgaben an den Staat minus Subventionen vom Staat	185,43
+ Handel, Gastgewerbe und Verkehr	378,23	+ Bruttoinvestitionen	431,95		
+ Finanzierung, Vermietung und Unternehmensdienstleister	666,81	+/– Vorratsveränderungen und Nettozugang an Wertsachen	– 15,18	+ Abschreibungen	365,09
+ öffentliche und private Dienstleister	516,41	+ Außenbeitrag (Export – Import)	157,07	+/– Saldo der Primäreinkommen aus der übrigen Welt	+ 42,70
+ Gütersteuern minus Gütersubventionen	254,54				
= Bruttoinlandsprodukt	**2.404,40**	**= Bruttoinlandsprodukt**	**2.404,40**	**= Bruttoinlandsprodukt**	**2.404,40**

2.6.4 Vom Bruttoinlandsprodukt zum verfügbaren Einkommen

Bruttoinlandsprodukt (BIP, engl. GDP)

Das Bruttoinlandsprodukt schließt nur die innerhalb des eigenen Wirtschaftsraumes erwirtschafteten Leistungen ein. Dabei spielt es keine Rolle, ob diese von Inländern oder Ausländern erzielt wurden.

Beispiel:

Ausländische Arbeitnehmer aus grenznahen Gebieten zu Deutschland sind häufig bei deutschen Unternehmen beschäftigt. Die von diesen Arbeitnehmern im Inland erzielten Einkommen sind im deutschen Bruttoinlandsprodukt enthalten.

---

[1] destatis vom 13.01.2010

Nach dem Wohnort- oder Produktionsortprinzip gelten alle Wirtschaftssubjekte als Inländer, die ihren ständigen Sitz in Deutschland haben, also auch die hier lebenden Arbeitnehmer fremder Nationalitäten und die Tochtergesellschaften ausländischer Unternehmen.

Auf das BIP beziehen sich viele Kriterien der europäischen Wirtschafts- und Währungsunion.

Beispiele:

- *die zulässige Neuverschuldung: maximal 3 % des BIP,*
- *der Schuldenstand: 60 % des BIP,*
- *Beschreibung der Struktur und Strukturveränderungen einer Volkswirtschaft: der Übergang von einer Industriegesellschaft zu einer Dienstleistungsgesellschaft wird danach beurteilt, welche Anteile das produzierende Gewerbe bzw. die zum Dienstleistungssektor gehörenden Branchen am BIP haben,*
- *Maß der Produktionsleistung einer Volkswirtschaft und damit Ausgangspunkt zur Schätzung des Produktionspotenzials.*

Bruttonationaleinkommen

> Das Bruttonationaleinkommen ist die Summe aller Güter und Dienstleistungen, die von allen inländischen Unternehmen, Haushalten und vom Staat im In- und Ausland innerhalb eines Kalenderjahres erwirtschaftet wurden.
>
> Bruttoinlandsprodukt (BIP)
> – an die übrige Welt gezahlte Einkommen
> + aus der übrigen Welt empfangene Einkommen
> = **Bruttonationaleinkommen (BNE)**

Das Bruttonationaleinkommen – früher Bruttosozialprodukt genannt – wird als Einkommensindikator einer Volkswirtschaft angesehen und dient als Basisgröße für Wirtschaftswachstum.

Beispiel:

Die Zinseinkünfte, die ein deutscher Kapitalanleger aufgrund einer Kapitalanlage im Ausland erzielt, sind Einkommen, die im Bruttonationaleinkommen zu erfassen sind.

Nettonationaleinkommen

Im Bruttonationaleinkommen sind alle Produktionsleistungen enthalten, die zur Erhaltung des in der Volkswirtschaft vorhandenen Sachkapitals notwendig sind.
Die hierzu erforderlichen Geldmittel werden durch Abschreibungen bereitgestellt. Somit sind Abschreibungen wertmäßig identisch mit den Ersatzinvestitionen.
Ohne Ersatzinvestitionen würde die Leistungsfähigkeit einer Volkswirtschaft ständig abnehmen.

Abschreibungen		**Ersatzinvestitionen**

Während also das Bruttonationaleinkommen die gesamte Produktionsleistung der Inländer einschließlich der Ersatzinvestitionen erfasst, stellt das Nettonationaleinkommen nur die neu geschaffene Produktionsleistung dar, klammert also die durch die Abschreibungen erfassten Wertminderungen des vorhandenen Sachkapitals aus.

> Bruttonationaleinkommen zu Marktpreisen (BNE)
> – Abschreibungen für Ersatzinvestitionen
>
> **= Nettonationaleinkommen zu Marktpreisen (NNE = Primäreinkommen)**

2

■ Volkseinkommen

Werden die produzierten Güter ausschließlich mit den Kosten der zu ihrer Entstehung eingesetzten Produktionsfaktoren bewertet, erhält man das **Volkseinkommen**.

Der Unterschied zwischen dem Volkseinkommen und dem Nettonationaleinkommen ist zunächst dadurch begründet, dass der Staat den Verbrauch bestimmter Güter und den Verkauf von Waren und Dienstleistungen mit Produktions- und Importabgaben belastet.
Diese sind im Verkaufspreis enthalten und werden damit auf den Verbraucher abgewälzt.

> *Beispiele:*

- *Mineralölsteuer*   ■ *Tabaksteuer*   ■ *Branntweinsteuer*

Die Produktions- und Importabgaben machen ein Produkt also teurer, als es gemessen an seinen Entstehungskosten eigentlich ist.
Auf der anderen Seite gewährt der Staat manchen Unternehmen **Subventionen**. Dies führt dazu, dass die von diesen Unternehmen erzeugten Produkte billiger angeboten werden können, als sie es von ihren Entstehungskosten eigentlich sind.

> Nettonationaleinkommen zu Marktpreisen
> – Produktions- und Importabgaben an den Staat
> + Subventionen vom Staat
>
> **= Volkseinkommen** (= Nettonationaleinkommen/Nettosozialprodukt zu Faktorkosten)

Die Kosten für die Beschaffung der zur Produktion benötigten Produktionsfaktoren sind aus der Sicht der Empfängerseite, also der privaten Haushalte, Einkommenzahlungen.

> Das **Volkseinkommen** ist demzufolge die Summe aller von den Inländern während eines Jahres erzielten Faktoreinkommen.

Bruttonationaleinkommen zu Marktpreisen	*Abschreibungen*	
	Nettonationaleinkommen zu Marktpreisen	– *Indirekte Steuern an den Staat*
		+ *Subventionen*
		= Volkseinkommen (Nationaleinkommen zu Faktorpreisen)

■ Verfügbares Einkommen

Das Volkseinkommen ist allerdings nicht identisch mit dem Einkommen, das den privaten Haushalten tatsächlich zur Verfügung steht.
Der Staat entzieht vielmehr den privaten Haushalten Einkommensteile in Form von direkten Steuern und Sozialabgaben.
Ein Teil dieser öffentlichen Einnahmen dient der Finanzierung öffentlicher Aufgaben, ein anderer Teil fließt jedoch in Form von Transferzahlungen an die privaten Haushalte zurück.

Beispiele:

Renten, Pensionen, Kindergeld, Wohngeld, BAföG-Zahlungen

Der Staat bewirkt auf diese Weise einen Einkommensausgleich zwischen Beschäftigten und Arbeitslosen, zwischen Erwerbspersonen und Rentnern, Gesunden und Kranken, ganz allgemein eine Einkommensumverteilung von den finanziell besser gestellten zu den sozial schwachen Bürgern.

Volkseinkommen
− direkte Steuern (Lohn-/Einkommensteuer)
− Sozialabgaben
+ Transferzahlungen
= verfügbares Einkommen

Verfügbares Einkommen[1]			
	2007	**2008**	**2009**
verfügbares Einkommen (in Mrd. EUR)	2.089,05	2.138,33	2.049,16
− Konsum (in Mrd. EUR)	1.810,96	1.861,48	1.888,43
= Sparen (in Mrd. EUR)	278,09	276,85	160,71

Zusammenfassung

Bruttoinlandsprodukt (BIP)
+ aus der übrigen Welt empfangene Einkommen
  (von Inländern im Ausland)
− an die übrige Welt gezahlte Einkommen
  (von Ausländern im Inland)

= Bruttonationaleinkommen zu Marktpreisen (BNE)
− Abschreibungen
= Nettonationaleinkommen zu Marktpreisen (NNE)
− Produktions- und Importabgaben an den Staat
+ Subventionen vom Staat

= Volkseinkommen
  (= Nettonationaleinkommen/
  Nettosozialprodukt zu Faktorkosten)
− direkte Steuern der privaten Haushalte
− Sozialabgaben
+ Transferzahlungen an private Haushalte

= verfügbares Einkommen

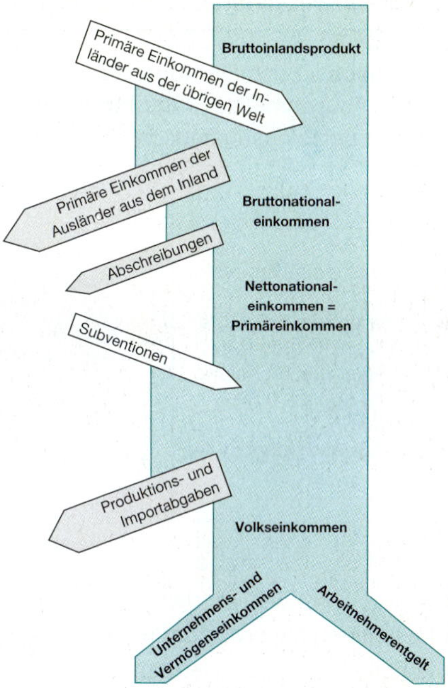

[1] destatis vom 13.01.2010

2

2.7 Markt und Preisbildung

2.7.1 Märkte und Marktformen

Märkte

Im Mittelalter war das Marktrecht die Erlaubnis, dauerhaft einen Markt, der unter dem Schutz des Marktherrn *(z. B. Bischof, König, Fürst)* stand, abzuhalten. Dieses Privileg war für die städtische Wirtschaft von entscheidender Bedeutung, weil unter dem Schutz des Marktherrn das Marktgeschehen störungsfrei ablaufen konnte. Der **Marktplatz** wurde für viele Orte der zentrale Platz, an dem das Rathaus und Geldhäuser errichtet wurden.

Aus dem Marktrecht wurden später Stadtrechte abgeleitet. Auch heute dürfen verwaltungsrechtlich selbstständige Gemeinden nach *Art. 3 der Gemeindeordnung für den Freistaat Bayern* noch die Bezeichnung Markt beantragen und führen.

> **Beispiele:**
> Markt Murnau, Markt Indersdorf bei Dachau, Markt Nordheim im Landkreis Neustadt an der Aisch/Bad Windsheim.

> **Markt** im wirtschaftlichen Sinne ist
> - das Zusammentreffen von Angebot und Nachfrage nach ökonomischen Gütern wie Waren, Dienstleistungen und Rechten,
> - der reale oder virtuelle Ort (Handelsplatz), an dem Güter getauscht werden.

> Als **Marktwirtschaft** bezeichnet man eine auf Märkten basierende Wirtschaft.

Der **Tausch** ist das Grundprinzip des Marktes. Durch Verwendung eines allgemein anerkannten Tauschmittels (= **Zahlungsmittel** in Form von Münzen, Banknoten und Buchgeld) kann der Leistungsaustausch zeitlich voneinander getrennt werden.

Angebot	Markt	Nachfrage
Es bieten an ■ Haushalte ihre Arbeitskraft, ■ Unternehmen ihre Güter und Dienstleistungen, ■ der Staat das rechtliche Gerüst und die Infrastruktur, ■ das Ausland Importgüter.	Markt Treffpunkt von Anbietern und Nachfragern mit dem Ziel, Güter gegen Zahlungsmittel zu tauschen.	Es fragen ■ Haushalte nach Konsumgütern, ■ Unternehmen nach Investitions- und Produktionsgütern, ■ der Staat nach Produktions-, Investitions- und Konsumgütern, ■ das Ausland nach Exportgütern.

Angebot und Nachfrage
- sind „Triebkräfte" für das Funktionieren einer Marktwirtschaft,
- bestimmen die produzierte Menge und den Marktpreis,
- können beeinflusst werden.

Märkte erfüllen mit dem Ziel des Güteraustausches verschiedene Funktionen:

Funktionen des Marktes	
Versorgung	Grundfunktion des Marktes und allgemeines Ziel allen Wirtschaftens ist die Versorgung der Wirtschaftssubjekte *(z. B. Haushalte, Unternehmen, Staat)* mit Konsum- und Investitionsgütern sowie Dienstleistungen. **Beispiel:** *Lebensmittelläden, Bäcker und Metzger in einer Stadt übernehmen die Nahversorgung der Haushalte mit lebensnotwendigen Waren.*
Koordination	Der Markt muss dafür sorgen, dass Angebot und Nachfrage aufeinandertreffen, ausgetauscht werden und wechselseitig Güternachfrage und Güterangebot beeinflussen.
Preisbildung	Über den Preis treffen sich am Markt Angebot und Nachfrage. Über die Preise regelt der Markt die Verteilung der Güter, indem den Nachfragern, die bereit sind, die Preise zu zahlen, die Güter zukommen.
Verteilung	In Zusammenwirkung mit den Preisen regelt der Markt die Verteilung der Güter.

Nach der Art der angebotenen und nachgefragten Güter werden zwei Marktarten unterschieden: Gütermärkte und Faktormärkte.

Marktarten			
Gütermärkte		**Faktormärkte**	
Konsumgüter-märkte	Handel mit Konsumgütern: Marktobjekte sind für den Endverbrauch bestimmte Güter. **Beispiele:** *Büchermarkt, Automobil-markt, Lebensmittelmarkt*	Arbeitsmarkt	Austausch von Arbeitskraft gegen Arbeitsentgelt: Marktobjekt ist die Arbeitsleistung. **Beispiele:** ■ *Markt für Steuerfachange-stellte* ■ *Markt für Juristen*
Dienstleistungs-märkte	Marktobjekt ist eine Dienstleistung. **Beispiele:** ■ *Buchung einer Reise* ■ *Steuerberatung*	Immobilien-markt	Handel mit Grundstücken und Gebäuden: Marktobjekte sind bebaute und unbebaute Grundstücke sowie Gebäude.
Investitions-gütermärkte	Handel mit Investitionsgütern: Marktobjekte sind für die Herstellung von Gütern und Dienstleistungen bestimmt. **Beispiele:** ■ *Markt für Baumaschinen* ■ *Markt für Werkzeug-maschinen* ■ *Markt für Lastkraftwagen*	Finanzmarkt	Markt für Handel und Vermittlung zwischen Anbietern von Finanzierungsmitteln (Gläubigern) und Nachfragern nach Finanzierungsmitteln (Schuldnern): Marktobjekte sind kurzfristiges Kapital (Geldmarkt) und langfristiges Kapital (Kapitalmarkt) sowie Wertpapiere (Aktien). **Beispiele:** ■ *Markt für Kredite* ■ *Markt für Wertpapiere*

Einen Markt, der von einer starken Position der Anbieter geprägt ist, bezeichnet man als **Verkäufermarkt**. Umgekehrt spricht man von einem **Käufermarkt**, wenn die Nachfrager aufgrund ihrer Verhandlungsstärke auf den Preis und die Qualität des Angebots Einfluss nehmen können.

2

> **Beispiel:**
>
> *Im Winter ist während einer lang anhaltenden Kälteperiode die Position der Heizöl-Lieferanten relativ stark. Der Marktpreis wird daher deutlich steigen. Im Sommer dagegen besteht für die Anbieter eine Absatzflaute. Die Position der Nachfrager ist dadurch relativ stark. Sie können den Preis drücken und sich günstig einen Vorrat für den Winter anlegen.*

▮ Marktformen

Von zentraler Bedeutung für das Marktgeschehen ist, wie viele Anbieter und wie viele Nachfrager auf dem Markt auftreten.

> **Beispiel:**
>
> *Wenn ein Top-Profifußballspieler von einem Verein an einen anderen Verein verkauft wird, unterliegt dieser Vorgang anderen Marktgesetzmäßigkeiten, als wenn an einer Wertpapierbörse zwischen einer Vielzahl von Marktteilnehmern Aktien einer großen Chemie-AG gehandelt werden.*

Je nach Anzahl und relativer Größe der Marktteilnehmer auf der Angebots- bzw. der Nachfrageseite lassen sich verschiedene Marktformen unterscheiden:

Zahl der Anbieter / Zahl der Nachfrager	ein Anbieter	wenige Anbieter	viele Anbieter
ein Nachfrager	zweiseitiges (bilaterales) Monopol	beschränktes Nachfragemonopol (= beschränktes Monopson)	Nachfragemonopol (Monopson)
wenige Nachfrager	beschränktes Angebotsmonopol	zweiseitiges (bilaterales) Oligopol	Nachfrageoligopol (Oligopson)
viele Nachfrager	Angebotsmonopol	Angebotsoligopol	vollständige Konkurrenz (Polypol)

> **Beispiele:**

Polypol (vollständige Konkurrenz)	Anbieter: Nachfrager:	viele Gemüsehändler (Wochenmarkt) viele Käufer
Angebotsoligopol	Anbieter: Nachfrager:	wenige Automobilhersteller viele Automobilkäufer
Angebotsmonopol	Anbieter: Nachfrager:	kommunale Verkehrsbetriebe Fahrgäste
zweiseitiges bilaterales Oligopol	Anbieter: Nachfrager:	Werften (Schiffshersteller) Reedereien (Schiffsbetreiber)
zweiseitiges bilaterales Monopol	Anbieter: Nachfrager:	Gewerkschaft Arbeitgeberverband
Nachfragemonopol (Monopson)	Anbieter: Nachfrager:	Straßenbauunternehmen öffentliche Hand

Die Marktform und die Möglichkeit des Marktzutritts für neue Marktteilnehmer sind für das Ausmaß des Wettbewerbs von zentraler Bedeutung.

Beispiel:

Der einzige Bäcker in einer kleinen, abgelegenen Ortschaft kann, vordergründig betrachtet, den Brötchenpreis weitgehend autonom festsetzen: Wer morgens unbedingt frische Brötchen haben möchte, hat keine Ausweichmöglichkeit. Auf der anderen Seite weiß der Bäcker, dass er als einziger Anbieter unmittelbar keine Konkurrenz zu fürchten hat, Würde der Bäcker jedoch seine Marktstellung zu sehr ausnutzen und einen völlig überzogenen Preis für seine – vielleicht auch noch schlechten – Brötchen verlangen, müsste er damit rechnen, dass sich schon bald ein anderer Bäcker niederlässt und ihm seinen Markt streitig macht.

Für die Beurteilung eines Marktes kommt es deshalb auch darauf an, ob es sich um einen *offenen* oder einen *geschlossenen* Markt handelt.

Während in einen **offenen Markt** jederzeit neue Anbieter bzw. Nachfrager eintreten können, ist bei einem geschlossenen Markt neuen Marktteilnehmern der Zugang durch gesetzliche, technische oder finanzielle Barrieren versperrt.

Beispiele:

- *Der Staat konzessioniert Lotteriegesellschaften, die das Recht erhalten, Lottospiele anzubieten.*
- *Zum Bau eines Kraftwerkes ist ein Kapitalbedarf in Milliardenhöhe und ein besonderes technisches Wissen erforderlich. Nur ein großes Energieversorgungsunternehmen verfügt über das entsprechende Know-how und ist in der Lage, das notwendige Kapital aufzubringen.*

Steht der Marktmacht der einen Marktseite keine entsprechende Gegenmacht gegenüber, so besteht die Gefahr, dass der Wettbewerb eingeschränkt oder im Extremfall sogar aufgehoben wird.

Die relative Stärke eines Marktteilnehmers gegenüber der Marktgegenseite drückt sich in seiner Fähigkeit aus, den Marktpreis beeinflussen zu können.

Beispiel:

Auf eine Erhöhung der Strompreise können die Verbraucher nur durch Stromsparen reagieren; einen Einfluss auf die Preisgestaltung der Energieversorgungsunternehmen haben sie nicht.

2.7.2 Bestimmungsgründe des Nachfrageverhaltens

In der Nachfrage der privaten Haushalte kommt der Wunsch der Konsumenten zum Ausdruck, eine bestimmte Menge von Gütern zu erwerben.

Der primäre Grund für die Nachfrage der privaten Haushalte ist darin zu sehen, dass jeder Mensch Bedürfnisse hat, die er mit den ihm gegebenen finanziellen Mitteln befriedigen muss bzw. möchte.

Im Einzelnen betrachtet, wird man feststellen, dass die Nachfrage nach einem Gut von mehreren Faktoren abhängig ist.

Bestimmungsgründe für Nachfrage	
■ Preis	Das Gesetz der Nachfrage besagt, dass bei sonst gleichen Bedingungen die nachgefragte Gütermenge fällt, wenn der Preis des Gutes ansteigt.
■ Einkommen	Geht die nachgefragte Gütermenge mit sinkendem Einkommen zurück, so handelt es sich um ein normales Gut. Sinkt die nachgefragte Gütermenge dagegen bei steigendem Einkommen, spricht man von einem inferioren Gut. Bei Preisanstieg des einen Gutes steigt die Nachfrage nach substitutiven Gütern.
■ Dringlichkeit des Bedarfs	Alle Haushalte werden zunächst die Güter nachfragen, die sie am dringlichsten benötigen.
■ Preise verwandter Güter	• Zwei Güter bilden Substitute: Ein Preisanstieg des einen Gutes löst einen Nachfrageanstieg für das andere Gut aus. • Güter, bei denen der Preisanstieg des einen Gutes einen Nachfragerückgang des anderen Gutes bewirkt, nennt man komplementäre Güter.
■ Geschmack, Vorlieben	Offensichtliche Bestimmungsgründe der Nachfrage sind Präferenzen. Diese beruhen auf psychischen Einstellungen und historisch erworbenen Gewohnheiten.
■ Erwartungen	Erwartete Preiserhöhungen können die Nachfrage erhöhen; erwartete Preissenkungen können die Nachfrage mindern.
■ Anzahl der Käufer	Bei Auftritt neuer Käufer auf einem Markt steigt die Nachfragemenge im Markt, dies führt zu einem höheren Preis.

Dringlichkeit des Bedürfnisses nach dem Gut

Die Haushalte versuchen, zunächst die Güter nachzufragen, die sie am dringlichsten benötigen bzw. sich wünschen.

Jeder private Haushalt entwickelt dabei unterschiedliche Bedürfnisse.

Beispiel:

In dem einen Haushalt wird besonderer Wert auf Essen und Trinken gelegt, für den anderen Haushalt ist gute Kleidung besonders wichtig, für einen dritten Haushalt steht die jährliche Urlaubsreise im Vordergrund des Interesses.

Die **Bedürfnisskala** eines Menschen spiegelt die Reihenfolge der Bedürfnisse entsprechend ihrer individuell empfundenen Dringlichkeit wider. Das subjektive Mangelgefühl wird vielfach durch Werbung und das gesellschaftliche Umfeld, in dem der Einzelne lebt, beeinflusst oder sogar erst geweckt.

Je dringlicher der Wunsch nach einem bestimmten Gut empfunden wird, desto höher ist auch der Preis, den man zu zahlen bereit ist.

Höhe des verfügbaren Einkommens

Bei steigendem Einkommen kann man sich mehr Wünsche erfüllen. Dies bedeutet, dass man entweder von einem bestimmten Gut eine größere Menge kauft oder dass man auf höherwertige, teurere Güter umsteigt.

Beispiel:

Es ist zu beobachten, dass bei steigendem Einkommen die Verbrauchsausgaben für Grundnahrungsmittel wie Brot und Kartoffeln sinken, während für teurere Lebensmittel, wie exotische Obst- und Gemüsesorten, mehr Geld ausgegeben wird.

Ein steigendes Einkommen führt daher in der Regel zu einer Änderung der Bedürfnisskala.

Die absolute Höhe des verfügbaren Haushaltseinkommens begrenzt die Möglichkeiten der Bedürfnisbefriedigung.

Die Haushalte versuchen, ihr Einkommen so aufzuteilen, dass mit den verfügbaren Mitteln möglichst viele Bedürfnisse befriedigt werden können.

Preis des Gutes

Wer sich etwas kaufen möchte, schaut zunächst auf den Preis.

Je höher der Preis eines Gutes, desto geringer wird im Normalfall die Nachfrage nach diesem Gut sein. Umgekehrt wird bei sinkendem Preis die Nachfrage nach dem Gut zunehmen.

Wenn die Nachfrager in dieser Weise auf Preisveränderungen bei einem Gut reagieren, spricht man von einer preiselastischen Nachfrage.

Beispiel:

Bei steigenden Benzinpreisen sinkt die Nachfrage nach Benzin.

Die **Preiselastizität** ist von Gut zu Gut unterschiedlich.

Bei nicht so dringlich gewünschten Gütern reagieren die Verbraucher im Allgemeinen preisempfindlicher als bei dringend benötigten Gütern. Bei einer hohen Preiselastizität führen daher bereits kleine Preisveränderungen zu einer großen Veränderung der nachgefragten Menge.

Die Nachfrage nach einem Gut kann auch unabhängig von seinem Preis sein. In diesem Fall spricht man von einer starren (= preisunelastischen) Nachfrage.

Beispiel:

Ein Medikament, das für die Gesundung des Kranken wichtig ist und für das es kein Ersatzmedikament gibt, wird unabhängig von der Höhe seines Preises in der erforderlichen Menge gekauft.

Den Zusammenhang von Preis und nachgefragter Menge kann man in einer **Nachfragekurve** veranschaulichen. Sie macht deutlich, wie die Käufer auf Preisveränderungen der von ihnen nachgefragten Güter reagieren.

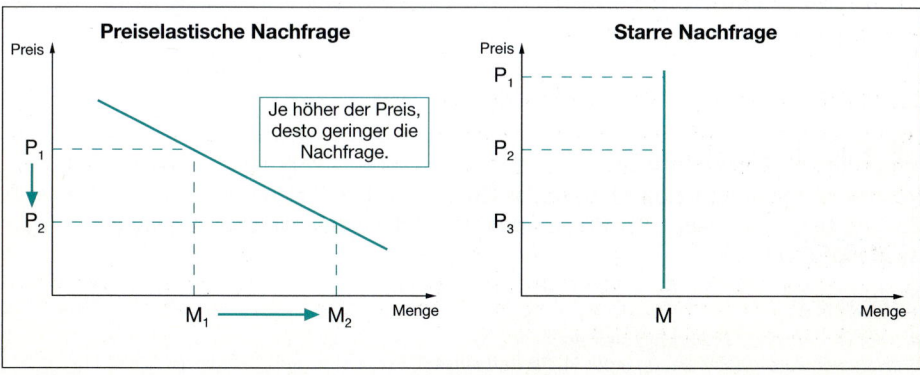

2

Preise anderer Güter

Es lässt sich beobachten, dass die Nachfrage nach einem bestimmten Gut auch von den Preisen anderer Güter, nämlich den Preisen der *Substitutionsgüter* und *Komplementärgüter*, abhängig ist.

Substitutionsgüter sind untereinander austauschbare Güter. Sie dienen demselben Zweck.

Beispiele:

■ *Butter – Margarine*   ■ *Fahrrad – Auto*

Bei steigendem Preis eines Gutes besteht die Neigung, auf ein billigeres Substitutionsgut umzusteigen, d. h. es steigt dann die Nachfrage nach dem Substitutionsgut.

Beispiel:

Bei deutlich steigendem Benzinpreis steigt die Nachfrage nach der Inanspruchnahme öffentlicher Verkehrsmittel.

Komplementärgüter sind sich ergänzende Güter. Das eine Gut bildet mit dem anderen Gut zusammen eine Nutzeneinheit, d. h. es kann nur im Zusammenwirken mit dem anderen Gut sinnvoll genutzt werden.

Beispiele:

■ *Auto – Benzin*   ■ *CD-Player – CD*

Steigt der Preis des einen Gutes, wird man feststellen, dass nicht nur die Nachfrage nach diesem Gut, sondern auch die Nachfrage nach dem Komplementärgut zurückgeht.

Beispiel:

Bei deutlich steigendem Benzinpreis sinkt die Nachfrage nach Autos mit hohem Benzinverbrauch, wohingegen die Nachfrage nach Autos mit günstigen Verbrauchswerten steigt.

Das letzte Beispiel macht deutlich, dass der Preisanstieg bei einem Gut nicht nur Folgen für die Nachfrage nach diesem Gut hat, sondern indirekt zu einer Veränderung der Nachfragestruktur führen kann.

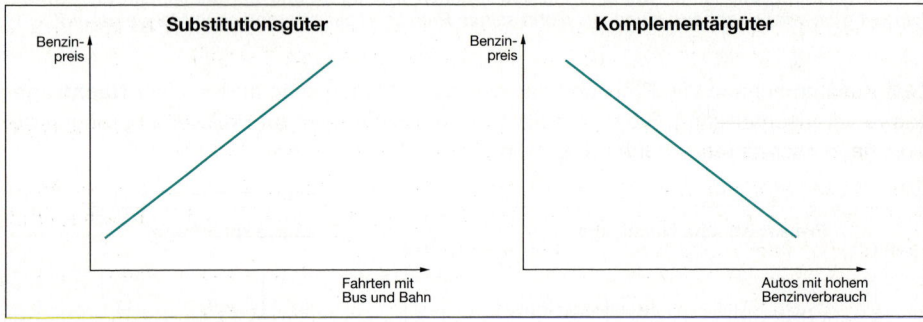

Zukunftserwartungen

Rechnen die Nachfrager damit, dass das Gut bald nicht mehr zu haben ist oder dass es in Zukunft zu einem Anstieg der Preise kommen wird, werden sie unter Umständen bereits heute das Gut kaufen.

Beispiele:

■ *Kauf von Aktien in Erwartung steigender Kurse*
■ *„Hamsterkäufe" in Erwartung einer Wirtschaftskrise*

2.7.3 Bestimmungsgründe des Anbieterverhaltens

Primäre Antriebsfeder für das Anbieterverhalten von Unternehmungen in einer Marktwirtschaft ist die Gewinnerzielungsabsicht:

Die Unternehmungen versuchen auf der einen Seite, die Kosten der Produktion möglichst gering zu halten, und auf der anderen Seite, für die von ihnen erzeugten Produkte einen möglichst hohen Preis zu erzielen.

Bestimmungsgründe für Angebote	
■ Preis	Die angebotene Menge eines Gutes wird i. d. R. bei steigendem Preis des Gutes zunehmen.
■ Kosten	Steigende Kosten *(z. B. steigende Einkaufspreise)* mindern i. d. R. das Angebot.
■ Technologie bzw. Erwartungen	Technologischer Fortschritt senkt i. d. R. die Produktionskosten und erhöht die angebotene Gütermenge.
■ Anzahl der Verkäufer	Ziehen sich Verkäufer vom Markt zurück, sinkt die auf dem Markt angebotene Gütermenge.
■ Rechtliche Rahmenbedingungen	**Beispiele:** *Vertragsrecht nach BGB, steuerrechtliche Vorgaben, z. B. Inhalt einer Rechnung, Vergabevorschriften, Schutzrechte der Verbraucher, Nachweise der Fachkunde, Prüfzeugnisse.*

Preis des Gutes

Je höher der am Markt erzielbare Preis für ein Gut ist, desto mehr Unternehmer sind grundsätzlich bereit, dieses Gut zu produzieren. Umgekehrt wird bei sinkendem Preis die Anzahl der Unternehmen, die das Gut produzieren wollen, geringer.

Wenn die Unternehmungen in dieser Weise auf Preisänderungen reagieren, spricht man von einem **preiselastischen** Angebot.

Beispiel:

Steigen aufgrund einer besonderen Nachfrage die Preise für handgefertigte Marzipanhasen, so führt dies dazu, dass Unternehmen, die diese Marktlücke erkennen, die sich bietenden Gewinnchancen wahrnehmen und ihre Produktion entsprechend ausweiten.

Die Angebotsmenge eines Gutes kann aber auch unabhängig von seinem Preis sein. In diesem Fall spricht man von einem **starren** (preisunelastischen) Angebot.

Beispiel:

Sind die Produktionskapazitäten der Unternehmen ausgelastet, so kann bei einer Ausweitung der Nachfrage und trotz steigender Preise das Angebot kurzfristig nicht erhöht werden.

Der Zusammenhang zwischen Preis und angebotener Menge lässt sich in einer Angebotskurve veranschaulichen. Sie macht deutlich, wie die Verkäufer auf Preisveränderungen der von ihnen angebotenen Güter reagieren.

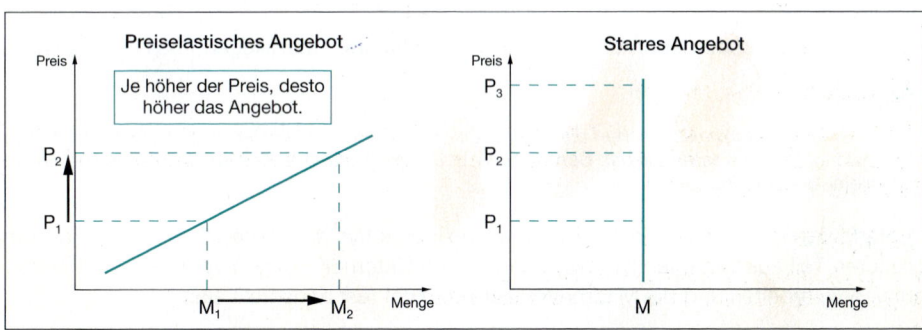

▢ Kosten der Produktion

Die Kosten der Produktion sind für die Produktionsentscheidungen einer Unternehmung ebenso wichtig wie der am Markt erzielbare Preis, denn der Gewinn der Unternehmung ist die Differenz zwischen den Verkaufserlösen und den durch die Produktion verursachten Kosten.

> Unter **Kosten** versteht man den bei der betrieblichen Leistungserstellung verursachten Verbrauch an Gütern und Dienstleistungen.

Man unterscheidet zwischen fixen und variablen Kosten.

Fixe Kosten sind von der Beschäftigungslage der Unternehmung unabhängig. Man spricht daher auch von den Kosten der Betriebsbereitschaft.

Beispiele:

Gehälter für die Mitarbeiter, zeitanteilige Abschreibungen für die bei der Produktion eingesetzten Maschinen, Mietkosten

Variable Kosten sind von der Beschäftigungslage abhängig. Sie steigen (sinken) mit zunehmender (abnehmender) Produktionsmenge.

Beispiele:

Materialkosten, Akkordlöhne

Addiert man die fixen und die variablen Kosten, so ergeben sich die Gesamtkosten der Unternehmung.

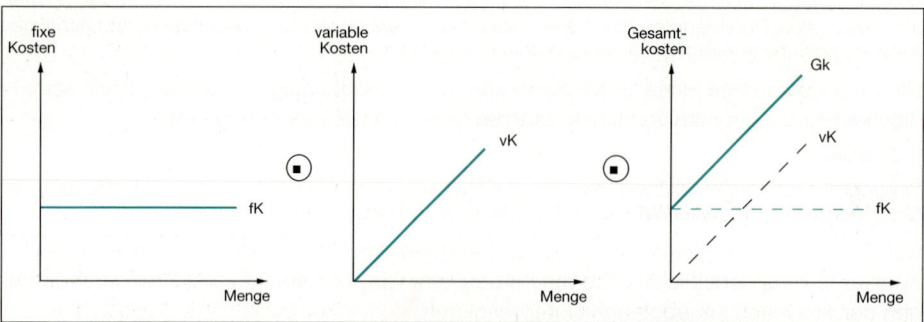

Bei Dienstleistungsbetrieben bestehen die Gesamtkosten überwiegend aus fixen Kosten.

Beispiel:

In einer Steuerberaterpraxis machen die Mietkosten und die Personalkosten den überwiegenden Teil der Kosten aus. Die Kosten für das Büromaterial und andere variable Kosten sind dabei von untergeordneter Bedeutung.

In Handwerksbetrieben und im Baugewerbe bestehen die Gesamtkosten häufig zum größeren Teil aus variablen Kosten, da derartige Unternehmungen vorwiegend materialaufwendig arbeiten und die Mitarbeiter vielfach nicht fest angestellt sind.

Gesetz der Massenproduktion

Während die variablen Kosten pro Stück unabhängig von der Produktionsmenge konstant bleiben, nehmen die fixen Kosten pro Stück mit zunehmender Kapazitätsauslastung ab. Die Stückkosten sinken daher mit steigender Produktionsmenge.

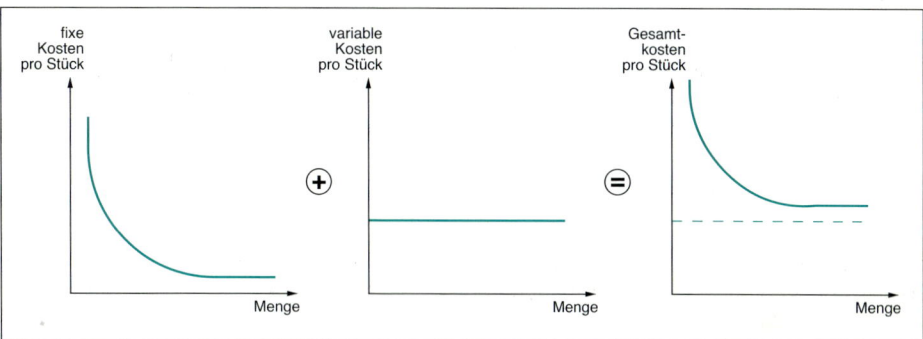

$$\text{Stückkosten} = \frac{\text{fixe Kosten}}{\text{Produktionsmenge}} + \text{variable Kosten pro Stück}$$

Beispiel:

Die fixen Kosten eines Walkman-Produzenten betragen 600.000,00 EUR pro Jahr. Die variablen Kosten je Walkman betragen 80,00 EUR.
Die Produktionskapazität t beträgt 15.000 Stück pro Jahr.

Produktionsmenge (Stück)	variable Kosten (EUR)	fixe Kosten pro Stück (EUR)	Stückkosten (EUR)
1	80,00	600.000,00	600.080,00
100	80,00	6.000,00	6.080,00
1.000	80,00	600,00	680,00
10.000	80,00	60,00	140,00
15.000	80,00	40,00	120,00

2.7.4 Vollkommener Markt

Das ideale Marktgeschehen spielt sich auf einem Markt ab, der frei von jeglichen Wettbewerbsbeschränkungen ist. Ein solcher Markt wird als vollkommener Markt bezeichnet.

Der **vollkommene Markt** ist kein Markt der Wirklichkeit, sondern nur ein theoretisches Modell, das für das Verständnis des Zusammenspiels von Angebot und Nachfrage besonders hilfreich ist.

Für einen vollkommenen Markt müssen folgende **Voraussetzungen** erfüllt sein:

■ **Rationale Verhaltensweisen der Marktteilnehmer**

Die Marktteilnehmer handeln streng nach dem Rationalprinzip: Die *Anbieter* (Unternehmungen) streben *Gewinnmaximierung,* die *Nachfrager* (Konsumenten) *Nutzenmaximierung* an.

2

■ Polypolistische Konkurrenz

Die Anzahl der Marktteilnehmer ist so groß bzw. die Marktmacht des einzelnen Marktteilnehmers so gering, dass niemand aus seiner Marktposition heraus in der Lage ist, den Marktpreis zu beeinflussen.

■ Homogenität der Güter

Die auf dem Markt gehandelten Güter sind in jeglicher Hinsicht gleichartig. Sie weisen keinerlei Unterschiede hinsichtlich Qualität, Aussehen und Verpackung auf.

> **Beispiel:**
> *Weizenauszugsmehl Typ 405 abgepackt in einer Standardverpackung zu 1 kg.*

■ Keine persönlichen Präferenzen

Käufer und Verkäufer dürfen sich nicht gegenseitig bevorzugen. Es kommt auf diesem Markt also nicht vor, dass jemand aufgrund einer besonders freundlichen Bedienung ein bestimmtes Geschäft bevorzugt.

■ Keine räumlichen Präferenzen

Angebot und Nachfrage treffen an einem bestimmten Ort zusammen. Zwischen Anbietern und Nachfragern bestehen keine räumlichen Unterschiede, d. h., es handelt sich um einen *Punktmarkt*.

■ Keine zeitlichen Präferenzen

Angebot und Nachfrage treffen zeitgleich aufeinander.

■ Vollständige Markttransparenz der Marktteilnehmer

Anbieter und Nachfrager verfügen über eine vollständige Marktübersicht: Die Anbieter sind darüber informiert, welche Mengen und zu welchen Preisen die Nachfrager kaufen wollen, umgekehrt wissen die Nachfrager, welche Mengen und zu welchen Preisen die Anbieter verkaufen wollen.

■ Unendlich schnelle Reaktionsgeschwindigkeit der Marktteilnehmer

Anbieter und Nachfrager sind in der Lage, auf Preisänderungen sofort zu reagieren: Die Anbieter können ohne zeitlichen Verzug die Güterproduktion aufnehmen oder einstellen, d. h., es gibt hierbei keine produktionstechnischen Hemmnisse.

Ein Markt der Wirklichkeit, der den Bedingungen des vollkommenen Marktes sehr nahe kommt, ist die **Wertpapierbörse:**

- Die Marktteilnehmer handeln weitgehend rational.
- Die gehandelten Wertpapiere sind innerhalb einer bestimmten Wertpapiergattung homogen.
- Persönliche Präferenzen bestehen nicht, d. h., es spielt keine Rolle, von wem ein Wertpapier gekauft bzw. an wen es verkauft wird.
- Angebot und Nachfrage treffen zeitgleich an einem bestimmten Börsenplatz zusammen.
- Die Marktteilnehmer verfügen über eine hervorragende Markttransparenz und reagieren schnell auf Kursveränderungen.

2.7.5 Unvollkommene Märkte

Ist nur eine der Voraussetzungen des vollkommenen Marktes nicht erfüllt, so liegt ein unvollkommener Markt vor.

> Die Märkte der Wirklichkeit sind **unvollkommene Märkte**.

2

Beispiel:

Wegen der vermeintlich besseren Qualität bevorzugen manche Konsumenten ein ganz bestimmtes Waschmittel. Objektiv betrachtet weisen die Konkurrenzprodukte dieselben Wascheigenschaften auf.

Manche kaufen dieses Waschmittel im Gemischtwarenladen direkt um die Ecke, weil der Weg zum billigen Discounter zu weit ist, andere kaufen es dort nicht, weil sie nicht wissen, dass dort das Waschmittel billiger ist.

Wiederum ein anderer kauft das Waschmittel in der teuren Drogerie, weil er sich auf das Wiedersehen mit der netten Verkäuferin freut.

Ein Dritter kauft das Waschmittel nachts im Bahnhofsgeschäft, weil er für einen Vorstellungstermin am nächsten Morgen noch sein Hemd waschen muss und er vergessen hat, sich das Waschmittel rechtzeitig zu besorgen.

In einem unvollkommenen Markt ist es den Anbietern möglich, innerhalb eines bestimmten Rahmens für ein und dasselbe Gut unterschiedliche Preise zu verlangen.

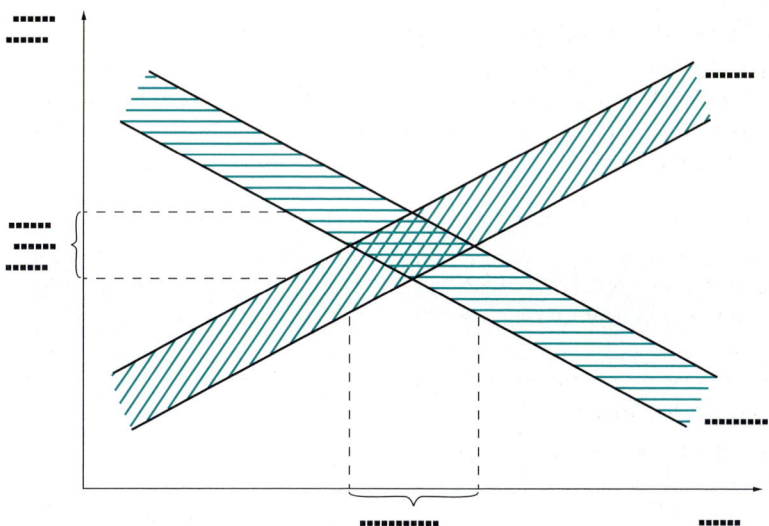

Der einzelne Anbieter ist in der Entscheidung über die Höhe des Preises oder über die Angebotsmenge frei. Setzt er den Preis nach eigenem Ermessen fest, dann können sich die Nachfrager nur mit der Nachfragemenge anpassen. Setzt er die Menge fest, die er anbieten will, dann lässt er den Käufern die Wahl, zu welchem Preis sie nachfragen wollen. Er kann also im Gegensatz zum Anbieter im vollkommenen Markt aktive **Preispolitik** betreiben.

2.7.6   Preisbildung

Der **Preis** ist der in Geld ausgedrückte Tauschwert eines Gutes, einer Dienstleistung oder eines Rechtes.

Der **Preis** als Gegenleistung bei Rechtsgeschäften tritt in verschiedenen Begriffen auf. Alle haben gemeinsam, dass die Gegenleistung in Geld *(z. B. in EUR)* ausgedrückt wird.

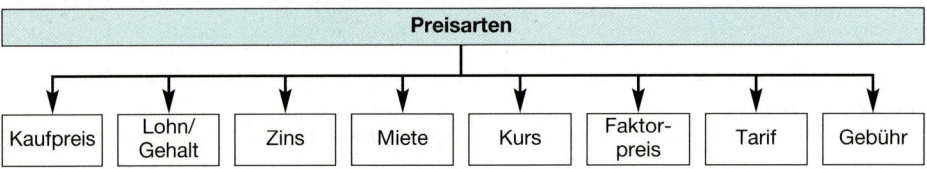

2.7.6.1   Angebot und Nachfrage als Preisbildungsfaktoren

Die Entstehung des Marktpreises ist das Ergebnis des Zusammentreffens von Angebot und Nachfrage.

> **Beispiel:**
>
> *Ausgangspunkt für die folgenden Überlegungen ist der Markt für Fahrräder.*
>
> *Es wird unterstellt, dass die Bedingungen des vollkommenen Marktes erfüllt sind:*
>
> - *Die Marktteilnehmer handeln rational, sie haben weder zeitliche, räumliche noch persönliche Präferenzen und verfügen über eine vollständige Markttransparenz.*
> - *Es existiert nur eine Art von Fahrrädern (Typ „Standard").*
> - *Die Anzahl der Anbieter und Nachfrager ist so groß, dass es keine Rolle spielt, ob einer von ihnen ausscheidet oder hinzukommt; keiner der Marktteilnehmer kann von sich aus den Marktpreis beeinflussen.*

Preis (EUR)	Angebot Menge (Stück)	Nachfrage Menge (Stück)	Marktumsatz Menge (Stück)	Nachfrage-/ Angebotsüberhang Menge (Stück)
100,00	10.000	60.000	10.000	NÜ 50.000
150,00	15.000	55.000	15.000	NÜ 40.000
200,00	30.000	50.000	30.000	NÜ 20.000
300,00	40.000	40.000	40.000	–
400,00	50.000	30.000	30.000	AÜ 20.000
500,00	60.000	20.000	20.000	AÜ 40.000
600,00	70.000	10.000	10.000	AÜ 60.000

Die Gegenüberstellung zeigt, dass angebotene und nachgefragte Menge nur beim Preis von 300,00 EUR gleich groß sind. Der mengenmäßige Umsatz bei diesem Preis beträgt 40.000 Stück.

Beim **Gleichgewichtspreis** (= Marktpreis) stimmen angebotene und nachgefragte Menge überein. Die dazugehörige Menge heißt **Gleichgewichtsmenge**.

Im vollkommenen Markt kann kein Anbieter und kein Nachfrager von sich aus den Markt-preis beeinflussen, weil alle in scharfem Wettbewerb miteinander stehen, die Zahl der Mit-bewerber groß und der eigene Marktanteil sehr gering ist. Alle müssen sich dem Gleich-gewichtspreis anpassen, der durch das Zusammenspiel von Angebot und Nachfrage entsteht.

Es hat deshalb für den einzelnen Anbieter keinen Sinn, den Preis als absatzpolitisches Mit-tel einzusetzen. Er muss den **Preis als Datum** in seine Entscheidung einbeziehen und kann sich nur mit seiner produzierten Menge als Bedingung des Marktes anpassen. Man bezeichnet ihn daher als **Mengenanpasser**. An veränderte Marktdaten passt er sich nur mit seiner Ausbringungsmenge an. Seine Mengenänderungen sind für den Gesamtmarkt wegen seines geringen Marktanteiles nicht spürbar und rufen keine Reaktionen der Kon-kurrenten hervor.

Der Gleichgewichtspreis liegt im Schnittpunkt von Angebots- und Nachfragekurve.

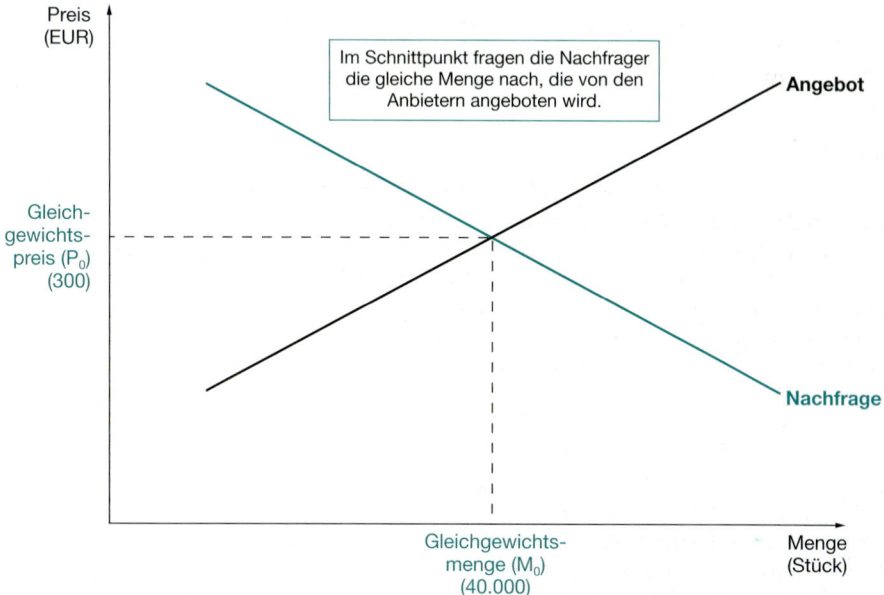

Bei allen Preisen über 300,00 EUR existiert ein **Angebotsüberhang**, der umso größer ist, je höher der Preis ist.

Beispiel:

Angenommen, die Unternehmer glaubten, Fahrräder ließen sich zum Preis von 600,00 EUR absetzen. Das Marktangebot betrüge dann insgesamt 70.000 Stück. Die Fahrradhersteller würden jedoch bald feststellen, dass nur wenige Nachfrager bereit sind, diesen hohen Preis zu zahlen, und würden auf dem Großteil der Produktion, nämlich 60.000 Fahrrädern, „sitzen bleiben". Nur durch eine Preis-senkung könnten sie ihre Läger von den überteuerten Fahrrädern räumen.

Je weiter der Preis fällt, umso mehr Unternehmer müssten die Produktion von Fahrrädern aufgeben.

Es bleiben schließlich nur solche Unternehmen übrig, die auf Dauer in der Lage sind, zum Preis von 300,00 EUR Fahrräder kostendeckend zu produzieren.

Bei allen Preisen unter 300,00 EUR entsteht ein **Nachfrageüberhang**, der umso größer wird, je niedriger der Preis ist.

> **Beispiel:**
>
> *Angenommen, die Unternehmen glaubten, Fahrräder ließen sich nur zum Preis von 150,00 EUR absetzen. Das Marktangebot betrüge dann nur 15.000 Stück, da nur wenige, besonders kostengünstig arbeitende Unternehmen in der Lage sind, bei diesem Preis rentabel zu produzieren.*
>
> *Die Hersteller würden jedoch sofort feststellen, dass ihnen bei diesem Preis die Fahrräder förmlich aus den Händen gerissen werden. Um ihre Gewinne zu erhöhen, würden sie schleunigst die Preise heraufsetzen. Dieser Preisanstieg lockt weitere Unternehmen in diesen Markt. Das Marktangebot würde zunehmen, je höher der Preis steigt. Der Nachfrageüberhang von 40.000 Stück würde so nach und nach abgebaut.*

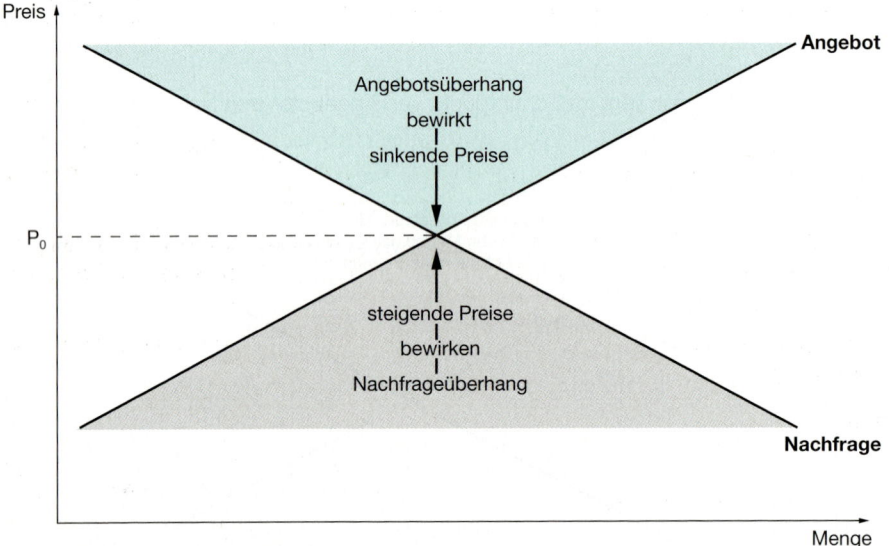

2.7.6.2   **Funktionen des Marktpreises**

Der Marktpreis erfüllt innerhalb der Volkswirtschaft wichtige Funktionen:

Signal-/Lenkungsfunktion

Ein hoher Marktpreis signalisiert die Knappheit eines Gutes und regt die Unternehmen an, dieses Gut zu produzieren.

Die produktiven Kräfte innerhalb der Volkswirtschaft werden dorthin gelenkt, wo sie besonders rentabel (= gewinnbringend) eingesetzt werden können. Die jeweiligen Marktpreise geben ein Bild von der Situation auf den verschiedenen Märkten. Hohe Marktpreise signalisieren den Unternehmungen, wo sich Gewinnchancen bieten und Marktlücken existieren.

Produktionszweige, die aufgrund einer rückläufigen Nachfrage nicht mehr rentabel arbeiten, werden aufgegeben. Die dabei freigesetzten Produktionsfaktoren können jetzt bei der Herstellung solcher Güter eingesetzt werden, die besonders gefragt sind und Zukunft haben.

Ausschaltungs-/Innovationsfunktion

Unternehmungen, die mit der technischen und wirtschaftlichen Entwicklung nicht Schritt halten können, weil sie im Preis von ihren Konkurrenten unterboten werden und in der Qualität ihrer Produkte hinter anderen Unternehmen zurückstehen, finden bald nicht mehr genügend Abnehmer und werden vom Markt verdrängt.

Der Druck der Konkurrenz lässt die Unternehmen ständig nach günstigeren Produktionsmethoden, nach technischen Neuerungen, nach verbesserten oder neuartigen Produkten suchen. Dies bewirkt einen Fortschritt in der Wirtschaft, der den allgemeinen Lebensstandard hebt und den Verbrauchern zugute kommt.

2

Grenzanbieter sind diejenigen Anbieter, die beim Marktpreis gerade noch bereit und in der Lage sind, das Produkt herzustellen. Bei einem Preisrückgang sind sie als Erste von der Ausschaltung bedroht.

Anbieter dagegen, die aufgrund ihrer besonders kostengünstigen Produktionsweise auch unterhalb des Marktpreises anbieten könnten, erzielen einen Geldvorteil, die *Produzentenrente*.

Die **Produzentenrente** ist die Differenz zwischen dem Marktpreis des Gutes und dem Preis, zu dem der Unternehmer gerade noch bereit und in der Lage wäre, das Produkt anzubieten.

Die Produzentenrente ist gewissermaßen die „Belohnung" für besondere unternehmerische Tüchtigkeit.

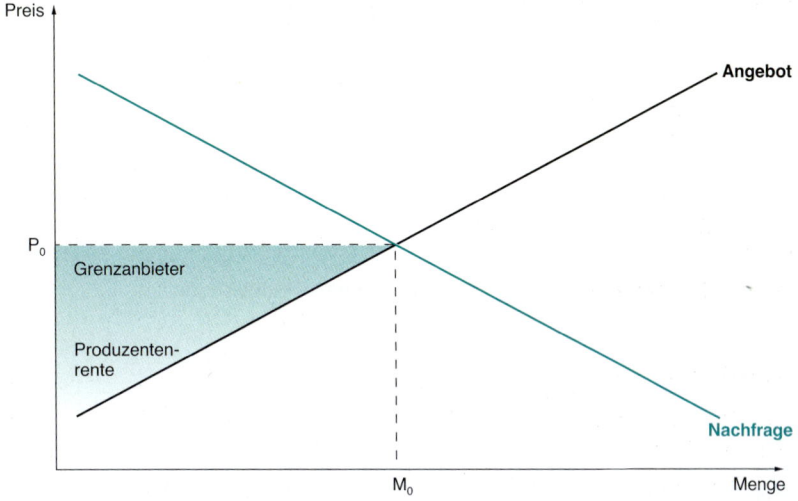

Grenznachfrager sind diejenigen Nachfrager, die beim Marktpreis gerade noch bereit und in der Lage sind, das Produkt zu kaufen. Bei einem Preisanstieg würden sie als Erste „leer" ausgehen.

Nachfrager dagegen, die aufgrund ihrer besonders hohen Nutzeneinschätzung für das Gut bereit und in der Lage wären, auch einen höheren Preis als den vorhandenen Marktpreis zu zahlen, erzielen ebenfalls einen Geldvorteil, die *Konsumentenrente*.

Die **Konsumentenrente** ist die Differenz zwischen dem Marktpreis und dem Preis, den der einzelne Nachfrager gerade noch zu zahlen bereit und in der Lage gewesen wäre.

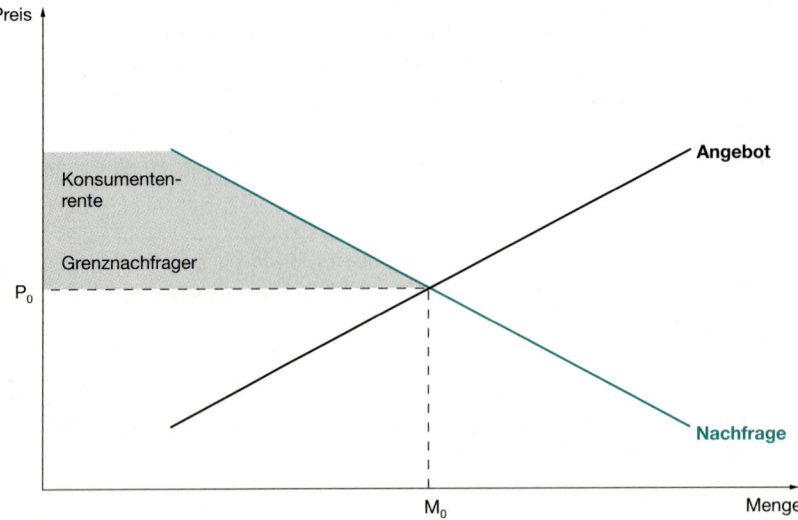

Markträumungsfunktion

Die Preisbildung sorgt dafür, dass angebotene und nachgefragte Menge einander entsprechen. Ein Angebotsüberhang wird durch sinkende Preise und verringerte Güterproduktion, ein Nachfrageüberhang durch steigende Preise und erhöhte Güterproduktion beseitigt.

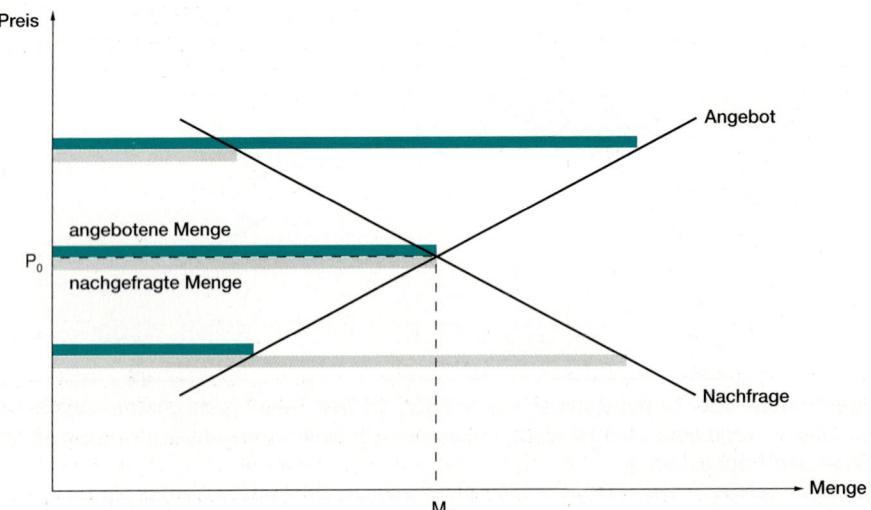

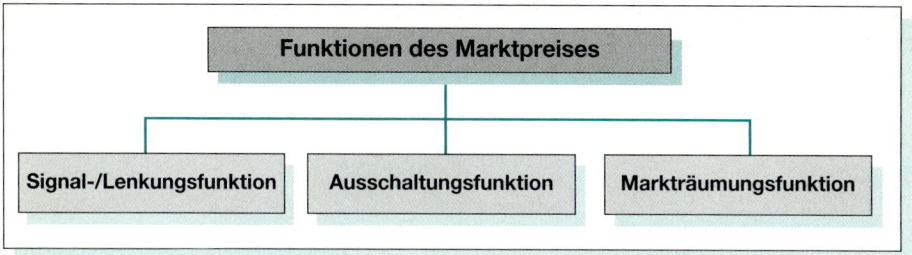

2

| 2.7.6.3 | **Anpassungsreaktionen bei Veränderungen von Angebot und Nachfrage** |

Ein bestehendes Marktgleichgewicht wird durch Veränderungen des Angebots- und Nachfrageverhaltens aufgehoben. Der Marktmechanismus sorgt dafür, dass sich ein neues Marktgleichgewicht bildet.

Veränderungen der Nachfrage

Erhöhung der Nachfrage durch:	**Verringerung der Nachfrage** durch:
■ gestiegene Nutzeneinschätzung der Nachfrager für das Gut (das Gut ist „in") ■ Einkommenserhöhung ■ Steuersenkung ■ Preiserhöhung bei einem Substitutionsgut ■ Preissenkung bei einem Komplementärgut	■ gesunkene Nutzeneinschätzung der Nachfrager für das Gut (das Gut ist „out") ■ Einkommensrückgang ■ Steuererhöhung ■ Preissenkung bei einem Substitutionsgut ■ Preiserhöhung bei einem Komplementärgut
Die Nachfragekurve verschiebt sich nach *rechts*.	Die Nachfragekurve verschiebt sich nach *links*.
Zum ursprünglichen Preis besteht jetzt eine *größere Nachfrage*.	Zum ursprünglichen Preis besteht jetzt eine *geringere Nachfrage*.
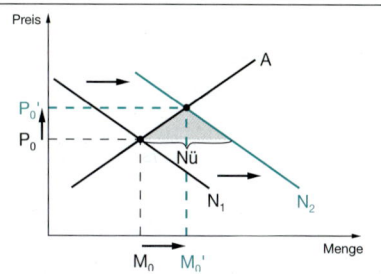	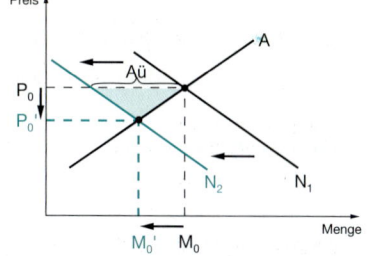
Die Erhöhung der Nachfrage führt dazu, dass zunächst ein *Nachfrageüberhang* entsteht.	Die Verringerung der Nachfrage führt dazu, dass zunächst ein *Angebotsüberhang* entsteht.
Der dadurch hervorgerufene *Preisanstieg* führt zu einer Erhöhung der Angebotsmenge.	Der dadurch hervorgerufene *Preisrückgang* führt zu einer Verringerung der Angebotsmenge.
Das neue Marktgleichgewicht ist gekennzeichnet durch ■ einen höheren Gleichgewichtspreis, ■ eine höhere Gleichgewichtsmenge.	Das neue Marktgleichgewicht ist gekennzeichnet durch ■ einen niedrigeren Gleichgewichtspreis, ■ eine niedrigere Gleichgewichtsmenge.

▮ Veränderungen des Angebots

Erhöhung des Angebots durch:	**Verringerung des Angebots** durch:
▪ Verringerung der Produktionskosten	▪ Erhöhung der Produktionskosten
Beispiel:	*Beispiel:*
fallende Rohstoffpreise	*Lohnsteigerungen*
▪ optimistische Zukunftserwartungen bei den Unternehmungen	▪ pessimistische Zukunftserwartungen bei den Unternehmungen
Die Angebotskurve verschiebt sich nach *rechts*.	Die Angebotskurve verschiebt sich nach *links*.
Zum ursprünglichen Preis besteht jetzt ein *größeres Angebot*.	Zum ursprünglichen Preis besteht jetzt ein *geringeres Angebot*.
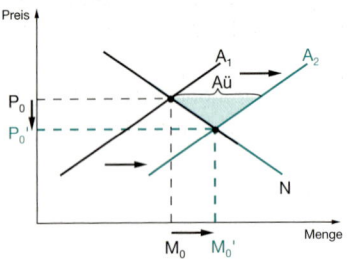	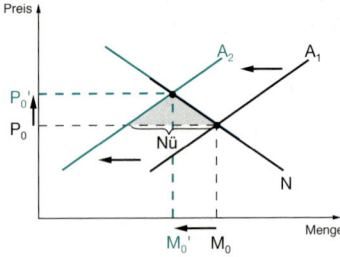
Die Erhöhung des Angebots führt dazu, dass zunächst ein *Angebotsüberhang* entsteht.	Die Verringerung des Angebotes führt dazu, dass zunächst ein *Nachfrageüberhang* entsteht.
Der dadurch hervorgerufene *Preisrückgang* führt zu einer Verringerung des Angebots.	Der dadurch hervorgerufene *Preisanstieg* führt zu einer Verringerung der Nachfrage.
Das neue Marktgleichgewicht ist gekennzeichnet durch	Das neue Marktgleichgewicht ist gekennzeichnet durch
▪ einen niedrigeren Gleichgewichtspreis,	▪ einen höheren Gleichgewichtspreis,
▪ eine größere Gleichgewichtsmenge.	▪ eine niedrigere Gleichgewichtsmenge.

2.7.6.4   Eingriffe des Staates in die Preisbildung

Im vollkommenen Markt bildet sich der Marktpreis automatisch. Wer als Unternehmer nicht zum Marktpreis anbieten will oder kann, wird von seinen Konkurrenten verdrängt. Wer als Konsument den Marktpreis nicht zahlen will oder kann, geht leer aus.

Marktpreise können aus sozialpolitischen Erwägungen zu hoch oder zu niedrig sein. Oftmals ist der Staat daher daran interessiert, den Preis für bestimmte Güter zu kontrollieren bzw. zu beeinflussen; dies könnte ihn dazu veranlassen, in die Preisbildung einzugreifen.

Eingriffe des Staates in die Preisbildung	
marktinkonforme Eingriffe	**marktkonforme Eingriffe**
Verordnung von ▪ Höchstpreisen ▪ Mindestpreisen ▪ Festpreisen ▪ Margenpreisen	Gewährung von ▪ Subventionen ▪ Transferzahlungen ▪ Steuererleichterungen

Durch *marktinkonforme* Eingriffe wird der Preisbildungsprozess außer Kraft gesetzt, während bei *marktkonformen* Eingriffen der Preisbildungsprozess im Prinzip erhalten bleibt.

Da die Volkswirtschaft der Bundesrepublik Deutschland eine Marktwirtschaft ist, sind die Eingriffe des Staates in den Preisbildungsprozess die Ausnahme.

Sie sind nur dann berechtigt, wenn die marktwirtschaftliche Preisbildung unter sozialen Gesichtspunkten zu Ergebnissen führt, die mit dem im Grundgesetz verankerten **Sozialstaatsprinzip** nicht vereinbar sind.

2

⬛ Marktinkonforme Eingriffe

Festpreise

> Der Staat schreibt für ein Gut bzw. eine Dienstleistung einen bestimmten Preis vor, der weder über- noch unterschritten werden darf.

Beispiele:

- *Gebührenordnung für Ärzte*
- *nach dem Einkommen der Eltern gestaffelte Kindergartengebühren*
- *Preise für Medikamente*

Höchstpreise

> **Höchstpreise** werden zum Schutz der Konsumenten vor zu hohen Preisen verordnet. Der Höchstpreis liegt immer unter dem Gleichgewichtspreis.

Beispiel:

Im Zuge einer allgemeinen Lebensmittelknappheit setzt der Staat den Preis für 1 kg Brot auf 2,50 EUR fest, nachdem der Marktpreis auf 10,00 EUR gestiegen war und einkommensschwache Nachfrager bei diesem Preis nicht mehr ausreichend versorgt waren.

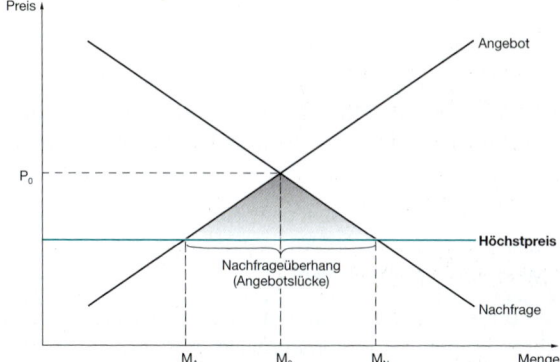

Es zeigt sich, dass der Höchstpreis zu einem **Nachfrageüberhang** führt. Die Angebotsmenge wird gegenüber der Gleichgewichtsmenge durch den Eingriff des Staates verringert, da eine Reihe von Anbietern nicht mehr in der Lage ist, bei diesem Preis noch kostendeckend zu produzieren. Eine Unterversorgung der Bevölkerung ist damit vorprogrammiert.

Nur durch *Rationierung* des begrenzten Angebots *(z. B. mithilfe von Lebensmittelkarten)* kann der Staat eine gleichmäßige Verteilung des vorhandenen Angebots erreichen.

Warteschlangen vor den Geschäften und die Entstehung illegaler „*Schwarzmärkte*", auf denen Ware zu „Marktpreisen" gehandelt wird, sind die äußeren Folgen der Höchstpreis-verordnung.

2

Mindestpreise

> **Mindestpreise** werden festgelegt, um den Produzenten ein bestimmtes Mindestein-kommen zu sichern. Der Mindestpreis liegt immer über dem Gleichgewichtspreis.

Beispiel:

Zum Schutz der Landwirtschaft setzt der Staat für 1 Liter Milch einen Mindestpreis von 1,00 EUR fest, nachdem der Marktpreis im Zuge einer allgemeinen Produktivitätssteigerung bei der Milcherzeugung auf 0,50 EUR gefallen war und viele landwirtschaftliche Betriebe dadurch an den Rand ihrer Existenz gedrängt worden waren.

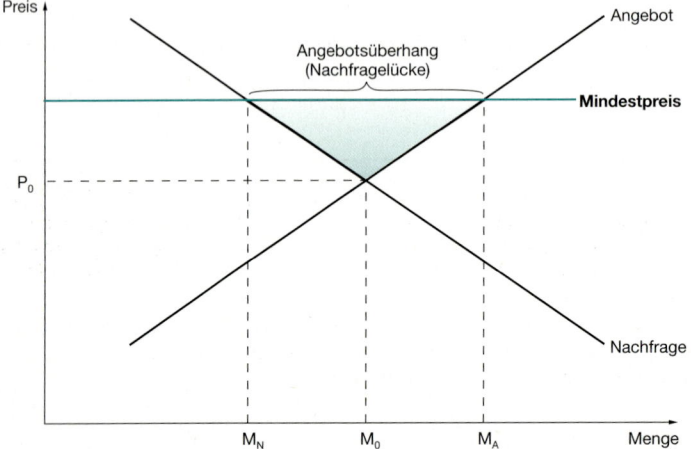

Es zeigt sich, dass der Mindestpreis zu einem **Angebotsüberhang** führt. Die Angebots-menge wird gegenüber der Gleichgewichtsmenge durch den Eingriff des Staates erhöht, da nun auch solche Anbieter auf dem Markt auftreten können, die ansonsten dem markt-wirtschaftlichen Ausleseprozess zum Opfer gefallen wären. Ein Überangebot ist damit vor-programmiert.

Nur durch *Interventionskäufe* kann der Staat sein Ziel erreichen: In Höhe der vorhandenen Nachfragelücke müsste er selbst als Nachfrager auftreten und den Produzenten ihre Wa-re zum garantierten Mindestpreis abnehmen.

Überproduktion, überhöhte Preise und damit ebenfalls eine Unterversorgung der Konsu-menten sind die äußeren Folgen der Mindestpreisverordnung.

Die Erfahrungen, die in der Vergangenheit mit marktinkonformen staatlichen Eingriffen ge-macht wurden, sind unbefriedigend.

Sie zeigen, dass der Staat damit seine ursprüngliche Zielsetzung auf Dauer nicht erreichen kann und lediglich kurzfristig die äußeren Symptome, nicht jedoch die eigentlichen Ursa-chen einer wirtschaftlichen Fehlentwicklung bekämpfen kann.

Die Außerkraftsetzung der marktwirtschaftlichen Preisbildung führt vielmehr dazu, dass sich die „heilsamen" Funktionen des Marktpreises nicht mehr entfalten können. Ungleichgewichtigkeiten von Angebot und Nachfrage, Verschleuderung volkswirtschaftlicher Ressourcen, Verlust von Innovationsfähigkeit, Unzufriedenheit der Bevölkerung sind die langfristigen Folgen.

Marktkonforme Eingriffe

Die marktinkonformen Eingriffe des Staates haben zur Folge, dass nicht mehr die Marktkräfte, sondern staatliche Stellen den Ausgleich von Angebot und Nachfrage regulieren.

Die relative Erfolglosigkeit derartiger Eingriffe hat dazu geführt, dass der Staat versucht, das Marktgeschehen durch marktkonforme Eingriffe zu lenken.

> Bei **marktkonformen Eingriffen** bleiben die Funktionen der freien Marktpreisbildung erhalten. Die negativen sozialen Auswirkungen zu hoher oder zu niedriger Marktpreise werden durch Veränderung der Angebots- bzw. Nachfragebedingungen abgefedert.

Maßnahme: Durch Transferzahlungen und Steuererleichterungen werden einkommensschwache Privathaushalte begünstigt.

Folge: Die Nachfragekurve verlagert sich nach rechts.

Beispiel:

Die Zahlung von Wohngeld ermöglicht Sozialhilfeempfängern den Bezug solcher Wohnungen, die sie sich normalerweise nicht leisten könnten. Der Vermieter erhält die übliche Marktmiete, sodass der Anreiz, Mietwohnungen zu bauen und zu unterhalten, bestehen bleibt. Würde der Staat stattdessen Miethöchstpreise vorschreiben, die nicht gewinnbringend oder sogar nicht kostendeckend sind, wäre eine Wohnungsnot die langfristige Folge.

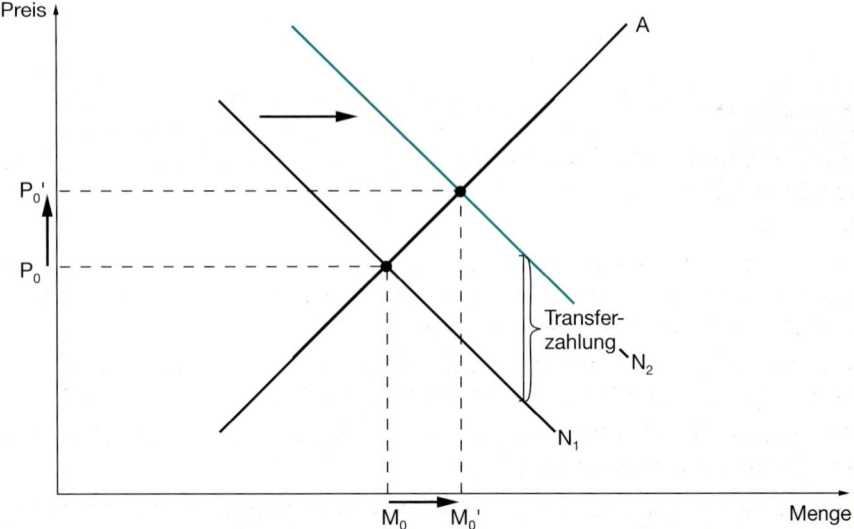

Maßnahme: Um Arbeitsplätze zu erhalten bzw. um die Verbraucherpreise niedrig zu halten, werden an Unternehmen bestimmter Branchen Subventionen gezahlt.

Folge: Die Angebotskurve verlagert sich nach rechts.

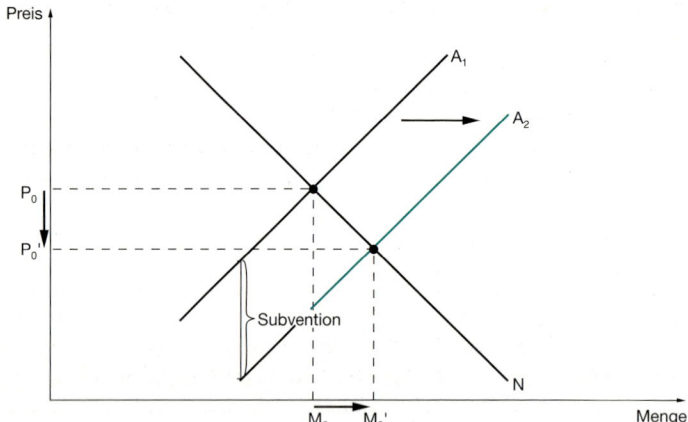

Maßnahme: Durch Erhöhung bestimmter Kostensteuern (Tabaksteuer, Branntweinsteuer, Mineralölsteuer usw.) werden die Marktpreise der betroffenen Produkte künstlich verteuert.

Folge: Die Angebotskurve verlagert sich nach links.

Kostensteuern dienen – wie alle Steuern – grundsätzlich der Finanzierung der öffentlichen Haushalte. Durch gezielte Steuerbelastung bestimmter Produkte kann aber auch unerwünschten Marktverhaltensweisen begegnet werden.

Beispiele:

- *Eine Erhöhung der Mineralölsteuer bringt viele Autofahrer dazu, auf öffentliche Verkehrsmittel umzusteigen.*
- *Eine Erhöhung der Tabaksteuer hält mehr Menschen vom Rauchen ab. Die Krankenkassen werden von nikotinbedingten Krankheitskosten entlastet.*

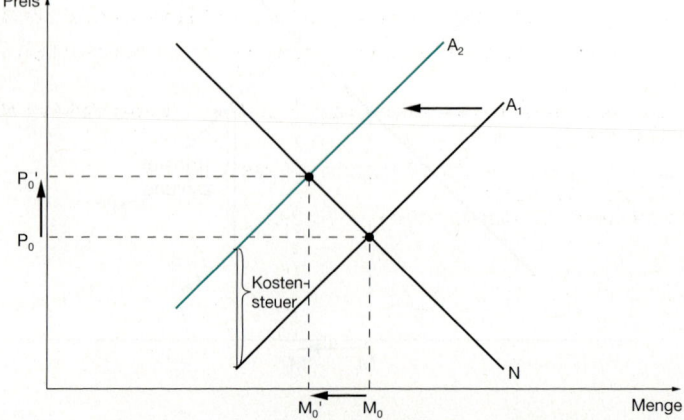

Übungsaufgaben

1. Beschreiben Sie die Rangordnung der menschlichen Bedürfnisse.

2. Zeigen Sie den Zusammenhang zwischen den Bedürfnissen und den Gütern auf.

3. Grenzen Sie ab:
   a) Existenzbedürfnisse – Wahlbedürfnisse,
   b) offene Bedürfnisse – latente Bedürfnisse,
   c) Individualbedürfnisse – Kollektivbedürfnisse.

4. Begründen Sie, warum die Bedürfnisse der Menschen einem Wandel unterliegen.

5. Erläutern Sie den Zusammenhang zwischen Bedürfnissen, Bedarf und Nachfrage.

6. Grenzen Sie ab:
   a) materielle Güter – immaterielle Güter,
   b) Konsumgüter – Produktionsgüter,
   c) Gebrauchsgüter – Verbrauchsgüter,
   d) freie Güter – knappe Güter.
   Führen Sie zu den Begriffspaaren je 3 Beispiele auf.

7. Ordnen Sie den nachfolgenden Gütern die zutreffenden Güterbegriffe zu:
   a) Schreibmaschine in der Praxis des Wirtschaftsprüfers,
   b) Taschenrechner des Berufsschülers,
   c) Leitungswasser zur Bewässerung des Rasens im Fußballstadion,
   d) Geschirrspülautomat in der Küche eines Restaurants,
   e) Benzin für das Mofa eines Briefzustellers,
   f) Elektrizität für eine Straßenbahn,
   g) Beratung eines Klienten durch einen Steuerberater.

8. Was heißt „wirtschaften" und warum muss der Mensch wirtschaften?

9. Erläutern Sie das ökonomische Prinzip. Führen Sie je zwei Beispiele für das Maximum- und das Minimumprinzip auf.

10. Entscheiden Sie, welchem Wirtschaftsbereich die nachfolgenden Wirtschaftssubjekte zuzuordnen sind.
    a) Molkerei
    b) Wirtschaftsprüfer
    c) Theater
    d) Pharmahersteller
    e) Elektrizitätswerk
    f) Hühnerfarm
    g) Apotheke

11. Erläutern Sie zwei Vorteile der internationalen Arbeitsteilung.

12. Nennen Sie 5 Bestimmungsgrößen des Arbeitspotenzials einer Volkswirtschaft.

13. Nennen Sie die grundsätzlichen Nutzungsmöglichkeiten des Produktionsfaktors Boden.

14. Ein Steuerberater möchte sich selbstständig machen. Erläutern Sie die Gesichtspunkte der Standortwahl.

15. Erläutern Sie das Zusammenwirken der Produktionsfaktoren bei der Tätigkeit eines Rikschafahrers in Kalkutta.

16. Beschreiben Sie die Entstehung des Produktionsfaktors Kapital
    a) in der Robinson-Wirtschaft,
    b) in einer modernen, arbeitsteiligen Volkswirtschaft.

17. Entscheiden Sie bei den folgenden Aussagen aus dem Wirtschaftsteil einer Tageszeitung, welche der Kapitalbegriffe und welche der Kapitalformen jeweils angesprochen sind.

Kapitalbegriffe		Kapitalformen	
1	volkswirtschaftlicher Kapitalbegriff	3	Realkapital
		4	Geldkapital
2	betriebswirtschaftlicher Kapitalbegriff	5	Eigenkapital
		6	Fremdkapital

a) Die konjunkturelle Expansion hat die Bereitschaft zur **Ausweitung der Produktionskapazitäten** bei den Unternehmen verstärkt.

b) Aufgrund des **Anstiegs der Sparquote** wurden dem Kapitalmarkt zusätzliche Mittel zugeführt.

c) Durch die **Schaffung zusätzlicher Verkehrswege** will das Land NRW für eine bessere Anbindung von Paderborn an den Wirtschaftsraum Rhein-Ruhr sorgen.

d) Bei der Stadel-Brau-AG ist die **Aufnahme eines Investitionskredites** notwendig, um die geplante Unternehmensexpansion finanzieren zu können.

e) Die aufgrund der **Kapitalerhöhung** der DETA-Stahl-AG ausgegebenen **jungen Aktien** haben einen Ausgabepreis von 300,00 EUR.

18. Ein Spielwarenhersteller plant die Produktion von Miniatureisenbahnen.

Es ist technisch möglich, die Miniatureisenbahnen mit geringem Kapitaleinsatz und vielen Arbeitskräften (arbeitsintensiv) oder mit hohem Kapitaleinsatz und wenigen Arbeitskräften (kapitalintensiv) herzustellen.

Die gewünschte Ausbringungsmenge von 5.000 Stück pro Monat kann mit folgenden Faktorkombinationen produziert werden:

Kapital-einheiten (KE)		Arbeits-einheiten (AE)
1	und	1.200
2	und	400
6	und	200
12	und	100

Der Preis für:
1 KE beträgt 80.000,00 EUR p. m.
1 AE beträgt 2.500,00 EUR p. m.

Der Marktpreis für diese Miniatureisenbahnen beträgt 220,00 EUR pro Stück.

a) Erläutern Sie im Zusammenhang mit dem beschriebenen Sachverhalt folgende Aussage: „Die Kombination der Produktionsfaktoren ist ein wirtschaftliches und ein technisches Problem."

b) Bestimmen Sie
- die Minimalkostenkombination,
- die Kosten pro Stück bei der Minimalkostenkombination,
- den Jahresgewinn bei der Minimalkostenkombination.

19. In der PlayFun AG werden innerhalb einer Rechnungsperiode zur Herstellung von 6.000 Tischtennisplatten 4.800 Arbeitsstunden benötigt.

Der Stundenlohn der Arbeitskräfte beträgt inkl. der Lohnnebenkosten 60,00 EUR; die übrigen Kosten je Tischtennisplatte betragen 120,00 EUR.

Der Verkaufspreis je Tischtennisplatte beträgt 198,00 EUR.

Ermitteln Sie
a) die Arbeitsproduktivität (Stück/Arbeitsstunde),
b) die Gesamtkosten je Tischtennisplatte,
c) den Gesamtgewinn.

Aufgrund einer rationelleren Produktionstechnik gelingt es, das Produktionsvolumen um 600 Stück zu erhöhen. Die gute Marktsituation erlaubt eine Steigerung des Absatzvolumens im gleichen Umfang.

Gleichzeitig erhöhen sich die sonstigen Kosten auf 126,00 EUR je Tischtennisplatte.

Ermitteln Sie
d) den Produktivitätsanstieg in Prozent,
e) die Veränderung des Gesamtgewinns.

f) Um wie viel Prozent dürfen aufgrund des Produktivitätsanstiegs die Lohnkosten je Stunde steigen, ohne dass sich der Gewinn der Unternehmung verändert?

g) Um wie viel Prozent würde der Gesamtgewinn steigen, wenn der durch den Produktivitätsanstieg erzielte zusätzliche Gewinn ausschließlich den Eigentümern der Unternehmung zufließen würde?

20. Beschreiben Sie den Güterkreislauf innerhalb des einfachen Wirtschaftskreislaufs (ohne Staat, ohne Ausland).

21. Beschreiben Sie den Geldkreislauf innerhalb des einfachen Wirtschaftskreislaufs.

22. Warum verlaufen Güterkreislauf und Geldkreislauf in entgegengesetzter Richtung?

23. Erläutern Sie den Zusammenhang von Sparen und Investieren innerhalb der Volkswirtschaft.

24. Welche Möglichkeiten stehen dem Staat zur Verfügung, um sich Geldmittel für seine Ausgaben zu beschaffen?

25. Unterscheiden Sie zwischen Transferzahlungen und Subventionen.

26. Nennen Sie je drei Beispiele für
a) direkte Steuern,
b) indirekte Steuern.

27. In einer geschlossenen Volkswirtschaft mit den Wirtschaftssektoren private Haushalte, Unternehmen, Staat und Kreditinstitute fließen ausschließlich die nachfolgenden monetären Ströme:

Faktoreinkommen .... 900 GE
privater Konsum .... 700 GE
staatlicher Konsum .... 260 GE
direkte Steuern und Sozialabgaben
    der Unternehmen .... 160 GE
    der privaten Haushalte .... 140 GE
indirekte Steuern .... 30 GE
Transferzahlungen an private Haushalte .... 80 GE
Subventionen an Unternehmen .... 60 GE

Ermitteln Sie
a) das Gesamteinkommen der privaten Haushalte,
b) das tatsächlich verfügbare Einkommen der privaten Haushalte,
c) das Sparen der privaten Haushalte,
d) das Budgetdefizit bzw. den Budgetüberschuss des Staates.

28. Nennen Sie vier Gegenstände des Außenwirtschaftsverkehrs.

29. Ordnen Sie den nachfolgenden Beschreibungen die jeweils zutreffende Einkommensart zu.

1	Realeinkommen	a) Bezug von Sozialhilfeleistungen,
2	Grundrente	b) Entgelt für die Bereitstellung des Produktionsfaktors Boden,
3	Transfereinkommen	c) Einkommen, das sich ergibt, wenn Änderungen der Kaufkraft des Geldes berücksichtigt werden,
4	Unternehmereinkommen	d) es handelt sich um ein variables Einkommen, dessen Höhe von der Kostenentwicklung im Unternehmen und seiner Absatzlage bestimmt ist.
5	Zins	

30. An der Entstehung der volkswirtschaftlichen Gesamtleistung (Inlandsprodukt) sind verschiedene Wirtschaftssektoren beteiligt.

Ordnen Sie den nachfolgenden Wirtschaftssubjekten den jeweils zutreffenden Wirtschaftssektor zu.

1	Landwirtschaft, Forstwirtschaft, Fischerei
2	Produzierendes Gewerbe
3	Handel und Verkehr
4	Sonstige Dienstleistungsunternehmen
5	Private Haushalte
6	Staat

a) Rheinische Düngemittel Vertriebsgesellschaft eG,
b) Ruhrkohle AG,
c) Peter Schmitz, Coiffeur,
d) Leihbücherei der Stadt Köln,
e) Florian Probst, Privatbankier,
f) Kölner Verkehrsbetriebe AG,
g) Emma Hilf, Hausangestellte,
h) RWE AG.

31. Aus dem Jahresabschluss einer Maschinenfabrik liegen Ihnen folgende Zahlenangaben vor:

Verkaufserlöse .... 750.000,00 EUR
Vorleistungen .... 150.000,00 EUR
Abschreibungen .... 60.000,00 EUR
Personalaufwand .... 300.000,00 EUR
Zinsaufwand .... 45.000,00 EUR
Mietaufwand .... 50.000,00 EUR

Ermitteln Sie
a) den Gewinn der Unternehmung,
b) die Bruttowertschöpfung,
c) die Nettowertschöpfung der Unternehmung.

32. Aus dem Jahresabschluss und dem Geschäftsbericht einer Automobil AG liegen Ihnen folgende Zahlenangaben vor (in Klammern: Veränderung gegenüber dem Vorjahr):

Anzahl der produzierten Automobile .... 1.200.000 (+ 200.000)
Anzahl der beschäftigten Arbeitnehmer .... 30.000 (+ 2.000)
Bestandsmehrungen an Fertigerzeugnissen .... 2,6 Mio. EUR
Bestandsminderungen an Rohstoffen .... 0,5 Mio. EUR
Abschreibungen auf das Anlagevermögen .... 0,7 Mio. EUR
Bau einer Produktionsanlage .... 12,8 Mio. EUR
Summe der Erträge .... 9,5 Mio. EUR (+ 0,8 Mio. EUR)
Summe der Aufwendungen .... 7,0 Mio. EUR (+ 0,7 Mio. EUR)
Eigenkapital .... 60,0 Mio. EUR (unverändert)

a) Entscheiden Sie, ob die Arbeitsproduktivität gegenüber dem Vorjahr gestiegen (1) oder gesunken (2) ist.
b) Entscheiden Sie, ob die Eigenkapitalrentabilität gegenüber dem Vorjahr gestiegen (1), gesunken (2) oder unverändert (3) ist.

Ermitteln Sie
c) die Bruttoinvestitionen,
d) die Nettoinvestitionen.

33. Begründen Sie, weshalb die Höhe und das Wachstum des Inlandsprodukts nur bedingt als Wohlstandsindikator angesehen werden können.

34. Was versteht man unter einem Markt?

35. Grenzen Sie ab und nennen Sie jeweils Beispiele:
a) Investitionsgütermarkt – Konsumgütermarkt
b) Finanzmarkt – Arbeitsmarkt
c) organisierter Markt – nicht organisierter Markt
d) offener Markt – geschlossener Markt
e) vollkommener Markt – unvollkommener Markt
f) Käufermarkt – Verkäufermarkt

36. Nennen Sie fünf Bestimmungsgrößen der individuellen Nachfrage.

37. Nennen Sie drei Bestimmungsgrößen des individuellen Angebots.

38. Was versteht man unter Kosten?

39. Entscheiden Sie bei den nachfolgenden Aussagen, welche Art des Angebots- bzw. Nachfrage-verhaltens jeweils zugrunde liegt.

Elastische Nachfrage	1
Elastisches Angebot	2
Starre Nachfrage	3
Starres Angebot	4
Komplementärelastizität	5
Substitutionselastizität	6

a) Die Preise für Benzin steigen; der Benzinverbrauch sinkt daraufhin.
b) Der Butterpreis steigt; der Absatz von Margarine nimmt daraufhin zu.
c) Die Preise für Zigaretten steigen; die Absatzzahlen stagnieren aber.
d) Die Preise für Benzin steigen; die Zahl der Auto-neuzulassungen ist daraufhin rückläufig.
e) Trotz steigender Preise können die Unternehmer das Produktionsvolumen nicht erhöhen, da die Kapazitäten ausgelastet sind.

40. Erläutern Sie das „Gesetz der Massenproduktion".

41. Die fixen Kosten eines Waschmaschinenherstellers betragen 2.100.000,00 EUR pro Jahr. Die vorhandene Produktionskapazität umfasst 30.000 Waschmaschinen pro Jahr. Die variablen Kosten je Waschmaschine betragen 325,00 EUR.

a) Wie viel EUR beträgt der kostendeckende Preis bei einer Kapazitätsauslastung von 80 %?

b) Um wie viel Prozent ermäßigt sich der kostendeckende Preis, wenn die Produktion um 6.000 Stück gesteigert werden kann?

42. Der Geschäftsführer einer Spielgeräte GmbH bittet um Hilfestellung bei der Wahl einer Maschine zur Herstellung von Miniaturautomobilen.

Zur Auswahl stehen die Maschinen A und B:

	Maschine A	Maschine B
Anschaffungskosten	48.000,00 EUR	60.000,00 EUR
Nutzungsdauer	6 Jahre	8 Jahre
max. Produktionskapazität p. a.	12.000 Stück	15.000 Stück
variable Kosten je Stück	1,80 EUR	2,00 EUR

a) Stellen Sie den Selbstkostenpreis je Stück bei Maschine B bei voller Auslastung der vorhandenen Produktionskapazität fest.

b) Stellen Sie fest, ab welcher Produktionsmenge Maschine B gegenüber Maschine A vorteil-hafter ist.

43. Nennen Sie die Voraussetzungen eines vollkommenen Marktes.

44. Begründen Sie, weshalb es in einem unvollkommenen Markt den Anbietern möglich ist, für ein und dasselbe Gut unterschiedliche Preise zu verlangen.

45. Ordnen Sie den nachfolgenden Aussagen die zutreffenden Begriffe zu.

Ausschaltungskosten	1
Grenzanbieter	2
Käufermarkt	3
Lenkungsfunktion	4
Produzentenrente	5
Markträumungsfunktion	6
Grenznachfrager	7
Verkäufermarkt	8

a) Aufgrund dieser Marktkonstellation ist mit Preissenkungen zu rechnen.
b) Nicht wettbewerbsfähige Produzenten werden vom Markt verdrängt.
c) Ein Konzern gibt einen unrentablen Unternehmenszweig auf und investiert in eine Zukunftsbranche.
d) Solange ein Anbieter in der Lage ist, unterhalb des Marktpreises anzubieten, verfügt er über diesen Geldvorteil.
e) Die Anpassungsvorgänge auf dem Markt führen dazu, dass ungeplante Lagerinvestitionen vermieden werden.
f) Fällt der Marktpreis, können diese Marktteilnehmer mit einer Erhöhung ihrer Kaufkraft rechnen.

46. In welchem Fall muss bei preiselastischem Verhalten der Marktteilnehmer der Gleichgewichtspreis steigen bei gleichzeitiger Abnahme der Gleichgewichtsmenge?
a) Die Nachfrage ist konstant, das Angebot steigt.
b) Das Angebot ist konstant, die Nachfrage steigt.
c) Das Angebot ist konstant, die Nachfrage sinkt.
d) Die Nachfrage ist konstant, das Angebot sinkt.

47. Ordnen Sie den nachfolgenden Aussagen den zutreffenden Marktbegriff zu.

„Schwarzer Markt"	1	Effektenmarkt	4
vollkommener Markt	2	Käufermarkt	5
Faktormarkt	3	Verkäufermarkt	6

a) Hier wird zu Preisen gehandelt, die über dem staatlich verordneten Preis liegen.
b) Es handelt sich um einen hochgradig organisierten Markt. Die Handelsobjekte selbst können hier nicht in Augenschein genommen werden.
c) Dieser Markt existiert nur als gedankliches Modell.
d) Es handelt sich um einen Sammelbegriff für Märkte, auf denen die Produktivkräfte einer Volkswirtschaft gehandelt werden.
e) Es besteht an diesem Markt aufgrund des Angebotsüberhangs die Tendenz zu Preissenkungen.

48. Im Modell des vollkommenen Marktes kommt es immer dann zu einem neuen Marktgleichgewicht, wenn sich die Nachfrage- bzw. Angebotsbedingungen ändern.
Entscheiden Sie in den nachfolgenden Fällen, in welcher Weise
■ sich die Nachfrage- bzw. Angebotskurve verschiebt,
■ sich der Marktpreis verändert.
a) Preiserhöhung bei einem Substitutionsgut.
b) Das Einkommen der Konsumenten steigt.
c) Preiserhöhung bei einem Komplementärgut.
d) Der Staat gewährt den Unternehmen Subventionen.
e) Die Produktionskosten der Unternehmen steigen.
f) Der Staat senkt die Einkommensteuer.

49. Entscheiden Sie, welche Folgewirkungen für den Gleichgewichtspreis und die Gleichgewichtsmenge durch den Eintritt der jeweils beschriebenen Änderung der Marktsituation entstehen.
a) Die Nachfrage steigt, das Angebot bleibt konstant.
b) Der Anstieg der Produktionskosten wird durch Kaufkraftsteigerungen in gleicher Höhe ausgeglichen.
c) Das Angebot steigt, die Nachfrage bleibt konstant.
d) Die Nachfrage steigt, das Angebot steigt in gleichem Maße.
e) Die Nachfrage steigt, das Angebot sinkt.

50. Erläutern Sie die Funktionen des Marktpreises.

51. Begründen Sie die Notwendigkeit staatlicher Eingriffe in das Marktgeschehen in einem Land, das sich dem Sozialstaatsprinzip verpflichtet fühlt. Nennen Sie Beispiele.

52. Kennzeichnen Sie die nachfolgenden Aussagen über Höchst- und Mindestpreise.

Höchstpreis trifft zu.	1
Mindestpreis trifft zu.	2
Höchstpreis und Mindestpreis treffen zu.	3
Weder Höchstpreis noch Mindestpreis treffen zu.	4

   a) Staatliche Maßnahmen zur Mengenregulierung sind in der Regel die Folge dieses staatlichen Eingriffs.
   b) Dieser staatliche Eingriff dient dem Schutz der Konsumenten.
   c) Dieser staatliche Eingriff lässt die Notwendigkeit einer Rationierung entstehen.
   d) Dieser staatliche Eingriff führt gewöhnlich zur Entstehung von Schwarzmärkten.
   e) Die Ausschaltungsfunktion des Marktpreises wird durch diesen staatlichen Eingriff beeinträchtigt.
   f) Es handelt sich um einen marktkonformen Eingriff des Staates.
   g) Unrentabel arbeitende Unternehmen werden durch diesen staatlichen Eingriff geschützt.

53. Unterscheiden Sie einmal Eigenkapital und Fremdkapital hinsichtlich der Interessenlage, Einfluss auf die Leitung des Unternehmens, Informationsrecht, zeitliche Verfügbarkeit, Haftung, Vermögensanspruch im Insolvenzfall, Ertragsanteil, steuerliche Behandlung.

54. Nach welchen Kriterien kann der Begriff Kosten gegliedert werden?

55. Nennen Sie Aufgaben der Kosten- und Leistungsrechnung.

3   Rechtliche Rahmenbedingungen des Wirtschaftens

3.1   Rechtsgrundlagen

3.1.1   Die Rechtsordnung als Bestandteil der Gesellschaftsordnung

Jede „lebensfähige" menschliche Gemeinschaft ist nur auf der Grundlage einer allgemeinen Ordnung möglich, welche die „Spielregeln" für das Zusammenleben festlegt. Dies gilt für sämtliche Bereiche des Zusammenlebens, ob innerhalb der Familie, des Betriebes oder der Gesellschaft. Werden diese Spielregeln innerhalb der Gruppe auf die Dauer von den Gruppenmitgliedern nicht eingehalten, so wird die Gruppe zwangsläufig auseinander brechen.

Immer wenn Menschen in einer Gemeinschaft zusammenleben, stoßen unvermeidlich gegensätzliche Interessen aufeinander. Es entstehen Interessenkonflikte. Um die Gemeinschaft aufrechtzuerhalten und ein geordnetes Zusammenleben überhaupt erst zu ermöglichen, muss daher geklärt werden,

- auf welche Weise verschiedenartige Interessen miteinander in Einklang gebracht werden sollen,
- wann sich der Einzelne mit seinen Interessen dem Interesse der Gemeinschaft unterzuordnen hat,
- in welchen Fällen das persönliche Interesse des Einzelnen Vorrang vor den Interessen anderer hat.

> Die Gesamtheit aller Verhaltensregeln, denen der Einzelne unterworfen ist, bezeichnet man als **Gesellschaftsordnung**.

Diese Ordnung ist keineswegs ausschließlich durch Verfassung, Gesetzesvorschriften und vertragliche Vereinbarungen festgelegt. Darüber hinaus bestimmen vielmehr auch *Sitten, Brauchtümer* und *kulturelles Erbe* die Ordnung, innerhalb derer sich das gesellschaftliche Leben vollzieht. Allerdings sind die wichtigsten Grundsätze der Gesellschaftsordnung in Form von **Rechtsnormen** allgemein verbindlich geregelt.

Insgesamt stellt die Gesellschaftsordnung die Zusammenfassung vielfältig verflochtener, ineinander greifender Regeln dar. Gedanklich lassen sich innerhalb der Gesellschaftsordnung vier verschiedene Teilbereiche unterscheiden:

- Die **Rechtsordnung** beinhaltet die Gesamtheit sämtlicher Rechtsvorschriften innerhalb der Gesellschaft.
- Die **politische Ordnung** spiegelt die politischen Herrschafts- und Machtverhältnisse innerhalb der Gesellschaft wider.
- Die **Sozialordnung** regelt den Schutz der sozial Schwachen und Benachteiligten sowie den Schutz vor den wirtschaftlichen Folgen von Krankheit, Arbeitslosigkeit, Erwerbsunfähigkeit usw.
- Die **Wirtschaftsordnung** legt die Rahmenbedingungen fest, die für das wirtschaftliche Handeln der Wirtschaftssubjekte gelten.

Alle vier Bereiche sind voneinander abhängig. Sie bedingen sich teilweise gegenseitig: Geänderte Auffassungen innerhalb der politischen Führung über die Sozialordnung schlagen sich in einer entsprechenden Sozialgesetzgebung nieder. Hieraus können wiederum Rückwirkungen auf die Wirtschaftsordnung entstehen. Umgekehrt bleibt der wirtschaftliche Wandel nicht ohne Auswirkungen auf die Wirtschafts- und Sozialordnung.

- **Rechtsnormen** regeln verbindlich die Beziehungen der Menschen zueinander und begrenzen die Rechte des Einzelnen innerhalb der Gesellschaft.
- Die **Rechtsordnung** als Gesamtheit aller Rechtsnormen ist Bestandteil sämtlicher Verhaltensregeln, denen der Einzelne unterworfen ist.

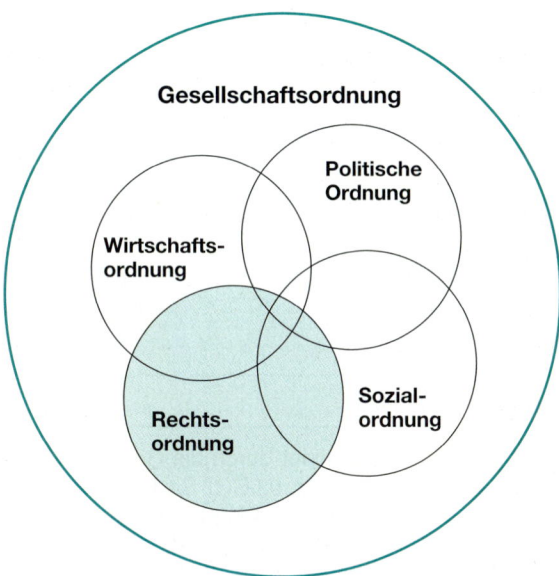

3

3.1.2   Rechtsquellen

Rechtsnormen können

- sich durch ständige allgemeine Praxis und Rechtsanschauungen entwickeln *(= Gewohnheitsrecht)*,
- durch individuelle Vereinbarungen zwischen einzelnen Personen entstehen *(= Vertragsrecht)*,
- ausdrücklich vom Gesetzgeber (Legislative) geschaffen werden *(= Gesetzesrecht, „codifiziertes Recht")*.

Während Gewohnheitsrecht und Gesetzesrecht für die Allgemeinheit verbindlich sind, gelten vertragliche Vereinbarungen nur für die beteiligten Parteien.

Gewohnheitsrecht	Gesetzesrecht	Vertragsrecht
Ungeschriebene Rechtsnormen, die sich durch längere, stetige Gewohnheiten und Rechtsanschauungen innerhalb einer Gesellschaft entwickelt haben; sie sind mit dem Gesetzesrecht gleichrangig. Gegenüber dem Gesetzesrecht bestehen heute nur noch wenige Rechtsnormen, die ausschließlich gewohnheitsrechtlich abgesichert sind.	Geschriebene Rechtsnormen, die in einem förmlichen Verfahren von den dafür zuständigen staatlichen Organen erlassen werden. ■ **Gesetze** werden von den Trägern der gesetzgebenden Gewalt, den Parlamenten (Legislative) erlassen. ■ **Rechtsverordnungen** werden von einer Behörde, die der Gesetzgeber eigens ermächtigt hat, erlassen. Sie sind an ein bestimmtes Gesetz gebunden und dienen zur Ergänzung des Gesetzes. Inhalt, Zweck und Ausmaß der Ermächtigung zum Erlass einer Rechtsverordnung sind im betreffenden Gesetz festgelegt.	Geschriebene und ungeschriebene Rechtsnormen, die aufgrund individueller Absprachen zwischen den Rechtssubjekten entstehen. ■ Der **Grundsatz der Vertragsfreiheit** bedeutet Abschluss- und Inhaltsfreiheit: Es steht den Beteiligten frei, Verträge mit wem auch immer und beliebigen Inhalts zu schließen. Die Vertragsfreiheit findet dort seine Grenze, wo gegen bestehende Gesetze und die Rechte Dritter verstoßen wird. ■ Der Grundsatz von **„Treu und Glauben"** bedeutet, dass Verträge so auszulegen und zu erfüllen sind, wie es den allgemeinen Verkehrssitten entspricht *(§§ 157, 242 BGB)*. ■ Der **Grundsatz der Vertragstreue** verpflichtet die Vertragspartner zur Erfüllung der eingegangenen Verpflichtungen. Eine schuldhafte Verletzung der Vertragspflichten löst ggf. Schadenersatzpflicht aus.
Beispiele: ■ *Ein Professor für Steuerrecht hat die Befugnis, in steuerrechtlichen Angelegenheiten geschäftlich tätig zu werden.* ■ *Im Viehhandel bindet ein Handschlag unter Zeugen genauso wie ein schriftlicher Vertrag auch heute noch in vielen Gegenden Käufer und Verkäufer an ihre Abmachungen.*	*Beispiele:* EStDV, UStDV, GewStDV, Arbeitsstättenverordnung, Prüfungsordnungen	

3.1.3 Rechtsprechung

Die **Rechtsprechung** (Judikative) geschieht durch die Gerichte. Die Richter sind unabhängig und nur dem Gesetz verpflichtet *(Art. 97 GG)*. Sie haben die Aufgabe, in einem geregelten Verfahren (Prozess) das vorhandene Recht auf den Einzelfall anzuwenden und darüber zu entscheiden, wie in Streitfällen Gesetze bzw. Verträge auszulegen sind, d. h., was bei konkreten Sachverhalten rechtens ist.

Beispiel:
Die Finanzgerichte (FG) als spezielle Verwaltungsgerichte sind zuständig für
■ *abgabenrechtliche Streitigkeiten zwischen Steuerpflichtigen und Finanzbehörden,*
■ *berufsrechtliche Streitigkeiten nach dem Steuerberatungsgesetz.*

Ständige Rechtsprechung liegt vor, wenn die Gerichte in einer bestimmten Rechtsfrage wiederholt im gleichen Sinn entscheiden. Eine bestimmte Rechtsanschauung kann auf diese Weise zum Gewohnheitsrecht erstarken.
Höchstrichterliche Rechtsprechung erfolgt durch die höchsten Gerichte.

Beispiele:
Es sind zuständig:
■ *der **Europäische Gerichtshof** (EuGH) für europäische und überstaatliche Angelegenheiten der Gemeinschaftsmitglieder*
■ *das **Bundesverfassungsgericht** (BVG) für Verfassungsstreitigkeiten*
■ *der **Bundesgerichtshof** (BGH) für Zivil- und Strafsachen*
■ *der **Bundesfinanzhof** (BFH) für Streitigkeiten über Abgabenangelegenheiten*
■ *das **Bundesarbeitsgericht** (BAG) für arbeits- und tarifrechtliche Angelegenheiten*
■ *das **Bundessozialgericht** (BSG) für sozialversicherungsrechtliche Streitigkeiten*
■ *das **Bundesverwaltungsgericht** (BVerwG) für öffentlich-rechtliche Streitigkeiten nicht verfassungsrechtlicher Art*

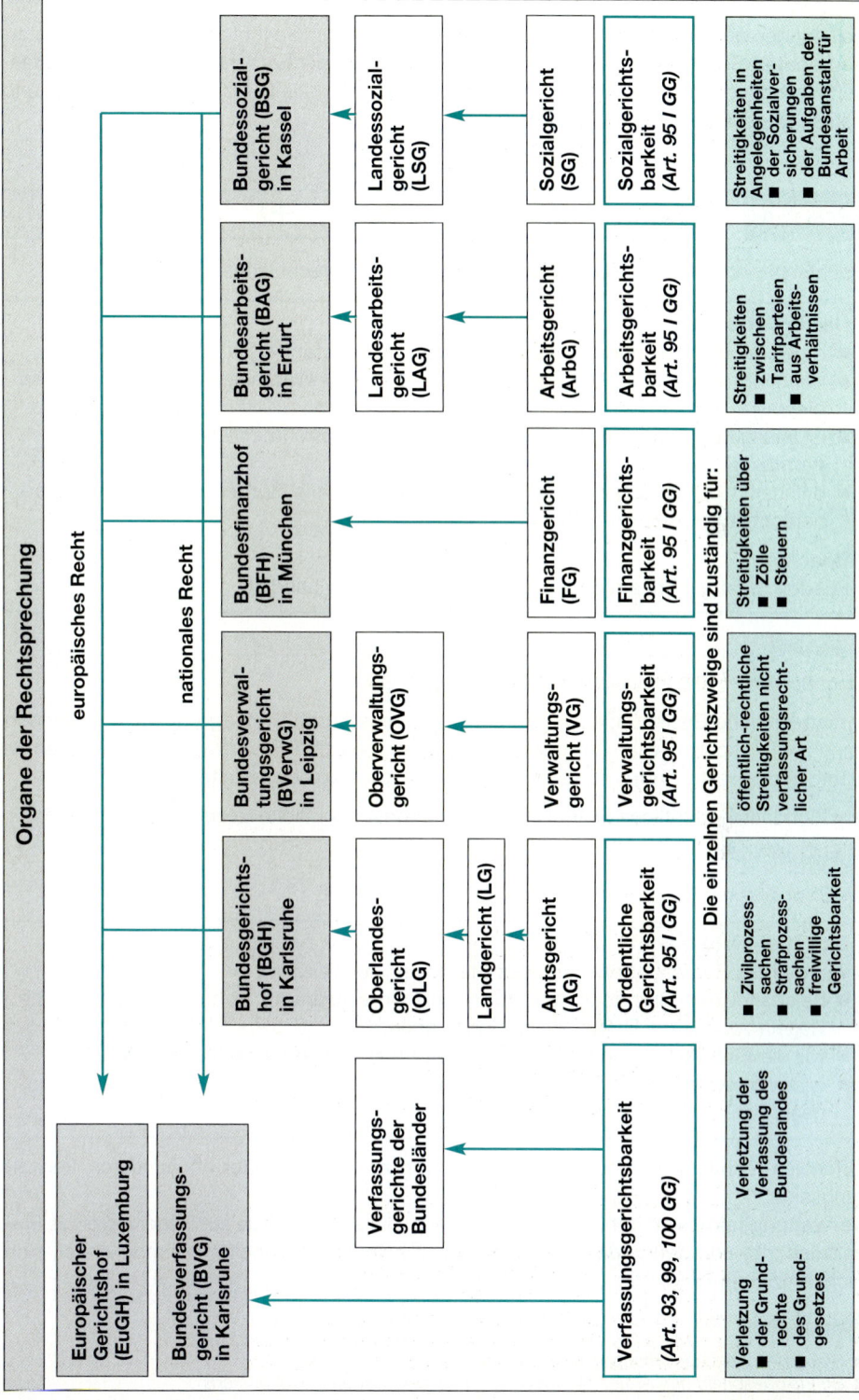

Organe der Rechtsprechung

europäisches Recht

nationales Recht

Europäischer Gerichtshof (EuGH) in Luxemburg

Bundesverfassungsgericht (BVG) in Karlsruhe

Bundesgerichtshof (BGH) in Karlsruhe

Bundesverwaltungsgericht (BVerwG) in Leipzig

Bundesfinanzhof (BFH) in München

Bundesarbeitsgericht (BAG) in Erfurt

Bundessozialgericht (BSG) in Kassel

Oberlandesgericht (OLG)

Oberverwaltungsgericht (OVG)

Landesarbeitsgericht (LAG)

Landessozialgericht (LSG)

Landgericht (LG)

Amtsgericht (AG)

Verwaltungsgericht (VG)

Finanzgericht (FG)

Arbeitsgericht (ArbG)

Sozialgericht (SG)

Verfassungsgerichte der Bundesländer

Ordentliche Gerichtsbarkeit
(Art. 95 I GG)

Verwaltungsgerichtsbarkeit
(Art. 95 I GG)

Finanzgerichtsbarkeit
(Art. 95 I GG)

Arbeitsgerichtsbarkeit
(Art. 95 I GG)

Sozialgerichtsbarkeit
(Art. 95 I GG)

Verfassungsgerichtsbarkeit
(Art. 93, 99, 100 GG)

Die einzelnen Gerichtszweige sind zuständig für:

- Zivilprozesssachen
- Strafprozesssachen
- freiwillige Gerichtsbarkeit

öffentlich-rechtliche Streitigkeiten nicht verfassungsrechtlicher Art

Streitigkeiten über
- Zölle
- Steuern

Streitigkeiten zwischen
- Tarifparteien
- aus Arbeitsverhältnissen

Streitigkeiten in Angelegenheiten der Sozialversicherungen
- der Aufgaben der Bundesanstalt für Arbeit

Verletzung
- der Grundrechte des Grundgesetzes

Verletzung der Verfassung des Bundeslandes

3

Die Endurteile der höchsten deutschen Gerichte sind zwar endgültig für den betreffenden Fall, binden aber in einem neuen Fall weder die höchsten Gerichte selbst noch die untergeordneten Gerichte. Hiervon ausgenommen sind nur die Entscheidungen des Bundesverfassungsgerichts: Sie binden die Verfassungsorgane des Bundes und der Länder und haben grundsätzlich Gesetzeskraft.

3.1.4 Privatrecht und öffentliches Recht

Rechtsnormen können privatrechtlicher oder öffentlich-rechtlicher Natur sein.

> Das **Privatrecht**
> - regelt die **Rechtsbeziehungen der Bürger untereinander**,
> - will bei Streitigkeiten eine gesetzliche Grundlage für Wahrheitsfindung und Klärung bieten,
> - ist häufig **kein zwingendes Recht**, es werden Rechtsrahmen vorgegeben, die durch Verträge abgeändert werden können,
> - beinhaltet die **Gleichstellung der Parteien**, d.h. alle Bürger stehen sich gleichberechtigt gegenüber.
>
> **Beachte:**
> Für den Staat gilt Privatrecht, wenn er **nicht** hoheitlich handelt.

Beispiel:

Stadt Bonn kauft 10 Computer beim Unternehmen PC OHG.

Privatrechtliche Beziehungen werden in erster Linie durch **Verträge** gestaltet. Niemand kann zum Abschluss eines Vertrages gezwungen werden. Die Vertragspartner können im Rahmen der bestehenden Gesetze ihre Verträge beliebig ausgestalten.

Auch öffentlich-rechtliche Institutionen können privatrechtliche Beziehungen eingehen.

Beispiel:

Die Stadt Köln kauft von einem Möbelhersteller Computertische.

> Das **öffentliche Recht**
> - regelt die Rechtsbeziehungen des Staates zu den Bürgern,
> - beinhaltet den Grundsatz der **Über- und Unterordnung**, d.h. der Staat gibt die Regeln vor, die die Bürger zu befolgen haben,
> - will die **Einhaltung von Recht und Ordnung zum Schutz der Allgemeinheit**,
> - ist **zwingendes Recht**, d.h. Verstöße gegen öffentliches Recht werden vom Staat geahndet.

Öffentlich-rechtliches Handeln vollzieht sich in erster Linie oder häufig durch Verwaltungsakte.
Verwaltungsakte sind hoheitliche Maßnahmen, die eine Behörde zur Regelung eines Einzelfalles trifft und denen der Betroffene, wenn kein Rechtsbehelf mehr möglich ist, sich nicht entziehen kann.

Beispiele:

- *Steuerbescheid des Finanzamtes*
- *Bußgeldbescheid des Amtes für öffentliche Ordnung wegen Falschparkens*

Privatrecht (Zivilrecht)	Öffentliches Recht
■ regelt die Rechtsbeziehungen der Privatpersonen und privaten Einrichtungen untereinander ■ dient dem Individualinteresse	■ regelt die Rechtsbeziehungen der Privatpersonen und privaten Einrichtungen zu den öffentlichen Einrichtungen (Staat, Gemeinden usw.) und der öffentlichen Einrichtungen untereinander ■ dient dem öffentlichen Interesse
Die im Gesetz stehenden Rechtsnormen können durch individuelle vertragliche Abmachungen geändert werden. Die gesetzlichen Regelungen gelten nur insoweit, als keine anderweitigen vertraglichen Vereinbarungen getroffen wurden.	Die im Gesetz stehenden Rechtsnormen sind für die Bürger bzw. die betroffenen öffentlichen Einrichtungen zwingend. Bei Straftatbeständen muss der Staat – vertreten durch den Staatsanwalt – Klage bei Gericht erheben.
Grundsätze: ■ Gleichberechtigung der Beteiligten ■ Vertragsfreiheit ■ Vertragstreue	**Grundsatz:** Über- bzw. Unterordnungsverhältnis
Rechtsgebiete: ■ *Bürgerliches Recht* ■ *Scheckrecht* ■ *Handelsrecht* ■ *Urheberrecht* ■ *Wertpapierrecht*	**Rechtsgebiete:** ■ *Verfassungsrecht* ■ *Prozessrecht* ■ *Verwaltungsrecht* ■ *Steuerrecht* ■ *Strafrecht* ■ *Schulrecht*

3

3.1.5   Objektives und subjektives Recht

Das **objektive Recht** umfasst die Gesamtheit der durch **Gesetze** oder **Gewohnheitsrecht** verschriftlichten (kodifizierten) oder verabschiedeten Rechtsnormen.

Beispiele:

■ *Grundgesetz (GG)*
■ *Bürgerliches Gesetzbuch (BGB)*
■ *Handelsgesetzbuch (HGB)*

■ *Strafgesetzbuch (StGB)*
■ *Straßenverkehrsordnung (StVO)*

Im Gegensatz zum objektiven Recht versteht man unter dem **subjektiven Recht** eine Befugnis oder einen Anspruch, der sich für den Berechtigten aus dem objektiven Recht unmittelbar ergibt oder aufgrund eines objektiven Rechts erworben wird.

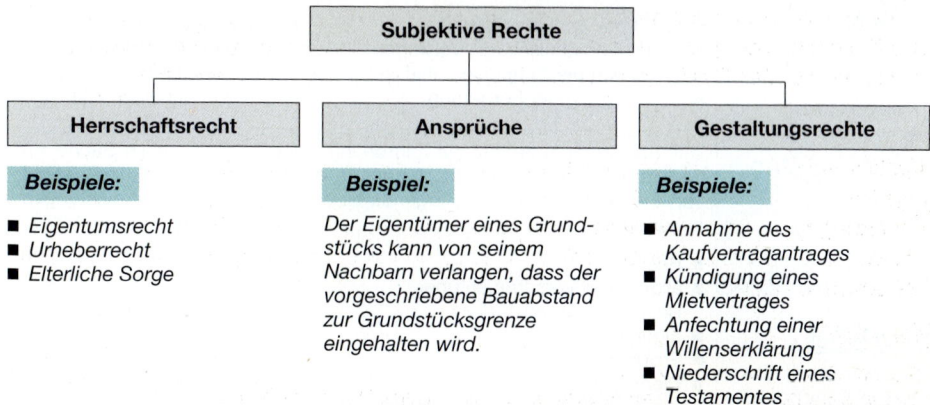

Subjektive Rechte

Herrschaftsrecht	**Ansprüche**	**Gestaltungsrechte**
Beispiele: ■ *Eigentumsrecht* ■ *Urheberrecht* ■ *Elterliche Sorge*	*Beispiel:* *Der Eigentümer eines Grundstücks kann von seinem Nachbarn verlangen, dass der vorgeschriebene Bauabstand zur Grundstücksgrenze eingehalten wird.*	*Beispiele:* ■ *Annahme des Kaufvertragantrages* ■ *Kündigung eines Mietvertrages* ■ *Anfechtung einer Willenserklärung* ■ *Niederschrift eines Testamentes*

3.1.6   Dispositives und zwingendes Recht

Dispositives Recht (nachgiebiges Recht) erlaubt, dass geltende allgemeine Rechtsvorschriften durch die Beteiligten abgeändert oder ausgeschlossen werden.
Unter **zwingendem Recht** sind Rechtsvorschriften zu verstehen, deren Abänderung oder Ausschluss gesetzlich verboten ist.

> *Beispiele:*

- *Dispositives Recht:* Beim Kauf eines Pkw wird die gesetzliche Gewährleistungsfrist von 24 Monaten
  (§ 438 BGB) vertraglich auf 36 Monate verlängert.
- *Zwingendes Recht:* Verbraucherdarlehensverträge bedürfen der Schriftform (§ 492 BGB).

3

3.1.7   Aufbau des Bürgerlichen Gesetzbuches

Das Bürgerliche Gesetzbuch ist in fünf Bücher aufgeteilt, diese Bücher werden in Abschnitte untergliedert.

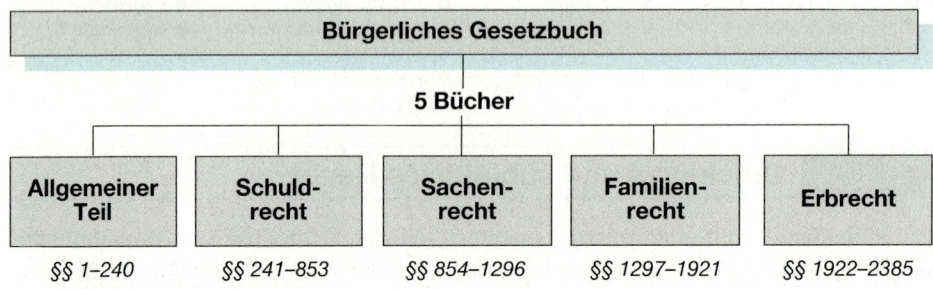

Erstes Buch: Allgemeiner Teil	Allgemeine Rechtsbegriffe werden geklärt.
	■ Personen ■ Fristen, Termine ■ Sachen ■ Verjährung ■ Rechtsgeschäfte
Zweites Buch: Schuldrecht	Das Recht der Schuldverhältnisse behandelt die schuldrechtlichen Beziehungen zwischen Schuldner (Leistungsverpflichteter) und Gläubiger (Leistungsberechtigter). ■ Inhalt der Schuldverhältnisse ■ Schuldübernahme ■ Schuldverhältnisse aus Verträgen ■ Mehrheit von Schuldnern ■ Erlöschen der Schuldverhältnisse und Gläubigern ■ Übertragung der Forderung ■ einzelne Schuldverhältnisse
Drittes Buch: Sachenrecht	Das Sachenrecht erfasst die Zuordnung einer Person zu einer Sache. Im Sachenrecht werden Besitz, Eigentum an Sachen, Erwerb und Verlust von Eigentum an Sachen, Eigentumsbeschränkungen und Belastungen behandelt. ■ Besitz ■ Vorkaufsrecht ■ allgemeine Vorschriften über ■ Reallasten Rechte an Grundstücken ■ Hypothek, Grund- und ■ Eigentum Rentenschuld ■ Erbbaurecht ■ Pfandrecht an beweglichen ■ Dienstbarkeiten Sachen und an Rechten

Viertes Buch: Familienrecht	Im Familienrecht sind die familienrechtlichen Beziehungen einer Person geregelt. ■ bürgerliche Ehe ■ eingetragene Lebenspartnerschaft ■ Verwandtschaft ■ Vormundschaft ■ Betreuung
Fünftes Buch: Erbrecht	Im Erbrecht wird der Übergang von Vermögen eines Verstorbenen auf die Erben festgeschrieben. ■ gesetzliche Erbfolge ■ Vermächtnis ■ Testament ■ Erbvertrag ■ Pflichtteil ■ Erbunwürdigkeit ■ Erbverzicht ■ Erbschein ■ Erbschaftskauf

3

3.2   Rechtssubjekte und Rechtsobjekte

3.2.1   Rechtssubjekte

Rechtssubjekte sind die natürlichen und juristischen Personen.

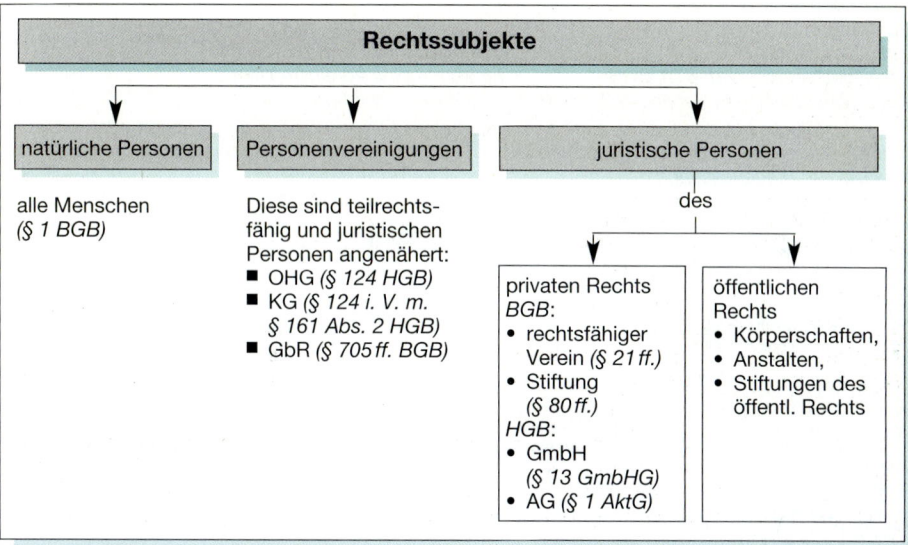

Rechtsfähigkeit ist die Fähigkeit der Rechtssubjekte, Träger von Rechten und Pflichten zu sein.

Natürliche Personen sind die Menschen. Die Rechtsfähigkeit natürlicher Personen beginnt mit Vollendung der Geburt *(§ 1 BGB)* und endet mit Eintritt des Todes *(§ 1922 Abs. 1 BGB)*. Geburt und Tod einer natürlichen Person sind dem Standesamt/Einwohnermeldeamt anzuzeigen.

Für den **Beginn** der Rechtsfähigkeit sind nach den Gesetzen **weitere Zeitpunkte** vorstellbar
- mit der Zeugung *(§ 844 Abs. 2 BGB*, vgl. auch *§§ 1923 Abs. 2, 1912, 2103, 2043 Abs. 2 BGB)*,
- mit der Nidation (12–14 Tage nach der Befruchtung),
- mit Beginn der Geburt *(StGB)*.

Beispiel:

Ein Säugling kann aufgrund einer Schenkung Eigentümer und Besitzer einer Sache werden.

> **Juristische Personen** sind Personenvereinigungen oder Vermögensmassen mit eigener Rechtspersönlichkeit.

Man unterscheidet zwischen juristischen Personen des privaten Rechts und juristischen Personen des öffentlichen Rechts.

Juristische Personen brauchen Menschen als „Organe" zum rechtsgeschäftlichen Handeln (nach außen = Handlungsfähigkeit), d. h. ein **Vertretungsorgan**.

Beispiele:

- *Vorstand der AG (§ 78 AktG)*
- *Geschäftsführer der GmbH (§ 35 GmbHG)*

Die Rechtsfähigkeit juristischer Personen beginnt und endet mit einem Rechtsakt oder hoheitlichem Akt.

Beispiele:

Gründungen ...
- *von GmbH, AG:*   *Eintragung ins Handelsregister*
- *des Idealverein i. S. d. § 21 BGB:*   *Eintragung ins Vereinsregister*
- *des Wirtschaftlichen Vereins, § 22 BGB:*   *staatliche Verleihung*
Die Rechtsfähigkeit ausländischer, nach dem Recht eines Mitgliedslandes der EU gegründeten Gesellschaften richtet sich nach dem Gründungsrecht des jeweiligen ausländischen Gründung-EU-Landes (Ausfluss der Niederlassungsfreiheit).

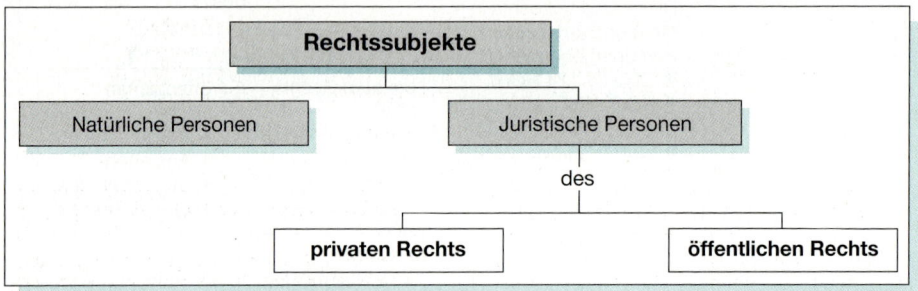

Natürliche und juristische Personen sind **parteifähig**, d. h. sie können in einem Zivilprozess klagen oder beklagt werden.

Verbraucher, § 13 BGB

> **Verbraucher** sind natürliche Personen, die Rechtsgeschäfte abschließen, die weder gewerblichen noch freiberuflichen Tätigkeiten zuzurechnen sind. Es kommt also nur auf den Zweck des Geschäftes an.
> Das Rechtsgeschäft muss zum privaten Bereich gehören. Hierzu zählen insbesondere Rechtsgeschäfte, die Urlaub, Freizeit, Freizeitsport, Gesundheitsvorsorge, Verwaltung und Anlage von Vermögen, den privaten Haushalt betreffen.

Beispiele:

- *Der Unternehmer U kauft als Privatperson für seine Frau einen Pkw. Der Unternehmer ist hier Verbraucher, weil er nicht gewerblich tätig wird.*
- *Arbeitnehmer kauft Arbeitskleidung; hier ist der AN Verbraucher.*
- *Zwei Existenzgründer nehmen bei der A-Bank ein Darlehen auf, bis zum Beginn ihrer Tätigkeit sind sie Verbraucher.*

Unternehmer, § 14 BGB

> **Unternehmer** sind natürliche oder juristische Personen, rechtsfähige Personengesellschaften, die ein Rechtsgeschäft zu gewerblichen, freiberuflichen oder land- und forstwirtschaftlichen Zwecken abschließen.

Unternehmer i. S. d. § 14 BGB sind Gewerbetreibende, Kleingewerbetreibende, Handwerker, Freiberufler, Vermögensverwalter, Eigenbetriebe der Städte und Gemeinden (z. B. Wasserwerk, Schwimmbad), Land- und Forstwirte, Personengesellschaften (OHG, KG, PG), die planmäßig und dauerhaft am Markt ihre Leistungen gegen Entgelt anbieten.

Nichtrechtsfähige Personenvereinigungen sind:

- nicht eingetragene Vereine *(§ 54 BGB)*   ■ Erbengemeinschaften *(§ 2032 ff. BGB)*

Träger der Rechte und Pflichten ist in diesem Fall nicht die Personenvereinigung selbst, sondern vielmehr die Gesamtheit ihrer Mitglieder.

Natürliche und juristische Personen können zur Zahlung von Steuern herangezogen werden, d. h. **Steuersubjekt** sein. Bei natürlichen Personen bestimmt der Wohnsitz, bei juristischen Personen der Geschäftssitz die Zuständigkeit des Finanzamtes.

Quasi juristische Personen sind die *Personenhandelsgesellschaften* OHG und KG sowie die Partnerschaftsgesellschaft. Sie besitzen keine eigene Rechtsfähigkeit, werden aber weitgehend wie juristische Personen behandelt.

Beispiele:

- *Personenhandelsgesellschaften führen eine Firma.*
- *Personenhandelsgesellschaften können unter ihrer Firma klagen und beklagt werden.*

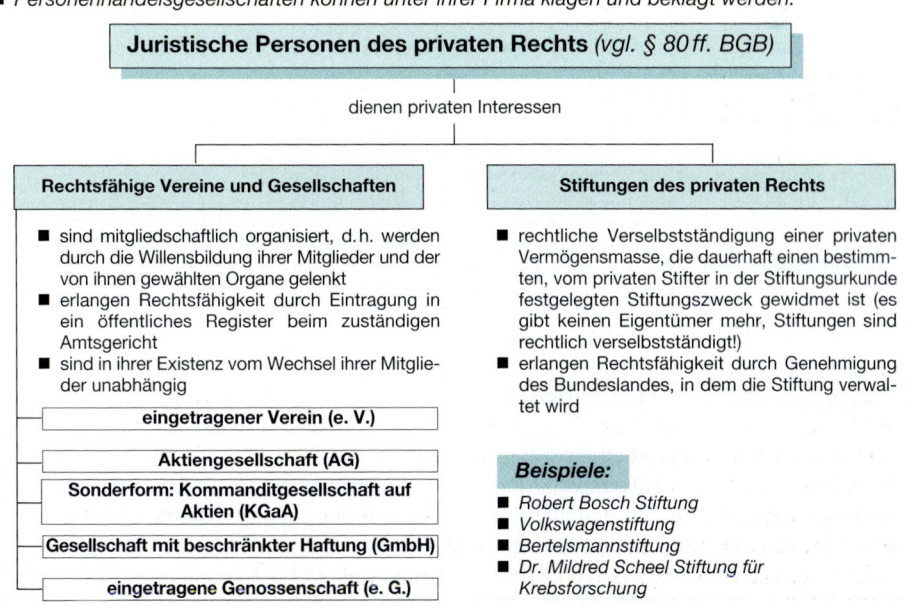

Juristische Personen des privaten Rechts *(vgl. § 80 ff. BGB)*

dienen privaten Interessen

Rechtsfähige Vereine und Gesellschaften

- sind mitgliedschaftlich organisiert, d. h. werden durch die Willensbildung ihrer Mitglieder und der von ihnen gewählten Organe gelenkt
- erlangen Rechtsfähigkeit durch Eintragung in ein öffentliches Register beim zuständigen Amtsgericht
- sind in ihrer Existenz vom Wechsel ihrer Mitglieder unabhängig

eingetragener Verein (e. V.)

Aktiengesellschaft (AG)

Sonderform: Kommanditgesellschaft auf Aktien (KGaA)

Gesellschaft mit beschränkter Haftung (GmbH)

eingetragene Genossenschaft (e. G.)

Stiftungen des privaten Rechts

- rechtliche Verselbstständigung einer privaten Vermögensmasse, die dauerhaft einen bestimmten, vom privaten Stifter in der Stiftungsurkunde festgelegten Stiftungszweck gewidmet ist (es gibt keinen Eigentümer mehr, Stiftungen sind rechtlich verselbstständigt!)
- erlangen Rechtsfähigkeit durch Genehmigung des Bundeslandes, in dem die Stiftung verwaltet wird

Beispiele:

- *Robert Bosch Stiftung*
- *Volkswagenstiftung*
- *Bertelsmannstiftung*
- *Dr. Mildred Scheel Stiftung für Krebsforschung*

Juristische Personen des öffentlichen Rechts

- nehmen öffentliche Aufgaben wahr
- unterliegen staatlicher Aufsicht
- erlangen Rechtsfähigkeit durch Gesetz oder staatlichen Hoheitsakt

Körperschaften des öffentlichen Rechts	Anstalten des öffentlichen Rechts	Stiftungen des öffentlichen Rechts

Körperschaften des öffentlichen Rechts

- *sind mitgliedschaftlich organisiert, d. h. werden durch die Willensbildung ihrer Mitglieder und der von ihnen gewählten Organe gelenkt*
- *sind in ihrer Existenz vom Wechsel ihrer Mitglieder unabhängig*

Gebietskörperschaften

Beispiele:

- *Bund*
- *Bundesländer*
- *Gemeinden*

Personalkörperschaften

Beispiele:

- *Religionsgemeinschaften*
- *Kammern*
- *Ortskrankenkassen*
- *Hochschulen*
- *Berufsgenossenschaften*

Anstalten des öffentlichen Rechts

- rechtliche Verselbstständigung einer öffentlichen Verwaltungseinrichtung
- besitzen Selbstverwaltungsrecht, d. h. Befugnis zur selbstständigen Regelung ihrer Organisation und des Verhältnisses zu ihren Benutzern

Beispiele:

- *öffentliche Sparkassen*
- *öffentliche Rundfunk-/Fernsehanstalten*
- *Bundesanstalt für Finanzdienstleistungsaufsicht*

Die **nicht rechtsfähigen Anstalten** und **Behörden** sind Teil eines übergeordneten Gemeinwesens: Sie bilden nur organisatorisch, nicht aber rechtlich selbstständige Einheiten der öffentlichen Hand.

Beispiele:

- *städtische Schulen*
- *öffentliche Museen*

Stiftungen des öffentlichen Rechts

- rechtliche Verselbstständigung einer öffentlichen Vermögensmasse, die dauerhaft einem bestimmten Zweck gewidmet ist

Beispiele:

- *Stiftung Preußischer Kulturbesitz*
- *Deutsche Stiftung für Entwicklungshilfe*
- *Bayerische Forschungsstiftung*
- *Stiftung Weimarer Klassik*
- *Stiftung Deutsche Sporthilfe*
- *Stiftung Haus der Geschichte der BRD*

Von der Rechtsfähigkeit ist die **Handlungsfähigkeit** zu unterscheiden.

Handlungsfähigkeit ist die Fähigkeit, durch eigenes verantwortliches Handeln Rechtswirkungen hervorzurufen.

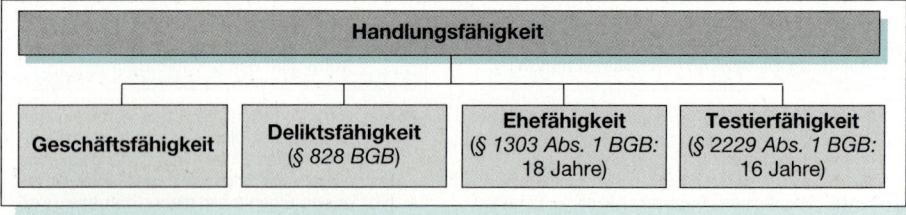

Handlungsfähigkeit			
Geschäftsfähigkeit	**Deliktsfähigkeit** (§ 828 BGB)	**Ehefähigkeit** (§ 1303 Abs. 1 BGB: 18 Jahre)	**Testierfähigkeit** (§ 2229 Abs. 1 BGB: 16 Jahre)

3.2.2 Geschäftsfähigkeit

Volle Geschäftsfähigkeit ist die Fähigkeit einer Person,
- rechtsgeschäftliche Willenserklärungen selbstständig wirksam abzugeben und
- rechtsgeschäftliche Willenserklärungen selbstständig wirksam zu empfangen,
- um Rechtsgeschäfte selbstständig zu begründen, zu ändern und zu beenden, d. h. durch eine Willenserklärung eine beabsichtigte Rechtsfolge herbeiführen zu können.

Geschäftsfähigkeit natürlicher Personen

Bei natürlichen Personen richtet sich die Geschäftsfähigkeit nach dem Lebensalter:

Geburt:	Vollendung des 7. Lebensjahres:	Vollendung des 18. Lebensjahres:	Tod:
Beginn der Rechtsfähigkeit (§ 1 BGB)	Beginn der beschränkten Geschäftsfähigkeit	Beginn der vollen Geschäftsfähigkeit (§ 2 BGB)	Ende der Rechts- und Geschäftsfähigkeit

Geburt	Vollendung 7. Lebensjahr	Vollendung 18. Lebensjahr	Tod

geschäftsunfähig-Personen	beschränkt geschäftsfähige Personen (§ 106 ff. BGB)	voll geschäftsfähige Personen
Dies sind ■ Minderjährige bis zu 7 Jahren, ■ dauerhaft Geisteskranke.	Das sind ■ Minderjährige ab dem vollendeten 7. Lebensjahr bis 18 Jahre, ■ Betreute (§ 1896 BGB).	Das sind Personen, die das 18. Lebensjahr vollendet haben.

Geschäftsunfähigkeit

> Willenserklärungen von **Geschäftsunfähigen** sind grundsätzlich **nichtig** (§ 105 BGB).

Tatbestand: Die natürliche Person ist geschäftsunfähig i. S. d. § 104 BGB:
- Kinder vor Vollendung des **7. Lebensjahres** oder
- Personen, bei denen die freie Willensbildung durch **dauerhaft** krankhafte Störungen der Geistestätigkeit ausgeschlossen ist.

Rechtsfolge: Geschäftsunfähige können **nicht selbstständig am Rechtsverkehr teilnehmen**, d. h.
- sie können **keine wirksamen Willenserklärungen abgeben** (§ 105 Abs. 1 BGB) und
- sie können **keine Willenserklärungen empfangen** (§ 131 Abs. 1 BGB).
- Für Geschäftsunfähige **handeln** die **gesetzlichen Vertreter:**
  a) bei Kindern: beide Elternteile (§ 1629 Abs. 1 BGB),
  b) bei Geisteskranken: Betreuer (§ 1902 BGB).

Beispiel:

Der 5-jährige Florian soll von seinem Onkel Max ein Skateboard geschenkt bekommen. Die Schenkung wird erst wirksam, wenn Florians Eltern stellvertretend für ihren Sohn das Geschenk annehmen.

Die *elterliche Sorge* beginnt mit der Geburt und endet mit der Volljährigkeit, mit dem Tod des Kindes bzw. bei Entzug durch das Vormundschaftsgericht. Die elterliche Sorge umfasst die Sorge für die Person (§§ 1631–1633, 1666 BGB) und das Vermögen des Kindes (§§ 1638–1649, 1666 Abs. 2–1667, 1683, 1698, 1698 a, 1698 b BGB) sowie die Vertretung des Kindes. Die Eltern vertreten das Kind gemeinschaftlich (§§ 1626, 1629 BGB).

Sind die Eltern verstorben oder wurde ihnen das Sorgerecht entzogen, so wird für das minderjährige Kind (Mündel) vom Vormundschaftsgericht eine andere Person zum **Vormund** bestellt. Der Vormund hat die Aufgabe,

- für die minderjährige Person und das Vermögen des Mündels zu sorgen,
- den Mündel zu vertreten.

(vgl. zum Thema Vormundschaft §§ 1773 bis 1895 BGB)

3

Willenserklärungen gegenüber einem Geschäftsunfähigen sind erst wirksam, wenn sie dem gesetzlichen Vertreter zugehen *(§ 131 BGB)*.

Beispiel:

Der 5-jährige Florian hat ein Mehrfamilienhaus geerbt. Die Kündigung durch einen Mieter ist nur wirksam, wenn sie Florians Eltern übermittelt wird.

Beachten Sie jedoch:

Für die Erledigung von Botengängen spielt die Frage der Geschäftsfähigkeit keine Rolle. Der Bote gibt keine eigene Willenserklärung ab, sondern übermittelt nur die bereits fertige Willenserklärung seines Auftraggebers. Der Bote kann somit auch geschäftsunfähig sein.

Beispiel:

Der 5-jährige Moritz wird von seinem Vater mit einem Einkaufszettel zum Einkaufen geschickt. Er gibt selber keine Willenserklärung ab, sondern übermittelt nur die Willenserklärung seines Vaters.

Nicht in allen Fällen können die Eltern bzw. der Vormund allein Rechtsgeschäfte im Namen des Kindes abschließen. Zum Schutz des Kindes bedürfen vielmehr bestimmte „gefährliche" Rechtsgeschäfte zusätzlich der Genehmigung des Vormundschaftsgerichts *(§§ 1643, 1821 BGB)*.

Beispiele:

- *Kreditaufnahmen auf den Namen des Mündels*
- *Grundstücksgeschäfte*

Beschränkte Geschäftsfähigkeit

Tatbestand:	■ Natürliche Person **nach Vollendung des 7. Lebensjahres** bis zur Vollendung des 18. Lebensjahres,
	■ Betreuer mit Einwilligungsvorbehalt.
Rechtsfolge:	1. Willenserklärungen mit Rechts**vorteilen**: die Willenserklärung ist gültig *(§ 107 Abs. 1 BGB)*.
	2. Willenserklärung mit Rechts**nachteilen**:
	• der gesetzliche Vertreter willigt im Voraus ein *(§ 183 BGB)*, das Rechtsgeschäft ist wirksam; erfolgte keine Einwilligung, ist das Rechtsgeschäft unwirksam *(§ 111 BGB)*;
	• die Willenserklärung ist schwebend unwirksam *(108 BGB)*, erst die nachträgliche Zustimmung *(Genehmigung, § 184 Abs. 1 BGB)* macht das Rechtsgeschäft wirksam; wurde die Genehmigung verweigert, ist das Rechtsgeschäft nichtig.
Ausnahmen:	■ Taschengeld *§ 110 BGB*,
	■ Erwerbsgeschäfte *§ 112 BGB*,
	■ Arbeitsverhältnis *§ 113 BGB*.

Beispiel:

Der 16-jährige Robert kauft mit Erlaubnis seiner Eltern ein Mountainbike zum Preis von 600,00 EUR. Das Rechtsgeschäft ist aufgrund der Zustimmung des gesetzlichen Vertreters von Anfang an wirksam.

Wird die Zustimmung erteilt, ist die Willenserklärung von Anfang an wirksam, wird sie verweigert, ist die Willenserklärung von Anfang an unwirksam.

In vier Ausnahmefällen können beschränkt geschäftsfähige Personen auch ohne Zustimmung ihres gesetzlichen Vertreters wirksam Rechtsgeschäfte abschließen:

1. Ausnahme: **Rechtlich vorteilhafte Rechtsgeschäfte**

Rechtsgeschäfte sind wirksam, wenn das mit der Willenserklärung bezweckte Rechtsgeschäft für den Minderjährigen rein rechtlich vorteilhaft ist *(§ 107 BGB)*.

Ein Rechtsgeschäft ist für beschränkt Geschäftsfähige nachteilig, wenn durch das Rechtsgeschäft persönliche Pflichten begründet oder vorhandene Rechte aufgehoben oder gemindert werden. Unschädlich sind dingliche Belastungen *(z. B. Grundpfandrechte)*, weil nur die Sache haftet, sowie die Übernahme zur Verpflichtung öffentlicher Lasten *(z. B. Steuern und Gebühren)*, weil diese kraft öffentlichen Rechts erhoben werden.

Beispiele:

- *Die 11-jährige Susanne bekommt von ihrer Tante ein Armband geschenkt. Weil die Eltern das Armband geschmacklos finden und darüber hinaus die Tante nicht leiden können, sind sie gegen das Geschenk. Susanne freut sich jedoch darüber. Die Schenkung ist wirksam, wenn Susanne das Armband annimmt.*
- *Der 15-jährige Anton bekommt eine Wohnung geschenkt, die mit einem Grundpfandrecht belastet und vermietet ist.*
  Die Verpflichtung, Grunderwerbsteuer zahlen zu müssen, ist unschädlich, weil diese Steuer kraft öffentlichen Rechts erhoben wird. Weil bei dem Grundpfandrecht nur die Sache haftet, ist das ebenso unschädlich.
  Die Vermietung der Wohnung beinhaltet aber Pflichten nach § 571 Abs. 1 BGB („Erwerb bricht nicht Miete"), deshalb ist die Schenkung nachteilig und damit ist die ganze Schenkung unwirksam.

2. Ausnahme: **Taschengeldgeschäfte**

Ein vom Minderjährigen ohne Zustimmung des gesetzlichen Vertreters geschlossener Vertrag gilt als von Anfang an wirksam, wenn der Minderjährige die Zahlung von seinem für solche Geschäfte überlassenen Taschengeld leisten kann.

Spart der Minderjährige größere Summen vom Taschengeld an, kann jedoch die elterliche Genehmigung wieder notwendig werden.

Zu beachten gilt aber, dass

- die Wirkung des *§ 110 BGB* erst eintritt, wenn der Minderjährige die Leistung bewirkt hat; bis zu diesem Zeitpunkt können die Eltern das Geschäft vernichten,
- die Eltern mit der Gabe des Taschengeldes nur in die Verfügung über das Geld einwilligen, nicht aber in den abgeschlossenen Vertrag (z. B. Kaufvertrag).

Ziel dieser Regelung ist es, sogenannte Massengeschäfte rechtssicherer zu machen.

Beispiel:

Überlassen die Eltern ihrem Kind 50,00 EUR für den Kauf eines Pullovers, der Minderjährige kauft aber einen Pullover für 250,00 EUR und legt den Rest von seinem gesparten Taschengeld dazu, kann der Vertrag rückgängig gemacht werden. Es lag nur ein Einverständnis über einen 50,00 EUR teuren Pullover vor und eben nicht für einen der 250,00 EUR kostet.
Zusätzlich bewegt sich der Kauf von solch teuren Sachen meist nicht mehr in einem üblichen Rahmen, zu dem die Eltern vorbehaltlos zustimmen würden.

3. Ausnahme: Selbstständiger Geschäftsbetrieb

Ermächtigt der gesetzliche Vertreter mit Genehmigung des Vormundschaftsgerichts den Minderjährigen zum selbstständigen Betrieb eines Erwerbsgeschäfts, so ist der Minderjährige für solche Rechtsgeschäfte unbeschränkt geschäftsfähig, welche der Geschäftsbetrieb mit sich bringt.

Ausgenommen sind Rechtsgeschäfte, zu denen der Vertreter der Genehmigung des Vormundschaftsgerichts bedarf.

> **Beispiel:**
>
> *Der 17-jährige Robert soll die Leitung des elterlichen Betriebes übernehmen, da sein Vater krank geworden ist. Nachdem die Genehmigung des Vormundschaftsgerichts vorliegt, kann er alle Rechtsgeschäfte selbstständig abschließen, die den Betrieb betreffen.*

3

4. Ausnahme: Dienst-/Arbeitsverhältnis

Ermächtigt der gesetzliche Vertreter den Minderjährigen, in Dienst oder in Arbeit zu treten, so ist der Minderjährige für solche Rechtsgeschäfte unbeschränkt geschäftsfähig, welche die Eingehung oder Aufhebung eines Dienst- oder Arbeitsverhältnisses der gestatteten Art oder die Erfüllung der sich aus einem solchen Verhältnis ergebenden Verpflichtungen betreffen. Ausgenommen sind Verträge, zu denen der Vertreter der Genehmigung des Vormundschaftsgerichts bedarf.

Die Ermächtigung kann von dem Vertreter zurückgenommen oder eingeschränkt werden. Als Arbeitnehmer/in kann der Minderjährige auch Folgegeschäfte abschließen (z. B. Versicherung, Wohnungsmiete, Gewerkschaftsbeitritt usw.).

Ausbildungsverträge werden von § 113 BGB nicht erfasst; die Ausbildung bildet den Mittelpunkt, nicht der Dienst oder die Arbeit.

> **Beispiel:**
>
> *Die 16-jährige Andrea hat mit Einwilligung ihrer Eltern eine Stelle als Floristin angetreten. Sie kann daraufhin selbstständig bei einem Kreditinstitut ein Girokonto eröffnen, auf das ihr Gehalt überwiesen werden soll.*

Geistesstörung

> Eine Willenserklärung ist stets **nichtig**, wenn diese in einem Zustand abgegeben wird, der eine freie Willensbildung ausschließt (dauerhafte oder vorübergehende Störung der Geistestätigkeit; „Blackout"; §§ 104, 105 BGB).

> **Beispiel:**
>
> *Der 21-jährige Oliver verkauft volltrunken, nachdem der Wirt sich weigert, ihm noch Alkohol auszuschenken, seinen DVD-Player für „ein Bier" an seinen Thekennachbarn. Der Wirt ist Zeuge. Als der Thekennachbar am nächsten Tag den Player abholen will, kann sich Oliver an nichts erinnern.*

Betreuung

Kann ein Volljähriger aufgrund einer psychischen Krankheit oder einer körperlichen, geistigen oder seelischen Behinderung seine Angelegenheiten ganz oder teilweise nicht besorgen, kommt die Bestellung eines *Betreuers* durch das *Vormundschaftsgericht* in Betracht. Die Geschäftsfähigkeit des Betroffenen wird dadurch nicht aufgehoben. Im Einzelfall kann das Gericht aber die Teilnahme des Betreuten am Rechtsverkehr einschränken (§ 1896 BGB).

Geschäftsfähigkeit juristischer Personen

> Juristische Personen des **Privatrechts** sind vom Eintrag bis zur Löschung im Handelsregister rechtsfähig.
> Juristische Personen des **öffentlichen Rechts** erhalten die Rechtsfähigkeit durch das Gesetz oder den Verwaltungsakt (staatliche Verleihung) bis zum Verlust durch Beschluss der Behörde.
>
> **Juristische Personen** sind mit Erwerb der Rechtsfähigkeit unbeschränkt geschäftsfähig.

Juristische Personen können erst mithilfe natürlicher Personen, die in Organen bestimmte Funktionen ausüben, Rechtshandlungen vornehmen.

Alle juristischen Personen haben zumindest ein Organ, das zur **Vertretung der juristischen Person nach außen**, d. h. zum Handeln für die juristische Person im eigenen Namen, nicht im fremden Namen, als Stellvertreter berechtigt ist.

Juristische Personen werden Dritten gegenüber vertreten durch

- das **kraft Gesetzes** hierzu bestimmte Organ (= gesetzlicher Vertreter),

> *Beispiele:*

- *Vorstand des eingetragenen Vereins*   - *Geschäftsführer der GmbH*

oder

- **kraft Vollmacht** hierzu bestimmte Personen (= rechtsgeschäftliche Vertreter).

> *Beispiele:*

- *Handlungsbevollmächtigte*   - *Prokuristen*   - *Generalbevollmächtigte*

3.2.3 Deliktsfähigkeit (Verschuldensfähigkeit)

> **Deliktsfähig** sind Personen, die vorsätzlich oder fahrlässig das Leben, den Körper, die Gesundheit, die Freiheit, das Eigentum oder ein sonstiges Recht einer anderen Person verletzt haben.
> Voraussetzung: Der Handelnde hat die erforderliche Einsicht in die schädigende Handlung *(§ 828 Abs. 2 BGB)*.
> Mögliche Anspruchsgrundlagen: *§§ 823 Abs. 1, 823 Abs. 2, 826, 831, 839 BGB i.V. m. Art. 34 GG.*

> *Beispiel:*
> *Ein Kunde stößt in einem Porzellangeschäft durch eigene Unachtsamkeit eine Vase vom Regal.*

Nicht deliktsfähig sind ...

- Personen vor Vollendung des 7. Lebensjahres *(§ 828 Abs. 1 BGB)*,
- Personen, die sich zum Zeitpunkt, in dem sie Dritten einen Schaden zufügen,
  - im Zustand der Bewusstlosigkeit oder
  - in einem Zustand krankhafter Störung der Geistestätigkeit befinden
    (§ 827 S. 1 BGB).

Der Zustand der Bewusstlosigkeit oder krankhaften Störung darf nicht selbst *(z. B. durch Alkohol, Drogen)* herbeigeführt worden sein.

Beschränkt deliktsfähig sind

- Minderjährige (7. Lebensjahr bis vor Vollendung des 18. Lebensjahres, *§ 828 Abs. 2, S. 1 BGB*),
- Taubstumme *(§ 828 Abs. 2, S. 2 BGB)*.

Beschränkt Deliktsfähige sind für einen Schaden, den sie anderen zufügen, **nicht** verantwortlich, wenn sie bei der Begehung der schädigenden Handlung nicht die zur Erkenntnis der Verantwortlichkeit erforderliche Einsicht hatten *(§ 828 Abs. 2 BGB)*.

Juristische Personen – in analoger Anwendung gilt dies auch für Personengesellschaften – müssen für Schäden einstehen, die Geschäftsführer, Vorstandsmitglieder oder deren Vertreter in Ausübung ihrer Tätigkeit anderen zufügen.

Fügt die juristische Person oder die Personengesellschaft anderen einen Schaden zu, so müssen die Mitglieder und Vorstände, die diese Handlung gebilligt haben, für den Schaden als Gesamtschuldner einstehen.

3.2.4   Rechtsobjekte

> **Rechtsobjekt** ist jedes Gut, auf das sich die rechtliche Herrschaftsmacht des Rechtssubjektes beziehen kann. Dingliche Rechte[1] von Rechtssubjekten an Rechtsobjekten werden in der Rechtsordnung bestimmt.

Beispiel:

Michael, Eigentümer des Fahrrades (Michael ⇒ Rechtssubjekt), verleiht sein Fahrrad (Rechtsobjekt) an die Freundin Meike. Michael bleibt Eigentümer, Meike wird unmittelbare Besitzerin (§ 872 BGB).

Rechtsobjekte dienen den Rechtssubjekten.

Die Rechtsordnung regelt die Befugnisse des Rechtssubjektes zum Rechtsobjekt.

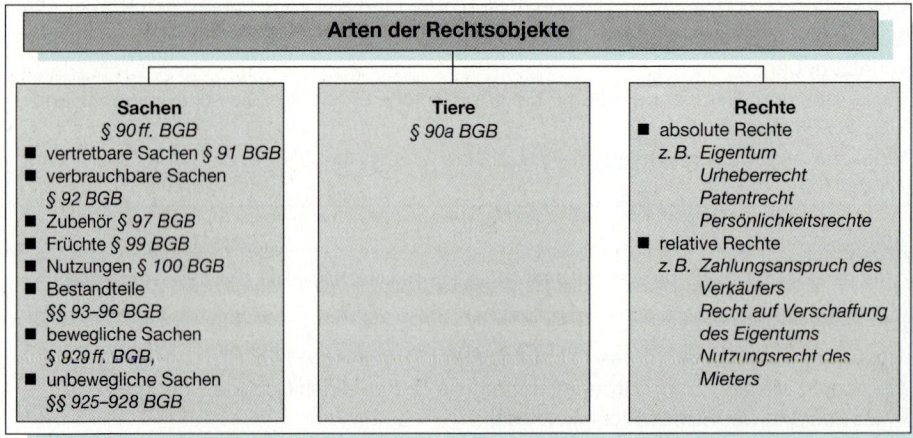

Arten der Rechtsobjekte		
Sachen *§ 90 ff. BGB* ■ vertretbare Sachen *§ 91 BGB* ■ verbrauchbare Sachen *§ 92 BGB* ■ Zubehör *§ 97 BGB* ■ Früchte *§ 99 BGB* ■ Nutzungen *§ 100 BGB* ■ Bestandteile *§§ 93–96 BGB* ■ bewegliche Sachen *§ 929 ff. BGB,* ■ unbewegliche Sachen *§§ 925–928 BGB*	**Tiere** *§ 90a BGB*	**Rechte** ■ absolute Rechte *z. B. Eigentum Urheberrecht Patentrecht Persönlichkeitsrechte* ■ relative Rechte *z. B. Zahlungsanspruch des Verkäufers Recht auf Verschaffung des Eigentums Nutzungsrecht des Mieters*

---

[1] Dingliches Recht = Recht an einer Sache ⇒ z. B. Recht auf Eigentum.

Sachen

Sachen sind **nur körperliche Gegenstände** *(§ 90 BGB)*.

Nicht vertretbare Sachen sind Einzelstücke mit individueller Prägung. Sie existieren in dieser Form nur einmal.

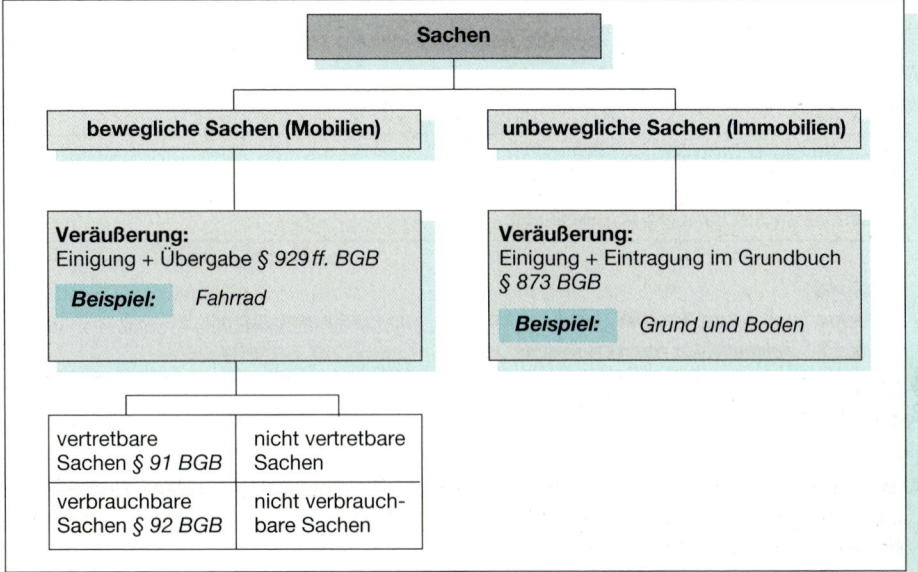

Sachgesamtheiten bestehen aus einer Mehrzahl von einzelnen Sachen, die aber aufgrund des gemeinsamen Zweckes als Ganzes angesehen werden.

> **Beispiel:**   *Bibliothek*

> **Nicht vertretbare Sachen** sind Einzelstücke mit individuellen Merkmalen.

Beispiele:
- *ein genau bestimmtes einzelnes Kleid im Second-Hand-Laden; das Kleid ist durch Gebrauchs-spuren unverwechselbar ⇒ nicht vertretbare Sache,*
- *das gleiche Kleid landet in einem Container mit vielen Altkleidern, hier ist es ein Teil einer Menge ⇒ vertretbare Sache*

> **Vertretbare Sachen** *(§ 91 BGB)* sind bewegliche Sachen, die im Rechtsverkehr nach Zahl, Maß oder Gewicht bestimmt werden können.

Beispiele:
2 kg Mehl, 5 kg Äpfel, 5 PC

> **Verbrauchbare Sachen** *(§ 92 BGB)* sind dazu bestimmt, verbraucht *(§ 92 Abs. 1 BGB)* oder verkauft *(§ 92 Abs. 2 BGB)* zu werden.

Beispiele:
- *industrielle Massenprodukte wie Lebensmittel, Heizöl*
- *Wertpapiere*

> **Unbewegliche Sachen** sind Grundstücke.

Ein **Grundstück** ist ein abgegrenzter Teil der Erdoberfläche.

Für jedes Grundstück ist im **Grundbuch** des zuständigen Grundbuchamtes eine besondere Akte, ein **Grundbuchblatt**, angelegt, aus dem die rechtlichen Verhältnisse des Grundstücks hervorgehen.

Wohnungseigentum und **Erbbaurechte**[1] sind grundstücksgleiche Rechte. Sie werden wie Grundstücke behandelt.

> **Wesentliche Bestandteile** sind solche Teile einer Sache, die nicht voneinander getrennt werden können, ohne dass der eine oder andere Bestandteil zerstört oder in seinem Wesen verändert wird *(§§ 93, 94 BGB)*.

3

Beispiele:

- *Die Räder an einem Auto sind kein wesentlicher Bestandteil, sie können ohne Probleme an ein anderes Auto gleichen Typs montiert werden.*
- *Der Autolack ist wesentlicher Bestandteil des Autos, wird er heruntergekratzt, so ist der Lack zerstört.*

Wesentlicher Bestandteil eines **Grundstücks** ist all das, was in das Gebäude zu dessen Herstellung eingefügt worden ist, damit es als vollständig angesehen werden kann.

Wesentliche Bestandteile einer **Sache** können nicht Gegenstand besonderer Rechte sein.

Beispiel:

Die Heizkörper und die Heizungsanlage sind nach § 94 Abs. 2 BGB wesentliche Bestandteile des Gebäudes. Heizkörper und Heizungsanlage könnten zwar aus dem Gebäude entfernt werden, aber dies hätte zur Folge, dass das Gebäude als unfertig oder unvollständig gelten würde.

> **Zubehör** sind selbstständige bewegliche Sachen, die – ohne Bestandteil der Hauptsache zu sein – dem wirtschaftlichen Zweck der Hauptsache zu dienen bestimmt sind und zu ihr in einem dieser Bestimmung entsprechenden räumlichen Verhältnis stehen *(§ 97 BGB)*.

Zubehör braucht im Unterschied zu Bestandteilen nicht fest mit der Sache verbunden zu sein.

Für Hauptsache und Zubehör existiert häufig die gleiche Rechtslage, insbesondere besteht einheitliches Eigentum.

Beispiele:

- *Landwirtschaftsmaschinen, die zu einem Bauernhof gehören*
- *Inventar, das zu einer Gaststätte gehört*
- *der zu einem Auto gehörende Ersatzreifen*

Bei einer Veräußerung oder Belastung der Sache erstreckt sich die Verpflichtung im Zweifel auch auf das Zubehör der Sache *(§§ 311c, 926, 1120 BGB)*.

---

[1] Der Erbbauberechtigte hat für eine bestimmte Zeit (i. d. R. 99 Jahre) das vererbliche und veräußerbare Recht, auf einem Grundstück ein Gebäude zu errichten und zu unterhalten.

Körperliche Gegenstände (Sachen)

= unpersönliche, körperliche, für sich bestehende
Stücke der beherrschbaren Natur

bestehen meist aus deutlich
unterscheidbaren
Bestandteilen
(§§ 93–95 BGB)

wesentliche Bestandteile	**unwesentliche Bestandteile**
■ eine Trennung würde zur Zerstörung der wirtschaftlichen Werte führen ■ können **nicht** Gegenstand besonderer (dinglicher) Rechte sein	■ eine Trennung ist leicht möglich, wobei ihre wirtschaftliche Verwertbarkeit erhalten bleibt ■ können Gegenstand besonderer Rechte sein
Beispiele:	**Beispiele:**
■ *Gebäude auf Grundstück* ■ *Eisenträger in Gebäuden*	■ *Räder und Motor eines Serienautos* ■ *Pflanzen im Boden*

Beachte: Zubehör ist nicht Bestandteil einer Sache, aber dazu bestimmt, der Hauptsache zu dienen. Ein räumlicher Zusammenhang zur herrschenden Sache muss gegeben sein *(§§ 97, 98 BGB)*.

Sachinbegriffe

= **keine** Sachen
■ Zusammenfassung von Sachen zu einer *Sachgesamtheit*
■ belastbar ist nur jede Einzelsache für sich (Bestimmtheit der Sachen)

Beispiele:

■ *Inventar*
■ *Warenlager*
■ *Schafherde*
■ *Briefmarkensammlung*

3

Rechte

Rechte sind unkörperliche (immaterielle) Gegenstände.

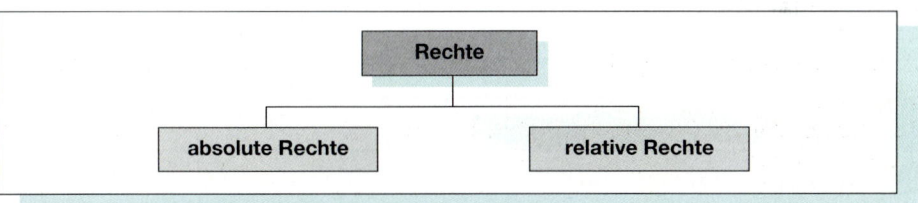

Absolute Rechte bestehen **gegenüber jedermann**; sie gewähren Abwehransprüche gegen diejenigen, die unberechtigt in diese Rechte eingreifen.

Beispiel:

Wird widerrechtlich in das Eigentum einer Person eingegriffen, so erlangt der Eigentümer z. B. nach §§ 823 Abs. 1, 1004 Abs. 1 BGB Ansprüche auf Schadensersatz, Beseitigung und Unterlassung.

Absolute Rechte sind insbesondere

■ **Herrschaftsrechte** • an Sachen wie *z. B. Eigentum,*
  • an beschränkten dinglichen Rechten wie *z. B. Hypothek,*
  • an Rechten wie *z. B. Nießbrauch, § 1068 BGB,*
  • an geistigen Schöpfungen wie *z. B. Patent-, Urheber-, Markenrecht;*

■ **Persönlichkeitsrechte** wie *z. B. Ehre, Recht am eigenen Bild, Recht auf Intimsphäre, Recht am Namen, Familienrechte (Erziehungsrecht, eheliche Lebensgemeinschaft).*

Relative Rechte bestehen innerhalb eines bestimmten Rechtsverhältnisses **gegenüber bestimmten Personen** *(z. B. aus Vertrag).*

> **Beispiel:**
>
> *A hat B sein Fahrrad geliehen. A kann nur von B und nicht von irgendjemandem das Fahrrad zurück-verlangen.*

Relative Rechte sind

■ vertragliche und gesetzliche Ansprüche *(z. B. Ansprüche aus einem Kaufvertrag, Miet-vertrag, Ausbildungsvertrag, Recht auf Übereignung, familienrechtliche Ansprüche, erb-rechtliche Ansprüche),*

■ Gestaltungsrechte *(z. B. Wiederverkaufsrecht, Vorkaufsrecht, Kündigung, Anfechtung, Rücktritt),*

■ Gegenrechte *(z. B. Einreden, Stundung, Verjährung).*

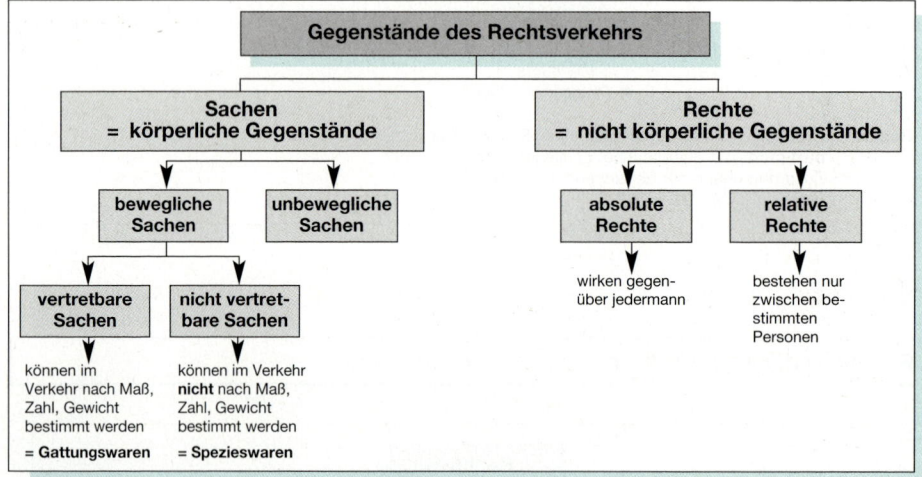

3.2.5   Eigentum und Besitz

▢ Eigentum

> **Eigentum**
> ■ ist die rechtliche Herrschaft einer Person über eine Sache *(§ 903 BGB),*
> ■ begründet ein unmittelbares Herrschaftsverhältnis des Eigentümers an der Sache,
> ■ ist das dingliche Recht einer Person zur unmittelbaren Herrschaft über eine Sache.

Der Eigentümer kann, soweit nicht das Gesetz oder Rechte Dritter entgegenstehen, mit der Sache nach Belieben verfahren *(§ 903 BGB).*

> **Beispiel:**
>
> *Die Schultasche gehört Karin. Alle anderen Personen haben Karins Eigentum an der Tasche zu res-pektieren.*

Eigentum kann eingeschränkt werden durch

■ Gesetze (Umweltrecht, Denkmalschutzrecht, Tierschutzrecht, Baumrecht),

■ rechtsgeschäftliche Beschränkungen (Vermieten einer Wohnung).

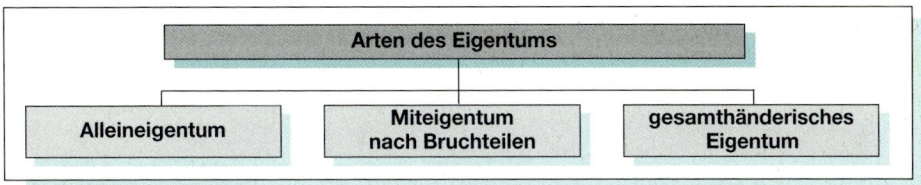

Beim **Alleineigentum** ist nur eine Person Eigentümer einer Sache.
Beim **Miteigentum** steht das Eigentum mehreren Personen gemeinschaftlich zu.

Jeder Miteigentümer hat einen bestimmten ideellen Anteil an der Sache und kann über seinen Anteil allein verfügen (Bruchteilseigentum).

Beispiel:

Die Freunde Michael, Peter und Klaus haben 6.000,00 EUR zusammengelegt und dafür 200 PETRO-Chemie-AG-Aktien und 900 DETA-Stahl-AG-Aktien gekauft. Jedem gehört genau ein Drittel der Wertpapiere. Jeder könnte sein Drittel an jemand anderen veräußern.

Beim **Gesamthandseigentum** besteht ein ungeteiltes Eigentumsrecht mehrerer Personen an der Sache. Verfügungen über das Eigentum können grundsätzlich nur gemeinschaftlich von den Miteigentümern *(Gesamthändern)* vorgenommen werden.

Beispiel:

Die Geschwister Rolf und Ines haben gemeinsam ein Grundstück geerbt. Mit jeder Verfügung über das Grundstück müssen beide einverstanden sein.

Gesamthandsgemeinschaften sind:
- Erbengemeinschaften *(§§ 2032–2063 BGB)*
- BGB-Gesellschaften *(§§ 705–740 BGB)*
- Partnerschaftsgesellschaften *(§§ 1–11 PartGG)*
- Offene Handelsgesellschaften *(§§ 105–160 HGB)*
- Kommanditgesellschaften *(§§ 161–177a HGB)*
- eheliche Gütergemeinschaften *(§ 1416 BGB)*

Besitz

> **Besitz** ist die tatsächliche Herrschaft einer Person über eine Sache *(§§ 854, 856 BGB)*.

Besitz alleine begründet kein Rechtsverhältnis zwischen der Person und der Sache, Besitz stattet den Besitzer mit bestimmten Rechtsstellungen aus wie z.B. Besitzschutz *(§§ 858–867 BGB)*, Schutz des früheren Besitzers *(§ 1007 BGB)*, Besitz als sonstiges Recht *(§ 823 BGB)*.

Aufgabe des Besitzes ist es,

- den Besitz gegen unrechtmäßige Entziehung zu schützen (Besitzwehr *§ 859 Abs. 1 BGB*: der Besitzer hat das Recht, den bestehenden Besitz zu verteidigen);
- Störungen des Besitzes zu beseitigen (Besitzkehr: der Besitzer hat das Recht, dem Besitzstörer die bewegliche Sache wieder abzunehmen, *§ 859 Abs. 2 + Abs. 3 BGB*),
- Besitzansprüche geltend machen zu können *(vgl. §§ 861, 862, 867, 1007 BGB)*.

Eigentum und Besitz können, müssen aber nicht zusammenfallen, d.h. Eigentümer und Besitzer können identisch oder verschiedene Personen sein.

Der Besitz wird durch Erlangung der tatsächlichen Gewalt über eine Sache erworben, einerlei, ob dies auf rechtmäßige Weise *(z.B. durch Leihe)* oder unrechtmäßige Weise *(z.B. durch Diebstahl)* geschieht.

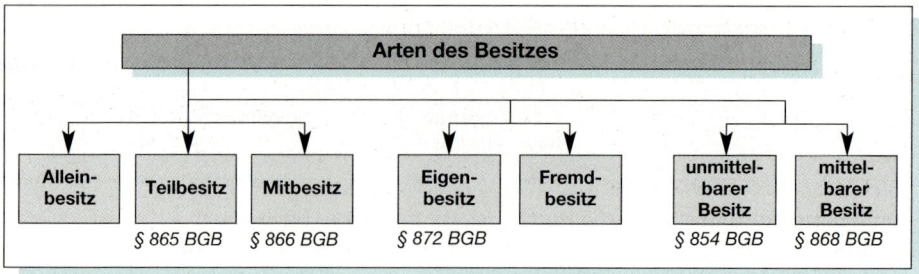

Alleinbesitz liegt vor, wenn nur eine Person Besitzer ist.

Teilbesitz ist gegeben, wenn eine Person von einer Sache einen Teil besitzt.

Mitbesitz liegt vor, wenn eine Sache im gemeinschaftlichen Besitz mehrerer Personen ist.

3

> **Beispiel:**
>
> *A ist Eigentümer eines Fünffamilienhauses und vermietet an B eine Wohnung.*
> *B ist Teilbesitzer der Mietwohnung.*
> *Der Flur, das Treppenhaus, der Fahrstuhl, die gemeinsame Waschküche in diesem Mehrfamilienhaus sind Mitbesitz aller Mieter dieses Hauses.*

Der **Eigenbesitzer** betrachtet die Sache als ihm gehörend *(§ 872 BGB).*

Der **Fremdbesitzer** hat zurzeit die tatsächliche Herrschaft über die Sache, das Eigentum an der Sache steht einem anderen zu.

Unmittelbarer Besitzer *(§§ 854, 855 BGB)* ist, wer die tatsächliche Sachherrschaft selbst unmittelbar ausübt, d. h. diese Person hat eine gewisse räumliche Beziehung zur Sache und besitzt die Sache für eine gewisse Dauer.

> **Beispiele:**
>
> - *A stellt seinen Pkw in einem Parkhaus ab, um im Stadtzentrum einzukaufen. A bleibt aufgrund der Zugangsmöglichkeit zu seinem Pkw Besitzer des Pkw, obwohl er sich weit vom Fahrzeug entfernt und zurzeit keine unmittelbare räumliche Beziehung besteht.*
> - *B sitzt in einem öffentlichen Park auf einer Bank. B ist nicht Besitzer, weil er die Sache nicht für eine gewisse Dauer besitzen möchte.*

Mittelbarer Besitzer *(§ 868 BGB)* ist, wer einem anderen aufgrund eines zeitlich begrenzten Rechtsverhältnisses den unmittelbaren Besitz so überlassen hat, dass dieser Leiher, Mieter, Pächter, Verwahrer, Nießbraucher oder Pfandgläubiger wird.

> **Beispiele:**

Michael ist Eigentümer eines Fahrrades, das bei ihm zu Hause im Zimmer steht	*Michael ⇒ unmittelbarer Besitzer und Eigentümer*
dieses übergibt er seinem Freund Klaus, damit er eine Besorgung erledigen kann	*Klaus ⇒ unmittelbarer Besitzer aufgrund Leihe Michael ⇒ mittelbarer Besitzer und Eigentümer*

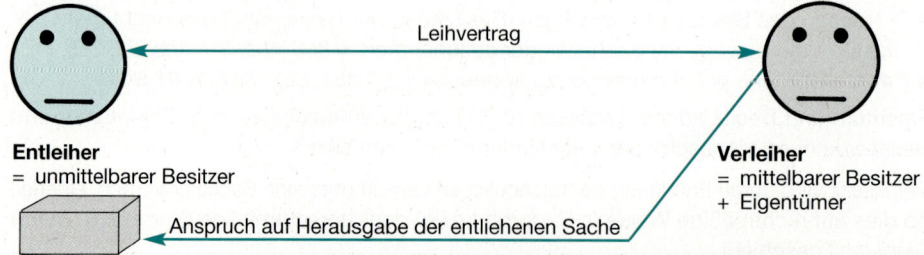

▮ Eigentumserwerb an beweglichen Sachen

Eigentumserwerb an beweglichen Sachen	
Rechtsgeschäftlicher Erwerb	**Erwerb kraft Gesetz**
Das Eigentum an beweglichen Sachen wird übertragen durch ...	

<table>
<tr>
<td>

■ **Einigung** über den **Eigentumsübergang** und Übertragung des unmittelbaren Besitzes an der Sache vom Veräußerer auf den Erwerber *(§ 929 BGB)*;

> **Beispiel:**
>
> *Clara schenkt Peter ein Buch; mit der Übergabe des Buches erwirbt Peter das Eigentum.*

■ bloße **Einigung** über die **Übertragung des Eigentums**, wenn sich die Sache bereits im Besitz des Erwerbers befindet *(§ 929 BGB)*;

> **Beispiel:**
>
> *Clara schenkt Peter eine CD, die Peter sich vorher von Clara geliehen hatte.*

■ **Einigung** über die **Eigentumsübertragung** und Vereinbarung eines **Besitzmittlungsverhältnisses** (z. B. Miet-, Pacht-, Leih-, Verwahrungsvertrag), wenn die Sache weiterhin im Besitz des Veräußerers bleiben soll *(§ 930 BGB)*;

> **Beispiel:**
>
> *Clara veräußert ihr Fahrrad, das sie Peter für zwei Monate geliehen hat, an Michael. Clara und Michael vereinbaren, dass Peter das Fahrrad entsprechend der Vereinbarung mit Clara weiter nutzen kann.*

■ **Einigung** über die **Eigentumsübertragung und Abtretung des Herausgabeanspruchs**, wenn sich die bewegliche Sache im Besitz eines Dritten befindet (dingliche Einigung + Abtretungsvertrag nach *§ 398* zum Zwecke der Übertragung des mittelbaren Besitzes; *§ 931 BGB)*;

> **Beispiel:**
>
> *Clara veräußert ihren Motorroller, der in der Garage ihres Freundes Karl abgestellt ist. Clara veräußert den Motorroller an Peter; es wird Einigung erzielt; Clara teilt Karl mit, dass er den Motorroller an Peter herausgeben soll.*

</td>
<td>

■ Ersitzung *(§ 900, 937 ff. BGB)*

■ Verbindung, Vermischung, Verarbeitung *(§ 947 BGB)*

■ Erwerb von Schuldurkunden *(§ 952 BGB)*

■ Erwerb von Erzeugnissen und sonstigen Bestandteilen *(§ 953 ff. BGB)*

■ Aneignung herrenloser Sachen *(§ 958 BGB)*

■ Fund *(§ 973 ff. BGB)*

■ Gesamtrechtsnachfolge *(§ 1922 BGB)*

</td>
</tr>
</table>

Situation	Abwicklung der Eigentumsübertragung	Rechts-grundlage
1. Fall Der Gegenstand befindet sich beim Veräußerer (Normalfall).	**Veräußerer** ← Einigung → **Erwerber** + Übergabe →	*§ 929 BGB*
2. Fall Der Gegenstand befindet sich bereits beim Erwerber.	← Einigung →	*§ 929 BGB*

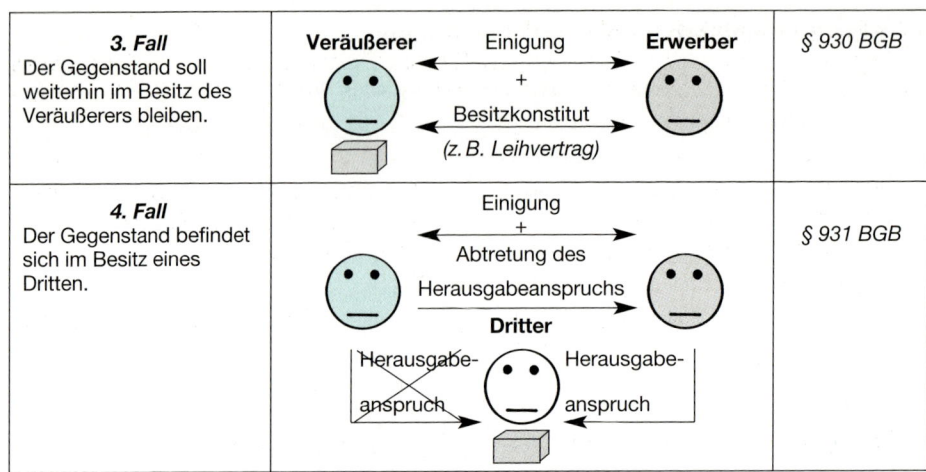

| **3. Fall**
Der Gegenstand soll weiterhin im Besitz des Veräußerers bleiben. | **Veräußerer** Einigung **Erwerber**
+
Besitzkonstitut
(z. B. Leihvertrag) | § 930 BGB |
| **4. Fall**
Der Gegenstand befindet sich im Besitz eines Dritten. | Einigung
+
Abtretung des
Herausgabeanspruchs
Dritter
Herausgabe-anspruch   Herausgabe-anspruch | § 931 BGB |

Eigentumserwerb kraft *Gesetzes* an beweglichen Sachen

■ **Ersitzung § 937 ff. BGB**

Wer eine bewegliche Sache zehn Jahre im Eigenbesitz hat, erwirbt das Eigentum, wenn er bei dem Erwerb des Eigenbesitzes und während des Ersitzungszeitraumes in gutem Glauben ist.

■ **Verbindung, Vermischung, Verarbeitung § 947 ff. BGB**

Verbindung:

Werden mehrere bewegliche Sachen so miteinander verbunden, dass sie wesentliche Bestandteile einer neuen Sache werden, so entsteht an der neuen Sache Miteigentum der bisherigen Eigentümer nach Bruchteilen. Die Anteile der Miteigentümer bestimmen sich nach dem Verhältnis des Wertes, den die verbundenen Sachen zur Zeit der Verbindung hatten. Ist jedoch eine Sache als Hauptsache anzusehen, so erwirbt ihr Eigentümer das Alleineigentum.

Vermischung:

Werden bewegliche Sachen so vermischt (Flüssigkeiten) oder vermengt (Feststoffe), dass eine Trennung nicht möglich oder wirtschaftlich nicht sinnvoll ist, so entsteht an der neuen Sache Miteigentum der bisherigen Eigentümer nach Bruchteilen. Die Anteile der Miteigentümer bestimmen sich nach dem Verhältnis des Wertes, den die vermischten Sachen zur Zeit der Vermischung hatten. Ist jedoch eine Sache als Hauptsache anzusehen, so erwirbt ihr Eigentümer das Alleineigentum.

Verarbeitung:

Der Verarbeiter, der aus vorhandenem Material eine neue bewegliche Sache herstellt, erwirbt auch dann das Eigentum, wenn das verarbeitete Material einem anderen gehörte.

■ **Erwerb von Schuldurkunden § 952 BGB**

Das Eigentum an Urkunden, die über eine Forderung ausgestellt worden sind, geht mit dem Übergang der Forderung *(z. B. durch Abtretung)* kraft Gesetzes auf den neuen Inhaber der Forderung über.

> **Beispiele:**
>
> *Sparbuch, Hypothekenbrief, Grundschuldbrief*

Beachte: Dies gilt **nicht** für Inhaberpapiere und Orderpapiere (Scheck, Wechsel).

■ **Erwerb von Erzeugnissen und sonstigen Bestandteilen § 953 ff. BGB**

Erzeugnisse und sonstige Bestandteile einer Sache gehören auch nach der Trennung dem Eigentümer der Sache.

- **Aneignung herrenloser Sachen § 958 BGB**
  Wer eine herrenlose bewegliche Sache in Eigenbesitz nimmt, erwirbt das Eigentum an der Sache. Eine bewegliche Sache ist herrenlos, wenn der Eigentümer den Besitz aufgibt und auf das Eigentum verzichten will.

- **Fund § 973 ff. BGB**
  Wer eine verlorene Sache findet und an sich nimmt, hat dem Verlierer oder dem Eigentümer unverzüglich Anzeige zu machen. Sind Eigentümer oder Vorbesitzer unbekannt, muss der Fund der zuständigen Behörde angezeigt werden.

- **Gesamtrechtsnachfolge § 1922 BGB**
  Mit dem Tode einer Person (Erbfall) geht deren Vermögen (Erbschaft) als Ganzes auf eine oder mehrere andere Personen (Erben) über.

Sonderform: gutgläubiger Eigentumserwerb (§§ 932, 935 BGB)

Ein Erwerber kann vom Nichtberechtigten Eigentum erwerben, wenn er davon ausgehen durfte, dass der Veräußerer Eigentümer ist (Rechtsschein).

Es muss zwischen dem gutgläubigen Erwerb von beweglichen Sachen und von Grundstücken unterschieden werden.

Erwerber von **beweglichen Sachen** können i. d. R. nicht überprüfen, ob der Veräußerer zur Übertragung des Eigentums berechtigt ist. Deshalb gilt die gesetzliche Vermutung, dass der Besitzer einer Sache auch Eigentümer ist (§ 1006 BGB).

Wer eine Sache vom Besitzer erwirbt, darf auf dessen Berechtigung zur Eigentumsübertragung vertrauen.

Veräußert jemand eine Sache, die ihm nicht „gehört" (z. B. geliehene oder gemietete Sachen), so wird der Erwerber unter folgenden Voraussetzungen Eigentümer:

- die Einigung der Parteien über den Eigentumsübergang
- die tatsächliche Übergabe der Sache
- die fehlende Berechtigung des Veräußernden zur Eigentumsübertragung
- der gute Glaube des Erwerbers an die Berechtigung des Übertragenden

Guter Glaube beim Erwerber ist dann anzunehmen, wenn ihm nicht bekannt ist und auch nicht nach den Umständen bekannt sein muss, dass der Veräußerer nicht Eigentümer der Sache ist.

Gutgläubiger Eigentumserwerb tritt **nicht** ein, wenn die veräußerte Sache dem tatsächlichen Eigentümer

- gestohlen wurde,
- verloren gegangen oder
- sonst abhanden gekommen ist, d. h. es darf kein unfreiwilliger Verlust des unmittelbaren Besitzes gegeben sein.

Ausnahme: Dies gilt nicht für Geld, Inhaberpapiere (z. B. Inhaberschecks, Inhaberaktien, Inhaberschuldverschreibungen) und für durch öffentliche Versteigerung erworbene Sachen (§ 935 Abs. 2 BGB). Hier ist ein gutgläubiger Erwerb möglich.

Ein gutgläubiger Erwerb an **Grundstücken** ist nur möglich, wenn das Grundbuch den Veräußerer als Eigentümer ausweist *(§§ 892, 893 BGB)*.

Weiß der Erwerber tatsächlich vom fehlenden Eigentum, ist der gutgläubige Erwerb nicht möglich.

■ Eigentumsübertragung von Grundstücken

> Zur Übertragung des Eigentums an einem Grundstück zwischen dem Erwerber und dem Veräußerer des Grundstücks sind erforderlich
> - die **Einigung** über den Eintritt der Rechtsänderung vor einem Notar – auch **Auflassung** genannt – und
> - die **Eintragung** der Rechtsänderung **im Grundbuch** *(§§ 311b, 873, 925 BGB)*.

Das Grundbuchamt führt für jedes Grundstück ein gesondertes *Grundbuchblatt* (bestehend aus mehreren Seiten), aus dem die Rechtsverhältnisse an dem Grundstück hervorgehen.

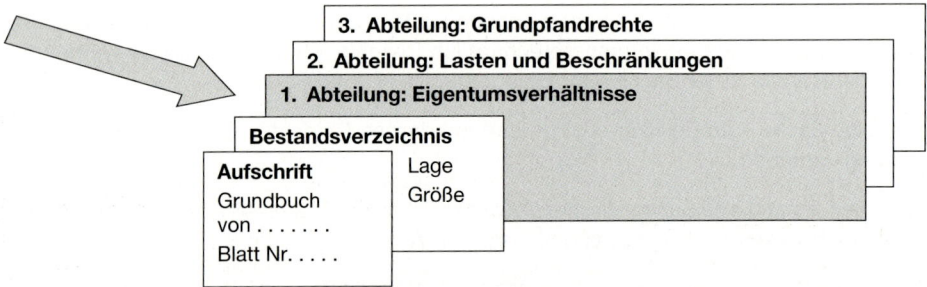

Die Einigung über den Eigentumsübergang (= Auflassung) muss bei gleichzeitiger Anwesenheit des Erwerbers und des Veräußerers vor einem Notar erklärt werden *(§ 925 BGB)*.

Der Notar weist die Auflassung nach und veranlasst aufgrund des Antrags des Erwerbers und der Bewilligung des Veräußerers die Eintragung des neuen Eigentümers in das Grundbuch. Der Eigentumsübergang ist erst dann vollzogen, wenn die Eintragung erfolgt ist; die Eintragung hat somit **konstitutive** (= rechtserzeugende) Wirkung.

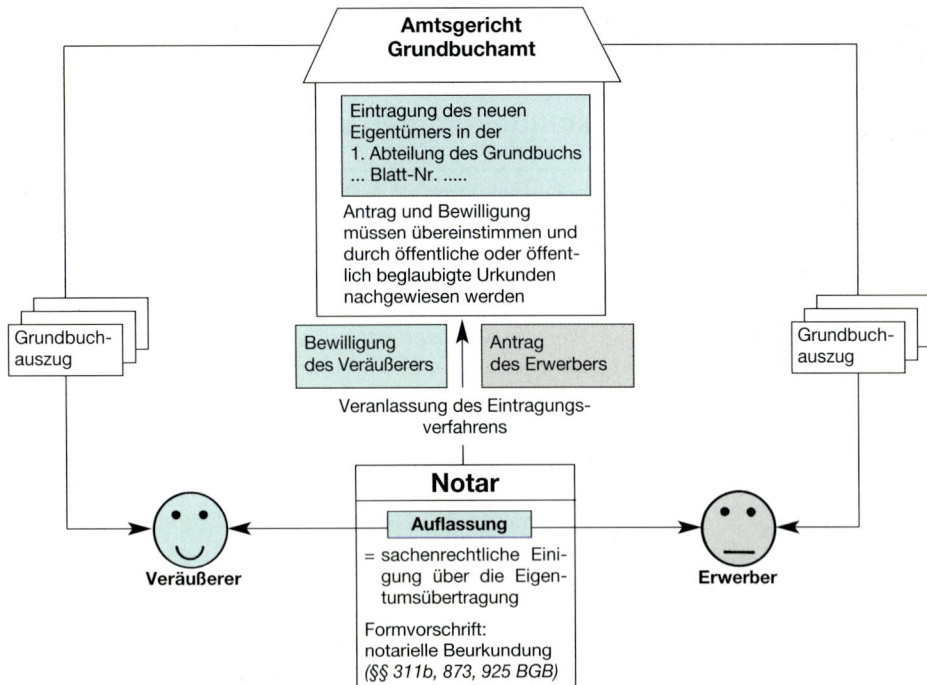

Kurzdarstellung:
Ablauf der entgeltlichen Eigentumsübertragung an einem Grundstück

1. Die Vertragsparteien einigen sich über die entgeltliche Veräußerung eines Grundstückes.
2. Der Notar wird von den Vertragsparteien beauftragt, einen Vertragsentwurf zu erstellen und die notwendigen Tatsachen festzustellen.
3. Der Notar fertigt den Vertragsentwurf.
4. Der notariell beurkundete Kaufvertrag begründet die Rechte und Pflichten der Vertragsparteien (Käufer und Verkäufer).
5. Der Notar hat darauf zu achten, dass jede Partei gesichert ist:
   – der Verkäufer muss das Entgelt für das Grundstück erhalten,
   – der Käufer muss (i.d.R. lastenfreier) Eigentümer des Grundstückes werden.
   Bei Belastungen ist zu prüfen, ob der Käufer die Belastungen übernehmen oder ob er sie nicht übernehmen will.
6. In der Kaufvertragsurkunde ist regelmäßig auch die sogenannte Auflassung enthalten: „Die Beteiligten sind darüber einig, dass das Eigentum am Grundstück auf den Käufer übergehen soll."
7. Der Notar beurkundet den Kaufvertrag.
8. Der Notar holt die erforderlichen Genehmigungen ein, z.B. die Genehmigung des Vormundschaftsgerichtes, wenn Minderjährige beteiligt sind, Teilungsgenehmigungen der zuständigen Behörden, Zustimmung der Landwirtschaftskammer bei Verkauf von landwirtschaftlich genutzten Flächen.
9. Der Notar schickt zur Feststellung der Grunderwerbsteuer eine Durchschrift des Kaufvertrages an die Grunderwerbsteuerstelle des Finanzamtes.
10. Das Finanzamt erlässt einen Grunderwerbsteuerbescheid i.d.R. an den Käufer über eine Steuerschuld in Höhe von 3,5 % des Kaufpreises.
11. Nach Zahlung der Grunderwerbsteuer erhält der Notar eine Unbedenklichkeitsbescheinigung (= Nachweis über die Zahlung der Grunderwerbsteuer).
12. Gleichzeitig beantragt der Notar zur Sicherung des Eigentumsverschaffungsanspruchs des Käufers die Eintragung einer Vormerkung – oft Auflassungsvormerkung genannt – im Grundbuch.
13. Wenn die vertragsgemäße Umschreibung der Eigentumsverhältnisse auf den Käufer gesichert ist, teilt der Notar den Beteiligten die Fälligkeit des Kaufpreises mit (gegebenenfalls die Hinterlegung des Kaufpreises beim Notar → Notaranderkonto).
14. Der Notar beantragt die Eigentumsumschreibung,
    – wenn ihm alle erforderlichen Genehmigungen, behördlichen Bescheinigungen sowie die Unbedenklichkeitsbescheinigung des Finanzamtes vorliegen und
    – wenn ihm die Zahlung des Kaufpreises nachgewiesen worden ist.
15. Gleichzeitig mit der Umschreibung der Eigentumsverhältnisse wird die Vormerkung gelöscht.

3.3   Rechtsgeschäfte

3.3.1   Arten und Zustandekommen von Rechtsgeschäften

> **Willenserklärung:** Eine Person bekundet durch ein **äußerlich erkennbares Verhalten** *(z. B. durch Worte, schriftlich oder durch schlüssiges Verhalten)* **bewusst** einen **Willen**, um eine bestimmte gewollte **Rechtswirkung** zu erzielen.

Willenserklärungen (WE) können unterschieden werden nach
1. der Art der Willenserklärung a) WE wird ausgesprochen oder erfolgt schriftlich,
                                  b) WE geschieht stillschweigend durch schlüssiges (= konkludentes) Verhalten *(z. B. Kauf im SB-Markt durch Zeigen, Nicken; aus dem Regal nehmen)*,
2. der Notwendigkeit der Willensäußerung gegenüber dem Empfänger der Willenserklärung
                                  a) empfangsbedürftige Willenserklärungen *(z. B. Kündigung)*,
                                  b) nicht empfangsbedürftige Willenserklärungen *(z. B. Testament)*,
3. der Anwesenheit des Empfängers der Willenserklärung
                                  a) Abgabe der Willenserklärung unter Anwesenden,
                                  b) Abgabe der Willenserklärung unter Abwesenden.

Diese Unterscheidungen können entscheidend dafür sein, ob und wann die Willenserklärung wirksam wird.

Empfangsbedürftige Willenserklärungen gelten unter **Anwesenden** als abgegeben, wenn
- die mündliche oder telefonische Willenserklärung ausgesprochen und vom Empfänger verstanden werden kann,
- die schriftliche Willenserklärung so in den Empfangsbereich des Empfängers *(z. B. Briefkasten, Büroräume)* gelangt, dass dieser die Möglichkeit hat, davon Kenntnis zu erlangen.

Empfangsbedürftige Willenserklärungen gelten unter **Abwesenden** als abgegeben, wenn
- die mündliche oder telefonische Willenserklärung dem Empfänger z. B. durch Boten zugeht,
- die schriftliche Willenserklärung in den Empfangsbereich des Empfängers gelangt *(§ 130 BGB)*.

> **Beispiel:**
>
> *Die schriftliche Kündigung des Zeitungsabonnements wird wirksam, sobald das Kündigungsschreiben in den Machtbereich des Empfängers (z. B. in seinen Briefkasten oder sein Postfach) gelangt.*

Nicht empfangsbedürftige Willenserklärungen werden in dem Zeitpunkt wirksam, zu dem sie abgegeben werden.

> **Beispiel:**
>
> *Das Testament wird mit seiner Niederschrift wirksam.*

> **Rechtsgeschäfte**
> - regeln Rechtsbeziehungen zwischen Rechtssubjekten und Rechtsobjekten,
> - kommen durch eine oder mehrere Willenserklärungen zustande,
> - sind Geschäfte, aus denen Rechtsfolgen entstehen,
> - erfordern evtl. weitere Wirksamkeitsvoraussetzungen *(z. B. Formerfordernisse, Besitzverschaffung)*.

Beispiele:

- *Tatbestand: Arbeitgeber A kündigt dem Arbeitnehmer Wenig-Fleißig schriftlich und fristgerecht. Eine Willenserklärung (= Kündigung) + Schriftform (§ 623 BGB) + Einhaltung der Fristen nach § 622 BGB ⇒ einseitiges Rechtsgeschäft, Rechtsfolge: Beendigung des Arbeitsverhältnisses.*
- *A will B ein Buch übereignen. Die Übereignung verlangt zwei übereinstimmende Willenserklärungen (die Einigung) und die Übergabe des Buches. Die Übereignung ist ein zweiseitiges Rechtsgeschäft (§ 929 S. 1 BGB).*
- *Die Hauptversammlung der Volkswagen AG beschließt eine Kapitalerhöhung. Mehrere Willenserklärungen der Aktionäre, der Beschluss wird vom Notar protokolliert ⇒ mehrseitiges Rechtsgeschäft.*

Rechtsgeschäfte können nach verschiedenen Gesichtspunkten eingeteilt werden.

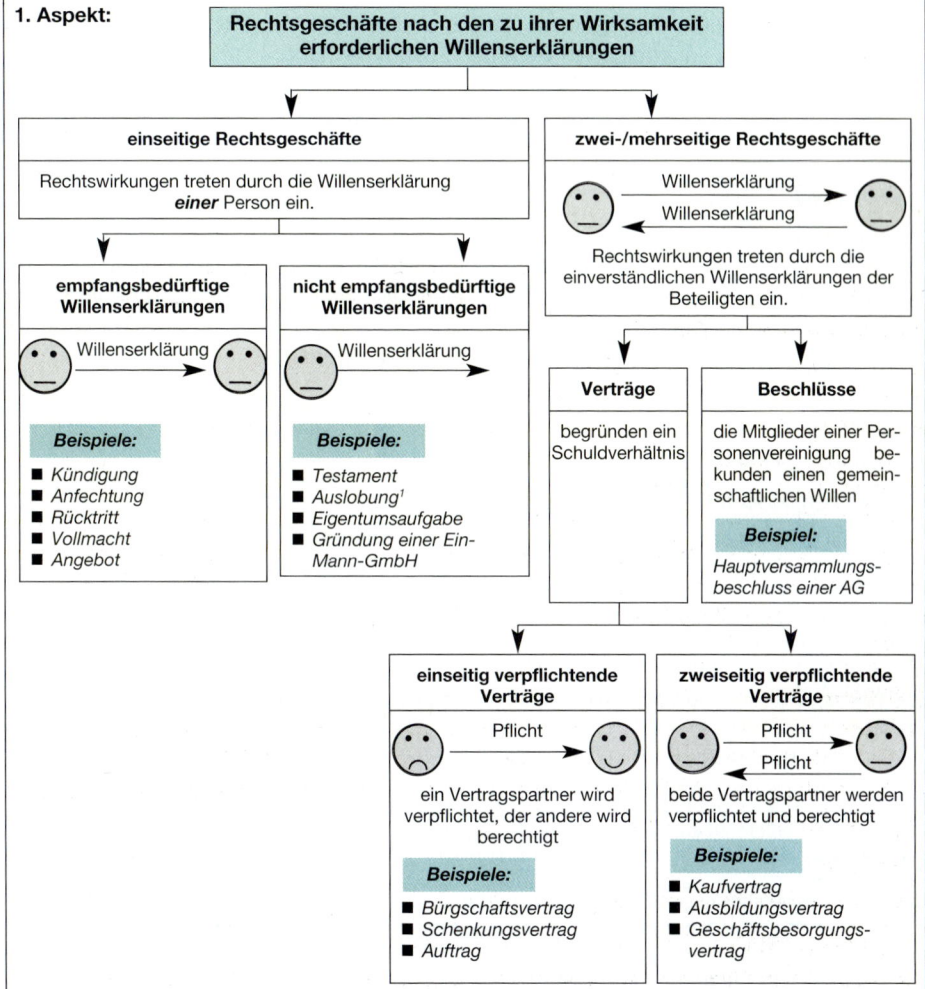

1. Aspekt: **Rechtsgeschäfte nach den zu ihrer Wirksamkeit erforderlichen Willenserklärungen**

einseitige Rechtsgeschäfte

Rechtswirkungen treten durch die Willenserklärung *einer* Person ein.

zwei-/mehrseitige Rechtsgeschäfte

Willenserklärung / Willenserklärung

Rechtswirkungen treten durch die einverständlichen Willenserklärungen der Beteiligten ein.

empfangsbedürftige Willenserklärungen

Willenserklärung

Beispiele:
- Kündigung
- Anfechtung
- Rücktritt
- Vollmacht
- Angebot

nicht empfangsbedürftige Willenserklärungen

Willenserklärung

Beispiele:
- *Testament*
- *Auslobung[1]*
- *Eigentumsaufgabe*
- *Gründung einer Ein-Mann-GmbH*

Verträge

begründen ein Schuldverhältnis

Beschlüsse

die Mitglieder einer Personenvereinigung bekunden einen gemeinschaftlichen Willen

Beispiel:

Hauptversammlungsbeschluss einer AG

einseitig verpflichtende Verträge

Pflicht

ein Vertragspartner wird verpflichtet, der andere wird berechtigt

Beispiele:
- *Bürgschaftsvertrag*
- *Schenkungsvertrag*
- *Auftrag*

zweiseitig verpflichtende Verträge

Pflicht / Pflicht

beide Vertragspartner werden verpflichtet und berechtigt

Beispiele:
- *Kaufvertrag*
- *Ausbildungsvertrag*
- *Geschäftsbesorgungsvertrag*

---

[1] Auslobung ist z. B. das per Aushang abgegebene Versprechen „100 EUR Belohnung für denjenigen, der meinen Kater Mucki zurückbringt."

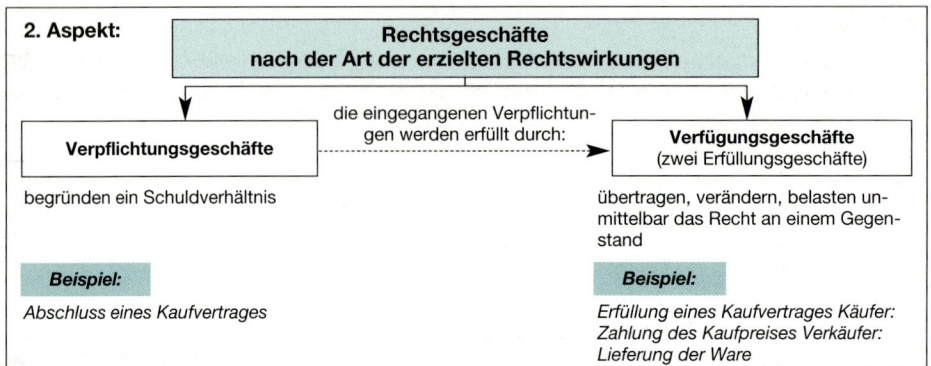

3

Bei den meisten Käufen des täglichen Lebens erfolgen das Verpflichtungs- und die Verfügungsgeschäfte in unmittelbarem zeitlichen Zusammenhang.

Beispiel:

Ein Kunde entnimmt in einem Supermarkt einem Verkaufsregal eine Tüte Milch und bezahlt den Kaufpreis anschließend an der Kasse.

3.3.2   Form der Rechtsgeschäfte

Willenserklärungen können **formlos** abgegeben werden, d. h. der Erklärende kann wählen, in welcher Art und Weise er seinen Willen äußern will, wenn keine gesetzliche Vorschrift die Einhaltung einer bestimmten Form verlangt.

Willenserklärungen können unterschiedlich abgegeben werden:

- mündlich (unter Anwesenden und per Telefon),
- schriftlich,
- in elektronischer Form,
- durch konkludentes (schlüssiges) Verhalten.

Viele alltägliche Rechtsgeschäfte kommen durch konkludentes Handeln zustande.

Beispiel:

Kunde entnimmt eine Tüte Milch aus dem Verkaufsregal im Supermarkt, geht zur Kasse, legt die Milch wortlos auf die Ladentheke, die Kassiererin scannt wortlos den Kaufpreis ein und legt den Kassenbon über 1,20 EUR dem Kunden vor. Dieser bezahlt wortlos den Kaufpreis und erhält die Milch.

Hier kommt durch konkludentes Handeln ohne jede mündliche oder schriftliche Erklärung ein Vertrag zustande:

- *Kunde legt die Tüte Milch auf die Ladentheke ⇒ Angebot an den Verkäufer: Ich will diese Tüte erwerben,*
- *Kassiererin scannt den Kaufpreis ein ⇒ Annahme des Angebots: Ich will diese Tüte verkaufen.*
  Ein Vertrag verlangt übereinstimmende Willenserklärungen (hier Angebot = Annahme).
- *Kunde zahlt den Kaufpreis und erhält die Tüte Milch.*

Rechtsgeschäfte können **formbedürftig** sein

- **durch Gesetz** *(z. B.: §§ 311b, 766, 780, 781 BGB),*
- **aufgrund von Parteivereinbarung**:
  - konstitutiv: Rechtsgeschäft gilt nur in der vereinbarten Form,
  - deklaratorisch: Rechtsgeschäft wird durch die Form nur beweissicher gemacht, die Form hat keine Auswirkung auf die Gültigkeit;
- **aufgrund gerichtlicher Verfahrensvorgaben** *(z. B. Schriftsätze nach § 130 ZPO).*

▮ Formvorschriften

Der Gesetzgeber schreibt für bestimmte Rechtsgeschäfte eine bestimmte Form vor.
Wird diese durch Gesetz vorgeschriebene Form nicht eingehalten, ist das Rechtsgeschäft nichtig, d. h. von Anfang an nicht wirksam *(§ 125 S. 1 BGB)*.

Eventuell kann dieser Formmangel geheilt werden *(§§ 311b Abs. 1 S. 2, 518 Abs. 2, 494 Abs. 2, 503 Abs. 3 S. 2 BGB)*. Ist eine Nebenabrede eines formbedürftigen Rechtsgeschäftes formlos geschlossen worden, dann ist die Nebenabrede nach *§ 125 S. 1 BGB* nichtig. Die Wirksamkeit des an sich formgültig abgeschlossenen Hauptgeschäftes richtet sich nach *§ 139 BGB*.

Formvorschriften bezwecken den Schutz der Parteien, erleichtern die Beweisführung, warnen die Parteien durch die Erfordernis der Unterschrift, verlangen bei bestimmten Geschäften z. B. durch den Notar eine Beratung und ermöglichen den Nachweis der Echtheit durch eine lesbare Schriftform mit Unterschrift, wobei die Unterschrift den räumlichen Abschluss der Willenserklärung dokumentiert.

3

> Eine **Urkunde** ist die schriftliche Festlegung eines rechtlich bedeutsamen Sachverhaltes.

Formvorschriften

Gesetzlich vorgeschriebene Schriftform	Elektronische Form	Textform	Rechtsgeschäftlich vereinbarte Form	Notarielle Beurkundung	Öffentliche Beglaubigung
§ 126 BGB, 126a Abs. 2 BGB	§§ 126 Abs. 3, 126a BGB	§ 126b BGB	§ 127 BGB	§ 128 BGB	§ 129 Abs. 1 BGB
▪ **normale Form:** der Aussteller der Urkunde unterschreibt eigenhändig seine Willenserklärung; bei Verträgen unterschreiben alle Parteien. ▪ **gespaltene Form:** eine Partei wählt die normale Schriftform, die andere Partei die elektronische Form. Das elektronisch signierte Dokument muss ausgedruckt und unterschrieben werden.	Der Aussteller der Erklärung muss seinen Namen der Erklärung hinzufügen und das elektronische Dokument mit einer qualifizierten elektronischen Signatur nach dem Signatur-Gesetz versehen. Die elektronische Form kann die gesetzliche Schriftform ersetzen. **Ausnahmen:** § 126 Abs. 3 BGB § 492 Abs. 2 S. 2 BGB § 623 BGB § 630 BGB § 766 BGB § 780 BGB § 781 BGB § 4 Abs. 1 S. 3 VerbrKrG § 566 BGB	Die Willenserklärung muss so abgegeben werden, dass ▪ die Schriftzeichen dauerhaft wiedergegeben werden, ▪ der/die Erklärende genannt wird, ▪ der Abschluss der Erklärung durch Nachbildung der Namensunterschrift erkennbar ist. Die eigenhändige Unterschrift kann entfallen.	Die Parteien können für ein Rechtsgeschäft die Form frei vereinbaren. Die Anforderungen an die Form bestimmen die Parteien.	Urkunde + Unterschrift der Parteien + Beurkundung der Urkunde und der Unterschriften durch den Notar. Der Notar liest den Parteien den Vertragstext der Urkunde vor; die Parteien genehmigen durch eigenhändige Unterschrift den Text der Urkunde. Der Notar berät und belehrt die Parteien und bestätigt die Echtheit der Unterschriften.	Urkunde + Unterschrift der Parteien + Beglaubigung der Unterschriften durch den Notar. Der Notar beglaubigt, dass die Unterschrift von der bezeichneten Person ist. **Rechtsfolgen:** Unterzeichner ▪ muss sich das Schriftstück zurechnen lassen; ▪ bekennt sich zum Schriftstück
Beispiele:	**Beispiel:**	**Beispiele:**	**Beispiele:**	**Beispiele:**	**Beispiele:**
▪ *Berufsausbildungsvertrag § 11 BBiG,* ▪ *Bürgschaft § 766 BGB,* ▪ *Kündigung § 623 BGB,* ▪ *Mietvertrag § 566 BGB,* ▪ *Frachtbrief § 408 Abs. 3 HGB,* ▪ *Gebührenrechnung vom RA § 18 Abs. 1 BRAGO*	*Mietvertrag*	▪ *Telefax,* ▪ *E-Mail,* ▪ *Diskette,* ▪ *CD,* ▪ *§ 554 Abs. 3 BGB,* ▪ *§ 556a Abs. 2 BGB*	▪ *Fernschreiben* ▪ *Fax* ▪ *Brief*	▪ *§ 311 b BGB* ▪ *§ 518 Abs. 1 BGB* ▪ *§ 2 Abs. 1 GmbHG* ▪ *§ 23 AktG* ▪ *§ 2276 BGB: Erbvertrag* ▪ *§ 1410 BGB: Ehevertrag*	▪ *Erklärungen gegenüber dem Grundbuchamt § 29 Abs. 1 GBO* ▪ *Erklärungen gegenüber dem Handelsregister § 312 HGB* ▪ *§ 19 GBO* ▪ *§ 12 HGB,* ▪ *§§ 1154, 1155, 1945, 1955 BGB*

Die Schriftform kann durch eine öffentliche Beglaubigung oder eine notarielle Beurkundung ersetzt werden *(§ 126 BGB)*. Die öffentliche Beglaubigung kann durch eine notarielle Beurkundung ersetzt werden *(§ 129 BGB)*. Die schriftliche Form kann durch die elektronische Form ersetzt werden, wenn sich nicht aus dem Gesetz ein anderes ergibt *(§ 126 Abs. 3 BGB)*.

Beachten Sie:

- Bei elektronisch übersandten Willenserklärungen muss nachweislich der Empfänger über eine entsprechende Empfangsvorrichtung verfügen.
- Bei elektronischen Nachrichten ist ein Widerruf nach *§ 130 Abs. 1 S. 2 BGB* nicht möglich.

Rechtsgeschäfte im Internet

Wird über ein Geschäft im Internet zwischen Verkäufer und Internetnutzer Einigung erzielt, kann juristisch gesehen ein **Mausklick** des Nutzers zum wirksamen Vertragsschluss führen.

Kernfrage bei Geschäften im Internet ist weniger die Frage nach der Wirksamkeit von Vertragsschlüssen als vielmehr nach der **Beweisbarkeit** des Vertragsschlusses.

Die deutsche Zivilprozessordnung (ZPO) hat die Regelungen des Signaturgesetzes in *§ 371a ZPO* übernommen.

Auf private elektronische Dokumente, die mit einer qualifizierten elektronischen Signatur versehen sind, finden die Vorschriften über die Beweiskraft privater Urkunden entsprechende Anwendung. Der Anschein der Echtheit einer in elektronischer Form vorliegenden Erklärung, der sich auf Grund der Prüfung nach dem Signaturgesetzt ergibt, kann nur durch Tatsachen erschüttert werden, die ernstliche Zweifel daran begründen, dass die Erklärung vom Signaturschlüssel-Inhaber abgeben worden ist.

Auf elektronische Dokumente, die von einer öffentlichen Behörde innerhalb der Grenzen ihrer Amtsbefugnisse oder von einer mit öffentlichem Glauben versehenen Person innerhalb des ihr zugewiesenen Geschäftskreises in der vorgeschriebenen Form erstellt worden sind (öffentliche elektronische Dokumente), finden die Vorschriften über die Beweiskraft öffentlicher Urkunden entsprechende Anwendung.

3.3.3   Nichtigkeit und Anfechtbarkeit von Rechtsgeschäften

Nichtigkeit

> Ein Rechtsgeschäft ist **nichtig**, wenn es so schwere Mängel aufweist, dass das Gesetz ihm von Anfang an keinerlei Rechtskraft zubilligt.

Geschäftsunfähigkeit	§ 105 BGB	Die Willenserklärung eines Geschäftsunfähigen ist nichtig.
		Nichtig ist auch eine Willenserklärung, die im Zustand der Bewusstlosigkeit oder der vorübergehenden Störung der Geistestätigkeit abgegeben wird.
Scherzgeschäft	§ 118 BGB	Das Rechtsgeschäft wird nur zum Scherz abgeschlossen.
		Beispiel: *Nach glücklich bestandener Abschlussprüfung ruft Thomas in einer Gastwirtschaft dem Kellner zu: „Ein Chappi, ein Bier." Wenn der Kellner nicht erkennt, dass Thomas nur scherzen wollte, und eine geöffnete Dose Hundefutter bringt, muss Thomas für den Schaden einstehen.*

Scheingeschäft	§ 117 BGB	Das Rechtsgeschäft wird nur zum Schein abgeschlossen. **Beispiel:** *Um gegenüber dem Finanzamt höhere Werbungskosten nachzuweisen, schließt ein vermögender Kapitalanleger „nur auf dem Papier" mit seinem Freund einen kostspieligen Beratervertrag ab.*
Formmangel	§ 125 BGB	Die für das Rechtsgeschäft gesetzlich vorgeschriebene oder vertraglich vereinbarte Form wurde nicht beachtet. **Beispiel:** *Kaufvertrag über ein Grundstück auf einem Bierdeckel.*
Gesetzliches Verbot	§ 134 BGB	Das Rechtsgeschäft verstößt gegen ein gesetzliches Verbot. **Beispiel:** *Mehrere Unternehmen derselben Branche treffen eine Absprache über die Höhe ihrer Verkaufspreise. Es liegt in diesem Fall ein verbotenes Preiskartell vor (§ 1 GWB).*
Sittenwidrigkeit	§ 138 BGB	Ein Rechtsgeschäft, das gegen die guten Sitten verstößt, ist nichtig. Rechtsfolgen: ■ Nichtigkeit des Rechtsgeschäftes ■ Schadensersatz gem. *§ 826 BGB* Nichtig ist insbesondere ein Rechtsgeschäft, das jemand unter Ausnutzung der Zwangslage, der Unerfahrenheit, des Mangels an Urteilsvermögen oder der erheblichen Willensschwäche eines anderen Vermögensvorteile versprechen lässt, die in einem auffälligen Missverhältnis zu der Leistung stehen. **Beispiele:** ■ *Ein privater Kreditvermittler vereinbart mit seinem Kunden für die Gewährung eines Ratenkredites 5 % Zinsen pro Monat.* ■ *Wucherzins (vertraglich vereinbarter Zins liegt 12 % über Marktzins),* ■ *Bürgschaftsverträge von vermögenslosen Familienangehörigen,* ■ *Ausnutzung einer Monopolstellung*

Das ganze Rechtsgeschäft ist nichtig, sobald nur ein Teil eines Rechtsgeschäftes nichtig ist *(§ 139 BGB)*.

Ausnahmen:

■ Nichtigkeit einer AGB-Klausel: Nichtig ist nur die einzelne Klausel, der übrige Vertrag ist wirksam *(§ 306 Abs. 3 BGB)*.

■ Ist ein Teil eines Testamentes nichtig, so bleiben die übrigen Teile nach der Auslegungsregel des *§ 2085 BGB* wirksam.

Nichtige Rechtsgeschäfte können durch

■ Umdeutung *(§ 140 BGB; z. B. aus einer außerordentlichen Kündigung wird eine ordentliche Kündigung)*,

■ Bestätigung *(§ 141 BGB; z. B. das Rechtsgeschäft wird erneuert)*

wirksam werden.

Anfechtbarkeit

Eine Willenserklärung ist **anfechtbar**, wenn der Erklärende eine Erklärung dieses Inhalts nicht abgeben wollte, d. h. Wille und Erklärung stimmen nicht überein.

Die abgegebene Willenserklärung ist bis zur Anfechtung gültig und wird durch die Anfechtung von Anfang an ungültig.

3

Irrtum:	Bei der Abgabe der Willenserklärung war der Erklärende **unbewusst** im Irrtum über ...
■ **Erklärungsirrtum** § 119 Abs. 1 BGB	■ ... deren Inhalt. **Beispiele:** *Versprechen, Verschreiben*
■ **Inhaltsirrtum** § 119 Abs. 2 BGB	■ ... die Erklärung dieses Inhaltes, die er gar nicht abgeben wollte. **Beispiel:** *A unterschreibt einen Mietvertrag, ist aber der Meinung er unterschreibt einen Kaufvertrag.*
■ **Eigenschaftsirrtum** § 119 Abs. 2 BGB	■ ... verkehrswesentliche Eigenschaften einer Person oder einer Sache. **Beispiele:** *bei Personen: Alter, Geschlecht, Unkenntnis über Vorstrafen; bei Sachen: z. B. Bebaubarkeit eines Grundstücks*
■ **Übermittlungsirrtum** § 120 BGB	■ ... die Übermittlung, die unrichtig war. **Beispiele:** *Zahl undeutlich geschrieben, Bote übermittelt falsche Daten* Die Erklärung ist anfechtbar, wenn anzunehmen ist, dass der Erklärende sie bei Kenntnis der Sachlage nicht abgegeben haben würde. **Voraussetzungen:** ■ Anfechtungsgrund *(§§ 119, 120 BGB)* ■ ausdrückliche Anfechtungserklärung gegenüber dem Anfechtungsgegner *(§ 143 BGB)* ■ Beachtung der Anfechtungsfrist *(§ 121 Abs. 1 BGB)* ■ Fehlen eines Ausschlussgrundes *(§§ 121 Abs. 2, 144 BGB)* ■ die Anfechtung muss unverzüglich, d. h. ohne schuldhaftes Zögern erfolgen *(§ 121 Abs. 1 BGB)* ■ seit Abgabe der anzufechtenden Willenserklärung sind keine 10 Jahre verstrichen *(§ 121 Abs. 1 BGB).* **Rechtsfolgen:** ■ Nach Anfechtung ist das Rechtsgeschäft nichtig *(§ 142 Abs. 1 BGB)*, d. h. das Rechtsgeschäft bzw. der Vertrag ist **von Anfang an nichtig.** ■ Schadensersatz nach § 122 BGB: Der **Vertrauensschaden**, d. h. der Schaden, den andere erlitten haben, weil sie auf die Gültigkeit der Willenserklärung vertraut haben, ist zu ersetzen.

arglistige Täuschung, widerrechtliche Drohung *(§§ 123, 124 BGB)*	Wer durch arglistige Täuschung oder widerrechtliche Drohung zur Abgabe einer Willenserklärung gebracht worden ist, kann die Willenserklärung anfechten, weil der Wille bewusst von der Erklärung abweicht.

Voraussetzungen:

arglistige Täuschung	rechtswidrige Drohung
■ Täuschungshandlung	■ Drohung
■ die abgegebene Willens-erklärung ist nur aufgrund der Täuschung zustande gekommen	■ die abgegebene Willens-erklärung ist nur durch Drohung entstanden
■ die Täuschung war widerrechtlich	■ die Drohung war rechtswidrig
■ der Täuschende handelt arglistig	

■ die Anfechtung wird erklärt *(§ 143 Abs. 1 BGB)*
■ Die Anfechtung erfolgt innerhalb der Anfechtungsfrist von 1 Jahr *(§ 24 Abs. 1 BGB)*

Rechtsfolgen:

Nach Anfechtung ist das Rechtsgeschäft **von Anfang an nichtig** *(§ 142 Abs. 1 BGB)*.

Beispiele:

Eine Vertragsunterschrift wird unter Androhung von Prügel-strafe erzwungen.

3

Motivirrtum/schuldhafte Unkenntnis

Nicht anfechtbar sind Willenserklärungen, bei denen ein **Irrtum im Motiv** vorliegt oder in schuldhafter Unkenntnis gehandelt wird.

Beispiele:

■ *Stefan hat für seine Freundin Clara ein Goldkettchen gekauft. Als er erfährt, dass Clara sich heimlich mit seinem Freund Oliver getroffen hat, will er seinen Kauf rückgängig machen.*
Stefan befand sich hier nur über seine Freundin Clara im Irrtum, nicht jedoch über den Inhalt seiner Willenserklärung beim Kauf des Goldkettchens.
■ *Vertragsbedingungen werden nicht gelesen.*
■ *Kauf von Wertpapieren im Glauben der Kurs werde steigen, aber der Kurs fällt.*

3.3.4 Zustandekommen eines Vertrages

Der Vertrag kommt durch zwei inhaltlich **übereinstimmende Willenserklärungen (Antrag/Angebot und Annahme des Angebots)** zweier oder mehrerer am Vertrag beteiligten Personen zustande.

   1. Willenserklärung: **Antrag** ⟶
     ⟵ 2. Willenserklärung: **Annahme**   

■ Der **Antrag** muss an eine bestimmte Person gerichtet sein. ■ Der **Antrag** ist eine empfangsbedürftige Willenserklärung und wird erst mit dem Zugang wirksam. ■ Der Antrag ist **bindend** *(§ 145 BGB)* Ausnahmen: Klauseln wie z.B. solange Vorrat reicht, freibleibend ■ Der **Antrag** muss so konkret formuliert werden, dass die Annahme durch bloßes „Ja" des Antragempfängers zustande kommen kann, d.h. er muss **inhaltlich bestimmt** sein und der/die **Vertragspartner** müssen erkennbar sein. Ausnahme: Warenautomaten	■ Die **Annahme** ist eine empfangsbedürftige Willenserklärung, die erst mit Zugang wirksam wird. Der Zugang ist **nicht** notwendig • bei Fällen, in denen die Annahme nach der Verkehrssitte nicht zu erwarten ist *(vgl. § 151 BGB)*, • bei notarieller Beurkundung *(§ 152 BGB)*, • bei privatrechtlicher Versteigerung durch Zuschlag *(§ 156 BGB)*. ■ Die **Annahme** muss **sofort** oder in **angemessener Zeit** erfolgen *(§§ 147, 148 BGB)*.

Rechtsfolgen:
1. Stimmen **Angebot und Annahme inhaltlich überein**, kommt ein **Vertrag** zustande.
2. Erfolgt die Annahme **verspätet**,
    - ■ so entsteht **kein** Vertrag, weil das Angebot wegen Fristablaufs erloschen ist,
    - ■ so ist die Annahmeerklärung ein **neuer Antrag** *(§ 150 Abs. 1 BGB)*.
3. Beinhaltet die Annahme **Erweiterungen**, so gilt das Angebot als **abgelehnt**; die neue Willenserklärung mit den Erweiterungen ist ein **neuer Antrag**.

Ausnahmen:
a) aufgrund Gesetz: • Schenkung *§ 516 Abs. 2 S. 2 BGB*
                   • Schweigen des Kaufmanns auf Antrag *§ 362 Abs. 1 HGB*
b) Schweigen auf kaufmännisches Bestätigungsschreiben
    Voraussetzungen: • der Empfänger des Schreibens muss Kaufmann i. S. d. *HGB* sein,
                         • dem Schreiben müssen Vertragsverhandlungen vorausgegangen sein,
                         • das Schreiben muss unmittelbar nach den Verhandlungen erstellt und abgeschickt worden sein,
                         • das Schreiben hat früheren Vertragsabschluss zu bestätigen,
                         • der Absender muss zu erkennen geben, dass das Schreiben der Vereinbarung entspricht,
                         • der Empfänger darf nicht widersprochen haben.

Der Vertrag begründet ein **Schuldverhältnis** zwischen mindestens zwei Parteien, die sich **gegenseitig verpflichten und berechtigen**.

Jede Partei ist einerseits **Schuldner**, sie muss eine Leistung erbringen, und andererseits **Gläubiger**, sie fordert eine Leistung.

Beispiel:

Verkäufer: Er ist Schuldner der Warenlieferung.   *Käufer:*   Er ist Gläubiger der Warenforderung.
              Er ist Gläubiger der Geldforderung.   Er ist Schuldner der Geldzahlung.

Beachte: Keine Angebote sind Schaufensterauslagen, Anpreisungen in Katalogen und Postwurfsendungen, Speisekarten, Zeitungsinserate.

3.3.5 Vertragstypen des *BGB*

Vertragstyp	Vertrags-partner	Vertragsinhalt	Rechts-grundlage	*Beispiele*
Übereignungsverträge				
Kaufvertrag	Käufer – Verkäufer	Veräußerung von Sachen / Rechten gegen Entgelt	§§ 433–479 BGB	*Verkauf von Maschinen*
Verbrauchs-güterkauf-vertrag	Verbraucher – Unternehmer	*Entgeltliche* Veräußerung von beweglichen Sachen an einen Verbraucher	§§ 474–479 BGB	*Möbelhaus ver-kauft einen Stuhl an Verbraucher*
Schenkungs-vertrag	Schenker – Beschenkter	*Unentgeltliche* Veräußerung von Sachen oder Rechten	§§ 516–534 BGB	*Schenkung einer Armbanduhr*
Überlassungsverträge				
Mietvertrag	Mieter – Vermieter	Überlassung von Sachen zum Gebrauch gegen Entgelt ⇒ keine Eigentumsüber-tragung, aber Besitzrecht	§§ 535–580 BGB	*Vermietung eines Lieferwagens*
Pachtvertrag	Pächter – Verpächter	*Entgeltliche* Überlassung von Sachen zum Gebrauch und Überlassung der anfallenden Erträge	§§ 581–597 BGB	*Verpachtung einer Gaststätte*
Leihvertrag	Entleiher – Leiher	*Unentgeltliche* Überlassung von Sachen zum Gebrauch	§§ 598–606 BGB	*Entleihung von Büchern aus einer Bücherei*
Darlehensvertrag	Darlehensgeber – Darlehensnehmer	Entgeltliche oder unentgelt-liche Überlassung eines Geldbetrages gegen die Ver-pflichtung zur Rückzahlung und zur Zinszahlung.	§§ 488–498 BGB	*Gewährung eines Kredites Leistung einer Spareinlage*
Sachdarlehens-vertrag	Darlehensgeber – Darlehensnehmer	Entgeltliche Überlassung von vertretbaren Sachen gegen die Verpflichtung zur Rückerstattung in Sachen von gleicher Art, Güte und Menge	§§ 607–609 BGB	*Wertpapierleihe: zeitlich befristete Überlassung von Wertpapieren gegen Entgelt*
Betätigungsverträge				
Dienstvertrag	Dienstverpflichteter – Dienstberechtigter	Entgeltliche Leistung von Diensten (*ohne* Erfolgs-garantie); verspricht jemand, unentgeltliche Dienste zu leisten, so liegt ein Auftrags-verhältnis vor	§§ 611–630 BGB §§ 662–674 BGB	*Anstellung eines Mitarbeiters*
Werkvertrag	Unternehmer – Besteller	Entgeltliche Herstellung eines Werkes oder sonstigen Erfolges ⇒ nur die Leistung wird bezahlt	§§ 631–651 BGB	*Anfertigung eines Maß-anzuges, zu dem der Besteller den Stoff liefert*
Geschäfts-besorgungs-vertrag	Auftraggeber – Beauftragter	Besorgung eines Geschäftes gegen Entgelt und Aufwendungsersatz	§§ 675, 676 BGB	*Erledigung eines Inkassoauftrages*

3

Überweisungs-vertrag	Überweisendes Kreditinstitut – Überweisender (Auftraggeber)	Ausführung einer Geldzahlung durch Überweisung	§ 675a §§ 675a–c BGB	Bezahlung einer Rechnung durch Banküber-weisung
Verwahrungs-vertrag	Verwahrer – Hinterleger	Aufbewahrung einer beweglichen Sache, ggf. gegen Entgelt	§§ 688–700 BGB	Verwahrung von Wertpapieren
Gesellschafts-vertrag	Gesellschafter	Gegenseitige Verpflichtung der Gesellschafter, die Erreichung eines gemeinsamen Zwecks in der durch den Vertrag bestimmten Weise zu fördern	§§ 705–740 BGB	Gründung einer Steuerberater-sozietät

3

3.4 Kaufvertrag

Der Kaufvertrag ist ein zweiseitig verpflichtender (gegenseitiger) Vertrag, in dem sich die Vertragsparteien durch **zwei übereinstimmende Willenserklärungen** zur Leistung und Gegenleistung verpflichten.

> **Voraussetzungen für das Zustandekommen eines Kaufvertrages:**
> ▪ zwei übereinstimmende Willenserklärungen über
> ▪ den genau bezeichneten und mangelfreien Kaufgegenstand und
> ▪ den genau bestimmten oder bestimmbaren Kaufpreis.

Der **Kaufvertrag** ist ein **schuldrechtlicher Vertrag**, der nur das Verpflichtungsgeschäft begründet. Das Verpflichtungsgeschäft ist ein selbstständiges Rechtsgeschäft, das die Verpflichtung zu einer Leistung begründet. Wird eine der im Verpflichtungsgeschäft übernommenen Pflichten nicht erfüllt, so kann der andere Vertragspartner seinen Erfüllungsanspruch durch Klage bzw. bei Geldschulden durch Klage oder mit gerichtlichem Mahnbescheid durchsetzen.

Das **Erfüllungsgeschäft** – auch Verfügungsgeschäft genannt – *(§ 929 BGB)* ist ein selbstständiges dingliches Rechtsgeschäft, durch das ein Recht übertragen *(z. B. § 929 Abs. 1 BGB)*, belastet *(z. B. § 1204 Abs. 1 BGB)*, geändert oder aufgehoben *(z. B. § 397 Abs. 1 BGB)* wird. Das Erfüllungsgeschäft ist ein **sachenrechtlicher Vertrag**, in dem die im Verpflichtungsgeschäft *(z. B. beim Kaufvertrag)* übernommenen Verpflichtungen eingelöst werden.

Auch im Steuerrecht hat diese Unterscheidung in Verpflichtungs- und Erfüllungsgeschäft Bedeutung: der Umsatzsteuer unterliegt nach § 1 Abs. 1 UStG und § 3 Abs. 1 UStG erst das Erfüllungsgeschäft, der Abschluss des Verpflichtungsgeschäftes lässt i. d. R. noch keine Umsatzsteuerpflicht entstehen.

▪ Pflichten aus dem Kaufvertrag

Leistungspflichten aus dem Kaufvertrag	
Pflichten des Verkäufers:	**Pflichten des Käufers:**
(Haupt-) Verpflichtungen: ▪ Übergabe der Sache (Besitzerwerb nach *§ 54 BGB*) ▪ Eigentumsübertragung an der Sache (Eigentumserwerb nach *§ 929 ff. BGB*) ▪ Sache muss frei sein von a) Sachmängeln und b) Rechtsmängeln. ▪ evtl. Montagepflicht *§ 434 Abs. 2 BGB* ▪ Die Sache muss an den Käufer durch den Verkäufer am rechten Ort und zur rechten Zeit in der rechten Art und Weise abgeliefert werden.	***(Haupt-) Verpflichtungen:*** ▪ Zahlung des vereinbarten Kaufpreises (*§ 433 Abs. 2 BGB*) ▪ Abnahme der gekauften Sache (*§ 433 Abs. 2 BGB*) ▪ Sicherung des Eigentumsvorbehaltes (*§ 449 BGB*)
(Neben-) Verpflichtungen: ▪ Vorbereitung, Durchführung, Sicherung der Hauptleistung (*§ 242 Abs. 2 BGB*) ▪ Aufklärungs- und Informationspflichten (*z. B. §§ 286 Abs. 3 S. 2, 355, 356, 439 Abs. 2, 447 Abs. 1, 477 Abs. 1 BGB*) ▪ Gebrauchsanleitung, Einweisung ▪ Übernahme der Kosten für Verpackung und Übergabe ▪ Vorhaltepflicht von Ersatzteilen ▪ ordnungsgemäße Rechnungsausstellung ▪ Verhaltenspflichten aus *§ 242 BGB* ▪ Beratungspflicht ▪ Schutzpflicht ▪ Sorgfaltspflicht ▪ Pflicht zur Tragung öffentlicher Lasten (*§ 436 BGB*)	***(Neben-) Verpflichtungen:*** ▪ Verhaltenspflichten (*§ 242 BGB*) ▪ gesonderte Pflichten (*z. B. §§ 447 Abs. 2, 445, 459 BGB*) ▪ Mitwirkungspflicht (vgl. auch *§ 640 BGB*) ▪ Übernahme der Kosten der Abnahme und der Versendungskosten an einen anderen Ort als dem Erfüllungsort (*§ 448 Abs. 2 BGB*), Übernahme der Beurkundungs- und Grundbuchkosten bei Grundstückskaufverträgen (*§ 448 Abs. 2 BGB*)

Gegenstand des Kaufvertrages können insbesondere sein

▪ alle körperlichen Gegenstände,
▪ Rechte
  • dingliche Rechte *(z. B. Grundschulden, Pfandrechte)*,
  • immaterielle Rechte *(z. B. Patente, Gebrauchs- und Geschmacksmuster, Markenzeichen)*,
  • Gesellschaftsanteile[1],   • Wertpapiere,
  • Konzessionen,   • Anwartschaften,
▪ Unternehmen,
▪ Standardsoftware,
▪ Forderungen.

---

[1] Ausnahme: beherrschende Anteile sind als Sachkauf zu behandeln

Zu unterscheiden sind folgende Kaufvertragstypen:

Verkäufer ist / Käufer ist	Kaufmann		Verbraucher	
Kaufmann	**Zweiseitiger Handelskauf**	§ 433 BGB i. V. m. § 377 ff. HGB	**Einseitiger Handelskauf**	§ 433 BGB i. V. m. § 377 ff. HGB
Verbraucher	**Einseitiger Handelskauf**		**Bürgerlicher Kauf** (Privatkauf)	§ 433 BGB
	Verbrauchsgüter- kauf bei beweg- lichen und neuen Sachen	§ 474 BGB		

Kaufmann ist, wer ein Handelsgewerbe betreibt *(§ 1 ff. HGB)*.

Verbraucher sind natürliche Personen, für die das Rechtsgeschäft nicht einer gewerb-lichen oder freiberuflichen Tätigkeit zugerechnet werden kann *(§ 13 BGB)*.

Beim Handelskauf *(§ 433 BGB i. V. m. §§ 343, 344 HGB, §§ 373–382 HGB)* ist mindestens ein Vertragspartner Kaufmann i. S. d. *§ 1 ff. HGB*.

Inhalt des Handelskaufes sind
- der Kauf von Waren *(§ 373 ff. HGB)*,
- der Kauf von Wertpapieren *(§ 381 Abs. 1 HGB)*,
- Verträge über die Lieferung herzustellender oder zu erzeugender Sachen *(§ 381 Abs. 2 HGB)*.

Bei Verträgen mit Partnern im Ausland sollten die Vertragsparteien im Vertrag vereinbaren, ob
- das nationale Recht des Käufers,
- das nationale Recht des Verkäufers,
- ein „neutrales" nationales Recht eines anderen Landes oder
- das UN-Kaufrecht Anwendung finden soll.

Hierbei ist allerdings immer gleichzeitig zu prüfen, ob bestimmte Rechtsvorschriften die Parteiautonomie der Geschäftspartner nicht ausschließen (vgl. Kauf von Immobilien, isla-misches Recht).

3.4.1 Zustandekommen eines Kaufvertrages – Verpflichtungsgeschäft

1. Fall Der Antrag zum Abschluss des Kaufvertrages geht vom **Verkäufer** aus.

Der *Verkäufer* macht ein **Angebot** (= Vertragsantrag), der Käufer nimmt das Vertragsan-gebot durch eine **Bestellung** (= Vertragsannahme) an.

Dem Angebot des Verkäufers kann eine rechtlich unverbindliche *Anfrage* des Käufers vorausgehen, der Bestellung des Käufers kann eine *Auftragsbestätigung* des Verkäufers folgen.

Durch das Angebot erklärt der Verkäufer, unter welchen Bedingungen er bereit ist, einen Kaufvertrag abzuschließen.

Seine Willenserklärung ist rechtlich bindend, wenn sie an eine bestimmte Person gerichtet ist und alle wesentlichen Vertragspunkte enthält:

- Art, Güte und Beschaffenheit der Ware,
- Menge der Ware,
- Preis der Ware (= Endverbraucherpreise einschl. USt, Preise für Unternehmer ohne USt),
- Preisnachlässe.

Das Angebot muss so formuliert sein, dass es durch ein bloßes **„Ja"** des Käufers angenommen werden kann.

| **2. Fall** | Der Antrag zum Abschluss des Kaufvertrages geht vom **Käufer** aus. |

Der Käufer macht eine **Bestellung** (= Vertragsantrag), der Verkäufer erteilt eine **Auftragsbestätigung** (= Vertragsannahme).

Der Bestellung des Käufers kann ein rechtlich unverbindliches *Angebot* des Verkäufers *(z. B. durch Katalogangebot, Schaufensterauslage, Zeitungsinserat)* oder eine rechtlich unverbindliche Anfrage beim Verkäufer vorausgehen.

Antrag und Annahme begründen das Verpflichtungsgeschäft, durch das sich die Vertragspartner zur Erbringung der geschuldeten Leistungen verpflichten. Es entsteht ein Schuldverhältnis.

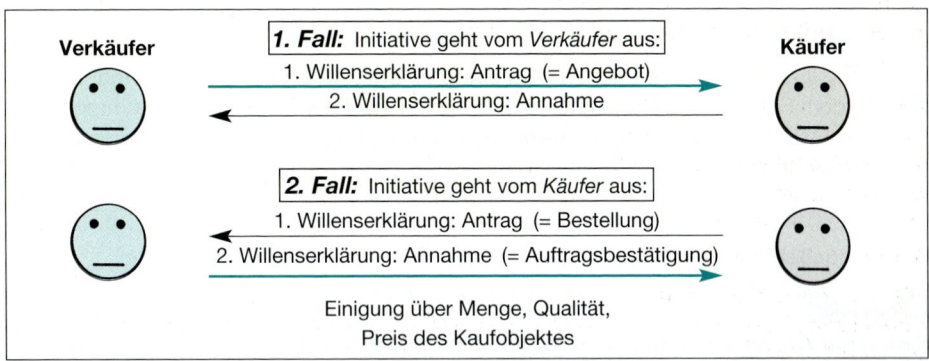

Wer einem anderen die Schließung eines Vertrages anbietet, ist an den Antrag gebunden *(§ 145 BGB)*.

Es besteht keine rechtliche Bindung an den Vertragsantrag,
- wenn die Annahmeerklärung des Vertragspartners nicht rechtzeitig erfolgt,
- wenn ein rechtzeitiger Widerruf vonseiten des Antragstellers erfolgt,
- wenn das im Antrag enthaltene Angebot zeitlich befristet war und die Frist abgelaufen ist,
- wenn der rechtliche Bindungswille vom Antragsteller durch eine Freizeichnungsklausel ausdrücklich eingeschränkt worden ist.

Beispiele:
- *„unverbindliches Angebot"*
- *„freibleibend"*
- *„solange der Vorrat reicht"*

Ein **mündlicher Antrag** muss sofort angenommen werden. **Schweigen** gilt als Ablehnung.

Ausnahme: Schweigen des Kaufmanns auf Anträge gilt u. U. als Annahme *(§ 362 HGB).*

Ein **schriftlicher Antrag** gilt so lange, wie der Eingang einer Antwort unter gewöhnlichen Umständen erwartet werden darf.

Die **verspätete Annahme** eines Antrages gilt als *neuer Antrag.*

Eine Annahme unter Erweiterungen, Einschränkungen oder sonstigen Änderungen gilt als Ablehnung des alten Antrags, verbunden mit einem neuen Antrag *(§ 150 BGB).*

Die **Zusendung unbestellter Ware** gilt als Antrag, Schweigen als Ablehnung des Antrags, die Bezahlung des Kaufpreises als Annahme.

Aus der Lieferung unbestellter Sachen wird kein Anspruch gegen den Verbraucher begründet *(§ 241a BGB).* Der Anspruchsausschluss umfasst insbesondere Ansprüche auf Gegenleistung und Rücksendung. Der Empfänger unbestellter und nicht gewünschter Ware ist grundsätzlich nicht zu ihrer Aufbewahrung bzw. Rücksendung verpflichtet.

Wichtige Kaufverträge sollten aus Beweisgründen schriftlich erfolgen und folgende Regelungen enthalten:

- genaue Bezeichnung der Vertragsparteien,
- Laufzeit und Kündigungsfristen,
- Gewährleistungsregeln,
- Absicherung der Zahlung,
- Allgemeine Geschäftsbedingungen,
- Inhalt des Kaufvertrages,
- Zahlungs- und Lieferungsbedingungen,
- Regelungen im Falle des Verzugs,
- Gerichtsstand,
- Regelungen bei Nichterfüllung von Vertragsbestandteilen.

Spezielle Vertriebsformen

Die nachfolgenden Vertriebsformen sind **keine selbstständigen Vertragsarten**, sie dienen nur dem Schutz der Verbraucher, indem sie nur die Form des Zustandekommens von Verträgen wie *z. B. Kaufverträgen, Kreditverträgen, Verträgen über Werk- oder Dienstleistungen* beschreiben.

1. Haustürgeschäfte

Rechtsquellen ■ *EG-Richtlinie 85/577/EWG*   ■ *§§ 312, 312a BGB*

Beispiele:

Besuch von Vertretern oder Ansprache von Vertretern in öffentlichen Bereichen, Kaffeefahrten

Voraussetzungen:	■ Vertrag zwischen einem Unternehmer und einem Verbraucher, ■ Vertrag über entgeltliche Leistung, ■ der Vertrag wird an der Haustür, in der Wohnung, in öffentlichen Verkehrsmitteln, am Arbeitsplatz oder auf Freizeitveranstaltungen abgeschlossen, ■ schriftliche Belehrung über Widerrufsrecht des Verbrauchers und Bestätigung dieser Belehrung durch Unterschrift.
Rechtsfolgen:	■ Verbraucher hat ein Widerrufsrecht innerhalb von zwei Wochen *(§ 355 BGB),* ■ es besteht nach *§ 312 Abs. 3 BGB* kein Widerrufsrecht für: Versicherungsverträge, bei vorhergehender Bestellung durch den Verbraucher, bei einem Entgelt bis 40,00 EUR, sofortiger Erbringung der Leistung, ■ an Stelle des Widerrufrechtes kann evtl. ein Rückgaberecht treten *(§ 312 Abs. 1, Abs. 2 und § 356 BGB).*

2. Fernabsatzgeschäfte

Rechtsquellen   ■ *EG-Richtlinie: RiLi 1997/7/EG*   ■ *§ 312b ff. BGB*

Beispiele:

Versandhandel, Bestellung per Telefon, Fax oder E-Mail, Teleshopping

Voraussetzungen:	■ Vertrag zwischen einem Unternehmer und einem Verbraucher ■ Vertrag über eine entgeltliche Lieferung oder Dienstleistung ■ der Vertrag wird unter ausschließlicher Verwendung von Fernkommunikationsmitteln (Telefon, Fax, E-Mail, Teleshopping, Videotext, Katalog etc., vgl. *§ 312b Abs. 2 BGB*) im dafür organisierten Vertriebs- und Dienstleistungssystem abgeschlossen ■ schriftliche Belehrung über Widerrufsrecht des Verbrauchers und Bestätigung dieser Belehrung durch Unterschrift ■ es liegt keine Ausnahme gem. *§ 312b Abs. 3 BGB* vor. Die Ausnahmen sind: • Buchungen von Flugreisen, Ferienwohnungen oder Flugtickets per Internet • Reiseverträge sind von der Widerrufsregelung ausgenommen
Rechtsfolgen:	■ Informationspflichten nach *§ 312c BGB* ■ bei Verletzungen durch den Unternehmer hat der Verbraucher einen Schadensersatzanspruch nach *§§ 311 Abs. 2, 280 Abs. 1 BGB, § 2 UKlaG[1]* (vorher beginnt keine Widerrufsfrist, *§ 312d Abs. 2 BGB*) ■ Verbraucher hat ein Widerrufsrecht innerhalb von 2 Wochen (*§ 355 BGB*) ■ anstelle des Widerrufsrechtes kann evtl. ein Rückgaberecht treten (*§ 312 Abs. 1, Abs. 2 und § 356 BGB*)

Probleme ergeben sich bei Fernabsatzgeschäften durch die fehlende

■ physische Begegnung der Vertragsparteien

■ Prüfbarkeit und Inaugenscheinnahme (Sehbarkeit) der Ware durch die Verbraucher

3. E-Commerce-Verträge

Rechtsquellen   ■ *EG-Commerce RiLi 2000/317EG*   ■ *§ 312e BGB*

Beispiele:

Verträge unter Nutzung des Internets, z. B. eBay

Voraussetzungen:	■ Vertrag zwischen einem Unternehmer und einem Verbraucher ■ Vertragsgegenstand: Lieferung von Waren oder Ausführung einer Dienstleistung durch einen Unternehmer ■ der Vertrag wurde auf Basis einer für den Fernabsatz vorbereiteten Vertriebs- und Dienstleistungsorganisation online abgeschlossen ■ Erfüllung aller Angaben bei Vertragsabschluss gegenüber jedem Kunden und Verbraucher gem. *§ 312e Abs. 1BGB*: • *Nr. 1* wird eine Korrekturmöglichkeit bereitgestellt • *Nr. 2* werden Informationspflichten vor Abgabe der Bestellung klar und verständlich mitgeteilt • *Nr. 3* wird der Zugang der Bestellung unverzüglich auf elektronischem Weg bestätigt • *Nr. 4* besteht die Möglichkeit, Vertragsbestimmungen sowie die AGB bei Vertragsabschluss abzurufen und zu speichern ■ die Internetseite des Verkäufers erfüllt alle rechtlichen Grundlagen nach *§ 2 Abs. 4 Satz 3 BGB-InfoV*

---

[1] Gesetz über Unterlassungsklagen bei Verbraucherrechts- und anderen Verstößen

	■ es liegt kein Ausschlusstatbestand nach *§ 312b Abs. 3 BGB* vor
	■ auf das gesetzliche Widerrufsrecht wird hingewiesen (*§§ 312d, 355–357 BGB*)
Rechtsfolgen:	■ Unterlassungsklagemöglichkeit nach *§ 2 UKlaG*
	■ die Widerrufsfrist beginnt erst nach Erfüllung aller Pflichten (*§ 312e Abs. 1 BGB*)
	■ Schadensersatz, evtl. Vertragsaufhebung nach *§ 280 Abs. 1 BGB*
	■ evtl. Anfechtung nach den allgemeinen Regeln des *BGB*
	■ bei Vorliegen der Voraussetzungen nach *§ 312d BGB* (Fernabsatzvertrag) besteht ein Widerrufsrecht nach *§ 355 BGB*

Es gelten die gleichen Probleme wie bei Fernabsatzgeschäften auch für E-Commerce-Verträge.

Über das Internet findet ein elektronischer Handel (Internetverkauf, elektronischer Marktplatz, virtueller Marktplatz) oder Kommunikationsaustausch zwischen Anbietern und Nachfragern statt.

Heute sind die nachfolgenden Kürzel als Kennzeichnungen üblich.

E-Commerce (elektronischer Handel)		
Teilnehmer, der die Beziehung startet	**Kennzeichnungen**	**Erklärungen**
Consumer (Kunden)	C2C Consumer-to-Consumer	Verbraucher an Verbraucher, elektronische Beziehungen zwischen Privatpersonen **Beispiele:** *Auktionshandel eBay, ciao*
	C2B Consumer-to-Business	elektronische Beziehungen zwischen Verbrauchern als Kunden an Unternehmen **Beispiele:** *Virtuelle Gemeinschaften (Communities), die dem Verbraucher helfen, einen bestimmten Anbieter für Güter oder Dienstleistungen zu finden.*
	C2A Consumer-to-Administration	elektronische Beziehungen zwischen Verbrauchern und Staat **Beispiele:** *Der Verbraucher gibt seine Einkommensteuererklärung elektronisch ab (ELSTER-Verfahren).*
Business (Händler, Unternehmer)	B2C Business-to-Consumer	elektronische Kommunikations- oder Handelsbeziehungen zwischen Unternehmern und Verbrauchern
	B2B Business-to-Business	Geschäftsbeziehungen zwischen mindestens zwei Unternehmen

Teilnehmer, der die Beziehung startet	Kennzeichnungen		Erklärungen
	B2A	Business-to-Administration	elektronische Beziehungen zwischen Unternehmen und der öffentlichen Verwaltung **Beispiele:** *Elektronische Abgabe der Umsatzsteuer-Voranmeldung*
	B2E	Business-to-Employers	elektronische Beziehungen zwischen dem Unternehmen und seinen Mitarbeiter/innen **Beispiele:** *Intranet*
Administration (staatliche Verwaltung)	A2C	Administration-to-Consumer	elektronische Beziehungen zwischen öffent licher Verwaltung und den Verbrauchern **Beispiele:** *Projekt ELSTER-Verfahren, ELENA-Verfahren*
	A2B	Administration-to-Business	elektronische Beziehungen zwischen öffentlicher Verwaltung und Unternehmen **Beispiele:** *Gewerbeanmeldungen, statistische Meldungen*
	A2A	Administration-to-Administration	elektronische Beziehungen zwischen öffentlichen Verwaltungen **Beispiele:** *elektronischer Datenaustausch zwischen Behörden Bundeszentralamt für Steuern/Finanzamt über Kapitaleinkünfte, Übermittlung Rentenhöhe an das Finanzamt durch Rentenversicherungsträger, Übermittlung der DEÜV-Meldung über Arbeitsaufnahme an die Bundesagentur für Arbeit durch die Rentenversicherung*

3.4.2 Erfüllung

Das durch den Abschluss des Kaufvertrages entstandene Schuldverhältnis erlischt, indem die Vertragspartner die jeweils eingegangenen Verpflichtungen **erfüllen** *(§ 362 BGB)*, d. h. die geschuldete Leistung wird in der richtigen Art und Weise zur rechten Zeit am rechten Ort erfüllt.

3

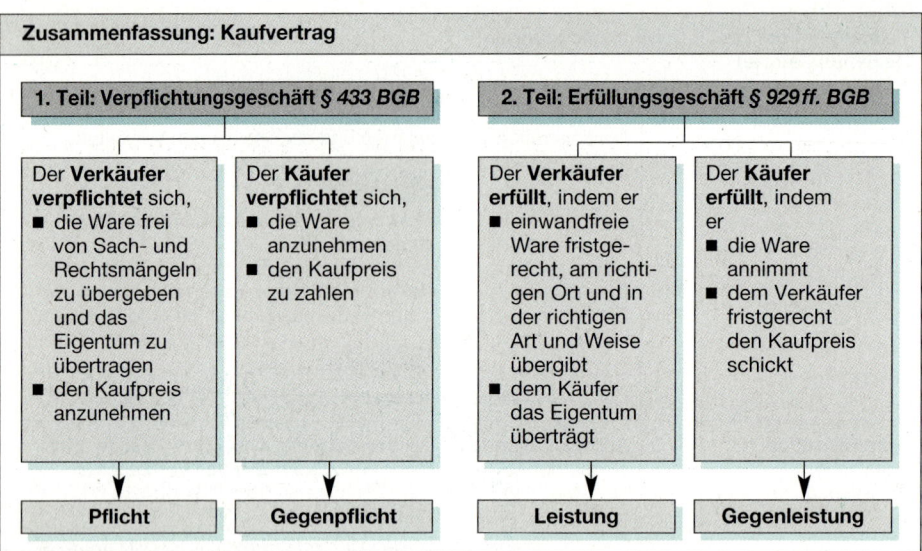

Zusammenfassung: Kaufvertrag

1. Teil: Verpflichtungsgeschäft § 433 BGB		2. Teil: Erfüllungsgeschäft § 929 ff. BGB	
Der **Verkäufer** **verpflichtet** sich, ■ die Ware frei von Sach- und Rechtsmängeln zu übergeben und das Eigentum zu übertragen ■ den Kaufpreis anzunehmen	Der **Käufer** **verpflichtet** sich, ■ die Ware anzunehmen ■ den Kaufpreis zu zahlen	Der **Verkäufer** **erfüllt**, indem er ■ einwandfreie Ware fristgerecht, am richtigen Ort und in der richtigen Art und Weise übergibt ■ dem Käufer das Eigentum überträgt	Der **Käufer** **erfüllt**, indem er ■ die Ware annimmt ■ dem Verkäufer fristgerecht den Kaufpreis schickt
Pflicht	**Gegenpflicht**	**Leistung**	**Gegenleistung**

Durch den Kaufvertrag werden beide Vertragspartner zu gegenseitigen Schuldnern. Durch ihre Leistung am Erfüllungsort werden sie von ihren jeweiligen Verpflichtungen befreit.

Beispiel:

Frau M schließt am 15.05. einen Kaufvertrag über den Kauf eines bestimmten Pkw mit dem Händler Auto ab. Der Pkw wird am 18.06. geliefert und am 19.06. wird der vereinbarte Kaufpreis von 40.000,00 EUR bezahlt.

Es bestehen **drei** Rechtsgeschäfte (Verträge):

Verpflichtungsgeschäft	Erfüllungsgeschäft	Erfüllungsgeschäft
→ **Kaufvertrag**	→ **Übereignung Pkw**	→ **Übereignung Geld (Kaufpreis)**
Rechtsquelle: § 433 BGB	**Rechtsquelle: § 929 S. 1 BGB**	**Rechtsquelle: § 929 S. 1 BGB**
Zwei übereinstimmende WE: Angebot + Annahme	1. Zwei übereinstimmende WE → Einigung: Angebot + Annahme 2. Übergabe des Pkw nach § 854 BGB	1. Zwei übereinstimmende WE Einigung: Angebot + Annahme 2. Übergabe des Geldes nach § 854 BGB
Die Parteien verpflichten sich zu den nach § 433 BGB feststehenden Haupt- und Nebenpflichten.	Wechsel des Eigentums am Pkw	Wechsel des Eigentums am Geld

——————————————▶	—————————————————▶
15.05.	18.06.	19.06
Kaufvertrag	Lieferung des Pkw	Kaufpreiszahlung

Beachte:
Verpflichtungsgeschäft und Verfügungsgeschäft (= Erfüllungsgeschäft) sind jeweils selbstständige unabhängige Rechtsgeschäfte; wird z. B. das Verpflichtungsgeschäft unwirksam, so bleibt das Verfügungsgeschäft wirksam.

Leistungserbringung *(§§ 266–277 BGB)*

Der Schuldner muss die richtige Leistung zur rechten Zeit am rechten Ort in der richtigen Art und Weise an den richtigen Gläubiger erbringen.
Wenn eine der vorgenannten Voraussetzungen fehlt, darf der Gläubiger die Leistung ablehnen; der Schuldner wird aber nicht von seiner Leistungspflicht befreit.

Leistungsort

> **Leistungsort (= Erfüllungsort)** ist der Ort, an dem der Schuldner die Leistungs-handlung erbringen muss.
>
> **Erfolgsort (= Bestimmungsort)** ist der Ort, an dem die geschuldete Leistung be-wirkt wird und somit das Schuldverhältnis endet.

Erfüllungsort ist grundsätzlich der Sitz des Schuldners zum Zeitpunkt des Vertrags-abschlusses *(§§ 269, 270 BGB)*:

Warenschulden sind „Holschulden".

Geldschulden sind • bei gesetzlichem Erfüllungsort: Schickschulden,
                     • bei vertraglichem Erfüllungsort: Bringschulden.

Der Verkäufer hat lediglich die Kosten der Übergabe zu tragen. Die Kosten und Gefahren der Abnahme und des Transports trägt der Käufer *(§ 448 BGB)*.

Holschuld	Leistungsort (= Ort der Vornahme der Leistungshandlung) und Erfolgsort sind beim Schuld-ner *(z. B. Verkäufer; §§ 243 Abs. 2, 269 BGB)*. Schuldner muss Ware bereitstellen, aussondern und den Gläubiger informieren.
Schickschuld	Erfüllungsort ist beim Schuldner *(z. B. Verkäufer)*, Erfolgsort ist beim Gläubiger *(z. B. Käufer)*. Schuldner muss aussondern und die Ware an die Transportperson übergeben.
Bringschuld	Leistungs- und Erfolgsort sind beim Gläubiger *(z. B. Käufer)*. Schuldner muss aussondern, anliefern und die Ware dem Gläubiger anbieten.

Gefahrenübergang: Mit der Übergabe der verkauften Sache am Erfüllungsort geht die Gefahr des zufälligen Untergangs oder der zufälligen Verschlechterung der Ware auf den Käufer über *(§ 446 BGB)*.

Beispiel:

Sebastian hat bei einem Gebrauchtwagenhändler einen 2 Jahre alten, wie neu aussehenden Pkw ge-kauft. Als er zu seiner Freundin fährt, um den Wagen vorzuführen, gerät er in einen Hagelschauer, der auf dem Dach seines Autos einige Dellen hinterlässt. Den dadurch verursachten Schaden trägt Sebas-tian, da Erfüllungsort der Sitz des Kfz-Händlers war.

Durch vertragliche Vereinbarung kann jeder beliebige Ort als Erfüllungsort vereinbart wer-den. Der Vertragspartner mit der wirtschaftlich stärkeren Position wird versuchen, seinen Sitz als Erfüllungsort durchzusetzen.

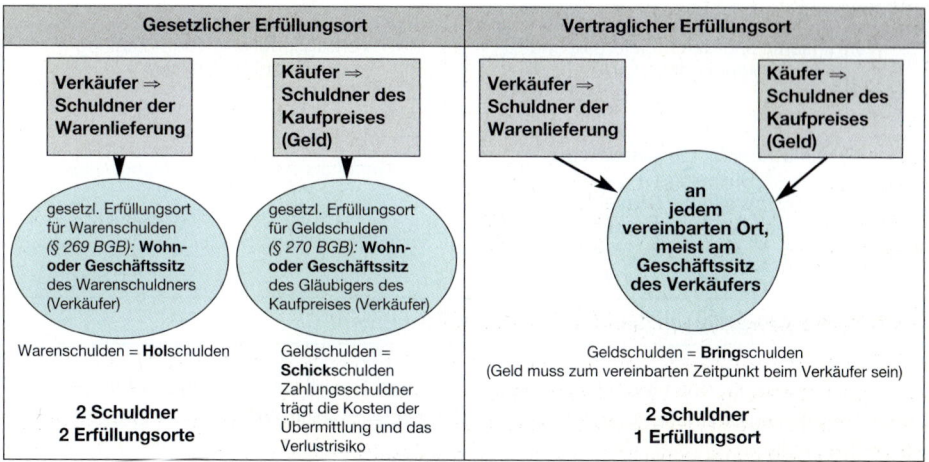

Versendungskauf *(§ 447 BGB)*: Bei einer Ware, die auf Verlangen des Käufers nach einem anderen Ort als dem Erfüllungsort verschickt wird, erfolgt der Gefahrenübergang mit der Übergabe der Ware an die mit dem Versand beauftragte Person *(z. B. Frachtführer, Spediteur)*. Die Warenschuld ist hier eine Schickschuld.

Zahlungsort ist grundsätzlich der Sitz des Gläubigers *(§ 270 BGB)*:

Geldschulden sind „Bring-/Schickschulden":
Der Käufer hat, obwohl sein Sitz für die Geldschuld gesetzlicher Erfüllungsort ist, seine Zahlung auf eigene Kosten und Gefahren dem Verkäufer zu übermitteln.

> „Der Käufer bringt das Geld und holt die Ware."

Gerichtsstand

Ergeben sich zwischen den Vertragspartnern Streitigkeiten über die Auslegung und die Erfüllung der Vertragspflichten, so können sie die Hilfe des zuständigen Gerichts in Anspruch nehmen.

> Der gesetzliche Erfüllungsort ist gleichzeitig **gesetzlicher Gerichtsstand**, sodass eine Warenklage am Sitz des Verkäufers, eine Zahlungsklage am Sitz des Käufers erfolgen muss.

Gesetzlicher Gerichtsstand ist damit der Sitz des Gerichts, in dessen Bezirk der Beklagte seinen Sitz hat.

Beispiel:
Zwischen dem Steuerberater Dr. Borstelmann, Köln, und der WEKO Büroausstattung GmbH, Düsseldorf, ist ein Kaufvertrag über die Lieferung von diversen Büromöbeln abgeschlossen worden.

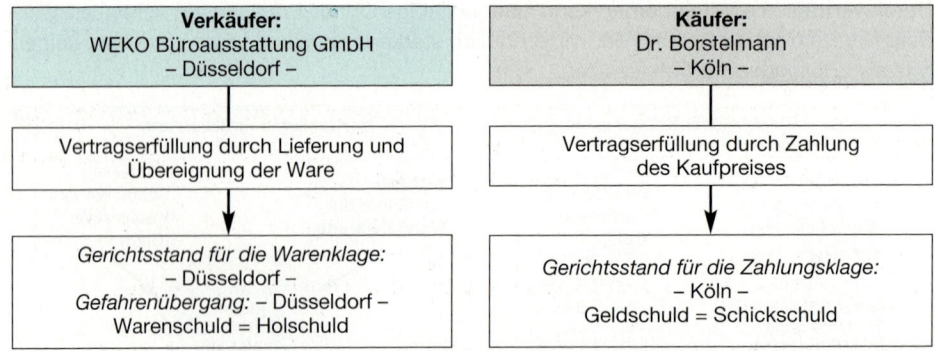

> **Kaufleute** können einen Gerichtsstand frei vereinbaren.

Für Streitigkeiten ist das Gericht zuständig, in dessen Bezirk der Erfüllungsort liegt. Durch Vereinbarung eines Erfüllungsortes kann daher zugleich indirekt auch der Gerichtsstand bestimmt sein.

Beispiel:

Zwischen der Treuhand AG, Berlin, und der Electronic GmbH, Ulm, ist ein Kaufvertrag über die Lieferung und Installierung eines EDV-Systems geschlossen worden.
Laut Vertrag (AGB der Electronic GmbH) ist Erfüllungsort für beide Teile Ulm.

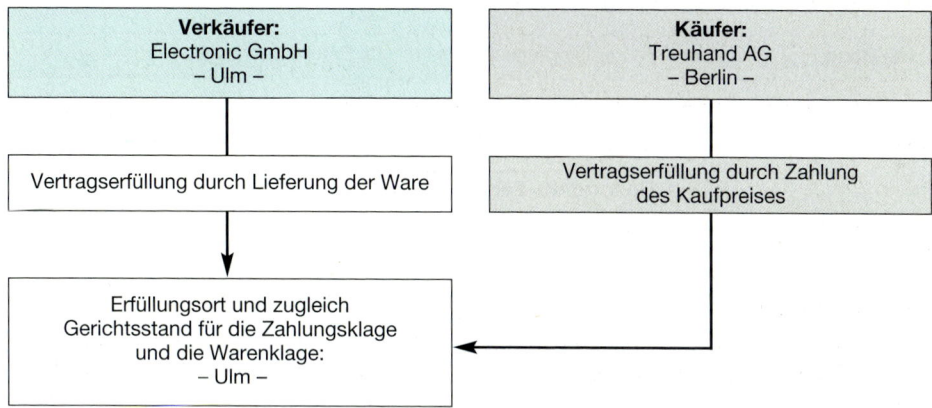

3

3.4.3 Besondere Lieferungs- und Zahlungsbedingungen

Abweichend von den gesetzlichen Regelungen können zwischen Käufer und Verkäufer besondere Lieferungs- und Zahlungsbedingungen vereinbart werden.

> Die **Lieferungsbedingungen** regeln den Zeitpunkt der Lieferung und die Übernahme der Transportkosten.

Bei einem **Fixhandelskauf** ist die Lieferung zu einem kalender- und uhrzeitmäßig genau bestimmten Zeitpunkt ausdrücklich vereinbart (§ 366 HGB).

Beispiel:

Lieferung der als Weihnachtspräsent vorgesehenen Taschenkalender am 15. November

Bei einem **Terminkauf** ist eine bestimmte Lieferfrist vereinbart. Die termingerechte Lieferung an den Käufer ist für den Verkäufer erkennbar wesentliche Voraussetzung für den Bestand des Kaufvertrages.

Beispiele:

■ Lieferung der bestellten Büromöbel innerhalb einer Frist von 6 Wochen
■ Bestellung eines Maßkleidungsstückes für einen bestimmten Anlass

Besondere Lieferungsbedingungen	
ab Werk ab Lager	Der Käufer trägt sämtliche Beförderungskosten.
frei .... (benannte Bahnstation)	Der Verkäufer trägt die Beförderungskosten bis zur benannten Bahnstation.
frei Haus	Der Verkäufer trägt sämtliche Beförderungskosten.

Die **Zahlungsbedingungen** regeln Zeitpunkt und Art der Zahlung.

Besondere Zahlungsbedingungen	
Vorauszahlung/Anzahlung	Der Käufer muss bereits vor der Lieferung den Kaufpreis ganz oder teilweise zahlen.
Zahlungsziel (Zielkauf)	Der Käufer braucht erst nach Ablauf einer bestimmten Zeit nach Lieferung den Kaufpreis zu zahlen. Falls der Käufer in einem solchen Fall sofort zahlen möchte, wird ihm in der Regel vom Verkäufer ein Preisnachlass (Skonto) gewährt.
Ratenzahlung	Der Käufer kann den Kaufpreis nach und nach in mehreren Teilbeträgen zahlen.

3.4.4   Leistungsstörungen bei der Erfüllung des Kaufvertrages

Aufgrund des Schuldverhältnisses hat der Schuldner an den Gläubiger eine Leistung zu erbringen *(§ 241 BGB)*. Vom Leistungsschuldner wird erwartet, dass er die richtige Leistung zur richtigen Zeit am richtigen Ort in der richtigen Art, Menge und Güte an den richtigen Gläubiger erbringt.

Kommt der Schuldner seinen vertraglichen Verpflichtungen ordnungsgemäß nach, so endet das Schuldverhältnis durch Erfüllung *(§ 362 BGB)*.

Erfüllt der Schuldner seine Leistungspflichten nicht, so spricht man von **Leistungsstörungen**, d. h. die Leistungspflichten aus dem Schuldverhältnis werden nicht korrekt erfüllt.

Leistungsstörungen

Art der Störung	Leistung wird nicht erbracht	Verspätete Leistung	Nichtannahme der Leistung	Schuldhafte Pflicht-verletzung	Mangelhafte Lieferung
Folgen	Unmöglichkeit	Schuldnerverzug (Lieferungsverzug, Zahlungsverzug)	Gläubigerverzug (Annahmeverzug)	Verletzung nicht-leistungs-bezogener Nebenpflichten	Schlecht-leistung (Recht auf Gewährleistung)
	Eine Stückschuld kann nicht (mehr) erbracht werden	Schuldner leistet zu spät	Gläubiger unter-lässt Mitwirkungs-handlungen oder nimmt die Leistung nicht an	Verletzung von Schutz-pflichten	Lieferung magelhafter Sachen
Rechtsquellen	§§ 275, 280 ff. BGB § 311a BGB § 326 BGB	§ 286 ff. BGB § 326 BGB	§ 293 ff. BGB	§ 241 Abs. 2 BGB § 280 ff. BGB	§ 437 ff. BGB § 537 ff. BGB § 634 ff. BGB § 651g BGB

3.4.4.1 Pflichtverletzungen des Verkäufers

▢ Schlechtleistung (mangelhafte Lieferung)

> Der Verkäufer muss zur Erfüllung des Kaufvertrages die Ware in einwandfreiem Zustand liefern, er hat „dem Käufer die Sache frei von Sach- und Rechtsmängeln zu verschaffen" *(§ 433 Abs. 1 S. 2 BGB).*

Eine Sache ist **mangelfrei**, wenn sie bei Gefahrenübergang die vereinbarte Eigenschaft hat bzw. wenn sie sich für die nach dem Vertrag vorausgesetzte Verwendung eignet. Zu den vereinbarten Eigenschaften gehören auch die Eigenschaften, die der Käufer nach den öffentlichen Äußerungen des Verkäufers bzw. des Herstellers *(z. B. Werbung, Prospektmaterial)* erwarten kann.

Der **Käufer** muss

- die gekaufte Ware daraufhin prüfen, ob die Ware einen Mangel hat *(§§ 434, 435 BGB)*,
- den festgestellten Mangel unverzüglich dem Verkäufer melden *(vgl. § 438 Abs. 1 BGB, § 377 HGB).*

> **Voraussetzungen** für eine mangelhafte Lieferung:
> - es besteht ein Schuldverhältnis *(z. B. Kaufvertrag nach § 433 BGB)*,
> - ein Mangel liegt vor,
> - bei Gefahrübergang war der Mangel vorhanden *(§§ 441 Abs. 1, 446 BGB)*,
> - der Anspruch ist noch nicht verjährt *(§ 438 BGB).*

Mängel

Im BGB werden zwei Mängelarten unterschieden:

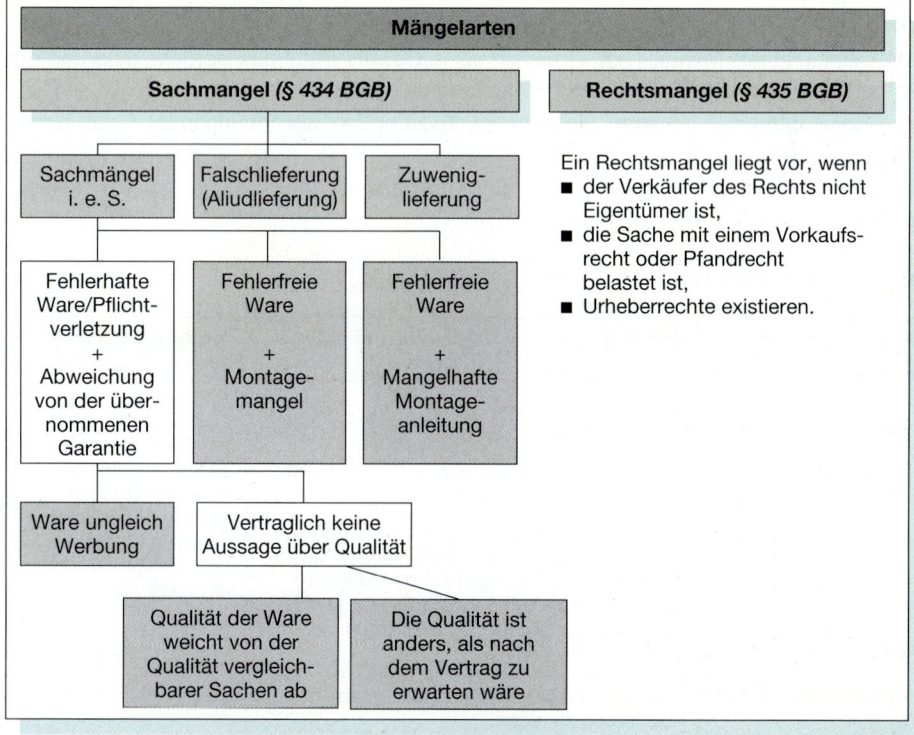

3 *(seitlicher Kapitelmarker)*

Wenn die Lieferung erfüllt wurde und die Sache bei Gefahrübergang einen Mangel (Fehler) hat, so stehen dem Käufer **Gewährleistungsansprüche** zu.

Bei beweglichen Sachen **beginnt** die Gewährleistungsfrist mit der **Übergabe**.

Für die Anwendung der Gewährleistungsfristen sind die Mängel hinsichtlich der Erkennbarkeit zu unterscheiden:

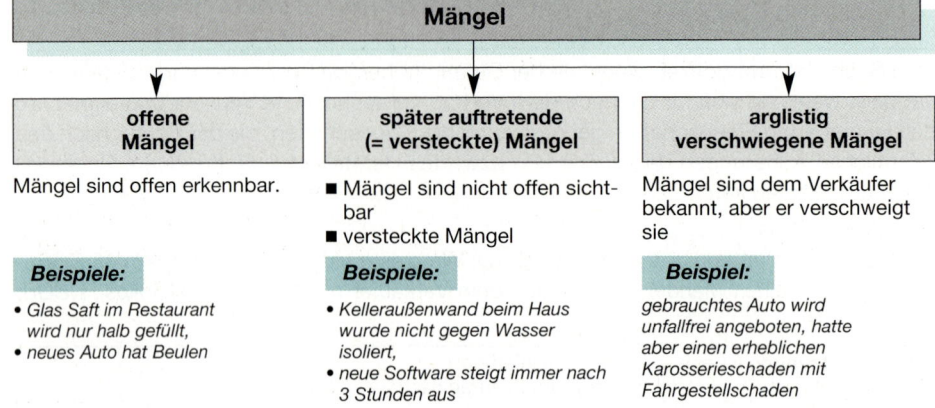

Mängel		
offene Mängel	**später auftretende (= versteckte) Mängel**	**arglistig verschwiegene Mängel**
Mängel sind offen erkennbar.	■ Mängel sind nicht offen sichtbar ■ versteckte Mängel	Mängel sind dem Verkäufer bekannt, aber er verschweigt sie
Beispiele: • *Glas Saft im Restaurant wird nur halb gefüllt,* • *neues Auto hat Beulen*	*Beispiele:* • *Kelleraußenwand beim Haus wurde nicht gegen Wasser isoliert,* • *neue Software steigt immer nach 3 Stunden aus*	*Beispiel:* *gebrauchtes Auto wird unfallfrei angeboten, hatte aber einen erheblichen Karosserieschaden mit Fahrgestellschaden*

Fristen Rechts- und Sachmängelhaftung (Rügefristen)

Jeder Käufer einer Ware sollte nach Abnahme der Ware so bald wie möglich die Ware sorgfältig **prüfen**, um dem Verkäufer die Fehler oder fehlenden Eigenschaften mitzuteilen (Rügefristen).

Die Nichteinhaltung der **Rügefristen** hat zur Folge, dass der Käufer keinen Anspruch mehr auf Beseitigung des Mangels hat, er verliert seine Gewährleistungsansprüche aufgrund der mangelhaften Lieferung bei entsprechender Einrede des Verkäufers, der Anspruch verjährt.

Der Käufer ist deshalb gehalten, die Ware genau zu prüfen, alle Sachmängel genau zu beschreiben und festzuhalten.

Die Mängel sind formfrei – aus Beweisgründen ist aber schriftliche Form zu empfehlen – dem Verkäufer mitzuteilen.

Rügefristen bei Sachen

Übersicht	Offene Mängel sind ...	Versteckte Mängel sind ...	Arglistig verschwiegene Mängel sind ...
Kauf • *bei beweglichen und unbeweglichen Sachen*	... unverzüglich innerhalb von 2 Jahren nach Ablieferung zu rügen *(§ 438 Abs. 1 Nr. 3 BGB),*	... unverzüglich nach Entdeckung	... unverzüglich nach Entdeckung zu rügen, aber innerhalb von 3 Jahren; die Frist beginnt mit dem Schluss des Kalenderjahres, in dem geliefert worden ist *(§ 438 Abs. 3 BGB)*
• *Verbrauchsgüterkauf (§ 474 ff. BGB)*	Innerhalb von 2 Jahren nach Ablieferung zu rügen, bei Auftreten von Sachmängeln wird innerhalb von 6 Monaten nach Ablieferung unterstellt, dass der Sachmangel bei Lieferung bereits vorhanden war (Beweislastumkehr, § 476 BGB).		
• *bei Sachen am Bau*	Innerhalb von 5 Jahren nach Übergabe bzw. Ablieferung zu rügen.		5 Jahre

Übersicht	Offene Mängel sind ...	Versteckte Mängel sind ...	Arglistig verschwiegene Mängel sind ...
Zweiseitiger Handelskauf (= beide Vertragspartner sind Kaufleute i.S.d. HGB) *Untersuchungs- und Rügepflicht*	... unverzüglich zu rügen (§ 377 Abs. 1 HGB).	... unverzüglich nach Feststellung des Mangels zu rügen (§ 377 Abs. 3 HGB).	3 Jahre (§ 438 BGB)

Die **Fristen für Rechts- und Sachmängelhaftung** aus **Kaufverträgen können** (außer bei Arglist) bis auf 30 Jahre **verlängert** (§ 202 Abs. 2 BGB) werden. Eine vertragliche Änderung der Gewährleistungsansprüche zulasten des Verbrauchers ist beim **Verbrauchsgüterkauf** nicht zulässig (§ 475 BGB); bei gebrauchten Sachen darf beim Verbrauchsgüterkauf die Gewährleistungsfrist vertraglich bis auf 1 Jahr verkürzt werden (§ 475 Abs. 2 BGB).

3

Kaufmännische Rügepflichten (§§ 377, 378 HGB)		
Voraussetzungen	■ Käufer und Verkäufer sind Kaufleute i.S.d. HGB, ■ die Ware wurde abgeliefert, ■ es wurde ein Mangel festgestellt (Qualitätsmangel oder Fehlen einer zugesicherten Eigenschaft, Falschlieferung, Mengenabweichung), ■ die Rügepflicht ist nicht ausgeschlossen durch • Arglist des Verkäufers • Vertrag	§ 434 BGB

§ 378 HGB § 378 HGB |
| **Rechtsfolgen** | Käufer muss die Sache ordnungsgemäß untersuchen und den Mangel unverzüglich rügen: ■ offene Mängel nach Ablieferung, ■ versteckte Mängel nach Feststellung | § 377 Abs. 1, Abs. 3, Abs. 4 HGB |
| **Rechtsfolgen bei Verletzung der Rügepflichten** | ■ Ware gilt als angenommen, ■ Verlust der Gewährleistungsansprüche, ■ bei Falschlieferung: kein Erfüllungsanspruch ■ bei Zuweniglieferung: volle Kaufpreiszahlung ■ bei Zuviellieferung: Zahlung des Mehrpreises | |

Hat der **Unternehmer** die Ware vor Entdeckung oder Erkennbarkeit des Mangels ganz oder teilweise im normalen Geschäftsverkehr verkauft, verbraucht oder verwendet, so bleiben dennoch seine Rechte wegen des Mangels der Ware erhalten (§ 378 HGB).
Die Rügepflichten sind auch auf Verträge anzuwenden, die die Lieferung neu herzustellender oder zu erzeugender beweglicher Sachen zum Gegenstand haben (§ 381 Abs. 2 HGB).

Fristen für Rechts- und Sachmängelhaftung		
Frist	**Ansprüche**	**Beginn**
2 Jahre	Kauf- und Werkverträge über neue Sachen *(§§ 438, 475 BGB)*	Ablieferung
3 Jahre	Kauf- und Werkverträge, soweit Mangel arglistig verschwiegen wurde *(§ 438 BGB)*	Ablieferung
5 Jahre	Kauf- und Werkverträge über Bauwerke und Baumaterialien, die üblicherweise eingebaut werden	ab Einbau
10 Jahre	Kaufvertrag über Sachen, wenn die Person des Schuldners unbekannt ist	Fälligkeit des Anspruchs
30 Jahre	Dingliche Rechte, die zur Herausgabe der Sache berechtigen *(§ 438 BGB)*	Übergabe (Erlangung des Rechtes)

3

Beachten Sie:
- Neben der Mängelhaftung des Verkäufers kann zusätzlich eine freiwillige Garantieverpflichtung des Herstellers treten *(§ 443 BGB)*.
- Nach Ablauf der vorgenannten gesetzlichen Fristen, die nicht unterschritten werden dürfen, verjähren Ansprüche aus der Lieferung von mangelhaften Sachen.
- Die Gewährleistungspflicht entfällt
  - bei Erwerb von Sachen auf Versteigerungen,
  - bei grob fahrlässigem Handeln des Käufers,
  - bei Kenntnis des Mangels durch den Käufer *(§§ 442, 445 BGB)*.

Rechte

Hat der Käufer die mangelhafte Lieferung fristgerecht gerügt, so stehen dem Käufer bei einem **Sachmangel** stufenweise **Rechte** zu *(§ 437 BGB)*.

---

1. Stufe:

Nacherfüllung: Dem Käufer steht als vorrangiges Recht zunächst ein Nacherfüllungsanspruch zu *(§§ 334, 337, 339, 440 BGB)*.
Der Käufer kann als Nacherfüllung nach seiner Wahl die **Nachbesserung** (Beseitigung des Mangels) oder die **Neulieferung** (Lieferung einer mangelfreien Sache) verlangen. Der Verkäufer hat die zum Zweck der Nacherfüllung erforderlichen Aufwendungen *(z. B. Transport-, Materialkosten)* zu tragen *(§ 439 BGB)*. Eine Nachbesserung gilt nach dem erfolglosen zweiten Versuch als fehlgeschlagen *(§ 440 BGB)*.

Der Verkäufer kann die vom Käufer gewählte Art der Nacherfüllung verweigern, wenn sie nur mit unverhältnismäßigen Kosten möglich ist. Der Anspruch des Käufers beschränkt sich in diesem Fall auf die andere Art der Nacherfüllung.

2. Stufe:

Der Käufer hat erst **nach** dem Scheitern, dem Verzicht oder den zweimaligen erfolglosen Nachbesserungsversuchen das Recht auf Rücktritt, Minderung oder/und die ergänzenden Schadenersatzansprüche *(§§ 440, 441, 323, 280, 281 BGB)*.

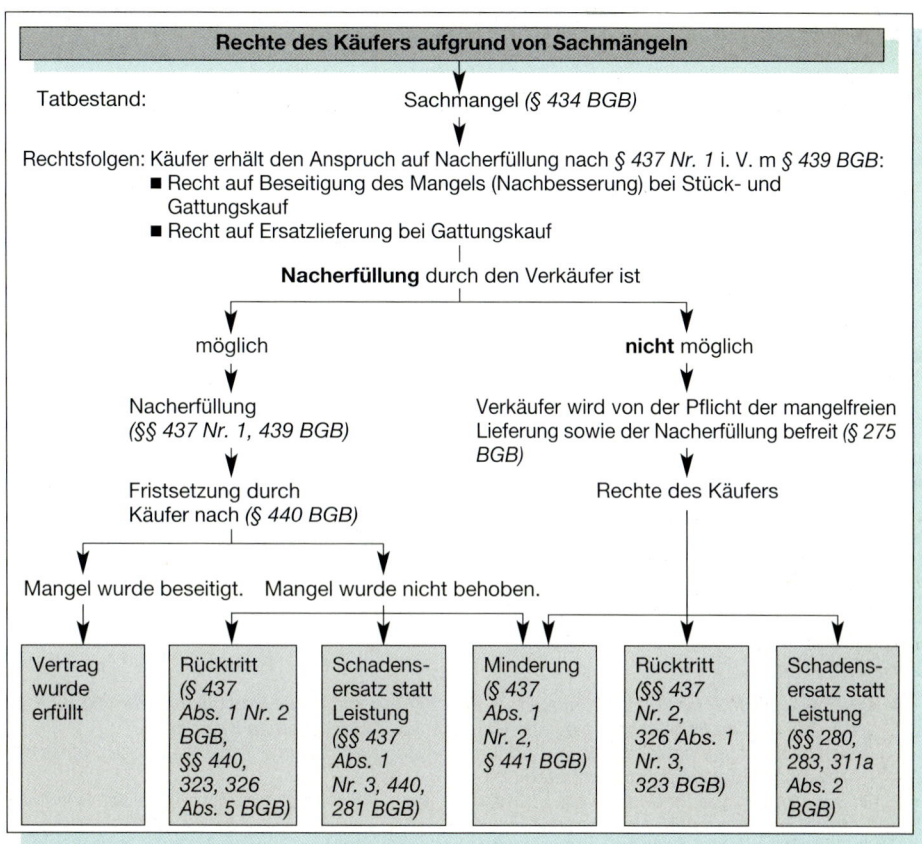

Rechte des Käufers aufgrund von Sachmängeln

Tatbestand: Sachmangel *(§ 434 BGB)*

Rechtsfolgen: Käufer erhält den Anspruch auf Nacherfüllung nach *§ 437 Nr. 1 i. V. m § 439 BGB*:
- Recht auf Beseitigung des Mangels (Nachbesserung) bei Stück- und Gattungskauf
- Recht auf Ersatzlieferung bei Gattungskauf

Nacherfüllung durch den Verkäufer ist

möglich / **nicht** möglich

möglich:
Nacherfüllung *(§§ 437 Nr. 1, 439 BGB)*

Fristsetzung durch Käufer nach *(§ 440 BGB)*

Mangel wurde beseitigt. / Mangel wurde nicht behoben.

| Vertrag wurde erfüllt | Rücktritt *(§ 437 Abs. 1 Nr. 2 BGB, §§ 440, 323, 326 Abs. 5 BGB)* | Schadensersatz statt Leistung *(§§ 437 Abs. 1 Nr. 3, 440, 281 BGB)* | Minderung *(§ 437 Abs. 1 Nr. 2, § 441 BGB)* |

nicht möglich:
Verkäufer wird von der Pflicht der mangelfreien Lieferung sowie der Nacherfüllung befreit *(§ 275 BGB)*

Rechte des Käufers

| Rücktritt *(§§ 437 Nr. 2, 326 Abs. 1 Nr. 3, 323 BGB)* | Schadensersatz statt Leistung *(§§ 280, 283, 311a Abs. 2 BGB)* |

3

- **Rücktritt vom Vertrag und Schadenersatz**

Der Käufer kann vom Vertrag zurücktreten, wenn er dem Verkäufer zuvor erfolglos eine angemessene Frist zur Nacherfüllung eingeräumt hat *(§§ 440, 325, 281 BGB)*. Die gekaufte Sache wird zurückgegeben, der ggf. schon bezahlte Kaufpreis wird zurückerstattet *(§ 346 BGB)*. Der Verkäufer ist dem Käufer darüber hinaus zum Ersatz des ggf. entstandenen Schadens verpflichtet. Eine **Fristsetzung ist nicht notwendig,** wenn der Schuldner die Leistung verweigert, die Nacherfüllung fehlgeschlagen bzw. unzumutbar ist, ein Fixgeschäft oder ein Zweckkauf vorliegt.

Bei geringfügigen Mängeln scheidet der Rücktritt und Schadensersatz aus.

- **Minderung des Kaufpreises**

Unter einer Minderung versteht man die Herabsetzung des Kaufpreises.

Statt des Rücktritts kann der Käufer den Kaufpreis durch eine Erklärung gegenüber dem Verkäufer mindern, wenn er dem Verkäufer zuvor erfolglos eine angemessene Frist zur Nacherfüllung eingeräumt hat. Der Verkäufer ist dem Käufer darüber hinaus zum Ersatz des ggf. entstandenen Schadens verpflichtet *(§§ 441, 281 BGB)*.

Exkurs: Verbrauchsgüterkauf

Für Kaufverträge über bewegliche Sachen zwischen Unternehmern und Verbrauchern *(§§ 13, 14 BGB)* gelten die Regeln des Verbrauchsgüterkaufs *(§ 474 BGB)*.

Abweichende **Regelungen** beim **Verbrauchsgüterkauf:**

- Beim **Versendungskauf** *(§ 447 BGB)* geht die Gefahr des Untergangs bzw. der Verschlechterung der Ware erst mit der Übergabe an den Käufer auf diesen über *(§ 474 Abs. 2 BGB)*.

- Die Regelungen des Verbrauchsgüterkaufes gelten auch bei **Versteigerungen**. Ausnahme: öffentliche Versteigerung mit persönlicher Teilnahme des Verbrauchers *(§ 474 Abs. 2 BGB)*.

- Zum **Nachteil des Verbrauchers abweichende Regelungen** von den gesetzlichen Vorschriften (insbesondere *§§ 433, 434, 435, 437–443 BGB*) sind **unwirksam** *(§ 475 BGB)*.

- Die **Gewährleistungsfrist von 1 Jahr bei gebrauchten und 2 Jahren bei neuen Sachen** kann vertraglich nicht vermindert werden *(§ 475 Abs. 2 BGB)*.

- Zeigt sich **innerhalb von 6 Monaten seit Gefahrübergang ein Sachmangel**, so wird unterstellt, dass die Sache bereits bei Gefahrübergang einen Mangel hatte, es sei denn, die Vermutung ist mit der Art der Sache oder des Mangels unvereinbar (**Beweislastumkehr** *§ 476 BGB*).

- **Garantieerklärungen müssen einfach und verständlich** sein. Sie müssen enthalten Garantieerklärung, Dauer, räumlicher Geltungsbereich des Garantieschutzes, Name und Anschrift des Garantiegebers *(§ 477 BGB)*.
  Die gesetzliche Gewährleistungsfrist darf nicht eingeschränkt werden *(§ 477 BGB)*.

- Wenn der Unternehmer eine neue verkaufte Sache wegen Mangels zurücknehmen oder den Kaufpreis mindern musste, kann er seine Gewährleistungsansprüche wegen des vom Verbraucher geltend gemachten Mangels ohne jede Fristeinhaltung gegen den Lieferanten nach den Vorschriften des *§ 478 BGB* geltend machen.

Beispiele:

- *Die Privatperson P kauft beim Kaufmann K einen Fotoapparat des Herstellers H für 400,00 EUR am 5. Mai 08. Der Hersteller H gibt eine Garantie von 12 Monaten ab Kaufdatum.*
  - *Für alle Mängel, die innerhalb von 6 Monaten nach Kaufdatum 5. Mai 08 auftreten, muss der Kaufmann K als Verkäufer eintreten.*
  - *Für Mängel, die innerhalb von 12 Monaten nach Kaufdatum eintreten, gibt der Hersteller (nicht der Verkäufer!) eine Garantie.*
  - *Für Mängel, die erst 12 Monate nach Kaufdatum eintreten, wird nur eine Mängelhaftung übernommen, wenn die Privatperson P als Käufer nachweisen kann, dass der Mangel zum Zeitpunkt der Übergabe vorhanden war.*
- *Die Privatperson P kauft beim Autohaus A ein neues Fahrzeug des Herstellers H für 30.000,00 EUR am 5. Mai 08. Der Hersteller gibt eine zweijährige Garantie.*
  - *Für alle Mängel, die innerhalb von 6 Monaten nach Kaufdatum 5. Mai 08 auftreten, muss der Kaufmann K als Verkäufer eintreten.*
  - *Für Mängel, die innerhalb von 24 Monaten nach Kaufdatum eintreten, gibt der Hersteller (nicht der Verkäufer!) eine Garantie.*

Widerruf von Verbraucherverträgen

In verschiedenen Sondervorschriften für Verbraucher wird diesen ein **Widerrufsrecht** eingeräumt. Ein Widerruf kann vom Verbraucher innerhalb einer Überlegungsfrist von zwei Wochen *(§ 355 Abs. 2 BGB)* ausgeübt werden; die Frist beginnt aber nur zu laufen, wenn der Verbraucher über diese Frist belehrt worden ist.

Ein Widerrufsrecht steht Verbrauchern zu bei **Haustürgeschäften** *(§ 312 Abs. 1 BGB)*, **Fernabsatzgeschäften** *(§ 312 d Abs. 1 BGB)*, **Teilzeit-Wohnrechtsverträgen** *(§ 485 BGB)*, **Verbraucherdarlehensverträgen** *(§ 495 BGB)* und **Ratenlieferungsverträgen** *(§ 505 Abs. 1 BGB)*.

Das Widerrufsrecht muss innerhalb der Frist wirksam erklärt werden *(§ 355 BGB)*. Innerhalb der Widerrufsfrist kann der Verbraucher den Vertrag rückabwickeln *(§§ 357, 346 ff. BGB)*.

Das **Produkthaftungsgesetz** gibt dem Verbraucher bei Schäden, die aufgrund eines fehlerhaften Produktes entstehen, einen Schadenersatzanspruch gegenüber dem Hersteller: Wird durch den Fehler eines Produkts jemand getötet, sein Körper oder seine Gesundheit verletzt oder eine Sache beschädigt, so ist der Hersteller des Produkts verpflichtet, dem Geschädigten den daraus entstehenden Schaden zu ersetzen *(§ 1 ProdHaftG)*.

▨ Nicht rechtzeitige Lieferung (Lieferungsverzug)

Fehlt die Vereinbarung einer Lieferzeit, kann der Käufer die sofortige Lieferung der Ware verlangen und der Verkäufer sofort liefern *(§ 271 BGB)*.

> Der Verkäufer gerät in **Lieferungsverzug** *(§ 286 BGB)*, wenn die nachfolgenden **Voraussetzungen** gegeben sind:
> - es muss eine Leistungspflicht aus einem Kaufvertrag bestehen,
> - der Verkäufer hat trotz Fälligkeit nicht geliefert,
> - die Lieferung ist noch möglich,
> - der Verkäufer hat die Verzögerung fahrlässig oder vorsätzlich verschuldet,
> - die Lieferung wurde vom Käufer angemahnt;

Welche Ansprüche der Käufer bei einem Lieferungsverzug wahrnimmt, hängt davon ab, ob er an der Lieferung noch interessiert ist.

- **Ist der Käufer an der Lieferung weiterhin interessiert** *(z. B., weil er die Ware von keinem anderen Lieferanten erhalten kann)*, wird er auf die Lieferung bestehen. Schadenersatz wegen verzögerter Lieferung kann der Käufer allerdings nur verlangen, wenn er dem Verkäufer zuvor eine angemessene Frist zur nachträglichen Lieferung gesetzt hat und diese Frist erfolglos verstrichen ist *(§§ 280, 286 BGB)*.

- **Ist der Käufer an der Lieferung nicht mehr interessiert**, so muss er dem Verkäufer zunächst eine angemessene Nachfrist zur nachträglichen Lieferung setzen. Liefert der Verkäufer trotz der Fristsetzung nicht, so kann der Käufer vom Vertrag zurücktreten und **Schadenersatz statt der Leistung wegen nicht oder nicht wie geschuldet erbrachter Leistung** verlangen.

Die **Fristsetzung** ist **nicht** erforderlich, wenn

- der Verkäufer die Lieferung endgültig verweigert oder besondere Umstände vorliegen, die unter Abwägung der beiderseitigen Interessen die sofortige Geltendmachung des Schadenersatzanspruchs rechtfertigen,

- ein **Terminkauf/Fixkauf** vorliegt, d. h. für die Lieferung eine kalendermäßig bestimmte Zeit *(Datum/Uhrzeit)* vereinbart worden ist *(§§ 280, 281, 286 BGB, 466 HGB)*.

> **Beispiel:**
>
> *Der Käufer benötigt das Partyzelt für eine Geburtstagsparty am 23. April 2008 bis zum 20. April 18:00 Uhr und sieht sich gezwungen, die Ware bei einem anderen Lieferanten zu kaufen, wenn nicht rechtzeitig geliefert wird. Der Käufer droht mit der Ablehnung der Lieferung für den Fall, dass bis zum Ablauf der Frist nicht geliefert wird. Danach kann der Käufer bei einem anderen Lieferanten die Ware kaufen. Wenn für diesen Deckungskauf ein höherer Preis gezahlt werden muss, kann er Schadenersatz in Höhe des Differenzbetrages verlangen.*

3

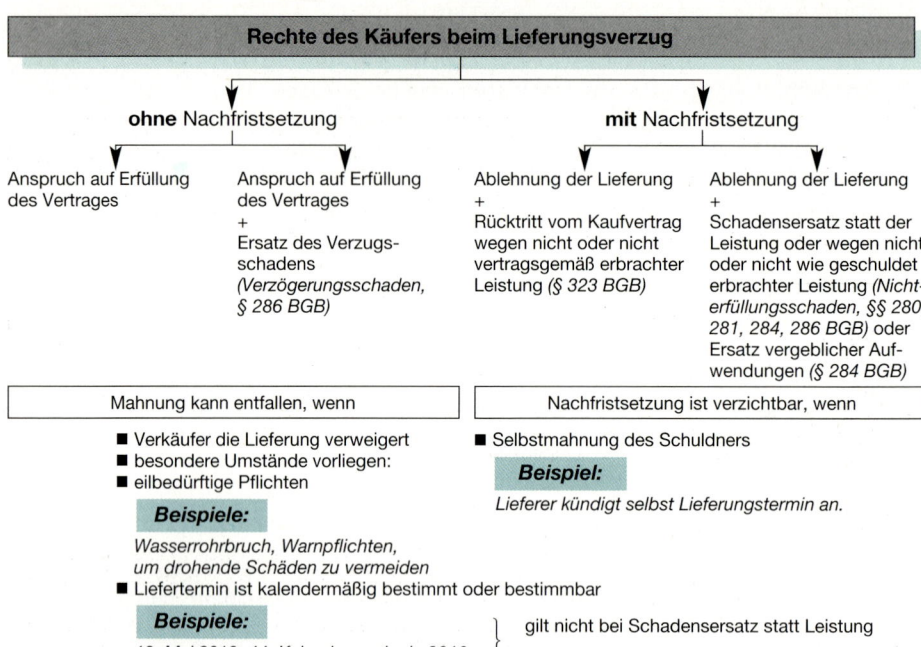

Anstelle Schadensersatz statt Leistung kann der Käufer den Ersatz vergeblicher Aufwendungen (Vertragskosten) verlangen (*§ 284 BGB*).

Der Verkäufer kommt nicht in Lieferungsverzug, wenn die Leistung infolge eines Grundes nicht erfüllt wird, den der Verkäufer nicht zu vertreten hat.

Beispiele:

Hochwasser, Erdbeben, Streik

3.4.4.2 Pflichtverletzungen des Käufers

Nicht rechtzeitige Zahlung (Zahlungsverzug)

Der Schuldner einer Geldforderung, die nicht auf einem Dauerschuldverhältnis (z. B. Darlehen, Miete, Pacht, Arbeitsverhältnis) basiert, erfüllt **nicht** seine Zahlungspflichten:

- der Schuldner ist ab Fälligkeitstag in Zahlungsverzug, wenn der Termin für die Zahlung kalendermäßig bestimmt ist,

- bei einem nicht kalendermäßig bestimmten Zahlungstermin ist der Schuldner in Zahlungsverzug, wenn der in einer Mahnung genannte Zahlungstermin verstrichen ist,

- wurde kein Fälligkeitstermin für eine Entgeltsforderung bestimmt, ist der Schuldner **30 Tage** nach Fälligkeit **und** Zugang einer Rechnung oder anderer gleichwertiger Zahlungsaufforderungen kraft Gesetz in **Zahlungsverzug** (= Schuldnerverzug, vgl. *§ 286 BGB*).

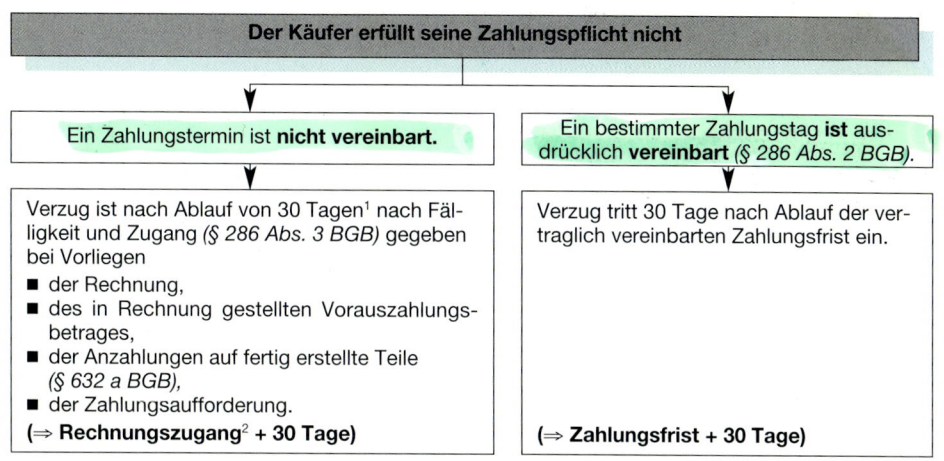

Der Käufer erfüllt seine Zahlungspflicht nicht

Ein Zahlungstermin ist **nicht vereinbart.**	Ein bestimmter Zahlungstag **ist** ausdrücklich **vereinbart** *(§ 286 Abs. 2 BGB).*
Verzug ist nach Ablauf von 30 Tagen[1] nach Fälligkeit und Zugang *(§ 286 Abs. 3 BGB)* gegeben bei Vorliegen ■ der Rechnung, ■ des in Rechnung gestellten Vorauszahlungsbetrages, ■ der Anzahlungen auf fertig erstellte Teile *(§ 632 a BGB)*, ■ der Zahlungsaufforderung. (⇒ **Rechnungszugang**[2] **+ 30 Tage**)	Verzug tritt 30 Tage nach Ablauf der vertraglich vereinbarten Zahlungsfrist ein. (⇒ **Zahlungsfrist + 30 Tage**)

Beispiel:

Das Kreditinstitut hat einen abgeschriebenen Firmen-Pkw an einen Gebrauchtwagenhändler verkauft. Die Übergabe des Fahrzeugs erfolgt am 20. Juni, die Rechnung über 6.250,00 EUR geht bei dem Händler am 22. Juni ein. Der Kaufpreis wird trotz Mahnungen erst am 15. August bezahlt.
*Ab dem 23. Juli befindet sich der Gebrauchtwagenhändler im Zahlungsverzug. Das Kreditinstitut kann ab diesem Tag Verzugszinsen für die Zeit **nach** dem 22. Juli bis **zum** 15. August einschließlich in Rechnung stellen.*
*Annahme: **Basiszinssatz** (vgl. Fußnote 1, nächste Seite) beträgt 0,12 % p.a. (01.07.2009)*

$$\text{Verzugszinsen} = \frac{6.250,00 \cdot 8,12 \cdot 24}{100 \cdot 365} = \underline{\underline{33,37\ EUR}}$$

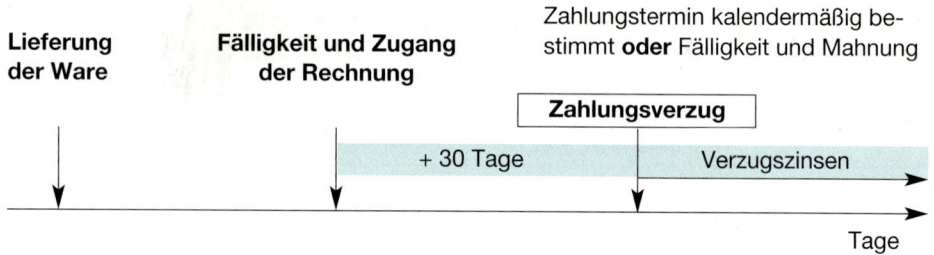

Ist der Zeitpunkt des Zugangs der Rechnung unsicher, so kommt der Zahlungsschuldner spätestens 30 Tage nach Fälligkeit und Empfang der Lieferung in Verzug (gilt nicht bei Verbrauchsgüterkauf).

---

[1] Bei Verbrauchsgüterkauf gilt dies nur, wenn der Käufer in der Rechnung hierauf gesondert hingewiesen worden ist.
[2] Im Streitfall muss der Gläubiger den Zugang der Rechnung beweisen.

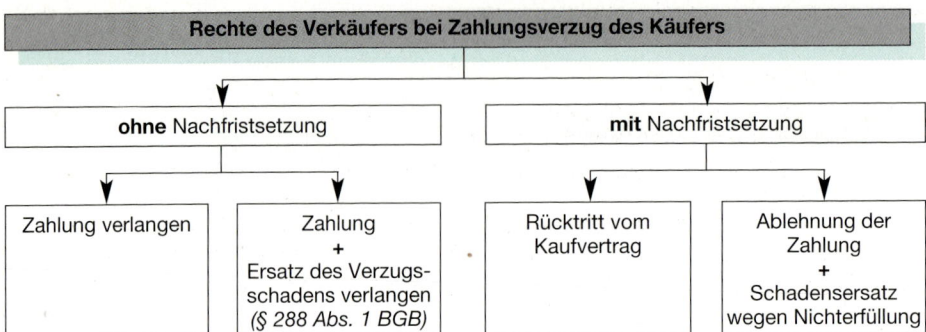

Der Verkäufer – auch bei zweiseitigem Handelskauf – kann dem Käufer zusätzlich zum Kaufpreis Verzugszinsen und alle mit der Eintreibung des Geldes angefallenen Kosten in Rechnung stellen.

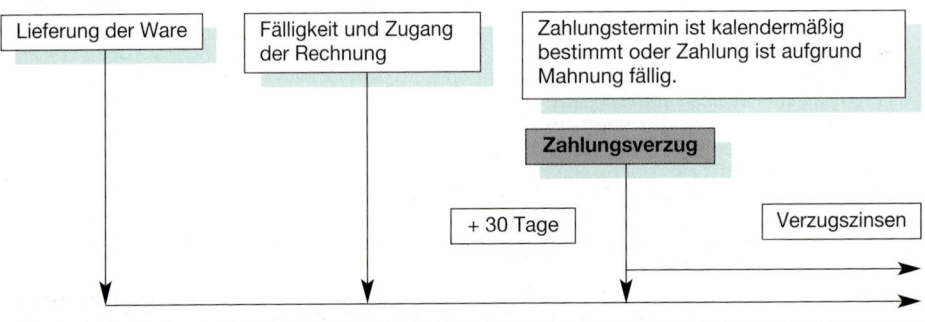

Vertragsart	Verzugszinsen	
• Verbrauchsgüterkauf	5 % p.a. + Basiszinssatz der Bundesbank ab Verzug	§§ 288 Abs. 1, 247 BGB
• Einseitiger Handelskauf • Bürgerlicher Kauf	8 % p.a. + Basiszinssatz der Bundesbank ab Verzug	§§ 288 Abs. 2, 247 BGB
• Zweiseitiger Handelskauf	8 % p. a. + Basiszinssatz der Bundesbank ab Verzug	§§ 288 Abs. 2, 247 BGB
	Gesetzliche Zinsen	
• Zweiseitiger Handelskauf	5 % p.a. ab Tag der Fälligkeit	§§ 352, 353 HGB

Gläubiger können einen höheren Verzugszins verlangen, wenn sie einen entsprechend höheren finanziellen Schaden durch Zahlungsverzug nachweisen (§ 288 Abs. 4 BGB).

Beispiele:

Basiszinssatz[1] ab 1. Juli 2009: 0,12 %
■ Verzugszinsen bei Verbrauchsgüterkauf 5 % + 0,12 % = 5,12 %
■ Verzugszinsen bei Handelskäufen 8 % + 0,12 % = 8,12 %

Beispiel:

Der Steuerberater M. Klein hat einen abgeschriebenen Pkw an die Privatperson P verkauft. Die Übergabe des Fahrzeugs erfolgte am 20. Juni; die Rechnung über 6.250,00 EUR geht bei P am 22. Juni ein. Der Kaufpreis wird trotz mehrfacher Mahnung erst am 16. August bezahlt. Ab dem 23. Juli befindet sich P in Zahlungsverzug. Der Steuerberater kann ab diesem Tag Verzugszinsen für die Zeit vom 23. Juli einschließlich bis zum 16. August einschließlich in Rechnung stellen.
Annahme: Basiszinssatz1 beträgt 0,12 % p.a.

$$\text{Verzugszinsen} = \frac{6.250,00 \cdot (8,00 + 0,12) \cdot 25 \text{ Tage}}{100 \cdot 365} = \underline{\underline{34,76 \text{ EUR}}}$$

---

[1] Der Basiszinssatz wird halbjährlich von der Deutschen Bundesbank (vgl. S. 615 ff.) neu berechnet.

Auswirkungen eines Zahlungsverzugs des Schuldners bei dem „Gläubiger" – Unternehmen:

- evtl. Liquiditätsprobleme,
- Beeinträchtigung der Rentabilität,
- evtl. Gefährdung der Wettbewerbsfähigkeit,
- in extremen Fällen sogar Zahlungsunfähigkeit und damit Arbeitsplatzverlust.

Für den Fall der Nichtzahlung kann der Anspruch des Verkäufers auf Rückgabe der Ware durch die ausdrückliche Vereinbarung eines **Eigentumsvorbehalts** abgesichert werden. Der Käufer erlangt in diesem Fall das Eigentum an der Ware erst mit der vollständigen Bezahlung des Kaufpreises *(§ 455 BGB)*.

▮ Annahmeverzug

> Der Käufer gerät in **Annahmeverzug** (Gläubigerverzug), wenn er die ordnungsgemäß (d. h. zur rechten Zeit, am rechten Ort, frei von Mängeln) gelieferte Ware nicht annimmt *(§§ 293, 294 BGB)*.

Der Käufer gerät in Annahmeverzug, wenn

- aus einem gültigen Vertrag heraus
- die Leistung fällig ist,
- die Leistung vom Verkäufer tatsächlich angeboten worden ist und
- die Leistung nicht vom Käufer angenommen worden ist.

Durch den Annahmeverzug geht die Gefahr des zufälligen Untergangs oder der zufälligen Wertminderung der Ware auf den Käufer über. Der Verkäufer hat während des Verzugs nur Vorsatz und grobe Fahrlässigkeit zu verantworten *(§ 300 BGB)*.

Der Verkäufer kann die Ware auf Kosten und Gefahr des Käufers hinterlegen *(z. B. in einem öffentlichen Lagerhaus)* und auf Abnahme der Ware klagen *(§ 373 Abs. 1 HGB)*. Voraussetzungen für den **Selbsthilfeverkauf** sind

- Fristsetzung zur Abnahme der Ware und
- Androhung des Selbsthilfeverkaufs,
- Mitteilung von Ort und Zeit des Selbsthilfeverkaufes,
- Mitteilung des Ergebnisses des Selbsthilfeverkaufes.
- Käufer und Verkäufer können bei der Versteigerung mitbieten, um einen möglichst hohen Preis.

Bei verderblichen Waren kann die Androhung entfallen *(Notverkauf § 373 Abs. 2 HGB)*.

Der Selbsthilfeverkauf erfolgt für Rechnung des säumigen Käufers *(§ 373 Abs. 3 HGB)*; Mehrerlöse stehen dem Käufer zu, Mindererlöse und Kosten der Versteigerung hat der Käufer zu tragen.

Leistungsstörungen beim Kaufvertrag – Pflichtverletzungen			
Schuldner			**Gläubiger**
Schlechtleistung (mangelhafte Lieferung)	**Nicht rechtzeitige Leistung (Schuldnerverzug)**		**Annahmeverzug**
	Nicht rechtzeitige Lieferung (Lieferungsverzug)	Nicht rechtzeitige Zahlung (Zahlungsverzug)	
Voraussetzungen für die Geltendmachung von Rechtsansprüchen durch den Käufer		Voraussetzungen für die Geltendmachung von Rechtsansprüchen durch den Verkäufer	
Auftreten eines **Sachmangels** innerhalb der gesetzlichen Gewährleistungsfrist von zwei Jahren *(§§ 434, 438 BGB)*	**Nichtlieferung** trotz Mahnung bzw. Nichteinhaltung des vereinbarten Liefertermins *(§ 286 BGB)*	**Nichtzahlung** trotz Mahnung bzw. Nichtzahlung am vereinbarten Zahlungstermin bzw. Nichtzahlung des Kaufpreises innerhalb von 30 Tagen nach Fälligkeit und Zugang der Rechnung *(§ 286 BGB)*	**Ordnungsgemäße Lieferung** der bestellten Ware *(§§ 293, 294 BGB)*
Rechtsansprüche des Käufers		**Rechtsansprüche des Verkäufers**	
■ **Nacherfüllung (= Mangelbeseitigung oder Neulieferung)** oder nach angemessener Fristsetzung und Fristablauf bzw. ohne Frist, wenn der Verkäufer die Nacherfüllung verweigert oder die Nacherfüllung fehlgeschlagen bzw. unzumutbar ist: ■ **Rücktritt vom Vertrag und Schadenersatz** oder ■ **Minderung (= Herabsetzung des Kaufpreises) und Schadenersatz** *(§§ 437, 439, 440, 441, 281, 325 BGB)* ■ **Schadenersatz statt Leistung** *(§§ 280, 281, 440 BGB)*	■ **Nachträgliche Lieferung und Schadenersatz wegen verzögerter Lieferung** nach angemessener Fristsetzung und Fristablauf: ■ **Rücktritt vom Vertrag und Schadenersatz wegen nicht oder nicht wie geschuldet erbrachter Leistung** *(§§ 280, 323 BGB)* ■ **Schadenersatz statt Leistung** *(§§ 280, 281, 440 BGB)*	**Forderung der Zahlung zuzüglich Mahnkosten und Verzugszinsen** ■ Käufer ist ein Verbraucher: Basiszinssatz plus 5 % p. a. ■ Käufer ist kein Verbraucher: Basiszinssatz plus 8 % p. a. *(§ 288 BGB)*	■ **Hinterlegung** der Sache auf Kosten und Gefahr des Käufers und Klage auf Abnahme *oder* bei hinterlegungsunfähigen Sachen nach vorheriger Androhung und Benachrichtigung: ■ **Selbsthilfeverkauf** im Wege der öffentlichen Versteigerung. Ein Mindererlös ist vom Käufer zu erstatten, den Mehrerlös erhält der Käufer. *(§§ 372, 383, 384 BGB)*

Abgrenzungen		
Beispiele:	**BGB**	**HGB**
Schweigen	**Schweigen** ist grundsätzlich **keine Willenserklärung** und somit weder Annahme noch Ablehnung eines Vertrages. **Ausnahmen:** Es gibt ausdrücklich geregelte Ausnahmen (*§§ 108 Abs. 2, 177 Abs. 2 BGB*).	**Schweigen** ist grundsätzlich **keine Willenserklärung** und somit weder Annahme noch Ablehnung eines Vertrages. *Ausnahmen:* Nach *§ 362 HGB* gilt das Schweigen eines Kaufmanns als Annahme zu einem Geschäftsbesorgungsvertrag nach *§ 675 BGB*.
Kaufmännisches Bestätigungsschreiben	Ein ausdrücklicher Widerspruch des Nichtkaufmanns ist nicht erforderlich, da dem bloßen Schweigen i. d. R. keine Erklärungswirkung zukommt.	Hat der Kaufmann mündlich oder telefonisch mit einem Geschäftspartner über Vertragskonditionen verhandelt und bestätigt dieser anschließend die Vereinbarung in schriftlicher Form, dann muss dem Bestätigungsschreiben ausdrücklich widersprochen werden, wenn es nicht dem Inhalt der Vereinbarungen entspricht. Anderenfalls kommt der Vertrag zu den Konditionen des Bestätigungsschreibens zustande.
Vergütung ohne ausdrückliche Vereinbarung	Eine Vergütung muss zwischen den Vertragsparteien vereinbart worden sein, ansonsten gilt der ortsübliche Marktpreis als vereinbart (*§ 632 BGB*).	Kaufleute können auch ohne ausdrückliche Vereinbarung einen Vergütungsanspruch geltend machen (*§ 354 Abs. 1 HGB*).
Schuldanerkenntnis, Schuldversprechen, Bürgschaften	Nur gültig, wenn die Schriftform gewahrt wurde.	Keine Formvorschriften (*§ 350 HGB*).
Sorgfaltspflichten	Treu und Glauben (*§ 242 BGB*).	Bei Handelsgeschäften wird eine erhöhte Sorgfaltspflicht verlangt: ■ sorgfältigen Behandlung aller Brief-, Telefax- und Telegrammein- und -ausgänge, ■ ausreichenden Versicherung wichtiger Sendungen, ■ Prüfung von Unterschriften auf Schecks sowie zur ■ sorgfältigen Aufbewahrung von Firmenbriefbögen und -stempeln, um Missbrauch zu verhindern.
Vertragsstrafen (weiter auf S. 274)	■ Im nicht-kaufmännischen Verkehr muss die Vereinbarung von Vertragsstrafen nach *§ 305 Abs. 2 und Abs. 3 BGB* genügen (deutliche Einbeziehung in den Vertrag). ■ *§ 309 Nr. 6 BGB* verbietet gegenüber Nichtkaufleuten formularmäßige Vertragsstrafen nicht schlechthin, aber für den typischen Konfliktfall bei Konsumentengeschäften.	Für den Kaufmann ist die Herabsetzung einer unverhältnismäßig hohen Vertragsstrafe nicht möglich (*§ 348 HGB*).

3

3

Abgrenzungen		
Beispiele:	**BGB**	**HGB**
Vertragsstrafen	■ Unwirksam sind Vertragsstrafen für den Fall • der Nichtabnahme, • der verspäteten Abnahme, • des Zahlungsverzuges, • der Konsument sich vom Vertrag löst. ■ Vertragsstrafen sind unwirksam, wenn sie den Schuldner gemäß *§ 307 Abs. 1 BGB* unangemessen benachteiligen.	
Abtretungsverbot	Ein Abtretungsverbot besteht, • wenn eine Leistung an einen anderen nicht ohne Inhaltsveränderung erfolgen kann, • wenn die Abtretung durch Vereinbarung ausgeschlossen ist *(§ 399 BGB)* oder • wenn die Forderung unpfändbar ist *(§ 400 BGB)*.	Bei zweiseitigen Handelsgeschäften ist die Vereinbarung eines Abtretungsverbotes **nicht zulässig** *(§ 354a HGB)*. Dies hat für den Kaufmann den Vorteil, dass er seine Geldforderungen als Sicherheit für Kredite abtreten kann.
Laufende Rechnung, Kontokorrent	■ Bei Nichtkaufleuten nicht möglich. ■ Zwischen Kaufleuten und Nichtkaufleuten bei ständiger Geschäftsbeziehung zulässig.	Nach *§ 355 HGB* kann ein Kaufmann eine Kontokorrentabrede treffen, d. h., erst in einer längeren Geschäftsbeziehung können gegenseitige Forderungen miteinander verrechnet werden. Zum Ende der Zeitperiode ist der Saldo zu berechnen.
Untersuchungs- und Rügepflichten	In den *§§ 434 ff., 309 Nr. 8b ee BGB* i.V.m. *§ 309 Nr. 8b ff BGB* wird bestimmt, dass eine durch AGB vereinbarte Ausschlussfrist für nicht offensichtliche Mängel der gesetzlichen Verjährungsfrist entsprechen muss; die Rügeobliegenheit hat daher kaum eine praktische Bedeutung.	Beim zweiseitigen Handelskauf muss der Käufer unverzüglich die Ware untersuchen und evtl. vorhandene Mängel rügen *(§ 377 HGB)*, sonst verliert er seine Gewährleistungsansprüche.
Fälligkeitszinsen	Im *BGB* nicht vorgesehen.	Bei einem zweiseitigen Handelsgeschäft kann ein Kaufmann ohne Verzug Fälligkeitszinsen in Höhe von 5 % verlangen *(§§ 353, 352 HGB)*.
Annahmeverzug	Der Nichtkaufmann muss Gewährleistungsansprüche innerhalb der Frist von *§ 428 BGB* gegenüber dem Verkäufer geltend machen.	Der Kaufmann kann beim Handelskauf die Ware auf Gefahr und Kosten des Käufers einlagern oder sie nach vorheriger Androhung öffentlich versteigern *(§ 373 HGB)*.

3.5   Mahn- und Klageverfahren

3.5.1   Außergerichtliches Mahnverfahren

Der Gläubiger einer Geldforderung hat Anspruch auf Zahlung aus einem Kauf-, Dienst-, Werkvertrag oder einer anderen Verbindlichkeit und der Schuldner zahlt nicht die geforderte Leistung.
Gründe für die Zahlungsverzögerung können z. B. Vergesslichkeit, Nachlässigkeit, Zahlungsunwilligkeit oder Zahlungsunfähigkeit des Schuldners sein.

> Die **Mahnung** ist eine einseitige, empfangsbedürftige Aufforderung des Gläubigers an den Schuldner und soll den Schuldner an die Fälligkeit einer Verbindlichkeit erinnern.

Ziel des außergerichtlichen Mahnverfahrens – hier der Mahnung – sollte sein,
- Außenstände schnell ohne Verärgerung des säumigen Kunden einzutreiben,
- Ausfälle von Forderungen zu minimieren,
- den Schuldner rechtlich in Verzug zu setzen.

Der Schuldner einer Geldforderung gerät immer 30 Tage nach Fälligkeit und Zugang der Rechnung in Verzug, aber der Gläubiger muss den Zugang der Rechnung beweisen können. Im Rechnungswesen müssen deshalb unbezahlte Rechnungen jederzeit überwacht werden können.

Zur Eintreibung der Forderung kann wie folgt **schrittweise** vorgegangen werden:

Zahlungserinnerung: Erinnerungsschreiben an den Zahlungspflichtigen mit Angabe einer neuen Frist an den Schuldner

Mahnung: Zustellung eines Schreibens mit der Kennzeichnung „**1. Mahnung**" und **Aufforderung zur Zahlung bis zu einem bestimmten Termin** unter Nennung von Auftrag, Vertrag, Rechnungsnummer usw. **Weitere Mahnungen** können geschrieben werden, sind aber aus rechtlicher Sicht nicht notwendig.

3.5.2   Gerichtliches Mahnverfahren

Wenn der Schuldner seine Zahlungspflicht nicht erfüllt, kann der Gläubiger versuchen, im Wege des **gerichtlichen Mahnverfahrens** seine Forderung geltend zu machen.

Das Gerichtliche Mahnverfahren hat zum Ziel, dem Gläubiger *(Antragsteller)* einer Geldforderung einen schnellen und einfachen Weg ohne eine mündliche Verhandlung zu eröffnen, um einen Vollstreckungstitel gegen den Schuldner *(Antragsgegner)* zu erhalten.
Der **Vollstreckungstitel** ist bedeutsam für den Gläubiger, weil titulierte Forderungen
- im Wege der Zwangsvollstreckung gegen den Schuldner durchgesetzt werden können,
- die Verjährung der Forderung hemmen *(vgl. § 204 Abs. 1 Nr. 3 BGB, § 167 ZPO).*

Im Mahnverfahren wird nur geprüft, ob der geltend gemachte **Anspruch auf Zahlung** durch Vorlage von Beweisstücken wie z. B. Vertrag, Rechnung genug bezeichnet ist; es wird nicht – wie im Klageverfahren – gerichtlich geprüft, ob die Forderung tatsächlich berechtigt ist.
Zuständig für das Mahnverfahren ist unabhängig vom Streitwert das Amtsgericht, bei dem der Antragsteller (Gläubiger) seinen allgemeinen Gerichtsstand hat (bei natürlichen Personen = Wohnsitz).

Nach *§ 690 Abs. 3 ZPO* ist die Antragstellung für Mahnbescheide bei den zentralen Mahngerichten für Rechtsanwälte nur noch auf dem Wege der elektronischen Übermittlung zulässig.

Beispiele:	*Zentrale automatische Mahngerichte:*
Bayern	*Amtsgericht Coburg,*
Baden-Württemberg:	*Amtsgericht Stuttgart*
Berlin + Brandenburg	*Amtsgericht Wedding*
Bremen	*Amtsgericht Bremen*
Hamburg + Mecklenburg-Vorpommern	*Amtsgericht Hamburg-Mitte*
Hessen	*Amtsgericht Hünfeld*
Niedersachsen	*Amtsgericht Uelzen*
Nordrhein-Westfalen	*Amtsgericht Euskirchen (OLG Bezirk Köln)*
	Amtsgericht Hagen (OLG-Bezirke Hamm, Düsseldorf)
Rheinland-Pfalz + Saarland	*Amtsgericht Mayen*
Sachsen + Sachsen-Anhalt + Thüringen	*Amtsgericht Aschersleben, Zweigstelle Staßfurt*
Schleswig-Holstein	*Amtsgericht Schleswig (nur automatisierte Verfahren)*

Voraussetzungen des Mahnverfahrens	
	1. Es werden Zahlungsansprüche auf eine bestimmte Geldsumme in EUR geltend gemacht (vgl. *§ 688 Abs. 1 ZPO*). Antragsberechtigt ist der Gläubiger einer Forderung. Geldansprüche in anderer Währung können nur im Klageverfahren angemeldet werden.
	2. Der Anspruch muss fällig sein.
	3. Der Anspruch darf nicht aus einer noch nicht erbrachten Leistung stammen.
	4. Der Antrag auf Erlass eines Mahnbescheides muss beinhalten: vollständige Bezeichnung der Parteien, ihrer gesetzlichen Vertreter und Prozessbevollmächtigten, Bezeichnung des Mahngerichtes, Bezeichnung des Anspruchs, genaue Bezeichnung der verlangten Leistung, unterteilt in Haupt- und Nebenleistungen, Erklärung, dass ein unbedingter und fälliger Anspruch besteht, Bezeichnung des Gerichts, das für ein evtl. streitiges Verfahren zuständig wäre, Unterzeichnung

Der Antrag ist vom Rechtspfleger nach Anhörung des Antragstellers kostenpflichtig zurückzuweisen, wenn

- die allgemeinen Prozessvoraussetzungen fehlen,
- die besonderen Zulässigkeitsvoraussetzungen des Mahnverfahrens fehlen,
- das angegangene Gericht nicht zuständig ist oder
- der Antrag in Form und Inhalt nicht den Anforderungen genügt

Wird der Antrag nicht zurückgewiesen, so ergeht der Mahnbescheid mit dem Hinweis, dass

- das Gericht nicht geprüft hat, ob dem Antragsteller der geltend gemachte Anspruch zusteht,
- innerhalb von zwei Wochen seit Zustellung des Mahnbescheides die behauptete Schuld nebst Kosten zu begleichen ist,
- dass dem Gericht mitzuteilen ist, ob und in welchem Umfang dem Anspruch widersprochen wird.

Weiterhin wird im Mahnbescheid der Vollstreckungsbescheid angedroht, aus dem der Antragsteller dann die Zwangsvollstreckung betreiben kann.

Der Mahnbescheid wird dem Antragsgegner zugestellt. Der Antragsteller wird über die Ausstellung sowie die Möglichkeit des Widerspruchs informiert.

> Der Mahnbescheid enthält die Aufforderung an den Schuldner (= Antragsgegner)
> - innerhalb von 2 Wochen seit Zustellung des Mahnbescheides die Geldschuld auszugleichen o d e r
> - Widerspruch zu erheben.

Nach Ablauf der Widerspruchsfrist und innerhalb von 6 Monaten nach Zustellung des Mahnbescheides kann der Antragsteller den **Vollstreckungsbescheid** beantragen. Nach

Ablauf einer zweiwöchigen Einspruchsfrist ab Zustellung wird der Vollstreckungsbescheid rechtskräftig und ist damit einem rechtskräftigen Urteil gleichgestellt.

Der **Vollstreckungstitel** berechtigt den Gläubiger (= Antragsteller) zur Zwangsvollstreckung in das Vermögen des Schuldners (= Antragsgegner).

Die **Zwangsvollstreckung** geschieht durch *Pfändung* von Sachen *(z. B. Betriebsmittel, Schmuck)*, die dem Schuldner gehören, oder von Forderungen *(z. B. Sparguthaben)*, die der Schuldner an Dritte hat. Sachen werden vom Gerichtsvollzieher, Forderungen vom Vollstreckungsgericht gepfändet.

Nicht pfändbar sind bestimmte Teile des Arbeitseinkommens, die dem Lebensunterhalt des Schuldners dienen sollen, sowie Gegenstände, die zur Aufrechterhaltung eines angemessenen Existenzminimums notwendig sind.

Schema für die Ermittlung des Netto-Arbeitseinkommens bei einer Lohnpfändung

3

A.	Bruttolohn bzw. -gehalt	EUR ......
	+ Lohnfortzahlungsbeträge, Urlaubsentgelt, Urlaubsabgeltung, Insolvenzgeld, Tantiemen, Gewinnanteile, Prämien, Zuschläge u. a. sowie etwaige Naturalleistungen des Arbeitgebers, Kost und Logis (amtliche Werte berücksichtigen)	+ EUR ......
	Bruttoarbeitseinkommen	= EUR ......
B.	abzüglich: Lohnsteuer, Solidaritätszuschlag, Kirchensteuer, Sozialversicherungsbeiträge (auch solche zur Weiterversicherung) und Beiträge an private Krankenversicherungen	./. EUR ....
C.	Nettoarbeitseinkommen	= EUR ....
D.	abzüglich: unpfändbare Bezüge:	
	1. Die Hälfte des Mehrarbeitslohnes	EUR ....
	2. Urlaubsgelder, Jubiläumszuwendungen, Treuegelder	EUR ....
	3. Aufwandsentschädigungen, Reise- und Umzugskosten, Auslösungen sowie sonstige Zulagen für auswärtige Beschäftigungen	EUR ....
	4. Entgelt für selbstgestelltes Arbeitsmaterial, Gefahrenzulagen, Schmutz- und Erschwerniszulagen	EUR ....
	5. Weihnachtsgratifikationen bis zur Hälfte des monatlichen Arbeitseinkommens, höchstens aber bis EUR 500,00	EUR ....
	6. Heirats- und Geburtsbeihilfen	EUR ....
	7. Erziehungsgelder, Studienbeihilfen und ähnliche Bezüge	EUR ....
	8. Sterbe- und Gnadenbezüge aus Arbeitsverhältnissen	EUR ....
	9. Blindenzulagen	EUR ..../. EUR........
	Nettoeinkommen für Lohnpfändungstabelle	= EUR ....

Kindergeld, Kinderzuschläge und vergleichbare Rentenbestandteile (Geldleistungen für Kinder) können nur wegen gesetzlicher Unterhaltsansprüche eines Kindes, das bei der Festsetzung der Geldleistungen berücksichtigt wird, gepfändet werden. Die Höhe des pfändbaren Betrages bei Kindergeld ist in *§ 54 Abs. 4 Nr. 1 und 2 des Ersten Buches Sozialgesetzbuch* geregelt.
Ein Anspruch auf **Erziehungsgeld** und ein Anspruch auf vergleichbare Leistungen der Länder können nicht gepfändet werden *(§ 54 Abs. 5 Erstes Buch Sozialgesetzbuch).*
Bei der Pfändung von **Kurzarbeiter- und Schlechtwettergeld** bedarf es eines besonderen Pfändungs- und Überweisungsbeschlusses.
Der Anspruch auf **Insolvenzgeld** kann wie der Anspruch auf Arbeitseinkommen gepfändet, verpfändet und übertragen werden, nachdem das Insolvenzgeld beantragt worden ist *(§ 188 SGB III).*
Der Anspruch auf **vermögenswirksame Leistungen** ist gemäß *§ 851 Abs. 1 ZPO* **nicht** pfändbar, weil er entsprechend *§ 2 Abs. 7 Satz 2 des 5. VermBG* nicht übertragbar ist.

Bei einer ergebnislosen Zwangsvollstreckung kann der Gläubiger beim Amtsgericht beantragen, dass der Schuldner eine sog. **eidesstattliche Versicherung** abgeben muss. Der Schuldner wird gezwungen, ein genaues Verzeichnis seiner Vermögenswerte aufzustellen und dessen Richtigkeit an Eides statt zu versichern. Verweigert der Schuldner die Abgabe der eidesstattlichen Versicherung, kann der Gläubiger gegen den Schuldner einen Haftbefehl mit dem Ziel der Abgabe der eidesstattlichen Versicherung beantragen.

Antrag auf Erlass eines Mahnbescheides und Arten des Antrages

Der Antrag darf nur in den (je nach Bundesland verschiedenen) drei zugelassenen Formen beim Mahngericht gestellt werden:

- schriftlicher Antrag,
- Online-Mahnverfahren.
- elektronische Datenübermittlung oder

Anträge auf Erlass eines Mahnbescheides können eingereicht werden

1. in Papierform

   Die Antragstellung kann erfolgen
   - in Papierform auf besonderen Vordrucken, die in Bürofachgeschäften zu erwerben sind,
   - als Barcodeantrag.

2. als elektronische Daten per Datenträgeraustausch

   Gemäß bundesweit einheitlich definierter „Konditionen für den elektronischen Datenaustausch" können Anträge auf Erlass eines Mahnbescheides dem Mahngericht mittels Datenträger (z. B. CD, DVD) übermittelt werden.

3. als elektronischer Datenaustausch per Internet

   Mit den Verfahren **„Online-Mahnantrag"** und „Elektronisches Gerichts- und Verwaltungspostfach" (www.egvp.de) können Anträge rechtswirksam über das Internet eingereicht werden. Die Daten werden mithilfe einer Chipkarte elektronisch signiert und verschlüsselt zum Gericht übertragen.

   Alternativ hierzu besteht die Möglichkeit, mithilfe des Online-Mahnantrages einen Barcode-Antrag zu erzeugen, der als nur maschinell lesbar im Sinne von *§ 690 Abs. 3 ZPO* gilt.

   Sofern ein elektronischer Versand der Daten erfolgt, wird dieser über die einheitliche Infrastruktur des EGVP unter Verwendung einer qualifizierten elektronischen Signatur abgewickelt.

   Der **Online-Mahnantrag** ermöglicht mit einem interaktiven Mahnantragsformular die elektronische Antragstellung für jeden Bürger. Eine Vielzahl automatischer Plausibilitätsprüfungen hilft, die im Antrag geforderten Angaben korrekt zusammenzustellen.

   Die eingegebenen Daten können entweder
   - elektronisch signiert und verschlüsselt an das zuständige Mahngericht übertragen,
   - auf den amtlichen Vordruck gedruckt und als Papierantrag eingereicht oder
   - mithilfe des Barcode-Antrags auf einem weißen Blatt Papier ausgegeben werden.

   Der **Barcode-Antrag** (Druck auf Papier) ist eine weitere Ausgabeoption im Online-Mahnantrag. Mithilfe des Online-Mahnantrages wird ein Antrag als PDF-Datei im Adobe Reader® erzeugt. Dieser wird auf Papier ausgedruckt, zusammengeheftet, original unterschrieben und an das Mahngericht verschickt. Das Mahngericht erhält erst durch die Zusendung des Antrags Kenntnis von dem Antrag. Diese Barcodes werden dann von dem Mahngericht automatisiert gelesen.

   Gestartet wird der Online-Mahnantrag über den Link: www.online-mahnantrag.de

   Das gerichtliche Mahnverfahren wird durch Einreichung eines Antrages auf Erlass des Mahnbescheides gem. *§ 690 ZPO* gestartet. Es wird ein Mahnbescheid erlassen. Dieser wird förmlich von Amts wegen durch die Post zugestellt *(§ 693 Abs. 1 ZPO)*.

   Der Antragsteller wird über den Erlass und die Zustellung benachrichtigt *(§ 693 Abs. 2 ZPO)*.

   In dem Antrag sind die genaue Bezeichnung des Antragstellers, des Gegners und die Forderung einzutragen. Hierzu gibt es amtlichen Ausfüllhilfen.

   Gleichzeitig mit dem Erlass des Mahnbescheides erhält der Antragsteller eine Kostenrechnung.

Das gerichtliche Mahnverfahren

Gläubiger (Antragsteller) stellt auf vorgeschriebenem Vordruck Antrag auf Erlass eines Mahnbescheides.

Gericht **prüft die Formvorschriften** gem. *§§ 688–690, 703c Abs. 2 ZPO.*

Liegen keine Formmängel vor, erlässt der zuständige Rechtspfleger den **Mahnbescheid** über die im Antrag bezeichnete Geldsumme, ohne den Antrag inhaltlich zu prüfen. Dieser Bescheid wird dem Schuldner (Antragsgegner) mit einer zweiwöchigen Zahlungsfrist zugestellt (*§ 693 Abs. 1 ZPO*). Hierüber wird der Antragsteller (Gläubiger) informiert (*§ 693 Abs. 2 ZPO*).

Wirkung: Die Zustellung bewirkt
- **Eintritt des Verzuges** (*§ 286 Abs. 1 S. 2 BGB*) und
- **Hemmung der Verjährung** (*§ 204 Abs. 1 Nr. 3 BGB*).

Schuldner zahlt Schulden, Verzugszinsen, Mahn- und Gerichtskosten.	Schuldner unternimmt nichts.	Schuldner erhebt Widerspruch innerhalb einer Frist von zwei Wochen nach Zustellung.

Ende des Verfahrens

Gläubiger stellt **Antrag auf Erlass eines Vollstreckungsbescheides (VB).**

Streitiges Verfahren
- Mündliche Verhandlung,
- Entscheidung des Gerichts: Urteil.

Das **Urteil** ist ein vollstreckbarer Titel.

Gericht erlässt den VB und stellt ihn dem Antragsgegner von Amts wegen mit einer Zahlungsfrist von zwei Wochen zu (*§ 699 Abs. 4 S. 1 ZPO*). Der VB ist ein vollstreckbarer Titel (*§§ 704, 794 ZPO*).

Schuldner zahlt Schulden, Verzugszinsen, Mahn- und Gerichtskosten.	Schuldner unternimmt nichts.	Schuldner erhebt Einspruch innerhalb von zwei Wochen nach Zustellung des VB.

Ende des Verfahrens

Der VB wird rechtskräftig. Der Antragsteller kann gegen den Antragsgegner vollstrecken, ohne eine Sicherheitsleistung erbringen zu müssen.

Streitiges Verfahren
- Mündliche Verhandlung,
- Entscheidung des Gerichts: **Urteil.**

Der Antragsteller (Gläubiger) kann beim zuständigen Vollstreckungsgericht innerhalb der nächsten 30 Jahre einen **Antrag auf Zwangsvollstreckung (ZV)** durch einen Gerichtsvollzieher stellen.

Der Gerichtsvollzieher (GV) treibt mit der Original Vollstreckungsbescheid-Urkunde die Geldforderung des Antragstellers ein, indem er Pfändungen, Zwangsversteigerungen und Zwangsverwaltungen durchführt oder eine Zwangshypothek eintragen lässt.

erfolgreich	fruchtlos

Der Gläubiger erhält sein Geld aus der ZV.

Der GV bescheinigt, dass die ZV in das bewegliche Vermögen des Schuldners erfolglos verlaufen ist (**Unpfändbarkeitsbescheinigung** oder **Pfandlosigkeitsbescheinigung**).

Bei einem streitigen Verfahren (Widerspruch, Einspruch) ist das Gericht örtlich zuständig, bei dem der Antragsgegner seinen allgemeinen Gerichtsstand hat. Dies ist in der Regel das Gericht, in dessen Bezirk der Antragsgegner wohnt oder seinen Sitz hat.

Rechnet der Gläubiger von vornherein mit einem Widerspruch oder Einspruch des Schuldners, wird er zur Durchsetzung seiner Forderung sofort das Klageverfahren einleiten.

3.5.3   Klageverfahren

3

Das Klageverfahren ist das ordentliche Verfahren der Gerichte zur Klärung von zivilen Rechtsstreitigkeiten und zur Durchsetzung von Rechtsansprüchen.

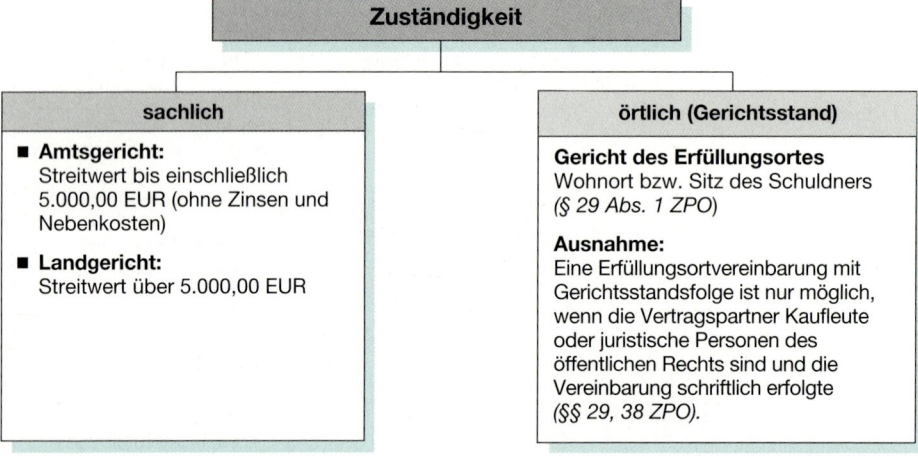

Die **Klageschrift** muss enthalten:

- **Bezeichnung der Parteien (wer gegen wen?)**
- **Klageantrag**

  Beispiel:

  „... den Beklagten zu verurteilen, an den Kläger 15.000,00 EUR nebst 6 % p. a. Zinsen seit dem 5. Jan. 20.. zu zahlen."

- **Klagegrund**

  Beispiel:

  „... wegen einer Forderung in Höhe von 15.000,00 EUR aus dem Kaufvertrag zwischen Kläger und Beklagtem ... "

- **Unterschrift des Klägers bzw. seines Rechtsanwalts**

In Zivilprozessen vor dem Landgericht, dem Oberlandesgericht und dem Bundesgerichtshof herrscht *Anwaltszwang*, d. h. die Parteien müssen sich durch einen beim betreffenden Gericht zugelassenen Rechtsanwalt vertreten lassen. In Zivilprozessen vor dem Amtsgericht besteht kein Anwaltszwang.

Ablauf des Klageverfahrens

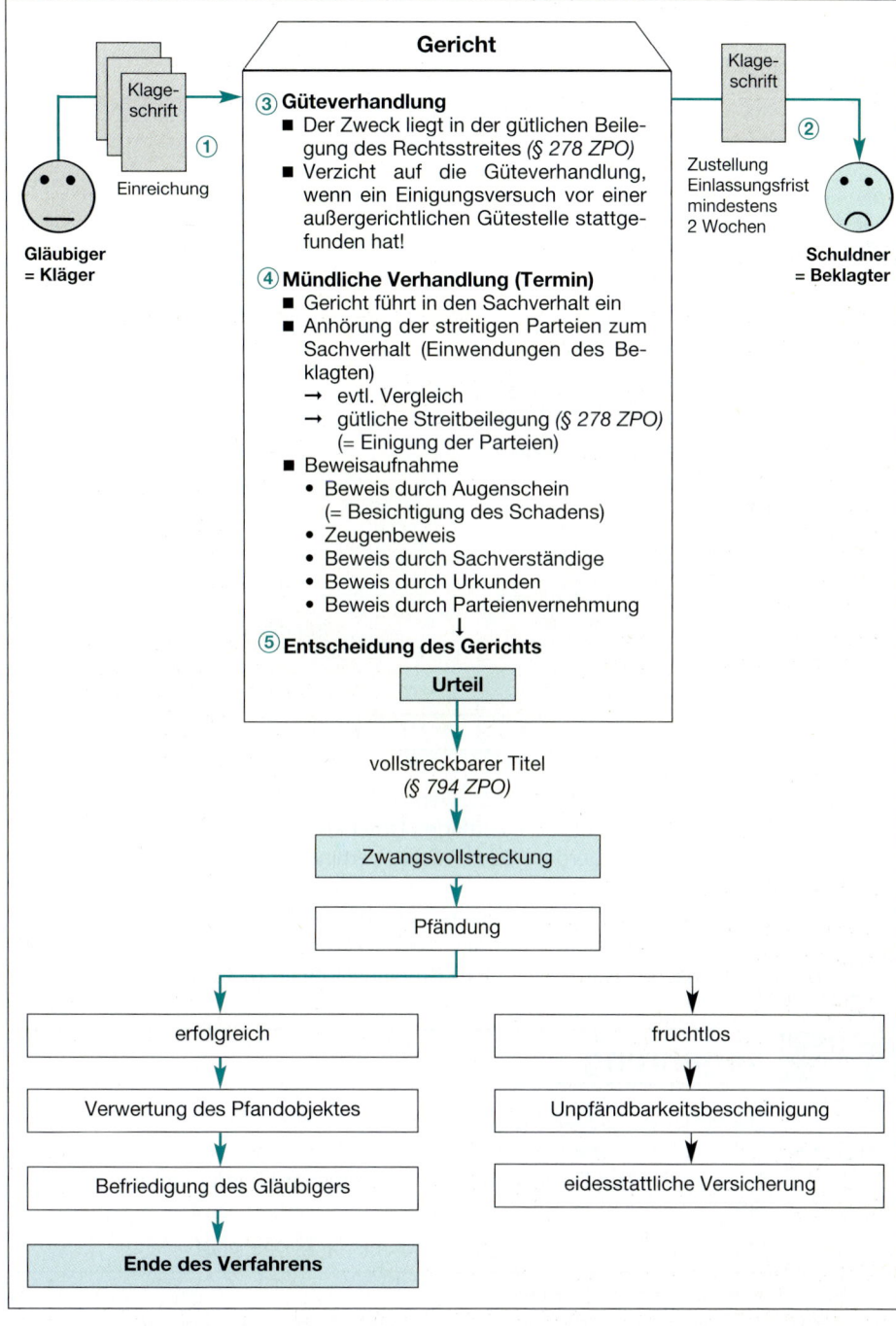

Rechtsmittel

Falls die unterlegene Partei mit dem Urteil nicht einverstanden ist, kann sie beim jeweils übergeordneten Gericht Rechtsmittel einlegen. Das übergeordnete Gericht muss dann das Urteil überprüfen.

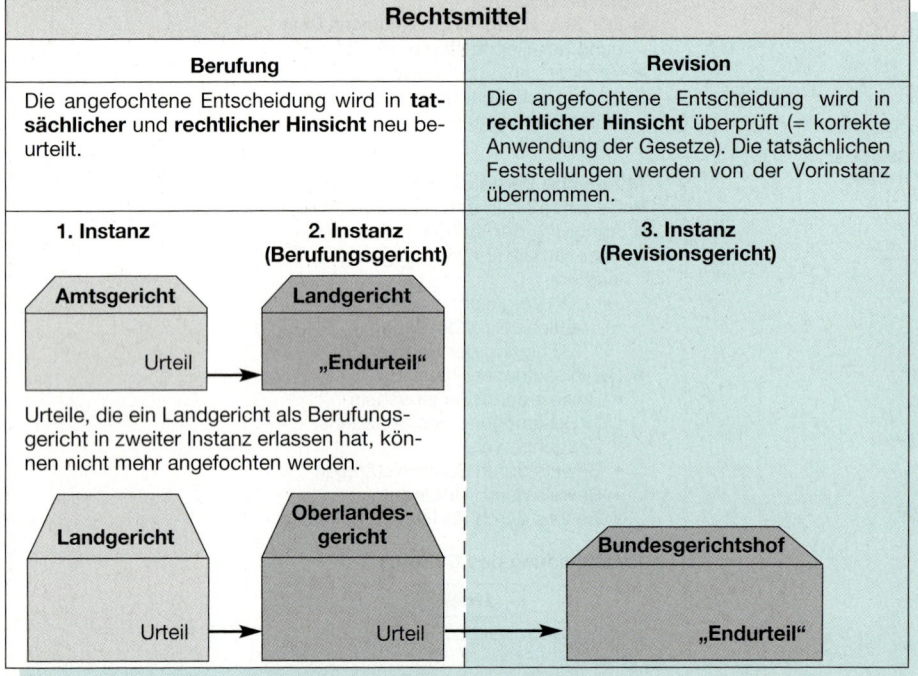

Rechtsmittel	
Berufung	**Revision**
Die angefochtene Entscheidung wird in **tatsächlicher** und **rechtlicher Hinsicht** neu beurteilt.	Die angefochtene Entscheidung wird in **rechtlicher Hinsicht** überprüft (= korrekte Anwendung der Gesetze). Die tatsächlichen Feststellungen werden von der Vorinstanz übernommen.

Ein Urteil ist rechtskräftig und vollstreckbar, wenn es nicht durch Rechtsmittel angefochten werden kann. Ein noch nicht rechtskräftiges Urteil kann jedoch im Urteilsspruch für vorläufig vollstreckbar erklärt werden. Es soll damit verhindert werden, dass der Schuldner durch Einlegung von Rechtsmitteln die Vollstreckung verzögert. Das Gericht kann die vorläufige Vollstreckbarkeit des Urteils gegen Sicherheitsleistung des Gläubigers anordnen. Im Urteilsspruch kann bestimmt werden, dass die Sicherheitsleistung durch Stellung einer selbstschuldnerischen Bürgschaft eines Kreditinstituts erbracht werden kann.

3.6 Verjährung

Verjährung bedeutet im deutschen Privatrecht, dass Ansprüche nach bestimmten Zeiträumen allein aufgrund der verstrichenen Zeit nicht mehr durchgesetzt werden können, d.h. der Schuldner kann ohne Beweise die geltend gemachte Forderung ablehnen (vgl. *§§ 194–218 BGB*).

Ausnahmen: *§§ 194 Abs. 2, 758, 2042 Abs. 2, 894–896, 898, 924 BGB.*

> Der Schuldner muss nicht mehr zahlen,
> - wenn die im Gesetz vorgeschriebene Verjährungsfrist abgelaufen ist **und**
> - wenn der Schuldner das Leistungsverweigerungsrecht („Einrede der Verjährung") geltend macht.

Im Gerichtsverfahren muss der Schuldner sich ausdrücklich auf die Verjährung berufen ("Einrede der Verjährung"); das Gericht wird selbstständig **nicht** die Verjährung prüfen oder darauf hinweisen.

Erfüllt ein Schuldner in Unkenntnis der Verjährungsfrist die Forderung nach Eintritt der Verjährungsfrist, kann er seine Leistung nicht mehr zurückfordern *(§ 214 Abs. 2 BGB)*.

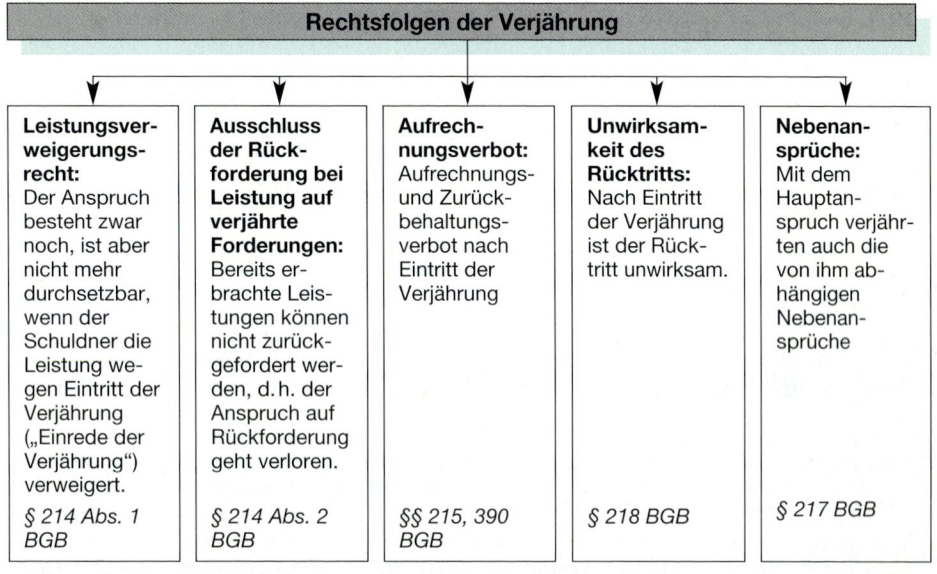

Rechtsfolgen der Verjährung

Leistungsverweigerungsrecht:	**Ausschluss der Rückforderung bei Leistung auf verjährte Forderungen:**	**Aufrechnungsverbot:**	**Unwirksamkeit des Rücktritts:**	**Nebenansprüche:**
Der Anspruch besteht zwar noch, ist aber nicht mehr durchsetzbar, wenn der Schuldner die Leistung wegen Eintritt der Verjährung ("Einrede der Verjährung") verweigert.	Bereits erbrachte Leistungen können nicht zurückgefordert werden, d.h. der Anspruch auf Rückforderung geht verloren.	Aufrechnungs- und Zurückbehaltungsverbot nach Eintritt der Verjährung	Nach Eintritt der Verjährung ist der Rücktritt unwirksam.	Mit dem Hauptanspruch verjährten auch die von ihm abhängigen Nebenansprüche
§ 214 Abs. 1 BGB	*§ 214 Abs. 2 BGB*	*§§ 215, 390 BGB*	*§ 218 BGB*	*§ 217 BGB*

Besonderheit: Wirkung der Verjährung bei gesicherten Ansprüchen *(§ 216 BGB)*

- akzessorische Sicherheit *(z. B. Hypothek, Pfandrecht):* Befriedigung ist trotz Verjährung möglich *(§§ 1137, 1169, 1211, 1254 BGB)*

- Sicherungsübereignung, Zession, Grundschuld: Rückforderung der Sicherheit wegen Verjährung der Forderung ist ausgeschlossen

- Eigentumsvorbehalt *(§ 216 Abs. 2 S. 2 BGB):* Rücktritt trotz Verjährung des Leistungsanspruchs ist zulässig

3.6.1 Verjährungsfristen

Regelmäßige Verjährungsfrist	Besondere Verjährungsfrist	
3 Jahre *(§ 195 BGB)*	**2 Jahre** *(§§ 438, 634a BGB)*	**30 Jahre** *(§ 197 BGB)*
Ansprüche		
Alle Ansprüche, die nicht ausdrücklich anderen Verjährungsfristen unterliegen. *Beispiele:* Darlehens-, Zins-, Miet-, Kaufpreisforderungen, arglistig verschwiegene Mängel, Vertragsverletzungen aus Lieferungs- und Annahmeverzug	Mängel bei ■ Kaufverträgen ■ Werkverträgen ■ Reiseverträgen Ausnahmen: ■ 5 Jahre bei Bauwerkmängeln ■ 1 Jahr bei gebrauchten Sachen	■ Herausgabeanspruch aus dinglichen Rechten (z. B. Eigentum) ■ Familien- und erbrechtliche Ansprüche ■ Vollstreckbare Ansprüche aus Urteilen, Vergleichen, Urkunden und Insolvenzverfahren

3

Beginn der Verjährungsfrist		
■ am Schluss des Jahres, in dem der Anspruch entstanden ist, und ■ mit der Kenntnisnahme des Gläubigers von der Person und den Umständen des Anspruchs	mit ■ Fälligkeit des Anspruchs ■ Lieferung der Sache ■ Abnahme des Werkes	■ Entstehung (Fälligkeit) des Anspruchs ■ Rechtskraft der Entscheidung ■ Zustellung des vollstreckbaren Titels ■ Eröffnung des Insolvenz-verfahrens
Beispiel: *Fälligkeit einer Darlehensforde-rung: 20.05.2011* *Ende der Verjährungsfrist:* *31.12.2014, 24:00 Uhr*	*Beispiel:* *Lieferung einer mangelhaften neuen Ware am 15.11.2011* *Ende der Verjährungsfrist:* *15.11.2013, 24:00 Uhr*	*Beispiel:* *Fälligkeit eines Anspruchs aus einem Urteil: 10.06.2011* *Ende der Verjährungsfrist:* *10.06.2041, 24:00 Uhr*

Nach Eintritt der Verjährung ist der Schuldner berechtigt, die Leistung zu verweigern.

Beispiel: **Bauwerk**

Eine Werkleistung wird am 15.03. des Jahres 10 abgenommen. Bereits am 17.05 des Jahres 10 stellt der Auftraggeber fest, dass der Auftragnehmer einen Mangel arglistig verschwiegen hat. Die Verjährungsfrist beginnt erst mit der Abnahme. Die Verjährungsfrist beträgt 5 Jahre und sie endet am 15.03. des Jahres 15.

Abweichung zum gleichen Fall:
Der Auftraggeber stellt den arglistig verschwiegenen Mangel trotz größter Sorgfalt erst am 16.03. des Jahres 16 fest, so beträgt die Verjährungsfrist gem. § 199 Abs. 3 Nr. 1 BGB 10 Jahre und endet erst am 16.03. des Jahres 20.

3.6.2 Neubeginn (Unterbrechung) und Hemmung der Verjährung

Neubeginn der Verjährung *(§ 212 BGB)*
Neubeginn der Verjährung bedeutet, die Verjährungsfrist beginnt nach dem Ende der Unterbrechung in vollem Umfang neu. Ursachen für eine Unterbrechung sind **Schuldanerkenntnis:** der Schuldner gibt durch sein Verhalten zu erkennen, dass er den Anspruch als bestehend ansieht und nicht bestreiten will.

Beispiele:

Anerkennung:	Leistung einer Abschlagszahlung, Zinszahlung, Sicherheitsleistung, Bitte um Stundung, Anerkennung von Mangelansprüchen, förmliches Schuldanerkenntnis
Nicht-Anerkennung:	Aufrechnung ist kein Unterbrechungsgrund (§ 215 BGB)

Vollstreckungshandlung: der Gläubiger hat seinen Anspruch gerichtlich geltend gemacht durch
■ Antrag auf Erlass eines Mahnbescheides und Annahme des Antrags,
■ Klageerhebung und Annahme der Klage,
■ Antrag auf Zwangsvollstreckung bei einem Gericht oder einer Behörde

Die bis zum Neubeginn der Verjährung verstrichene Zeit bleibt unberücksichtigt.
Die Verjährungsfrist beginnt von Neuem zu laufen.

Beispiel:

Eine am 10. März 2011 fällige Kaufpreisforderung mit dreijähriger Verjährungsfrist wurde am 20. August 2012 durch gerichtlichen Mahnbescheid geltend gemacht.

Fälligkeit	Beginn der Verjährung	Unterbrechung = Neubeginn	**normales** Ende der Verjährung	**tatsächliches** Ende der Verjährung

Die Zeit vom 1. Januar bis 20. August wird nicht eingerechnet.

10.03.2011	31.12.2011 nach 24:00 Uhr	20.08.2012 nach 24:00 Uhr	31.12.2014 24:00 Uhr	20.08.2015 24:00 Uhr

Hemmung der Verjährung *(§ 203 ff. BGB)*
Hemmung der Verjährung bedeutet, der Ablauf der Verjährung wird für eine bestimmte Zeit angehalten. Die verjährung wird dann um den Zeitraum der Hemmung verlängert. *(§ 209 BGB)*
Die Verjährungsfrist verlängert sich um die Dauer der Hemmung.

Dauer der Hemmung

Die Hemmung dauert
- bis der Prozess oder das sonstige Verfahren rechtskräftig entschieden oder
- anderweitig erledigt ist.

Kommt das Gerichtsverfahren durch Vereinbarung oder Nichtbetreiben zum Stillstand, so endet die Hemmung 6 Monate nach der letzten Prozesshandlung *(§ 204 Abs. 2 BGB)*.

- **Hemmung der Verjährung durch Rechtsverfolgung** *(§ 204 BGB)*
  - Erhebung der Klage auf Leistung,
  - Zustellung des Mahnbescheides im Mahnverfahren,
  - Anmeldung des Anspruchs im Insolvenzverfahren,
  - Geltendmachung der Aufrechnung des Anspruchs im Prozess.

  Die Hemmung endet 6 Monate nach der rechtskräftigen Entscheidung oder anderweitigen Erledigung des eingeleiteten Verfahrens.

- **Hemmung bei Verhandlungen über den Anspruch** *(§ 203 BGB)*
  Gläubiger und Schuldner verhandeln über Forderungsansprüche. Die Verjährung tritt dann frühestens drei Monate nach dem Ende der Hemmung ein.

- **Hemmung der Verjährung bei höherer Gewalt** *(§ 206 BGB)*
  Der Gläubiger ist innerhalb der letzten 6 Monate der Verjährungsfrist durch höhere Gewalt an der Rechtsverfolgung gehindert.

- **Hemmung der Verjährung bei Leistungsverweigerungsrecht** *(§ 205 BGB)*
  Der Schuldner ist aufgrund einer Vereinbarung mit dem Gläubiger vorübergehend zur Verweigerung der Leistung berechtigt.

  Beispiel: *Stundungsvereinbarung*

- **Hemmung der Verjährung aus familiären und ähnlichen Gründen** *(§ 207 BGB)*
  Ansprüche zwischen Ehegatten und Lebenspartnern, solange die Ehe bzw. Lebenspartnerschaft besteht.

Beispiel: *Hemmung:*

Eine am 20. August 2011 fällige Kaufpreisforderung mit dreijähriger Verjährungsfrist wird durch Klageerhebung am 10.02.2012 bis zum Tag der Rechtskraft des Urteils am 15.10.2012 gehemmt.

Verjährungserleichterungen

Nach *§ 212 Abs. 1 BGB* können formlos Verjährungsvereinfachungen vereinbart werden.

Besonderheit:

- bei Verbrauchsgüterverkauf *(§ 474 BGB)* darf die Verjährungsfrist nicht weniger als 2 Jahre betragen,
- bei gebrauchten Sachen darf die Untergrenze von 1 Jahr nicht unterschritten werden *(§ 475 Abs. 2 BGB)*.

Übungsaufgaben

1. Grenzen Sie ab:
   a) Gewohnheitsrecht – Gesetzesrecht – Vertragsrecht,
   b) Privatrecht – öffentliches Recht,
   c) Dispositives Recht – zwingendes Recht.

2. Grenzen Sie ab: Rechtsfähigkeit – Geschäftsfähigkeit – Deliktsfähigkeit.

3. Geben Sie Auskunft über die Erlangung der Rechts- und Geschäftsfähigkeit

   a) bei natürlichen Personen,
   b) bei juristischen Personen des Privatrechts.

4. Unterscheiden Sie zwischen dem Zubehör und den wesentlichen Bestandteilen eines Grundstücks. Geben Sie hierzu jeweils zwei Beispiele.

5. Stellen Sie fest, welche Arten von Rechtsgeschäften unten stehend aufgeführt sind. Gehen Sie dabei von den gesetzlichen Bestimmungen des BGB aus.

   Arten der Rechtsgeschäfte

   $\boxed{1}$ einseitige Rechtsgeschäfte mit empfangsbedürftiger Willenserklärung
   $\boxed{2}$ einseitige Rechtsgeschäfte ohne empfangsbedürftige Willenserklärung
   $\boxed{3}$ zweiseitige Rechtsgeschäfte – einseitig verpflichtend
   $\boxed{4}$ zweiseitige Rechtsgeschäfte – zweiseitig verpflichtend

a) Kaufvertrag	d) Geschäftsbesorgungsvertrag	f) Testament
b) Bürgschaft	(entgeltlich)	g) Schenkung (ohne Auflagen)
c) Anfechtung	e) Kündigung	h) Mietvertrag

6. Prüfen Sie in den folgenden Fällen, ob das beschriebene Rechtsgeschäft

   ■ anfechtbar,   ■ nichtig,   ■ weder anfechtbar noch nichtig ist.

   a) Der Vertrag wurde unter Ausnutzung der Notlage des Vertragspartners geschlossen.

   b) Die Willenserklärung wurde durch widerrechtliche Drohung erzwungen.

   c) Beim Verkauf eines Grundstückes fehlt die notarielle Beurkundung.

   d) Infolge eines Schreibfehlers ist eine zu große Menge bestellt worden.

   e) Der Verkäufer hat den Käufer durch arglistige Täuschung zum Vertragsabschluss gebracht.

   f) Der Käufer hat bei Vertragsabschluss angenommen, er würde die Ware zum niedrigstmöglichen Preis erhalten, und muss später feststellen, dass ein Konkurrenzunternehmen zu noch niedrigeren Preisen anbietet.

7. Prüfen Sie mithilfe des Gesetzestextes, ob für die aufgeführten Rechtsgeschäfte

   ■ Schriftform,   ■ notarielle Beurkundung,

   ■ notarielle Beglaubigung,   ■ keine äußere Form

   vorgeschrieben ist.

   a) Bürgschaftsversprechen eines Kaufmanns,

   b) Kündigung eines Mietverhältnisses über eine Mietwohnung,

   c) Abschluss eines Ehevertrages,

   d) Anmeldung einer Prokuraerteilung zur Eintragung in das Handelsregister,

   e) Abschluss eines Gesellschaftsvertrages zur Gründung einer BGB-Gesellschaft.

8. Prüfen Sie in den folgenden Fällen, ob es sich

- um einen Vertragsantrag,   - um eine Vertragsannahme,
- weder um einen Antrag noch um die Annahme eines Vertrages handelt.

aa) Der Käufer bestellt.   bb) Der Käufer nimmt sie in Gebrauch.
ab) Der Verkäufer lehnt die Lieferung ab.   ca) Der Verkäufer macht ein bindendes Angebot.
ba) Der Verkäufer sendet unbestellte Ware.   cb) Der Käufer bestellt nach einem halben Jahr.

Auftraggeber und Beauftragter stehen in ständiger Geschäftsverbindung.

da) Der Auftraggeber erteilt ohne vorherige Rücksprache seinem Geschäftspartner einen Auftrag zur Besorgung eines Geschäftes.
db) Der Beauftragte schweigt.

9. Entscheiden Sie in den nachfolgenden Fällen, ob das beschriebene Rechtsgeschäft

- anfechtbar,   - schwebend unwirksam,
- nichtig,   - weder anfechtbar noch nichtig ist.

a) Entgegen den Prospektangaben haben die von einem Kunden bei seinem Kreditinstitut gekauften Goldmünzen einen geringeren Feingoldgehalt.
b) Ein Kunde kauft bei seinem Kreditinstitut auf Empfehlung seines Steuerberaters Barrengold in Erwartung steigender Preise. Nach drei Tagen beginnt der Goldpreis zu sinken.
c) Der 15-jährige Thomas kauft bei einem Trödler von seinem Taschengeld einen rostigen Kavalleriesäbel zum Preis von 30,00 EUR. Sein Vater ist dagegen, dass Thomas sein Taschengeld für einen „solchen Blödsinn" ausgibt.

10. Das BGB regelt u. a. den Erwerb und den Verlust des Eigentums an beweglichen Sachen.

Stellen Sie in den unten stehenden Fällen fest, ob
- Eigentumserwerb vom Berechtigten,
- gutgläubiger Eigentumserwerb vom Nichtberechtigten,
- kein Eigentumserwerb vorliegt.

a) Ein 20-jähriger Auszubildender verkauft und übergibt einem anderen Auszubildenden eine CD von Michael Jackson, die er sich selbst geliehen hatte. Der Käufer hält den Verkäufer für den Eigentümer.
b) Der 8-jährige Stephan verkauft und übergibt seiner 7-jährigen Freundin Clara seinen Teddybär, Kaufpreis 1,00 EUR.
c) Einem Kreditinstitut wird eine Maschine zur Sicherung übereignet; gleichzeitig wird mit dem Kreditinstitut ein Besitzkonstitut vereinbart. Dem Kreditinstitut ist nicht bekannt, dass die Maschine mit einem Eigentumsvorbehalt belastet ist.
d) Ein 20-jähriger Auszubildender verkauft sein Fahrrad einem Freund. Er einigt sich mit dem Käufer über den Eigentumsübergang und tritt den Herausgabeanspruch an den Freund ab, da das Fahrrad an einen Dritten verliehen ist.

11. Entscheiden Sie in den nachfolgenden Fällen, in welcher Weise die Eigentumsübertragung vollzogen wird.

a) Ein Kunde kauft bei seinem Kreditinstitut einen Maria-Theresien-Taler, den er seiner Enkelin zu Ostern schenken möchte.
b) Ein Kunstmäzen verkauft eine Beuys-Plastik an einen Sammler; das Kunstwerk hängt als Leihgabe in einem Museum.
c) Ein Auszubildender übergibt sein altes Auto zu Reparaturzwecken an einen Kfz-Mechaniker; dieser möchte das Auto erwerben.
d) Ein Baumarkt liefert 1.000 Fensterscharniere an eine Großschreinerei. Die Lieferung erfolgt unter einem verlängerten Eigentumsvorbehalt (Verarbeitungsklausel). Die Scharniere werden in die für einen Schulbau vorgesehenen Fenster eingebaut, bevor die Rechnung des Baumarktes bezahlt ist.

12. Prüfen Sie, welche Ansprüche sich aus der Störung der Erfüllung bei nachstehenden Kaufverträgen der Modeboutique Elvira Ellis GmbH ergeben.

a) Die Elvira Ellis GmbH kauft bei einer Verlagsgesellschaft 2.000 Kunstkalender, die am 15. November geliefert werden sollen. Die Lieferung ist am 30. November noch nicht erfolgt, obwohl eine angemessene Nachfrist gesetzt wurde.

b) Die Elvira Ellis GmbH kauft ein Gemälde. Die Kunstgalerie sichert ausdrücklich zu, dass es ein Original ist. Bei der Prüfung des Gemäldes stellt sich heraus, dass es sich um eine Kopie handelt.

c) Die Elvira Ellis GmbH kauft Büromöbel. Bei Prüfung werden an verschiedenen Möbelstücken Fabrikationsfehler festgestellt und unverzüglich gerügt.

13. Die Modeboutique Elvira Ellis GmbH hat am 12. April mit der Fashion Textil AG einen Kaufvertrag über 100 Blusen der neuesten Sommerkollektion abgeschlossen. Als Liefertermin ist der 12. Mai vereinbart. Am 13. Mai wird der Elvira Ellis GmbH mitgeteilt, dass der Liefertermin aufgrund der hohen Auftragslage nicht eingehalten werden kann.
   a) Befindet sich die Fashion Textil AG im Verzug?
      Begründen Sie Ihre Auffassung.
   b) Welche rechtlichen Möglichkeiten hat die Elvira Ellis GmbH?

14. Der Modeboutique Elvira Ellis GmbH werden am 12. Juni fristgerecht fünf Plisseeröcke geliefert. Wegen des Urlaubs der Geschäftsführerin wird die Ware erst am 20. Juni ausgepackt. Dabei stellt sich heraus, dass zwei Plisseeröcke Webfehler aufweisen.
   a) Kann die Elvira Ellis GmbH den Umtausch der mangelhaften Ware verlangen? Begründen Sie Ihre Auffassung.
   b) Wie wäre der Fall zu beurteilen, wenn Frau Ellis für sich privat die Plisseeröcke bestellt hätte?

15. Die Schreinerei Klein OHG führt einen Auftrag des Kunden Weitzel aus.

   a) Die Klein OHG erhält am 09. Dez. 2010 vom Kunden Weitzel den Auftrag, einen Tisch nach Angaben des Bestellers herzustellen. Der Tisch ist am 21. Jan. 2011 fertig. Er wird am 3. Febr. 2011 geliefert und vom Kunden abgenommen.
      Wann beginnt und wann endet die Verjährung?

   b) Die Klein OHG liefert für den Neubau des Einfamilienhauses dem Kunden Weitzel die Holzfenster. Für diese Bauwerksarbeiten gelten die Regeln des BGB.
      Die Abnahme der eingebauten Fenster erfolgt am 12. Aug. 2011.
      Wann beginnt und wann endet die Verjährung?

   c) Die Klein OHG liefert an den Kunden Weitzel am 12. Okt. 2011 einen Bilderrahmen.
      ▪ Wie lange ist die Verjährungsfrist im Normalfall?
      ▪ Kunde Weitzel behauptet, er habe den Bilderrahmen fristgerecht wieder abbestellt und bestreitet den Anspruch über den Preis des Bilderrahmens.
         Im Rahmen einer Zahlungsklage erkennt Weitzel die Preisforderung der Klein OHG am 14. Juni 2012 an.
         Welche Auswirkungen hat die Anerkenntnis der Preisforderung auf die Verjährung?

16. Unter welchen Bedingungen ist es möglich, Arbeitseinkommen zu pfänden?

17. Bestimmen Sie in den nachfolgenden Fällen das Ende der Verjährungsfrist:
   a) Urteilsspruch vom 17. Mai 2010 zur Zahlung von 3.500,00 EUR an den Kläger (Zustellung des Urteils am 10. Juni 2010, Rechtsbehelfsfrist 1 Monat).
   b) Fälligkeit einer Handwerkerrechnung an die Familie Schmitz: 27. August 2010.
   c) Fälligkeit einer Zinszahlung wegen der Gewährung eines Darlehens: 14. Mai 2010.
   d) Fälligkeit eines Darlehens: 30. Dezember 2010.

18. Unterscheiden Sie zwischen Hemmung und Neubeginn der Verjährung: Geben Sie jeweils zwei Beispiele an.

19. Verkäufer K, Köln, übergibt und übereignet aus dem Kaufvertrag die Ware an den Käufer B, Bonn. Zahlungsbedingungen: bei Zahlung innerhalb von 10 Tagen 2 % Skonto, es gelten die gesetzlichen Regelungen. Die Rechnung ist datiert auf den 12. Feb. 10.

   a) Bestimmen Sie den Leistungsort für die Zahlung.

   b) Erfolgen die Zahlungen innerhalb der vorgegebenen Zeitspanne in folgenden beiden Fällen?
      ▪ Der Käufer B überweist am 22. Feb. 10. den Rechnungsbetrag durch Banküberweisung unter Abzug von Skonto.
      ▪ Der Verkäufer versendet per Brief am 22. Feb. 10 einen Verrechnungsscheck unter Abzug von Skonto.

4   Zahlungsverkehr

Unter Zahlungsverkehr[1] versteht man alle Geldbewegungen, Zahlungen in Form von Bargeld, alle halbbaren und bargeldlosen Zahlungen, den Geldeingang auf und den Geldausgang von Konten bei den Geldinstituten.

Zahlungsmittel sind
- Geld in Form von Bargeld, Buchgeld und elektrischem Geld,
- Geldersatzmittel (z. B. Scheck und Wechsel).

Zahlungsmittel dienen im Wirtschaftsverkehr
- als allgemeines Tauschmittel und
- zur Tilgung von Geldschulden.

Die Zahlungsmitteleigenschaft wird kraft Gesetzes erlangt. Deshalb spricht man von gesetzlichen Zahlungsmitteln. In Deutschland sowie im Euroraum sind dies auf Euro lautende Banknoten und Münzen sowie das Giralgeld (das Buchgeld = täglich fällige Guthaben bei Kreditinstituten).

4.1   Funktionen und Eigenschaften des Geldes

Geld ist das gesetzliche allgemein anerkannte vorgeschriebene Zahlungsmittel.

Geld übernimmt bestimmte Funktionen:

	Geld ist ...	
1.	**Rechenmittel** und **Wertmesser**	Geld ist als Rechnungseinheit und Rechenmittel anerkannt, d. h. jedem Gut kann ein Wert in Geld zugeordnet werden. Geld macht ungleiche Güter berechenbar und im Wert vergleichbar. Güter werden bewertbar.
2.	**Tauschmittel**	Geld wird beim Erwerb von Gütern und Dienstleistungen von allen als Zwischentauschmittel akzeptiert und als Gegenleistung getauscht. Geld erleichtert den Gütertausch.
3.	**Wertaufbewahrungsmittel**	Geld kann gespart werden, d. h. es wird Geldvermögen angesammelt, das in der Zukunft z. B. für Anschaffungen verwendet werden kann.
4.	**Liquiditätsreserve**	Die Wirtschaftssubjekte erhalten nur in Zeitabständen neues Geld wie z. B. Gehalt, aber es fallen täglich Ausgaben an.
5.	**Kreditübertragungs-** und **Schuldentilgungsmittel**	Gläubiger können Schuldner für einen bestimmten Zeitrahmen gegen Geld (= Zinsen) Geld überlassen, das die Schuldner nach dem bestimmten Zeitrahmen zurückzahlen (= tilgen) müssen.

Eigenschaften des Geldes

Geld ist
- wertbeständig
- teilbar
- leicht transportierbar
- allgemein anerkannt
- gut aufzubewahren (haltbar)
- knapp und begehrt
- staatlich geschützt

---

[1] hierzu sehr zu empfehlen: www.bundesbank.de/bildung/bildung_glossar_g.php

4.2   Geldformen

Unter Geldform ist die konkrete Erscheinungsform des Geldes zu verstehen.

Zu unterscheiden sind

- Münzen und Banknoten,
- elektronisches Geld (z. B. pay card, Point-of-Sale-Kassen mit automatischer Abbuchung, Geldautomaten, cyber money),
- Giralgeld (Sichtguthaben, Sparguthaben, Terminguthaben),
- Geldmarktfonds/Geldmarktpapiere, Schuldbriefe,
- Interbankengeld (Sichtguthaben und Terminguthaben zwischen Banken) sowie Giralgeld zwischen der Zentralbank (in Deutschland der Bundesbank) und den Monetären Finanziellen Instituten (MFI).

4.3   Währung

Währung

- ist das hoheitlich geordnete Geldwesen eines Staates einschließlich aller Regelungen zur Sicherung der Geldwertstabilität (Geldverfassung),
- bezeichnet die Geldeinheit einer Volkswirtschaft bzw. eines gemeinsamen Wirtschaftsraumes und die Deckungsart des umlaufenden Geldes (z. B. Goldstandard, Papiergeldwährung).

Durch die **Währungsordnung** wird festgelegt

- die Währungsbezeichnung und die Währungseinheiten,
- das Münzregal   (= das Recht zur Prägung von Münzen),
- das Notenprivileg (= das Recht zur Ausgabe von Banknoten),
- die Art des Währungssystems,
- die Art des Wechselkurssystems, d. h. die Regeln, nach denen der Außenwert (Wechselkurs = Preis einer anderen Währung) der Währung gegenüber Drittländern festgelegt wird,
- im weitesten Sinne alle Gesetzesvorschriften, welche die Geschäftstätigkeit der Kreditinstitute sowie den Geld- und Kapitalverkehr regeln.

▧ Währungssystem

Mit der Festlegung des Währungssystems entscheidet der Staat

- nach welchen Grundsätzen die Geldversorgung der Wirtschaft erfolgen soll,
- auf welche Weise das Vertrauen auf den Wert des Geldes gesichert wird.

▧ Währungsunion

Eine Währungsunion ist der **Zusammenschluss** von bisher selbstständigen Währungen, meistens verbunden mit dem Ziel der Einführung einer neuen einheitlichen Währung.

Beispiel:

Europäische Wirtschafts- und Währungsunion (WWU)

4.4   Geldarten

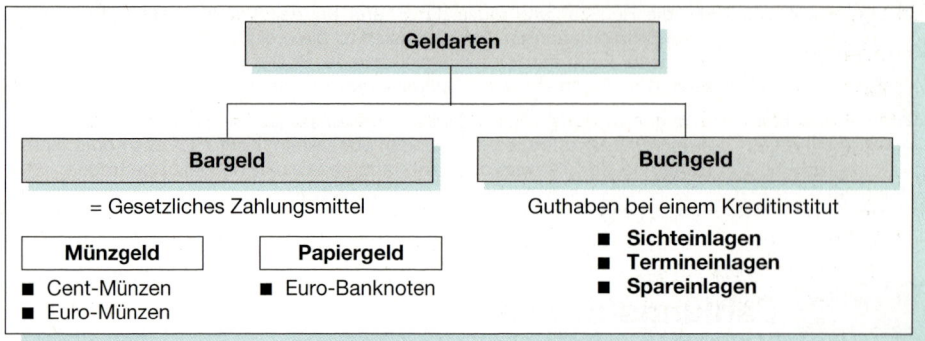

Bargeld

Bargeld

- ist der Bestand an gesetzlichen Zahlungsmitteln, es ist allgemein anerkannt, es besteht ein Annahmezwang als Zahlungsmittel.
- ist Münzgeld (Scheidemünzen, z. B. 10 Cent) und Papiergeld (Banknoten, z. B. 20-Euro-Schein).

Buchgeld (Giralgeld)

Buchgeld (deposit money) ist

- Geld auf Girokonten und
- Geld, das durch Kontokorrentkredite dem Konteninhaber zur Verfügung steht.

Buchgeld entsteht durch die **Geldschöpfung** der Banken. Es kann jederzeit in Bargeld umgetauscht werden. Es dient dem Zahlungsverkehr.

Für Buchgeld besteht **kein Annahmezwang**, außer auf Rechnungen wird eine Bankkontoverbindung angegeben.

Einlagen sind aus der Sicht von Banken Fremdmittel, die den Banken durch die Einleger überlassen werden.

Man unterscheidet Sicht-, Termin-, Spareinlagen und Tagesgelder.

■ Sichteinlagen	sind täglich fällige Guthaben auf einem Kontokorrentkonto (laufendes Konto). Sie dienen der Abwicklung des bargeldlosen Zahlungsverkehrs.
■ Termineinlagen	sind Geldmittel, die von Kunden den Geld- und Kreditinstituten für eine bestimmte Zeit für einen bestimmten Zinssatz überlassen werden.
■ Tagesgelder	sind auf besonderen Konten, die entweder „über Nacht" oder auf unbestimmte Zeit („bis auf Weiteres") vom Geldgeber überlassen werden, aber jederzeit von ihm zurückgefordert werden können und vom Geldnehmer zurückgezahlt werden.

■ Spareinlagen	sind Gelder von Kunden, die von den Geld- und Kreditinstituten auf Spar-konten geführt werden. Spareinlagen sind **kein Buchgeld**, weil sie nicht für den Zahlungsverkehr benutzt werden dürfen. Für die Rückzahlung muss der Sparer bei der Anlage vereinbarte Kündi-gungsfristen beachten. Am häufigsten ist die dreimonatige Kündigungsfrist. Bei dieser Form der Spareinlagen kann der Sparer pro Monat 2.000,00 EUR ohne Kündigung abheben. Spareinlagen werden verzinst.
■ Überweisungen, Daueraufträge, Kartenzah-lungen	sind gebräuchliche Formen des bargeldlosen Zahlungsverkehrs. Hier wird aufgrund des Auftrages des Kunden von seinem Konto auf das Konto eines Dritten bei der gleichen oder einer anderen Bank Buchgeld übertragen.

4.5 Zahlungsformen

Die Zahlungsform bestimmt, in welcher Art und Weise der Zahlungsschuldner gegenüber dem Zahlungsgläubiger seine Verpflichtung zur Zahlung erbringen kann.

Übliche Zahlungsformen im Wirtschaftsverkehr sind

- Anzahlung/Vorauszahlung mittels Überweisung (advance payment by remittance),
- offenes Zahlungsziel (open terms of payment),
- Teilzahlung/Ratenzahlung,
- Lastschriftverfahren,
- elektronische Zahlungsformen (z. B. Kreditkarte, DebitCard),
- Akkreditiv (letter of credit) im internationalen Geschäftsverkehr.

Zahlungsformen					
Barzahlung cash cash payment		**Halbbare Zahlung**		**Bargeldlose Zahlung** noncash payment cashless payment	
Zahlender	Empfänger	Zahlender	Empfänger	Zahlender	Empfänger
			S → H Gut-schrift S → H Last-schrift	S H Last-schrift →	S H Gut-schrift
Barzahlung		**Halbbare Zahlung**		**Bargeldlose Zahlung**	
Vorteile	Nachteile	Vorteile	Nachteile	Vorteile	Nachteile
■ sofortige Ver-fügbarkeit ■ gesetzlich garantiertes Zahlungsmittel ■ anonyme Verwendung ■ kein Konto erforderlich ■ schnell, be-quem für kleine Beträge ■ keine Kosten	■ Verlustrisiko ■ keine Verzin-sung ■ Zahlungsvor-gang ist nicht rückvollziehbar ■ schwieriger Zahlungs-nachweis ■ kein Schutz vor Diebstahl, Verlust ■ i. d. R. teuer bei Nutzung von Boten ■ Risiko des Verzählens ■ Nachzählen ist nötig	■ einfach ■ sicherer Zah-lungseingang (z. B. bei Nachnahme)	■ Zahlungsvor-gang ist nicht rückvollzieh-bar ■ teuer ■ i. d. R. kein Regress ■ umständlich ■ begrenzte Beträge ■ formgebunden	■ sicher ■ preiswert ■ bequem	■ Zahler kennt den Gut-schriftstag nicht ■ evtl. Buchungs-gebühren ■ Kontodaten des Empfän-gers müssen bekannt sein ■ form gebunden ■ Guthaben oder Dispositi-onskredit not-wenig

Die Zahlung selbst kann erfolgen als

- Barzahlung,
- halbbare Zahlung,
- bargeldlose Zahlung.

4.5.1 Barzahlung

Der Schuldner zahlt mit Bargeld, der Gläubiger erhält Bargeld.

Gläubiger und Schuldner benutzen für den Vorgang kein Bankkonto.

Es besteht ein Annahmezwang von Banknoten. Münzen – Banken ausgenommen – müssen nur bis zu einem Gesamtwert von höchstens 100,00 EUR angenommen werden.

Formen der Barzahlung	
■ Schuldner zahlt **selbst** bar	Direkte Übergabe zwischen Schuldner und Gläubiger.
■ **Bote** überbringt für den Schuldner das Bargeld	Bote (Beauftragter des Geldschuldners) überbringt das Geld an den Gläubiger des Geldes.
■ **Bargeldversand** mit Express-Sendungen und Postpaketen	Das Postunternehmen DHL bringt eilige und wichtige Briefe bis 2.000 Gramm über Nacht deutschlandweit ans Ziel. Die Haftung für diese Briefe ist von DHL auf 500,00 EUR beschränkt.
■ **Western Union Bargeld-transfer**	Das Geld wird in der Postfiliale oder per Telefon angewiesen und wird nach wenigen Minuten in 195 Ländern am Postschalter ausgezahlt. Der Betrag ist im Euro-Gebiet auf 200,00 EUR und für die übrigen Länder auf 260,00 EUR begrenzt. Der Empfänger muss kein Bankkonto besitzen. Er kann sich das Geld bar bei einer Postbank oder deren Vertragspartner wie z. B. Banken, Postbanken, Reisebüros, Tankstellen, Supermärkten, Tabakläden usw. abholen. Der Empfänger legitimiert sich durch Vorlage des Personalausweises oder des Reisepasses.

Der Gläubiger (hier der Bargeldempfänger) hat auf Verlangen dem Schuldner (Bargeldzahlender) ein schriftliches Empfangsbekenntnis (Quittung) zu erteilen *(§ 368 BGB)*.

> Die **Quittung** ist eine schriftlich verfasste Empfangsbestätigung des Zahlungsempfängers über den Erhalt des Geldes (§ 368 Abs. 1 BGB).

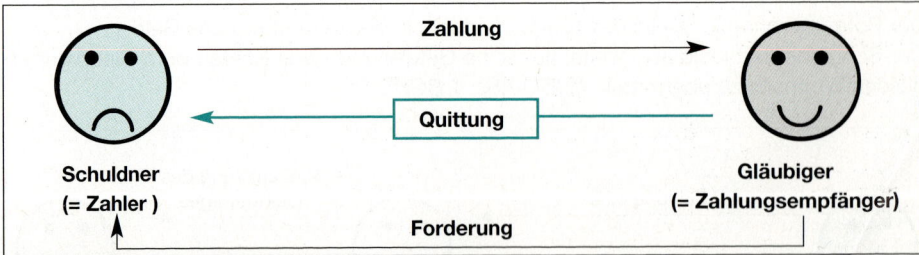

Als **Quittung** können dienen:

- Quittungsvordruck,
- Kassenbon,
- Aufdruck des Kassenstempels (*„Bezahlt"*) auf der Rechnung.

Bestandteile des Quittungsformulars sind:

- Betrag, ggf. gesonderter Ausweis der im Rechnungsbetrag enthaltenen Umsatzsteuer (Mehrwertsteuer),
- Name des Zahlers (Schuldner),
- Zahlungsgrund,
- Zahlungsort und -datum,
- Unterschrift des Zahlungsempfängers (Gläubiger), ggf. Aufdruck des Firmenstempels.

Beispiel:

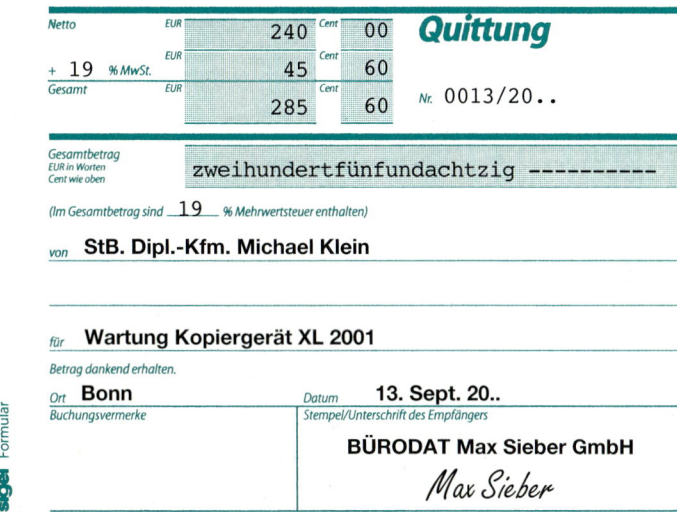

Der Schuldner wird immer dann auf einer Quittung bestehen, wenn

- der Kauf für seinen Geschäftsbetrieb getätigt wird und die Quittung als Buchungsbeleg dient,
- der Kauf aus steuerlichen Gründen gegenüber dem Finanzamt belegt werden muss,
- ein Umtauschrecht bzw. sonstige Gewährleistungsansprüche gewahrt werden sollen.

Die Quittung ist eine **Beweisurkunde**. Ist die gekaufte Sache mit einem Mangel behaftet, so ist die Quittung der Beweis für den Kauf in einem bestimmten Geschäft. Quittungen sind deshalb sorgfältig aufzubewahren.

Zahlung mittels eines Boten

Der Bote überbringt anstelle des Geldschuldners in dessen Auftrag das Geld.
Der Schuldner hat Geld im Zweifel auf seine Gefahr und seine Kosten dem Gläubiger an dessen Wohnsitz zu übermitteln *(§ 270 Abs. 1 BGB)*.

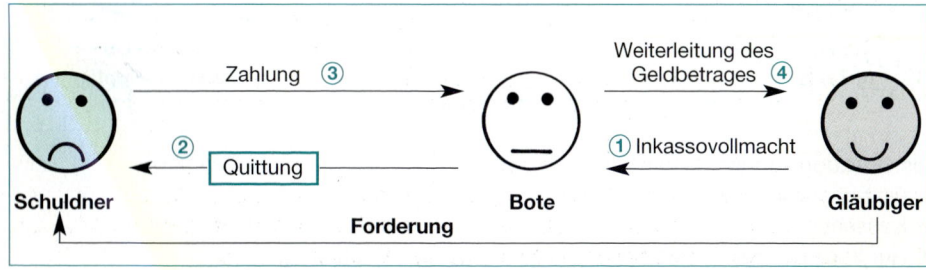

Die Verlustgefahr während der Überbringung (Transport) trägt der Geldschuldner. Er hat die Absendung, die Rechtzeitigkeit der Absendung und den Eingang des Geldes im Zweifel zu beweisen.

Wird Bargeld oder ein Barscheck per Brief verschickt, besteht auch bei Einschreibesendungen grundsätzlich kein Beweis des Zugangs des Geldes oder Barschecks bei Erhalt des Briefumschlages.

Der Überbringer einer Quittung gilt als ermächtigt, den Geldbetrag entgegenzunehmen (§ 370 BGB). Im Geschäftsleben wird auch das Vorweisen der Rechnung durch einen Boten zumeist als ausreichender Beweis für eine Inkassovollmacht angesehen.

> **Beispiel:**
>
> *StB. Michael Klein erhält von der Firma Lofforth GmbH einen neuen Schreibtischsessel geliefert. Der Bote übergibt die Rechnung in Höhe von 196,00 EUR und wünscht direkte Bezahlung. Die Steuerfachgehilfin zahlt den Betrag und lässt sich dies auf der Rechnung quittieren.*

4.5.2   Halbbare Zahlung

Entweder der Gläubiger oder der Schuldner haben ein Bankkonto und benutzen für den Vorgang dieses Bankkonto. Es wird ein Betrag bar eingezahlt und dem Konto des Empfängers gutgeschrieben oder der Versender des Geldes weist seine Bank an, einen bestimmten Betrag bar auszuzahlen.

Formen der Barzahlung	
■ **Zahlschein**	Mit einem Zahlschein zahlt der Schuldner bei einer Bank bar Geld ein, das auf dem Konto des Empfängers gutgeschrieben wird. Nur der Geldempfänger hat ein Bankkonto.
■ **Nachnahme**	Die Post oder ein anderes Logistik-Unternehmen verschickt eine Sendung für den Auftraggeber. Der Empfänger muss bei Entgegennahme der Sendung einen Geldbetrag bezahlen, der auf dem Konto des Versenders gutgeschrieben wird.
■ **Barscheck**	Der Gläubiger reicht bei seiner Bank einen Barscheck ein und erhält Bargeld. Dieser Betrag wird dem Konto des Schuldners belastet.
■ **Western Union Bargeldtransfer**	Ein Postbank-Kunde kann den Western Union Bargeldtransfer per Telefonbanking in Auftrag geben. Der angewiesene Betrag wird dann von seinem Girokonto abgebucht. Dem Empfänger wird das Geld am Postschalter oder bei Vertragspartnern wie z. B. Banken, Postbanken, Reisebüros, Tankstellen, Supermärkten usw. bar ausgezahlt.

4.5.3   Bargeldlose Zahlung

4.5.3.1   Grundlagen des bargeldlosen Zahlungsverkehrs

 **Konto**

Der bargeldlose Zahlungsverkehr wird überwiegend unter Einschaltung von Kreditinstituten abgewickelt. Voraussetzung hierfür ist, dass Gläubiger (Zahlungsempfänger) und Schuldner (Zahlender) über ein Konto bei einem Kreditinstitut verfügen.

> Das **Konto** ist eine chronologisch geführte Aufstellung über Forderungen und Verbindlichkeiten eines Kreditinstituts aus der Geschäftsbeziehung mit dem Kunden.

Auf der **Habenseite** des Kontos werden alle Geldeingänge **zugunsten** des Kunden (Gutschriften), auf der **Sollseite** werden alle Geldausgänge **zulasten** des Kunden (Belastungen) gebucht.

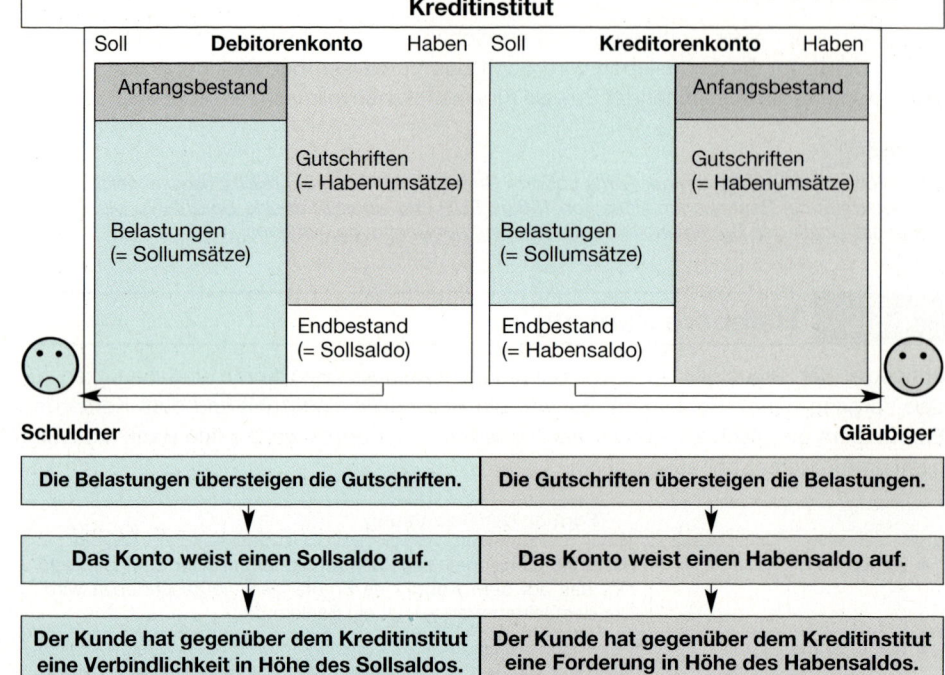

Eine Kontoeröffnung ist nur nach vorausgegangener Legitimationsprüfung zulässig.

Kontenwahrheit *(§ 154 AO)*: Das Kontowahrheitsprinzip dient dazu, Steuerhinterziehungen zu verhindern bzw. zu erschweren: Niemand darf auf einen falschen oder erdichteten Namen für sich oder einen anderen ein Konto eröffnen. Wer ein Konto führt, hat sich zuvor Gewissheit über die Person des/der Verfügungsberechtigten (Kontoinhaber, Bevollmächtigte) zu verschaffen und die Angaben festzuhalten. Das Kreditinstitut muss anhand einer alphabetisch geführten Namensdatei jederzeit darüber Auskunft geben können, über welche Konten eine Person verfügungsberechtigt ist.

Im Mittelpunkt der Geschäftsbeziehung zwischen Kreditinstitut und Kunde steht das **Kontokorrentkonto** (laufendes Konto, *§ 355 HGB*). Es dient der Abwicklung des bargeldlosen und halbbaren Zahlungsverkehrs. Bei ausreichender Bonität (Kreditwürdigkeit) ist der Kunde berechtigt, sein Konto bis zu einem bestimmten Betrag zu überziehen. Den auf diese Weise in Anspruch genommenen Kredit bezeichnet man als **Kontokorrentkredit**.

Die Kontohaltung hat folgende **Vorteile** für den Kunden:

- Verminderung der Bargeldhaltung, dadurch sichere Aufbewahrung des Geldes,
- bequeme Abwicklung des Zahlungsverkehrs vom Schreibtisch aus,
- keine Gefahr des Verzählens,
- jederzeitige Verfügbarkeit über das Konto an ec-Geldautomaten und electronic-cash-Terminals im Inland und im Ausland,
- ggf. Verzinsung des Kontoguthabens,
- ggf. Inanspruchnahme eines Kontokorrentkredits.

Auskunft über den jeweiligen Kontostand gibt der aktuelle **Kontoauszug**, der vom Kunden in der Geschäftsstelle des Kreditinstituts abgeholt werden kann oder ihm brieflich zugestellt wird.

Viele Kreditinstitute haben in ihren Geschäftsstellen **Kontoauszugsdrucker** installiert, mit deren Hilfe sich der Kunde (meist auch außerhalb der Schalteröffnungszeiten) einen Kontoauszug ausdrucken lassen kann. Der Kunde legitimiert sich dabei durch seine Ausweiskarte (Bank- oder Sparkassenkarte), deren Magnetstreifen von dem Gerät „gelesen" wird und den Druckvorgang auslöst.

Gironetze

Die Abwicklung des bargeldlosen Zahlungsverkehrs setzt voraus, dass die Kreditinstitute untereinander in Kontoverbindung stehen.

> Ein **Gironetz** ist ein System von Kontoverbindungen zwischen Kreditinstituten. Es ermöglicht die Abwicklung bargeldloser Zahlungen für den Fall, dass Zahlungspflichtiger und Zahlungsempfänger bei verschiedenen Kreditinstituten ein Konto unterhalten.

Innerhalb der einzelnen Institutsgruppen bzw. innerhalb des Filialnetzes eines Kreditinstitutes geschieht die Zahlungsabwicklung in der Regel über die jeweilige Zentrale, mit der die angeschlossenen Stellen in Kontoverbindung stehen.

Da die Zentralen der verschiedenen Gironetze ebenfalls in Kontoverbindung stehen, sind indirekt auch die den jeweiligen Zentralen nachgeordneten Kreditinstitute kontenmäßig miteinander verbunden.

Durch die Verbindung der Gironetze entsteht ein Verrechnungssystem, über das der bargeldlose Zahlungsverkehr auch zwischen den Kreditinstituten verschiedener Institutsgruppen lückenlos im Inland und mit dem Euro-Ausland abgewickelt werden kann.

Jedes Kreditinstitut ist durch eine 8-stellige Bankleitzahl gekennzeichnet.

> Eine **Bankleitzahl** (BLZ) ist die nach einem allgemein verbindlichen Klassifikationssystem verschlüsselte Kenn-Nr. eines Kreditinstituts.

Bankleitzahlen dienen als Sortiermerkmal und ermöglichen die genaue Identifizierung und Adressierung aller am Zahlungsverkehr teilnehmenden Kreditinstitute.

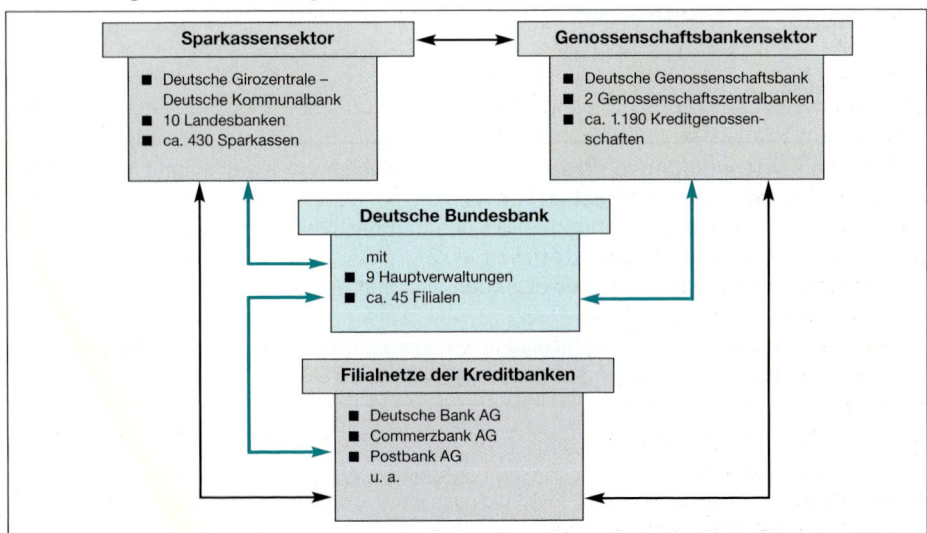

Die Deutsche Bundesbank nimmt im bargeldlosen Zahlungsverkehr eine Schlüsselstellung ein, da alle größeren Kreditinstitute bei einer der Geschäftsstellen der Deutschen Bundesbank ein Konto unterhalten.

> Die **Deutsche Bundesbank** sorgt für die bankmäßige Abwicklung des Zahlungsverkehrs im Inland und mit dem Ausland *(§ 3 BBankG)*.

Die bei den Geschäftsstellen der Deutschen Bundesbank für die Kreditinstitute geführten Konten dienen:

- als **Verrechnungskonten** im Rahmen des bargeldlosen Zahlungsverkehrs zwischen den Kreditinstituten,
- der **Liquiditätshaltung** und der Unterhaltung der **Mindestreserveguthaben**,
- der Abwicklung von Geschäften mit der Deutschen Bundesbank *(z. B. Offenmarktgeschäfte)*.

4.5.3.2 Überweisung (bank transfer)[1]

4

Der **Überweisungsauftrag** ist der Auftrag des Kontoinhabers an sein Kreditinstitut, zulasten seines Kontos buchmäßig einen bestimmten Geldbetrag aufgrund eines schriftlichen oder elektronischen Auftrages auf das Konto des Empfängers zu übermitteln.

Rechtsgrundlagen

Das BGB regelt die Rechtsbeziehungen zwischen allen Beteiligten im Überweisungsverkehr.

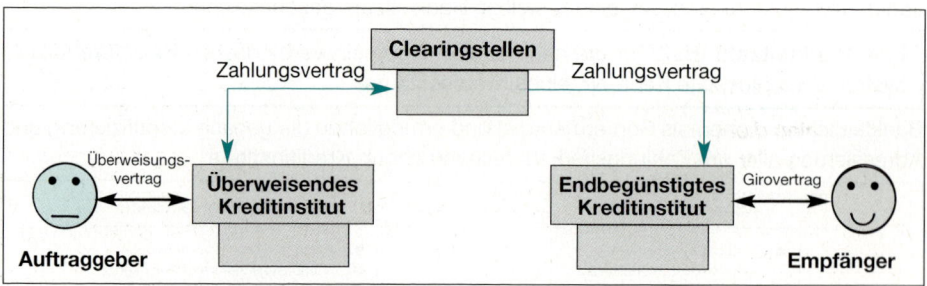

> Durch den **Überweisungsauftrag** wird das überweisende Kreditinstitut gegenüber dem Überweisenden (Auftraggeber) verpflichtet,
> - dem Begünstigten (Empfänger) einen bestimmten Geldbetrag zur Gutschrift auf dessen Konto zur Verfügung zu stellen,
> - Angaben zur Person des Überweisenden und den genannten Verwendungszweck mitzuteilen,
> - den Überweisungsauftrag rechtzeitig und – soweit nichts anderes vereinbart worden ist – ungekürzt zur Verfügung zu stellen *(§§ 676a–c BGB)*.

---

[1] Im Zuge der Schaffung eines einheitlichen Euro-Zahlungsverkehrsraums (SEPA = Single Euro Payments Area) wurde Ende Januar 2008 die auch international einsetzbare SEPA-Überweisung eingeführt (vgl. auch S. 304).

Durch den **Zahlungsvertrag** verpflichtet sich ein zwischengeschaltetes Kreditinstitut, einen Überweisungsbetrag an ein weiteres Kreditinstitut oder an das Kreditinstitut des Begünstigten weiterzuleiten *(§§ 676d–e BGB)*.

Durch den **Girovertrag** wird das Kreditinstitut verpflichtet,

- für den Kunden ein Konto einzurichten,
- eingehende Zahlungen auf dem Konto gutzuschreiben,
- abgeschlossene Überweisungsverträge zulasten dieses Kontos abzuwickeln *(§§ 676f–g BGB)*.

Die folgenden Bestimmungen gelten sowohl für den inländischen (seit 1. Januar 2002) als auch für den grenzüberschreitenden Überweisungsverkehr.

Informationspflicht

Das Kreditinstitut muss den Kunden vor Ausführung der Überweisung über folgende Konditionen informieren:

- Beginn der Dauer der Überweisung,
- Entgelt für die Ausführung der Überweisung,
- Wertstellung der Belastungsbuchung,
- bei Überweisungen in fremder Währung:
  Angabe des zugrunde gelegten Wechselkurses.

Diesen Informationspflichten kommt das Kreditinstitut in der Praxis durch Angabe im Preisverzeichnis nach.

Ausführungsfristen

Die Ausführung beginnt mit dem Tag der Auftragserteilung.

Die Gutschrift muss erfolgen	
bei institutsinternen Überweisungen innerhalb einer Geschäftsstelle	innerhalb eines Bankarbeitstages
bei institutsinternen Überweisungen zwischen Geschäftsstellen des gleichen Kreditinstituts	innerhalb von zwei Bankarbeitstagen
bei Inlandsüberweisungen zwischen verschiedenen Kreditinstituten	innerhalb von drei Bankarbeitstagen
innerhalb EU- und EWR-Staaten	innerhalb von fünf Bankarbeitstagen

Die Ausführungsfrist beginnt mit dem Tag, an dem der Auftrag erteilt wird. Hält das Kreditinstitut diese Fristen nicht ein, muss es den Überweisungsbetrag für die Dauer der Verspätung mit 5 % über dem aktuellen Basiszins[1] verzinsen.

Gutschrift des Überweisungsbetrages

Das Kreditinstitut ist verpflichtet, eine Überweisung spätestens einen Tag nach dem Eingang gutzuschreiben. Mit Firmenkunden kann eine abweichende Regelung getroffen werden. Bei institutsübergreifenden Überweisungen dürfen die Bank des Empfängers und zwischengeschaltete Kreditinstitute keine Gebühren vom Überweisungsbetrag abziehen. Beim Empfänger muss der volle Überweisungsbetrag ankommen. Überweisungsentgelte dürfen grundsätzlich nur an einer Stelle erhoben werden.

---

[1] Vgl. S. 270; der aktuelle Basiszinssatz ist abrufbar unter: www.bundesbank.de

Widerruf eines Überweisungsauftrages

Der Kunde kann nach Ausführung der Überweisung seinen Auftrag bis zu dem Zeitpunkt widerrufen, zu dem der Überweisungsbetrag der Empfängerbank zur Gutschrift zur Verfügung gestellt wird.

Haftung für fehlgeschlagene Überweisungen – „Geld-Zurück-Garantie"

Wird die Überweisung innerhalb einer Nachfrist von 14 Bankgeschäftstagen nicht erfolgreich ausgeführt, hat das Kreditinstitut unabhängig von eigenem Verschulden den Überweisungsbetrag bis zu einem Garantiebetrag von 12.500,00 EUR zuzüglich Zinsen und Gebühren zu erstatten. Es haftet nicht, wenn die Überweisung aufgrund fehlerhafter oder unvollständiger Weisungen des Überweisenden fehlgeschlagen ist. Hiervon unberührt bleiben verschuldensabhängige Schadenersatzansprüche, wobei bei Auslandsüberweisungen eine Haftungsbeschränkung auf 25.000,00 EUR vereinbart werden kann. Abweichungen von gesetzlichen Regeln können bei Überweisungen von mehr als 75.000,00 EUR oder Überweisungen ins außereuropäische Ausland vereinbart werden.

Schlichtungsstelle

Eine bei der Deutschen Bundesbank eingerichtete Schlichtungsstelle dient dazu, Rechtsstreitigkeiten mit Kunden des Kreditinstituts vor ordentlichen Gerichten zu vermeiden. Die Schlichtungsstelle ist unparteiisch für alle Kundenbeschwerden im Rahmen des Überweisungsverkehrs zuständig *(§ 29 AGB-Gesetz)*.

Auftragserteilung

Der Kunde kann einen Überweisungsauftrag erteilen:

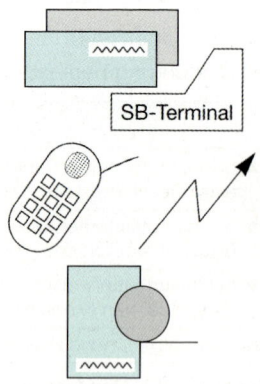

- *schriftlich* auf einem vom Kreditinstitut bereitgestellten **Überweisungsformular,**
- durch *manuelle* Eingabe der Überweisungsdaten an einem im Kreditinstitut installierten **Selbstbedienungsterminal** (SB-Terminal),
- im **Telefonbanking** (Direktbanking) durch *fernmündliche* Übermittlung der Überweisungsdaten,
- im **Homebanking** durch *elektronische* Übermittlung der Überweisungsdaten mithilfe eines PC,
- bei Massenüberweisungen durch Übermittlung eines **elektronischen Datenträgers** *(CD-ROM)*, auf dem die Überweisungsdatensätze gespeichert sind.

Mit der Annahme des Überweisungsauftrages durch das Kreditinstitut kommt ein Überweisungsvertrag zustande *(§ 676a BGB)*. Das Kreditinstitut ist verpflichtet, den Auftrag gemäß den Weisungen des Kunden auszuführen.

Überweisungsformular

Das Überweisungsformular ist ein zweiteiliger Durchschreibevordruck und bei allen Kreditinstituten einheitlich gestaltet.

Der Auftraggeber trägt auf dem Formular ein:

- Name und Anschrift des Empfängers
- Kontonummer des Empfängers

- Bankverbindung des Empfängers (Name, Sitz und Bankleitzahl des Kreditinstitutes)
- Verwendungszweck
- Überweisungsbetrag
- Kontonummer des Auftraggebers (Kontoinhabers)
- Name und Anschrift des Auftraggebers
- Datum und Unterschrift des Auftraggebers

Um die Abwicklung des Überweisungsverkehrs mithilfe der EDV zu vereinfachen, ist das Überweisungsformular so gestaltet, dass es mithilfe eines Schriftlesegerätes gelesen werden kann.

Auf diese Weise können die Angaben auf dem Überweisungsformular maschinell erfasst und in einen Überweisungsdatensatz umgewandelt werden. Bei der weiteren Abwicklung kann dieser Überweisungsdatensatz im Wege der **Datenfernübertragung** oder mithilfe eines **elektronischen Datenträgers** (Magnetband, CD-ROM) an das Kreditinstitut des Empfängers übermittelt werden.

Zahlungsabwicklung

Die Zahlungsabwicklung erfolgt beleglos.

Einstufige Überweisung

Unterhalten Auftraggeber und Empfänger bei demselben Kreditinstitut ein Konto, erfolgt die Auftragsausführung durch eine einfache Umbuchung.

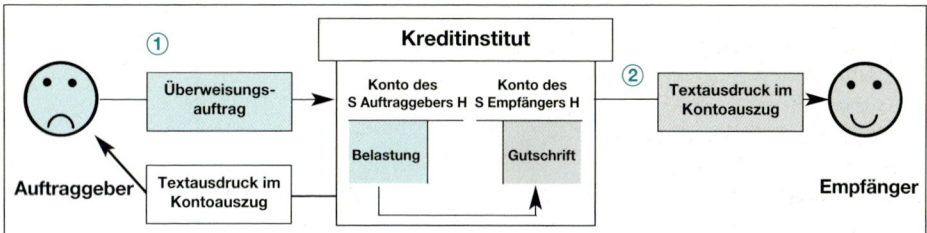

Mehrstufige Überweisung

In den meisten Fällen unterhalten Auftraggeber und Empfänger ihr Konto bei verschiedenen Kreditinstituten. Die Einschaltung einer oder mehrerer Verrechnungsstellen ist notwendig.

Clearingstellen (= Verrechnungsstellen) können die Zentralen der jeweiligen Kreditinstitute oder die Landeszentralbanken (= Geschäftsstellen der Deutschen Bundesbank) sein.

Beispiel:

Die Auszubildende Lisa Schmücker beauftragt die Sparkasse Duisburg, zulasten ihres Girokontos 106,90 EUR an den Rhenania Verlag GmbH zur Begleichung einer Bücherrechnung zu überweisen.

Bankverbindung des Rhenania-Verlages: Commerzbank AG, Frankfurt, BLZ 500 400 44, Kto.-Nr. 3
841 309. Die Sparkasse Duisburg und die Commerzbank AG in Frankfurt stehen nicht unmittelbar in Kontoverbindung. Beide Institute unterhalten jedoch bei der Landeszentralbank ein Konto. Durch Einschaltung der LZB als Verrechnungsstelle können auf diese Weise Geldbeträge zwischen beiden Kreditinstituten übermittelt werden.

② Die Durchschrift des Formulars bleibt als Beleg in den Händen des Auftraggebers.

① Das Original des Formulars ist der Überweisungsauftrag des Kunden an das Kreditinstitut. Es enthält die rechtsverbindliche Unterschrift des Auftraggebers und dient als Datenerfassungsbeleg sowie als Buchungs- und Beweisunterlage für das beauftragte Kreditinstitut.

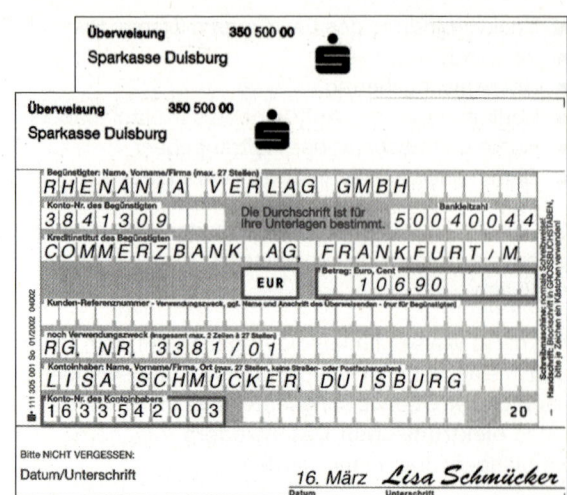

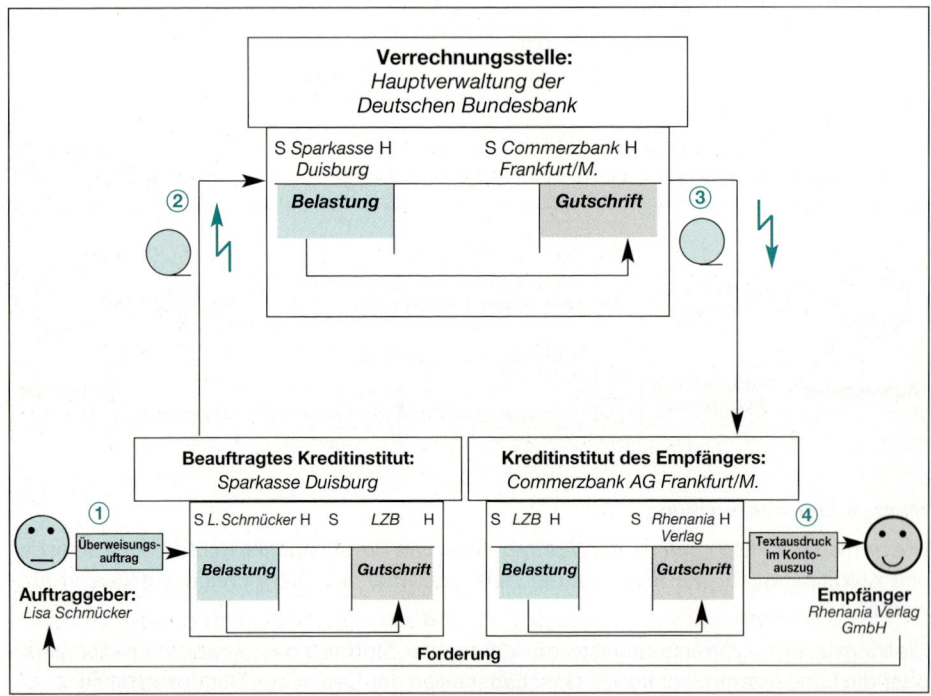

Sonderformen der Überweisung

Dauerauftrag (standing order)

> Durch einen **Dauerauftrag** erteilt der Kontoinhaber seinem Kreditinstitut den Auftrag, jeweils zu bestimmten Zeitpunkten einen stets gleich bleibenden Betrag auf das Konto des Empfängers zu überweisen.

Beispiele:

Mietzahlungen, Versicherungsprämien, Abonnements

Voraussetzungen für Zahlungen per Dauerauftrag:

- regelmäßig wiederkehrender Zahlungstermin,
- gleich bleibender Überweisungsbetrag,
- stets derselbe Empfänger und Verwendungszweck.

Der Dauerauftrag wird vom Kreditinstitut bis auf Widerruf bzw. bis zu einer Änderungsmeldung *(z. B. bei einer Mieterhöhung)* automatisch ausgeführt.

Sammelüberweisung (block transfer)

Aufgrund eines Auftrages werden mehrere Überweisungen ausgeführt.

Der im Sammelauftrag aufgeführte Betrag stimmt mit der Summe der einzelnen Überweisungsgegenwerte überein. Im **beleglosen Massenüberweisungsverkehr** reicht der Auftraggeber einen elektronischen Datenträger *(z. B. CD-ROM)* ein, auf dem die Überweisungsdatensätze gespeichert sind. Der unterschriebene Begleitzettel entspricht inhaltlich und rechtlich dem Sammelauftrag.

Auslandsüberweisung (foreign bank transfer)

Seit 2008 gibt es einen einheitlichen Euro-Zahlungsverkehrsraum (SEPA = Single Euro Payments Area), um die Zahlungsverkehrsinstrumente, Formate und Regelungen für nationale und grenzüberschreitende Zahlungen zu harmonisieren.

In EU-Ländern sind zur Kontenidentifizierung anzugeben:

- **IBAN** ⇒ **I**nternational **B**ank **A**ccount **N**umber, bestehend aus 22 Stellen, die sich aus dem Länderkennzeichen z. B. Deutschland DE, einer Bankkennzahl, der bisherigen nationalen Bankleitzahl (BLZ) und der Kontonummer bei der Bank bilden.
- **BIC** ⇒ **B**ank **I**dentifier **C**ode = Bankcode der „Empfänger-Bank"

> **Beispiel:**

Deutschland (DE), Volksbank Wachtberg e. G.
bisherige Konto-Nr. 1234567890, bisherige nationale BLZ 37069805

DE 74 37069805 1234567890 ⇒ IBAN

1 2 3 4

Verschlüsselung in Deutschland
➤ *Kontonummer (10 Stellen)*
➤ *Bankleitzahl (sorting code)*
➤ *Prüfziffer*
➤ *Länderkennzeichen. Deutschland = DE*

SEPA-Zahlungsinstrumente (SEPA-Überweisung, SEPA-Lastschrift, SEPA-Kartenzahlungen) **können** *seit 2008 verwandt werden. Ihre Einführung* **muss** *spätestens zum 01.11.2009 erfolgt sein.*

4.5.3.3 Lastschrift (payment made by direct debit)

> Die **Lastschrift** ist ein Instrument des bargeldlosen Zahlungsverkehrs, mit dem der Zahlungsempfänger (Gläubiger) unter Einschaltung von Kreditinstituten fällige Forderungen vom Konto des Zahlungspflichtigen (Schuldner) einziehen lassen kann.

Eine gesetzliche Grundlage zur Abwicklung von Lastschriften gibt es in Deutschland nicht. Es existiert nur eine Vereinbarung zwischen der Deutschen Bundesbank und den Spitzenverbänden der Kreditwirtschaft. Im Gegensatz zur Überweisung wird bei der Lastschrift der Zahlungsvorgang vom Zahlungsempfänger ausgelöst.

Die Abwicklung des Lastschriftverkehrs geschieht beleglos.

Das **Lastschriftverfahren** eignet sich insbesondere zum **Einzug von Forderungen**, die

- in regelmäßigen oder unregelmäßigen Zeitabständen
- in gleicher oder wechselnder Höhe
- in großen Massen gegenüber einem bestimmten Kreis von Schuldnern

laufend entstehen.

▪ Rechtsgrundlagen

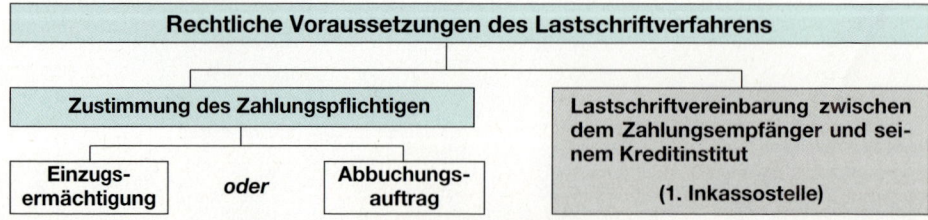

Zustimmung des Zahlungspflichtigen zum Lastschrifteinzug

Voraussetzung für den Einzug von Forderungen mittels Lastschrift ist die Zustimmung des Zahlungspflichtigen. Diese kann in Form einer Einzugsermächtigung oder eines Abbuchungsauftrages erteilt werden.

Bei der **Einzugsermächtigung** ermächtigt der Zahlungspflichtige den Zahlungsempfänger, die jeweiligen Forderungsbeträge mittels Lastschrift zulasten seines Kontos einziehen zu lassen.

Der Zahlungspflichtige kann einer unberechtigten Belastung **widersprechen** und die Lastschrift durch sein Kreditinstitut dem Konto des Zahlungsempfängers zurückbelasten lassen.

> **Beispiel:**
>
> *Ein Versicherungsnehmer wird von seiner Versicherung mit einer Prämie belastet, obwohl der Versicherungsvertrag bereits gekündigt war. Der Kunde kann bei seinem Kreditinstitut Widerspruch gegen die Belastung erheben und erhält daraufhin den Betrag wieder gutgeschrieben.*

Die Einzugsermächtigung muss grundsätzlich schriftlich erteilt werden. Nur in Ausnahmefällen ist bei Einmaleinzügen eine mündlich erteilte Einzugsermächtigung möglich.

> **Beispiel:**
>
> *Bezahlung einer Zeitungsannonce aufgrund einer telefonisch erteilten Einzugsermächtigung*

Beim **Abbuchungsauftrag** erteilt der Zahlungspflichtige seinem Kreditinstitut (Zahlstelle) den Auftrag, Lastschriften eines bestimmten Zahlungsempfängers einzulösen. Einer einmal erfolgten Belastung kann der Zahlungspflichtige hierbei nicht widersprechen. Ihm bleibt nur die Möglichkeit, den Abbuchungsauftrag (für die Zukunft) zu widerrufen.

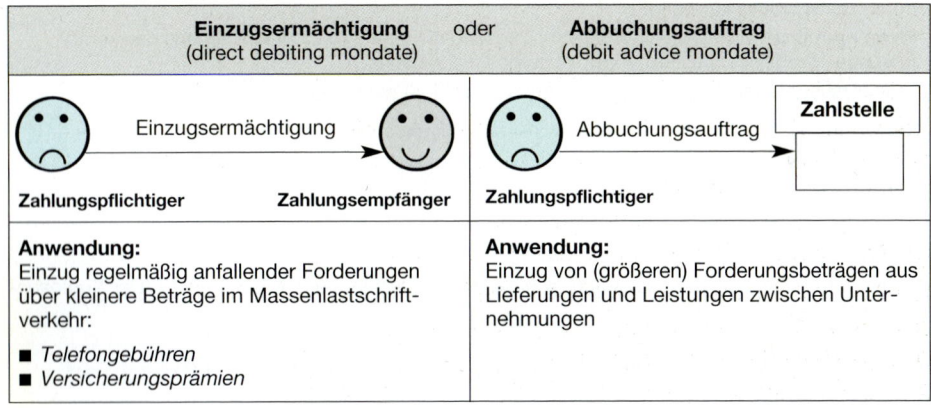

| Einzugsermächtigung oder Abbuchungsauftrag | |
(direct debiting mondate) (debit advice mondate)	
Zahlungspflichtiger Einzugsermächtigung Zahlungsempfänger	Zahlungspflichtiger Abbuchungsauftrag Zahlstelle
Anwendung: Einzug regelmäßig anfallender Forderungen über kleinere Beträge im Massenlastschriftverkehr: ■ *Telefongebühren* ■ *Versicherungsprämien*	**Anwendung:** Einzug von (größeren) Forderungsbeträgen aus Lieferungen und Leistungen zwischen Unternehmungen

Beispiel:

StB. Michael Klein hat mit der Fa. BÜRODAT Max Sieber GmbH einen Wartungsvertrag für seine Büromaschinen abgeschlossen. Mit Abschluss des Wartungsvertrages erteilt Herr Klein der BÜRODAT Max Sieber GmbH gleichzeitig eine Lastschrift-Einzugsermächtigung.

Ermächtigung zum Einzug von Forderungen durch Lastschriften

Name und Anschrift des Kontoinhabers

StB. Dipl.-Kfm. Michael Klein, Kölnstraße 55, 53173 Bonn

An (Zahlungsempfänger)

BÜRODAT Max Sieber GmbH
Viktoriastraße 2
52351 Düren

Hiermit ermächtige(n) ich/wir Sie widerruflich, die von mir/uns zu entrichtenden Zahlungen wegen
(Verpflichtungsgrund, evtl. Betragsbegrenzung)

Wartungsvertrag Nr. 38374

bei Fälligkeit zulasten meines/unseres Kontos mit der Nummer	Bankleitzahl
3805420101	**380 500 00**

bei (genaue Bezeichnung des kontoführenden Kreditinstitutes)

Sparkasse Rheinland

durch Lastschrift einzuziehen.

Wenn mein/unser Konto die erforderliche Deckung nicht aufweist, besteht seitens des kontoführenden Kreditinstitutes keine Verpflichtung zur Einlösung.

Teileinlösungen werden im Lastschriftverfahren nicht vorgenommen.

Ort/Datum	Unterschrift(en)
Bonn, 13. Sept. 20..	*Klein*

Beispiel:

Für das zurückliegende Quartal beläuft sich der Rechnungsbetrag auf 295,90 EUR. Der Kontoausdruck weist folgenden Textausdruck aus:

... wenn's um Ihr Geld geht ... SPARKASSE Rheinland

Konto-Nummer   3805420101

KONTOKORRENT-Kontoauszug   vom 4. Juli   Auszug Nr. 2

Lastschrift BÜRODAT GmbH   Valuta   Umsatz Soll/Haben
38374/2. Quart. 20..   3. Juli   295,90 EUR   S

StB. Michael Klein
Kölnstraße 55
53173 Bonn

alter Saldo	8.490,30 EUR	H
neuer Saldo	8.194,40 EUR	H

Lastschriftvereinbarung mit der 1. Inkassostelle

Der Zahlungsempfänger ist nur dann zum Einzug seiner Forderungen mittels Lastschriften berechtigt, wenn er zuvor mit seinem Kreditinstitut (1. Inkassostelle) eine entsprechende **Lastschriftvereinbarung** getroffen hat. Es werden nur Kunden von einwandfreier Bonität zugelassen. Aufgrund der Lastschriftvereinbarung ist der Zahlungsempfänger berechtigt, laufend bis zu einem bestimmten Höchstbetrag (Einreicherlimit) Lastschriften zum Inkasso einzureichen. Rechtlich handelt es sich bei einem Inkassoauftrag um einen Geschäftsbesorgungsvertrag *(§ 675 BGB)*.

- Die zum Inkasso eingereichten Lastschriften werden dem Kunden **„Eingang vorbehalten"** gutgeschrieben.
- Der Kunde verpflichtet sich, nur Lastschriften einzureichen, bei denen der Zahlungspflichtige dem Einzugsverfahren zugestimmt hat.
- Es dürfen nur fällige Forderungen eingezogen werden.
- Der Mindestbetrag für eine einzelne Lastschrift beträgt in der Regel 10,00 EUR.
- Die Summe der einzelnen Lastschriftbeträge darf das vereinbarte Einreicherlimit nicht übersteigen.
- Nicht eingelöste Lastschriften *(z. B. wegen mangelnder Kontodeckung oder Widerspruchs des Zahlungspflichtigen)* werden dem Kunden mit der Einreichungswertstellung zurückbelastet.

Lastschriftverfahren	
Vorteile für den Zahlungsempfänger	**Nachteile für den Zahlungsempfänger**
■ Schneller Zahlungseingang und Kosteneinsparung, ■ Liquidität kann besser geplant werden, ■ Mahnwesen wird vereinfacht, weil die Zahlungseingänge nicht gesondert überwacht werden müssen.	Das Bankkonto des Zahlungsschuldners muss gedeckt sein.
Vorteile für den Zahlungsschuldner	**Nachteile für den Zahlungsschuldner**
■ Bequeme Zahlung ohne großen Aufwand, ■ Schutz vor Fristversäumnissen, ■ keine Mahnkosten, ■ **nur** bei Einzugsermächtigung Widerrufsrecht, ■ wechselnde Beträge möglich.	■ Einschränkung der Liquidität, ■ der Zahlungsempfänger kann willkürlich, missbräuchlich oder rechtswidrig handeln, ■ kein Überblick mehr über den Kontostand (Kreditkarten, EC-Scheck).

Zahlungsabwicklung

- Der Zahlungsempfänger erteilt seinem Kreditinstitut (1. Inkassostelle) einen Sammeleinzugsauftrag. Diesem ist ein elektronischer Datenträger *(Magnetband, Diskette)* beigefügt, auf dem die einzelnen Lastschriftdatensätze gespeichert sind. Die zur Datenerfassung erforderliche Software erhält der Kunde von seinem Kreditinstitut.

- Die 1. Inkassostelle sortiert mithilfe ihrer EDV-Anlage die Datensätze nach Einzugswegen und leitet sie an die betreffenden Zahlstellen weiter.

- Bei ausreichender Kontodeckung belastet die Zahlstelle das Konto des Zahlungspflichtigen. Der Zahlungspflichtige wird durch einen entsprechenden Textausdruck auf dem Kontoauszug über die Belastung informiert.

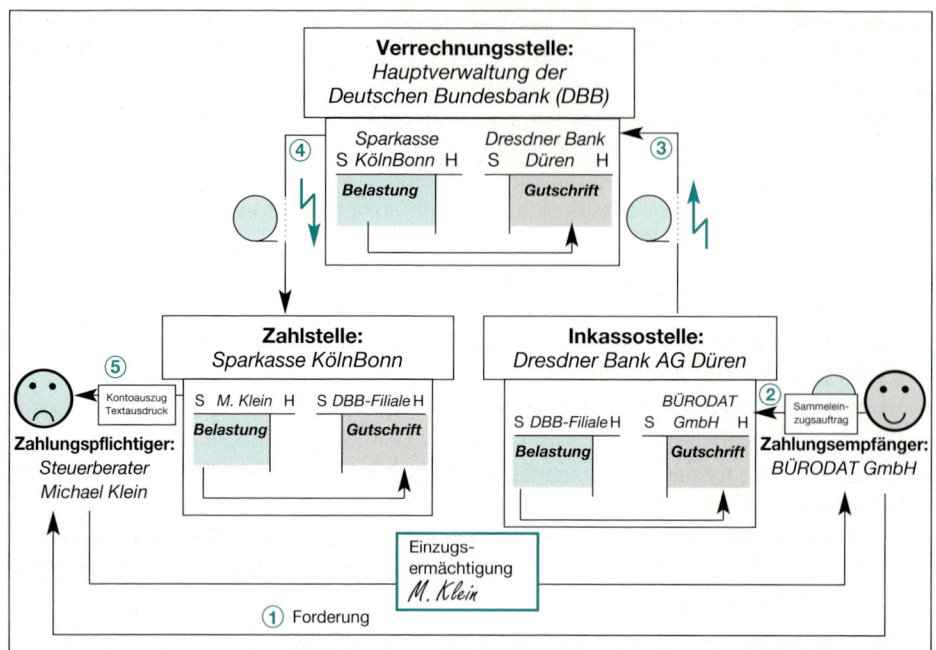

Bedeutung des Lastschriftverkehrs	
für den Zahlungspflichtigen	**für den Zahlungsempfänger**
■ keine Terminüberwachung ■ keine Anfertigung von Zahlungsbelegen **Nachteil:** Einschränkung der finanziellen Dispositionsmöglichkeiten, da zu den Fälligkeitsterminen für Kontodeckung gesorgt bzw. Einlösung durch teure Kreditinanspruchnahme erkauft werden muss.	■ gute Dispositionsmöglichkeit der eigenen Liquidität, da der Zahlungsvorgang von ihm ausgelöst wird ■ Zinsvorteile durch pünktlichen Zahlungseingang in einer Summe ■ Entlastung der Debitorenbuchhaltung und Vereinfachung des Mahnwesens ■ kostengünstige Möglichkeit des Einzugs von Außenständen durch Einsatz der EDV (insbesondere im Massenlastschriftverkehr)

4.5.3.4   Scheck (cheque)

Begriff des Schecks – Scheckarten

Der **Scheck** ist die schriftliche Anweisung des Kontoinhabers (= Scheckaussteller) an sein Kreditinstitut (= Bezogener), an den Inhaber des Schecks einen bestimmten Geldbetrag zulasten seines Kontos zu zahlen.

Der Scheck ist eine schriftliche Anweisung des Scheckausstellers an sein Kreditinstitut, bei Vorlage des Schecks zulasten seines Kontos beim Kreditinstitut einen bestimmten Betrag zu zahlen.

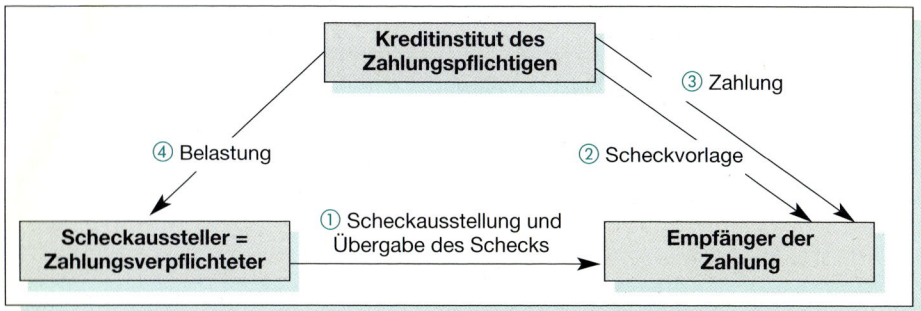

Rechtlich ist der Scheck …		Wirtschaftlich ist der Scheck …	
①	ein formgebundenes Wertpapier.	①	ein Geldersatzmittel.
②	eine verbriefte, abstrakte, selbstständige Geldforderung, d. h. die Scheckverbindlichkeit ist unabhängig von dem zugrunde liegenden Rechtsgeschäft.	②	ein Zahlungsmittel erfüllungshalber.
③	eine bei Sicht fällige Zahlungsanweisung.		
④	ein Orderpapier, d. h. der Betrag kann nur an die Person ausgezahlt werden, die auf dem Scheck vermerkt wurde. *Ausweg:* Durch Hinzufügung der Klausel „oder Überbringer" wird der Scheck zum Inhaberpapier.		

Gesetzliche Bestandteile des Schecks		Kaufmännische Bestandteile des Schecks	
①	Bezeichnung als Scheck im Text der Urkunde	①	Schecknummer
②	Unbedingte Anweisung eine bestimmte Geldsumme zu zahlen. Die Zahlungsanweisung darf an keine Bedingung geknüpft sein.	②	Kontonummer des Ausstellers
③	Name dessen, der bezahlen soll (= Bezogener).	③	Bankleitzahl der bezogenen Bank
④	Angabe des Zahlungsortes	④	Währungsbezeichnung und Scheckbetrag in Ziffern
⑤	Angabe des Tages der Ausstellung, Angabe des Ortes der Ausstellung	⑤	Angabe des Zahlungsempfängers
⑥	Unterschrift des Ausstellers	⑥	Verwendungszweck
		⑦	maschinell lesbare Codierzeile

Der Scheck ist nach *Art. 29 ScheckG* innerhalb bestimmter Fristen – gerechnet ab dem Ausstellungsdatum – einzureichen.

Die Vorlegungsfristen betragen

- 8 Tage für im Inland ausgestellte Schecks,
- 20 Tage für im europäischen Ausland oder in einem an das Mittelmeer angrenzenden Staat ausgestellten Scheck,
- 70 Tage für die in den übrigen Ländern ausgestellten Schecks.

4.5.3.5 Kartenzahlung

Die **Bank-/Sparkassenkarte** (früher: **ec-Karte**) ist in den vergangenen Jahren zu einem multifunktionalen **Electronic-Banking-Instrument** entwickelt worden.

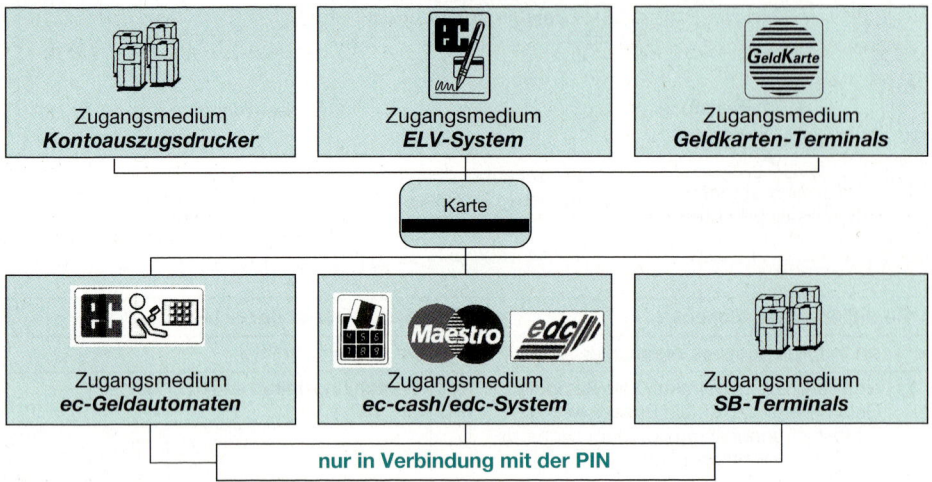

■ Karte als Zugangsmedium für Geldautomaten[1]

Der Karteninhaber kann an allen Geldautomaten im Inland und Ausland im Rahmen seines individuellen Verfügungsrahmens gegen Eingabe seiner persönlichen Geheimzahl (PIN = Persönliche Identifikationsnummer) Barabhebungen (auch mehrmals täglich) vornehmen.

Im Inland ist der Abhebungshöchstbetrag in der Regel auf 1.000,00 EUR begrenzt. Im Ausland erfolgt die Auszahlung in Landeswährung. Die Abhebungen werden aufgrund des bestehenden Online-Verbundes dem Konto des Kunden sofort belastet. Die Abhebungen an ausländischen Geldautomaten werden zum Devisengeldkurs bzw. zum EUR-Umrechnungskurs umgerechnet und kosten in der Regel jeweils 3,00 EUR.

■ Karte als Zugangsmedium für das electronic-cash-edc-Maestro-System[1]

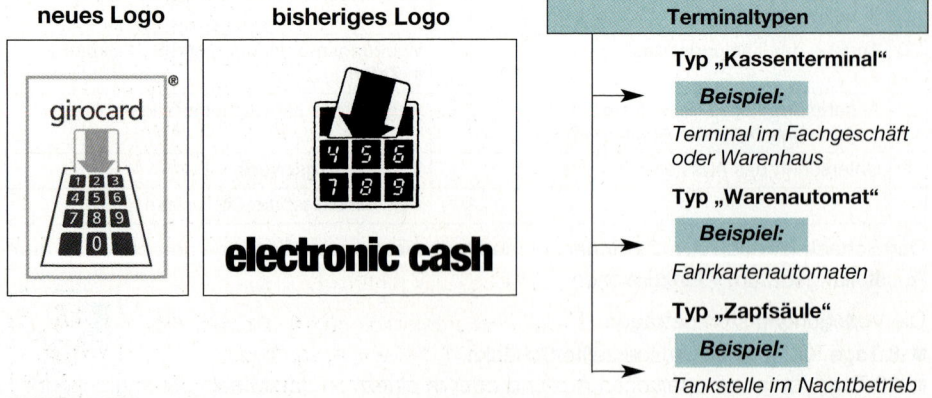

---

[1] Im Zusammenhang mit SEPA (vgl. S. 304) werden Bank- und Sparkassenkarten als Girocard mit einem neuen Logo (s.o.) ausgegeben, welches das alte ec-Logo ersetzt.

Der Karteninhaber kann bei allen an das **electronic-cash-System** im Inland bzw. an das **edc-Maestro-System** (electronic debit card) im Ausland angeschlossenen Unternehmen gegen Eingabe seiner PIN im Rahmen seines individuellen Verfügungsrahmens bargeldlos zahlen. Die Abwicklung der Autorisierung und des Zahlungsvorgangs erfolgt im Online-Verfahren. Die Zahlungen sind durch das Karten ausgebende Kreditinstitut garantiert und werden dem Konto des Kunden sofort belastet. Das Verfügungslimit ist im Inland abhängig vom Karten ausgebenden Kreditinstitut (üblich sind zz. 2.500,00 EUR in 7 Tagen); im Ausland beträgt es 500,00 EUR pro Tag.

Beispiel:

Sandra Hüsch tankt am Elzer Berg und zahlt mit ihrer Bankkarte per electronic cash den Rechnungsbetrag von 56,20 EUR.

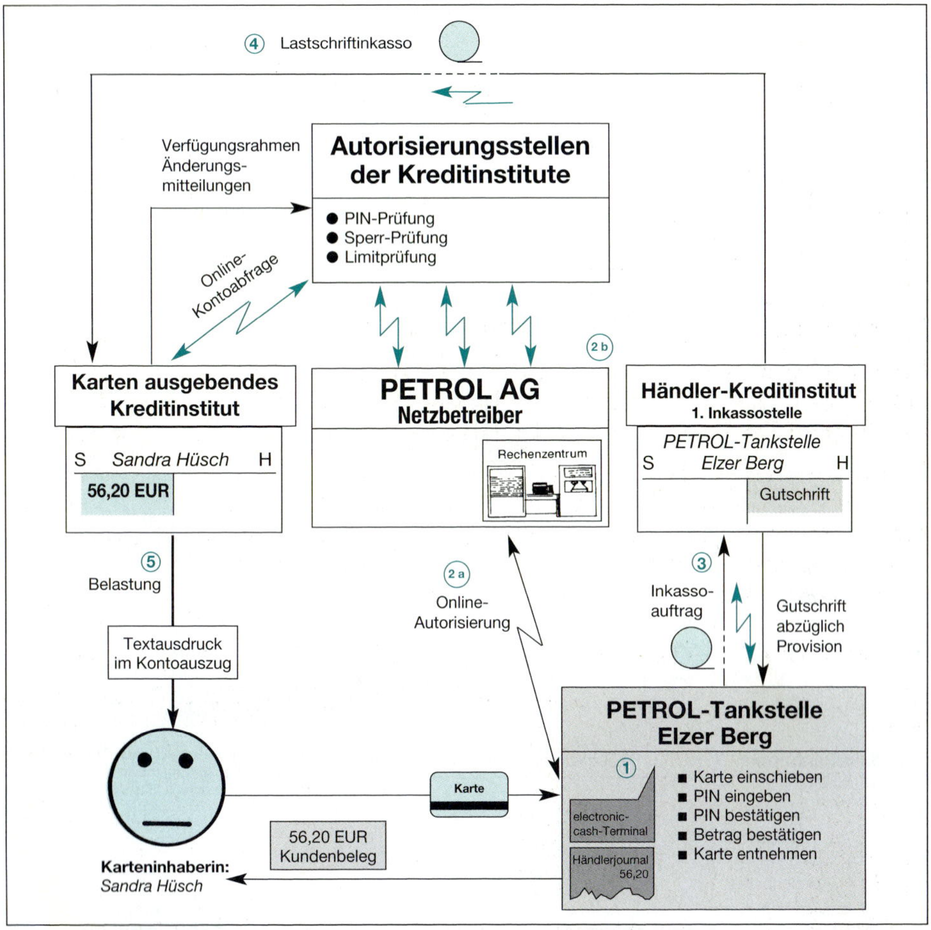

④ Lastschriftinkasso

Verfügungsrahmen
Änderungs-
mitteilungen

Autorisierungsstellen der Kreditinstitute

● PIN-Prüfung
● Sperr-Prüfung
● Limitprüfung

Online-Kontoabfrage

②b

Karten ausgebendes Kreditinstitut

S   *Sandra Hüsch*   H

56,20 EUR

PETROL AG
Netzbetreiber

Rechenzentrum

Händler-Kreditinstitut
1. Inkassostelle

PETROL-Tankstelle
S   *Elzer Berg*   H

Gutschrift

⑤
Belastung

②a
Online-Autorisierung

③
Inkasso-auftrag

Gutschrift
abzüglich
Provision

Textausdruck
im Kontoauszug

Karteninhaberin:
Sandra Hüsch

Karte

56,20 EUR
Kundenbeleg

PETROL-Tankstelle
Elzer Berg

①

electronic-cash-Terminal

Händlerjournal
56,20

■ Karte einschieben
■ PIN eingeben
■ PIN bestätigen
■ Betrag bestätigen
■ Karte entnehmen

Karte als Zugangsmedium für das ELV-System

Das ELV (elektronisches Lastschriftverfahren) ersetzt seit dem 01.01.2007 das bisherige POZ-Verfahren (POZ = Point of Sale ohne Zahlungsgarantie).
Beim ELV werden die Kartendaten mit einer Sperrdatei des entsprechenden Netzbetreibers abgeglichen. Bei Negativmeldung („Karte nicht gesperrt") werden die Kartendaten zur Erstellung einer elektronischen Lastschrift ge-

nutzt. Der Kunde unterschreibt anschließend den Zahlungsbeleg und erteilt eine Einzugsermächtigung. Das Konto des Karteninhabers wird – Kontodeckung vorausgesetzt – im
Wege des Lastschriftinkassos belastet. Der Händler trägt somit das Bonitätsrisiko, es sei
denn, er hat mit dem Netzbetreiber vereinbart, dass dieser – gegen zusätzliche Gebühr –
eine Zahlungsgarantie durch Ankauf der Forderung oder eine Ausfallversicherung gewährt.

Beispiel:

*Mirko Holm kauft sich im Kaufhaus Paradisa ein neues Paar Schuhe für 99,00 EUR und zahlt mit
seiner Sparkassenkarte per ELV.*

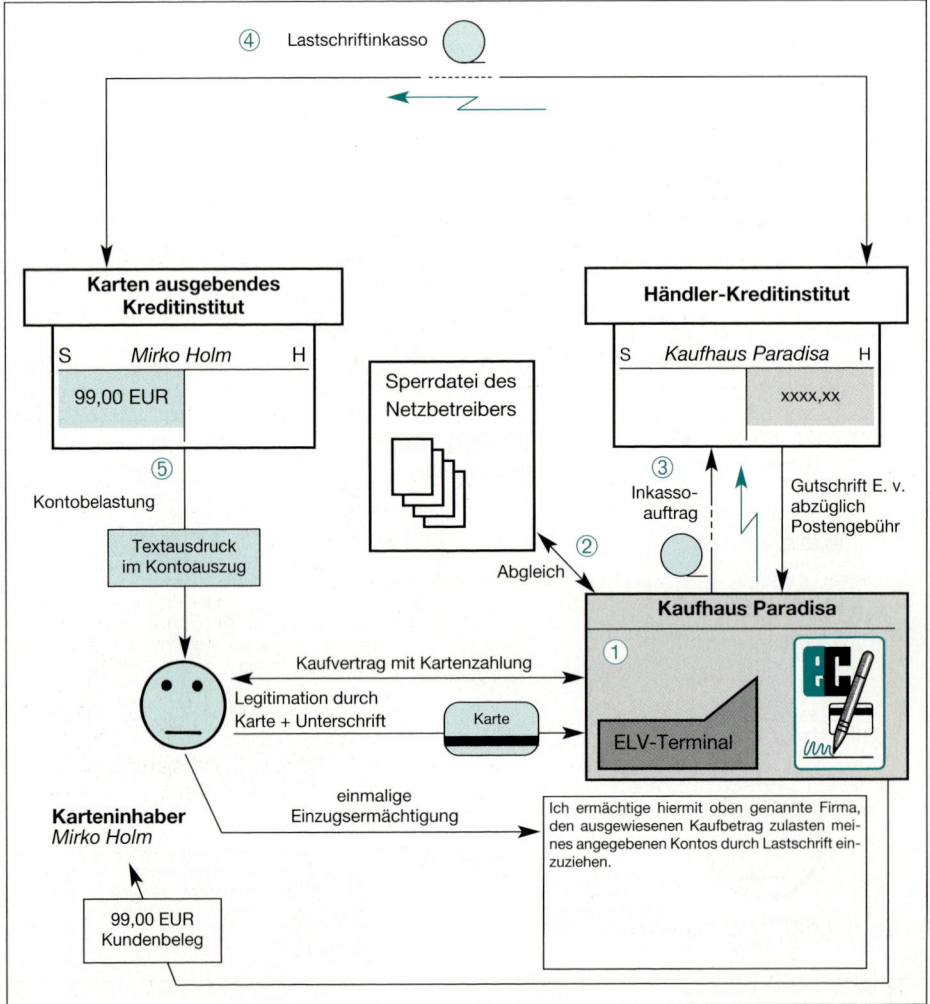

GeldKarten-System

Die GeldKarte ist ein Instrument zur Abwicklung bargeldloser Zahlungen, die im Klein-
geldbereich liegen oder abgezähltes Kleingeld erfordern. Als elektronische „Geldbörse"
kann mit der GeldKarte bundesweit an allen Kassen gezahlt werden, die mit einem Geld-
Karten-Händlerterminal ausgestattet sind.

Beispiele:

■ Käufe des täglichen Bedarfs in Einzelhandelsgeschäften, Kiosken usw.
■ Bezahlung von Rechnungen in Gastronomiebetrieben
■ Automatenkäufe (Ticketautomaten, Verkaufsautomaten)
■ Kauf von Eintrittskarten für Kino, Theater, Schwimmbäder usw.

Die **GeldKarte** ist mit einem „intelligenten" Microchip ausgestattet, der es erlaubt,
■ die GeldKarte an speziellen, bei den Kreditinstituten installierten GeldKarten-Lade-terminals bis zu einem Höchstbetrag von 200,00 EUR aufzuladen,
■ an GeldKarten-Händlerterminals Zahlungen bis zur Höhe des geladenen Betrages durchzuführen,
■ die letzten 15 durchgeführten Transaktionen zu speichern und mithilfe eines Karten-lesers anzuzeigen.

Aktivierung der GeldKarte

Die Geldkarten-Funktion ist integraler Bestandteil der Bank- oder Sparkassenkarte.

Das Konto des Karteninhabers wird sofort mit dem „Laden" der Karte belastet.

4

Beispiel:

Verena Sommer ist Kundin der Stadtsparkasse Gera. Sie ist Inhaberin einer Sparkassenkarte mit Geld-Karten-Funktion. Nachdem ihr Monatsgehalt auf ihrem Girokonto eingegangen ist, lädt sie ihre bis auf 2,95 EUR „leere" GeldKarte am GeldKarten-Ladeterminal gegen Eingabe ihrer PIN mit 150,00 EUR auf. Die Stadtsparkasse belastet das Girokonto von Verena Sommer mit 150,00 EUR.

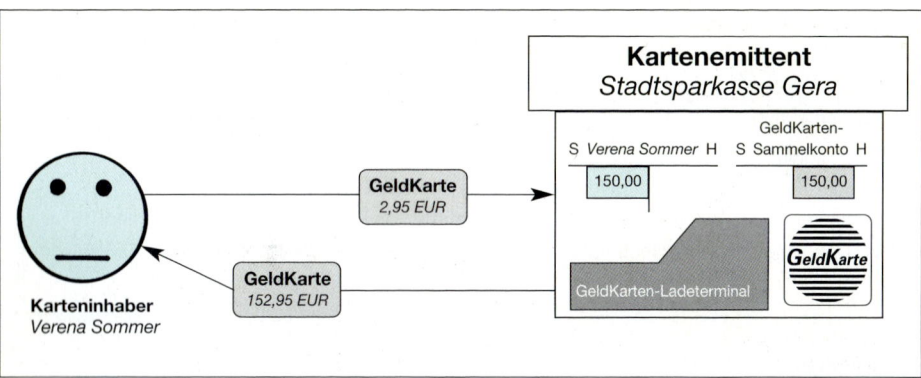

Abwicklung einer GeldKarten-Zahlung

Beispiel:

Verena Sommer möchte in einem Fastfood-Restaurant den Rechnungsbetrag von 9,50 EUR mit ihrer GeldKarte bezahlen.
■ Verena Sommer steckt ihre GeldKarte in das Kartenterminal. Die Karte wird elektronisch gelesen und geprüft. Das Display zeigt den aktuellen Stand von 152,95 EUR an.
■ Der Mitarbeiter an der Kasse tippt den Rechnungsbetrag in das Terminal ein. Der Rechnungsbetrag wird im Display angezeigt und vom Kunden über die Tastatur bestätigt.
■ Mit dem Hinweis „Zahlung erfolgt" akzeptiert das System die Zahlung und zeigt den noch auf der Karte verfügbaren Restbetrag von 143,45 EUR an.

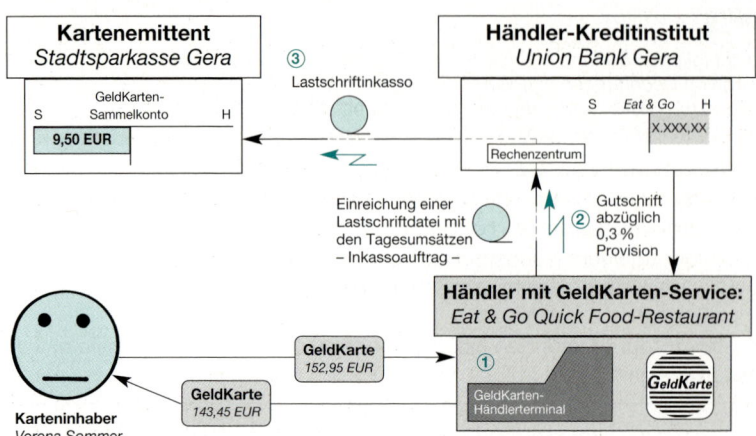

Verena Sommer kann den aktuellen Saldo der Karte sowie die letzten 15 Zahlungsvorgänge jederzeit mithilfe ihres Taschenkartenlesers oder am Bankterminal kontrollieren.

Vorteile des GeldKarten-Service

... für den Karteninhaber

■ Schnelligkeit der Zahlungsabwicklung:
  – keine Eingabe der PIN, keine Unterschrift,
  – keine Online-Autorisierung des Zahlungsvorgangs,
  – keine Wechselgeldausgabe, keine Fehler bei der Herausgabe von Wechselgeld,
  – Wartezeiten an der Kasse werden verkürzt,
■ jederzeitige Zahlungsfähigkeit des Karteninhabers in beliebigen Beträgen bis zur Höhe des gespeicherten Geldbetrages,
■ jederzeitige Überprüfbarkeit der letzten 15 Transaktionen durch den Karteninhaber,
■ Begrenzung des Verlustrisikos auf den jeweils geladenen Betrag, höchstens bis zum Betrag von 200,00 EUR.

... für den Händler

■ Schnelligkeit der Zahlungsabwicklung (s.o.),
■ weniger Zeitaufwand für Bargeldzählen, Kassenabrechnung und Geldtransport,
■ geringeres Risiko aus Kassendifferenzen, Annahme von Falschgeld oder Diebstählen.
Aber: Das Entgelt des Kartenemittenten beträgt bei jeder GeldKartentransaktion 0,3 % vom Umsatz, mindestens jedoch 0,01 EUR.

4.5.3.6   Zahlung mit Kreditkarte

Kreditkarten sind Ausweiskarten, die

■ von speziellen Kreditkartenorganisationen an bonitätsmäßig einwandfreie Kunden gegen eine Jahresgebühr ausgegeben werden und
■ diese berechtigen, weltweit bei bestimmten Handels- und Dienstleistungsunternehmen, die vertraglich an die jeweilige Kreditkartenorganisation angeschlossen sind, Leistungen ohne Bargeldzahlung gegen Vorlage der Kreditkarte in Anspruch zu nehmen.

Beispiele:

Diners Club, VISA, American Express, MasterCard

Die **Kreditkarte** ist:

- **Zahlungsmittel,** insbesondere Reisezahlungsmittel, da der Karteninhaber unter Vorlage seiner Kreditkarte und gegen Unterschriftsleistung weltweit bei den Vertragsunternehmen der Kreditkarten-Gesellschaft Rechnungen bezahlen kann.
- **Liquiditätsreserve,** da sich der Karteninhaber im Rahmen eines Bargeldservices bei Kreditinstituten im Inland und Ausland Bargeld beschaffen kann.
- **Kreditmittel,** da der Karteninhaber erst mit einem Zeitverzug von bis zu 4 Wochen von der Kreditkarten-Gesellschaft auf seinem Konto belastet wird.

Je nach Ausstattung bietet die Kreditkarte speziellen Reise-Versicherungsschutz und sonstige Leistungen, die unterwegs von Vorteil sein können.

Für die Doppelmarke Eurocard/MasterCard gilt seit 2003 die Bezeichnung MasterCard.

Die **MasterCard Gold** ist die in Deutschland am weitesten verbreitete Kreditkarte. Sie wird von den Kreditinstituten in Zusammenarbeit mit der **EURO-Kartensysteme EUROCARD GmbH** ausgegeben. Sie trägt neben der Bezeichnung MasterCard den Namen und das Logo des emittierenden Kreditinstituts. Ihre Gültigkeit beträgt 2 Jahre.

Die MasterCard kann weltweit genutzt werden.

▨ Vertragsgrundlagen des MasterCard-Systems

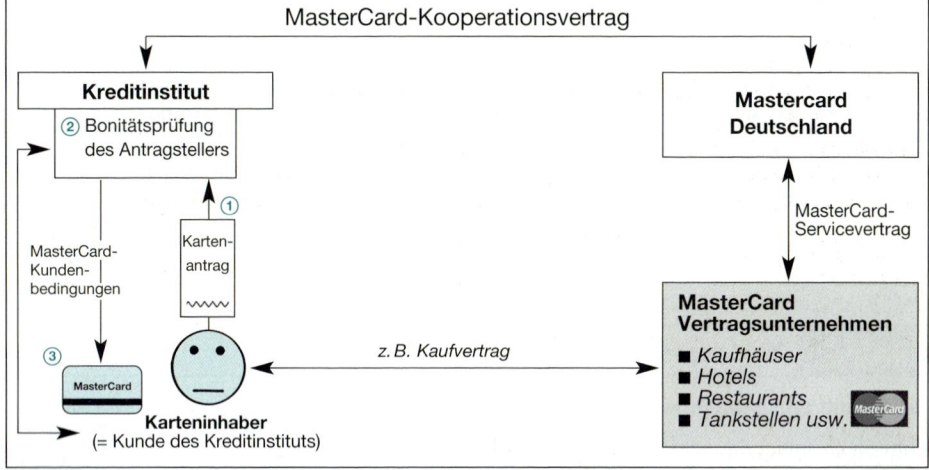

Beispiel:

StB. Michael Klein aus Bonn hat einen internationalen Steuerberaterkongress in Amsterdam besucht und möchte die Hotelrechnung über 435,00 EUR mit der von der Hansabank Rostock erhaltenen MasterCard begleichen.

① *Er legt an der Kasse des Hotels Atlantic die MasterCard vor.*
Die Hotelangestellte prüft die MasterCard (Gültigkeit, evtl. Sperre) und überträgt mithilfe einer Abdruckmaschine alle auf der Karte geprägten Daten (Name des Karteninhabers, Kartennummer, Verfalldatum) auf einen Leistungsbeleg. Anschließend trägt sie den Rechnungsbetrag und das Rechnungsdatum auf dem Leistungsbeleg ein.
Herr Klein prüft nun die Richtigkeit der Eintragung und leistet auf dem Leistungsbeleg seine Unterschrift. Diese muss mit der Unterschrift auf der MasterCard übereinstimmen.

② *Das Hotel übermittelt die an diesem Tag angefallenen MasterCard-Kreditkartenforderungen an die MasterCard Deutschland, die den Gesamtbetrag abzüglich eines Disagios auf das Konto des Hotels überweist.*

③ *Herr Klein erhält monatlich eine Rechnungszusammenstellung von der MasterCard Deutschland und wird mit dem fälligen Betrag auf seinem Konto belastet.*

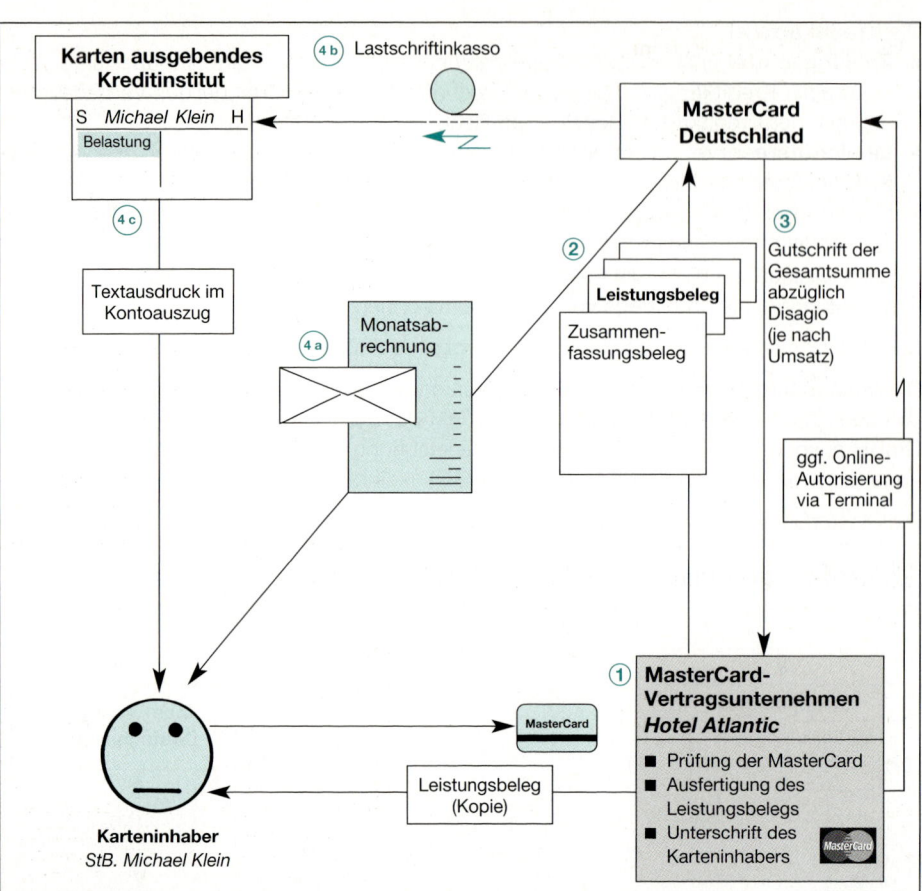

4.5.3.7   Zahlungsformen im Internet

Der Begriff **elektronisches Geld** leitet sich von *§ 1 Abs. 1 Nr. 1, 11 und 12 KWG* ab.

Zum elektronischen Geld zählen
- Werteinheiten auf Geldkarten (Geldkartengeschäft),
- auf einer Festplatte gespeichertes, digitales Geld (Netzgeldgeschäft).

Elektronische Gelder können definiert werden als
- digitale Rechnungseinheiten, die auf einer Festplatte (Netzgeldgeschäft) oder auf einer Smartcard (Geldkartengeschäft) gespeichert werden,
- die vorausbezahlt sind und
- zu denen bei einer Bank spezielle Verrechnungskonten geführt werden.

Beispiele:

GeldKarte, Visa-Cash-Karte, Mondex-Karte, ecash, CyberCoin

Elektronisches Geld ist stets an den Buchgeldverkehr und damit an die Währung eines Staates angekoppelt, dem das Kreditinstitut angehört, das elektronisches Geld ausgibt.

Elektronisches Geld wird nicht von einer Notenbank, sondern von privaten Kreditinstituten ausgegeben. Es ist nach *§ 14 BBankG* **kein gesetzliches Zahlungsmittel**.

Zusammenfassung: Kartensysteme				
	ec-cash/ edc-System (zukünftig: Girocard)	**ELV-System**	**GeldKarten-zahlungen**	**Kreditkarten-zahlungen**
Zugelassene Karten	■ Bank-/Sparkassenkarten ■ Kundenkarten (z. B. S-Card)	■ Bank-/Sparkassenkarten	Karten mit Geld-Kartenfunktion (Chipkarten) ■ ec-Karten ■ Kundenkarten ■ besondere GeldKarten	■ MasterCard ■ Visa-Card ■ Sonstige
Legitimation und Prüfung bei der Zahlung	■ Eingabe der PIN ■ Online-Prüfung • der PIN • der Sperrdatei • des Verfügungsrahmens (z. B. 1.000,00 EUR pro Tag)	■ Unterschrift und Erteilung einer Einzugsermächtigung ■ Online-Prüfung der Sperrdatei (bei Beträgen ab 30,00 EUR verpflichtend)	keine Prüfung der Legitimation des Vorlegers	■ Unterschrift auf Leistungsbeleg ■ i. d. R. Online-Prüfung: • der Sperrdatei • des Verfügungsrahmens (z. B. 5.000,00 EUR pro Monat)
Zahlungs-garantie für den Händler	Ja	Nein, da die Lastschrift mangels Kontodeckung oder wegen Widerspruchs zurückgezogen werden kann.	Ja	Ja
Belastung des Karten-inhabers	nach jeder Zahlung	nach jeder Zahlung	beim Aufladen der Karte (max. 200,00 EUR)	einmal im Monat
Risiko für den Karten-inhaber	Unrechtmäßige Verfügungen sind nur möglich, wenn der Vorleger die PIN kennt. Vor der Verlustanzeige ist die Haftung abhängig vom Verschulden des Kunden, nach der Verlustanzeige trägt das Kreditinstitut alle Schäden.	Kein Risiko für den Karteninhaber, da er unrechtmäßig belastete Lastschriften zurückgeben kann.	■ Der Karteninhaber trägt das Risiko beim Verlust der Karte alleine. ■ Bei einem Datenverlust auf der Karte wird das Kreditinstitut den Wert ersetzen. Zur Kontrolle wird deshalb bei der Evidenzzentrale der Kreditinstitute ein Kontrollkonto für jede GeldKarte geführt, um das jeweilige Restguthaben bestimmen zu können.	■ Schäden **vor** der Verlustanzeige: Haftung des Karteninhabers max. 50,00 EUR Ausnahme: Bei grober Fahrlässigkeit haftet der Karteninhaber unbeschränkt. *Beispiele:* *– Der Kartenverlust wurde nicht umgehend mitgeteilt.* *– Die PIN wurde auf der Karte vermerkt oder zusammen mit dieser verwahrt.* ■ Schäden **nach** der Verlustanzeige: keine Haftung des Karteninhabers
Kosten für den Händler	■ Kosten für das Terminal ■ Kosten für die Online-Verbindung ■ Provision des Karten ausgebenden Kreditinstituts: 0,3 %, mindestens 0,08 EUR	■ Kosten für das Terminal ■ Kosten für Online-Verbindung (Sperrdatei) ■ 0,05 EUR Provision für die Kreditinstitute bei jeder Sperrabfrage	■ Kosten für das Terminal ■ Provision des Karten ausgebenden Kreditinstituts: 0,3 %, mindestens 0,01 EUR	■ Kosten für das Terminal ■ Kosten für die Online-Verbindung, erst ab bestimmten Beträgen notwendig ■ 2 % – 4 % vom Rechnungsbetrag

4

Übungsaufgaben

1. Erläutern Sie die Funktionen des Geldes.

2. Unterscheiden Sie zwischen gebundenen und freien Währungen.

3. Welche Bedeutung hat das Bargeld in seiner Eigenschaft als gesetzliches Zahlungsmittel?

4. Nennen Sie 5 Angaben, die auf einer Quittung enthalten sein sollen.

5. Was versteht man unter einem Konto?

6. Welche Vorteile bietet das Konto bei der Abwicklung des Zahlungsverkehrs?

7. Beschreiben Sie 5 Möglichkeiten, wie ein Überweisungsauftrag erteilt werden kann.

8. Geben Sie Auskunft über
   - die Informationspflichten des Kreditinstituts vor Ausführung einer Überweisung,
   - die Ausführungsfristen bei einer Inlandsüberweisung.

9. Welche Aufgabe erfüllen die Gironetze bei der Abwicklung des bargeldlosen Zahlungsverkehrs?

10. Was versteht man unter einer Bankleitzahl?

11. Unter welchen Voraussetzungen bietet sich die Erteilung eines Dauerauftrages an?

12. Erläutern Sie die Unterschiede zwischen einem Dauerauftrag und der Zahlung mithilfe des Lastschriftverfahrens.

13. Beschreiben Sie die Unterschiede zwischen einer Einzugsermächtigung und einem Abbuchungsauftrag.

14. Erläutern Sie die Vorteile der Zahlung mittels Lastschrift
    - aus der Sicht des Zahlungspflichtigen,
    - aus der Sicht des Zahlungsempfängers.

15. Beschreiben Sie den Ablauf einer Zahlung mit Scheck, angefangen von der Scheckausstellung bis zur Scheckeinlösung beim bezogenen Kreditinstitut.

16. Unter welchen Voraussetzungen können natürliche Personen als Scheckaussteller am Scheckverkehr teilnehmen?

17. An welchem Tag läuft die Vorlegungsfrist für einen Scheck ab, der am Dienstag, den 16. Aug. in München ausgestellt wurde?

18. Welche rechtliche Bedeutung hat die Vorlegungsfrist beim Scheck?

19. Welche Folgen hat ein Scheckaussteller zu erwarten, wenn die von ihm ausgestellten Schecks mangels Kontodeckung vom bezogenen Kreditinstitut nicht eingelöst werden?

20. Erläutern Sie die Eigenschaften einer Kreditkarte.

21. Beschreiben Sie die Abwicklung einer Zahlung mittels Kreditkarte.

22. Am 16. März bezahlt Sonja Stern unter Einsatz ihrer Bankkarte einen Rechnungsbetrag von 55,99 EUR zum Kauf einer Kaffeemaschine.

Dabei unterschreibt sie folgenden Beleg:

Electro Conrad
Goethestraße · 50999 Köln

MASTERCARD

Konto	370 501 98 / 111 833 943		
Karte 1	gültig bis	11 / 12	

Beleg-Nr.	2000	Terminal-ID	65071139
POS-Nr.	0002115	Abr.-Nr.	01618

Datum	16.03.20..	11:38:00

Mastercard-Lastschrift
Zahlung 55,99 EUR

Sonja Stern
_____
Unterschrift

---

a) Welche Bedeutung hat die Unterschrift der Kundin für den Zahlungsvorgang?

b) Beschreiben Sie das Inkasso des Rechnungsbetrages.

c) Die Kartenvorlage wird bei einer Sperrdatei gemeldet.
Welche Prüfung findet hier statt?

Am 21. März wird der Rechnungsbetrag dem Konto der Kundin belastet. Frau Stern hat in der Zwischenzeit festgestellt, dass das Gerät defekt ist.

d) Entscheiden Sie, ob sie gegen die Belastung ihres Kontos vorgehen kann.

23. Erläutern Sie die Begriffe „IBAN" und „BIC".

4

5   Grundzüge des Handelsrechts

5.1   Überblick über das Handelsrecht

Das Handelsrecht ist das „Sonderprivatrecht der Kaufleute". Es handelt sich um ein spezielles Gebiet des Privat-(Zivil)rechts, obwohl es auch öffentlich-rechtliche Normen enthält.

Die Geltung des Handelsrechts ist abhängig von der Kaufmannseigenschaft wenigstens eines der beteiligten Rechtssubjekte.

Das Handelsrecht ist kein vollständiges eigenes Recht, sondern enthält ergänzende Vorschriften zu den allgemeinen Vorschriften, insbesondere des Bürgerlichen Gesetzbuches. Das heißt, die Vorschriften des BGB gelten für Kaufleute nur subsidiär.

Das Handelsrecht zielt auf die besonderen Bedürfnisse des kaufmännischen Rechtsverkehrs wie z.B. hohes Maß an Eigenverantwortung des Handelnden, etwa durch Vertragsstrafen *(§ 348 HGB)* und Formfreiheit *(§ 350 HGB)*, Entgeltlichkeit auch ohne besondere Vereinbarung *(§ 358 HGB)*, Einbeziehung von Handelsbräuchen *(§ 346 HGB)*, zügige Abwicklung, etwa durch das Erfordernis der unverzüglichen Mängelrüge *(§ 377 HGB)* sowie Rechtsklarheit und Publizität *(§§ 5, 15 HGB)*.

> **Handelsrecht ist nur anzuwenden, wenn die Kaufmannseigenschaft gegeben ist.**

Kaufleute und damit Rechtssubjekte können sein:

- natürliche Personen,
- Personenhandelsgesellschaften,
- juristische Personen.

Handelsgesetzbuch (HGB)

Aufgaben	Inhalte
- Sicherstellung eines geordneten Ablaufs kaufmännischer Geschäfte - Schaffung von Rechtssicherheit im Geschäftsverkehr der Kaufleute untereinander und der Kaufleute mit Dritten	- Handelsstand *(§§ 1–104)* - Handelsgesellschaften und stille Gesellschaft *(§§ 105–237)* - Handelsbücher *(§§ 238–339)* - Handelsgeschäfte *(§§ 343–473)* - Seehandel *(§§ 476–905)*

Zum Bereich Handelsrecht zählen bestimmte Nebengesetze, z.B. *Wechselgesetz* und *Scheckgesetz*, der gewerbliche Rechtsschutz und das Gesellschaftsrecht.

> Grundregel: **Spezialrecht** – hier Handelsrecht – hat **Vorrang** vor dem **allgemeinen Recht** (z.B. *BGB*).

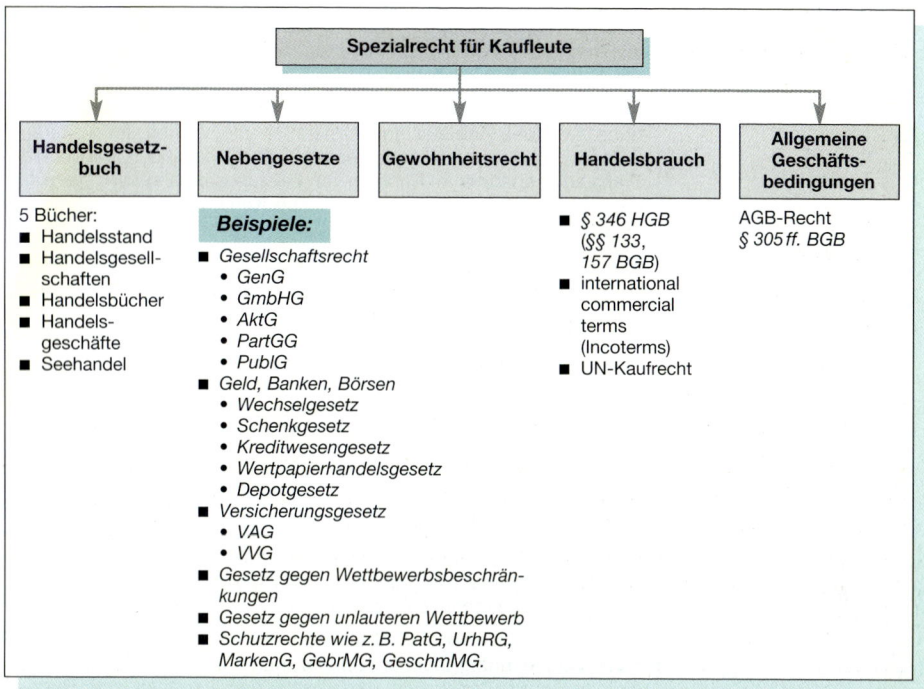

Die **Bedeutung des Handelsrechts für das Steuerrecht** zeigt sich u. a. darin, dass die steuerliche Gewinnermittlung von Kaufleuten nach den handelsrechtlichen Grundsätzen ordnungsgemäßer Buchführung erfolgen muss (Grundsatz der Maßgeblichkeit der Handelsbilanz für die Steuerbilanz, vgl. *§ 5 Abs. 1 S. 2 EStG*).

> Das **Maßgeblichkeitsprinzip** bedeutet,
>
> - dass bei buchführenden Gewerbetreibenden
> - für den Schluss des Wirtschaftsjahres
> - das Betriebsvermögen anzusetzen ist,
> - das sich nach den handelsrechtlichen Grundsätzen ordnungsgemäßer Buchführung ermittelt *(§ 5 Abs. 1 EStG).*

Handelsrechtliche Bilanzierungs- und Bewertungsvorschriften sind somit für die Steuerbilanz verbindlich, sofern nicht besondere steuerliche Vorschriften eine andere Behandlung erfordern.

5.2 Gründung und Anmeldung der Unternehmung

Mögliche Wege zur Gründung eines Unternehmens

■ **Neugründung**	Eine Person gründet ein Unternehmen neu.
■ **Unternehmens- übernahme**	Eine oder mehrere Personen übernehmen ein bestehendes Unternehmen.
■ **Franchising**	Franchising (Konzessionsverkauf): Der Gründer erwirbt bei einem Franchisegeber das Recht auf die regionale Nutzung eines erprobten Unternehmenskonzepts. Aus dem Gründer wird auf diese Art ein Franchisenehmer (selbstständiger Kaufmann).

5

■ Teamgründung	Bei der Teamgründung – auch Gründerteam genannt – schließen sich mehrere Personen zu einer zielgerichteten Zweckgemeinschaft mit eigenen Organisationsmerkmalen zusammen.
■ E-Business	Hierbei wird über das Internet eine unmittelbare Geschäftsbeziehung zwischen Anbieter und Abnehmer abgewickelt. Im weiteren Sinne umfasst er jede Art von geschäftlicher Transaktion, bei der die Transaktionspartner im Rahmen von Leistungsanbahnung-, -vereinbarung oder -erbringung elektronische Kommunikationstechniken einsetzen
■ Management-Buy-out (MBO) ■ Management-Buy-in (MBI)	**Management-Buy-out (MBO)** ist eine besondere Form der Nachfolge. Das eigene Management kauft in der Regel durch leitende Angestellte oder die Geschäftsführung das Unternehmen. Unter **Management-Buy-in (MBI)** versteht man dagegen die Übernahme eines Unternehmens durch fremde Manager. Beide – MBO und MBI – erfordern die gleiche sorgfältige Vorbereitung wie auch jede andere Unternehmensnachfolge durch Kauf. Vor allem beim Generationswechsel in Unternehmensleitungen ist MBO eine besonders erfolgversprechende und sinnfällige Form der Übernahme. Die eigenen Mitarbeiter kennen das Unternehmen besser als jede „neue" Unternehmensleitung. Bei vielen Unternehmensübertragungen, ganz besonders aber bei MBO und MBI, verfügen die Käufer oft nur über geringe Eigenmittel. Darum müssen sie den Kauf des Unternehmens mit einem hohen Anteil an Fremdkapital finanzieren.
■ Ausgründung	Wenn sich Teile oder eine Abteilung eines bestehenden Unternehmens selbstständig machen, spricht man von einer Ausgründung. Gründe hierfür können sein, die betreffenden Aufgaben (z. B. Buchhaltung, Marketing, Versand) effektiver zu organisieren, Kosten zu sparen, Führungskräfte zu motivieren, die intern keinen Aufstieg auf der Karriereleiter mehr sehen, oder auch zusätzliche Innovationen zu mobilisieren (z. B. durch Fördermittel für das neue Unternehmen).
■ Spin-off-Gründung	Forschungsergebnisse mit Gewinn vermarkten, das ist, kurz gefasst, die Idee von Spin-off-Gründungen. Ihren Ursprung haben Spin-offs immer in einer forschenden Muttergesellschaft, die für das Entstehen der Geschäftsidee quasi als Inkubator fungiert. Inkubatoren sind entweder forschungsintensive Unternehmen, Hochschulen oder Forschungseinrichtungen wie die Max-Planck- oder die Fraunhofer Gesellschaft.
■ Beteiligung	Eine Person beteiligt sich mit Kapitel an einem bestehenden Unternehmen.
■ Kooperation	Dies ist die freiwillige Zusammenarbeit von Unternehmen, die rechtlich selbstständig bleiben. Die beteiligten Unternehmen geben somit aber einen Teil ihrer wirtschaftlichen Souveränität ab.
■ Kleingründung	Als Kleingründung gilt eine Existenzgründung, für die nicht mehr als 60.000 EUR investiert und nicht mehr als 50.000 EUR als Darlehen aufgenommen werden müssen (Quelle: Bürgschaftsbank NRW).
■ Nebenerwerbsgründung	Eine besondere Form der Kleingründung ist die Nebenerwerbsgründung. Dabei bleibt der Gründer hauptberuflich als Angestellter erwerbstätig und „im Nebenberuf" selbstständig.

5

In einer Marktwirtschaft kann grundsätzlich jeder im Rahmen der Gesetze eine Unternehmung gründen *(§ 1 GewO, Art. 12 GG)*. Der **Grundsatz der Gewerbefreiheit** ist Voraussetzung für den Wettbewerb innerhalb der Wirtschaft. Die Unternehmungen müssen bei ihrer Geschäftstätigkeit jedoch die gesetzlichen Rahmenbedingungen beachten, die der Gesetzgeber im Interesse der Allgemeinheit festgelegt hat.

Die Unternehmensgründung setzt umfangreiche wirtschaftliche und rechtliche Überlegungen voraus. Aus übergeordneten Interessen und zum Schutz der Allgemeinheit ist in besonderen Fällen die Aufnahme des Geschäftsbetriebs von der Erfüllung bestimmter Voraussetzungen abhängig und nur aufgrund einer staatlichen Konzession zulässig.

Für Unternehmensgründungen müssen bestimmte Voraussetzungen erfüllt werden	
persönliche Voraussetzungen	**sachliche Voraussetzungen**
■ Rechtsfähigkeit, beschränkte Geschäftsfähigkeit oder Zustimmung der Eltern und des Vormundschaftsgerichtes ■ Genehmigungen bei Gegenständen, die für die Gesundheit gefährlich werden können wie z. B. Lebensmittel, offene Milchprodukte, Arzneimittel, Gifte, Waffen, Munition, Sprengstoff. Gefordert werden z. T. Gesundheitszeugnis, polizeiliches Führungszeugnis, Sachkundenachweis, bestimmte Prüfungen	■ Kapitalaufbringung ■ Branche – Markt ■ Marketing ■ Standort ■ Produkt und Dienstleistung ■ Planung
Beispiele: *an behördliche Genehmigungen sind z. B. gebunden:* *§ 2 GastG → Gaststätten* *§ 55 GewO → Reisegewerbe* *§§ 2, 46 PbefG → Personenverkehr* *§ 34c GewO → Immobilienmakler* *§ 1 HandwO → Eintragung in die Handwerksrolle* *Kreditinstitute, Versicherungsgesellschaften, Spielhallen*	

Gründer-Zeit

5

Der eigene Chef zu sein, ist der Traum vieler Menschen. Doch eine Existenzgründung braucht eine gute Vorbereitung, damit aus dem Sprung in die Selbstständigkeit keine Bruchlandung wird. Die Entscheidung, sich selbstständig zu machen, durchläuft i. d. R. verschiedene Phasen:

1. Phase: *Entscheidungsfindung*
   Der Besuch von Existenzgründerseminaren der Kammern und Verbände sowie die Beratung mit Experten von Kreditinstituten, Fach- und Branchenverbänden, Kammern, Agenturen für Arbeit, Technologieagenturen bzw. Rechtsanwälten, Steuerberatern, Unternehmensberatern, Wirtschaftsauskunfteien ist zu empfehlen.

2. Phase: *Planung*
   Der Markt ist zu erforschen; die Geschäftsidee und das Gründungskonzept sind zu optimieren. Der Weg in die Selbstständigkeit (z. B. Partner, Beteiligung, Franchising) ist zu finden. Über eine Rentabilitätsvorschau ist zu prüfen, ob sich die Selbstständigkeit tatsächlich „lohnt".

3. Phase: *Finanzplan*
   Der Kapitalbedarf für die Gründung und die Startphase ist zu ermitteln sowie die Finanzquellen für den Kapitalbedarf zu klären.

   Beispiele:
   ■ *öffentliche Finanzierungshilfen: KfW-Mittelstandsbank, Landesanstalt für Aufbaufinanzierung (LfA), Innovationsförder-, ERP-Eigenkapital-, ERP-Existenzgründerprogramme, Landesbürgschaften, Futour 2000*
   ■ *öffentliche und private Beteiligungsgesellschaften z. B. LfA Förderbank Bayern*

4. Phase: *Unternehmen*
   Die Rechtsform ist zu bestimmen, ausreichende Versicherungen sind für das Unternehmen und evtl. für die Familie abzuschließen.

▮ Entscheidungsfaktoren bei der Unternehmensgründung

Nachfolgend sollen einige Betrachtungspunkte für eine Gründung aufgelistet werden.

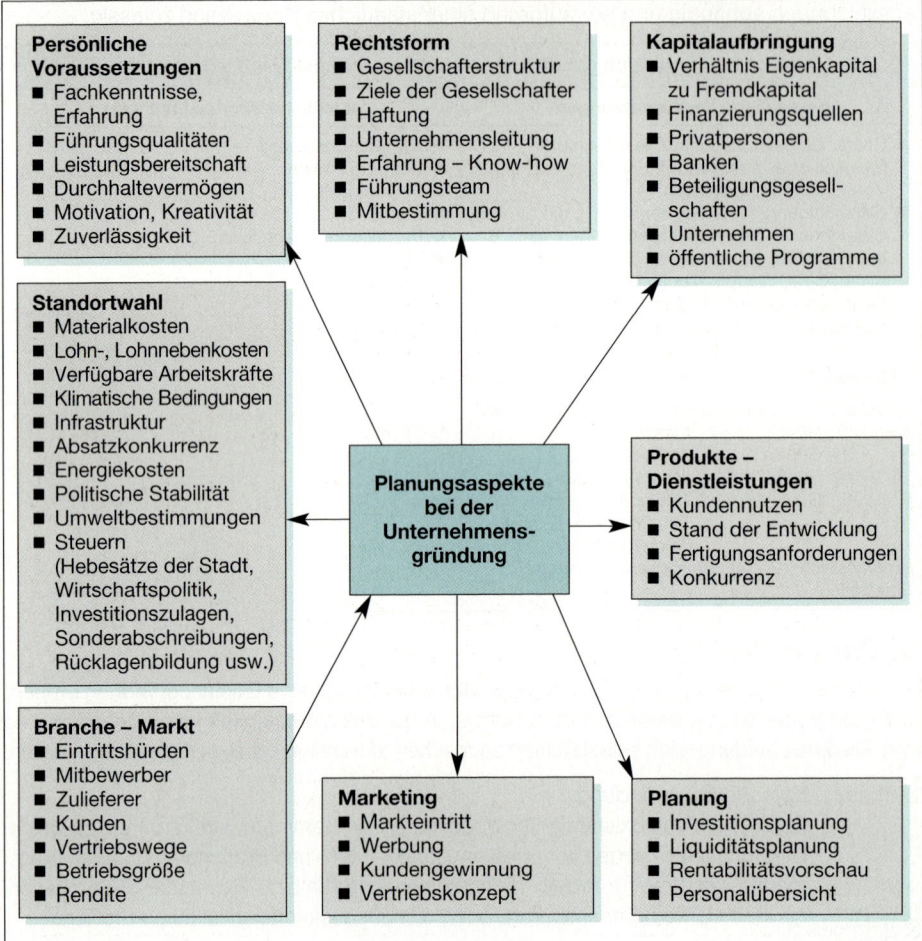

Persönliche Voraussetzungen
- Fachkenntnisse, Erfahrung
- Führungsqualitäten
- Leistungsbereitschaft
- Durchhaltevermögen
- Motivation, Kreativität
- Zuverlässigkeit

Rechtsform
- Gesellschafterstruktur
- Ziele der Gesellschafter
- Haftung
- Unternehmensleitung
- Erfahrung – Know-how
- Führungsteam
- Mitbestimmung

Kapitalaufbringung
- Verhältnis Eigenkapital zu Fremdkapital
- Finanzierungsquellen
- Privatpersonen
- Banken
- Beteiligungsgesellschaften
- Unternehmen
- öffentliche Programme

Standortwahl
- Materialkosten
- Lohn-, Lohnnebenkosten
- Verfügbare Arbeitskräfte
- Klimatische Bedingungen
- Infrastruktur
- Absatzkonkurrenz
- Energiekosten
- Politische Stabilität
- Umweltbestimmungen
- Steuern (Hebesätze der Stadt, Wirtschaftspolitik, Investitionszulagen, Sonderabschreibungen, Rücklagenbildung usw.)

Planungsaspekte bei der Unternehmensgründung

Produkte – Dienstleistungen
- Kundennutzen
- Stand der Entwicklung
- Fertigungsanforderungen
- Konkurrenz

Branche – Markt
- Eintrittshürden
- Mitbewerber
- Zulieferer
- Kunden
- Vertriebswege
- Betriebsgröße
- Rendite

Marketing
- Markteintritt
- Werbung
- Kundengewinnung
- Vertriebskonzept

Planung
- Investitionsplanung
- Liquiditätsplanung
- Rentabilitätsvorschau
- Personalübersicht

Die Unternehmensgründung von Gewerbebetrieben muss bei der zuständigen Ordnungsbehörde durch eine **Gewerbeanmeldung** angezeigt werden *(§ 14 GewO)*.

Über die Gewerbeanmeldung/die Aufnahme der Tätigkeit als Freiberufler werden anschließend die nachfolgenden Institutionen informiert:

Institution	Grund/Ziel
Gewerbeanmeldung	Ein Gewerbe muss bei der örtlich zuständigen Behörde angemeldet werden. Für verschiedene Gewerbezweige besteht eine besondere Genehmigungspflicht: ■ bei z. B. Versteigerern, Fahrschulen, Pfandvermittlern muss die persönliche und wirtschaftliche Zuverlässigkeit geprüft werden ■ bei Industrie- und bestimmten Handwerksbetrieben sind die Umwelteinflüsse nach dem Bundesimmissionsschutzgesetz zu kontrollieren
zuständige Kammer *Beispiele:* IHK, HWK, StbK, WPK, RAK	ohne Kammereintragung ist die berufliche Tätigkeit nicht zulässig, z. T. sind besondere Genehmigungspflichten zu beachten *Beispiele:* ■ *Meisterprüfung für bestimmte Handwerksberufe* ■ *Sachkundenachweis für den Einzelhandel* ■ *Approbation bei der Gründung einer Apotheke*
zuständiges Finanzamt	Anmeldung durch den Steuerpflichtigen (§ 137 ff. AO) ■ Erteilung einer USt-/Wirtschafts-Identifikationsnummer (§ 139c AO) ■ Fragebogen über zukünftige Umsätze und Gewinne ■ Erklärungspflicht für bestimmte Steuerarten
zuständige Berufsgenossenschaft	Versicherung der Arbeitnehmer/-innen sowie der Unternehmer/-in (gesetzliche Unfallversicherung)
Gesetzliche Krankenkassen Rentenversicherung	Arbeitnehmer, die eingestellt wurden, sind unter Nennung der Betriebsnummer bei der jeweils zuständigen Krankenkasse anzumelden; bei der RV durch die DEÜV-Meldung
Bundesagentur für Arbeit Agentur für Arbeit	■ Ausstellung der Betriebsnummer bei der Zentrale für Betriebsnummern (BNS) der Bundesagentur für Arbeit (Saarbrücken), die in die Versicherungsnachweise der Arbeitnehmer einzutragen ist ■ Schlüsselverzeichnis für die Anmeldung zur Berufsgenossenschaft
Bauamt	Evtl. Antrag Nutzungsänderung des Gebäudes stellen
Statistisches Landesamt	Erfassung der Gründungsdaten
Amtsgericht: Abt. Handelsregister	Kaufleute sind in das Handelsregister einzutragen *(§ 14 HGB)*
Versorgungsbetriebe	z. B. Stadtwerke, Elektrizitätswerke = Abschluss von Lieferverträgen für Wasser, Strom, Gas usw.

5

5.3 Kaufmannseigenschaft

Rechtsgrundlagen: *§§ 1–6 HGB, § 13 Abs. 3 GmbHG, § 3 Abs. 1 AktG, § 17 Abs. 2 GenG*
Das *HGB* unterscheidet zwischen dem
■ Kaufmann, für den im Wesentlichen die Regeln des *HGB* gelten,
■ Nichtkaufmann, auf den die Vorschriften des *BGB* anzuwenden sind.

Ein **Kaufmann** muss – im Gegensatz zum Nichtkaufmann – einen **in kaufmännischer Weise eingerichteten Geschäftsbetrieb** haben *(§ 1 Abs. 2 HGB)*.

> **Kaufmann** ist, wer
> ■ ein **Handelsgewerbe betreibt** *(§ 1 HGB)*
> ■ im **Handelsregister einzutragen** oder **eingetragen** ist.

Der Kaufmann nach *HGB* ist durch drei Merkmale gekennzeichnet: Gewerbe, Handelsgewerbe und Betreiben eines Handelsgewerbes.

Kaufmann ist die Person, in deren Namen und auf deren Kosten das Unternehmen betrieben wird.

Gewerbe ist ...	Handelsgewerbe ist ...

■ jede selbstständige,
■ planmäßige (= Tätigkeit für eine gewisse Dauer),
■ entgeltliche,
■ rechtmäßige,
■ auf eine unbestimmte Vielzahl von Geschäften gerichtete und
■ nach außen (= am Markt) in Erscheinung tretende Tätigkeit.
	■ jeder Gewerbebetrieb.
	■ Zu unterscheiden sind:
	  • Handelsgewerbe kraft Gesetzes *(§ 1 Abs. 2 HGB)*,
	  • Handelsgewerbe kraft Registereintragung *(§ 2 HGB)*.

Für das Vorliegen eines Gewerbes und damit für die Unternehmensstellung des Verkäufers ist nicht unbedingt notwendig, dass dieser mit seiner Geschäftstätigkeit die Absicht verfolgt, Gewinn zu erzielen (BGH vom 29.03.2006, VIII ZR 173/05).

Handelsgewerbe ist jeder Gewerbebetrieb; ausgenommen sind Unternehmen, für die nach Art oder Umfang ein in kaufmännischer Weise eingerichteter Geschäftsbetrieb **nicht** notwendig ist (vgl. *§ 1 Abs. 2 HGB*).

Selbstständig beinhaltet Übernahme des Unternehmerrisikos, freie Gestaltung der Tätigkeit, eigene Rechnung, eigenes Risiko und persönliche Unabhängigkeit, d.h. frei sein von örtlichen, zeitlich und inhaltlichen Weisungen. Ein Gewerbebetrieb liegt vor, wenn ein wirtschaftliches Unternehmen selbstständig, planmäßig und entgeltlich als Anbieter von Leistungen am Markt tätig ist. Hierzu zählen nicht künstlerische, wissenschaftliche und freiberufliche Tätigkeiten, bei denen die Leistungserbringung höchstpersönlichen Charakter hat. Um Abgrenzungsprobleme dieser Definition abzumildern, hat der Gesetzgeber durch die Formulierung „es sei denn" *(§ 1 Abs. 2 HGB)* den kaufmännisch handelnden Personen die gesetzliche Beweislast auferlegt. Gelegentliche Erwerbsgeschäfte oder Veräußerungen begründen handelsrechtlich kein Handelsgewerbe.

Nicht als Handelsgewerbe gilt die Tätigkeit

■ **der Land- und Forstwirte,** die aber den Kaufmannsstatus wählen können *(§ 3 HGB)*,

■ **der freien Berufe** wie z.B. Steuerberater, Wirtschaftsprüfer, vereidigte Buchprüfer, Rechtsanwälte, Architekten, Künstler, Notare, Ärzte.

Diese Personen sind keine Kaufleute, obwohl sie am Wirtschaftsleben i.d.R. wie Kaufleute teilnehmen.

Anders verhält es sich jedoch, wenn Land- und Forstwirte oder Angehörige eines freien Berufes ihre Tätigkeit in der Rechtsform der GmbH oder AG ausüben.

Beispiele:

■ *Deutsche Treuhand Wirtschaftsprüfungsgesellschaft AG*
■ *Hohm und Kötting Steuerberatungsgesellschaft mbH*

Vom Begriff des Gewerbes nach *GewO* und *HGB* ist der **steuerrechtliche Begriff** nach *§ 15 EStG* mit seiner andersartigen Zielsetzung abzugrenzen:

„Eine selbstständige nachhaltige Betätigung, die mit der Absicht, Gewinn zu erzielen, unternommen wird und sich als Beteiligung am allgemeinen wirtschaftlichen Verkehr darstellt, ist ein Gewerbebetrieb, wenn die Betätigung weder als Ausübung von Land- und Forstwirtschaft noch als Ausübung eines freien Berufs ... anzusehen ist."

Ein Gewerbebetrieb liegt auch vor, wenn die Gewinnerzielungsabsicht nur Nebenzweck ist. Ein Gewerbe im Sinne des Steuerrechts entfällt aber bei Liebhaberei.

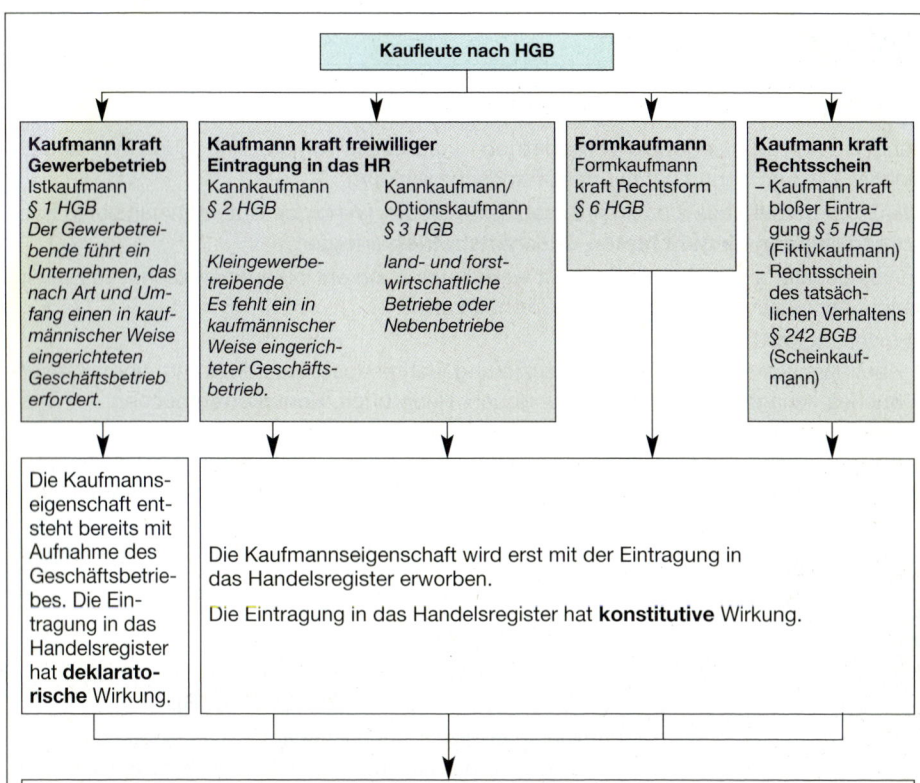

Folgen der Erlangung der Kaufmannseigenschaft

Beispiele:

- Anwendung der strengeren HGB-Vorschriften (z. B. § 373 ff. HGB statt § 433 ff. BGB),
- Führung einer Firma § 17 ff. HGB
- Recht, Prokuristen zu ernennen § 48 HGB
- Kaufmann kann sich durch Prokuristen, Handlungsbevollmächtigte, Ladenangestellte vertreten lassen, kaufmännische Vertretung § 48 ff. HGB erweitert § 164 ff. BGB,
- Haftung für alle Verbindlichkeiten der Unternehmung,
- Publizitätswirkung des Handelsregister,
- Auslegung nach Handelsbrauch § 346 HGB anstelle von §§ 133, 157 BGB
- Verträge können durch kaufmännisches Bestätigungsschreiben oder durch Schweigen zustande kommen § 362 HGB,
- erweitertes Zurückbehaltungsrecht § 369 HGB anstelle § 273 BGB
- Recht zur mündlichen Bürgschaftserklärung §§ 349, 350 HGB formfrei, im Gegensatz zu § 766 BGB
- mündliche Schuldanerkenntnis § 350 HGB
- erweiterte Vertragsstrafe § 348 HGB anstelle § 343 BGB
- Pflicht zur unverzüglichen Untersuchungs- und Rügepflicht §§ 377, 378 HGB anstelle von § 433 ff. BGB
- höhere Verzugszinsen nach § 352 HGB, anstelle § 246 BGB
- Handelsgesellschaften § 105 ff. HGB
- Möglichkeit, den Gerichtsstand frei zu vereinbaren §§ 29, 38 ZPO
- Buchführungs- und Aufzeichnungspflichten (§§ 238, 239 HGB, 140 AO), Ausnahme: § 241a HGB
- Pflicht zur Durchführung der Inventur und Erstellung des Inventar (§§ 240, 241 HGB)
- Aufstellung des Jahresabschlusses für jedes Geschäftsjahr (§§ 242–245 HGB)
- Beachtung von Ansatzvorschriften (§§ 246–251 HGB)
- Berücksichtigung der Bewertungsvorschriften nach §§ 252–256a HGB
- Pflicht zur Aufbewahrung von Unterlagen (§§ 257–261 HGB)
- Recht, ein vom Kalenderjahr abweichendes Wirtschaftsjahr zu wählen (§ 4a Abs. 1 Nr. 2 EStG)
- Recht, bestimmte Bewertungswahlrechte in Anspruch nehmen zu können
- Umsatzsteuerpflicht nach UStG
- Ausschluss des Verbraucherinsolvenzverfahrens mit Restschuldbefreiung (§§ 304–314 InsO)
- Möglichkeit, zum Handelsrichter gewählt zu werden (§ 109 GVG)

5

5.3.1   Istkaufmann

> Der **Istkaufmann** ist Kaufmann kraft **Gewerbebetrieb** *(§ 1 Abs. 1 HGB)*.

Handelsgewerbe ist jeder **Gewerbebetrieb**[1] unabhängig von der Eintragung ins Handelsregister. Die Eintragung hat nur deklaratorische Wirkung.

Alle Gewerbetreibende sind kraft Gesetzes Kaufleute, wenn das Unternehmen einen **nach Art und Umfang eingerichteten Geschäftsbetrieb** erfordert.

Anhaltspunkte, anhand derer beurteilt werden kann, ob ein in kaufmännischer Weise eingerichteter Geschäftsbetrieb vorliegt, können sein

Beurteilungsgründe sind:

- Kaufmännische Buchführung, Bilanzierung (Jahresabschluss, Führung eines Kassenbuches, Anlagenbuchführung, Grundbuch, Hauptbuch, Kontokorrentbücher),
- Geschäftsorganisation,
- Art (z. B. Vielfalt der Geschäftsbeziehungen, Höhe der Kreditaufnahme, Bilanzierung,
- betriebliche Organisation, grenzüberschreitende Tätigkeit) und Umfang des Geschäftsbetriebes (z. B. Umsatz i. d. R. über 500.000,00 EUR, Höhe des Vermögens und des Kapitals, Anzahl der Betriebsstätten, Anzahl der Mitarbeiter, Lohnsumme, Umfang der Geschäftskorrespondenz, Filialen),
- Anzahl der Mitarbeiter (i. d. R. ≥ 5 AN) und die Art der Tätigkeit,
- vielseitiges Waren- und/oder Dienstleistungsangebot,
- vielseitige Geschäftskontakte (z. B. Debitoren ≥ 20, Kreditoren ≥ 20),
- Anlage- und Betriebskapital (z. B. Anlagevermögen ≥ 125.000,00 EUR).

Die Entscheidung, ob ein in kaufmännischer Weise eingerichteter Geschäftsbetrieb notwendig ist, trifft das Amtsgericht i. d. R. aufgrund von Gutachten der IHK oder Handwerkskammer.

Kaufmann ist somit **jeder** Gewerbetreibende ohne Rücksicht auf die Branche.

> *Beispiele:*
>
> *Warenhandelsgeschäfte, Handwerk, Dienstleistungen, die nach außen in Erscheinung tretende Vermögensverwaltung*

Die pflichtgemäße Eintragung ins Handelsregister hat lediglich **rechtsbekundende** (= deklaratorische) Wirkung.

Beachte:

- Die Begriffe Kaufmann nach *HGB* und Unternehmer nach *§ 14 BGB* sind **nicht** inhaltsgleich, weil für den bürgerlich-rechtlichen Begriff Unternehmer das Betreiben eines Gewerbes und ein nach Art und Umfang eingerichteter kaufmännischer Geschäftsbetrieb nicht entscheidend sind.
- Nicht kapitalmarktorientierte Einzelunternehmen, die an den Abschlussstichtagen von zwei aufeinanderfolgenden Geschäftsjahren nicht mehr als 500.000,00 EUR Umsatzerlöse und 50.000,00 EUR Jahresüberschuss aufweisen, brauchen die *§§ 238 bis 241 HGB* nicht anzuwenden *(§ 241a HGB)*.

5.3.2   Kannkaufmann/Optionskaufmann

> Der **Kannkaufmann/Optionskaufmann** ist Kaufmann kraft **freiwilliger Eintragung** ins Handelsregister *(§§ 2, 3 HGB)*.

---

[1] Vgl. hierzu die Definition eines Handelsgewerbes Seite 326

Kannkaufmann nach § 2 HGB

Der Unternehmer ist zuerst einmal kein Kaufmann, betreibt aber ein Gewerbe, er **kann** durch freiwillige Eintragung ins Handelsregister die Kaufmannseigenschaft erwerben.

Die freiwillige Eintragung hat **konstitutive** (= rechtserzeugende) Wirkung. Auch die Gesellschaft des bürgerlichen Rechts (GbR) kann durch Eintragung ins Handelsregister die Kaufmannseigenschaft erwerben; es gelten dann für die GbR die Regelungen der OHG bzw. der KG.

Kleingewerbetreibende

Kleingewerbetreibende sind Unternehmen, die aufgrund der Art und des Umfangs ihrer Geschäfte einen in kaufmännischer Weise eingerichteten Geschäftsbetrieb nicht benötigen.
Sie haben jedoch die Möglichkeit die Kaufmannseigenschaft zu erwerben, wenn sie
- ein Gewerbe betreiben (§ 1 Abs. 1 HGB) **und**
- sich freiwillig als Kaufmann ins Handelsregister eintragen lassen (§ 2 S. 1 HGB).

Beispiele:

Kleine Gaststätten, Ladenlokale, Bäckereien, Wäschereien, handwerkliche Betriebe

Die Rechtsprechung bietet zur Abgrenzung zum Istkaufmann weitere Kriterien und nimmt Kleingewerbe in folgenden Fällen an:

- Ein-Personen-Betrieb, Bürofläche 15 m², Jahresumsatz bis zu 65.000,00 EUR
- Einzelhandel unter 250.000,00 EUR Umsatz
- Einzelhandel mit Umsätzen der letzten Jahre zwischen 125.000,00 EUR und 175.000,00 EUR
- Provisionsumsatz eines Handelsvertreters unter 100.000,00 EUR
- Industriebetrieb mit Umsatz unter 500.000,00 EUR
- Handwerksbetrieb mit Umsatz unter 250.000,00 EUR
- Unternehmen mit bis zu 5 Beschäftigten

Für Kleingewerbetreibende, die **nicht im Handelsregister** eingetragen sind, **gelten nicht**
- die strengeren Vorschriften des *HGB*, sondern aus Schutzgründen die des *BGB*,
- die Vorschriften über die Handelsgeschäfte (§ 343 HGB),
- die Untersuchungs- und Rügepflicht (§ 377 HGB),
- das Zurückbehaltungsrecht (§ 369 HGB),
- die handelsrechtlichen Buchführungspflichten (§ 238 ff. HGB).

Erwirbt der Kleingewerbetreibende durch freiwillige Eintragung in das Handelsregister die Kaufmannseigenschaft, so gelten für den „Neu"-Kaufmann die Vorschriften des *HGB*.

Beispiel:

1. Stufe:
Meta Möchte, Mainz, meldet bei der Stadtverwaltung ein Gewerbe an: Sie kauft einen Computer. Für drei Kaufleute erstellt sie das Warenlagerverwaltungsprogramm. Die Arbeiten werden in der Privatwohnung ausgeführt.
Folge: Der Kauf des Computers erfolgt nach den Vorschriften der § 433 ff. **BGB**.
Die Leistung von Diensten sowie die Abschlüsse von Verträgen erfolgen nach dem Werkvertragsrecht des BGB.
Frau Möchte ist Kleingewerbetreibende; für ihre Handlungen gelten – wie für Privatleute – allein die Regelungen des BGB.
Frau Möchte führt keine Firma.

2. Stufe:
Frau Möchte erhält immer mehr Aufträge; sie muss neue Büroräume anmieten und fünf Mitarbeiter einstellen. Kredite werden zur Finanzierung der notwendigen Investitionen aufgenommen.
Die Umsätze steigen erheblich. Frau Möchte erreicht einen nach Art und Umfang eingerichteten Geschäftsbetrieb und müsste ins Handelsregister eingetragen werden.

Folge: *Frau Möchte ist ab jetzt Kaufmann kraft Gewerbebetriebes (Istkaufmann); sie führt eine Firma.*
           Die Anschaffung neuer Arbeitsmittel wie z. B. Computer, Büroeinrichtungen erfolgt nach
           den Regeln des Handelskaufs (§ 343ff. **HGB***). Es gilt die unverzügliche Rügepflicht*
           (§ 377 HGB), falls die eingekauften Gegenstände Mängel aufweisen. Die Eintragung ins Han-
           delsregister hat nur deklaratorische Wirkung.

Wer mit seiner Firma im Handelsregister eingetragen ist oder sich im Wirtschaftsleben den Anschein eines Kaufmanns gibt, muss sich wie ein Kaufmann behandeln lassen (Scheinkaufmann, *§ 5 HGB*).

▊ Optionskaufmann nach *§ 3 HGB:* Land- und forstwirtschaftlicher Betriebe

Land- und forstwirtschaftliche Unternehmen oder damit verbundene Nebenbetriebe, die nach Art und Umfang einen in kaufmännischer Weise eingerichteten Geschäftsbetrieb erfordern, **können** durch Eintragung in das Handelsregister die Kaufmannseigenschaft erwerben (konstitutive Eintragung).

Beispiele:

- *land- und forstwirtschaftliche Unternehmer: Gutshöfe, Weingüter, Baumschulen*
- *land- und forstwirtschaftliche Nebenbetriebe: Molkereien, Mühlen, Sägewerke.*

5.3.3   Scheinkaufmann/Fiktivkaufmann

Scheinkaufmann ist jede Person, die durch zurechenbares Verhalten den Anschein erweckt, Kaufmann zu sein.

Wer im Rechtsverkehr als Kaufmann auftritt, gilt als Kaufmann, d. h. er muss akzeptieren, dass für ihn alle Regelungen für Kaufleute Anwendung finden.

1. Variante:

Wer als Kaufmann im Handelsregister eingetragen ist, muss sich als Kaufmann behandeln lassen. Es ist ohne Bedeutung, ob die Eintragung zu Unrecht erfolgt ist oder ob die Löschung vergessen worden ist *(§ 5 HGB)*. Ein Scheinkaufmann ist mit der Firma im Handelsregister eingetragen **und** muss unter der Firma ein Gewerbe betreiben.

Beispiel:

Der Autohändler Auto hat seinen Geschäftsbetrieb eingestellt. Einen Teil seiner Abstellfläche hat er an den benachbarten Möbeleinzelhändler Stuhl als Parkplatz für 200,00 EUR je Monat vermietet.
Stuhl zahlt wiederholt nicht fristgerecht die vereinbarte Miete.
Zu prüfen wäre, ob Auto unter Bezug auf § 352 Abs. 1 HGB 5 % Verzugszinsen fordern kann. Auto ist zwar im Handelsregister eingetragen, aber er betreibt kein Gewerbe mehr. Nach § 5 HGB wird die Kaufmannseigenschaft nur fingiert, solange ein Gewerbe betrieben wird.
Dies ist hier nicht gegeben, weil die geringe Vermietertätigkeit nicht als Gewerbe anzusehen ist. Aus diesem Grunde ist der § 352 Abs. 1 HGB nicht anwendbar; die Verzugszinsen sind nach § 288 Abs. 1 S. 2 HGB mit 5 % über dem Basiszinssatz anzusetzen.

2. Variante:

Nichtkaufleute, die sich am Handelsverkehr beteiligen und wie Kaufleute auftreten, sind nach den Grundsätzen des Vetrauensschutzes *(§ 242 BGB)* wie Kaufleute zu behandeln. Der nicht eingetragene Scheinkaufmann kann sich **nicht** auf die Kaufmannseigenschaft berufen; der Rechtsschein wirkt aber für den gutgläubigen Dritten, solange er von dem wahren Sachverhalt keine Kenntnis hat.

5.3.4   Formkaufmann

Formkaufleute (AG, SE, GmbH, UG (haftungsbeschränkt), KGaA, eG, EWiVG) sind Unternehmen, die bereits aufgrund der von ihnen gewählten Rechtsform die Kaufmannseigenschaft erlangen *(§ 6 HGB i. V. m. § 3 Abs. 1 AktG, § 13 Abs. 3 GmbHG)*.

Alle **Kapitalgesellschaften** und **Genossenschaften** sind Formkaufleute, unabhängig davon, ob sie eine gewerbliche Tätigkeit ausüben oder nicht:

Formkaufleute sind

- Gesellschaften mit beschränkter Haftung (GmbH) *§ 6 Abs. 2 HGB i. V. m. § 13 Abs. 3 GmbHG,*
- Aktiengesellschaften (AG) *§ 6 Abs. 2 HGB i. V. m. § 3 Abs. 1 AktG*
- eingetragene Genossenschaften (e.G.) *§ 6 Abs. 2 HGB i. V. m. § 17 Abs. 2 GenG.*

Personengesellschaften erwerben erst mit Eintragung der Firma in das Handelsregister die Kaufmannseigenschaften nach *HGB (§§ 105, 123 HGB).* Die rein vermögensverwaltende OHG, die kein Handelsgewerbe betreibt, die aber in das Handelsregister eingetragen wurde, ist Kaufmann kraft Eintragung gemäß *§ 2 HGB.*

Nicht eingetragene Einzelunternehmen und nicht eingetragene Personengesellschaften unterscheiden sich durch ihr Auftreten im Geschäftsverkehr von Einzelkaufleuten (e. Kfm.), Offenen Handelsgesellschaften (= OHG) und Kommanditgesellschaften (= KG):

1. durch den fehlenden Rechtsformzusatz in der Firma *(§ 19 Abs. 1 HGB)*

   und

2. durch die Angaben in den Geschäftsbriefen *(§§ 37a, 125a HGB)*

Kaufleute nach dem *Handelsgesetzbuch* haben

... das Recht
  - zur Führung einer Firma
  - zur Ernennung von Prokuristen
  - zur Gründung einer OHG oder KG

... die Pflicht
  - zur Eintragung in das zuständige Register
  - zur Führung der Rechtsformbezeichnung in der Firma
  - zur Nennung der Pflichtangaben in den Geschäftsbriefen
  - zur Führung der Handelsbücher entsprechend den Grundsätzen ordnungsmäßiger Buchführung
  - zur Übernahme einer selbstschuldnerischen Bürgschaft

... die Möglichkeit
  - zur Abgabe einer mündlichen Bürgschaftserklärung, eines Schuldversprechens oder Schuldanerkenntnisses
  - zur Übernahme des Handelsrichteramtes
  - zur Festsetzung eines vom Kalenderjahr abweichenden Wirtschaftsjahres

---

5.4 Firmenrecht

Die **Firma ist der geschäftliche Name oder Unternehmensname eines Kaufmanns**, unter dem er

- seine Geschäfte betreibt,
- unterschreibt,
- klagen und verklagt werden kann *(§ 17 HGB)*

Der Nichtkaufmann hat keine Firma; er tritt unter seinem Vor- und Zunamen im Geschäftsverkehr auf; hinzufügen kann er Fantasie- oder Sachbezeichnungen.

Durch die Firma identifiziert sich der Kaufmann und unterscheidet sich eindeutig von anderen Unternehmen. Sie kann ein Marketinginstrument werden.

Die Firma wird im Handelsregister, Unternehmensbezeichnungen dagegen nicht im Handelsregister eingetragen.

Die Firma muss zur Kennzeichnung des Kaufmanns geeignet sein; dies verlangt:

- **Kennzeichnungswirkung,** d.h. die Bezeichnung (Personen-, Sach- oder Fantasie-bezeichnung) muss aussprechbar sein und wie ein Name wirken *(§ 18 Abs. 1 S. 1 HGB)*,
- **Unterscheidungskraft,** d.h. die Firma muss die abstrakte Fähigkeit haben, sich zu individualisieren und Verwechselungen auszuschließen *(§ 18 Abs. 1 S. 2 HGB)*,
- **Offenlegung der** *(§ 19 HGB, §§ 4, 279 AktG, § 4 GmbHG).* **Gesellschaftsform bzw. Rechtsform**

Die Firma informiert über den Unternehmensträger und insbesondere durch den Rechts-formzusatz über die Haftung.

Inhalt der Firma

Der **Firmenkern** enthält die notwendigen Bestandteile der Firma; ein **Firmenzusatz** kann zur Unterscheidung der Unternehmung und zur Erzielung eines Werbeeffektes beigefügt werden.

Beispiel:

Kennzeichnungswirkung	Unterscheidungskraft	Rechtsform
Karl Kannalles	**Wirtschaftsprüfung**	**GmbH**
Firmenkern	Firmenzusatz	

Einzelkaufleute, Personen- und Kapitalgesellschaften können als Firma frei wählen zwi-schen **Personen-**, **Sach-**, **Fantasie-** oder einer **Mischbezeichnung**.

Das Informationsinteresse der Öffentlichkeit und des Handelsverkehrs wird berücksichtigt

- durch die Nennung der Rechtsformbezeichnung in der Firma *(§ 19 HGB)* **und**
- durch die Pflichtangaben auf Geschäftsbriefen *(§ 37a HGB, §§ 6–7 TDG).*

Firmenarten			
Personenfirma	**Sachfirma**	**Fantasiefirma**	**gemischte Firma**
Die Firma besteht aus einem oder mehreren bürger-lichen Namen	Die Firma ist dem Gegenstand der Unternehmung entlehnt	Die Firma besteht aus einer Fantasie-bezeichnung	Die Firma kann be-inhalten Personen-namen, Sach- und/ oder Fantasie-bezeichnungen
+ **Rechtsform-bezeichnung**	+ **Rechtsform-bezeichnung**	+ **Rechtsform-bezeichnung**	+ **Rechtsform-bezeichnung**
Beispiele:	*Beispiele:*	*Beispiele:*	*Beispiele:*
■ Ilona Immer e.K. ■ Kirchner und Quack KG ■ Rheindorf & Co. GmbH	■ Autohaus GmbH ■ Käserei e.K. ■ TAX Wirtschaftsprüfungs-gesellschaft	■ Luftikus GmbH ■ Leckerli KG ■ Bücherwurm e.K. ■ Gänseblümchen OHG	■ Autohaus Müller OHG ■ Gutes Essen Walter Eber e.K. ■ Bankhaus Delbrück GmbH

Die Firma muss folgende Anforderungen erfüllen *(§ 17ff. HGB):*

- die Unterscheidungskraft und die Kennzeichnungswirkung der Firma,
- die Ersichtlichkeit des Gesellschaftsverhältnisses aus der Firma,
- Offenlegung der Haftungsverhältnisse durch die Firma.

Firmengrundsätze	
Firmenöffentlich-keit *(§§ 8 ff., 9, 29, 37a HGB, § 15a GewO)*	Die Firma muss zum Handelsregister angemeldet, eingetragen und bekannt gemacht werden. Jeder hat das Recht auf Einsicht in das Handelsregister.
Firmenwahrheit und -klarheit = Irreführungsverbot *(§§ 18, 19 HGB)*	Die Firma darf keine Angaben enthalten, die geeignet sind, über geschäftliche Verhältnisse, die für die angesprochenen Verkehrskreise wesentlich sind, irrezuführen. Die Angaben müssen richtig und wahr sein.
	Beispiele:
(§ 22 HGB)	■ *Eine kleine Metallbaugesellschaft darf sich nicht Deutsche Stahlbau GmbH nennen.* ■ *Verwendung von Drittnamen* ■ *Ausnahme: Firmenbeständigkeit bei Erwerb eines bestehenden Handelsgewerbes.*
Firmen-beständigkeit *(§§ 21, 22, 24 HGB)*	Eine einmal existierende Firma darf bei einem Inhaberwechsel infolge Verkauf, Schenkung oder Vererbung ggf. unter Beifügung eines Zusatzes, der auf das Nachfolgeverhältnis hinweist, von einem neuen Kaufmann weitergeführt werden. Voraussetzung hierfür ist die ausdrückliche Einwilligung des bisherigen Inhabers bzw. seiner Erben. Firmenbeständigkeit hat Vorrang vor Firmenwahrheit.
	Beispiel:
	Eisenwaren Wilhelm Keuser e. K. *Inh. Bernd Hopp*
Firmenaus-schließlichkeit *(§ 30 i. V. m. § 18 Abs. 1 HGB)*	Die gewählte Firma muss sich von allen anderen Firmen im gleichen Amtsgerichtsbezirk oder in derselben Gemeinde deutlich unterscheiden. Das bedeutet, jede bestehende Firma verhindert eine neue gleichlautende Eintragung in das Handelsregister.
	Beispiele:
	■ *Peter Schmitz e. K., Sanitäranlagenbau* ■ *Sanitäre Installationen Peter Schmitz e. K.*

Firmenschutz

Die Eintragung begründet den Schutz der Firma. Das Recht auf die Firma ist ein absolutes Recht und wirkt gegenüber jedermann.

Wer eine ihm nicht zustehende Firma führt, kann von der bereits existierenden Firma auf Unterlassung, ggf. Schadenersatz verklagt und vom Registergericht mit einem Ordnungsgeld belegt werden *(§ 37 Abs. 1 HGB ⇒ öffentlich-rechtlicher Firmenschutz, § 37 Abs. 2 HGB ⇒ privatrechtlicher Firmenschutz)*.

Firmenerwerb

Bei Erwerb eines Handelsgeschäftes wird die bisherige Firma zusammen mit dem Unternehmen übertragen *(§§ 22, 23 HGB)*. „Alte" Inhabernamen können in der Firma weitergeführt werden *(§ 21 HGB)*.

Der Erwerber und der frühere Unternehmensträger haften gesamtschuldnerisch für Verbindlichkeiten jeder Art *(§§ 25, 26 HGB)*.

Ausnahme: Enthaftung des früheren Unternehmerträgers *(§ 26 Abs. 1 S. 1 HGB)* oder Vereinbarung eines Haftungsausschlusses für Erwerber muss ins Handelsregister eingetragen und veröffentlicht werden *(§ 25 Abs. 2 HGB)*.

Firmenwert

Für renommierte Unternehmen mit großem Bekanntheitsgrad bedeutet die Firma oft einen erheblichen Wert; insoweit handelt es sich um ein **immaterielles Wirtschaftsgut**. Ihr Wert ist vor allem bestimmt durch den guten Ruf (Goodwill), über den die Unternehmung bei ihren Kunden verfügt.

Der Firmenwert kann betragsmäßig bestimmt werden: Es ist der Betrag, den ein Käufer im Rahmen der Übernahme einer Unternehmung als Ganzes über den Wert der einzelnen Vermögensgegenstände hinaus zu zahlen bereit ist. Beim Kauf einer Unternehmung ist der entgeltlich erworbene Firmenwert in der Steuerbilanz *(§§ 5 Abs. 2, 6 Abs. 1 Satz 3 EStG)* und in der Handelsbilanz aktivierungspflichtig *(§ 246 Abs. 1 S. 2 HGB).*

■ Firma

Die Firma kann nicht ohne das Handelsgeschäft, für welches sie geführt wird, veräußert wenden.

Die notwendigen Bestandteile der Firma richten sich nach der jeweiligen Rechtsform der Unternehmung.

Die Firma eines Kaufmanns muss bei Gründung die Bezeichnung der Rechtsform der Unternehmung oder eine allgemein verständliche Abkürzung dieser Bezeichnung enthalten.

Rechtsform und Firma

Rechtsform	Die Firma muss enthalten ...	Rechtsquellen
Einzelunternehmung (e. Kfm./e. Kffr.)	einen Personennamen, eine Sach- oder Fantasiebezeichnung mit dem **Zusatz** „eingetragene Kauffrau/eingetragener Kaufmann". Allgemein verständliche Abkürzungen wie e. K., e. Kffr., e. Kfm. sind zulässig.	*§ 19 Abs. 1 Nr. 1 HGB*
Offene Handelsgesellschaft (OHG)	mindestens einen Personennamen, eine Sach- oder Fantasiebezeichnung mit dem **Zusatz** „offene Handelsgesellschaft" oder OHG. Zusätzlich müssen evtl. Haftungsbeschränkungen herausgestellt werden (z. B. GmbH ist Gesellschafter der OHG [= GmbH & Co OHG]).	*§ 19 Abs. 1 Nr. 2 HGB,* *§ 19 Abs. 2 HGB*
Kommanditgesellschaft (KG)	mindestens einen Personennamen, eine Sach- oder Fantasiebezeichnung mit dem **Zusatz** „Kommanditgesellschaft" oder KG. Zusätzlich müssen evtl. Haftungsbeschränkungen herausgestellt werden (z. B. GmbH ist Gesellschafter der KG [= GmbH & Co KG]).	*§ 19 Abs. 1 Nr. 3 HGB,* *§ 19 Abs. 2 HGB*
Gesellschaft mit beschränkter Haftung (GmbH)	mindestens einen Personennamen, eine Sach- oder Fantasiebezeichnung mit dem **Zusatz** „Gesellschaft mit beschränkter Haftung" oder GmbH.	*§ 4 GmbHG*
Aktiengesellschaft (AG)	mindestens einen Personennamen, eine Sach- oder Fantasiebezeichnung mit dem **Zusatz** „Aktiengesellschaft" oder AG.	*§ 4 AktG*
Eingetragene Genossenschaft (e. G.)	mindestens einen Personennamen, eine Sach- oder Fantasiebezeichnung mit dem **Zusatz** „eingetragene Genossenschaft" oder e. G.	*§ 3 GenG*

Auf allen **Geschäftsbriefen** des Kaufmanns, die an einen bestimmten Empfänger gerichtet werden, müssen seine Firma, der Ort seiner Handelsniederlassung und die Nummer, unter der die Firma in das Handelsregister eingetragen ist, angegeben werden *(§ 37a HGB).*

Des Weiteren sind bei der Wahl der Firma unbedingt Wettbewerbs- und Kennzeichnungsrechte Dritter zu beachten, weil sonst eine Unterlassungsklage nach *§ 3 UWG* oder *§§ 4, 14 bzw. §§ 5, 15 MarkenG* droht. Bezeichnungen wie Steuerberater oder Rechtsanwalt sind in der Firma verboten *(§§ 43 Abs. 4 StBerG, 12 Abs. 2 BRAO).*

5.5 Register

5.5.1 Handelsregister

Rechtsgrundlagen: *§§ 8–16, 29, 106 HGB*
§§ 125–158 FGG[1]
Handelsregisterverordnung
Gesetz über das elektronische Handelsregister und
Genossenschaftsregister *(EHUG)*

Das **Handelsregister** (HR) ist das
- öffentliche, von den zuständigen Amtsgerichten *(§ 8 HGB)* geführte Register, in das kaufmännische Tatsachen und Rechtsverhältnisse eingetragen werden, die für den Rechts- und Geschäftsverkehr bedeutsam sein können,
- Verzeichnis der Kaufleute eines Amtsgerichtsbezirkes und
- dient der Sicherheit und der Leichtigkeit des Rechtsverkehrs.

Funktionen des Handelsregisters	
■ **Beweisfunktion**	Die Eintragung erleichtert die Beweisführung, weil sie den Beweis des ersten Anscheins zugunsten der eingetragenen Tatsachen begründet. Es erfolgt kein Beweis, dass der Registerinhalt materiell-rechtlich richtig ist.
■ **Kontrollfunktion**	Das Registergericht kontrolliert, ob die einzutragenden Tatsachen oder Rechtsverhältnisse dem Gesetz entsprechend begründet werden.
■ **Publizitätsfunktion**	Es wird Auskunft gegeben über bestimmte Rechtstatsachen, die im Zusammenhang mit kaufmännischen Gewerben für den Rechtsverkehr von Bedeutung sind (formelle Einsicht *§§ 9, 9a, 10 HGB*, materielle Publizität *§ 15 HGB*)
■ **Publikationsfunktion**	Der Kaufmann kann relevante Tatsachen über das Register bekannt machen *(§ 15 Abs. 2 HGB)*.

Das Handelsregister soll über Rechtstatsachen von Kaufleuten auf dem Gebiet des Handelsverkehrs Auskunft geben, d. h. das Handelsregister bietet die Möglichkeit, sich zu informieren über z. B. Firma, Sitz und Vertretungsverhältnisse.

Eintragungen und Änderungen im Register werden mitgeteilt
- dem Betreiber des Unternehmensregisters und
- den zuständigen Kammern *(§ 37 HGB)*
Die Eintragungen im Handelsregister werden über die zentrale Internetseite
www.handelsregister.de bekannt gemacht.

Zuständigkeit

Nach *§ 125 Abs. 1 FGG* ist zwingend das Amtsgericht am Sitz des Landgerichtes für den gesamten Landgerichtsbezirk zuständig.
Die Landesregierungen können für mehrere Amtsgerichtsbezirke die Führung des Registers durch Rechtsverordnung einem Amtsgericht übertragen.
Örtlich zuständig ist das Amtsgericht, in dessen Bezirk der Sitz des Unternehmens ist *(vgl. § 36 AktG, § 7 GmbHG, §§ 19, 106, 161 HGB)*.

---

[1] Gesetz über die Angelegenheiten der freiwilligen Gerichtsbarkeit.

Verfahren

Handels-, Genossen- und Partnerschaftsregister werden elektronisch bei den Amtsgerichten geführt. Die Register sind über eine einheitliche vernetzte Internetseite (www.
handelsregister.de) zugänglich.

1. Anmeldungen zur Eintragung in das Handelsregister sind in öffentlich beglaubigter
   Form zwingend als elektronische Dokumente über das „Elektronische Gerichts- und Verwaltungspostfach" (EGVP)[1] anzumelden *(§ 12 HGB)*.

   Notwendige Unterzeichnungen müssen in qualifizierter elektronischer Form nach
   § 126a BGB erfolgen.

   Die Eintragung im Handelsregister wird wirksam, sobald sie gespeichert und inhaltlich
   unverändert in lesbarer Form wiedergegeben werden kann *(§ 8a HGB)*.

   Ausnahme: Löschungen erfolgen von Amtswegen *(§ 142 FGG)*.

2. Im Rahmen von Handelsregistereintragungen fordert das Registergericht in Zweifels-
   fällen ein Gutachten von der Industrie- und Handelskammer bei einem Handelsgewerbe[2], von der Handwerkskammer bei einem Handwerksbetrieb, von der Landwirtschaftskammer bei einem land- und forstwirtschaftlichem Betrieb an *(§ 23 HRV)*.

3. Das Registergericht prüft alle Eintragungsvoraussetzungen, evtl. müssen Genehmigungs-
   behörden gehört werden.

4. In einer Eintragungsverfügung stellt das Gericht den Wortlaut der Eintragung fest *(§ 27
   HRV)*.

5. Die Eintragungen und Änderungen werden veröffentlicht *(§§ 10, 11 HGB)*
   * unter www.handelsregister.de
   * im elektronischen Bundesanzeiger (www.e-bundesanzeiger.de),
   * im elektronischen Unternehmensregister (www.unternehmensregister.de).

   Über den elektronischen Bundesanzeiger als Internet-Publikationsplattform werden
   Unternehmensmeldungen weltweit zugänglich.

   Bereits seit 2002 sind aktienrechtliche Mitteilungen wie z. B. Jahresabschlüsse aller publi-
   zitätspflichtigen Unternehmen im elektronischen Bundesanzeiger bekannt zu machen.

Die Pflicht zur Offenlegung von Jahres- und Konzernabschlüssen besteht für publizitäts-
pflichtige Unternehmen. Die Dokumente der Rechnungslegung sind zukünftig beim Betreiber des **elektronischen Bundesanzeigers** abzugeben. Unternehmen können die Unterlagen der Rechnungslegung in Word-, Excel- oder XML-Format (nicht jedoch im PDF-Format)
übermitteln.

Im Fall der **Nicht-Veröffentlichung** der Jahres- und Konzernabschlüsse muss von Amts
wegen ein Ordnungsgeldverfahren eingeleitet werden. Die Zahlung eines Ordnungsgeldes
von bis zu 25.000,00 EUR kann durch fristgemäße Nachreichung der Jahres- und Konzernabschlüsse abgewendet werden.

Auf der Internetseite www.unternehmensregister.de sind sämtliche veröffentlichungs-
pflichtige Unternehmensdaten publiziert. Darüber hinaus können die veröffentlichungs-
pflichtigen Dokumente der Rechnungslegung auch im elektronischen Bundesanzeiger
kostenlos eingesehen werden. Über www.handelsregister.de können die Handelsregister-
daten direkt abgerufen werden. Nur letztere Internetseite genießt öffentlichen Glauben im
Sinne des *§ 15 HGB*.

Ziel aller Eintragungen soll sein
- Informationen des Rechtsverkehrs   ■ Offenlegung der Rechtsverhältnisse

---

[1] www.egvp.de
[2] Geprüft wird insbesondere die Buchführungspflicht.

◼ Öffentlichkeit des Handelsregisters

Das Handelsregister wird beim Amtsgericht (Registergericht) geführt und unterrichtet die Öffentlichkeit über die grundlegenden Rechtsverhältnisse der Unternehmungen.

Jeder – nicht nur der Kaufmann – hat das Recht auf Einsichtnahme bei berechtigtem Interesse und kann gegen eine Gebühr eine Kopie der Eintragungen und der eingereichten Schriftstücke verlangen *(§ 9 HGB)*.

◼ Öffentlicher Glaube der Eintragungen

> Jede **Eintragung** erzeugt die Vermutung der Richtigkeit und rechtlichen Zulässigkeit *(§ 15 HGB)*.

Nach *§ 15 HGB* sind drei Fallgruppen zu unterscheiden:

Tatsachen sind **nicht** im Handelsregister eingetragen und bekannt gemacht	Tatsachen sind **richtig** im Handelsregister eingetragen und bekannt gemacht	Tatsachen sind **falsch** im Handelsregister eingetragen und bekannt gemacht
§ 15 Abs. 1 HGB	**§ 15 Abs. 2 HGB**	**§ 15 Abs. 3 HGB**
Negative Publizität	**Rechtsschein**	**Positive Publizität**
Es gilt den Glauben zu schützen, dass etwas, das nicht im Register eingetragen ist bzw. nicht bekannt gemacht wurde, sich nicht ereignet hat, es sei denn, dies war bekannt.	Die richtige Eintragung und Bekanntmachung genießt Vertrauensschutz gegenüber allen anderen Aussagen, d. h. eine eingetragene und bekannt gemachte Tatsache muss ein Dritter gegen sich gelten lassen. *Ausnahme: § 15 Abs. 2 HGB*	Jeder kann sich im Rechtsverkehr auf das, was im Register steht bzw. bekannt gemacht wurde, verlassen.
Beispiel: *Einem Prokuristen wird gekündigt, das Erlöschen der Prokura wird jedoch versehentlich nicht zur Eintragung angemeldet. Aus Verärgerung über die Entlassung verkauft der Ex-Prokurist unberechtigterweise seinen Dienstwagen zu einem günstigen Preis an einen Geschäftsfreund, der von dem Entzug der Prokura nichts wusste. Das Rechtsgeschäft ist für die Unternehmung bindend.*	**Beispiel:** *Die Prokura des Verhandlungspartners ist gelöscht worden; die Löschung ist eingetragen und bekannt gemacht. Danach kann ein Dritter sich nicht mehr darauf berufen, das Erlöschen der Prokura nicht gekannt zu haben.*	**Beispiel:** *Aufgrund häufiger Fehler wird einem Mitarbeiter die Prokura entzogen. Der Widerruf wird ordnungsgemäß eingetragen und bekannt gemacht. Drei Wochen nach der Bekanntmachung verkauft der Ex-Prokurist aus Enttäuschung über den Prokuraentzug die gesamte EDV-Einrichtung der Unternehmung. Das Rechtsgeschäft ist für die Unternehmung **nicht** bindend.*
Beispiel: *A und B sind persönlich haftende Gesellschafter der Zippa KG, beide haben Einzelvertretungsmacht. A scheidet aus, die Löschung im HR wird vergessen. A tätigt Kaufvertrag im Namen der KG, der Vertrag ist wirksam.*		

Wurde eine Tatsache richtig eingetragen und bekannt gemacht, so muss ein Dritter diese nach 15 Tagen immer gegen sich gelten lassen.

5

Beispiele:

■ A ist nach 20 Jahren als Prokurist der B & D OHG zum 1. Febr. 10 aus der Gesellschaft ausgeschieden. Die Eintragung im HR wurde am 20. März des gleichen Jahres gelöscht. Ab dem 05. April des gleichen Jahres kann sich die OHG jedem Dritten gegenüber darauf berufen, dass A keine Rechtshandlungen mehr für die B & D OHG erledigen kann.

■ B hat sein Unternehmen aufgegeben. Dies wurde im HR eingetragen. B verwendet aber weiterhin sein übrig gebliebenes Briefpapier mit dem Zusatz e. K.
Zu prüfen wäre, ob B sich Dritten gegenüber als Kaufmann behandeln lassen muss, weil diese auf die Angaben im Briefpapier vertraut haben.
Laut Rechtsscheinhaftung ist dies zu bejahen (Scheinkaufmann), aber laut § 15 Abs. 2 HGB ist das eindeutig zu verneinen, weil die Geschäftsaufgabe richtig eingetragen und bekannt gemacht wurde.

■ D ist aus der B & D OHG ausgeschieden. Dies wird nicht im HR eingetragen. Die OHG kann sich nicht auf das Ausscheiden des D berufen. Sie muss dulden, dass sie so behandelt wird, als wäre D noch Gesellschafter der B & D OHG. Dies bedeutet, D könnte z. B. noch Verträge zulasten der B & D OHG abschließen.

Eine Eintragung kann **rechtserzeugend** (konstitutiv) *oder* **rechtsbekundend** (deklaratorisch) wirken.

Konstitutive Eintragungen	Deklaratorische Eintragungen
Die Eintragung ist „rechtserzeugend", d. h. durch die Eintragung entsteht ein neuer beabsichtigter Rechtstatbestand	Die Eintragung ist „rechtserklärend", d. h. die Eintragung bestätigt einen bereits bestehenden Rechtstatbestand.
Beispiele: ■ ein Kleingewerbetreibender wird durch die Eintragung in das Handelsregister Kaufmann (§ 2 HGB). ■ GmbH und AG entstehen erst mit der Eintragung, ■ Haftungsbeschränkung des Kommanditisten gilt erst nach Eintragung	**Beispiele:** ■ Erlangung der Kaufmannseigenschaft bei einem in kaufmännischer Art und Weise eingerichteten Geschäftsbetrieb § 1 Abs. 2 HGB ■ Erteilung und Widerruf der Prokura (§ 48 HGB) ■ Eintritt eines neuen Gesellschafters in die OHG § 107 HGB

Zu unterscheiden sind

■ eintragungspflichtige Tatsachen,

> **Beispiele:**   Kaufmann, Firma, Prokura

■ eintragungsfähige Tatsachen,

> **Beispiele:**   Vereinbarung nach der Haftungsbeschränkung durch den Erwerber (§ 25 Abs. 2 HGB)

■ nicht eintragungsfähige Tatsachen.

> **Beispiele:**   Handlungsvollmacht, Haftungskapital bei e. K, OHG

Aufbau des Handelsregisters	
Zwei Abteilungen	
Handelsregister Abteilung A (HRA)	**Handelsregister Abteilung B (HRB)**
Zwingend einzutragen sind ■ Einzelkaufleute ■ Personengesellschaften (OHG, KG, GmbH & Co. KG), ■ Europäische wirtschaftliche Interessenvereinigung, ■ Bestimmte juristische Personen nach § 33 HGB wie z. B. Wasserwerke der Kommunen	■ Aktiengesellschaften ■ Kommanditgesellschaften auf Aktien, ■ Gesellschaften mit beschränkter Haftung
Einzutragen sind insbesondere ...	
§§ 40–42 HGB	**§ 43 HGB**

■ Firma und Sitz des Kaufmanns,
■ Ort der Niederlassungen,
■ Inhaber des Unternehmens bzw. Gesellschafter des Unternehmens
  a) Einzelunternehmen: Geschäftsinhaber
  b) OHG: die Gesellschafter
  c) KG: Gesellschafter und Kapitaleinlage des Kommanditisten
■ ggf. Prokura
■ ggf. Eröffnung der Insolvenz
■ ggf. Liquidation
■ ggf. Löschung der Firma
	■ Firma, Sitz und Gegenstand der Gesellschaft,
	■ Ort der Niederlassungen,
	■ Rechtsform,
	■ GmbH: • Geschäftsführer
	  • Stammkapital
	  • Stammeinlage
	■ AG: • Vorstand
	  • Grundkapital
	■ ggf. Prokura
	■ ggf. Eröffnung der Insolvenz
	■ ggf. Liquidation
	■ ggf. Löschung der Firma

■ Eintragungsfähig und -pflichtig sind nur die gesetzlich zulässigen und vorgesehenen Tatbestände.

■ **Beispiele:** • eintragungsfähige Tatsachen: § 2 i. V. m. §§ 29, 3, 13, 25 Abs. 2, 29, 53 Abs. 1 HGB
• eintragungspflichtige Tatsachen: §§ 25 Abs. 2, 28 Abs. 2, 29, 31, 32, 106, 162 HGB, § 10 GmbHG, § 39 AktG

■ Eintragungen erfolgen auf Antrag, ggf. von Amts wegen. Die Anmeldung zur Eintragung ist in öffentlich (notariell) beglaubigter Form einzureichen (§ 12 HGB). Sie kann ggf. durch Ordnungsgeld erzwungen werden.

■ Öffentliche Betriebe werden nur eingetragen, wenn sie im Wettbewerb stehen.

■ Die Eintragungen werden vom Amtsgericht durch Veröffentlichung im elektronischen Bundesanzeiger und in mindestens einem weiteren Blatt im Amtsgerichtsbezirk bekannt gemacht (§§ 10, 11 HGB).

■ Gelöschte Eintragungen sind unterstrichen („gerötet")

5

Handelsregister	
Vorteile	**Nachteile**
■ größere Wahlfreiheit bei der Namensgebung; es kann zwischen Personen-, Sach- und Fantasiefirma gewählt werden ■ klare Dokumentation der Rechtsform ■ Erlangung des Status eines Kaufmanns/ einer Kauffrau, damit Imagegewinn ■ Schutz der Firma ■ Firmenfortführung bei Betriebsübergang zulässig ■ Möglichkeit der Prokuraerteilung	■ Anmeldung zur Eintragung in das Handelsregister erfolgt über den Notar ■ Notar- und Gerichtskosten bei Eintragung und jeder Änderung ■ Buchführungspflicht ■ es gelten die strengeren Regeln des HGB

5

Elektronisches Handelsregister

Handelsregister B des Amtsgerichts Neustadt	Abteilung B Wiedergabe des aktuellen Registerinhalts – Abruf vom 27.10.2010, 14:15 Uhr	Nummer der Firma HRB 6877
– Ausdruck –	Seite 1 von 1	

1. Anzahl der bisherigen Eintragungen:
   0
2. a) Firma:
   Schuette Schleifmaschinen GmbH
   b) Sitz, Niederlassung, Zweigniederlassungen:
   Neustadt
   c) Gegenstand des Unternehmens:
   Herstellung und Vertrieb von Werkzeugschleifmaschinen sowie entsprechendem Zubehör
3. Grund- oder Stammkapital:
   25.000,00 EUR
4. a) Allgemeine Vertretungsregelung:
   Ist nur ein Geschäftsführer bestellt, so vertritt er die Gesellschaft allein. Sind mehrere Geschäftsführer bestellt, so wird die Gesellschaft durch zwei Geschäftsführer sowie durch einen Geschäftsführer gemeinsam mit einem Prokuristen vertreten.
   b) Vorstand, Leitungsorgan, geschäftsführende Direktoren, persönlich haftende Gesellschafter, Geschäftsführer, Vertretungsberechtigte und besondere Vertretungsbefugnis:
   Einzelvertretungsbefugnis mit der Befugnis, im Namen der Gesellschaft mit sich im eigenen Namen oder als Vertreter eines Dritten Geschäfte abzuschließen:
   Geschäftsführer Schuette, Karl, Neustadt, * 06.05.1968
5. Prokura:
   Gesamtprokura gemeinsam mit einem anderen Geschäftsführer oder einem anderen Prokuristen:
   Weber, Paul, Neustadt, * 04.05.1970
   Kruschnik, Martina, Neustadt, * 25.12.1969
6. a) Rechtsform, Beginn, Satzung oder Gesellschaftsvertrag:
   Gesellschaft mit beschränkter Haftung; Gesellschaftsvertrag vom 20.09.2007
   b) Sonstige Rechtsverhältnisse:
   ___

Elektronisches Handelsregister

Handelsregister A des Amtsgerichts Neustadt	Abteilung A Wiedergabe des aktuellen Registerinhalts – Abruf vom 12.08.2010, 12:10 Uhr	Nummer der Firma HRA 675
– Ausdruck –	Seite 1 von 1	

1. Anzahl der bisherigen Eintragungen:
   4
2. a) Firma:
   Heller und Co. KG
   b) Sitz, Niederlassung, Zweigniederlassungen:
   Neustadt
3. a) Allgemeine Vertretungsregelung:
   b) Inhaber, persönlich haftende Gesellschafter, Geschäftsführer, Vorstand [...]:
   Persönlich haftende Gesellschafter:
   Josef Heller, Neustadt, * 23.03.1960
   Peter Lauer, Wiesingen, * 01.07.1958
4. Prokura:
   Einzelprokura für Hans Berger, Neustadt, * 04.05.1970
5. a) Rechtsform, Beginn und Satzung:
   Kommanditgesellschaft; Beginn 28.08.2005
   b) Sonstige Rechtsverhältnisse:
   ___
   c) Kommanditisten:
   Kaufmann Egon Laupichler, Neustadt, * 19.11.1950
   Einlage: 20.000,00 EUR
   Notar Karl Sendburg, Neustadt, * 20.01.1955
   Einlage: 60.000,00 EUR
6. Tag der letzten Eintragung:
   07.05.2008

5.5.2 Andere öffentliche Register

Andere beim Amtsgericht geführte öffentliche Register sind das:

Unternehmensregister	www.unternehmensregister.de
■ Inhalt:	Alle Unternehmen als Grundlage für eine EU-Wirtschaftsstatistik unter Ausnutzung der Verwaltungsdateien der Finanzbehörden, der Bundesagentur für Arbeit, der IHKs und der Handwerkskammern. Die Unternehmensregister entstehen in allen 16 Bundesländern, diese werden vom Statistischen Bundesamt zum (Gesamt-)Unternehmensregister zusammengefasst.
■ Eintragungstatbestände:	Name, Anschrift, Rechtsform, Wirtschaftszweig, Zeitpunkt der Aufnahme/Aufgabe der Tätigkeit, sozialversicherungspflichtige Beschäftigte, Umsatz, Angaben zum Zusammenhang zwischen Unternehmen und deren Zweigniederlassungen
■ öffentlicher Glaube:	nur negative Publizität (EU-Recht)
■ Einsichtnahme:	jeder
■ Rechtsgrundlage:	*EU-Recht*

Partnerschaftsregister	www.handelsregister.de
■ Inhalt:	Rechtsverhältnisse der Partnerschaftsgesellschaften (PG)
■ Eintragungstatbestände:	Name und Sitz der Partnerschaft, Name und Vorname sowie der in der Partnerschaft ausgeübte Beruf und der Wohnort jedes Partners (§§ 3, 4, 5 PartGG)
■ öffentlicher Glaube:	positive und negative Publizität (§ 5 PartGG i. V. m. § 15 HGB)
■ Einsichtnahme:	jeder
■ Rechtsgrundlage:	*§§ 3–4 PartGG, 106 Abs. 1 und 108 HGB*

Genossenschaftsregister	www.handelsregister.de
■ Inhalt:	Rechtsverhältnisse der eingetragenen Genossenschaften (e. G.)
■ Eintragungstatbestände:	Firma, Sitz, Statut, Vorstand
■ öffentlicher Glaube:	positive Publizität (eingetragene Tatsachen gelten gutgläubigen Dritten gegenüber als richtig) und negative Publizität (nicht eingetragene Tatsachen gelten als nicht bestehend)
■ Einsichtnahme:	jeder
■ Rechtsgrundlage:	*Verordnung über das Genossenschaftsregister*

Vereinsregister	www.handelsregister.de
■ Inhalt:	Rechtsverhältnisse der eingetragenen Vereine (e. V.)
■ Eintragungstatbestände:	Firma, Sitz, Satzung, Vorstand, Vertretungsregelungen
■ öffentlicher Glaube:	nur negative Publizität (§ 68 BGB)
■ Einsichtnahme:	jeder
■ Rechtsgrundlage:	*§§ 21, 59 ff. BGB*

Güterstandsregister/Güterrechtsregister	
■ Inhalt:	Es dient der Offenlegung güterrechtlicher Verhältnisse in der Ehe und hat eine Schutzfunktion im Rechtsverkehr.
■ Eintragungstatbestände:	Eintragungen erfolgen nur auf Antrag. Eingetragen werden können insbesondere Gütertrennung, Gütergemeinschaft, Änderung des gesetzlichen Güterstandes der Zugewinngemeinschaft, Aufhebung oder Ausschließung der Zugewinngemeinschaft, Beschränkungen oder Ausschließung der Schlüsselgewalt.
■ öffentlicher Glaube:	nur negative Publizität (§ 1412 BGB)
■ Einsichtnahme:	jeder
■ Rechtsgrundlage:	*§§ 1558–1563 BGB*

5

Grundbuch	
▪ Inhalt:	Rechtsverhältnisse der im Amtsgerichtsbezirk gelegenen Grundstücke
▪ Eintragungstatbestände:	u. a. Eigentumsverhältnisse, Lasten und Beschränkungen, Grundpfandrechte
▪ öffentlicher Glaube:	positive und negative Publizität *(§ 892 BGB)*
▪ Einsichtnahme:	jeder bei Nachweis eines berechtigten Interesses
▪ Rechtsgrundlage:	*Grundbuchverordnung, § 905 BGB*

5.5.3 Publizität in der Korrespondenz

Für Kaufleute gelten strenge **Publizitätspflichten**:

Geschäftsbriefe	Website im Internet
Geschäftsbriefe von Kaufleuten, Personen- und Kapitalgesellschaften, die für den externen Schriftverkehr *(z. B. Rechnungen, Quittungen, E-Mail, Fax, Bestell- und Lieferscheine)* bestimmt sind, müssen **Pflichtangaben** enthalten (Deklarationspflicht): ▪ Firma (Bezeichnung + Rechtsformzusatz), ▪ Sitz, Ort der Niederlassung, ▪ Registergericht und Registernummer *(§§ 37a, 125a, 177a HGB)*, ▪ Steuernummer *(§ 14 Abs. 1a UStG)*. Kapitalgesellschaften müssen zusätzlich nennen Vor- und Nachnamen der Vertreter *(§§ 80 AktG, 35a GmbHG, 25a GenG)*	Besondere Informationspflichten gelten im **Internet** laut *§ 6 Teledienstegesetz (TDG)*. Eine **Website** muss folgende Pflichtangaben enthalten: ▪ Name und Anschrift der Kanzlei, Firma des Kaufmanns, zusätzlich bei Personengesellschaften und juristischen Personen die Vertretungsberechtigten *(§ 6 Nr. 1 TDG)*, ▪ Telefon-, Telefaxrufnummer, E-Mail-Adresse, ▪ Register und Registernummer, ▪ Umsatzsteuer-Identifikationsnummer *(§ 27a UStG)*, ▪ gesetzliche Berufsbezeichnung, Staat, der diese Berufsbezeichnung verliehen hat, zuständige Berufskammer *(z. B. StB-Kammer, IHK)*, Aufsichtsbehörde, ▪ Bezeichnung der berufsrechtlichen Regelungen, z. B. bei Steuerberatern das Steuerberatungsgesetz *(StBerG)*, die Durchführungsverordnung zum StBerG, die Berufsordnung für Steuerberater, Steuerberatergebührenverordnung.

Für Kaufleute zusätzlich gelten besondere Informationspflichten *(§ 7 TDG)*:
▪ die natürliche oder juristische Person, in deren Auftrag die Kommunikation erfolgt, muss identifizierbar sein,
▪ die Kommunikation muss als kommerziell zu verstehen sein,
▪ Angebote, Preisnachlässe, Zugaben, Geschenke müssen als solche erkennbar sein.

5.6 Mitarbeiter des Kaufmanns

Der Kaufmann benötigt zum Betreiben seines Handelsgewerbes Hilfspersonen.

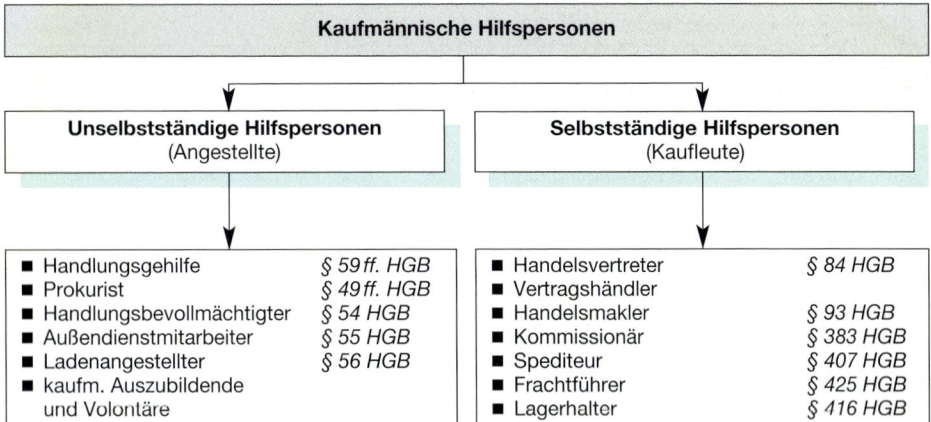

5.6.1 Nicht selbstständige Mitarbeiter

5.6.1.1 Handlungsgehilfe

5

Rechtsgrundlagen: *§§ 59–83 HGB*

> **Handlungsgehilfe** ist, wer in einem Handelsgewerbe zur Leistung kaufmännischer Dienste gegen Entgelt angestellt ist, ohne zur Vertretung der Unternehmung berechtigt zu sein.

Handlungsgehilfen sind im Geschäftsleben die kaufmännischen Angestellten[1], die kaufmännische Dienste leisten *(z. B. Einkäufer, Verkäufer, Buchhalter, Kassierer, Sekretärin)*.

Rechtsgrundlage für das Verhältnis zwischen dem Handlungsgehilfen und seinem Arbeitgeber (Prinzipal) ist der **Dienstvertrag**. Seine nähere Ausgestaltung darf nicht gegen die unabdingbaren Schutzbestimmungen des Tarifvertrages und ergänzender Arbeitsschutzbestimmungen verstoßen.

> spezielle Rechtsnormen des HGB: Handlungsgehilfe *(§§ 59–83 HGB)*

> allgemeine Rechtsnormen des BGB: Dienstvertrag *(§§ 611–630 BGB)*

---

[1] Abgrenzung vom gewerblichen Arbeitnehmer.

■ Rechte des Handlungsgehilfen

Gehaltszahlung *(§§ 63, 64 HGB, 611 Abs. 1, 612, 614 BGB)*	Die Zahlung des vereinbarten Gehalts hat spätestens am Monatsende zu erfolgen. Der Handlungsgehilfe hat im Krankheitsfall für die Dauer von maximal 6 Wochen Anspruch auf Gehaltsfortzahlung, wenn er unverschuldet seinen Dienst nicht ausüben kann.
Fürsorgepflicht des Arbeitgebers *(§§ 62 HGB, 617, 619 BGB)*	Der Arbeitgeber hat für Arbeitsbedingungen zu sorgen, die den Handlungsgehilfen vor Gesundheitsgefährdungen schützen.
Anspruch auf Zeugnis *(§§ 73 HGB, 630 BGB)*	Bei Beendigung des Dienstverhältnisses kann der Handlungsgehilfe ein schriftliches Zeugnis über die Art und Dauer der Beschäftigung, auf Wunsch auch über die Führung und Leistungen (qualifiziertes Zeugnis), verlangen.

■ Pflichten des Handlungsgehilfen

Dienstleistung *(§§ 59 HGB, 611 Abs. 1 BGB)*	Er muss alle im Rahmen seines Dienstvertrages anfallenden Arbeiten nach bestem Wissen und Gewissen ausführen, soweit sie nicht gegen Gesetze, Verträge oder die guten Sitten verstoßen.
Gehorsamspflicht	Er hat die Weisungen seines Arbeitgebers zu befolgen.
Treue *(§ 826 BGB)*	Er hat die Interessen seines Arbeitgebers zu vertreten.
Verschwiegenheit	Er hat Geschäftsgeheimnisse vertraulich zu behandeln.
Wettbewerbsverbot *(§§ 60, 61 HGB)*	Der Handlungsgehilfe darf ohne Einwilligung seines Arbeitgebers weder ein Handelsgewerbe betreiben noch in dem Geschäftszweig seines Arbeitgebers für eigene oder fremde Rechnung Geschäfte machen.

5

5.6.1.2   Handlungsbevollmächtigter

Rechtsgrundlagen: *§§ 54–56 HGB, 164 ff. BGB*

Handlungsvollmacht beinhaltet jede Vollmacht,
- die einem Mitarbeiter einer Kauffrau/eines Kaufmannes
- in einem Betrieb oder zum Betrieb eines Handelsgewerbes

erteilt wird *(§§ 54–58 HGB, 164 ff. BGB)*.

Der Handlungsbevollmächtigte steht in der Regel in einem Dienst- oder Arbeitsverhältnis *(§ 59 HGB)*.

> Die allgemeine **Handlungsvollmacht** berechtigt zu allen Geschäften und Rechtshandlungen, die der Betrieb dieses Handelsgewerbes gewöhnlich (branchenübliche Geschäfte und Rechtshandlungen) mit sich bringt *(§ 54 HGB)*.

Bezeichnung	Voraussetzungen	Umfang der Vollmacht
General(handlungs)vollmacht	Vollmacht zum Betrieb des ganzen Handelsgewerbes	Alle betriebsgewöhnlichen Rechts- und Geschäftshandlungen, d. h. alle branchenüblichen Handlungen
Art(handlungs)vollmacht Gattungsvollmacht	Auf Dauer erteilte Vollmacht zur Erledigung einer bestimmten Art von wiederkehrenden Geschäften eines Handelsgewerbes	Alle gewöhnlichen Geschäfte und Rechtshandlungen dieser bestimmten Art ***Beispiele:*** *Verkäufer ⇒ Verkaufsvollmacht* *Einkäufer ⇒ Einkaufsvollmacht, Kontovollmacht, Abschlussvollmacht des Handlungsreisenden*
Spezialhandlungsvollmacht	Vollmacht zu Vornahme einzelner oder sogar nur eines einzelnen Geschäftes eines Handelsgewerbes	Alle gewöhnlichen Rechtshandlungen, die im Zusammenhang mit dem einzelnen Geschäft stehen ***Beispiel:*** *einmalige Vollmacht zum Erwerb von 10 Computern*

Nicht erlaubt sind dem Handlungsbevollmächtigten folglich alle für dieses Handelsgewerbe außergewöhnlichen Geschäfte und Rechtshandlungen.

Eine **ausdrückliche Sondervollmacht** ist notwendig für die:

- Veräußerung und Belastung von Grundstücken,
- Eingehung von Wechselverbindlichkeiten,
- Aufnahme von Darlehen,
- Prozessführung.

Die Vertretungsvollmacht kann darüber hinaus in der Weise beschränkt werden, dass der Handlungsbevollmächtigte nur im Zusammenwirken mit einer anderen Person *(z. B. mit einem Prokuristen)* zeichnungsberechtigt ist.

Einzelvertretungsvollmacht	**Gesamtvertretungsvollmacht**
Vollmachtausübung **ohne** Zusammenwirken mit einer anderen Person	Vollmachtausübung nur im Zusammenwirken **mit** einer anderen vertretungsberechtigten Person

Erteilung	Die Erteilung kann nach § 167 BGB mündlich, schriftlich oder durch schlüssiges Verhalten erfolgen durch ■ Kleingewerbetreibende, ■ Kaufleute, ■ den Vorstand einer AG bzw. e. G., ■ den/die Geschäftsführer einer GmbH, ■ Prokuristen, ■ Handlungsbevollmächtigte, und zwar ■ schriftlich, ■ mündlich, ■ stillschweigend (konkludentes – schlüssiges – Verhalten).
Eintragung ins Handelsregister	Die Erteilung wird in **kein** Register eingetragen.

5

Unterschrift (Zeichnung) (§ 57 HGB)	Der Handlungsbevollmächtigte muss unter der Firma mit einem das Vollmacht-verhältnis andeutenden Zusatz unterschreiben.

Beispiele:

Firmenbezeichnung:	*Modeboutique Elvira Ellis GmbH*
i. A. (im Auftrag) Name:	*i. A. Thöler*
i. V. (in Vertretung) Name:	*i. V. Meier*

Erlöschen	Die Handlungsvollmacht erlischt
	■ durch Widerruf,
	■ mit Beendigung des Dienstvertrages,
	■ mit Erledigung des Auftrages (bei Spezialvollmacht),
	■ bei Befristung nach Ablauf der Frist,
	■ bei bedingter Vollmacht bei Wegfall der Bedingung,
	■ mit Auflösung der Unternehmung.

5.6.1.3 Prokurist

Rechtsgrundlagen: *§§ 48–53 HGB*

> Die **Prokura** ermächtigt eine natürliche Person zu allen Arten von gerichtlichen und rechtsgeschäftlichen Geschäften und Rechtshandlungen, die der Betrieb (irgend-) eines Handelsgewerbes mit sich bringt.

Die Prokura hat einen gesetzlich zwingend festgelegten Umfang,

- der **nicht** auf gewöhnliche oder branchentypische Geschäfte beschränkt werden kann,
- der aber erweitert werden kann *(§§ 49 Abs. 1, 50 HGB)*.

Dem Prokuristen sind erlaubt ...	Dem Prokuristen sind <u>nicht</u> erlaubt ...
■ alle außergerichtlichen Geschäfte *(z. B. Abschlüsse von Verträgen)*, ■ alle gerichtlichen Geschäfte *(z. B. Erhebung einer Klage)* sowie ■ alle gerichtlichen und außergerichtlichen Rechtshandlungen *(z. B. Anfechtungen, Kündigungen)*, die der Betrieb irgendeines Handelsgewerbes mit sich bringt. Eine Beschränkung des Umfangs der Prokura ist Dritten gegenüber unwirksam *(§ 50 HGB)*.	■ Erteilung und Entzug der Prokura, ■ Handlungen außerhalb des Geschäftsbetrie-bes *(z. B. Verkauf, Schließung, Branchen-änderung)*, ■ Handlungen, die sich der Kaufmann persön-lich vorbehalten hat, ■ die Veräußerung und Belastung von Grund-stücken *(§ 49 Abs. 2 HGB)*, ■ die Anmeldung von Eintragungen in das Handelsregister, ■ die Unterzeichnung der Bilanz und der Steuererklärungen, ■ die Aufnahme neuer Gesellschafter, ■ der Verkauf der Unternehmung, ■ die Anmeldung der Insolvenz der Unter-nehmung, ■ Privatgeschäfte des Geschäftsinhabers.

Erlaubt sind z. B. Einstellung und Entlassung von Personal, Aufnahme von Darlehen, Auf-nahme eines stillen Gesellschafters, Beendigung und Begründung von Dauerschuldver-hältnissen wie z. B. Miet-, Pacht- Leasingverträge, Klageerhebung gegen Dritte, Abschluss von gerichtlichen Vergleichen.

Die Prokura ist nicht übertragbar.

Sie erlischt nicht mit dem Tod des Inhabers des Handelsgeschäftes *(§ 52 HGB)*.

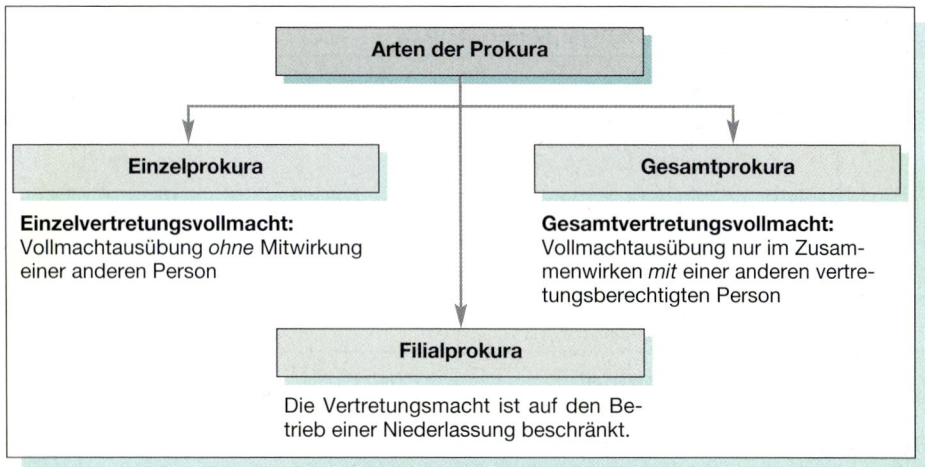

Im **Außenverhältnis**, d.h. im Verhältnis zwischen dem Prokuristen und den Geschäftspartnern des Arbeitgebers, ist die Vertretungsmacht des Prokuristen darüber hinaus nicht weiter beschränkbar *(§ 50 HGB)*.

Anders verhält es sich im **Innenverhältnis**, d.h. im Verhältnis zwischen dem Prokuristen und seinem Arbeitgeber. Hier ist in der Regel dem Prokuristen ein bestimmtes Ressort zugeteilt, für das er als leitender Angestellter zuständig ist. Den ihm zugewiesenen Kompetenzrahmen darf er nicht überschreiten.

> **Beispiel:**
>
> *Frau Simone Brühl ist Personalchefin der Fashion Textil AG. Ihr ist Einzelprokura erteilt worden. Im Innenverhältnis darf sie ihren Arbeitgeber nur in Personalangelegenheiten vertreten. Im Außenverhältnis gilt diese Beschränkung nicht, d.h., sie könnte ihren Arbeitgeber auch in allen anderen Geschäften (mit Ausnahme der ihr gesetzlich nicht erlaubten) rechtswirksam vertreten.*

Erteilung *(§ 48 HGB)*	Die Prokura kann nur erteilt werden von ■ einem Kaufmann (Inhaber/-in des Handelsgewerbes) ■ dem gesetzlichen Vertreter des Inhabers des Handelsgeschäftes oder den Erben, ■ dem Geschäftsführer einer GmbH (allerdings ist im Innenverhältnis die Zustimmung der Gesellschafterversammlung notwendig, *§ 46 Nr. 7 GmbHG*) Die Prokura muss ■ persönlich und ausdrücklich, ■ mündlich oder schriftlich erklärt werden.
Eintragung in das Handelsregister *(§ 53 HGB)*	Erteilung und Widerruf der Prokura müssen in das Handelsregister eingetragen werden. Die Eintragung hat deklaratorische Wirkung.
Unterschrift (Zeichnung) *(§ 51 HGB)*	Der Prokurist muss unter der Firma mit einem die Prokura andeutenden Zusatz pp. oder ppa. (= per procura) unterschreiben. **Beispiel:** *Firmenbezeichnung:* *Fashion Textil AG* *pp. oder ppa. (per procura) Name:* *pp. Simone Brühl*
Erlöschen	Die Prokura erlischt durch ■ Widerruf *(§ 52 Abs. 1 HGB)*, ■ Tod des Prokuristen (aber nicht bei Tod des Vertretenen), ■ Beendigung des Dienstvertrages, ■ Einstellung, Veräußerung oder Auflösung der Unternehmung.

5

5.6.2   Selbstständige Mitarbeiter

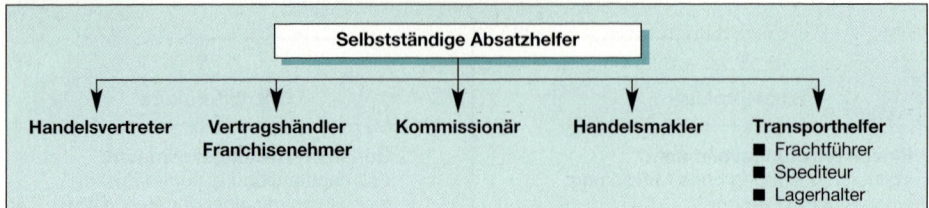

5.6.2.1   Handelsvertreter

Rechtsgrundlagen: *§§ 84–92 HGB*

> **Handelsvertreter** ist, wer als **selbstständiger** Gewerbetreibender **ständig** damit
> betraut ist, für einen anderen Unternehmer Geschäfte zu vermitteln oder in dessen
> Namen abzuschließen *(§§ 84–92 HGB).*

Der Handelsvertreter ist Kaufmann, wenn er
- ein Gewerbe betreibt, das nach Art und Umfang einen in kaufmännischer Weise eingerichteten Geschäftsbetrieb erfordert *(§ 1 HGB),*
- kraft Eintragung die Kaufmannseigenschaft erwirbt *(§ 2 HGB).*

Organisatorisch wird der Handelsvertreter in den Vertrieb eines Unternehmens einge-
gliedert. Handelsvertretungen betreiben diese Tätigkeit überwiegend als Einzelunternehmer, sind aber auch als Personengesellschaften (OHG, KG) oder Kapitalgesellschaften
(AG, GmbH) vorstellbar.

Der Handelsvertreter ist selbstständig, d. h., seine Tätigkeit muss auf
- eigene Rechnung   (= Unternehmerrisiko)   und
- eigene Verantwortung   (= Unternehmerinitiative)

ausgeübt werden. Die Selbstständigkeit wird sich dabei immer nur aus dem Innenverhältnis zum Auftraggeber bestimmen.

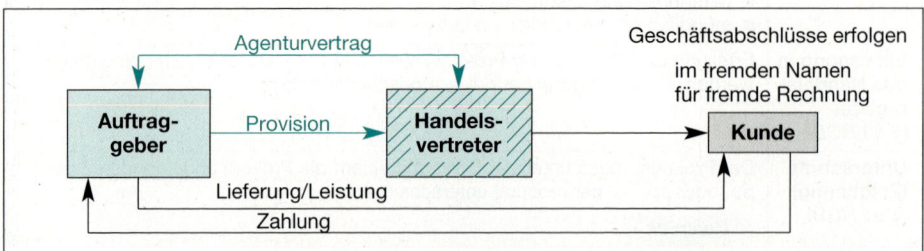

Durch den Einsatz von Handelsvertretern ist es Unternehmen möglich, ein bestimmtes Absatzgebiet lückenlos und kostengünstig zu erschließen.
Für den Auftraggeber ist vorteilhaft, dass keine fixen Kosten entstehen, wie dies beim Einsatz eines fest angestellten Außendienstmitarbeiters der Fall wäre.
Für den Handelsvertreter ist vorteilhaft, dass die Höhe seines Verdienstes durch seinen
eigenen Einsatz und seine persönliche Leistung bestimmt ist.

Häufig wird im Agenturvertrag vereinbart, dass der Handelsvertreter für ein bestimmtes Absatzgebiet exklusiv zuständig ist. Je nach Größe des Gebietes unterscheidet man zwischen Platz-, Bezirks- und Generalvertreter.

Wenn es im Agenturvertrag nicht ausdrücklich ausgeschlossen ist, darf der Handelsvertreter gleichzeitig mehrere Unternehmen vertreten.

Beispiele:

- *Die MEDICA-Handelsagentur Mollidor & Müller OHG vertritt mehrere Hersteller von Einrichtungsgegenständen für Arztpraxen.*
- *Handelsvertreter ist der Tankstellenhalter: er verkauft gegen Provision ständig im Namen und für die Rechnung der Mineralölgesellschaft Treibstoffe.*

Pflichten des Handelsvertreters (§§ 86, 90a HGB)

Tätigkeitspflicht	§ 86 Abs. 1 HGB	Er muss sich um die Vermittlung oder den Abschluss von Geschäften bemühen und die Interessen des Auftraggebers wahren.
Benachrichtigungspflicht	§ 86 Abs. 2 HGB	Er muss den Auftraggeber von jeder Vermittlung und von jedem Geschäftsabschluss unverzüglich benachrichtigen.
Sorgfaltspflicht		Er muss seine Geschäfte mit der Sorgfalt eines ordentlichen Kaufmanns ausführen.
Verschwiegenheitspflicht	§ 90 HGB	Er muss über Betriebsgeheimnisse während und auch nach Beendigung des Vertragsverhältnisses Stillschweigen bewahren.
Wettbewerbsverbot	§ 90a HGB	Ein Wettbewerbsverbot ist nur gültig, wenn es schriftlich vereinbart wurde. Das Verbot kann bis längstens zwei Jahre nach der Beendigung des Vertragsverhältnisses vereinbart werden. Bei Kündigung des Handelsvertretervertrages wegen schuldhaften Verhaltens des anderen Teils kann der Vertragspartner sich durch schriftliche Erklärung binnen eines Monats von der Wettbewerbsabrede lossagen (§ 90 Abs. 3 HGB).
Delkrederehaftung	§ 86b HGB	Der Anspruch auf eine besondere Vergütung, Delkredereprovision genannt, entsteht, wenn sich der Handelsvertreter schriftlich eindeutig verpflichtet, für die Erfüllung der Verbindlichkeiten seiner Kunden einzustehen.

5

Rechte des Handelsvertreters (= Pflichten des Unternehmers)

Unterstützung	§ 86a HGB	Der Unternehmer muss dem Handelsvertreter die zur Ausübung seiner Tätigkeit erforderlichen Unterlagen zur Verfügung stellen. **Beispiele:** *Prospekte, Preislisten, Geschäftsbedingungen, Bestellformulare*
Benachrichtigung		Er hat das Recht auf unverzügliche Benachrichtigung durch den Auftraggeber über Annahme oder Ablehnung eines von ihm vermittelten Auftrages.
Provision	§§ 87–87d HGB	Er hat das Recht auf Provision für die von ihm vermittelten oder abgeschlossenen Geschäfte.
Inkassoprovision	§ 87 Abs. 4 HGB	Zusätzlich zum Anspruch auf Provision für abgeschlossene Geschäfte hat der Handelsvertreter Anspruch auf Inkassoprovision für von ihm auftragsgemäß eingezogene Geldbeträge.
Ausgleichsanspruch	§ 89b HGB	Er hat nach Beendigung des Vertragsverhältnisses das Recht auf einen angemessenen finanziellen Ausgleich für den Fall, dass der Auftraggeber weiterhin mit den von ihm geworbenen Kunden Geschäfte macht.

■ Steuerliche Behandlung

1. Einkommensteuer

Handelsvertreter sind selbstständige Gewerbetreibende und erzielen Einkünfte aus Gewerbebetrieb i. S. d. *§ 15 EStG*. Zulässige Gewinnermittlungsmethoden sind der Betriebsvermögensvergleich *(§ 5 Abs. 1 EStG)* oder die Überschussrechnung der Betriebseinnahmen über die Betriebsausgaben *(§ 4 Abs. 3 EStG)*. **Betriebseinnahmen** sind insbesondere:

- Ansprüche auf Provisionen aus vermittelten Geschäften,
- sonstige Einnahmen in Form von Sachleistungen *(z. B. Geschenke, Incentives)*,
- geleistete Alters- oder Invaliditätszahlungen,
- Vorschüsse,
- Ausgleichszahlungen nach *§ 89b HGB (§ 24 Nr. 1c EStG)*,
- Veräußerungsgewinne.

Typische Betriebsausgaben eines Handelsvertreters sind Büromaterial, Büromiete, Personalkosten für Angestellte, Telefonkosten, Portokosten, Faxkosten, betriebliche Versicherungskosten, Werbegeschenke, Fachliteratur, Zinsaufwendungen für betriebliche Kredite, gesondert aufgezeichnete und geschäftlich veranlasste Bewirtungskosten, nachgewiesene Reisekosten, Aufwendungen für Kundenbetreuung.

2. Gewerbesteuer

Die Einkünfte aus **Gewerbebetrieb** eines Handelsvertreters unterliegen der Gewerbesteuer. Ebenfalls sind Ausgleichsansprüche und Ausgleichszahlungen nach *§ 89b HGB* dem Gewerbeertrag hinzuzurechnen; nicht jedoch die Ausgleichszahlungen an Hinterbliebene *(z. B. an die Witwe)*.

3. Umsatzsteuer

Handelsvertreter sind Unternehmer *(§ 2 UStG)*, die eine sonstige Leistung i. S. d. *§ 1 Abs. 1 Nr. 1 UStG* an dem Ort ausführen, von dem der Handelsvertreter sein Unternehmen betreibt. Anderenfalls gilt der Ort der Betriebsstätte als Ort der sonstigen Leistungen (= Ort, an dem der vermittelte Umsatz ausgeführt wird).

Steuerbare Entgelte des Handelsvertreters sind insbesondere:

- Provisionen,
- Auslagenersatz,
- Vergütungen, die als Abfindung für Auslagen in Form von Prozentsätzen vom Umsatz berechnet werden,
- Ausgleichszahlungen nach *§ 89b HGB*,
- geleistete Versicherungsprämien des Auftraggebers *(z. B. Prämien für Lebensversicherungen)*.

Die Leistungen des Handelsvertreters unterliegen dem normalen Steuersatz.

Der Handelsvertreter ist vorsteuerabzugsberechtigt, wenn die umsatzsteuerrechtlichen Voraussetzungen des *§ 15 UStG* erfüllt sind.

Steuerfrei sind Vermittlungen von:

- Ausfuhrlieferungen und die Lohnveredelung an Gegenständen der Ausfuhr, innergemeinschaftliche Lieferungen, Umsätze für die Seeschifffahrt und für die Luftfracht,
- Bausparverträgen,
- Versicherungsverträgen.

■ Handlungsreisender – Abgrenzung zum Handelsvertreter

Der **weisungsgebundene** Handlungsreisende ist Angestellter, der Handelsvertreter ist selbstständiger Kaufmann.

> **Handlungsreisender** ist, wer als **Angestellter** mit der Vollmacht ausgestattet ist, im Namen und für Rechnung seines Arbeitgebers Geschäfte zu vermitteln oder in dessen Namen abzuschließen.

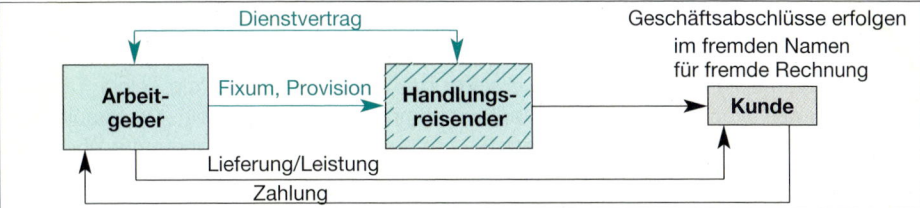

Häufig erhält der Handlungsreisende neben einem **festen Gehalt** (Fixum) eine vom Umsatz abhängige Provision. Im Gegensatz zum Handelsvertreter ist er nur für eine Unternehmung tätig und vertritt nur deren Produkte.

5.6.2.2 Vertragshändler – Franchisenehmer

> **Vertragshändler** sind selbstständige Kaufleute, die sich aufgrund von Verträgen verpflichten, Waren eines oder mehrerer bestimmter Hersteller oder Lieferanten im **eigenen Namen für eigene Rechnung** zu vertreiben.

Häufig sind Vertragshändler vollständig in die Vertriebsorganisation des Herstellers integriert. Der Vertragshändlervertrag ist ein Geschäftsbesorgungsvertrag i. S. d. *§§ 675, 611 ff. BGB*.

Franchisenehmer sind rechtlich selbstständige Kaufleute, die Waren oder Dienstleistungen nach der vom Franchisegeber vorgeschriebenen Geschäftskonzeption verkaufen und an den Franchisegeber Franchisegebühren zahlen.

Beispiele:

McDonald's, OBI, Eismann, Bofrost

5.6.2.3 Kommissionär

Rechtsgrundlagen: *§§ 383–406 HBG, DepotG*

> Der Kommissionär ist ein Kaufmann, der selbstständig und gewerbsmäßig im eigenen Namen für Rechnung eines anderen Unternehmers (= Kommittent) Waren oder Wertpapiere kauft (= Einkaufskommission) oder verkauft (Verkaufskommission) vgl. *§§ 383–406 HGB*.

Der Kommissionär ist Kaufmann kraft Handelsgewerbes.
Er kann auch eine juristische Person sein.

Das Kommissionsgeschäft ist ein Handelsgeschäft, durch das sich ein Gewerbetreibender (→ Kommissionär) zum Abschluss eines Rechtsgeschäftes im eigenen Namen für fremde Rechnung (→ des Kommittenten) verpflichtet.

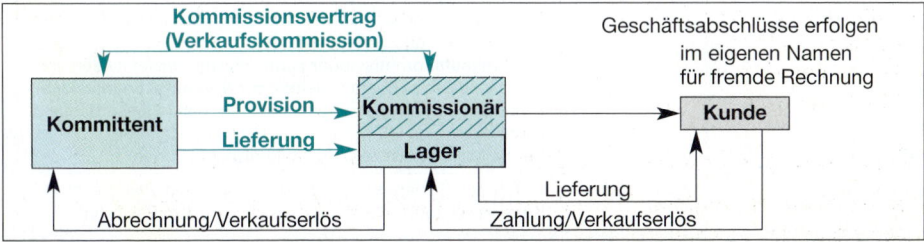

Beispiele:

■ *Die Pop-und-Fashion-Schmuck GmbH möchte eine neue Kollektion mit einem besonders avant-gardistischen Design auf den Markt bringen. Aufgrund der Unsicherheit der Absatzchancen ist die Schmuckboutique Jil Flunder bereit, die Kollektion anzubieten und für den Fall des Verkaufs mit der Herstellerin abzurechnen.*

■ *Kreditinstitute treten als Kommissionäre auf, wenn sie im Auftrag ihrer Kunden Wertpapiere kaufen bzw. verkaufen.*

Für den Kommissionär ist vorteilhaft, dass er das Risiko für den Erfolg seiner Tätigkeit nicht zu tragen braucht. Im Fall der Verkaufskommission kann er sein Absatzsortiment risikolos um neuartige Produkte erweitern, da er berechtigt ist, nicht verkaufte Ware wieder zurückzugeben.

Für den Kommittenten ist vorteilhaft, dass er sich indirekt das Know-how und die Einrichtungen des Kommissionärs beim Absatz bzw. bei der Beschaffung des Kommissionsgutes zunutze machen kann.

Pflichten des Kommissionärs

Sorgfaltspflicht	*§ 384 Abs. 1 HGB*	Er hat die Pflicht, die Geschäfte mit der Sorgfalt eines ordentlichen Kaufmanns auszuführen.
Ausführungspflicht	*§ 384 HGB*	Er hat die Pflicht, dem Kommittenten unverzüglich die Ausführung des Kommissionsgeschäfts anzuzeigen.
Interessenwahrungspflicht **Weisungsgebundenheit**	*§ 384 HGB* *§ 384 Abs. 1 HGB*	Er hat die Pflicht, die Weisungen des Kommittenten zu befolgen und dessen Interessen zu wahren. *Beispiel:* *Der Verkaufskommissionär darf das Kommissionsgut nicht unter dem vom Kommittenten vorgeschriebenen Preis verkaufen. Wenn kein Preislimit vorgeschrieben ist, muss er versuchen, einen möglichst hohen Preis zu erzielen.*
Benachrichtigungspflicht	*§ 384 Abs. 2 HGB*	Er hat dem Kommittenten über die Ausführung des Kommissionsgeschäfts Rechenschaft abzulegen.
Haftung für das Kommissionsgut	*§ 390 HGB*	Der Kommissionär ist für den Verlust und die Beschädigung des in seiner Verwahrung befindlichen Gutes verantwortlich.
Delkrederehaftung nach Vereinbarung	*§ 394 HGB*	Der Kommissionär hat unter bestimmten Umständen für die Erfüllung der Verbindlichkeit des Dritten, mit dem er für Rechnung des Kommittenten abschließt, einzustehen.

Rechte des Kommissionärs (= Pflichten des Kommittenten)

Provision	*§ 396 Abs. 1 HGB*	Er hat das Recht auf Ausführungsprovision, sobald das Geschäft erfüllt ist.
Aufwandsersatz	*§ 670 BGB*	Er hat das Recht auf Ersatz der ihm entstandenen Kosten. *Beispiele:* *Telefon-, Porto-, Transport-, Lagerkosten*
Vorschuss	*§ 669 BGB*	Für die zur Ausführung des Auftrags notwendigen Aufwendungen hat der Auftraggeber einen Vorschuss zu leisten.
Selbsteintritt	*§ 403 ff. HGB*	Er hat das Recht auf Selbsteintritt, sofern das Kommissionsgut einen Börsen- oder Marktpreis hat. Der **Einkaufskommissionär** kann das Gut, das er kaufen soll, aus dem eigenen Bestand liefern, der **Verkaufskommissionär** kann das Gut, das er verkaufen soll, für den eigenen Bestand kaufen. Der Selbsteintritt ist dem Kommittenten mitzuteilen.
Pfandrecht	*§ 397 HGB*	Er hat zur Sicherung seiner Forderungen ein Pfandrecht am Kommissionsgut, solange es noch in seinem Besitz hat.

5

5.6.2.4 Handelsmakler

Rechtsgrundlagen: *§§ 93–104 HGB*

Kommissionär und Handelsvertreter sind vom Handelsmakler zu unterscheiden:

> **Handelsmakler** ist, wer gewerbsmäßig für andere Personen die Vermittlung von Verträgen über bewegliche Gegenstände des Handelsverkehrs *(z. B. Kauf oder Verkauf von Waren, Wertpapieren, Versicherungen, Güterbeförderung)* übernimmt.
> Der Handelsmakler ist nicht von den anderen Personen, für die er tätig wird, aufgrund eines Vertragsverhältnisses ständig beauftragt.

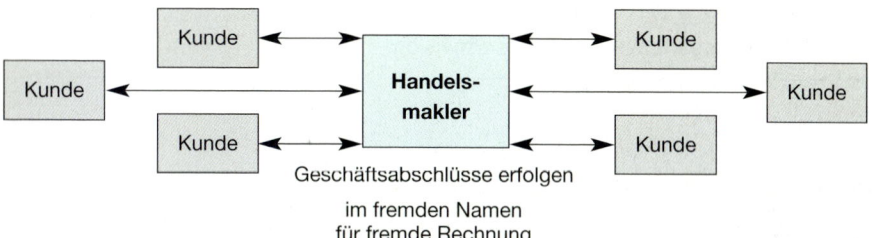

Geschäftsabschlüsse erfolgen

im fremden Namen
für fremde Rechnung

Der Handelsmakler ist selbstständiger Kaufmann. Für seine Tätigkeit erhält er Maklergebühr (Courtage). Sie ist fällig, sobald ein Geschäft durch seine Vermittlung zustande gekommen ist, und ist grundsätzlich von beiden Parteien zur Hälfte zu tragen.

Zivilmakler

Zivilmakler ist, wer gewerbsmäßig Gelegenheit zum Abschluss eines Vertrages nachweist oder einen Vertrag vermittelt, der keine Gegenstände des Handelsverkehrs zum Inhalt hat (Grundstücke, Konzerte, Ehen).

Sofern der Betrieb nach Art und Umfang eine kaufmännische Organisation erfordert, erlangt er durch Eintragung ins Handelsregister die Kaufmannseigenschaft.

Zusammenfassung

Der Handlungsreisende
- ist kaufmännischer Angestellter,
- handelt im Namen und für Rechnung seines Dienstherrn (Arbeitgebers),
- ist ständig für seinen Dienstherrn im Außendienst beschäftigt,
- ist mit einer Handlungsvollmacht (Artvollmacht) ausgestattet,
- bezieht ein Gehalt, ggf. Umsatzprovision.

Der Handelsvertreter
- ist selbstständiger Kaufmann,
- handelt im Namen und für Rechnung seines Auftraggebers,
- ist ständig für einen oder mehrere Auftraggeber beschäftigt,
- ist mit Vermittlungs- oder Abschlussvollmacht ausgestattet,
- erhält bei Geschäftsabschluss eine Provision.

Der Kommissionär

- ist selbstständiger Kaufmann,
- handelt im eigenen Namen und für Rechnung des Kommittenten,
- ist ständig oder von Fall zu Fall für einen oder für mehrere Auftraggeber beschäftigt,
- ist mit Abschlussvollmacht ausgestattet,
- erhält bei Geschäftsabschluss eine Provision.

Der Handelsmakler

- ist selbstständiger Kaufmann,
- handelt im Namen seiner wechselnden Auftraggeber,
- vermittelt Verträge über die Anschaffung oder Veräußerung von Waren, Wertpapieren, Versicherungen u. Ä.,
- erhält bei Geschäftsabschluss eine Provision.

5.6.2.5 Sonstige kaufmännische Hilfsgewerbe: Spediteur, Frachtführer, Lagerhalter

Spediteur, Frachtführer und Lagerhalter sind Hilfsgewerbe bei der Versendung und Lagerung von Gütern. Sie betreiben ein Handelsgewerbe und sind damit Kaufmann *(§ 1 HGB)*.

Spediteur

Rechtsgrundlagen: *§§ 453–466 HGB*

> **Spediteur** ist, wer es gewerbsmäßig übernimmt, Güterversendungen durch Frachtführer oder Verfrachter von Seeschiffen für Rechnung des Versenders in eigenem Namen zu besorgen *(§ 453 HGB, Speditionsvertrag)*.

Aufgrund seiner besonderen Kenntnisse über die verschiedenen Transportmittel und Verkehrswege ist er in der Lage, Gütertransporte unter den Gesichtspunkten der Kosten, Sicherheit und Schnelligkeit zu organisieren.

Beispiele:

Danzas AG, Schenker AG

Versender und Spediteur schließen einen Speditionsvertrag, durch den sich der Spediteur verpflichtet, den Versand zu veranlassen.

In eigenem Namen zu besorgen bedeutet, dass der Spediteur andere, also Frachtführer oder Verfrachter (Reedereien) beauftragt, für ihn Güterbeförderungen durchzuführen.

Der Spediteur ist allerdings befugt, die Beförderung des Gutes selbst durchzuführen *(Selbsteintritt, § 458 HGB);* es ist ihm also gesetzlich erlaubt, Frachtführer und Spediteur in einem zu sein.

Wichtige Vertragspartner des Spediteurs sind Frachtführer und Lagerhalter.

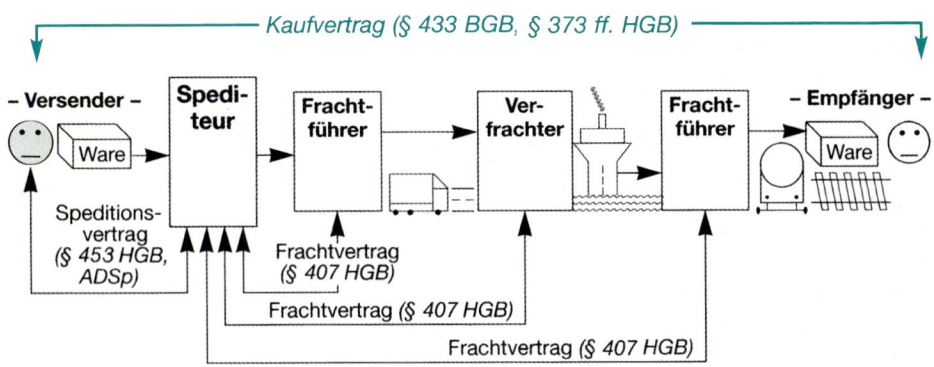

Frachtführer

Rechtsgrundlagen: *§§ 425, 407–452d HGB, Transportrechtsreformgesetz*

> **Frachtführer** ist, wer es gewerbsmäßig übernimmt, die Beförderung von Gütern **auszuführen** *(§ 407 HGB)*.

Der Frachtvertrag ist ein Werkvertrag mit Geschäftsbesorgungscharakter, es ist ein echter Vertrag zugunsten Dritter.

Der Frachtführer nimmt Güter entgegen, befördert sie innerhalb der Lieferfrist zum Bestimmungsort, um dem Empfänger den Besitz zu verschaffen.

Man unterscheidet entsprechend dem eingesetzten Transportmittel Lkw-, Bahn-, Luft- und Seefracht.

Beispiele:

Deutsche Bahn AG, Deutsche Lufthansa AG

Lagerhalter

Rechtsgrundlagen: *§§ 467–475h HGB*

> **Lagerhalter** ist, wer gewerbsmäßig die Lagerung und Aufbewahrung von Gütern übernimmt *(§ 467 HGB)*.

Im Wirtschaftsleben ist eine zeitlich ununterbrochene Aufeinanderfolge der betrieblichen Funktionsbereiche Beschaffung der Rohstoffe, Güterproduktion und Absatz der Fertigerzeugnisse nicht zu erreichen. Der Lagerhalter stellt seinen Kunden Lagerräume und Verladeeinrichtungen zur Verfügung.

Übungsaufgaben

1. Erläutern Sie die typischen Merkmale eines Handelsgewerbes.

2. Annemie Winter möchte sich selbstständig machen. Sie beabsichtigt die Eröffnung einer kleinen Geschenkboutique.
   a) Geben Sie Auskunft über die Meldebestimmungen, die Frau Winter zu beachten hat.
   b) Welche Kaufmannseigenschaft kann Frau Winter erwerben?
      Begründen Sie Ihre Auffassung.
   c) Welche handelsrechtlichen Bestimmungen finden für Frau Winter keine Anwendung?

3. Frau Möchte, Mannheim, hat einen kleinen Lebensmittelladen für Käse eröffnet. Das Unternehmen erfordert keinen in kaufmännischer Weise eingerichteten Geschäftsbetrieb.
   Frau Möchte überlegt, diese Tätigkeit
   ■ entweder als Kleingewerbetreibende oder
   ■ als Kauffrau im Sinne des HGB auszuüben.
   Frau Möchte bittet Sie, die Unterschiede zwischen einem Kleingewerbetreibenden und einer Kauffrau i. S. d. HGB für die nachfolgenden Sachverhalte zu erklären.

   Begründen Sie Ihre Angaben durch Rechtsquellen!

   a) Frau Möchte wird von ihrer Freundin gebeten, für ein Darlehen über 8.000,00 EUR an die Freundin gegenüber der A-Bank zu bürgen.
      In welcher Form kann die Bürgschaft erfolgen?
   b) Frau Möchte liefert an die Gaststätte „Zum Hungrigen" Käse im Wert von 200,00 EUR gegen Rechnung. Die Gaststätte zahlt den Rechnungsbetrag nach 20 Tagen.
      Kann Frau Möchte Säumniszinsen verlangen?
   c) Frau Möchte erhält von der Käserei Lochkäse GmbH, Landau, eine Sendung völlig verunreinigten Käse. Warenwert 1.000,00 EUR. Dies endeckt Frau Möchte erst am übernächsten Tag.
      Überprüfen Sie die Rügepflicht!
   d) Das Unternehmen „Guten Appetit OHG" bestellte telefonisch bei Frau Möchte Käse zum Preis von 500,00 EUR zuzüglich USt. Die „Guten Appetit OHG" bestätigt schriftlich die Bestellung zum Preis von 500,00 EUR zuzüglich USt. abzüglich 3 % Skonto.
      Frau Möchte antwortet nicht auf das Schreiben. Welcher Preis gilt?
   e) Die Nichte Nina arbeitet in den Schulferien bei Frau Möchte. Während einer Abwesenheit von Frau Möchte bedient Nina eine Kundin, die für 30,00 EUR Käse kauft und bar bezahlt.
      Nina stellt eine ordnungsgemäße Rechnung aus, steckt aber den Kaufpreis für den Käse in ihre Hosentasche und verbraucht das Geld für sich.
      Kann Frau Möchte von der Kundin nochmals den Kaufpreis verlangen?
   f) Frau Möchte überlegt, sich die Bezeichnung „Käseladen Mimi Möchte" zuzulegen.
      Ist dies rechtlich möglich?
   g) Nach welchen steuerrechtlichen Vorschriften ist der Gewinn zu ermitteln?
   h) Sind IHK-Beiträge zu zahlen?

4. Unterscheiden Sie zwischen
   ■ Öffentlichkeit des Handelsregisters und
   ■ öffentlicher Glaube des Handelsregisters.

5. Geben Sie Auskunft über Aufgabe, Aufbau und Inhalt des Handelsregisters.

6. Entscheiden Sie, ob und ggf. in welche der beim Amtsgericht geführten Register die nachfolgenden Sachverhalte einzutragen sind.
   a) Bestellung einer Grundschuld,
   b) Erteilung einer Prokura,
   c) Erwerb eines Geschäftsanteils an der Volksbank Sinntal e. G.,
   d) Erteilung einer Handlungsvollmacht,
   e) Kapitalerhöhung einer AG,
   f) Gründung einer GmbH,
   g) Aufnahme des Steuerberaters Michael Klein in die Sozietät Hecker & Partner.

7. Klaus Hobel möchte in Kürze einen Baustoffhandel eröffnen.
   Geben Sie Auskunft,
   ■ wo er sein Unternehmen anzumelden hat,
   ■ wem die zuständige Behörde die Gewerbeanmeldung mitteilen wird,
   ■ ob durch die Gewerbeanmeldung Pflichtmitgliedschaften entstehen.

5

8. Entscheiden Sie in den nachfolgenden Fällen, ob die Handelsregistereintragung
   - deklaratorischer (= rechtsbekundender) oder
   - konstitutiver (= rechtserzeugender)
   Natur ist.

   a) Eintragung des Weingutes Beulwitz & Sohn OHG,
   b) Ernennung des Angestellten Alexander Gluffke zum Prokuristen,
   c) Eintragung der Modeboutique Mia Maierling,
   d) Entzug der Prokura des Angestellten Ferdinand Gluffke,
   e) Herabsetzung der Einlage eines Kommanditisten,
   f) Eintragung der Bauunternehmung B. Tong GmbH.

9. Prüfen Sie die Kaufmannseigenschaft.

1	Istkaufmann
2	Kannkaufmann
3	Formkaufmann
4	Scheinkaufmann
5	Kein Kaufmann

a) Arbeitsgemeinschaft Hochtief AG & Bauwens GmbH, Baulos 13,
b) Sanatorium Prof. Dr. Diaboli (150 Betten),
c) Tom Töller, Handelsvertreter,
d) Modeboutique Elvira Ellis GmbH,
e) Deutsche Treuhand AG, Wirtschaftsprüfungsgesellschaft.

10. Nennen Sie die wesentlichen Eintragungstatbestände des
    - Genossenschaftsregisters,
    - Vereinsregisters,
    - Partnerschaftsregisters,
    - Güterrechtsregisters.

11. Erklären Sie den Unterschied zwischen Einzel-, Gesamt- und Filialprokura.

12. Unterscheiden Sie zwischen Handlungsvollmacht und Prokura im Hinblick auf:
    - Umfang der Vertretungsmacht,
    - Form der Erteilung,
    - Eintragung ins Handelsregister,
    - nicht erlaubte Rechtshandlungen.

13. In einer Papiergroßhandlung in der Rechtsform der KG sind vertretungsberechtigt der Komplementär, ein Prokurist und ein Handlungsbevollmächtigter.

    Stellen Sie fest, wer die folgenden Rechtsgeschäfte abschließen kann:

1	nur der Komplementär
2	sowohl der Komplementär als auch der Prokurist
3	jeder Vertretungsberechtigte

    a) Kauf von 100 Mio. Blatt Schreibmaschinenpapier,
    b) Anlage eines Teils der Unternehmensrücklagen in Aktien,
    c) Aufnahme eines Darlehens über 500.000,00 EUR,
    d) Veräußerung des Handelsunternehmung,
    e) Erteilung einer Einkaufsvollmacht (Artvollmacht) an einen Angestellten,
    f) Unterzeichnung der Bilanz.

14. Erläutern Sie die Grundsätze der Firmenwahrheit und Firmenklarheit.

15. Frau Gern ist Angestellte der Kölle Boutique e. K., Köln. Die Kölle e. K. erwirbt und verkauft fertige Damenbekleidungssachen. Frau Gern ist alleinige Mitarbeiterin.
    Die Eigentümerin erkrankt schwer und ist völlig arbeitsunfähig.

    a) Kann Frau Gern Kleider einkaufen und verkaufen?
    b) Kann sie für den Erwerb von neuen Kleidern das Bankkonto überziehen?
    c) Dürfte sie eine weitere Verkäuferin einstellen?
    d) Ist sie berechtigt, dieser Verkäuferin Anweisungen zu erteilen?
    e) Kann sie eine Umsatzsteuer-Voranmeldung für den Monat Mai erstellen und unterschreiben?
    f) Kann Frau Gern eine sogenannte „schwarze" Kasse einführen?

16. Stephan Meuter und Bernd Schmücker beabsichtigen die Gründung einer OHG. Unternehmensgegenstand soll der Vertrieb und die Installation von Personal Computern sein. Der Gesellschaftsvertrag wird am 15. März abgeschlossen. Die Geschäfte werden am 1. April aufgenommen. Die Eintragung ins Handelsregister erfolgt am 15. April.

a) Wann entsteht die OHG?
b) Nennen Sie drei Angaben, die zur Eintragung ins Handelsregister anzumelden sind.
c) Zeigen Sie drei Möglichkeiten der Firmierung für die OHG auf.
d) Welche Rechtswirkung hat die Eintragung
   ▪ bezüglich der Kaufmannseigenschaft der OHG,
   ▪ bezüglich der Firma der OHG?

17. Erläutern Sie Aufgaben eines
▪ Handelsvertreters,
▪ Handelsmaklers,
▪ Kommissionärs,
▪ Spediteurs,
▪ Frachtführers,
▪ Lagerhalters.

18. Prüfen Sie, ob in den nachfolgenden Fällen ein Handelsgewerbe betrieben wird:

a) die Tätigkeit eines nicht rechtsfähigen Vereins,
b) die GbR,
c) die eheliche Gütergemeinschaft,
d) die Erbengemeinschaft.

Begründen Sie Ihre Entscheidung!

5

6 Unternehmensformen

Das Gesellschaftsrecht regelt das Innen- und Außenverhältnis von privatrechtlichen Gesellschaften.

Im deutschen Gesellschaftsrecht werden die möglichen Gesell- schaftsformen nach deutschem Recht abschließend aufgezählt. Zur Auswahl stehen insbesondere

■ Personenhandelsgesellschaften wie die Gesellschaft bürgerli- chen Rechts (GbR), die Offene Handelsgesellschaft (OHG) und die Kommanditgesellschaft (KG) oder

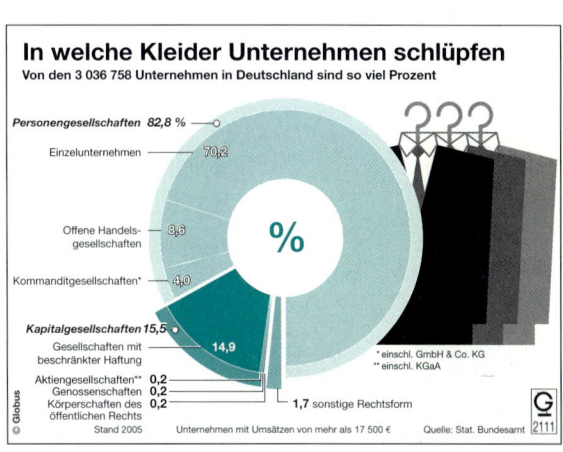

In welche Kleider Unternehmen schlüpfen

Von den 3 036 758 Unternehmen in Deutschland sind so viel Prozent

Personengesellschaften 82,8 %

Einzelunternehmen — 70,2

Offene Handels- 8,6
gesellschaften

Kommanditgesellschaften* 4,0

Kapitalgesellschaften 15,5

Gesellschaften mit 14,9
beschränkter Haftung

Aktiengesellschaften** 0,2
Genossenschaften 0,2
Körperschaften des 0,2
öffentlichen Rechts

Stand 2005

* einschl. GmbH & Co. KG
** einschl. KGaA

1,7 sonstige Rechtsform

Unternehmen mit Umsätzen von mehr als 17 500 €   Quelle: Stat. Bundesamt

© Globus   2111

■ Kapitalgesellschaften wie die Aktiengesellschaft (AG) oder die Gesellschaft mit be- schränkter Haftung (GmbH).

Die maßgeblichen Rechtsgrundlagen finden sich in zahlreichen Spezialgesetzen, wie etwa dem AktG, dem GmbHG oder dem HGB; zusätzlich finden die allgemeinen Bestimmungen des BGB Anwendung.

6.1 Unternehmensbegriff

In Deutschland gibt es kein einheitliches Unternehmensrecht. Der Begriff Unternehmen wird unterschiedlich definiert und ist vom Zweck und Willen des jeweiligen Gesetzes bestimmt.

Beispiele:

HGB:	Handelsgewerbe, Handelsgeschäft, Handelsgesellschaft
AktG, GmbHG:	Gesellschaft
UStG:	gesamte selbstständige gewerbliche oder berufliche Tätigkeit
GewO:	Gewerbe(betrieb)
BetrVG:	Betrieb
MitbestG	Unternehmen
StGB:	Unternehmen (§ 265b StGB)

Nachfolgend werden die Begriffe Betrieb und Unternehmen unterschieden:

■ Der **Betrieb** ist der Ort der Leistungserstellung, also eine räumlich-technische Einheit.
■ Die **Unternehmung** ist dagegen die rechtliche und organisatorisch-wirtschaftliche Einheit.
■ Das **Unternehmen** kann aus mehreren Betrieben bestehen. Der Gesetzgeber verwen- det i.d.R. anstelle des Begriffs Unternehmung den Begriff Unternehmen.

Beispiele:

■ Verbundene Unternehmen, beteiligte Unternehmen, Konzernunternehmen, abhängige und herr- schende Unternehmen (§ 15 ff. AktG)
■ Unternehmensverträge (§ 291 ff. AktG)

In der **Wirtschaftslehre** haben die Begriffe Unternehmen und Unternehmung die gleiche Bedeutung.

6

6.2   Übersicht über die Unternehmensformen

Unternehmen können von natürlichen und/oder juristischen Personen gegründet werden.

Beispiele:

- *Volkswagen AG: An diesem privatrechtlichen Unternehmen sind natürliche Personen, juristische Personen des Privatrechts (z. B. Porsche AG) und juristische Personen des öffentlichen Rechts (z. B. das Land Niedersachsen) beteiligt.*
- *Stadtwerke Bonn GmbH: Alleinige Eigentümerin dieses privatrechtlichen Unternehmens ist die Gebietskörperschaft Stadt Bonn.*

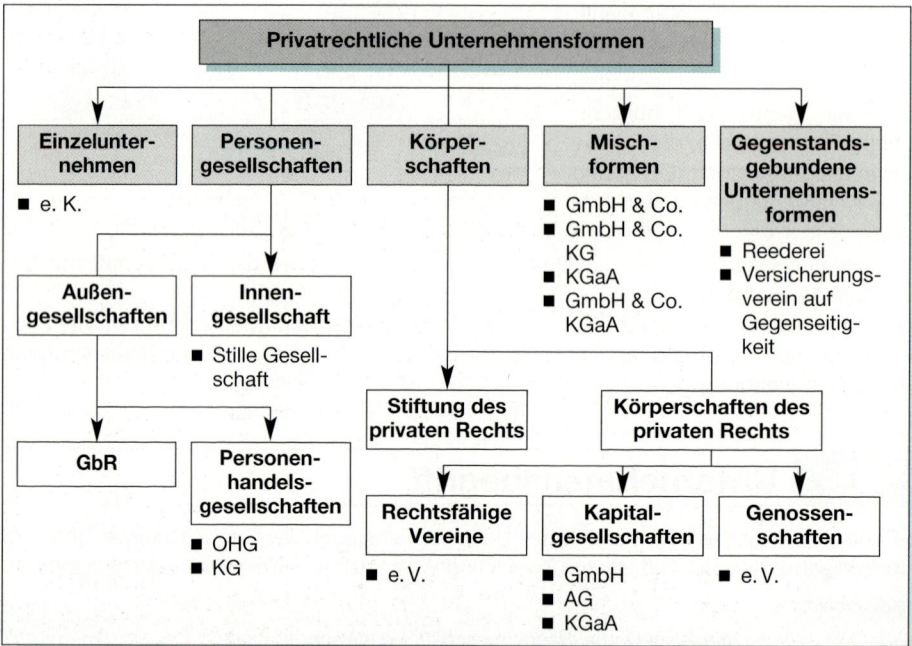

6.3   Gründe für die Wahl der Unternehmensform

Die Frage, welche Rechtsform für ein privatwirtschaftliches Unternehmen sinnvoll erscheint, stellt sich, wenn

- ein Unternehmen gegründet wird,
- sich für das Unternehmen wesentliche persönliche, rechtliche, wirtschaftliche oder steuerliche Faktoren ändern.

Beispiele:

- *persönliche Faktoren: die Geschäftsführung soll Angestellten übertragen werden*
- *rechtliche Faktoren: die Haftungsbeschränkung der Gesellschafter, sinnvolle Trennung von Geschäfts- und Privatvermögen zum Zweck der Vermögenssicherung*
- *wirtschaftliche Faktoren: die Kapitalbeschaffung soll erleichtert werden*
- *steuerliche Faktoren: Um die ertragsteuerliche Belastung bei Vollthesaurierung (Minimierung der Gewinnausschüttungen) zu reduzieren, soll eine KG in eine GmbH umgewandelt werden (Senkung des KSt-Satzes auf 25 % seit 2001)*

Es kommt im Wirtschaftsleben auch vor, dass ein einzelner persönlicher Grund zu einer Umwandlung der Unternehmensform führt.

Beispiel:

Ein großes deutsches Handelsunternehmen wird in der Unternehmensform der GmbH geführt. Die Gesellschafter legen großen Wert auf Geheimhaltung aller Angaben über den Jahresabschluss. Mit Einführung des „Gesetzes über die Rechnungslegung von bestimmten Unternehmen und Konzernen" (Publizitätsgesetz) muss der Jahresabschluss der GmbH veröffentlicht werden. Die Gesellschafter beschließen, die GmbH in eine KG umzuwandeln, weil für diese Unternehmensform das Publizitätsgesetz (noch) nicht gilt.

Im Vordergrund der Rechtsformwahl stehen regelmäßig die Fragen nach der **Haftungsbeschränkung** und der **Vermögenssicherung**, d. h., es ist für eine saubere Trennung zwischen Privat- und Geschäftsvermögen zu sorgen.

Um im Einzelfall die richtige Wahl der Unternehmensform zu treffen, sollte ein Katalog von Entscheidungskriterien zusammengestellt, vergleichend gegenübergestellt und gewertet werden. Eine Reihe von Entscheidungsfaktoren beeinflussen sich gegenseitig.

Beispiel:

Je stärker die Haftungsbeschränkung, desto schwieriger ist die Fremdkapitalbeschaffung.

Entscheidungskriterien für die Wahl der Unternehmungsform

betriebswirtschaftliche Gründe	zivilrechtliche Gründe	handels- und steuerrechtliche Gründe	persönliche Gründe
Businessplan ■ Geschäftsidee/-konzept ■ persönliche Rahmenbedingungen ■ Markteinschätzung ■ Wettbewerbssituation ■ Zukunftsaussichten ■ Genehmigungen ■ Marketing, Werbung ■ *Versicherungen* **Finanzierung des Unternehmens** ■ Kapitalbeschaffungsmöglichkeiten ■ Höhe des Eigenkapitals ■ Entnahme- und Einlagerechte ■ Beteiligung am Vermögen, insbesondere an den stillen Reserven und am Firmenwert ■ Gewinn- und Verlustbeteiligung ■ Anzahl der Gesellschafter ■ *Gründungsaufwand* **Führung des Unternehmens** ■ Leitungsbefugnis ■ Beschlussfassung/Willensbildung ■ Mitbestimmung und Arbeitsschutz ■ Prüfungspflichten ■ Firma ■ Publizität ■ *Art, Umfang und Kosten der Rechnungslegung* **Standort des Unternehmens** ■ Rohstoffe, Grundstücke, Gebäude, Energie, Verkehr, Absatz ■ Arbeitskräfte ■ Steuerbelastung	■ Rechtsform ■ Geschäftsführung ■ Vertretungsbefugnis ■ Kapitalausstattung ■ Haftungsbeschränkung ■ Änderungen der Beteiligungsverhältnisse ■ Unternehmensnachfolge, Nachlassregelung ■ Firma ■ Art und Umfang des Handelsgewerbes ■ Form und Inhalt des Gesellschaftsvertrages ■ Anzahl der Gesellschafter	■ lokale, regionale und nationale Steuern und Steuertarife ■ Aufwand für Rechnungslegung, Pflichtprüfung, Veröffentlichung des Jahresabschlusses ■ Mitbestimmung und Mitwirkung von AN ■ Wettbewerbsrecht ■ Unterschiede in der Besteuerung der Personen- und Kapitalgesellschaften bei ertragsabhängigen Steuern (ESt, KSt, KiSt, GewSt) ■ steuerliche Belastungen bei Umwandlungen ■ Unterschiede in der Belastung durch Erbschaft- und Schenkungsteuer ■ Kosten der Abschlussprüfer, evtl. des Notars, Gerichtskosten ■ Publizitätspflichten und -kosten ■ steuerliche Gesamtbelastung ■ Fördermaßnahmen (Investitionszulagen, Sonderabschreibungen) ■ Ertragsteuerbelastung auf der Ebene der Gesellschaft der Gesellschafter	■ persönliche Voraussetzungen und Präferenzen ■ Anzahl der Gründer ■ Qualifikation der Gründer ■ Einsatzfähigkeit und -willigkeit der Gründer ■ Erbfolge ■ persönliche Steuerbelastung ■ Beteiligung am Gewinn und Verlust sowie am Vermögen ■ Image der Rechtsform ■ Publizität ■ Offenlegung der Rechnungslegung ■ Umfang, Form und Kosten der Gründung ■ Registerkosten ■ Beurkundungskosten ■ Sicherung des Unternehmens ■ Sicherung der Unternehmernachfolge ■ Alterssicherung der Gesellschafter ■ private Vermögenssicherung ■ ehelicher Güterstand ■ Scheidungsfolgen ■ Leitungsbefugnisse ■ Haftungsverhältnisse ■ Haftungsbeschränkung ■ Beratungsfähigkeit ■ Beratungswilligkeit

6

Entscheidungen über die Unternehmensform können durch gesetzliche Vorschriften[1] eingeschränkt werden:

- Hypothekenbanken, Kapitalanlagegesellschaften, bestimmte Versicherungen dürfen nur in der Form der GmbH oder AG geführt werden,
- die Rechtsform Versicherungsverein auf Gegenseitigkeit (VVaG) kann nur von Versicherungsgesellschaften gewählt werden,
- die Rechtsform Genossenschaft ist nur für ein Unternehmen wählbar, welches die Voraussetzungen nach *§ 1 GenG* erfüllt,
- für bestimmte Rechtsformen sind Mindestanforderungen zu beachten
  (z. B.: GmbH   ⇒ EK mindestens 25.000,00 EUR,
           AG   ⇒ EK mindestens 50.000,00 EUR,
           Genossenschaft ⇒ mindestens 7 Gründer).

Die Unternehmung ist in der Wahl ihrer Rechtsform grundsätzlich frei. Die Entscheidung hängt letztlich von folgenden Umständen ab:	
Eigentumsverhältnisse:	■ Zahl der Gesellschafter ■ Entscheidungsgewalt
Geschäftsführung/Vertretung:	■ einzeln ■ gemeinschaftlich
Finanzierung:	■ Möglichkeiten der Beschaffung von Fremd- und Eigenkapital
Kreditwürdigkeit:	■ Bereitschaft von Geldgebern, Fremdkapital zur Verfügung zu stellen
Haftung:	■ Haftungsumfang bei Verlusten
Steuerbelastung:	■ Ertragsteuern ■ Substanzsteuern

6

6.4   Einzelunternehmung

Rechtsgrundlagen: *§§ 1–104 ff. Handelsgesetzbuch (HGB)*
                          Bürgerliches Gesetzbuch (BGB)
                          Gewerbeordnung (GewO)

Kennzeichen und Bedeutung

Bei der **Einzelunternehmung** ist eine einzelne natürliche Person – der (die) Einzelunternehmer(in) – selbstständig

- gewerblich,
- land- oder forstwirtschaftlich oder
- freiberuflich tätig.

Zweck der Tätigkeit ist das **Betreiben** eines Handelsgewerbes („... wer ... betreibt" ⇒ *§ 1 HGB*).

---

[1] z. B. KAGG = Gesetz über Kapitalgesellschaften

Eine einzelne Person ist **Eigentümer** und **Inhaber**, trägt allein das unternehmerische Risiko, übernimmt allein die Verantwortung und Entscheidungsbefugnis. Träger von Rechten und Pflichten ist nur der Einzelunternehmer. Nur er kann unter seiner Firma klagen und verklagt werden.

Diese Rechtsform ist besonders geeignet für kleine und mittlere Unternehmen.

Die Einzelunternehmung ist die häufigste Unternehmensrechtsform in Deutschland. Es gibt zurzeit in Deutschland ca. 2,2 Mio. Einzelunternehmen.

Vorteile	Nachteile
■ Entscheidungskompetenz und Verantwortung liegen alleine in der Hand der Inhaberin/des Inhabers ■ Vertretungs- und Geschäftsführungsbefugnis obliegt der Einzelunternehmerin/dem Einzelunternehmer ■ dadurch schnelle Entscheidungs- und Reaktionsmöglichkeiten ■ Gründung ist billig und unkompliziert, ■ der Gewinn steht alleine dem Unternehmer zu ■ kein Mindestkapital erforderlich ■ Einzelunternehmer kann jederzeit EK aus Privatvermögen oder durch Aufnahme stiller Gesellschafter erhöhen ■ vorhandenes Eigenkapital kann jederzeit durch die Einzelunternehmerin/den Einzelunternehmer entnommen werden ■ anzuwenden sind nur die Vorschriften des Betriebsverfassungsgesetzes (bei mind. 5 ständig Beschäftigten) und das Gesetz über Sprecher-Ausschüsse für leitende Angestellte (mind. 10 leitende Angestellte) ■ gute Akzeptanz als Geschäftspartner	■ begrenzte Erweiterungsmöglichkeiten ■ alleinige persönliche Haftung des Unternehmers mit seinem Geschäfts- und Privatvermögen ■ Gefahr von Fehlentscheidungen ■ Existenz ist an die Person des Unternehmers gebunden ■ begrenzte Erweiterungsmöglichkeiten, sie sind abhängig von der Vermögenslage des Unternehmers ■ alleinige Übernahme des Verlustrisikos ■ begrenzte, vom Vermögen und der Kreditwürdigkeit des Unternehmers abhängige Kapitalaufbringungsmöglichkeit ■ Abhängigkeit von der Persönlichkeit der/des Einzelunternehmer/in ■ Unternehmerlohn, Miet- und Pachtzinsen für vom Einzelunternehmer überlassene Wirtschaftsgüter dürfen nicht als Betriebsausgaben ausgewiesen werden

Kaufleute als Einzelunternehmer sind auch in anderen europäischen Ländern zu finden. Die Rechtsvorschriften sind allerdings zum Teil nicht vergleichbar.

Name der Einzelunternehmer in verschiedenen **europäischen Ländern:**

Belgien	Een Manzzaak, Artisan
Frankreich	Artisan Commerçant
Irland	Sole trader
Italien	solo commerciante

Luxemburg Niederlande	Een Manzzaak, Artisan Een Manzzaak
Vereinigtes Königreich	Sole Trader, Sole Proprietorship

6

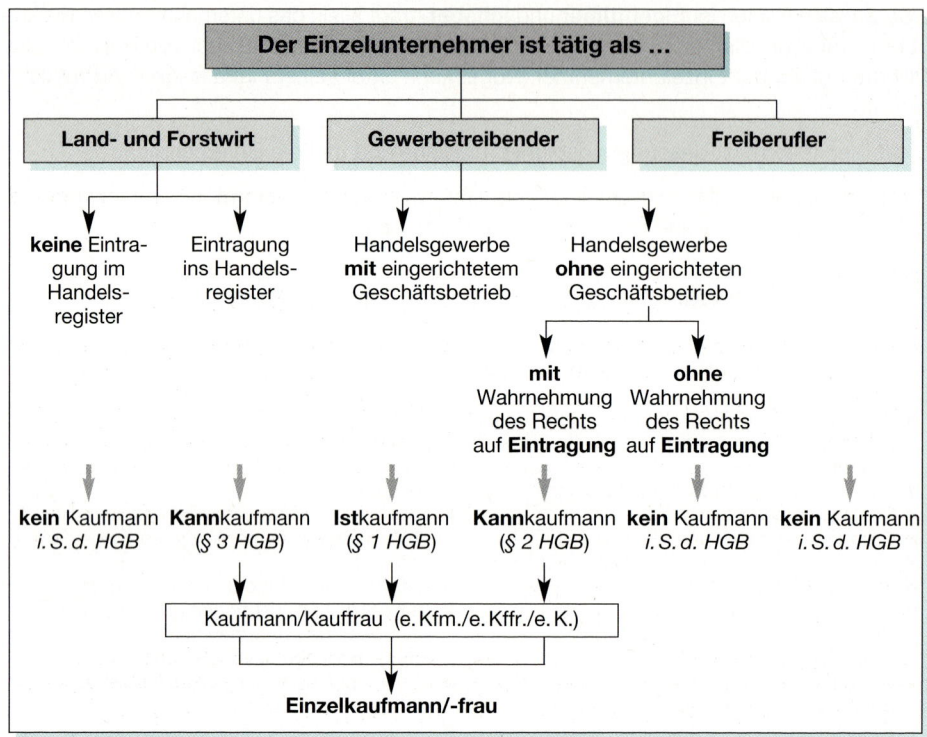

Gründung

Die Gründung einer Einzelunternehmung erfolgt formlos. Falls die Unternehmung einen in kaufmännischer Weise eingerichteten Geschäftsbetrieb erfordert, muss eine **Eintragung im Handelsregister** vorgenommen werden.

Rechtsverhältnis

Die Einzelunternehmung ist

- **nicht** rechtsfähig, parteifähig, deliktsfähig,
- **nicht** grundbuchfähig, insolvenzfähig, wechselfähig.

Träger von Rechten und Pflichten ist der Einzelunternehmer. Er kann unter seiner Firma klagen und verklagt werden.

Buchführung/Inventar/Bilanz

Alle Einzelkaufleute – kapitalmarktorientierte und nicht kapitalmarktorientierte – sind von der Pflicht zur Buchführung nach *HGB* und zur Inventar- und Bilanzaufstellung nach *§ 41a HGB* befreit, wenn an zwei aufeinanderfolgenden Geschäftsjahren

- die Umsatzerlöse pro Geschäftsjahr   ≤ 500.000,00 EUR,
- der Jahresüberschuss pro Geschäftsjahr   ≤ 50.000,00 EUR

als Schwellenwerte nicht überschritten worden sind.

▮ Firma

Ist das Einzelunternehmen Kaufmann i. S. d. *HGB*, so ist es verpflichtet, eine **Firma** anzunehmen *(§ 18 Abs. 1 HGB)*. Die Firma bei Einzelkaufleuten muss nach *§ 19 Abs. 1 Nr. 1
HGB* enthalten:

- einen Personennamen, eine Sach- oder eine Fantasiebezeichnung,
- die Rechtsformbezeichnung: eingetragene Kauffrau, eingetragener Kaufmann oder die
  Abkürzungen „e. K.", „e. Kffr.", „e. Kfm."

Beispiele:

Klara Kummer e. Kffr.; Otto Brenne e. K., Inhaber: Julius Schöning; Pusteblume e. Kfm.

Wird ohne eine Änderung der Person der in der Firma enthaltene Name des Geschäftsinhabers oder eines Gesellschafters geändert, so kann die bisherige Firma fortgeführt werden *(§ 21 HGB)*. Bei Erwerb eines bestehenden Handelsgeschäftes darf die bisherige Firma fortgeführt werden, auch wenn sie den Namen des bisherigen Geschäftsinhabers oder
den Namen von Gesellschaftern enthält *(§ 22 HGB)*.

Die Firma darf keine Angaben enthalten, die geeignet sind, über geschäftliche Verhältnisse,
die für die angesprochenen Verkehrskreise wesentlich sind, irrezuführen *(§ 18 Abs. 2 HGB)*.

Pflichtangaben auf Geschäftsbriefen

Als Geschäftsbrief gelten in der Regel der gesamte **externe** Schriftverkehr:

- jede schriftliche Mitteilung, die an einen oder mehrere Empfänger gerichtet wird
- alle Nachrichten, die mithilfe neuer Telekommunikationssysteme übermittelt werden,
  wenn sie beim Empfänger in Schriftform (Papier oder Bildschirm) ankommen
- alle Rechnungen, Angebote, Auftrags- und Anfragebestätigungen, Bestell- und Liefer-
  scheine sowie Quittungen

Grundsätzlich muss jeder „Geschäftsbrief", der geeignet ist, im Einzelfall den ersten
schriftlichen Kontakt zwischen den Geschäftspartnern herzustellen, die gesetzlich vorgeschriebenen Angaben enthalten.

Für Rechnungen gelten die Pflichtangaben nach *§ 14 UStG*.

Für die Gewerbetreibenden, die **nicht im Handelsregister** eingetragen sind (Kleingewerbetreibende), ist in *§ 15 b GewO* geregelt, welche Angaben auf Geschäftsbriefen gemacht
werden müssen:

- mindestens ein ausgeschriebener Vorname
- Zuname (Familienname)
- die ladungsfähige Anschrift

Auf allen Geschäftsbriefen des **im Handelsregisters eingetragenen Einzelkaufmanns**
müssen nach *§ 37 a HGB* angegeben werden:

- die Firma in Übereinstimmung mit dem im Handelsregister eingetragenen Wortlaut
- der Rechtsformzusatz „eingetragener Kaufmann", „eingetragene Kauffrau" oder eine
  allgemein verständliche Abkürzung dieser Bezeichnung wie beispielsweise „e. K.",
  „e. Kfr."; „e. Kfm."
- der Ort seiner Handelsniederlassung
- das Registergericht und die Nummer, unter der die Firma im Handelsregister eingetragen ist

▮ Kapital

Ein Mindestkapital ist nicht vorgeschrieben. Einlagen und Entnahmen werden über das
Privatkonto, ein Unterkonto des Eigenkapitalkontos, gebucht.

6

Möglichkeiten der Eigenkapitalerhöhung:

- Kapitalzufuhr durch den Unternehmer, Obergrenze ist sein Privatvermögen,
- Aufnahme eines oder mehrerer stiller Gesellschafter,
- Nichtentnahme von Gewinnen (= Selbstfinanzierung).

▨ Geschäftsführung und Vertretung

Geschäftsführung und Vertretung liegen allein beim Einzelunternehmer. Kaufleute können Prokura und Handlungsvollmachten, Minderkaufleute nur Handlungsvollmachten erteilen *(§§ 48–58 HGB)*.

▨ Haftung

Der Einzelunternehmer haftet für alle Verbindlichkeiten des Unternehmens

- **alleine**,
- **persönlich** und
- **unbeschränkt**

mit seinem Geschäfts- und Privatvermögen.

Beim Verkauf des Unternehmens unter Fortführung der Firma haftet er für Verbindlichkeiten im Zeitpunkt des Ausscheidens, wenn die bis dahin begründeten Verbindlichkeiten vor Ablauf von 5 Jahren nach Ausscheiden fällig und daraus Ansprüche gegen ihn gerichtlich geltend gemacht worden sind; bei öffentlich-rechtlichen Verbindlichkeiten genügt der Erlass eines Verwaltungsaktes. Die Frist beginnt mit dem Ende des Tages, an dem das Ausscheiden in das Handelsregister eingetragen worden ist *(§§ 25, 26 HGB)*. Die Verjährungsfrist von 5 Jahren gilt allerdings nur, soweit nicht nach den allgemeinen gesetzlichen Bestimmungen kürzere Verjährungsfristen gelten *(§ 196 ff. BGB)*.

▨ Einstellung der gewerblichen Tätigkeit

Die Einstellung der gewerblichen Tätigkeit eines Unternehmers ist nur dann eine Auflösung nach *§ 16 Abs. 3 EStG*, wenn

- äußere erkennbare Umstände eindeutig erkennen lassen, dass der Betrieb endgültig aufgegeben werden soll **oder**
- gegenüber dem Finanzamt eine eindeutige Erklärung zur Auflösung der Einzelunternehmung abgegeben wird. Ein evtl. Aufgabegewinn ist nach *§ 16 Abs. 3 EStG* steuerlich begünstigt.

▨ Steuerliche Behandlung

1. Einkommensteuer

Einkommensteuerpflichtig ist der **Einzelunternehmer,** nicht die Einzelunternehmung *(§ 1 Abs. 1 EStG)*. Die Steuerpflicht beginnt mit der Entscheidung, selbstständig zu werden *(§ 1 Abs. 1 i. V. m. § 2 Abs. 1 Satz 1 Nr. 2 EStG)*. Bei Einzelunternehmen sind je nach Tätigkeit einkommensteuerrechtlich die Einkünfte zu unterscheiden in

- Einkünfte aus Land- und Forstwirtschaft,
- Einkünfte aus Gewerbebetrieb,
- Einkünfte aus selbstständiger Arbeit.

Die *Vorbereitungshandlungen* zur Gründung sowie der *organisatorische Aufbau* des Unternehmens werden steuerrechtlich bereits zu den Einkünften aus Gewerbebetrieb gerechnet, soweit kein land- und forstwirtschaftlicher Betrieb bzw. keine freiberufliche Tätigkeit gegeben ist.

6

Gewinnermittlungsmethoden		
Betriebsvermögens-vergleich *(§ 5 EStG)*	**Betriebsvermögens-vergleich** *(§ 4 Abs. 1 EStG)*	**Einnahme-Ausgabe-Rechnung** *(§ 4 Abs. 3 EStG)*
■ Gewerbetreibende (Kaufleute) ■ buchführungspflichtige Land- und Forstwirte mit Buchführungspflicht nach handels- und steuerrechtlichen Vorschriften *(§§ 238 ff., 264 ff., 336 HGB, § 140 AO, § 5 EStG)*	■ Kleingewerbetreibende ■ Land- und Forstwirte, die die Grenzen nach *§ 141 AO* überschreiten ■ freiwillig Bücher führende freiberuflich Tätige	■ freiberuflich Tätige ■ Kleingewerbetreibende ■ kleine Land- und Forstwirte

Seit 2008 wird eine Steuerermäßigung durch „Anrechnung der Gewerbesteuer" in Höhe des 3,8-fachen GewSt-Messbetrages auf die tarifliche Einkommensteuer gewährt *(§ 35 Abs. 1 Nr. 1 EStG)*.

2. Gewerbesteuer

Die Einzelunternehmung ist gewerbesteuerpflichtig *(§ 2 GewStG)*, wenn ein **Gewerbebetrieb** im Sinne des *§ 15 EStG* vorliegt. Mit Bestehen des Gewerbebetriebes und der Aufnahme der nach außen gerichteten Tätigkeiten beginnt die Gewerbesteuerpflicht.

Vorbereitungshandlungen begründen keine Steuerpflicht; Kosten der Vorbereitung dürfen bei der Gewerbesteuer nur berücksichtigt werden, wenn sie nach Beginn der Gewerbesteuerpflicht anfallen.

Rein land- und forstwirtschaftliche sowie selbstständige freiberufliche Tätigkeit ist **nicht** gewerbesteuerpflichtig.

Die Gewerbesteuer ist **keine** Betriebsausgabe *(§ 4 Abs. 5b EStG)*.

3. Umsatzsteuer

Eine natürliche Person wird ab dem Entschluss, eine *„nachhaltige Tätigkeit zur Erzielung von Einnahmen"* selbstständig auszuüben, **Unternehmer** im Sinne des *§ 2 UStG*. Alle Umsätze des Unternehmens nach *§ 1 Abs. 1 UStG* sind umsatzsteuerbar; soweit keine Steuerfreiheit vorliegt, auch umsatzsteuerpflichtig.

Das Erbringen von Einlagen aus dem Privatvermögen in das Vermögen der Einzelunternehmung stellt keinen umsatzsteuerpflichtigen Vorgang dar, weil keine Leistungen im Leistungsaustausch erfolgen. Die Besonderheiten des *§ 19 UStG* sind zu beachten.

4. Grunderwerbsteuer

Überträgt der Einzelunternehmer ein Grundstück aus seinem Privatvermögen in das Betriebsvermögen, so entsteht **keine** Grunderwerbsteuerpflicht.

6

Bei einer **Einzelunternehmung** ...
■ ist eine einzelne natürliche Person alleiniger Inhaber, ■ übernimmt der Einzelunternehmer Geschäftsführung und Vertretung, ■ haftet der Einzelunternehmer persönlich und unbeschränkt, ■ muss – sofern kein Kleingewerbe vorliegt – eine Eintragung ins Handelsregister, Abteilung A, erfolgen, ■ muss – sofern eine Handelsregistereintragung erfolgt – eine Firma mit dem Zusatz „e. K.", „e. Kfm." oder „e. Kffr." geführt werden, ■ gelten bei einem Kaufmann die Vorschriften des *HGB* in vollem Umfang.

Vorteile	Nachteile
■ kein Mindestkapital, keine bzw. wenig Gründungsformalitäten ■ geringer Gründungsaufwand und geringe Gründungskosten ■ Gewinn steht alleine dem einzelnen Eigentümer zu ■ eigenverantwortliche Geschäftsführung ■ schnelle und freie Entscheidungen und Marktanpassungen sind möglich	■ keine Kontrolle ■ Gefahr von Fehlentscheidungen ■ unbegrenzte Haftung mit Privat- und Geschäftsvermögen ■ Verbreiterung der Kapitalbasis nur über eigenes Vermögen möglich ■ Unternehmer trägt Verlustrisiko alleine

Übungsaufgaben

1. Unterscheiden Sie Einzelkaufmann und Einzelunternehmen.
2. Woran erkennen Sie einen kaufmännisch eingerichteten Geschäftsbetrieb?
3. Welche Einzelunternehmen werden ins Handelsregister eingetragen?
4. Wie firmiert eine Einzelunternehmung eines Kaufmanns (eine Eintragung im Handelsregister ist erfolgt)?
5. In welchem Umfang haftet der Einzelunternehmer?
6. Wer vertritt die Einzelunternehmung gegenüber Dritten im Geschäftsleben?
7. Stellen Sie Vor- und Nachteile der Einzelunternehmung gegenüber.
8. Kann ein Einzelkaufmann Prokura erteilen?
9. Frau Doris Durst möchte einen Getränkehandel gründen. Bei der Anmeldung zum Handelsregister erfährt sie, dass unter der Firma „Doris Durst e. Kffr." bereits eine Eintragung erfolgt ist. Wie könnte in diesem Falle die neue Firma lauten?
10. Der Einzelunternehmer vergisst, die Umsatzsteuer in Höhe von 10.000,00 EUR zu zahlen. Wer haftet gegenüber dem Finanzamt für diese Verbindlichkeit? Begründen Sie Ihre Auffassung.
11. Zu welchen Einkunftsarten i. S. d. *EStG* können die Einkünfte aus einem Einzelunternehmen zählen?
12. Prüfen und begründen Sie, welche der nachfolgenden Firmen für eine Einzelunternehmung rechtlich zulässig sind.
    a) Karl Heinz König, e. Kfm.   d) K. H. König
    b) Karl H. König   e) König, e. Kfm.
    c) König Lebensmittelhandel, e. Kfm.   f) Karl H. König Lebensmittelhandel
13. Die Einzelunternehmerin Klara Klar e. Kffr. möchte ein Grundstück aus ihrem Privat- in das Betriebsvermögen einbringen. Prüfen und begründen Sie, ob dieser Vorgang grunderwerbsteuerpflichtig ist.

6.5   Personengesellschaften

Personengesellschaften[1]
- entstehen durch Vertrag zwischen mindestens zwei Personen, die sich zur Erfüllung eines gemeinsamen Zwecks zusammenschließen,
- werden von den Gesellschaftern selbst geführt und nach außen vertreten.

Die beteiligten Personen sind zugleich die Gesellschafter und die Eigentümer des Unternehmens. Ihre Einlagen bilden das Gesellschaftsvermögen.

Personenhandelsgesellschaften nach *HGB* können gegründet werden, um
■ ein Handelsgewerbe und/oder
■ Vermögensverwaltung (bei Besitz- oder Objektgemeinschaften)
zu betreiben.

___
[1] ca. 83 % aller Unternehmen sind Personengesellschaften

Kleingewerbetreibende dürfen Personenhandelsgesellschaften (OHG, KG) nach dem *HGB* auch dann gründen, wenn nach Art und Umfang kein in kaufmännischer Weise eingerichteter Geschäftsbetrieb vorliegt. In diesem Falle hat die Eintragung – abweichend von *§ 123 HGB – konstitutive Wirkung.* Mit der Eintragung erhalten die Kleingewerbetreibenden die Kaufmannseigenschaft.

Anlässe zur Gründung einer Gesellschaft können sein:
- Verbreiterung der Eigenkapitalbasis,
- Ausweitung der Kreditaufnahmemöglichkeiten infolge der Erhöhung des Eigenkapitals und der Aufnahme neuer Gesellschafter,
- Verteilung des unternehmerischen Risikos und des Arbeitsanfalls auf mehrere Personen,
- Bindung von Führungspersönlichkeiten und Fachleuten an das Unternehmen,
- Ausnutzung steuerlicher Vorteile *(z. B. durch Gründung von Familiengesellschaften),*
- Absicherung der Existenz des Unternehmens über den Tod des Einzelunternehmers hinaus,
- persönliche Gründe des einzelnen Unternehmers *(z. B. Altersabsicherung, Alter, Krankheit, Tod),*
- Erhöhung der Wettbewerbsfähigkeit durch Zusammenschluss mit anderen Unternehmen,
- Beteiligung von Mitarbeitern.

Beim Ausscheiden eines Gesellschafters aus der Personenhandelsgesellschaft besteht die Gesellschaft regelmäßig weiter.

6.5.1 Gesellschaft bürgerlichen Rechts

Rechtsgrundlagen: *§§ 705–740 BGB*

Kennzeichen und Bedeutung

Eine **GbR** liegt nur vor, wenn
- durch den Gesellschaftsvertrag sich
- **mindestens zwei Personen** (= Gesellschafter) zusammenschließen, um
- einen gemeinsamen Zweck in der im Vertrag bestimmten Weise zu fördern, insbesondere die vereinbarten Beiträge zu leisten *(§ 705 BGB).*

Die Gründung der Gesellschaft des bürgerlichen Rechts ist einfach, kostengünstig und vielseitig einsetzbar. Sie eignet sich für langfristige als auch kurzfristige Zusammenschlüsse.

Die Gesellschaft bürgerlichen Rechts (GbR; auch: bürgerlich-rechtliche Gesellschaft = **BGB-Gesellschaft**) kann zu jedem beliebigen Zweck gegründet werden; dieser darf nicht gegen ein Gesetz verstoßen *(§ 134 BGB)* und nicht sittenwidrig sein *(§ 138 BGB).* Der **Gesellschaftszweck** kann auf Dauer oder auf eine vorübergehende Zeit gerichtet sein.

Die GbR kann zu jedem erlaubten Zweck gegründet werden.

Der Zweck muss
- gemeinsam erreicht werden, d. h. Förderung eines von **allen** Gesellschaftern gemeinsam angestrebten Zweckes,
- durch Zusammenwirken **aller** Gesellschafter zustande kommen.

Der Zweck kann erwerbswirtschaftlicher, religiöser, wissenschaftlicher, sportlicher oder politischer Art sein.

Die GbR kommt in der Praxis häufig vor. Die Gesellschafter wissen oft gar nicht, dass eine Gesellschaft vorliegt.

6

Beispiele:

- Fahrgemeinschaften zum Arbeitsplatz
- Tippgemeinschaft beim Lotto und Toto
- nicht eheliche Lebensgemeinschaften

Auch Kaufleute benutzen bei Gelegenheitsgeschäften, Arbeitsgemeinschaften, erlaubten Kartellen und sonstigen Interessengemeinschaften diese Rechtsform.

Beispiele:

- Arbeitsgemeinschaft (ARGE) in der Bauwirtschaft
- Rechtsanwalts-, Steuerberater-, Wirtschaftsprüfersozietät, Arztgemeinschaft
- Bauherrengemeinschaft
- Kreditkonsortium zur Gewährung eines Großkredits
- Investment-Club
- Vorgründungsgesellschaft einer GmbH (Gründerzusammenschluss vor Erstellung des notariellen Vertrages)
- Ehepartner besitzen und bewirtschaften ein Mietshaus (umsatzsteuerrechtlich Schriftform!)

Angehörige des steuerberatenden Berufes dürfen ihren Beruf in der Rechtsform der GbR (Sozietät) ausüben, wenn die Gesellschafter zu dem Personenkreis nach §§ 51, 53 BOStB (StB, vBP, WP, RA, PA) gehören.

Die GbR kann eine reine **Innengesellschaft** sein.

Beispiel:

Der Tiefbauunternehmer Tief schließt mit der Gemeinde Wachtberg einen Vertrag zur Erstellung einer Kläranlage. Anschließend führt er gemeinsam mit den beiden Bauunternehmern Stein und Mörtel die Arbeiten durch. Zwischen der Gemeinde Wachtberg und den Unternehmern Stein und Mörtel besteht keine vertragliche Beziehung.

Die GbR kann eine **Außengesellschaft** sein (hiermit wird USt-Pflicht begründet).

Beispiel:

Die Bauunternehmer Zement, Pfanne und Hohlblock bilden eine Arbeitsgemeinschaft, die mit der Gemeinde Wachtberg einen Vertrag zur Erstellung einer Kläranlage schließt.

Gründung

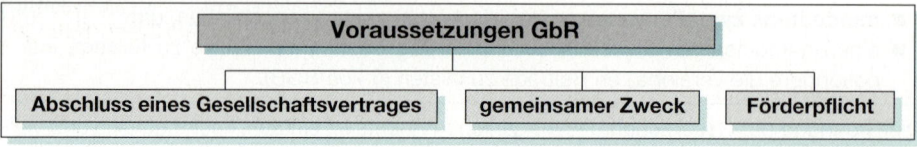

Die GbR entsteht durch einen **Gesellschaftsvertrag**, d. h. ein gegenseitiger verpflichtender Schuldvertrag durch einander entsprechende Willenserklärungen der Gesellschafter.

Der Gesellschaftsvertrag ist **formfrei**. Er kann schriftlich, mündlich oder durch konkludentes Handeln wirksam werden. Es erfolgt **keine Eintragung** in ein Register. Der Abschluss bzw. die Änderung des Gesellschaftsvertrages erfordert Einstimmigkeit unter den Gesellschaftern. Wegen steuerlicher Mitwirkungs- und Nachweispflichten (§§ 90 ff. AO), aus Beweissicherungsgründen und aus Gründen der langfristigen Erhaltung der Gesellschaft erscheint ein schriftlicher Gesellschaftsvertrag zweckmäßig.

Der Inhalt des Gesellschaftsvertrages und der vereinbarte gemeinsame Zweck dürfen nicht gegen ein gesetzliches Verbot oder gegen die guten Sitten verstoßen, anderenfalls ist der Vertrag nichtig (vgl. §§ 134, 138 BGB).

Der Gesellschaftsvertrag bedarf der notariellen Form, wenn Leistungen erbracht werden, die eine notarielle Form verlangen wie z. B. die Übertragung des Eigentums von Grundbesitz (§ 311b BGB, evtl. § 518 BGB).

Der Gesellschaftsvertrag sollte beinhalten *(vgl. §§ 706–740 BGB)*

- Gesellschaftszweck,
- Geschäftsführung und Vertretung,
- Interne Haftungsverteilung,
- Tätigkeitsvergütungen,
- Entnahmerecht,
- Gewinn- und Verlustrechnung,
- Informations- und Kontrollrecht,
- Wettbewerbsverbot,
- Abtretung von Geschäftsanteilen,
- Ausscheiden von Gesellschaftern,
- Tod eines Gesellschafters,
- Abfindung.

Zweck der Gesellschaft

Der Zweck der Gesellschaft muss von allen Gesellschaftern gemeinsam verfolgt werden, d. h. in der Gemeinschaft GbR darf nicht jeder ausschließlich seine eigenen Zwecke verfolgen.

> **Beispiel:**
>
> *Mehrere Steuerberater verfolgen berufliche Zwecke und üben ihren Beruf gemeinschaftlich als Sozietät in der Rechtsform GbR aus.*

Pflicht zur Förderung des Zweckes

Im Gesellschaftsvertrag werden insbesondere Art und Höhe der Beitragsleistungen bestimmt.

Gesellschafter

Es müssen mindestens zwei natürliche und/oder juristische Personen (z. B. e. V., e. G., GmbH, AG) oder Personengesellschaften (z. B. OHG, KG, GmbH & Co. KG) Gesellschafter sein.

Sind im Vertrag keine Regelungen über die Organisation der GbR getroffen, gelten die gesetzlichen Vorschriften der *§§ 709–715 BGB*.

Rechtsverhältnis

Die GbR ist

- **keine** Handelsgesellschaft im Sinne des *HGB*,
- **nicht** berechtigt, eine Firma zu führen, sie kann nur unter einem Namen auftreten,
- nur dann **rechtsfähig**[1], d. h. Träger der in ihrem Namen begründeten Rechte und Pflichten, wenn sie nach außen am Rechtsverkehr teilnimmt
- Schuldnerin von Umsatzsteuerschulden nach *§ 2 UStG* und von Gewerbesteuerschulden nach *§ 5 GewStG*,
- **parteifähig** *(§ 50 Abs. 1 ZPO)*, d. h., sie kann in einem Prozess als Gesellschaft klagen und verklagt werden,
- **nicht** deliktsfähig,
- **grundbuchfähig** *(§ 15 Abs. Buchstabe c GBV i. V. m. dem ERVGBG[2])*
- **insolvenzfähig** *(§ 11 Abs. 1 Nr. 1 InsO)*,
- **scheck- und wechselfähig** *(vgl. BFH-Urteil v. 15.07.1997, XI ZR 154/96)*.
- **berechtigt**, sich an anderen Personengesellschaften zu beteiligen,
- **nicht** buchführungspflichtig nach *HGB*, evtl. aber nach *§ 141 AO*.

Die Gesellschafter und die GbR selbst können Träger von Rechten und Pflichten sein, d. h. die GbR kann in eigener Person Gläubiger und Schuldner vertraglicher und gesetzlicher Ansprüche sein.

Die GbR kann selbst dingliche Rechte erwerben *(vgl. § 14 Abs. 2 BGB)*.

Weiterhin kann die GbR klagen und verklagt werden.

Gesamthandsvermögen *(§ 718 BGB)*

Das Gesellschaftsvermögen besteht aus den Beiträgen der Gesellschafter sowie dem erwirtschafteten Gewinn.

---

[1] BGH vom 29. Jan. 2001

[2] *„Gesetz zur Einführung des elektronischen Rechtsverkehrs und der elektronischen Akten im Grundbuchverfahren sowie zur Änderung weiterer grundbuch-, register- und kostenrechtlicher Vorschriften"*

6

Es ist ein Sondervermögen:

■ alle Gesellschafter sind zur „gesamten Hand" beteiligt (= Gesamthandsvermögen),

■ jeder einzelne Gegenstand des Gesamthandsvermögens steht den Gesellschaftern gemeinschaftlich zu,

■ kein Gesellschafter kann über seinen Anteil verfügen, d. h. er kann keine einzelne Gegenstände anderen übertragen oder belasten,

Gesamthandsvermögen bedeutet, nur alle Gesellschafter zusammen und nicht ein Gesellschafter alleine können über das Gesamtvermögen verfügen.

Durch die gesamthänderische Bindung der einzelnen Vermögensgegenstände werden

■ der Zusammenhalt des gesamten Vermögens und

■ der Bestand und die Nutzung für den Gesellschaftszweck gesichert

Zur Vollstreckung in das Vermögen der GbR genügt ein Vollstreckungstitel gegen die Gesellschaft; ein Vollstreckungstitel gegen die Gesellschafter ist zusätzlich nur notwendig, wenn der Gläubiger auch in das Privatvermögen der Gesellschafter vollstrecken will.

Register

Die Rechtsfähigkeit erlangt die GbR ohne jede Eintragung in ein Register.

Die GbR kann durch konstitutive Eintragung in das Handelsregister die Kaufmannseigenschaft erwerben; es gelten dann die Vorschriften für die OHG bzw. die KG.

Name der GbR

Die GbR ist **keine Handelsgesellschaft** und darf deshalb **keine** Firma führen. Sie hat den Eindruck einer Firma zu vermeiden.

Die GbR ist nur berechtigt, eine Geschäftsbezeichnung zu führen; sie kann aber unter gemeinschaftlichem Namen auftreten, d. h. alle Gesellschafter sind mit ausgeschriebenem Vor- und Zunamen anzugeben.

Bei einer Sozietät von Steuerberatern müssen nach *§ 16 BOStB* auf den Briefbögen der Sozietät **alle** Sozien unter ihrem Vor- und Zunamen und Berufsbezeichnungen aufgeführt werden.

> *Beispiele:*
>
> *Heiner Hofman und Karin Hauer GbR*
> *Karin Kann, Steuerberater und Fritz Funk, vereidigter Buchprüfer, GbR*
> *Durch die fehlende handelsrechtliche Rechtsform wird die Nichtkaufmannseigenschaft nach außen deutlich.*

Pflichtangaben auf Geschäftsbriefen[1]

Auf Geschäftsbriefen müssen neben den Angaben nach *§ 37a HGB* angegeben werden:

■ die ausgeschriebenen Vor- und Zunamen der Gesellschafter

■ die ladungsfähigen Anschriften

Kapital

■ Es ist kein Mindestkapital vorgeschrieben, es kann sogar mit einem negativen Kapitalkonto gestartet werden.

■ Das Kapitalkonto wird als variables und/oder festes Kapitalkonto geführt; Einlagen sind in jeder beliebigen Größenordnung in Geld, in Sachwerten, durch Nutzungseinlagen und/oder durch Dienstleistungen möglich.

■ Kapitalkonten können für jeden Gesellschafter einzeln geführt werden.

■ Das Vermögen der GbR ist Gesamthandsvermögen, über das die Gesellschafter nur gemeinsam verfügen können *(§§ 718, 719 BGB)*.

[1] vgl. Seite 365

- Die Gesellschafter sind am Gesellschaftsvermögen anteilig beteiligt.
- Das Gesamthandsvermögen wird bei der Besteuerung den einzelnen Gesellschaftern der GbR anteilig zugerechnet *(§ 39 Abs. 2 Nr. 2 AO)*.

Geschäftsführung

Geschäftsführung beinhaltet das Management, d. h. das Innenverhältnis wie z. B. Überwachung der Produktion, Buchführung und Jahresabschluss, Erledigung der Korrespondenz.

Gesetzliche Regelung

Die Geschäftsführung der GbR steht **allen** Gesellschaftern grundsätzlich gemeinschaftlich zu *(§ 709 BGB)* und wirkt im **Innenverhältnis.**

Vertragliche Regelung

Die Geschäftsführung kann im Gesellschaftsvertrag einem oder mehreren Gesellschaftern übertragen werden; dadurch sind die übrigen Gesellschafter von der Geschäftsführung ausgeschlossen *(§ 710 BGB)*. Die Übertragung der Geschäftsführung kann entzogen oder gekündigt werden durch

- einstimmigen Beschluss der Gesellschafter,
- Mehrheitsbeschluss, wenn dies im Gesellschaftsvertrag vereinbart wurde.

Sind Entscheidungen zu treffen, die die Gesellschaft als Ganzes betreffen, so haben alle Gesellschafter ein Mitspracherecht.

> **Beispiel:**
>
> *Aufnahme neuer Gesellschafter, Änderung des Zwecks der Gesellschaft*

Es ist unzulässig, alle Gesellschafter von der Geschäftsführung auszuschließen und einem Dritten – Nicht-Gesellschafter – die Geschäftsführung zu übertragen.

Widerspruchsrecht: Ein von der Geschäftsführung ausgeschlossener Gesellschafter hat ein Widerspruchsrecht *(§ 711 BGB)* und ein Nachprüfungsrecht *(§ 716 BGB)*.

Vertretung

Die Vertretungsmacht wirkt im **Außenverhältnis**, d. h. im rechtsgeschäftlichen Verkehr mit Dritten.

Die Vertretungsmacht hat, wer geschäftsführender Gesellschafter ist. Sie erfolgt durch alle Gesellschafter, soweit keine Übertragung *(§ 710 BGB)* durch Vertrag vorgenommen wird (vgl. auch *§§ 714, 715 BGB*).

Die GbR-Gesellschafter schließen Verträge im Namen der Gesellschaft, wenn sie vertretungsbefugt sind (vgl. *§§ 164 I, 709, 710, 714 BGB*). Durch den Vertragsabschluss wird eine Gesellschaftsschuld begründet.

Handelt ein alleinvertretungsberechtigter Geschäftsführer allein, so ist er aufgrund der Rechtsfähigkeit der GbR organschaftlicher Vertreter der GbR. Dies ist eine vom gesetzlichen Prinzip der Gesamtvertretung *(§§ 709, 714 BGB)* abweichende gesellschaftsvertragliche Vertretungsregelung, die im Rechtsverkehr aufgrund fehlender Registereintragungen nicht nachvollziehbar ist. Deshalb muss er eine Vollmacht der übrigen Gesellschafter im Original vorlegen oder das Vertretungsrecht muss aus dem geltenden Gesellschaftsvertrag nachgewiesen werden (analog *§§ 174, 167 BGB, BGH DB 2002 S. 89*).

Pflichten der Gesellschafter

1. Beitragspflicht

Jeder Gesellschafter hat die **Pflicht** zur Leistung von **Beiträgen** (Einlagen). Die Einlagen können in Geld, Sachwerten, als Dienstleistung, durch Übertragung von Rechten oder durch Einbringung von „Know-how" geleistet werden. Wird keine Vereinbarung über die Höhe der Beiträge getroffen, so sind von den Gesellschaftern gleiche Beiträge zu leisten

6

(§ 706 BGB). Eine Erhöhung der Beiträge erfordert eine Änderung des Gesellschaftsvertrages. Die Summe der eingebrachten Beiträge der Gesellschafter ergibt das Gesellschaftsvermögen *(§ 718 BGB)* und unterliegt der gesamthänderischen Bindung, d. h. ein Gesellschafter kann über seinen Anteil am Gesellschaftsvermögen nicht verfügen *(§ 719 BGB).*

2. Nachschusspflicht

- Im Gesellschaftsvertrag kann eine Nachschusspflicht vereinbart werden.
- Ist hierüber nichts vereinbart, so sind die Gesellschafter nicht verpflichtet, ihre Einlagen zu erhöhen, wenn das Gesellschaftsvermögen aufgezehrt ist *(§ 707 BGB).*
- Reicht jedoch das Gesellschaftsvermögen bei Verlusten zur Begleichung der gemeinschaftlichen Schulden nicht aus, so sind die Gesellschafter zum Nachschuss verpflichtet *(§ 735 BGB).*

3. Treuepflicht

Jeder Gesellschafter hat die Pflicht,

- sich für die Zwecke der GbR einzusetzen,
- alles zu unterlassen, was der GbR schaden könnte *(§ 705 BGB).*

Beispiel:

Verrat von Betriebsgeheimnissen

4. Pflicht zur Geschäftsführung

5. Sorgfaltspflicht – Schadensersatzpflicht der Gesellschafter

Jeder Gesellschafter ist bei der Erfüllung seiner Pflichten angehalten, in Angelegenheiten der Gesellschaft so sorgfältig zu handeln, wie er in eigenen Angelegenheiten handeln würde *(§ 708 BGB).* Der Gesellschafter haftet in jedem Fall für grobe Fahrlässigkeit und Vorsatz *(§ 277 BGB).* Eine Haftung für eigenes Verschulden kann vereinbart werden *(§ 276 BGB).*

Nicht eingelöste Pflichten eines Gesellschafters können nur von einem oder mehreren Gesellschaftern eingefordert werden, auch wenn der fordernde Gesellschafter von der Geschäftsführung ausgeschlossen ist.

Beispiel:

Frau Haben, Herr Haben und Herr Nichts gründen eine GbR; laut Vertrag soll jeder eine Einlage von 4.000,00 EUR leisten. Herr Nichts erbringt keine Einlage. Die GbR kann die Einlage nicht einklagen, weil sie nicht rechts- und parteifähig ist. Es kann aber z. B. Frau Haben den Anspruch auf Zahlung gegen Herrn Nichts geltend machen und einklagen.

▨ Rechte der Gesellschafter

1. Mitwirkungsrechte

- Geschäftsführungsbefugnis *(§ 709 ff. BGB),*
- Kontrollrechte *(§ 716 BGB),*
- Recht auf Kündigung *(§ 723 BGB),*
- Befugnis zur Mitentscheidung in Grundsatzfragen,
- Vermögensrechte *(§ 721 ff. BGB),*
- Übertragbarkeit von Gesellschaftsrechten an Dritte *(§ 717 BGB).*

2. Recht auf Gewinn- und Verlustanteil

Ist die Gesellschaft nur auf kurze Dauer angelegt, erfolgt die Gewinn- und Verlustverteilung erst nach der Auflösung der Gesellschaft; ist sie von längerer Dauer, hat der Rechnungsabschluss und die **Gewinnverteilung** am Schluss eines Geschäftsjahres (bei der GbR immer gleich Kalenderjahr) zu erfolgen *(§ 721 BGB).*

Die Gewinn- und Verlustbeteiligung richtet sich nach den Regelungen des Gesellschaftsvertrages. Sind die Anteile der Gesellschafter am Gewinn und Verlust nicht vertraglich bestimmt, so erhält jeder Gesellschafter **unabhängig** von der Höhe eventuell unterschiedlicher Einlagen den gleichen Anteil am Gewinn oder trägt den gleichen Anteil am Verlust *(§ 722 BGB)*.

Beispiel:

Frau Denk und Herr Über haben eine Lottotippgemeinschaft. Es bestehen keine besonderen vertraglichen Vereinbarungen. Frau Denk zahlt je Woche 5,00 EUR, Herr Über 10,00 EUR ein. Die GbR gewinnt 50.000,00 EUR. Frau Denk und Herr Über haben Anspruch auf einen Gewinnanteil von je 25.000,00 EUR.

Haftung

Für Verbindlichkeiten der GbR haftet zunächst die GbR mit ihrem Gesellschaftsvermögen. Die Gesellschafter haben die Pflicht zur Übernahme der **Gesellschaftsschulden** *(§§ 733 Abs. 1, 735 Abs. 1 BGB)*. Sie haften analog zu *§ 128 HGB* persönlich unbegrenzt für alle Schulden, auch Steuerschulden der Gesellschaft gegenüber Dritten als **Gesamtschuldner** mit ihrem **Gesellschafts- und Privatvermögen** *(§§ 421, 427, 705 BGB)*, d. h. sie haften unbeschränkt und persönlich für die Schulden der Gesellschaft.

Gläubiger können einen Gesellschafter beliebig auswählen und in vollem Umfang in Anspruch nehmen. Um gegen einen Gesellschafter der GbR vollstrecken zu können, ist – wie bei der OHG – ein Vollstreckungstitel gegen den einzelnen Gesellschafter notwendig.

Untereinander haften die Gesellschafter zu gleichen Teilen.

Vertragliche Ansprüche lassen sich jedoch bei entsprechenden Gestaltungsvoraussetzungen wirksam durch **Haftungsausschluss** begrenzen. Die Rechtsprechung lässt unter zwei Voraussetzungen den Haftungsausschluss zu:

- Vertretungsbeschränkung im Gesellschaftsvertrag,
- Erkennbarkeit der Vertretungsbeschränkung für Dritte *(z. B. Hinweis auf den Geschäftsbriefen: „Die Haftung ist auf das Gesellschaftsvermögen begrenzt.")*.

Ausscheidende Gesellschafter haften für vor dem Ausscheiden begründete Verbindlichkeiten gegenüber Dritten weiterhin, bei Dauerschuldverhältnissen bis zum nächstmöglichen oder nächst zumutbaren Kündigungstermin, maximal aber 5 Jahre *(§ 736 BGB i. V. m. § 160 HGB)* ab Kenntnis des Ausscheidens.

Neu eingetretene Gesellschafter einer GbR haften für bereits bestehende Verbindlichkeiten analog nach *§ 130 HGB* persönlich, d. h. mit dem eingebrachten Kapital sowie mit dem Privatvermögen (BFH-Urteil v. 7. April 2003).

6

Beschlüsse

Gesellschafterbeschlüsse verlangen Einstimmigkeit nach Köpfen, wenn keine vertragliche Regelung vorhanden ist. Jeder Gesellschafter hat eine Stimme.

Mehrheitsbeschlüsse sind möglich, wenn dies im Gesellschaftsvertrag bestimmt ist.

Wechsel der Gesellschafter

Eintritt neuer Gesellschafter:

- Es ist ein Vertrag (auch formlos) zwischen „Alt"-Gesellschaftern und „Neu"-Gesellschaftern notwendig.
- Alle „Alt"-Gesellschafter müssen zustimmen.
- Der „Neu"-Gesellschafter muss einen Beitrag zum Gesellschaftsvermögen leisten.

Der Austritt eines Gesellschafters führt zur Auflösung der GbR, es sei denn, es ist vereinbart, dass die Gesellschaft von den verbleibenden Gesellschaftern weitergeführt wird *(§§ 736, 737, 729 BGB)*.

Auflösung der Gesellschaft

Auflösungsgründe können sein:

- Beschluss aller Gesellschafter,

- Zeitablauf,
- Erreichung bzw. Nichterreichung des Gesellschaftszwecks,
- Kündigung eines Gesellschafters *(§ 723 BGB)*,
- Tod eines Gesellschafters *(§ 727 BGB)*, wenn der Gesellschaftsvertrag keine andere Regelung vorsieht,
- Vereinigung der Gesellschaftsanteile in einer Hand *(§§ 723–729 BGB)*.

Die **Auseinandersetzung** bei Auflösung der Gesellschaft bzw. Ausscheiden eines Gesellschafters hat den Zweck:
- Gläubiger zu befriedigen,
- Schulden an Gesellschafter zurückzuzahlen,
- Einlagen zurückzuerstatten,
- Überschüsse oder Verluste zu gleichen Teilen oder entsprechend dem Vertrag zu verteilen.

Eine GbR besteht als Steuersubjekt so lange fort, wie noch Rechtsbeziehungen mit dem Finanzamt abzuwickeln sind *(vgl. BFH-Urteil 1971, S. 540)*.

Steuerliche Behandlung

1. Einkommensteuer

Die GbR ist kein selbstständiges Steuersubjekt, d. h., sie selbst ist nicht einkommensteuerpflichtig. Der Gewinn wird anteilig bei den Gesellschaftern,
- die natürliche Personen sind, zur Einkommensteuer veranlagt,
- die juristische Personen sind, zur Körperschaftsteuer erfasst.

Bei natürlichen Personen werden die Einkünfte der Gesellschafter einer GbR in einem Verfahren **einheitlich** ermittelt **und gesondert** durch einen Feststellungsbescheid *(§§ 179, 180 Abs. 1 Nr. 2a AO)* nach Art und Höhe der Einkünfte den Personen zugerechnet, denen sie nach den Vertragsverhältnissen zustehen. Die Art der Einkünfte i. S. d. *§ 2 Abs. 1 EStG* richtet sich nach der Tätigkeit des Unternehmens (Einkünfte aus Gewerbebetrieb, Kapitalvermögen, selbstständiger Arbeit *(z. B. Steuerberatersozietät)* oder Vermietung und Verpachtung). Die in diesem Verfahren ermittelten Einkünfte sind Grundlage der Veranlagung der einzelnen Gesellschafter zur ESt *(§ 182 Abs. 1 AO)*.

Die **Steuerpflicht** entsteht bereits mit Aufnahme der Vorbereitungshandlungen. Der Gewinn oder Verlust der GbR wird einheitlich und gesondert festgestellt und auf die Gesellschafter entsprechend ihrem Beteiligungsverhältnis aufgeteilt *(§§ 179, 180 AO)*. Erzielt die GbR Einkünfte aus Gewerbebetrieb und zahlt sie Gewerbesteuer, wird ab 2008 eine Steuerermäßigung durch „Anrechnung der Gewerbesteuer" in Höhe des 3,8-fachen **anteiligen** GewSt-Messbetrages auf die tarifliche Einkommensteuer der einzelnen Gesellschafter gewährt *(§ 35 Abs. 1 Nr. 2 EStG)*.

Die Gesellschafter der GbR sind **Mitunternehmer**, wenn sie gewerblich tätig sind. Deshalb wird keine Kapitalertragsteuer auf Gewinnzuweisungen an die Gesellschafter erhoben. Kennzeichen[1] einer Mitunternehmerschaft sind:
- die Übernahme von wirtschaftlichen Risiken (Gewinn- und Verlustbeteiligung),
- die Erbringung von Kapitaleinlagen, Vermögensbeteiligung *einschließlich Beteiligung* an den *stillen Reserven* und am *Firmenwert*,
- das Recht zur eigenverantwortlichen Entnahme von betrieblichen Mitteln für Privatzwecke, Mitsprache- und Mitwirkungsrechte, die die eines Darlehensgebers überschreiten.

Keine Mitunternehmerschaft liegt bei sogenannten Hilfsgesellschaften vor, die nur den Gesellschaftern für deren Betriebe durch gemeinschaftliche Übernahme von Aufwendungen wirtschaftliche Vorteile vermitteln wie *z. B. Labor-, Büro-, Apparate- oder Werbegemeinschaften*.

---

[1] vgl. BFH-Urteile v. 25. Juni 1984, S. 751 und v. 21. Sept. 1995, S. 66.

6

Die GbR ist nur buchführungs- und bilanzierungspflichtig, wenn sie

- Kaufmann ist *(§§ 2, 262 HGB)* oder
- die steuerlichen Grenzen nach *§ 141 AO* überschreitet.

Für eine freiberuflich tätige GbR entsteht weder über *§ 140 AO* noch über *§ 141 AO* eine Buchführungspflicht, weil diese Vorschriften nicht für Einkünfte i. S. d. *§ 18 EStG* gelten. Für die GbR gelten die Gewinnermittlungsvorschriften des *EStG*, insbesondere die *§§ 4 ff., 15 und 16 EStG; der § 4a EStG* gilt nicht für die GbR. Das hat zur Folge, dass der Gewinnermittlungszeitraum für eine gewerblich tätige GbR immer das Kalenderjahr sein muss, weil sie nicht ins Handelsregister eingetragen wird.

2. Gewerbesteuer

Gewerbesteuerpflicht wird nur begründet, wenn ein **Gewerbebetrieb** vorliegt *(§ 2a GewStG)*. Liegt teilweise eine gewerbliche und eine nichtgewerbliche Tätigkeit vor, so wird insgesamt eine gewerbliche Tätigkeit unterstellt. Die Gewerbesteuerpflicht beginnt mit Beginn der gewerblichen Tätigkeit. Schuldner der Gewerbesteuer ist die GbR *(§ 5 Abs. 1 Satz 3 GewStG)*. Die Gewerbesteuer ist **keine** Betriebsausgabe *(§ 4 Abs. 5b EStG)*.

3. Bewertungsrecht

Die Bewertung des Grundbesitzes wird für die Erbschaft- und Schenkungsteuer in den *§§ 176–198 BewG*, für die Grunderwerbsteuer in den *§§ 138–150 BewG* und die Bewertung von land- und forstwirtschaftlichem Vermögen in den *§§ 158–175 BewG* geregelt. Der Begriff der wirtschaftlichen Einheit und der Umfang des land- und forstwirtschaftlichen Vermögens richtet sich nach *§ 33 BewG*.

4. Umsatzsteuer

Sowohl die **GbR selbst** als auch die **Gesellschafter** können jeweils selbstständige **Unternehmer** nach *§ 2 UStG* sein.

GbR als Außengesellschaft

Die *Merkmale* der GbR als Außengesellschaft:

- tritt nach außen in Erscheinung,
- Ausstattung mit einer gemeinsamen Geschäftsführung *(R 16 UStR)*,
- Zustellung der Umsatzsteuerbescheide an die GbR als Steuerschuldnerin *(§ 13 Abs. 2 UStG)*.

Beispiele:

Praxisgemeinschaften, Sozietäten, Arbeitsgemeinschaften mit Auftragsausführung in eigenem Namen

Gesellschafter einer GbR als umsatzsteuerliche Unternehmer

Wenn die Gesellschafter einer GbR eine eigene Betätigung außerhalb der GbR ausüben, begründen sie die Unternehmereigenschaft nach *§ 2 UStG*. Entscheidend für die Erlangung der Unternehmereigenschaft ist das Auftreten nach außen. Erfolgt ein Leistungsaustausch zwischen einem Gesellschafter und der GbR, so sind beide umsatzsteuerliche Rechtssubjekte und der Leistungsaustausch ist umsatzsteuerpflichtig, wenn eine Gegenleistung, ein Entgelt, entrichtet wird.

Beispiele:

Gesellschafter vermietet ein Fotokopiergerät an die GbR, Gesellschafter erbringt entgeltliche Beratungsleistung an die GbR.

Eine GbR als reine **Innengesellschaft** kann **nicht Unternehmer** i. S. d. *UStG* sein *(z. B. Bürogemeinschaften)*.

6

5. Grunderwerbsteuer

Die Übereignung von inländischen Grundstücken an die GbR verlangt notarielle Beurkundung *(§ 313 BGB)* und ist grunderwerbsteuerpflichtig *(§ 1 Abs. 1 Nr. 1 GrEStG)*.

Überträgt ein Gesellschafter ein inländisches Grundstück auf eine GbR, so wird die Steuer in Höhe des Anteils nicht erhoben, mit dem der Veräußerer am Gesamthandsvermögen beteiligt ist *(§ 5 Abs. 2 GrEStG)*. Schuldner der Grunderwerbsteuer ist die GbR.

▮ Steuerliche Besonderheiten

Für die GbR gelten grundsätzlich die Vorschriften des *EStG*, des *UStG* und des *GewStG*. Besonderheiten:

- **Abweichendes Wirtschaftsjahr**
  § 4a Abs. 1 Satz 2 Nr. 2 EStG gilt nur für Kaufleute.

- **Arbeitsgemeinschaften im Bauhandwerk**
  Führt die ARGE nur einen Auftrag (Werkvertrag nach *§ 631 BGB*) aus, so gilt:
  - keine gesonderte Gewinnfeststellung nach *§ 180 Abs. 4 AO,*
  - Ausweis der Gewinnanteile unmittelbar bei den Gesellschaftern der GbR,
  - keine Grunderwerbsteuerpflicht, da die GbR in diesem Fall nicht als Gewerbebetrieb, sondern als anteilige Betriebsstätte angesehen wird *(§ 2a GewStG)*.

  Führt die ARGE dagegen mehr als einen Werk- und/oder Werklieferungsvertrag aus, ist die Gesellschaft ein Gewerbebetrieb *(§ 2a GewStG)*.

- **GbR von Angehörigen der Freien Berufe**
  § 15 Abs. 1 Satz 1 Nr. 2 EStG ist analog anzuwenden: Jeder Gesellschafter erzielt Einkünfte aus selbstständiger Arbeit *(§ 18 Abs. 4 EStG)*. Der Gewinn kann nach *§ 4 Abs. 3 oder § 4 Abs. 1 EStG* ermittelt werden.

- **GbR in der Landwirtschaft**
  Es muss auch hier – wie bei Gewerbebetrieben – eine Gewinnerzielungsabsicht vorhanden sein. Eine steuerliche Anerkennung der GbR verlangt, dass die erzielten Gewinne und nicht nur die Einnahmenüberschüsse verteilt werden.

Die GbR ...

- entsteht durch einen Gesellschaftsvertrag, der formlos von mindestens zwei Personen geschlossen werden kann,
- ist rechts- und parteifähig, d.h. sie kann unter ihrem Namen Rechte erwerben, Pflichten eingehen, klagen und verklagt werden,
- verpflichtet ihre Gesellschafter zur gemeinschaftlichen Geschäftsführung und Vertretung; Einzelgeschäftsführung und -vertretung können vereinbart werden,
- führt keine Firma und wird nicht ins Handelsregister eingetragen,
- verpflichtet ihre Gesellschafter zur unbeschränkten, unmittelbaren und gesamtschuldnerischen Haftung.

Vorteile	Nachteile
■ einfache Gründung, geringe Gründungskosten, keine Handelsregister-Eintragung, keine notarielle Beurkundung ■ kein Mindestkapital ■ viel Spielraum bei der Vertragsgestaltung ■ Verantwortung wird auf mehrere Schultern verteilt ■ das Risiko und die Haftung werden geteilt ■ Erhöhung der Eigenkapitalbasis ■ Erweiterung der Kreditbasis ■ der Verlust wird von mehreren getragen	■ Einschränkung der Selbstständigkeit ■ der Gewinn ist zu teilen ■ Gefahr von Unstimmigkeiten ■ unbeschränkte Haftung jedes einzelnen Gesellschafters auch bei Verschulden von Mitgesellschaftern ■ fehlende oder unvollständige Gesellschaftsverträge sind oft existenzbedrohend

6

Übungsaufgaben

1. Nennen Sie die gesetzlichen Grundlagen der GbR.
2. Welche Vorteile ergeben sich für eine unternehmerische Betätigung in der Rechtsform der Personengesellschaft?
3. Wie wird eine GbR gegründet?
4. Nennen Sie Beispiele für eine GbR.
5. Beschreiben Sie die rechtliche Stellung der GbR.
6. Warum hat die GbR keine Firma?
7. Wer führt die Geschäfte der GbR?
8. Wer vertritt die GbR?
9. Nennen Sie Pflichten und Rechte der Gesellschafter.
10. Wie wird der Gewinn oder Verlust der GbR verteilt?
11. Nehmen Sie Stellung zur Haftung der Gesellschafter.
12. Wie ist das Vermögen der GbR einzuordnen?
13. Zehn Personen verabreden, eine gemeinsame Reise nach Brüssel durchzuführen. Frau Müller als Mitglied dieser Gruppe wird beauftragt, alle organisatorischen Maßnahmen vorzunehmen. Prüfen Sie, ob eine GbR vorliegt. Begründen Sie Ihre Entscheidung.

6.5.2 Offene Handelsgesellschaft

Rechtsgrundlagen: *§§ 105–160 HGB*
§§ 705–740 BGB

Kennzeichen und Bedeutung

Die **OHG** (general partnership) ist eine **Personenhandelsgesellschaft** *(§ 105 Abs. 1 HGB)*:
- Ihr Zweck ist auf den Betrieb eines Handelsgewerbes oder die Verwaltung des eigenen Vermögens unter gemeinschaftlicher Firma gerichtet,
- ihre Gesellschafter haften unbeschränkt mit ihrem Geschäfts- und Privatvermögen gegenüber den Gesellschaftsgläubigern,
- die Gesellschafter der OHG sind Kaufleute!

Die Gesellschafter der OHG sind gleichberechtigte, gleich verpflichtete, risikofreudige Personen, die sich gegenseitig vertrauen müssen. Die OHG ist für jeden Geschäftszweig vorstellbar. Infolge der unbegrenzten Haftung der Gesellschafter gilt sie als besonders kreditwürdig. In Deutschland gibt es rund 17.000 Unternehmen in der Rechtsform der OHG.

6

Gründung

Innenverhältnis

Die OHG entsteht durch einen **Gesellschaftsvertrag** zwischen mindestens zwei Personen. Gesellschafter können natürliche und/oder juristische Personen, eine OHG oder KG sein. Die Vorschriften der GbR finden auf die OHG Anwendung, soweit das *HGB* nichts anderes vorschreibt *(§§ 105 Abs. 2 HGB, 705 BGB)*.

Der Gesellschaftsvertrag
- führt die Rechte und Pflichten der Gesellschafter auf,
- ist formfrei, d.h. er kann schriftlich, mündlich oder durch konkludentes Handeln wirksam werden.

Beispiel:

Vier Erben eines Einzelunternehmers führen den Großhandel für Kfz-Zubehör weiter. Die stillschweigende Fortführung des Handelsgewerbes unter gemeinschaftlicher Firma ist als stillschweigende Errichtung einer OHG anzusehen.

Im Geschäftsleben ist für den Gesellschaftsvertrag die Schriftform üblich; aufgrund steuerlicher Mitwirkungs- und Nachweispflichten *(§ 90 ff. AO)* in jedem Fall zweckmäßig. Alle grundlegenden Vereinbarungen der Gesellschafter sollten klar, eindeutig und zweifelsfrei formuliert werden, um Streitigkeiten zu vermeiden.

Eine notarielle Beurkundung des Gesellschaftsvertrages ist erforderlich, wenn ein Gesellschafter ein Grundstück als Einlage einbringt *(§ 311b BGB)*.

Außenverhältnis

Betreibt die OHG ein *Handelsgewerbe, so* existiert die Gesellschaft ab **Aufnahme** der gewerblichen Betätigung. Die nachfolgende, pflichtgemäße **Eintragung** ins Handelsregister hat nur noch *deklaratorische* Wirkung.

Erfordert das Unternehmen nach Art und Umfang keinen in kaufmännischer Weise eingerichteten Geschäftsbetrieb, so entsteht die OHG erst durch Eintragung in das Handelsregister. Die Eintragung hat in diesem Fall konstitutive Wirkung; vor der Eintragung gelten die Regelungen der GbR.

Gesellschaftsvertrag

§ 1 Firma, Sitz
(1) Die Firma der Gesellschaft lautet Möge & Gern OHG.
(2) Sitz der Gesellschaft ist Wachtberg.

§ 2 Gegenstand des Unternehmens
(1) Gegenstand des Unternehmens ist die Herstellung von Möbelbeschlägen aller Art.
(2) Die Gesellschaft ist berechtigt, sämtliche zur Erreichung des Unternehmensgegenstandes zweckdienlichen Geschäfte durchzuführen.

§ 3 Dauer, Geschäftsjahr
(1) Die Gesellschaft wird zum 1. Aug. 20.. auf unbestimmte Dauer errichtet.
(2) Geschäftsjahr ist das Kalenderjahr.

§ 4 Einlagen
(1) Die Gesellschafter Möge und Gern haben eine Bareinlage in Höhe von jeweils 20.000,00 EUR zu leisten.
(2) Die Einlagen sind innerhalb von 14 Tagen nach Unterzeichnung des Gesellschaftsvertrages zur Zahlung fällig und auf das Konto der Gesellschaft einzuzahlen.

§ 5 Geschäftsführung und Vertretung
(1) Zur Geschäftsführung und Vertretung ist jeder Gesellschafter allein berechtigt und verpflichtet.
(2) Maßnahmen, die über den üblichen Rahmen des Geschäftsbetriebes hinausgehen, dürfen nur von beiden Gesellschaftern gemeinsam vorgenommen werden. Dies gilt insbesondere für den Erwerb, die Veräußerung und die Belastung von Grundstücken und grundstücksgleichen Rechten, die Bestellung von Prokuristen, den Abschluss von Rechtsgeschäften aller Art zwischen der Gesellschaft auf der einen sowie den Gesellschaftern oder deren Angehörigen i. S. d. § 15 Abgabenordnung auf der anderen Seite sowie den Abschluss von Verträgen mit einmaligen oder laufenden Verpflichtungen, die einen Gesamtbetrag von 10.000,00 EUR übersteigen.

§ 6 Jahresabschluss
Der Jahresabschluss ist als Handels- und Steuerbilanz innerhalb von sechs Monaten seit Ende des Geschäftsjahres zu erstellen. Soweit nicht zwingende handelsrechtliche Vorschriften entgegenstehen, hat die Handelsbilanz der für Zwecke der Einkommensteuerbesteuerung aufzustellenden Steuerbilanz zu entsprechen.

§ 7 Ergebnisverteilung
Von dem festgestellten Jahresgewinn erhält jeder Gesellschafter vorab einen Anteil in Höhe eines 3 % über dem jeweiligen Basiszinssatz der Europäischen Zentralbank liegenden Prozentsatzes seines Kapitalanteils. Der darüber hinausgehende Gewinn entfällt je zur Hälfte auf Möge und Gern.

§ 8 Entnahmen

Jeder Gesellschafter ist berechtigt, 75 % des auf ihn entfallenden Gewinnanteils für das letzte Geschäftsjahr zu entnehmen. Während des Geschäftsjahres kann monatlich darüber hinaus $\frac{1}{24}$ des Vorjahresgewinns entnommen werden. Darüber hinausgehende Entnahmen sind nur mit Zustimmung aller Gesellschafter zulässig.

§ 9 Kündigung

(1) Die Gesellschaft kann von jedem Gesellschafter unter Einhaltung einer Frist von sechs Monaten zum Ende eines Geschäftsjahres gekündigt werden, erstmals jedoch zum 31. Dez. 20... Die Kündigung bedarf der Schriftform.

(2) Der verbleibende Gesellschafter ist berechtigt, das Geschäft mit allen Aktiva und Passiva zu übernehmen. Er muss dem ausscheidenden Gesellschafter den Kapitalanteil auszahlen, der sich aus der Auseinandersetzungsbilanz zum Tag der Auflösung ergibt. Von diesem Betrag sind 40 % sofort, 30 % nach einem Jahr und 30 % nach zwei Jahren zuzüglich 6 % Zinsen fällig.

§ 10 Schlussbestimmungen

(1) Änderungen und Ergänzungen dieses Vertrages bedürfen der Schriftform.

(2) Sollten sich einzelne Bestimmungen dieses Vertrages als ungültig erweisen, wird dadurch die Gültigkeit dieses Vertrages im Übrigen nicht berührt.

Wachtberg, den 17. Juli 20..

Möge

(Monika Möge)

Gern

(Gerd Gern)

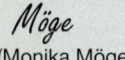 Rechtliche Stellung

Die OHG ist

- **keine juristische Person**, d.h., sie hat zwar keine eigene Rechtspersönlichkeit, sie ist ihr aber der juristischen Person angenähert *(§ 124 HGB)*. Das hat zur Folge, dass die OHG unter ihrer Firma Rechte erwerben und veräußern kann, d.h. sie kann zum Beispiel
  - Verträge abschließen,
  - Verbindlichkeiten eingehen,
  - Eigentum erwerben und übertragen;
- unter ihrer Firma **partei-**, aber **nicht prozessfähig** *(§ 50 ZPO)*, d.h., sie kann unter ihrer Firma klagen und verklagt werden (→ Annäherung an juristische Personen); die Gesellschafter sind im Prozess Partei und nicht Zeugen. Die OHG muss im Prozess durch die Gesellschafter vertreten werden;
- **deliktsfähig** *(analog § 31 BGB, § 1 UWG)*;
- **grundbuchfähig**, d.h., sie kann unter ihrer Firma Eigentum an Grundstücken erwerben;
- **insolvenzfähig** *(§ 11 Abs. 2 InsO)*;
- **buchführungspflichtig** nach *§ 238 ff. HGB*,
- **nicht zur Veröffentlichung des Jahresabschlusses verpflichtet**
  Ausnahme: Mindestens zwei Grenzen für Großunternehmen nach dem Publizitätsgesetz müssen überschritten werden.

Zur Zwangsvollstreckung in das Gesellschaftsvermögen der OHG ist ein gegen die Gesellschaft gerichteter Titel erforderlich *(§ 124 Abs. 2 HGB)*. Ein Gerichtsurteil gegen alle Gesellschafter genügt nicht.

Möglich ist bei der OHG die Eröffnung des Insolvenzverfahrens, wenn die OHG

- zahlungsunfähig ist,
- ihr die Zahlungsunfähigkeit droht,
- sie überschuldet ist *(§§ 16–19 InsO)*.

6

Handelsregister

Die OHG ist unverzüglich nach Beginn der Geschäftstätigkeit bei dem Amtsgericht, in dessen Bezirk sie ihren Sitz hat, zur Eintragung ins Handelsregister, Abteilung A, anzumelden *(§ 106 HGB)*. Die Eintragung ist für eine Gesellschaft, die ein Handelsgewerbe betreibt, konstitutiv.

Die Anmeldung ist von sämtlichen Gesellschaftern mit Namensunterschrift aller vertretungsberechtigten Gesellschafter unter Angabe der Firma zu bewirken *(§ 108 HGB)*.

Die **Anmeldung** muss enthalten:

- den Namen, Vornamen, Geburtsdatum und Wohnort jedes Gesellschafters,
- die Namensunterschriften,
- evtl. staatliche Genehmigungen,
- die Firma und den Sitzort der Gesellschaft,
- den Zeitpunkt, mit welchem die Gesellschaft begonnen hat *(§ 106 HGB)*
- ggf. Abweichungen von der Einzelvertretungsbefugnis eines jeden Gesellschafters,
- den Geschäftszweig.

Wer seiner Pflicht zur Anmeldung nicht nachkommt, kann vom Registergericht durch Festsetzung von Zwangsgeld dazu angehalten werden *(§ 14 HGB)*.

Firma

Die gemeinschaftliche Firma der OHG besteht nach *§ 19 Abs. 1 Nr. 2 HGB* aus
- Personennamen, Sach- oder Fantasiebezeichnungen und
- der Rechtsformbezeichnung „offene Handelsgesellschaft" oder einer verständlichen Abkürzung wie „OHG".

Der Zusatz *„und Partner"* ist unzulässig *(§ 11 PartGG)*.

Pflichtangaben auf Geschäftsbriefen

Geschäftsbriefe sind alle schriftliche Mitteilungen an Externe wie z.B. Rechnungen, Bestellscheine, E-Mails, die an bestimmte Empfänger gerichtet werden.

Auf allen Geschäftsbriefen, die an einen bestimmten Empfänger gerichtet werden, sind nach *§§ 37a, 125a HGB* anzugeben:

- die Firma und Sitz der Gesellschaft in Übereinstimmung mit dem im Handelsregister eingetragenen Wortlaut,
- der Hinweis auf die Gesellschaftsform (auch verständliche Abkürzung: OHG) nach *§ 19 Abs. 1 Nr. 2 HGB*,
- der Ort der Handelsniederlassung,
- das Registergericht,
- die Handelsregisternummer,
- die Firmen der Gesellschafter, wenn kein Gesellschafter eine natürliche Person ist.

Beispiele:

Personenfirma:	Müller und Meier OHG, Meier OHG, Müller & Co. OHG, Meier & Co. OHG
Sachfirma:	Tank OHG, Raststätte OHG, Arznei OHG
Fantasiefirma:	HUMBUG OHG, Xantrius OHG

Kapital

Für jeden Gesellschafter ist mindestens ein **Kapitalkonto** zu führen; eine Mindesteinlage ist dabei nicht vorgeschrieben.

Es bietet sich die Führung folgender Kapitalkonten an:

■ **Festes Kapitalkonto**

Es empfiehlt sich, für jeden Gesellschafter ein **festes Kapitalkonto** zu führen. Dieses Konto sollte die Grundlage bilden für Stimmrechtsregelungen, die Beteiligungsquote an stillen Reserven beim Ausscheiden oder der Liquidation und auch als Schlüssel für die Gewinn- und Verlustverteilung.

■ **Variables Kapitalkonto**

Es sollte ein **variables Kapitalkonto**, auf dem die Gewinne, Verluste, Privatentnahmen/ -einlagen gebucht werden, geführt werden. Das hat den Vorteil, dass bei der Ergebnisverteilung von den festen Anteilsverhältnissen, also den festen Kapitalkonten, ausgegangen werden kann.

■ **Rücklagenkonto**

Moderne Gesellschaftsverträge berücksichtigen die Bildung von Rücklagenkonten, weil das gesetzliche Recht, die Gewinne in voller Höhe entnehmen zu dürfen, die Kapitalbasis der Gesellschaft schwächen kann.

Ist die Bildung von Rücklagen nicht vertraglich vorgesehen, so verlangt die Bildung die Zustimmung aller Gesellschafter *(BGH v. 29. März 1996)*.

Zu empfehlen ist, für jeden Gesellschafter ein eigenes Rücklagenkonto zu führen; die Gesellschafter haben die den Rücklagen zugeführten Gewinnanteile entsprechend ihrer Gewinnbeteiligungsquote zu versteuern. Hierfür sollte vertraglich ein gesondertes Entnahmerecht geregelt werden.

Kapitalerhöhungen sind möglich durch Erhöhung der Kapitaleinlagen der Gesellschafter, Aufnahme neuer Gesellschafter oder durch Gewinnthesaurierung, d. h. Ansammlung von Gewinnen auf den Kapitalkonten.

Das Gesellschaftsvermögen der OHG ist **Gesamthandsvermögen** aller Gesellschafter, d. h., die Gesellschafter sind anteilig am Vermögen der OHG beteiligt und können nur gemeinschaftlich über das Vermögen verfügen.

▨ Geschäftsführung

Die Geschäftsführung bezieht sich auf das **Innenverhältnis** der Gesellschafter; dieses Verhältnis kann durch Vertrag individuell vereinbart werden *(§ 109 ff. HGB)*.

Gesetzliche Regelung

Zur Geschäftsführung der OHG sind **alle Gesellschafter** berechtigt und verpflichtet *(§ 114 Abs. 1 HGB)*, d. h., jeder einzelne Gesellschafter kann alleine tätig werden *(§ 115 Abs. 1 HGB)*, wenn es um Handlungen geht, die der gewöhnliche Betrieb des Handelsgewerbes mit sich bringt *(§ 116 Abs. 1 HGB)*. Durch diese Regelung wird die OHG im täglichen Geschäftsleben beweglich, es kann schnell entschieden und gehandelt werden. Geschäfte, die ungewöhnlich sind und die Grundlage und den Kernbereich der Gesellschaft betreffen, können nur von allen Gesellschaftern gemeinsam beschlossen werden *(§§ 116 Abs. 2, 119 Abs. 1 HGB)*.

Beispiele:
■ *Der Kauf eines neuen Grundstücks verlangt die Mitwirkung aller Gesellschafter.*
■ *Die Errichtung einer neuen Filiale bedarf der Zustimmung aller Gesellschafter.*
■ *Der Einkauf von üblichen Waren kann von einem Gesellschafter allein entschieden werden.*
■ *Der Reparaturauftrag für den Lieferwagen kann von einem Gesellschafter allein erteilt werden.*

Vertragliche Regelung

Art und Umfang der Geschäftsführung sind im Gesellschaftsvertrag beliebig vereinbar.

6

Abweichend von der gesetzlichen Regelung kann die Geschäftsführung

- von allen/mehreren Gesellschaftern gemeinschaftlich oder
- von nur einem einzelnen Gesellschafter ausgeübt werden *(§ 114 Abs. 1 oder 2 HGB).*

Bei Gefahr im Verzug kann auch bei Geschäftsführung von allen/mehreren Gesellschaftern ein geschäftsführender Gesellschafter ausnahmsweise allein handeln. Widerspricht einer der geschäftsführenden Gesellschafter einer Handlung anderer Gesellschafter, so ist diese zu unterlassen *(§ 115 Abs. 1, 2 HGB).*

Der Gesellschaftsvertrag kann bestimmen, dass

- die Geschäftsführungsbefugnis des einzelnen Gesellschafters auf ein bestimmtes Ressort *(z. B. Personal, Beschaffung, Fertigung, Marketing)* beschränkt ist,
- bei grundlegenden und ungewöhnlichen Geschäften Mehrheitsbeschlüsse notwendig sind *(§ 119 HGB),*
- Gesellschafter durch Vertrag von der Geschäftsführung ausgeschlossen werden; diesen steht dann das Recht zu, zur Kontrolle Einsicht in die Handelsbücher und Unterlagen zu nehmen. Eine Einschränkung des Kontrollrechts ist möglich, es darf aber nicht Grund zu der Annahme unredlicher Geschäftsführung bestehen *(§ 118 Abs. 1, 2 HGB).*

Die Befugnis zur Geschäftsführung kann einem Gesellschafter auf Antrag der übrigen Gesellschafter nur durch gerichtliches Urteil entzogen werden, wenn ein wichtiger Grund vorliegt *(§ 117 HGB).*

Der **Bestellung eines Prokuristen** müssen alle geschäftsführenden Gesellschafter zustimmen. Der Widerruf der Prokura kann dagegen durch einen der geschäftsführenden Gesellschafter erfolgen *(§ 116 Abs. 3 HGB).*

▮ Vertretung

> Vertretung ist die Befugnis, im Namen der Gesellschaft mit Wirkung für und gegen alle Gesellschafter rechtsgeschäftliche Erklärungen abgeben zu dürfen.

Die Vertretung der OHG gegenüber Dritten erfolgt durch die Gesellschafter oder durch bevollmächtigte Personen wie Prokuristen und Handlungsbevollmächtigte *(§ 123 ff. HGB).*

Die Vertretung umfasst **nicht** solche Geschäfte, die den Bestand der Gesellschaft betreffen oder die Grundlagengeschäfte sind.

6

Gesetzliche Regelung
Zur Vertretung der Gesellschaft nach außen ist **jeder einzelne Gesellschafter** allein berechtigt (Grundsatz der Einzelvertretung), wenn dies nicht durch den Gesellschaftsvertrag ausgeschlossen *(§ 125 Abs. 1 HGB)* oder eingeschränkt worden ist.

Abweichungen von der Einzelvertretung müssen im Handelsregister eingetragen werden. Die Eintragung hat deklaratorische Wirkung *(§ 15 HGB).*

Vertragliche Regelung
Der Gesellschaftsvertrag kann bestimmen, dass

- alle Gesellschafter/mehrere Gesellschafter (Gesamtvertretungsmacht, *§ 125 Abs. 2 HGB)* oder
- ein/mehrere Gesellschafter nur gemeinsam mit einem Prokuristen (unechte Gesamtvertretungsmacht, *§ 125 Abs. 3 HGB)*

zur Vertretung der OHG ermächtigt sind.

Häufig wird im Geschäftsleben vereinbart, dass zwei geschäftsführende Gesellschafter zusammenwirken müssen. Es kann auch bestimmt werden, dass einzelne Gesellschafter Einzelvertretungsmacht haben, andere Gesellschafter hingegen nur im Zusammenwirken mit anderen Gesellschaftern die OHG vertreten dürfen.

Jede **Änderung** der Vertretungsbefugnisse ist von allen Gesellschaftern zur Eintragung ins Handelsregister anzumelden *(§ 125 Abs. 4 HGB).*

Bei Vorliegen eines wichtigen Grundes kann einem Gesellschafter die Vertretungsmacht nur durch einen gerichtlichen Beschluss entzogen werden *(§ 127 HGB).*

> Der **Umfang der Vertretungsmacht** kann zum Schutz unternehmensfremder Personen (Dritter) **nicht eingeschränkt** werden *(§ 126 Abs. 1 HGB).*

Die Vertretungsmacht der Gesellschafter erstreckt sich auf alle gerichtlichen und außergerichtlichen Geschäfte und Rechtshandlungen *(§ 126 Abs. 1 HGB),* d. h. auf alle gewöhnlichen und ungewöhnlichen Geschäfte, einschließlich der Veräußerung und Belastung von Grundstücken sowie der Erteilung und des Widerrufs einer Prokura.

Die Vertretungsmacht kann auf eine oder mehrere Niederlassungen vertraglich beschränkt werden *(§ 126 Abs. 3 i. V. m. § 50 Abs. 3 HGB).*

> **Beachten Sie:**
> - Die Vertretungsmacht beinhaltet nicht das Recht, Änderungen des Gesellschaftsvertrages vorzunehmen. Deshalb umfasst die Vertretungsmacht nicht das Recht, neue Gesellschafter aufzunehmen oder die Kündigung eines Gesellschafters zu bestätigen.
> - Die Vertretungsmacht berechtigt aber dazu, einen stillen Gesellschafter aufzunehmen, weil dieser nicht die vollen Rechte eines Gesellschafters hat.
> - Die Vertretungsmacht umfasst nie den Kernbereich des Unternehmens.
>
> > **Beispiel:**
> > *Verkauf des gesamten Unternehmens*

▮ Pflichten der Gesellschafter

Aufgrund fehlender gesetzlicher Vorschriften gelten die Pflichten der Gesellschafter der GbR weitgehend auch für die Gesellschafter der OHG.

1. Beitragspflicht

Jeder Gesellschafter hat die Pflicht zur Leistung von Beiträgen *(§§ 705, 706 BGB).* Die Beiträge (= Einlagen) können in Form von Geld, Sachwerten, als Dienstleistung, durch Übertragung von Rechten und/oder durch Einbringung von „Know-how" erbracht werden.

Übereignete Sachen gehen in das Betriebsvermögen der OHG über. Sachen, die Eigentum eines Gesellschafters bleiben und der OHG zum Gebrauch überlassen werden, sind steuerlich dem Sonderbetriebsvermögen des Gesellschafters zuzurechnen.

Der Beitrag des einzelnen Gesellschafters wird als Kapitaleinlage (Eigenkapitalanteil) in der Bilanz der OHG ausgewiesen. Die Höhe der Kapitaleinlage richtet sich nach der vertraglichen Vereinbarung und ist termingerecht zu leisten. Andernfalls können Zinsen und Schadensersatzansprüche geltend gemacht werden *(§ 111 HGB)*.

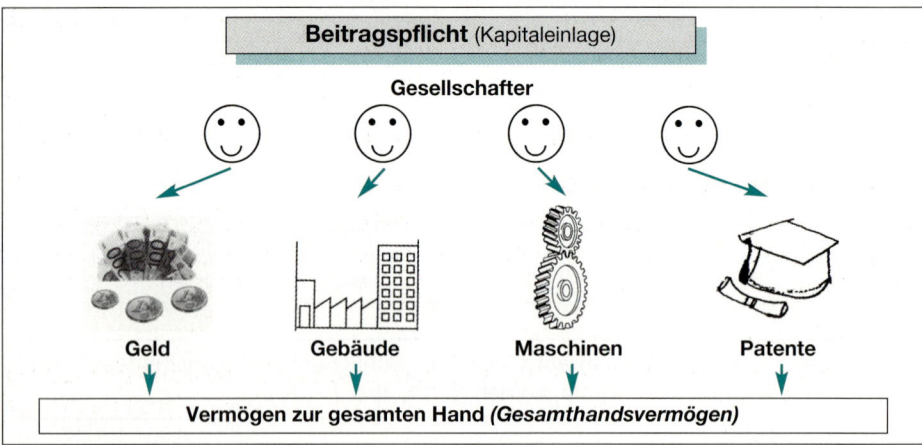

2. Treuepflicht
Jeder Gesellschafter hat die **Pflicht**,
- sich für die Zwecke der Gesellschaft einzusetzen,
- alles zu unterlassen, was der OHG schaden könnte.

Bei **Verletzung** der Treuepflicht kann
- auf Unterlassung geklagt werden,
- ein Schadensersatzanspruch entstehen,
- bei wichtigem Grund das Gesellschaftsverhältnis gekündigt werden *(§ 723 Abs. 1 BGB)*,
- ein Gesellschafter ausgeschlossen werden *(§ 737 BGB)*.

3. Sorgfaltspflicht – Schadensersatzpflicht der Gesellschafter
Jeder Gesellschafter ist bei der Erfüllung seiner Pflichten angehalten, in Angelegenheiten der Gesellschaft so sorgfältig zu handeln, wie er in eigenen Angelegenheiten handeln würde *(§ 708 BGB)*. Der Gesellschafter haftet grundsätzlich für grobe Fahrlässigkeit und Vorsatz *(§ 277 BGB)*.

4. Wettbewerbsverbot
Ein Gesellschafter darf ohne Einwilligung der anderen Gesellschafter
- weder in dem Handelszweig der Gesellschaft Geschäfte tätigen
- noch sich als persönlich haftender Gesellschafter an einer anderen gleichartigen Handelsgesellschaft beteiligen *(§ 122 Abs. 1 HGB)*.

Im Geschäftsleben ist es üblich, dass das Wettbewerbsverbot nicht nur während der Zugehörigkeit zur Gesellschaft, sondern auch befristet nach dem Ausscheiden zu beachten ist. Hierdurch soll vermieden werden, dass Kenntnisse, Erfahrungen, Kundenstamm, zukünftige Entwicklungen, Zulieferanschriften usw. zum Nachteil der Gesellschaft verwertet werden.

5. Beteiligung am Verlust
Der Verlust eines Wirtschaftsjahres wird nach Köpfen verteilt *(§ 121 Abs. 3 HGB)*, wenn keine andere Regelung vereinbart worden ist.

Rechte der Gesellschafter

1. Recht auf Geschäftsführung

Die Geschäftsführung betrifft die interne Verwaltung der Gesellschaft und das Verhältnis der Gesellschafter untereinander.

Die Befugnis zur Geschäftsführung erstreckt sich auf alle Handlungen, die der Betrieb des Handelsgewerbes gewöhnlich mit sich bringt *(§ 116 Abs. 1 HGB)*.

Sind Entscheidungen zu treffen, die die Gesellschaft als Ganzes betreffen, so haben alle Gesellschafter ein Mitspracherecht *(§ 116 Abs. 2 HGB)*.

Beispiele:

Aufnahme neuer Gesellschafter, Änderung des Zwecks der Gesellschaft, Errichtung neuer Betriebsstätten

2. Recht auf Widerspruch

Jeder geschäftsführende Gesellschafter hat ein Widerspruchsrecht gegen Handlungen der übrigen Gesellschafter *(§ 115 Abs. 1 HGB)*. Die Handlung, der widersprochen wird, hat zu unterbleiben.

3. Recht auf Vertretung

Jeder Gesellschafter ist zur Vertretung der Gesellschaft im Außenverhältnis ermächtigt, wenn er nicht durch Gesellschaftsvertrag von der Vertretung ausgeschlossen worden ist *(§ 125 Abs. 1 HGB)*.

4. Recht auf Gewinnanteil

Jeweils für den Schluss des Geschäftsjahres ist nach den Vorschriften über die Bilanzierung, die durch die Grundsätze ordnungsgemäßer Buchführung ergänzt werden, der Gewinn oder Verlust zu ermitteln *(§§ 120 Abs. 1, 238, 242 ff. HGB)*.

Die Aufstellung der Bilanz wird von den geschäftsführenden Gesellschaftern vorgenommen und umfasst alle vorbereitenden Maßnahmen bis zu ihrer Abschlussreife. Die Feststellung des Jahresabschlusses ist ein Grundlagengeschäft, dem alle Gesellschafter zustimmen müssen, damit der Jahresabschlusses für alle Gesellschafter und für Außenstehende verbindlich wird.

Der einem Gesellschafter zustehende Gewinn wird nach Feststellung durch alle Gesellschafter seinem Kapitalkonto gutgeschrieben, das während des Geschäftsjahres entnommene Geld wird dem Kapitalkonto belastet *(§ 120 HGB)*.

Gesetzliche Regelung

Vom Jahresgewinn erhält jeder Gesellschafter 4 % auf seinen Kapitalanteil; der Rest wird nach Köpfen auf die Gesellschafter verteilt. Reicht der Jahresgewinn hierzu nicht aus, so bestimmt sich der Anteil nach einem entsprechend niedrigeren Satz *(§ 121 Satz 1 HGB)*.

Beispiel:

Gesellschafter der Gebrüder Oben OHG sind Otto und Ottmar Oben. Der Jahresgewinn beträgt 264.000,00 EUR. Otto Oben hat für private Zwecke mtl. 7.000,00 EUR und Ottmar Oben mtl. 10.500,00 EUR entnommen.

Gesellschafter	Kapitalanteile (alt)	4 % Zinsen	Restgewinn	Gesamtgewinn	Privatentnahmen	Kapitalanteil (neu)
Otto Oben	300.000 EUR	12.000 EUR	120.600 EUR	132.600 EUR	84.000 EUR	348.600 EUR
Ottmar Oben	270.000 EUR	10.800 EUR	120.600 EUR	131.400 EUR	126.000 EUR	275.400 EUR
	570.000 EUR	**22.800 EUR**	**241.200 EUR**	**264.000 EUR**	**210.000 EUR**	**624.000 EUR**

6

Vertragliche Regelung

Die gesetzliche Gewinnverteilung wird im Geschäftsleben überwiegend durch vertragliche Regelungen (dispositives Recht) ersetzt, um ggf. die unterschiedlichen Arbeitsleistungen und Kapitaleinlagen der einzelnen Gesellschafter, den besonders angesehenen Namen, Kreditwürdigkeit, persönliche Eigenschaften, Leistungs- und Führungsqualitäten usw. eines Gesellschafters angemessen zu berücksichtigen.

Häufig werden deshalb Vereinbarungen nach folgendem Muster getroffen:

1. Schritt: Zahlung von besonderen Tätigkeits-/Erfolgsvergütungen (Tantiemen) an geschäftsführende Gesellschafter

2. Schritt: Verzinsung des eingesetzten Kapitals

3. Schritt: Verteilung des Restgewinns

5. Recht auf Entnahme

Jeder Gesellschafter kann bis zu 4 % des Kapitalanteils des Vorjahres und – soweit dies nicht der Gesellschaft schadet – die übrigen Gewinnanteile entnehmen. Den Kapitalanteil kann ein Gesellschafter nur mit Einwilligung der anderen Gesellschafter vermindern *(§ 122 HGB)*.

Das Entnahmerecht wird i. d. R. im Gesellschaftsvertrag gesondert geregelt.

Werden an Gesellschafter monatlich „Gehälter" gezahlt, so sind diese Aufwendungen handelsrechtlich Betriebsausgaben, steuerrechtlich können sie zwar als „gesonderte Gehälter" (= Betriebsausgaben) gebucht werden, aber bei der Gewinnermittlung nach § 4 Abs. 1 bzw. § 5 EStG sind sie dem ermittelten Gewinn wieder hinzuzurechnen.

▉ Beschlüsse

Beschlüsse bedürfen der Zustimmung aller zur Mitwirkung bei der Beschlussfassung berufenen Gesellschafter, d. h., es wird Einstimmigkeit gefordert. Mehrheitsbeschlüsse sind zulässig, wenn dies im Gesellschaftsvertrag bestimmt ist *(§ 119 HGB)*.

Beschlüsse sind z. B. notwendig für die Feststellung des Jahresabschlusses, für Änderungen des Gesellschaftsvertrages, Aufnahme neuer Gesellschafter, Ausscheiden eines Gesellschafters, vorzeitige Auflösung der Gesellschaft, Ausschließung eines Gesellschafters, Antrag auf gerichtliche Entscheidung der Entziehung der Geschäftsführung.

▉ Haftung

> Für alle Verbindlichkeiten der Gesellschaft haften die Gesellschafter der OHG
> - mit dem Gesellschaftsvermögen und darüber hinaus
> - persönlich *(§ 128 HGB)* als Gesamtschuldner *(§ 421 BGB)*.

Die persönliche Haftung der Gesellschafter einer OHG kann für alle Verbindlichkeiten der Gesellschaft nicht beschränkt werden und kann nicht vertraglich ausgeschlossen werden *(§ 128 S. 2 HGB)*.

Auswirkungen der Haftung:

- Jeder Gesellschafter haftet **persönlich** und **unbeschränkt** mit seinem Privatvermögen.
- Ein Gläubiger kann **unmittelbar** von jedem Gesellschafter die Befriedigung seiner gesamten Ansprüche verlangen; er kann gleichzeitig gegen die OHG klagen und ein Urteil in das Privatvermögen eines Gesellschafters erwirken.
- Jeder Gesellschafter haftet **primär** und ohne das Recht auf die Einrede der Vorausklage.
- Jeder Gesellschafter haftet **unbeschränkt** mit seinem gesamten Vermögen.
- Alle Gesellschafter haften **gesamtschuldnerisch** *(solidarisch)*, d. h., ein Gläubiger kann die Schuld nach seinem Belieben von jedem Gesellschafter ganz oder zu einem Teil fordern; die Gesellschafter sind im Verhältnis zueinander zu gleichen Teilen verpflichtet, wenn nicht etwas anderes vereinbart ist *(§§ 421, 426 BGB)*.

6

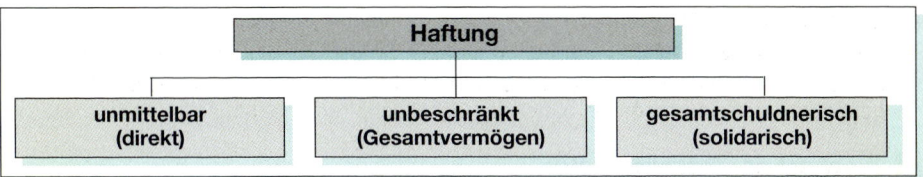

unmittelbar	Jeder Gläubiger kann sich nach Belieben an jeden Gesellschafter mit der Aufforderung wenden, Gesellschaftsverbindlichkeiten auszugleichen.
unbeschränkt	Jeder Gesellschafter haftet mit dem Gesellschaftsvermögen und seinem Privatvermögen.
solidarisch	Es gilt der Grundsatz: einer für alle, alle für einen
Neueintritt	Neu eintretende Gesellschafter haften für Verbindlichkeiten der Gesellschaft, wenn im Gesellschaftsvertrag keine anderen Regelungen getroffen worden sind.
Ausscheiden	Ausscheidende Gesellschafter haften noch fünf Jahre nach Löschung im Handelsregister für Verbindlichkeiten, die im Zeitpunkt des Ausscheidens bestanden haben.

Beachten Sie bitte:
Die **Gesellschafter** haften unbeschränkt für Gesellschaftsschulden, aber die OHG haftet *nicht für Privatschulden* der Gesellschafter. Möglich ist hier nur eine Pfändung des Kapitalanteils des verschuldeten Gesellschafters.

Ein Gläubiger hat die Möglichkeit zu entscheiden, wer für die Verbindlichkeit haften soll:
- ein Gesellschafter, mehrere Gesellschafter oder alle Gesellschafter,
- nur die OHG,
- Gesellschafter und OHG.

Einwendungen des Gesellschafters *(§ 129 HGB)*:
Bei Inanspruchnahme durch einen Gläubiger kann der einzelne Gesellschafter geltend machen:
- Einwendungen, die von der OHG erhoben werden können,

  > **Beispiel:**
  > *Die Schuld ist bezahlt, verrechnet oder verjährt.*
- persönliche Einwendungen,

  > **Beispiel:**
  > *Aufrechnung mit einer privaten Forderung*
- nur eine aufschiebende Einrede, wenn das Rechtsgeschäft durch die OHG angefochten worden ist. Solange ein Anfechtungsgrund besteht, hat der Gesellschafter ein Leistungsverweigerungsrecht.

Besonderheiten
Werden juristische Personen Gesellschafter einer OHG, so beschränkt sich die Haftung auf das Vermögen dieser juristischen Person. Wenn keine natürlichen Personen Gesellschafter sind, wird gefordert:
- In den Geschäftsbriefen der OHG sind aufzuführen *(§ 125a HGB)*:
  - Rechtsform und Sitz der Gesellschaft,
  - zuständiges Registergericht der Gesellschaft und Registriernummer im Handelsregister,
  - Firmen der Gesellschafter,
  - die nach *§ 35a GmbHG und § 80 AktG* vorgeschriebenen Angaben.
- Bei Zahlungsunfähigkeit, drohender Zahlungsunfähigkeit oder Überschuldung besteht die Pflicht, den Antrag auf Eröffnung des Insolvenzverfahrens zu stellen *(§ 130a HGB, §§ 16–19 InsO)*.

6

- Die nach den *§§ 32a, 32b GmbHG* getroffenen Regelungen über kapitalersetzende Gesellschafterdarlehen gelten auch für die OHG *(§ 129a HGB)*.

Die erhöhten **Anforderungen** gelten **nicht**, wenn zu den Gesellschaftern eine OHG oder KG gehört, bei der ein persönlich haftender Gesellschafter eine natürliche Person ist.

Wechsel der Gesellschafter

Aufnahme eines neuen Gesellschafters

Die Aufnahme eines neuen Gesellschafters ist grundsätzlich bei Zustimmung aller bisherigen Gesellschafter möglich. Der neue Gesellschafter haftet Dritten gegenüber für die vor seinem Eintritt begründeten Verbindlichkeiten gleich den anderen Gesellschaftern, wenn die Firma fortgeführt wird *(§§ 128, 130 HGB)*.

Ausscheiden eines bisherigen Gesellschafters

Die OHG ist ein personenbezogener Zusammenschluss. Einen freien Wechsel oder der Verkauf von Anteilen durch Gesellschafter gibt es nicht.

Das Ausscheiden eines Gesellschafters *(z. B. Kündigung)* **beendet** das bisherige Gesellschaftsverhältnis, aber **nicht** den Bestand der bisherigen OHG *(§ 131 HGB)*.

Folgende **Gründe** führen nach *§ 131 Abs. 2 HGB* zum Ausscheiden eines Gesellschafters:
- Eröffnung des Insolvenzverfahrens über das Vermögen des Gesellschafters,
- Kündigung des Gesellschafters,
- Eintritt von weiteren im Gesellschaftsvertrag vorgesehenen Fällen,
- Beschluss der Gesellschafter.

Der Tod eines Gesellschafters führt nicht zur Auflösung der Gesellschaft, sondern wird als Ausscheiden des verstorbenen Gesellschafters gewertet. Die Gesellschaft kann von den verbleibenden Gesellschaftern und/oder den Erben weitergeführt werden.

Ausscheidende Gesellschafter haften für Verbindlichkeiten der OHG *(vgl. § 159 HGB)* im Zeitpunkt des Ausscheidens, wenn die bis dahin begründeten Verbindlichkeiten vor Ablauf von fünf Jahren nach dem Ausscheiden fällig und daraus Ansprüche gegen ihn gerichtlich geltend gemacht worden sind; bei öffentlich-rechtlichen Verbindlichkeiten genügt der Erlass eines Verwaltungsaktes. Die Frist beginnt mit dem Ende des Tages, an dem das Ausscheiden in das Handelsregister eingetragen worden ist *(§ 15 Abs. 2 HGB)*. Die Verjährungsfrist von 5 Jahren gilt nur, sofern nicht kürzere Verjährungsfristen gelten *(§§ 194 ff. BGB)*.

Werden im Gesellschaftsvertrag keine anderen Regelungen getroffen, so kann der Ausschluss eines Gesellschafters aus wichtigem Grund auf Antrag der übrigen Gesellschafter durch Beschluss eines Gerichtes herbeigeführt werden *(§ 140 HGB)*.

> **Beispiel:**
> *Ein Gesellschafter macht sich schwerwiegender und grob fahrlässiger Pflichtverletzungen schuldig.*

Fortsetzung der OHG mit den Erben eines Gesellschafters

Die Fortsetzung der OHG mit dem oder den Erben eines Gesellschafters muss im Gesellschaftsvertrag bestimmt sein, um den Bestand der OHG nicht zu gefährden *(§ 139 HGB)*. Möglich ist
- die Fortsetzung der bisherigen Gesellschaftsverhältnisse durch den Erben mit allen Rechten und Pflichten,
- Umwandlung der OHG in eine KG und Eintritt des Erben als Kommanditist; der Erbe muss diese Entscheidung innerhalb von drei Monaten treffen.

> **Beispiel:**
> *Der Erbe ist beruflich und örtlich anders gebunden und will keine Aufgaben in der OHG übernehmen.*

Jeder Gesellschafterwechsel ist dem Handelsregister anzumelden *(§ 143 Abs. 2 HGB)*.

Scheidet ein Gesellschafter aus dem Gesellschaftsverhältnis aus, ohne dass ein neuer Gesellschafter in die OHG eintritt, so erlischt der Gesellschaftsanteil des ausscheidenden Gesellschafters und er erhält einen schuldrechtlichen **Abfindungsanspruch** gegen die OHG *(§ 105 Abs. 2 HGB i. V. m. §§ 738 Abs. 1 S. 2, 730–735 BGB)*. Infolge des Ausscheidens eines Gesellschafters erweitert sich die Mitgliedschaft der verbleibenden Gesellschafter *(vgl. § 738 Abs. 1 S. 1 BGB)*.

Um den Wert der Beteiligung festzustellen, wird eine Abschichtungs- oder Auseinandersetzungsbilanz für den Ausscheidungstag erstellt. Dies führt zu einer Neubewertung aller Positionen *(z. B. der Ermittlung von stillen Reserven)*. Nicht einfach ist in diesen Fällen die Bewertung des Firmenwertes. Für diesen Fall sollten weitgehende Regelungen im Gesellschaftsvertrag getroffen werden, um Streitigkeiten zu vermeiden.

Entspricht die Abfindung des ausscheidenden Gesellschafters dem Buchwert seines Kapitalkontos, so tritt in der Bilanz an die Stelle des Kapitalkontos eine Abfindungsverbindlichkeit. Erhält der ausscheidende Gesellschafter mehr als den Buchwert seines Kapitalkontos, spricht das für die Existenz von stillen Reserven. Der ausscheidende Gesellschafter erzielt in Höhe des Mehrbetrages einen Veräußerungsgewinn, der nach *§§ 16, 34 EStG* steuerbegünstigt ist.

Der oder die verbleibenden Gesellschafter müssen – ggf. in Ergänzungsbilanzen – den über das Kapitalkonto des ausscheidenden Gesellschafters hinausgehenden **Abfindungsbetrag** (= Mehrbetrag) anteilmäßig bei den Wirtschaftsgütern hinzurechnen (aktivieren), die stille Reserven enthalten. Übersteigt der Abfindungsbetrag den Anteil des Ausscheidenden an den stillen Reserven, ist der übersteigende Betrag als **Geschäftswert/Firmenwert** zu aktivieren.

Leistet die OHG an ausscheidende Gesellschafter

- Sachwerte, so liegt eine umsatzsteuerbare Leistung gegen Entgelt, hier gegen Verzicht auf Gesellschaftsanteile vor; es handelt sich um einen tauschähnlichen Umsatz; die Bemessungsgrundlage bestimmt sich nach *§ 10 Abs. 2 S. 2 UStG;*
- Bargeld, Bankguthaben oder Darlehen, so sind diese Leistungen nach *§ 4 Nr. 8 UStG* umsatzsteuerfrei.

◼ Auflösung der Gesellschaft

Die Beendigung der Gesellschaft OHG vollzieht sich in zwei unterschiedlichen Schritten:
- erster Schritt: **Auflösung**
- zweiter Schritt: **Auseinandersetzung**.

Erst nach Abschluss der Auseinandersetzung ist die Gesellschaft beendet.

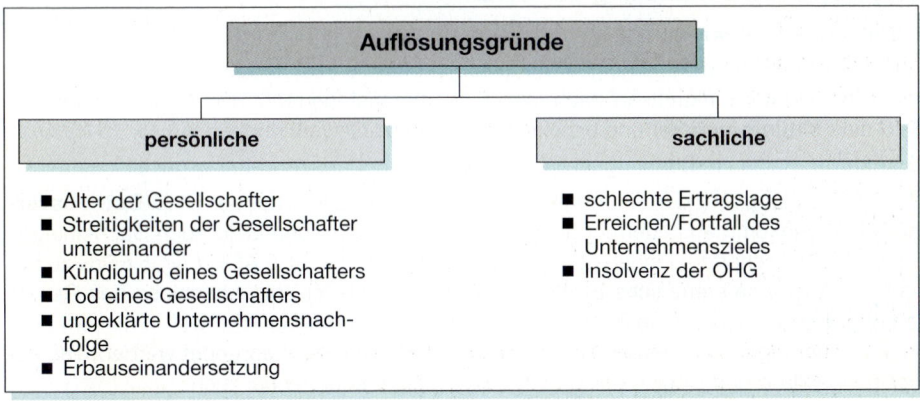

Gesetzliche Auflösungsgründe sind *(§ 131 ff. HGB):*
- Zeitablauf,
- Beschluss der Gesellschafter,
- Eröffnung des Insolvenzverfahrens über die OHG,
- gerichtliche Entscheidung bei Vorliegen eines wichtigen Grundes.

Zusätzliche **vertragliche Auflösungsgründe** können vereinbart werden. Die Auflösung der OHG muss zum Handelsregister angemeldet werden. Im Falle der Insolvenzeröffnung erfolgt die Abmeldung von Amts wegen *(§§ 31, 32 InsO).*

Auseinandersetzung

Wenn kein Konkurs eröffnet wurde und im Gesellschaftsvertrag keine Regelungen für die Auflösung getroffen worden sind, so findet nach der Auflösung die Liquidation statt *(§ 145 HGB).*

Ablauf der Liquidation *(§§ 145 ff. HGB):*
1. Ernennung der Liquidatoren,
2. Anmeldung der Liquidatoren zur Eintragung ins Handelsregister,
3. Übernahme der Geschäftsführung und Vertretung durch die Liquidatoren,
4. Anmeldung der Änderung der Firma *(z. B. „... OHG i. L.“),*
5. Beendigung der laufenden Geschäfte,
6. Einzug der Gesellschaftsforderungen,
7. Umsetzung des Vermögens in Geld,
8. Befriedigung der Gläubiger,
9. Erstellung einer Liquidationsbilanz,
10. Verteilung des verbleibenden Vermögens an die Kapitaleigner im Verhältnis der Kapitalanteile der Schlussbilanz *(§ 155 HGB).*

Die OHG ist mit der Verteilung des verbleibenden Vermögens beendet. Nach der Beendigung der Liquidation ist das **Erlöschen** der Firma von den Liquidatoren zur Eintragung in das Handelsregister anzumelden.

Wenn Gläubiger nicht befriedigt werden konnten, so haften die Gesellschafter der OHG für Verbindlichkeiten der OHG im Zeitpunkt der Liquidation, wenn die bis dahin begründeten Verbindlichkeiten vor Ablauf von fünf Jahren nach der Liquidation fällig und daraus Ansprüche gegen sie gerichtlich geltend gemacht worden sind; bei öffentlich-rechtlichen Verbindlichkeiten genügt der Erlass eines Verwaltungsaktes. Die Frist beginnt mit dem Ende des Tages, an dem die Liquidation in das Handelsregister eingetragen worden ist *(§ 160 Abs. 1 HGB).*

■ Steuerliche Behandlung der OHG

1. Einkommensteuer

Die Gesellschaft ist selbstständiges Steuersubjekt für die Feststellung des Unternehmensgewinnes und der Einkunftsart nach dem Einkommensteuerrecht. Die Gesellschafter der OHG sind **Mitunternehmer** und erzielen Einkünfte aus Gewerbebetrieb *(§§ 15, 16 EStG).*

Ausnahme: Reine Freiberuflergesellschaft oder Vermögensverwaltungsgesellschaft.

Mit der Gründung und der Einbringung von Einlagen entsteht bei der OHG **Betriebsvermögen** im einkommensteuerrechtlichen Sinne. Werden neben Geld auch Sacheinlagen von den Gesellschaftern eingelegt, so sind die Einlagen nach *§ 6 Abs. 1 Nr. 5 EStG* zu bewerten. Es ist eine steuerliche Eröffnungsbilanz zu erstellen. Mit Abschluss des Gesellschaftsvertrages beginnt die Buchführungs- und Bilanzierungspflicht, weil in diesem Zeitpunkt Forderungen der Gesellschaft gegen die Gesellschafter begründet werden. Tag der Eröffnungsbilanz und Beginn der Buchführungspflicht entsprechen sich.

6

Die Mitunternehmer haben ihren Gewinnanteil in dem Veranlagungszeitraum zu versteuern, in dem der Gewinn erzielt worden ist. Bei abweichendem Wirtschaftsjahr gilt der Gewinn in dem Jahr als bezogen, in dem das Wirtschaftsjahr endet *(§ 4a Abs. 2 Nr. 2 EStG)*.

Verfahrensrechtlich werden die **Einkünfte** der einzelnen Mitunternehmer im Rahmen einer **einheitlichen** und gesonderten Gewinnfeststellung vom Betriebsfinanzamt ermittelt und aufgrund der Beteiligung nach dem Gesellschaftsvertrag verbindlich für die Einzelveranlagung festgestellt *(§ 179 Abs. 1, 2 i. V. m. § 180 Abs. 1 Nr. 2a AO)*.

Beachte: besondere Rechtsbehelfsverfahren gegen Feststellungsbescheid.

Wird der Gewinn durch Betriebsvermögenvergleich nach *§ 4 Abs. 1 EStG* oder *§ 5 EStG* ermittelt, erhalten alle nicht entnommenen Gewinne **auf Antrag** zunächst die **Thesaurierungsbegünstigung** mit einem Steuersatz von 28,25 % *(§ 34a Abs.1 EStG)*.

Gewinn der Steuerbilanz nach *§ 4 Abs. 1 EStG/§ 5 EStG*
− positiver Saldo aus und Einlagen.
= nicht entnommener Gewinn

Gesellschafter einer Personengesellschaft können künftig eine Tarifbegünstigung erhalten, wenn sie Gewinne im Unternehmen lassen (= thesaurieren). Für nicht entnommene Gewinne beträgt der Einkommensteuersatz 25 % zuzügl. SolZ zuzügl. KiSt.

> **Beispiel vereinfacht:**
>
> *Die ledigen A und B sind zu je 50 % an der Z OHG beteiligt. Diese erzielt im Geschäftsjahr einen Gewinn von 500.000,00 EUR. Die beiden Gesellschafter entnehmen jeweils 100.000,00 EUR, sodass 300.000,00 EUR in der Gesellschaft verbleiben.*
> *Je 150.000,00 EUR (= nicht entnommene Gewinnanteile) werden bei A und B mit 25 % zuzüglich SolZ und KiSt besteuert.*

Die Thesaurierungsbegünstigung ist für jedes Unternehmen und für **jeden Mitunternehmeranteil gesondert zulässig**, an dem der Steuerpflichtige entweder zu mehr als 10 % beteiligt ist oder bei dem sein Gewinnanteil 10.000,00 EUR übersteigt.

Werden die ermäßigt besteuerten Gewinne später entnommen, erfolgt eine Nachversteuerung in Höhe von 25 % zuzügl. 5,5 % SolZ zuzügl. KiSt *(§ 34a Abs. 4 EStG)*.

Deshalb muss für jedes Jahr der nachversteuerungspflichtige Betrag für jedes Unternehmen oder für jeden Mitunternehmeranteil gesondert festgestellt werden.

Personengesellschaft	Normal-besteuerung	Thesaurierungs-besteuerung Entnahme GewSt/ESt/SolZ	Thesaurierungs-besteuerung bei mit Nachsteuer	Thesaurierungs-besteuerung
Gewinn	100,00 EUR	100,00 EUR	100,00 EUR	100,00 EUR
GewSt (Hebesatz 400 %)	−14,00 EUR	−14,00 EUR	−14,00 EUR	−14,00 EUR
Gewerbliche Einkünfte	100,00 EUR	100,00 EUR	100,00 EUR	100,00 EUR
ESt-Satz 42 %/28,25 %/33,04 %[1]	−42,00 EUR	−28,25 EUR	−33,04 EUR	−28,25 EUR
§ 35 EStG GewSt-Ermäßigung	13,30 EUR	13,30 EUR	13,30 EUR	13,30 EUR
ESt- nach Anrechnung	−28,70 EUR	−14,95 EUR	−19,74 EUR	−14,95 EUR
SolZ 5,5 %	−1,58 EUR	−0,82 EUR	−1,09 EUR	−0,82 EUR
GewSt/ESt/SolZ	**−44,28 EUR**	**−29,77 EUR**	**−34,83 EUR**	**−29,77 EUR**
Nettobetrag	55,72 EUR	70,23 EUR	65,17 EUR	70,23 EUR
Entnahme-Steuerbetrag 25 %				−17,56 EUR
SolZ 5,5 %				−0,97 EUR
Gesamt GewSt/ESt/SolZ	−44,28 EUR	−29,77 EUR	−34,83 EUR	−48,30 EUR
Nettobetrag	**55,72 EUR**	**70,23 EUR**	**65,17 EUR**	**51,70 EUR**

---

[1] Steuerbelastung bei Entnahme der GewSt und ESt und SolZ

Eine Nachversteuerung
- erfolgt nur für den festgestellten nachversteuerungspflichtigen Betrag,
- ist vorzunehmen, wenn der positive Saldo der Entnahmen und Einlagen („Überentnah-
  men") des Wirtschaftsjahres den Gewinn nach Betriebsvermögensvergleich (= Nach-
  versteuerungsbetrag) übersteigt.

Modellrechnungen haben ergeben, dass die Besteuerung nach der Thesaurierungsbegünstigung nur dann steuerliche Vorteile erbringt, wenn über längere Jahre der steuerliche
Gewinn der Personengesellschaft über 500.000,00 EUR liegt und keine oder geringe Entnahmen getätigt werden. Diese Annahme ist aber unrealistisch, da **zwingende** Entnahmen für GewSt und persönliche Steuern vorliegen.

Der Gewinn oder Verlust wird durch **Betriebsvermögensvergleich** nach *§ 5 EStG* ermittelt. Die Gewinnermittlung je Gesellschafter (⇒ Mitunternehmer) erfolgt in Stufen:

1. Stufe:
a) Ermittlung des Gewinns/Verlustes der Personengesellschaft,
b) Aufteilung des Gewinns/Verlustes auf die Gesellschafter *(vgl. § 15 Abs. 1 Nr. 2 S. 1,
   1 Alt. EStG)*.

2. Stufe:
Wirtschaftsgüter des *Sonderbetriebsvermögens* eines jeden Gesellschafters (d.h. Wirtschaftsgüter, die einem Gesellschafter ganz oder teilweise gehören, aber im Betrieb
genutzt werden) sind für diesen über Sonderbilanz und Sonder-G+V aufzustellen. Es ist
ein Betriebsvermögensvergleich je Gesellschafter durchzuführen, hierbei soll der erzielte
Gewinn des einzelnen Gesellschafters aus seinem Sonderbetriebsvermögen *(z. B. durch
Überlassen eines Darlehens an die OHG ⇒ Zinserträge, Vermieten eines Fahrzeuges an
die OHG ⇒ Mieterträge)* ermittelt werden.
Die *Buchführungspflicht* für Sonderbetriebsvermögen obliegt der Personengesellschaft.
Das Ergebnis ist der Gewinn aus Sonderbetriebsvermögen; hierzu gehören auch von den
anderen Gesellschaftern bezogene Sondervergütungen, wenn diese bei der Gesellschaft
bei der Ermittlung des Gewinns nach Handels- und Steuerrecht als Betriebsausgabe angesetzt worden sind *(vgl. § 15 Abs. 1 Nr. 2, 2 Alt. EStG)*.

3. Stufe:
Addition der Ergebnisse aus Stufe 1 und 2:

	Summe aus 1 Gewinnanteil des Gesellschafters	*§ 15 Abs. 1 S. 1 Nr. 2 Hs. 1 EStG*
+	Summe aus 2 Sondervergütungen	*§ 15 Abs. 1 S. 1 Nr. 2 Hs. 2 EStG*
	Gesamtgewinn je Gesellschafter	

Personengesellschaften, die ein Handelsgewerbe ausüben, sind **Kaufleute** *(§§ 6, 105 ff.,
164 ff. HGB)*. Sie sind verpflichtet, Bücher zu führen *(§ 238 Abs. 1 HGB)* und Bilanzen aufzustellen *(§ 242 HGB)*.

Das Vermögen der Gesellschaft ist bei Personengesellschaften **Gesamthandsvermögen**.
Die zum Gesamthandsvermögen gehörenden Wirtschaftsgüter stellen notwendiges Betriebsvermögen dar. Die teilweise private Nutzung ist unbedeutend, weil Personengesellschaften
diese Wirtschaftsgüter in der Handelsbilanz ausweisen müssen *(§§ 238, 242, 246 HGB i. V. m.
§ 5 EStG)*. Ein Wahlrecht, bestimmte Wirtschaftsgüter als gewillkürtes Betriebsvermögen
oder Privatvermögen anzusetzen, gibt es bei Personengesellschaften in der Regel nicht.

2. Körperschaftsteuer
Sind die Gesellschafter der OHG Körperschaften, so unterliegen die den einzelnen Körperschaften zugerechneten Gewinnanteile der Körperschaftsteuer.

3. Gewerbesteuer

Jeder stehende **Gewerbebetrieb** unterliegt im Inland der Gewerbesteuer *(§ 2 Abs. 1 Satz 1 GewStG)*. Der Begriff Gewerbebetrieb ist nach einkommensteuerrechtlichen Vorschriften anzuwenden *(§ 2 Abs. 1 Satz 2 GewStG)*. Eine OHG betreibt einen Gewerbebetrieb, wenn

- die Gesellschafter Mitunternehmer sind,
- der Gewerbebetrieb die Merkmale einer gewerblichen Tätigkeit erfüllt *(§ 15 Abs. 2, 3 Nr. 1 EStG i. V. m. § 15 Abs. 1 Satz 1 Nr. 1 EStG)*.

Keine Gewerbesteuerpflicht besteht bei:
- land- und forstwirtschaftlicher Tätigkeit,   ■ selbstständiger Tätigkeit,
- Vermögensverwaltung.

Steuerschuldner der Gewerbesteuer ist die OHG *(§ 5 Abs. 1 Satz 3 GewStG)*.

Die Gewerbesteuer ist weder im Rahmen der Ermittlung der gewerbesteuerlichen noch im Rahmen der einkommensteuerlichen Bemessungsgrundlage als Betriebsausgabe abzugsfähig *(§ 4 Abs. 5b EStG)*.

Es wird eine Steuermäßigung durch „Anrechnung der Gewerbesteuer" in Höhe des 3,8-fachen anteiligen GewSt-Messbetrages auf die tarifliche Einkommensteuer gewährt *(§ 35 Abs. 1 Nr. 2 EStG)*.

4. Bewertungsgesetz

Die Bewertung des Grundbesitzes wird für die Erbschaft- und Schenkungsteuer in den *§§ 176–198 BewG* und für die Grunderwerbsteuer in den *§§ 138–150 BewG* geregelt *(Bedarfsbewertung)*.

5. Umsatzsteuer

Die OHG ist **Unternehmer** *nach § 2 Abs. 1 UStG* und tätigt Umsätze im Sinne des *§ 1 Abs. 1 UStG*. Die Steuerpflicht entsteht mit Abschluss des Gesellschaftsvertrages und der Aufnahme der nach außen gerichteten Tätigkeit. Die Gewährung von Gesellschaftsrechten an der OHG gegen Entgelt stellt eine umsatzsteuerbare Leistung der OHG dar. Die Leistung ist allerdings von der Umsatzsteuer befreit *(§ 4 Nr. 8f. UStG)*; es besteht jedoch ein Optionsrecht *(§ 9 UStG)*.

Ist die OHG selbst Unternehmer im Sinne des *UStG*, ist auch jeder Leistungsaustausch zwischen der OHG und den Gesellschaftern den Regelungen des *UStG* unterworfen.

6. Grunderwerbsteuer

Werden bei der Gründung von einzelnen Gesellschaftern inländische Grundstücke in das Gesellschaftsvermögen eingebracht, so ist dieser Vorgang grunderwerbsteuerpflichtig *(§ 1 Abs. 1 Nr. 1 GrEStG)*. Eine mögliche Steuerbefreiung ist zu überprüfen *(§ 5 Abs. 2 GrEStG)*. Ändert sich das gesamthänderische Eigentum an einem Grundstück durch Ausscheiden eines Gesellschafters oder Eintritt eines neuen Gesellschafters, so ist nach *§§ 1 Abs. 3, 6 Abs. 4 GrEStG* keine Grunderwerbsteuerpflicht gegeben.

Legt ein Gesellschafter ein Grundstück ein, ist zu prüfen, ob nur die anteilige GrESt fällig wird.

> **Beispiel:**
>
> *Gesellschafter Anton und Fritz sind an der Jode OHG mit jeweils 200.000,00 EUR beteiligt. Der Gesellschafter Anton erhöht seinen Anteil durch Einlage eines Grundstückes. Nach § 5 GrEStG ist GrESt nur für den Anteil des Gesellschafters Fritz am Gesamthandsvermögen fällig.*

Die **OHG** ...
■ ist eine Personenhandelsgesellschaft mit mindestens zwei Gesellschaftern,
■ ist stets Kaufmann,
■ ist ins Handelsregister Abteilung A einzutragen; alle Gesellschafter sind zur Anmeldung verpflichtet,

- führt eine Personen-, Sach- oder Fantasiebezeichnung mit mindestens einem Zusatz „OHG", erfordert weder Mindesteinlagen noch Mindestkapital.
- Das Vermögen der OHG ist Gesamthandsvermögen der Gesellschafter.
- Die Gesellschafter haften für Verbindlichkeiten der OHG unmittelbar, unbeschränkt und gesamtschuldnerisch.
- Die Geschäftsführung steht bei gewöhnlichen Geschäften allen Gesellschaftern grundsätzlich einzeln zu.
- Die Vertretung der OHG geschieht grundsätzlich durch die Gesellschafter einzeln.
- Wenn keine andere vertragliche Regelung getroffen wurde, wird zur Gewinnverteilung zuerst die Kapitaleinlage jedes Gesellschafters mit 4 % verzinst, der verbleibende Gewinn wird **nach Köpfen** verteilt; ein Verlust wird **nach Köpfen** verteilt.

Vorteile	Nachteile
<ul><li>Gründung ohne Mindestkapital</li><li>geringe Anforderungen an Form und Inhalt des Gesellschaftsvertrages</li><li>differenzierte Kenntnisse der Gesellschafter verbessern die Geschäftsführung</li><li>erhöhte Kreditwürdigkeit durch die Vollhaftung der Gesellschafter</li><li>großes Interesse der Gesellschafter an der Geschäftsführung und dem Unternehmensbestand durch die gesamthänderische Haftung und Kapitalbildung</li><li>Verantwortung wird auf mehrere Schultern verteilt</li><li>das Risiko wird geteilt</li><li>Erhöhung der Eigenkapitalbasis</li><li>Erweiterung der Kreditbasis, relativ kreditwürdig</li><li>der Verlust wird von mehreren getragen</li><li>infolge der persönlichen Haftung der Gesellschafter hohes Ansehen bei Geschäftspartnern</li><li>Möglichkeit der steuerlichen Verrechnung von Verlusten mit sonstigen Einkünften der Gesellschafter</li></ul>	<ul><li>Handelsregistereintragung ist zwingend</li><li>direkte, unbeschränkte, gesamtschuldnerische Haftung</li><li>fehlende Kontrollorgane</li><li>Gefahr der Aushöhlung des Haftungsvolumens durch aufwendige Lebensführung der Gesellschafter</li><li>Einschränkung der Selbstständigkeit</li><li>der Gewinn ist zu teilen</li><li>Gefahr von Unstimmigkeiten (Kündigung, Abfindungsansprüche)</li><li>unbeschränkte Haftung auch bei Verschulden von Mitgesellschaftern</li><li>keine Haftungsbeschränkung gegenüber Gläubigern der OHG</li><li>Tätigkeitsvergütungen und Sondervergütungen können nicht als Betriebsausgaben angesetzt werden</li></ul>

Übungsaufgaben

1. Wann entsteht die OHG im Innenverhältnis und im Außenverhältnis?

2. Beschreiben Sie die rechtliche Stellung der OHG.

3. Wer kann Gesellschafter der OHG werden?

4. In welche Abteilung des Handelsregisters wird die OHG eingetragen? Welche Daten werden eingetragen? Wer muss die Anmeldung vornehmen?

5. Welche Firmenbezeichnungen sind möglich, wenn die OHG-Gesellschafter Mühsam, Fleißig und Willig heißen?

6. In welcher Form können die Kapitalkonten der Gesellschafter in der Bilanz aufgeführt werden?

7. Wer führt die Geschäfte der OHG?

8. Grenzen Sie die Begriffe Geschäftsführung und Vertretung ab.

9. Erklären Sie den Begriff Gesamthandsvermögen.

10. Wer vertritt die OHG gegenüber Dritten?

11. Beschreiben Sie Rechte und Pflichten der Gesellschafter.

12. Zeigen Sie auf, wie ein Verlust bzw. ein Gewinn nach gesetzlichen Vorschriften zu verteilen ist.

13. Wie werden Beschlüsse der Gesellschafter gefasst?

14. Beschreiben Sie die Haftung der Gesellschafter.

15. Nennen Sie gesetzliche Auflösungsgründe der OHG.

16. Die Spül GmbH und Herr Hans Klug wollen eine OHG gründen. Zeigen Sie auf, welche Firma möglich ist.

17. Herr Pech ist mit 50.000,00 EUR, Frau Glück mit 300.000,00 EUR an einer OHG beteiligt.
   a) Die OHG erwirtschaftet einen Gewinn von 84.000,00 EUR.
   b) Die OHG erwirtschaftet einen Verlust von 49.000,00 EUR.
   Zeigen Sie auf, wie der Gewinn/Verlust nach den gesetzlichen Bestimmungen zu verteilen ist.

18. Die Wunderschön OHG hat als Gesellschafter Frau Wunderschön, Herrn Schnell und Frau Fit. Laut Gesellschaftsvertrag wird für die Geschäftsführung die Regelung des § 114 Abs. 1 HGB festgeschrieben. Herr Schnell beauftragt den Bauunternehmer Stein, für die Wunderschön OHG eine neue Fertigungshalle zu errichten. Prüfen Sie, ob Herr Schnell seine Rechte und Pflichten als Gesellschafter beachtet hat.

19. Gesellschafter der „Geschwister Blatt OHG" sind Bernd Blatt und Bertha Blatt mit einer Kapitaleinlage von jeweils 50.000,00 EUR. Die OHG erzielt einen Gewinn von 124.000,00 EUR. Wem und wie wird der Gewinn einkommensteuerrechtlich zugerechnet?

20. Prüfen Sie in den nachfolgenden Fällen, ob Gewerbesteuerpflicht vorliegt.
   ▪ Pingelig und Genau OHG, Steuerberatungsgesellschaft,
   ▪ Hammer OHG, Großhandel für Herrenbekleidung.
   Begründen Sie Ihre Entscheidung.

21. Nennen Sie steuerrechtliche Vorteile, wenn Familienangehörige als Gesellschafter in eine OHG aufgenommen werden.

22. Prüfen Sie, ob die Firma „Hilmar Himmel & Freundin" zulässig ist.

23. In welchem der nachfolgenden Sachverhalte ist eine Eintragung ins Handelsregister notwendig?
   a) Gründung einer Gesellschaft bürgerlichen Rechts,
   b) Aufnahme einer neuen Gesellschafterin in eine bestehende OHG,
   c) Insolvenz der OHG.

24. Frau Möchte und Frau Gerne gründen eine OHG. Im Gesellschaftsvertrag wird vereinbart, dass Frau Möchte für den kaufmännischen Teil und Frau Gerne für die Herstellung von Damenhosen zuständig sein sollen. Die Möchte & Gerne OHG wird am 11. Nov. ins Handelsregister eingetragen. Am 15. Nov. erfolgt die Veröffentlichung der Eintragung.
   a) Frau Gerne bestellt eine Nähmaschine im Werte von 30.000,00 EUR zuzüglich USt,
   b) Frau Möchte nimmt einen Kredit bei der Bank über 80.000,00 EUR auf.
   Prüfen Sie, ob die beiden Verträge für die OHG verbindlich sind.

25. Die Gesellschafter der Himmel OHG sind Herr Himmel und Frau Hölle. Für Geschäftsführung und Vertretung der OHG gelten die gesetzlichen Regelungen.
   a) Herr Himmel least einen Kopierer für das Unternehmen.
   b) Frau Hölle kauft in Unkenntnis des Leasinggeschäfts von Herrn Himmel einen Kopierer.
   Prüfen Sie, ob die Verträge für die OHG verbindlich sind.

26. Der Gesellschafter Haben der Haben & Nichts OHG möchte für seinen privaten Lebensunterhalt 3.000,00 EUR entnehmen. Beurteilen Sie diesen Vorgang.

27. Karla Köbes, Jens Jeetso und Miriam Mecker möchten zusammen eine OHG gründen.
   Die Geschäftstätigkeit wird am 12.03.2001 aufgenommen, am 18.03.2001 wird der Gesellschaftervertrag notariell beurkundet, am 29.09.2001 erfolgt die Eintragung beim zuständigem Handelsregister.
   Laut Gesellschaftervertrag sind Karla Köbes und Jens Jeetso gemeinschaftlich zur Vertretung der OHG berechtigt, Miriam Mecker hat Alleinvertretungsrecht. Jeder Gesellschafter ist mit 50.000,00 EUR beteiligt.
   a) Ab wann existiert die OHG? Wie wird die Gesellschaft vorher behandelt?
   b) Am 20.03.2001 bestellt Frau Köbes für die OHG einen Firmen-Pkw.
      Prüfen Sie, ob sie zu diesem Erwerb berechtigt ist.
   c) Herr Jeetso und Frau Köbes erwerben im Einverständnis mit Frau Mecker eine neue Verpackungsmaschine zum Preis von 40.000,00 EUR zuzüglich USt. Der Verkäufer der Maschine verlangt den vollen Kaufpreis von der vermögenden Frau Köbes.
      Muss Frau Köbes für den gesamten Kaufpreis alleine einstehen?
   d) Das Unternehmen macht im Geschäftsjahr 15 einen Verlust von 20.000,00 EUR. Herr Jeetso verlangt für seinen privaten Lebensunterhalt eine Auszahlung von 8.000,00 EUR.
      Hat er auf diese Zahlung einen Rechtsanspruch?
   e) Erstellen Sie die Verlustbeteiligung der Gesellschafter, wenn die gesetzliche Regelung anzuwenden ist!

6

6.5.3   Partnerschaftsgesellschaft

Rechtsgrundlagen: *Gesetz über Partnerschaftsgesellschaften Angehöriger Freier Berufe (PartGG)*
§§ 105–160 HGB
§§ 705–740 BGB

◼ Kennzeichen und Bedeutung

Die Partnerschaftsgesellschaft soll es Angehörigen der Freien Berufe ermöglichen, sich in einer Rechtsform zusammenzuschließen, die dem Charakter freiberuflicher Berufsausübung gerecht wird und auf die Bedürfnisse dieser Berufsgruppe zugeschnitten ist. Diese Rechtsform wird nur zögernd von Freiberuflern angenommen.

Beispiele:

- *Freiberufler können sich zwar zu einer OHG zusammenschließen, aber diese ist als Kaufmann mit den Wesensmerkmalen des Freien Berufes nicht vereinbar.*
- *Häufig schließen sich Freiberufler zu einer GbR zusammen; diese ist aber in ihrer Struktur rechtlich wenig verfestigt und normalerweise nicht auf Dauer angelegt.*

> Die **Partnerschaft** ist eine Gesellschaft, in der sich Angehörige Freier Berufe zur Ausübung ihrer Berufe zusammenschließen. Sie übt kein Handelsgewerbe aus *(§ 1 PartGG)*.

◼ Gründung

Angehörige der Freien Berufe schließen einen schriftlichen **Partnerschaftsvertrag**. Partner können nur natürliche Personen sein *(§§ 1, 3 PartGG)*.

Die PG wird im Verhältnis zu Dritten mit ihrer Eintragung in das beim Amtsgericht geführte **Partnerschaftsregister** wirksam. In der Anmeldung müssen die einzelnen Partner die Zugehörigkeit zu dem Freien Beruf, den sie in der Partnerschaft ausüben, nachweisen *(§§ 1, 4 Abs. 2, 7 PartGG)*.

Im Partnerschaftsvertrag müssen mindestens aufgeführt werden:

- Name, Sitz und Gegenstand der PG,
- Name, Vorname und Wohnort eines jeden Partners,
- der in der PG ausgeübte Beruf eines jeden Partners.

Die Partner erbringen ihre beruflichen Leistungen unter Beachtung des für sie geltenden Berufsrechts; im Übrigen richtet sich das Rechtsverhältnis der Partner untereinander nach dem Partnerschaftsvertrag. Fehlen hierüber Vereinbarungen, so gelten die gesetzlichen Regelungen für die Gesellschafter der OHG *(§§ 6 PartGG, 110–116 Abs. 2 HGB, 117–119 HGB)*.

Partnerschaftsregister

Die Partnerschaft muss in notariell beglaubigter Form beim zuständigen Registergericht eingereicht werden.
Die Höhe der Kosten richtet sich nach der Anzahl der Gesellschafter und der Veröffentlichungsgebühr.

Rechtsverhältnis

Die PG ist

- **nicht** rechtsfähig, d.h., sie hat keine eigene Rechtspersönlichkeit,
- **keine** Handelsgesellschaft im Sinne des *HGB,*
- zwar namensrechtsfähig, führt aber **keine** Firma,
- **klageberechtigt** und verklagbar *(§ 7 Abs. 4 PartGG),*
- **deliktsfähig** *(§ 31 BGB),*
- **insolvenzfähig** *(§ 11 InsO),*
- **grundbuchfähig**, d.h., sie kann unter ihrem Namen Eigentum an Grundstücken erwerben,
- **nicht** buchführungspflichtig nach HGB.

Name der Partnerschaft

Die PG führt **keine Firma**, sondern **einen Namen**. Der Name der PG muss enthalten:

- den Nachnamen mindestens eines Partners,
- den Zusatz *„und Partner"* oder *„Partnerschaft"* und
- die Berufsbezeichnung aller in der PG vertretenen Berufe *(§ 2 PartGG).*

Für die Angaben auf den Geschäftsbriefen der PG ist *§ 125a Abs. 1 S. 1 und Abs. 2 HGB* entsprechend anzuwenden *(§ 7 Abs. 4 PartG).*

Der Partnerschaftsname darf bei Tod und Ausscheiden eines Partners fortgeführt werden. Ein Namensschutz für die PG gilt analog dem Firmenschutz *(§ 2 Abs. 2 PartGG i. V. m. § 37 HGB).*

Kapital

Es wird **keine Mindesteinlage** und kein Mindestkapital gefordert. Die Partnerschaft ist Trägerin des Gesellschaftsvermögens.

Geschäftsführung und Vertretung

Jeder Partner ist im Rahmen seiner berufsrechtlichen Möglichkeiten zur Geschäftsführung berechtigt und kann die PG allein vertreten. Im Übrigen gelten die Vorschriften der OHG *(§§ 124, 125 Abs. 1–2 u. 4, 126, 127 HGB i. V. m. § 7 PartGG).*

6

Haftung

Für Verbindlichkeiten der Partnerschaftsgesellschaft haftet Gläubigern gegenüber das Gesellschaftsvermögen sowie die einzelnen Partner als Gesamtschuldner mit ihrem Privatvermögen *(§ 8 PartGG).* Später eintretende Gesellschafter haften für bestehende Verbindlichkeiten *(§ 8 Abs. 1 S. 2 PartGG i. V. m. § 130 HGB).*

Nach *§ 8 Abs. 2 PartGG* ist die Haftung aus Ansprüchen aus Schäden wegen fehlerhafter Berufsausübung auf den jeweiligen Partner beschränkt, der innerhalb der Partnerschaft mit der Auftragsbearbeitung befasst war, das heißt, der Partner, der mit dem Auftrag befasst war, übernimmt die persönliche Verantwortung und Haftung für den Berufsfehler.

Nach *§ 8 Abs. 3 PartGG* kann durch Gesetz eine Haftungsbeschränkung wegen fehlerhafter Berufsausübung auf einen Höchstbetrag vorgesehen werden, wenn diese durch eine Haftpflichtversicherung abgedeckt wird.

◾ Ausscheiden eines Partners/Auflösung der Partnerschaft

- Für das Ausscheiden eines Partners sind die *§§ 131–144 HGB* entsprechend anzuwenden.
- Tod, Kündigung, Insolvenz eines Partners bewirken nur das Ausscheiden dieses Partners.
- Verliert ein Partner die Zulassung zu dem Freien Beruf, so muss er aus der Partnerschaft ausscheiden.
- Die Beteiligung an einer PG ist nicht vererblich, es sei denn, die Erben sind Angehörige des Freien Berufes *(§ 9 PartGG)*.

Möglich ist bei der PG die Eröffnung eines Insolvenzverfahrens über das Vermögen der PG, wenn
- die PG zahlungsunfähig ist,
- der PG Zahlungsunfähigkeit droht,
- die PG überschuldet ist.

Liquidationsablauf und Haftungsverhältnisse nach Ausscheiden aus der PG bestimmen sich nach den Vorschriften des *HGB* zur OHG.

◾ Steuerliche Behandlung der Partnerschaft

1. Einkommensteuer

Die PG ist selbstständiges Steuersubjekt für die Feststellung des Unternehmensgewinnes und der Einkunftsart nach dem Einkommensteuerrecht. Es gelten die einkommensteuerlichen Vorschriften wie bei der OHG mit folgenden Unterschieden:

- Die einzelnen Partner erzielen **Einkünfte aus selbstständiger Arbeit** *(§ 18 Abs. 1 Nr. 1 EStG i. V. m. § 15 Abs. 4 EStG),* wenn sie aufgrund eigener Fachkenntnisse leitend und eigenverantwortlich tätig sind *(§ 18 Abs. 1 Nr. 1 S. 3 EStG)*. Mitunternehmerschaft liegt vor, wenn alle Partner die jeweilige freiberufliche Tätigkeit höchstpersönlich ausüben.
- Sind allerdings berufsfremde Personen an der PG beteiligt und/oder sehr viele Mitarbeiter bei einem Zusammenschluss von Freiberuflern *(z. B. Zusammenschluss von Laborärzten)* angestellt, so ist der gesamte Gewinn als Einkunft aus Gewerbebetrieb zu behandeln.
- Ist ein Partner einer PG neben der freiberuflichen Tätigkeit auch gleichzeitig gewerblich tätig, ist zu prüfen, ob nicht die gesamte Tätigkeit als gewerbliche Tätigkeit der PG anzusehen ist. Eine freiberufliche Tätigkeit ist weiterhin zu unterstellen, wenn der Partner die gewerbliche Tätigkeit gesondert als eigene berufliche Tätigkeit auf eigene Rechnung durchführt.
- Der Gewinn aus freiberuflicher Tätigkeit kann nach *§ 4 Abs. 3 (Einnahme-Überschuss-Rechnung)* oder *§ 4 Abs. 1 EStG (Betriebsvermögensvergleich)* ermittelt werden. Die Grenzen des *§ 141 AO* finden keine Anwendung. Die Aufzeichnungspflichten nach dem Anwendungserlass zu *§ 140 AO* sind zu beachten.

2. Gewerbesteuer

Die PG ist im Regelfall weder Gewerbebetrieb im Sinne des *HGB* noch des *GewStG*. Es besteht keine Gewerbesteuerpflicht (Ausnahme: die gesamte Tätigkeit der PG wird als gewerbliche Tätigkeit angenommen).

3. Bewertungsrecht/Umsatzsteuer/Grunderwerbsteuer

Die Besteuerung der PG richtet sich nach den Grundsätzen zur Besteuerung der OHG.

Die **PG** ...

- kann nur von natürlichen Personen gegründet werden, die einen Freien Beruf ausüben,
- wird in das beim Amtsgericht geführte Partnerschaftsregister eingetragen,
- tritt nach außen unter dem Nachnamen eines Partners mit dem Zusatz *„und Partner"* bzw. *„Partnerschaft"* auf.
- Es gelten Einzelgeschäftsführung und Einzelvertretung.
- Für die Verbindlichkeiten der PG haften neben dem Gesellschaftsvermögen die Partner persönlich und gesamtschuldnerisch, soweit keine andere vertragliche Regelung vorliegt.

Vorteile	Nachteile
▪ einfache Vertragsgestaltung ▪ keine Gewerbesteuer ▪ Gewinn kann nach *§ 4 Abs. 3 EStG* ermittelt werden ▪ Umsatzsteuer nach vereinbarten Entgelten ▪ geschützter Name durch Registereintragung ▪ Freistellung von der persönlichen Haftung für Arbeitsfelder, für die andere Partner verantwortlich sind, ist möglich	▪ Notar-, Gerichtskosten für Eintragung und Änderungen ▪ relativ wenig bekannte und akzeptierte Unternehmensform

Übungsaufgaben

1. Für welche Berufsgruppen ist die PG zulässig?

2. Wer kann Partner einer PG werden?

3. Unter welchem Namen tritt die PG im Rechtsverkehr auf?

4. Wie haften
   a) die Gesellschaft,
   b) die Partner?

5. Beschreiben Sie die rechtliche Stellung der PG.

6. Welche Beschränkungen der Partnerschaft sind vertraglich möglich?

7. Wer führt die Geschäfte der PG und wer vertritt die PG?

8. Die StB. Karl Genau, Fritz Findig, Hilda Himmel und Dr. Petra Pingelig haben bis zum 31. Dez. eine PG unter dem Namen *„Karl Genau und Partner"* betrieben. Karl Genau verstirbt am 4. Jan. des nächsten Jahres. Fritz Findig scheidet aus Altersgründen aus der Kanzlei aus. Hilda Himmel verliert zum 1. Jan. ihre Zulassung zum Freien Beruf und Martin Mund möchte als neuer Partner aufgenommen werden.

   a) Prüfen Sie, ob die PG fortgeführt werden kann.
   b) Unter welchem Namen könnte eventuell die zukünftige PG nach außen auftreten?

9. Frau Gerecht, Herr Richtig und Frau Buch sind als Wirtschaftsprüfer Partner der PG *„Gerecht und Partner"*. Die PG verliert einen Schadensersatzprozess wegen fehlerhafter Berufsausübung von Frau Gerecht gegen einen Mandanten und muss 4.000.000,00 EUR Schadensersatz zahlen. Die Berufshaftpflichtversicherung übernimmt laut Mitteilung vertragsgemäß 1.800.000,00 EUR dieses Schadens.

   a) Wer haftet für den Restbetrag, wenn keine gesonderten vertraglichen Vereinbarungen getroffen worden sind?
   b) Welche vertraglichen Regelungen hätten die Partner treffen können?

6

6.5.4 | Kommanditgesellschaft

Rechtsgrundlagen: *§§ 161–177a HGB*
                        § 161 Abs. 2 i. V. m. §§ 105–160 HGB
                        § 105 Abs. 2 i. V. m. §§ 705–740 BGB

Kennzeichen und Bedeutung

Die **KG** ist eine **Personenhandelsgesellschaft**,

- deren Zweck auf den Betrieb eines **Handelsgewerbes** unter gemeinschaftlicher Firma gerichtet ist,
- wobei bei einem oder mehreren Gesellschaftern, den **Kommanditisten**, die Haftung gegenüber den Gesellschaftsgläubigern auf eine bestimmte Vermögenseinlage beschränkt ist,
- während bei dem anderen Teil der Gesellschafter, den **Komplementären**, die Haftung unbeschränkt ist *(§ 161 HGB)*.

Die Vollhafter (Komplementäre) sind Kaufleute, die Teilhaber (Kommanditisten) nicht.

Die KG ist sehr beliebt und bei kleineren und mittleren Unternehmen verbreitet. Die KG bietet die Möglichkeit, die Eigenkapitalbasis zu erweitern, ohne gleichzeitig Geschäftsführung und Vertretung erweitern zu müssen. Das Publizitätsgesetz gilt für die KG nicht, soweit nicht zwei Grenzen für Großunternehmen nach Publizitätsgesetz überschritten werden.
Soweit in den *§§ 161–177a HGB* nichts anderes bestimmt ist, gelten für die KG die Rechtsvorschriften der OHG.
In Deutschland werden etwa 132.800 Kommanditgesellschaften (einschließlich der GmbH & Co. KG, AG & Co. KG) gezählt, wovon ca. 20.000 reine Kommanditgesellschaften sind.

Gründung

Innenverhältnis

Die KG entsteht im Innenverhältnis durch einen **Gesellschaftsvertrag** zwischen mindestens zwei Personen. Dies können natürliche und/oder juristische Personen, eine OHG, eine BGB-Gesellschaft oder eine KG sein.
Der Gesellschaftsvertrag ist **formfrei**, d. h. er kann schriftlich, mündlich oder durch konkludentes Handeln wirksam werden.
Im Geschäftsleben ist die Schriftform üblich; auch aufgrund steuerlicher Mitwirkungs- und Nachweispflichten *(§ 90 ff. AO)*. Alle grundlegenden Vereinbarungen der Gesellschafter sollten klar, eindeutig und zweifelsfrei aufgeführt werden, um Streitigkeiten möglichst zu vermeiden. Der Gesellschaftsvertrag sollte Mindestregeln enthalten zu Gegenstand, Firma, Art und Umfang der Einlagen der Gesellschafter, Geschäftsführungs- und Vertretungsbefugnissen, Gewinn- und Verlustbeteiligung, Beendigung der Gesellschaft und Ausscheiden von Gesellschaftern.

6

Außenverhältnis

Betreibt die KG ein Handelsgewerbe, so existiert die Gesellschaft ab Aufnahme der Tätigkeit. Wird die Geschäftstätigkeit bereits vor der Eintragung ins Handelsregister mit Zustimmung der Kommanditisten (Teilhafter) aufgenommen, so haften diese für alle Verbindlichkeiten bis zur Eintragung ins Handelsregister wie Gesellschafter der OHG, es sei denn, dem Gläubiger ist die Beteiligung als Kommanditist bekannt *(§ 176 HGB)*. Es gelten bis zur Eintragung die Vorschriften für die GbR.

■ Rechtliche Stellung

Die KG ist

- wie die OHG **keine juristische Person**, sie ist aber der juristischen Person angenähert, d.h., sie hat keine eigene Rechtspersönlichkeit. Dies hat zur Folge, dass die KG unter ihrer Firma
  - Rechte erwerben und veräußern,
  - Verträge abschließen,
  - Verbindlichkeiten eingehen,
  - Eigentum erwerben und übertragen,
  - klagen und verklagt werden kann *(vgl. §§ 161 Abs. 2, 124 HGB)*,
- **partei-**, aber **nicht prozessfähig** *(§ 50 ZPO)*,
- **deliktsfähig** *(§ 31 BGB analog, § 1 UWG)*,
- **grundbuchfähig**, d.h. sie kann unter ihrer Firma Eigentum an Grundstücken erwerben,
- **insolvenzfähig** *(§ 11 InsO)*,
- **buchführungspflichtig** nach § 238 HGB.

■ Handelsregister

Die KG ist unverzüglich bei dem Amtsgericht, in dessen Bezirk sie ihren Sitz hat, zur Eintragung ins Handelsregister, Abteilung A, anzumelden *(§ 162 HGB)*.

Die **Anmeldung** muss enthalten:
- den Namen, Vornamen, das Geburtsdatum und den Wohnort jedes Gesellschafters,
- die Firma der Gesellschaft und den Ort, wo sie ihren Sitz hat,
- den Zeitpunkt, mit welchem die Gesellschaft begonnen hat,
- die Bezeichnung der Kommanditisten,
- den Betrag der Einlage eines jeden Kommanditisten.

Bei der Bekanntmachung der Gesellschaftseintragung sind keine Angaben zu den Kommanditisten zu machen *(§ 162 Abs. 2 HGB)*.

■ Firma

Die Firma der KG besteht aus:
- Personennamen, Sach- oder Fantasiebezeichnungen und
- der Rechtsformbezeichnung „Kommanditgesellschaft" oder einer verständlichen Abkürzung wie „KG".

■ Pflichtangaben auf Geschäftsbriefen

Auf allen Geschäftsbriefen, die an einen bestimmten Empfänger gerichtet werden, müssen nach *§§ 37a, 177a HGB* angegeben sein:
- die Firma und Sitz in Übereinstimmung mit dem im Handelsregister eingetragenen Wortlaut,
- die Bezeichnung der Rechtsform nach *§ 19 Abs. 1 Nr. 2 HGB* (KG),

- der Ort der Handelsniederlassung,
- das Registergericht,
- die Handelsregisternummer,
- die Firmen der Gesellschafter; wenn kein Gesellschafter eine natürliche Person ist.

Ist ein Gesellschafter **keine** natürliche Person, so müssen aufgeführt werden

- Rechtformzusatz
- Sitz der Gesellschaft
- Registergericht, Handelsregisternummer
- Firmen der Gesellschaft sowie deren Rechtsformzusatz und Sitz

Beispiel:

Frau Bild und Herr Schön sind Komplementäre, Frau Klausen ist Kommanditistin.
Unternehmenszweck: Verkauf von Gebrauchtfahrzeugen
Mögliche Firmenbezeichnungen sind:

Personenfirma:	*Bild & Schön KG, Schön & Bild KG, Bild KG, Schön KG, Bild & Co. KG, Schön & Co. KG, Bild & Klausen KG*
Sachfirma:	*Gebrauchtwagenmarkt KG*
Fantasiefirma:	*Fiaker KG*

Kapital

Auf die *Komplementäre* treffen die gleichen Regelungen zu wie auf die Gesellschafter der OHG.

Für die *Kommanditisten* sind zunächst feste Kapitalkonten in Höhe des Haftungskapitals, das im Handelsregister eingetragen ist, zu führen. Daneben weist die KG variable „Kapital"-Konten als Darlehens- oder Verrechnungskonten aus, auf denen die ausgeschütteten Gewinne und Entnahmen der Kommanditisten erfasst werden und die aus der Sicht der KG Verbindlichkeitscharakter haben.

Ein eventueller Verlust kürzt die Kapitaleinlagen.

Gesellschaftsvermögen

Das Gesellschaftsvermögen ist Gesamteigentum aller Gesellschafter.

Geschäftsführung

Gesetzliche Regelung

Zur Geschäftsführung der KG sind nur die Komplementäre berechtigt und verpflichtet *(§ 164 i. V. m. § 114 Abs. 1 HGB)*. Der Gesetzgeber unterstellt, dass diese Gesellschafter ihre Arbeitskraft der KG voll zur Verfügung stellen.

Die *Kommanditisten* sind von der Geschäftsführung ausgeschlossen. Geschäfte jedoch, die ungewöhnlich sind und die Grundlage und den Kernbereich der Gesellschaft betreffen, bedürfen der Zustimmung der Kommanditisten *(§ 164 HGB)*.

Vertragliche Regelung

Für die *Komplementäre* bestehen die gleichen Gestaltungsmöglichkeiten wie für die Gesellschafter der OHG.

Einem *Kommanditisten* kann zwar Geschäftsführungsbefugnis *(§§ 115, 116 HGB)*, nicht jedoch Vertretungsmacht *(§ 170 HGB)* erteilt werden.

Sind an einer KG viele Kommanditisten beteiligt, so kann der Gesellschaftsvertrag vorsehen, dass ein **Beirat** (Aufsichtsrat, Verwaltungsrat oder Ähnliches) neben oder an Stelle der Kommanditisten deren Zustimmungsrechte *(§ 164 HGB)* und Kontrollrechte *(§ 166 HGB)* wahrnimmt.

6

▪ Vertretung

Zur Vertretung der Gesellschaft nach außen ist jeder einzelne geschäftsführende *Komplementär* allein berechtigt (Einzelvertretung). Gesetzliche und vertragliche Regelungen gelten für die Komplementäre analog den Bestimmungen über die OHG.

Kommanditisten können durch Gesellschaftsvertrag jede Art von Vollmacht – auch Prokura – erhalten. Die Prokura kann jederzeit aus wichtigem Grund entzogen werden *(§ 52 Abs. 1 HGB)*.

▪ Pflichten der Gesellschafter

Aufgrund fehlender gesetzlicher Vorschriften gelten die Pflichten der Gesellschafter der OHG weitgehend auch für die Gesellschafter der KG. Besonderheiten ergeben sich nur für die Kommanditisten.

Kommanditisten unterliegen nicht dem Wettbewerbsverbot *(§ 165 HGB)*, weil davon auszugehen ist, dass sie von der Geschäftsführung ausgeschlossen sind und somit keine betriebsinternen Daten weiterverwerten können. Sofern im Gesellschaftsvertrag eine Geschäftsführung für Kommanditisten vorgesehen ist, kann davon ausgegangen werden, dass in diesem Fall das Wettbewerbsverbot auch gilt.

Der Verlust eines Wirtschaftsjahres wird angemessen verteilt *(§ 168 HGB)*, wenn keine andere vertragliche Regelung vereinbart ist. Der *Kommanditist* nimmt aber am Verlust nur bis zur Höhe seines im Handelsregister eingetragenen Kapitalanteils und seiner noch rückständigen Einlage teil *(§ 167 Abs. 3 HGB)*.

▪ Rechte der Gesellschafter

Die *Komplementäre* werden wie die Gesellschafter der OHG behandelt. Folgende Besonderheiten ergeben sich für die *Kommanditisten:*

Gewinnverteilung

Gewinn bzw. Verlust werden nach den Vorschriften des HGB ermittelt.

Der Bilanzentwurf wird von den vollhaftenden Gesellschaftern aufgestellt, die verbindliche Feststellung der Bilanz sowie die Ergebnisverwendung (z. B. Rücklagenbildung) gehört zu den Grundlagenentscheidungen, die von allen Gesellschaftern beschlossen werden muss. Im Gesellschaftsvertrag können abweichende Regelungen vereinbart werden.

Gesetzliche Gewinnverteilung nach *§ 168 HGB:*

- zunächst 4 % auf die Kapitaleinlagen; Diese Kapitalverzinsung steht den Gesellschaftern nur zu, wenn ein entsprechender Gewinn erzielt worden ist.
- der über die Kapitalverzinsung hinaus zur Verfügung stehende Gewinnanteil ist im angemessenen Verhältnis vorzunehmen

Komplementäre können durch Stehenlassen des Gewinns ihre Kapitaleinlagen erhöhen. Die zurechenbaren Gewinnanteile eines *Kommanditisten* dürfen seinem Kapitalkonto nur so lange gutgeschrieben werden, bis die vereinbarte Kapitaleinlage erreicht ist *(§ 167 Abs. 2 HGB)*. Ist die Kapitaleinlage bereits vollständig eingezahlt, so ist der Gewinnanteil dem Darlehenskonto bzw. Verrechnungskonto des Kommanditisten gutzuschreiben.

Die gesetzliche Gewinnverteilung wird im Geschäftsleben überwiegend durch vertragliche Regelungen (→ dispositives Recht) ersetzt, um ggf. die unterschiedlichen Arbeitsleistungen und Kapitaleinlagen der einzelnen Gesellschafter, den besonders angesehenen Namen, Kreditwürdigkeit, persönliche Eigenschaften, Leistungs- und Führungsqualitäten usw. eines Gesellschafters angemessen zu berücksichtigen.

Beispiel:

Der Jahresgewinn der Unten KG beträgt 68.000,00 EUR, Komplementär ist Ulli Unten. Er erhält vorweg für seine Arbeitsleistung 24.000,00 EUR, Kommanditistin ist Ulla Unten.

6

Gesellschafter	Kapitalanteile	4% Zinsen	Vorweg Vollhafter	Angemessene Restverteilung	Gewinnanteil
Ulli Unten	90.000,00 EUR	3.600,00 EUR	24.000,00 EUR	36.000,00 EUR	63.600,00 EUR
Ulla Unten	10.000,00 EUR	400,00 EUR		4.000,00 EUR	4.400,00 EUR
	100.000,00 EUR	4.000,00 EUR	24.000,00 EUR	40.000,00 EUR	68.000,00 EUR

Verlustbeteiligung

Komplementäre und Kommanditisten werden in gleicher Weise mit einem Verlustanteil belastet. Der Verlustanteil mindert den Kapitalanteil, hierbei kann der Kapitalanteil auch negativ werden.

Wird das Kapitalkonto eines Kommanditisten durch Verluste gekürzt, muss dieses Konto in der Zukunft durch Gewinngutschriften wieder aufgefüllt werden. Die zurechenbaren Gewinnanteile eines *Kommanditisten* dürfen seinem Kapitalkonto nur so lange gutgeschrieben werden, bis die vereinbarte Kapitaleinlage erreicht ist *(§ 167 Abs. 2 HGB)*.

An einem Verlust nimmt der Kommanditist nur bis zum Betrage seines Kapitalanteils und seiner noch rückständigen Einlage teil *(§ 167 Abs. 3 HGB)*.

Entnahmerecht

Komplementären steht gesetzlich ein Entnahmerecht in Höhe von 4 % des für das letzte Geschäftsjahr festgestellten Kapitalanteils zu. Das Entnahmerecht ist unabhängig davon, ob die Gesellschaft Gewinn erzielt hat.

Das Entnahmerecht gilt *nicht für Kommanditisten (§ 169 Abs. 1 HGB)*. Dieser hat nur Anspruch auf Auszahlung des ihm zustehenden Gewinnanteils, wenn die vertraglich vereinbarte Kapitaleinlage bereits voll geleistet worden ist. Das Entnahmerecht des Kommanditisten ist aus seiner Treuepflicht heraus zu versagen, wenn sein Kapitalanteil durch vorherige Verluste die vereinbarte Kapitaleinlage unterschreitet oder unterschreiten würde. Hat ein Kommanditist aufgrund einer im guten Glauben ordnungsgemäß erstellten Bilanz gutgläubig Gewinnanteile erhalten, so ist er nicht zur Rückzahlung verpflichtet *(§ 172 Abs. 5 HGB)*. Im Gesellschaftsvertrag können andere Regelungen getroffen werden.

Kontrollrecht der Kommanditisten

Den Kommanditisten steht nur das Recht zu,

- Abschriften des Jahresabschlusses, d. h. der Handels- und Steuerbilanz sowie der Gewinn- und Verlustrechnung zu verlangen *(§ 242 Abs. 1, 2 HGB)*,
- Einsichtnahme in Handelsbücher und -papiere zu nehmen, wenn dies zum Verständnis der Angaben im Jahresabschluss notwendig ist *(§ 166 Abs. 3 HGB)*.

Bei Vorliegen eines wichtigen Grundes *(z. B. Verdacht der nicht ordnungsgemäßen Buchführung oder erhebliches Misstrauen gegenüber der Geschäftsführung)* kann auf Antrag eines Kommanditisten das Gericht das Kontrollrecht erweitern *(§ 166 Abs. 3 HGB)*.

Widerspruchsrecht des Kommanditisten

Die Kommanditisten können einer Handlung der Komplementäre nur widersprechen, wenn diese über den gewöhnlichen Betrieb des Handelsgewerbes hinausgeht *(§ 164 S. 1 2. Halbsatz HGB)*.

Das Widerspruchsrecht kann vertraglich ausgeschlossen werden.

Beschlussfassung bei Grundlagenentscheidungen

Bei allen Entscheidungen über die Grundlagen der Gesellschaft müssen die Kommanditisten wie die Komplementäre uneingeschränkt an der Willensbildung beteiligt werden, wenn der Gesellschaftsvertrag keine andere Regelung enthält.

Das Stimmrecht der Kommanditisten kann vertraglich ausgeschlossen werden.

6

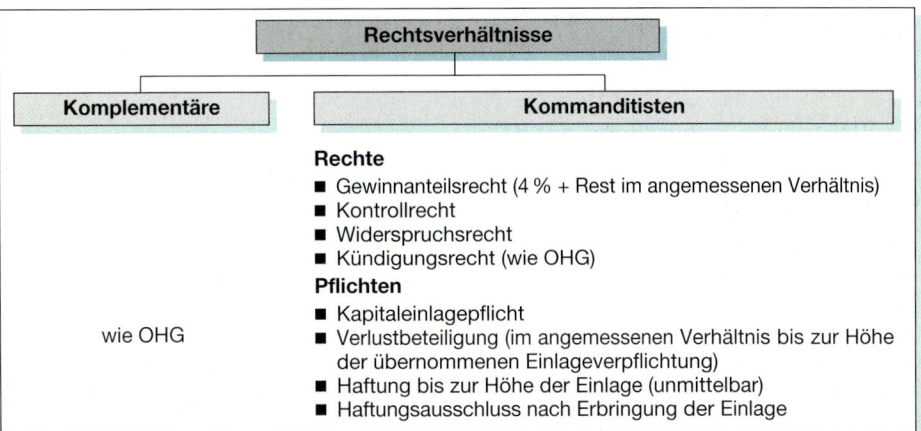

Haftung

Die Haftung der Komplementäre ist entsprechend den Bestimmungen über die Gesellschafter der OHG geregelt.

> Der **Kommanditist** haftet bis zur Höhe der im Gesellschaftsvertrag vereinbarten und in das Handelsregister eingetragenen Kapitaleinlage *(§§ 171, 172 HGB)*.

Änderungen des Haftungskapitals gelten erst ab Eintragung ins Handelsregister für die Zukunft *(§§ 174, 175 HGB)*. Ist der neu eingetretene Kommanditist noch nicht in das Handelsregister eingetragen, so haftet er wie ein Vollhafter *(§ 176 Abs. 1 HGB)*.

Eine Haftung, die über die Kommanditeinlage hinausgeht, ist ausgeschlossen *(§ 171 Abs. 1 HGB)*.

Beispiel:

Die vereinbarte Einlage des Kommanditisten Wichtig beträgt 50.000,00 EUR. Eingezahlt wurden im Jahre 01 30.000,00 EUR. Im Jahre 02 erfolgte eine Zuschreibung aus Gewinnanteilen von 5.000,00 EUR, d.h., Herr Wichtig hat bisher nur 35.000,00 EUR an Einlagen erbracht, dennoch haftet er unabhängig davon für die volle Haftungssumme von 50.000,00 EUR.

Vereinbarungen über den Erlass oder die Stundung der Kapitaleinlage des Kommanditisten sind Gläubigern gegenüber unwirksam *(§ 172 Abs. 3 HGB)*.

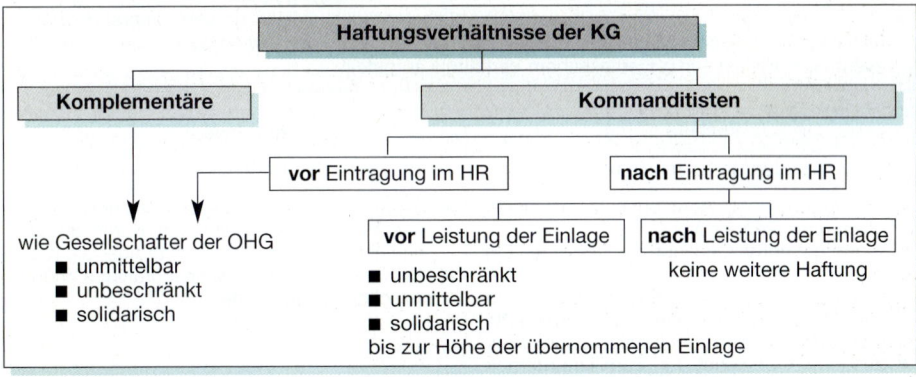

Wechsel der Gesellschafter/Auflösung der Gesellschaft

Für die Komplementäre gelten die gleichen Bestimmungen wie für die Gesellschafter der OHG *(§ 131 Abs. 2 HGB)*.

Die Auseinandersetzung beim Ausscheiden eines Kommanditisten bzw. bei der Liquidation entspricht den Regelungen für einen Komplementär (vgl. Ausscheiden eines Gesellschafters der OHG).

■ Steuerliche Behandlung der KG

Die KG als Gesamthandsgemeinschaft ist selbst nicht einkommensteuerpflichtig; wie bei der GbR/OHG werden die von der KG erwirtschafteten Gewinne/Verluste i.S.d. *§ 15 Abs. 1 Nr. 2 EStG* **einheitlich** ermittelt und den Gesellschaftern *(Mitunternehmern)* **gesondert** zugerechnet *(§§ 179, 180 Abs. 1 Nr. 2a AO)*.

Die zu den Einkünften aus Gewerbebetrieb zählenden Sondervergütungen gem. *§ 15 Abs. 1 Nr. 2 EStG* (Tätigkeitsvergütungen, Miete/Pacht für die Überlassung von Wirtschaftsgütern, Zinsen für die Gewährung von Darlehen durch die Gesellschafter an die Gesellschaft) sind in die Bemessungsgrundlage für den Gewerbeertrag bei der Ermittlung der GewSt einzubeziehen.

Gesellschafter einer Personengesellschaft können künftig eine Tarifbegünstigung erhalten, wenn sie Gewinne im Unternehmen lassen (= thesaurieren). Für nicht entnommene Gewinne beträgt der Einkommensteuersatz 28,25 % zuzügl. SolZ/KiSt.[1]

Die Behandlung der KG bei der **Gewerbe-/Umsatz- und Grunderwerbsteuer sowie dem Bewertungsrecht** entspricht der OHG.

Die **KG** ...
■ ist eine Personenhandelsgesellschaft mit mindestens zwei Gesellschaftern, von denen einer Komplementär (Vollhafter) und einer Kommanditist (Teilhafter) ist.
■ entsteht durch formlosen Gesellschaftsvertrag.
■ ist stets Kaufmann und muss ins Handelsregister – Abteilung A – eingetragen werden.
■ führt eine Personen-, Sach- oder Fantasiebezeichnung mit mindestens dem Zusatz „KG".
■ erfordert keine Mindesteinlagen und kein Mindestkapital.
■ Die Rechte und Pflichten der Komplementäre entsprechen denen der Gesellschafter der OHG.
■ Die Komplementäre haften unbeschränkt, unmittelbar und gesamtschuldnerisch. Die Haftung der Kommanditisten ist auf die im Gesellschaftsvertrag vereinbarten und im Handelsregister eingetragenen Einlagen beschränkt.
■ Das Vermögen der Gesellschaft ist Gesamthandsvermögen der Gesellschafter.
■ Geschäftsführung und Vertretung erfolgen grundsätzlich einzeln durch die Komplementäre.
■ Die Kommanditisten sind von der Geschäftsführung und Vertretung ausgeschlossen. Sie haben jedoch ein: • Kontrollrecht,   • Gewinnanteilsrecht,   • Widerspruchsrecht,   • Kündigungsrecht.
■ Zur Gewinnverteilung werden, falls nicht wie üblich vertraglich anders geregelt, zuerst die Kapitaleinlagen der Gesellschafter mit 4 % verzinst; der verbleibende Gewinn wird – ebenso wie ein eventueller Verlust – in angemessenem Verhältnis aufgeteilt.

Vorteile	Nachteile
zusätzlich zu den Vorteilen wie bei der OHG:	zusätzlich zu den Nachteilen wie bei der OHG:
■ Beteilgungsmöglichkeit ohne Mitarbeitsverpflichtung (Teilhafter) ■ Haftungsbegrenzung auf die Höhe der Einlage (Teilhafter) ■ Erweiterung der Kapitalbasis durch Kommanditisteneinlagen ohne die Herrschaftsrechte der Komplementäre einzuschränken ■ besonders geeignet für Familienunternehmen, die ihre Geschäftsführungs- und Vertretungsbefugnisse nicht aufteilen wollen	■ je gringer die Haftungssubstanz der Komplementäre bei Volleinzahlung der Kommanditisteneinlagen, desto kreditunwürdiger die KG ■ nur Kontrollrecht und eingeschränktes Widerspruchsrecht (Teilhafter)

---

[1] Vgl. Seite 393

Übungsaufgaben

1. Wann entsteht die KG im Innen- und im Außenverhältnis?

2. Wer kann Gesellschafter der KG sein?

3. Welchen Zweck verfolgt die KG?

4. a) In welche Abteilung des Handelsregisters und bei welchem Handelsregister wird die KG eingetragen?
   b) Welche Daten werden eingetragen?
   c) Wer muss die Anmeldung der KG zum Handelsregister vornehmen?

5. Welche Möglichkeiten der Firmenbezeichnung gibt es bei der KG, wenn die Komplementäre Dick, Dünn und Mollig heißen?

6. In welcher Form können die Kapitalkonten der Gesellschafter in der Bilanz geführt werden?

7. Grenzen Sie die Begriffe Geschäftsführung und Vertretung ab.

8. Erklären Sie den Begriff Gesamthandsvermögen.

9. Wer vertritt die KG gegenüber Dritten?

10. Beschreiben Sie Rechte und Pflichten der Gesellschafter.

11. Zeigen Sie auf, wie ein Verlust bzw. ein Gewinn nach gesetzlichen Vorschriften zu verteilen ist.

12. Wie werden Beschlüsse der Gesellschafter gefasst?

13. Beschreiben Sie die Haftung der Gesellschafter.

14. Nennen Sie gesetzliche Auflösungsgründe der KG.

15. Welche Angaben müssen in einem Geschäftsbrief enthalten sein?

16. Herr Böse ist als Komplementär mit 300.000,00 EUR, Frau Lieb als Kommanditistin mit 50.000,00 EUR an einer KG beteiligt.
    a) Die KG erwirtschaftet einen Gewinn von 154.000,00 EUR.
    b) Die KG erwirtschaftet einen Verlust von 70.000,00 EUR.

    Zeigen Sie auf, wie der Gewinn bzw. Verlust nach § 168 HGB zu verteilen ist.

17. Die Bild KG hat als Gesellschafter Frau Bild, Herrn Gesund als Komplementäre und Frau Sportlich als Kommanditistin. Laut Gesellschaftsvertrag wird für die Geschäftsführung die analoge Regelung des § 114 Abs. 1 HGB festgeschrieben. Herr Gesund bestellt Frau Sportlich zur Prokuristin der Bild KG. Prüfen Sie, ob Herr Gesund seine Rechte und Pflichten als Gesellschafter beachtet hat.

18. Gesellschafter der „Geschwister Sonne KG" sind Sigi Sonne als Vollhafter und Olga Sonne als Teilhafter mit einer Kapitaleinlage von jeweils 50.000,00 EUR. Die KG erzielt einen Gewinn von 94.000,00 EUR. Wem und wie wird der Gewinn einkommensteuerrechtlich zugerechnet?

19. Nennen Sie steuerrechtliche Vorteile, wenn Familienangehörige als Gesellschafter in eine Kommanditgesellschaft aufgenommen werden.

20. Die Gesellschafter Herr Gras und Frau Grün planen, eine Gras & Co. KG zu errichten. Zweck des Unternehmens ist die Anlage und Erstellung von Gartenanlagen. Die vertragliche Einlage des Komplementärs über 40.000,00 EUR wird voll geleistet, die Kommanditistin hingegen zahlt nur 50 % der vereinbarten Kapitaleinlage ein. Die Gras & Co. KG schuldet dem Finanzamt Bonn 30.000,00 EUR Umsatzsteuer. Prüfen Sie, ob das Finanzamt von Frau Grün die Zahlung der Umsatzsteuer verlangen kann.

21. Der Kommanditist Eifrig der Muster KG besucht im Auftrag des Unternehmens eine Messe. Auf einem Messestand wird ihm ein äußerst günstiges Angebot zum Einkauf von Rohstoffen gemacht. Nach kurzer Überlegung bestellt er Rohstoffe im Werte von 40.000,00 EUR. Prüfen Sie, ob die Muster KG an dieses Rechtsgeschäft gebunden ist.

22. Frau Meise und Herr König wollen eine Kommanditgesellschaft gründen. Frau Meise will sich verpflichten, eine Einlage von 50.000,00 EUR zu übernehmen. Herr König soll eine Einlage von 100.000,00 EUR leisten. Frau Meise soll Komplementärin werden. Die Kapitaleinlagen werden zu 50 % eingezahlt.

6

a) Wie kann die Firma lauten?

b) Nach 7 Monaten gerät die KG in Zahlungsschwierigkeiten. Könnte ein Gläubiger von Herrn König die Zahlung der Geldschuld verlangen?

23. Herr Verrückt und Frau Unbedacht möchten eine Kommanditgesellschaft gründen. Zweck der Gesellschaft soll der Einkauf von Rauschgift sein, um dieses in kleinen Mengen an minderjährige Schüler zu verkaufen. Prüfen Sie, ob eine Gesellschaft mit diesem Unternehmenszweck gegründet werden kann. Begründen Sie Ihre Entscheidung.

24. Rosi Rot ist Komplementärin und Gina Gelb ist Kommanditistin der Tulpe KG. Die Gesellschaft kauft Schnittblumen ein, um sie an Einzelhändler weiter zu veräußern.
Laut Gesellschaftervertrag muss Gina Gelb 100.000,00 EUR als Einlage leisten.
Von diesem Betrag sind bereits 85.000,00 EUR geleistet.

a) Prüfen Sie, ob die Kommanditistin Gelb unmittelbar und persönlich für Verbindlichkeiten der KG haftet!

b) Frau Gelb möchte sich weiterhin an der Blumen OHG beteiligen, die ein direkter Konkurrent der Tulpe KG ist. Frau Rot ist gegen die Beteiligung. Kann Frau Gelb Gesellschafterin der Blumen OHG werden? Begründen Sie kurz Ihre Entscheidung.

25. An der Haselnuss KG sind beteiligt:
- Rita Rose als Komplementärin mit einer Einlage von 50.000,00 EUR,
- Toni Tulpe als Komplementär mit einer Einlage von 50.000,00 EUR,
- Nina Narzisse als Kommanditistin mit einer Einlage von 5.000,00 EUR.

a) Wer ist zur Geschäftsführung und Vertretung der KG berechtigt?

b) Frau Rose und Herr Tulpe wollen Benno Birke als neuen Komplementär aufnehmen. Sie teilen dies Frau Narzisse mit. Diese ist strikt gegen die Aufnahme eines weiteren Gesellschafters.
Kann sich Herr Birke dennoch an der KG beteiligen?

c) Im abgelaufenen Wirtschaftsjahr hat die KG einen Verlust von 60.000,00 EUR gemacht. Die Gesellschafter vereinbaren den Verlust wie folgt aufzuteilen:
- Frau Rose übernimmt 3 Teile,
- Herr Tulpe 2 Teile und
- Frau Narzisse 1 Teil des Verlustes.

Welchen Betrag muss jeder Gesellschafter als Verlust übernehmen?

6.5.5 Stille Gesellschaft

Rechtsgrundlagen: *§§ 230–236 HGB*
                         §§ 705–740 BGB

Kennzeichen und Bedeutung

> Der **stille Gesellschafter** beteiligt sich mit einer Vermögenseinlage (= stille Beteiligung, *§ 230 HGB*) durch einen Gesellschaftsvertrag nach *§ 705 BGB* an dem Handelsgewerbe, das ein anderer betreibt *(§ 230 Abs. 1 HGB)*. Dabei geht die Kapitaleinlage in das Vermögen des Inhabers des Handelsgewerbes über.

Die Kapitaleinlage ist demnach wirtschaftlich ein qualifizierter Kredit, rechtlich aber verantwortliches Kapital.
Die stille Gesellschaft
- dient als Mittel der Kapitalbeschaffung für bestehende Unternehmen,
- tritt nach außen nicht in Erscheinung (⇒ Innengesellschaft laut BFH vom 28.10.1992),
- verlangt keine aktive Beteiligung des stillen Gesellschafters an der Geschäftsführung,
- kann sich an Unternehmen aller Rechtsformen beteiligen.

Die Einlage wird in der Bilanz **nicht als Kapitaleinlage** ausgewiesen, d. h., die stille Beteiligung ist für Dritte nicht erkennbar. Der Ausweis der Beteiligung erfolgt als sonstige Beteiligung. Der stille Gesellschafter ist zwingend am Gewinn zu beteiligen; eine Beteiligung am Verlust kann ausgeschlossen werden *(§ 231 HGB)*. Die Beteiligung ist eine reine Innengesellschaft; nach außen tritt nur das Handelsgewerbe in Erscheinung.

6

Stiller Gesellschafter

Jedermann kann stiller Gesellschafter sein:

- natürliche Personen *(z. B. Familienangehörige, nahe Angehörige, Mitarbeiter)* und juristische Personen,
- BGB-Gesellschaften (GbR),
- Einzelkaufleute,
- Handelsgesellschaften (OHG, KG, GmbH, AG, e. G.),
- Erbengemeinschaften.

Mehrere stille Gesellschafter können jeder einzeln oder alle zusammen an einer Unternehmung beteiligt sein.

Gründung

Die stille Gesellschaft entsteht durch **Gesellschaftsvertrag** *(§ 705 BGB)* zwischen der Unternehmung und dem stillen Gesellschafter. Der Gesellschaftsvertrag ist **formfrei**, d. h. er kann mündlich, schriftlich oder durch konkludentes Handeln wirksam werden. Da die Regelungen des *HGB* nicht vollständig sind, sollten detaillierte vertragliche Vereinbarungen getroffen werden. Fehlen diese Vereinbarungen, gelten die Vorschriften der *§ 705 ff. BGB,* soweit sie nicht das Außenverhältnis betreffen.

Formvorschriften gelten nur, wenn entweder Grundstücke *(§ 313 BGB)* oder GmbH-Anteile *(§ 15 GmbHG)* eingelegt werden.
Das Handelsgewerbe betreibt nicht der stille Gesellschafter, sondern der „andere" *(§ 230 Abs. 1 HGB)*. Nur der „andere" oder die „anderen" Gesellschafter sind Kaufleute.

In dem Gesellschaftsvertrag sind zu regeln

- die Beteiligung nach Art, Umfang und Höhe,
- die Beteiligung nur am Gewinn oder am Gewinn und Verlust,
- die evtl. Beteiligung am Gesellschaftsvermögen.

Arten

Es gibt die stille Gesellschaft

- in der gesetzlichen Ausgestaltungsform: *typische stille Gesellschaft*,
- in der von der gesetzlichen Regelung abweichenden Form: *atypische stille Gesellschaft*.

Handelsregister

Die stille Gesellschaft wird **nicht** ins Handelsregister eingetragen.

Rechtliche Stellung

Die stille Gesellschaft ist

- **nicht** rechtsfähig, d. h., sie hat keine eigene Rechtspersönlichkeit, sie erwirbt nicht die Kaufmannseigenschaft,
- **keine** selbstständige Handelsgesellschaft; sie ist nur eine Innengesellschaft (erstellt damit keine Handelsbilanz),
- **keine** juristische Person, d. h. sie kann als stille Gesellschaft
  - **keine** Rechte erwerben und veräußern,
  - **keine** Verbindlichkeiten eingehen,
  - **keine** Verträge abschließen,
  - **kein** Eigentum erwerben und übertragen,
  - **keine** Grundstücke erwerben, **keine** dinglichen Rechte an Grundstücken eingehen,

- **nicht** partei- und prozessfähig,
- **nicht** insolvenzfähig,
- **nicht** deliktsfähig,
- **nicht** scheck- und wechselfähig,
- grundbuchfähig,
- **nicht** buchführungspflichtig.
- **nicht** im Handelsregister einzutragen,

Firma

Die stille Gesellschaft hat **keine eigene Firma**. In der Firma des Handelsgewerbes darf weder ein Hinweis auf die stille Gesellschaft noch der Name des stillen Gesellschafters enthalten sein *(§§ 18 Abs. 2, 19 Abs. 4 HGB)*.

Kapital

Es wird **keine Mindesteinlage** und kein Mindestkapital gefordert. Die Einlage ist nur wertmäßig festzustellen. Für den stillen Gesellschafter wird kein Kapitalkonto geführt. Seine Beteiligung geht in das Vermögen der/des Geschäftsinhaber(s) über *(§ 230 Abs. 1 HGB)*, d. h., es entsteht allein wegen des stillen Gesellschafters kein Gesellschaftsvermögen. Das Kapital des stillen Gesellschafters wird in der Bilanz des Unternehmens Fremdkapital. Der stille Gesellschafter hat aber ein Rückforderungsrecht.

Entnahmerecht, Gewinnbeteiligung

Der stille Gesellschafter hat **kein Entnahmerecht**; er hat nur ein Recht auf Auszahlung seines Gewinnanteils. Eine Gewinnbeteiligung ist vorgeschrieben, eine Verlustbeteiligung kann vereinbart, aber auch vertraglich ausgeschlossen werden *(§ 231 HGB)*.

Geschäftsführung

Gesetzliche Regelung

Die Geschäftsführung steht allein dem Geschäftsinhaber zu. Dieser kann sein Handelsgewerbe beliebig erweitern oder veräußern; eine Genehmigung des stillen Gesellschafters ist nicht notwendig. Der stille Gesellschafter hat nur der Fortführung des stillen Gesellschaftsverhältnisses zuzustimmen.

Vertragliche Regelung

Vertraglich ist es möglich, dem stillen Gesellschafter Geschäftsführungsbefugnis zu erteilen.

Vertretung

Gesetzliche Regelung

Das Unternehmen wird allein von dem bzw. den Geschäftsinhabern vertreten.

Vertragliche Regelung

Dem stillen Gesellschafter kann Prokura oder Handlungsvollmacht erteilt werden. Diese Vollmacht bezieht sich aber immer auf das Handelsgewerbe, nicht auf die stille Gesellschaft selbst.

6

Pflichten des stillen Gesellschafters

1. Beitragspflicht
Der stille Gesellschafter hat die Pflicht zur Leistung von Beiträgen (Einlagen). Die Einlagen können in Geld, Sachwerten, als Dienstleistung, durch Übertragung von Rechten, durch Einbringung von „Know-how" geleistet werden.

2. Treuepflicht
Jeder stille Gesellschafter hat die Pflicht,
- sich für die Zwecke der Gesellschaft einzusetzen,
- alles zu unterlassen, was dem Handelsgewerbe schaden könnte.

3. Wettbewerbsverbot
Es gibt kein gesetzliches Wettbewerbsverbot für stille Gesellschafter. Entsprechende vertragliche Vereinbarungen können getroffen werden *(analog § 705 BGB i. V. m. §§ 112, 113 HGB)*.

Rechte des stillen Gesellschafters

1. Kontrollrecht
Dem stillen Gesellschafter steht nur das Recht zu,
- Abschriften des Jahresabschlusses, d. h. der Handels- und Steuerbilanz sowie der Gewinn- und Verlustrechnung zu verlangen,
- Einsichtnahme in Handelsbücher und -papiere zu nehmen, wenn dies zum Verständnis der Angaben im Jahresabschluss notwendig ist *(§ 233 HGB)*.

2. Recht auf Gewinnanteil
Die Art und der Umfang der Gewinnbeteiligung ist im Gesellschaftsvertrag zu regeln. Fehlt eine vertragliche Regelung, ist ein den Umständen nach angemessener Gewinnanteil zu leisten *(§ 231 Abs. 1 HGB)*, d. h. im Zweifel sind gleiche Gewinnanteile festzustellen *(§ 722 Abs. 1 BGB)*.

Der Gewinnanteil des stillen Gesellschafters stellt für das Unternehmen, an dem er beteiligt ist, Aufwand (= „Gewinnanteil des stillen Gesellschafters") dar, der zum Bilanzstichtag als sonstige Verbindlichkeit auszuweisen ist.

Wird der Gewinnanteil nicht ausgezahlt, so erhöht sich nicht der vereinbarte Einlagebetrag *(§ 232 Abs. 3 HGB)*, sondern der Betrag ist auf einem gesonderten Verbindlichkeitskonto zu passivieren. Ist der stille Gesellschafter auch am Verlust beteiligt, so ist der Verlustanteil bei der Gesellschaft als Ertrag zu behandeln, der die Rückzahlungsverpflichtung (Verbindlichkeit) vermindert.

3. Recht auf Entnahme
Ein gesondertes Entnahmerecht steht dem stillen Gesellschafter nicht zu.

Haftung

Für Verbindlichkeiten des Handelsunternehmens haftet nur die Unternehmung bzw. ihre Geschäftsinhaber, nicht dagegen der stille Gesellschafter. Ist die Einlage noch nicht vollständig eingezahlt, so muss der stille Gesellschafter im Falle des Insolvenzverfahrens den noch ausstehenden Betrag einzahlen. Er kann anschließend seine gesamte Einlage als Insolvenzforderung anmelden *(§ 236 HGB)*.

Auflösung und Beendigung der stillen Gesellschaft

Es gelten die gesetzlichen Auflösungsgründe *(§ 723 ff. BGB)*. Für die Kündigung des stillen Gesellschafters finden die gesetzlichen Vorschriften entsprechende Anwendung *(§§ 132, 134 HGB)*. Eine fristlose Kündigung aus wichtigem Grund ist ohne Klageerhebung möglich *(§ 723 BGB)*. Bei Tod des stillen Gesellschafters wird die Gesellschaft nicht aufgelöst *(§ 234 Abs. 2 HGB)*, die Erben treten an die Stelle des stillen Gesellschafters. Bei Umwandlung in eine andere Rechtsform und bei Veräußerung hat der stille Gesellschafter ein außerordentliches Kündigungsrecht *(§§ 234–235 HGB)*.

Auseinandersetzung

Weil die stille Gesellschaft kein Gesellschaftsvermögen besitzt, gibt es keine „echte" Auseinandersetzung. Mit Eintritt des Auflösungsgrundes entsteht der Anspruch des stillen Gesellschafters auf Auszahlung seines Guthabens in Geld *(§ 235 Abs. 1 HGB)*.

6

Stille Gesellschaft	
Typischer stiller Gesellschafter (kapitalistische Form, vgl. *§ 230 I HGB*)	**Atypischer stiller Gesellschafter** (unternehmerische Form)
■ Beteiligung am laufenden Erfolg ■ mögliche Verlustbeteiligung ■ keine unternehmerischen Mitspracherechte ■ für den Handelsbetrieb ist die Gewinnbeteiligung Betriebsausgabe nach *§ 4 Abs. 4 EStG*.	Vertragliche Vereinbarung in Abweichung von den gesetzlichen Bestimmungen, wenn der stille Gesellschafter ■ unternehmerisches Risiko übernehmen und sich unternehmerisch *(z. B. durch Beteiligung an der Geschäftsführung)* entfalten kann, ■ neben dem Gewinn und Verlust an den Vermögenswerten, insbesondere an den stillen Rücklagen und am Firmenwert beteiligt ist, ■ über Stimmrecht verfügt, ■ Kontrollrechte ausüben kann, ■ das Recht zum Widerspruch hat. Für den atypischen stillen Gesellschafter wird Mitunternehmerschaft *(§ 15 Abs. 2 S. 1 Nr. 2 EStG)* angenommen.

Abgrenzungen	
Stiller Gesellschafter	**Einlage GbR**
■ Einlage geht in das Vermögen der/ des Geschäftsinhaber(s) über ■ Innengesellschaft	■ Gesamthandsvermögen ■ zielt auf Außenwirkung ab
Stiller Gesellschafter	**Kommanditeinlage**
■ keine gemeinsame Firma ■ keine Eintragung ins Handelsregister ■ Einlage geht in das Vermögen der/des Geschäftsinhaber(s) über ■ Beteiligung am Gewinn zwingend, Verlustbeteiligung ist möglich ■ im Insolvenzfall ist die Einlage Forderung	■ gemeinsame Firma ■ Eintragung ins Handelsregister ■ Haftung mit der im Handelsregister eingetragenen Kapitaleinlage ■ Beteiligung am Gewinn und Verlust
Stiller Gesellschafter	**partiarisches Darlehen**
■ Erreichung eines gemeinsamen Zwecks ■ Einlage geht in das Vermögen der/des Geschäftsinhaber(s) über ■ kein Ausweis in der Bilanz ■ hat ein Kontrollrecht ■ erhält keine feste Erfolgszusage ■ Beteiligung am Verlust möglich ■ Übertragung der stillen Beteiligung nur mit Zustimmung des/der Geschäftsinhaber(s) ■ i. d. R. unbefristet ■ je stärker die Mitsprache- und Überwachungsrechte, umso größer die Vermutung einer stillen Beteiligung	■ kapitalmäßige Beteiligung steht im Vordergrund ■ Darlehen mit Gewinnbeteiligung ■ Ausweis in der Bilanz ■ kein Kontrollrecht des Darlehensgebers ■ neben Gewinnbeteiligung ist ein fester Zinssatz vereinbar ■ keine Verlustbeteiligung ■ Darlehensforderung ist frei übertragbar ■ i. d. R. feste Laufzeit ■ je schwächer die Mitsprache- und Überwachungsrechte, umso größer die Vermutung eines partiarischen Darlehens
Stiller Gesellschafter	**Dienstvertrag mit Gewinnbeteiligung**
■ Leistung einer Einlage ■ kein Dienstvertrag ■ nicht weisungsgebunden ■ Beteiligung am Erfolg	■ keine Einlage ■ Dienstvertrag ■ weisungsgebunden ■ Erfolgsanteil ist Lohnbestandteil (Tantieme)

6

Steuerliche Behandlung

1. Einkommensteuer

Die stille Gesellschaft ist **kein** selbstständiges Steuersubjekt i. S. d. *EStG*.

Stille Gesellschaft	
Typische stille Gesellschaft	**Atypische stille Gesellschaft**
■ a) Beteiligung gehört zum Privatvermögen: Einkünfte aus Kapitalvermögen § 20 Abs. 1 Nr. 4 EStG Der Gewinn ist im Jahr des Zuflusses zu erfassen. b) Beteiligung gehört zum Betriebsvermögen: die stille Beteiligung gehört zum Betriebsvermögen des stillen Teilhabers ■ keine Mitunternehmerschaft ■ keine Beteiligung an den stillen Reserven und am Firmenwert ■ Abgeltungsteuer ist einzubehalten ■ Gewährung Sparerfreibetrag	■ Einkünfte aus Gewerbebetrieb wegen Mitunternehmerschaft nach § 15 Abs. 1 Nr. 2 EStG Der Gewinn ist dem jeweiligen Wirtschaftsjahr der Gewinnentstehung zuzurechnen § 43 Abs. 1 Nr. 3 EStG ■ Beteiligung an den stillen Reserven und am Firmenwert ■ Einheitliche und gesonderte Gewinnfeststellung durch Bescheid §§ 179 Abs. 1, 180 Abs. 2 AO ■ Anrechnung des 1,8-fachen anteiligen Gewerbesteuer-Messbetrages

Die stille Gesellschaft ist kein Kaufmann i. S. d. *HGB* und deshalb nach *§ 238 HGB* weder buchführungs- noch bilanzierungspflichtig; daher erfolgt die in *§ 232 HGB* vorgeschriebene Gewinnermittlung auf der Grundlage des Jahresabschlusses des oder der Geschäftsinhaber. Da für den stillen Gesellschafter weder handelsrechtlich noch steuerrechtlich ein Gesellschaftsvermögen (Betriebsvermögen) entsteht, kann auch kein Betriebsvermögensvergleich nach *§ 5 bzw. § 4 Abs. 1 EStG* durchgeführt werden. Handelsrechtlich und steuerrechtlich gibt es nur einen Gewinn des Einzelunternehmers oder der Gesellschaft. Aus diesem Gewinn wird der Anteil des stillen Gesellschafters gezahlt. Der nach *§ 15 Abs. 1 Nr. 2 EStG* zu ermittelnde Gewinnanteil des stillen Gesellschafters ist nur auf der Grundlage der Bilanz des oder der Geschäftsinhaber zu ermitteln. Der steuerliche Gesamtgewinn und die steuerliche Gesamtbilanz der Mitunternehmerschaft ergibt sich aus der Addition der Ergebnisse der Steuerbilanz des stillen Gesellschafters unter Hinzurechnung des Gewinnanteils und etwaiger Sondervergütungen/Sonderausgaben des stillen Gesellschafters *(Vfg. OFD Frankfurt a. M. vom 26. Juni 1996 S. 224 I A – 37 – St II 21)*.

Gewinnausschüttungen an stille Gesellschafter sind für das ausschüttende Unternehmen steuerlich abzugsfähige Betriebsausgaben.

2. Gewerbesteuer

■ *Typische stille Gesellschaft*: Es besteht keine Gewerbesteuerpflicht für die stille Beteiligung, weil durch die Beteiligung kein Gewerbebetrieb entsteht *(§ 2 Abs. 1 GewStG)*. Das Unternehmen, an dem der stille Gesellschafter beteiligt ist, ist gewerbesteuerpflichtig. Hält der stille Gesellschafter seinen Anteil im Privatvermögen, so ist nach *§ 8 Nr. 3 GewStG* der als Betriebsausgabe abgesetzte Gewinnanteil des stillen Gesellschafters dem Gewerbeertrag hinzuzurechnen.

6

■ *Atypische stille Gesellschaft*: Steuerschulder ist der jeweilige Inhaber des Handelsgeschäftes *(§ 5 Abs. 1 S. 1 GewStG i. V. m. A 35 Abs. 2 und 16 Abs. 5 GewStR)*. Der stille Gesellschafter ist Mitunternehmer, deshalb wird sein Gewinnanteil nicht nach *§ 8 Nr. 1c GewStG* dem Gewerbeertrag hinzugerechnet *(vgl. § 50 Abs. 3 S. 3 GewStR)*. Der Gewinnanteil ist Teil des Gewinns des Unternehmens *(§ 15 Abs. 1 Satz 1 Nr. 2 EStG i. V. m. § 7 GewStG)*. Gewerbesteuerpflicht besteht für die Gesellschaft.

3. Umsatzsteuer
Der stillen Gesellschaft fehlt die Unternehmereigenschaft *(§ 2 Abs. 1 UStG)*, deshalb **entfällt** die eigene Umsatzsteuerpflicht. Die Beteiligung als stiller Gesellschafter ist steuerbefreit *(§ 4 Nr. 8j UStG)*.

Die **stille Gesellschaft ...**

■ ist kein selbstständiger Handelsbetrieb und hat kein selbstständiges Gesellschaftsvermögen.
■ entsteht durch einen formfreien Gesellschaftsvertrag.
■ hat keine eigene Firma und darf in der Firma des anderen nicht erwähnt werden.
■ ist abzugrenzen von
    • der Einlage bei der GbR,   • dem partiarischen Darlehen,
    • der Kommanditeinlage,   • dem Dienstvertrag.

Der Stille Gesellschafter
■ beteiligt sich mit einer Vermögenseinlage an einem Handelsgewerbe, das ein anderer betreibt; die Einlage wird Betriebsvermögen des anderen.
■ kann im Falle der Insolvenz die geleistete Vermögenseinlage als Forderung anmelden.
■ verlangt keine aktive Beteiligung an der Geschäftsleitung;
■ kann sich an allen Rechtsformen als stiller Gesellschafter beteiligen;
■ kann auftreten in Form von: a) **typischer** stiller Gesellschafter,
                                 b) **atypischer** stiller Gesellschafter

---

Vorteile	Nachteile
■ Diese Beteiligungsform kann unabhängig von der Rechtsform eines Unternehmens eingesetzt werden ■ keine Eintragung ins Handelsregister ■ relativ freie Vertragsgestaltung, keine Formvorschriften ■ der Unternehmer behält die volle Handlungsfreiheit ■ Verbreiterung und Stärkung der Kapitalbasis, ohne dass dies nach außen in Erscheinung tritt ■ Erweiterung der Kreditbasis ■ keine persönliche Haftung des stillen Gesellschafters, Haftung ist beschränkt auf die Höhe der Einlage ■ der Verlust wird von mehreren getragen ■ Beteiligungsmöglichkeit ohne Mitarbeitsverpflichtung ■ Die Beteiligung ist nach außen nicht erkennbar	■ Einlage wird Vermögen des Eigentümers ■ kein eigenes Gesellschaftsvermögen ■ nur Innengesellschaft ■ bei Umwandlung der Rechtsform bzw. bei Veräußerung von Unternehmensteilen muss die Zustimmung der stillen Gesellschafter eingeholt werden

6

Übungsaufgaben

1. Erklären Sie das stille Gesellschaftsverhältnis.
2. Wer kann stiller Gesellschafter werden?
3. Erläutern Sie, ob die stille Gesellschaft eine selbstständige Handelsgesellschaft ist.
4. Wird die Einlage des stillen Gesellschafters in der Bilanz als Kapitaleinlage oder als Darlehen ausgewiesen?
5. Erklären Sie die rechtliche Stellung der stillen Gesellschaft.
6. Nennen Sie Pflichten und Rechte eines stillen Gesellschafters.
7. In welchem Umfang haftet der stille Gesellschafter?
8. Unterscheiden Sie zwischen dem typischen und dem atypischen stillen Gesellschafter.
9. Grenzen Sie den stillen Gesellschafter ab
   a) vom Kommanditisten,
   b) vom partiarischen Darlehen.
10. Prüfen Sie, ob die Firma „*Meier GmbH & Still*" möglich ist. Begründen Sie Ihre Entscheidung.
11. Welche Einkünfte nach EStG erzielt
    a) der typische stille Gesellschafter,   b) der atypische stille Gesellschafter?
12. Herr Müller beteiligt sich mit einer Vermögenseinlage von 20.000,00 EUR an dem Einzelunternehmen Karin Pech. Die Einlage wurde zu 60 % eingezahlt. Das Einzelunternehmen muss das Insolvenzverfahren beantragen. Welche Pflicht hat der stille Gesellschafter und welches Recht hat er nach Erfüllung der Pflicht?
13. Wim Wollte betreibt in Wachtberg eine Elektrohandlung unter der Firma Wollte e. K. Er möchte eine neue Lagerhalle erstellen, hierzu braucht er zusätzlich 150.000,00 EUR.
    a) Herr Wollte hat die Wahl zwischen einem langfristigen Darlehen zu festen Zinsen bei einer langen festen Laufzeit über seine Hausbank oder der Finanzierung über eine typische stille Gesellschaft. Das Geschäftsjahr entspricht dem Kalenderjahr.
    b) Herr Wollte hat sich entschlossen, seine Freundin Karin Kannes als typische stille Gesellschafterin zu beteiligen. Der Gewinnanteil wird mit 12 % Verzinsung der Einlage fest vereinbart. Die Beteiligung gilt ab 01.01.2010 und ist für eine unbestimmte Zeit eingegangen worden.
    Hat die stille Beteiligung Auswirkungen auf Firma und/oder Eintragung im Handelsregister?
    c) Berechnen Sie den Gewinnanteil von Frau Kannes im Jahre 2015!
    d) Wie wird dieser Gewinnanteil von Frau Kannes in der Einkommensteuer-Erklärung erfasst?
    e) Wie wird der Gewinnanteil von Frau Kannes in der Wollte e. K. behandelt?
    f) Am 12. Juli 2015 will Herr Wollte einen neuen Kleinlaster zum Preis von 50.000,00 EUR zuzüglich Umsatzsteuer kaufen. Er teilt dies Frau Kannes mit, diese lehnt die Anschaffung ab, weil aus ihrer Sicht die Anschaffung völlig unsinnig ist.
    Kann Herr Wollte dennoch den Kleinlaster erwerben?
    g) Aufgrund der Haltung von Herrn Wollte will Frau Kannes den Gesellschaftsvertrag kündigen. Zu welchem frühestmöglichen Termin kann dieses Gesellschaftsverhältnis gekündigt werden?

6

6.6   Kapitalgesellschaften

Kapitalgesellschaften sind als juristische Personen Handelsgesellschaften und Kaufleute nach *§ 6 HGB* (Formkaufleute). Im Gegensatz zu den Personengesellschaften ist

- eine *kapitalmäßige Beteiligung* der Gesellschafter notwendig (ohne Kapitaleinlage keine Beteiligung!),
- eine *persönliche Mitarbeit* der Gesellschafter *nicht notwendig.*

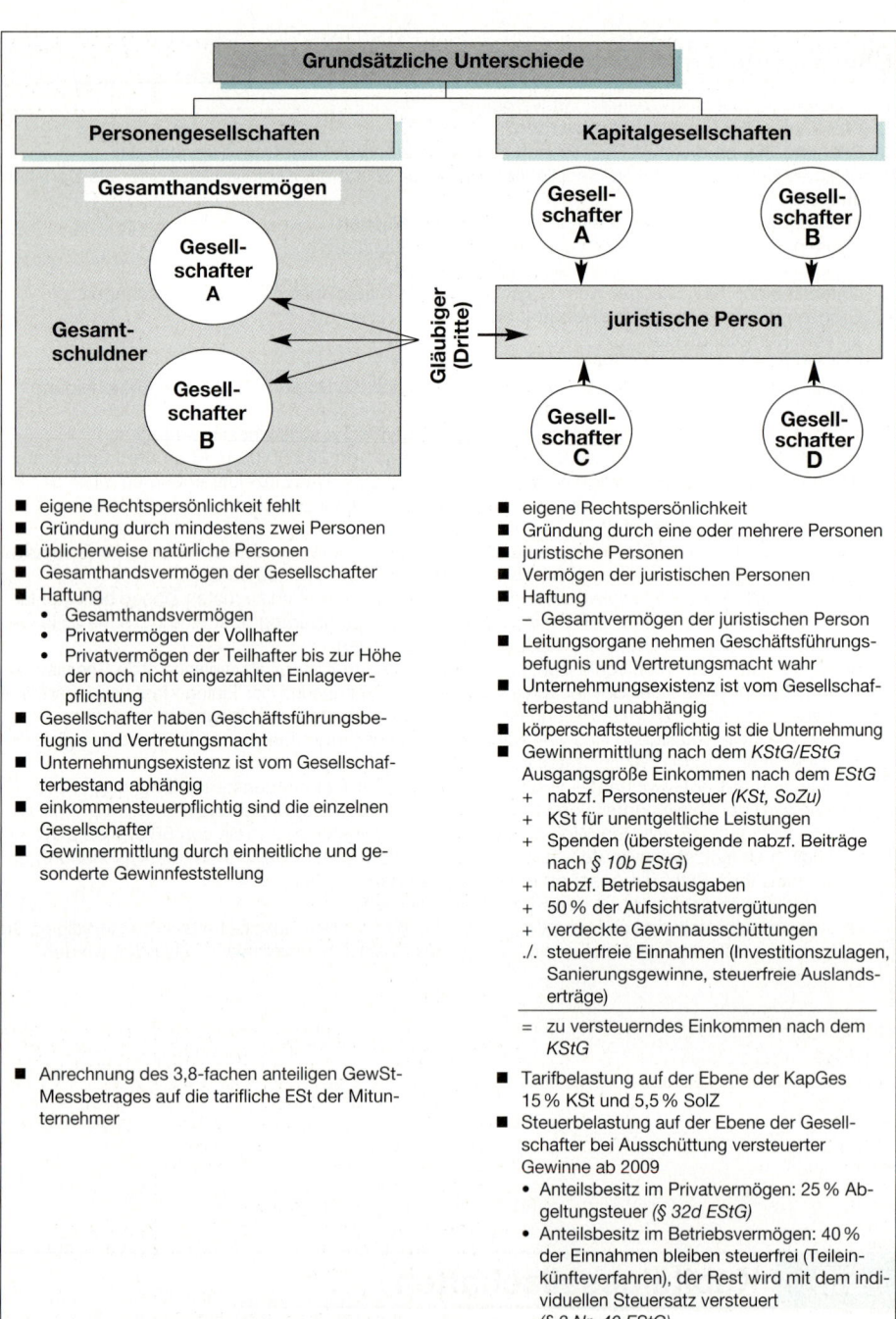

Grundsätzliche Unterschiede

Personengesellschaften

Gesamthandsvermögen

Gesellschafter A

Gesamtschuldner

Gesellschafter B

Gläubiger (Dritte)

Kapitalgesellschaften

Gesellschafter A

Gesellschafter B

juristische Person

Gesellschafter C

Gesellschafter D

- eigene Rechtspersönlichkeit fehlt
- Gründung durch mindestens zwei Personen
- üblicherweise natürliche Personen
- Gesamthandsvermögen der Gesellschafter
- Haftung
  - Gesamthandsvermögen
  - Privatvermögen der Vollhafter
  - Privatvermögen der Teilhafter bis zur Höhe der noch nicht eingezahlten Einlageverpflichtung
- Gesellschafter haben Geschäftsführungsbefugnis und Vertretungsmacht
- Unternehmungsexistenz ist vom Gesellschafterbestand abhängig
- einkommensteuerpflichtig sind die einzelnen Gesellschafter
- Gewinnermittlung durch einheitliche und gesonderte Gewinnfeststellung

- eigene Rechtspersönlichkeit
- Gründung durch eine oder mehrere Personen
- juristische Personen
- Vermögen der juristischen Personen
- Haftung
  - Gesamtvermögen der juristischen Person
- Leitungsorgane nehmen Geschäftsführungsbefugnis und Vertretungsmacht wahr
- Unternehmungsexistenz ist vom Gesellschafterbestand unabhängig
- körperschaftsteuerpflichtig ist die Unternehmung
- Gewinnermittlung nach dem *KStG/EStG* Ausgangsgröße Einkommen nach dem *EStG*
  - \+ nabzf. Personensteuer *(KSt, SoZu)*
  - \+ KSt für unentgeltliche Leistungen
  - \+ Spenden (übersteigende nabzf. Beiträge nach *§ 10b EStG*)
  - \+ nabzf. Betriebsausgaben
  - \+ 50 % der Aufsichtsratvergütungen
  - \+ verdeckte Gewinnausschüttungen
  - ./. steuerfreie Einnahmen (Investitionszulagen, Sanierungsgewinne, steuerfreie Auslandserträge)
  - \= zu versteuerndes Einkommen nach dem *KStG*

- Anrechnung des 3,8-fachen anteiligen GewSt-Messbetrages auf die tarifliche ESt der Mitunternehmer

- Tarifbelastung auf der Ebene der KapGes 15 % KSt und 5,5 % SolZ
- Steuerbelastung auf der Ebene der Gesellschafter bei Ausschüttung versteuerter Gewinne ab 2009
  - Anteilsbesitz im Privatvermögen: 25 % Abgeltungsteuer *(§ 32d EStG)*
  - Anteilsbesitz im Betriebsvermögen: 40 % der Einnahmen bleiben steuerfrei (Teileinkünfteverfahren), der Rest wird mit dem individuellen Steuersatz versteuert *(§ 3 Nr. 40 EStG)*

6

Alle Kapitalgesellschaften haben sämtliche Unterlagen 12 Monate nach Abschluss des Geschäftsjahres beim Handelsregister einzureichen und im elektronischen Bundesanzeiger zu veröffentlichen. Umfang und Art der Offenlegung richtet sich nach den Größenklassen.

Nach ihrer Größe werden Kapitalgesellschaften in **drei Gruppen** eingeteilt *(§ 267 HGB):*

	Größenmerkmale	Publizitätspflichten	Quellen nach *HGB*
Kleine Kapitalgesellschaft § 267 Abs. 1 HGB			
Bilanzsumme abzüglich Fehlbetrag	bis 4.840.000,00 EUR	■ Aufstellung des Jahresabschlusses spätestens 6 Monate nach dem Bilanzstichtag	*§ 264*
Umsatzerlöse (in den letzten 12 Monaten vor dem Abschluss-	bis 9.860.000,00 EUR	■ Offenlegung des Jahresabschlusses durch Einreichung und Bekanntmachung im elektronischen Bundesanzeiger innerhalb von 12 Monaten nach Bilanzstichtag	*§§ 325, 326*
stichtag)		■ Bekanntmachung der Einreichung im Bundesanzeiger	*§ 266*
Anzahl der	bis 50 Arbeitnehmer	■ Bilanz, ggf. Kurzform	*§ 326*
Arbeitnehmer		■ G + V: keine Veröffentlichung	*§ 326*
im Jahres-		■ Anhang: Kurzform, keine Erläuterung	*§ 274a*
durchschnitt		■ kein Anlagespiegel/Anlagegitter	*§ 274a Nr. 4*
		■ kein Ausweis von Damnum, Disagio als aktive RAP	
		■ keine Veröffentlichung eines Lageberichts	
		■ kein Bestätigungsvermerk	*§ 325 Abs. 1 S. 1*
		■ nicht erforderlich sind Angaben zum Jahresergebnis und seiner Verwendung	
		■ kein Gewinnverwendungsbeschluss	
		■ kein Bericht des Aufsichtsrates	
Mittelgroße Kapitalgesellschaft § 267 Abs. 2 HGB			
Bilanzsumme abzüglich Fehlbetrag	bis 19.250.000,00 EUR	■ Aufstellung des Jahresabschlusses spätestens 3 Monate nach dem Bilanzstichtag	*§ 264*
Umsatzerlöse (in den letzten 12 Monaten vor dem Abschluss-	bis 38.500.000,00 EUR	■ Offenlegung des Jahresabschlusses durch Einreichung und Bekanntmachung im elektronischen Bundesanzeiger innerhalb von 12 Monaten nach Bilanzstichtag	*§§ 325, 327*
stichtag)		■ Bekanntmachung der Einreichung im Bundesanzeiger	
Anzahl der	bis 250 Arbeitnehmer	■ Prüfung durch einen Wirtschaftsprüfer oder vereidigten Buchprüfer	*§ 266*
Arbeitnehmer		■ Bilanz: ggf. Kurzform unter Angabe der Posten nach § 327 HGB	*§ 327*
im Jahres-		■ G + V: ggf. in Kurzform	*§ 276*
durchschnitt		■ Anhang: ggf. Kurzform, keine Aufgliederung der Umsätze nach Tätigkeitsbereichen	*§ 327*
		■ Anlagespiegel/Anlagegitter	
		■ vollständige Veröffentlichung eines Lageberichts	
		■ Bestätigungsvermerk	
		■ Gewinnverwendungsbeschluss	
		■ Bericht des Aufsichtsrates	
Große Kapitalgesellschaft § 267 Abs. 3 HGB			
Bilanzsumme abzüglich Fehlbetrag	über 19.250.000,00 EUR	■ Aufstellung des Jahresabschlusses spätestens 3 Monate nach dem Bilanzstichtag	*§ 264*
Umsatzerlöse (in den letzten 12 Monaten vor dem Abschluss-	über 38.500.000,00 EUR	■ Offenlegung des Jahresabschlusses durch Einreichung und Bekanntmachung im elektronischen Bundesanzeiger innerhalb von 12 Monaten nach Bilanzstichtag	*§ 325*
stichtag)		■ Prüfung durch einen Wirtschaftsprüfer	
		■ Bilanz: Vollständige Fassung	*§ 266 Abs. 2*
Anzahl der	über 250 Arbeitnehmer	■ G + V: Vollständige Fassung	*§ 275 Abs. 2*
Arbeitnehmer im Jahres-		■ Anhang: Vollständige Fassung	
durchschnitt		■ Anlagespiegel/Anlagegitter	
		■ vollständige Veröffentlichung eines Lageberichts	
		■ Bestätigungsvermerk	
		■ Gewinnverwendungsbeschluss	
		■ Bericht des Aufsichtsrates	

6

Der Einzelabschluss großer Kapitalgesellschaften i. S. d. *§ 267 Abs. 3 HGB* kann für die Pflichtveröffentlichung wählen zwischen entweder

- dem traditionellen HGB-Abschluss oder
- dem testierten IFRS[1]-Abschluss *(§ 325 Abs. 2a HGB*

Diese Größenmerkmale gelten auch für Personengesellschaften i. S. d. *§ 264 HGB (z. B. bestimmte GmbH & Co. KGs)*.

Für die **Einordnung** ist zu beachten:

- Es müssen mindestens zwei der drei genannten Größenmerkmale über- oder unterschritten worden sein,
- es treten die Rechtsfolgen nur ein, wenn die Merkmale an den Abschlussstichtagen von zwei aufeinander folgenden Geschäftsjahren über- oder unterschritten werden *(§ 267 HGB)*.

Bei Nichtbeachtung der Publizitätspflichten kann ein Zwangsgeld/Ordnungsgeld gegen die vertretungsberechtigten Mitglieder der Kapitalgesellschaft festgesetzt werden *(§§ 334, 335, 335a HGB, § 140a FGG)*.

Jahresabschluss und **Lagebericht** sind bei

- kleinen Kapitalgesellschaften von der Pflicht zur Abschlussprüfung ausgenommen *(§ 316 Abs. 1 HGB)*,
- mittelgroßen Kapitalgesellschaften von Wirtschaftsprüfern, Wirtschaftsprüfungsgesellschaften, vereidigten Buchführern oder Buchprüfungsgesellschaften zu prüfen *(§ 319 Abs. 1 HGB)*,
- großen Kapitalgesellschaften von Wirtschaftsprüfern oder Wirtschaftsprüfungsgesellschaften zu prüfen *(§ 316 Abs. 1 HGB)*.

In verschiedenen EU-Richtlinien zum Gesellschaftsrecht sind verbindlich Grundlagen für die nationalen Gesetze zur *„Gesellschaft mit beschränkter Haftung"* und zur *„Aktiengesellschaft"* festgelegt, um bereits bei Kapitalgesellschaften eine teilweise Koordinierung der Rechts- und Verwaltungsvorschriften zu erzielen. Allerdings gibt es in den einzelnen Ländern noch viele weitgehend national bestimmte unterschiedliche Regelungen wie z. B. über die Anzahl der Organe bei der AG (Deutschland: HV, AR und Vorstand; Vereinigtes Königreich: HV und Board) oder den Umfang der Mitbestimmung der Arbeitnehmer.

Bezeichnung der den deutschen Rechtsformen GmbH und AG nahe stehenden Rechtsformen in den verschiedenen EU-Ländern:

Land[2]	Gesellschaft mit beschränkter Haftung		Aktiengesellschaft	
Belgien	Société privée à responsabilité limitée Besloten vennootschap met beperkte Aansprakelijkheid	B.V.B.A.	La société anonyme De naamloze vennootschap	S.A. N.V.
Dänemark	Anspartsselskaber		Aktieselskabet	
Frankreich	Société à responsabilité limitée	S.A.R.L.	La société anonyme	S.A.
Irland	Private company limited by shares or by guarantee		The public company limited by shares, the public company limited by guarantee and having a share capital	
Italien	Società a Responsabilitá Limitata	S.R.L.	La Società per Azioni	S.P.A.
Luxemburg	Société à responsabilité limitée	S.A.R.L	La société anonyme	S.A.
Niederlande	Besloten vennootschap met beperkte Aansprakelijkheid	B.V.	De naamloze vennootschap	N.V.
Portugal	Sociedade por Quotas		A sociedade anónima de responsabilidade Limitada	
Spanien	Sociedad de Responsabilidad Limitada SRL		La Sociedad Anónima	S.A.
Vereinigtes Königreich	Private company limited by shares or by guarantee		The public company limited by shares, the public company limited by guarantee and having a share capital	

---

[1] **I**nternational **F**inancial **R**eporting **S**tandards: Sammlung von international anerkannten Rechnungslegungsstandards und Interpretationen;
    vgl. http://standardsetter.de/drsc/docs/eu_endorsement_ias.html
[2] Griechenland: ausgelassen wegen Schriftzeichen

6.6.1   Gesellschaft mit beschränkter Haftung[1]

6.6.1.1   Klassische Gesellschaft mit beschränkter Haftung (GmbH)

Rechtsgrundlagen: *Gesetz betreffend die Gesellschaften mit beschränkter Haftung (GmbHG)*
Handelsgesetzbuch (HGB)
Gesetz über die Rechnungslegung von bestimmten Unternehmen und Konzernen (PublG)
Kapitalgesellschaften und Co.-Richtlinien-Gesetz (KapCoRiLiG)
EU-Richtlinien zum Gesellschaftsrecht

Kennzeichen und Bedeutung

Die **GmbH** ist eine Handelsgesellschaft mit körperschaftlicher Organisation und mit **eigener Rechtspersönlichkeit:**

- Die GmbH beruht auf einer Satzung (= Gesellschaftsvertrag) mit einem bestimmten Mindestinhalt *(§ 3 GmbHG)* und der Abschluss bedarf der notariellen Form *(§ 2 Abs. 1 GmbHG).*
- Die Haftung der Gesellschafter ist auf die Höhe der vertraglich vereinbarten Geschäftsanteile – früher Stammeinlage – begrenzt.
- Für die Verbindlichkeiten der Gesellschaft haftet den Gläubigern nur das Gesellschaftsvermögen *(§ 13 GmbHG).*
- Sie gilt als Handelsgesellschaft und kann zu jedem gesetzlich zulässigen Zweck durch eine oder mehrere Personen gegründet werden *(§§ 1, 13 GmbHG).*

  Beispiele:

  wirtschaftliche, wissenschaftliche, kulturelle, sportliche, gemeinnützige Zwecke

- Die Gesellschafter einer GmbH sind keine Kaufleute, ausgenommen deren Handelsgesellschaften als Gesellschafter.
- Die GmbH ist Formkaufmann *(§ 6 HGB).*

In Deutschland werden ca. 450.000 Unternehmen in der Rechtsform der GmbH geführt.

Die Rechtsform der GmbH ist aus folgenden Gründen **vorteilhaft**:

- Die Gründung der GmbH erfordert einen geringen oder keinen Kapital- und Gründungsaufwand als Kapitalgesellschaften.
- Eine weitgehende Satzungsautonomie erlaubt flexible Regelungen der Gesellschaftsangelegenheiten (entschieden weniger strenge Regelungen als in der AG).
- Die Haftung der Gesellschafter ist auf die Geschäftsanteile – früher Stammeinlage – beschränkt.
- Die GmbH eignet sich zur Ausgliederung bestimmter Funktionen *(z. B. Vertrieb, Forschung, EDV)* aus mehreren Unternehmen und Zusammenfassung in einer Unternehmung.
- Die Gesellschafter können steuerliche Vorteile in Anspruch nehmen *(z. B. bei der Gewerbesteuer durch Erfassung der Geschäftsführergehälter als Betriebsausgabe).*
- Als juristische Person sichert sie die Fortführung der Unternehmung.

---

[1] Die „GmbH" hat gewisse Vorbildfunktionen für die vorraussichtlich 2011 gründbare „Europäische Privatgesellschaft (EPG)" als „Europäische GmbH".

Beachte: Die Haftungsbeschränkung beeinträchtigt die Kreditwürdigkeit der GmbH. Dieser **Nachteil** kann beseitigt werden, indem einzelne Gesellschafter Kredite an die GmbH durch ihr Privatvermögen *(z. B. Grundpfandrechte, persönliche Bürgschaftserklärungen)* absichern.

■ Gründung

Zur Gründung einer GmbH ist mindestens eine natürliche und/oder juristische Person erforderlich, aber auch OHG, KG und GbR können Gründungsmitglieder sein.

Die Gründung der GmbH erfolgt streng formal (Gesellschaftsvertrag, Leistung der Mindesteinlagen nach *§ 7 Abs. 2 GmbHG,* Eintragung ins HR nach *§§ 37 Abs. 1 HGB, 11 GmbHG).* Die Gründung verlangt mehr Aufwand und es entstehen höhere Kosten *(z. B. Rechtsanwalts-, Notar-, Steuerberatungskosten).*

Die Gründung der GmbH erfolgt in drei Stufen:

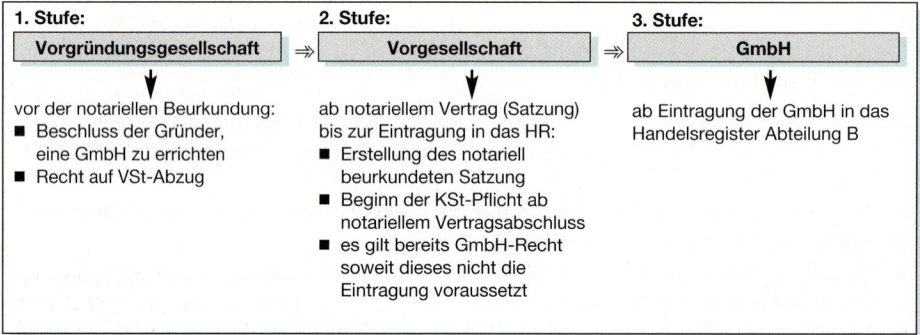

1. Vorgründungsgesellschaft

Die Gesellschaft befindet sich in der ersten Phase der Gründung. Die Gründer verpflichten sich, für die künftige GmbH tätig zu werden. Es werden nur interne Regelungen getroffen oder vorbereitet; Außenkontakte fehlen noch. Die Vorgründungsgesellschaft besteht vor der notariellen Beurkundung und wird

- als GbR geführt, wenn man davon ausgeht, dass kein Handelsgewerbe vorliegt,
- als OHG behandelt, wenn ein Handelsgewerbe betrieben wird *(BFH-Urt. v. 3. Febr. 1998).*

Steuerlich wird die Vorgründergesellschaft wie eine Personengesellschaft behandelt.

2. Vorgesellschaft

Sie betrifft die Zeit ab Abschluss des Notarvertrages bis zur Eintragung ins Handelsregister. Der **GmbH-Vertrag** ist von einem Notar zu beurkunden.

Die Gesellschaft ist errichtet, aber noch nicht eingetragen. Die Vorgesellschaft wird ebenfalls grundsätzlich als GbR geführt; sie wird wie eine OHG behandelt, wenn sie geschäftlich nach außen in Erscheinung tritt und ein Handelsgewerbe betreibt. Ist **vor der Eintragung** im Namen der Gesellschaft gehandelt worden, so haften die Handelnden den Gläubigern der Gesellschaft persönlich und gesamtschuldnerisch *(§ 11 GmbHG),* unmittelbar und unbeschränkt *(BFH-Urteil vom 27. Jan. 1997).* Steuerlich wird die Vorgesellschaft wie eine GmbH behandelt, d. h., sie ist körperschaftsteuerpflichtig. Verbindlichkeiten der Vorgesellschaft werden Verbindlichkeiten der späteren GmbH.

6

GmbH Vertrag	
Der GmbH-Vertrag muss beinhalten	Der GmbH-Vertrag sollte weiterhin beinhalten Regelungen über
<ul><li>Firma,</li><li>Inländische Geschäftsanschrift sowie eine inländische Anschrift einer für Willenserklärungen und Zustellungen empfangsberechtigten natürlichen Person wie z.B. Gesellschafter, Steuerberater, Wirtschaftsprüfer oder Notar</li><li>Gegenstand des Unternehmens,</li><li>Höhe des Stammkapitals,</li><li>Stammeinlage eines jeden Gesellschafters,</li><li>Art und Umfang der Vertretungsbefugnis der Geschäftsführer</li></ul>	<ul><li>die Berufung von Geschäftsführern,</li><li>die Zeichnung der Namensunterschriften der Geschäftsführer,</li><li>die Versicherung der Geschäftsführer über das Nichtvorliegen von Umständen, die die Untauglichkeit als Geschäftsführer zur Folge haben,</li><li>den Umfang der Vertretungsbefugnis,</li><li>die Beschlussfassung der Gesellschafter,</li><li>die Einberufung der Gesellschafterversammlung,</li><li>die Verteilung der Gewinne und Verluste,</li><li>die Verfügung der Geschäftsanteile,</li><li>die Vererbung von Geschäftsanteilen,</li><li>die Erstellung des Jahresabschlusses,</li><li>das Ausscheiden von Gesellschaftern und</li><li>eine Schiedsklausel.</li></ul>

Gründen Freiberufler eine GmbH[1], so müssen alle Gesellschafter, Geschäftsführer, Prokuristen und Handlungsbevollmächtigte die Voraussetzungen für den jeweiligen freien Beruf erfüllen, man spricht auch von Berufsausübungsgesellschaften.

Beispiel:

Bei einer Steuerberatungs-GmbH sind laut Satzung zwei Geschäftsführer bestimmt. Ein Geschäftsführer ist Steuerberater; der andere Geschäftsführer ist kein Steuerberater. Dies ist nach § 50 StBerG möglich, wenn die verantwortliche Führung der GmbH durch Steuerberater gewährleistet ist, d.h. die Stimme des Steuerberaters muss bei der Willensbildung ausschlaggebend sein (vgl. §§ 32 Abs. 3 S. 2, 50, 50a StBerG, BFH vom 11.11.1997, Az. VII R 41/97).

3. Entstehung der GmbH

Die juristische Person, die Körperschaft „GmbH", entsteht mit dem Tag der Eintragung ins Handelsregister, Abteilung B *(§ 11 Abs. 1 GmbHG, § 8a HGB)*.

Der **Anmeldung zum Handelsregister** müssen beigefügt werden:

- der Gesellschaftsvertrag mit den Vertretungsvollmachten,
- die Legitimation der Geschäftsführer, wenn diese nicht im Gesellschaftsvertrag bestellt sind,
- eine Namensliste aller Gesellschafter (Gesellschafterliste) mit ihren Unterschriften und Angabe ihres Standes und Wohnortes sowie die von den Gesellschaftern jeweils übernommenen Geschäftsanteile.
- bei Sacheinlagen:
  - die Verträge über die Sacheinlage sowie der Sachgründungsbericht,
  - Unterlagen darüber, dass der Wert der Sacheinlage dem Betrag der übernommenen Geschäftsanteile entspricht *(§ 8 Abs. 1 Nr. 1–6 GmbHG)*,
- ggf. die staatliche Genehmigungsurkunde (bei Steuerberatungs-, Wirtschaftsprüfungsgesellschaften, Kreditinstituten),
- die Versicherung, dass die vorgeschriebenen Geschäftsanteile *(§ 7 Abs. 2 und Abs. 3 GmbHG)* bewirkt worden sind *(§ 8 Abs. 2 GmbHG)*,

6

---

[1] Freiberufler-GmbHs zahlen verminderte IHK-Beiträge.

- eine Versicherung der Geschäftsführer, dass sie seit Rechtskraft des Urteils in den letzten fünf Jahren nicht wegen Insolvenzstraftaten *(§§ 283–283d StGB)* verurteilt worden sind *(§ 8 Abs. 3 GmbHG)*,
- die Angabe der Vertretungsbefugnis der Geschäftsführer und ihre Unterschriftsprobe *(§ 8 Abs. 4, 5 GmbHG)*.

Pflichtangaben auf Geschäftsbriefen

Die GmbH muss auf ihren Geschäftsbriefen und E-Mails *(§ 35 a GmbHG)* folgende **Angaben** machen:

- vollständiger Firmenname in Übereinstimmung mit dem im Handelsregister eingetragenen Wortlaut
- Rechtsform der Gesellschaft
- Sitz der Gesellschaft
- Registergericht des Sitzes der Gesellschaft und die Nummer, unter der die Gesellschaft in das Handelsregister eingetragen ist
- alle Geschäftsführer und – sofern die Gesellschaft einen Aufsichtsrat gebildet und dieser einen Vorsitzenden hat – der Vorsitzende des Aufsichtsrates mit Familiennamen und mindestens einem ausgeschriebenen Vornamen.

Wenn das Kapital der Gesellschaft genannt wird, muss in jedem Fall – wie auch bei der AG – das Stammkapital angegeben werden. Wenn nicht alle Einlagen, die in Geld geleistet werden müssen, eingezahlt worden sind, ist es vorgeschrieben, den Gesamtbetrag der ausstehenden Einlagen anzugeben.

Wird die GmbH **liquidiert**, müssen anstelle der Geschäftsführer die Liquidatoren auf den Geschäftsbriefen genannt werden.

Rechtsverhältnis

Die GmbH ist

6

- **Kapitalgesellschaft,**
- **juristische Person,**
- stets **Gewerbetreibender** als **Formkaufmann**; sie gilt auch dann als Handelsgesellschaft, wenn sie kein Handelsgewerbe betreibt *(§§ 13 GmbHG, 6 HGB)*,
- **partei-**, aber nicht **prozessfähig**, d. h., sie muss im Prozess durch den Geschäftsführer vertreten werden *(§ 35 GmbHG)*,
- **deliktsfähig, grundbuchfähig, insolvenzfähig,**
- **scheck- und wechselfähig,**
- **buchführungspflichtig** nach *§§ 238 ff., 242 Abs. 1, 264 Abs. 1, 267 HGB, §§ 13 Abs. 3, 41 GmbHG,*
- **publizitätspflichtig** im Rahmen der nach *§ 267 Abs. 1 HGB* vorgesehenen Größenklassen

Firma

Die GmbH muss nach *§ 4 GmbHG* als Firma

- eine Sach-, Fantasie- oder Personenbezeichnung führen **und**
- den vollen oder gekürzten Zusatz „*Gesellschaft mit beschränkter Haftung*".

Beispiel:

Frau Zilke, Herr Kelz und Herr Lins betreiben eine Brotfabrik. Mögliche Firmenbezeichnungen:
Personenfirma: *Zilke GmbH; Kelz GmbH; Lins GmbH; Zilke und Lins GmbH; Zilke und Kelz GmbH*
Sachfirma: *Brotfabrik GmbH; Schwarzbrot GmbH; Weißbrot GmbH; Brot GmbH;*
Backwaren GmbH
Fantasiefirma: *Brotkrümmel GmbH; Wasser & Mehl GmbH*

■ Kapital

Die Kapitaleinlage eines jeden Gesellschafters wird Geschäftsanteil – früher Stammeinlage – genannt. Die Summe der Geschäftsanteile bildet das Stammkapital.
Es müssen im Gesellschaftsvertrag mindestens übernommen werden als

- Mindest-Stammkapital der GmbH 25.000,00 EUR
- Mindest-Geschäftsanteil eines Gesellschafters 1,00 EUR

Der Nennbetrag der Geschäftseinlagen muss immer auf volle Euro lauten.

Das Stammkapital ist in der Bilanz als **gezeichnetes Kapital** aufzuführen. Ausstehende Stammeinlagen sind auf der Aktivseite der Bilanz gesondert als *ausstehende Einlagen auf das gezeichnete Kapital* auszuweisen.

Die **Einlagen** können in verschiedenen **Formen** erbracht werden:

- durch Bareinlagen. dies sind Einlagen, die in Geld erbracht werden.
- durch Sacheinlagen. Hier werden Sachen oder Rechte eingebracht, so z. B. Wertgegenstände, Maschinen, Forderungen usw.
- durch gemischte Einlagen. Unter einer gemischten Einlage versteht man die Verbindung von Bar- und Sacheinlagen. Der Gesellschafter kann also z. B. einen Teil der Einlage in Maschinen oder anderen Sachen leisten und einen Teil in bar.

Die *Einlagen* müssen zum Zeitpunkt der Anmeldung der Eintragung der GmbH in das Handelsregister in folgendem *Umfang* erbracht sein:

- Bareinlagen brauchen nicht in voller Höhe erbracht, sondern nur zu einem Viertel eingezahlt sein.
- Sacheinlagen sind immer in voller Höhe zu erbringen. Darüber hinaus muss der Wert der Sacheinlage in einem Sachgründungsbericht nachgewiesen werden. Werden gebrauchte Gegenstände eingebracht, wird zum Nachweis der Werthaltigkeit in aller Regel ein Sachverständigengutachten verlangt.
- Bei der gemischten Einlage sind die Sachen vollständig zu erbringen, die Bareinlagen zu einem Viertel.

GmbH-Anteile sind nicht teilbar, nicht wertpapierrechtlich verbrieft und damit **nicht börsenfähig**. Die Übertragung von GmbH-Anteilen erfordert notarielle Beurkundung.

■ Organe der GmbH

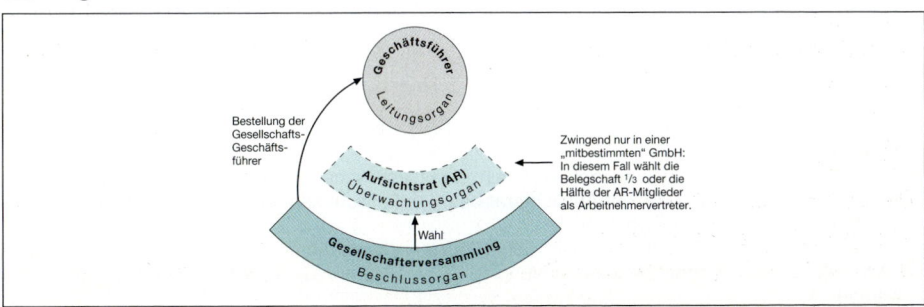

Der Gesetzgeber schreibt der GmbH zwingend mindestens zwei Organe vor:

- den oder die Geschäftsführer als Handlungsorgan *(§ 6, 35 ff. GmbHG)* und
- die Gesellschafterversammlung als oberstes Organ *(§ 45 ff. GmbHG)*.

Gesellschafter kann nur sein, wer auf der Gesellschafterliste im Handelsregister aufgeführt ist.

Die **Gesellschafterversammlung** ist oberstes Gesellschaftsorgan. Ihr Aufgabenkreis umfasst *(§ 46 GmbHG):*

- Treffen von Grundentscheidungen,
- Beschluss über die Festsetzung des Jahresabschlusses und die Verwendung des Ergebnisses,
- Bestimmung, Bestellung und Abberufung von Geschäftsführern[1] *(§ 46 Abs. 5 GmbHG)*,
- Änderungen des Gesellschafter-Geschäftsführer-Dienstvertrages,
- Aufstellung von Regeln zur Prüfung und Überwachung der Geschäftsführung,
- Beschluss über die Einforderung von Einzahlungen auf die Stammeinlagen,
- Beschluss über die Rückzahlung von Nachschüssen,
- Bestellung von Prokuristen[2] und Handlungsbevollmächtigten,
- Teilung und Einziehung von Geschäftsanteilen.

Beschlüsse erfordern die einfache Mehrheit der abgegebenen Stimmen. Jeder voller EUR-Betrag eines Geschäftsanteils gewährt eine Stimme *(§ 47 GmbHG)*. Beschlüsse, die zur **Änderung** des Gesellschaftsvertrages führen *(z. B. Erhöhung der Stammeinlagen)*, erfordern eine 3/4 (= **qualifizierte**) Mehrheit und notarielle Beurkundung *(§§ 53, 60 GmbHG)*. Die Einladung zur Gesellschafterversammlung muss durch eingeschriebenen Brief mit einer Frist von mindestens einer Woche erfolgen *(§ 51 Abs. 1 GmbHG)*.

Ein **Aufsichtsrat**

- kann bei bis 500 Arbeitnehmern unter Beachtung aktienrechtlicher Vorschriften bestellt werden *(§ 52 GmbHG)*,
- muss bei mehr als 500 Arbeitnehmern bestellt werden und zu 1/3 aus Arbeitnehmervertretern bestehen *(§ 129 BetrVG i. V. m. § 77 Abs. 1)*,
- muss bei mehr als 2.000 Arbeitnehmern bestellt werden und zur Hälfte aus Arbeitnehmervertretern bestehen *(§ 1 MitbestG)*,
- muss bei Montangesellschaften bestellt werden *(§ 3 MontanMitbestG)*.

Die Aufgaben des Aufsichtsrates richten sich

- bei freiwilligen Aufsichtsräten (bis 500 Arbeitnehmern) nach dem Gesellschaftsvertrag *(BetrVG 1952)*,
- bei vorgeschriebenen Aufsichtsräten nach dem Betriebsverfassungsgesetz *(§§ 76, 77 BetrVG 1952)*, dem Mitbestimmungsgesetz und den Vorschriften des Aktienrechts *(§ 52 GmbHG)*.

---

[1] In der Satzung kann geregelt werden, dass einzelne Gesellschafter, eine Gesellschaftergruppe, ein außen stehender Dritter oder der Aufsichtsrat das Sonderrecht haben, den Geschäftsführer zu bestimmen, zu bestellen oder abzuberufen.

[2] Nach *§ 48 Abs. 1 HGB* kann der gesetzliche Vertreter (Geschäftsführer) Prokura erteilen, die Zustimmung der Gesellschafter-Versammlung *(§ 46 Nr. 7 GmbHG)* ist **nur** im Innenverhältnis notwendig.

Geschäftsführung

Die **Geschäftsführung** betrifft des **Innenverhältnis** der GmbH und umfasst das Recht zum Handeln für die Gesellschaft. Die Geschäftsführung wird vom **Geschäftsführer** der GmbH ausgeübt. Es können auch mehrere Geschäftsführer bestellt werden.

Das Recht auf Geschäftsführung wird abgeleitet aus dem **Gesellschaftsvertrag** und den **Beschlüssen** der Gesellschafter. Die Gesellschafterversammlung bildet den Willen; der Geschäftsführer führt den Willen aus. Der Gestaltungsspielraum des Geschäftsführers sollte im Geschäftsführervertrag genau geregelt sein.

Der Geschäftsführer ist der **gesetzliche Vertreter** der GmbH.

Der Geschäftsführer muss eine natürliche, unbeschränkt geschäftsfähige Person sein *(vgl. § 6 Abs. 2 GmbHG)*; er handelt mit Wirkung für und gegen die GmbH. Durch ihn wird die GmbH handlungsfähig.

Möglich sind

- angestellte Geschäftsführer, die nicht gleichzeitig Gesellschafter sind,
- Geschäftsführer, die gleichzeitig Gesellschafter sind (Gesellschafter-Geschäftsführer).

Zuständig für die Bestellung des Geschäftsführers sind die Gesellschafter *(§ 46 Abs. 5 i. V. m. § 46 Abs. 2 GmbHG)*; im Gesellschaftervertrag kann einem anderen Organ oder einem Gesellschafter die Zuständigkeit übertragen werden.

Unterliegt die GmbH dem Mitbestimmungsgesetz oder dem Montanmitbestimmungsgesetz, so obliegt die Bestellung des Geschäftsführers dem Aufsichtsrat *(§ 31 MitbestG, § 12 MontanMitbetG)*.

Der Geschäftsführer wird normalerweise **bestellt**

- im Gesellschaftsvertrag *(§ 6 Abs. 3 S. 2 GmbHG)* oder
- durch einfachen Beschluss der Gesellschafterversammlung mit einfacher Mehrheit, wenn im Gesellschaftsvertrag keine anderen Regelungen vorgegeben werden *(§ 46 Nr. 5 GmbHG)*.

Jede Bestellung oder Abberufung eines Geschäftsführers ist zur Eintragung ins Handelsregister anzumelden.

Die Geschäftsführung kann ausgeübt werden

- bei Einzelgeschäftsführung durch einen Geschäftsführer allein,
- bei Gesamtgeschäftsführung durch mehrere Geschäftsführer gemeinsam.

Hauptfunktionen des Geschäftsführers sind

- im Außenverhältnis die *Vertretungsbefugnis (§§ 35 Abs. 1, 36 GmbHG)* und
- im Innenverhältnis die *Geschäftsführungsbefugnis (§ 37 Abs. 2 GmbHG)*.

Die **Aufgaben** der Geschäftsführer werden festgelegt durch Dienstvertrag *(§ 612 ff. BGB), GmbHG* und Gesellschafterbeschlüsse. Der Geschäftsführer ist Angestellter der GmbH und erhält ein Gehalt, das steuerlich dann als Betriebsausgabe ansetzbar ist, wenn klare, eindeutige und angemessene Vereinbarungen über die Tätigkeitsvergütung sowie anderer Vorteile schriftlich vorliegen *(R 31 Abs. 3 S. 3 KStR)*. Eine Angemessenheitsprüfung erfolgt im Rahmen einer LSt- oder Außenprüfung; sie prüft, ob das Gehalt einem Fremdvergleich standhalten kann. Zahlt die GmbH ein zu hohes Gehalt, so wird eine *verdeckte Gewinnausschüttung* unterstellt, die auf der Ebene der Gesell-

6

schafter zu einer Umqualifizierung der Einkünfte von nichtselbstständiger Arbeit zu Einkünften aus Kapitalvermögen, evtl. einer KSt-Mehrbelastung und Gewerbesteuernachzahlung führt.

Bei **Gesellschafter-Geschäftsführern** ist zum Nachweis Schriftform für den Arbeitsvertrag zu empfehlen, in dem alle Leistungen der GmbH an den Geschäftsführer *(z. B. Gehalt, Tantieme, Sonderzahlungen, Zuschläge, Direktversicherungen, Betriebsrente, Annehmlichkeiten, Auslagenersatz)* aufgelistet werden.

Stellung des/der Geschäftsführer:

- *arbeitsrechtlich*:   Nach den rein arbeitsrechtlichen Vorschriften sind Geschäftsführer keine reinen Arbeitnehmer, sie unterliegen dem Dienstvertragsrecht. Es gelten für sie z. B. nicht das Bundesurlaubsgesetz, die Arbeitszeitordnung, sonstige tarifliche Bedingungen, Arbeitnehmer-Schutzrechte, die arbeitsrechtlichen Vorschriften über Kündigung (Kündigungsschutzgesetz), Lohn- und Gehaltsfortzahlung, Zuzahlungen zu den vermögenswirksamen Leistungen.

- *lohnsteuerrechtlich*:   Der Geschäftsführer einer GmbH ist Arbeitnehmer, unabhängig davon, ob er Angestellter oder Gesellschafter-Geschäftsführer ist.

- *sozialversicherungsrechtlich*:   Geschäftsführer, die keine Gesellschafter sind, sind als Arbeitnehmer normal sozialversicherungspflichtig, wenn sie persönlich unabhängig sind. Gesellschafter-Geschäftsführer mit einer Beteiligung unter 50 % sind im Normalfall sozialversicherungspflichtig; bei einer Beteiligung ab 50 % wird unterstellt, dass der Geschäftsführer keine Arbeitnehmertätigkeit ausübt und deshalb nicht sozialversicherungspflichtig ist.

Zweifelsfälle können mit einem Feststellungsbogen der Bundesagentur für Arbeit – erhältlich bei den Krankenkassen und bei der Bundesagentur für Arbeit – geklärt werden.

Die Geschäftsführer haben insbesondere die **Pflicht**,

- die Geschäftsführung entsprechend den Weisungen der Gesellschafter und unter Beachtung des Gesellschaftsvertrages auszuüben,
- die Gesellschaft nach außen zu vertreten und im Innenverhältnis die Unternehmensleitung auszuüben,
- die Mitarbeiter auszuwählen und zu überwachen,
- sich loyal gegenüber der GmbH zu verhalten (Treuepflicht, Wettbewerbsverbot),
- für eine ordnungsgemäße Buchführung und Bilanzierung zu sorgen *(§§ 41, 42 GmbHG)*; dies umfasst die Inventarpflicht, die Pflicht zur Aufstellung des Jahresabschlusses und des Lageberichtes, die Erteilung des Prüfungsauftrages an die Abschlussprüfer, die Mitwirkung an der Abschlussprüfung durch Auskunfts- und Vorlagepflichten, die Pflicht zur Offenlegung des Jahresabschlusses sowie die Aufbewahrung dieser Unterlagen,
- die Steuererklärungen der GmbH abzugeben *(§§ 34, 69 AO)*,
- das Stammkapital vor verbotenen Auszahlungen zu bewahren *(§§ 30, 43 Abs. 3 GmbHG,*

6

- den verbotenen Erwerb eigener Anteile zu verhindern *(§§ 33, 43 Abs. 3 GmbHG)*,
- die Gesellschafterversammlung einzuberufen *(§ 49 GmbHG)*,
- bei Zahlungsunfähigkeit oder Überschuldung den Insolvenzeröffnungsantrag zu stellen *(§ 64 GmbHG)*.

Für Geschäftsführer besteht ein **Wettbewerbsverbot**, das aber vertraglich aufgehoben werden kann. In Angelegenheiten der Gesellschaft hat der Geschäftsführer die Sorgfalt eines ordentlichen Kaufmanns anzuwenden *(§ 43 Abs. 1 GmbHG)*.

Aufgaben des/der Geschäftsführer als Leitungsorgan der GmbH	
Geschäftsführung im Innenverhältnis	Vertretung im Aussenverhältnis
- Geschäftsleitung: Wahrnehmung der Managementfunktion, Organisation und Überwachung des Geschäftsbetriebes - Verantwortung für die Buchführung, Vorbereitung und Aufstellung des Jahresabschlusses und des Lageberichts - Einberufung der Gesellschafterversammlung - Durchführung der Gesellschafterbeschlüsse - Auskunftserteilung gegenüber Gesellschaftern	- Anmeldung zum Handelsregister - Einreichung einer veränderten Gesellschafterliste zum Handelsregister - Vertretung der GmbH gegenüber Dritten in allen gerichtlichen und außergerichtlichen Angelegenheiten *(§ 35 Abs. 1 GmbHG)* - Der Umfang der Vertretungsmacht ist unbeschränkt und unbeschränkbar. - Stellung des Antrags auf Eröffnung eines Insolvenzverfahrens bei Zahlungsunfähigkeit oder Überschuldung

Vertretung

Die **Vertretung** betrifft das Außenverhältnis der GmbH. Sie geschieht
- bei Einzelvertretungsmacht durch einen Geschäftsführer allein,
- bei Gesamtvertretungsmacht durch alle Geschäftsführer gemeinsam,
- bei unechter Gesamtvertretungsmacht durch mindestens zwei Geschäftsführer oder einen Geschäftsführer zusammen mit einem Prokuristen.

Gesetzliche Regelung
Fehlen Vereinbarungen über die Vertretung der Gesellschaft, so gilt Gesamtvertretungsmacht.

Haftung

Gegenüber Dritten haftet die GmbH „beschränkt", d.h. für Verbindlichkeiten der GmbH haftet grundsätzlich nur das Gesellschaftsvermögen[1] *(§ 13 Abs. 2 GmbHG)*. Die Gläubiger können sich nicht aus dem Privatvermögen der Gesellschafter befriedigen.

Die Haftungsbeschränkung auf das Gesellschaftsvermögen gilt erst ab Eintragung der GmbH in das Handelsregister (zuvor haften die Gründungsmitglieder auch mit ihrem Privatvermögen).

---

[1] Sind die Gesellschafter beherrschend und gleichzeitig Geschäftsführer sowie noch anderweitig unternehmerisch tätig (als *Einzelunternehmer, Gesellschafter einer OHG, Komplementär einer KG*), dann wendet der BGH die Regelungen für den faktischen Konzern an und **dehnt die Haftung** auch auf das Privatvermögen dieser Gesellschafter **aus**. Das BAG hat sich ebenfalls dieser Rechtsauffassung angeschlossen *(BAG 9 AZR 197/92 v. 08.03.1994)*.

Nach *§ 43 GmbHG* haften Geschäftsführer für **Pflichtverletzungen**, wenn sie schuldhaft (= vorsätzlich oder fahrlässig) gehandelt haben. Ihre steuerrechtliche Haftung bestimmt sich aus *§§ 43, 69 AO,* für Gesellschafter-Geschäftsführer greift zusätzlich der *§ 74 AO.*

Beispiele für Pflichtverletzungen durch den Geschäftsführer:

Nichtabgabe von Steuererklärungen, falsche und unrichtige Angaben in Steuererklärungen, Nichtzahlung oder verspätete Zahlung von Steuern, Verletzung der Buchführungs- und Aufzeichnungspflichten.
Erst nachdem die Vollstreckung in das bewegliche Vermögen der GmbH erfolglos war, kann das Finanzamt den Geschäftsführer als Haftungsschuldner in Anspruch nehmen.

Beachten Sie bitte:

- Die Haftungsbeschränkung hat zwar rechtliche, aber im Normalfall keine tatsächlichen Folgen, weil Gläubiger *(z. B. Banken)* verlangen, dass die Haftungsbeschränkungen durch persönliche Bürgschaften oder Kreditsicherheiten aus dem Privatvermögen der Gesellschafter indirekt wieder aufgehoben werden.
- Es empfiehlt sich bei Eheleuten den Güterstand zu überdenken. Im Rahmen eines notariellen Ehevertrages *(§§ 1408, 1410 BGB)* sollte der gesetzliche Güterstand der Zugewinngemeinschaft derart abgeändert werden, dass ein Zugewinnausgleich aus dem betrieblichen Bereich für den Fall der Scheidung der Ehe ausgeschlossen oder gemindert wird *(vgl. §§ 1372 ff. BGB)*

Pflichten der Gesellschafter

- Leistung der vereinbarten Geschäftsanteile *(§ 19 GmbHG),*
- Zahlung von Verzugszinsen bei verspäteter Einzahlung *(§ 20 ff. GmbHG),*
- Nachschusspflicht bei vertraglicher Vereinbarung *(§ 26 GmbHG),*
- Weitere Pflichten können vertraglich begründet werden, z. B.
  - Gewährung eines Darlehens an die GmbH,
  - Nutzungsüberlassung von Rechten und Sachen,
  - Übernahme von Geschäftsführertätigkeiten,
  - Wettbewerbsverbot,
  - Insolvenzantragspflicht bei Führungslosigkeit der GmbH.

Nachschusspflicht	
beschränkte (§ 28 GmbHG)	**unbeschränkte (§ 27 GmbHG)**
■ Höchstbetrag ist im Gesellschaftsvertrag festgelegt	■ Gesellschafter beschließen über die Höhe des Nachschusses
■ **Kaduzierung** des Geschäftsanteils bei Nichtzahlung, Geschäftsanteil wird für verlustig erklärt *(§ 21 GmbHG)*	■ **Abandonrecht** Gesellschafter kann sich von dem eingeforderten Nachschuss befreien, indem er innerhalb eines Monats nach Aufforderung zur Einzahlung der Gesellschaft seinen Anteil zur Verfügung stellt
■ Öffentliche Versteigerung *(§§ 23–24 GmbHG)* • *Mehrerlös* erhält die *GmbH* • *Mindererlös* trägt der ausgeschiedene *Gesellschafter*	■ Öffentliche Versteigerung *(§§ 23–24 GmbHG)* • *Mehrerlös* erhält der ausgeschiedene *Gesellschafter* • *Mindererlös* trägt die GmbH

6

Rechte der Gesellschafter

- Teilnahme an der Gesellschafterversammlung und Stimmrecht *(§ 45 ff. GmbHG)*
- Auskunfts- und Einsichtsrecht *(§ 51a GmbHG)*
- Anfechtung von Gesellschafterbeschlüssen
- Anspruch auf Gewinnanteil *(§ 29 GmbHG)*
- Anspruch auf Anteil am Liquidationserlös (§ 72 GmbHG)

Gewinnverteilung

Der **Jahresüberschuss** ist im Verhältnis der Gesellschaftsanteile zu verteilen *(§ 29 Abs. 1 und 3 GmbHG)*. Im Gesellschaftsvertrag können andere Regelungen vereinbart werden.

Beispiele:

- *Verwendung des Jahresüberschusses zur Bildung von Gewinnrücklagen oder eines Gewinnvortrages (§ 21 Abs. 2 GmbHG)*
- *Erfassung der Gewinnanteile der Gesellschafter auf Kontokorrentkonten mit Verbindlichkeitscharakter*

Besonderheiten

Der/die Geschäftsführer der GmbH haben den Jahresabschluss und den Lagebericht für die GmbH zu erstellen und der Gesellschafterversammlung vorzulegen.

Jahresabschluss und Lagebericht

- sind von allen Geschäftsführern aufzustellen *(§ 264 HGB)*,
- werden unter Beachtung der Grundsätze ordnungsgemäßer Buchführung erstellt und
- haben ein den tatsächlichen Verhältnissen entsprechendes Bild der Vermögens-, Finanz- und Ertragslage der Kapitalgesellschaft GmbH zu vermitteln,
- müssen nach Erstellung unverzüglich den Gesellschaftern vorgelegt werden *(§ 42a GmbHG)*,
- müssen bei mittelgroßen GmbH's dem vereidigten Buchprüfer/Wirtschaftsprüfer, bei großen GmbH's dem Wirtschaftsprüfer zur Prüfung vorgelegt werden; nach Prüfung ist der Prüfungsbericht den Gesellschaftern vorzulegen,
- müssen bei Vorhandensein eines Aufsichtsrates von diesem geprüft werden; über die Prüfung ist ein Bericht zu erstellen, der von den Geschäftsführern den Gesellschaftern vorgelegt werden muss.

6

	kleine GmbH	mittelgroße GmbH	große GmbH
zu erstellen sind	▪ Jahresabschluss	▪ Jahresabschluss ▪ Lagebericht	▪ Jahresabschluss ▪ Lagebericht
Frist zur Aufstellung	6 Monate	3 Monate	3 Monate
Pflicht zur Prüfung durch ...	entfällt	Ja, durch vereidigten Buchprüfer oder Wirtschaftsprüfer	Ja, durch Wirtschaftsprüfer
Frist zur Feststellung	11 Monate	8 Monate	8 Monate
Offenlegung	12 Monate	12 Monate	12 Monate
Offen zu legen sind ...	Bilanz und Anhang	Jahresabschluss und Lagebericht	Jahresabschluss und Lagebericht

Der Jahresabschluss besteht bei Kapitalgesellschaften aus der Bilanz, der Gewinn- und Verlustrechnung sowie dem Anhang *(§ 284 HGB)*. Zusätzlich müssen mittelgroße und große GmbHs einen Lagebericht erstellen *(§ 289 i. V. m. § 264 HGB)*.

◻ Auflösung der Gesellschaft

Gesetzliche Auflösungsgründe sind *(§ 60 GmbHG):*
- Ablauf der vereinbarten Dauer,
- Gesellschafterbeschluss mit 3/4-Mehrheit der abgegebenen Stimmen, sofern der Gesellschaftsvertrag nichts anderes bestimmt,
- gerichtliches Urteil oder gerichtliche Beschlüsse,
- Verfügungen des Registergerichtes,
- Insolvenzeröffnung und rechtskräftige Abweisung des Insolvenzantrages mangels Masse *(§ 60 Abs. 1 Nr. 4 und 5 GmbHG)*.

Die GmbH gilt als beendet, wenn
- die GmbH vermögenslos ist und
- die Löschung der GmbH im Handelsregister erfolgt ist.

Auseinandersetzung

Wenn kein Insolvenzverfahren eröffnet wurde, findet nach dem Auflösungsbeschluss der Gesellschafterversammlung die **Liquidation** statt *(§§ 65 ff. GmbHG)*.

Ablauf der Liquidation

Die Geschäftsführer, auch **Liquidatoren** genannt, führen regelmäßig die Abwicklung der Unternehmung durch *(§ 66 GmbHG)*. Auch andere Personen können zum Liquidator bestellt werden.

Aus Gründen des Gläubigerschutzes ist folgendes Verfahren einzuhalten:
- Veröffentlichung des Auflösungsbeschlusses und Eintragung ins Handelsregister *(§ 65 GmbHG)*,
- die Firmenbezeichnung erhält auf allen Geschäftsbriefen den Zusatz „i. L." (in Liquidation) *(§ 71 Abs. 5 GmbHG)*,
- Bestellung eines Liquidators *(§ 66 ff. GmbHG)*,
- Veräußerung der Vermögensgegenstände *(Maschinen, Grundstücke, Vorräte)*, Einziehung der Forderungen, Ausgleich der Verbindlichkeiten und Rechnungslegung durch Aufstellung einer Eröffnungsbilanz zu Beginn der Liquidation und Jahresabschlüsse mit Lageberichten für die Dauer des Liquidationsverfahrens *(§ 71 GmbHG)*,
- Verteilung des verbleibenden Vermögens *(§ 72 GmbHG)*,
- Löschung der Firma im Handelsregister nach Erstellung der Schlussrechnung *(§ 74 GmbHG)*,
- Geschäftsbücher sind 10 Jahre von einem der Gesellschafter oder einem Dritten aufzubewahren (in Ermangelung einer Regelung im Gesellschaftsvertrag bestimmt das Gericht den Ort der Aufbewahrung) *(§ 74 Abs. 2 GmbHG)*.

Auswirkungen:
- Arbeitnehmer verlieren ihren Arbeitsplatz,
- Kunden benötigen einen neuen Zulieferer,
- Förderung der Unternehmenskonzentration.

Die Gesellschaft entschließt sich nur dann zur **Liquidation**, wenn der **Unternehmensverkauf im Ganzen für sie nicht vorteilhafter** ist.

▪ Besonderheiten

Einpersonen-GmbH

Die Gründung einer Einpersonen-GmbH ist nach *§ 1 GmbHG* zulässig, d. h. eine Person ist alleiniger Gesellschafter und hält alle Geschäftsanteile in einer Hand.

Streng zu unterscheiden ist aber zwischen dem Gesellschafter als natürliche Person und der Gesellschaft als juristische Person.

Die Gründung dieser Einpersonen-GmbH kann insbesondere bei einem Einzelkaufmann
- die Unternehmenskontinuität sichern,
- die Haftung für einen Einzelunternehmer beschränken.

Weil der Allein-Gesellschafter die Gesellschafterversammlung bildet, müssen die Beschlüsse im Interesse der Rechtssicherheit unverzüglich nach Zustandekommen protokolliert und unterzeichnet werden *(§ 48 GmbHG)*.

Freiberufler-GmbH

Die Vorteilhaftigkeit der Freiberufler-GmbH liegt in der Möglichkeit der Bildung von Pensionsrückstellungen und der Haftungsbeschränkung. Allerdings hat die GmbH eine Berufshaftpflichtversicherung von mindestens 2,5 Mill. EUR je Einzelfall abzuschließen.

▪ Steuerliche Behandlung

Die juristische Person „GmbH" ist selbstständiges Steuersubjekt. Die Steuerpflicht der GmbH wird unabhängig von ihrer Tätigkeit durch ihre Rechtsform bestimmt. Grundsätzlich geschieht die Besteuerung auf der Ebene
- der Gesellschaft „GmbH" **und**
- der Gesellschafter.

1. Körperschaftsteuer

Die GmbH ist unbeschränkt **körperschaftsteuerpflichtig**, wenn sie ihre Geschäftsleitung oder ihren Sitz im Inland hat *(§ 1 Abs. 1 Nr. 1 KStG)*. Die Körperschaftsteuerpflicht beginnt mit der Vorgesellschaft, d. h. ab Beurkundung beim Notar.

Zum Zeitpunkt der Gründung muss eine Eröffnungs-Steuerbilanz erstellt werden; sie ist oft mit der Eröffnungs-Handelsbilanz identisch. **Abweichungen** können sich bei Sacheinlagen aufgrund unterschiedlicher Wertansätze ergeben.

- Die Körperschaftsteuer bemisst sich nach dem zu versteuernden Einkommen des *§ 8 Abs. 1 KStG*, vermindert um die Freibeträge nach *§§ 24, 25 KStG (§ 7 Abs. 1 KStG)*.
- Die an die Geschäftsführer gezahlten Gehälter sind Betriebsausgaben.
- Der Gewinn ist durch Betriebsvermögensvergleich *(§ 8 Abs. 2 i. V. m. § 8 Abs. 1 KStG und § 5 EStG)* zu ermitteln und als Gewinn aus Gewerbebetrieb zu behandeln.
- Der Körperschaftsteuersatz beträgt sowohl für einbehaltene (thesaurierte) als auch für ausgeschüttete Gewinne 15 % *(§ 23 Abs. 1 KStG)*.

2. Besteuerung der Gewinnanteile auf der Ebene der Gesellschafter

Die Gewinnanteile sind bei Gesellschaftern, die natürliche Personen sind, als **Einkünfte aus Kapitalvermögen** zur Einkommensteuer zu veranlagen, wenn die Gewinnanteile zum Privatvermögen der Gesellschafter gehören *(§ 20 Abs. 1 Nr. 1 EStG)*.

6

Sind die GmbH-Anteile hingegen *Betriebsvermögen*, ist zu *prüfen*, ob die Gewinnanteile als Einkünfte aus Gewerbebetrieb, Land- und Forstwirtschaft oder selbstständiger Arbeit gelten.

Gewinnausschüttungen einer GmbH an ihre Gesellschafter werden grundsätzlich mit der **Abgeltungsteuer** von 25 % besteuert *(§ 32d EStG)*. Bemessungsgrundlage ist dabei die Bruttoausschüttung, Werbungskosten sind nicht mehr abziehbar. Auf Antrag des Gesellschafters kann die Ausschüttung aber auch in die Einkommensteuerveranlagung mit dem allgemeinen Einkommensteuertarif unter Berücksichtigung eines Sparer-Pauschbetrages einbezogen werden.

Gehören die GmbH-Anteile beim Gesellschafter zu einem Betriebsvermögen (z. B. bei einer Betriebsaufspaltung = Besitzgesellschaft in der Rechtsform der Personengesellschaft oder Einzelunternehmung), ist eine Gewinnausschüttung der GmbH ab 2009 mit 60 % steuerpflichtig und unterliegt dem allgemeinen Steuersatz.

Ist der Gesellschafter zu mindestens 1 % an der GmbH beteiligt und verkauft er seinen Anteil mit Gewinn (Veräußerungserlös abzüglich Anschaffungskosten), ist der Gewinn mit 60 % des Gewinns nach den allgemeinen Regeln zu versteuern.

Ist der Gesellschafter zu weniger als 1 % an der GmbH beteiligt, liegt nach der geltenden Rechtslage nur dann ein steuerpflichtiges Veräußerungsgeschäft vor, wenn er die Anteile innerhalb eines Jahres verkauft.

Hat ein Gesellschafter der GmbH seiner GmbH zu fremdüblichen Bedingungen ein Darlehen gewährt, muss er die Zinsen als Einkünfte aus Kapitalvermögen bei seiner Einkommensteuerveranlagung versteuern, wenn der Gesellschafter zu mindestens 10 % an der GmbH beteiligt ist.

Abgeltungsteuer
(§ 43a Abs. 1 Satz 1 Nr. 1 EStG)

Seit 2009 gilt der Steuerabzug auf Kapitalerträge, die Abgeltungsteuer. Die Abgeltungsteuer betrifft die Besteuerung von Kapitalerträgen aus Aktien, Investmentfonds, Zertifikaten und festverzinslichen Wertpapieren.

- *Es gelten keine Spekulationsfristen.*

- *Dividenden werden doppelt besteuert:* Sie unterliegen auf der Unternehmensebene der Körperschaftsteuer und auf der Kapitaleignerebene der Abgeltungsteuer.

- Mit der Abgeltungsteuer in Höhe von 25 % zzgl. Solidaritätszuschlag und evtl. Kirchensteuer ist die Steuerpflicht abgegolten.

  Beispiel:

Dividendenzahlung	*1.000,00 EUR*
– 25 % Abgeltungsteuer	*250,00 EUR*
– 5,5 % SolZ	*13,75 EUR*
– evtl. KiSt	

---

3. Gewerbesteuer

- Kapitalgesellschaften sind Formkaufleute und betreiben ein Handelsgewerbe. Sie sind gewerbesteuerpflichtig, auch wenn keine Gewinnerzielungsabsicht besteht *(§ 2 Abs. 2 GewStG)*. Schuldrechtliche Beziehungen zwischen Gesellschaftern und GmbH werden – anders als bei Einzelunternehmen und Personengesellschaften – bei der Gewerbesteuer nach dem Gewerbeertrag anerkannt *(§ 8 Nr. 1 und 7 GewStG)*.

6

- Der nach den Vorschriften des EStG und KSt ermittelte Gewinn, vermehrt und vermindert um die in *§ 8 GewStG* bezeichneten Beträge, ist als Gewerbeertrag steuerpflichtig. Der Freibetrag nach *§ 11 Abs. 1 S. 3 Nr. 1 GewStG* steht Kapitalgesellschaften nicht zu.
- Der Ansatz der Geschäftsführergehälter als Betriebsausgabe führt zu einer Minderung der Gewerbesteuer.
- Die Gewerbesteuer ist keine Betriebsausgabe und führt damit zu keiner Minderung der Körperschaftsteuer.

4. Bewertungsgesetz

Die Bewertung des Grundbesitzes wird für die Erbschaft- und Schenkungsteuer in den *§§ 176–198 BewG* und für die Grunderwerbsteuer in den *§§ 138–150 BewG* geregelt.
Sind Anteile an Kapitalgesellschaften im Erbschaft- und Schenkungsteuerfall zu bewerten, ist *§§ 199–203* anzuwenden.

5. Umsatzsteuer

Die GmbH ist **Unternehmer** *(§ 2 UStG)* und tätigt Umsätze nach *§ 1 ff. UStG*.
Die Abgabe von Gesellschaftsrechten gegen Entgelt (Stammeinlagen) ist umsatzsteuerbar, aber umsatzsteuerfrei *(§ 4 Nr. 8e und 8f UStG)*; es besteht ein Optionsrecht nach *§ 9 Abs. 1 UStG*.
Umsätze mit Organgesellschaften unterliegen nicht der Umsatzsteuerpflicht *(§ 2 Abs. 2 Nr. 2 UStG)*.

6. Grunderwerbsteuer

Inländischer Grundstückserwerb der GmbH ist **grunderwerbsteuerpflichtig**, unabhängig davon, ob das Grundstück von Dritten oder einem Gesellschafter erworben wird *(§ 1 Abs. 1 GrEStG)*.

Die **GmbH** ...

- ist eine juristische Person des Privatrechts,
- gilt unabhängig von ihrem Gegenstand als Handelsgesellschaft,
- kann von nur einer Person gegründet werden (Einmann-GmbH),
- entsteht durch Eintragung ins Handelsregister, Abteilung B,
- führt eine Sach-, Fantasie- oder Personenfirma mit dem Zusatz „GmbH",
- ist selbstständiges Steuersubjekt,
- hat zwei, ggf. drei Organe:
  - die Gesellschafterversammlung als Beschlussorgan,
  - den/die Geschäftsführer als Leitungsorgan,
  - ggf. den Aufsichtsrat als Überwachungsorgan (nur zwingend in einer mitbestimmten GmbH).
- Der Gesellschaftsvertrag bedarf notarieller Beurkundung. *Ausnahme*: UG (haftungsbeschränkt)
- Das gezeichnete Kapital heißt Stammkapital, die Einlagen der Gesellschafter Stammeinlagen.
- Für die Verbindlichkeiten der GmbH haftet nur das Gesellschaftsvermögen; die Haftung der Gesellschafter ist auf die Höhe ihrer Stammeinlagen beschränkt.
- Geschäftsführung und die Vertretung obliegen dem/den Geschäftsführer(n).
- Für die GmbH gilt die abgestufte Publizitätspflicht.

6

Vorteile	Nachteile
■ Gründung mit geringem oder keinen Kapital und geringen Gründungskosten als Kapitalgesellschaft ■ Beschränkung des Verlustrisikos auf Stammeinlage (Firmenkapital, mindestens Stammkapital) ■ keine persönliche Haftung ■ Anteile können veräußert und vererbt werden ■ Möglichkeit der Eigenkapitalerweiterung durch Aufnahme neuer Gesellschafter ■ Gesellschafter haben weitgehendes Mitverwaltungsrecht ■ abgestufte Publizitäts- und Rechnungslegungspflichten ■ geeignet für kleinere und mittlere Unternehmungen sowie Familiengesellschaften oder als Ein-Mann-GmbH zur Begrenzung des Haftungsrisikos ■ Vergütungen an Geschäftsführer (i. d. R. gleichzeitig Gesellschafter) sind steuerlich abziehbare Betriebsausgaben ■ Die GmbH kann auch als Handwerksbetrieb gegründet werden, wenn weder Gesellschafter noch Geschäftsführer Handwerksmeister sind, wenn ein Handwerksmeister oder Ingenieur mit mindestens dreijähriger Praxis eingestellt wird.	■ geringe Kreditwürdigkeit (Banken verlangen i. d. R. die persönliche Haftungsübernahme durch die Gesellschafter bei Kreditzusagen) ■ ggf. Nachschusspflicht ■ Gesellschaftsanteile sind nicht über die Börse handelbar ■ fehlendes Kontrollorgan bei nicht zwingend mitbestimmungspflichtigen Gesellschaften ■ strenge formale Anforderungen und umständliche Übertragung von Anteilen wegen notarieller Beurkundung ■ kein Zwang zur Bildung gesetzlicher Rücklagen ■ kein Freibetrag bei der Gewerbesteuer ■ Aufwendige formelle Erfordernisse bei der Gründung. *Ausnahme:* UG (haftungsbeschränkt) ■ Die steuerliche Abwicklung ist komplizierter als bei Personengesellschaften ■ Der Freibetrag bei der Gewerbesteuer nach dem Gewerbeertrag gilt nicht für die GmbH ■ Höhere Anforderungen an Bilanzierung und Offenlegung

6.6.1.2   Unternehmergesellschaft – UG (haftungsbeschränkt)

6

Rechtsgrundlagen: *§ 5a GmbHG*

Die Unternehmergesellschaft/UG (haftungsbeschränkt) ist keine eigene Rechtsform. Sie ist eine Unterform der „klassischen" GmbH, bei der das Stammkapital weniger als 25.000,00 EUR beträgt.

Für die UG (haftungsbeschränkt) gelten – soweit keine Spezialregelungen zutreffen – ansonsten alle gesetzlichen Regelungen der GmbH.

Gründung	■ Es ist ein notariell beurkundeter Gesellschaftsvertrag notwendig. Möglich sind
	  • ein individueller Gesellschaftsvertrag oder
	  • das Musterprotokoll nach *§ 2 Abs. 1a S. 2 und 3 GmbHG mit der Anlage 1a und 1b*, soweit die Gesellschaft höchstens 3 Gesellschafter und nur einen Geschäftsführer hat.
	■ Nur Bargründungen sind erlaubt *(§ 5a Abs. 2 GmbHG)*.

Handelsregister	Die UG (haftungsbeschränkt) entsteht erst mit Eintragung in das Handelsregister, Abteilung B.

Firma	■ Name oder Sachbezeichnung mit dem Zusatz
	  • „Unternehmergesellschaft (haftungsbeschränkt)" oder
	  • „UG (haftungsbeschränkt)".
	■ Der Zusatz „mbH" darf nicht geführt werden *(§ 5a Abs. 1 GmbHG)*.
	■ Es gelten die Vorschriften nach *§ 4 GmbHG und § 17 ff. HGB*.

Rechtsverhältnis	Die UG (haftungsbeschränkt)
	■ tritt – vertreten durch die Geschäftsführung – selbstständig im Geschäftsverkehr auf,
	■ kann selbst klagen und verklagt werden,
	■ kann Eigentum erwerben und eigenes Vermögen besitzen,
	■ ist eigenständig steuerpflichtig.
Kapital	■ Das Stammkapital kann auf jeden vollen Euro-Betrag lauten, der das Mindeststammkapital nach *§ 5 Abs. 1 GmbHG* unterschreitet *(§ 5a Abs. 1 GmbHG)*.
	■ Mindeststammkapital im Zeitpunkt der Gründung: 1,00 EUR.
	■ Maximales Stammkapital: 24.999,00 EUR.
	■ Bei mehreren Gesellschaftern muss jeder Gesellschafter mindestens 1,00 EUR Einlage leisten.
	■ Das vereinbarte Stammkapital muss immer in voller Höhe eingezahlt werden (Pflicht zur Volleinzahlung).
Rücklage	■ Die UG (haftungsbeschränkt) muss eine gesetzliche Rücklage bilden *(§ 5 Abs. 3 GmbHG)*.
	■ Jedes Jahr muss ein Viertel des Jahresüberschusses in die Rücklage eingestellt werden.
	■ Die Rücklage darf nur verwendet werden
	• zur Erhöhung des Stammkapitals,
	• zum Ausgleich eines Jahresfehlbetrages oder
	• zum Ausgleich eines Verlustvortrages.
	■ Die Verpflichtung zur Bildung der Rücklage entfällt erst, wenn die Gesellschafterversammlung eine Erhöhung des Stammkapitals auf mindestens 25.000,00 EUR beschließt.
Umwandlung von UG (haftungsbeschränkt) in GmbH	Die Bezeichnung UG (haftungsbeschränkt) kann weiterhin geführt werden, auch dann, wenn das Stammkapital die Grenze von 25.000,00 EUR überschritten hat.
Organe	■ Bei der Gründung der UG (haftungsbeschränkt) muss mindestens ein Geschäftsführer bestellt werden.
	■ Wird das Musterprotokoll verwendet, muss zwingend ein Geschäftsführer bestellt werden. Er vertritt die Gesellschaft.
Haftung	Mit der Eintragung der UG (haftungsbeschränkt) in das Handelsregister entsteht die Haftungsbeschränkung, d. h. für Verbindlichkeiten der UG (haftungsbeschränkt) haftet allein das Gesellschaftsvermögen.
Steuerrecht	■ Steuerrechtlich ist die UG (haftungsbeschränkt) wie eine GmbH zu behandeln.
	■ Werden die Gesellschaftsanteile im Betriebsvermögen gehalten, gilt das Teileinkünfteverfahren.
	■ Ist das Gesellschaftsvermögen Privatvermögen, so ist die Abgeltungsteuer anzuwenden.

6

Gegenüberstellung	Unternehmergesellschaft = UG (haftungsbeschränkt)	Limited (Ltd.) = Private Company Limited by Shares
Einordnung	Kapitalgesellschaft	Kapitalgesellschaft
Steuer	körperschaftsteuer- und gewerbe-steuerpflichtig	Eine Ltd., die nach englischem Steuerrecht in Großbritannien einen Sitz haben muss und die gleichzeitig mit ihrer Geschäftsleitung auch in Deutschland ansässig ist, wird nach dem deutschen *EStG* den deutschen Gewinnermittlungsvorschriften, der Körperschaftsteuer und der Gewer-besteuer unterworfen.
Gründung	Notarkosten	■ Keine Notarkosten, ■ schriftlicher Vertrag nach englischem Recht in englischer Sprache.
Mindesteinlage	1,00 EUR je Gesellschafter	1,00 Pfund
Handelsregister	einfache Eintragung ins HR	■ Eintragung ins englische HR, ■ beim deutschen HR muss eine Zweigniederlassung angemeldet werden.
Struktur	■ Durch Beschluss der Gesellschaf-terversammlung werden ein oder mehrere Geschäftsführer bestellt. ■ Die Anmeldung zur Eintragung des bzw. der Geschäftsführer in das Handelsregister setzt die notariell beglaubigte Unterschrift des bzw. der Geschäftsführer voraus.	Eine Ltd. muss zumindest einen „Director" (Vorstand/Geschäftsführer) und einen „Company Secretary" (Schriftführer der Gesellschaft) bestellen. Die meisten Ltd. sind verpflichtet, „Auditors" (Wirtschafts-prüfer) zur Überprüfung der einzu-reichenden Bilanzen zu bestellen.
Ausweis	Ausweis der Haftungsbeschränkung	
Anzeigepflichten	Der Jahresabschluss muss beim elektronischen Unternehmensregister eingereicht werden.	■ Es ist ein registriertes und telefo-nisch erreichbares Büro – meist ein Anwaltsbüro oder ein Office-Center – zu führen. ■ Die Führung eines Bankkontos in England ist notwendig. ■ Der Jahresabschluss muss inner-halb von 9 Monaten in englischer Sprache beim englischen Register vorgelegt werden.
Jahresabschluss	Es gelten die Regelungen des *HGB* und des Steuerrechts.	■ Jährlich muss die Ltd. den Bericht der Direktoren, eine Bilanz, eine Gewinn- und Verlustrechnung und ein Testat des Abschlussprüfers einreichen. ■ Getrennte Abschlüsse a) nach englischem Recht, b) nach deutschem HGB und deutschem Steuerrecht.

6

Übungsaufgaben

1. Welche Gründe sprechen für die Gründung einer GmbH?

2. Beschreiben Sie den Gründungsablauf einer GmbH.

3. Mit welchem Rechtsakt wird die GmbH „geboren"?

4. Wer kann Gesellschafter der GmbH werden?

5. Welche Angaben müssen im Gesellschaftsvertrag festgeschrieben werden?

6. Bei welchem Handelsregister und in welche Abteilung wird die GmbH eingetragen?

7. Welche Angaben muss die GmbH in Geschäftsbriefen aufführen?

8. Beschreiben Sie die rechtliche Stellung der GmbH.

9. Wie heißen
   a) das Eigenkapital der GmbH,
   b) die Anteile der Gesellschafter?

10. Nennen Sie die Organe der GmbH und beschreiben Sie deren Aufgaben.

11. Bei welchen Beschlüssen der Gesellschafter sind Formvorschriften zu beachten?

12. Beschreiben Sie den Haftungsumfang der Gesellschafter.

13. Nennen Sie Rechte und Pflichten der Gesellschafter.

14. Wie wird nach dem GmbHG der Gewinn und Verlust verteilt?

15. Welche Rechnungslegungsvorschriften gelten für den Jahresabschluss der GmbH?

16. Wer führt die Geschäfte der GmbH und vertritt die GmbH?

17. Wann und durch wen ist der Jahresabschluss einer GmbH prüfungspflichtig?

18. Die „Himmel & Erde GmbH" beschäftigt im Geschäftsjahr 01 insgesamt 55 Mitarbeiter und erzielt einen Umsatz von 3.100.000,00 EUR.
    a) Innerhalb welcher Frist sind der Jahresabschluss und der Lagebericht zu erstellen?
    b) Welche Abschlussprüfer dürfen den Jahresabschluss prüfen?

19. Die alleinige Gesellschafterin und Geschäftsführerin der Mode GmbH bestellt Frau Forsch zur Prokuristin. Gemäß Dienstvertrag darf Frau Forsch keine Einkäufe über einen Betrag von 15.000,00 EUR tätigen. Frau Forsch bestellt für ihr neues Büro Einrichtungsgegenstände im Gesamtwert von 22.000,00 EUR bei der Sofa GmbH. Als Frau Mode von diesem Vertrag hört, erklärt sie den Vertrag für nichtig. Prüfen Sie, ob der Vertrag zwischen Frau Forsch und der Sofa GmbH für die Mode GmbH rechtsverbindlich ist.

20. Herr Dunkel und Frau Hell wollen einen Großhandel für Kfz-Zubehör in der Rechtsform GmbH gründen. Nennen Sie mögliche Firmennamen.

21. Prüfen Sie, ob die Firma „Hefeback GmbH & Still" zulässig ist. Begründen Sie Ihre Entscheidung.

22. Die „Gelb und Grün KG", Goslar, überlegt die Umwandlung in eine GmbH.
    An der KG sind beteiligt die Komplementäre Grün mit 80.000,00 EUR, Gelb mit 100.000,00 EUR, die Kommanditisten Rot mit 160.000,00 EUR, Blau mit 140.000,00 EUR.
    a) Beschreiben Sie die Rechte und Pflichten der Gesellschafter einer GmbH.
    b) Nennen Sie neue Rechte der Kommanditisten an der zukünftigen GmbH!
    c) Zählen Sie Gründe auf, die für die Umwandlung in eine GmbH sprechen.
    d) Nennen Sie Rechte der Gesellschafterversammlung.
    e) Welche Angaben werden bei der Eintragung der GmbH in das Handelsregister gefordert?

23. Es wurde eine UG (Unternehmergesellschaft) haftungsbeschränkt mit 10,00 EUR gegründet. Im ersten Geschäftsjahr wurde ein Gewinn erzielt. Wie ist der Gewinn zu verwenden?

6

6.6.2   Aktiengesellschaft (AG) nach deutschem Recht

Rechtsgrundlagen: *Aktiengesetz (AktG)*
Handelsgesetzbuch (HGB)
EU-Richtlinien zum Gesellschaftsrecht

▥ Kennzeichnung und Bedeutung

Die **Aktiengesellschaft** ist eine Gesellschaft mit eigener Rechtspersönlichkeit.
- Für die Verbindlichkeiten der AG haftet den Gläubigern nur das Gesellschaftsvermögen.
- Die Gesellschafter (= Aktionäre/Shareholder) sind mit Einlagen auf das in Aktien zerlegte Grundkapital beteiligt, ohne für die Verbindlichkeiten der AG zu haften *(§ 1 AktG)*.
- Die Aktionäre werden nicht aufgrund der Beteiligung Kaufleute.
- Die Aktiengesellschaft kann zu allen rechtlich zulässigen Zwecken gegründet werden.

Bei der AG erfolgt eine Trennung zwischen Kapitalgebern, den Aktionären (Eigentümern) und der Unternehmensleitung. Die Zerlegung des Grundkapitals in kleine Beträge ermöglicht es der AG, sich über den Kapitalmarkt große Geldbeträge zu beschaffen. Daher ist die AG besonders für Großunternehmen mit einem hohen Kapitalbedarf geeignet.

Zu unterscheiden sind
- börsennotierte und
- nicht börsennotierte Aktiengesellschaften.

Von den gesamten Unternehmen werden nur 0,2 % in der Rechtsform der AG (einschl. KGaA) geführt, in ihnen sind aber ca. 20 % der Arbeitnehmer beschäftigt. Rund 20 % der Gesamtumsätze aller Unternehmen erwirtschaften Aktiengesellschaften.

▥ Gründung

Zum Schutz der Kapitalanleger gibt es für die Gründung der AG genaue Rechtsvorschriften *(§§ 23–53 AktG)*.

Die Gründung erfolgt in 2 Stufen.

1. Stufe: Vorgesellschaft

- An der Feststellung des Gesellschaftsvertrages, der **Satzung**, müssen sich eine oder mehrere Personen beteiligen, welche die Aktien gegen Einlagen übernehmen *(§ 2 AktG)*.
- Die Satzung muss mindestens enthalten *(§ 23 Abs. 3 AktG)*: die Firma, den Gegenstand und die inländische Geschäftsanschrift der AG; die Höhe des Grundkapitals; den Nennbetrag, die Anzahl und die Art der Aktien; die Zahl der Mitglieder des Vorstandes; Art und Umfang der Vertretungsbefugnis der Vorstandsmitglieder; Bestimmungen über die Form der Bekanntmachungen der Gesellschaft *(§ 23 Abs. 4 AktG)*.
- Die Satzung muss durch notarielle Beurkundung festgestellt werden *(§ 23 AktG)*.
- Die Satzung legt fest, ob eine Bar-, Sachgründung oder gemischte Gründung erfolgen soll *(§§ 54, 27 AktG)*.
- Mit der Übernahme aller Aktien durch die Gründer ist die Gesellschaft errichtet *(§ 29 AktG)*. Die Gründer bestellen den ersten Aufsichtsrat und den Abschlussprüfer für das erste Geschäftsjahr. Der Aufsichtsrat bestellt sodann den ersten Vorstand *(§ 30 AktG)*.

6

■ Die Vorgesellschaft wird als GbR handlungsfähig. Die Gründer haften persönlich und gesamtschuldnerisch *(§ 41 AktG)*.

2. Stufe: Entstehung der AG als juristische Person

Die AG ist bei dem Amtsgericht, in dessen Bezirk sie ihren Sitz hat, von allen Gründern und Mitgliedern des Vorstandes und des Aufsichtsrates zur **Eintragung** in das Handelsregister, Abteilung B, anzumelden *(§ 36 Abs. 1 AktG)*. Die Eintragung wirkt konstitutiv, d. h. rechtsbegründend *(§ 41 Abs. 1 HGB)*.

Die AG tritt in die Rechte der Vorgesellschaft ein; sie übernimmt nur die Verbindlichkeiten der Vorgesellschaft, die in der Satzung oder im Gesetz vorgesehen sind.

Für die **Anmeldung** zur Eintragung ins Handelsregister sind elektronisch zu übermitteln *(§ 45 AktG)*:

■ Bestellung der Organe und des Abschlussprüfers *(§ 30 AktG)*,

■ Einzahlung der eingeforderten Einlagen *(§§ 36, 36a AktG)*,

■ Vorlage eines schriftlichen Gründungsberichts *(§ 32 AktG)*,

■ Prüfung der Gründung durch Vorstand, Aufsichtsrat und die Gründungsprüfer *(§ 33 AktG)*,

■ Anmeldung der Gesellschaft durch alle Gründer, den Vorstand und den Aufsichtsrat *(§ 36 AktG)*.

▊ Firma

Die Aktiengesellschaft muss nach *§ 4 AktG* als Firma

■ eine Sach-, Fantasie- oder eine Personenbezeichnung führen **und**

■ den Zusatz *„Aktiengesellschaft"* oder eine allgemein verständliche Abkürzung dieser Bezeichnung wie „AG" enthalten.

Wird ein bestehendes Unternehmen in eine AG umgewandelt, so kann die bisherige Firma – auch als Personenfirma – fortgeführt werden, wenn der Zusatz *„Aktiengesellschaft"* hinzugefügt wird.

Beispiele:

■ *Es soll eine neue AG gegründet werden, Zweck der Gesellschaft ist der Vertrieb von Neu- und Gebrauchtwagen. Firma: Autohaus AG, Auto AG, Fahrzeug AG*

■ *Die Müller KG soll in der Rechtsform der AG weitergeführt werden. Firma: Müller AG*

6

▊ Pflichtangaben auf Geschäftsbriefen

Die AG muss nach *§ 80 AktG* auf ihren Geschäftsbriefen und E-Mails folgende Angaben machen:

■ Vollständiger Firmenname in Übereinstimmung mit dem im Handelsregister eingetragenen Wortlaut

■ Rechtsform der Gesellschaft

■ Sitz der Gesellschaft

■ Registergericht des Sitzes der Gesellschaft und die Nummer, unter der die Gesellschaft in das Handelsregister eingetragen ist.

■ alle Vorstandsmitglieder sowie der Vorsitzende des Aufsichtsrats mit dem Familiennamen und mindestens einem ausgeschriebenen Vornamen. Der Vorsitzende des Vorstands muss als Vorstandsvorsitzender bezeichnet werden.

■ Falls die Gesellschaft abgewickelt wird, ist ein entsprechender Hinweis notwendig.

Es sind keine Angaben über das Kapital der Gesellschaft zu machen.

Sollen Angaben über das Kapital auf Geschäftsbriefen aufgeführt werden, so muss in jedem Fall das Grundkapital angeben werden. Darüber hinaus ist es vorgeschrieben, den Gesamtbetrag der ausstehenden Einlagen anzugeben, wenn auf die Aktien der Nennbetrag oder der höhere Ausgabebetrag nicht vollständig eingezahlt ist.

■ Rechtsverhältnis

Die AG ist

- eine **juristische Person**, d. h. Träger von Rechten und Pflichten,
- eine **Kapitalgesellschaft**,
- **partei**-, aber **nicht prozessfähig**, d. h., sie muss im Prozess durch den Vorstand vertreten werden,
- **deliktsfähig, grundbuchfähig, insolvenzfähig,**
- **scheck- und wechselfähig,**
- **buchführungspflichtig** nach *§ 238 ff. HGB*,
- **publizitätspflichtig,** der Umfang richtet sich nach der Größenklasse *(§ 267 Abs. 1 HGB)*.

■ Kapital

Die Höhe des **Grundkapitals** *(= gezeichnetes Kapital)* wird in der Satzung festgelegt.

- Die Aktie ist – im Gegensatz zum Geschäftsanteil der GmbH – ein Wertpapier (security).
- Eine **Aktie** verbrieft das Mitgliedsrecht an der AG. Aus diesem Recht werden abgeleitet:
  - ein Vermögensrecht, d. h. ein Recht auf Anteil am Bilanzgewinn (Dividende), ggf. Anteil am Liquidationserlös, Bezugsrecht bei Ausgabe neuer Aktien,
  - ein Organschaftsrecht, d. h. Recht auf Teilnahme an der Hauptversammlung, Stimmrecht, Mitverwaltungsrecht, Auskunftsrecht *(vgl. §§ 12, 60 Abs. 1, 134 I, 271 Abs. 2 AktG)*.
- Der Nennbetrag (face value) je Aktie beträgt mindestens 1,00 EUR *(§ 8 Abs. 1 AktG)*.
- Das Grundkapital (nominal capital) muss mindestens 50.000,00 EUR betragen *(§ 7 AktG)*.
- Eine AG kann immer nur eine Aktienform laut Satzung festlegen.
- Aktien sind börsennotiert *(§ 3 Abs. 2 AktG)*, wenn sie an einem Markt gehandelt werden, der von staatlich anerkannten Stellen geregelt und überwacht wird. An diesem Markt müssen regelmäßig Aktien gehandelt werden und für das Publikum muss der Markt unmittelbar oder mittelbar zugänglich sein (⇒ „Notierung im geregelten Markt und im amtlichen Handel").
- Die Aktionäre haben die Pflicht, ihre Einlageleistung so zu erbringen, dass entweder der Nennbetrag oder ein höherer Ausgabewert gezahlt wird *(§ 54 AktG)*; Unterpari-Emissionen sind somit unzulässig. Das bei der Emission erzielte Aufgeld (Agio) ist in die Kapitalrücklage einzustellen.
- Die Aktie ist ein Wertpapier und kann nach den sachenrechtlichen Vorschriften übertragen werden *(§ 929 ff. BGB)*.
- Aktien werden unterschieden nach der Beteiligung am Grundkapital, nach der Übertragbarkeit und nach dem verbrieften Recht.

6

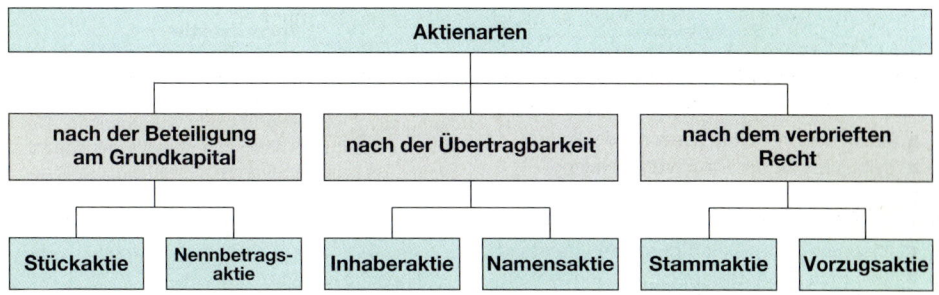

Aktienarten		
nach der Beteiligung am Grundkapital	nach der Übertragbarkeit	nach dem verbrieften Recht
Stückaktie / **Nennbetragsaktie**	**Inhaberaktie** / **Namensaktie**	**Stammaktie** / **Vorzugsaktie**

Stückaktie (no-par-value-share)	Nennbetragsaktie
■ Die Gesellschaft verfügt über ein nennbetragsmäßig festgesetztes Grundkapital, das in Aktien zerlegt wurde. ■ Der Aktionär ist zu einem Bruchteil am Grundkapital der AG beteiligt. ■ Die Gesamtzahl der ausgegebenen Aktien ist in der Satzung angegeben. Durch Division des Grundkapitals durch die Zahl der ausgegebenen Aktien kann rechnerisch der Anteil einer Aktie am Grundkapital ermittelt werden. Er muss mindestens 1,00 EUR betragen.	■ Der Aktionär ist mit dem Nennwert am Grundkapital der AG beteiligt. Die Summe der Nennwerte aller ausgegebenen Aktien entspricht dem Grundkapital der AG. ■ Der Mindestnennwert je Aktie beträgt 1,00 EUR.
Beispiel:	*Beispiel:*
Das Grundkapital der Villip AG beträgt 5.687.500,00 EUR. Es wurde in der Satzung eine Stückzahl von 1.750.000 Stück angegeben. Katrin Kann besitzt 25.000 Stück Aktien. *(5.687.500,00 EUR : 1.750.000 Stück) = 3,25 EUR je Stück* *Der rechnerische Anteil einer Aktie am Grundkapital beträgt 3,25 EUR (⇒ rechnerischer Nennwert)* *Anteile von Frau Kann:* *25.000 Stück x 3,25 EUR = 81.250,00 EUR* *Die Aktionärin Kann ist mit 81.250,00 EUR am Grundkapital der Villip AG beteiligt.* *Berechnung des prozentualen Anteils von Frau Kann:* *(25.000 Stück x 100 : 1.750.000 Stück) = 1,4286 %* *Frau Kann besitzt als Aktionärin eine Beteiligung von 1,4286 % an der Villip AG.*	*Das Grundkapital der Pech AG beträgt 38.500.000,00 EUR.* *Der Nennwert der Aktie beträgt 1,00 EUR.* *Margot Möchte besitzt 15.000 Stück Aktien der Pech AG.* *(15.000 Stück x 100 : 38.500.000,00 EUR) = 0,3896 %* *Die Aktionärin Möchte besitzt eine Beteiligung von 0,3896 % an der Pech AG.*

6

Stammaktie	Vorzugsaktie
Die Aktie gewährt alle satzungsmäßigen und gesetzlichen Aktionärsrechte: ■ Recht auf Dividende (Gewinnbeteiligung) ■ Teilnahme an der Hauptversammlung ■ Stimmrecht in der Hauptversammlung ■ Bezugsrecht bei der Ausgabe junger Aktien ■ Anspruch auf Auskunft durch den Vorstand ■ Anspruch auf Anteil am Liquidationserlös	Die Aktie ist mit einem besonderen Vorrecht ausgestattet. Von Bedeutung ist in Deutschland die kumulative, stimmrechtslose Vorzugsaktie. Die AG beschafft sich hierdurch neues Eigenkapital, ohne dass sich die Stimmrechtsverhältnisse in der Hauptversammlung ändern. ■ Es wird ein Vorrecht in Form eines nachzuzahlenden Dividendenvorzugs (Mehr- oder Mindestdividende) gewährt. ■ Bevor die Stammaktionäre eine Dividende erhalten, muss zunächst die Zahlung des Dividendenvorzugs gesichert sein. ■ Wenn die Ertragsverhältnisse der AG eine Ausschüttung in der versprochenen Höhe nicht zulassen, ist der Dividendenvorzug im nächsten Jahr nachzuzahlen. ■ Falls die Nachzahlung nicht möglich ist, haben die Aktionäre das Stimmrecht, bis alle Rückstände der vergangenen Jahre nachgezahlt sind.

Namensaktie	Inhaberaktie
Die Übertragung der Aktie (Orderpapier) erfolgt duch Einigung und Übergabe der **indossierten** Aktie. Zusätzlich muss der Aktionär mit Namen, Anschrift und Geburtsdatum in das **Aktienregister** der Gesellschaft eingetragen werden. **Vorteile:** ■ Verbesserung der Investor Relations durch namentliche Kenntnis der Aktionäre ■ Stärkung der Bindung des Aktionärs an die Gesellschaft ■ frühzeitiges Erkennen feindlicher Übernahmen durch andere Unternehmen infolge der Eintragung ins Aktienregister ■ leichte Identifizierbarkeit von Insidergeschäften durch die Börsenaufsicht ■ international vorherrschende Aktienart	Die Übertragung der Aktie erfolgt durch Einigung und Übergabe der Aktien *(§§ 929 ff. BGB)*. **Vorteile:** ■ leichte Übertragbarkeit der Aktie ■ der Aktionär bleibt anonym gegenüber der AG

In den meisten Fällen existieren heute Aktien nicht mehr in physischen Einzelurkunden. Stattdessen sind die Rechte der Aktionäre in einer **Globalurkunde** zusammengefasst, die bei einer Wertpapiersammelbank hinterlegt ist. Der einzelne Aktionär erlangt ein Miteigentumsrecht nach Bruchteilen an dem auf diese Weise zusammengefassten Wertpapiersammelband. Bei einer Eigentumsübertragung tritt an die Stelle der Übergabe der Aktie die Umschreibung im Depotbuch der Wertpapiersammelbank.

▉ Organe

Die Aktiengesellschaft ist eine eigene juristische Person, die
- körperschaftlich organisiert ist,
- unabhängig vom Mitgliederbestand ist,
- eine eigenständige Organisation mit selbstständigen Organen hat.

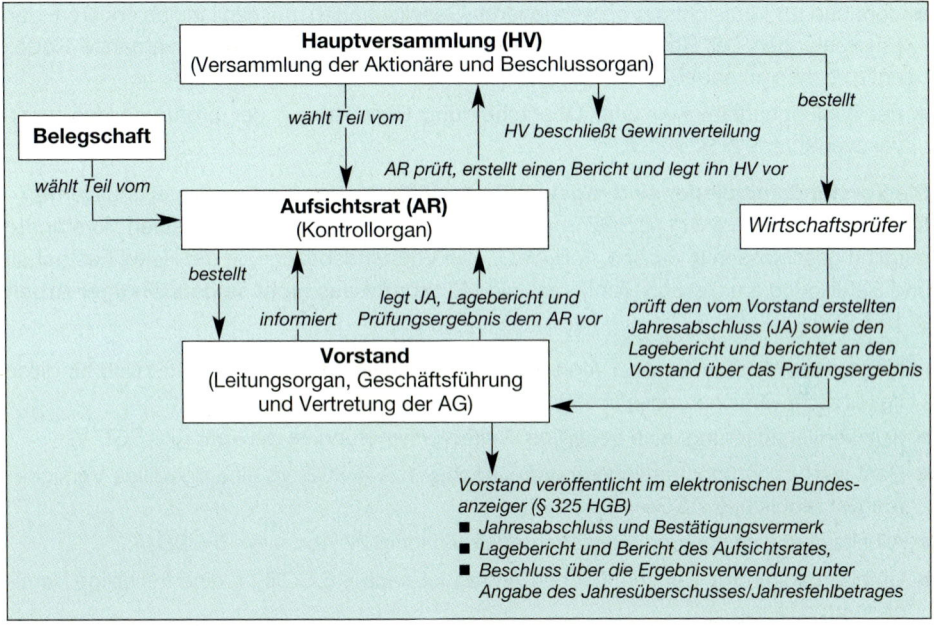

▉ Vorstand (management board)

Der Vorstand leitet die AG aus eigener Verantwortung. Er muss aus mindestens einer natürlichen Person, bei einer AG mit einem Grundkapital von mehr als 1.500.000,00 EUR aus mindestens zwei natürlichen Personen bestehen *(§ 76 AktG)*. Der Vorstand wird vom Aufsichtsrat für 5 Jahre bestellt; eine weitere Bestellung für höchstens 5 Jahre ist zulässig *(§ 84 Abs. 1 AktG)*. Werden mehrere Personen zum Vorstand berufen, so kann der Aufsichtsrat eine Person zum Vorstandsvorsitzenden ernennen *(§ 84 Abs. 2 AktG)*.

Pflichten des Vorstandes:
- Geschäftsführung und Vertretung *(§§ 76–78 AktG)*,
- Überwachung der Organisation und der Buchführung, eine interne Revision und ein angemessenes Risikomanagement sind als Leitungsaufgabe wahrzunehmen *(§§ 76, 317 Abs. 4 AktG)*,
- regelmäßige, mindestens vierteljährliche Berichterstattung an den Aufsichtsrat über die geschäftliche Lage der AG *(§ 90 AktG);* dieser Bericht muss die vergangene und die zukünftige Entwicklung darlegen, insbesondere sind die Finanz-, Investitions- und Personalplanung zu erläutern,
- Aufstellung des Jahresabschlusses und Lageberichtes,
- Vorlage des Jahresabschlusses, Lageberichtes und Prüfungsberichtes sowie eines Vorschlages für die Verwendung des Bilanzgewinns, über den die Hauptversammlung beschließen soll, an den Aufsichtsrat *(§ 170 AktG)*,

6

- Offenlegung des Jahresabschlusses mit Bestätigungsvermerk durch Einreichung beim Handelsregister innerhalb von 9 Monaten nach Ende des Geschäftsjahres *(§§ 325 ff. HGB)*,
- Einberufung der ordentlichen Hauptversammlung in den ersten 8 Monaten des Geschäftsjahres *(§ 175 AktG)*,
- Sorgfaltspflicht und Wettbewerbsverbot, Verschwiegenheitspflicht *(§§ 93, 88 AktG)*,
- Vorstand und Aufsichtsrat börsennotierter Gesellschaften müssen jährlich erklären, den Empfehlungen der Regierungskommission Deutscher Corporate Governance Kodex entsprochen zu haben *(§ 161 AktG)*,
- bei Zahlungsunfähigkeit oder Überschuldung Beantragung der Eröffnung des Insolvenzverfahrens *(§ 92 AktG)*.

Die **Vorstandsmitglieder sind regelmäßig Angestellte** der AG. Der Anstellungsvertrag – Dienstvertrag nach *§ 611 ff. BGB* – wird vom Aufsichtsrat mit dem einzelnen Vorstandsmitglied geschlossen *(§ 84 Abs. 1, 5 AktG)*. Die Vorstandsbezüge, in der Regel Festgehalt und Beteiligung am Gewinn (Tantieme), sind **Einkünfte aus nicht selbstständiger Arbeit** *(§ 19 EStG)*.

Mitglieder des Vorstandes einer Aktiengesellschaft sowie deren Stellvertreter sind für diese Tätigkeit nicht versicherungspflichtig:

- Krankenversicherung: eine freiwillige Weiterversicherung ist denkbar *(§ 9 SGB V)*,
- Rentenversicherung: versicherungsfrei nach *§ 1 S. 4 SGB VI*, eine freiwillige Versicherung ist möglich *(§ 7 SGB VI)*;
- Arbeitslosenversicherung: versicherungsfrei nach *§ 27 Abs. 1 Nr. 5 SGB III*;
- Unfallversicherung: auf schriftlichen Antrag ist nach *§ 6 SGB VII* eine freiwillige Versicherung zulässig,
- Pflegeversicherung: nach *§ 20 SGB I* sind Mitglieder der gesetzlichen Krankenversicherung, nach *§ 23 SGB XI* Privatversicherte versicherungspflichtig; eine freiwillige Weiterversicherung ist nach *§ 26 SGB XI* möglich.

Aufsichtsrat (supervisory board)

Der Aufsichtsrat besteht aus mindestens drei, höchstens 21 Mitgliedern *(§ 95 AktG)*. Dies müssen natürliche und unbeschränkt geschäftsfähige Personen sein *(§ 100 Abs. 1 AktG)*, die nicht gleichzeitig Vorstandsmitglied, Stellvertreter eines Vorstandsmitglieds, Prokurist oder Generalbevollmächtigter dieser AG *(§ 105 AktG)* und nicht gleichzeitig in mehr als 10 anderen Aufsichtsräten Mitglied sind *(§ 100 Abs. 2 S. 1 Nr. 2 S. 2 AktG)*.

bei einem Grundkapital			
bis zu	1.500.000,00 EUR	→	höchstens 9 Mitglieder
bis zu	10.000.000,00 EUR	→	höchstens 15 Mitglieder
mehr als	10.000.000,00 EUR	→	höchstens 21 Mitglieder

Die Anzahl der Aufsichtsratsmitglieder muss durch 3 teilbar sein. Der Aufsichtsrat wird von der Hauptversammlung für 4 Jahre gewählt, soweit diese nicht als Aufsichtsratsmitglieder der Arbeitnehmer *(§ 101 AktG, § 76 BetrVerfG, MitbestG, MontanMitbestG)* zu wählen sind.

Aufgaben des Aufsichtsrates

Der Aufsichtsrat...

- bestellt den Vorstand und beruft den Vorstand ab *(§ 84 AktG)*,
- überwacht und kontrolliert die Geschäftsführung des Vorstandes *(§ 111 AktG)* und ist in Entscheidungen von grundlegender Bedeutung unmittelbar einzubinden,
- nimmt an Leitungsaufgaben des Vorstandes teil und beeinflusst die zukünftige Geschäftspolitik der Gesellschaft; er ist ein zentrales Organ der Corporate Governance, d.h. er nimmt neben der Überwachungsaufgabe auch Beratungsaufgaben war *(§ 161 AktG)*,
- erteilt den Prüfungsauftrag an den Abschlussprüfer, der von der Hauptversammlung gewählt worden ist *(§ 111 Abs. 2 AktG)*,
- hat das Recht auf Einsichtnahme und Prüfung der Bücher, Schriften und Vermögensgegenstände *(§ 111 Abs. 2 AktG)*,
- prüft und stellt den Jahresabschluss, den Lagebericht und den Vorschlag zur Verwendung des Bilanzgewinns und der Berichterstattung über das Ergebnis der Prüfung an die Hauptversammlung fest *(§ 171 AktG)*,
- beruft eine außerordentliche Hauptversammlung ein, wenn es das Wohl der Gesellschaft erfordert *(§ 111 Abs. 3 AktG)*,
- vertritt die Gesellschaft in gerichtlichen und außergerichtlichen Angelegenheiten gegen die Vorstandsmitglieder *(§ 112 AktG)*.

Aufsichtsratsmitglieder

- sind **selbstständig tätig,**
- erhalten für ihre Tätigkeit eine Vergütung *(§ 113 AktG)*, die als **Einkunft aus selbstständiger** Arbeit einkommensteuerpflichtig ist *(§ 18 Abs. 1 Nr. 3 EStG)*,
- sind zugleich **Unternehmer** *(§ 2 UStG)* und umsatzsteuerpflichtig,
- haben eine Verschwiegenheitspflicht *(§ 116 AktG)*,
- müssen mindestens zweimal im Kalenderjahr tagen *(§ 110 Abs. 3 AktG)*.

▮ Hauptversammlung (annual general meeting)

Die Hauptversammlung ist die Interessenvertretung der Aktionäre der AG und zugleich das oberste Beschlussorgan der Gesellschaft.

Die Hauptversammlung beschließt im Wesentlichen *(§ 119 AktG)* über:

- die Bestellung/Abberufung der Aufsichtsratmitglieder *(§§ 119 Abs. 1, Nr. 1, 101, 103 AktG)*
- die Verwendung des Bilanzgewinnes *(§§ 119 Abs. 1, Nr. 2, 174 AktG)*,
- die Entlastung des Vorstandes und des Aufsichtsrates *(§§ 119 Abs. 1, Nr. 3, 120 AktG)*,
- Zustimmung zum Abschluss von Unternehmensverträgen *(§ 293 AktG)*,
- Umwandlung der AG durch Verschmelzung *(§§ 2 ff., 60 ff. UmwG)*,
  Formwechsel *(§§ 190 ff., 141 ff. UmwG)*,
- Anmeldung von Schadensersatzansprüchen gegenüber *(§ 147 AktG)*, Gründern, Vorstand und Aufsichtsrat
- die Bestellung des Abschlussprüfers für das laufende Geschäftsjahr,
- Satzungsänderungen *(§ 119 Abs. 1, Nr. 5 AktG)*,
- Kapitalerhöhungen bzw. -herabsetzungen *(§ 119 Abs. 1, Nr. 6 AktG)*,
- Auflösung der Gesellschaft.

6

Die Hauptversammlung kann zusammentreffen

- als **ordentliche Hauptversammlung** *(§ 120 Abs. 1 AktG)*; sie findet jährlich in den ersten 8 Monaten des Geschäftsjahres statt;
- als **außerordentliche Hauptversammlung** *(§ 121 Abs. 1 AktG)*, wenn es das Wohl der Gesellschaft erfordert,
- bei Einberufung durch den Vorstand *(§ 121 Abs. 2 AktG)*, durch den Aufsichtsrat *(§ 111 Abs. 3 AktG)*.

Teilnahmeberechtigt sind alle Aktionäre. Die Aktionäre üben ihr Stimmrecht nach Aktiennennbeträgen des in der Hauptversammlung vertretenen (anwesenden) Kapitals aus. Es ist ein Verzeichnis aller erschienenen und vertretenen Aktionäre zu erstellen *(§ 129 AktG)*. Das Stimmrecht kann auch durch Dritte, insbesondere durch Kreditinstitute ausgeübt werden *(§ 135 AktG)*. Gewöhnliche Beschlüsse der Hauptversammlung bedürfen der **einfachen Mehrheit**, satzungsändernde Beschlüsse einer **qualifizierten Mehrheit** *(§ 133 Abs. 1 AktG)*. Eine mehr als 25%ige Beteiligung in der Hand eines Aktionärs bezeichnet man als **Sperrminorität**. Jeder Beschluss der Hauptversammlung ist durch eine notariell aufgenommene Niederschrift zu beurkunden *(§ 130 AktG)*.

Rechte und Pflichten von Aktionären	
Rechte	**Pflichten**

■ Mitwirkungsrechte:
  • Teilnahme an der Hauptversammlung *§ 118 Abs. 1 AktG*
  • Stimmrecht *§§ 12, 134 AktG*
  • Auskunftsrecht *§§ 131, 132 AktG*
  • Anfechtung von HV-Beschlüssen *§ 245 AktG*
 	
■ Vermögensrechte (Beispiele):
  • Anspruch auf Dividende *§§ 58 Abs. 4, 60, 174 Abs. 2, Nr. 2 AktG*
  • Bezugsrecht bei Kapitalerhöhungen *§ 186 AktG*
  • Anspruch auf Liquidationserlös *§ 271 AktG*
 	
■ Minderheitenrechte:
  • Ersatzansprüche *§§ 50, 93 Abs. 4, 3, 116, 117 Abs. 4, 147 AktG*
  • Einberufung der Hauptversammlung *§ 122 AktG*
  • Bestellung von Sonderprüfungen *§§ 142 Abs. 2, 256 Abs. 2 AktG*
	■ Leistung der übernommenen Kapitaleinlage *§ 54 Abs. 2 AktG*
	■ Treuepflicht
	■ Haftung mit dem Wert der Aktien

6

Geschäftsführung

Der Vorstand führt die Geschäfte der AG in eigener Verantwortung. Zur Geschäftsführung sind alle Vorstandsmitglieder nur gemeinschaftlich befugt, wenn die Satzung oder die Geschäftsordnung des Vorstandes keine abweichende Regelung bestimmt *(§§ 77 Abs. 1, 82 Abs. 2 AktG)*.

Die Vorstandsmitglieder haben bei ihrer Geschäftsführung die Sorgfalt eines ordentlichen und gewissenhaften Geschäftsleiters anzuwenden. Bei Verletzung dieser Pflicht können sie zum Ersatz des entstandenen Schadens als Gesamtschuldner verpflichtet werden *(§ 93 AktG)*.

◾ Vertretung

Der Vorstand vertritt die Aktiengesellschaft in allen gerichtlichen und außergerichtlichen Angelegenheiten. Wenn die Satzung nichts anderes bestimmt, so erfolgt die Vertretung gemeinschaftlich *(§ 78 AktG)*.
Die Vertretungsbefugnis des Vorstandes kann nicht beschränkt werden *(§ 82 Abs. 1 AktG)*.

◾ Haftung

Die Haftung Gläubigern gegenüber ist auf das **Gesellschaftsvermögen** der AG **beschränkt**.

Für Steuerschulden kann der Vorstand haften, wenn

- steuerliche Pflichten verletzt worden sind und hierdurch ein Haftungsschaden entstanden ist,
- der Vorstand schuldhaft gehandelt hat.

◾ Gewinnverwendung

Der Vorstand hat dem Aufsichtsrat den Jahresabschluss und den Lagebericht vorzulegen. Zugleich hat der Vorstand dem Aufsichtsrat den Vorschlag vorzulegen, den er der Hauptversammlung für die Verwendung des Bilanzgewinns machen will *(§ 170 AktG)*.
Der Bilanzgewinn ist der nach Abzug eines etwaigen Verlustvortrages und nach Dotierung der gesetzlichen Rücklage und anderer Rücklagen verbleibende Teil des **Jahresüberschusses**.

Gesetzliche Rücklagen

5 % des um einen etwaigen Verlustvortrag geminderten Jahresüberschusses müssen so lange der gesetzlichen Rücklage zugeführt werden, bis die gesetzliche Rücklage und die Kapitalrücklagen zusammen 10 % des Grundkapitals erreichen *(§ 150 Abs. 2 AktG)*.

Freiwillige Rücklagen

Vorstand und Aufsichtsrat können bis zur Hälfte des Jahresüberschusses in die freiwilligen Rücklagen einstellen, wenn die Satzung es vorsieht *(§ 58 Abs. 2 AktG)*.

Bilanzgewinn

Der verbleibende Restgewinn wird gemäß des Beschlusses der Hauptversammlung in weitere freiwillige Rücklagen eingestellt, an die Aktionäre als Dividende ausgeschüttet und/oder als Gewinn auf das nächste Jahr vorgetragen *(§ 58 Abs. 3 AktG)*.
Billigt der Aufsichtsrat den Jahresabschluss, so ist er **festgestellt**, sofern nicht Vorstand und Aufsichtsrat beschließen, die Feststellung des Jahresabschlusses der Hauptversammlung zu überlassen *(§ 172 AktG)*.

Die Hauptversammlung beschließt über die Verwendung des Bilanzgewinns *(§ 174 AktG)*. Die Anteile der Aktionäre am Bilanzgewinn bestimmen sich nach dem Verhältnis der Aktiennennbeträge. Den auf die einzelne Aktie entfallenden Gewinnteil bezeichnet man als **Dividende**.

6

Rechnerische Ermittlung des bilanziellen Eigenkapitals vor erfolgter Gewinnverwendung

    Gezeichnetes Kapital
./. nicht eingeforderte Einlagen
+ Kapitalrücklage
+ Gewinnrücklagen
./. eigene Anteile
+ Eigenkapitalanteil der „Sonderposten mit Rücklageanteil" und der „Baukostenzuschüsse"
+ Jahresüberschuss
./. Jahresfehlbetrag
+ Gewinnvortrag (alt)
./. Verlustvortrag (alt)
./. auszuschüttender Betrag
= Bilanzielles Eigenkapital

Rechnerische Ermittlung des bilanziellen Eigenkapitals nach erfolgter Gewinnverwendung

    Gezeichnetes Kapital
./. nicht eingeforderte Einlagen
+ Kapitalrücklage
+ Gewinnrücklagen
./. eigene Anteile
+ Eigenkapitalanteil der „Sonderposten mit Rücklageanteil" und der „Baukostenzuschüsse"
+ Bilanzgewinn
./. Bilanzverlust
./. auszuschüttender Betrag
= Bilanzielles Eigenkapital

Gliederung der offenen Rücklagen

Rücklagenkategorie	Kleine Kapital- gesellschaft	Mittelgroße Kapital- gesellschaft	Große Kapital- gesellschaft
II. Kapitalrücklage	x	x	x
– Eingefordertes Nachschusskapital			
(§ 42 Abs. 3 GmbHG)	x	x	x
III. Gewinnrücklagen	x	x	x
1. gesetzliche Rücklage		x*	x
2. Rücklage für eigene Anteile		x*	x
3. satzungsmäßige Rücklagen		x*	x
4. andere Gewinnrücklagen		x*	x

* Diese Unterkategorien brauchen nicht offen gelegt zu werden *(vgl. § 327 Nr. 1 HGB)*

Für den Jahresabschluss der AG gelten erweiterte Rechnungslegungsvorschriften *(§§ 264–335 HGB):*

■ Der Vorstand einer AG hat einen Jahresabschluss *(§ 242 HGB)* mit einem Anhang sowie einen Lagebericht aufzustellen *(§ 264 Abs. 1 HGB)*.

■ Die gesonderten Gliederungsvorschriften sind zu beachten *(§ 265 ff. HGB)*.

■ Die Form der Darstellung und die Gliederung der aufeinander folgenden Bilanz sowie der G. u. V.-Rechnung sind beizubehalten *(§ 265 Abs. 1 HGB)*, um einen Vergleich zu ermöglichen.

■ In der Bilanz und der G. u. V.-Rechnung ist zusätzlich zu jedem Posten der entsprechende Betrag des vorhergehenden Geschäftsjahres anzugeben *(§ 265 Abs. 2 HGB)*, um die Entwicklung nachvollziehen zu können.

■ Der Jahresabschluss ist innerhalb von drei Monaten des neuen Geschäftsjahres (bei kleinen Kapitalgesellschaften innerhalb von 6 Monaten) aufzustellen *(§ 265 Abs. 1 HGB)*. Eine derartige Frist fehlt für Einzelunternehmen und Personengesellschaften.

6

- Die allgemeinen Bewertungsvorschriften für Einzelunternehmen und Personengesell-schaften *(§§ 252–256 HGB)* gelten auch für die AG, allerdings sind die Einschränkungen und Ergänzungen nach den *§§ 279–283 HGB* anzuwenden.
- Für die Gewinn- und Verlustrechnung kleiner und mittelgroßer Kapitalgesellschaften gelten Erleichterungen *(§ 276 HGB)*.
- Zusätzlich zum Jahresabschluss ist ein Lagebericht zu erstellen *(§ 289 HGB)*. Dieser hat einzugehen auf:
  - Vorgänge von besonderer Bedeutung, die nach Ende des Geschäftsjahres eingetreten sind,
  - die voraussichtliche Entwicklung der AG,
  - den Bereich der Forschung und Entwicklung,
  - bestehende Zweigniederlassungen der AG,
  - Risiken der künftigen Entwicklung.
- Der Jahresabschluss der AG ist durch einen Wirtschaftsprüfer oder eine Wirt-schaftsprüfungsgesellschaft zu prüfen *(§ 319 Abs. 1 HGB)*. Die Prüfer werden durch das Gericht bestellt *(§ 318 Abs. 3 Satz 2 HGB)*.

  Der Abschlussprüfer hat über das Ergebnis der Prüfung schriftlich jedem Aufsichtsrat-mitglied *(§ 170 AktG)* zu berichten. Es ist festzustellen, ob die Buchführung, der Jah-resabschluss und der Lagebericht den gesetzlichen Vorschriften entsprechen. Die Pos-ten des Jahresabschlusses sind aufzugliedern und ausreichend zu erläutern. Über Verstöße gegen Gesetz, Satzung oder Gesellschaftsvertrag sowie über den Bestand das Unternehmen gefährdender oder beeinträchtigender Entwicklungen muss berichtet werden *(§ 321 HGB)*.

  Hat der Abschlussprüfer keine Einwendungen gegen das Ergebnis des Jahresabschlus-ses, so erteilt der Abschlussprüfer den Bestätigungsvermerk, sein Testat *(§ 322 HGB)*.
- Die AG unterliegt wie die GmbH der abgestuften **Publizitätspflicht**[1] *(vgl. § 325 HGB)*.

Kleine Aktiengesellschaft

Die Vereinfachung des Aktienrechtes hatte das Ziel, mittelständischen Unternehmungen die Eigenkapitalbeschaffung zu erleichtern, die Chancen für die Sicherung der Unterneh-menskontinuität zu erhöhen und gleichzeitig die Vorteile sowohl der GmbH als auch der börsennotierten AG in einer Rechtsform zu vereinen. Durch die Entschlackung der Rechts-vorschriften wurde bürokratischer Ballast entfernt, um die Hürden für die Gründung einer kleinen AG abzusenken.

Für Aktiengesellschaften mit einem überschaubaren Aktionärskreis gelten Erleichterungen:
- Zulassung der **Einpersonengründung** *(§ 2 AktG)*,
- Verzicht auf die Hinterlegung des Berichts des Gründungsprüfers bei den örtlichen Han-delskammern *(§§ 34 Abs. 3, 37 Abs. 4 Nr. 4, 40 Abs. 2 AktG)*,
- Stärkung der Satzungsautonomie hinsichtlich der Gewinnverwendung *(§ 58 Abs. 2 S. 2 AktG)*,
- Zulassung der Einberufung der Hauptversammlung durch eingeschriebenen Brief *(§§ 121 Abs. 4, 124 Abs. 1, 242 Abs. 2 AktG)*,
- Verzicht auf sämtliche Einberufungsformalien bei der Hauptversammlung *(§ 121 Abs. 6 AktG)*,
- Formerleichterungen bei der Protokollierung von Routine-Hauptversammlungsbe-schlüssen *(§ 130 Abs. 1 AktG)*,
- Ausschluss des Bezugsrechtes bei Kapitalerhöhungen *(§ 186 Abs. 2 AktG)*,
- Gleichstellung von kleinen Aktiengesellschaften bis 500 Arbeitnehmern mit der GmbH bei der Aufsichtsratsbildung/Mitbestimmung.

---

[1] Vgl. Seite 419 f.

Kleine Aktiengesellschaft	
Die rechtlichen Grundlagen für die Kleine AG wurden durch das Gesetz für Kleine Aktiengesellschaften und zur Deregulierung des Aktienrechts vom 2. August 1994 sowie das Gesetz zur Bereinigung des Umwandlungsrechts vom 29. Oktober 1994 gelegt. Die wichtigsten Vorteile gegenüber den Regelungen für die börsennotierte AG:	

	Kleine AG	Vorteile
■ **Mindestanzahl der Gründer:**	Eine Person genügt	Gleichstellung mit GmbH-Gründung, Vereinfachung, „Strohmänner" nicht mehr erforderlich
■ **Gewinn-verwendung:**	Bis zu 50 Prozent können durch Vorstand und Aufsichtsrat in die Rücklage eingestellt werden. Satzung kann Vorstand und Aufsichtsrat zur Einstellung eines größeren oder kleineren Teils ermächtigen	Mehr Flexibilität bei Ausschüttungen
■ **Haupt-versammlung:** • **Einberufung**	Soweit Aktionäre namentlich bekannt, genügt eingeschriebener Brief	Vereinfachung, Kosteneinsparung, da Bekanntmachung einschließlich Tagesordnung und etwaiger Gegenanträge von Minderheitsaktionären in den Gesellschaftsblättern nicht erforderlich ist
• **Protokoll**	Notarielle Beurkundung der Beschlüsse nur, wenn mindestens Drei-Viertel-Mehrheit für Beschlussfassung erforderlich ist	Vereinfachung, Kosteneinsparung, da obligatorische Beurkundung der Beschlüsse durch notariell aufgenommene Niederschrift entfällt
■ **Mitbestimmung:**	Bei bis zu 500 Beschäftigten keine drittelparitätische Arbeitnehmervertretung im Aufsichtsrat für nach dem 10. August 1994 gegründete AG – im Unterschied zur börsennotierten AG. Für ältere gilt eine Übergangsregelung von 5 Jahren bis zum Wegfall der Mitbestimmung	Gleichstellung mit GmbH-Regelung, Vermeidung psychologischer (Umgründungs-)Hemmnisse, Kosteneinsparung

Die Kleine AG ist **nicht** börsennotiert.

Vorteile der „Kleinen AG"	Nachteile
■ verbessert die Bonität, weil der Finanzbedarf durch einen überschaubaren Personenkreis gedeckt wird, spätere Kapitalerhöhungen sowie der Gang zur Börse können einfacher umgesetzt werden; ■ strikte Trennung zwischen Aufsichtsrat und Vorstand, der Aufsichtsrat berät und kontrolliert den Vorstand, ■ erleichtert die Unternehmernachfolge, ■ der Gründungsaufwand entspricht etwa dem der GmbH, ■ Geschäftsanteile können ohne juristische und notarielle Beurkundung übertragen werden.	■ kostenintensive notarielle Beurkundung notwendig ■ vergrößert den bürokratischen Aufwand, ■ verlangt höhere Transparenz, ■ erschwert die Steuergestaltung.

Steuerliche Behandlung

Die AG ist als juristische Person selbstständiges Steuersubjekt.

1. Körperschaftsteuer auf der Ebene der AG

Die AG ist unbeschränkt **körperschaftsteuerpflichtig** *(§ 1 Abs. 1 Nr. 1 KStG)*, wenn Sitz und Geschäftsleitung im Inland sind. Die Steuerpflicht beginnt mit der Eintragung in das Handelsregister. Die Körperschaftsteuer bemisst sich nach dem zu versteuernden Einkommen *(§ 7 Abs. 1 KStG i. V. m. dem EStG)* ausgehend vom Jahresgewinn laut Handelsbilanz.

Der **Steuersatz** für das zu versteuernde Einkommen beträgt 15 % *(§ 23 Abs. 1 KStG)*. Erzielt eine Kapitalgesellschaft als Aktionär eine Dividende, so unterliegt die Dividende der Abgeltungsteuer.

2. Einkommensteuer auf der Ebene der Aktionäre

Gehören die Aktien zum *Privatvermögen*, so zählt die Dividende zu den Einkünften aus **Kapitalvermögen** *(§ 20 Abs. 1 EStG)*. Gehören die Aktien zum *Betriebsvermögen von* Einzelunternehmen oder Personengesellschaften, zählt die Dividende zu den **Einkünften aus Gewerbebetrieb** *(§ 15 i. V. m. § 20 Abs. 3 EStG)*.

Kursgewinne sowie Einnahmen aus der Veräußerung von Bezugsrechten aus Aktien, die zum Privatvermögen gehören, sind als Einkünfte aus **privaten Veräußerungsgeschäften** einkommensteuerpflichtig.

3. Gewerbesteuer

Kapitalgesellschaften sind Formkaufleute *(§ 6 Abs. 2 HGB)* und als Gewerbebetriebe gewerbesteuerpflichtig *(§ 2 Abs. 2 S. 1 GewStG)*. Die Art der Tätigkeit der AG ist ohne Bedeutung. Die Gewerbesteuer ist keine abzugsfähige Betriebsausgabe.

4. Umsatzsteuer

Die Aktiengesellschaft ist **Unternehmer** *(§ 2 UStG)* und tätigt Umsätze im Sinne der *§ 1 ff. UStG*. Bei Organschaften gelten Umsätze an Organmitglieder als Innenumsätze, die nicht steuerbar sind.

5. Grunderwerbsteuer

Jeder Erwerb von inländischen Grundstücken von Dritten oder von Aktionären ist grunderwerbsteuerpflichtig *(§ 1 Abs. 1 GrEStG)*. Anteilige Steuerbefreiungen wie bei Personengesellschaften bestehen nicht.

Die AG ...

- ist eine Gesellschaft mit eigener Rechtspersönlichkeit,
- hat ein in Aktien zerlegtes Grundkapital,
- entsteht mit der Eintragung ins Handelsregister, Abteilung B,
- gilt unabhängig von ihrem Gegenstand als Handelsgesellschaft,
- ist immer Kaufmann i. S. d. *HGB*,
- führt eine Sach-, Fantasie- oder Personenfirma mit dem Zusatz „AG",
- ist als juristische Person selbstständiges Steuersubjekt,
- haftet ihren Gläubigern nur mit ihrem Gesellschaftsvermögen; die Haftung der Aktionäre ist auf die Höhe ihrer Einlagen begrenzt.
- Aktionäre können natürliche Personen, Personengesellschaften und juristische Personen sein.
- Der Gesellschaftsvertrag wird Satzung genannt.
- Eine bestehende Firma kann unter Hinzufügung des Zusatzes „AG" fortgeführt werden.
- Inhaberaktien können frei übertragen werden.
- Organe der AG sind:
  - der Vorstand als Leitungsorgan,
  - der Aufsichtsrat als Überwachungsorgan,
  - die Hauptversammlung als Interessenvertretung der Aktionäre.
- Geschäftsführung und Vertretung der AG obliegen dem Vorstand.
- Für die AG gelten erweiterte Vorschriften für die Rechnungslegung, Prüfung und Offenlegung.
- Für kleinere Aktiengesellschaften gelten Erleichterungen.

6

Vorteile	Nachteile
■ große Risikostreuung ■ hohe formale und sachliche Anforderungen ■ geringes Haftungsrisiko für Aktionäre ■ leichter Erwerb und einfache Veräußerbarkeit der Kapitalbeteiligung (Aktie) ■ einfache Kapitalbeschaffung durch Ausgabe „junger Aktien" oder Fremdkapitalaufnahme als emissionsfähiges Unternehmen über die Börse ■ keine persönliche Bindung zwischen Teilhabern (Aktionären) und Gesellschaft ■ der Bestand des Unternehmens ist unabhängig von der Zusammensetzung der Aktionäre ■ die Leitung kann gut von außen kommenden Personen übertragen werden ■ Trennung von Unternehmensleitung und Kapital ■ breite Streuung des Eigentums an Produktionsmitteln durch Stückelung des Kapitals in viele kleine Kapitalanteile ■ starke Marktstellung ermöglicht hohe soziale Leistungen und überdurchschnittliche Investitionen in Forschung und Entwicklung ■ geeignet für große Unternehmen mit hohem Kapitalbedarf	■ umfangreiche Gründungsmodalitäten ■ hohe Gründungskosten ■ bei der Gründung der Unternehmung hohe Publizitätspflichten ■ teure und umfangreiche Auflagen, z. B. Abhaltung der Hauptversammlung, Börsenauflagen ■ hohe laufende Kosten für umfangreiche Prüfungs- und Publizitätspflichten ■ ausgeweitete Rechnungslegungs- und Prüfungsvorschriften ■ Machtkonzentration durch Unternehmenszusammenschlüsse (Konzernbildung) ■ weitreichende Mitbestimmungsmöglichkeiten der Arbeitnehmer

Übungsaufgaben

1. Wer kann Gesellschafter der AG werden?
2. Wie heißt der Gesellschaftsvertrag der AG und welche Daten muss er mindestens enthalten?
3. Wer muss die Eintragung in das Handelsregister beantragen?
4. Wie lautet die Firmenbezeichnung einer AG?
5. Welche Angaben müssen in Geschäftsbriefen einer AG enthalten sein?
6. Beschreiben Sie die Gründung einer AG.
7. Welche Vorteile verbinden sich mit der Gründung einer kleinen Aktiengesellschaft?
8. Beschreiben Sie das Rechtsverhältnis der AG.
9. Wie setzt sich das Eigenkapital einer AG zusammen?
10. Welche Arten von Aktien sind zu unterscheiden?
11. Welche Rechte entstehen aus der Aktie?
12. Bis zu welchem Betrag haften Aktionäre?
13. Beschreiben Sie die Organe der AG.
14. Welche Einkünfte erzielen
    a) Vorstandsmitglieder,
    b) Aufsichtsratsmitglieder im Rahmen ihrer Tätigkeit für die AG?
15. Nennen Sie Aufgaben
    a) des Vorstandes,
    b) des Aufsichtsrates,
    c) der Hauptversammlung.
16. Wer führt die Geschäfte der AG und vertritt die AG?
17. Nennen Sie Beispiele für die erweiterten Rechnungslegungsvorschriften.
18. Welche Aktiengesellschaften können von vereidigten Buchprüfern geprüft werden?

6.6.3   Kommanditgesellschaft auf Aktien

Rechtsgrundlagen: *Aktiengesetz (AktG)*
Handelsgesetzbuch (HGB)

Die **Kommanditgesellschaft** auf Aktien *(§§ 278–290 AktG)* ist eine Gesellschaft mit eigener Rechtspersönlichkeit (Sonderform einer AG), bei der
■ mindestens ein Gesellschafter den Gesellschaftsgläubigern unbeschränkt haftet,
■ die übrigen Gesellschafter (= Kommanditaktionäre) an dem in Aktien zerlegten Grundkapital beteiligt sind, ohne persönlich für die Verbindlichkeiten der Gesellschaft zu haften.

Gesellschafter der KGaA		
persönlich haftende Gesellschafter[1]	+	**Kommanditaktionäre**
■ entsprechen in ihrer Rechtsstellung den Komplementären der KG ■ Vorschriften des *HGB* über die Komplementäre der KG finden Anwendung, soweit es sich um deren Rechtsbeziehungen untereinander, mit Dritten und der Gesamtheit der Kommanditgesellschaft handelt		■ entsprechen in ihrer Rechtsstellung den Aktionären der AG ■ Vorschriften des *AktG* über die Aktionäre finden grundsätzlich Anwendung

Bedeutung

Die KGaA hat nur geringe Verbreitung gefunden; sie entwickelt sich in der Regel aus einer Personenhandelsgesellschaft, die infolge Eigenkapitalknappheit auf Wachstumsgrenzen stößt. Die persönliche Haftung der Komplementäre verleiht der KGaA ein hohes Maß an Kreditwürdigkeit; die Fähigkeiten der grundsätzlich unabsetzbaren Komplementäre entscheiden letztlich über die Unternehmensentwicklung.

Beispiele:

■ *Sal. Oppenheim jr. & Cie. KGaA*
■ *Borussia Dortmund KGaA*

Firma

Die Aktiengesellschaft muss nach *§ 279 AktG* als Firma
■ eine Sach-, Fantasie- oder eine Personenbezeichnung führen **und**
■ den Zusatz *„Kommanditgesellschaft auf Aktien"* oder eine allgemein verständliche Abkürzung dieser Bezeichnung wie „KGaA" enthalten.
Wenn in der Gesellschaft keine natürliche Person persönlich haftet, muss die Firma eine Bezeichnung enthalten, die die Haftungsbeschränkung kennzeichnet *(§ 279 Abs. 2 HGB)*.

Geschäftsführung und Vertretung

Die Geschäftsführung und Vertretung obliegt den **Komplementären,** sie übernehmen die Aufgaben des Vorstandes wie bei der Aktiengesellschaft. Ihre rechtliche Stellung ist aber stärker, weil sie nicht vom Aufsichtsrat gewählt, sondern nur beaufsichtigt werden.

Eigenkapital

Zu unterscheiden sind
■ die „Kapitalanteile der Komplementäre" und
■ das „Grundkapital" aus den Einlagen der Kommanditaktionäre.

Steuerliche Besonderheiten

1. Einkommensteuer

Die Gewinnanteile der Komplementäre aufgrund ihrer Kapitalanteile als Komplementäre sind als Einkünfte aus Gewerbebetrieb *(§ 15 Nr. 3 EStG)* anzusetzen.
Die Gewinnanteile an die Kommanditaktionäre stellen bei diesen Einkünfte aus Kapitalvermögen *(§ 20 Abs. 1 EStG)* dar.

---

[1] Gemäß *§ 279 Abs. 2 AktG* ist die KGaA auch zulässig, wenn der Komplementär keine natürliche Person ist (z. B. GmbH & Co. KGaA).

2. Körperschaftsteuer

Die KGaA ist nach *§ 1 KStG* körperschaftsteuerpflichtig, ausgenommen hiervon sind nur die Gewinnanteile der Komplementäre, die nicht zum Grundkapital gehören *(§ 9 Nr. 2 KStG)*.

Vorteile	Nachteile
■ der persönlich in vollem Umfang haftende Gesellschafter ist stark an das Unternehmen gebunden ■ große Risikostreuung ■ geringes Haftungsrisiko	■ komplizierte und kostenintensive Gründung ■ hohe laufende Kosten ■ erschwert Steuergestaltung

6.6.4 Die Europäische Aktiengesellschaft – Societas Europaea (SE)

Rechtsgrundlagen: *Verordnung über das Statut der Europäischen Aktiengesellschaft*
Richtlinie über die Stellung der Arbeitnehmer in der Europäischen Aktiengesellschaft
Nationales Recht, d. h. in Deutschland insbesondere HGB und AktG

Kennzeichen und Bedeutung

Die SE ist eine Option für bestehende, grenzüberschreitend tätige Gesellschaften. Die SE ist eine Rechtsform für Unternehmen, die in verschiedenen Mitgliedsstaaten der Europäischen Union sowie in Island, Lichtenstein und Norwegen tätig sind oder tätig werden wollen. Die SE tritt europaweit als rechtliche Einheit auf, d. h. Kapitalgesellschaften werden bei Gründungen von Niederlassungen und Betriebsstätten in den EU-Ländern einheitlich als SE geführt (und nicht mehr unter den jeweiligen nationalen Rechtsformen).

> **Beispiele:**
> *Allianz SE, BASF SE*

Gründung

Die SE kann nur von bestehenden AG's und GmbH's gegründet werden.
Es gibt vier Möglichkeiten der Gründung:
■ Gründung einer Holdinggesellschaft,
■ Gründung einer gemeinsamen Tochtergesellschaft,
■ Verschmelzung von Aktiengesellschaften aus mindestens zwei Mitgliedsstaaten,
■ Umwandlung einer nationalen AG, die seit mindestens zwei Jahren eine Tochtergesellschaft in einem EU-Mitgliedsland hat, in eine SE.
Eine Bar- oder Sachgründung durch natürliche Personen ist nicht möglich.

Register

Die SE wird in das Register des Mitgliedstaates eingetragen, in dem sie satzungsmäßig den Sitz hat. Der Sitz muss der Ort der Hauptverwaltung sein. Die Eintragung wird im Amtsblatt der Europäischen Gemeinschaft veröffentlicht.

Rechtsverhältnis

Die Verordnung über das Statut regelt Gründung und Organisation der SE; sie verweist immer wieder auf das Recht des Staates, in dem die SE ihren Sitz hat.

Firma

Die SE muss in ihrer Firma den Zusatz „SE" führen.

Pflichtangaben auf Geschäftsangaben

Es gelten die Angaben wie bei der AG.

▪ Kapital

Das Mindestkapital der SE beträgt 120.000,00 EUR.

▪ Leitungsorgane

Zwei verschiedene Leitungssysteme sind zulässig:

- das **monoistische System** (z. B. in Großbritannien)
  Dieses System kennt nur ein Verwaltungsorgan (= Verwaltungsrat).
- das **dualistische System** (z. B. in Deutschland)
  Dieses System ist gekennzeichnet durch ein Leitungsorgan (= Vorstand) und ein Aufsichtsorgan (= Aufsichtsrat).

Beim monoistischen System muss in Deutschland auch die Mitbestimmung beachtet werden, d. h. Arbeitnehmervertreter müssten in das Leitungsorgan eingebaut werden.

Im dualistischen System sind die Arbeitnehmervertreter im Aufsichtsrat vertreten.

▪ Rechnungslegung

Die SE muss einen Jahresabschluss erstellen, der aus der Bilanz, Gewinn- und Verlustrechnung, dem Anhang zum Jahresabschluss, dem Bericht zum Geschäftsablauf und zur Lage der Gesellschaft besteht.

Das hierzu gültige Recht muss europaweit vereinheitlicht werden.

▪ Steuerliche Behandlung

Die SE soll dort ihre Steuern bezahlen, wo die SE ihren Sitz hat.

6.7 Eingetragene Genossenschaft (e. G.)

Rechtsgrundlagen: *Genossenschaftsgesetz (GenG)*
EU-Richtlinien zum Gesellschaftsrecht

▪ Kennzeichen und Bedeutung

> **Genossenschaften** sind Vereinigungen beliebig vieler Mitglieder mit gemeinsamen wirtschaftlichen Interessen. Dieser Zusammenschluss soll der Selbsthilfe dienen oder die wirtschaftlichen Interessen der einzelnen Beteiligten fördern *(§ 1 GenG)*.

6

Kennzeichen sind insbesondere

- gleiche Rechte für alle Mitglieder,
- Selbstverwaltung durch die Genossenschaftsorgane,
- gemeinwirtschaftlich begründeter Geschäftsbetrieb,
- keine Gewinnmaximierung.

| Mitglied ◄———————► | Eigentümer | ◄———————► Kunde |

Ursprünglicher Gedanke der Genossenschaftsidee ist es, dass sich Landwirte oder kleinere Gewerbebetriebe zusammenschließen, um gemeinschaftlich günstiger einkaufen oder verkaufen zu können und damit gegenüber Großunternehmen konkurrenzfähig zu bleiben.

Beispiele:

- *Vertriebsgenossenschaften z. B. für landwirtschaftliche Betriebe einer Gegend*
- *Einkaufsgenossenschaften z. B. für Maler, Dachdecker, Bäcker, Metzger, Bauern usw.*
- *Kreditgenossenschaften (Volks- und Raiffeisenbanken)*
- *Wohnungsbaugenossenschaften*
- *Konsumgenossenschaften*
- *Dienstleistungsgenossenschaften, Produktivgenossenschaften*
- *Wohnungsbaugenossenschaften*
- *Zwangsgenossenschaften, z. B. Jagdgenossenschaften, Deichachten, Realgemeinden*

Die Genossenschaften fühlen sich heute zunehmend nicht mehr nur der Förderung ihrer Mitglieder verpflichtet, sondern verfolgen in der Regel wie andere Unternehmen die Absicht, Gewinn zu erzielen.

Gründung

Mindestens **drei Personen** *(§ 4 GenG)* sind für die Gründung einer Genossenschaften nötig. Gründungsmitglieder können natürliche Personen, Unternehmen oder juristische Personen sein.

Die Genossenschaft erfordert einen schriftlichen Gesellschaftsvertrag der Gründungsmitglieder, die sogenannte **Satzung** *(§ 5 GenG)*. Eine notarielle Beurkundung ist hierfür nicht erforderlich.

Die Genossenschaft ist im **Genossenschaftsregister**, das bei den Amtsgerichten geführt wird, anzumelden. Durch die Eintragung in das Genossenschaftsregister erhält die Gesellschaft den Status einer eingetragenen Genossenschaft und muss den Zusatz e. G. in ihrer Firma führen *(§ 13 GenG)*.

Die Genossenschaft ist als juristische Person Trägerin von Rechten und Pflichten und kann als solche selbst klagen und verklagt werden *(§ 17 GenG)*.

Die Genossenschaft benötigt, ebenso wie andere Gesellschaften, die gewerblich tätig sind, eine Gewerbeausübungsbescheinigung („Gewerbeschein"). Dieser wird beim örtlich zuständigen Gewerbeamt bzw. Verbraucherschutzamt am Sitz der Genossenschaft durch den Vorstand angemeldet.

Der Kreis der Mitglieder, der Genossen, ist nicht geschlossen, d. h., die e. G. kann durch Aufnahme neuer Mitglieder erweitert werden. Die **Mitgliedschaft** wird durch die Eintragung in das Genossenschaftsregister erworben. Jedes Mitglied muss einen Geschäftsanteil übernehmen, dessen Höhe im Statut festgelegt ist *(§ 15 GenG)*.

In der **Satzung** (früher Statut) müssen bestimmt werden *(§§ 6, 7, 36 GenG)*:
- Gegenstand, Firma und Sitz der e. G.,
- Regelungen über
  - die Form der Berufung der Generalversammlung,
  - den Vorsitz in Versammlungen,
  - die Protokollierung von Beschlüssen,
  - die Form der Bekanntmachungen,
  - die Veröffentlichungsorgane,
- die Höhe des Geschäftsanteiles jedes Mitgliedes sowie Regelungen über die Einzahlungs- und Haftpflicht,
- Grundsätze über die Aufstellung und Prüfung der Bilanz,
- die Bildung eines Reservefonds zur Deckung ggf. sich ergebender Verluste,
- die Anzahl der zur Beschlussfassung erforderlichen Aufsichtsratsmitglieder.

Register

Die Satzung sowie die Mitglieder des Vorstandes sind in das **Genossenschaftsregister** bei dem Gericht einzutragen, in dessen Bezirk die e. G. ihren Sitz hat *(§ 10 GenG)*. Die Anmeldung hat durch alle Vorstandsmitglieder zu erfolgen *(§ 11 Abs. 1 GenG)*.

Der **Anmeldung** sind beizufügen
- die von allen Mitgliedern unterschriebene Satzung,
- eine Liste der Mitglieder,
- eine Abschrift der Urkunden über die Bestellung des Vorstandes und des Aufsichtsrates,
- die Bescheinigung über den Beitritt zu einem genossenschaftlichen Prüfungsverband,
- Zeichnung der Unterschriften des Vorstandes in öffentlich-beglaubigter Form.

6

▮ Rechtsverhältnis

Die e. G.

- ist eine **juristische Person** *(§ 17 GenG)*, d. h. Träger von Rechten und Pflichten,
- gilt als **Kaufmann/Handelsgesellschaft**, auch wenn sie kein Gewerbe betreibt *(§ 17 GenG, § 6 HGB)*,
- ist **partei-**, aber **nicht prozessfähig**; die e. G. wird im Prozess durch den Vorstand vertreten,
- ist **deliktsfähig, grundbuchfähig, insolvenzfähig, scheck- und wechselfähig.**

▮ Firma

Die Genossenschaft nimmt als **Kaufmann** i. S. d. HGB am Geschäftsverkehr teil und muss deshalb als Genossenschaft einen Namen führen, über den sie eindeutig identifizierbar ist, unter dem sie klagen und verklagt werden kann. Hierfür gelten die Grundzüge des Firmenrechts. Die Genossenschaft ist verpflichtet auf ihre Rechtsnatur hinzuweisen, d. h. die Genossenschaft muss nach *§ 3 GenG* als **Firma**

- eine Sach-, Fantasie- oder eine Personenbezeichnung führen und
- den Zusatz „eingetragene Genossenschaft" oder die Abkürzung „e. G." enthalten.

▮ Pflichtangaben auf Geschäftsbriefen

Für Genossenschaften gelten entsprechend die für die AG und die GmbH dargestellten Regeln.

Sofern der Aufsichtsrat der Genossenschaft einen Vorsitzenden hat, muss dieser mit dem Familiennamen und mit mindestens einem ausgeschriebenen Vornamen angegeben werden *(§ 25a GenG)*.

▮ Kapital

Es gibt weder Mindestkapitalvorschriften für die einzelnen Geschäftsanteile der Genossen noch für die e. G. insgesamt. Durch die Aufnahme oder das Ausscheiden von Genossen kann sich das Gesamtkapital immer wieder verändern. Die Summe der eingezahlten Geschäftsanteile und die Rücklagen bilden das Eigenkapital der Genossenschaft.

Im Statut sind **Geschäftsanteil, Mindesteinzahlungsbetrag** und **Haftsumme** für einen Genossenschaftsanteil festgelegt.

Die Einzahlungen, die Gewinngutschriften und ggf. die Reduzierungen aufgrund von Verlusten bilden das **Geschäftsguthaben** (= tatsächlicher Betrag, mit dem sich der Genosse beteiligt). Gewinne werden so lange gutgeschrieben, bis der Geschäftsanteil erreicht ist.

Die Satzung kann für den Insolvenzfall die unbeschränkte oder beschränkte Nachschusspflicht bis zur Höhe der Haftsumme des Genossen bestimmen.

Durch die Satzung kann ein Mindestkapital *(§ 8 a GenG)* eingeführt werden, bei dessen Unterschreitung keine Auseinandersetzungsguthaben mehr ausgezahlt werden.

Organe

Die Genossenschaft hat eine körperschaftliche Struktur und damit Organe, durch die sie handelt. Das GenG sieht für die Genossenschaft folgende Organe vor:

- die Generalversammlung *(§ 43 GenG)*,
- den Aufsichtsrat *(§ 9 GenG)* und
- den Vorstand *(§ 9 GenG)*.

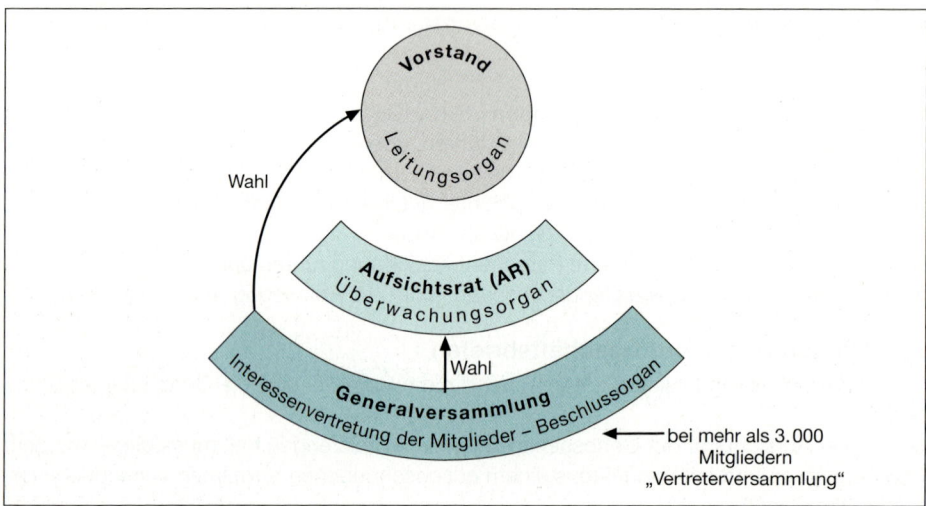

Vorstand

Der **Vorstand** wird - je nachdem wie es die Satzung vorsieht - von der Generalversammlung oder dem Aufsichtsrat gewählt.

Aufgaben des Vorstandes:

- Er vertritt die Genossenschaft nach innen und nach außen.
- Ihm obliegt die Geschäftsführung.
- Er leitet die Geschäfte in eigener Verantwortung.
- Er ist jedoch an die Weisungen der Generalversammlung und der Satzung gebunden.
- Er vertritt die e.G. in allen gerichtlichen und außergerichtlichen Angelegenheiten.
- Er besteht aus mindestens zwei Mitgliedern der Genossenschaft.

Aufsichtsrat

Der **Aufsichtsrat** besteht, soweit die Satzung keine höhere Zahl festsetzt, aus drei von der Generalversammlung zu wählenden Mitgliedern *(§ 36 GenG)*. Bei mehr als 500 Arbeitnehmern sind die für die AG geltenden Vorschriften über die Mitbestimmung anzuwenden *(§§ 76, 77 BetrVG)*.

Aufgaben des Aufsichtsrats sind *(§ 38 GenG)*:

- Er überwacht den Vorstand bei der Geschäftsführung in allen Zweigen der Verwaltung.
- Er hat das Recht auf Einsichtnahme in Bücher und Schriften der e.G.
- Er prüft die Vermögensverhältnisse, den Jahresabschluss und den Lagebericht.
- Er schlägt die Verwendung des Jahresüberschusses vor.
- Er berichtet der Generalversammlung über die Prüfung.
- Er beruft die Generalversammlung ein.

Weitere Aufgaben können durch die Satzung bestimmt werden. Der Aufsichtsrat ist berechtigt, die e. G. bei Abschlüssen von Verträgen mit dem Vorstand zu vertreten *(§ 39 GenG)*.

▮ Generalversammlung

Die Generalversammlung ist die Gesamtheit der Genossen. Sie beschließt mit einfacher Mehrheit.

- wählt den Aufsichtsrat, der aus mindestens drei Mitgliedern aus ihrer Mitte besteht,
- kann per Beschluss über die Führung der Geschäfte mitentscheiden,
- entscheidet über die Gewinnverteilung,
- kann Weisungen erteilen,
- stellt den Jahresabschluss fest *(§ 48 Abs. 1 GenG)* und
- beschließt Satzungsänderungen und ggf. die Auflösung der e.G.

Bei mehr als 3.000 Mitgliedern **muss**, bei mehr als 1.500 Mitgliedern **kann** eine Vertreterversammlung eingerichtet werden. Sie übernimmt dann die Aufgaben der Generalversammlung *(§ 43a GenG)*.

Rechte der Mitglieder	Pflichten der Mitglieder
■ Benutzung der Genossenschaftseinrichtungen ■ Teilnahme an der Generalversammlung ■ Gewinnanteilsrecht ■ Kündigungsrecht ■ Auszahlung des Geschäftsguthabens bei Ausscheiden ■ ggf. Anteil am Liquidationserlös	■ Leistung des übernommenen Geschäftsanteils ■ ggf. Nachschusspflicht im Konkursfall in Höhe der vereinbarten Haftsumme ■ Beachtung der Beschlüsse der Generalversammlung

▮ Haftung

Die Genossenschaft haftet für ihre Verbindlichkeiten nur bis zur Höhe ihres Vermögens. Das Vermögen setzt sich aus den Einlagen der Mitglieder, den Geschäftsanteilen, zusammen. Diese werden auch Genossenschaftsanteile genannt, die in der Regel als Geldleistungen oder Sacheinlagen erbracht werden. Sollte im Falle der Insolvenz das Vermögen der Genossenschaft die Gläubiger nicht befriedigen, kann durch die Satzung eine Nachschusspflicht der Mitglieder bestimmt sein. Das Gesetz bestimmt für diesen Fall, dass die Summe des festgelegten Nachschusses nicht geringer sein darf als der Geschäftsanteil.
Die Gründungsmitglieder sind aber nicht verpflichtet, eine Nachschusspflicht in der Satzung zu regeln. Ebenso besteht die Möglichkeit, ein Mindestkapital satzungsmäßig festzuschreiben. Bei Genossenschaften tritt im Fall von Verlusten ggf. ein Garantiefonds ein.

▮ Eintritt in die e. G. – Austritt einzelner Mitglieder

Personen, die nach Gründung der Genossenschaft Mitglied werden möchten, können dies durch schriftliche, unbedingte **Beitrittserklärung** erreichen. Die Beitritterklärung muss zugelassen werden. Sofern nicht die Satzung etwas anderes vorsieht, erfolgt die Zulassung über die Generalversammlung beziehungsweise die Vertreterversammlung.

Ist die Genossenschaft auf unbestimmte Zeit gegründet worden, ist die Mitgliedschaft ebenfalls zeitlich nicht begrenzt (Dauerschuldverhältnis). Ein Austritt ist durch **Kündigung**, in Abhängigkeit von der Satzung, möglich *(§ 65 GenG)*. Nach der gesetzlichen Regel kann eine Kündigung nur mit einer dreimonatigen Frist zum Ende des Geschäftsjahres erfolgen. Die Auseinandersetzung mit dem ausscheidenden Gesellschafter erfolgt sodann auf Grundlage der Jahresabschluss-Bilanz. Dadurch soll verhindert werden, dass die Genossenschaft bei Ausscheiden eines Mitglieds während des laufenden Jahres zwecks Auseinandersetzung eigens eine Austrittbilanz anfertigen muss.

6

Zum anderen soll die Genossenschaft vor dem plötzlichen Ausfall von Mitgliedern, insbesondere dem Abfließen von Kapital, geschützt werden.

Längere Kündigungsfristen können durch die Satzung vereinbart sein.

Neben der ordentlichen Kündigung kann ein Mitglied aus wichtigem Grund außerordentlich kündigen. Diese Kündigungsgründe hat der Gesetzgeber im *GenG* abschließend aufgeführt *(§ 67a GenG)*.

Die Kündigung eines einzelnen Mitgliedes führt **nicht zur Auflösung** der Gesellschaft, da diese in ihrem Bestand von den Personen ihrer Mitglieder unabhängig ist.

Eine weitere Möglichkeit aus der Genossenschaft auszutreten, ist die **Übertragung** des Geschäftsguthabens durch schriftlichen Vertrag *(§ 76 GenG)*.

Gewinn- und Verlustbeteiligung

Ein Gewinn oder Verlust ist entsprechend den auf die Geschäftsanteile geleisteten Einzahlungen zu verteilen *(§ 19 GenG)*.

Verbandsprüfung

Jede e. G. muss einem genossenschaftlichen Prüfungsverband angehören *(§ 54 GenG)*. Die Verbandsprüfer prüfen die handelsrechtliche Ordnungsmäßigkeit des Jahresabschlusses und des Lageberichtes *(§ 58 GenG)*.

Rechnungslegung

Es gelten die Vorschriften des *§ 33 GenG* und die Vorschriften der *§ 238 ff. HGB* unter besonderer Ergänzung der *§ 336 ff. HGB*.

Steuerliche Behandlung

Die e. G. ist ein selbstständiges Steuersubjekt.

1. Körperschaftsteuer auf der Ebene der Gesellschaft

Die Genossenschaft ist als Kapitalgesellschaft unbeschränkt körperschaftsteuerpflichtig *(§ 1 Abs. 1 Nr. 2 KStG)*. Der Steuersatz beträgt 15 % des Gewinns *(§§ 23 Abs. 1, 27 Abs. 1 KStG)* zuzüglich Solidaritätszuschlag.

Besonderheiten:
- Befreiungsvorschriften für bestimmte landwirtschaftliche Genossenschaften *(§ 5 Abs. 1 Nr. 14, § 25 KStG)*,
- Absetzungen von Warenrückvergütungen *(§ 22 KStG)*.

2. Einkommensteuer auf der Ebene der Mitglieder (Genossen)

Gewinnanteile, die die e. G. an ihre Mitglieder ausschüttet, sind daraufhin zu untersuchen, ob die Anteile an der e. G. dem Betriebs- oder Privatvermögen zuzuordnen sind.

Gehören die Geschäftsanteile zum
- land- und forstwirtschaftlichen Vermögen   => Einkünfte aus L. u. F. *(§ 13 EStG)*,
- Betriebsvermögen   => Einkünfte aus Gewerbebetrieb *(§ 15 EStG)* oder Einkünfte aus selbstständiger Tätigkeit *(§ 18 EStG)*,
- Privatvermögen   => Einkünfte aus Kapitalvermögen *(§ 20 EStG)*.

3. Gewerbesteuer

Die e. G. ist Handelsbetrieb im Sinne des Gewerbesteuergesetzes *(§ 2 Abs. 2 Nr. 2 GewStG)*.

4. Umsatzsteuer

Die e. G. ist **Unternehmerin** *(§ 2 UStG)* und tätigt Umsätze im Sinne der *§ 1 ff. UStG*.

Die **e.G.** ...

- ist juristische Person,
- verfolgt als Formalziel die Förderung des Erwerbs oder der Wirtschaft ihrer Mitglieder (Genossen),
- muss immer aus mindestens drei Mitgliedern bestehen,
- wird in das Genossenschaftsregister des zuständigen Amtsgerichts eingetragen,
- führt in der Firma den Zusatz „eingetragene Genossenschaft" oder „e. G.",
- muss einem genossenschaftlichen Prüfungsverband angehören,
- hat drei Organe: die Generalversammlung, den Aufsichtsrat und den Vorstand,
- erfordert kein Mindestkapital.
- Die Satzung (Statut) der e. G. bedarf der Schriftform.
- Die auf die Geschäftsanteile der Mitglieder eingezahlten Beiträge heißen Geschäftsguthaben.
- Die Satzung kann eine beschränkte oder unbeschränkte Nachschusspflicht der Mitglieder vorsehen.
- Geschäftsführung und Vertretung obliegen dem Vorstand.

Vorteile	Nachteile
- das Haftungsrisiko ist für jeden Genossen begrenzbar - für Schulden der e.G. haftet nur die Genossenschaft - Bei der Genossenschaft gilt das Prinzip der Selbstorganschaft. Dadurch bleibt die Leitung dieser Unternehmensform in den Händen der Mitglieder. - flache Hierarchien, Mitbestimmung - finanzielle Sicherheit für den Einzelnen	- mindestens 3 Gründer - Eintragung in das Genossenschaftsregister

6

Übungsaufgaben

1. Welches Formalziel verfolgt die e. G.?
2. Wie viele Mitglieder muss eine e. G. mindestens haben?
3. Erklären Sie den Satz: „Der Kreis der Mitglieder der e. G. ist nicht geschlossen".
4. Welche Fakten müssen im Statut geregelt werden?
5. In welches Register ist die e. G. einzutragen?
6. Erläutern Sie die Rechtsverhältnisse der e. G.
7. Wie firmiert die e. G.?
8. Wer führt die Geschäfte und vertritt die e. G.?
9. Beschreiben Sie die Aufgaben der einzelnen Organe der e. G.
10. Erläutern Sie die Haftung der Mitglieder.
11. Grenzen Sie die Kompetenzen ab:
    a) Generalversammlung der e. G.,
    b) Hauptversammlung der AG,
    c) Gesellschafterversammlung der GmbH.

6.8   Mischformen

Im Gesellschaftsrecht können die Parteien die Rechtsverhältnisse selbstständig gestalten, soweit keine zwingenden Rechtsvorschriften vorhanden sind. Das ist vom Gesetzgeber beabsichtigt, damit die rechtlichen, wirtschaftlichen und sonstigen Gegebenheiten des Einzelfalles berücksichtigt werden können.

Infolge der zum Teil erheblichen Unterschiede im Haftungs- und Steuerrecht sind in der Praxis **Kombinationen** aus Personengesellschaften und Kapitalgesellschaften entstanden.

6.8.1   GmbH & Co. KG

Rechtsgrundlagen: *§§ 161–177a, 238–263, 264a–335b HGB*
                             GmbHG
                             Kapitalgesellschaften- und Co.-Richtlinien-Gesetz (KapCoRiLiG)

▨ Kennzeichen und Bedeutung

> Die **GmbH & Co. KG** ist eine **Kommanditgesellschaft** (KG) und eine Personengesellschaft; sie ist **keine** Kapitalgesellschaft.
> Mindestens ein persönlich haftender Komplementär (= Vollhafter) ist eine GmbH; die Kommanditisten (= Teilhafter) sind i. d. R. natürliche Personen.
> Die Gesellschafter der KG sind i. d. R. Mitunternehmer.

Gründe für die Wahl dieser Rechtsform können sein:
- Haftungsbeschränkung aller Gesellschafter,
- Verbindung der steuerlichen Vorteile von Personen- und Kapitalgesellschaften *(z. B. Freibetrag und Staffelsatz bei der Gewerbesteuer)*,
- Sicherung des Bestandes des Unternehmens für den Fall des Todes des Unternehmers unter weitgehender Erhaltung der Firma,
- Ausnutzung der Möglichkeit, einen fachlich kompetenten Geschäftsführer als leitenden Angestellten einzustellen,
- Erleichterung der Kapitalbeschaffung, wenn die Gesellschafter bereit sind, weitere Einlagen in Form von Kommanditeinlagen zu leisten.

In der Rechtsprechung wird die GmbH & Co. KG immer mehr den Kapitalgesellschaften angenähert, weil einerseits die persönliche Haftung fehlt und andererseits die Haftungsmasse begrenzt wird.

> *Beispiele:*
> - *Die Firma muss einen auf die Haftungsbeschränkung hinweisenden Vermerk beinhalten, wenn keine natürliche Person unbeschränkt haftet (§ 19 Abs. 5 HGB).*
> - *Überschuldung ist, anders als bei Personengesellschaften, Insolvenzgrund.*
> - *In den Geschäftsbriefen müssen alle Angaben wie bei Kapitalgesellschaften enthalten sein (§ 177a i. V. m. §§ 125a HGB, 35a HGB, 35a GmbHG).*
> - *Gewährt die Komplementär-GmbH der GmbH & Co. KG ein Darlehen, so kann sie ihre Forderung im Insolvenzfall nicht als Insolvenzforderung anmelden (§ 172a HGB i. V. m. § 32a GmbHG).*
> - *Einbeziehung in die Publizitätspflicht nach den Regelungen für Kapitalgesellschaften mit geringen Ausnahmen (ab 1995 nach der Transformierung des Bilanzrichtlinien-Ergänzungsgesetzes auf nationales Recht).*

6

Gründung

Die Gründung einer GmbH & Co. KG erfolgt in **zwei Schritten**:
- Abschluss des notariell beurkundeten Gesellschaftsvertrages zur Errichtung der GmbH,
- Eintragung der GmbH in Abteilung B des zuständigen Handelsregisters,
- Abschluss des zweiten Gesellschaftsvertrages zur Gründung der KG,
- Eintragung der Personengesellschaft GmbH & Co. KG in Abteilung A des Handelsregisters.

Folge: Es sind zwei selbstständige Gesellschaften mit eigenen Rechtsregeln entstanden.

Die GmbH & Co. KG ist eine **Kommanditgesellschaft**; aus diesem Grund sind zu ihrer Gründung zwei Gesellschafter notwendig:
- der Komplementär als Mitunternehmer und
- der Kommanditist.

---

1. Modell: Eine einzelne Person gründet eine GmbH & Co. KG

Eine Person gründet zuerst eine GmbH. Nach Eintragung der GmbH in das Handelsregister gründet dieselbe Person, die alleinige Inhaberin der GmbH ist, zusammen mit der bereits gegründeten GmbH eine Kommanditgesellschaft, d.h., der alleinige Gesellschafter der GmbH (= hier Komplementär) ist gleichzeitig auch Kommanditist.

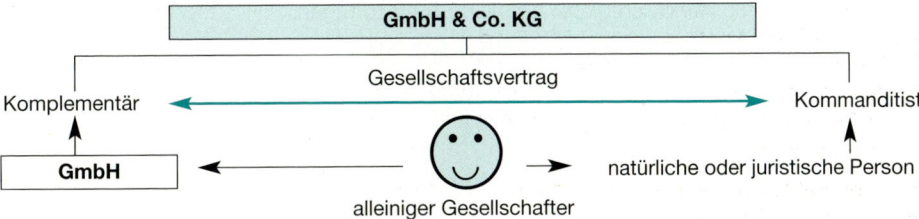

---

2. Modell: Zwei oder mehr Personen gründen eine GmbH & Co. KG

Zwei oder mehr Personen gründen zuerst eine GmbH. Nach Eintragung in das Handelsregister gründet die GmbH zusammen mit denselben Personen und ggf. weiteren Personen eine Kommanditgesellschaft.

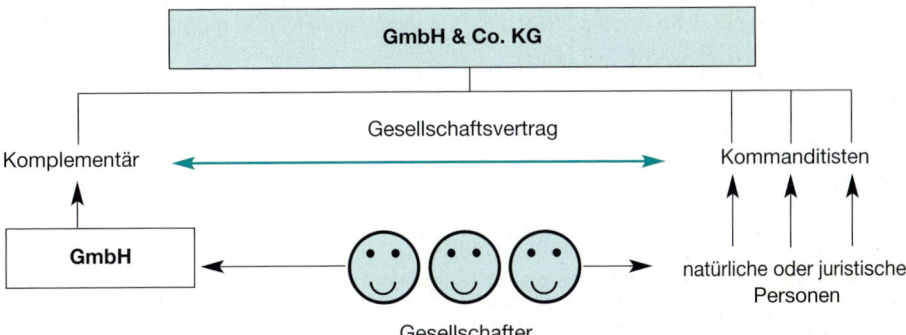

Für die Gründung der GmbH gelten die Vorschriften des *GmbHG*, für die Gründung der KG die Vorschriften des *HGB (§§ 161–177a HGB)*. Die Gründungskosten der GmbH sind Aufwand der GmbH; sie dürfen nicht in das Betriebsergebnis der KG einfließen.

6

Gesellschafter

Gesellschafter der GmbH & Co. KG sind

- die juristische Person „GmbH" als Komplementär und
- natürliche weitere oder juristische Personen als Kommanditisten.

Kommanditisten und Gesellschafter der Komplementär-GmbH können verschiedene Personen sein oder es kann Personenidentität bestehen.

Zur Gründung ist mindestens eine natürliche oder juristische Person notwendig.

Gesellschaftsvertrag

Es ist zu erstellen

- der Gesellschaftsvertrag der GmbH-Gesellschafter,
- der Gesellschaftsvertrag der KG-Gesellschafter.

Der Gesellschaftsvertrag der GmbH muss notariell beurkundet werden *(§ 2 GmbHG),* der Gesellschaftsvertrag der KG ist dagegen formfrei.

Handelsregister

- Die **GmbH** ist ins Handelsregister *Abteilung B* einzutragen.
- Die Personenhandelsgesellschaft **GmbH & Co. KG** ist ins Handelsregister Abteilung A einzutragen.

Rechtsverhältnis

Die GmbH & Co. KG ist

- eine **Personenhandelsgesellschaft,**
- **quasi juristische Person**, besitzt also keine eigene Rechtspersönlichkeit,
- unter ihrer Firma **partei-,** aber **nicht prozessfähig** *(§ 50 ZPO),* die Gesellschaft wird im Prozess durch die Komplementär-GmbH, diese durch ihre(n) Geschäftsführer *(§ 35 GmbHG)* vertreten,
- **deliktsfähig,**
- **grundbuchfähig,**
- **buchführungspflichtig** nach *§ 238 ff. HGB, § 41 ff. GmbHG i. V. m. § 264 HGB*
- **Kaufmann** i. S. d. *HGB (§§ 1–3 HGB).*

Firma

Die gemeinschaftliche Firma muss nach *§ 19 HGB* immer

- eine Sach-, Fantasie- oder eine Personenbezeichnung führen **und**
- einen Zusatz *„GmbH & ... KG"* enthalten **und**
- eine Bezeichnung tragen, welche die Haftungsbeschränkung kennzeichnet.

Beispiel:

Komplementär:	Dach GmbH
Kommanditist:	Herr Manfred Meise
mögliche Firma:	Dach GmbH & Co. KG

Geschäftsführung

Das Recht zur Geschäftsführung und Vertretung steht zuerst den persönlich haftenden Gesellschaftern – den Komplementären – zu *(§§ 114, 161 Abs. 2, 164 HGB)*.
Komplementär ist die GmbH, diese wiederum übt ihre Befugnisse durch ihr Organ, den Geschäftsführer, aus *(§§ 6, 35 GmbHG)*.
Es können mehrere Geschäftsführer bestellt werden. Möglich ist auch die Bestellung von Kommanditisten oder weiteren Personen zum Geschäftsführer.

Geschäftsbriefe

Aus den *§§ 125a, 177a HGB* und *34a GmbHG* ergibt sich, dass auf allen Geschäftsbriefen einer Gesellschaft, bei der keine natürliche Person als persönlich haftender Gesellschafter, sondern eine GmbH oder eine Aktiengesellschaft beteiligt ist, folgende **Angaben** zu machen sind:

- der vollständige Firmenname in Übereinstimmung mit dem im Handelsregister eingetragenen Wortlaut,
- die Rechtsform der Gesellschaft (GmbH & Co. KG, GmbH & Co., oHG, AG & Co. KG, AG & Co. oHG)
- Sitz der Gesellschaft
- Registergericht des Sitzes der Gesellschaft und die Nummer, unter der die Gesellschaft in das Handelsregister eingetragen ist

Zusätzlich muss die persönlich haftende Gesellschaft mit Rechtsformzusatz, Sitz, Registergericht des Sitzes und der Nummer, unter der die Gesellschaft eingetragen ist, sowie allen Geschäftsführern und, sofern die Gesellschaft einen Aufsichtsrat gebildet und dieser einen Vorsitzenden hat, der Vorsitzende des Aufsichtsrates mit dem Familiennamen und mindestens einem ausgeschriebenen Vornamen bezeichnet werden.

Vertretung

Allein dem/den Geschäftsführer/n steht unmittelbar für die GmbH Dritten gegenüber die unbeschränkbare Vertretung *(§ 37 Abs. 2 GmbHG)* zu, mittelbar auch für die KG.

6

Haftung

Die Komplementäre haften unbeschränkt für die Verbindlichkeiten der GmbH sowie der KG. Für die Komplementär-GmbH als juristische Person bedeutet dies, dass die Haftung der GmbH auf das Gesellschaftsvermögen der GmbH beschränkt ist. Somit haftet die **Komplementär-GmbH** umfangmäßig unbegrenzt bis zur Höhe ihres Vermögens *(§§ 128, 161 Abs. 2 HGB)*.
Hat der Kommanditist seine Einlage in vollem Umfang erbracht, so ist die Haftung auf die Kommanditeinlage begrenzt, die im Handelsregister eingetragen ist.
Sollte die vereinbarte Einlage noch nicht in voller Höhe vom Kommanditisten geleistet worden sein, haftet dieser Dritten gegenüber unmittelbar und unbeschränkt bis zur Höhe der im HR eingetragenen Kapitaleinlage, d. h. auch mit seinem Privatvermögen *(§ 171 Abs. 2 HGB)*.

Gewinnverteilung

Sie erfolgt entsprechend den im Gesellschaftsvertrag getroffenen **Vereinbarungen**; im Zweifel gelten die Vorschriften der KG *(§ 168 HGB)*.

Aufsichtsrats- und Beiratsvergütungen, die eine GmbH & Co. KG an diese Organe zahlt, sind nur dann Betriebsausgaben, wenn diese Personen nicht Mitunternehmer der GmbH & Co. KG sind.

■ Besonderheiten

Für die GmbH und für die KG sind getrennte Buchhaltungen einzurichten.
Bei der **KG** müssen für die GmbH ein Komplementär-Kapitalkonto sowie ein Verrechnungskonto geführt werden.

Bei der **GmbH** sind auszuweisen als
- aktive Bestandskonten: • die Beteiligung an der KG in Höhe des Kapitalkontos der GmbH an der KG,
  • das Verrechnungskonto KG, dieses Konto ist spiegelbildlich zu dem bei der KG für die GmbH geführten Verrechnungskonto zu sehen;
- passive Bestandskonten: • die Verrechnungskonten der Gesellschafter,
  • die Einzahlungsverpflichtung bei der KG,
- Erfolgskonto: • Konten über die Erträge aus der KG-Beteiligung,
- Aufwandskonten: • Konten über die Verluste aus der KG-Beteiligung.
- Für Bilanz und G+V sind neben den *§§ 238–263 HGB* zusätzlich die Vorschriften nach *§§ 264a–335b HGB* (für Kapitalgesellschaften) zu beachten.
  In der Bilanz oder im Anhang sind die Entwicklungen des Anlagevermögens (⇒ Anlagegitter *§ 268 Abs. 2 HGB*) sowie alle Forderungen und Verbindlichkeiten nach Laufzeiten (⇒ Forderungs- und Verbindlichkeitsspiegel, *§ 268 Abs. 4, 5 HGB*) darzustellen.
  Weiterhin sind die Bewertungsvorschriften nach *§§ 279, 280 Abs. 2 HGB* zu beachten.
  Die G+V muss in Staffelform erstellt werden.

- Unter Eigenkapital sind auszuweisen: • Kapitalanteile der GmbH als Komplementär,
  • Kapitalanteile der Kommanditisten,
  • Rücklagen,
  • Gewinn-/Verlustvortrag,
  • Jahresüberschuss/-fehlbetrag (*§§ 264c Abs. 2, 266 Abs. 3 a HGB*).
- Die „Freiberufler"-GmbH & Co. KG ist eine gewerblich geprägte Personengesellschaft (*§ 15 Abs. 3 Nr. 2 EStG*).

■ Steuerliche Behandlung

Es sind getrennte Jahresabschlüsse für die juristische Person GmbH einerseits und die Personengesellschaft GmbH & Co. KG andererseits zu erstellen, weil zwei selbstständige Gesellschaften gegeben sind. Es erfolgt die einheitliche und gesonderte Gewinnfeststellung gem. *§§ 179, 180 AO*.

1. Einkommensteuer
- Die Gesellschaft ist selbstständiges Steuersubjekt für die Feststellung des Unternehmensgewinns.
- Gewinnanteile aus einer GmbH & Co. KG sind Einkünfte aus Gewerbebetrieb (*§ 15 Abs. 3 EStG*).
- Verfahrensrechtlich werden die Einkünfte der einzelnen Gesellschafter gesondert und einheitlich vom Betriebsfinanzamt ermittelt und aufgrund ihrer Beteiligung an der Gesellschaft verbindlich festgestellt (*§ 179 Abs. 1, 2 i. V. m. § 180 Abs. 1 Nr. 2 a AO*).

Der Gewinnanteil wird additiv ermittelt:

Gewinnanteil eines Gesellschafters
+ Sondervergütungen
– Sonderbetriebsausgaben

= gesamter Gewinn des jeweiligen Mitunternehmers

- Ordentliche Gewinnausschüttungen an die Kommanditisten sind in dem Jahr, in dem der Gewinnverteilungsbeschluss gefasst wurde, als Sonderbetriebseinnahmen zu buchen.
- Verdeckte Gewinnausschüttungen sind im Entstehungsjahr als Sonderbetriebseinnahme des/der Kommanditisten zu erfassen.
- Behandlung der Vergütungen der Geschäftsführer
  - der GmbH-Geschäftsführer ist **nicht zugleich Kommanditist**
  - Gehaltszahlungen an den Geschäftsführer sind Betriebsausgaben i.S.d. *§ 4 Abs. 4 EStG*, wobei die Aufwendungen i.d.R. zwischen GmbH und KG aufgeteilt werden,
  - die Gehaltsaufwendungen sowie alle gesetzlichen, vertraglichen und freiwilligen Sozialleistungen sind im Rahmen der einheitlichen und gesonderten Gewinnfeststellung anteilige Sonderbetriebsausgaben der KG;
  - Der Geschäftsführer erzielt Einkünfte aus nichtselbstständiger Arbeit *(§ 19 EStG):*
  - der GmbH-Geschäftsführer ist **gleichzeitig Kommanditist**
  - Gehaltszahlungen an den Geschäftsführer sind Betriebsausgaben i.S.d. *§ 4 Abs. 4 EStG*, wobei die Aufwendungen i.d.R. zwischen GmbH und KG aufgeteilt werden.
  - das Gehalt ist Vorabgewinn des Kommanditisten,
  - der Geschäftsführer erzielt Einkünfte aus Gewerbebetrieb nach *§ 15 Abs. 1 S. 1 Nr. 1 EStG.*
- Abweichend vom Handelsrecht sind Handelsgüter, die die GmbH der KG zur Nutzung überlässt, bei der KG als **Sonderbetriebsvermögen** auszuweisen.
- Gesellschafter einer Personengesellschaft können künftig auf Antrag eine **Tarifbegünstigung** erhalten, wenn sie Gewinne im Unternehmen lassen (thesaurieren). Für nicht entnommene Gewinne beträgt der Einkommensteuersatz 28,25 % zuzüglich Solidaritätszuschlag und Kirchensteuer.[1]

Beispiel:

A, ledig, und B, ledig, sind zu je 50 % an der Y GmbH & Co. KG beteiligt. Die Y GmbH & Co. KG erzielt im Geschäftsjahr einen Gewinn von 1 Mio. EUR. Die beiden Gesellschafter entnehmen jeweils 200.000,00 EUR, sodass 600.000,00 EUR in der Gesellschaft verbleiben.
Je 300.000,00 EUR (nicht entnommene Gewinnanteile) werden bei A und B mit 28,25 % zuzüglich Solidaritätszuschlag und Kirchensteuer besteuert.

- **Ausgeschüttete Gewinnanteile** der Komplementär-GmbH sind bei den Gesellschaftern, die natürliche Personen sind, Einkünfte aus Gewerbebetrieb *(§ 15 Abs. 1 Nr. 2 i.V.m. § 20 Abs. 3 EStG),* weil die Anteile der Kommanditisten notwendiges Sonderbetriebsvermögen darstellen oder weil die Anteile an der Komplementär-GmbH der KG als solche gehören.
- **Veräußerungsgewinne** unterliegen den Regelungen der *§§ 15, 16 und 34 EStG.*
- Eine **angemessene Gewinnverteilung** zwischen GmbH und Kommanditisten muss vorliegen. Das bedeutet eine Prüfung nach den steuerlichen Regeln der *Familienpersonengesellschaften.* Eine Beanstandung erfolgt in der Regel nur, wenn der GmbH kein angemessener Gewinn für die Geschäftsführertätigkeit verbleibt oder die Ergebnisverteilung wesentlich von der steuerlich zulässigen Verteilung bei Familienpersonengesellschaften abweicht. Angemessenheit liegt dann vor, wenn Kapital, Arbeit und Haftungsrisiko bei der GmbH angemessen berücksichtigt werden, Unangemessenheit dann, wenn die GmbH in keiner Weise am Gewinn beteiligt wird.

6

---

[1] Vgl. Seite 393 ff.

Die GmbH & Co. KG kann einkommensteuerrechtlich **vorteilhaft** sein,

- weil die Gewinnanteile der Kommanditisten nicht einheitlich mit dem Höchststeuersatz besteuert werden *(vgl. ESt-Tarif nach § 32a ff. EStG),*
- weil bei Verlust der KG dieser auf die Gesellschafter übertragen werden kann,
- weil bei Beendigung der Gesellschaft die Gesellschafter in den Genuss von *§ 34 EStG* kommen,
- weil auf der Ebene der KG eine 3,8-fache anteilige GewSt-Messbetragsrechnung auf die tarifliche ESt der jeweiligen Mitunternehmer gewährt wird *(§ 35 EStG).*
  Dies ist insbesondere vorteilhaft, wenn die erzielten Gewinne zum Teil für Selbstfinanzierungszwecke im Unternehmen verbleiben sollen.

Beachten Sie bitte:

- Sind die Gesellschafter der GmbH gleichzeitig auch Kommanditisten, so sind sie einkommensteuerrechtlich als Mitunternehmer anzusehen; ihre Einkünfte sind Einkünfte aus Gewerbebetrieb.
- Ist der Geschäftsführer der GmbH zugleich Gesellschafter der GmbH und auch Kommanditist, so kann sein Geschäftsführergehalt **nicht** als Betriebsausgabe angesetzt werden, die Einkünfte des Geschäftsführers sind in diesem Falle den Einkünften aus Gewerbebetrieb zuzurechnen.
- Ein Geschäftsführer, der als Kommanditist an der KG beteiligt ist, ist steuerrechtlich kein Arbeitnehmer.

2. Körperschaftsteuer

- Die GmbH & Co. KG ist **keine Kapitalgesellschaft** *(§ 1 Abs. 1 Nr. 1 KStG)* und somit nicht körperschaftsteuerpflichtig.
- Die GmbH ist angemessen am Gewinn der GmbH & Co. KG zu beteiligen. Dies bedeutet, es müssen berücksichtigt werden die Verzinsung des eingesetzten Kapitals, die Übernahme der persönlichen und unbeschränkten Haftung für die Verbindlichkeiten der KG, die Geschäftsführung und Vertretung der KG sowie die evtl. Überlassung von Wirtschaftsgütern.
- Bei den ordentlichen Gewinnausschüttungen ist die Definitivbesteuerung in Höhe von 15 % KSt zuzüglich SolZ des zu versteuernden Einkommens anzuwenden.
- Der Gewinnanteil der Komplementär-GmbH an der GmbH & Co. KG unterliegt als steuerliches Einkommen der KSt.

3. Gewerbesteuer

Gewerbesteuerpflichtig sind

- die GmbH *(§ 2 Abs. 2 GewStG)* und
- die GmbH & Co. KG *(§ 2 Abs. 2 GewStG i. V. m. § 15 Abs. 3 Nr. 2 EStG).*
- Für die GmbH & Co. KG gelten die **Vorschriften für Personengesellschaften**.
- **Steuerschuldner** der Gewerbesteuer ist die KG *(§ 5 Abs. 1 Satz 3 GewStG);* die Freibeträge bei der Berechnung der Gewerbesteuer nach dem Gewerbeertrag *(§ 11 Abs. 1 Nr. 1 GewStG)* sind zu berücksichtigen.
- Die **GmbH** kann durch den Ansatz des Geschäftsführergehaltes als Betriebsausgabe die Bemessungsgrundlage für die Gewerbesteuer mindern.

- Das Geschäftsführergehalt kann die Gewerbesteuer **nicht** mindern, wenn der Geschäftsführer **gleichzeitig** als **Kommanditist** der Kommanditgesellschaft beteiligt ist.

- **Nachteilig** bei der GmbH & Co. KG ist, dass bei dieser Gesellschaftsform für Gesellschafter-Geschäftsführer keine Pensionsrückstellungen gebildet werden dürfen und dass die Gehälter dieser Personen den einheitlich festgestellten Gewinn nicht mindern und damit in die Bemessungsgrundlage für die Gewerbesteuer eingehen. Bei der GmbH hingegen sind die Gehälter und die Zuführungen zu den Pensionsrückstellungen voll als Betriebsausgabe ansetzbar.

- Die Gewerbesteuer ist nicht als Betriebsausgabe abzugsfähig.

Beachten Sie bitte:

Die Tätigkeit der Freiberufler-GmbH & Co. KG ist eine gewerbliche, gewerbesteuerpflichtige Tätigkeit, weil gem. *BFH-Urteil*[1] eine Personengesellschaft nur dann eine freiberufliche Tätigkeit ausübt, wenn alle Gesellschafter die Merkmale eines freien Berufes erfüllen.
Diese Voraussetzung ist nicht erfüllt, wenn eine Kapitalgesellschaft beteiligt ist *(§ 2 Abs. 2 Satz 1 GewStG).*

4. Umsatzsteuer

- Die GmbH & Co. KG ist **Unternehmerin** *(§ 2 UStG)* und tätigt Umsätze im Sinne der *§ 1 ff. UStG.*

- Die GmbH ist zusätzlich selbstständig umsatzsteuerpflichtig.

- Die Steuerpflicht entsteht mit Abschluss des Gesellschaftsvertrages und der Aufnahme der nach außen gerichteten Tätigkeit.

- Die Gewährung von Gesellschaftsrechten an der KG gegen Entgelt, den Kapitaleinlagen, ist eine umsatzsteuerbare, jedoch nach *§ 4 Nr. 8f. UStG* steuerbefreite Leistung der KG mit Optionsrecht nach *§ 9 UStG.*

- Die Geschäftsführungs- und Vertretungsleistung, die eine GmbH gegenüber „ihrer" GmbH & Co. KG ausführt, stellt eine Leistung i.S.d. *UStG* dar, wenn
  - die Leistung durch ein gewinnunabhängiges Sonderentgelt vergütet wird,
  - die GmbH & Co. KG dieses Sonderentgelt als Aufwand bucht und
  - das Sonderentgelt auch zu zahlen ist, wenn kein Gewinn erwirtschaftet wird.
  (BFH vom 06.06.2002, BFH vom 13.10.1998)
  Sonderentgelte sind gewinnunabhängige Festvergütungen, gewinnunabhängige Umsatzbeteiligungen, ein Gewinnvorweg, eine Gewinnverteilung nach Gesellschafterleistung.

6

---

[1] *BFH v. 9. April 1987, Az. VIII B 94/86/NV S. 509*

Die **GmbH & Co. KG** ...

- ist eine Personenhandelsgesellschaft mit mindestens zwei Gesellschaftern, von denen einer Komplementär (Vollhafter in der Rechtsform der GmbH) und einer Kommanditist (Teilhafter) ist,
- entsteht durch formlosen Gesellschaftsvertrag (KG) und notariell beurkundeten Gesellschaftsvertrag (GmbH),
- ist stets Kaufmann und muss als KG ins Handelsregister – Abteilung A – (die GmbH hingegen als juristische Person in Abteilung B) eingetragen werden,
- erfordert keine Mindesteinlagen oder kein Mindestkapital bei der KG.
- Rechte und Pflichten der Gesellschafter, Geschäftsführung und Vertretung, Haftung und Gewinnverteilung erfolgen auf der Ebene der Kommanditgesellschaft (GmbH & Co. KG) nach den Regelungen der Rechtsform der KG; auf der Ebene des Komplementärs (GmbH) nach den Regelungen des *GmbHG*.

Vorteile	Nachteile

■ erleichterte Kapitalbeschaffung, wenn die Gesellschafter bereit sind, weitere Kommanditeinlagen zu leisten oder weitere Kommanditisten aufzunehmen
 	
■ Komplementärin ist die GmbH, d. h. die vollhaftende Gesellschafterin, diese ist wiederum von der Rechtsform her in der Haftung beschränkt, dies bedeutet, Ausschluss der Vollhaftung
 	
■ Erleichterung der Nachfolgeregelung bei Tod eines persönlich haftenden Gesellschafters
 	
■ Unternehmensfortführung von Personengesellschaften in der Rechtsform der GmbH & Co. KG, wenn sich Erben oder Gesellschafter nur als Kapitalgeber engagieren wollen
 	
■ eignet sich besonders für Familienunternehmungen mit vielen Gesellschaftern, die an der Geschäftsführung und Vertretung nicht beteiligt werden sollen
 	
■ Erhaltung der steuerlichen Vorteile der Personengesellschaft
 	
■ einkommensteuerlich
  • ideale Rechtsform, um legal die Gewinnverteilung zwischen nahen Angehörigen in Familienunternehmen zu steuern,
  • Verluste auf der Ebene der Gesellschafter unter Beachtung des *§ 15a EStG* sind mit anderen Einkünften ausgleichsfähig
	■ Gründungsvertrag zwischen GmbH und Kommanditisten muss erstellt werden,
	
	■ schwierige Fremdkapitalbeschaffung, da nicht besonders kreditwürdig
	
	■ durch Verkauf der Geschäftsanteile an der GmbH können andere unerwünschte Personen in der Geschäftsführung auftauchen
	
	■ erweiterte Publizitätspflicht
	
	■ angemessene Gewinnverteilung zwischen GmbH und Kommanditisten muss sichergestellt sein; eine Angemessenheit liegt nur vor, wenn der GmbH genügend Mittel zur Tätigkeit, Kapitalverzinsungs- und Haftungsrisiko verbleiben
	
	■ einkommensteuerlich
	  • Vergütungen gem. *§ 15 Abs. 1 S. 1 Nr. 2 EStG* Einkünfte aus Gewerbebetrieb
	  • bei der KG können keine Vergütungen an Unternehmer als Betriebsausgaben angesetzt werden
	  • keine Abzugsfähigkeit von Pensionsrückstellungen für Gesellschafter-Geschäftsführer

6

6.8.2 GmbH & Co. OHG

Rechtsgrundlagen: *§§ 105–160 HGB*
GmbHG

> Die GmbH & Co. OHG ist eine **Personenhandelsgesellschaft**. Gesellschafter dieser OHG sind mindestens zwei Personen, hiervon ist eine die GmbH.

Diese Gesellschaftsform ist sehr selten. Die Aussagen zur OHG und zur GmbH & Co. KG können weitgehend übernommen werden.

6.8.3 GmbH mit Beteiligung eines atypischen stillen Gesellschafters

Rechtsgrundlagen: *§§ 230–237 HGB*
GmbHG

Kennzeichen und Bedeutung

> Die GmbH ist eine **Kapitalgesellschaft**. Der stille Gesellschafter beteiligt sich mit einer Vermögenseinlage an der GmbH, wobei die Handelsgesellschaft von einem anderen, d.h. nicht von dem stillen Gesellschafter, betrieben wird.

Die Aufnahme eines stillen Gesellschafters erfolgt meistens, um
- die Kapitalausstattung der GmbH zu verbessern und/oder um
- GmbH-Verluste auf die Gesellschafter steuerlich überzuführen, Einkünfte auf nahe Angehörige z.B. Kinder, zu verlagern.

Gesellschaftsvertrag

Ein schriftlicher Gesellschaftsvertrag muss zwischen der GmbH und dem stillen Gesellschafter geschlossen werden. Dieser Vertrag verlangt keine notarielle Beurkundung; Ausnahme: die Vermögenseinlage des Stillen besteht in Grundbesitz *(§ 311b BGB)* oder in GmbH-Anteilen *(§ 15 GmbHG)*.

Firma

Es gelten die Vorschriften für die GmbH; der stille Gesellschafter darf nicht in der Firmenbezeichnung erwähnt werden.

Vorteile

Der **stille Gesellschafter**, der am Verlust, an den stillen Reserven und am Firmenwert beteiligt wird, gilt als atypischer stiller Gesellschafter und damit als Mitunternehmer.
- Hierdurch kommt es zu Ersparnissen bei der Gewerbesteuer, weil der Gewinnanteil des stillen Gesellschafters den Gewinn mindert. Der stille Gesellschafter wird – wie bei Personengesellschaften – mit einem eigenen Freibetrag versehen.
- Eine GmbH kann den Finanzbedarf mit fremden Mitteln gut decken und gleichzeitig gute Erträge anbieten.

Steuerliche Behandlung

Wenn der Inhaber des Handelsgeschäftes eine GmbH ist, erzielt der an der GmbH atypisch beteiligte Gesellschafter gewerbliche Einkünfte, unabhängig davon, ob die Tätigkeit der GmbH und des atypisch still beteiligten Gesellschafters die Voraussetzungen eines Gewerbebetriebes nach § 15 Abs. 2 EStG erfüllt *(BMF-Schr. vom 26. Nov. 1987 IV B2 S. 2241–61/87)*.

6

6.8.4   Betriebsaufspaltung

Kennzeichen und Bedeutung

Bei einer **Betriebsaufspaltung** – auch Doppelgesellschaft genannt – werden die betrieblichen Funktionen **eines** Unternehmens in zwei rechtlich selbstständig und nebeneinander handelnde Einheiten aufgeteilt mit dem Ergebnis:
- es bestehen **rechtlich zwei** Unternehmen,
- es handelt sich **wirtschaftlich** um **ein** Unternehmen.

Beispiel:

Vorher: *ein* Unternehmen   Kunz & Meier OHG

Nachher: *zwei* Unternehmen: Doppelgesellschaft   Kunz & Meier OHG   +   Kunz GmbH

                                                                        Besitz-   Betriebs-
                                                                      unternehmen   unternehmen

Ein bisher in einer Rechtsform handelndes Unternehmen wird aufgespalten in zwei *rechtlich selbstständige Unternehmen:*

Bildung einer Besitzpersonen- und einer Betriebskapitalgesellschaft (echte Betriebsaufspaltung)

Die betrieblichen Risiken der Beschaffung, der Herstellung und des Vertriebes werden auf die Kapitalgesellschaft (z. B. GmbH) übertragen, hingegen die beweglichen und unbeweglichen Gegenstände des Anlagevermögens (*wesentliche Betriebsgrundlagen* wie Grundstücke, Maschinen, Fuhrpark) bleiben Vermögen der Besitzpersonengesellschaft (GbR, OHG, KG oder Einzelunternehmung). Die Besitzpersonengesellschaft hat nur die Anschaffung, Pflege, Unterhaltung und Nutzungsüberlassung der Anlagegüter zum Betriebszweck.

Voraussetzung für eine Betriebsaufspaltung ist eine sachliche und personelle Verflechtung der Unternehmen.

Steuerrechtlich müssen zwei Voraussetzungen für eine Betriebsaufspaltung erfüllt sein:
- sachliche Verflechtung   Überlassung mindestens **einer wesentlichen Betriebsgrundlage**,
- persönliche Verflechtung   Bestehen eines **einheitlichen geschäftlichen Betätigungswillens**.

Die steuerliche Rechtsfolge ist, dass die Besitzpersonengesellschaft Gewerbebetrieb bleibt.

Sachliche Verflechtung

Das Besitzunternehmen überlässt dem Betriebsunternehmen
- bestimmte Wirtschaftsgüter zur Nutzung,
- Vermögensgegenstände, die wesentliche Betriebsgrundlage für das Betriebsunternehmen sind.

Beispiele:
- *Ein Grundstück mit Gebäude ist voll auf die Bedürfnisse des Betriebsunternehmens hergerichtet und gestaltet.*
- *Ein Grundstück dieser Art und/oder Lage ist für die Fortführung des Betriebsunternehmens notwendig.*

■ Das Besitzunternehmen vermietet oder verpachtet an das Betriebsunternehmen wesentliche Betriebsgrundlagen wie materielle Wirtschaftsgüter *(z. B. Fahrzeuge, Maschinen, Grundstücke, Gebäude)* und immaterielle Wirtschaftsgüter *(z. B. Lizenzen, Patente)*.
  Eine unentgeltliche Nutzungsüberlassung ist möglich *(BFH-Urt. vom 24. April 1991)*.

Personelle Verflechtungen

Eine **personelle Verflechtung** liegt vor, wenn eine Person oder Personengruppe das Besitz- und das Betriebsunternehmen in der Weise beherrscht, dass sie in der Lage ist, in beiden Unternehmen einen einheitlichen Geschäfts- und Betätigungswillen durchzusetzen (BFH, Urteil v. 01.07.2003, VIII R 24/01, BFH/NV 2003 S. 1266). Eine Person bzw. Personengruppe ist sowohl am Betriebs- als auch am Besitzunternehmen beteiligt und kann ihren Willen („einheitlichen geschäftlichen Betätigungswillen") durchsetzen.

■ Rechtsfolgen der Betriebsaufspaltung

1. Einnahmen aus Vermietung und Verpachtung der Besitzgesellschaft werden als gewerbliche Einkünfte i. S. d. *§ 15 EStG* eingestuft.
2. Miet- und Pachtzinseinnahmen unterliegen beim Besitzunternehmen der Gewerbesteuer.
3. Die Gesellschafter, die nur am Besitzunternehmen beteiligt sind, erzielen gewerbliche Einkünfte.
4. Weil das Besitzunternehmen gewerbliche Einkünfte erzielt, ist die „Abfärberegelung" des *§ 15 Abs. 3 Nr. 1 EStG* anzuwenden.

> **Beispiel:**
>
> *Das Besitzunternehmen vermietet Grundstück Langstr. an das Betriebsunternehmen und Grundstück Bruckstr. an eine dritte Person, so gilt: weil die Vermietung an das Betriebsunternehmen als gewerblich anzusehen ist, muss auch die Vermietung an die dritte Person gewerblich sein.*

5. Bestimmte Wirtschaftsgüter, die Eigentum der Gesellschafter sind, sind nicht Privateigentum der Gesellschafter, sondern notwendiges Sonderbetriebsvermögen der Gesellschafter an dem Besitzunternehmen. Auch gilt somit Gewerbesteuerpflicht.
6. Besitz- und Betriebsunternehmen sind **zwei selbstständige Unternehmen**, die unabhängig voneinander bilanzieren.

■ Ziele der Aufspaltung

Ziele der Aufspaltung sind u. a.:

■ Beschränkung der Haftung.

> **Beispiel:**
>
> *Durch die Trennung von Vermögensbesitz und gewerblicher Tätigkeit ergibt sich eine Haftungsbeschränkung: bei einer Insolvenz der Betriebskapitalgesellschaft gehen die gemieteten und gepachteten Wirtschaftsgüter nicht in die Insolvenzmasse ein.*

■ Ausnutzung steuerlicher Vorteile.

> **Beispiele:**
>
> 1. *Sind die Anteilseigner des Besitzunternehmens gleichzeitig Geschäftsführer des Betriebsunternehmens, so sind die Geschäftsführergehälter bei der GmbH als abzugsfähige Betriebsausgaben zu erfassen.*
>   *Folge: Kürzung der Gewerbesteuer. Bei einer Einzelunternehmung kann das Geschäftsführergehalt nicht als Betriebsausgabe angesetzt werden, weil Unternehmer und Geschäftsführer die gleiche Person sind. Die Gehaltszahlung würde nach § 15 Abs. 1 Nr. 2 S. 1 Halbsatz 2 EStG Sonderbetriebsvermögen des Gesellschafters sein und würde der Gewerbesteuer unterliegen.*
> 2. *Für Geschäftsführer einer GmbH können unter den Voraussetzungen des § 6a EStG gewinnmindernde Rückstellungen für Pensionszusagen gebildet werden.*

6

3. *Das Vorschalten eines Besitzunternehmens in der Rechtsform Einzelunternehmung oder Personengesellschaft erlaubt, dass der gewerbesteuerliche Freibetrag nach § 11 Abs. 1 Nr. 1 GewStG genutzt werden können.*
4. *Verluste aus Vermietungs- und Verpachtungstätigkeit können mit den übrigen Einkünften der Besitzunternehmer (Einzelunternehmer, Gesellschafter der OHG, KG) verrechnet werden. Verluste einer Kapitalgesellschaft gleicher Art können nur nach § 10d EStG in zurück- oder auf zukünftige Veranlagungszeiträume vorgetragen werden.*
5. *Bei Sonderabschreibungen und Ansparrücklagen werden die Größenvoraussetzungen für jedes Unternehmen einzeln geprüft, d. h. die steuerlichen Sondervorschriften können evtl. für jedes Unternehmen in Anspruch genommen werden.*

■ Erreichen einer möglichst kleinen Größenklasse, um damit ganz oder teilweise der Publizitätspflicht nach dem Publizitätsgesetz auszuweichen.

Die Eröffnung des Insolvenzverfahrens über das Vermögen der Betriebsgesellschaft führt zur Beendigung der personellen Verflechtung mit dem Besitzunternehmen und damit zum Ende der Betriebsaufspaltung; für das Besitzunternehmen bedeutet dies, dass aufgrund der Betriebsaufgabe die stillen Reserven aufgedeckt werden müssen *(BFH-Urteil vom 06.03.1997 XI R 2/96).*

Steuerliche Bedeutung

Besitz- und Betriebsunternehmen sind zivil- und steuerrechtlich selbstständige Unternehmen, die *unabhängig* voneinander eigene Bilanzen erstellen.

Die Betriebsaufspaltung macht nur Sinn, wenn mit *beständigen* Gewinnerwartungen für die Zukunft zu rechnen ist.

Besteuerung des Besitzunternehmens

■ Das Besitzunternehmen erzielt nur Einnahmen aus Vermietung und Verpachtung für die Nutzungsüberlassung von Gegenständen des Anlagevermögens, die zum gewerblichen Betriebsvermögen des Besitzunternehmens gehören. Diese Erträge sind gewerbliche Einkünfte *(BFH vom 24.02.1981, R 15.7 EStR).*

■ Die Beteiligung an der Betriebsgesellschaft gehört zum Betriebsvermögen der Besitzpersonengesellschaft.

■ Bei der Beteiligung einer Personengesellschaft an einer GmbH sind die Gewinnausschüttungen, die anzurechnende KSt Einkünfte aus Gewerbebetrieb *(§ 15 Abs. 1 S. 1 Nr. 2 i. V. m. § 20 Abs. 3 EStG)*, die den Gesellschaftern (Mitunternehmern) nach Maßgabe ihrer Beteiligung zugerechnet werden müssen.

Ausschüttungen/Zinszahlungen der Betriebskapitalgesellschaft an das Besitzunternehmen sind Einnahmen aus Gewerbebetrieb.

Besteuerung des Betriebsunternehmens

■ Das regelmäßig in der Rechtsform einer Kapitalgesellschaft geführte Betriebsunternehmen ist körperschaftsteuerpflichtig.

■ Die gezahlten Pachtzinsen an die Besitzgesellschaft sind Betriebsausgaben, wenn der Pachtvertrag zwischen Besitz- und Betriebsgesellschaft einen angemessenen Pachtzins, der auch zwischen Fremden üblich wäre, vorsieht. Überhöhte Pachtzinsen stellen in Höhe des unangemessenen Teils verdeckte Gewinnausschüttungen dar *(§ 8 Abs. 3 S. 2 KStG).*

- Vergütungen an die Gesellschafter-Geschäftsführer der Betriebskapitalgesellschaft sind Betriebsausgaben. Der Gesellschafter-Geschäftsführer erzielt Einkünfte aus nichtselbstständiger Arbeit *(§ 19 EStG)*.

- Zuführungen zu Pensionsrückstellungen für Gesellschafter-Geschäftsführer sind unter bestimmten Voraussetzungen als Betriebsausgaben ansetzbar.

Bildung einer Produktionspersonen- und einer Vertriebskapitalgesellschaft (unechte Betriebsaufspaltung)

Die Aufspaltung eines Unternehmens führt dazu, dass die Produktionsstätte als ein Unternehmen *(z. B. als OHG, KG)* erhalten bleibt und daneben ein neues Unternehmen *(z. B. GmbH)* tritt, das nur den Vertrieb übernimmt. In der Regel übernimmt die Vertriebsgesellschaft die produzierten Waren zu festen **Verrechnungspreisen**.

Die Höhe der Verrechnungspreise bestimmt, in welchem Unternehmen die Gewinne erzielt werden sollen. Sind beispielsweise die Verrechnungspreise hoch, so werden die Gewinne in erster Linie bei der Personengesellschaft erzielt. Sind die Verrechnungspreise niedrig, entstehen die Gewinne in erster Linie bei der Kapitalgesellschaft.

Steuerliche Bedeutung

Die **Doppelgesellschaft** macht es möglich, dass die Gewinne und Verluste bezüglich ESt und KSt so zwischen den beiden Gesellschaften aufgeteilt werden, dass höchstmögliche Steuervorteile unter legaler Ausnutzung aller Steuerfreibeträge und Steuertarife von beiden Unternehmen ausgenutzt werden.

Die **Betriebsaufspaltung** hat als Instrument zur Optimierung der laufenden Steuerbelastung deutlich an Bedeutung verloren. Gegenüber der einfachen Kapitalgesellschaft lassen sich meist keine Steuervorteile mehr erzielen. Um so stärker wiegen die steuerlichen Unsicherheiten bei Betriebsaufspaltungssachverhalten.

6.9 Kooperationsformen für den steuerberatenden Beruf

6

Steuerberater dürfen sich nach *§ 56 Abs. 1 StBerG* zur gemeinsamen Berufsausübung zusammenschließen

- mit anderen Steuerberatern und Steuerbevollmächtigten
- mit Angehörigen der wirtschaftsprüfenden Berufe (WP, vBP),
- mit Angehörigen der rechtsberatenden Berufe (RA und Patentanwälte).

Unzulässig ist ein Zusammenschluss mit Gewerbetreibenden *(z. B. Unternehmensberatern, Versicherungs-, Bausparvertretern und -maklern, Datenverarbeitungsunternehmen)*.

Freiberuflich Tätige können heute zwischen folgenden Gesellschaftsformen wählen: GbR, OHG (selten), PG, GmbH und AG.
Ausnahmen: Notaren und Medizinern ist die Gründung einer GmbH untersagt.

Formen der Zusammenarbeit

Bürogemeinschaft

Mehrere Freiberufler schließen sich mit dem Ziel zusammen, aus Kosteneinsparungsgründen gemeinsam Büroräume und -einrichtungen zu nutzen.

Die Gründung einer Bürogemeinschaft ist der zuständigen Kammer anzuzeigen. Sie darf nicht auf Geschäftspapieren oder Praxisschildern ausgewiesen werden *(§§ 53 Abs. 2 BOStB, 56 Abs. 2 StBerG)*.

Bürogemeinschaften sind reine Innengesellschaften. Nur bei gemeinsam vorzunehmenden Rechtsgeschäften *(z. B. Miet- und Pachtverträgen, Kaufverträgen)* werden sie zivilrechtlich Außengesellschaften.

Die einzelnen Mitglieder agieren bei einer Bürogemeinschaft bezüglich der Berufsausübung und der Mandatsbeziehungen völlig selbstständig.

Kooperationen

Kooperationen sind grenzüberschreitende Zusammenschlüsse mit ausländischen Berufsangehörigen, die ihre berufliche Niederlassung im Ausland haben.

Sozietät

Sozietäten sind örtliche oder überörtliche Zusammenschlüsse von Freiberuflern unter gemeinsamem Namen mit gemeinsamem Personal, um gemeinsam Mandanten zu betreuen.

Die Sozietät tritt als solche nach außen in Erscheinung. Das wird insbesondere dokumentiert durch gemeinsame Praxisschilder, Ausweis auf Geschäftspapieren sowie durch wechselseitige Vertretung der Gesellschafter.

Die Gründung der Sozietät muss der zuständigen Kammer angezeigt werden.

Zulässig ist dieser Zusammenschluss nur zwischen Angehörigen der steuerberatenden Berufe. Er ist nicht zulässig zwischen Steuerberatern und Steuerberatungsgesellschaften.

Eine Sozietät erfordert mindestens eine gemeinschaftliche Kanzlei, in der mindestens ein Berufsangehöriger den Mittelpunkt seiner beruflichen Tätigkeit hat *(§ 51 Abs. 2 BOStB)*.

Rechtlich sind Sozietäten GbR-Gesellschaften nach *§ 705 ff. BGB*.

Das Gesellschaftsvermögen ist Gesamthandsvermögen der Gesellschafter. Die Gesellschafter haften gesamtschuldnerisch.

Steuerberatungsgesellschaft

Steuerberater können mit Steuerbevollmächtigten, vereidigten Buchprüfern, Wirtschaftsprüfern und Rechtsanwälten eine Steuerberatungsgesellschaft in Form einer AG, KGaA, GmbH, OHG, KG oder Partnerschaftsgesellschaft gründen *(§ 49 ff. StBerG)*. Die oberste Finanzbehörde kann auch andere besonders befähigte Personen als Geschäftsführer oder persönlich haftende Gesellschafter einer Steuerberatungsgesellschaft zulassen *(§ 50 Abs. 3 StBerG)*.

Die Vorteile der Steuerberatungsgesellschaft liegen vor allem im Haftungs- und Vertretungsbereich.

Partnerschaftsgesellschaft

Natürliche Personen, die einem Beruf nach *§ 50 Abs. 2 StBerG* angehören, können als Steuerberatungsgesellschaft die Rechtsform einer Partnerschaftsgesellschaft wählen *(§ 49 StBerG)*.

Kooperationsformen				
	GbR	**PG**	**GmbH**	**AG**
Übersicht	■ formloser Gesellschaftsvertrag ■ schriftlicher/ notarieller Gesellschaftsvertrag empfehlenswert	■ schriftlicher Gesellschaftsvertrag ■ notarieller Gesellschaftsvertrag empfehlenswert	notarieller Gesellschaftsvertrag	notarielle Satzung
Eintragung	keine Eintragung in ein Register	Eintragung in das PG-Register	Eintragung in das Handelsregister	Eintragung in das Handelsregister
Haftung	unbeschränkt	unbeschränkt	auf das Vermögen der GmbH beschränkt	auf das Vermögen der AG beschränkt
Rechtsfähigkeit	nicht rechtsfähig	■ kann im eigenen Namen Verträge schließen ■ grundbuchfähig	voll geschäftsfähig	voll geschäftsfähig
Gewinnermittlung	§ 4 Abs. 1 EStG § 4 Abs. 3 EStG	§ 4 Abs. 1 EStG § 4 Abs. 3 EStG	§ 5 EStG	§ 5 EStG
Ausscheiden eines Gesellschafters	Gesellschaftsauflösung, wenn nichts anderes vereinbart worden ist	Gesellschaftsauflösung, wenn nichts anderes vereinbart worden ist	Gesellschaft wird fortgeführt	Gesellschaft wird fortgeführt
Gewerbesteuer	Gewerbesteuer nur dann, wenn ein Gewerbebetrieb vorliegt (§ 2a GewStG)	keine Gewerbesteuer	Gewerbesteuerpflicht	Gewerbesteuerpflicht

6.10 Gesamtbetrachtung der Unternehmensformen

Allgemeine Unterschiede		
	Einzelunternehmen, Personengesellschaften	**Kapitalgesellschaften**
Rechtspersönlichkeit	Keine juristische Person Personengesellschaften haben **keine** eigene Rechtspersönlichkeit, d. h. jeder voll haftende Gesellschafter muss gesamtschuldnerisch für die Gesellschaft einstehen.	Juristische Person Kapitalgesellschaften haben **eine** eigene Rechtspersönlichkeit, d. h. sie können als juristische Person klagen und verklagt werden.
Unternehmer	■ Persönlichkeit des/der Unternehmer steht im Vordergrund, ■ die Leitung des Unternehmens ist zugleich Kapitalgeber.	■ Das Unternehmen wird von einer Unternehmensleitung geführt, die weitgehend freie Hand hat, ■ Trennung von Leitungs- und Kapitalfunktion.
Vermögen des Unternehmens	Gesamthandsvermögen der Gesellschafter	Vermögen der juristischen Person Die Gesellschafter von Kapitalgesellschaften haften nicht mit dem Privatvermögen.
Haftungskapital	Vermögen der Gesellschaft + Privatvermögen der vollhaftenden Gesellschafter + nur bei KG: Privatvermögen der teilhaftenden Gesellschafter bis zur Höhe der im Handelsregister eingetragenen, aber noch nicht geleisteten Einlage	Das Vermögen der Kapitalgesellschaft, der Kapitalgeber haftet nur mit seiner Einlage.

6

In Deutschland gibt es keine einheitliche Unternehmensbesteuerung.

Aufgrund

- unterschiedlicher Steuerarten und unterschiedlicher Bemessungsgrundlagen *(z. B. zu versteuerndes Einkommen lt. EStG, Gewerbeertrag lt. GewStG)*,
- unterschiedlicher Berücksichtigung von Freibeträgen *(z. B. bei der Gewerbesteuer)*,
- abweichender Spitzensteuersätze bei der *ESt* und der *KSt*

kommt es bei den einzelnen Rechtsformen zu einer unterschiedlichen Besteuerung.

Steuerliche Unterschiede zwischen Personen- und Kapitalgesellschaften		
	Einzelunternehmen (EU) **Personengesellschaften (P)**	**Kapitalgesellschaften**
Ertragsteuern	■ Gewinne/Verluste unterliegen beim **Unternehmer**/beim **Mitunternehmer**. Gewinne werden dem Unternehmer/Gesellschafter zugeordnet und unterliegen als Einkünfte aus Gewerbebetrieb der Einkommensteuer bei gewerblichen Unternehmen. ■ progressiver ansteigender Steuersatz von 15 % bis 45 % je nach Höhe des zu versteuernden Einkommens ■ Grundfreibetrag bei der ESt ■ Vergütungen aus Verträgen zwischen Gesellschafter und Gesellschaft wie z. B. Unternehmerlohn, Darlehenszinsen können **nicht** als Betriebsausgaben gebucht werden. ■ Erzielt eine EU oder P Verluste, so können die Verlustanteile der einzelnen Gesellschafter mit den positiven anderen Einkünften im Rahmen der einheitlichen Gewinnfeststellung ausgeglichen werden (Verlustausgleich). Dies gilt nicht für Kommanditisten und stille Gesellschafter *(§ 15a EStG)*. ■ Gewinn/Verlust kann durch Einnahme-Überschussrechnung bzw. Betriebsvermögensvergleich ermittelt werden. ■ Refinanzierungszinsen im Zusammenhang mit dem Erwerb von EU oder P sind voll abzugsfähig. ■ Nicht entnommene Gewinne werden **auf Antrag nicht** mit dem persönlichen Steuersatz des Gesellschafters, sondern mit einem ermäßigten Steuersatz von 28,25 % zzgl. SolZ und KiSt versteuert. Für einen Mitunternehmer ist Voraussetzung für die Steuerermäßigung, dass er zu mehr als 10 v. H. am Gewinn der P beteiligt ist oder sein Gewinnanteil mehr als 10.000 EUR beträgt. ■ Alle Vergütungen der Unternehmung an die Mitunternehmer in Form von Tätigkeits- oder Sondervergütungen sind steuerlich als vorweggenommene Gewinne zu behandeln und führen bei den Gesellschaftern der OHG und KG als Sonderbetriebseinnahmen zu Einkünften aus Gewerbebetrieb, bei der Partnerschaftsgesellschaft zu Einkünften aus selbstständiger Tätigkeit *(§ 15 Abs. 1 EStG)*.	■ Gewinne/Verluste werden auf der **Unternehmensebene** der Körperschaftsteuer unterworfen. Steuersatz: 15 % ■ Erst nach Gewinnausschüttung sind die Gewinnanteile als Einkünfte aus Kapitalvermögen beim Gesellschafter einkommensteuerpflichtig (Abgeltungssteuer). ■ proportionale KSt-Belastung ■ kein Grundfreibetrag bei der KSt ■ Vergütungen aus Verträgen zwischen Gesellschafter und Gesellschaft mindern als Betriebsausgaben die Bemessungsgrundlage für KSt und GewSt. Diese Vergütungen sind beim Gesellschafter einkommensteuerpflichtig. ■ Verluste können nicht auf die Gesellschafter übertragen werden. ■ Gewinn/Verlust muss durch Betriebsvermögensvergleich festgestellt werden. ■ Möglichkeit der Bildung von Pensionsrückstellungen für Gesellschafter-Geschäftsführer. ■ Bei **Kapitalgesellschaften** werden die Gehälter der das Unternehmen leitenden Personen (z. B. Geschäftsführer, Vorstand) als Betriebsausgabe gewinnmindernd gebucht. Dies führt insbesondere bei der GewSt zu einer unterschiedlichen Behandlung, weil der Gewinn Grundlage für die Ermittlung des Gewerbeertrages laut *GewStG* ist.

6

	Einzelunternehmen (EU) Personengesellschaften (P)	Kapitalgesellschaften
Grunderwerb-steuer	■ Die Einbringung eines Grundstücks in das Betriebsvermögen ist bei EU grunderwerbsteuerfrei, bei P anteilig verringert.	■ Bei Kapitalgesellschaften ist bei Einbringung eines Grundstückes die volle GrESt zu zahlen *(§§ 5, 6 GrEStG)*.
Gewerbesteuer	■ Steuermesszahl 3,5 % ■ Freibetrag 24.500 EUR ■ Anrechnung in Höhe des 3,8-fachen Gewerbesteuermessbetrages auf die ESt ■ GewSt ist keine Betriebsausgabe für den einkommensteuerlichen Gewinn. ■ keine Gewerbesteuerrückstellung in der Steuerbilanz ■ Gewerbesteuerrückstellung in der Handelsbilanz	■ Steuermesszahl 3,5 % ■ kein Freibetrag ■ keine Anrechnung auf KSt ■ GewSt ist keine Betriebsausgabe. ■ Gewerbesteuerrückstellung in der Handelsbilanz

6

Übersicht				
	Einzelunternehmung	**GbR**	**OHG**	**KG**
Rechtsgrundlagen	*§ 1ff. HGB*	*§§ 705–740 BGB*	*§§ 105–160 HGB*	*§§ 161–177 HGB*
Eigentümer	Inhaber	Gesellschafter	Gesellschafter	Komplementär (Vollh.) Kommanditist (Teilh.)
Merkmale	– Istkaufmann – Kannkaufmann – Kein Kaufmann	– Personengesellschaft nach BGB, – beliebiger Zweck	– Personengesellschaft, – Betrieb eines Handelsgewerbes	– Personengesellschaft, – Betrieb eines Handelsgewerbes
Gründung	formfrei, geringe Gründungskosten, 1 natürliche Person, Entstehung mit Aufnahme der werbenden Tätigkeit	formfreier Gesellschaftsvertrag, zwei oder mehr Personen	formfreier Vertrag von mind. zwei Personen, Entstehung mit Beginn der Geschäftstätigkeit, spätestens ab Eintragung ins HR	formfreier Vertrag von mind. zwei Personen; Entstehung mit Aufnahme der Geschäftstätigkeit, spätestens ab Eintragung ins HR
Mindestkapital	Keine Vorschriften	Keine Vorschriften	Keine Vorschriften	Keine Vorschriften
Firma	Personen-, Sach- oder Fantasiebezeichnung + Zusatz e. K./e.Kffr./ e.Kfm.	Keine Firma, Name + Zusatz GbR + evtl. Bezeichnung	Personen-, Sach- oder Fantasiebezeichnung + Zusatz OHG	Personen-, Sach- oder Fantasiebezeichnung + Zusatz KG
Gesetzliche Regelung der Geschäftsführung (betrifft das Innenverhältnis und kann vertraglich geändert werden)	Der Inhaber ist zur Geschäftsführung berechtigt und verpflichtet	– alle Gesellschafter gemeinschaftlich, – Widerspruchsrecht des einzelnen Gesellschafters	– jeder Gesellschafter alleine (Einzelgeschäftsführungsbefugnis, kann aber durch Vertrag geändert werden (dispositives Recht), – Widerspruchsrecht des einzelnen Gesellschafters, – bei außergewöhnlichen Geschäften: Zustimmung aller Gesellschafter	– jeder Komplementär alleine (Einzelgeschäftsführungsbefugnis) – Widerspruchsrecht des einzelnen Komplementärs – bei außergewöhnlichen Geschäften: Zustimmung aller Gesellschafter Kontrollrecht des Kommanditisten
Vertretungsbefugnis (betrifft das Außenverhältnis und ist vertraglich änderbar, in diesem Fall eintragungspflichtig)	Der Inhaber ist zur Vertretung berechtigt und verpflichtet	– alle Gesellschafter gemeinschaftlich (Gesamtvertretungsbefugnis)	– jeder Gesellschafter alleine (Einzelvertretungsbefugnis)	– jeder Komplementär alleine (Einzelvertretungsbefugnis) – Prokuraerteilung an Kommanditisten ist möglich
Haftung	– persönlich, – unbeschränkt mit Privat- und Betriebskapital	– unbeschränkte Haftung aller Gesellschafter mit Privat- und Betriebskapital, – Haftungsbegrenzung möglich, wenn für Dritte erkennbar	– unbeschränkte, unmittelbare und solidarische Haftung aller Gesellschafter mit Privat- und Betriebskapital	– Komplementäre wie OHG – die Kommanditisten haften bis zur Höhe der vereinbarten Kapitaleinlage
Gewinnverteilung (gesetzliche Regelung)	Der Gewinn steht allein dem Inhaber zu.	Gleiche Gewinnanteile für alle Gesellschafter, unabhängig von der Höhe der Einlagen; vertraglich sind andere Lösungen zulässig.	– 4 % Verzinsung auf Einlage, – Rest nach Köpfen – Verlust nach Köpfen	– 4 % auf Einlage, – Rest im angemess. Verhältnis. – Verlust im angemess. Verhältnis
Kreditwürdigkeit	Kreditwürdigkeit wird bestimmt von der Höhe des Privat- und Betiebsvermögens des Inhabers, gleichzeitig ist dies aber auch die Grenze	Kreditwürdigkeit wird bestimmt von der Höhe des Privat- und Betriebsvermögens der Gesellschafter	Kreditwürdigkeit wird bestimmt von der Höhe des Privat- und Betriebsvermögens der Gesellschafter	Kreditwürdigkeit wird bestimmt von der Höhe des Privat- und Betriebsvermögens der Komplementäre
Auflösungsgründe	– Entscheidung des Inhabers, – Insolvenzeröffnung	– Beschluss der Gesellschafter, – Vertragsablauf, – Erreichung/Nichterreichung des Zweckes der Gesellschaft, – Insolvenzeröffnung über das Vermögen eines Gesellschafters, – Tod oder Kündigung eines Gesellschafters wenn keine anderen Vereinbarungen bestehen	– Beschluss der Gesellschafter, – Vertragsablauf, – Insolvenzeröffnung über das Vermögen der OHG, – Insolvenzeröffnung über das Vermögen eines Gesellschafters, – Tod oder Kündigung eines Gesellschafters führen **nicht** zur Auflösung der OHG	– Beschluss der Gesellschafter, – Vertragsablauf, – Insolvenzeröffnung über das Vermögen der KG, – Insolvenzeröffnung über das Vermögen eines Gesellschafters, – Tod oder Kündigung eines Gesellschafters führen **nicht** zur Auflösung der KG
Organe	keine	keine	keine	keine

6

Übersicht			
	GmbH	**AG**	**e. G.**
Rechtsgrundlagen	HGB GmbH-Gesetz	HGB AktG = Aktiengesetz	HGB Genossenschaftsgesetz=GenG
Eigentümer	Gesellschafter	Aktionäre	Genossen
Merkmale	– juristische Person – Kapitalgesellschaft – beliebiger Zweck	– juristische Person – Kapitalgesellschaft – beliebiger Zweck	Gesellschaft zum Zweck der Förderung des Erwerbs und der Wirtschaft der Mitglieder (= Genossen) durch gemeinschaftlichen Geschäftsbetrieb
Gründung	– mind. 1 Person – notarielle Beurkundung des Gesellschaftervertrages, soweit nicht der Mustervertrag verwendet wird	– mind. 1 Person – notarielle Beurkundung der Satzung der AG	– mind. 3 Personen – Schriftform der Satzung
Mindestkapital	– Stammkapital mind. 25.000,00 EUR (= gezeichnetes Kapital) – mind. 1,00 EUR je Geschäftsanteil – Mindestkapital 1,00 EUR bei UG	– Grundkapital mind. 50.000,00 EUR (= gezeichnetes Kapital) – Mindestnennwert je Aktie 1,00 EUR	– keine Vorschriften, – Geschäftsguthaben muss mindestens 10 % des Geschäftsanteils betragen
Firma	Personen-, Sach- oder Fantasiebezeichnung + Zusatz GmbH	Personen-, Sach- oder Fantasiebezeichnung + Zusatz AG	Personen-, Sach- oder Fantasiebezeichnung + Zusatz e. G.
Gesetzl. Regelung der Geschäftsführung (betrifft das Innenverhältnis, vertraglich änderbar)	ein Geschäftsführer oder mehrere Geschäftsführer gemeinsam (⇒ Gesamtgeschäftsführungsbefugnis)	alle Vorstandsmitglieder gemeinsam (⇒ Gesamtgeschäftsführungsbefugnis)	alle Vorstandsmitglieder gemeinsam (⇒ Gesamtgeschäftsführungsbefugnis)
Gesetzl. Regelung der Vertretungsbefugnis (betrifft das Außenverhältnis, vertraglich änderbar) (eintragungspflichtig)	ein Geschäftsführer oder mehrere Geschäftsführer gemeinsam (⇒ Gesamtvertretungsbefugnis)	alle Vorstandsmitglieder gemeinsam (⇒ Gesamtvertretungsbefugnis)	alle Vorstandsmitglieder gemeinsam (⇒ Gesamtvertretungsbefugnis)
Haftung	– Gesellschaftsvermögen – Gesellschafter haften bis zur Höhe ihrer Stammeinlage	– Gesellschaftsvermögen – Gesellschafter haften bis zur Höhe ihrer Aktieneinlage	– Gesellschaftsvermögen – Gesellschafter haften bis zur Höhe der Haftungssumme laut Statut
Gewinnverteilung (gesetzliche Regelung)	– im Verhältnis der Geschäftsanteile – bei UG nach Einstellung eines 25 %igen JÜ-Anteiles in die gesetzliche Rücklage Restgewinnverteilung im Verhältnis der Geschäftsanteile	im Verhältnis der Aktiennennbeträge	im Verhältnis der Geschäftsguthaben
Kreditwürdigkeit	Begrenzte Kreditwürdigkeit infolge der beschränkten Haftung	gute Kreditwürdigkeit	gute Kreditwürdigkeit
Auflösungsgründe	– Gesellschafterbeschluss (mind. 75 % der abgegebenen Stimmen) – Vertragsablauf laut Gesellschaftervertrag – Insolvenzeröffnung	– Hauptversammlungsbeschluss (mind. 75 % der abgegebenen Stimmen) – Vertragsablauf laut Satzung – Insolvenzeröffnung	– Generalversammlungsbeschluss (mind. 75 % der abgegebenen Stimmen) – Vertragsablauf laut Statut – Insolvenzeröffnung
Organe	– Gesellschafterversammlung – evtl. Aufsichtsrat – Geschäftsführer	– Hauptversammlung – i. d. R. Aufsichtsrat – Vorstand	– Generalversammlung – i. d. R. Aufsichtsrat – Vorstand

6

▮ Vergleichbare Rechtsformen in anderen Ländern

Land	Deutsche Rechtsform	Abkürzung	Rechtsform
Belgien	AG	S.A./N.V.	Société anonyme/de naamlose Vennootschap
	GmbH	SPRL	Société privée à responsabilité limitée
		BVBA	Besloten vennootschap met beperkte aansprakelijkheid
Dänemark	OHG	IS	Interessentskab
	KG	KS	Kommanditselskab
	AG	AS	Aktieselskap
	GmbH	ApS	Anspartselskap
	e.G.	Amba	Andelsselskap
Finnland	OHG		Avoin Ighitó
	KG		Kommamdittiyhió
	AG	Oy	Osakeyhtió
	GmbH	Oy	Osakeyhtió
	e.G.		Osuuskunta
Frankreich	GbR	SC	Société civile
	OHG	SNC	Société en nom collectif
	KG	SNC	Société en commandite simple
	AG	SA	Société anonyme
	GmbH	SARL	Société à responsabilité limitée
	Einmann-GmbH	EURL (EUARL)	Enterprise unipersonelle à responsabilité limitée
	e.G.		Société Coopérative
Griechenland	GmbH	EPE	Eteria periorismenis
	AG	AE	Anonymos Eteria
Großbritannien Irland	GbR		Unlimited Company
	OHG		Partnership
	KG		Limited Partnership
	GmbH	Ltd	Private Company limited by shares
	AG	Plc	Joint-stock company, Public Limited Company (PLC)
	e.G.		Cooperative Society
Italien	KG	S.a.	Societá in accomandita
	KGaA	Sapa	Societá in accomandita per azioni
	GmbH	S.R.L.	Societá a Responsabilitá limitata
	AG	SpA	Societá per Azioni
Luxemburg	OHG	S.e.n.c.	Société en nom collectif
	KG	S.e.c.s.	Société en commandite simple
	GmbH	S.A.R.L.	Société à responsabilité limitée
	AG	S.A.	Société anonyme
	KGaA	S.e.c.a.	Société en commandite par actions
	e.G.	S.c.	Société coopérative
Niederlande	OHG	VoF	Vennootschap onder Firma
	KG	CV	Commanditaire Vennootschap
	GmbH	BV	Besloten Vennootschap met beperkte aansprakelijkheid
	AG	NV	Naamloze Vennootschap
	KGaA	CVoA	Commanditaire Vennootschap op Andelen
Österreich	OHG	OHG	Offene Handelsgesellschaft
	KG	KG	Kommanditgesellschaft
	GmbH	Ges.m.b.H.	Gesellschaft mit beschränkter Haftung
	AG	AG	Aktiengesellschaft
Polen	GbR		Spólka Akcyjna
	OHG		Spólka handlowa jawna
	KG		Spólka komandytowa
	GmbH	Sp.z.o.o.	Spólka z ograniczona odpowiedzialnoscia
	AG	S.A.	Spólka Akcyjna
Portugal	GbR		Sociedade Civil
	OHG		Sociedade em nome colectivo
	KG		Sociedade de Comandita
	GmbH		Sociedade por Quotas
	AG		A Sociedade anonima de responsabilidade limitada
Schweden	GbR		Enkeltbolag
	OHG		Handelsbolag
	KG		Kommanditbolag
	AG	AB	Aktienbolaget
Schweiz	GbR		Einfache Gesellschaft
	OHG		Kollektivgesellschaft
	KG	KG	Kommanditgesellschaft
	GmbH	GmbH	Gesellschaft mit beschränkter Haftung
	AG	AG/SA	Aktiengesellschaft/Société anonyme
Spanien	OHG	SRC	Sociedad Regular Colectiva Compania
	KG	SC	Sociedad en Comandita
	GmbH	SRL	Sociedad de Responsabilidad Limitada
	AG	S.A.	Sociedad Anónima
USA	OHG		General Partnership
	KG	LP	Limited Partnership
	GmbH	Ltd.	Limited Company/Close Corporation
	AG	Corp.	Stock Corporation
		Inc.	Public Corporation/Business Corporation

6

Übungsaufgaben

1. Die Himmel & Hölle OHG, die bereits seit 40 Jahren besteht, soll in die Rechtsform AG umgewandelt werden. Wie lautet die Firma nach der Umwandlung?

2. An der Kummer KG ist der Kommanditist Peter Pech beteiligt. Laut Handelsregister hat er eine Kapitaleinlage von 40.000,00 EUR zu leisten. Bisher wurden – wie vereinbart – nur 30.000,00 EUR als Einlage an die Gesellschaft überwiesen. Infolge eines Kalkulationsfehlers muss die Gesellschaft Insolvenz anmelden. Welche Wirkung hat dies für den Kommanditisten Pech? Muss er die restlichen 10.000,00 EUR Anteil noch leisten?

3. Die Schreinermeister Heiner Holz und Bert Bock, Bonn, wollen in der Unternehmensform GmbH & Co. KG eine Schreinerei gründen.
   a) Prüfen Sie, ob Handwerker in der Unternehmensform GmbH einen Betrieb eröffnen dürfen.
   b) Welches Startkapital müssen Holz und Bock zusammen und/oder einzeln aufbringen?
   c) Sollte bzw. muss ein Gesellschaftsvertrag erstellt werden? Wie heißt solch ein Vertrag? Wer ist zu Rate zu ziehen? In welcher Form ist der Vertrag zu erstellen?
   d) Wer könnte die Gesellschaft leiten (vertreten und führen)?
   e) Wie könnte die Firma der Gesellschaft lauten?

4. Frau Wunder ist atypische stille Gesellschafterin des Einzelunternehmens Helmer Hund. Wie wirkt sich dies bei der Gewerbesteuer aus?

5. Wie werden Einkünfte der Gesellschafter einer KG einkommensteuerrechtlich behandelt?

6. Der Gesellschafter Schön der „Wunderbar und Schön OHG" stirbt. Welche Wirkungen hat das auf das Bestehen der Gesellschaft?

7. Welche Unternehmensformen sind körperschaftsteuerpflichtig?

8. Erklären Sie den Begriff „Mitunternehmer".

9. Nennen Sie die Unterschiede bezüglich der Prüfungspflicht von Jahresabschlüssen der Personen- und Kapitalgesellschaften.

10. Frau Geld möchte sich als Kommanditistin an der „Wetter KG" beteiligen. Inwieweit haftet Frau Geld für Verbindlichkeiten der Gesellschaft, die vor ihrer Eintragung als Kommanditistin entstanden sind?

11. Wie lange und bis zu welcher Höhe haften Gesellschafter einer OHG bei Ausscheiden aus der Gesellschaft?

12. Unterscheiden Sie die Begriffe „Geschäftsführung" und „Vertretung" einer Gesellschaft.

13. Zeigen Sie wichtige steuerliche Unterschiede zwischen Personen- und Kapitalgesellschaften auf.

14. Erklären Sie Aufbau und Ziel einer Doppelgesellschaft.

15. Prüfen Sie, worin die steuerrechtlichen Möglichkeiten und Vorteile einer Familiengesellschaft in der Rechtsform „GmbH & Co. KG" liegen könnten.

16. Nennen Sie Organe einer Aktiengesellschaft und beschreiben Sie kurz die Aufgaben dieser Organe.

17. Listen Sie Gründe für die Wahl der Unternehmensform „GmbH & Co. KG" auf.

18. Frau Bund, Herr Specht und Frau Gerne wollen eine Kommanditgesellschaft gründen. Frau Bund und Herr Specht sind als Komplementäre, Frau Gerne als Kommanditistin geplant. Zeigen Sie auf, in welchen verschiedenen Formen die Firma geführt werden kann.

19. Erstellen sie einen Fragenkatalog (Checkliste) für eine neu zu gründende selbstständige berufliche Tätigkeit.

20. Die Steuerberaterinnen Fleißig und Gut möchten sich zu einer Gesellschaft zusammenschließen. Die beiden bitten Sie, einmal die Gesellschaftsformen der GbR und der GmbH hinsichtlich der Gewinnermittlung, Buchführungspflicht, Besteuerung und Haftung gegenüberzustellen.

21. Zeigen Sie zivilrechtliche Unterschiede zwischen der GmbH und der GmbH & Co. KG auf.

22. Nennen Sie grundsätzliche Besteuerungsunterschiede zwischen
    a) Einzelunternehmen/Personengesellschaften und
    b) Kapitalgesellschaften.

6

7 Finanzkrisen und Auflösung der Unternehmung

7.1 Notleidende Unternehmung

Ein Betrieb, der sich in einer Krise befindet, wird als notleidende Unternehmung bezeichnet. Folgen sind

- **Zahlungsschwierigkeiten** (vorübergehender Mangel an flüssigen Mitteln) oder
- **Zahlungsunfähigkeit** (dauernder Mangel an flüssigen Mitteln).

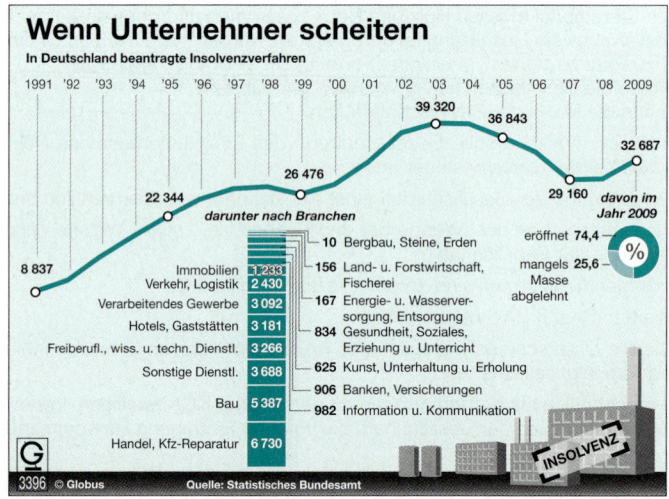

7.1.1 Merkmale und Ursachen

Es gibt deutliche **Merkmale** (Kennzeichen), die auf ein „Notleiden" hinweisen.

Beispiele:

Umsatz- und Gewinnrückgang, Verlust, Eigenkapitalrückgang, Verschuldungszunahme, Zahlungsschwierigkeiten, Zahlungsunfähigkeit

Inner- und außerbetriebliche Faktoren können für das „Notleiden" einer Unternehmung verantwortlich sein. Die folgende Tabelle stellt mögliche Ursachen dar.

	innerbetriebliche Ursachen	außerbetriebliche Ursachen
Umsatzeinbußen	▪ schleppende Auftragsabwicklung ▪ häufige Produktmängel ▪ veraltete Produkte	▪ Nachfragerückgang im In- und/oder Ausland ▪ Billigimporte, Konkurrenzdruck ▪ Bedarfsverschiebung (Mode, Marktsättigung)
Kostenanstieg	▪ Personalüberhang ▪ erhebliche Fluktuation ▪ veraltete Produktionsanlagen ▪ Lagerüber- oder zu geringer Lagerbestand ▪ Fehlinvestitionen	▪ Anstieg der Kreditzinsen ▪ Lohnsteigerungen ▪ Verteuerung des Wareneinsatzes ▪ Bindung an wenige Großlieferanten ▪ ineffektive Werbestrategien

	innerbetriebliche Ursachen	außerbetriebliche Ursachen
Liquiditäts-einschränkungen	■ geringe Eigenkapitalausstattung ■ falsche Kapitalverwendung ■ Unterdeckung bei Versiche-rungsschäden ■ überhöhte Privatentnahmen	■ Reduzierung der Kreditlimite durch Kreditinstitute ■ Forderungsausfälle ■ Verlängerung der Zahlungsziele an Kunden ■ höhere Anzahlungsverpflichtungen
Geschäftsführungs-mängel/fehlendes Controlling	■ Fehlentscheidungen des Ma-nagements ■ geringe Aussagefähigkeit des Rechnungswesens und der Kostenrechnung ■ schlechte Organisation ■ zögerliche Entscheidungen von Aufsichtsgremien ■ mangelnde juristische Qualifikation	■ kein aktuelles Auskunftswesen ■ falsche externe Beratung ■ Fehlanalysen durch Forschungs-institute ■ mangelnde Überwachung durch Prüfungsunternehmen

7.1.2 Folgen

Gerät ein Unternehmen in eine finanzielle Krise, so können die Verbindlichkeiten nicht mehr zum Fälligkeitstermin ausgeglichen werden. Dies löst dann eine Kettenreaktion Dritter aus, die das Unternehmen erst recht in schwierige Situationen führen kann.

Beispiele:

■ *Banken kündigen Kredite, wenn Tilgung und Zinszahlungen nicht erfüllt werden,*
■ *Lieferanten drohen mit Einstellung der Lieferungen, wenn Rechnungen offen bleiben,*
■ *Arbeitnehmer verlassen das Unternehmen, weil die Löhne nicht oder nur schleppend gezahlt werden.*

Ein Ausweg aus einer Finanzkrise, um ein Unternehmen gesund zu machen, ist die Sanierung. Die Insolvenz oder die Liquidation führen hingegen zu ihrer Auflösung.

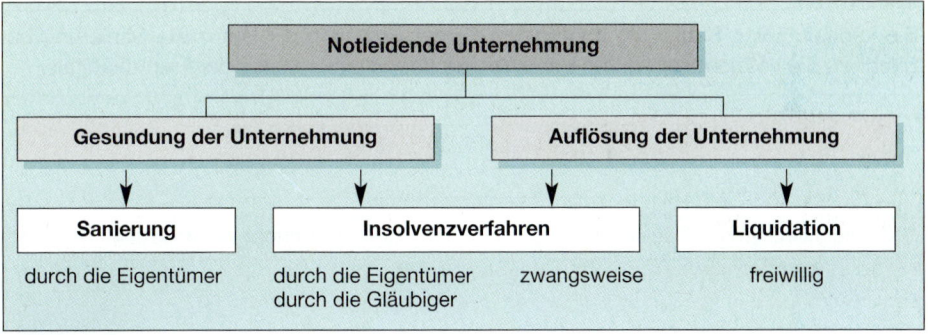

7.2 Sanierung

7.2.1 Merkmale

Die Sanierung beinhaltet alle Maßnahmen organisatorischer und finanzieller Art, die geeignet sind, dem Unternehmen eine neue Grundlage für die Weiterführung ohne Mithilfe der Gläubiger zu geben.

Voraussetzungen für das rechtzeitige Erkennen der Störungen sind
■ Kontrolle aller Teilbereiche,   ■ Bilanzanalysen,   ■ Betriebsvergleiche.

7.2.2   Maßnahmen

7.2.2.1   Allgemeine Sanierung

Nach der Art der Ursachen lässt sich zwischen einer allgemeinen Sanierung im weiteren Sinne und einer kapitalmäßigen Sanierung im engeren Sinne unterscheiden.

7.2.2.2   Kapitalmäßige Sanierung

Die kapitalmäßige Sanierung im engeren Sinne wird auch als finanzielle Sanierung bezeichnet. Sie vollzieht sich durch Veränderung des Eigenkapitals oder Fremdkapitals.

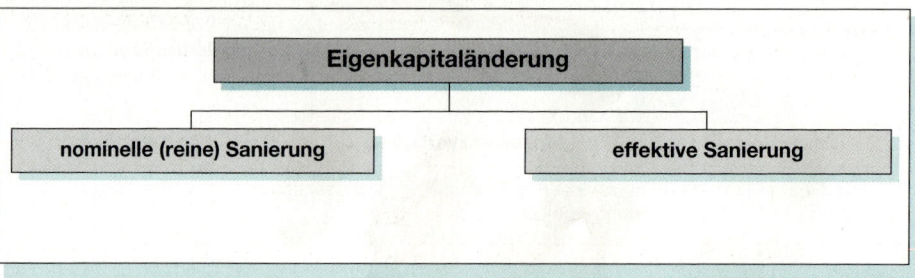

Nominelle Sanierung

Die **nominelle Sanierung** beseitigt eine Unterbilanz durch Anpassung des Eigenkapitals an das Vermögen durch:

- **Rücklagenauflösung**
  Der erwirtschaftete Verlust darf bei Kapitalgesellschaften nicht über das Grundkapital/Stammkapital ausgebucht werden. Der saldierte Verlust erscheint auf der Aktivseite der Bilanz, wenn der Fehlbetrag höher ist als das Kapital (= Unterbilanz). Die Auflösung der Rücklagen erfolgt in Höhe des Verlustvortrages.

- **Kapitalherabsetzung**

  Die Minderung des Grundkapitals/Stammkapitals wird erreicht durch Herabstempelung der Aktiennennwerte (max. bis zum Mindestnennbetrag 1,00 EUR). Aufkauf und Vernichtung von eigenen Aktien ist dabei möglich.

- **Zusammenlegung von Anteilen**

  Zusammenlegung von Anteilen in einem bestimmten Verhältnis, sodass sich nach Auflösung der Unterbilanz die Möglichkeit für die Bildung einer kleinen Kapitalrücklage ergibt.

Die genannten Maßnahmen haben gemeinsam, dass dem Unternehmen keine neuen Mittel zur Verfügung gestellt werden.

Beispiele:

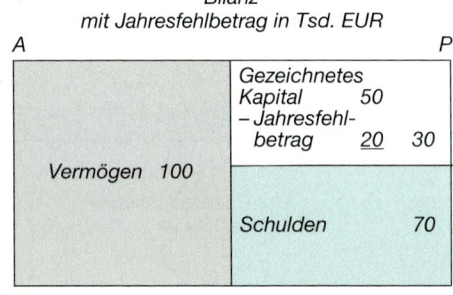

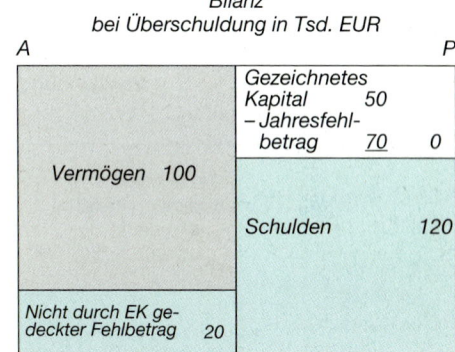

Verrechnung durch Rücklagenauflösung

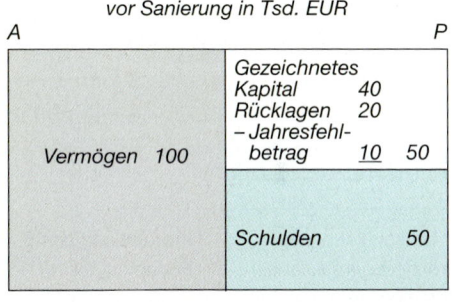

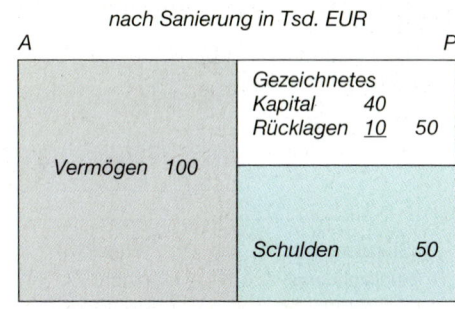

7

Verrechnung durch Zusammenlegung von Anteilen

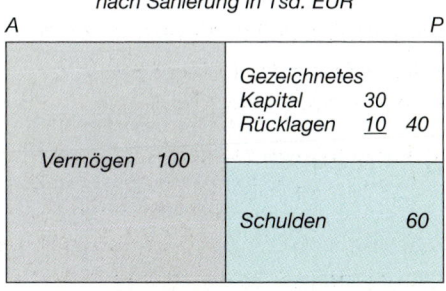

◼ Effektive Sanierung

Die **effektive Sanierung** geht von der Zuführung neuer Eigenkapitalmittel oder der Auszahlung von Entschädigungen aus.

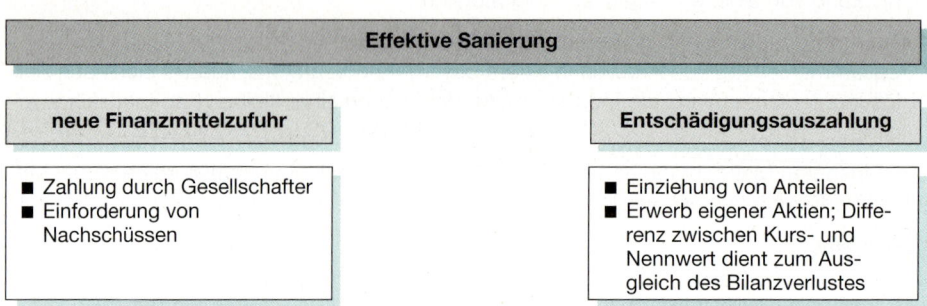

Effektive Sanierung

neue Finanzmittelzufuhr	Entschädigungsauszahlung
◼ Zahlung durch Gesellschafter ◼ Einforderung von Nachschüssen	◼ Einziehung von Anteilen ◼ Erwerb eigener Aktien; Differenz zwischen Kurs- und Nennwert dient zum Ausgleich des Bilanzverlustes

Verrechnung durch Zuzahlung

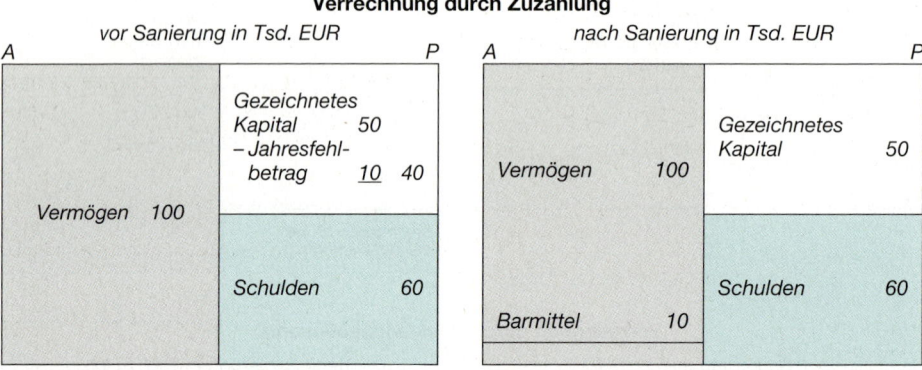

Anteilseigner haben die Wahl zwischen der nominellen (reinen) und der effektiven Sanierung. Mischformen sind denkbar.

Fremdkapitaländerung

Stundung von Rückzahlungsverpflichtungen	Erlass von Schulden	Umschuldung von kurzfristigem in langfristiges Fremdkapital	Umwandlung von Fremdkapital in Eigenkapital

Umwandlung Fremdkapital in Eigenkapital

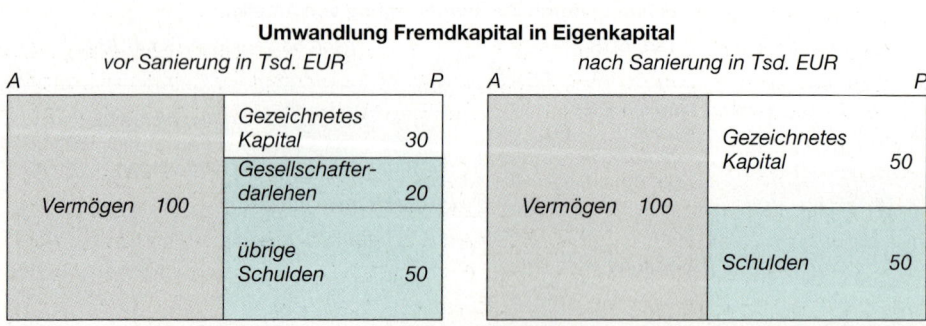

7.2.2.3 Steuerliche Folgen

Beim Gläubiger

Der Gläubiger weist in seiner Bilanz den Aktivposten „Forderungen" aus.
- Kaufleute, die nach *§ 5 EStG* den Gewinn ermitteln, **müssen**,
- Kaufleute, die den Gewinn nach *§ 4 EStG* berechnen, **dürfen**

Forderungen, deren Eingang infolge der wirtschaftlichen Notlage des Schuldners unsicher wird, auf den niedrigeren Teilwert abschreiben.

Ein Schulderlass aus privaten Gründen stellt eine Entnahme dar und darf nicht gewinnmindernd gebucht werden.

Beim Schuldner

Schuldner, die das Jahresergebnis durch Betriebsvermögensvergleich ermitteln,
- **müssen** bei Gewinnermittlung nach *§ 5 EStG,*
- **dürfen** bei Gewinnermittlung nach *§ 4 Abs. 1 EStG*
die Verbindlichkeit in voller Höhe ansetzen.

Kommt es zu einem betrieblich veranlassten Schulderlass, so ist die Verbindlichkeit aufzulösen. Es entsteht ein handelsrechtlicher Ertrag und eine steuerrechtliche Betriebseinnahme; die Einkommensteuerbefreiung des so entstehenden Sanierungsgewinnes gem. *§ 3 Nr. 66 EStG* ist ab 1998 entfallen.

Kommt es zu einem Schulderlass aus privaten Gründen, so ist eine Einlage zu buchen.

Erlässt der Gesellschafter der Kapitalgesellschaft, an der er beteiligt ist, eine Schuld, so liegt eine körperschaftsteuerliche Einlage vor.

7.3 Insolvenz

Unter **Insolvenz** wird die Zahlungsunfähigkeit einer natürlichen oder juristischen Person verstanden. Im Insolvenzfall ist die natürliche oder juristische Person nicht mehr in der Lage, den Zahlungspflichtigen gegenüber ihren Gläubigern nachzukommen.
Geregelt wird der Umgang mit Insolvenzfällen in der Insolvenzordnung *(InsO)*.

Durch die Einleitung des Insolvenzverfahrens soll die sofortige Auflösung des insolventen Unternehmens zunächst vermieden werden, es wird geprüft, ob es fortgeführt werden kann. Danach soll das Vermögen des Schuldners verwertet und der hieraus erzielte Erlös an die Gläubiger des insolventen Schuldners gemeinschaftlich und geordnet verteilt werden. Dazu wird das noch vorhandene Vermögen des Schuldners verwertet und der Erlös möglichst gleichmäßig an die Gläubiger verteilt. Die Gläubiger erhalten dabei die sogenannte Insolvenzquote.

Durch das geordnete Verfahren nach der Insolvenzordnung soll verhindert werden, dass einzelne Gläubiger voll und andere Gläubiger gar nicht befriedigt werden. Es gilt, anders als im Zwangsvollstreckungsrecht, nicht der Prioritätsgrundsatz *(„Wer zuerst kommt, mahlt zuerst!")*.

Ziel des Insolvenzverfahren ist es, alle Gläubiger des insolventen Schuldners gemeinschaftlich und geordnet zu befriedigen. Dazu wird das noch vorhandene Vermögen des Schuldners verwertet und der Erlös möglichst gleichmäßig an die Gläubiger verteilt (Liquidation). Die Gläubiger erhalten die sogenannte Insolvenzquote.

Ziel des Insolvenzverfahrens ist die Befriedigung der Gläubiger.

7

Drei gleichwertige Wege sind möglich:

1. die Liquidation des Vermögens der Unternehmung und die anschließende Verteilung des aus der Liquidation erzielten Erlöses an die Gläubiger,
2. Sanierung des Unternehmens, um wieder Gewinne zu erzielen, die an die Gläubiger weitergeleitet werden,
3. Verkauf des Unternehmens im Ganzen oder Verkauf von selbstständigen Unternehmensteilen und Verteilung des Erlöses an die Gläubiger.

Der **Insolvenzplan** soll neben der Zerschlagung der Unternehmung Schuldner und Gläubigern die Möglichkeit geben, bei bestehenden Sanierungschancen die Reorganisation der Unternehmung im Schutz der Insolvenzordnung sicherzustellen.

Dem redlichen Schuldner soll Gelegenheit gegeben werden, sich von seinen restlichen Verbindlichkeiten zu befreien *(§ 1 InsO)*.

7.3.1   Unternehmensinsolvenz

Rechtsquellen	Insolvenzordnung *(InsO)* Zivilprozessordnung *(ZPO)*	
Ursachen	Die häufigsten Insolvenzgründe sind Forderungsausfälle und schleppende Zahlungen von Kunden.	
Gründe für den Antrag auf Eröffnung des Insolvenzverfahrens	**1. Zahlungs-unfähigkeit:**	Zahlungsunfähig ist i. d. R., wer ■ über einen Zeitraum von drei Wochen ■ mindestens 10 % seiner fälligen Verbindlichkeiten nicht begleichen kann.
	2. drohende Zahlungs-unfähigkeit:	Bestehende Zahlungsverpflichtungen können auf Basis eines Liquiditätsplanes im Zeitpunkt der Fälligkeit nicht mehr beglichen werden.
	3. Überschuldung:	Überschuldung liegt vor, wenn „das Vermögen des Schuldners die bestehenden Verbindlichkeiten nicht mehr deckt" *(§ 19 InsO)*. Eine Überschuldung wird mit einer Sonderbilanz (Überschuldungsbilanz) festgestellt, die den Unternehmenswert ermittelt; es sei denn, die Fortführung des Unternehmens ist überwiegend wahrscheinlich und bis zum Ende des Folgejahres nicht mehr überschuldet.
	4. Führungslosigkeit:	Wird die Gesellschaft führungslos, obliegt den Gesellschaftern die Insolvenzantragspflicht. Führungslosigkeit liegt vor, wenn ■ Organe wie Geschäftsführer einer GmbH oder Vorstand einer AG das Amt niedergelegt haben, ■ aus anderem Grund, z. B. *wegen Tod oder schwerer Krankheit*, die Führung ausfällt *(§ 15a Abs. 3 InsO)*.
Zuständiges Gericht	■ **sachlich:**	Amtsgericht, dessen Sitz am Ort des zuständigen Landgerichts liegt *(§ 2 Abs. 1 InsO)*
	■ **örtlich:**	Insolvenzgericht, in dessen Bezirk der Schuldner seinen Gerichtsstand hat
Antrag	Das Insolvenzverfahren wird auf Antrag des Schuldners oder eines Gläubigers eröffnet *(§§ 15, 15a InsO)*.	

7

Gründe für Insolvenz und Auswirkungen

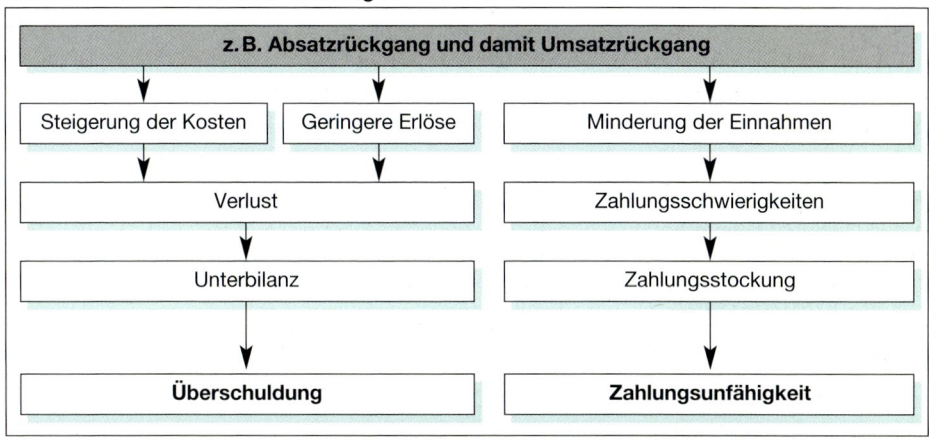

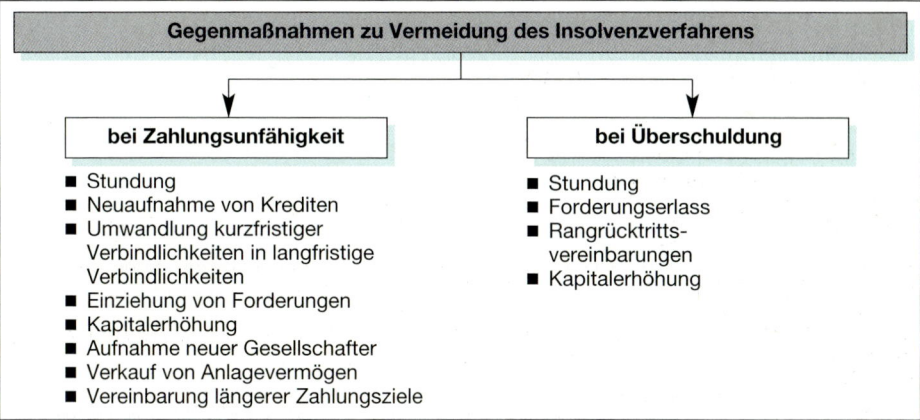

Exkurs: Kurze Darstellung wichtiger Begriffe

Sicherungsmaßnahmen

Das Insolvenzgericht hat alle erforderlichen Maßnahmen zu treffen, um bis zur Entscheidung über den Antrag eine nachteilige Vermögensveränderung des Schuldners zu verhindern.

Beispiele:

Einsetzung eines vorläufigen Insolvenzverwalters, Erlass eines Verfügungsverbotes, Untersagung oder einstweilige Einstellung von Zwangsvollstreckungsmaßnahmen.

Masselosigkeit

- Zu Beginn des Verfahrens: **Abweisung mangels Masse** *(§ 26 Abs. 1 InsO)*
  Der Antrag auf Eröffnung des Insolvenzverfahrens ist abzuweisen, wenn das Vermögen des Schuldners nicht ausreicht, um die Kosten des gesamten Verfahrens zu decken.

- Während des Verfahrens: **Einstellung mangels Masse**
  Wenn im Verlauf des Verfahrens festzustellen ist, dass die Insolvenzmasse nicht zur Deckung der Verfahrenskosten nach *§ 54 InsO* ausreicht, so ist nach *§ 207 InsO* das Verfahren sofort einzustellen.

7

Schuldner, bei denen das Verfahren mangels Masse abgewiesen worden ist, werden in das Schuldnerverzeichnis eingetragen *(§ 26 Abs. 2 InsO)*.

◼ Masseunzulänglichkeit

Sind die Verfahrenskosten gedeckt, aber die Masse reicht nicht aus, um die Masseverbindlichkeiten zu decken, so muss

- der Verwalter dies dem Insolvenzgericht mitteilen und
- das Insolvenzgericht hat dies öffentlich bekannt zu machen.

◼ Insolvenzmasse

```
       Vermögen im Zeitpunkt der Eröffnung des Verfahrens
  +    neu erworbenes Vermögen während des Verlaufs des Verfahrens[1]
  –    Aussonderungsrechte nach § 47 InsO
  –    Absonderungsrechte nach §§ 49–52 InsO
  =    Insolvenzmasse
```

Aus der Insolvenzmasse sind zu begleichen die Gerichtskosten und die Kosten des Insolvenzverwalters *(§ 54 InsO)*, die durch die Insolvenz begründeten neuen Verbindlichkeiten *(§ 55 InsO)*, Kosten aus Sozialplänen *(§ 123 Abs. 2 InsO)*. Der verbleibende Teil dient zur Befriedigung der Gläubiger, die im Zeitpunkt der Verfahrenseröffnung begründete Vermögensansprüche gegenüber dem Schuldner geltend gemacht haben.

Aussonderungsrechte

Nach *§ 47 ff. InsO* kann Aussonderungsrechte anmelden, wer aufgrund eines dinglichen oder persönlichen Rechts geltend machen kann, dass ein Gegenstand nicht zur Insolvenzmasse gehört.

Beispiele:

Leasinggüter, Wirtschaftsgüter, die im Besitz, aber nicht im Eigentum des Schuldners sind (Herausgabeanspruch nach § 985 BGB), Wirtschaftsgüter, die sicherungsübereignet sind, Eigentumsvorbehalt (§ 449 BGB).

Absonderungsrechte

Absonderungsberechtigt *(§§ 49–52 InsO)* sind Personen, die bereits vor Eröffnung des Verfahrens Anspruch auf eine bevorzugte Befriedigung aus einem Massegegenstand hatten. Das Pfand wird verwertet, Grundstücke werden zwangsversteigert; aus dem Erlös ist der Absonderungsberechtigte zu befriedigen. Von dem Erlös sind 9 % für die Feststellung des Anspruchs und für die Verwertung abzuziehen *(§ 170 ff. InsO)*.

Beispiele:

Grundpfandrechte, Pfandrechte, Sicherungsübereignung, Sicherungsabtretung

---

[1] z. B. infolge Erbschaft, Schenkung, Lotteriegewinn, eigener Arbeit

7.3.1.1 Insolvenzverfahren

Nur auf Antrag wird das Insolvenzverfahren eröffnet *(§ 13 Abs. 1 S. 1 InsO)*. Diesen Antrag können stellen

- **der/die Schuldner:** bei Zahlungsunfähigkeit oder Überschuldung ist der Schuldner verpflichtet, einen Antrag auf Eröffnung des Insolvenzverfahrens zu stellen. Innerhalb von drei Wochen nach Eintritt der Zahlungsunfähigkeit oder Überschuldung müssen Geschäftsführer der GmbH, Vorstand der AG, Gesellschafter von Personengesellschaften beim Insolvenzgericht den Antrag auf Eröffnung der Insolvenz stellen *(§ 64 Abs. 1 GmbHG, § 92 Abs. 2 AktG, § 130a Abs. 1 HGB)*. Nichteinhaltung dieser Pflicht hat strafrechtliche Folgen *(§ 84 GmbHG, § 402 AktG, § 130b HGB, §§ 263, 283 StGB)*; weiterhin haften Geschäftsführer und Vorstand zivilrechtlich gegenüber der Gesellschaft. Bei drohender Zahlungsunfähigkeit **kann** ein Antrag auf Insolvenzeröffnung gestellt werden.

- **der/die Gläubiger:** Gläubiger können den Antrag auf Eröffnung des Insolvenzverfahrens stellen, wenn folgende Voraussetzungen gleichzeitig gegeben sind:

  1. der Gläubiger hat ein rechtliches Interesse an der Insolvenzeröffnung,

  2. es besteht eine nicht geringe Forderung an den Schuldner,

  3. es liegt ein Insolvenzgrund – Zahlungsunfähigkeit oder Überschuldung des Schuldners – vor *(§ 14 Abs. 1 InsO)*.

Antrag, Prüfung und evtl. Eröffnung Insolvenzverfahren

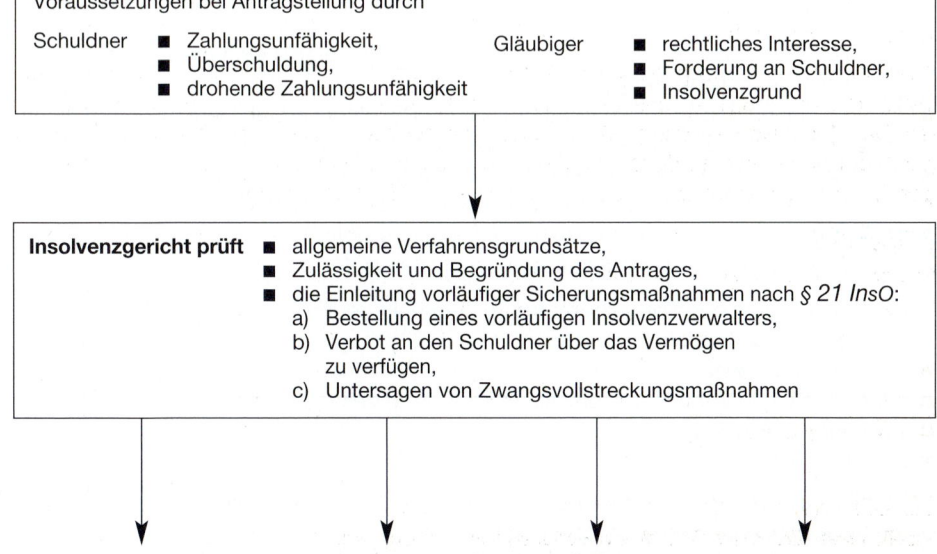

Antrag auf Durchführung des Insolvenzverfahrens beim Insolvenzgericht durch Schuldner oder Gläubiger

Voraussetzungen bei Antragstellung durch

Schuldner
- Zahlungsunfähigkeit,
- Überschuldung,
- drohende Zahlungsunfähigkeit

Gläubiger
- rechtliches Interesse,
- Forderung an Schuldner,
- Insolvenzgrund

Insolvenzgericht prüft
- allgemeine Verfahrensgrundsätze,
- Zulässigkeit und Begründung des Antrages,
- die Einleitung vorläufiger Sicherungsmaßnahmen nach § 21 InsO:
  a) Bestellung eines vorläufigen Insolvenzverwalters,
  b) Verbot an den Schuldner über das Vermögen zu verfügen,
  c) Untersagen von Zwangsvollstreckungsmaßnahmen

Fortsetzung auf nächster Seite

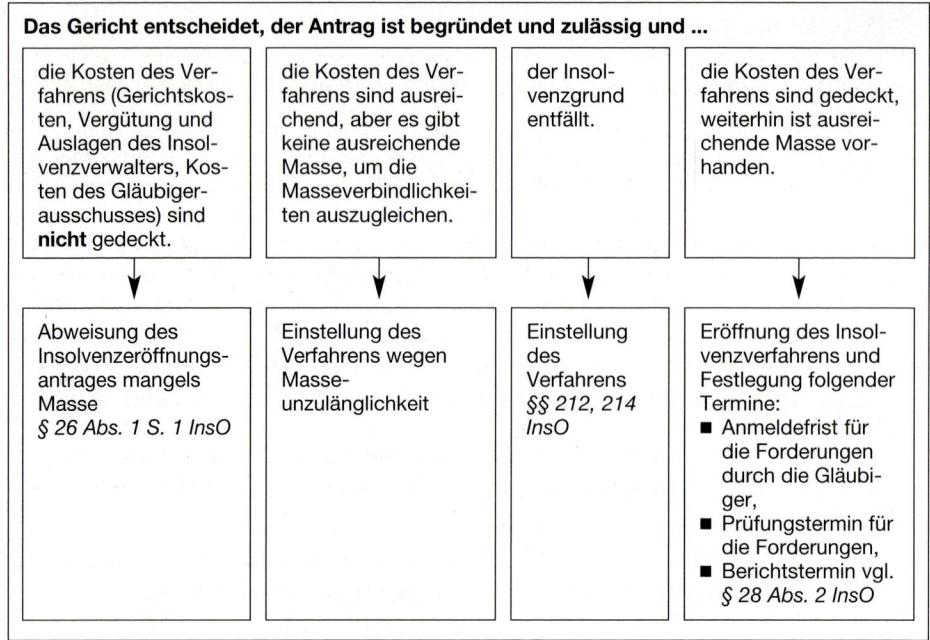

Das Gericht entscheidet, der Antrag ist begründet und zulässig und ...

die Kosten des Verfahrens (Gerichtskosten, Vergütung und Auslagen des Insolvenzverwalters, Kosten des Gläubigerausschusses) sind **nicht** gedeckt.	die Kosten des Verfahrens sind ausreichend, aber es gibt keine ausreichende Masse, um die Masseverbindlichkeiten auszugleichen.	der Insolvenzgrund entfällt.	die Kosten des Verfahrens sind gedeckt, weiterhin ist ausreichende Masse vorhanden.
Abweisung des Insolvenzeröffnungsantrages mangels Masse § 26 Abs. 1 S. 1 InsO	Einstellung des Verfahrens wegen Masseunzulänglichkeit	Einstellung des Verfahrens §§ 212, 214 InsO	Eröffnung des Insolvenzverfahrens und Festlegung folgender Termine: ■ Anmeldefrist für die Forderungen durch die Gläubiger, ■ Prüfungstermin für die Forderungen, ■ Berichtstermin vgl. § 28 Abs. 2 InsO

Wirkungen der Insolvenzeröffnung

■ Der Schuldner verliert die Verwaltungs- und Verfügungsbefugnis über sein Vermögen; diese gehen auf den Insolvenzverwalter über, wenn das Gericht ein allgemeines Verfügungsverbot auferlegt *(§§ 22 Abs. 1, 80 InsO)*. Verfügungen des Schuldners über das Insolvenzvermögen sind wirksam *(§ 81 InsO)*.

■ Der Insolvenzverwalter führt das Unternehmen weiter, wenn das Insolvenzgericht keine Stilllegung verfügt.

■ Insolvenzgläubiger können ihre Forderungen nur nach den Vorschriften des Insolvenzverfahrens verfolgen *(§ 87 InsO)*.

■ Zwangsvollstreckungen von Gläubigern in das Vermögen des Schuldners sind während des Insolvenzverfahrens nicht zulässig *(§ 89 InsO)*. Es besteht ein Vollstreckungsverbot bei Masseverbindlichkeiten *(§ 91 InsO)*.

■ Nach Eröffnung des Insolvenzverfahrens ist ein Rechtserwerb an Gegenständen der Insolvenzmasse ausgeschlossen *(§ 91 InsO)*.

■ Der Insolvenzschuldner hat Auskunfts- und Mitwirkungspflichten *(§ 97 InsO)*.

■ Auf Antrag kann das Gericht eine Postsperre verfügen *(§ 99 InsO)*.

■ Die Gläubigerversammlung muss den Umfang des Unterhaltes für den Schuldner und seine Familie aus der Insolvenzmasse beschließen *(§ 100 InsO)*.

Wichtige **Aufgaben des Steuerberaters** im Zeitpunkt der Eröffnung des Insolvenzverfahrens sind insbesondere die Erstellung
■ einer Inventur sowie
■ einer vorläufigen Vermögensaufstellung im Auftrag des Insolvenzverwalters,
■ eines Finanzplanes,
■ der Insolvenzbuchführung.

Weiterhin kann der Steuerberater bei der Beschaffung von Kaufinteressenten helfen und unterstützend bei Kaufverhandlungen mitarbeiten.

7

▨ Bestellung des Insolvenzverwalters

Das Insolvenzgericht bestellt nach Eröffnung des Insolvenzverfahrens einen Insolvenzverwalter. Wesentliche Aufgaben des Insolvenzverwalters sind

- Übernahme der Geschäftsführung und Vertretung für das Unternehmen,

- Erstellung von Verzeichnissen über die Vermögens- und Finanzlage, über die Anzahl der Gläubiger,

- Verwaltungs- und Verfügungsrechte über die Insolvenzmasse *(§§ 27 Abs. 1 S. 1, 80 ff. InsO)*. Die Insolvenzmasse beinhaltet das gesamte Vermögen des/der Schuldner (z. B. AG, GmbH, OHG, KG) im Zeitpunkt der Eröffnung des Insolvenzverfahrens und das Vermögen, das während des Verfahrens hinzugewonnen wird. Zunächst wird nur das Vermögen der Unternehmung erfasst. Über das Privatvermögen muss ein gesondertes Insolvenzverfahren eröffnet werden.
Beachte:
Die Gesellschafter der GbR, OHG, die Komplementäre der KG müssen außerhalb des Insolvenzverfahrens unbeschränkt für Verbindlichkeiten der Unternehmung einstehen.

7.3.1.2   Gestaltungsmöglichkeiten des Insolvenzverfahrens

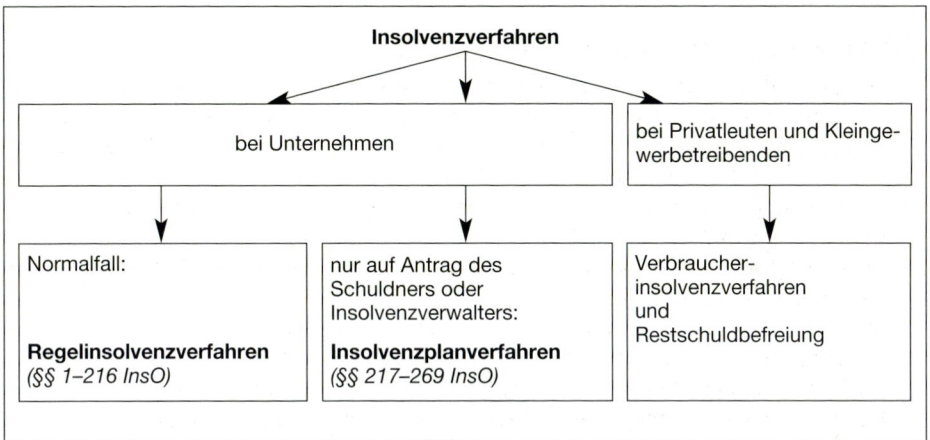

▨ Regelinsolvenzverfahren

Ziel des Regelinsolvenzverfahrens ist die Verwertung des Schuldnervermögens, um

- die Gläubiger gemeinschaftlich zu befriedigen und

- die bei der Veräußerung des Unternehmens in Teilen oder im Ganzen erzielten Erlöse an die Gläubiger weiterzureichen.

Im Regelinsolvenzverfahren sind das noch vorhandene Vermögen und die Erlöse in der nachfolgenden **Reihenfolge** zu verteilen:

1. Die Kosten des Insolvenzverfahrens sind zuerst auszugleichen.

2. Im nächsten Schritt sind die während des Verfahrens neu entstandenen Masseverbindlichkeiten zu bezahlen *(§ 55 InsO)*.

7

3. Absonderungsberechtigte Ansprüche von Gläubigern werden erfüllt. Hierzu rechnen z. B. Forderungen von Gläubigern, die durch eine Sicherungsübereignung abgesichert worden sind (§ 49 ff. InsO).

4. Anschließend werden die Insolvenzgläubiger, deren Forderungen zu Beginn des Verfahrens bestanden haben, zu gleichen Teilen bedient (§ 38 InsO).

5. Ein evtl. noch verbleibender Restbetrag wird an die nachrangigen Gläubiger wie z. B. Gesellschafter, die dem Unternehmen ein kapitalersetzendes Darlehen gewährt haben, ausbezahlt.

Berechnungsverfahren

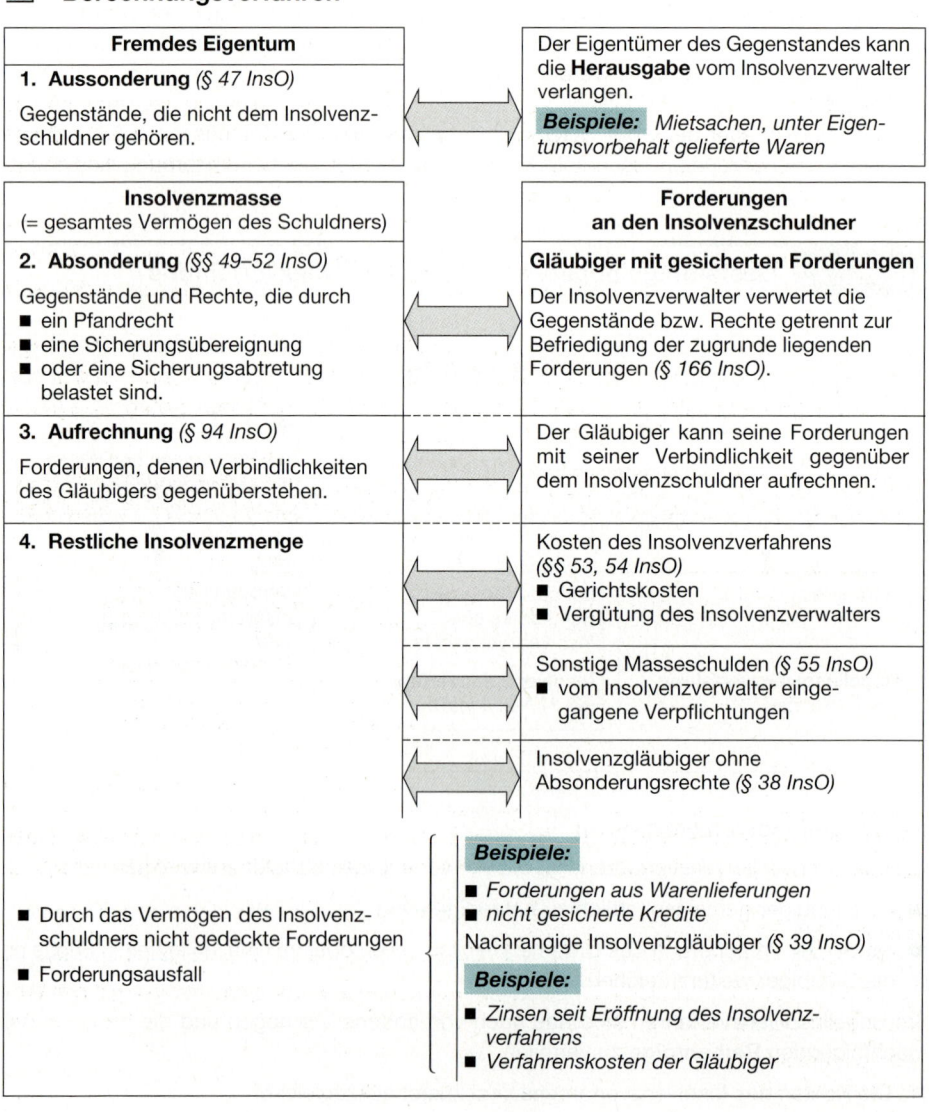

Fremdes Eigentum	Der Eigentümer des Gegenstandes kann die **Herausgabe** vom Insolvenzverwalter verlangen.
1. Aussonderung *(§ 47 InsO)*	
Gegenstände, die nicht dem Insolvenzschuldner gehören.	**Beispiele:** *Mietsachen, unter Eigentumsvorbehalt gelieferte Waren*

Insolvenzmasse (= gesamtes Vermögen des Schuldners)	Forderungen an den Insolvenzschuldner
2. Absonderung *(§§ 49–52 InsO)*	**Gläubiger mit gesicherten Forderungen**
Gegenstände und Rechte, die durch ■ ein Pfandrecht ■ eine Sicherungsübereignung ■ oder eine Sicherungsabtretung belastet sind.	Der Insolvenzverwalter verwertet die Gegenstände bzw. Rechte getrennt zur Befriedigung der zugrunde liegenden Forderungen *(§ 166 InsO)*.
3. Aufrechnung *(§ 94 InsO)* Forderungen, denen Verbindlichkeiten des Gläubigers gegenüberstehen.	Der Gläubiger kann seine Forderungen mit seiner Verbindlichkeit gegenüber dem Insolvenzschuldner aufrechnen.
4. Restliche Insolvenzmenge	Kosten des Insolvenzverfahrens *(§§ 53, 54 InsO)* ■ Gerichtskosten ■ Vergütung des Insolvenzverwalters
	Sonstige Masseschulden *(§ 55 InsO)* ■ vom Insolvenzverwalter eingegangene Verpflichtungen
	Insolvenzgläubiger ohne Absonderungsrechte *(§ 38 InsO)*
	Beispiele: ■ *Forderungen aus Warenlieferungen* ■ *nicht gesicherte Kredite* Nachrangige Insolvenzgläubiger *(§ 39 InsO)*
■ Durch das Vermögen des Insolvenzschuldners nicht gedeckte Forderungen ■ Forderungsausfall	**Beispiele:** ■ *Zinsen seit Eröffnung des Insolvenzverfahrens* ■ *Verfahrenskosten der Gläubiger*

7

Beispiel:

Bei der Insolventa GmbH verbleibt nach der Befriedigung vorrangiger Verbindlichkeiten eine restliche Insolvenzmasse von 150.000,00 EUR. Folgende Forderungen wurden noch angemeldet:

- *Insolvenzgläubiger ohne Absonderungsrechte ....*   *750.000,00 EUR*
- *Nachrangige Insolvenzgläubiger ....*   *35.000,00 EUR*

Von der Bonafide GmbH wurden angemeldet:

- *Forderungen aus Warenlieferungen ....*   *12.500,00 EUR*
- *Zinsforderungen seit Insolvenzeröffnung ....*   *100,00 EUR*

Insolvenzquote für nicht bevorrechtigte Insolvenzgläubiger: $\dfrac{150.000,00 \cdot 100}{750.000,00} = \underline{20\,\%}$

Der Insolvenzverwalter überweist 2.500,00 EUR (= 20 % von 12.500,00 EUR) an die Bonafide GmbH. Die nachrangige Forderung wird nicht bedient.

■ Insolvenzplanverfahren

Anstelle des Regelinsolvenzverfahrens kann bei Unternehmen auf Anregung von Schuldner und/oder Insolvenzverwalter das Insolvenzplanverfahren treten *(§ 218 InsO)*. Die Gläubiger können durch Beschluss der Gläubigerversammlung den Insolvenzverwalter mit der Aufstellung eines Insolvenzplanes beauftragen.

Ziel dieses Verfahrens ist, abweichend von den Vorschriften über das Regelinsolvenzverfahren unter Beteiligung aller Parteien einen Insolvenzplan zu erstellen, um einvernehmlich einen Weg aus der Krise zu finden und die Masse zu verwerten und zu verteilen *(§ 217 InsO)*.

Im Insolvenzplan werden die Ursachen für die Krise festgestellt, die wirtschaftliche Lage beschrieben und analysiert, Vermögensübersichten und ein Finanzplan werden erstellt sowie Lösungsmöglichkeiten aufgezeigt. Der Plan verlangt die Bestätigung durch das Insolvenzgericht.

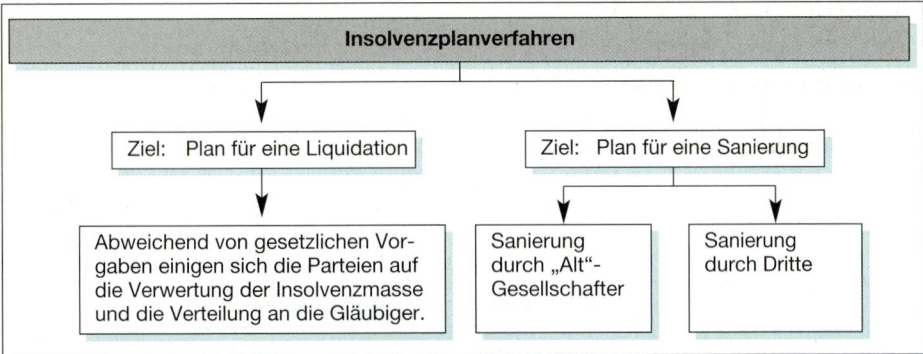

Dieses Verfahren ist viel flexibler als das Regelinsolvenzverfahren, aber es wird selten angewendet, weil zu viele Parteien aufeinandertreffen und unterschiedliche Interessen verfolgen.

7.3.2   Verbraucherinsolvenz

Bei Schuldnern mit einer kleinen oder geringfügigen selbstständigen Tätigkeit gilt das vereinfachte Verfahren nach *§ 304 InsO*.

Antragsberechtigt sind

- Verbraucher,
- Kleingewerbetreibende,
- Personen, deren gewerbliche oder selbstständige Tätigkeit nur in geringem Umfang ausgeübt wird.

Verbraucherinsolvenzverfahren (nur für natürliche Personen)

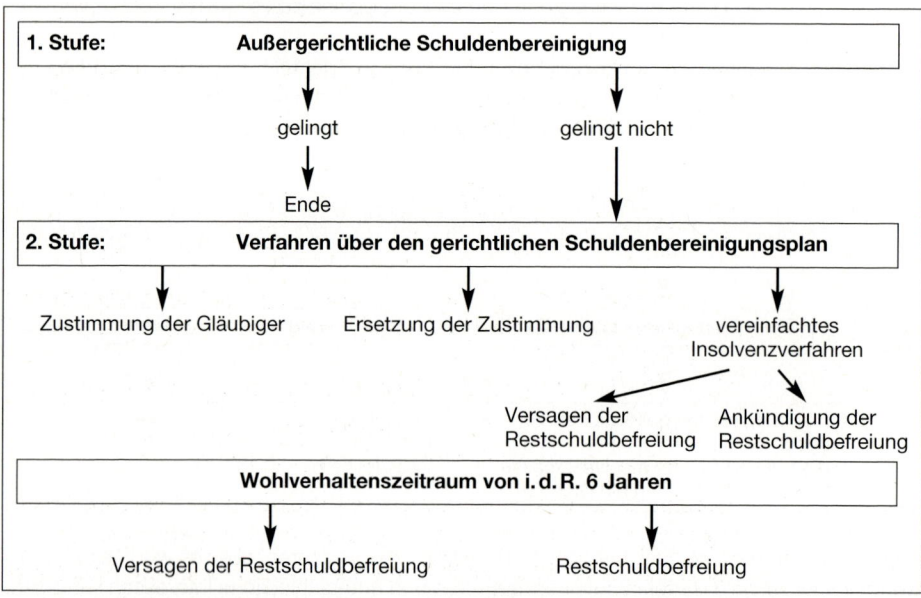

1. Stufe: Außergerichtliches Verfahren (Schuldenbereinigungsverfahren)

Das Schuldenbereinigungsverfahren ist dem vereinfachten Insolvenzverfahren vorgeschaltet.

Ziel: Der Schuldner soll versuchen, mit seinen Gläubigern eine Einigung über eine Schuldenbereinigung zu erreichen.

Weg: Mit geeigneten Personen (Rechtsanwälten, Steuerberatern, anerkannten Schuldenberatungsstellen) soll ein Schuldenbereinigungsplan (Quotenzahlung, Stundung, Teilerlass) erstellt werden.

Dieser Plan ist unter Beifügung der Einkommens- und Vermögensverhältnisse den Gläubigern vorzulegen.

Der **Schuldenbereinigungsplan** gilt als angenommen, wenn kein Gläubiger Einwendungen erhebt. Dies wird von dem Insolvenzgericht durch Beschluss festgestellt. Wenn

- mehr als die Hälfte der benannten Gläubiger kopf- und summenmäßig zugestimmt **und**

- ein widersprechender Gläubiger nicht schlechter gestellt wird als bei Durchführung eines Insolvenzverfahrens,

so kann das Gericht anstelle des widersprechenden Gläubigers zustimmen *(§ 309 InsO)*.

Lehnen die Gläubiger den Plan ab, wird das vereinfachte Verfahren eingeleitet.

2. Stufe: Gerichtliches Verfahren (vereinfachtes Insolvenzverfahren)

Scheitert die Durchsetzung des Schuldenbereinigungsplanes, so findet ein vereinfachtes Insolvenzverfahren statt *(§ 304 InsO)*.

Voraussetzungen: Antrag auf Eröffnung des gerichtlichen Insolvenzverfahrens

Zusammen mit dem Antrag sind vorzulegen
a) Bescheinigung über den erfolglosen außergerichtlichen Einigungsversuch
b) Antrag auf Erteilung der Restschuldbefreiung oder ein Verzicht darauf
c) Vermögens- und Einkommensverzeichnis
d) Verzeichnis aller Gläubiger
e) Verzeichnis aller Schuldner
f) neuer Schuldenbereinigungsplan
g) Erklärung, dass alle Angaben zutreffen und vollständig sind.

Weg: Das Gericht lässt den Antrag auf Eröffnung des Verfahrens „ruhen" und versucht, eine gütliche Einigung zwischen Schuldnern und Gläubigern herbeizuführen.
Eine Nichtäußerung innerhalb eines Monats gilt als Zustimmung.

1. Möglichkeit: Alle Gläubiger stimmen zu.
2. Möglichkeit: Es stimmen nicht alle Gläubiger zu.

Folge: Das kostenpflichtige gerichtliche Verfahren wird eröffnet. Das Gericht wird eine Gläubigerversammlung abhalten und entscheiden, ob

- ein vereinfachtes schriftliches Verfahren über einen Treuhänder (z. B. möglich bei überschaubaren Schulden, bei wenigen Gläubigern) durchgeführt

oder

- ein Insolvenzverfahren bestellt werden soll.

Stimmen nicht alle Gläubiger zu, kann das Gericht unter bestimmten Voraussetzungen die Zustimmung einzelner Gläubiger ersetzen, wenn diese ungerechtfertigt eine wirtschaftlich sinnvolle Schuldenbereinigung verhindern.

7

Wohlverhaltensphase

Nach Abschluss des Insolvenzverfahrens folgt die sogenannte Wohlverhaltensphase von i. d. R. 6 Jahren. In diese wird die Dauer des gerichtlichen Insolvenzverfahrens (ca. 6 bis 12 Monate) ab dem Tag der Eröffnung des Insolvenzverfahrens mit eingerechnet. In dieser Phase müssen bestimmte Obliegenheiten erfüllt werden, insbesondere muss

- eine angemessene Erwerbstätigkeit ausgeübt werden bzw.
- bei Erwerbslosigkeit muss sich um eine Erwerbstätigkeit bemüht werden, dabei ist jede zumutbare Arbeit anzunehmen,
- ererbtes Vermögen zur Hälfte an die Treuhänderin bzw. den Treuhänder herausgegeben werden,
- jeder Wohnungs- und Arbeitsplatzwechsel anzeigt werden.

Der Schuldner hat den pfändbaren Teil seines Einkommens an einen Treuhänder, der diese Beträge gleichmäßig an die Gläubiger verteilt, abzutreten. Nach Ablauf der Wohlverhaltensphase erlässt das zuständige Amtsgericht die bisherigen Schulden, d. h. der Schuldner wird von allen zu Beginn des Insolvenzverfahrens bestehenden Forderungen befreit. Ausgenommen sind Schulden aus einer vorsätzlich begangenen unerlaubten Handlung, aus Geldstrafen und Geldbußen sowie Zwangs- und Ordnungsgeldern.

7.4   Freiwillige Liquidation

> Die **Liquidation** ist eine freiwillige Auflösung eines Unternehmens durch den Inhaber, indem alle Vermögensteile in Geld, also in liquide (flüssige) Mittel umgewandelt werden.

7.4.1   Auflösungsgründe

Arten	
persönliche	**sachliche**
■ Alter des Inhabers ■ Streitigkeiten der Gesellschafter untereinander ■ Austritt eines Gesellschafters ■ Tod des Inhabers ■ ungeklärte Unternehmensnachfolge ■ Erbauseinandersetzung	■ schlechte Ertragslage ■ Erreichen/Fortfall des Unternehmenszieles/-zweckes ■ Erschöpfung der nötigen Rohstoffe

7.4.2   Ablauf des Liquidationsverfahrens

Der Unternehmer/bisherige Gesellschafter/Geschäftsführer/Vorstand, auch **Liquidator** genannt, führt regelmäßig selbst die **Abwicklung** der Unternehmung durch. Auch andere Personen können zum Liquidator bestellt werden.

Aus Gründen des Gläubigerschutzes ist folgendes Verfahren einzuhalten:

- Veröffentlichung des Auflösungsbeschlusses und Eintragung ins Handelsregister
- die Firmenbezeichnung erhält auf allen Geschäftsbriefen den Zusatz „i. L." (in Liquidation)
- Bestellung eines Liquidators *(§ 146 HGB)*
- Einziehung der Forderungen
- Veräußerung der Vermögensgegenstände *(Maschinen, Grundstücke, Vorräte)* gem. *§ 149 HGB*
- Bezahlung aller Schulden
- Verteilung des verbleibenden Vermögens
- Löschung der Firma im Handelsregister
- Gesellschafter von Personengesellschaften haften noch 5 Jahre ab Eintragung des Löschungsbeschlusses ins Handelsregister (soweit eine Anspruchsverjährung nicht vorher eintritt)
- Geschäftsbücher sind 10 Jahre aufzubewahren (bei Kapitalgesellschaften und Genossenschaften bestimmt das Gericht den Ort der Aufbewahrung)

Auswirkungen

- Arbeitnehmer verlieren ihren Arbeitsplatz
- Kunden benötigen einen neuen Zulieferer
- Förderung der Unternehmenskonzentration

Der Inhaber entschließt sich nur dann zur **Liquidation**, wenn der **Unternehmensverkauf im Ganzen für ihn nicht vorteilhafter** ist.

7.4.3 Steuerliche Folgen

Einkommensteuer

Bei Einzelunternehmen und Personengesellschaften (Mitunternehmerschaften) ist Voraussetzung, dass jede betriebliche Tätigkeit eingestellt wird, d. h., das Unternehmen muss als selbstständiger Organismus erlöschen. Deshalb ist einkommensteuerlich die Liquidation als **Veräußerung eines ganzen Betriebes** in Form der **Betriebsaufgabe** anzusehen *(§§ 16 u. 34 EStG)*.

Körperschaftsteuer

Bei der Liquidation von Kapitalgesellschaften ist für den Beginn der Abwicklung eine **Liquidationseröffnungsbilanz** aufzustellen sowie für den Schluss des Abwicklungszeitraumes eine **Liquidationsschlussbilanz**. An die Stelle des sonst üblichen Wirtschaftsjahres tritt steuerlich der Zeitraum der Abwicklung, der **Besteuerungszeitraum** soll jedoch **drei Jahre nicht übersteigen** *(§ 11 KStG)*.

Der Liquidationsgewinn als Unterschied zwischen dem Liquidations-Anfangsvermögen und -Endvermögen unterliegt der Körperschaftsteuer. Steuerfreie Vermögenszugänge während des Abwicklungszeitraumes sind aus dem Liquidationsgewinn herauszurechnen. Die am Ende der Abwicklung aufzustellende Liquidationsschlussbilanz zeigt regelmäßig auf der Aktivseite nur noch die flüssigen Mittel und auf der Passivseite nur das Kapital.

Der Zeitraum der Abwicklung beginnt mit der Auflösung; die Steuerpflicht endet erst, wenn die Liquidation rechtsgültig abgeschlossen ist, d. h. nach Ablauf des Sperrjahres.

7

▋ Gewerbesteuer

Bei Einzelunternehmen und Personengesellschaften (Mitunternehmerschaften) ist der Aufgabegewinn aus der Liquidation gewerbesteuerfrei. Bei Kapitalgesellschaften ist der Liquidationsgewinn jedoch nicht privilegiert, sondern unterliegt der normalen Besteuerung nach dem *GewStG*.

▋ Umsatzsteuer

Veräußerungsgeschäfte sind Hilfsgeschäfte und zählen zum Leistungstatbestand des Unternehmens. Die normalen Regelungen des *§ 1 Abs. 1 UStG* für Umsätze sind anzuwenden.

7.5 Ansatzmöglichkeiten zur Früherkennung von Krisen

Um Krisen frühzeitig zu erkennen, sollte zur Erkennung betrieblicher Schwachstellen und wirtschaftlicher Fehlentwicklungen ein zuverlässiges Kontrollsystem installiert werden. Eine nahende Unternehmenskrise kann aus folgenden Kennzahlen abgelesen werden:

1. **Umsatz**
   Die Umsatzentwicklung sollte kontrolliert und analysiert werden.
   Der Gesamtumsatz, der Umsatz je Kunde, je Mitarbeiter, je Quadratmeter-Verkaufsfläche sollte ermittelt und mit vorangegangenen Zeiträumen verglichen werden.
   Bei Umsatzrückgängen kann mit Erweiterung des Produktangebots, verbesserter Produktqualität, zusätzlicher Werbung, zusätzlichen Bemühungen der Absatzhelfer gegengesteuert werden.

2. **Kosten**
   Die Gesamtkostenentwicklung, die Aufteilung in fixe und variable Kosen sowie nach Kostenarten, Kostenstellen und/oder Kostenträgern muss ständig überwacht werden. Zusätzlich sind ständig Kosteneinsparungsmöglichkeiten zu überprüfen.

   Beispiele:
   - *Outsourcing,*
   - *Möglichkeiten der Senkung von Personalkosten,*
   - *Preisvergleiche und Überprüfung der derzeitigen Lieferanten,*
   - *Überprüfung der Reise- und Bewirtungskosten,*
   - *Überdenken der geplanten Marketingmaßnahmen,*
   - *Vergleich der Kosten für die Kreditaufnahme*

3. **Gewinn/Verlust**
   Obwohl Gewinn/Verlust immer vergangenheitsbezogen festgestellt werden, kann anhand von Werten des Vorjahres, der Konkurrenz, der Branche die Entwicklung des Unternehmens nachvollzogen werden. Geeignete Kennziffern sind Umsatz-, Eigenkapital- und Gesamtkapitalrentabilität.

4. **Deckungsbeitrag**
   Ein Auftrag empfiehlt sich nur dann anzunehmen und auszuführen, wenn der Verkaufspreis alle dem Produkt direkt zurechenbaren Kosten übersteigt, d. h. es wird ein positiver Deckungsbeitrag erreicht.

7

5. Liquidität

Der Anteil von flüssigen Mitteln am Gesamtvermögen ist infolge geringer Barmittel niedrig. Die Erhaltung der Liquidität durch monatliche Überprüfung der Liquiditätsgrade ist für die zukünftige Stabilität des Unternehmens unverzichtbar.

6. Hoher **Forderungsbestand** (Kundenziel) bei sehr schleppendem Zahlungseingang;

7. Hohe Gläubigerkapitalquote infolge geringen Eigenkapitals;

8. Niedrige Gesamtkapitalrendite infolge schlechter Erfolgslage;

9. Hohe kurzfristige Bankverbindlichkeitsquote infolge unausgewogener Fristen- und Gläubigerstruktur im Fremdkapitalbereich.

Übungsaufgaben

1. Nennen Sie Kennzeichen und Ursachen einer notleidenden Unternehmung.

2. Welche Auswege aus einer Finanzkrise bieten sich einer notleidenden Unternehmung an?

3. Erklären Sie, warum das oberste Ziel die Gesundung der Unternehmung darstellt, wenn es in Zahlungsschwierigkeiten gerät.

4. Geben Sie Beispiele für eine kapitalmäßige Sanierung an und erläutern Sie die Maßnahmen anhand von Bilanzveränderungen vor und nach der Sanierung.

5. Wodurch unterscheidet sich die effektive Sanierung von der kapitalmäßigen Sanierung und der Fremdkapitaländerung?

6. Nennen Sie die Unterschiede zwischen einer Sanierung und dem Insolvenzverfahren.

7. Welche steuerlichen Folgen ergeben sich bei der Sanierung?

8. Welche Wirkungen hat die Insolvenzeröffnung?

9. Beschreiben Sie die Zielsetzung eines Insolvenzplanes.

10. Welche Gründe sprechen gegen die Restschuldbefreiung?

11. Welche Bedingungen müssen erfüllt sein, um das Schuldenbereinigungsverfahren im Rahmen der Verbraucherinsolvenz durchführen zu können?

12. Erläutern Sie das vereinfachte Insolvenzverfahren.

13. Welche Gründe sprechen für die Auflösung eines Unternehmens durch Liquidation?

14. Welcher Verfahrensablauf ist aus Gläubigerschutzgründen bei der Auflösung durch Liquidation einzuhalten?

15. Steuerlich ergeben sich Besonderheiten im Liquidationsfall. Erklären Sie die besonderen steuerlichen Folgen in den einzelnen Steuerarten.

16. Über das Vermögen Bollig KG, Bonn, wurde die Eröffnung des Insolvenzverfahrens beantragt.
    a) Wer kann diesen Antrag stellen?
    b) Wo muss dieser Antrag gestellt werden?
    c) Unter welchen Voraussetzungen kann ein Insolvenzverfahren eröffnet werden?
    d) Das Gericht lehnt die Eröffnung des Insolvenzverfahrens mangels Masse ab. Was bedeutet diese Aussage?

17. Erklären Sie den Begriff Zahlungsunfähigkeit und seine Bedeutung bei Krisen des Unternehmens.

7

8   Investition und Finanzierung

8.1   Investition

8.1.1   Investitionsarten

Die betriebliche Leistungserstellung setzt voraus, dass finanzielle Mittel zur Verfügung stehen, die zur Anschaffung und Aufrechterhaltung der erforderlichen Betriebsausstattung und Beschaffung der benötigten Arbeitsmaterialien eingesetzt werden können.

Die Passivseite der Bilanz gibt Auskunft über die Quellen der Kapitalmittelbeschaffung **(Finanzierung)**, während die Aktivseite der Bilanz Aufschluss über die Kapitalmittelverwendung **(Investition)** dieser Mittel gibt.

Aktiva (Vermögen)	Bilanz	Passiva (Kapital)
Anlagevermögen = langfristig gebundene Vermögensteile	**Eigenkapital**	
Umlaufvermögen = kurzfristig gebundene Vermögensteile	**Fremdkapital** – langfristig – kurzfristig	
Mittelverwendung = Investitionen	**Mittelbeschaffung** = Finanzierung	

Unter **Investition** versteht man die Verwendung finanzieller Mittel zur Beschaffung von Sach- und Finanzvermögen für unternehmerische Zwecke.[1] Investitionen erfordern eine **Investitionsplanung**:

- es ist zu prüfen, ob die Investition vorteilhaft ist,
- es ist zwischen verschiedenen Investitionsalternativen eine Auswahl zu treffen,
- es ist ein optimales Investitionsprogramm (Portfoliomanagement) festzulegen,
- es ist der optimale Ersatzzeitpunkt für eine Anlage zu bestimmen.

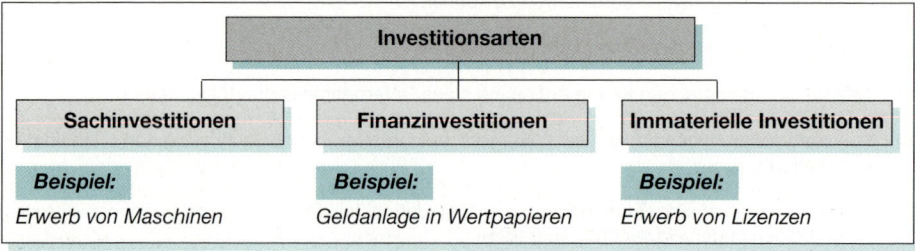

Sachinvestitionen

Sachinvestitionen sind Mittelverwendungen für betrieblich benötigte Produktionsmittel.

---

[1] Im Gegensatz hierzu ist der volkswirtschaftliche Investitionsbegriff enger gefasst. Vgl. hierzu Seite 151 f.

- **Anlageinvestitionen** dienen der Aufrechterhaltung, Erweiterung oder Modernisierung der Produktionskapazität. Sie sind in der Bilanz dem Anlagevermögen zugeordnet.

  Beispiele:

  - *Grundstücke und Gebäude*
  - *technische Anlagen und Maschinen*
  - *Betriebs- und Geschäftsausstattung*

- **Vorratsinvestitionen** dienen der Bildung der nötigen Vorräte an Ausgangsmaterialien und Endprodukten. Sie sind in der Bilanz dem *Umlaufvermögen* zugeordnet.

  Beispiele:

  - *Roh-, Hilfs-, Betriebsstoffe*
  - *unfertige und fertige Erzeugnisse und Waren*

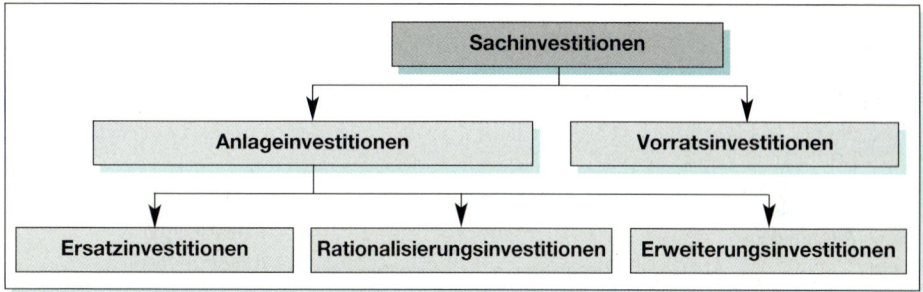

Der Umfang und die Zusammensetzung der erforderlichen Investitionen hängen von der Größe und dem Gegenstand der Unternehmung ab.

Finanzinvestitionen

> **Finanzinvestitionen** sind Mittelverwendungen für Finanzanlagen der Unternehmung. Bilanziell können sie – je nach Kapitalbindungsdauer – dem Anlage- oder dem Umlaufvermögen zugeordnet sein.

Finanzinvestitionen dienen der

- rentablen Anlage vorübergehend nicht benötigter Geldmittel,
- langfristigen Beteiligung an anderen Unternehmen,
- Vorsorge gegen unternehmerische Risiken.

Beispiele:

Festgeldanlagen, Wertpapieranlagen, Beteiligungen

Immaterielle Investitionen

Dies sind Investitionen im Entwicklungs- und Ausbildungsbereich. Sie beeinflussen wie Sachinvestitionen den Leistungsbereich des Unternehmens. Das ist bei Finanzinvestitionen nicht der Fall. Eine Investition setzt immer eine Kapitalbeschaffungsmaßnahme voraus. Die Bewertung ist bei immateriellen Investitionen schwierig und komplex.

Beispiel:

Die Nutzungsdauer einer PC-Schulungsmaßnahme ist aufgrund der Mitarbeiterfluktuation und des technischen Fortschritts schwer abzuschätzen.

8

8.1.2 Grundsatz der fristenkongruenten Finanzierung

> Unter **Finanzierung** versteht man alle Maßnahmen zur Beschaffung der für die Unternehmung benötigten Geldmittel für die Leistungserstellung und -verwertung.

Aufgabe der Finanzierung ist die Aufrechterhaltung des finanziellen Gleichgewichts der Unternehmung: **Finanzielles Gleichgewicht** liegt vor, wenn die betrieblichen Einzahlungs- und Auszahlungsströme in der Weise aufeinander abgestimmt sind, dass die Unternehmung jederzeit liquide ist, d.h. ihre fälligen Zahlungsverpflichtungen erfüllen kann.

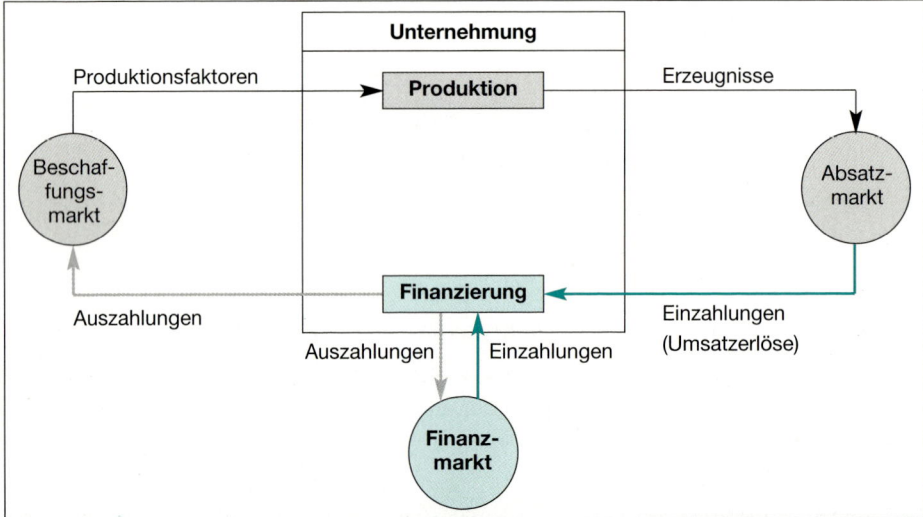

Die Art der Finanzierung hängt eng mit der Art der Investition zusammen. Die **„Goldene Finanzierungsregel"** fordert die **Fristenkongruenz** von Mittelherkunft und Mittelverwendung:

> Die Geldmittel müssen der Unternehmung mindestens so lange zur Verfügung stehen, wie sie im Vermögen gebunden sind. Die Kapitalbindungsdauer der Vermögenswerte soll nicht länger sein als die Fristigkeit der dazu eingesetzten Geldmittel.

Das bedeutet:
- Kurzfristig aufgenommenes Geld darf nur zur Finanzierung kurzfristig gebundener Vermögensgegenstände eingesetzt werden.
- Langfristig gebundene Vermögensgegenstände sind langfristig zu finanzieren.

Aktiva	**Bilanz**	**Passiva**
Kapitalbindungsdauer	≤	Kapitalüberlassungsdauer

Fristenkongruenz

Eine Verletzung des Finanzierungsgrundsatzes kann zur Illiquidität der Unternehmung führen.

Beispiel:

Die Nutzungsdauer einer Maschine beträgt 4 Jahre. Zu ihrer Finanzierung wird Kapital benötigt, das der Unternehmung mindestens für diesen Zeitraum zur Verfügung steht. Es dauert 4 Jahre, bis die Anschaffungskosten der Maschine über den Verkauf der damit hergestellten Produkte erwirtschaftet (hereingeholt) worden sind. Würde zur Finanzierung der Maschine ein Kredit mit einer Laufzeit von nur einem Jahr eingesetzt, so wäre die Finanzierung für die restlichen drei Jahre ungesichert.

8

8.2 Finanzierungsarten

Finanzierung beinhaltet alle Maßnahmen zur **Bereitstellung finanzieller** Mittel *auf Zeit* für Unternehmen.

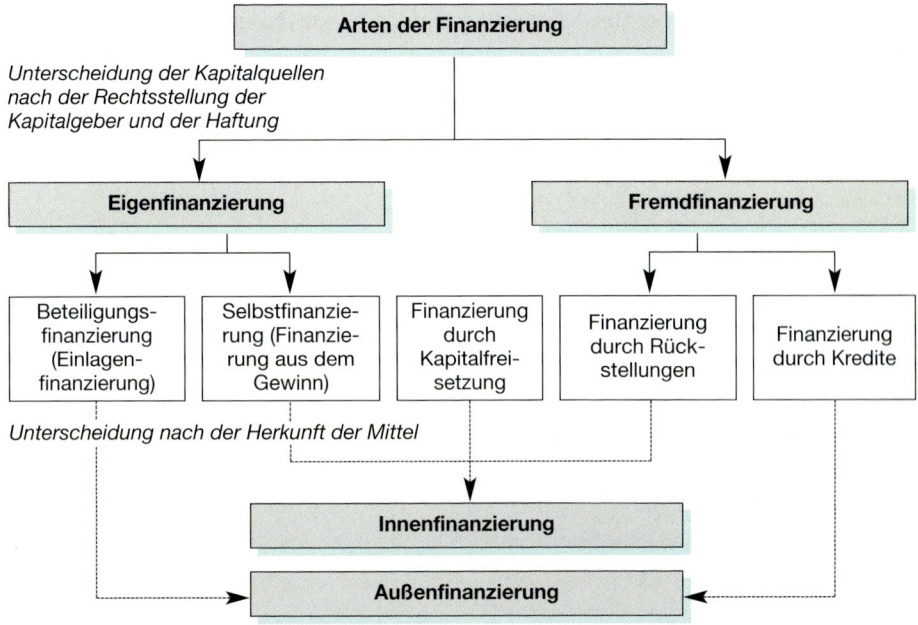

8.2.1 Außenfinanzierung

Bei der **Außenfinanzierung** wird das Kapital von außen in die Unternehmung eingebracht. Aus der Struktur der Passivseite ergeben sich wesentliche **Instrumente der Außenfinanzierung**:

- Beteiligungsfinanzierung (Eigenfinanzierung),
- kurz- und mittelfristiges Fremdkapital,
- langfristiges Fremdkapital.)

Man unterscheidet zwischen **Eigen-** und **Fremdfinanzierung**.

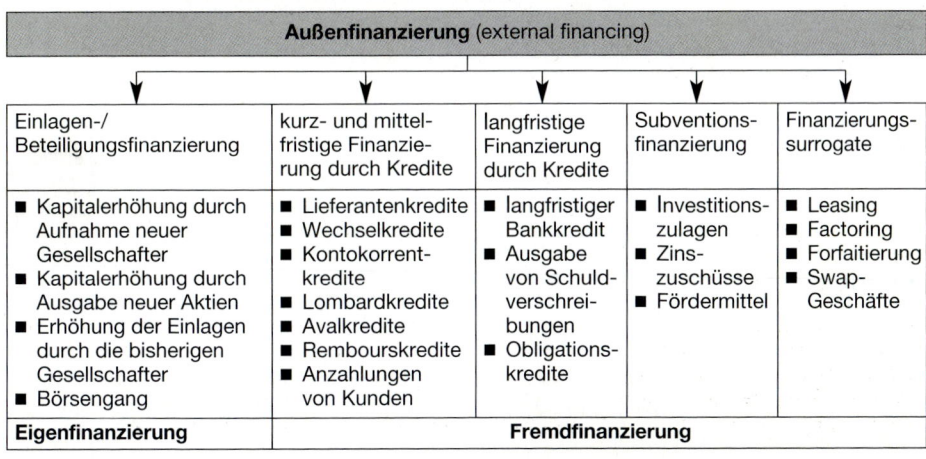

8

◼ Einlagen-/Beteiligungsfinanzierung

Bei der Beteiligungsfinanzierung fließt der Unternehmung durch Erhöhung der Kapitaleinlagen der vorhandenen Gesellschafter oder durch Aufnahme neuer Gesellschafter zusätzliches **Eigenkapital** zu. Es handelt sich bei dieser Eigenfinanzierung um eine Form der **Außenfinanzierung** mit Eigenkapital.

Die Art und Möglichkeit der Beteiligungsfinanzierung hängt von der Rechtsform der Unternehmung ab.

> **Beispiele:**

- *OHG: Aufnahme eines neuen Gesellschafters in eine bestehende OHG*
- *KG: Erhöhung der Einlage der/des Kommanditisten*
- *GmbH: Erhöhung des Stammkapitals durch den/die Gesellschafter*
- *AG: Kapitalerhöhung durch Ausgabe neuer Aktien*
  (Nennwert = Grundkapital, Agio = Kapitalrücklage)
- *e. G.: Aufnahme neuer Genossen in die Genossenschaft*

Beurteilung der Beteiligungsfinanzierung aus der ...

... Sicht des Kapitalgebers

Der Kapitalgeber ist Miteigentümer (Teilhaber) der Unternehmung und hat daher

- ein Mitspracherecht bei der Leitung der Unternehmung,
- einen Anspruch auf einen seiner Beteiligungsquote entsprechenden *Anteil am Gewinn*,
- für den Fall der Auflösung der Unternehmung einen Anspruch auf einen seiner Beteiligungsquote entsprechenden Anteil am *Liquidationserlös*.

Aber:
Der Kapitalgeber trägt das unternehmerische Risiko und haftet mit seiner Kapitaleinlage, ggf. auch mit seinem Privatvermögen, für eventuell eintretende Verluste. Im Insolvenzfall erleidet er einen Totalverlust.

... Sicht des Kapitalnehmers

- Das Eigenkapital steht der Unternehmung unbefristet zur Verfügung und eignet sich daher in besonderer Weise zur Finanzierung des Anlagevermögens.
- Die Liquidität der Unternehmung wird nicht durch feste Zinszahlungen und Kapitalrückzahlungen belastet.
  Zwar wird auch das Eigenkapital in Form von Gewinnausschüttungen „verzinst", doch wird die Höhe der Gewinnausschüttung von den Eigentümern bzw. der Geschäftsleitung der Unternehmung selbst bestimmt.
- Eine hohe Eigenkapitalquote erhöht die Kreditwürdigkeit und erleichtert die Beschaffung von Fremdkapital.
- Eine hohe Eigenkapitalquote macht die Unternehmung weniger krisenanfällig.

Aber:
- Durch die Aufnahme neuer Gesellschafter kommt es zu einer Änderung der Herrschaftsverhältnisse in der Unternehmung.
- Der Gewinn der Unternehmung muss mit allen Gesellschaftern geteilt werden.

... steuerrechtlichen Sicht

Für die Beteiligungsfinanzierung ist die Regelung des § 34a EStG von Bedeutung, weil ein Unternehmer, der seinem Unternehmen Eigenkapital zuführt, in den nachfolgenden Abrechnungsperioden für die darauf entfallenden zusätzlichen Erträge, wenn er sie nicht entnimmt, die begünstigte Besteuerung beantragen kann. Bei vorteilhafter Antragstellung werden die Kapitalkosten der Beteiligungsfinanzierung gemindert. Im anderen Fall erfolgt die Besteuerung nach § 32a EStG.

8

◼ Fremdfinanzierung (debt financing)

Bei der **Fremdfinanzierung (Kreditfinanzierung)** überlassen Kreditinstitute oder andere Geldgeber (Kreditgeber) der Unternehmung (Kreditnehmer) **Fremdkapital** für eine bestimmte Zeit in Form von Krediten.

Kennzeichen der Fremdfinanzierung:

- der Kreditgeber hat Anspruch auf Zins und Tilgung, im Insolvenzfall auf die Insolvenz-masse,
- die Überlassung der fremdem Mittel ist zeitlich begrenzt,
- der Kreditgeber (Gläubiger) erlangt *keine* Mitbestimmung, wird aber je nach Höhe des Kredites auf die Geschäftsführung einwirken,
- der Kredit belastet durch Zinszahlung und Tilgung die Liquidität des Unternehmens,
- die Kreditkosten *(z. B. Kreditzinsen)* sowie ein evtl. Agio/Disagio können einkommen-steuerlich als Aufwand gebucht werden (**Beachte:** Hinzurechnung zum Gewinn nach *§ 8 Nr. 1 GewStG*).

Beispiele:

langfristige Fremdfinanzierung:

- *Industrieobligationen*
- *Wandelschuldverschreibungen*
- *Schuldscheindarlehen*
- *Grundschulden*

kurzfristige Fremdfinanzierung:

- *Lieferantenkredite*
- *Anzahlungen von Abnehmern*
- *Kontokorrentkredite*
- *Wechselkredite*
- *Lombardkredite*
- *Avalkredite*

Sonderformen der Fremdfinanzierung sind Leasing und Factoring.

Das mögliche Ausmaß der Fremdfinanzierung hängt von der Kreditwürdigkeit (Bonität) der Unternehmung ab.

Beurteilung der Fremdfinanzierung aus der ...
... Sicht des Kapitalgebers (Gläubigers)
Der Kapitalgeber ist Gläubiger der Unternehmung. ■ Er hat einen festen Anspruch auf Zahlung der vereinbarten Zinsen und die Rückzahlung (Til-gung) des Kapitals. ■ Er haftet nicht für Verluste der Unternehmung. Sein Risiko ist auf die Leistung des Kapitaldiens-tes beschränkt. Im Insolvenzfall hat er einen Anspruch auf Anteil an der Insolvenzmasse bzw. ist bei Stellung einer Kreditsicherheit absonderungsberechtigt.
... Sicht des Kapitalnehmers (Schuldners)
■ Sind die Fremdkapitalzinsen geringer als der durch die Investition erzielte Ertrag, so wird da-durch die Eigenkapitalrentabilität erhöht (positiver Leverage-Effekt). ■ Die zu zahlenden Zinsen können als Betriebsausgaben steuerlich geltend gemacht werden. ■ Kurzfristiges Fremdkapital eignet sich in besonderer Weise zur Finanzierung des Umlaufver-mögens, langfristiges Fremdkapital kann zur Finanzierung des Anlagevermögens eingesetzt werden. ■ Die Herrschaftsverhältnisse innerhalb der Unternehmung werden nicht verändert. **Aber:** ■ Die zu zahlenden Zinsen sind Fixkosten und erhöhen den kostendeckenden Preis. ■ Die Liquidität der Unternehmung wird durch den laufenden Kapitaldienst belastet. ■ Sind die Fremdkapitalzinsen höher als der durch die Investition erzielte Ertrag, so wird dadurch die Eigenkapitalrentabilität verringert (negativer Leverage-Effekt).
... steuerrechtlichen Sicht
Die Fremdfinanzierung ist sowohl gegenüber der Eigenfinanzierung bei Besteuerung nach *§ 32a EStG* als auch bei begünstigter Versteuerung nach *§ 34a EStG* günstiger, weil die Gewinne bei Inanspruchnahme der Begünstigung doppelt belastet werden und bereits die begünstigte Ein-kommensteuerersatz gem. *§ 34a EStG* in Höhe von 28,25 % (zuzüglich SolZ und KiSt) den Ab-geltungsteuersatz gem. *§ 32d EStG* in Höhe von 25 % übersteigt.

8

▌ Leverage-Effekt

Unter dem Leverage[1]-Effekt ist die Wirkung der Finanzierungskosten des Fremdkapitals auf die Eigenkapitalverzinsung zu verstehen.

Beispiel:

Ein Unternehmer möchte in eine gewerbliche Immobilie, die 1.000.000,00 EUR kostet, 500.000,00 EUR Eigenkapital investieren. Der Restbetrag von 500.000,00 EUR wird durch einen Kredit finanziert.

Annahmen: FK-Zinsen	4,6 %	6,6 %
eingesetztes Gesamtkapital (GK)	1.000.000,00 EUR	1.000.000,00 EUR
jährliche Mieteinnahmen	55.000,00 EUR	55.000,00 EUR
Gesamtkapitalrentabilität	5,5 %	5,5 %
eingesetztes Eigenkapital (EK)	500.000,00 EUR	500.000,00 EUR
aufgenommenes Fremdkapital (FK)	500.000,00 EUR	500.000,00 EUR
Fremdkapitaleinsatz	4,6 %	6,6 %
zu zahlende Zinsen 500.000,00 EUR · 4,5 % / 6,6 %	23.000,00 EUR	33.000,00 EUR
Eigenkapitalrendite	6,4 %	4,4 %
Beurteilung	Durch die niedrigeren FK-Zinsen ist die EK-Rendite (6,4 %) größer als die Gesamtkapitalrentabilität (5,5 %) → positiver Leverage Effekt	Die höheren FK-Zinsen reduzieren die EK-Rendite (4,4 %) auf einen Wert unterhalb der Gesamtkapitalrentabilität (5,5 %) → negativer Leverage Effekt

Nebenrechnungen:

Bei vollständiger Eigenfinanzierung wird der Gewinn den Mieteinnahmen (55 000 EUR) entsprechen. Bei Kreditfinanzierung wird der Gewinn durch die Fremdkapitalzinsen verringert.

1. Fall:
Mieteinnahmen – FK-Zinsen = 55.000,00 EUR – 23.000,00 EUR = 32.000,00 EUR

$$\text{Gesamtkapital-rentabilität} = \frac{(Gewinn + FK\text{-}Zinsen) \cdot 100}{Gesamtkapital} = \frac{55.000,00 \cdot 100}{1.000.000,00} = 5,5\,\%$$

$$\text{Eigenkapital-rentabilität} = \frac{Gewinn \cdot 100}{Gesamtkapital} = \frac{32.000,00 \cdot 100}{1.000.000,00} = 6,4\,\%$$

2. Fall:
Mieteinnahmen – FK-Zinsen = 55.000,00 EUR – 23.000,00 EUR = 22.000,00 EUR

$$\text{Gesamtkapital-rentabilität} = \frac{(Gewinn + FK\text{-}Zinsen) \cdot 100}{Gesamtkapital} = \frac{55.000,00 \cdot 100}{1.000.000,00} = 5,5\,\%$$

$$\text{Eigenkapital-rentabilität} = \frac{Gewinn \cdot 100}{Gesamtkapital} = \frac{22.000,00 \cdot 100}{500.000,00} = 4,4\,\%$$

8

---

[1] Engl. leverage = Hebel.

Positiver Leverage-Effekt:	Der zusätzliche Einsatz von Fremdkapital führt zu einer **Erhöhung der Eigenkapitalrentabilität**, wenn der Zinssatz für das Fremdkapital niedriger ist als die Verzinsung des Gesamtkapitals (= Gesamtkapitalrentabilität). Man spricht von der Hebelwirkung zunehmender Verschuldung auf die Eigenkapitalrentabilität.
Negativer Leverage-Effekt:	Der zusätzliche Einsatz von Fremdkapital führt zu einer **Senkung der Eigenkapitalrentabilität**, wenn der Zinssatz für das Fremdkapital höher ist als die Verzinsung des Gesamtkapitals (= Gesamtkapitalrentabilität).

▓ Umfinanzierung

Die Umfinanzierung führt nicht zu einem Zufluss zusätzlicher finanzieller Mittel, sondern bewirkt lediglich die Veränderung der Kapitalstruktur der Unternehmung.

Umfinanzierung (refinancing)	
innerhalb des Fremdkapitals	**zwischen Fremd- und Eigenkapital**
Umwandlung im Hinblick auf die Fristigkeit	**Umwandlung von Fremdkapital in Eigenkapital**
Beispiel:	*Beispiel:*
Kurzfristiges Fremdkapital wurde zur Finanzierung einer längerfristigen Investition eingesetzt. Zur Sicherstellung einer fristenkongruenten Finanzierung erfolgt nun eine Umwandlung in langfristiges Fremdkapital.	*Aufgrund einer Unternehmenskrise verzichtet ein Gläubiger auf Zinszahlung und Tilgung und wandelt das Darlehen in eine Unternehmensbeteiligung um.*
Umwandlung im Hinblick auf den Kapitalgeber	**Umwandlung von Eigenkapital in Fremdkapital**
Beispiel:	*Beispiel:*
Ein hochverzinsliches Darlehen wird gekündigt und durch ein neues Darlehen eines anderen Kreditgebers (mit günstigeren Konditionen) ersetzt.	*Ein Gesellschafter einer OHG scheidet aus, stellt jedoch sein altes Geschäftskapital der Unternehmung weiterhin als Darlehen zur Verfügung.*

8.2.2 Innenfinanzierung

Bei der **Innenfinanzierung** kommen die finanziellen Mittel (Kapital) aus den Unternehmen aufgrund der betrieblichen Leistungserstellung und Umsatztätigkeit.

Die hierdurch bereitgestellten Geldmittel fließen indirekt von außen in die Unternehmung, da sie als Gewinne bzw. Kosten in die Preise einkalkuliert und somit in den erzielten Umsatzerlösen enthalten sind.

Man unterscheidet hierbei zwischen der Selbstfinanzierung, der Finanzierung aus Abschreibungserlösen und durch Rückstellungen sowie der Finanzierung durch Kapitalfreisetzung.

8

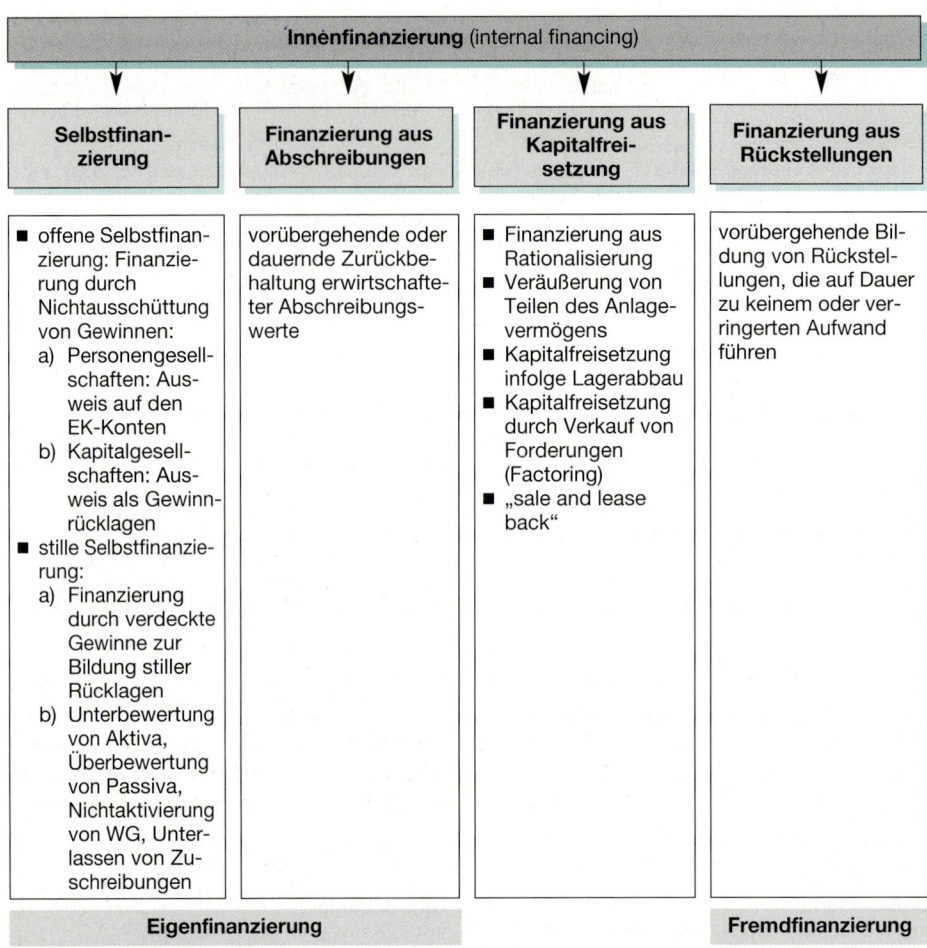

Innenfinanzierung (internal financing)			
Selbstfinan- zierung	**Finanzierung aus Abschreibungen**	**Finanzierung aus Kapitalfrei- setzung**	**Finanzierung aus Rückstellungen**
■ offene Selbstfinan- zierung: Finanzie- rung durch Nichtausschüttung von Gewinnen: a) Personengesell- schaften: Aus- weis auf den EK-Konten b) Kapitalgesell- schaften: Aus- weis als Gewinn- rücklagen ■ stille Selbstfinanzie- rung: a) Finanzierung durch verdeckte Gewinne zur Bildung stiller Rücklagen b) Unterbewertung von Aktiva, Überbewertung von Passiva, Nichtaktivierung von WG, Unter- lassen von Zu- schreibungen	vorübergehende oder dauernde Zurückbe- haltung erwirtschafte- ter Abschreibungs- werte	■ Finanzierung aus Rationalisierung ■ Veräußerung von Teilen des Anlage- vermögens ■ Kapitalfreisetzung infolge Lagerabbau ■ Kapitalfreisetzung durch Verkauf von Forderungen (Factoring) ■ „sale and lease back"	vorübergehende Bil- dung von Rückstel- lungen, die auf Dauer zu keinem oder ver- ringerten Aufwand führen
Eigenfinanzierung			**Fremdfinanzierung**

Selbstfinanzierung (self-financing)

Bei der **offenen Selbstfinanzierung** wird auf die Ausschüttung der erwirtschafteten Gewinne ganz oder teilweise verzichtet. Die einbehalten Gewinne werden den bilanziellen Rückla- gen/dem Eigenkapital der Unternehmung zugeführt und erhöhen die Eigenkapitalbasis.
Die Selbstfinanzierung ist – wie die Beteiligungsfinanzierung – eine Form der **Eigenfinan- zierung**.

Bei Aktiengesellschaften müssen so lange 5 % des Jahresüberschusses der gesetzlichen Rücklage zugeführt werden, bis die gesetzliche Rücklage und die Kapitalrücklagen 10 % des Grundkapitals erreichen.

8

Beurteilung der Selbstfinanzierung

- ■ Für kleine und mittlere Unternehmungen ist die Selbstfinanzierung häufig die einzige Möglich- keit der Eigenfinanzierung.
- ■ Durch die Selbstfinanzierung gewinnt die Unternehmung dauerhaftes („ewiges") Kapital, das frei von Rückzahlungsverpflichtungen ist und auch keine laufenden Kapitalkosten verursacht.
- ■ Durch die Selbstfinanzierung bleibt die Unternehmung unabhängig von anderen Kapitalgebern.
- ■ Die Selbstfinanzierung erhöht die Kreditwürdigkeit der Unternehmung.

Beurteilung der Selbstfinanzierung aus steuerrechtlicher Sicht

Einzel-, Mitunternehmer und Personengesellschaften nach *§ 34a EStG* können für nicht entnommene Gewinne eine begünstigte Besteuerung beantragen, die bei späterer Entnahme eine Nachversteuerung auslöst.

Unter rein steuerrechtlichen Gesichtspunkten ist die Fremdfinanzierung vorteilhafter, weil alle Formen der Eigenfinanzierung dann stärker belastet werden, wenn der tarifliche Einkommensteuersatz den Satz der Abgeltungsteuer übersteigt.

Die Fremdfinanzierung ist sowohl gegenüber der Eigenfinanzierung bei Besteuerung nach *§ 32a EStG* als auch bei begünstigter Versteuerung nach *§ 34a EStG* günstiger, weil die Gewinne bei Inanspruchnahme der Begünstigung doppelt belastet werden und bereits der begünstigte Einkommensteuersatz nach *§ 34a EStG* in Höhe von 28,25 % (zuzüglich Solidaritätszuschlag und Kirchensteuer) den Abgeltungsteuersatz nach *§ 32d EStG* in Höhe von 25 % übersteigt.

Gründe für Selbstfinanzierung

Gründe für eine Selbstfinanzierung können sein:
- im Gesellschaftsvertrag sind die Entnahmen durch die Gesellschafter beschränkt
- Einzel- und Personengesellschaften unterliegen seitens der Banken Kreditbeschränkungen

Kann ein Unternehmen zwischen mehreren Finanzierungsmöglichkeiten wählen, sollte diejenige mit den geringsten Kapitalkosten gewählt werden.

Das bedeutet, man entnimmt den Gewinn, wenn die Kapitalkosten der Selbstfinanzierung größer sind als die anderen zur Verfügung stehenden Finanzierungsformen.

Damit ist die Unternehmensrendite mit den Kapitalkosten der Selbstfinanzierung zu vergleichen. Diese sind definiert als die erwirtschaftete Rendite des Unternehmens vor Steuern, damit der Einbehalt des Gewinns dasselbe Endvermögen ergibt wie eine Entnahme mit anschließender Anlage am Kapitalmarkt.

Die **stille (verdeckte) Selbstfinanzierung** erfolgt durch Bildung **stiller Rücklagen**, d. h. von solchen Rücklagen, die aus der Bilanz dem externen Betrachter nicht ersichtlich sind. Während offene Rücklagen aus dem versteuerten Gewinn gebildet werden, erfolgt die Bildung stiller Rücklagen (stille Reserven) durch die Minderung des auszuweisenden Gewinns, indem Aufwendungen höher oder Erträge geringer ausgewiesen werden, als es den tatsächlichen Gegebenheiten entspricht.

Stille Rücklagen sind somit versteckte Gewinne, die erst bei Auflösung der betreffenden Bilanzposition offen gelegt und auch erst dann versteuert werden. Die Bildung stiller Rücklagen führt zu einer Ertragsteuerstundung; dies führt zu einer Steuerverlagerung und bedeutet einen Liquiditäts- und Zinsgewinn für die Unternehmung.

Stille Rücklagen können – soweit steuerlich bzw. handelsrechtlich zulässig – gebildet werden durch:

Unterbewertung von Vermögensgegenständen

> **Beispiel:**
>
> *Es werden Abschreibungen verrechnet, die wesentlich über den tatsächlich vorliegenden Wertminderungen der Vermögensgegenstände liegen.*
>
> *Anschaffungskosten einer Maschine: 60.000,00 EUR*
> *tatsächliche Nutzungsdauer: 10 Jahre*
> *tatsächliche jährliche Wertminderung: 6.000,00 EUR*
>
> *Würde die Unternehmung die Maschine über einen Zeitraum von nur 5 Jahren abschreiben, so stände sie nach Ablauf dieser Zeit mit einem Erinnerungswert von 1,00 EUR zu Buche, obwohl sie tatsächlich noch einen Wert von 30.000,00 EUR hat.*
>
> *Die Differenz zwischen dem Buchwert der Maschine und ihrem tatsächlichen Wert ist ein versteckter Gewinn. Bei einem Verkauf der Maschine über ihrem Buchwert würde die stille Rücklage aufgedeckt und der entstehende Gewinn müsste versteuert werden.*

Nichtaktivierung von Vermögensgegenständen

> **Beispiel:**
>
> *Geringwertige Wirtschaftsgüter können im Jahr der Anschaffung in vollem Umfang als Aufwand erfasst werden, obwohl ihre Nutzungsdauer mehr als ein Jahr beträgt.*

8

In beiden Fällen ist das tatsächliche Vermögen größer als das ausgewiesene Vermögen:

ausgewiesene Werte		tatsächliche Werte	

Aktiva	Bilanz	Passiva
Vermögen	Eigenkapital	
	Fremdkapital	

Aktiva	Bilanz	Passiva
Vermögen	Eigenkapital	
	Fremdkapital	
Unterbewertung	stille Reserven	

Überbewertung von Verbindlichkeiten

Beispiele:

Rückstellungen sind Verbindlichkeiten, deren Höhe und/oder Fälligkeit ungewiss sind. Man unterscheidet z. B. Prozess-, Steuer-, Pensionsrückstellungen. Werden sie aus Gründen der Vorsicht höher angesetzt als spätere Beanspruchungen zu erwarten sind, entstehen stille Rücklagen.

In diesem Fall sind die tatsächlichen Verbindlichkeiten größer als die ausgewiesenen Verbindlichkeiten:

ausgewiesene Werte		tatsächliche Werte	

Aktiva	Bilanz	Passiva
Vermögen	Eigenkapital	
	Überbewertung	
	Fremdkapital	

Aktiva	Bilanz	Passiva
Vermögen	Eigenkapital	
	stille Reserven	
	Fremdkapital	

Vorteile der Selbstfinanzierung	Nachteile der Selbstfinanzierung
■ stärkt die Unabhängigkeit des Unternehmens, ■ keine Zinszahlungspflichten, ■ formlos, keine Nebenkosten, ■ keine Änderung der Beteiligungsverhältnisse, ■ hoher Freiheitsgrad der Unternehmensleitung	■ keine langfristige Planungsmöglichkeit, ■ keine Fremdüberprüfung des Investitions- vorhabens (Gefahr von Fehlinvestitionen)

Finanzierung aus Abschreibungserlösen

Das Anlagevermögen einer Unternehmung besteht aus Vermögensteilen, die in der Regel über einen mehrjährigen Zeitraum genutzt, dadurch im Wert gemindert und abgenutzt werden.

> Die Wertminderung der Sachanlagen wird als **Abschreibungsaufwand** berechnet und gebucht. Durch die Abschreibung werden die Anschaffungskosten auf die Jahre der Nutzung verteilt. Die Höhe der Abschreibung ist abhängig von der Nutzungsdauer und dem Abschreibungsverfahren.

Zu unterscheiden sind
- bilanzielle Abschreibung: die Abschreibungen werden als Aufwand in der G+V erfasst und sichern eine richtige bilanzielle Bewertung nach HGB und Steuerrecht der Wirtschaftsgüter,
- kalkulatorische Abschreibung: die Höhe der Abschreibungen orientiert sich am ökonomisch erfolgten tatsächlichen Wertverzehr und wird als Kostenbestandteil in die Preisberechnung einbezogen.

Die Abschreibungsgegenwerte fließen der Unternehmung somit laufend über die Umsatzerlöse zu und können bis zum Zeitpunkt der Ersatzbeschaffung (Reinvestition) angelegt oder für weitere Finanzierungszwecke verwendet werden.

8

Voraussetzungen für den Finanzierungseffekt:

- Einrechnung der kalkulatorischen Abschreibung in die Absatzpreise,
- die Wettbewerbssituation erlaubt die teilweise oder volle Einbeziehung der kalkulatorischen Abschreibung in die Marktpreise,
- keine Ausschüttung der erwirtschafteten Beträge an die Kapitaleigner.

Beispiele:

Der Bauunternehmer Bau nutzt einen Kran in seinem Unternehmen; die Anschaffungskosten betrugen 201.600,00 EUR; die Wiederbeschaffungskosten im Zeitpunkt der Neuanschaffung werden auf 240.000,00 EUR geschätzt. Die Nutzungsdauer wird auf 8 Jahre veranschlagt, die jährliche Einsatzzeit beträgt 1.200 Stunden; Arbeitslohn 55,00 EUR, sonstige Kosten 15,00 EUR, Gewinnzuschlag 10,00 EUR. Herr Bau kalkuliert seinen Angebotspreis für eine Kranstunde:

Kalkulation bei Ansatz der AfA nach § 7 Abs. 1 EStG		Kalkulation bei Ansatz der kalkulatorischen Abschreibung	
Arbeitslohn einschl. aller Lohnnebenkosten	*55,00 EUR*	*Arbeitslohn einschl. aller Lohnnebenkosten*	*55,00 EUR*
+ Abschreibung *⇒ (201.600 : 8) : 1.200 =*	***21,00 EUR***	***+ Abschreibung*** *⇒ (240.000 : 8) : 1.200 =*	***25,00 EUR***
+ sonstige Kosten	*15,00 EUR*	*+ sonstige Kosten*	*15,00 EUR*
+ Gewinnzuschlag	*10,00 EUR*	*+ Gewinnzuschlag*	*10,00 EUR*
= Angebotspreis	*101,00 EUR*	*= Angebotspreis*	*105,00 EUR*

Die Finanzierung aus Abschreibungserlösen wird auch als **Finanzierung durch Vermögensumschichtung** bezeichnet: Der Wert der Sachanlagen nimmt durch die Abschreibungen ab, während der Wert der Finanzaktiva durch den Eingang der Abschreibungserlöse zunimmt (Aktivtausch).

Kapazitätserhaltungseffekt

Die Finanzierung aus Abschreibungserlösen dient in erster Linie zur Finanzierung von Ersatzinvestitionen. Nach Ablauf der Nutzungsdauer der Investitionsobjekte sollten die zur Ersatzbeschaffung erforderlichen Geldmittel über die Verkaufserlöse in die Unternehmung zurückgeflossen sein.

Eine einmal vorhandene Unternehmenskapazität kann auf diese Weise ohne Zuführung neuer Mittel erhalten werden.

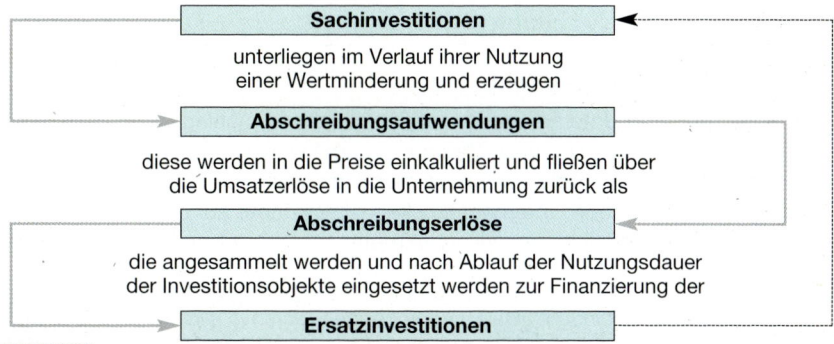

8

Beispiel:

Die Anschaffungskosten für eine EDV-Anlage betragen 30.000,00 EUR. Die Nutzungsdauer wird auf 5 Jahre geschätzt.
Bei linearer Abschreibungsmethode beträgt der jährliche Abschreibungsaufwand 6.000,00 EUR. Vorausgesetzt, die Unternehmung konnte die Abschreibungen über den Umsatzprozess „verdienen", verfügt sie nach Ablauf der Nutzungsdauer über den zur Ersatzinvestition erforderlichen Geldbetrag.

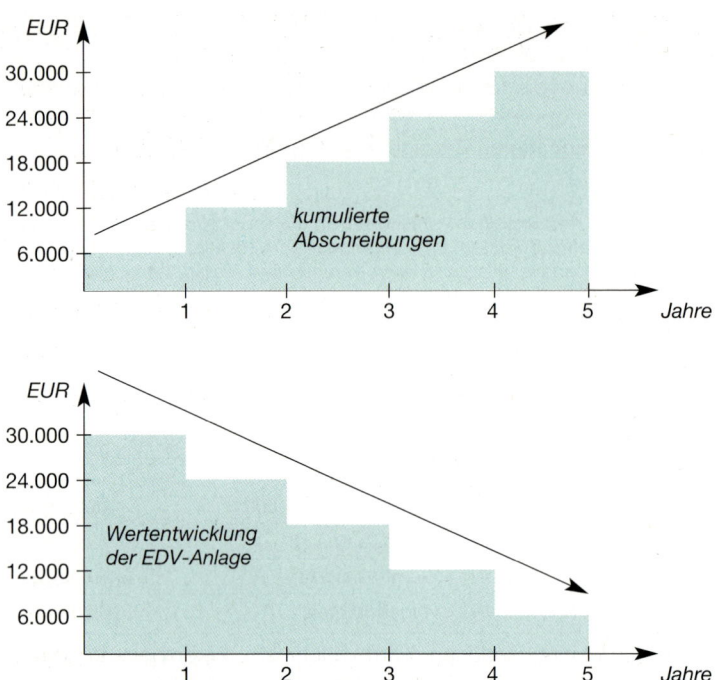

Bei einer Preissteigerung für die erforderliche Ersatzinvestition entsteht eine sogenannte **Abschreibungslücke**. Die Summe der Abschreibungswerte ist in diesem Fall niedriger als der Wiederbeschaffungspreis für den Anlagegegenstand. Eine Abschreibung vom voraussichtlich höheren Wiederbeschaffungspreis ist steuerlich unzulässig. Die Abschreibungslücke kann nur durch zusätzliche Außenfinanzierung oder durch Selbstfinanzierung aus Gewinnen gefüllt werden. Eine zu hohe Gewinnausschüttung kann daher die Substanz der Unternehmung gefährden.

Abschreibungslücke		Preisanstieg	
Summe der Abschreibungen		Wiederbeschaffungskosten	

▣ Kapazitätsfreisetzungseffekt

Werden in einer größeren Unternehmung mehrere gleichartige Anlagegegenstände eingesetzt, so können die eingehenden Abschreibungsgegenwerte bereits vor dem Ablauf der Nutzungsdauer der Gegenstände zur Finanzierung von Erweiterungsinvestitionen eingesetzt werden. Die vorhandene Unternehmenskapazität könnte auf diese Weise ohne zusätzliche Fremd- oder Eigenmittel erweitert werden.

8

Beispiel:

Eine Unternehmung beschafft in fünf aufeinander folgenden Jahren je eine Maschine im Wert von 10.000,00 EUR. Die Finanzierung erfolgt aus eigenen Mitteln. Die Nutzungsdauer der Maschinen beträgt 5 Jahre.

Die Abschreibung soll linear erfolgen.

$$\text{Abschreibungsbetrag pro Jahr} = \frac{\text{Anschaffungskosten}}{\text{Nutzungsdauer}} = 2.000,00 \text{ EUR}$$

Maschine	1. Jahr	2. Jahr	3. Jahr	4. Jahr	5. Jahr	6. Jahr
	EUR	EUR	EUR	EUR	EUR	EUR
Nr. 1	2.000,00	2.000,00	2.000,00	2.000,00	2.000,00	2.000,00
Nr. 2	–	2.000,00	2.000,00	2.000,00	2.000,00	2.000,00
Nr. 3	–	–	2.000,00	2.000,00	2.000,00	2.000,00
Nr. 4	–	–	–	2.000,00	2.000,00	2.000,00
Nr. 5	–	–	–	–	2.000,00	2.000,00
jährliche Abschreibung	2.000,00	4.000,00	6.000,00	8.000,00	10.000,00	10.000,00
liquide Mittel	2.000,00	6.000,00	12.000,00	20.000,00	30.000,00	30.000,00
– Reinvestition	–	–	–	–	10.000,00	10.000,00
freigesetzte Mittel	2.000,00	6.000,00	12.000,00	20.000,00	20.000,00	20.000,00

Die im 5. (6., 7. usw.) Jahr insgesamt verdienten Jahresabschreibungen entsprechen den Wiederbeschaffungskosten für die im 1. (2., 3. usw.) Jahr angeschafften Maschinen.
Die Abschreibungsbeträge der ersten vier Jahre sind dauerhaft freigesetzt und können für Erweiterungsinvestitionen eingesetzt werden.

Voraussetzungen für den Kapazitätsfreisetzungseffekt sind:

- Die jährlichen Abschreibungen fließen tatsächlich über die Verkaufserlöse in die Unternehmung zurück. Das bedeutet, das Unternehmen muss in der Lage sein, sein Absatzvolumen entsprechend der gestiegenen Kapazität auszuweiten.
- Die Anschaffungskosten bzw. Wiederbeschaffungskosten der Maschinen bleiben konstant.

■ Finanzierung durch Rückstellungen

Rückstellungen sind Verbindlichkeiten (Schulden) des Unternehmens gegenüber Dritten. Rückstellungen unterscheiden sich von Verbindlichkeiten, weil

- Grund, Höhe und/oder Fälligkeit zum Zeitpunkt des Wertansatzes ungewiss sind,
- die wirtschaftliche Verursachung in der laufenden Rechnungsperiode liegt.

Die Höhe der Rückstellung muss nach vernünftiger kaufmännischer Beurteilung erfolgen (§ 253 Abs. 1 HGB).

Das Handelsgesetzbuch unterscheidet nach § 249 HGB in der Handelsbilanz

- Rückstellungen für ungewisse Verbindlichkeiten einschl. Pensionen und Anwartschaften auf Pensionen,
- Rückstellungen für drohende Verluste aus schwebenden Geschäften,
- Rückstellungen für im Geschäftsjahr unterlassene Aufwendungen für Instandhaltung,
- Rückstellungen für Gewährleistungen.

Durch die Bildung von Rückstellungen können Geldmittel an die Unternehmung gebunden und bis zur Auflösung der Rückstellung zu Finanzierungszwecken eingesetzt werden.

Da die Rückstellungen der Begleichung erst in der Zukunft fälliger Verbindlichkeiten dienen, sind sie in der Bilanz dem Fremdkapital zuzuordnen. Man kann daher die Finanzierung durch Rückstellungen auch als innerbetriebliche Fremdfinanzierung ansehen.

Aktiva   **Bilanz**   Passiva

8

Soweit Rückstellungen in zulässiger Weise gebildet werden, stellen sie einen abzugsfähigen Aufwand dar, der den Gewinn der Unternehmung und damit auch die Ertragssteuerbelastung reduziert.

Die Finanzierungswirkungen ergeben sich aus dem Zufluss bzw. aus dem vermiedenen Abfluss liquider Mittel.

Die Finanzierungswirkung basiert auf folgenden Voraussetzungen:

- bei der Kalkulation der Selbstkosten einer Leistung werden die gebildeten Rückstellungen eingerechnet,
- der Markt akzeptiert die Leistung zu den berechneten Preisen einschließlich einkalkulierter Rückstellungen,
- die Liquiditätsansprüche Dritter werden zeitlich nicht unmittelbar angemeldet; somit stehen die kalkulierten und vereinnahmten Rückstellungsbeträge dem Unternehmen bis zur Inanspruchnahme als liquide Mittel für Zwecke der Finanzierung zur Verfügung.

Für den Finanzierungscharakter der Rückstellungen ist deren Fristigkeit entscheidend. Die durch Rückstellungen gebundenen finanziellen Mittel stehen der Unternehmung nur für den Zeitraum zwischen ihrer Bildung und Auflösung bzw. Inanspruchnahme zur Verfügung. Fällt der Grund, für den die Rückstellung gebildet wurde, ganz oder teilweise fort, so ist die betreffende Rückstellung gewinnerhöhend aufzulösen.

Da Rückstellungen bei ihrem Wertansatz einen Ermessensspielraum beinhalten, können sie durch zu hohen Ansatz auch zu einem Instrument der stillen Selbstfinanzierung werden.

Beispiel:

Ein Pharmaunternehmen ist zur Zahlung von Schadensersatz aufgrund der vom Kläger vermuteten schädlichen Nebenwirkung eines Medikamentes verklagt worden. Das Unternehmen hat zur Risikovorsorge gegen den drohenden Prozessverlust eine Prozessrückstellung in Höhe von 500.000,00 EUR gebildet.
Das Gericht verurteilt das Unternehmen schließlich zu einer Zahlung von 300.000,00 EUR Schadensersatz.
Die Rückstellung ist aufzulösen:
- *300.000,00 EUR werden an den Kläger gezahlt,*
- *200.000,00 EUR werden als Ertrag gewinnerhöhend gebucht.*

Die Mehrzahl der Rückstellungsfälle ist kurzfristiger Natur. Sie werden meistens in dem auf den Jahresabschluss folgenden Geschäftsjahr aufgelöst. Der Finanzierungseffekt dieser Rückstellungen ist daher begrenzt.

Beispiele:

- *Rückstellungen für zu erwartende Steuernachzahlungen (Steuerrückstellungen)*
- *Rückstellungen für unterlassene Instandhaltungen*

Ein dauerhafter, langfristiger Finanzierungseffekt wird durch die **Pensionsrückstellungen** erzielt:

Verpflichtet sich eine Unternehmung ihren Mitarbeitern gegenüber zur Zahlung von Alters-, Invaliden- oder Hinterbliebenenbezügen, dann kann sie bereits vom Zeitpunkt der Pensionszusage an Rückstellungen bilden. Sie stehen der Unternehmung somit für einen langfristig geplanten Zeitraum zur Verfügung und können je nach Mitarbeiterzahl und Altersstruktur der Mitarbeiter einen beträchtlichen Umfang erreichen.

Voraussetzung für die steuerliche Anerkennung der Pensionsrückstellungen ist eine Berechnung nach versicherungsmathematischen Grundsätzen, in die die wahrscheinliche Lebens-/Invaliditätserwartung der begünstigten Mitarbeiter einzubeziehen ist.

Aufgrund ihres langfristigen Charakters können Pensionsrückstellungen in gewissem Umfang zur Finanzierung von Anlageinvestitionen eingesetzt werden.

Mezzaninkapital

Zwischen Eigen- und Fremdfinanzierung etabliert sich unter dem Namen „Mezzanin[1]" eine bedeutende Finanzierungsform. Mezzanin-Produkte vereinen dabei **Elemente** aus der Eigen- und Fremdkapitalfinanzierung.

Das Eigenkapital des Unternehmens wird gestärkt, ohne dass den Kapitalgebern volle Gesellschafterrechte zugestanden werden.

Aufgrund der Eigenkapitalregeln nach Basel II wird die Fremdkapitalfinanzierung schwieriger. Diese Lücke können Mezzanine ausgleichen, weil sie wie wirtschaftliches Eigenkapital gewertet werden.

Vorteile der Mezzanin-Finanzierung:
- höhere Eigenkapitalquoten
- Nachrangigkeit gegenüber Fremdkapital
- verbesserte Bonitätseinschätzung und damit
- bessere Kreditwürdigkeit

Nachteile der Mezzanin-Finanzierung:
- teurer als Kreditfinanzierung

Beispiele:

stille Beteiligung, Genussscheine, Genussrechte, Wandel- und Umtauschanleihen

Die Entscheidung über die Art der Finanzierung ist also abhängig von
- der Art und den Kosten der Investition,
- den Kosten der Finanzierung,
- der Rechtsform der Unternehmung.

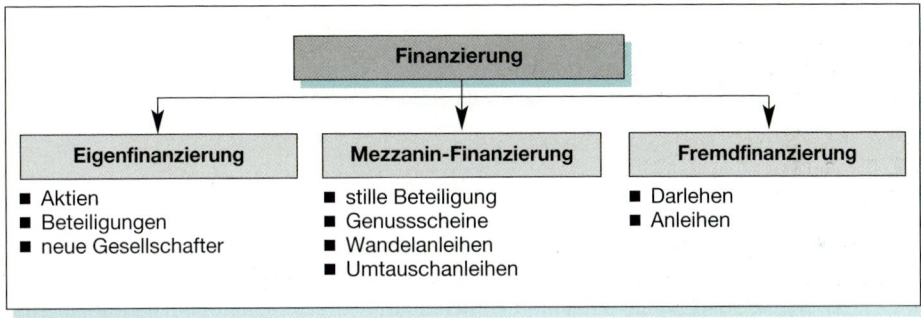

8.3   Sonderformen der Finanzierung

Finanzierung bedeutet Beschaffung von Kapital, dies beinhaltet somit auch
- schnellere Umwandlung von Forderungen in liquide Mittel,
- Verkauf von Gebäuden und Zurückmieten des Gebäudes oder
- Leasen von Investitionsgütern.

Diese Vorgänge erhöhen den Umfang der zur Verfügung stehenden liquiden Mittel, weil kein Kapital langfristig gebunden wird.

8

---

[1] Ital.: Zwischengeschoss

8.3.1 Factoring

Factoring ist eine Form der Absatzfinanzierung: Die Factoring-Gesellschaft – Factor genannt – kauft einem Factoring-Kunden im Rahmen eines Vertrages Forderungen aus Lieferungen und Leistungen ab.

Factoring-Gesellschaft und Factoring-Kunde sind jeweils Unternehmer.

> **Beispiel:**
>
> *Die Wam Textilhandel GmbH beliefert ca. 60 Modeboutiquen. Sie räumt ihren Abnehmern jeweils ein Zahlungsziel von 60 Tagen ein. Die Forderungsbeträge schwanken zwischen 1.500,00 EUR und 9.000,00 EUR pro Lieferung. Der Jahresumsatz der Wam GmbH beträgt 8.000.000,00 EUR.*

Unternehmen, die regelmäßig über einen hohen Forderungsbestand verfügen, brauchen die Fälligkeit der Forderungen nicht abzuwarten, sondern können sich durch den Verkauf der Forderung sofort Liquidität verschaffen.

Die Abnehmer des Factoring-Kunden (Debitoren) werden über die Forderungsabtretung informiert und können mit schuldbefreiender Wirkung nur noch an den Factor zahlen (*offenes Factoring*).

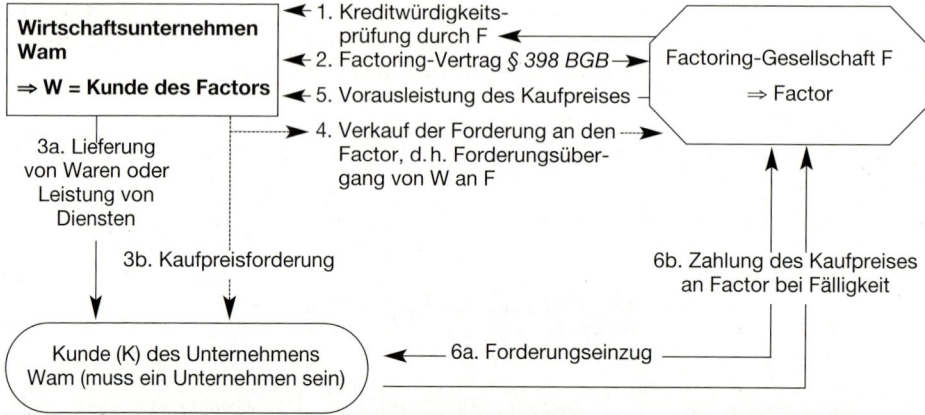

Ablauf:
A. Vor Abschluss eines Factoring-Vertrages prüft der Factor die Bonität der Abnehmer des zukünftigen Kunden (Kreditwürdigkeitsprüfung).
B. Der Factor bestimmt anschließend das Limit, in dessen Rahmen er das Ausfallrisiko übernimmt.
C. Factor und Wirtschaftsunternehmen schließen einen Factoring-Vertrag; in dessen Rahmen verkauft das Unternehmen Forderungen an den Factor. Dieser Vertrag ist typengemischt; er enthält Elemente des Rechtskaufs (*§ 453 BGB*), der entgeltlichen Geschäftsbesorgung (*§ 675 BGB*) und des Darlehens (*§ 607 BGB*).
D. Das Unternehmen teilt den Kunden mit, dass die Forderungen an den Factor verkauft worden sind und dass zukünftig der Rechnungsbetrag an den Factor zu zahlen ist.
E. Das Unternehmen sendet an den Factor über jede versandte Rechnung eine Kopie.
F. Der Factor kauft die Forderung an, wenn sie im Rahmen des vereinbarten Limits liegt.
G. Bei Ankauf schreibt der Factor dem Unternehmen den Rechnungsbetrag unter Abzug von ca. 10–15 % Sicherungseinbehalt vom Kaufpreis für Skontoabzug und Mängelrügen gut. Dieser Sicherungsvorbehalt wird nach vollständigem Geldeingang beim Factor dem Unternehmen gutgeschrieben.

8

Merkmale des Factoring

- Die Factoring-Gesellschaft erwirbt nur Forderungen aus Lieferungen und Leistungen; andere Forderungen sind vom Ankauf ausgeschlossen.

- Die Factoring-Gesellschaft erwirbt grundsätzlich nur Forderungen gegenüber gewerblichen Abnehmern, die regelmäßig oder mehrfach beim Factoring-Kunden kaufen (Mehrfachabnehmer); der Ankauf von Forderungen gegenüber Endabnehmern, also Privatpersonen, kommt in der Regel nicht in Betracht.

- Die Factoring-Gesellschaft verlangt von ihren Klienten, dass diese
  - in den Bereichen Produktion und Handel tätig sind,
  - einen bestimmten Mindestjahresumsatz haben *(z. B. 3.000.000,00 EUR)*,
  - über einen möglichst konstanten festen Kreis von Dauerabnehmern verfügen.

- Für Factoring geeignet sind nur Forderungen, die
  - ein Zahlungsziel von in der Regel maximal 90 Tagen haben,
  - im Durchschnitt mindestens 1.000,00 EUR betragen.

Aufgrund des Forderungsverkaufs kommt es beim Factoring-Kunden bilanziell betrachtet zu einer **Vermögensumschichtung** (Aktivtausch). Es handelt sich dennoch um eine besondere Form der Außen- bzw. Fremdfinanzierung, da die Factoring-Gesellschaft den Zeitraum zwischen der Fälligkeit der Forderungen und dem Zeitpunkt des Forderungserwerbs durch ihre Mittelbereitstellung von außen überbrückt.

Funktionen des Factoring

Je nach Ausgestaltung des Factoring-Vertrages erfüllt die Factoring-Gesellschaft folgende Funktionen:

„echtes" Factoring	Finanzierungs- funktion	+	Dienstleistungs- funktion	+	Delkredere- funktion
„unechtes" Factoring	Finanzierungs- funktion	+	Dienstleistungs- funktion		

- **Dienstleistungsfunktion**
  Der Factor übernimmt die Debitorenbuchhaltung, das Forderungsinkasso und das Mahnwesen. Bonitätsprüfungen, Erstellen von statistischen Materialien, diverse Beratungsdienstleistungen.

- **Delkrederefunktion**
  Der Factor übernimmt das Ausfallrisiko, indem er darauf verzichtet, seinen Kunden solche Forderungen zurückzubelasten, bei denen der Debitor zahlungsunfähig wird. Die Haftung des Factors beschränkt sich ausschließlich auf die Bonität der Debitoren. Sie schließt nicht die Haftung für den rechtlichen Bestand der Forderungen ein. Um zu verhindern, dass der Kunde ausschließlich zweifelhafte Forderungen veräußert, wird er verpflichtet, alle Forderungen an den Factor abzutreten. Dieser behält sich darüber hinaus das Recht vor, zweifelhafte Forderungen vom Ankauf auszuschließen.

- **Finanzierungsfunktion**
  Auf Wunsch des Kunden erfolgt eine Bevorschussung der Forderungen (bis zu 90 %). Der Kunde kann selbst entscheiden, zu welchem Zeitpunkt und in welchem Umfang er von der Bevorschussung Gebrauch machen will. Der Restbetrag dient der Sicherung für etwaige Gewährleistungsansprüche seitens der Debitoren (Mängelrügen, Fakturierungsfehler) und wird bei vollständiger Rechnungsregulierung durch die Debitoren bzw. bei Eintritt des Delkrederefalls dem Kunden vergütet.

8

Die **Kosten des Factoring** – insbesondere Zinsen, Factoringentgelt, Kosten für Debitorenmanagement und Debitorenausfallrisiko – setzen sich aus der **Factoring-Gebühr** (1–2 % vom Umsatz) und den banküblichen **Zinsen** für Kontokorrentkredite zusammen.

Vorteile des Factoring	Nachteile des Factoring
■ Schnellerer Forderungsausgleich, ■ Vermeidung des Forderungsausfallrisikos, evtl. Vermeidung von Verlusten aus Insolvenzen der Abnehmer je nachAbsicherung im Vertrag, ■ Kosteneinsparungen bei der Debitorenbuchhaltung sowie dem Inkasso- und Mahnwesen, ■ verbesserte Liquiditätsausstattung: Kapitalfreisetzung durch Abbau der Außenstände, ■ höhere Liquidität und damit bessere Finanzierungsmöglichkeiten, ■ keine Kreditverhandlungen mit Banken, ■ Lieferantenkredite können infolge verbesserter Liquidität kurzfristig unter Abzug von Skonti beglichen werden, ■ Verkürzung der Bilanzsumme, ■ Verbesserung der Bilanzstruktur durch Reduzierung des Umlaufvermögens, ■ höhere Eigenkapitalquote und verbesserte Gesamtrentabilität, ■ evtl. Reduzierung der Gewerbesteuer, ■ Factor gibt Bonitätshinweise über evtl. Kunden, ■ Factor überwacht Zahlungsziele, ■ Factor zahlt spätestens nach 90–120 Tagen nach Fälligkeit, ■ Factor übernimmt die Rechtsfolgekosten, ■ Ersparung von Wertberichtigungen.	■ Kosten für die Inanspruchnahme der Dienstleistungen des Factors, diese Kosten liegen über Kreditkosten, ■ zusätzlicher Organisations- und Verwaltungsaufwand für die Auslagerung dieser Aufgaben, ■ höhere Liquidität und damit bessere Finanzierungsmöglichkeiten.

In der **Praxis** werden – je nach konkreter Ausgestaltung – unterschiedliche Factoring-Verträge angeboten:

Fullservice Factoring	Dies ist das übliche Verfahren für Kunden bis zu 10 Mio. EUR Umsatz. Der Factor ■ kauft die Forderungen an und zahlt sofort, ■ trägt das Ausfallrisiko, ■ ist für das Debitorenmanagement zuständig. Der Kunde des Factors zahlt eine umsatzabhängige Pauschale.
Inhouse Factoring	Die Rechnungsabwicklung erfolgt im eigenen Unternehmen, um den Kontakt zum Kunden zu erhalten. Die Factoring-Gebühr ist günstiger.
Stilles Factoring	Der Kunde des Unternehmens erfährt nicht, dass das Unternehmen die Forderungen verkauft hat. Der Factor bleibt im Hintergrund, er tritt nur in Inkassofällen in Erscheinung. Das Risiko ist für den Factor höher, deshalb sind die Fatoring-Gebühren höher.
Reserve Factoring	Unternehmen nutzen lange Zahlungsziele, aber der Factor zahlt bereits nach Rechnungsstellung. Durch das Skonto finanziert sich dieses Verfahren meist selbst, es kann sich sogar auszahlen. Das Unternehmen stärkt seine Position gegenüber seinen Kunden.
ABS Factoring	Unternehmen verkaufen im stillen Verfahren regelmäßig größere Forderungsbestände, die laufend wiederkehren (z. B. aus längerfristigen Verträgen). Das Ausfallrisiko bleibt beim Verkäufer.

8

8.3.2 Leasing

> **Leasing** ist die mietähnliche, **entgeltliche Nutzungsüberlassung** beweglicher oder unbeweglicher Wirtschaftsgüter des Anlagevermögens durch den Hersteller oder eine Leasing-Gesellschaft an den nutzungsberechtigten Leasing-Nehmer für eine bestimmte Zeit.

Leasing ist eine Alternative zur Fremd- bzw. Eigenfinanzierung: anstelle des fremd- oder eigenfinanzierten Kaufs wird ein Gegenstand geleast. Weil es keine konkreten Rechtsvorschriften über Leasing gibt, wird ein der Miete *(§ 535 ff. BGB)* oder Pacht *(§ 581 ff. BGB)* angenähertes Vertragsverhältnis geschlossen.

Der Leasing-Gegenstand sichert die Forderungen des Leasing-Gebers. Wird der Leasing-Nehmer während der Nutzungsdauer des Leasing-Gegenstandes zahlungsunfähig, so kann der Leasing-Geber als Eigentümer den Gegenstand verwerten, d. h. seinen Ausfall verringern.

Deshalb wird der Leasing-Geber bei schwer verwertbaren Gegenständen eine gute Bonität des zukünftigen Kunden verlangen.

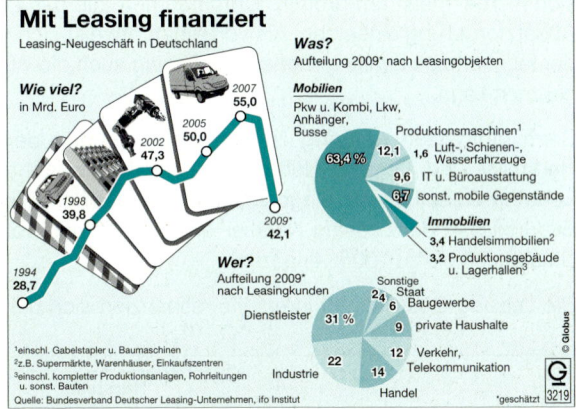

Steuerliche Zuordnung des Leasinggegenstandes nach § 39 AO:

Wirtschaftsgüter sind dem Eigentümer zuzurechnen. Sollte allerdings ein anderer als der Eigentümer die tatsächliche Herrschaft über den Gegenstand derart ausüben, dass er den Eigentümer i. d. R. für die gewöhnliche betriebliche Nutzungsdauer von der Einwirkung auf den Gegenstand ausschließt, so ist das Wirtschaftsgut dem anderen zuzuordnen.

Dies bedeutet, wem – Leasing-Geber oder Leasing–Nehmer – das Wirtschaftsgut zuzurechnen ist, kann endgültig erst nach Prüfung der inhaltlichen Gestaltung des Vertrages entschieden werden. Die Bezeichnung des Leasingvertrages ist nicht maßgebend.

Beim Operating-Leasing ist das Wirtschaftsgut vom Leasing-Geber zu bilanzieren.

Bei Finanzierungsleasing entscheiden über die Zurechnung des Wirtschaftsgutes
- das Verhältnis von betrieblicher Nutzungsdauer zur Grundmietzeit,
- etwaige Optionsrechte (Kaufoption, Mietverlängerungsoption) des Leasing-Nehmers.

Umsatzsteuer

Wird der Leasinggegenstand vom Leasing-Geber bilanziert, so ist die Überlassung des Gegenstandes an den Leasing-Nehmer als sonstige Leistung nach § 1 Abs. 1 Nr. 1 i. V. m. § 3 Abs. 9 UStG steuerbar; Entgelt sind die einzelnen Leasingraten. Bei Immobilien ist die evtl. Steuerfreiheit nach § 4 Nr. 12 UStG zu prüfen; der Leasing-Geber kann evtl. nach § 9 Abs. 1 UStG zur Umsatzbesteuerung optieren. Obwohl die Summe der Leasingraten i. d. R. den Kaufpreis übersteigen wird, ist die Differenz zwischen Kaufpreis und Summe der Leasingraten keine steuerfreie Kreditgewährung nach § 4 Nr. 8 UStG, sondern Bestandteil des Entgelts.

8

Die Umsatzsteuer entsteht jeweils mit Ablauf des Voranmeldezeitraumes, für den die Leasingrate entrichtet worden ist. Ist die Forderung an eine Bank abgetreten worden, so ist *R 177 Abs. 4 UStR* zu beachten.

Die Wirtschaftspraxis hat verschiedene Leasing-Grundtypen entwickelt:

▩ Direktes Leasing – indirektes Leasing

Ist der Leasing-Geber gleichzeitig auch Hersteller des Leasing-Objekts, so spricht man von **direktem Leasing** oder auch **Hersteller-Leasing**.

Diese Form des Leasings setzt einen finanzkräftigen Leasing-Geber voraus. Es handelt sich hierbei meist um größere Unternehmen, die das Leasing zugleich als Instrument der Absatzförderung einsetzen. Als vorteilhaft erweist sich hier für den Leasing-Nehmer, dass der fachkundige Leasing-Geber gleichzeitig auch die Wartung des Leasing-Objektes übernehmen kann.

Beim **indirekten Leasing** ist zur Wahrnehmung der Finanzierungsfunktion zwischen Hersteller und Leasing-Nehmer ein herstellerunabhängiges Finanzierungsinstitut, die **Leasing-Gesellschaft**, eingeschaltet. Die Leasing-Objekte werden nach den individuellen Bedürfnissen der Leasing-Nehmer angeschafft und von der **Leasing-Gesellschaft** unter Umständen bis zu 100 % finanziert.

Die Leasing-Gesellschaft ihrerseits refinanziert sich bei einem Kreditinstitut.

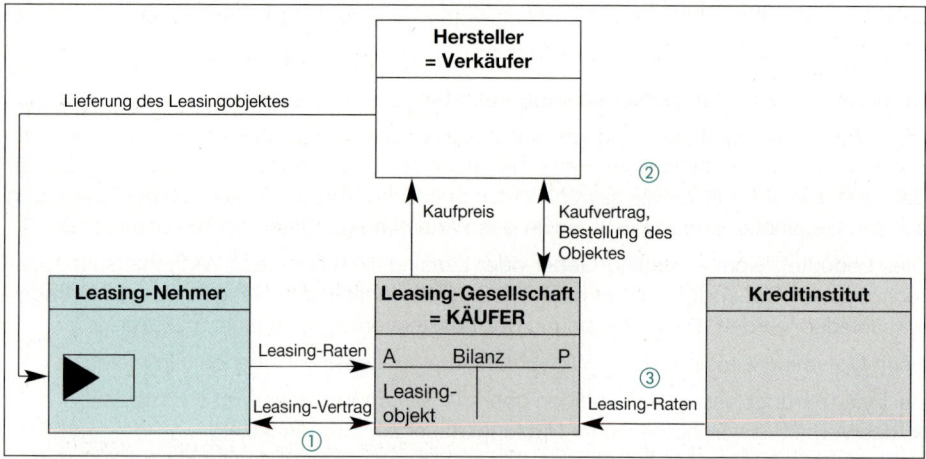

▩ Konsumgüter-Leasing – Investitionsgüter-Leasing

Leasing-Verträge können sich auf Konsumgüter (Konsumgüter-Leasing) oder auf Investitionsgüter (Investitionsgüter-Leasing) beziehen.

Bei beweglichen Leasingobjekten spricht man von Mobilien-Leasing, bei unbeweglichen Objekten von Immobilienleasing.
Die Verträge über Immobilienleasing haben eine lange Laufzeit *(z. B. bis 30 Jahre)*. Der Leasinggeber oder eine Tochtergesellschaft von ihm treten als Bauherrn auf. Nach Fertig-

stellung der Immobilie wird diese dem Leasingnehmer für eine lange Vertragsdauer *(z. B. bis 30 Jahre)* überlassen. Im Leasingvertrag wird dem Leasingnehmer häufig eine Kaufoption eingeräumt, die durch eine Vormerkung im Grundbuch abgesichert ist.

Eine besondere Gestaltungsvariante des Investitions-Leasings ist das **Sale-and-lease-back-Verfahren**:

Bei diesem Verfahren ist der Leasing-Nehmer zunächst Eigentümer, *z. B. eines bereits genutzten Bürogebäudes*, aber der derzeitige Eigentümer benötigt Liquidität.

Der Eigentümer verkauft und übereignet den Gegenstand – *z. B. das Bürogebäude* – an eine Leasinggesellschaft; diese hingegen least den Gegenstand als Leasinggeber an den bisherigen Eigentümer als neuen Leasing-Nehmer zurück, d. h. der bisherige Nutzer nutzt den Gegenstand weiter.

Der Leasing-Nehmer erhält den Kaufpreis, d. h. er hat einen Liquiditätszufluss in Höhe des Kaufpreises, aber er muss während der Nutzungsdauer laut Leasingvertrag regelmäßig Leasingraten zahlen.

▣ Operating-Leasing – Finanzierungsleasing

Operating-Leasing

Das Leasing-Objekt wird beim Operating-Leasing während der gesamten Nutzungsdauer mehrfach für einen Teil der gesamten Nutzungsdauer des Objektes geleast, d. h. der einzelne Leasingnehmer least den Leasinggegenstand nur für eine kurze Zeit.

Der Leasingvertrag kann mit einem Wartungsvertrag gekoppelt werden.

Nach Ablauf der Vertragsdauer muss der Leasingnehmer Anschlussleasingverträge sicherstellen, um die Amortisierung der Anschaffungskosten zu erreichen.

Der Leasingnehmer hat ein Kündigungsrecht.

Diese Form des Leasings ist der gewöhnlichen Miete angenähert.
Der Leasing-Geber bilanziert den Leasinggegenstand und schreibt ihn ab.
Der Leasing-Nehmer setzt die Leasingraten als Betriebsausgaben an.

Vorteile des Operating-Leasing:

- Engpässe des Leasing-Nehmers *(z. B. Ausfall eines Kopierers)* können kurzfristig überbrückt werden,
- die kurze Leasingdauer erlaubt es, einen Gegenstand vor einem Erwerb zu testen,
- eine Kündigung ist jederzeit oder zumindest unter erleichterten Bedingungen möglich,
- der Leasing-Nehmer verpflichtet sich finanziell nur für einen kurzen überschaubaren Zeitraum,
- es können die wirtschaftlich und technisch aktuellen Anlagegüter genutzt werden.

Finanzierungsleasing

Beim Finanzierungsleasing ist eine bestimmte – meist unkündbare – Grundmietzeit fest vereinbart, die in der Regel kürzer ist als die betriebsgewöhnliche Nutzungsdauer des Leasing-Gegenstandes.

8

Bei dieser Leasingform überwälzt der Leasing-Geber auf den Leasing-Nehmer bestimmte Risiken:

Der Leasing-Nehmer trägt die Gefahr der technischen Veralterung, des zufälligen Untergangs sowie der Beschädigung; weiterhin übernimmt im Normalfall der Leasing-Nehmer die Kosten der Instandhaltung, bei Immobilienleasing die öffentlichen Lasten *(z. B. Grundsteuer)*.

Zu unterscheiden sind

- **Vollamortisationsverträge:** Der Leasing-Geber erwirtschaftet während der unkünd-
  (full-pay-out) baren Grundmietzeit die kompletten Anschaffungs- oder Herstellungskosten einschließlich aller Nebenkosten *(z. B. Finanzierungskosten)* und des Gewinnzuschlages.

- **Teilamortisationsverträge:** Während der Nutzungsüberlassung innerhalb der festen Grundmietzeit erfolgt keine vollständige Amortisation der Anschaffungs- oder Herstellungskosten, der noch nicht erzielte Restbetrag muss nach der Grundmietzeit, *z. B. durch Abschluss eines Übernahmekaufvertrages*, errechnet werden.

Wesentlich für die Beurteilung des Finanzierungsleasings ist seine steuerliche Beurteilung und die Vertragsabwicklung am Ende der Grundmietzeit.

Man unterscheidet hierbei Leasing-Verträge

- mit Mietverlängerungsoption,
- mit Kaufoption,
- ohne Kauf- und Mietverlängerungsoption.

Um die Leasing-Raten in vollem Umfang als Betriebsausgaben absetzen zu können, ist eine Vertragsgestaltung notwendig, aufgrund derer das Leasing-Objekt bilanziell dem Leasing-Geber zugerechnet wird. Voraussetzung für die Bilanzierung beim Leasing-Geber ist eine vereinbarte Grundmietzeit von mindestens 40 % und höchstens 90 % der betriebsgewöhnlichen Nutzungsdauer des Leasing-Objekts *(BFH-Urteil; Leasing-Erlass BMF)*.

Eine pauschale Beurteilung des Finanzierungsleasings ist nicht möglich. Ob es gegenüber dem kreditfinanzierten Kauf vorteilhaft ist, kann nur für den Einzelfall und unter Einbeziehung steuerlicher Aspekte beurteilt werden.

Wird der Gegenstand bilanziell dem Leasing-Geber zugeordnet, können die Leasing-Raten beim Leasing-Nehmer als sofort abzugsfähige Betriebsausgaben ertragsteuermindernd abgesetzt werden.

Nachteilig ist beim Finanzierungsleasing die gegenüber dem kreditfinanzierten Kauf höhere Liquiditätsbelastung:

Während bei einem kreditfinanzierten Kauf für die Amortisation die gesamte betriebsgewöhnliche Nutzungsdauer zur Verfügung steht, muss beim Finanzierungsleasing die Amortisation in der kürzeren Grundmietzeit erbracht werden.

8

> **Beispiel:**
> *Leasing-Grundmietzeit (Vollamortisation) .... 4 Jahre*
> *Kreditfinanzierung (= betriebsgewöhnliche Nutzungsdauer) .... 6 Jahre*

Liquiditätsbelastung

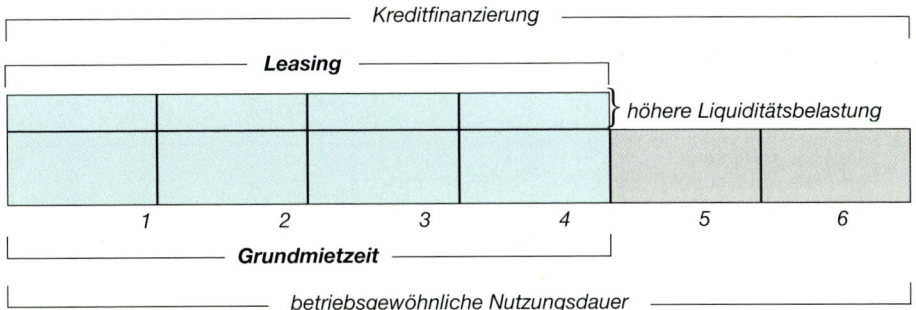

Auch unter Kostengesichtspunkten fällt der Vergleich zum fremdfinanzierten Kauf häufig zu Ungunsten des Finanzierungsleasing aus:

Bei einer *kreditfinanzierten* Anschaffung muss die Unternehmung aufwenden:

- Kreditzinsen
- Kredittilgung

Bei einer *leasingfinanzierten* Anschaffung muss die Unternehmung aufwenden:

- Gewinn
- Risikoprämie
- Verwaltungskosten
- Anschaffungskosten
- Refinanzierungskosten des Leasing-Gebers

Der Leasing-Nehmer muss für seinen speziellen Fall, ggf. mithilfe des steuerberatenden Berufsstandes prüfen, ob die steuerlichen und sonstigen Vorteile *(z. B. Beratungsleistungen, Servicefunktion des Leasing-Gebers)* die vergleichsweise hohe Fixkosten- und Liquiditätsbelastung aufgrund der Leasing-Raten rechtfertigen.

Operating-Leasing	Finanzierungsleasing
Das Leasing-Objekt ist ein Standardprodukt, für das in der Regel ohne Schwierigkeiten ein Anschlussmieter gefunden werden kann.	Das Leasing-Objekt wird nach den individuellen Wünschen des Leasing-Nehmers hergestellt bzw. von der Leasing-Gesellschaft gekauft.
Beispiele:	**Beispiele:**
■ *Kraftfahrzeuge* ■ *Fotokopiergeräte* ■ *Berufskleidung*	■ *EDV-Systeme* ■ *Produktionsanlagen* ■ *Verwaltungsgebäude*
Das Vertragsverhältnis ist kurzfristig bzw. kurzfristig kündbar.	Das Vertragsverhältnis ist während der Grundmietzeit unkündbar.
Das Objekt wird bilanziell dem Leasing-Geber zugerechnet; die Leasing-Raten können vom Leasing-Nehmer als Betriebsausgaben abgesetzt werden.	Die Leasing-Raten können vom Leasing-Nehmer nur dann als Betriebsausgaben abgesetzt werden, wenn das Leasing-Objekt bilanziell dem Leasing-Geber zugerechnet wird.
Der Leasing-Geber ist darauf angewiesen, das Objekt mehrmals zu vermieten, da die Leasing-Raten eines Leasing-Nehmers nicht zur Amortisation des Objekts ausreichen.	Die während der Grundmietzeit zu zahlenden Leasing-Raten sind so kalkuliert, dass der Leasing-Geber den überwiegenden Teil der Investitionskosten daraus amortisieren kann.
Das **Investitionsrisiko** trägt der **Leasing-Geber**	Das **Investitionsrisiko** trägt der **Leasing-Nehmer**

8

Leasing-Grundtypen

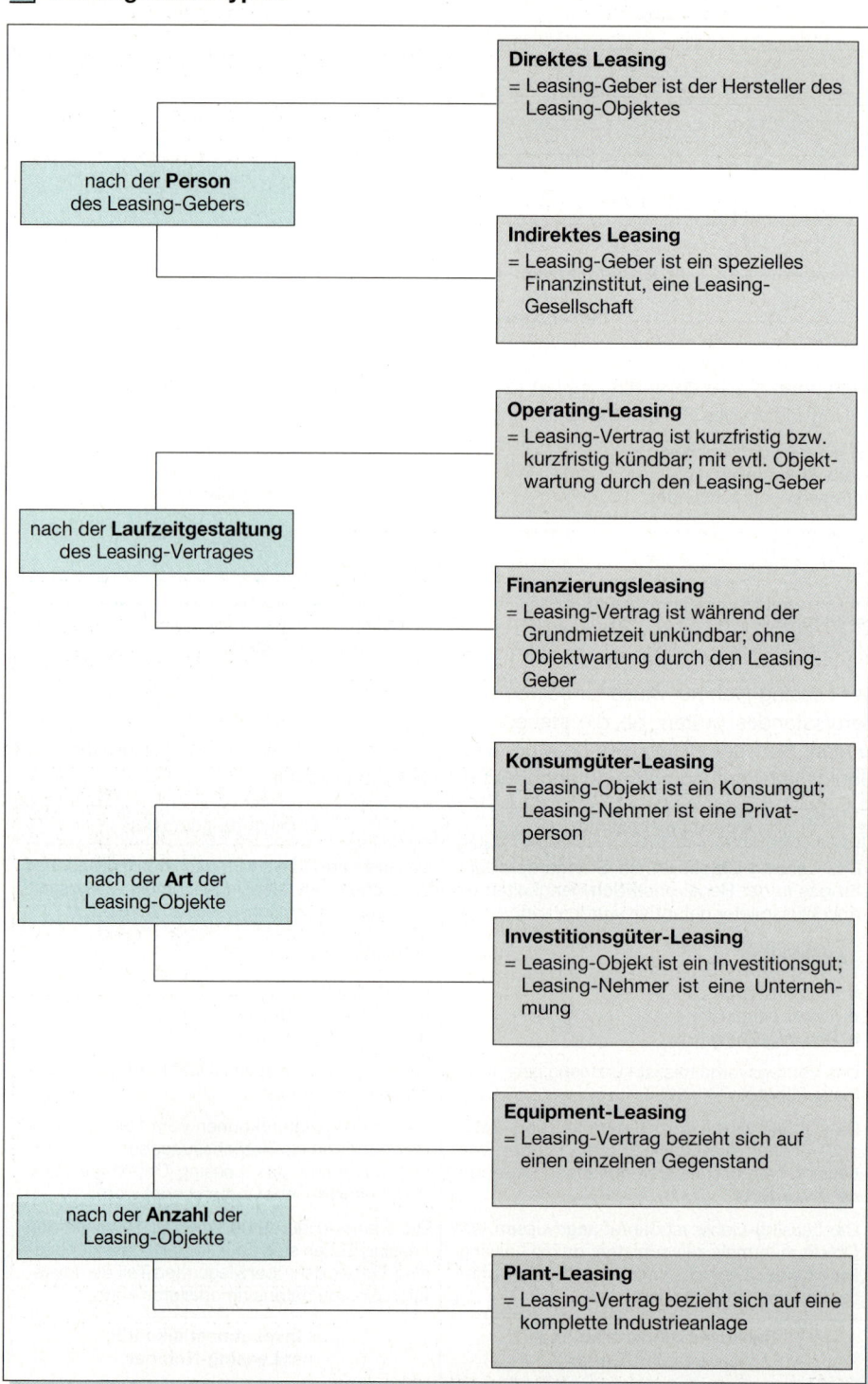

nach der Person des Leasing-Gebers

Direktes Leasing
= Leasing-Geber ist der Hersteller des Leasing-Objektes

Indirektes Leasing
= Leasing-Geber ist ein spezielles Finanzinstitut, eine Leasing-Gesellschaft

nach der Laufzeitgestaltung des Leasing-Vertrages

Operating-Leasing
= Leasing-Vertrag ist kurzfristig bzw. kurzfristig kündbar; mit evtl. Objektwartung durch den Leasing-Geber

Finanzierungsleasing
= Leasing-Vertrag ist während der Grundmietzeit unkündbar; ohne Objektwartung durch den Leasing-Geber

nach der Art der Leasing-Objekte

Konsumgüter-Leasing
= Leasing-Objekt ist ein Konsumgut; Leasing-Nehmer ist eine Privatperson

Investitionsgüter-Leasing
= Leasing-Objekt ist ein Investitionsgut; Leasing-Nehmer ist eine Unternehmung

nach der Anzahl der Leasing-Objekte

Equipment-Leasing
= Leasing-Vertrag bezieht sich auf einen einzelnen Gegenstand

Plant-Leasing
= Leasing-Vertrag bezieht sich auf eine komplette Industrieanlage

8

Vorteile des Leasings für den Leasing-Nehmer (Leasing-Geber bilanziert den Gegenstand)	Nachteile des Leasings für den Leasing-Nehmer
■ Es wird kein Eigenkapital verwendet, ■ feste Raten, deshalb klare Grundlage für die Kalkulation, ■ keine Bilanzauswirkungen, weil kein AV gebildet wird und damit kein Kapital gebunden wird, ■ Kreditlinie bleibt in vollem Umfang erhalten, ■ keine Auswirkungen auf die Gewerbesteuer, ■ keine Beschaffungskosten, ■ Liquiditätsvorteil, ■ besseres Rating, weil keine Bilanzauswirkung. ■ Leasingraten und Sonderzahlungen sind in voller Höhe Betriebsausgaben und mindern damit ertragsabhängige Steuern, ■ kein Investitionsrisiko, ■ schnellere Anpassung an technologischen Wandel.	■ Der Leasing-Nehmer ist kein Eigentümer i.S.d. BGB, ■ i.d.R. ist in der Grundmietzeit keine Kündigung zulässig, ■ hohe Mehrkosten gegenüber Fremdfinanzierung über Darlehen (ca. 20–40 %).

8.3.3 Mitarbeiterbeteiligungen

Mitarbeiterbeteiligung ist die Beteiligung von Arbeitnehmer/-innen am Betriebsvermögen des Arbeitgebers auf gesellschafts- und/oder schuldrechtlicher Grundlage.

Formen von Mitarbeiterbeteiligungen[1]

Mitarbeiterkapitalbeteiligungen			Mitarbeiterbeteiligungen	
Eigenkapital	**Mezzaninkapital**	**Fremdkapital**	**Erfolgsbeteiligung**	**Investivkapital**
■ Direktbeteiligungen ■ Belegschaftsaktien ■ Stock-Options	■ Wandelanleihe ■ Optionsanleihe	■ Mitarbeiterdarlehen ■ Schuldverschreibung	■ Gewinnbeteiligung ■ Ertragsbeteiligung	■ Mitarbeiterguthaben ■ Zeitwertpapiere
Indirekte Beteiligung	Typische stille Beteiligung			
	Nachrangiges Mitarbeiterdarlehen			
Atypische stille Beteiligung Genussscheine				
↑ rechtsformabhängig	↑ nicht rechtsformabhängig	↑ nicht rechtsformabhängig	↑ nicht rechtsformabhängig	↑ nicht rechtsformabhängig
Informations- und Mitarbeiterrechte				
umfassend	einzelfallabhängig	geringfügig	geringfügig	keine

[1] Quelle: BBK, Kaehlert: Mitarbeiterbeteiligungen 5/2009, S. 237

8

8.4   Kreditinstitute

8.4.1   Aufgaben der Kreditinstitute

Die **Kreditinstitute** sind Dienstleistungsunternehmen, die Bankgeschäfte betreiben *(§ 1 KWG)*.

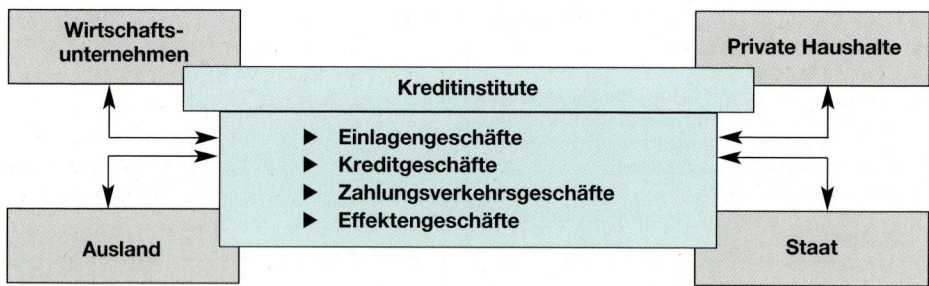

Die **Kreditinstitute** sammeln Einlagen und gewähren **Kredite**.

Im **Einlagengeschäft** nehmen sie von Privatpersonen und Unternehmungen zur kurz-, mittel- und langfristigen Geldanlage kleine und größere Beträge entgegen. Die Einleger werden auf diese Weise zu Gläubigern der Kreditinstitute und erhalten je nach Anlagedauer und -betrag als Gegenleistung in unterschiedlicher Höhe Zinsen.

Im **Kreditgeschäft** werden diese Geldmittel der Wirtschaft wieder zur Verfügung gestellt. Die Kreditnehmer sind Schuldner der Kreditinstitute und zahlen für die Kapitalüberlassung entsprechend der Kreditart und der Kreditlaufzeit Kreditzinsen.

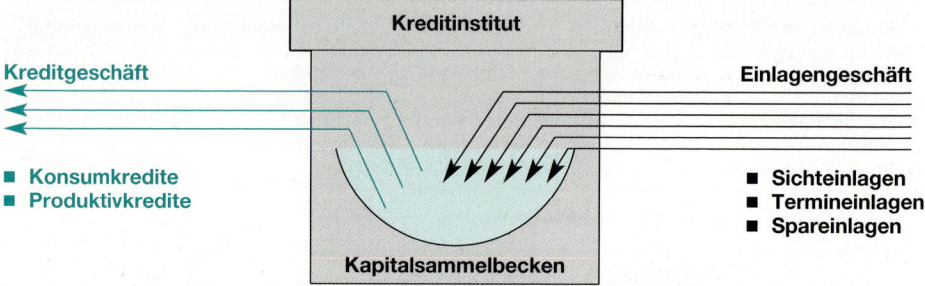

Durch ihre Vermittlertätigkeit erfüllen die Kreditinstitute eine wichtige volkswirtschaftliche Aufgabe: Während die Mehrzahl der privaten Haushalte nur kleinere Summen sparen kann, benötigen die Unternehmungen für ihre Investitionen vielfach sehr hohe Geldbeträge. Die Kreditinstitute vereinigen als Kapitalsammelstellen die Vielzahl der Einlagenbeträge und ermöglichen über die Vergabe von langfristigen Krediten die Finanzierung größerer Investitionsvorhaben, ohne die ein Wachstum innerhalb der Wirtschaft nicht möglich wäre.

Die **Kreditinstitute** besorgen den **bargeldlosen Zahlungsverkehr** und übernehmen für ihre Kunden die **Kassenhaltung**.

8

Geldbeträge können bequem und sicher auf einem Girokonto aufbewahrt werden. Durch Überweisung, Scheck, Lastschrift und Barabhebung kann jederzeit über das Kontoguthaben verfügt werden. Darüber hinaus kaufen und verkaufen Kreditinstitute ausländische Zahlungsmittel (Sorten und Devisen) und wickeln den Zahlungsverkehr mit dem Ausland ab.

> Die **Kreditinstitute** betreiben das Wertpapiergeschäft.

Der Staat und seine Einrichtungen sowie große Unternehmungen decken ihren Bedarf an Geldkapital vielfach durch die Ausgabe (Emission) von Wertpapieren (Effekten). Die Kreditinstitute sind hierbei behilflich, indem sie diese Wertpapiere *(z. B. Anleihen des Staates, Aktien einer Großunternehmung in der Rechtsform einer Aktiengesellschaft)* im Rahmen des **Effektenemissionsgeschäfts** an die Vielzahl der Kapitalanleger vermitteln. Sie beraten die Kunden, die ihre Geldmittel in Form von Wertpapieren anlegen möchten. Beim Handel von bereits im Umlauf befindlichen Wertpapieren sind die Kreditinstitute ebenfalls eingeschaltet, indem sie mit ihrem **Effektenkommissionsgeschäft** im Kundenauftrag Wertpapiere kaufen und verkaufen. Schließlich übernehmen die Kreditinstitute mit ihrem **Depotgeschäft** die Verwahrung und Verwaltung von Wertpapieren.

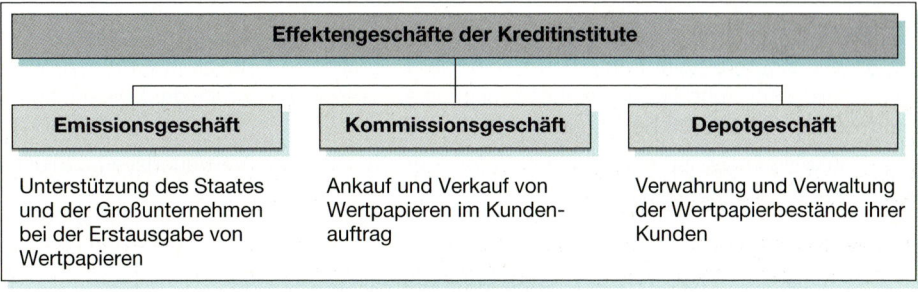

Effektengeschäfte der Kreditinstitute		
Emissionsgeschäft	**Kommissionsgeschäft**	**Depotgeschäft**
Unterstützung des Staates und der Großunternehmen bei der Erstausgabe von Wertpapieren	Ankauf und Verkauf von Wertpapieren im Kundenauftrag	Verwahrung und Verwaltung der Wertpapierbestände ihrer Kunden

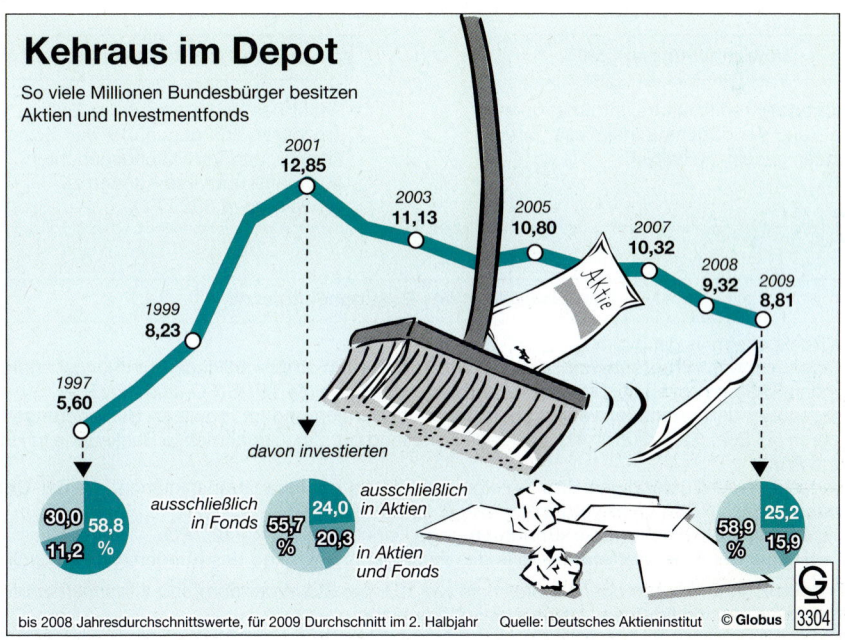

Kehraus im Depot

So viele Millionen Bundesbürger besitzen Aktien und Investmentfonds

2001
12,85

2003
11,13

2005
10,80

2007
10,32

2008
9,32

2009
8,81

1999
8,23

1997
5,60

Aktie

davon investierten

30,0
58,8
11,2 %

ausschließlich in Fonds

55,7 %
24,0
20,3

ausschließlich in Aktien

in Aktien und Fonds

58,9 %
25,2
15,9

bis 2008 Jahresdurchschnittswerte, für 2009 Durchschnitt im 2. Halbjahr   Quelle: Deutsches Aktieninstitut   © Globus 3304

8

▉ Beaufsichtigung der Kreditinstitute

Die Sicherstellung eines störungsfreien Geld- und Kapitalverkehrs ist für die Volkswirtschaft von besonderer Wichtigkeit. Ein geordnetes Bankwesen und das jederzeitige Vertrauen der Bevölkerung gegenüber den Kreditinstituten ist Grundvoraussetzung für den reibungslosen Ablauf des Wirtschaftsgeschehens.

Das Kreditwesen ist daher in seiner Geschäftätigkeit mehr als jeder andere Wirtschaftszweig an umfassende Gesetzesvorschriften gebunden, die im **Gesetz über das Kreditwesen** *(KWG)* niedergelegt sind.

Die Zulassung eines Kreditinstituts zum Geschäftsbetrieb erfolgt durch die **Bundesanstalt für Finanzdienstleistungsaufsicht (BaFin)**. Diese Behörde überwacht in Zusammenarbeit mit der **Deutschen Bundesbank** die laufende Geschäftätigkeit der Kreditinstitute.

Sie wirkt solchen Missständen innerhalb des Kreditwesens entgegen, die zu Nachteilen und Schäden für die Gesamtwirtschaft führen können. Sie wacht darüber, dass
- die Sicherheit der den Kreditinstituten anvertrauten Vermögenswerte nicht gefährdet ist,
- eine ordnungsgemäße Durchführung der Bankgeschäfte jederzeit gewährleistet ist.

▉ Bankgeheimnis

Die Kreditinstitute erhalten aufgrund der Art ihrer Geschäfte Einblick in die finanziellen Verhältnisse ihrer Kunden. Diese müssen sich darauf verlassen können, dass die erlangten Informationen vertraulich behandelt werden.

Das Bankgeheimnis ist unmittelbare Folge des besonderen Vertrauensverhältnisses zwischen Kreditinstitut und Kunde.

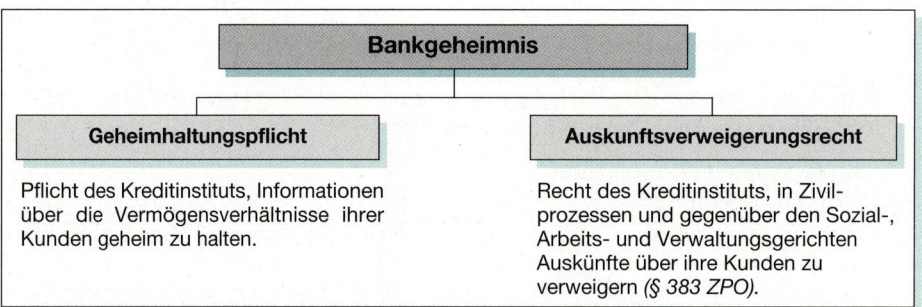

Bankgeheimnis	
Geheimhaltungspflicht	**Auskunftsverweigerungsrecht**
Pflicht des Kreditinstituts, Informationen über die Vermögensverhältnisse ihrer Kunden geheim zu halten.	Recht des Kreditinstituts, in Zivilprozessen und gegenüber den Sozial-, Arbeits- und Verwaltungsgerichten Auskünfte über ihre Kunden zu verweigern *(§ 383 ZPO)*.

Durchbrechung des Bankgeheimnisses
Das Bankgeheimnis gilt nicht

- gegenüber dem **Staatsanwalt** und dem **Strafrichter** bei strafrechtlichen Ermittlungsverfahren und in Strafprozessen, insbesondere bei Steuerstraftaten *(§§ 161 StPO, 309 ff. AO)*,
- gegenüber der **Finanzverwaltung** bei Steuerfahndungen und im regulären Besteuerungsverfahren *(§§ 30a, 93 ff., 208 ff. AO*, seit 2004 Mitteilung der Zinseinnahmen je Bankkunde in Höhe und Art),
- gegenüber der zuständigen Strafverfolgungsbehörde bei Finanztransaktionen, die der **Geldwäsche** nach § 261 StGB verdächtig sind *(§ 12 GewAufspG)*,
- bei **Zwangsvollstreckungsmaßnahmen** gegen einen Kunden *(§ 840 ZPO)*,
- gegenüber der **Erbschaftsteuerstelle** des Finanzamts beim Tod des Kunden *(§ 33 ErbStG)*.

Ein gesetzlich anerkanntes Berufsgeheimnis wie z.B. bei *Steuerberatern* und *Wirtschaftsprüfern, Rechtsanwälten* und *Notaren, Ärzten* existiert hier nicht.

8

8.4.2 Arten der Kreditinstitute

In Deutschland gibt es knapp 2.000 Kreditinstitute, davon sind etwa 60 % Kreditgenossenschaften. Die Kreditinstitute unterscheiden sich nach dem Umfang ihres Leistungsangebotes. Kein Kreditinstitut im üblichen Sinn ist die **Deutsche Bundesbank**[1]. Sie ist die nationale Zentralbank der Bundesrepublik Deutschland und unterliegt nicht den Bestimmungen des KWG.

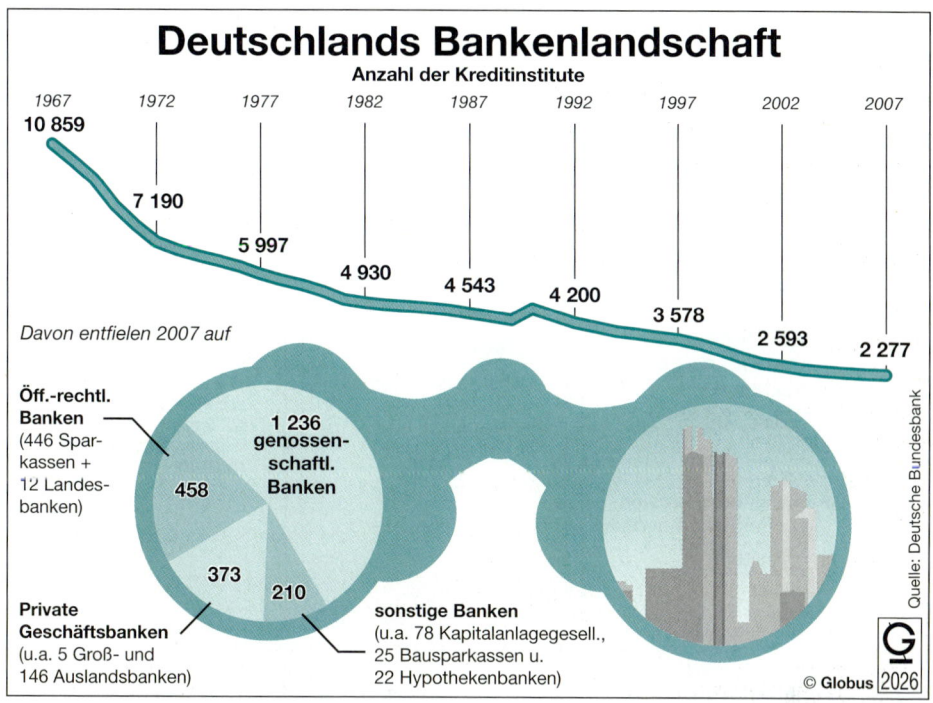

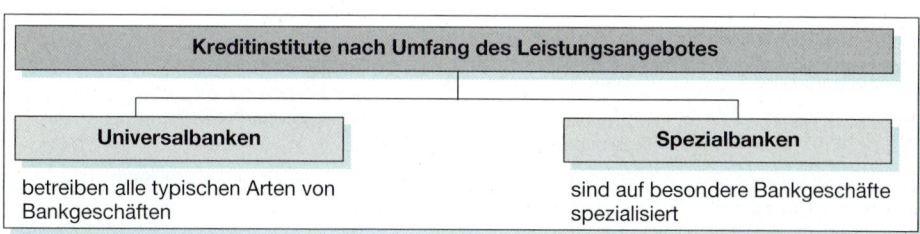

Universalbanken

Die Universalbanken erledigen alle herkömmlichen Bankgeschäfte „unter einem Dach". Die Universalbank ist der in Deutschland vorherrschende Banktyp. Nach der Rechtsform wird zwischen drei Gruppen von Kreditinstituten unterschieden:

8

---

[1] Vgl. zur Deutschen Bundesbank Seite 615 ff.

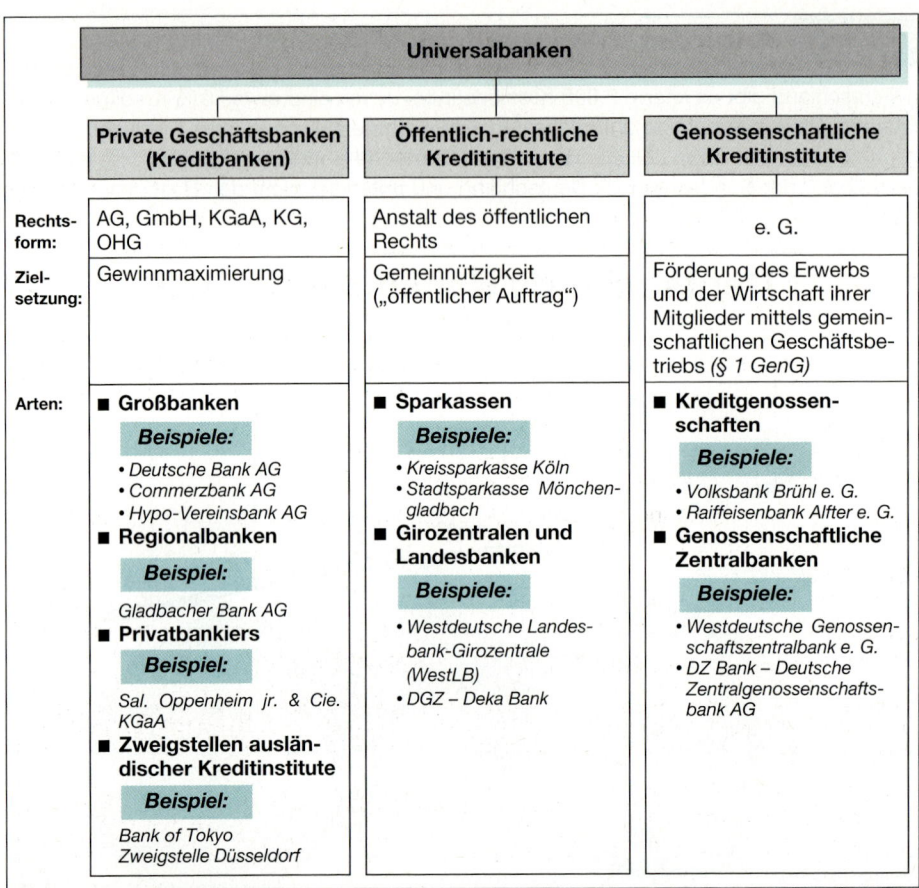

	Universalbanken	
Private Geschäftsbanken (Kreditbanken)	**Öffentlich-rechtliche Kreditinstitute**	**Genossenschaftliche Kreditinstitute**
Rechtsform: AG, GmbH, KGaA, KG, OHG	Anstalt des öffentlichen Rechts	e. G.
Zielsetzung: Gewinnmaximierung	Gemeinnützigkeit („öffentlicher Auftrag")	Förderung des Erwerbs und der Wirtschaft ihrer Mitglieder mittels gemeinschaftlichen Geschäftsbetriebs *(§ 1 GenG)*
Arten: ■ **Großbanken** **Beispiele:** • *Deutsche Bank AG* • *Commerzbank AG* • *Hypo-Vereinsbank AG* ■ **Regionalbanken** **Beispiel:** *Gladbacher Bank AG* ■ **Privatbankiers** **Beispiel:** *Sal. Oppenheim jr. & Cie. KGaA* ■ **Zweigstellen ausländischer Kreditinstitute** **Beispiel:** *Bank of Tokyo Zweigstelle Düsseldorf*	■ **Sparkassen** **Beispiele:** • *Kreissparkasse Köln* • *Stadtsparkasse Mönchengladbach* ■ **Girozentralen und Landesbanken** **Beispiele:** • *Westdeutsche Landesbank-Girozentrale (WestLB)* • *DGZ – Deka Bank*	■ **Kreditgenossenschaften** **Beispiele:** • *Volksbank Brühl e. G.* • *Raiffeisenbank Alfter e. G.* ■ **Genossenschaftliche Zentralbanken** **Beispiele:** • *Westdeutsche Genossenschaftszentralbank e. G.* • *DZ Bank – Deutsche Zentralgenossenschaftsbank AG*

Spezialbanken

Die Spezialisierung dieser Kreditinstitute ist zum Teil durch gesetzliche Bestimmungen, zum Teil durch wirtschaftliche Vorteile begründet.

Spezialbanken	Geschäftsbereiche
Bausparkassen	Entgegennahme von Bauspareinlagen und Gewährung von Bauspardarlehen
Realkreditinstitute (Hypothekenbanken)	Ausgabe von Pfandbriefen sowie Gewährung von Real- und Kommunalkrediten
Kapitalanlagegesellschaften (Investmentgesellschaften)	Anlage der von Investmentsparern bereitgestellten Geldmittel nach dem Grundsatz der Risikomischung in Form von Geldmarkt-, Wertpapier- oder Grundstückssondervermögen und Ausgabe von Investmentanteilen über die sich hieraus ergebenden Rechte der Investmentsparer
Kreditinstitute mit Sonderaufgaben	Erfüllung spezieller Aufgaben im Interesse der gesamten Volkswirtschaft **Beispiele:** ■ *Kreditanstalt für Wiederaufbau (KfW)* ■ *Deutsche Siedlungs- und Landesrentenbank AG (DSL-Bank)* ■ *AKA Ausfuhrkredit GmbH*

8

8.5 Kreditarten

8.5.1 Kreditbegriff

Zu den vordringlichen Aufgaben der Kreditinstitute gehört es, die Geldmittel, die sie als **Sicht-, Termin-** und **Spareinlagen** entgegennehmen, der Volkswirtschaft in Form von Krediten wieder zur Verfügung zu stellen. Dabei vertrauen die Kreditinstitute darauf, dass die ausgegebenen Kredite *(credere, lat. = glauben)* bei Fälligkeit vom Kreditnehmer wieder zurückgezahlt werden.

> Ein **Kredit** ist die zeitweilige, befristete Überlassung eines Geldbetrages durch einen Kreditgeber an einen Kreditnehmer zur freien oder vertragsgebundenen Nutzung mit der Erwartung, dass der Kreditnehmer
> - den Kredit zurückgezahlt wird und
> - die vereinbarten Zinsen gezahlt werden.
>
> Allgemeine Gesetzesgrundlage sind die Bestimmungen des BGB über das **Darlehen**, engl. loan *(§ 488 ff. BGB)*.

Im allgemeinen Sprachgebrauch hat das Wort „Kredit" darüber hinaus eine weitere Bedeutung. So versteht man darunter auch das Vertrauen auf die Fähigkeit und Bereitschaft des Kreditnehmers, seine Zahlungsverpflichtungen ordnungsgemäß zu erfüllen *(„Jemand genießt Kredit")*.

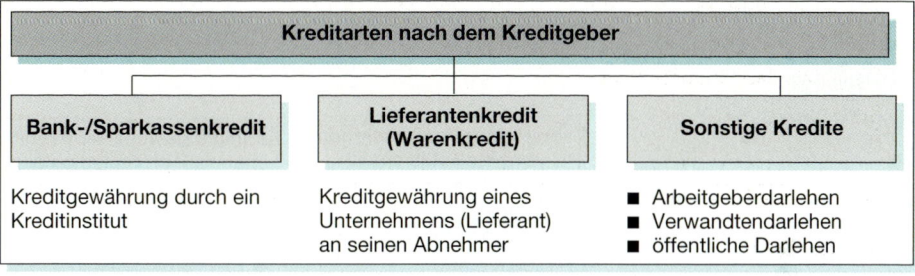

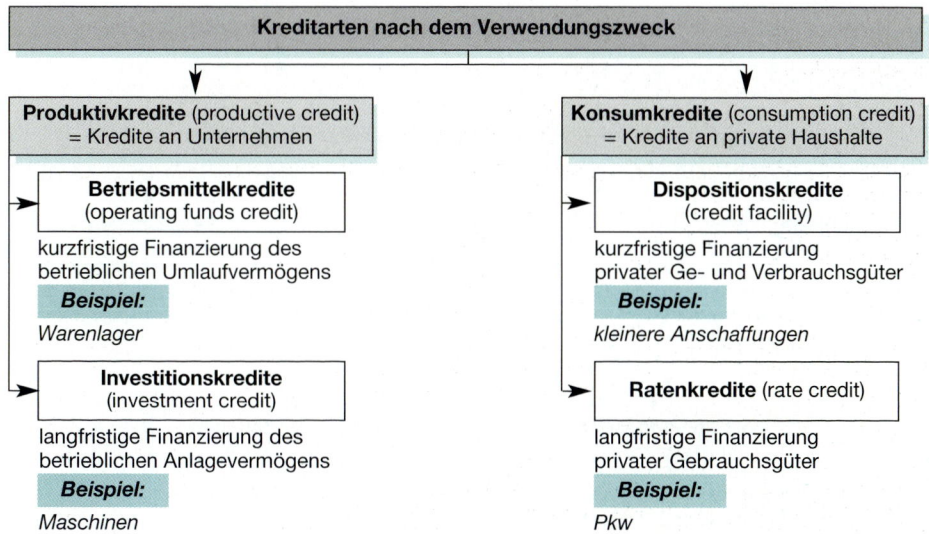

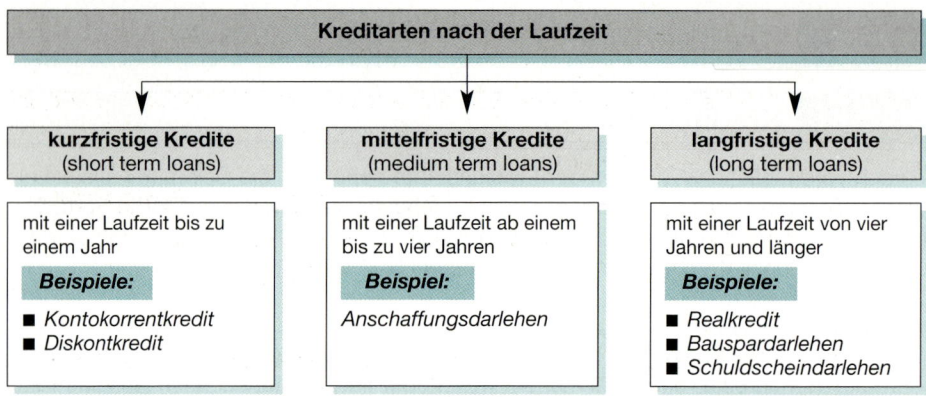

Kreditarten nach der Laufzeit

| **kurzfristige Kredite** (short term loans) | **mittelfristige Kredite** (medium term loans) | **langfristige Kredite** (long term loans) |

mit einer Laufzeit bis zu einem Jahr

Beispiele:
- *Kontokorrentkredit*
- *Diskontkredit*

mit einer Laufzeit ab einem bis zu vier Jahren

Beispiel:
Anschaffungsdarlehen

mit einer Laufzeit von vier Jahren und länger

Beispiele:
- *Realkredit*
- *Bauspardarlehen*
- *Schuldscheindarlehen*

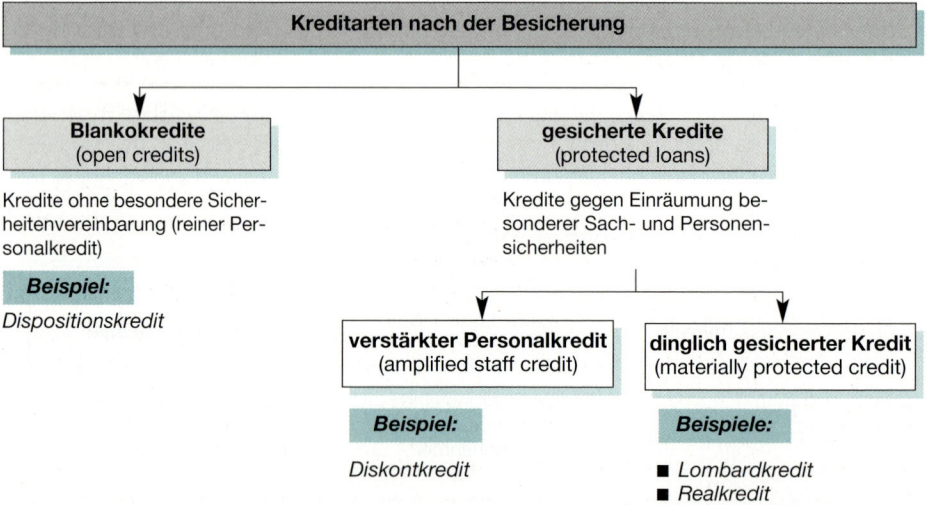

Kreditarten nach der Besicherung

Blankokredite (open credits)

Kredite ohne besondere Sicherheitenvereinbarung (reiner Personalkredit)

Beispiel:
Dispositionskredit

gesicherte Kredite (protected loans)

Kredite gegen Einräumung besonderer Sach- und Personensicherheiten

verstärkter Personalkredit (amplified staff credit)

Beispiel:
Diskontkredit

dinglich gesicherter Kredit (materially protected credit)

Beispiele:
- *Lombardkredit*
- *Realkredit*

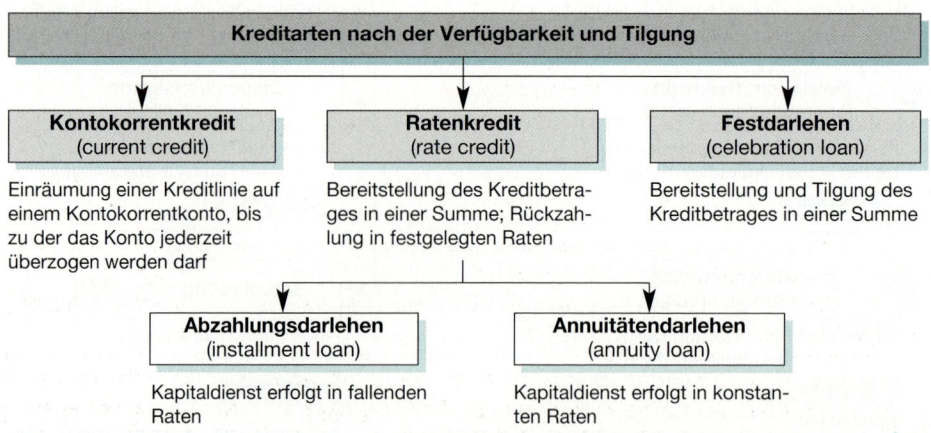

8

Kreditarten nach der Verfügbarkeit und Tilgung

Kontokorrentkredit (current credit)

Einräumung einer Kreditlinie auf einem Kontokorrentkonto, bis zu der das Konto jederzeit überzogen werden darf

Ratenkredit (rate credit)

Bereitstellung des Kreditbetrages in einer Summe; Rückzahlung in festgelegten Raten

Festdarlehen (celebration loan)

Bereitstellung und Tilgung des Kreditbetrages in einer Summe

Abzahlungsdarlehen (installment loan)

Kapitaldienst erfolgt in fallenden Raten

Annuitätendarlehen (annuity loan)

Kapitaldienst erfolgt in konstanten Raten

8.5.2 Kreditvertrag – Kreditprüfung

Den Kreditinstituten sind aufgrund ihres Einlagengeschäfts fremde Vermögenswerte anvertraut. Sie müssen ihre Kreditkunden daher mit besonderer Sorgfalt auswählen, damit die Rückzahlung der Kredite gewährleistet ist.

	Kreditannahme
Kreditbewilligung	
Kreditprüfung	
Kreditantrag	

Kreditantrag

Ein Kunde, der bei seinem Kreditinstitut einen Kredit in Anspruch nehmen möchte, stellt nach mündlicher Vorbesprechung einen schriftlichen Kreditantrag.

Das Kreditinstitut verwendet hierzu ein besonderes **Kreditantragsformular**, das vom Kreditsachbearbeiter aufgrund der Angaben des Antragstellers ausgefüllt wird.

Der Kreditantrag enthält

- Angaben über die Person des Kreditnehmers

  bei natürlichen Personen:
  - Name
  - Geburtstag und -ort
  - Anschrift
  - Familienstand
  - Beruf

  bei Unternehmen:
  - Firma
  - Geschäftssitz
  - Branche
  - Namen der vertretungsberechtigten Personen
    (z. B. Gesellschafter, Geschäftsführer, Prokuristen)

- Einkommen und Vermögen des Kreditnehmers
- bei natürlichen Personen: Einwilligung zur SCHUFA-Meldung (Schutzgemeinschaft für allgemeine Kreditsicherung)
- Verwendungszweck des Kredits
- Höhe und Laufzeit des Kredits
- vorgesehene Kreditsicherheit
- Unterschrift des Antragstellers

Kreditprüfung

Das Kreditinstitut überprüft zunächst die Angaben zur Person des Antragstellers und stellt die **Kreditfähigkeit** fest.

> **Kreditfähigkeit** ist die Fähigkeit, Kreditverträge rechtswirksam abschließen zu können.

Kreditfähig sind
- voll geschäftsfähige natürliche Personen,
- Personenhandelsgesellschaften („quasi juristische Personen"),
- Partnerschaftsgesellschaften,
- juristische Personen.

Die Personenhandelsgesellschaften und die juristischen Personen werden bei der Antragstellung durch ihren gesetzlichen Vertreter *(z. B. Geschäftsführer, Vorstand)* oder einen vertraglichen Vertreter *(z. B. Prokurist)* vertreten.

Im nächsten Schritt versucht das Kreditinstitut, sich ein Bild über die **Kreditwürdigkeit**, die **Bonität**, des Kunden zu verschaffen.

> **Kreditwürdig** sind Kunden, die aufgrund ihrer persönlichen und wirtschaftlichen Verhältnisse die Gewähr für die vertragsgemäße Erfüllung der Kreditverpflichtungen bieten.

8

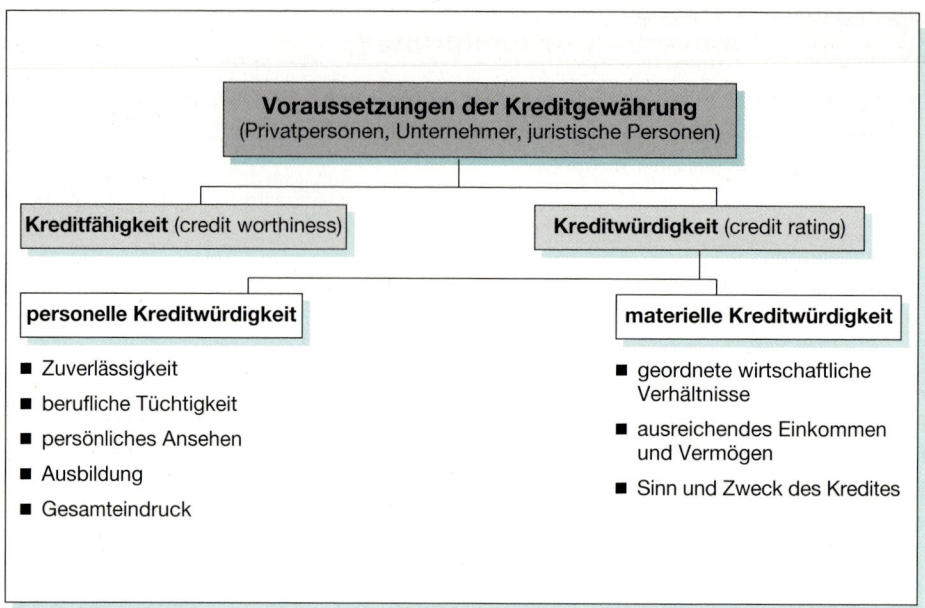

Die Prüfung der Kreditwürdigkeit erfolgt aufgrund von Unterlagen, die der Kreditnehmer dem Kreditinstitut einreicht oder die vom Kreditinstitut selbst beschafft werden.

Auskünfte über den Kreditnehmer

- Selbstauskunft
- Fremdauskünfte
  - Kreditinstitute
  - Auskunfteien *(z. B. SCHUFA = Schutzgemeinschaft für allgemeine Kreditsicherung)*
  - Geschäftspartner
- öffentliche Register

Bankauskünfte werden nur dann *(streng vertraulich und ohne Obligo)* erteilt, wenn der Anfragende ein berechtigtes Interesse an der gewünschten Auskunft glaubhaft darlegt. Sie enthalten keine geschäftlichen Einzelheiten, sondern beschränken sich auf allgemein gehaltene Feststellungen und Urteile über die wirtschaftlichen Verhältnisse des Kunden.

- **Bankauskünfte über juristische Personen und Kaufleute**, die im Handelsregister eingetragen sind, werden erteilt, sofern dem Kreditinstitut keine anders lautende Weisung des Kunden vorliegt.

- **Bankauskünfte über Privatkunden und sonstige Personen** und Vereinigungen werden nur dann erteilt, wenn eine ausdrückliche Zustimmung vorliegt.

▌ Unterlagen zur Prüfung der wirtschaftlichen Situation des Kreditnehmers

Die Banken sind verpflichtet, durch zeitnahe Vorlagen geeigneter Unterlagen nachzuweisen, dass der Kreditnehmer kapitaldienstfähig ist, d. h. er muss seine Leistungsfähigkeit nachweisen, Zinsen und Tilgungen innerhalb der vorgesehenen Laufzeit des Kredites ordnungsgemäß erbringen zu können.

Derartige Unterlagen können sein:

Bei natürlichen Personen	Bei Unternehmen
■ Gehaltsnachweis ■ Einkommensteuerbescheid ■ Vermögensaufstellung	■ Registerauszug zur Prüfung der Rechtsfähigkeit und der Vertretungs-, Haftungs- und Vermögensverhältnisse ■ Geschäftsbücher zur Prüfung des Auftragsbestandes und der Auftragsentwicklung ■ Jahresabschlüsse der letzten 3 Jahre (Bilanzen und GuV-Rechnungen, Anhang und Lagebericht, Testat bei Unternehmungen in der Rechtsform der juristischen Person) ■ Liquiditätspläne, Erfolgskalkulationen, Investitionspläne, Kapitalbedarfspläne, Markt- und Branchenanalysen, Analysen zur Qualität des Personals, Organisation, Konkurrenzsituation, Qualität der Forderungen, ■ betriebswirtschaftliche Auswertungen (BWA)

Um weltweit das internationale Finanzsystem stabiler zu machen, wurde 2004 das unter **Basel II** bekannte **Drei-Säulen-System** für Banken veröffentlicht.

Von Banken werden gefordert:

■ **Mindestkapital:**   Die Bonität der Kreditnehmer wird bewertet und in Ratingklassen untergliedert. Für Unternehmenskredite muss die Bank einen vorgeschriebenen Prozentsatz an Eigenkapital je nach Ratingklasse des Kreditnehmers hinterlegen.

■ **Prüfungsprozesse:**   Aufsichtsbehörden prüfen, ob Banken über solide Verfahren verfügen, um die angemessene Höhe ihres Eigenkapitals zu beurteilen.

■ **Marktdisziplin:**   Banken sollen bessere Einblicke in ihre Risikoprofile und die angemessene Kapitalausstattung geben.

Banken sollen für alle Kredite einen Prozentsatz ihres Eigenkapitals (Kapitalkoeffizient) hinterlegen müssen (Basel I).

Zusätzlich soll der Kapitalkoeffizient mit einem Risikofaktor multipliziert werden, d. h. die Einstufung der Bonität des jeweiligen Kreditnehmers soll eingerechnet werden (Basel II[1]).

Der Risikofaktor wird für jedes kreditaufnehmende Unternehmen in einem sogenannten **Rating**[2]-Verfahren bestimmt.

 **Rating**

> Anhand eines **Rating-Verfahrens** wird die wirtschaftliche Lage eines Unternehmens beurteilt. Hierbei wird in erster Linie die **Bonität** des Unternehmens bewertet, also die Fähigkeit des Kreditnehmers, in Zukunft vollständig und termingerecht seine Zahlungsverpflichtungen (Tilgung, Zinsen) aus einem Kreditgeschäft erfüllen zu können.

8

---

[1] Vgl. Gesetz zur Umsetzung der neu gefassten Bankenrichtlinie und der neu gefassten Kapitaladäquanzrichtlinie vom 29.06.2006 *(§ 25a KWG)*

[2] abgeleitet aus engl. to rate = bewerten, benoten, einschätzen

Grundlage eines Ratings bilden **interne** Daten des zu prüfenden Unternehmens sowie **externe** Wirtschaftsinformationen. Neben „harten" Faktoren werden auch „weiche" Faktoren berücksichtigt. Das **Ergebnis** eines Ratings ist die Einordnung in eine **Bonitätsstufe** (Rating-Klasse).

Beispiele:

AAA steht für eine sehr gute Bonitätsstufe, D für eine schlechte, dazwischen erfolgen weitere Abstufungen durch Hinzusetzen von „+" und „–".

Um das Kreditrisiko eines Unternehmens zu messen, sind zwei Möglichkeiten zu unterscheiden:

■ **externes Rating:** Rating durch eine unabhängige, neutrale Rating-Agentur[1],
■ **internes Rating:** Rating durch das Kreditinstitut vor der Kreditvergabe.

Der Kreditnehmer beantragt unter Nennung der Höhe des Kredites, der Kreditart, der Laufzeit, Zweck des Kredites und evtl. Kreditsicherheiten bei dem Kreditinstitut die Auszahlung eines Kredites.

Die Bank wird den Antrag prüfen und gleichzeitig ein Rating-Verfahren einleiten, um die Kreditwürdigkeit des Unternehmens festzustellen.

Die Höhe der Kreditkosten wird vom Kreditinstitut bestimmt, hierbei sind einzukalkulieren die Refinanzierungs-, Risiko-, Eigenkapital- und Bearbeitungskosten *(z. B. Aufwendungen für Kreditentscheidung, für Kreditbereitstellung, für laufende Überwachung, für Betreuung des Kreditnehmers).*

Selbstverständlich werden auch weiterhin die geldpolitischen Rahmenbedingungen und Sicherheiten wie *z. B. Bürgschaften, Grundpfandrechte* die Zinshöhe beeinflussen.

Das von dem Kreditinstitut je Kredit zu hinterlegende Eigenkapital ist wie folgt zu berechnen:

> **Kreditbetrag x Risikofaktor x Kapitalkoeffizient = Eigenkapitalhinterlegung**

Zukünftig soll der Kapitalkoeffizient bei Großunternehmen mit 8 %, bei kleinen und mittleren Unternehmen (bei Krediten bis 1 Mio. EUR) und bei Privathaushalten mit 6 % angesetzt werden.

Zusätzlich ist der im Rating-Verfahren ermittelte Risikofaktor neben dem Kapitalkoeffizienten einzurechnen.

Beispiele:

*Annahme: **Kleines** Unternehmen, Kreditantrag über 100.000,00 EUR*

beantragter Kreditbetrag	Risikofaktor Annahme:	Kapitalkoeffizient Annahme 6 %	zu hinterlegendes EK der Bank
100.000,00 EUR	20 %	6 %	200,00 EUR
100.000,00 EUR	50 %	6 %	3.000,00 EUR
100.000,00 EUR	100 %	6 %	6.000,00 EUR
100.000,00 EUR	120 %	6 %	7.200,00 EUR
100.000,00 EUR	150 %	6 %	9.000,00 EUR

Aus diesem Beispiel lassen sich folgende Aussagen ableiten:

■ **geringer Risikofaktor = gute Bonität = geringes zu hinterlegendes Bank-EK ⇒ niedrigere Zinsen**
   Folge: Bei wirtschaftlich gesunden und gut geführten Unternehmen wird der individuelle Zinssatz niedriger sein, weil die Bank weniger EK zu unterlegen hat.

---

[1] Die drei bekanntesten internationalen Rating-Agenturen sind „Moody's", Standard & Poor's" und „Fitch".

- **hoher Risikofaktor = schlechte Bonität = hohes zu hinterlegendes Bank-EK**
  ⇒ höhere Zinsen
  Folge: Bei wirtschaftlich nicht gesunden und nicht gut geführten Unternehmen wird
  der individuelle Zinssatz höher sein.

Rating ist das Ergebnis einer umfangreichen Prüfung und basiert auf ...

... quantitativen Faktoren (= hard facts)	... qualitativen Faktoren (= soft facts)
Beispiele:	*Beispiele:*
■ *Jahresabschlussanalysen der letzten 3 Jahre (d. h. Bestimmung aussagefähiger Kennziffern über die Kapitalstruktur, die Eigenkapitalquote, die Liquidität, Rentabilität, Verschuldungsgrad, Haftungsquote, Finanzlage, Ertragslage, Cashflow[1]),* ■ *Zahlen über die Branchenentwicklung, Branchenrisiko und Branchenvergleich,* ■ *Produktpalette innerhalb der Branche,* ■ *Marktanalyse, Geschäftsprofil, Wettbewerbsposition,* ■ *Daten aus der Kontoführung (z. B. Verhältnis Kontoumsätze zu Kreditvolumen, Kontoüberziehungen, Zahlungsverhalten, Scheck- und Lastschriftrückgaben, Kontopfändung),* ■ *unterjährige betriebswirtschaftliche Auswertungen wie z. B. „Datev Rating BWA"*	■ *Rechtsform (HR-Auszug, Haftung, Nachfolge)* ■ *Unternehmerpersönlichkeit,* ■ *Unternehmensstrategie,* ■ *Gesellschafterverträge,* ■ *Privatvermögen, -schulden der Gesellschafter,* ■ *Nachfolgeentscheidungen,* ■ *Businessplan einschl. Investitionsvolumen, Ertrags- und Tilgungsrechnung,* ■ *Planzahlen für das laufende Jahr, Ertragsvorschau* ■ *Wettbewerbsposition (⇒ Vorteile/Nachteile gegenüber Mitbewerbern), Branchenrisiko* ■ *Marktanteil, Marktstrategie, Unternehmensstrategie, Marktanalyse* ■ *Finanzplanung,* ■ *Organisationsstruktur,* ■ *Personalpolitik* ■ *Steuerungsinstrumente,* ■ *Angebot der Produkte/Dienstleistungen,* ■ *Produktentwicklung,* ■ *Güte des Rechnungswesens,* ■ *Controlling, Bilanzierungsverhalten,* ■ *Qualität des Managements (⇒ dokumentiertes techn. und kaufm. Know-how, Prognosesicherheit, Einhaltung von Absprachen),* ■ *Beurteilung der Kundenbeziehungen (z. B. Dauer der Zusammenarbeit, Anzahl der Kunden, Abhängigkeit von einzelnen Kunden),* ■ *Alter und Zustand des Anlagevermögens,* ■ *evtl. Zertifizierungen,* ■ *ausreichender Versicherungsschutz,* ■ *evtl. Umweltrisiken*

Aus den Teilergebnissen der quantitativen und qualitativen Faktoren ist in einer Analyse das Rating-Ergebnis zu bestimmen. Die jeweiligen Anteile von hard bzw. soft facts am Gesamtergebnis werden z. T. bei Banken sehr unterschiedlich eingestuft.

8

---

[1] Der Cashflow ist der Nettozufluss aus liquiden Mitteln, den die Unternehmung innerhalb einer Rechnungsperiode regelmäßig aus dem laufenden Umsatzprozess zu erwirtschaften vermag. Je größer der Cashflow, desto größer ist die Ertragskraft und die Schuldentilgungskraft der Unternehmung.

Anmerkungen zu hard facts

Die aus dem Jahresabschluss abgeleiteten Kennziffern können immer nur eingeschränkt gesehen werden, weil die Ausgangswerte in der Bilanz **stichtagsbezogen** und **vergangenheitsorientiert** sind. Weiterhin ist zu sehen, dass für bestimmte Bilanzposten **Bewertungs- und Abschreibungsspielräume** bestehen.

Aktuellere und aussagereichere Daten können betriebswirtschaftliche Auswertungen während des Geschäftsjahres (z. B. die **„Datev Rating BWA")** liefern, wenn die betriebswirtschaftlichen Auswertungen

- planungsgesichert sind,
- sich am Deckungsbeitrag orientieren,
- Veränderungen der Beschäftigung in ihren Auswirkungen erkennen lassen,
- das tatsächliche operative Ergebnis darstellen,
- Zinsaufwendungen und Zinserträge gesondert ausweisen,
- das Ergebnis des Unternehmens vor Steuern angeben,
- gesondert die Ertragsteuern erkennen lassen,
- das vorläufige Ergebnis auswerten.

Unternehmer können die von den Hausbanken zugrunde gelegten hard und soft facts unternehmensintern nutzen, um frühzeitig Fehlentwicklungen zu erkennen und um Gegensteuerungsmaßnahmen zu ergreifen.

> **Beispiel:**
>
> *Der Union Bank liegt ein Kreditantrag der BioNorik GmbH über 50.000,00 EUR vor.*
> *Die BioNorik GmbH ist ein Unternehmen der chemischen Industrie, das sich inzwischen auf die Erzeugung von und den Handel mit Naturstoffen spezialisiert hat.*
> *Die BioNorik GmbH reicht der Union Bank die Jahresabschlüsse der beiden zurückliegenden Geschäftsjahre ein.*

Bilanz der BioNorik GmbH (Beträge in Tsd. EUR)					
Aktiva	Jahr 01	Jahr 02	Passiva	Jahr 01	Jahr 02
Anlagevermögen (AV)			Eigenkapital (EK)		
■ Sachanlagen	330	340	■ Stammkapital	110	110
■ Finanzanlagen	170	190	■ Rücklagen	280	290
			■ Bilanzgewinn	20	30
Umlaufvermögen (UV)			Fremdkapital (FK)		
■ Vorräte	530	480	■ langfristige Verbindlichkeiten	320	220
■ Forderungen LL	280	280	■ kurzfristige Verbindlichkeiten	600	700
■ Geldanlagen	18	55			
■ Barreserve	2	5			
Bilanzsumme	1.330	1.350	Bilanzsumme	1.330	1.350

GUV-Rechnung – Auszug – (Beträge in Tsd. EUR)	Jahr 01	Jahr 02
Umsatzerlöse	6.950	6.980
– Abschreibungen auf Sachanlagen	15	17
– Fremdkapitalzinsen	42	48
– übrige Aufwendungen	6.856	6.868
– außerordentliche Erträge	5	2
– außerordentliche Aufwendungen	2	5
= Jahresüberschuss	30	40

8

	Bilanzkennziffern	Jahr 01	Jahr 02
Eigenkapitalquote[1] $=$	$\dfrac{\text{Eigenkapital}}{\text{Gesamtkapital}} \cdot 100$	30,8 %	31,9 %
Anlagendeckungsgrad $=$	$\dfrac{\text{Eigenkapital plus langfristiges Fremdkapital}}{\text{Gesamtkapital}} \cdot 100$	146,0 %	122,6 %
Liquidität $=$	$\dfrac{\text{monetäres Umlaufvermögen}[2]}{\text{kurzfristige Verbindlichkeiten}} \cdot 100$	50,0 %	48,6 %
Eigenkapitalrentabilität $=$	$\dfrac{\text{Jahresüberschuss}}{\text{Eigenkapital}} \cdot 100$	7,3 %	9,3 %
Gesamtkapitalrentabilität $=$	$\dfrac{\text{Jahresüberschuss plus Fremdkapitalzinsen}}{\text{Gesamtkapital}} \cdot 100$	5,4 %	6,5 %
Cashflow[3] $=$	Jahresüberschuss	30 Tsd. EUR	40 Tsd. EUR
	+ Abschreibungen	15 Tsd. EUR	17 Tsd. EUR
	+ Dotierung der Pensionsrückstellungen	–	–
	– außerordentliche Erträge	5 Tsd. EUR	2 Tsd. EUR
	+ außerordentliche Aufwendungen	2 Tsd. EUR	5 Tsd. EUR
		42 Tsd. EUR	60 Tsd. EUR

Kritische Bemerkungen zur Jahresabschlussanalyse

Die Jahresabschlussanalyse kann niemals alleinige Grundlage zur Beurteilung der Kreditwürdigkeit einer Unternehmung sein.

Der eingeschränkte Aussagewert der in der Jahresabschlussanalyse gewonnenen Kennziffern kann in folgenden Kritikpunkten zusammengefasst werden:

- Die Bilanz bzw. Rechnungslegung ist eine **Stichtagsbetrachtung**. Die Zahlungsströme sind aus ihr nicht ersichtlich *(z. B. Fälligkeitszeitpunkte von Verbindlichkeiten und Forderungen, Gehaltstermine).*
- Die Bilanz bzw. Rechnungslegung ist **vergangenheitsorientiert**. Die zukünftige Situation der Unternehmung kann aus den Bilanzwerten nur geschätzt werden.
- Bei der Bilanzerstellung bestehen **Bewertungsspielräume**, d. h., die in der Bilanz ausgewiesenen Werte entsprechen nicht in jedem Fall den tatsächlichen Verhältnissen. So können *(z. B. durch die Unterbewertung von Aktiva/Überbewertung von Passiva)* stille Reserven vorhanden sein, die den Finanzierungsspielraum der Unternehmung erheblich vergrößern können.

[1] Eine niedrige Eigenkapitalquote signalisiert einen hohen Verschuldungsgrad und somit ein höheres Kreditrisiko. Die Quote sollte mindestens 20 %, besser 30 % betragen. Der Durchschnitt in Deutschland liegt laut Bundesbank bei 17 %, in Frankreich bei 34 %, in USA bei 50 %.

[2] Monetäres Umlaufvermögen = Barreserve + kurzfristige Geldanlagen + Forderungen aus Lieferungen und Leistungen.

[3] Der **Cashflow** ist der Nettozufluss aus liquiden Mitteln, den die Unternehmung innerhalb einer Rechnungsperiode regelmäßig aus dem laufenden Umsatzprozess zu erwirtschaften vermag. Je größer der Cashflow, desto größer ist die Ertragskraft und die Schuldentilgungskraft der Unternehmung.

8

■ Kreditbewilligung

Fällt die Kreditprüfung positiv aus, erhält der Kunde ein **Kreditbewilligungsschreiben**, in dem die Bedingungen im Einzelnen aufgeführt sind, zu denen das Kreditinstitut zur Kreditgewährung bereit ist.

■ Kreditannahme

Mit der Annahme der im Kreditbewilligungsschreiben genannten Bedingungen durch den Kunden kommt der **Kreditvertrag** zustande. Der Kreditbetrag wird in der Regel auf dem Kontokorrentkonto des Kunden bereitgestellt.

Der Kreditnehmer haftet aus dem Kreditvertrag für:

- die kontraktgerechte Rückführung des Kredites,
- die kontraktgerechte Zahlung der Kreditkosten,
- die Einhaltung von Nebenabreden.

Der Kreditnehmer verpflichtet sich laut AGB, wesentliche Änderungen in seinen wirtschaftlichen und rechtlichen Verhältnissen unverzüglich dem Kreditinstitut mitzuteilen.

Gleichzeitig mit dem Abschluss des Kreditvertrags wird regelmäßig ein **Kreditsicherungsvertrag** abgeschlossen, durch den der Kreditnehmer dem Kreditinstitut eine Kreditsicherheit zur Verfügung stellt.

8.5.3　Kontokorrentkredit

Der Kontokorrentkredit ist die in der Praxis am weitesten verbreitete Form des kurzfristigen Kredits. Er wird über das **Kontokorrentkonto** *(§ 355 HGB)* abgewickelt.

> Der **Kontokorrentkredit** ist ein variabler, kurzfristiger Kredit, der dem Kreditnehmer auf seinem **Kontokorrentkonto** von der kontoführenden Bank zur Verfügung gestellt wird. Bis zu der festgesetzten **Kreditlinie** (Kreditgrenze) kann der Kreditnehmer durch Verfügung auf seinem Konto diesen Kredit in Anspruch nehmen und ihn auch jederzeit wieder zurückführen.
> Der Kontokorrentkredit ist an ein bestimmtes Kontokorrentkonto gebunden. Seine Höhe richtet sich nach der Höhe der monatlichen Einkünfte des Kontoinhabers.

Der Kreditnehmer kann auf diese Weise die Kreditinanspruchnahme ganz auf seinen jeweiligen Kreditbedarf abstimmen.

Er verfügt damit über eine finanzielle Reserve, auf die er jederzeit zurückgreifen kann.

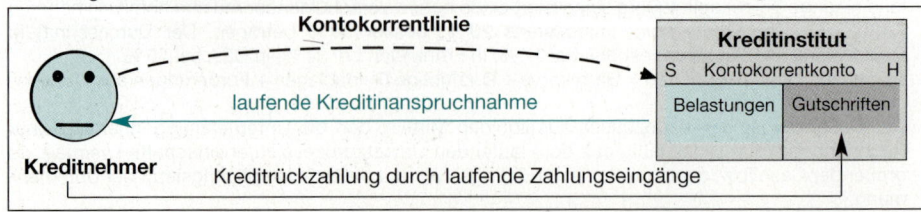

Der Kontokorrentkredit ist ein vergleichsweise teurer Kredit. Er wird in der Regel kurzfristig gewährt. Bei ordnungsgemäßer Kontoführung ist eine mehrjährige Prolongation üblich. Bei guter Bonität wird der Kontokorrentkredit als Blankokredit gewährt.

Der **Kontokorrentkredit** dient

- als **Betriebsmittelkredit** der Finanzierung des betrieblichen Umsatzprozesses,
- als **Dispositionskredit** der Konsumfinanzierung durch Kontoüberziehung in Höhe von zwei bis drei Monatsgehältern.

Wird das Kontokorrentkonto mit Duldung der Bank über die vereinbarte Grenze hinaus überzogen, spricht man von einer **geduldeten Überziehung**. Hierfür wird ein höherer Zinssatz in Rechnung gestellt.

Verfügungen können durch Barabhebung, Überweisung, Einlösung von Schecks und Lastschriften erfolgen.

Beispiele:

Die Steuerfachangestellte Monika Gerz unterhält ihr Gehaltskonto bei der Rhein-Ruhr Bank AG. Die Bank hat ihr mitgeteilt, dass sie ihr Konto bis zum Betrag von 5.000,00 EUR überziehen darf.

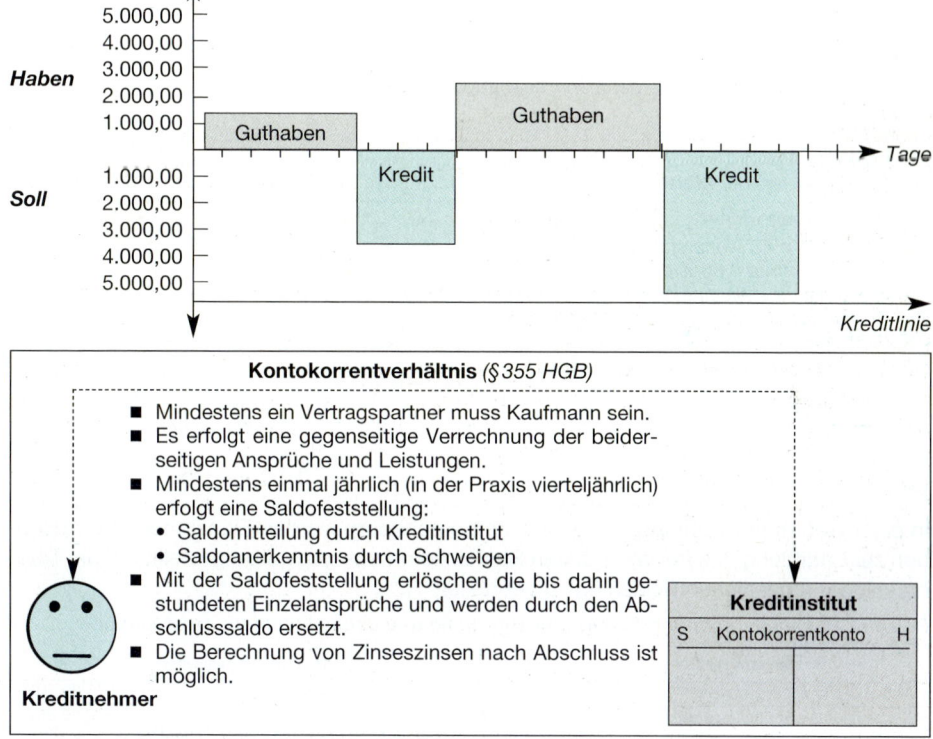

Es ist zu unterscheiden zwischen:

Tagessaldo	und	**Abschlusssaldo**
... informiert aktuell über den **rechnerischen** Kontostand *während* der KK-Periode.		... ist der **rechtliche** Saldo der Abschlussrechnung gem. *§ 355 HGB* am Ende der KK-Periode bzw. bei Kündigung des Kontokorrentverhältnisses unter Berücksichtigung von Zinsen und Gebühren.

8

8.5.4 Ratenkredit

Der **Ratenkredit**[1] ist ein Kredit, der

- zur Finanzierung größerer Ausgaben dient,
- in einer Summe bereitgestellt und
- über einen längeren Zeitraum entsprechend einem im Voraus festgelegten Tilgungsplan zurückgezahlt wird.

Merkmale des Anschaffungsdarlehens	
Verwendungszweck	Finanzierung langlebiger Gebrauchsgüter
Darlehenssumme	meist ab 5.000,00 EUR
Laufzeit	6 bis 72 Monate
Tilgung	in festen Monatsraten; die einzelnen Raten setzen sich aus einem Tilgungs- und einem Zinsanteil zusammen
Kreditkosten	Zinsen und einmalige Bearbeitungsgebühr
Besicherungsmöglichkeiten	■ Sicherungsübereignung ■ Bürgschaft ■ Sicherungsabtretung ■ Restschuldversicherung ■ Pfandrecht

Beispiel:

Die Eheleute Sofie und Jonas Lehmann beantragen bei ihrem Kreditinstitut einen Ratenkredit zur Finanzierung eines neuen Pkw.

Kaufpreis	*40.000,00 EUR*
Erlös aus dem Verkauf seines alten Pkw	*5.000,00 EUR*
Einsatz eigener liquider Mittel	*15.000,00 EUR*
Beantragte Kreditsumme	*20.000,00 EUR*

Der Kredit soll in 48 Monatsraten getilgt werden.
Der Zinssatz beträgt 0,36 % p. M.
Das Kreditinstitut stellt eine einmalige Provision von 2 % in Rechnung.

Kreditbetrag	*20.000,00 EUR*
2 % Provision	*400,00 EUR*
0,36 % Zinsen pro Monat: 200 · 0,36 · 48	*3.456,00 EUR*
Gesamtschuld	*23.856,00 EUR*
Rückzahlung .... 48 Raten zu je	*497,00 EUR*

Die effektiven Kreditkosten müssen dem Kreditnehmer vom Kreditinstitut mitgeteilt werden. Sie betragen 9,34 % p. a.

In einer **Haushaltsrechnung** (Kapitaldienstberechnung) werden Einnahmen und Ausgaben zur Ermittlung des frei verfügbaren Resteinkommens gegenübergestellt, um die Tragbarkeit der monatlichen Belastung zu beurteilen.

Beispiel: Haushaltsrechnung für die Eheleute Sofie und Jonas Lehmann, zwei Kinder

Monatliche Einnahmen		Monatliche Ausgaben	
Nettoeinkommen Antragsteller	2.050,00 EUR	Miete inkl. Nebenkosten	675,00 EUR
Nettoeinkommen Mitantragsteller	750,00 EUR	Auto (laufende Kosten, Steuern, Versicherungen)	200,00 EUR
Kindergeld	328,00 EUR	Lebenshaltungskosten (Pauschalbetrag)	1.100,00 EUR
Sonstige Einnahmen	–	Versicherungen	125,00 EUR
		Kreditraten/Leasingraten	160,00 EUR
		Sparpläne/Bausparraten	–
		Sonstige regelmäßige Ausgaben	40,00 EUR
Gesamteinnahmen	**3.128,00 EUR**	**Gesamtausgaben**	**2.300,00 EUR**

---

[1] Es sind die BGB-Bestimmungen zum Verbraucherdarlehen zu beachten (vgl. S. 644).

Realkredite

> **Realkredite** sind durch Grundpfandrechte abgesicherte, langfristige Kredite an Privatpersonen und Unternehmungen zur Finanzierung von Baumaßnahmen und des Erwerbs von Immobilien.

Die Tilgung erfolgt entsprechend einem im Voraus festgelegten Tilgungsplan. Die Darlehensbedingungen für Realkredite umfassen u. a.

- die Festlegung des Zinssatzes und ggf. des Disagios,
- die Rückzahlungsmodalitäten (Tilgungshöhe und Tilgungsart).

Zinssatz und Auszahlungskurs

Die effektiven Zinskosten des Realkredits werden bestimmt durch den nominellen Zinssatz und den Auszahlungskurs.

- Der **Nominalzinssatz** ist der auf den nominellen Darlehensbetrag bezogene Zinssatz.
- Das **Disagio** (Damnum, Abgeld) ist der Abschlag, der ggf. bei Auszahlung des Darlehens vorgenommen wird, also die Differenz zwischen dem nominellen Darlehensbetrag und dem Darlehensauszahlungsbetrag.
- Der effektive Zinssatz ist der auf den tatsächlichen Kreditbetrag bezogene Zinssatz; er schließt die durch das Damnum (Disagio) entstehenden Kosten mit ein.

Beispiel:

Darlehensbetrag:	100.000,00 EUR
Zinssatz:	6,25 % p. a.
Zinsfestschreibung:	10 Jahre
Auszahlungskurs:	96,5 %
Disagio:	3,5 %
tatsächlich zur Verfügung stehender Kreditbetrag	96.500,00 EUR
zu verzinsende und zu tilgende Darlehensschuld	100.000,00 EUR
anfänglicher effektiver Jahreszins	6,85 % p. a.

Das **Disagio** dient
- der Deckung der mit der Kreditbearbeitung beim Kreditinstitut entstehenden Kosten,
- der Feineinstellung der Effektivverzinsung auf das aktuelle Kapitalmarktzinsniveau,
- ggf. einer über die Nominalverzinsung hinausgehenden einmaligen Zinszahlung. Ein hohes Disagio führt in diesem Fall zu einer geringeren nominellen Zinsbelastung, verlängert aber die Laufzeit des Darlehens.

Steuerlich ist das Disagio das einmalige Kostenentgelt für die Geldbeschaffung. Der Kreditnehmer kann das Disagio ggf. als Werbungskosten bzw. als Betriebsausgaben steuermindernd geltend machen.

Im Hinblick auf die **Zinsbindung** unterscheidet man:

Darlehen mit Festzinsvereinbarung

Der Zinssatz ist für einen im Voraus bestimmten Zeitraum der Darlehenslaufzeit *(z. B. 5 Jahre)* festgeschrieben. Nach Ablauf der Zinsbindung wird eine Bedingungsanpassung vorgenommen.

8

Darlehen ohne Zinsfestschreibung

Der Zinssatz ist variabel. Er wird während der Kreditlaufzeit der aktuellen Veränderung des Kapitalmarktzinssatzes angepasst.

Im Hinblick auf die **Rückzahlungsmodalitäten** unterscheidet man:

Annuitätendarlehen

Die jährliche Belastung, bestehend aus Tilgung und Zinsen, die **Annuität**, ist für die gesamte Laufzeit des Darlehens konstant.

Der in der Annuität enthaltene Tilgungsanteil steigt von Jahr zu Jahr um die ersparten Zinsen.

Beispiel:

Darlehensbetrag: 180.000,00 EUR
Nominalzinssatz: 6 % p. a.
Tilgungssatz: 1 % p. a. (anfänglich)

Tilgungsplan

Jahr	Darlehen	6 % Zinsen	Tilgung	Annuität
1	180.000,00 EUR	10.800,00 EUR	1.800,00 EUR	**12.600,00 EUR**
2	178.200,00 EUR	10.692,00 EUR	1.908,00 EUR	**12.600,00 EUR**
3	176.292,00 EUR	10.577,52 EUR	2.022,48 EUR	**12.600,00 EUR**
4	174.269,52 EUR	10.456,17 EUR	2.143,83 EUR	**12.600,00 EUR**
5	172.125,69 EUR	.	.	.
⋮	⋮	⋮	⋮	⋮

Das Darlehen ist nach ca. 33 Jahren getilgt.

Abzahlungsdarlehen

Die jährliche Belastung bestehend aus Tilgung und Zinsen sinkt von Jahr zu Jahr.

Der in der Annuität enthaltene Tilgungsanteil bleibt über die gesamte Laufzeit des Darlehens konstant.

Beispiel:

Darlehensbetrag: 180.000,00 EUR
Nominalzinssatz: 6 % p. a.
Tilgungssatz: 5 % p. a. (anfänglich)

Tilgungsplan

Jahr	Darlehen	6 % Zinsen	Tilgung	Annuität
1	180.000,00 EUR	10.800,00 EUR	9.000,00 EUR	**19.800,00 EUR**
2	171.000,00 EUR	10.260,00 EUR	9.000,00 EUR	**19.260,00 EUR**
3	162.000,00 EUR	9.720,00 EUR	9.000,00 EUR	**18.720,00 EUR**
4	153.000,00 EUR	9.180,00 EUR	9.000,00 EUR	**18.180,00 EUR**
5	144.000,00 EUR	.	.	.
⋮	⋮	⋮	⋮	⋮

Das Darlehen ist nach 20 Jahren getilgt.

Festdarlehen

Die jährliche Belastung besteht nur in Höhe der Zinsen. Die Darlehensrückzahlung erfolgt in einer Summe am Ende der Darlehenslaufzeit.

8

Steuerliche Behandlung von Krediten und Kreditzinsen

Bei **Bilanzierung** nach § 4 Abs. 1 EStG und § 5 EStG sind Kredite nach Laufzeiten gestaffelt mit dem Rückzahlungsbetrag zu bilanzieren, wenn

- dem Unternehmen Mittel zugeführt werden,
- die zugeführten Mittel in wirtschaftlichem Zusammenhang mit dem Betrieb stehen oder zu diesem Zwecke übernommen werden,
- die zugeführten Mittel tatsächlich für betriebliche Zwecke verwendet werden.

Zinsschulden werden mit dem Zeitpunkt der Entstehung als Betriebsausgaben erfasst, wenn sie betrieblich veranlasst sind. Dies ist der Fall, wenn die Kredite zum Betriebsvermögen zu rechnen sind.

Ein **Damnum** (Abgeld) ist als aktiver Rechnungsabgrenzungsposten zu aktivieren und

- bei Annuitäten- und Abzahlungsdarlehen digital,
- bei Fälligkeitsdarlehen linear

auf die Laufzeit des Darlehens zu verteilen.

Für **alle Rechtsformen** gilt die **Zinsschrankenregelung** nach § 4h EStG.

Es gilt der Grundsatz, dass Zinsaufwendungen eines Unternehmens nur in Höhe des Zinsertrages desselben Wirtschaftsjahres (= Zinsschranke) abziehbar sind.

8.6 Kreditsicherungen

Der Kreditgeber verlangt für Kredite wie z. B. ein Darlehen nach § 488 Abs. 1 BGB in der Regel Sicherheiten, auf die er zurückgreifen kann, wenn der Kreditnehmer seine Zahlungsverpflichtungen aus dem Kreditvertrag nicht erfüllt.

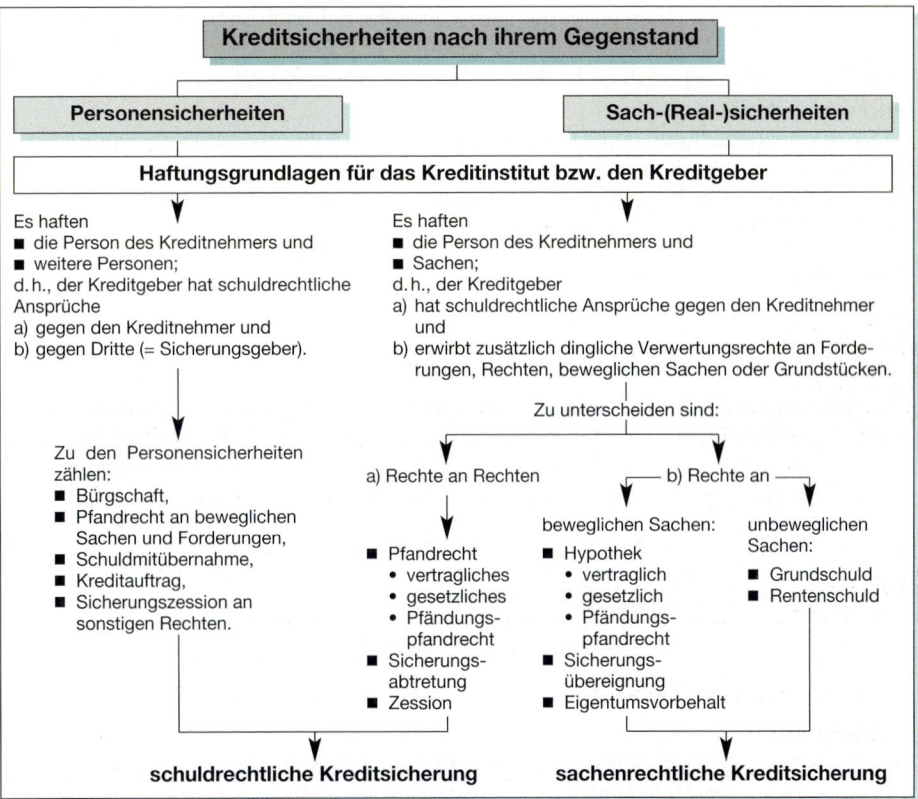

8

Ziel des Kreditgebers ist es, das sich aus dem Kreditgeschäft ergebende Risiko so gering wie möglich zu halten.

Unter Kreditsicherung sind zu verstehen die Überlassung
- von Vermögenswerten und/oder
- Rechten.

Neben der Sicherung des Kredites sollte die Prüfung der Höhe des Kapitalbedarfs sowie die Verwendung des Kapitals treten.
Ein großer Teil der Kreditausfälle beruht auf Ereignissen, die erst nach Einräumung des Kredites eintreten. Deshalb sollten zur **Kreditüberwachung** regelmäßig Kontrollen erfolgen, die die vereinbarungsgemäße Kreditverwendung, den Stand der wirtschaftlichen Verhältnisse des Kreditnehmers und den Wert der erbrachten Sicherheiten überprüfen.

◼ Akzessorische und nicht akzessorische Sicherheiten

Akzessorische Sicherheiten
Rechtsquellen: *§§ 767 Abs. 1, 1163 Abs. 1, 765 Abs. 2, 1113 Abs. 2, 1204 Abs. 2, 1210 Abs. 1, 401, 412, 770, 1137 Abs. 1, 1211 Abs. 1 BGB*

Akzessorische Sicherheiten bestehen nur, wenn die zu sichernde Forderung besteht, d.h. sie sind in Entstehung, Übertragung und Fortbestand von der gesicherten Forderung abhängig.

> **Beispiele:**

- *Personensicherheiten:*   *Bürgschaft*
- *Sachsicherheiten:*   *Pfandrecht an beweglichen Sachen und Forderungen, Hypothek*

Diese Sicherheiten bestehen nur in der aktuellen Höhe der noch bestehenden zu sichernden Forderung.
Besteht die Forderung noch nicht oder nicht mehr, so ist die akzessorische Sicherheit nicht rechtsgültig.
Der Sicherungsgeber kann dem Gläubiger alle dem Schuldner zustehenden Einreden entgegenhalten, weil der Gläubiger nur eine Sicherheit in Höhe der tatsächlichen Schuld nebst Nebenkosten (*z. B. Verzugszinsen*) schuldet.

Nicht akzessorische Sicherheiten
Diese sind nicht vom Bestand der zu sichernden Forderungen abhängig.

> **Beispiele:**

- *Personensicherheiten:*   *Garantie, Schuldmitübernahme*
- *Sachsicherheiten:*   *Grundschuld, Sicherungsübereignung, Sicherungsabtretung*

Im Sicherungsvertrag werden zwischen dem Sicherungsgeber und dem Schuldner schuldrechtliche Vereinbarungen getroffen, die denen der akzessorischen Sicherung gleichkommen. Das Sicherungsrecht selbst bleibt aber unabhängig von der zu sichernden Forderung, d.h. die Sicherheiten können auch ohne Bestehen einer Forderung verwertet oder in Anspruch genommen werden.

8.6.1 Personensicherheiten

Bei Personalsicherheiten haftet neben dem Schuldner mindestens eine weitere Person für die Erfüllung der Verbindlichkeit.

◼ Bürgschaft
Rechtsquellen: *§ 765 ff. BGB*   *§§ 349, 350, 356 HGB*
                      Art. 25 ScheckG   *Art. 30–32, 47 WG*

- Bei der Bürgschaft tritt der Bürge neben den Schuldner; er haftet zusätzlich zum Schuldner gegenüber dem Kreditgeber für die Erfüllung der Pflichten aus dem Kreditvertrag (Zinszahlung, Tilgung).
- Der Bürge haftet nur für **den noch nicht getilgten Teil der Hauptschuld**, weil die Bürgschaft akzessorisch (= forderungsabhängig) ist.
- Die Bürgschaft ist ein einseitig verpflichtender Vertrag des Bürgen gegenüber dem Gläubiger des Dritten, für die Erfüllung der Verbindlichkeit des Dritten einzustehen *(§ 765 ff. BGB)*.
- Der Bürgschaftsvertrag verlangt bei **Nichtkaufleuten Schriftform** mit Originalunterschrift *(§ 766 BGB)*; **Kaufleute** untereinander können sich **mündlich verbürgen**, wenn die Bürgschaft für sie ein Handelsgeschäft ist.
- Die Bürgschaft erlischt, sobald der Kreditnehmer seine Zahlungsverpflichtungen erfüllt hat.
- Eine per Formularvertrag vereinbarte Haftung des Bürgen für alle gegenwärtigen und zukünftigen Verbindlichkeiten eines Schuldners ist unwirksam.
  Dies gilt auch, wenn der Bürge Kaufmann i. S. d. *HGB* ist.

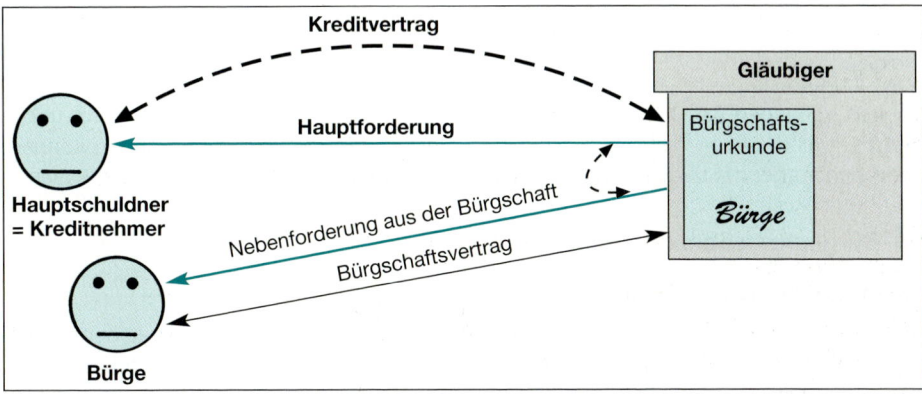

Kleine und mittlere Unternehmen können gegen eine Bearbeitungsgebühr (ca. 1 %) und Kosten von jährlich bis zu 1,5 % der verbürgten Summe eine Bürgschaft durch staatliche Bürgschaftsbanken der Bundesländer sowie der Europäischen Investitionsbank oder der Deutschen Ausgleichsbank für Kredite und andere Finanzierungen beantragen.

Bürgschaftsarten

1. Gewöhnliche Bürgschaft

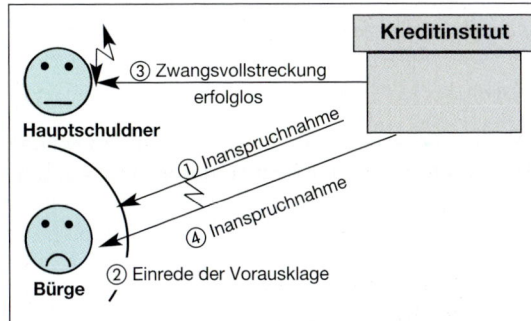

Der **Bürge kann die Einrede der Vorausklage geltend machen:** Er kann die Zahlung verweigern, solange der Gläubiger nicht ohne Erfolg eine Zwangsvollstreckung in das **bewegliche Vermögen** des Hauptschuldners versucht hat *(§§ 771, 772 BGB)*.

Macht der Bürge von der Einrede der Vorausklage ② Gebrauch, muss der Gläubiger zunächst die Zwangsvollstreckung ③ betreiben. Ist die Zwangsvollstreckung erfolglos, kann der Bürge endgültig in Anspruch genommen werden ④.

8

2. Die Ausfallbürgschaft

Die **Ausfallbürgschaft** unterscheidet sich von der gewöhnlichen Bürgschaft durch die erweiterte Vollstreckungs- und Verwertungspflicht des Gläubigers und die Verpflichtung des Gläubigers, auch ohne **Einrede der Vorausklage** des Bürgen die erfolgreiche Zwangsvollstreckung nachzuweisen. Ein Ausfall gilt als eingetreten, wenn der Gläubiger versucht hat, durch Zwangsvollstreckung in das gesamte bewegliche und unbewegliche Vermögen des Hauptschuldners Befriedigung zu erlangen und dabei nicht oder nicht in voller Höhe befriedigt worden ist. Der Ausfallbürger muss nun für den offenen Restbetrag aufkommen.

3. Selbstschuldnerische Bürgschaft

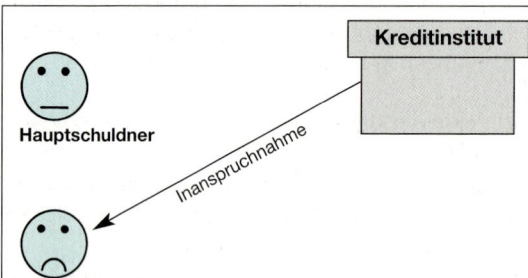

Der **Bürge verzichtet auf die Einrede der Vorausklage**. Der Gläubiger kann sich bei Fälligkeit sofort an den Bürgen wenden *(Selbstschuldnerische Bürgschaft kraft Vertrages, § 773 BGB)*. Ist für den Bürgen die Bürgschaft ein Handelsgeschäft, so steht ihm die Einrede der Vorausklage nicht zu *(Selbstschuldnerische Bürgschaft kraft Gesetzes, § 349 HGB)*.

Banken verlangen i. d. R. die selbstschuldnerische Bürgschaft (häufig betraglich unbegrenzt), weil sie dann bei Zahlungsverzug sofort gegen den Bürgen vorgehen können, ohne sich vorher mit dem zahlungsunfähigen Schuldner auseinandersetzen zu müssen.

◼ Bürgschaftsähnliche Sicherheiten

Schuldmitübernahme/Schuldbeitritt

Bei der Schuldmitübernahme verpflichtet sich eine dritte Person durch Vertrag neben dem bisherigen Schuldner, beide haften dem Kreditgeber gegenüber als Gesamtschuldner.

> **Beispiel:**
> *Eintritt eines neuen Gesellschafters in eine OHG (§ 130 HGB)*

Garantie

Der Garantiegeber (Garant) verpflichtet sich in einem einseitig verpflichtenden Vertrag, einem Dritten zuzusichern, dass ein bestimmter Erfolg eintritt oder ein Misserfolg nicht zustande kommt.

> **Beispiel:**
> *Ein Kreditinstitut garantiert im Rahmen einer Leistungsgarantie dafür, dass sein Kunde die Vertragspflicht aus einem Kaufvertrag gegenüber dem Käufer erfüllt.*

Kreditauftrag

Ein Auftraggeber beauftragt in seinem Namen für seine Rechnung – und nicht im Namen des Schuldners – einen Kreditgeber, einem anderen einen Kredit zu geben. Der Auftraggeber haftet wie bei der Bürgschaft.

Sicherungszession[1]

Wechselakzept

---

[1] Vgl. Seite 555 ff.

8

8.6.2 Sachsicherheiten

8.6.2.1 Zession (Sicherungsabtretung, Forderungsabtretung)

Zur Kreditsicherung können nicht nur dem Kreditnehmer gehörende *Sachen,* sondern auch *Forderungen* dienen, die der Kreditnehmer gegenüber Dritten hat.

> Bei einer **Sicherungsabtretung** (Sicherungszession) tritt ein Schuldner eigene Forderungen an Dritte, an seinen Gläubiger als Sicherheitsleistung ab.

Der Schuldner überträgt als bisheriger Gläubiger – Zedent – seine eigene Forderung oder eine Vielzahl von eigenen Forderungen durch einen Abtretungsvertrag an den neuen Anspruchsinhaber (= **Zessionar**, neuer Kreditgeber) zur Sicherung der neuen Forderung/en, die dieser gegenüber dem Zedenten hat.

Durch die Sicherungsabtretung tritt der Zessionar in die Rechtsstellung des Zedenten ein und ist berechtigt, die Forderung selbst einzuziehen.

Bei der in der Praxis meist vereinbarten stillen Zession ist der Zedent hingegen weiter ermächtigt, Zahlungen an sich zu verlangen. Die Abtretung wird hierbei erst nach Eintritt des in einer Sicherungsvereinbarung definierten Sicherungsfalles offengelegt.

Die Sicherungsabtretung ist gesetzlich nicht geregelt; sie hat sich aus der Praxis entwickelt und ist von der Rechtsprechung als Instrument der Kreditsicherung anerkannt; sie erfolgt nach den allgemeinen Bestimmungen des BGB über die Abtretung von Forderungen *(§ 398 BGB)*.

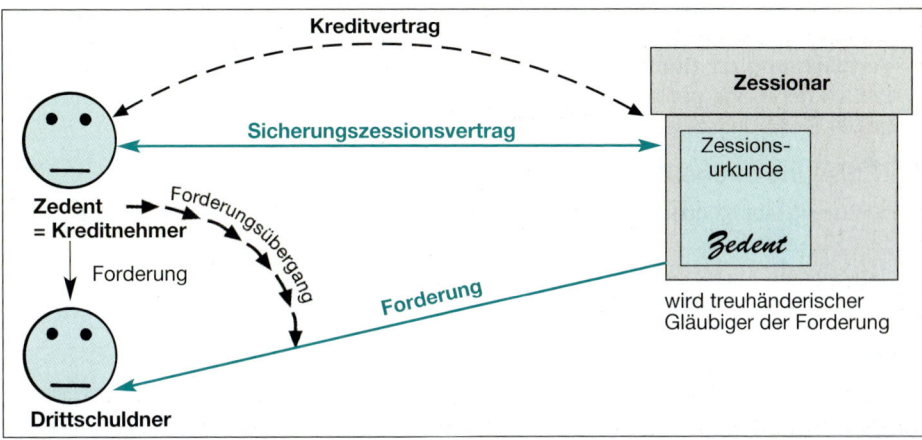

Zur Sicherungsabtretung geeignete Forderungen sind:

- Gehaltsforderungen
- Forderungen aus Sparguthaben
- Forderungen aus Pacht- und Mietzins
- Forderungen aus Warenlieferungen und Leistungen
- Forderungen aus Bauspar- und Versicherungsverträgen

Beispiel:

Die Eheleute Renate und Fabian Hübsch haben bei ihrem Kreditinstitut einen Ratenkredit zur Finanzierung ihrer neuen Wohnungseinrichtung beantragt.
Zur Kreditsicherung wird eine Gehaltsabtretung in Höhe von monatlich 250,00 EUR vereinbart.

Nicht abtretbar sind

- **unpfändbare Forderungen:** Ihre Abtretung ist **gesetzlich verboten** *(§ 400 BGB),*

Beispiele:

- *Lohn- und Gehaltsforderungen innerhalb der Pfändungsfreigrenze*
- *Unterhaltsansprüche eines Kindes gegen seine Eltern*

8

- Forderungen, deren Abtretbarkeit **vertraglich** zwischen Gläubiger und Schuldner **ausgeschlossen** ist *(§ 399 BGB)*.

> **Beispiele:**
> - *Abtretungsausschluss von Gehaltsansprüchen im Arbeitsvertrag*
> - *Abtretungsausschluss von Kaufpreisforderungen in den AGB des Käufers*

Fiduziarität der Sicherungsabtretung

Aufgrund der Sicherungsabtretung wird das Kreditinstitut **fiduziarischer** (treuhänderischer) Gläubiger der Forderung.

Das bedeutet: Im **Außenverhältnis** ist das Kreditinstitut rechtlicher Gläubiger der zur Sicherung abgetretenen Forderung.

Im **Innenverhältnis** ist die Gläubigerstellung des Kreditinstituts jedoch beschränkt:

- **Eingeschränktes Verwertungsrecht**
  Erfüllt der Kreditnehmer seine Zahlungsverpflichtungen nicht, so kann das Kreditinstitut die Forderung einziehen, um mit dem so erzielten Erlös *seine* Forderung gegenüber dem Kreditnehmer auszugleichen. Ein dabei erzielbarer Überschuss steht dem Kreditnehmer zu.
- **Bilanzierung der abgetretenen Forderung beim Sicherungsgeber**
  Der Kreditnehmer bleibt Geschäfts- bzw. Vertragspartner seines Schuldners und damit der für die Bilanzierung maßgebliche wirtschaftliche Gläubiger.
- **Absonderungsrecht bei Insolvenz des Sicherungsgebers**
  Bei einem Insolvenzverfahren wird die Forderung abgesondert von den übrigen Vermögenswerten des Gemeinschuldners und zugunsten des Kreditinstituts verwertet.
- **Verpflichtung zur Rückübertragung der Forderung**
  Sobald der Kredit getilgt ist, muss das Kreditinstitut die Forderung zurückübertragen, da der Sicherungszweck entfallen ist.

Stille und offene Zession

Die Sicherungsabtretung kann **mit oder ohne Benachrichtigung** des Drittschuldners erfolgen.

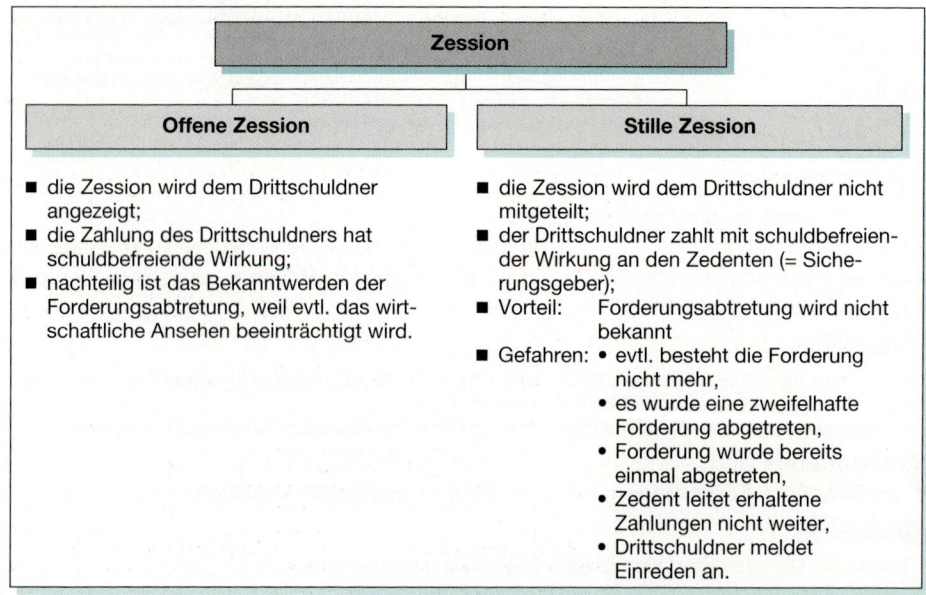

8

Im Interesse des Kreditnehmers wird in der Praxis jedoch häufig auf die Offenlegung der Zession verzichtet, weil hierbei die Kreditaufnahme und die Forderungsabtretung dem Drittschuldner nicht bekannt wird.

Eine stille Zession kann jederzeit in eine offene Zession umgewandelt werden.

Einzel- und Rahmenzession

Die Sicherungsabtretung kann sich auf eine **einzelne Forderung** oder auf ein **Bündel von Forderungen** beziehen.

Reicht nämlich eine einzelne Forderung zur Sicherung eines Kredites nicht aus, können ggf. auch mehrere Forderungen gleichzeitig abgetreten werden.

Insbesondere die Abtretung von Forderungen aus Warenlieferungen und Leistungen wird in Form einer Rahmenabtretung vorgenommen.

Eine Rahmenabtretung erfolgt in der Praxis in Form einer **Globalzession**: Der Kreditnehmer tritt alle gegenwärtigen und künftig entstehenden Forderungen gegenüber einem **bestimmten Kreis** von Drittschuldnern ab. Der Wert dieser Forderungen muss den im Kreditsicherungsvertrag vereinbarten Mindestdeckungsbestand erreichen. Die abgetretenen Forderungen werden in der Regel durch die Anfangsbuchstaben der Drittschuldner abgegrenzt. Der Forderungsübergang geschieht hier bereits zum Zeitpunkt der Entstehung der Forderungen, also nicht wie bei der **Mantelzession** mit Übergabe einer Debitorenliste.

> **Beispiel:**
>
> ***Auszug aus einem Globalzessionsvertrag***
> *Zur Sicherung aller bestehenden und künftigen Ansprüche, die der Union Bank gegen den Sicherungsgeber aus der Geschäftsverbindung zustehen, tritt der Sicherungsgeber an die Bank seine sämtlichen bestehenden und künftigen Forderungen aus Warenlieferungen und Leistungen gegen alle Schuldner des Sicherungsgebers mit den Anfangsbuchstaben A–M ab.*
> *Der realisierbare Wert der abgetretenen Forderungen muss jeweils mindestens 110 % der Verbindlichkeiten des Kreditnehmers gegenüber der Bank betragen (Deckungsgrenze). Unterschreitet der Wert der abgetretenen Forderungen die Deckungsgrenze, ist der Sicherungsgeber zur Abtretung entsprechender neuer Forderungen verpflichtet.*
> *Der Sicherungsgeber hat der Bank bis zum 10. eines jeden Monats eine Bestandsliste über die an die Bank abgetretenen, noch ausstehenden Forderungen einzureichen.*

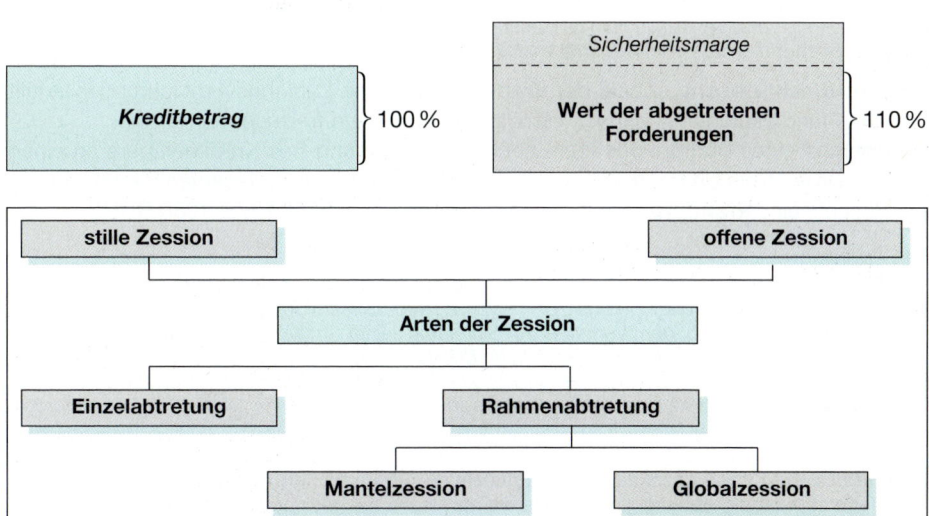

8

8.6.2.2 Pfandrecht

> Das **Pfandrecht** ist ein zur Sicherung einer Forderung bestelltes akzessorisches[1] Recht an einer fremden Sache: Es räumt dem Pfandgläubiger das Recht ein, den Pfandgegenstand zu verwerten, falls der Schuldner seine Zahlungsverpflichtungen nicht erfüllt *(§ 1204 ff. BGB)*.

Der Verpfänder bleibt zwar Eigentümer des Pfandgegenstandes, er kann jedoch über ihn nicht mehr verfügen, da zur Rechtswirksamkeit der Pfandrechtsbestellung die Übergabe des Pfandes an den Pfandgläubiger notwendig ist. Die Übergabe des Pfandgegenstandes entfällt, wenn der Pfandgläubiger bereits in dessen Besitz ist.

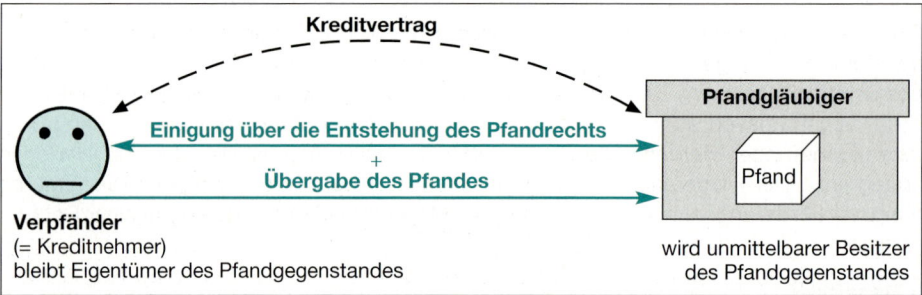

Als Pfand eignen sich in der Praxis nur solche Wertgegenstände, die vom Pfandgläubiger problemlos verwertet werden können. Bevorzugt sind vor allem börsennotierte Wertpapiere. Die vom Kreditnehmer angebotenen Pfandobjekte werden vom Kreditinstitut nicht mit ihrem vollen Wert beliehen. Bei Wertpapieren schwankt der Beleihungssatz zwischen 50 % und 90 % des aktuellen Marktwertes.

Ein durch die Verpfändung von beweglichen Sachen, insbesondere Wertpapieren, gesicherter Kredit wird als **Lombardkredit** bezeichnet.

> **Beispiel:**
>
> *Der Bankkunde Florian Probst verpfändet seinem Kreditinstitut zur Sicherstellung eines Lombardkredits 100 PETRO-Aktien. Bei einem Börsenkurs von 300,00 EUR je Aktie und einem Beleihungssatz von 60 % beträgt die maximale Kredithöhe 18.000,00 EUR.*

Das Pfandrecht erlischt, sobald der Kreditnehmer seine Zahlungsverpflichtungen erfüllt hat. Der Pfandgläubiger ist danach verpflichtet, das Pfand freizugeben.

Gegenstand eines Pfandrechts kann auch eine Forderung des Kreditnehmers an einen Dritten sein *(z. B. ein Sparguthaben)*. In diesem Fall ist zur rechtswirksamen Bestellung des Pfandrechts eine **Pfandanzeige** an den Dritten erforderlich *(§§ 1273, 1280 BGB)*.

> **Beispiel:**
>
> *Frau Clara Schmücker beabsichtigt, im Haus von Herrn Niko Rheindorf eine Wohnung zu mieten. Die Mietbedingungen lauten: Miete 500,00 EUR je Monat, Nebenkosten 100,00 EUR je Monat.*
> *Der Mieter verpflichtet sich, dem Vermieter zur Sicherung seiner Ansprüche eine Mietkaution in Höhe von drei Monatsmieten (1.500,00 EUR, vgl. § 550b BGB) zu stellen.*
> *Die Mieterin richtet ein Sparbuch in Höhe von 1.500,00 EUR ein und verpfändet das Guthaben zu Gunsten des Vermieters. Die Bestellung des Pfandrechts an einer Spareinlage (§§ 1274, 1279 BGB) erfordert*

---

[1] Akzessorische Sicherungsmittel sind in Entstehung, Übertragung und Fortbestand von der gesicherten Forderung abhängig, sie entstehen nur, wenn die gesicherte Forderung entsteht (Beispiele: Bürgschaft, Hypothek, Pfandrecht).

- *die Einigung zwischen Pfandgläubiger (Vermieter) und Verpfänder (Mieter) und*
- *die Anzeige der Verpfändung durch den Verpfänder (Mieter) an die kontoführende Stelle (§ 1280 BGB).*

Das Sparbuch wird dem Vermieter für die Dauer des Mietverhältnisses in Gewahrsam gegeben.

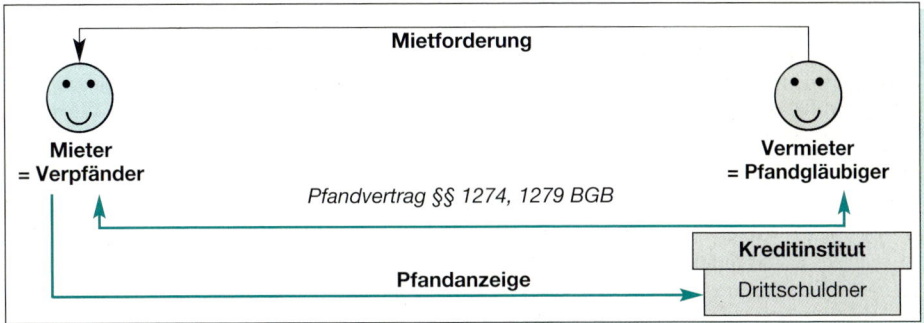

Beachte:
Steuerschuldner für Steuern auf Erträge aus dem Mietkautionskonto ist der Mieter.

Verwertung des Pfandes

1. Pfandreife	2. Androhung der Pfandverwertung	3. Pfandverwertung
Die pfandgesicherte Forderung muss fällig sein *(§ 1228 BGB).*	Die Pfandverwertung muss dem Eigentümer angedroht werden *(§ 1234 BGB).*	Die Pfandverwertung ist erst nach Ablauf einer Wartefrist zulässig *(§§ 1234 BGB, 368 HGB).*

Die Verwertung eines Pfandes muss grundsätzlich im Wege der **öffentlichen Versteigerung** *(z. B. durch einen Gerichtsvollzieher oder Notar)* erfolgen. Bei Wertpapieren ist auch ein Verkauf zum amtlichen Börsenkurs zulässig *(§§ 1235, 1221 BGB).*
Ein erzielbarer Verwertungsüberschuss steht dem Kreditnehmer zu.

Arten des Pfandrechts

Arten des Pfandrechts	
Vertragliches Pfandrecht	Das Pfandrecht entsteht durch **Vertrag** zwischen dem Verpfänder und dem Pfandgläubiger.
Gesetzliches Pfandrecht	Das Pfandrecht besteht **kraft Gesetzes**, ohne dass die beteiligten Parteien ausdrücklich eine Verpfändung vereinbart haben. *Beispiele:* - *Pfandrecht des Kommissionärs (§ 397 HGB)* - *Pfandrecht des Vermieters (§ 559 BGB)* - *Pfandrecht des Verpächters (§ 592 BGB)*
Pfändungs-pfandrecht	Das Pfandrecht entsteht im Wege der **Zwangsvollstreckung** in das Vermögen eines säumigen Schuldners *(§§ 803, 804 ZPO).* - Die **Pfändung** der im Gewahrsam des Schuldners befindlichen **beweglichen Sachen** erfolgt dadurch, dass der Gerichtsvollzieher diese Sachen in Besitz nimmt oder durch Anbringung des Pfandsiegels die Pfändung des Gegenstandes deutlich macht *(§ 808 ZPO).* - Die **Pfändung von Forderungen** erfolgt durch Zustellung eines gerichtlichen Pfändungsbeschlusses *(§ 829 ZPO).*

Die verschiedenen Pfandrechte gewähren dem jeweiligen Pfandgläubiger die gleichen Rechte *(§ 804 ZPO, § 1257 BGB).*

8

> **Beispiel:**
>
> *Frau Möchte beabsichtigt im Haus von Herrn Müller eine Wohnung zu mieten.*
> *Die Mietbedingungen lauten: Miete 500,00 EUR je Monat, Nebenkosten 100,00 EUR je Monat.*
> *Der Mieter verpflichtet sich, dem Mieter zur Sicherung seiner Ansprüche eine Mietkaution in Höhe von drei Monatsmieten (1.500,00 EUR, vgl. § 550b BGB) zu stellen.*
>
> *Mögliche Lösung:*
> *Die Mieterin richtet ein Sparbuch in Höhe von 1.500,00 EUR ein und verpfändet das Guthaben zugunsten des Vermieters. Die Bestellung des Pfandrechts an einer Spareinlage (§§ 1274, 1279 BGB) verlangt*
> - *die Einigung zwischen Pfandgläubiger (Vermieter) und Verpfänder (Mieter) und*
> - *die Anzeige der Verpfändung durch den Verpfänder (Mieter) an die kontoführende Stelle (§ 1280 BGB).*

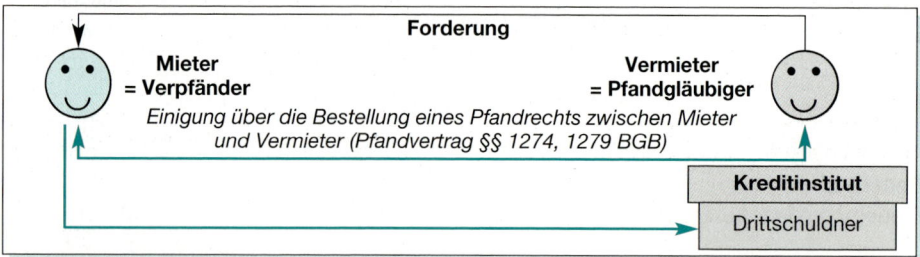

Beachten Sie bitte:

Steuerschuldner für Steuern auf Erträge aus dem Mietkautionskonto ist der Mieter.

Erlöschen des Pfandrechts

- Der Pfandgegenstand wurde rechtmäßig verwertet *(§ 1242 BGB).*
- Die Forderung, für die das Pfandrecht bestellt wurde, besteht nicht mehr *(§ 1252 BGB).*
- Der Pfandgläubiger gibt das Pfand dem Verpfänder zurück *(§ 1253 BGB).*
- Der Pfandgläubiger verzichtet auf das Pfandrecht *(§ 1255 BGB).*

8.6.2.3 Sicherungsübereignung

Die Verpfändung einer beweglichen Sache verlangt die Übergabe der Sache an den Pfandgläubiger. Dies bedeutet, der Gegenstand kann nicht mehr privat oder betrieblich genutzt werden.

Wenn der Sicherungsgegenstand weiterhin vom Kreditnehmer genutzt werden soll und er unmittelbarer Besitzer des Gegenstandes bleiben soll, bietet sich die nicht gesetzlich geregelte Sicherungsübereignung als abstrakte Kreditsicherheit an.

Im Rahmen der Sicherungsübereignung
- wird dem Kreditgeber treuhänderisch (= fiduziarisch) das Eigentum übertragen,
- kann der Kreditgeber nur in bestimmten Fällen auf das Eigentum zurückgreifen.

Die Sicherungsübereignung verlangt drei Rechtsgeschäfte
1. einen Kreditvertrag *(§ 488 BGB),*
2. die dingliche Sicherungsübereignung *(vgl. § 930 BGB)* und
3. die schuldrechtliche Sicherungsabrede.

Die Sicherungsübereignung hat sich in der Praxis entwickelt und ist von der Rechtsprechung als Kreditsicherung anerkannt.

> Die **Sicherungsübereignung** ist eine Eigentumsübertragung mit der Vereinbarung, dass
>
> - der Kreditnehmer die zur Sicherung übereignete Sache eindeutig bestimmt und in seinem Besitz behalten darf,
> - der Kreditgeber bei Nichterfüllung seiner Forderung berechtigt ist, die Herausgabe der Sache zu verlangen und sie anschließend zu verwerten. Erst die Verwertung selbst löst steuerbare Umsätze aus, sowohl zwischen Sicherungsnehmer und Erwerber als auch zwischen Sicherheitsgeber und -nehmer.

8

Die Eigentumsübertragung erfolgt i. d. R. nach *§ 930 BGB* durch Einigung, Vereinbarung eines Besitzmittlungsverhältnisses (Besitzkonstitut) und der Sicherungsabrede. Ein gutgläubiger Erwerb des Sicherungsnehmers ist i. d. R. nicht möglich, weil nach *§ 933 BGB* die notwendige Übertragung des unmittelbaren Besitzes fehlt.

Gegenüber Dritten hat der Sicherungsgeber einen Herausgabeanspruch aus *§ 985 BGB*.

Einigung +	Besitzkonstitut +	Sicherungsabrede
Die Vertragspartner einigen sich darüber, dass das Eigentum sicherungshalber vorübergehend an den Kreditgeber übergehen soll.	Die Übergabe des Sicherungsgutes wird durch einen Vertrag (z. B. Leihe, Verwahrung) ersetzt, der dem Kreditnehmer weiterhin zum unmittelbaren Besitz berechtigt.	Die Sicherungsabrede verbindet Kredit und Sicherheit. In einem schuldrechtlichen Vertrag werden Verwertungsmöglichkeiten des Treuhandeigentums, die Eigentumsausübung des Gläubigers und die Einreden des Schuldners gegen den Gläubiger vereinbart. Bei Zahlungsunfähigkeit des Schuldners kann der Gläubiger die Sache verkaufen oder versteigern lassen.

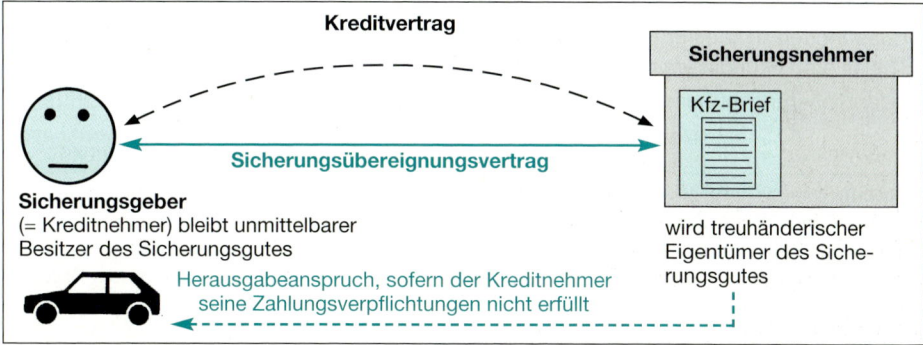

Zur Sicherungsübereignung geeignete Vermögensteile sind:
- Kraftfahrzeuge (Vollkasko, Abtretung aller Ansprüche aus der Versicherung)
- Maschinen
- Waren *(Rohstoffe, Fertigerzeugnisse, Vorräte, Einrichtung)*

▨ Fiduziarität der Sicherungsübereignung

Aufgrund der Sicherungsübereignung erlangt das Kreditinstitut ein fiduziarisches (treuhänderisches) Eigentum. Das bedeutet:

Im **Außenverhältnis** ist das Kreditinstitut rechtlicher Eigentümer der sicherungsübereigneten Sache.

Im **Innenverhältnis** ist das Eigentumsrecht des Kreditinstituts jedoch beschränkt:
- **Eingeschränktes Verwertungsrecht**
  Erfüllt der Kreditnehmer seine Zahlungsverpflichtungen nicht, so kann das Kreditinstitut die Herausgabe der Sache verlangen und diese versteigern lassen oder zum Marktpreis verkaufen, um mit dem erzielten Erlös seine Forderung auszugleichen. Ein bei der Verwertung erzielbarer Überschuss steht dem Kreditnehmer zu.
- **Bilanzierung des Sicherungsobjektes beim Sicherungsgeber**
  Der Kreditnehmer behält das Nutzungsrecht an der Sache und damit das für die Bilanzierung maßgebliche wirtschaftliche Eigentum.
- **Absonderungsrecht bei Insolvenz des Sicherungsgebers**
  Bei einem Insolvenzverfahren wird das Sicherungsobjekt abgesondert von den übrigen Vermögenswerten des Gemeinschuldners und zugunsten des Kreditinstituts verwertet.

8

- **Verpflichtung zur Rückübertragung des Eigentums**

  Sobald der Kredit getilgt ist, muss das Kreditinstitut das Eigentum am Sicherungsgegenstand an den Kreditnehmer zurückübertragen.

▨ Risiken der Sicherungsübereignung

Die Sicherungsübereignung ist für das Kreditinstitut als Sicherungsnehmer mit Risiken verbunden, die den Wert dieser Kreditsicherheit erheblich beeinträchtigen können.

- Das Sicherungsobjekt ist durch seine Nutzung beim Kreditnehmer einem natürlichen Verschleiß und damit einer Wertminderung ausgesetzt.
- Das Sicherungsobjekt könnte gestohlen, beschädigt oder zerstört werden.
- Das Sicherungsobjekt könnte doppelt übereignet werden (z. B. eine Übereignung einer kreditfinanzierten Maschine, Eigentumsvorbehalt).
- Das Sicherungsobjekt unterliegt bereits einem gesetzlichen Vermieter-/Verpächterpfandrecht.
- Das Sicherungsobjekt gehört bereits zum Zubehör eines mit einem Grundpfandrecht belasteten Grundstücks und fällt damit in die Zubehörhaftung.
- Der Sicherungsgeber veräußert das Sicherungsobjekt an einen gutgläubigen Dritten.

	Mobiliarpfandrecht	**Sicherungsübereignung**
Kreditnehmer (Sicherungsgeber)	bleibt Eigentümer der verpfändeten Sache	bleibt unmittelbarer Besitzer der übereigneten Sache
Kreditgeber (Sicherungsnehmer)	wird unmittelbarer Besitzer der Sache (Pfandrechtsgläubiger)	wird treuhänderischer Eigentümer und mittelbarer Besitzer der Sache

8.6.2.4 Eigentumsvorbehalt

Zur Finanzierung des betrieblichen Umsatzprozesses bedienen sich die Unternehmen häufig des **Lieferantenkredites**. Hierbei gewährt der Lieferant einer Ware seinem Abnehmer ein **Zahlungsziel**, d. h., dieser braucht erst nach Ablauf eines vereinbarten Zeitraums die Rechnung zu bezahlen.

> **Beispiel:**
>
> *Die DETA Stahl AG beliefert die Rusche Maschinenbau AG mit Stahlprodukten, Rechnungsbetrag 65.000,00 EUR.*
> *Die Zahlungsbedingung der DETA Stahl AG lautet:*
> *Sofortzahlung unter Abzug von 3 % Skonto oder Zahlung nach 90 Tagen rein netto Kasse.*

Die Kosten des Lieferantenkredits entsprechen damit dem Skontoabzug, der bei Sofortzahlung gewährt wird.

> **Beispiel:**
>
> *Die Zinskosten des Lieferantenkredits betragen bei der Zahlungsbedingung der DETA Stahl AG:*

$$\text{Zinssatz p.a.} = \frac{\text{Skontosatz in \% x 360}}{\text{Zahlungsziel in Tagen}} = \frac{3 \times 360}{90} = 12\,\% \text{ p.a.}$$

Die Sicherstellung des Lieferantenkredits erfolgt durch ausdrückliche Vereinbarung eines **Eigentumsvorbehalts** *(§ 455 BGB)*.

Auszug aus einem Kaufvertrag mit Zahlungsziel: „Die Ware bleibt bis zur restlosen Bezahlung des Kaufpreises unser Eigentum."

Der Eigentumsvorbehalt dient

- der Sicherung der Kaufpreisforderung, die der Verkäufer dem Käufer ganz oder teilweise gestundet hat,
- dem Schutz vor dem Zugriff anderer Gläubiger auf das Vorbehaltsgut.

Wird über das Vermögen des Käufers das Insolvenzverfahren eröffnet, so kann der Insolvenzverwalter

- die Zahlungsforderung des Verkäufers erfüllen oder
- dem Vorbehaltsverkäufer die Ausübung des Aussonderungsrechts gestatten *(§ 47 InsO)*.

Einfacher Eigentumsvorbehalt

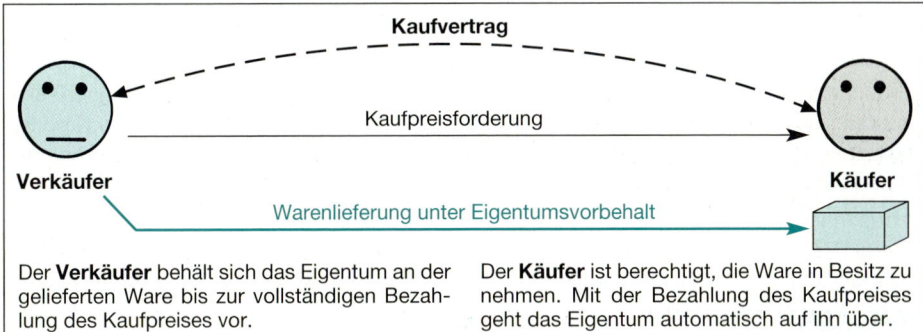

Der **Verkäufer** behält sich das Eigentum an der gelieferten Ware bis zur vollständigen Bezahlung des Kaufpreises vor.

Der **Käufer** ist berechtigt, die Ware in Besitz zu nehmen. Mit der Bezahlung des Kaufpreises geht das Eigentum automatisch auf ihn über.

Verlängerter Eigentumsvorbehalt

Eigentumsvorbehalt mit Verarbeitungsklausel

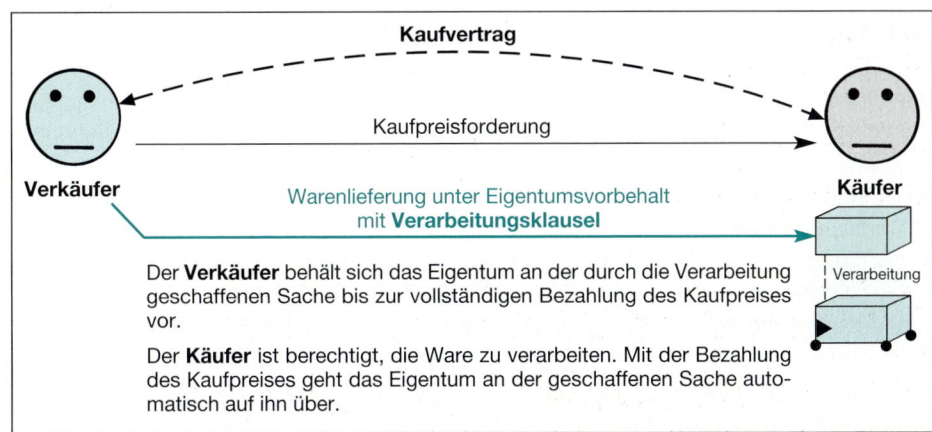

Der **Verkäufer** behält sich das Eigentum an der durch die Verarbeitung geschaffenen Sache bis zur vollständigen Bezahlung des Kaufpreises vor.

Der **Käufer** ist berechtigt, die Ware zu verarbeiten. Mit der Bezahlung des Kaufpreises geht das Eigentum an der geschaffenen Sache automatisch auf ihn über.

8

Eigentumsvorbehalt mit Vorausabtretungsklausel

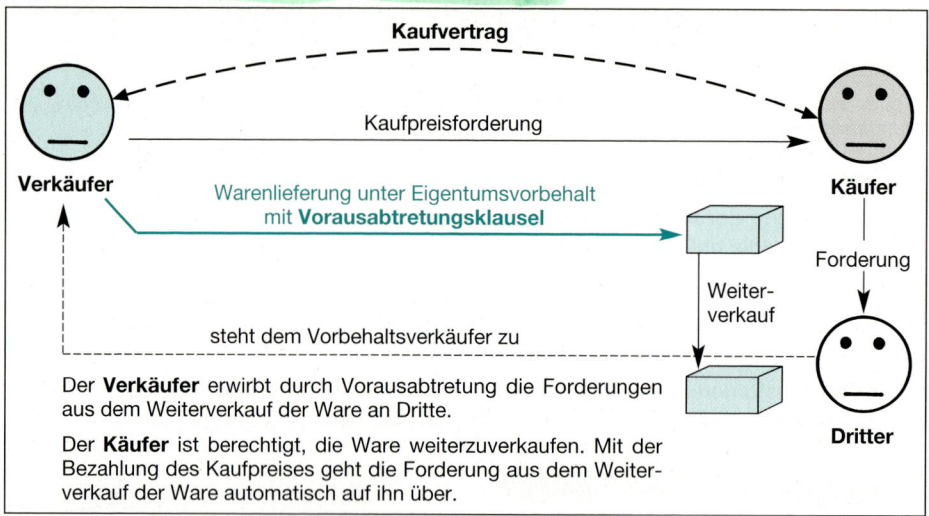

Der **Verkäufer** erwirbt durch Vorausabtretung die Forderungen aus dem Weiterverkauf der Ware an Dritte.

Der **Käufer** ist berechtigt, die Ware weiterzuverkaufen. Mit der Bezahlung des Kaufpreises geht die Forderung aus dem Weiterverkauf der Ware automatisch auf ihn über.

8.6.2.5 Grundpfandrechte

Bürgschaft, Mobiliarpfandrecht, Sicherungsübereignung und -abtretung eignen sich hauptsächlich zur Besicherung kurz- und mittelfristiger Kredite. Bei langfristigen Krediten bedeuten diese Sicherungsmittel keine ideale Sicherheit, da sie im Zeitablauf Wertminderungen unterliegen würden.

In besonderem Maße wertbeständig sind dagegen Immobilien (Grundstücke und Gebäude). Bei der Vergabe langfristiger Kredite bevorzugen die Kreditinstitute daher eine Sicherstellung durch **Grundpfandrechte** (lien on property), die in **Abteilung III** des Grundbuches eingetragen werden.

Zu den Grundpfandrechten zählen

- die Hypothek (§ 1113 ff. BGB),
- die Grundschuld (§ 1191 ff. BGB) und
- die Rentenschuld (§ 1199 ff. BGB).

Grundpfandrechte dienen als Sicherung für Kredite. Grundpfandrechte sind dingliche Verwertungsrechte. Der Gläubiger kann bestimmte Geldsummen notfalls im Wege der Zwangsversteigerung *(§ 1147 BGB)* aus dem Grundstück zurückerhalten, wobei die Inhaber von Grundpfandrechten eine bevorzugte Stellung einnehmen.

Die Hypothek wird kaum noch verwendet, Normalfall ist die Bestellung einer Grundschuld. Die Vorschriften der Hypothek gem. *§ 1192 BGB* finden auf die Grundschuld Anwendung.

Gemeinsamkeiten von Grundschuld und Hypothek:

- Sie sind dingliche Verwertungsrechte.
- Sie lasten auf dem Grundstück unabhängig vom Eigentümer des Grundstücks.
- Sie müssen zu ihrer Wirksamkeit ins Grundbuch eingetragen werden (Publizitätsprinzip).
- Sie unterliegen den Grundsätzen über den Rang der Rechte (maßgebend ist die Rangfolge).

Grundpfandrechte (Hypotheken, Grundschulden, Rentenschulden) können in EUR, sfr und in US-Dollar angegeben werden (VO über Grundpfandrechte vom 30.10.1998).

Ein Grundpfandrecht ist die Belastung eines Grundstücks mit einer Hypothek oder Grundschuld, vornehmlich zum Zwecke der Kreditsicherung.

8

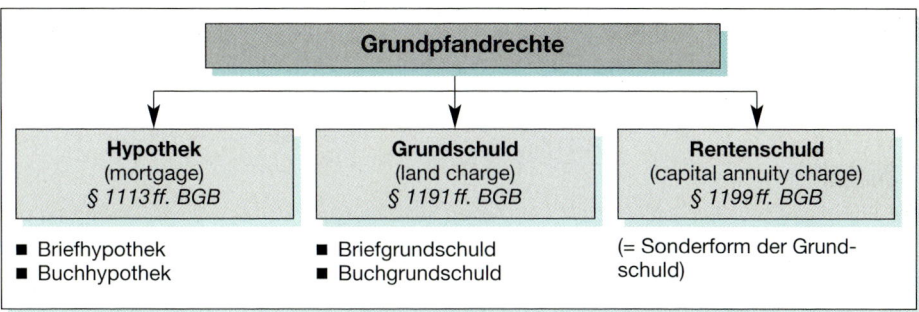

Ein **Grundpfandrecht**	ist die Belastung eines Grundstücks mit einer Hypothek oder Grundschuld, vornehmlich zum Zwecke der Kreditsicherung.
Ein **Grundstück**	ist jeder abgegrenzte Teil der Erdoberfläche, der im Grundbuch als rechtlich selbstständige Einheit gesondert aufgeführt ist.
Ein **Realkredit**	ist ein durch ein Grundpfandrecht abgesicherter Kredit, der insbesondere zur Finanzierung privater oder gewerblicher Baumaßnahmen und des Erwerbs von Immobilien verwendet wird.

Grundbuch (land register)

Das Grundbuch
- ist ein öffentliches Register,
- das beim Amtsgericht geführt wird
- und die **rechtlichen** Verhältnisse an den im Amtsgerichtsbezirk gelegenen Grundstücken darlegt.

Unter dem **Liegenschaftskataster** versteht man die Gesamtheit der amtlichen Karten und Bücher zum Nachweis des tatsächlichen Bestandes der Grundstücke und der rechtmäßigen Grundstücksgrenzen. Das **kommunale Vermessungs- und Katasteramt** führt u. a.:
- die **Flurkarte**, in der (i. d. R. im Maßstab 1 : 1.000) die Flurstücke einschließlich ihrer Bebauung kartiert sind,
- das **Liegenschaftsbuch**, das Auskunft über Lage, Größe, Nutzungsart und Eigentümer der Grundstücke gibt.

Öffentlichkeit des Grundbuchs

Jeder, der ein berechtigtes Interesse darlegt, kann das Grundbuch einsehen und beglaubigte Grundbuchauszüge verlangen *(§ 12 GBO)*.

Beispiel:

Einsichtnahme eines Kaufinteressenten mit schriftlicher Einwilligung des Eigentümers

Der Inhalt des Grundbuchs genießt öffentlichen Glauben *(§ 892 BGB)*.
- **Positive Publizität:** Die Angaben im Grundbuch gelten gutgläubigen Dritten gegenüber als richtig und vollständig.
- **Negative Publizität:** Eintragungspflichtige, aber nicht eingetragene oder unrichtig gelöschte Rechte und Verfügungsbeschränkungen gelten als nicht bestehend.

Der öffentliche Glaube erstreckt sich nur auf die Rechte, die in den drei Abteilungen eingetragen sind.

Der Inhalt des Grundbuchs genießt **keinen** öffentlichen Glauben, wenn
- die Unrichtigkeit der Eintragung der betreffenden Person bekannt ist,
- gegen die Richtigkeit einer Eintragung ein **Widerspruch** eingelegt und eingetragen wurde.

8

■ Grundbucheintragungen

Grundbucheintragungen erfolgen auf
- Antrag eines Beteiligten *(§ 13 GBO)* und
- Bewilligung desjenigen, dessen Recht durch die Eintragung betroffen wird *(§ 19 GBO)*.

Beispiel:

Der Erwerber eines Grundstücks stellt den Antrag auf Eintragung der Eigentumsübertragung des Grundstücks, der Veräußerer bewilligt diese Eintragung.

Der Eintragungsantrag ist grundsätzlich formlos *(§ 30 GBO)*, die Eintragungsbewilligung muss dagegen öffentlich beglaubigt sein *(§ 29 GBO)*.

Die **Löschung** ist die Beseitigung einer Grundbucheintragung. Sie wird als Vermerk eingetragen. Die erledigte Eintragung muss im Grundbuch lesbar bleiben und wird daher durch Unterstreichen kenntlich gemacht.

■ Aufbau und Inhalt des Grundbuchs

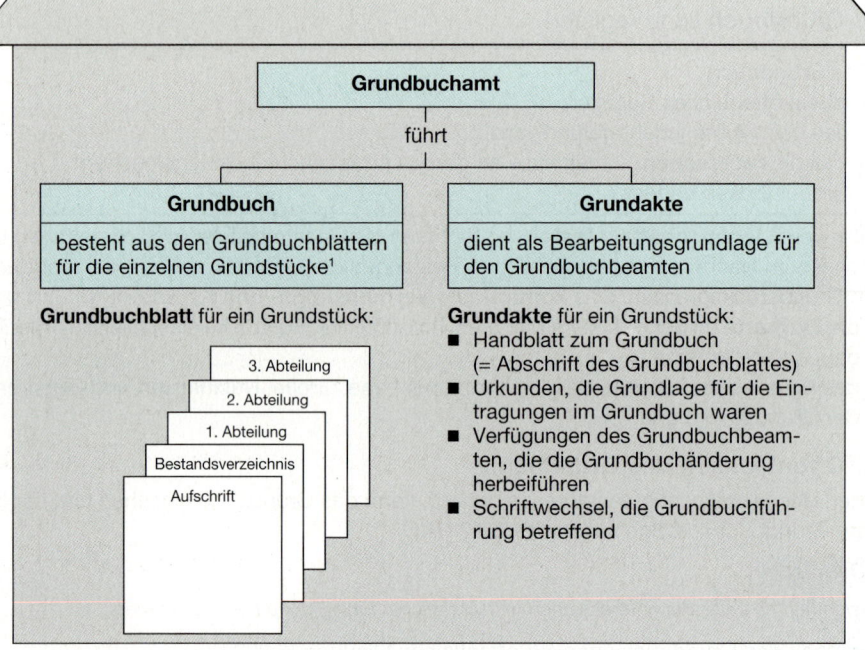

■ Aufschrift

Die Aufschrift ist das „Titelblatt" eines Grundbuchauszugs.
Sie enthält:

- das zuständige Amtsgericht
- den Grundbuchbezirk
- die Nummer des Grundbuchblattes

---

[1] Zum Teil bereits bei vielen Amtsgerichten in elektronischer Form geführt.

8

▨ Bestandsverzeichnis

Das Bestandsverzeichnis enthält Angaben über „technische" Merkmale bzw. Eigenschaften des Grundstücks. Es genießt keinen öffentlichen Glauben. Das Bestandsverzeichnis gibt Auskunft über:

- die vermessungstechnische Lokalisierung des Grundstücks (Gemarkung, Flur-Nr., Flurstück-Nr.),
- Lage des Grundstücks (Straße und Hausnummer),
- Größe des Grundstücks,
- ggf. Rechte, die mit dem Eigentum an diesem Grundstück verbunden sind.

> **Beispiel:**
> *Wegerecht an einem benachbarten Grundstück*

▨ Erste Abteilung

Die erste Abteilung enthält Angaben über die Eigentumsverhältnisse des Grundstücks. Sie gibt Auskunft über:

- Name, Wohnort und Geburtstag des Eigentümers
- Rechtsgrund des Eigentumserwerbs
- Zeitpunkt des Eigentumserwerbs

▨ Zweite Abteilung

Die zweite Abteilung enthält die Lasten und Beschränkungen, die mit dem Eigentum an diesem Grundstück verbunden sind. Eintragungen in der zweiten Abteilung können den Sicherungswert des Grundstücks erheblich mindern.

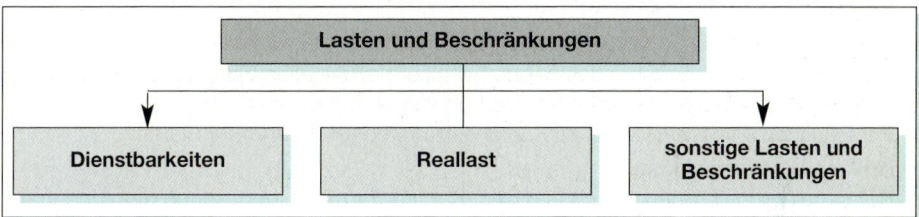

Dienstbarkeiten

Der Berechtigte besitzt ein Nutzungsrecht am Grundstück; der Eigentümer hat dies zu dulden.

Man unterscheidet:

- **Grunddienstbarkeit**
  Der jeweilige Eigentümer eines anderen Grundstücks darf das dienende Grundstück in einer bestimmten Weise nutzen.

> **Beispiel:**
> *Der Grundstückseigentümer muss dem jeweiligen Eigentümer des Nachbargrundstücks einen Zufahrtsweg über sein Grundstück gestatten.*

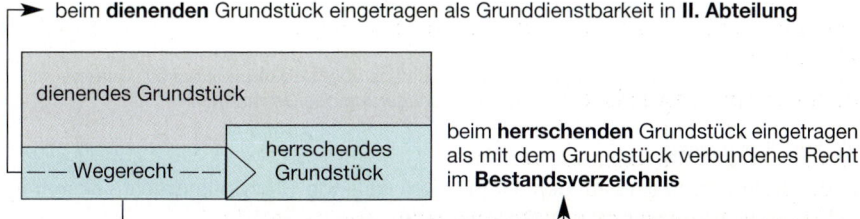

- **Beschränkt persönliche Dienstbarkeit**

  Eine bestimmte Person darf das Grundstück in einer bestimmten Weise nutzen.

  > *Beispiel:*
  >
  > *Ein Energieversorgungsunternehmen darf eine Hochspannungsleitung über das Grundstück führen.*

- **Nießbrauch**

  Eine bestimmte Person darf sämtliche Nutzungen aus dem Grundstück ziehen.

  > *Beispiel:*
  >
  > *Die Eltern übertragen das Eigentum am Grundstück auf ihr Kind, behalten sich selbst aber den Nießbrauch vor.*

Reallast

Der Berechtigte hat das Recht auf regelmäßige wiederkehrende Leistungen aus dem Grundstück.

> *Beispiel:*
>
> *Ein kinderloses Ehepaar verkauft das Grundstück gegen Zahlung einer lebenslänglichen monatlichen Geldrente.*

Sonstige Lasten und Beschränkungen

- **Erbbaurecht**

  Der Erbbauberechtigte hat gegen Zahlung eines Erbbauzinses das veräußerliche und vererbliche Recht, auf dem Grundstück ein Bauwerk zu haben.

  > *Beispiel:*
  >
  > *Die katholische Kirche räumt einer kinderreichen Familie auf einem kircheneigenen Grundstück ein auf 99 Jahre befristetes Erbbaurecht ein.*

- **Vorkaufsrecht**

  Der Vorkaufsberechtigte hat das Recht, bei einem eventuellen Verkauf des Grundstücks in den bereits abgeschlossenen Kaufvertrag zu den mit einem Dritten abgeschlossenen Bedingungen an dessen Stelle als Käufer einzutreten *(§§ 1094–1104 BGB)*.

- **Auflassungsvormerkung**

  Der schuldrechtliche Anspruch aus dem Kaufvertrag auf Übertragung des Eigentums am Grundstück wird durch die Eintragung dinglich abgesichert.

  > *Beispiel:*
  >
  > *Der Käufer zahlt während der Bauzeit Teilbeträge an den Bauträger; der Bauträger veranlasst die Eintragung einer Auflassungsvormerkung zugunsten des Käufers. Nach Fertigstellung des Objektes und vollständiger Zahlung des Kaufpreises wird der Käufer als Eigentümer in das Grundbuch eingetragen.*

  Verfügungen über das Grundstück durch den Eigentümer *(z. B. Bestellung von Grundpfandrechten, Eintragung von Lasten und Beschränkungen)* sind nach der Eintragung der Auflassungsvormerkung dem Vormerkungsberechtigten gegenüber unwirksam *(§ 883 BGB)*.

- **Verfügungsbeschränkungen**

  Verfügungsbeschränkungen werden von Amts wegen eingetragen. Sie sollen die Belastung und Veräußerung des Grundstücks verhindern.

  > *Beispiele:*
  >
  > - *Vermerk über die Eröffnung des Insolvenzverfahrens über den Grundstückseigentümer*
  > - *Vermerk über die Anordnung der Zwangsversteigerung des Grundstücks*

8

▮ Dritte Abteilung

In der dritten Abteilung sind auf dem Grundstück lastende Grundpfandrechte eingetragen. Man unterscheidet **Hypothek** und **Grundschuld.**

Rangordnung von Grundstücksbelastungen

Die an einem Grundstück bestehenden Rechte sind untereinander nicht gleichberechtigt, sondern stehen in einem Rangverhältnis zueinander. Die Rangfolge der Grundstücksrechte ist insbesondere dann entscheidend, wenn der Grundstückseigentümer seine Verpflichtungen aus den eingetragenen Belastungen nicht erfüllen kann und es zur Zwangsvollstreckung in das Grundstück kommt.

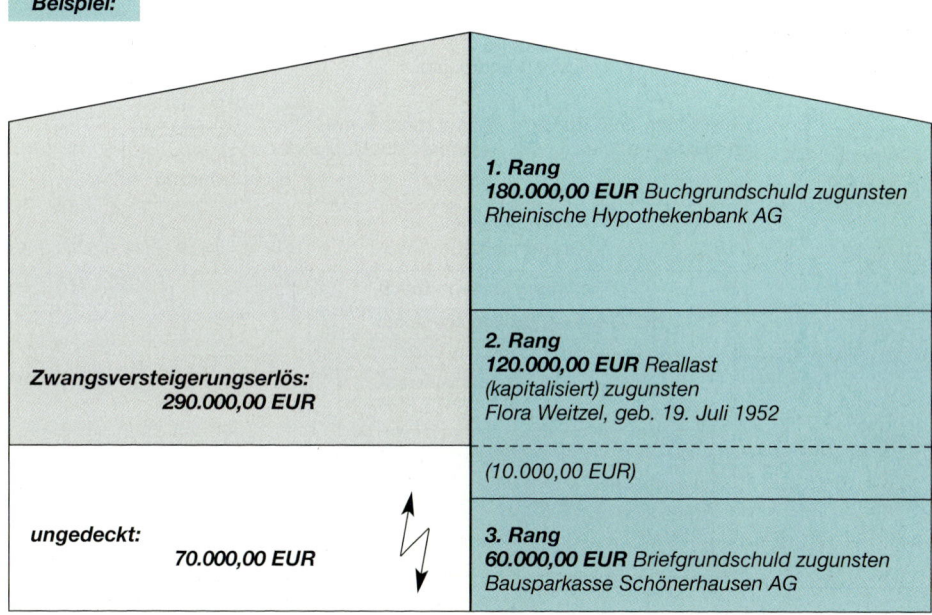

Beispiel:

Zwangsversteigerungserlös:
290.000,00 EUR

1. Rang
180.000,00 EUR *Buchgrundschuld zugunsten Rheinische Hypothekenbank AG*

2. Rang
120.000,00 EUR *Reallast*
(kapitalisiert) zugunsten
Flora Weitzel, geb. 19. Juli 1952

(10.000,00 EUR)

ungedeckt:
70.000,00 EUR

3. Rang
60.000,00 EUR *Briefgrundschuld zugunsten Bausparkasse Schönerhausen AG*

Gesetzliche Rangfolge

- **Locus-Prinzip:** Sind mehrere Rechte in derselben Abteilung des Grundbuchs eingetragen, so wird der Rang nach der Reihenfolge der Eintragungen bestimmt.
- **Tempus-Prinzip:** Sind mehrere Rechte in verschiedenen Abteilungen eingetragen, so hat das zeitlich früher eingetragene Recht den Vorrang.

Vertragliche Rangfolge

Die vertragliche Vereinbarung einer von der gesetzlichen Rangfolge abweichenden Regelung ist möglich.

- **Rangänderung:** Die Rangänderung wird nachträglich durch Einigung zwischen den betroffenen Personen geändert. Die Eintragung der Rangänderung bedarf der Zustimmung des Eigentümers, soweit sie die dritte Abteilung des Grundbuchs betrifft. Bei einem Rangtausch dürfen ggf. existierende Zwischenrechte nicht beeinträchtigt werden.
- **Rangvorbehalt:** Der Eigentümer kann sich bei Eintragung eines Rechts den (Vor-)Rang für später einzutragende Rechte freihalten. Die Eintragung des Rangvorbehalts bedarf der Einigung des Eigentümers mit dem Berechtigten, dessen Recht durch den Rangvorbehalt zurücktritt.

8

Bestellung eines Grundpfandrechtes

Die **Bestellung** eines Grundpfandrechtes erfolgt durch Einigung in notarieller Form und Eintragung ins Grundbuch *(§ 873 BGB)*.

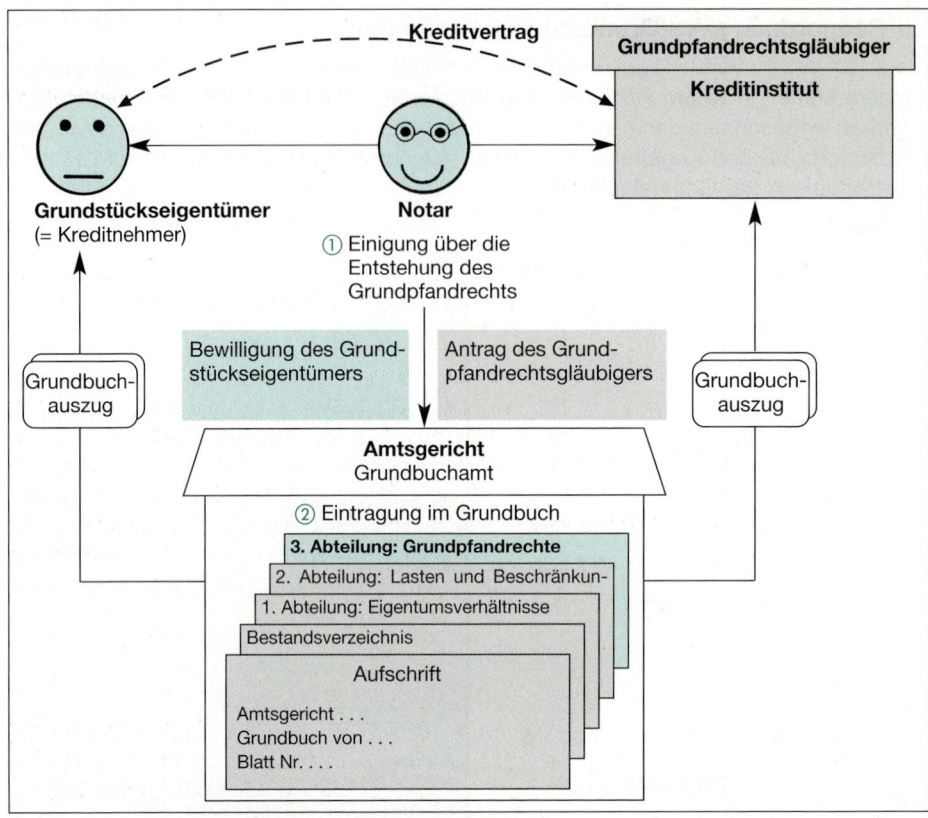

Hypothek und Grundschuld im Vergleich

Hypothek	Grundschuld
Eine Hypothek ist ein Pfandrecht an einem Grundstück zur Sicherung einer bestimmten Forderung *(§ 1113 ff. BGB)*.	Eine Grundschuld ist die Belastung eines Grundstücks mit einer bestimmten Geldsumme *(§ 1191 ff. BGB)*.
Die Hypothek ist **akzessorisch**: Es besteht ein untrennbarer rechtlicher Zusammenhang zwischen dem persönlichen Anspruch aus der Darlehensgewährung und dem dinglichen Anspruch aus der Hypothek. Der Anspruch aus der Hypothek wird durch den Umfang des persönlichen Anspruchs bestimmt.	Die Grundschuld ist **abstrakt**: Es besteht kein rechtlicher Zusammenhang zwischen dem persönlichen Anspruch aus der Darlehensgewährung und dem dinglichen Anspruch aus der Grundschuld. Der Anspruch aus der Grundschuld existiert unabhängig von dem persönlichen Anspruch.

Der **dingliche Haftungsanspruch** aus dem Grundpfandrecht erstreckt sich auf:

- das **Grundstück**
- die **wesentlichen Bestandteile des Grundstücks**

    Beispiele: Gebäude, Pflanzen

- das **Zubehör**, soweit es dem Grundstückseigentümer gehört

    Beispiele: Maschinen, Geräte, Vieh

- die **Grundstückserträge**

    Beispiel: Mieteinnahmen

8

In der Praxis wird die **Grundschuld** gegenüber der Hypothek aufgrund ihrer Abstraktheit als Kreditsicherungsmittel **bevorzugt**:

- Die Grundschuld bleibt auch bei teilweiser oder völliger Kreditrückzahlung in voller Höhe bestehen.
  Sie kann deswegen auch zur Besicherung von Krediten mit wechselndem Kreditsaldo *(z. B. Kontokorrentkrediten)* herangezogen werden.
- Die Grundschuld kann auf den Namen des Grundstückseigentümers eingetragen werden (Eigentümergrundschuld).
  Durch Abtretung der Grundschuld und Übergabe des Grundschuldbriefes ist der Grundstückseigentümer jederzeit in der Lage, eine Kreditsicherheit stellen zu können.

- Die Eintragung einer **Zwangsvollstreckungsklausel** ist möglich.
  Gemäß *§ 794 Ziff. 5 ZPO* kann eine Zwangsvollstreckung aufgrund einer Urkunde betrieben werden, die ein Notar in der vorgeschriebenen Form aufgenommen hat und in der die Zahlung einer bestimmten Geldsumme versprochen wird. Unterwirft sich der Schuldner im Rahmen der Grundschuldbestellungsurkunde der sofortigen Zwangsvollstreckung, so fällt er praktisch ein „Urteil gegen sich selbst". Der Gläubiger kann jederzeit mit der vollstreckbaren (Bestellungs-)Urkunde Zwangsvollstreckungsmaßnahmen einleiten. Kreditinstitute verlangen bei der Bestellung einer Grundschuld grundsätzlich die Unterwerfung unter die sofortige Zwangsvollstreckung und ihre Eintragung ins Grundbuch.

Löschung von Grundpfandrechten

Die **Löschung** des Grundpfandrechts erfolgt grundsätzlich nach Tilgung der ihr zugrunde liegenden Darlehensschuld. Der Grundpfandrechtsgläubiger ist zur Erteilung einer **Löschungsbewilligung** verpflichtet. Aufgrund der Löschung rücken die nachfolgenden Rechte um eine Rangstelle nach oben.

Gesetzlicher Löschungsanspruch *(§ 1179a BGB)*

Der Gläubiger eines Grundpfandrechtes kann vom Eigentümer des Grundstückes die Löschung vor- oder gleichrangiger Hypotheken verlangen, wenn diese nach Rückzahlung der Forderung zu Eigentümergrundschulden geworden sind.

Vertraglicher Löschungsanspruch

Ist bei einer Grundschuld der Sicherungszweck entfallen, steht dem Grundstückseigentümer ein Rückgewährsanspruch der Grundschuld zu. Ein nachrangiger Gläubiger besitzt keinen gesetzlichen Löschungsanspruch für vorrangige Grundschulden. Deshalb lässt sich der Gläubiger vom Eigentümer die Rückgewährsansprüche gegenüber vorrangigen Grundschuldgläubigern abtreten, damit er selbst nach Erledigung des Sicherungszweckes die Löschung der vorrangigen Rechte veranlassen kann.

Zwangsvollstreckung

Erfüllt der Darlehensschuldner seine Zahlungsverpflichtungen nicht, so kann der Grundpfandrechtsgläubiger die Zwangsvollstreckung in das Grundstück betreiben.

- **Zwangsverwaltung:** Der Anspruch des Grundpfandrechtsgläubigers wird aus den Erträgen des Grundstücks *(z. B. Mieteinnahmen)* befriedigt.

- **Zwangsversteigerung:** Der Anspruch des Grundpfandrechtsgläubigers wird aus dem Versteigerungserlös des Grundstücks befriedigt.

8

8.6.3   Kreditversicherung

Kreditrisiken können begrenzt werden durch

- sorgfältige Beurteilung der Kreditwürdigkeit der Kreditnehmer,

- Streuung des Kreditvolumens auf eine Vielzahl nach Art, Kundenkreis, Höhe und Laufzeit unterschiedlicher Kredite,

- Hereinnahme von Kreditsicherheiten,

- Abschluss einer Kreditversicherung.

> Durch den Abschluss einer **Kreditversicherung** kann das aus einer Kreditvergabe eingegangene Risiko auf eine Versicherungsgesellschaft abgewälzt werden.

Die Kreditversicherung ist ein besonderer Geschäftszweig der Versicherungen:

Die Versicherungsgesellschaft schützt den Versicherungsnehmer (Kreditinstitute, Unternehmungen) vor Vermögensschäden, die dadurch entstehen, dass ein Schuldner seinen Zahlungsverpflichtungen gegenüber seinem Gläubiger (= Versicherungsnehmer) nicht nachkommt.

- **Warenkreditversicherungen** versichern Unternehmen gegen den Ausfall von Forderungen aus Lieferantenkrediten (Delkredere-Versicherung).

- **Restschuldversicherungen** versichern Kreditinstitute bei der Vergabe von Konsumkrediten. Bei Tod bzw. Arbeitsunfähigkeit des Kreditnehmers übernimmt die Versicherung die noch ausstehenden Ratenverpflichtungen des Kunden.

- **Ausfuhrkreditversicherungen** versichern Kreditinstitute und Unternehmen gegen Forderungsausfälle aus Auslandskrediten.

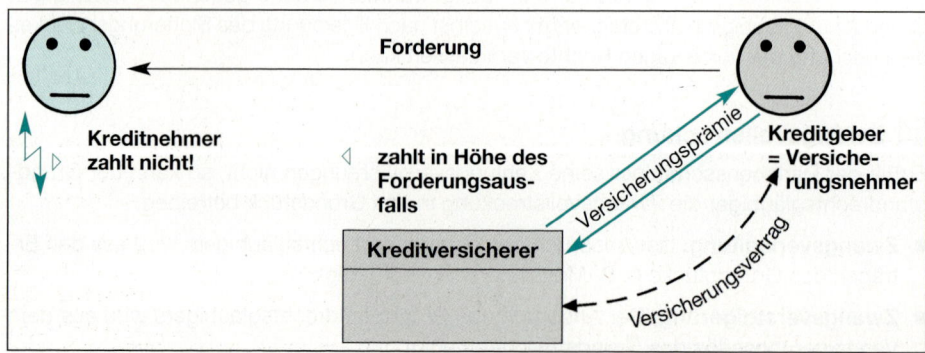

Anders als bei den Sach- und Personensicherheiten stellt nicht der Kreditnehmer die Sicherheit für den von ihm in Anspruch genommenen Kredit, sondern der Kreditgeber schließt durch eine Versicherung den ihm aus der möglichen Zahlungsunfähigkeit seines Schuldners drohenden Vermögensschaden aus.

Die Kosten für die Versicherung trägt in der Regel der Kreditgeber, der sie allerdings – ggf. verdeckt durch höhere Preise bzw. Zinsen – auf den Kreditnehmer überwälzen kann.

Übungsaufgaben

1. Was versteht man unter „Investition"?

2. Erläutern Sie den Inhalt der „Goldenen Finanzierungsregel".

3. Stellen Sie vergleichend Beteiligungs- und Fremdfinanzierung gegenüber
   a) aus der Sicht des Kapitalgebers,
   b) aus der Sicht des Kapitalnehmers.

4. Beschreiben Sie die Bildung stiller Rücklagen.

5. Erläutern Sie folgende Aussage: *„Abschreibungserlöse können zur Finanzierung von Ersatzinvestitionen eingesetzt werden."*

6. Erläutern Sie die Funktionen des „echten" Factoring.

7. Stellen Sie vergleichend gegenüber:
   a) Operating Leasing   –   Finanzierungsleasing,
   b) Direktes Leasing   –   Indirektes Leasing.

8. Entscheiden Sie bei den nachfolgenden Sachverhalten, ob es sich um
   - Außenfinanzierung
   - Innenfinanzierung
   - Fremdfinanzierung
   - Eigenfinanzierung
   - Selbstfinanzierung
   - Finanzierung durch Kapitalfreisetzung
   - Beteiligungsfinanzierung

   handelt.
   a) Bildung einer offenen Rücklage,
   b) Ausgabe junger Aktien bei einer AG,
   c) Inanspruchnahme eines Zahlungsziels eines Lieferanten,
   d) Finanzierung aus Abschreibungserlösen,
   e) Überziehung des Kontokorrentkontos,
   f) Bildung einer Pensionsrückstellung,
   g) Forderungsverkauf an eine Factoringgesellschaft,
   h) Aufnahme eines Kommanditisten.

9. An der Wim KG, Wachtberg, sind die Gesellschafter Wim als Komplementär und Wau als Kommanditist beteiligt. Zum 31.12.01 wird die nachfolgende ordnungsgemäße Bilanz vorlegt:

Aktiva		Bilanz der Wim KG zum 31.12.01		Passiva
Grund und Boden	100.000,00 EUR	Kapital Wim	450.000,00 EUR	
Gebäude	390.000,00 EUR	– Entnahmen	42.000,00 EUR	
Betriebsausstattung	450.000,00 EUR	+ Gewinnanteil	77.000,00 EUR	485.000,00 EUR
Büroausstattung	120.000,00 EUR	Kapital Wau		500.000,00 EUR
Vorräte	160.000,00 EUR	Sonderposten mit Rücklageanteil		44.000,00 EUR
Forderungen	44.000,00 EUR	(Ansparrücklage)		
Bank	30.000,00 EUR	Rückstellungen		25.000,00 EUR
Kasse	10.000,00 EUR	langfristiger Bankkredit		165.000,00 EUR
		Verbindlichkeiten aus L. u. L.		85.000,00 EUR
	1.304.000,00 EUR			1.304.000,00 EUR

8

    a) Erklären Sie die Begriffe Investition und Finanzierung.

    b) Erklären Sie die Begriffe Eigen- und Fremdfinanzierung.

    c) Errechnen Sie aus der obigen Bilanz die Höhe der Selbstfinanzierung des Gesellschafters Wim.

    d) Ermitteln Sie aus der Bilanz ■ die Beteiligungsfinanzierung als Außenfinanzierung,
                            ■ die Fremdfinanzierung als Außenfinanzierung.

    e) Welche Finanzierungsart stellt die Position „Sonderposten mit Rücklagenanteil" dar?

10. Aus den Unterlagen der Bodo GmbH entnehmen Sie bitte folgende Vorgänge.

Prüfen Sie, ob ein Finanzierungsvorgang vorliegt und nennen Sie kurz die Art der Finanzierung.

    a) Die Bodo GmbH verkauft gebrauchte Büromöbel für 8.000,00 EUR zuzüglich 19 % USt. Der Restbuchwert der Büromöbel betrug vor dem Verkauf 2.000,00 EUR.

    b) Ein Kontokorrentkredit über 20.000,00 EUR wird in ein langfristiges Darlehen umgewandelt.

    c) Das Stammkapital der GmbH wird um 30.000,00 EUR durch die Auflösung von Rücklagen in gleichem Umfang erhöht.

    d) Die GmbH erhöht ihr Stammkapital durch einen Nachschussbeschluss aller Gesellschafter um 30.000,00 EUR.

11. Prüfen Sie jeweils Darlehen und Leasing hinsichtlich der Wirkungen auf Bilanz, G+V, Gewerbesteuer, Kosten und Investitionsrisiko.

12. Factoring ist eine Finanzierungsalternative mittelständischer Unternehmen.

    a) Was versteht man unter „Factoring"?

    b) Beschreiben Sie die bilanzielle Wirkung, die durch das Factoring beim Kunden der Factoring-Gesellschaft hervorgerufen wird.

    c) Nennen Sie einen Grund, der die Praktizierung dieses Finanzierungsinstruments unmöglich macht.

    d) Wie verhält sich die Factoring-Gesellschaft, wenn der Drittschuldner bei einer Forderung nicht zahlt,

       ■ weil die an ihn gelieferte Ware Mängel aufweist,

       ■ weil er illiquide ist?

13. Geben Sie einen Überblick über die verschiedenen Bankengruppen in Deutschland.

14. Was versteht man unter einem Kredit?

15. Unterscheiden Sie zwischen Kreditfähigkeit und Kreditwürdigkeit.

16. Beschreiben Sie die einzelnen Schritte zum Zustandekommen eines Kreditvertrages.

17. Die Union Bank unterbreitet StB. Michael Klein folgendes Ratenkreditangebot:

    ■ *Kreditbetrag: 12.000,00 EUR*

    ■ *2 % Provision*

    ■ *0,36 % Zinsen pro Monat*

    ■ *Laufzeit: 48 Monate*

Ermitteln Sie

    a) die Höhe der monatlichen Rate,

    b) die Effektivverzinsung.

18. Die Zilke GmbH beantragt bei der Union Bank einen Investitionskredit in Höhe von 300.000,00 EUR. Zur Prüfung der Kreditwürdigkeit verlangt die Bank die Jahresabschlüsse der letzten drei Jahre.

    a) Nennen Sie vier Bilanzkennziffern, die zur Beurteilung der Kreditwürdigkeit herangezogen werden können.

    b) Begründen Sie, weshalb die mittels Jahresabschlussanalyse gewonnenen Kennziffern nur eine begrenzte Aussagekraft für die Beurteilung der Kreditwürdigkeit haben.

19. Die Kallo e. K., Köln, möchte mit der Müller OHG, Minden, dauerhaft Geschäftsbeziehungen eingehen.

Aufgrund ausgefallener Forderungen gerät die Müller OHG in Zahlungsschwierigkeiten und braucht einen Kredit über 200.000,00 EUR. Die Also Bank ist bereit, diesen Kredit zu gewähren, wenn die Müller OHG einen Bürgen stellt.

8

Um dem Kunden zu helfen, erklärt Herr Keiner, der Eigentümer der Kallo e. K., sich mündlich zu einer Übernahme der Bürgschaft bereit.

Der Kredit an die Müller OHG wird notleidend. Die Bank verlangt von Herrn Keiner die Erfüllung der Verpflichtungen aus der Bürgschaft. Herr Keiner verweigert die Erfüllung des Bürgschaftsvertrages mit der Begründung: 1. Seine mündlich erklärte Bürgschaft sei rechtlich ohne Bedeutung.

                    2. Ihm stehe die Einrede der Vorausklage zu.

a) Zwischen welchen Parteien wurde ein Bürgschaftsvertrag geschlossen?

b) Was verstehen Sie unter „Einrede der Vorausklage"?

c) Beurteilen Sie die ablehnende Haltung des Herrn Keiner.

d) Erläutern Sie den Begriff Akzessorietät der Bürgschaft.

20. Die Vertragsparteien Bauma GmbH und Tiefbau e. K. vereinbaren zur Sicherung eines Kredites die Sicherungsübereignung des Kaufgegenstandes.

a) Welche Gegenstände sind zur Sicherungsübereignung geeignet?

b) Welche rechtlichen Vereinbarungen werden zwischen Kreditgeber und Kreditnehmer getroffen?

c) Welche Vorteile hat die Sicherungsübereignung gegenüber der Verpfändung einer Sache?

d) Beschreiben Sie die Rechte des Kreditgebers für den Fall der Insolvenzeröffnung über das Vermögen des Kreditnehmers!

21. Zur Sicherung des Investitionskredites an die Zilke GmbH verlangt die Union Bank die Sicherungsübereignung von fünf Lastkraftwagen.

a) Beschreiben Sie die rechtlichen Vereinbarungen zwischen der Union Bank und der Zilke GmbH.

b) Warum verlangt die Union Bank die Übergabe der Kraftfahrzeugbriefe?

c) Entscheiden Sie, bei wem die sicherungsübereigneten Lastkraftwagen bilanziert werden. Begründen Sie Ihre Auffassung.

d) Wie kann sich die Union Bank davor schützen, dass die Lastkraftwagen aufgrund eines Unfalls ihren Sicherungswert verlieren?

e) Welches Recht kann die Union Bank in einem evtl. Insolvenzverfahren gegen die Zilke GmbH geltend machen?

22. Unterscheiden Sie zwischen Sicherungsübereignung und Pfandrecht im Hinblick auf Besitz und Eigentum des Sicherungsgegenstandes.

Die Zilke GmbH kann augenblicklich ihrer Zahlungsverpflichtung in Höhe von 20.000,00 EUR gegenüber der Baustoffhandlung Kurt Eichholz KG nicht nachkommen und bittet daher um einen Zahlungsaufschub. Zur Sicherung der Forderung bietet die Zilke GmbH die Abtretung ihrer Forderung in Höhe von 25.000,00 EUR gegenüber der Fa. Kirchner & Quack an. Die Eichholz KG ist mit einer stillen Zession einverstanden.

a) Wer ist in diesem Fall
  - Zessionar,
  - Zedent,
  - Drittschuldner?

b) Welche Rechtshandlungen sind zum Zustandekommen der Sicherungsabtretung erforderlich?

c) Entscheiden Sie, bei wem die abgetretene Forderung bilanziert wird. Begründen Sie Ihre Auffassung.

d) Nennen Sie drei Risiken, die mit einer stillen Zession verbunden sind.

23. Die Modeboutique Elvira Ellis GmbH (alleinige Gesellschafterin: Frau Elvira Ellis) benötigt zur Erweiterung ihrer Geschäftsräume einen Kredit in Höhe von 80.000,00 EUR. Die Union Bank ist bereit, den Kredit gegen Verpfändung von Wertpapieren, erforderlichenfalls durch Übernahme einer selbstschuldnerischen Bürgschaft von Frau Ellis zur Verfügung zu stellen.

Frau Ellis verfügt in ihrem bei der Union Bank unterhaltenen Depot über folgende Wertpapiere:

Stück/Nennwert	Gattung	Kurs	Beleihungssatz
– 50 –	DETA-Stahl-AG-Aktien	322,00 EUR	60 %
– 75 –	PETRO-Chemie-AG-Aktien	275,60 EUR	60 %
25.000,00 EUR	6,5 % Bundesobligation	101,25 %	75 %

8

a) Ermitteln Sie den gesamten Beleihungswert des Wertpapierdepots.

b) Über welchen Betrag müsste die Bürgschaftssumme lauten?

c) Unterscheiden Sie zwischen einer Ausfallbürgschaft und einer selbstschuldnerischen Bürgschaft.

d) Wer ist im vorliegenden Fall
- Bürge,
- Bürgschaftsnehmer,
- „Dritter"?

e) Beschreiben Sie die Pfandverwertung, falls die Elvira Ellis GmbH ihren Verpflichtungen aus dem Kreditvertrag nicht nachkommt.

24. Die Rhein-Ruhr-Bank hat der Zilke GmbH einen Investitionskredit in Höhe von 180.000,00 EUR, Zinssatz 7,5 % p.a., anfänglicher Tilgungssatz 4,5 % p a., bewilligt. Die Annuität soll über die gesamte Laufzeit des Darlehens konstant bleiben. Der Kredit soll durch die Belastung des Geschäftsgrundstücks der Zilke GmbH, Verkehrswert 300.000,00 EUR, mit einer erstrangigen Grundschuld gesichert werden.

a) Geben Sie Auskunft darüber,
- was man unter dem Grundbuch versteht,
- wo das Grundbuch geführt wird,
- welche Eintragungen das Grundbuch enthält.

b) Beschreiben Sie die rechtlichen Maßnahmen zur Bestellung der Grundschuld.

c) Aus welchem Grund besteht die Rhein-Ruhr-Bank auf Eintragung einer erstrangigen Grundschuld verbunden mit einer Zwangsvollstreckungsklausel?

d) Erstellen Sie einen Tilgungsplan für die ersten drei Jahre.

25. Aus der Rechnungslegung der Norik AG liegen Ihnen folgende Zahlenangaben über das zurückliegende Geschäftsjahr 2010 vor:

(in Klammern: Veränderung gegenüber dem Vorjahr)

Gezeichnetes Kapital	600.000,00 EUR	(unverändert)
Kapitalrücklagen	51.000,00 EUR	(unverändert)
Gewinnrücklagen	150.000,00 EUR	(+ 25.000,00 EUR)
Jahresüberschuss	50.000,00 EUR	(+ 12.000,00 EUR)
Pensionsrückstellungen	320.000,00 EUR	(+ 15.000,00 EUR)
Umsatzerlöse	4.250.000,00 EUR	(− 95.000,00 EUR)
Abschreibungen auf Sachanlagen	50.000,00 EUR	(unverändert)
außerordentliche Aufwendungen	20.000,00 EUR	(+ 15.000,00 EUR)
außerordentliche Erträge	6.000,00 EUR	(− 10.000,00 EUR)

Berechnen Sie

a) das Ergebnis der gewöhnlichen Geschäftstätigkeit der Jahre 2009 und 2010,

b) die Eigenkapitalrentabilität des Jahres 2010 (Basis: Eigenkapital zu Beginn des Geschäftsjahres 2010),

c) den Cashflow des Jahres 2010.

d) Begründen Sie, warum der Cashflow bei der Kreditwürdigkeitsprüfung eine verlässlichere Beurteilungsgrundlage darstellt als der Jahresüberschuss.

e) Nennen Sie grundsätzliche Kritikpunkte, welche die Tauglichkeit der Bilanzanalyse als Instrument der Kreditwürdigkeitsprüfung einschränken.

26. Unterscheiden Sie zwischen Mantel- und Globalzession im Hinblick auf:

a) den Zeitpunkt des Forderungsüberganges,

b) die Bestimmung bzw. Bestimmbarkeit (Individualisierung) der zedierten Forderungen.

27. Erläutern Sie den Unterschied zwischen der Forderungsabtretung im Rahmen des Factoring und der Sicherungszession.

28. Die EURO-Bank hat der Impex GmbH einen Kontokorrentkredit in Höhe von 250.000,00 EUR eingeräumt. Der Kredit wird durch die sicherungsweise Abtretung von Forderungen der Impex GmbH gegen ihre Kunden gesichert.

Folgender Textausschnitt ist dem Kreditsicherungsvertrag entnommen:

„Die gegenwärtigen Forderungen gehen mit Abschluss dieses Vertrages, die künftigen mit ihrer Entstehung auf die EURO-Bank über."

8

a) Um welche Art von Zessionsvertrag handelt es sich hier?

b) Auf welche Weise erfährt die Bank, welche Forderungen derzeit an sie abgetreten sind?

c) Warum lässt sich die Bank von ihrem Kunden Blankoabtretungserklärungen aushändigen?

d) Nennen Sie 3 Gründe, die die Bank veranlassen könnten, eine Abtretungserklärung einem Drittschuldner zuzusenden.

e) Nach 3 Jahren wechselt die Impex GmbH die Bankverbindung, nachdem sie vorher ihren Kontokorrentkredit zurückgeführt hat. Zu diesem Zeitpunkt beträgt der an die EURO-Bank abgetretene Forderungsbestand noch 45.000,00 EUR. Welche Verpflichtung ergibt sich aus diesem Sachverhalt für die EURO-Bank? Begründen Sie Ihre Auffassung.

29. Beschreiben Sie das rechtliche Zustandekommen eines Grundpfandrechts.

30. Worauf erstreckt sich der dingliche Haftungsanspruch aus einem Grundpfandrecht?

31. Zur Finanzierung der umfassenden Sanierung eines Mehrfamilienhauses beantragt ein Privatkunde bei der Union Bank ein Darlehen in Höhe von 504.000,00 EUR. Die gesamte Jahresreinmiete des Objektes beträgt 75.000,00 EUR.

Der Kredit wird als Annuitätendarlehen zu folgenden Konditionen bereitgestellt:

Zinssatz: 5,5 % p. a.

Disagio: 4 %

Tilgung: 2 %

a) Nennen Sie die Sicherheit, die im Allgemeinen zur Sicherung dieses Kredites herangezogen wird.

b) Ermitteln Sie den Ertragswert des Objektes bei einem Kapitalisierungszinssatz von 5 %.

c) Über welchen Betrag muss die nominelle Darlehenssumme lauten, wenn der gewünschte Betrag effektiv zur Auszahlung gelangen soll?

d) Nennen Sie zwei Gründe für das Disagio.

e) Über welchen Betrag lautet die vom Kunden zu leistende Annuität?

f) Erstellen Sie einen Tilgungsplan für die beiden ersten Jahre.

32. Entscheiden Sie bei den nachfolgenden Eintragungen betreffend das Grundstück Blatt Nr. 4711, an welcher Stelle des Grundbuches diese verzeichnet sind.

a) Wegerecht des jeweiligen Eigentümers des Nachbargrundstücks (Blatt Nr. 4712)

b) Reallast in Form einer monatlichen Geldzahlung

c) Eigentümergrundschuld

d) Auflassungsvormerkung

e) Recht des jeweiligen Grundstückseigentümers (Blatt Nr. 4711), über das Nachbargrundstück (Blatt Nr. 4712) eine Abwasserleitung zu führen

f) Vermerk über die Anordnung der Zwangsversteigerung des Grundstücks

g) Löschung einer Hypothek

33. Geben Sie Auskunft über die Anwendung des Eigentumsvorbehalts als Instrument der Kreditsicherung.

34. Die Kannes GmbH, Köln, möchte eine neue Lagerhalle bauen. Der Kreditbedarf wird auf 200.000,00 EUR geschätzt.

Die Bilanz der Kannes GmbH zeigt zum 31.12.01 folgendes Bild:

Aktiva		Bilanz der Kannes GmbH zum 31.12.01	Passiva
AV unbebaute Grundstücke	400.000,00 EUR	Eigenkapital	650.000,00 EUR
Büroausstattung	50.000,00 EUR	Darlehen	200.000,00 EUR
Betriebsausstattung	310.000,00 EUR	kurzfr. Verbindlichkeiten	150.000,00 EUR
Wertpapiere	40.000,00 EUR		
UV Forderungen	110.000,00 EUR		
Bank	90.000,00 EUR		
	1.000.000,00 EUR		1.000.000,00 EUR

a) Für den Erweiterungsbau gewährt die Hausbank Help AG einen Kredit in Höhe von 140.000,00 EUR, wenn einer Sicherung durch Grundpfandrecht zugestimmt wird.

Welche Grundpfandrechte kennen Sie? Nennen Sie wesentliche Unterschiede.

8

b) Der Geschäftsführer überlegt, die Ausstattung der neuen Lagerhalle durch eine Ausdehnung des Kontokorrentkreditrahmens zu finanzieren.
   ■ Welcher Finanzierungsgrundsatz wird dabei verletzt?
   ■ Welche negativen Folgen hat die Finanzierung durch einen Kontokorrentkredit?

c) In welcher Weise könnten die in der Bilanz ausgewiesenen Wertpapiere zur Kreditsicherung herangezogen werden? Erläutern Sie kurz, wer Besitzer und wer Eigentümer der Wertpapiere ist!

d) Welche anderen Möglichkeiten der Kreditsicherung bieten sich aufgrund der in der Bilanz ausgewiesenen Wirtschaftsgüter noch an? Welche Vorteile hat diese Art der Kreditsicherung für die GmbH?

35. Erläutern Sie die grundsätzlichen Möglichkeiten zur Begrenzung von Kreditrisiken.

36. Erklären Sie den Begriff Selbstfinanzierung.

37. Nennen Sie Vor- und Nachteile der Selbstfinanzierung.

38. Welche Vorteile kann Fahrzeugleasing gegenüber dem Kauf bieten?

39. Für wen ist Rating wichtig?

40. Nennen und beschreiben Sie dingliche Rechte.

8

9 Grundzüge der Wirtschaftsordnung und Wirtschaftspolitik

9.1 Ziele unternehmerischen Handelns im System der sozialen Marktwirtschaft

Ein wirtschaftliches Handeln setzt immer bewusstes Handeln voraus. Unternehmungen verfolgen dabei **Zielsetzungen**, die sich nach den grundsätzlichen Aufgaben, die sie zu erfüllen haben, richten.

> Das langfristige Ziel der Unternehmungen in der Marktwirtschaft besteht in der **Maximierung des Gewinns** (Erwerbs), d. h., sie versuchen, eine möglichst hohe Differenz zwischen den betrieblichen Aufwendungen und Erträgen zu erzielen (erwerbswirtschaftliches Prinzip).

Um dieses **Oberziel** zu erreichen, sind die Unternehmungen bestrebt, zwei wichtige Zwischenziele anzustreben:

- **Kostenminimierung** (kostengünstige Produktion)
- **Umsatzmaximierung** (größtmöglicher Umsatz)

Das Gewinnstreben wird von anderen Formalzielen begleitet oder steht teilweise mit ihnen in Konkurrenz.

Die Unternehmung ist innerhalb der sozialen Marktwirtschaft Bestandteil eines komplexen gesellschaftlichen Umfeldes. Sie muss bei ihren Entscheidungen und Zielsetzungen die Interessen der unterschiedlichen Bezugsgruppen berücksichtigen.

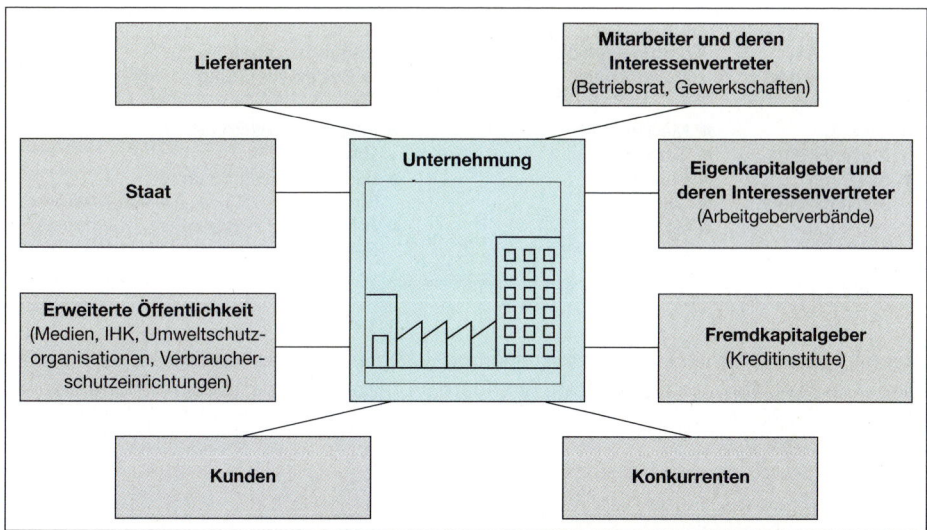

9

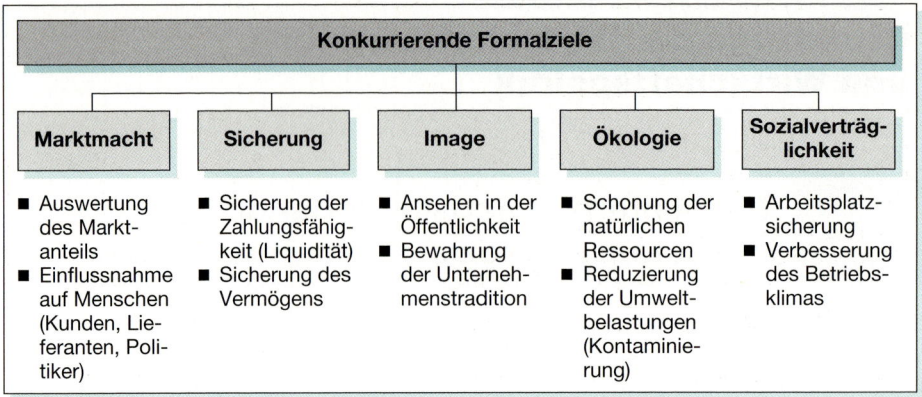

Formalziele sind allgemeine Handlungsgrundsätze, an denen die Unternehmung ihre langfristigen Entscheidungen ausrichtet. Sie sind nur zu erreichen, wenn die Unternehmung bedarfsgerechte Leistungen (Sachgüter, Dienstleistungen) anbieten kann. Nur für solche Güter ist der Nachfrager bereit, den von der Unternehmung kalkulierten (berechneten) Preis zu zahlen. Die erzielten Einnahmen ermöglichen dem Unternehmen die Beschaffung und den Einsatz der benötigten Produktionsfaktoren.

> Das **Sachziel** der Unternehmung ist die Produktion nachfragewirksamer Leistungen.

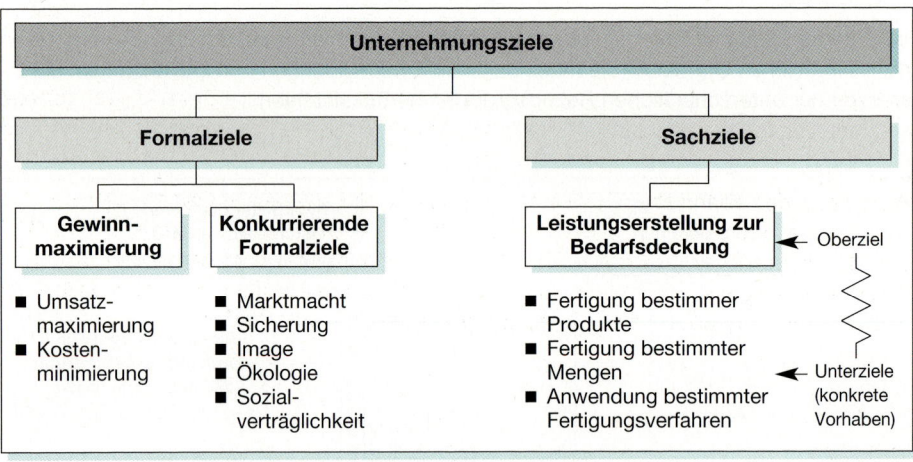

Aus den **Oberzielen** *(z. B. Gewinnmaximierung)* leiten sich **Zwischenziele** ab, aus diesen wiederum die Unterziele als konkrete (greifbare) Vorhaben, die der Zielerreichung dienen.

9

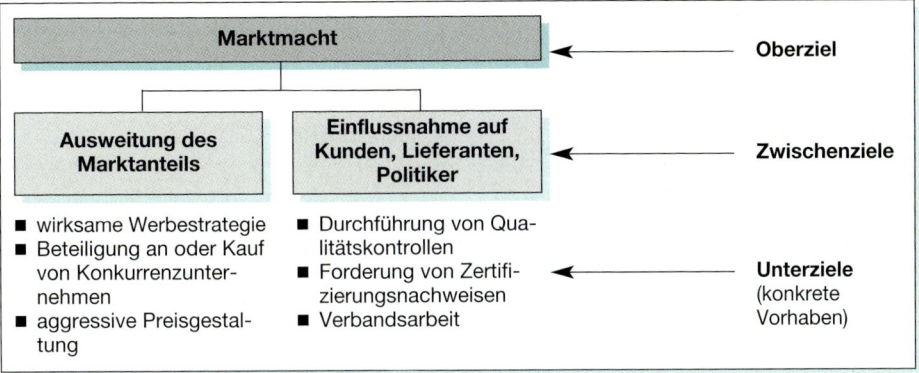

Unternehmen sind bemüht, mehrere Ziele gleichzeitig zu erreichen. Häufig jedoch ist eine **Zielharmonie** nicht festzustellen, sondern es liegen **Zielkonflikte** vor.

Zielkonflikte			
Rationalisierung	Ökonomie	Unternehmereinkommen	Marktmacht
Arbeitsplatzsicherheit	Ökologie	Arbeitnehmereinkommen	Konkurrenz

Vielfältige **gesellschaftliche Sicherungen** sorgen innerhalb des Systems der sozialen Marktwirtschaft dafür, dass das Gewinnstreben der Unternehmungen nicht einseitig zulasten der Arbeitnehmer und Verbraucher geht:

So findet in den alljährlichen Tarifverhandlungen zwischen Arbeitgeberverbänden und Gewerkschaften stets ein Tauziehen statt, das den Arbeitnehmern ein angemessenes Stück am Unternehmenserfolg sichern soll. Auf den Konsumgütermärkten suchen zahlreiche Verbraucherverbände und Aufklärungsaktionen durch den Staat den Sachverstand des Verbrauchers gegenüber der Produktvielfalt der Anbieter zu schärfen.

9.2 Bereiche der Wirtschaftspolitik

Die verantwortliche Rolle des Staates innerhalb der sozialen Marktwirtschaft hat zur Folge, dass die wirtschaftliche Entwicklung neben den Selbststeuerungskräften des Marktes weitgehend abhängig und beeinflusst ist von den Zielen und Maßnahmen der staatlichen Wirtschaftspolitik.

9

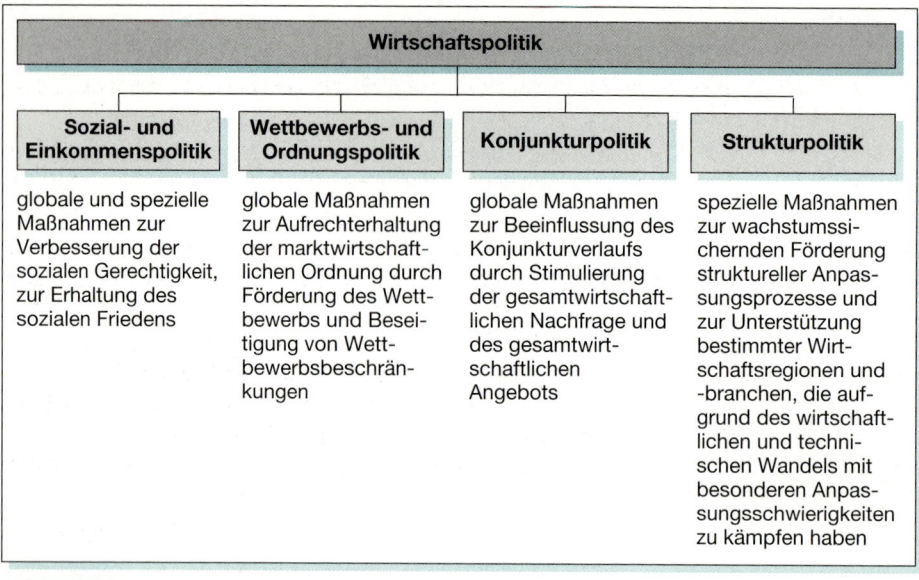

Wirtschaftspolitik			
Sozial- und Einkommenspolitik	**Wettbewerbs- und Ordnungspolitik**	**Konjunkturpolitik**	**Strukturpolitik**
globale und spezielle Maßnahmen zur Verbesserung der sozialen Gerechtigkeit, zur Erhaltung des sozialen Friedens	globale Maßnahmen zur Aufrechterhaltung der marktwirtschaftlichen Ordnung durch Förderung des Wettbewerbs und Beseitigung von Wettbewerbsbeschränkungen	globale Maßnahmen zur Beeinflussung des Konjunkturverlaufs durch Stimulierung der gesamtwirtschaftlichen Nachfrage und des gesamtwirtschaftlichen Angebots	spezielle Maßnahmen zur wachstumssichernden Förderung struktureller Anpassungsprozesse und zur Unterstützung bestimmter Wirtschaftsregionen und -branchen, die aufgrund des wirtschaftlichen und technischen Wandels mit besonderen Anpassungsschwierigkeiten zu kämpfen haben

9.3   Konjunkturpolitik

9.3.1   Konjunkturschwankungen

Eine völlig gleichmäßige wirtschaftliche Entwicklung ist unter den Bedingungen der Marktwirtschaft nicht zu erreichen.

Veränderte Wünsche der Konsumenten, technische Neuerungen, Kostensteigerungen, die außenwirtschaftliche Lage, aber auch die Zukunftserwartungen und das politische Klima beeinflussen die wirtschaftliche Aktivität innerhalb der Volkswirtschaft und lassen Auf- und Abwärtsbewegungen im Wirtschaftsablauf entstehen.

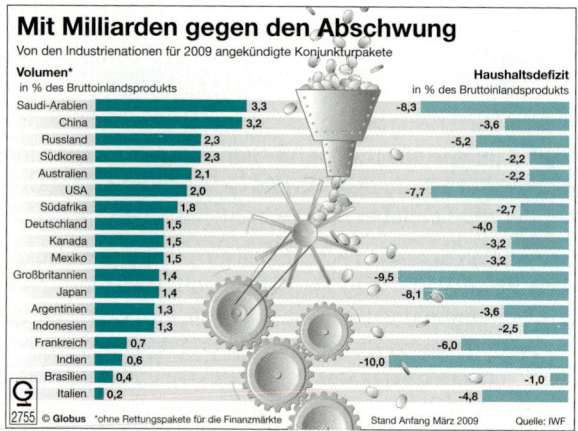

Mit Milliarden gegen den Abschwung
Von den Industrienationen für 2009 angekündigte Konjunkturpakete

	Volumen* in % des Bruttoinlandsprodukts	Haushaltsdefizit in % des Bruttoinlandsprodukts
Saudi-Arabien	3,3	-8,3
China	3,2	-3,6
Russland	2,3	-5,2
Südkorea	2,3	-2,2
Australien	2,1	-2,2
USA	2,0	-7,7
Südafrika	1,8	-2,7
Deutschland	1,5	-4,0
Kanada	1,5	-3,2
Mexiko	1,5	-3,2
Großbritannien	1,4	-9,5
Japan	1,4	-8,1
Argentinien	1,3	-3,6
Indonesien	1,3	-2,5
Frankreich	0,7	-6,0
Indien	0,6	-10,0
Brasilien	0,4	-1,0
Italien	0,2	-4,8

2755 © Globus   *ohne Rettungspakete für die Finanzmärkte   Stand Anfang März 2009   Quelle: IWF

> Unter **Konjunktur** versteht man die sich wiederholenden Schwankungen der wirtschaftlichen Aktivität einer Volkswirtschaft und die dadurch hervorgerufenen Veränderungen der Beschäftigungslage, der Preisniveauentwicklung und des Wirtschaftswachstums.

Von den Konjunkturschwankungen zu unterscheiden sind die **saisonalen Schwankungen** und **der langfristige Wirtschaftstrend**.

- **Saisonale Schwankungen** sind jahreszeitlich bedingte Schwankungen der wirtschaftlichen Aktivität.

9

- *In extremen Schlechtwetterperioden kommt die Bauwirtschaft zum Erliegen.*
- *Der Einzelhandel erzielt im Monat Dezember verglichen mit den übrigen Monaten des Jahres überdurchschnittlich hohe Umsätze.*

■ Der **Wirtschaftstrend** ist die durch technologische Umwälzungen, wegweisende Erfindungen und Veränderungen der politischen Ordnung verursachte langfristige Entwicklung der Volkswirtschaft.

Konjunkturzyklen sind die sich wiederholenden Auf- und Abwärtsbewegungen bei den Wachstumsraten des Bruttoinlandsprodukts. Während eines Konjunkturzyklus lassen sich vier typische Zeitabschnitte unterscheiden:

Phase 1: **Aufschwung** (Expansion)   Phase 2: **Hochkonjunktur** (Boom)
Phase 3: **Abschwung** (Rezession)   Phase 4: **Tiefstand** (Talsohle, Depression)

Die Dauer eines Konjunkturzyklus ist ebenso wie die Dauer der einzelnen Konjunkturphasen und die Intensität der konjunkturellen Ausschläge unterschiedlich. Einige Konjunkturzyklen dauerten in der Vergangenheit nur 4 Jahre, andere wiederum erstreckten sich über mehr als 10 Jahre.

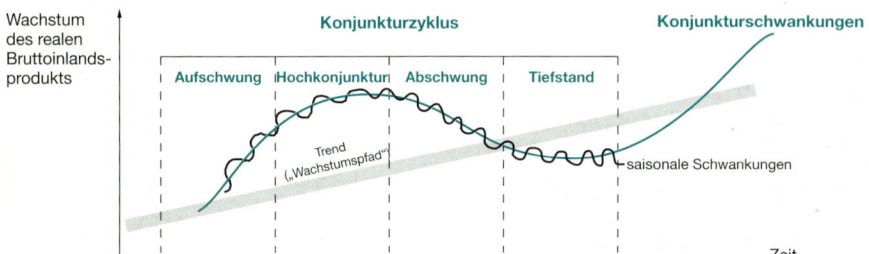

Konjunkturindikatoren dienen der *Konjunkturdiagnose* und *-prognose,* indem sie Auskunft über den Zustand und die Entwicklungstendenz der gesamtwirtschaftlichen Lage geben. Sie liefern der Regierung und der Zentralbank wichtige Informationen für die Konjunkturpolitik.

■ **Frühindikatoren** zeigen die zukünftige Wirtschaftsentwicklung.

Beispiele: *Auftragseingang, offene Stellen*

■ **Präsenzindikatoren** zeigen die aktuelle Konjunkturphase.

Beispiele: *reales BIP, Industrieproduktion, Kapazitätsauslastung*

■ **Spätindikatoren** beschreiben zeitverzögert die Konjunkturentwicklung.

Beispiele: *Preisniveau, Löhne, Arbeitslosigkeit*

Veränderung der Konjunkturindikatoren	
konjunktureller Aufschwung	**konjunktureller Abschwung**
■ Wachstum des Bruttoinlandsprodukts ■ Anstieg des Preisniveaus ■ steigende Kapazitätsauslastung ■ vermehrte Investitionen ■ steigende Steuereinnahmen des Staates ■ steigende Löhne	■ Rückgang des Bruttoinlandsprodukts ■ stabiles bzw. sinkendes Preisniveau ■ sinkende Kapazitätsauslastung ■ verringerte Investitionen ■ sinkende Steuereinnahmen des Staates ■ konstante bzw. nur schwach steigende Löhne

9

Die Konjunkturschwankungen werden verursacht durch Veränderungen der **gesamtwirtschaftlichen Nachfrage (N)** und des **gesamtwirtschaftlichen Angebots (A).**

Fall (1):

N > A: Es kommt zu einer konjunkturellen **Aufwärtsentwicklung.**

Angeregt durch die erhöhte Nachfrage steigen die Produktion, die Kapazitätsauslastung und die Investitionstätigkeit in den Unternehmungen. Dadurch nimmt die Beschäftigung zu, sodass die Arbeitslosigkeit sinkt.
Die günstige Absatzlage und die zunehmende Kapazitätsauslastung veranlasst die Unternehmungen, die Preise für ihre Produkte zu erhöhen.
In der Hochkonjunktur stoßen die Unternehmungen an die Grenzen ihrer Produktionsmöglichkeiten. Es herrscht zwar Vollbeschäftigung, das Preisniveau steigt jedoch erheblich.

Fall (2):

A > N: Es kommt zu einer konjunkturellen **Abwärtsentwicklung.**

Aufgrund der gesunkenen Nachfrage und des dadurch hervorgerufenen Angebotsüberhangs schränken die Unternehmungen die Produktion und die Investitionstätigkeit ein. Es werden nicht mehr so viele Arbeitskräfte benötigt, es kommt zu Entlassungen.
Die schlechte Absatzlage führt zu Gewinneinbußen bei den Unternehmungen und zwingt sie teilweise zu Preisnachlässen. Während des konjunkturellen Tiefstandes ist die Arbeitslosenquote hoch, das Preisniveau ist stabil bzw. sinkt.
Mithilfe der Konjunkturpolitik versucht der Staat, die Schwankungen im Konjunkturverlauf zu glätten, d. h. einen möglichst gleichmäßigen Wirtschaftsverlauf zu erreichen.

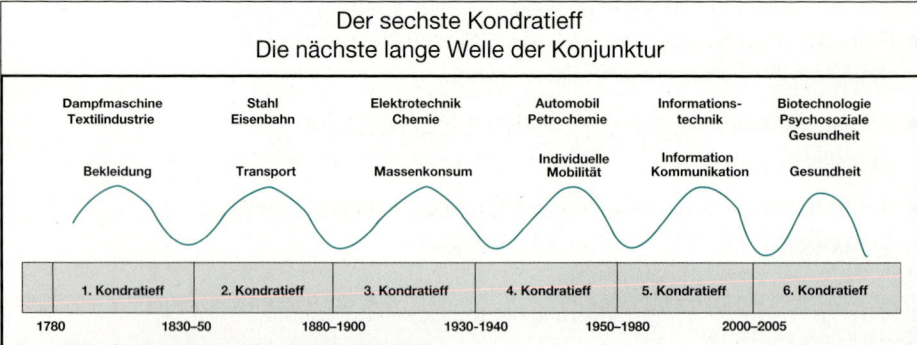

Der sechste Kondratieff
Die nächste lange Welle der Konjunktur

Lange Wellen, Basisinnovationen und ihre wichtigsten Bedarfsfelder

Der russische Wissenschaftler **Nikolai D. Kondratieff** (1892–1938) gilt als der Begründer der Theorie der langen Wellen. Bei seinen Konjunkturforschungen zwischen 1919 und 1921 fand er heraus, dass es außer kurzen, bis zu drei Jahre langen, und mittleren, bis zu elf Jahre dauernden Zyklen, auch lange Konjunkturwellen mit einer Dauer von 40–60 Jahren gibt. (…) (Er zeigte,) dass die wirtschaftliche Entwicklung in den Industrieländern seit Ende des 18. Jahrhunderts durch drei große Auf- und Abschwungwellen bestimmt wurde. (…) Ursache der langen Wellen, so Kondratieff, ist die dem Kapitalismus innewohnende Dynamik. Jede Produktionsweise stößt einmal an ihre Grenzen. Irgendwann ist ein Faktor so knapp, dass weiteres Wachstum zu teuer ist, sich also ökonomisch nicht mehr rentiert. Dann setzt in der Marktwirtschaft ein Suchprozess ein, um die bestehenden, realen Wachstumsbarrieren (…) zu überwinden.

Quelle: www.kondratieff.net/NikolaiKondratieff.htm, gekürzt (Stand 15.03.2010)

9

Träger der Konjunkturpolitik sind die **Regierung** und die **Zentralbank**.

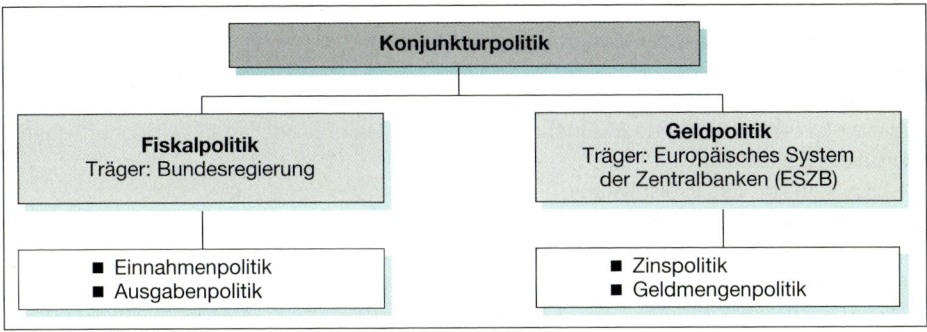

Konjunkturpolitik	
Fiskalpolitik Träger: Bundesregierung	**Geldpolitik** Träger: Europäisches System der Zentralbanken (ESZB)
■ Einnahmenpolitik ■ Ausgabenpolitik	■ Zinspolitik ■ Geldmengenpolitik

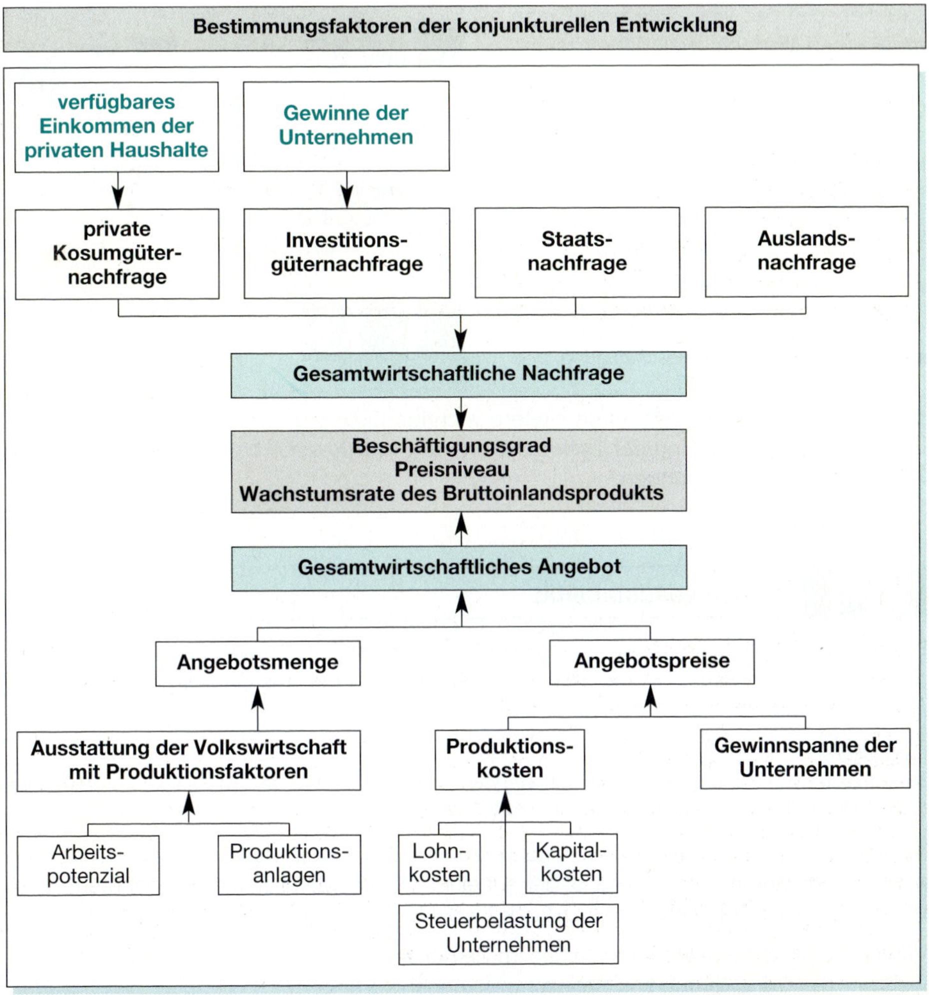

Bestimmungsfaktoren der konjunkturellen Entwicklung

- verfügbares Einkommen der privaten Haushalte
- Gewinne der Unternehmen

- private Kosumgüternachfrage
- Investitionsgüternachfrage
- Staatsnachfrage
- Auslandsnachfrage

Gesamtwirtschaftliche Nachfrage

**Beschäftigungsgrad
Preisniveau
Wachstumsrate des Bruttoinlandsprodukts**

Gesamtwirtschaftliches Angebot

- Angebotsmenge
- Angebotspreise

- Ausstattung der Volkswirtschaft mit Produktionsfaktoren
- Produktionskosten
- Gewinnspanne der Unternehmen

- Arbeitspotenzial
- Produktionsanlagen
- Lohnkosten
- Kapitalkosten

Steuerbelastung der Unternehmen

9

9.3.2   Ziele der Konjunkturpolitik

In *§ 1 des Gesetzes zur Förderung der Stabilität und des Wachstums der Wirtschaft* werden die **vier Hauptziele der Konjunkturpolitik** für Bund, Bundesländer und Stadtstaaten genannt.

> Alle wirtschaftspolitischen Maßnahmen sollen im Rahmen der marktwirtschaftlichen Ordnung gleichzeitig
> 1. zur Stabilität des Preisniveaus,
> 2. zu einem hohen Beschäftigungsgrad und
> 3. zu außenwirtschaftlichem Gleichgewicht
> 4. bei stetigem und angemessenem Wirtschaftswachstum

Werden diese vier Ziele gleichzeitig erreicht, spricht man vom **gesamtwirtschaftlichen Gleichgewicht**. Das Zusammenspiel der vier Ziele nennt man **magisches Viereck**, weil die einzelnen Ziele durch ihre wechselseitige Abhängigkeit nicht gleichzeitig zu erreichen sind und es somit zu Zielkonflikten kommt.

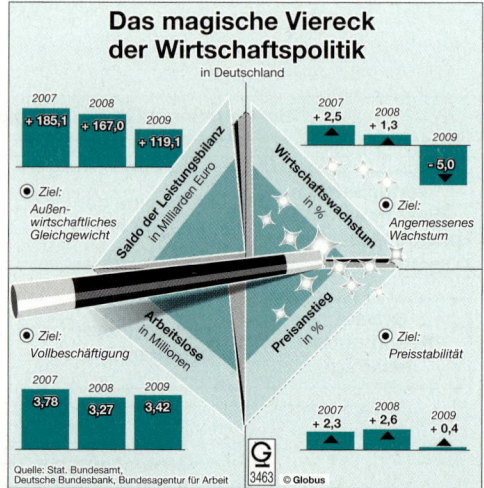

Das magische Viereck der Wirtschaftspolitik
in Deutschland

Quelle: Stat. Bundesamt, Deutsche Bundesbank, Bundesagentur für Arbeit

Beispiele:

- *Wird Wirtschaftswachstum angestrebt, wird die Stabilität der Preise gefährdet.*
- *Werden stabile Preise gewünscht, werden Wachstum und Vollbeschäftigung kaum zu erreichen sein.*
- *Erreicht man eine hohe Beschäftigung, sind stabile Preise gefährdet.*

Die vier Hauptziele werden durch weitere wichtige Ziele ergänzt, wie gerechte Einkommensverteilung, Erhaltung der Umwelt, Sicherung von Ressourcen und Gewährleistung humaner Arbeitsbedingungen.

9.3.2.1   Preisniveaustabilität

Die **nominale** (betragsmäßige) Höhe eines Geldbetrages sagt zunächst noch nichts über seinen Tauschwert aus. Für den realen (tatsächlichen) Wert des Geldes ist vielmehr entscheidend, wie viele Güter man dafür kaufen kann.

Beispiel:

Im Mittelalter war in Deutschland der Pfennig die wichtigste Münzsorte. Ein Schwein kostete etwa 4 Cent, der Tageslohn eines Landarbeiters betrug $1/_4$ Cent.

Man muss daher zwischen dem Nominalwert und dem Realwert des Geldes unterscheiden:
- Der **Nominalwert** des Geldes ist der auf einer Münze oder Banknote genannte Betrag.
- Der **Realwert** des Geldes ist Ausdruck für die Kaufkraft (den Tauschwert) des Geldes.

Während der Nominalwert des Geldes im Zeitablauf konstant bleibt, kann sich der Realwert des Geldes aufgrund von Preisschwankungen verändern.

9

Die **Kaufkraft** des Geldes ist die Fähigkeit des Geldes, zum Kauf von Gütern verwendet werden zu können.

Die Kaufkraft des Geldes wird bestimmt durch die Güterpreise.

Beispiele:

■ *An einem Samstagabend des Jahres 2010 stellt ein Familienvater die Ausgaben zusammen, die im Laufe des Tages angefallen sind. Im Gespräch mit seiner Frau überlegt er, wie viel Geld er vor genau 20 Jahren umgerechnet für dieselben Güter hat ausgeben müssen.*

	2010	1990
5 Brötchen	*1,50 EUR*	*0,50 EUR*
40 Liter Benzin	*56,00 EUR*	*16,00 EUR*
1 Tafel Schokolade	*0,80 EUR*	*0,50 EUR*
1 Straßenbahnfahrkarte	*2,50 EUR*	*0,30 EUR*
1 halbes Hähnchen	*3,00 EUR*	*4,00 EUR*
	63,,80 EUR	*21,30 EUR*

■ *Ein Arbeitnehmer erzielt ein Netto-Monatseinkommen von 2.500,00 EUR. Steigen die Preise der zum Lebensunterhalt benötigten Konsumgüter um 2,5 %, so kann der Arbeitnehmer mit dieser Geldsumme 97,56 % (= 100 : 102,50) der ursprünglich gekauften Gütermenge kaufen. Sein Realeinkommen ist um 61,00 EUR gesunken.*
Fallen umgekehrt die Konsumgüterpreise um 2,5 %, so kann er mit 2.500,00 EUR 2,63 % (= 100 : 97,44) mehr Güter kaufen als vorher. Sein Realeinkommen ist um 65,75 EUR gestiegen.

Beide Beispiele machen deutlich:

■ **Steigende Preise** bedeuten eine **Verminderung der Kaufkraft** des Geldes. Der Realwert des Geldes sinkt.

■ **Fallende Preise** bedeuten eine **Erhöhung der Kaufkraft** des Geldes. Der Realwert des Geldes steigt.

Um die Kaufkraft des Geldes und seine Entwicklung zu messen, muss man die Güterpreise und deren Veränderung kennen.

> Das **Preisniveau** ist die durchschnittliche Höhe der Preise.

Messung der Kaufkraft

Es ist praktisch nicht möglich, die Preise für sämtliche Güter statistisch zu erfassen. Das **Statistische Bundesamt** in Wiesbaden, das die Preisentwicklung laufend beobachtet, beschränkt sich daher auf die Erfassung der Preisniveauänderung bei ausgewählten Gütergruppen. Das Interesse der Bevölkerung richtet sich vor allem auf die Entwicklung der **Lebenshaltungskosten**. Das Statistische Bundesamt stellt deshalb durch Befragung einer Vielzahl von Haushalten zunächst fest, welche Konsumgüter die Haushalte gewöhnlich von ihrem Einkommen kaufen. Ergebnis dieser Untersuchung ist – bildlich gesprochen – die Zusammenstellung eines „Warenkorbes", in dem angefangen von den Nahrungsmitteln bis zur Zahnbürste und von der Miete bis zur Taxifahrt alles in solchen Mengen und in solcher Zusammensetzung enthalten ist, wie es den Konsumgewohnheiten eines **repräsentativen** Haushaltes entspricht.

Die Gesamtausgaben für diesen Warenkorb werden durch laufende Marktbeobachtungen Monat für Monat neu festgestellt. Steigen die Gesamtausgaben für den Warenkorb, ist die Lebenshaltung teurer, sinken sie, ist sie billiger geworden.

Die Veränderung der Verbraucherpreise wird vom Statistischen Bundesamt durch Veröffentlichung des **Preisindex für die Lebenshaltung** bekannt gegeben.

9

> Der **Preisindex für die Lebenshaltung** ist die Messzahl für die Entwicklung der Verbraucherpreise.
> Das Ziel **Preisniveaustabilität** wird gemessen an der Veränderung des Preisindex für die Lebenshaltung.

Die Gesamtkosten des zugrunde liegenden Warenkorbes werden dabei für ein bestimmtes Jahr, das **Basisjahr**, = 100 Prozent gesetzt.

Der Preisindex ist die Prozentzahl, die angibt, um wie viel Prozent sich das Preisniveau in den folgenden **Berichtsjahren** gegenüber dem Basisjahr verändert hat.

In die Berechnung des Preisindex für die Lebenshaltung gehen ca. 750 Waren und Dienstleistungen ein. Gegenwärtig erfassen die Statistischen Landesämter in 190 Gemeinden im gesamten Bundesgebiet mehr als 350.000 Einzelpreise.

Da die Konsumgewohnheiten einem ständigen Wandel unterliegen, wird die Zusammensetzung des Warenkorbes von Zeit zu Zeit aktualisiert.

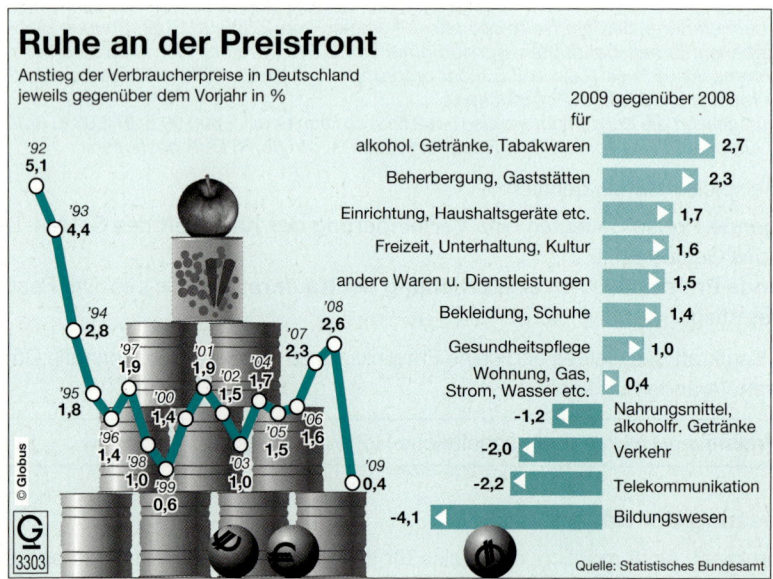

Ruhe an der Preisfront
Anstieg der Verbraucherpreise in Deutschland jeweils gegenüber dem Vorjahr in %

2009 gegenüber 2008 für

alkohol. Getränke, Tabakwaren	2,7
Beherbergung, Gaststätten	2,3
Einrichtung, Haushaltsgeräte etc.	1,7
Freizeit, Unterhaltung, Kultur	1,6
andere Waren u. Dienstleistungen	1,5
Bekleidung, Schuhe	1,4
Gesundheitspflege	1,0
Wohnung, Gas, Strom, Wasser etc.	0,4
Nahrungsmittel, alkoholfr. Getränke	-1,2
Verkehr	-2,0
Telekommunikation	-2,2
Bildungswesen	-4,1

'92 5,1 – '93 4,4 – '94 2,8 – '95 1,8 – '96 1,4 – '97 1,9 – '98 1,0 – '99 0,6 – '00 1,4 – '01 1,9 – '02 1,5 – '03 1,0 – '04 1,7 – '05 1,5 – '06 1,6 – '07 2,3 – '08 2,6 – '09 0,4

© Globus 3303

Quelle: Statistisches Bundesamt

Im Hinblick auf die Europäische Wirtschafts- und Währungsunion wurde eine Harmonisierung der Preismessung für die Lebenshaltung auf europäischer Ebene entwickelt. Das **Statistische Amt der Europäischen Gemeinschaften (Eurostat)** veröffentlicht für den Zeitraum ab 1995 das Ergebnis dieser Preismessung als **Harmonisierten Verbraucher-Preis-Index (HVPI)**. Er beruht auf den nationalen HVPIs, die in allen Staaten des Euro-Währungsgebietes nach einer einheitlichen Methode erstellt werden.

■ Einflussgrößen der Kaufkraftentwicklung

Die Kaufkraft des Geldes bleibt so lange unverändert, wie sich das Verhältnis zwischen dem Wert der in einer Volkswirtschaft umgesetzten Gütermenge und der nachfragewirksamen Geldmenge nicht ändert.

9

> Die **nachfragewirksame** Geldmenge wird bestimmt durch die vorhandene **Menge an Zahlungsmitteln** und die **Umlaufgeschwindigkeit** des Geldes.

> **Beispiel:**
>
> *Wenn ein 100-Euro-Schein im Laufe eines Jahres 20-mal seinen Besitzer wechselt, also 20-mal zur Bezahlung eines Kaufpreises verwendet wird, so können mit diesem 100-Euro-Schein Güter im Wert von 2.000,00 EUR gekauft werden.*
> *Bei einer Umlaufgeschwindigkeit des Geldes von 20 und einer Geldmenge von 100,00 EUR ergibt sich folglich eine nachfragewirksame Geldmenge von 2.000,00 EUR.*

> Der **Wert der umgesetzten Gütermenge** ist die Menge der verkauften Güter, das **Handelsvolumen**, multipliziert mit den dazugehörigen Preisen.

> **Beispiel:**
>
> *Ein Computersystem wird vom Hersteller zum Preis von 1.500,00 EUR an den Großhändler, von diesem zum Preis von 1.800,00 EUR an den Einzelhändler verkauft. Der Einzelhändler verkauft den PC schließlich zum Preis von 2.300,00 EUR an den Endverbraucher.*
> *Der Wert der umgesetzten Gütermenge beträgt in diesem Fall 5.600,00 EUR.*

Der Zusammenhang zwischen der Geld- und der Güterseite einer Volkswirtschaft lässt sich auch mithilfe der **Quantitätsgleichung** (Verkehrsgleichung) ausdrücken:

$$\underbrace{\text{Geldseite}}_{G \cdot U} \quad = \quad \underbrace{\text{Güterseite}}_{H \cdot P}$$

G = Geldmenge	Bargeld und Sichteinlagen in Händen der Nichtbanken
U = Umlaufgeschwin-digkeit des Geldes	durchschnittliche Anzahl der Zahlungstransaktionen, die mit der vorhandenen Geldmenge innerhalb des zugrunde liegenden Zeitraums ausgeführt werden
H = Handelsvolumen	Menge der innerhalb des zugrunde liegenden Zeitraums umgesetzten Güter und Dienstleistungen
P = Preisniveau	durchschnittliche Höhe der Preise der umgesetzten Güter

Mithilfe der Quantitätsgleichung lässt sich zeigen, dass das Preisniveau abhängig ist

- von der Geldmenge,
- der Umlaufgeschwindigkeit des Geldes
- und dem Handelsvolumen.

$$P = \frac{G \cdot U}{H}$$

> **Beispiel:**
>
> *Ein nachhaltiges Wachstum der Geldmenge bei konstanter Umlaufgeschwindigkeit des Geldes führt zu einem Ansteigen des Preisniveaus, wenn nicht die Güterproduktion zunimmt.*

In einer Marktwirtschaft kommt es immer wieder zu Geldwertschwankungen. Es ist nicht immer zu verwirklichen, dass die gesamtwirtschaftliche Nachfrage und das gesamtwirtschaftliche Angebot einander genau entsprechen.

> Unter **Inflation** versteht man den Anstieg des Preisniveaus, während mit **Deflation** das Fallen des Preisniveaus bezeichnet wird.

Beide **Krankheitsbilder** des Geldes sind mit negativen Folgen für eine Volkswirtschaft verbunden.

9

Bei einer Inflation gibt es Gewinner und Verlierer.

Inflationsgewinner sind ...	Inflationsverlierer sind ...
■ **Geldschuldner** Sie haben „gutes Geld" erhalten und zahlen „schlechtes Geld", also durch einen Kaufkraftverlust entwertetes Geld, zurück. ■ **Öffentliche Haushalte** Einerseits werden die Staatsschulden entwertet, andererseits nehmen die Staatseinnahmen inflationsbedingt (steigende Preise führen zu USt-Mehreinnahmen) und strukturell bedingt (steigende Einkommen führen aufgrund der Steuerprogression zu ESt-Mehreinnahmen) zu.	■ **Geldgläubiger** Die Zinserträge und das angelegte Kapital werden real geschmälert, sodass die Kaufkraft des Gesparten nur wenig steigt oder sogar abnimmt. ■ **Bezieher fester Einkommen** Erst mit Verzögerung kommt es bei Lohn- und Gehaltsempfängern zu Einkommenserhöhungen und damit zu einem Kaufkraftausgleich („Lohn-Preis-Spirale"). Bei Rentnern und den Beziehern von festen Unterhaltsleistungen, Wohngeld und BAföG-Zahlungen ist die zeitliche Verzögerung noch ausgeprägter.

Vermögende Personen sind vor Inflationsverlusten weitgehend geschützt. Da sie ihr Vermögen häufig in Sachwerten, insbesondere Immobilien und Aktien angelegt haben, steigt der Nominalwert ihres Vermögens, sodass ihr realer Wert erhalten bleibt.

9.3.2.2   Hoher Beschäftigungsstand

Grundlage der Güterproduktion sind die vorhandenen Produktionseinrichtungen und die Menschen, die ihre Arbeitskraft den Unternehmungen zur Verfügung stellen.

Ein **hoher Beschäftigungsstand** ist erreicht, wenn die Kapazitätsauslastung der Produktionsanlagen hoch ist und alle diejenigen Menschen, die arbeiten wollen und können, tatsächlich eine Beschäftigung finden.

Der Wunsch, einen Arbeitsplatz zu haben, ist ein elementares menschliches Ziel. Wer keine Arbeit hat, muss sich nicht nur finanziell einschränken, sondern leidet auch unter Prestigeverlust und dem Gefühl, nutzlos zu sein.

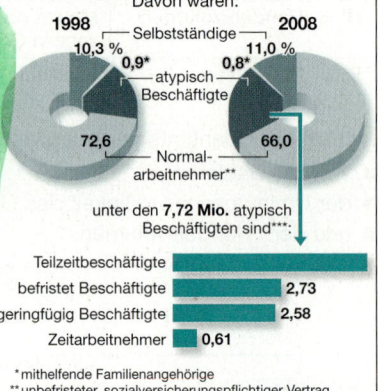

Beschäftigung in Deutschland

Insgesamt ist die Zahl der Erwerbstätigen in Deutschland von **32,68 Millionen** im Jahr **1998** auf **34,73 Millionen** im Jahr **2008** gestiegen. Davon waren:

1998   Selbstständige   2008
10,3 %   0,9*   0,8*   11,0 %
atypisch Beschäftigte
72,6   66,0
Normalarbeitnehmer**

unter den **7,72 Mio.** atypisch Beschäftigten sind***:

Teilzeitbeschäftigte
befristet Beschäftigte   2,73
geringfügig Beschäftigte   2,58
Zeitarbeitnehmer   0,61

*mithelfende Familienangehörige
**unbefristeter, sozialversicherungspflichtiger Vertrag
***Überschneidungen und damit Mehrfachzählungen möglich (z.B. bei befristeten Teilzeitbeschäftigten)
Quelle: Stat. Bundesamt   dpa•11282

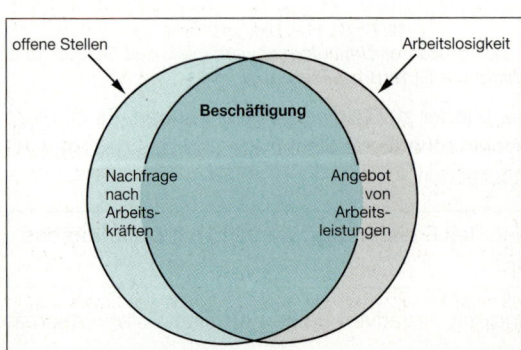

offene Stellen   Arbeitslosigkeit

Beschäftigung

Nachfrage nach Arbeitskräften   Angebot von Arbeitsleistungen

Ein wichtiges Ziel der Konjunkturpolitik ist es daher, dafür zu sorgen, dass alle diejenigen, die arbeiten wollen, einen Arbeitsplatz finden.

Auf dem **Arbeitsmarkt** trifft die Nachfrage der Unternehmen nach Arbeitskräften und das Angebot an Arbeitskräften zusammen.

9

Die Beschäftigungslage auf dem Arbeitsmarkt wird mit der **Arbeits.** _ _ _ _ gemessen.

Arbeitslosenquote bezogen auf alle zivilen Erwerbspersonen	$=$	$\dfrac{\text{Anzahl der registrierten Arbeitslosen} \cdot 100}{\text{Anzahl der Erwerbspersonen}}$

Arbeitslosenquote bezogen auf alle abhängigen zivilen Erwerbspersonen	$=$	$\dfrac{\text{Anzahl der registrierten Arbeitslosen} \cdot 100}{\text{Anzahl der abhängigen Erwerbspersonen}}$

Erwerbspersonen = alle arbeitswilligen und arbeitsfähigen selbstständigen und nicht selbstständigen Personen.

In Deutschland gilt als arbeitslos, wer
- ohne festes Beschäftigungsverhältnis ist,
- gesund ist und arbeiten möchte,
- sich bei der Agentur für Arbeit als arbeitsuchend gemeldet hat und
- für eine Arbeitsvermittlung zur Verfügung steht.

Beispiel:

In einer Volkswirtschaft gibt es 100 Erwerbspersonen, davon 15 Selbstständige und 5 Arbeitslose.

100 Erwerbspersonen		
85 abhängige Erwerbspersonen		15 Selbstständige
5 Arbeitslose	80 abhängige Beschäftigte	
	95 Erwerbstätige insgesamt	

$$ALQ = \frac{5 \cdot 100}{100} = \underline{\underline{5,00\,\%}} \quad \text{(Basis zivile Erwerbspersonen)}$$

$$ALQ = \frac{5 \cdot 100}{85} = \underline{\underline{5,88\,\%}} \quad \text{(Basis abhängige zivile Erwerbspersonen)}$$

Da innerhalb einer Volkswirtschaft aufgrund saisonaler Schwankungen, struktureller Veränderungen und einer natürlichen Fluktuation unter den Arbeitnehmern immer ein gewisses Maß an Arbeitslosigkeit existiert, gilt der Zustand der Vollbeschäftigung als erreicht, wenn die Arbeitslosenquote ca. 2 % nicht übersteigt.

Während die **subjektiven Ursachen der Arbeitslosigkeit** in der Person des Arbeitnehmers, seiner Disposition oder seinem Verhalten liegen, beruhen die **objektiven Ursachen der Arbeitslosigkeit** auf den sachlichen Gegebenheiten der Volkswirtschaft.

Subjektive Ursachen der Arbeitslosigkeit	
■ Qualifikationsmängel ■ Alter ■ Nationalität	■ Krankheit/Behinderung ■ Geschlecht ■ Charakterliche Eigenschaften

Objektive Ursachen der Arbeitslosigkeit

Konjunkturelle Arbeitslosigkeit

Aufgrund der zu geringen gesamtwirtschaftlichen Nachfrage benötigen die Unternehmungen nicht mehr so viele Arbeitskräfte. Die gesamte Volkswirtschaft ist quer durch alle Branchen und Regionen von dieser Arbeitslosigkeit betroffen.

Maßnahme des Staates: > **Konjunkturpolitik** der Bundesregierung und der Deutschen Bundesbank

9

Strukturelle Arbeitslosigkeit

Aufgrund der Nachfrageverschiebungen, Veränderungen in der Bevölkerungsstruktur oder der Einführung neuer Technologien kommt es in bestimmten Branchen oder Regionen zu erhöhter Arbeitslosigkeit.

Maßnahme des Staates: > **Strukturpolitik** mithilfe von Subventionen

Saisonale Arbeitslosigkeit

In bestimmten Wirtschaftszweigen kommt es zu natürlichen, jahreszeitlich bedingten Beschäftigungsschwankungen.

Maßnahme des Staates: > **keine**, da die Ursachen dieser Arbeitslosigkeit nicht beseitigt werden können.

Friktionelle Arbeitslosigkeit

Durch die Liquidation bzw. Insolvenz einer Unternehmung oder durch einen beabsichtigten Stellenwechsel bei Arbeitnehmern kann vorübergehend Arbeitslosigkeit entstehen.

Maßnahme des Staates: > **keine**, da eine gewisse Fluktuation unter den Arbeitnehmern sowie die Schließung unrentabel arbeitender Unternehmungen zu den natürlichen Begleiterscheinungen einer Marktwirtschaft gehören.

9.3.2.3 Außenwirtschaftliches Gleichgewicht

Die Volkswirtschaft der Bundesrepublik Deutschland ist durch vielfältige und umfangreiche Wirtschaftsbeziehungen mit dem Ausland verbunden.

Beispiel:

Der expandierende deutsche Außenhandel gab der Beschäftigung im Zeitraum von 1995 bis 2006 einen kräftigen Impuls: 8,9 Millionen Erwerbstätige mit Arbeitsort in Deutschland waren 2006 vom Export abhängig. Das waren fast 23 % aller Erwerbstätigen. 1995 arbeiteten nur etwa 15 % der Erwerbstätigen für den Export. (Quelle: destatis, Pressemitteilung vom 18.09.2007)

Der **Außenwirtschaftsverkehr** umfasst den Waren-, Dienstleistungs-, Kapital- und Zahlungsverkehr mit anderen Volkswirtschaften *(§ 1 AWG)*.

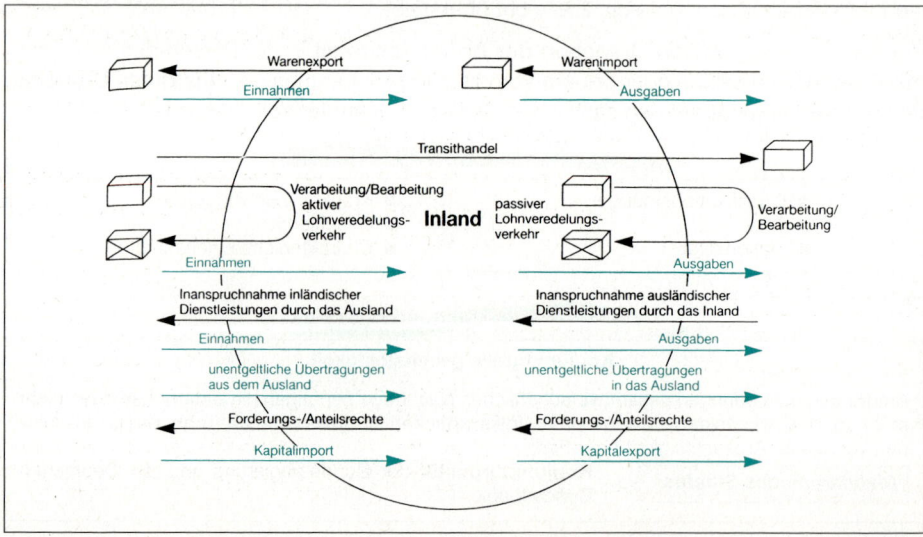

9

> Die **Zahlungsbilanz** ist die statistische Gegenüberstellung der Devisenzuflüsse und -abflüsse des Inlandes aus dem Außenwirtschaftsverkehr mit fremden Volkswirtschaften.

Der Begriff „Bilanz" ist irreführend, da die Zahlungsbilanz keine zeitpunktbezogene Vermögensaufstellung ist, sondern eine in Teilbilanzen aufgegliederte Gegenüberstellung von Wertströmen vom Inland ins Ausland und vom Ausland ins Inland.

Zahlungsbilanzschema der Deutschen Bundesbank								
Leistungsbilanz					Vermögens-übertragungen	Kapitalbilanz		Saldo der statistisch nicht aufgliederbaren Transaktionen, sogenannte „Restposten"
Außenhandel	Ergänzungen zum Warenverkehr	Dienstleistungsbilanz	Erwerbs- und Vermögenseinkommen	Laufende Übertragungen		Kapitalinvestitionen (z. B. Beteiligungen), Wertpapieranlagen, Veränderungen der Währungsreserven	darunter Veränderungen der Währungsreserven zu Transaktionswerten	

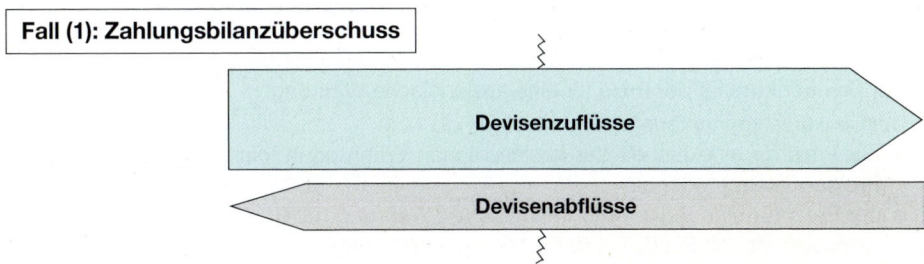

> **Außenwirtschaftliches Gleichgewicht** bedeutet, dass die Zahlungsströme zwischen dem Inland und dem Ausland einander entsprechen, d. h., dass die Zahlungsbilanz ausgeglichen ist.

Zahlungsbilanzungleichgewichte werden verursacht durch anhaltende Überschüsse bzw. Defizite im Waren-, Dienstleistungs- und Kapitalverkehr mit dem Ausland. Nachhaltige Ungleichgewichte können zu erheblichen Störungen der Wirtschaftslage im Inland führen.

Durch die Schaffung des gemeinsamen Euro-Währungsraumes wurden die nachteiligen Wirkungen von Zahlungsbilanzungleichgewichten gegenüber den Euro-Handelspartnern *(z. B. zwischen Deutschland und Frankreich)* beseitigt.

Wechselkursschwankungen und außenwirtschaftlich verursachte Geldmengenstörungen können nur durch Zahlungsbilanzungleichgewichte gegenüber Volkswirtschaften außerhalb des Euro-Währungsraumes *(z. B. USA, Japan)* hervorgerufen werden.

Fall (1): Zahlungsbilanzüberschuss

9

Ein Zahlungsbilanzüberschuss gegenüber Volkswirtschaften außerhalb des Euro-Währungsraumes führt tendenziell zu

- einem Kursanstieg des Euro: Auslandswährungen *(z. B. USD, JPY, CHF)* werden billiger. Die Inlandswährung (Euro) gewinnt an Wert,
- einer Vermehrung der Währungsreserven und einem Wachstum der inländischen Geldmenge.

Folgen:

- Der Kauf inländischer Produkte wird im Ausland teurer. Die deutsche Exportwirtschaft muss mit einem Umsatzrückgang rechnen. Arbeitsplätze in exportorientierten Unternehmen sind in Gefahr.
- Das Geldmengenwachstum löst einen expansiven Effekt aus und lässt die Gefahr eines Preisniveauanstiegs entstehen *(importierte Inflation)*.

Fall (2): Zahlungsbilanzdefizit

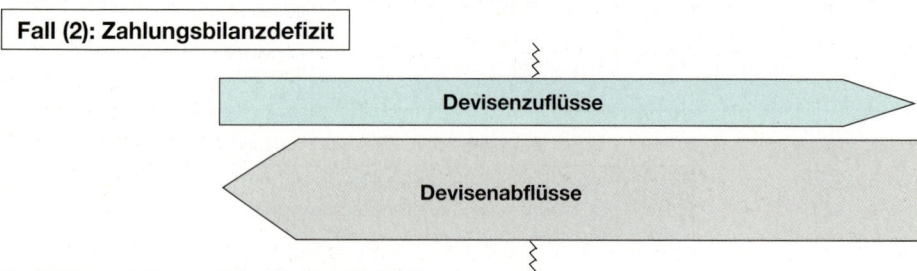

Ein Zahlungsbilanzdefizit führt tendenziell zu

- einem Kursverlust des Euro: Auslandswährungen *(z. B. USD, JPY, CHF)* werden teurer. Die Inlandswährung (Euro) verliert an Wert,
- einem Abbau der Währungsreserven und einer Verknappung der inländischen Geldmenge.

Folgen:

- Der Kauf ausländischer Produkte wird für das Inland teurer. Soweit wichtige Importe *(z. B. Rohstoffe)* nicht durch Erzeugnisse aus dem Inland ersetzt werden können, ist mit einem Anstieg des Preisniveaus zu rechnen *(Kosteninflation)*.
- Die Verknappung der Geldmenge löst einen kontraktiven Effekt aus und kann aufgrund steigender Zinsen die Beschäftigungslage im Inland belasten.

▉ Devisenkurse

Devisen sind Bestände an ausländischen Währungen in Form von Guthaben, Forderungen, Schecks oder Wechseln.

Beispiele:

Guthaben bei einer Bank in den USA; Wechsel, der auf Schweizer Franken lautet.

Sorten sind ausländisches Bargeld in Form von Banknoten und Münzen. Banken handeln in der Regel nur mit Banknoten.

Der **Devisenkurs** ist der Preis für eine ausländische Währung.

Devisenkurse können ausgedrückt werden als

- der Preis für eine Einheit der ausländischen Währung in Inlandswährung *(EUR)* = **Preisnotierung**; oder als
- der Preis für eine Einheit der inländischen Währung (EUR) in ausländischen Währungseinheiten *(z. B. USD, GBP)* = **Mengennotierung**.

9

Bei einer **Preisnotierung** wird eine feste Einheit der Auslandswährung *(z. B. 1,00 USD)* in inländischen Euro ausgedrückt.
Die Fragestellung lautet dann z. B.: *„Wie viel EUR sind für 1,00 USD zu zahlen?"*

Bei einer **Mengennotierung** wird der Wert eines Euro in der entsprechenden Menge der ausländischen Währung ausgedrückt.
Die Fragestellung lautet dann z. B.: *„Welcher Menge USD entspricht 1,00 EUR?"*

Der Devisenkurs (Wechselkurs) ergibt sich aus Angebot und Nachfrage der jeweiligen Auslandswährung.

> **Beispiel:**
>
> *Ein Importeur wird sich im internationalen Handel in mehreren Ländern erkundigen, wo er die günstigste Bezugsquelle finden kann. So muss ein Textilhersteller, der Stoffe aus Fernost beziehen will, die in der jeweiligen Landeswährung angegebenen Preise in Euro umrechnen, um einen Angebotsvergleich durchführen zu können. Dazu benötigt er den jeweiligen Devisenkurs der entsprechenden Landeswährung.*

Der Devisenhandel vollzieht sich im Telefonhandel zwischen den Kreditinstituten, Zentralnotenbanken und international ausgerichteten Großunternehmen weltweit und „rund um die Uhr". Die Kurse verändern sich daher fortlaufend. Bei den in den Wirtschaftsnachrichten für die wichtigsten Währungen täglich veröffentlichten Devisenreferenzkursen handelt es sich um den Mittelwert der von bestimmten Kreditinstituten an das Nachrichtensystem Reuters an dem betreffenden Tag gemeldeten Kurse.

Devisenkurse beeinflussen den Export und den Import von Ländern.

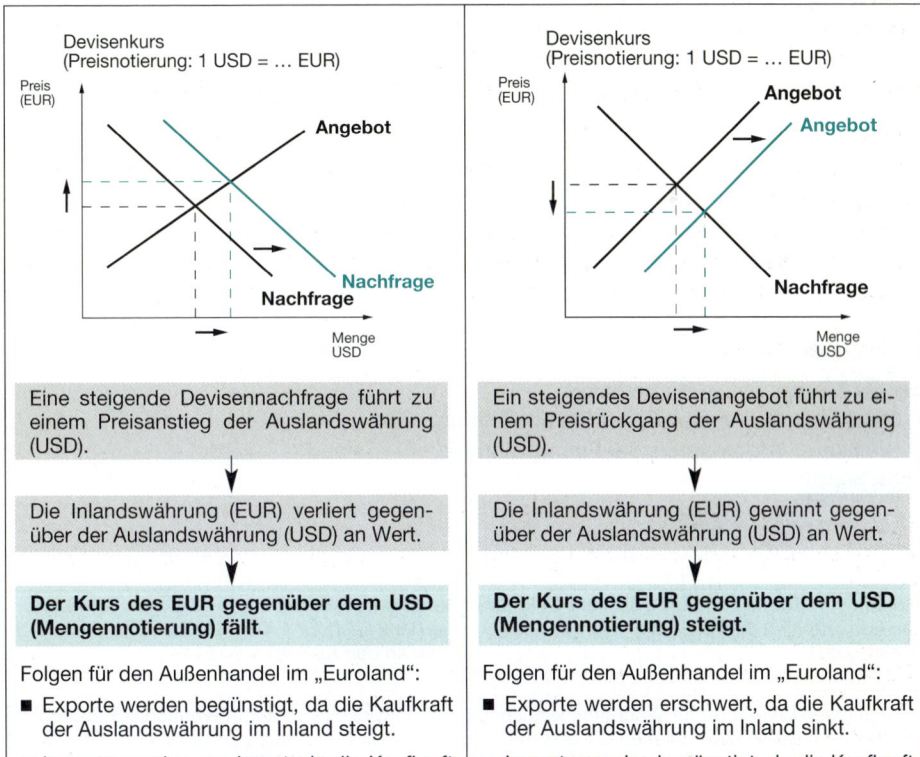

Eine steigende Devisennachfrage führt zu einem Preisanstieg der Auslandswährung (USD).	Ein steigendes Devisenangebot führt zu einem Preisrückgang der Auslandswährung (USD).
Die Inlandswährung (EUR) verliert gegenüber der Auslandswährung (USD) an Wert.	Die Inlandswährung (EUR) gewinnt gegenüber der Auslandswährung (USD) an Wert.
Der Kurs des EUR gegenüber dem USD (Mengennotierung) fällt.	**Der Kurs des EUR gegenüber dem USD (Mengennotierung) steigt.**
Folgen für den Außenhandel im „Euroland":	Folgen für den Außenhandel im „Euroland":
■ Exporte werden begünstigt, da die Kaufkraft der Auslandswährung im Inland steigt. ■ Importe werden erschwert, da die Kaufkraft des EUR im Ausland sinkt.	■ Exporte werden erschwert, da die Kaufkraft der Auslandswährung im Inland sinkt. ■ Importe werden begünstigt, da die Kaufkraft des EUR im Ausland steigt.

9

▊ Devisenkurse nach der Art der Kursnotierung

Devisenkurse können in Inlandswährung (EUR) oder in Auslandswährung ausgedrückt werden.

- Bei der **Preisnotierung** wird eine feste Einheit der Auslandswährung in ihrem **Preis** in EUR (Inlandswährung) ausgedrückt.
  Die Fragestellung lautet: *„Wie viel EUR muss für z. B. 1 USD, 1 GBP[1] gezahlt werden?"*
- In der Europäischen Währungsunion werden alle Fremdwährungen in **Mengennotierungen** ausgewiesen. Die Mengennotierung gibt an, wie viel Einheiten der Fremdwährung ein Euro wert ist (= Außenwert des Euro).
  Die Fragestellung lautet z. B.: *„Welche Menge USD entspricht 1 EUR?".*

Mengennotierung		Preisnotierung	
feste Bezugseinheit INLANDSWÄHRUNG	variable Bezugseinheit AUSLANDSWÄHRUNG	feste Bezugseinheit AUSLANDSWÄHRUNG	variable Bezugseinheit INLANDSWÄHRUNG
Beispiele vom 14.10.2009, 15:55 Uhr: ■ *1,00 EUR = 1,4941 USD* ■ *1,00 EUR = 0,9342 GBP* ■ *1,00 EUR = 133,3755 JPY*		*Beispiele vom 14.10.2009, 15:55 Uhr:* ■ *1,00 USD = 0,6693 EUR* ■ *1,00 GBP = 1,0704 EUR* ■ *100,00 JPY = 0,7501 EUR*	
Bei der **Mengennotierung** signalisieren ■ steigende Kurse einen Wertanstieg der Inlandswährung, ■ sinkende Kurse einen Wertverfall der Inlandswährung.		Bei der **Preisnotierung** signalisieren ■ steigende Kurse einen Wertverfall der Inlandswährung, ■ sinkende Kurse einen Wertanstieg der Inlandswährung.	

Beispiel:

1,00 EUR = … USD		1,00 USD = … EUR
1,5000	=	0,6667
1,4941	=	0,6693
1,4950	=	0,6689
1,4900	=	0,6711
1,4880	=	0,6720
1,4850	=	0,6734
1,4800	=	0,6757

Im Devisenhandel unter den Kreditinstituten ist die **Mengennotierung** üblich. Devisen werden dabei von den Kreditinstituten zum (niedrigeren) **Geldkurs** verkauft bzw. zum (höheren) **Briefkurs** angekauft.

Bei der Mengennotierung bedeutet
- Geldkurs = Verkaufspreis der Fremdwährung,
- Briefkurs = Ankaufspreis der Fremdwährung.

Beispiel:

USD/EUR = 1,4881/1,4941
Geldkurs = 1,4881
Briefkurs = 1,4941

Geldinstitut (Bank) verkauft USD zum Geldkurs.	Geldinstitut (Bank) kauft USD zum Briefkurs.
Die Bank zahlt für 1,00 EUR dem Bankkunden 1,4881 USD.	*Die Bank kauft für 1,4941 USD an und zahlt dafür an den Kunden 1,00 EUR.*

---

[1] Bei diesem **ISO-Code** für Währungsbezeichnungen, entwickelt von der International Standardization Organisation (ISO), stehen die ersten beiden Buchstaben für das Land und der dritte für die Währung. So wird mit dem Kürzel GBP das britische Pfund und mit USD der amerikanische Dollar bezeichnet. Der Euro als länderübergreifende Währung kann nicht in dieses Schema eingeordnet werden. Er trägt die Bezeichnung EUR.

9

> **Devisen** sind Zahlungsmittel in Form von Buchgeld *(z. B. Guthaben bei ausländischen Banken, Schecks oder Wechsel, die auf ausländische Währungen laufen)*.

> **Sorten** sind ausländische Banknoten und Münzen. Kreditinstitute handeln in der Regel nur mit Banknoten.

Beispiele:

Der EUR notiert aktuell bei einem Kreditinstitut: 1,5717 Geldkurs/1,5721 Briefkurs USD (Mengen-notierung).
- *Ein Exporteur erhält eine Zahlung von 10.000,00 USD und wünscht Gutschrift auf seinem laufenden EUR-Konto. Die Umrechnung des Zahlungseingangs erfolgt zum Briefkurs von 1,5721 USD. Der Gutschriftbetrag lautet 6.360,92 EUR.*
- *Ein Importeur hat eine Zahlung von 10.000,00 USD zu leisten. Die Umrechnung des Zahlungsaus-gangs erfolgt zum Geldkurs von 1,5717 USD. Der Belastungsbetrag auf seinem EUR-Konto lautet 6.362,54 EUR.*

Devisenkurse nach der Verfügbarkeit der gehandelten Devisen

■ **Kassakurs**
Kurs für **sofort verfügbare, per Kasse** gehandelte Devisen; Kassageschäfte werden am 2. Geschäftstag nach Abschluss erfüllt.

■ **Terminkurs**
Kurs für **später verfügbare, per Termin** gehandelte Devisen; Verpflichtungs- und Erfül-lungsgeschäft fallen zeitlich (um mindestens 3 Tage) auseinander.
Termingeschäfte ermöglichen eine **Kurssicherung** bei Auslandsgeschäften und geben dem Exporteur bzw. Importeur eine sichere Kalkulationsgrundlage.

Devisenkurse nach Art des zugrunde liegenden Wechselkurssystems

■ **Flexible Wechselkurse** (Floating)
Die Devisenkurse entwickeln sich frei nach Angebot und Nachfrage. Es exis-tieren keine verbindlich festgelegten Pa-ritäten und keine Interventionspflichten der Zentralnotenbank zur Aufrechterhal-tung eines bestimmten Kursniveaus.

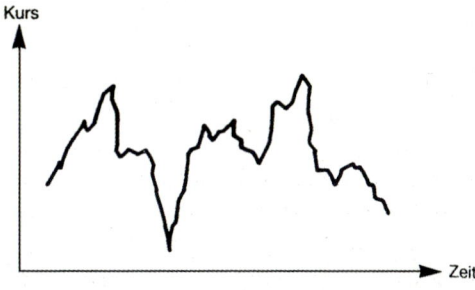

Beispiel:
Wechselkurs des EUR gegenüber dem USD, CHF, JPY

■ **Gebundene (stabile) Wechselkurse**
Die Devisenkurse schwanken innerhalb fester **Bandbreiten** um einen vereinbar-ten **Paritätskurs**. Die Zentralnotenbank ist zu **Interventionskäufen** bzw. -ver-**käufen** verpflichtet, wenn der Kurs der betreffenden Währung den unteren In-terventionspunkt zu unterschreiten bzw. den oberen Interventionspunkt zu über-schreiten droht.

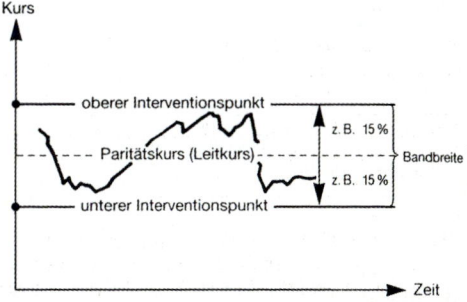

Beispiel:
Wechselkurs des EUR gegenüber den EWS-II-Währungen (Währungen der Länder: Dänemark, Est-land, Lettland, Litauen, Slowakei)

9

■ Starre Wechselkurse

Statt einer marktmäßigen Kursbildung ist das Austauschverhältnis der eigenen Währung gegenüber fremden Währungen aufgrund administrativer Bestimmungen verbindlich festgelegt. Die Aufrechterhaltung starrer Wechselkurse ist in der Praxis nur in einer Devisenzwangswirtschaft möglich. Die Konvertibilität der eigenen Währung zum geltenden Kurs einzutauschen ist beschränkt oder ausgeschlossen.

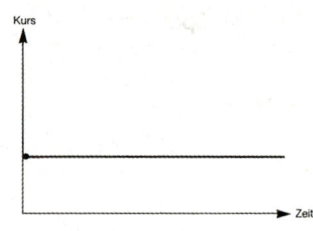

Beispiel:

Wechselkurse der Währungen der „Dritte-Welt"-Länder („weiche" Währungen gegenüber den „harten" Währungen)

9.3.2.4   Quantitatives – qualitatives Wachstum

Die Verbesserung der Lebensbedingungen ist seit jeher ein Ziel der Menschheit. Wirtschaftswachstum ist umso wichtiger, je niedriger das Versorgungsniveau und der Lebensstandard der Bevölkerung sind.

Wirtschaftswachstum führt jedoch nur dann zu einer Verbesserung der Lebensbedingungen des Einzelnen, wenn die Wachstumsrate des Inlandsprodukts größer ist als die Wachstumsrate der Bevölkerung.

> **Maßstab für das Wirtschaftswachstum** ist die jährliche Wachstumsrate des Bruttoinlandsprodukts.

Das Stabilitätsgesetz fordert ein *„stetiges"* und *„angemessenes"* Wirtschaftswachstum:

- **„Stetig"** bedeutet, dass das Wirtschaftswachstum gleichmäßig, d. h. ohne hektische Ausschläge und ohne Wachtumsunterbrechungen erfolgen soll.
- **„Angemessen"** bedeutet, dass das Wirtschaftswachstum nur insoweit erfolgen soll, als es die übrigen Ziele des Stabilitätsgesetzes nach Möglichkeit unterstützt, zumindest aber nicht gefährdet. Das Ziel Wirtschaftswachstum soll also nicht um jeden Preis verfolgt werden.

> Das **reale Wirtschaftswachstum** ist Ausdruck für die um den Anstieg des Preisniveaus bereinigte Veränderung des Bruttoinlandsprodukts.

Da der Wert des Bruttoinlandsprodukts bestimmt wird durch die Menge der produzierten Güter und Dienstleistungen und deren Preise, wird bei einem Anstieg des allgemeinen Preisniveaus das tatsächliche Wachstum des Bruttoinlandsprodukts nicht sichtbar. Man muss daher zwischen dem *nominellen* und dem *realen* Wirtschaftswachstum unterscheiden.

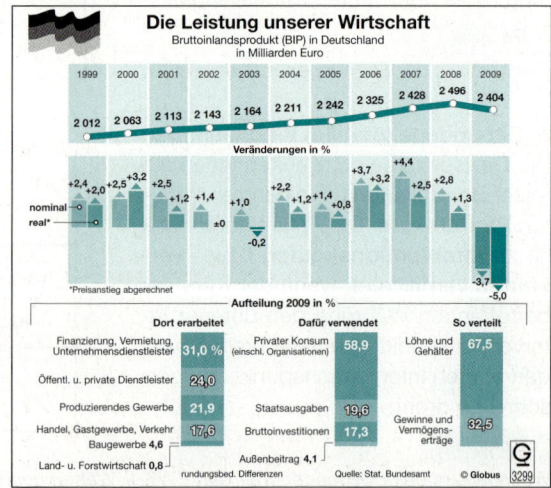

Die Knappheit der Rohstoff- und Energievorräte und steigende Umweltbelastungen führen zu einem **Spannungsverhältnis zwischen Ökonomie und Ökologie** und zeigen den Menschen zunehmend die Grenzen eines auf der Ausbeutung der Natur begründeten Wirtschaftswachstums auf.

Die Wachstumsrate des Bruttoinlandsproduktes ist eine rein **quantitative** Größe, die nur geringe Aussagefähigkeit für die Lebensqualität hat:

- Unentgeltliche und verdeckte Leistungen *(z. B. Leistungen im Rahmen der Schattenwirtschaft)* werden vom BIP nicht erfasst. Gerade sie tragen aber sicher nicht unerheblich zum individuellen Wohlstand bei.
- Immaterielle Wohlstandsmöglichkeiten *(z. B. Freizeit, höhere Lebenserwartung, bessere Bildung)* sind im BIP nicht enthalten.
- Das BIP macht keine Aussagen über die individuelle Einkommens- und Vermögensverteilung.
- Das BIP enthält auch Wohlstandsfolgekosten *(z. B. Behandlungskosten von Wohlstandserkrankungen, Renaturierung von Müllhalden).*

Man spricht von einem **qualitativen** Wachstum, wenn es darauf abzielt,
- nicht nur ökonomische, sondern auch ökologische Gesichtspunkte bei Investitionsentscheidungen zu berücksichtigen,
- energie- und ressourcenschonende/-sparende Produktionsverfahren zu praktizieren,
- die Produktion umweltbelastender Sachgüter einzuschränken bzw. aufgeben,
- die Produktion ökologisch unbedenklicher Güter und Dienstleistungen zu begünstigen,
- bereits eingetretene Umweltschäden zu beseitigen,
- die Arbeitsbedingungen zu verbessern,
- bestehende soziale Ungerechtigkeiten abzubauen.

9.3.2.5 Zielkonflikte

Der Gesetzgeber hat es bei der Formulierung des Stabilitätsgesetzes vermieden, zwischen den Zielen Preisniveaustabilität, hoher Beschäftigungsstand, außenwirtschaftliches Gleichgewicht und Wirtschaftswachstum eine Rangordnung aufzustellen.

Den verantwortlichen Politikern ist damit der gesetzliche Auftrag erteilt, die gleichzeitige Verwirklichung der genannten Ziele anzustreben, bzw., wenn dies nicht möglich ist, die Wirtschaftspolitik auf das am meisten gefährdete Ziel zu konzentrieren.

Die Erfahrungen der Gegenwart und der Vergangenheit zeigen, dass es in der Realität offensichtlich nur unter besonders günstigen Bedingungen möglich ist, alle vier Ziele gleichzeitig zu erreichen.

Grund hierfür ist, dass zwischen den Zielen Konflikte bestehen. Es existieren Abhängigkeitsbeziehungen, die dazu führen können, dass die Verfolgung des einen Ziels gleichzeitig die Erreichung eines oder mehrerer der übrigen Ziele gefährdet. Man spricht auch von dem **„magischen Viereck"**, weil es offensichtlich magischer Kräfte bedürfte, alle Ziele gleichzeitig zu erreichen.

Zielkonflikte treten insbesondere dann auf, wenn die Ziele Preisniveaustabilität und hoher Beschäftigungsstand gleichzeitig unerfüllt sind und über die Prioritätensetzung unter den Zielen und den Kurs der einzuschlagenden Konjunkturpolitik zu entscheiden ist.

Beispiele:

- *Eine Senkung des Zinsniveaus und die Erhöhung der Staatsausgaben dienen der Bekämpfung der Arbeitslosigkeit, sie können aber auch zu einem Anstieg des Preisniveaus führen.*
- *Eine Erhöhung des Zinsniveaus und die Reduzierung der Staatsausgaben dienen der Bekämpfung der Inflation, sie können aber auch zu einem Rückgang der Beschäftigung führen.*

9

Die Pfeile zwischen den Zielen deuten die Abhängigkeitsbeziehungen zwischen den Zielen an. Die äußeren Pfeile weisen auf einen tendenziellen Zielkonflikt, die inneren Pfeile auf eine eher harmonische Zielbeziehung hin.

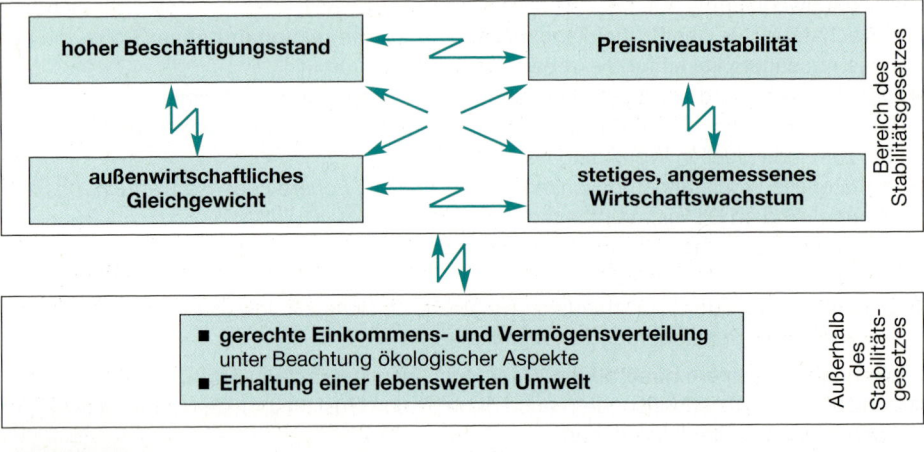

9.3.2.6   Zielerweiterungen

Sozialverträgliche Einkommens- und Vermögensverteilung

Das Ziel Wirtschaftswachstum gewinnt dann eine besondere Bedeutung, wenn das Ziel einer sozialverträglichen Einkommens- und Vermögensverteilung in den wirtschaftspolitischen Zielkatalog aufgenommen wird.

Das liegt daran, dass in einer wachsenden Wirtschaft eine Einkommensumverteilung leichter durchzuführen ist als in einer stagnierenden Wirtschaft. In einer wachsenden Wirtschaft nämlich könnten den Beziehern niedriger und mittlerer Einkommen gegenüber den besser gestellten Bevölkerungsgruppen höhere Zuwachsraten ihrer Einkommen zugebilligt werden. In einer stagnierenden Wirtschaft *(Nullwachstum)* dagegen müsste eine beabsichtigte Einkommensumverteilung zwangsläufig zu einer Einkommensminderung des reicheren Bevölkerungsteils führen, was bei diesem aufgrund des Besitzstandsverlustes zu Unsicherheit, Motivationsverlust und Widerständen führen könnte.

Was ist eine gerechte Einkommens- und Vermögensverteilung?

Ist eine ausschließlich an der **individuellen Leistung** orientierte Verteilung von Einkommen und Vermögen gerecht? Oder verspricht das **Gleichheitsprinzip** größtmögliche Gerechtigkeit?

Das sind die Extrempositionen bei der Beantwortung einer Frage, die die Menschen seit jeher bewegt und für die es noch keine Antwort gibt. Denn einen objektiven Maßstab für Gerechtigkeit gibt es nicht.

Für die Marktwirtschaft gilt: Wer qualifiziert, initiativ und tüchtig ist und bereit ist, Verantwortung und Risiko zu tragen, wird mit relativ hohem Einkommen und Vermögen belohnt. Wer jedoch wenig Initiative entfaltet, das Risiko scheut oder weniger qualifiziert ist, erzielt allenfalls ein durchschnittliches Einkommen. Und: Durch den marktwirtschaftlichen Verteilungsprozess wird nur solchen Personen Einkommen zugeteilt, die sich am Wirtschaftsleben als Erwerbstätige oder Kapitalgeber beteiligen.

Das verfassungsrechtlich verankerte **Sozialstaatsprinzip** verpflichtet den Staat, für soziale Sicherheit und Gerechtigkeit innerhalb der Gesellschaft zu sorgen. Seine Sozialpolitik zielt unter anderem darauf ab, den Einzelnen bei Krankheit, Unfall, Invalidität und Arbeitslosigkeit zu schützen und wirtschaftlich benachteiligte oder schwache Bevölkerungskreise zu unterstützen.

Instrumente der Sozial- und Einkommenspolitik sind unter anderem:
- die progressive Besteuerung der Einkommen natürlicher Personen
- die progressive Besteuerung ererbten Vermögens
- die staatliche Förderung der Vermögensbildung und der privaten Altersvorsorge

---

9

- die staatliche Förderung des privaten Wohnungsbaus
- Transferzahlungen: Renten, Pensionen, Arbeitslosenunterstützung, Kindergeld, Wohngeld, BAföG-Zahlungen
- Steuererleichterungen aufgrund der Abzugsfähigkeit von Sonderausgaben und außergewöhnlichen Belastungen bei natürlichen Personen

Nachhaltiges Wirtschaften – ökologische Ziele

Nach den beiden verheerenden Weltkriegen, der Wirtschaftskrise und der Phase des Wiederaufbaus in Europa hat das westliche Wirtschaftssystem mit seinen Prinzipien des Freihandels, des Wachstums und der sozialen Sicherheit beispiellose Erfolge erzielt. Währungsstabilität, Kranken- und Arbeitslosenversicherung, Rentensystem sowie staatlich geförderte Ausbildungsgänge haben vor allem in der Bundesrepublik Deutschland für einen gesellschaftlichen Konsens und **Wohlstand** gesorgt, der die soziale Marktwirtschaft als gerade vorbildhaftes und alternativloses Modell erscheinen lässt.

Doch ist der **wirtschaftliche Wohlstand** mit einem ebenso beispiellosen *Raubbau an der Natur*, einer *Verschwendung der Ressourcen* und einer *Ökonomisierung* nahezu sämtlicher Lebensbereiche erkauft worden. Noch niemals sind so viele Waren produziert, umgesetzt und verbraucht worden wie heute. Gleichzeitig ist aber auch noch keine Generation so leichtfertig mit Rohstoffen, Energien und ererbten Naturwerten umgegangen wie unsere.

> Wirtschaft und Gesellschaft sind vor die Aufgabe gestellt, Ökonomie und Ökologie in Einklang zu bringen und gleichzeitig den sozialen Grundkonsens innerhalb der Gesellschaft zu erhalten.
> Im Einzelnen geht es darum, das Spannungsverhältnis zwischen
> - traditionellem ökonomischem Wachstums- und ökologischem Nachhaltigkeitsdenken,
> - sozialstaatlicher Sicherung und individueller Verantwortung,
> - ökologischer Regionalität und Globalisierung der Märkte und Umweltproblemen
>
> auszugleichen.

Um zu einer Konfliktlösung zwischen den Zielen der Wohlstandsmehrung und Umwelterhaltung zu gelangen, ist 1987 von der Weltkommission für Umwelt und Entwicklung in dem Abschlussbericht „Unsere gemeinsame Zukunft" (Brundland-Bericht) erstmals das Prinzip der Nachhaltigkeit als Leitvorstellung formuliert worden. Nachhaltige Entwicklung wird von dieser Kommission als „Sustainable Development" bezeichnet.

> Unter **nachhaltigem Wirtschaften – Sustainable Development** – versteht man eine wirtschaftliche Entwicklung, die die Bedürfnisse der Gegenwart befriedigt, ohne zu riskieren, dass künftige Generationen ihre eigenen Bedürfnisse nicht befriedigen können. Es ist der Versuch, wegzukommen von einer ausschließlich wachstumsorientierten Wirtschaft, die zumindest teilweise auf einem unwiederbringlichen Ressourcenabbau und einer starken Ungleichverteilung der verfügbaren Ressourcen basiert.

Diese Definition wird inzwischen allgemein verwendet. Gemeint ist ein Wirtschaftsprozess, der langfristig aufrechterhalten werden kann, ohne das „Ökosystem Erde" zu überlasten.

Beispiel:

Das Prinzip der Nachhaltigkeit stammt ursprünglich aus der Forstwirtschaft, wo es bereits seit Hunderten von Jahren praktiziert wird. Dort gilt die Regel, dass der jährliche Holzeinschlag nicht größer sein darf als die nachwachsende Holzmenge.

9

> **Umweltkonflikte** entstehen immer dann, wenn Wirtschaftssubjekte zwischen alternativen Verhaltensweisen entscheiden können und ein ökologisch sinnvolles Verhalten zu individuellen Nachteilen führt.

Beispiele:

- *Eine Arbeitnehmerin möchte gern mit öffentlichen Verkehrsmitteln ihren Arbeitsplatz erreichen. Die Fahrzeit beträgt dann über eine Stunde, während sie mit dem Pkw trotz Stau nur max. 20 Minuten benötigen würde.*
- *Die Anhebung des Dieselkraftstoffpreises scheitert an der erheblichen Zunahme der Transportkosten mit der Folge einer Verteuerung der Waren und weiterer Reduzierung der internationalen Wettbewerbsfähigkeit.*
- *Der Verzicht auf Pestizide in der landwirtschaftlichen Intensivnutzung verringert die Ertragsfähigkeit der Nutzflächen.*

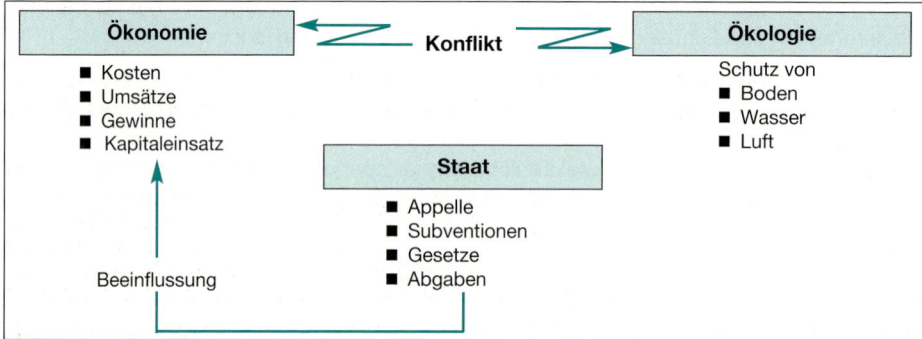

Die vorrangige Aufgabe der Wirtschaft besteht heute darin, Wege eines ökologisch verträglichen Wirtschaftens zu finden. Das bedeutet zunächst, ganzheitlich statt wachstumsorientiert zu denken und den effektiven Naturverbrauch und die erforderlichen Reparaturkosten des Ökosystems in die **wirtschaftliche Gesamtrechnung** einzubeziehen. Ein kurzfristiges Gewinn- und Erfolgsstreben verhindert langfristiges „nachhaltiges Wachstum" unter Einschluss vertretbarer **ökologischer Kosten**. Um nachhaltiges Wachstum zu erreichen, sind tief greifende Reformen des Energie-, Verkehrs- und Steuersystems und die Verbesserung der Umweltverträglichkeit der Güterproduktion und des Konsums vonnöten.

Die **Vernachlässigung der Umwelt** kann – vordergründig betrachtet – oftmals den wirtschaftlichen Interessen der Wirtschaftsteilnehmer durchaus entsprechen:

- Umweltverträgliche Güter sind oft teurer.
- Umweltverträgliche Güter genügen vielfach nicht den Qualitätsansprüchen *(z. B. Recyclingpapier)*.
- Umweltverträgliche Fertigungsverfahren erfordern einen höheren Kapitaleinsatz.
- Umweltverträgliche Produktionsmengen führen zu geringeren Absatzmengen und damit zu höheren Kosten pro Stück.

Mit der Lösung dieser Konflikte im Sinne der Umwelt sind die privaten Wirtschaftssubjekte oft überfordert. Hier greift der Staat mit mehr oder weniger scharfen Maßnahmen ein.

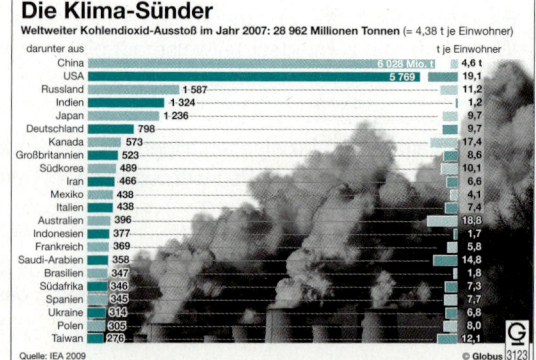

Die Klima-Sünder
Weltweiter Kohlendioxid-Ausstoß im Jahr 2007: 28 962 Millionen Tonnen (= 4,38 t je Einwohner)

darunter aus		t je Einwohner
China	6 028 Mio. t	4,6 t
USA	5 769	19,1
Russland	1 587	11,2
Indien	1 324	1,2
Japan	1 236	9,7
Deutschland	798	9,7
Kanada	573	17,4
Großbritannien	523	8,6
Südkorea	489	10,1
Iran	466	6,6
Mexiko	438	4,1
Italien	438	7,4
Australien	396	18,8
Indonesien	377	1,7
Frankreich	369	5,8
Saudi-Arabien	358	14,8
Brasilien	347	1,8
Südafrika	346	7,3
Spanien	345	7,7
Ukraine	314	6,8
Polen	305	8,0
Taiwan	276	12,1

Quelle: IEA 2009   © Globus 3123

9

9.3.3 Konjunkturpolitische Steuerungskonzepte

9.3.3.1 Fiskalpolitik – Nachfragesteuerung

Weil der Staat zu einem großen Teil (in Deutschland mit ca. 35 %) an der Entstehung und Verwendung des Bruttoinlandsprodukts beteiligt ist, haben seine Haushaltsentscheidungen erheblichen Einfluss auf die wirtschaftliche Entwicklung der Volkswirtschaft.

> **Fiskalpolitik** ist die Steuerung der gesamtwirtschaftlichen Nachfrage durch die Einnahmen- und Ausgabenpolitik des Staates.

Mit\ilfe der Fiskalpolitik versucht der Staat, den Wirtschaftsablauf zur bestmöglichen Verwirklichung der Ziele des „magischen Vierecks" zu beeinflussen.

Die **Nachfragesteuerung** der Volkswirtschaft beruht auf der Überlegung, dass die gesamtwirtschaftliche Nachfrage das Volkseinkommen und die Beschäftigung innerhalb der Wirtschaft bestimmt.

Steigerung/Senkung der gesamtwirtschaftlichen Nachfrage	Steigerung/Senkung der Produktion in den Unternehmungen	Beeinflussung ■ der Beschäftigung ■ des Preisniveaus ■ des Wachstums

Da sich die Kassen der öffentlichen Haushalte während eines konjunkturellen Aufschwungs aufgrund steigender Steuereinnahmen allmählich füllen, ist es für den Staat natürlich nahe liegend (und verführerisch), diese Steuermehreinnahmen auch wieder auszugeben. Ein solches Verhalten würde allerdings die konjunkturelle Aufwärtsentwicklung noch verstärken, also prozyklisch wirken.

> Das Konzept der **antizyklischen Fiskalpolitik** verlangt, dass der Staat seine Einnahmen- und Ausgabenpolitik in den einzelnen konjunkturellen Phasen genau entgegengesetzt zum Verhalten der übrigen Wirtschaftssubjekte (Unternehmen, private Haushalte), also antizyklisch, gestaltet.

Ziel der antizyklischen Fiskalpolitik ist es, durch geeignete Maßnahmen eine Verstetigung des Konjunkturverlaufs herbeizuführen.
■ Im **Konjunkturaufschwung** sollte der Staat seine eigene Nachfrage senken, um die konjunkturelle Aufwärtsbewegung und den damit verbundenen Preisniveauanstieg nicht zu verstärken.
■ Im **Konjunkturab-schwung** sollte der Staat dagegen seine eigene Nachfrage erhöhen, um die konjunkturelle Abwärtsbewegung und den damit verbundenen Beschäftigungsrückgang zu bremsen.

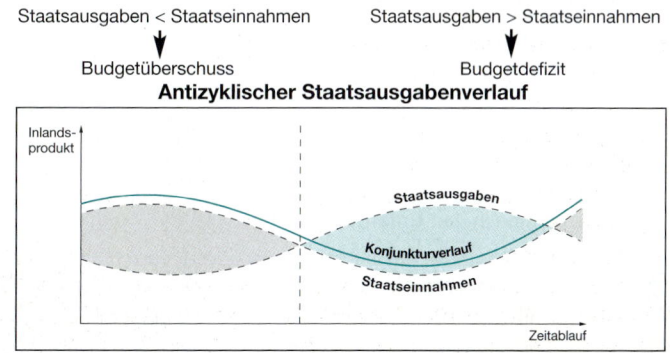

Staatsausgaben < Staatseinnahmen   Staatsausgaben > Staatseinnahmen

Budgetüberschuss   Budgetdefizit

Antizyklischer Staatsausgabenverlauf

Inlandsprodukt

Staatsausgaben

Konjunkturverlauf

Staatseinnahmen

Zeitablauf

9

Weil jedoch im konjunkturellen Abschwung die Steuereinnahmen zurückgehen, können die fehlenden Mittel nur durch eine verstärkte Kreditaufnahme der öffentlichen Haushalte finanziert werden. Diesen Vorgang bezeichnet man als **deficit spending.**

Fiskalpolitisches Instrumentarium gemäß Stabilitätsgesetz *(StabG)*

Konjunkturdämpfung

■ **Ausgabenkürzung bei Bund und Ländern**

Wirkungen: Durch Reduzierung seiner eigenen Nachfrage, die Teil der gesamtwirtschaftlichen Nachfrage ist, bremst der Staat den konjunkturellen Auftrieb.
Die frei werdenden Mittel sollen bei der Zentralnotenbank als Konjunkturausgleichsrücklage stillgelegt und damit dem Geldkreislauf entzogen werden.
Die damit verbundene Geldverknappung führt tendenziell zu einem Anstieg des Zinsniveaus und unterstützt damit den restriktiven Kurs der Zentralnotenbank.

■ **zeitlich befristete Erhöhung der Einkommen- und Körperschaftsteuer in Form eines sog. Konjunkturzuschlages**

Wirkungen: Die Einkommensteuererhöhung führt zu einer Verringerung des verfügbaren Einkommens bei den privaten Haushalten.
Bei konstanter Spar- bzw. Konsumquote stehen nunmehr weniger Mittel für konsumtive Zwecke zur Verfügung. Die Konsumgüternachfrage sinkt.
Die Körperschaftsteuererhöhung belastet die Unternehmen und übt damit einen dämpfenden Einfluss auf die Investitionsgüternachfrage aus. Gewerbesteuererhöhungen durch die Kommunen üben den gleichen Einfluss auf lokaler Ebene aus.

■ **Aussetzung bzw. Verringerung der Möglichkeit degressiver Abschreibungen bzw. von Sonderabschreibungen in den Unternehmen**

Wirkung: Durch diese Maßnahme werden die steuerlich abzugsfähigen Betriebsausgaben reduziert, was zu einer Erhöhung des zu versteuernden Gewinns bei den Unternehmen führt und damit die Möglichkeiten der verdeckten Selbstfinanzierung verringert.

Konjunkturbelebung

■ **Ausgabenerhöhung bei Bund und Ländern**

Wirkungen: Die Erhöhung der staatlichen Nachfrage soll die zu geringe Konsumgüter-/Investitionsgüternachfrage ausgleichen und so zu einer Ankurbelung der Wirtschaft führen.
Die dazu benötigten Geldmittel sollen – falls vorhanden – zunächst durch Auflösung der Konjunkturausgleichsrücklage und ggf. durch vermehrte öffentliche Kreditaufnahme beschafft werden (deficit spending).

■ **zeitlich befristete Senkung der Einkommen- und Körperschaftsteuer**

Wirkungen: Die Einkommensteuersenkung führt zu einer Erhöhung des verfügbaren Einkommens bei den privaten Haushalten. Bei konstanter Konsum- bzw. Sparquote stehen jetzt mehr Geldmittel für konsumtive Zwecke zur Verfügung. Die Konsumgüternachfrage wird belebt.
Die Körperschaftsteuersenkung entlastet die Unternehmen und verschafft ihnen Mittel für Investitionen.

■ **Wiedereinsetzung der Möglichkeit degressiver Abschreibungen bzw. von Sonderabschreibungen in den Unternehmen**

Wirkung: Durch diese Maßnahme werden die steuerlich abzugsfähigen Betriebsausgaben erhöht, was zu einer Minderung des zu versteuernden Gewinns bei den Unternehmen führt und die Möglichkeiten der verdeckten Selbstfinanzierung erhöht.

9

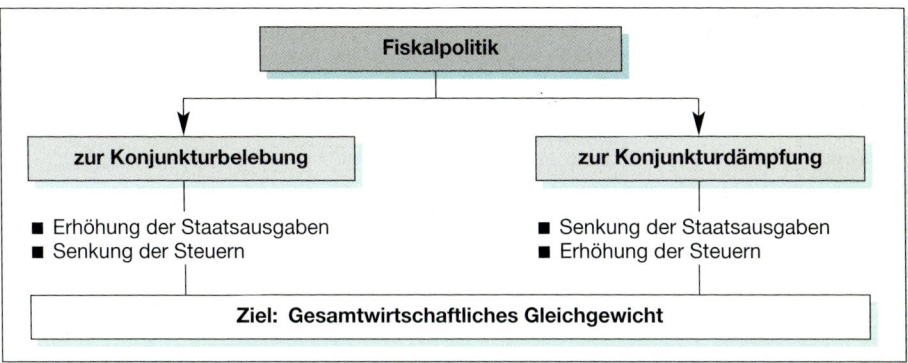

Nicht immer hat sich in der Vergangenheit die antizyklische Fiskalpolitik als wirkungsvoll erwiesen. Die wichtigsten Einwände sind:

■ Konjunkturprogramme führen nur zu Strohfeuereffekten.
■ Die Steuereinnahmen steigen nicht im gewünschten Umfang, sodass die Staatsverschuldung steigt.
■ Die staatliche Kreditaufnahme beansprucht den Kapitalmarkt so stark, dass Zinserhöhungen unausbleiblich sind.
■ Es kommt zu Mitnahmeeffekten, sodass die Wirksamkeit einzelner Maßnahmen schwer überprüfbar ist.

> **Beispiel:**
> *Die Bundesregierung kündigt eine befristete Investitionszulage in Höhe von 10 % ab dem 1. Januar des kommenden Jahres an. Unternehmen werden ihre geplanten Investitionen auf das Folgejahr verschieben, um in den Genuss der Investitionszulage zu kommen.*

■ Eine Wirtschaftspolitik, in der von Fall zu Fall bestimmte Instrumente eingesetzt werden (Stop-and-go-policy), ist unberechenbar und kann bei den betroffenen Wirtschaftssubjekten unerwartete Reaktionen hervorrufen.
■ Die erhofften Wirkungen treten mit zeitlicher Verzögerung ein und entfalten sich unter Umständen zum „falschen" Zeitpunkt, sodass sie prozyklisch wirken.

9.3.3.2 Angebotssteuerung

Die Alternative zur Nachfragesteuerung ist die **Angebotssteuerung**. Grundüberlegung dieser Strategie ist, dass die Beschäftigungslage und die Höhe des Volkseinkommens bestimmt wird durch die Rentabilität der Produktion.

Der Staat versucht daher, die Antriebskräfte der Marktwirtschaft zu stärken und die Anreize zum Investieren, zu Innovationen, zur Leistung und zur Anpassung an neue Umweltbedingungen zu verbessern.

Staatliche Auflagen, Gesetze und Subventionen, aber auch die Steuerbelastung sollen hierbei auf das Notwendigste beschränkt werden, um die Eigeninitiative und die schöpferischen Kräfte der Menschen als Triebfeder der Marktwirtschaft zu fördern und damit die wirtschaftliche Dynamik zu erhalten.

Durch Stärkung der Angebotsseite und Erleichterung der Angebotsbedingungen sollen Beschäftigung und Nachfrage verbessert werden:

9

- Privatisierung öffentlicher Unternehmen,
- Senkung der Lohnnebenkosten,
- Rückverlagerung von gemeinschaftlichen Risiken auf den Einzelnen,
- Abbau von Arbeits- und Kündigungsschutzregelungen,
- Stärkung der Subsidiarität (Selbstvorsorge),
- Abbau von Subventionen,
- Öffnung öffentlicher Monopole.

Die **Angebotssteuerung** der Volkswirtschaft beruht auf der Überlegung, dass die Verbesserung der Investitionsbedingungen für die Unternehmungen zu erhöhter Beschäftigung und mehr Wirtschaftswachstum führt.

Verbesserung des Investitionsklimas ■ motivierendes Steuersystem ■ weniger Staat, mehr Markt	verbesserte Gewinnaussichten ■ mehr Investitionen ■ steigende Produktion	Steigerung ■ des Wirtschaftswachstums ■ der Beschäftigung

Steuerpolitik

Auf die Entstehung, Verteilung und Verwendung des Inlandsprodukts kann der Staat durch seine politischen Möglichkeiten Einfluss nehmen und sie in die gewünschte Richtung steuern.

Dabei gibt es grundsätzlich zwei Politikbereiche, je nachdem, ob die **Einnahmenseite** oder die **Ausgabenseite** des Staatshaushaltes betroffen ist.

Dreh- und Angelpunkt staatlicher Politik ist die finanzielle Situation der öffentlichen Haushalte. Nur wenige wirtschaftspolitische Maßnahmen des Staates bleiben ohne Wirkung auf die staatlichen Einnahmen und Ausgaben.

Die **Einnahmen des Staates** resultieren aus:

- Steuern,
- Abgaben, Gebühren und Beiträgen,
- öffentlicher Kreditaufnahme,
- öffentlichen Erwerbseinkünften.

Haupteinnahmequelle des Staates sind die Steuern.

Der schottische Moralphilosoph und Nationalökonom **Adam Smith** hat **Steuergrundsätze** entwickelt, die teilweise heute noch gelten.

- **Gleichmäßigkeit der Besteuerung:** Die Steuerpflicht des Einzelnen soll im Verhältnis zu seiner Leistungsfähigkeit stehen.
- **Bestimmtheit der Steuergesetze:** Die Steuerforderung soll gesetzlich klar fixiert sein und Willkür der Steuereintreiber verhindern.
- **Bequemlichkeit der Steuererhebung:** Durch eine günstige Termingestaltung und eine bequeme Erhebungsart soll der Steuerpflichtige bei seiner Steuerentrichtung unterstützt werden.
- **Billigkeit der Steuererhebung:** Die hohe Steuerlast soll nicht demotivieren. Für die Steuererhebung ist die kostengünstigste Methode zu wählen.
- **Akzeptanz der Besteuerung:** Erforderlich ist, dass die Besteuerung nicht dem Gewerbefleiß hinderlich ist und die Bürger von Geschäftszweigen abhält, die einer großen Zahl von Menschen Unterhalt und Beschäftigung geben.

9

Direkte Steuern belasten die Einkommenserzielung	Indirekte Steuern belasten die Einkommensverwendung
■ Sie sind wachstums- und investitions-hemmende Steuern. ■ Ersparnisse und Investitionen werden durch sie besteuert. ■ Einkommen und Gewinne werden durch sie besteuert.	■ Sie sind wachstums- und investitions-freundliche Steuern. ■ Ersparnisse und Investitionen bleiben durch sie steuerfrei. ■ Konsum wird durch sie besteuert.
Sie entsprechen einem leistungsorientierten Steuersystem.	Sie entsprechen einem investitionsorientierten Steuersystem.

Der Zusammenhang zwischen der Steuerpolitik und dem Inlandsprodukt ergibt sich aus der volkswirtschaftlichen **Steuerquote**.

Diese setzt die Steuereinnahmen in Beziehung zum Bruttoinlandsprodukt und wird in Prozent ausgedrückt.

$$\textbf{Volkswirtschaftliche Steuerquote} = \frac{\text{Steuereinnahmen} \cdot 100}{\text{Bruttoinlandsprodukt}}$$

Ziele der Besteuerung

In einer modernen Volkswirtschaft gehen die Ziele der Besteuerung über die Finanzierung der Aufgaben der öffentlichen Verwaltungseinrichtungen und Institutionen hinaus.

Fiskalische Gründe
Einnahmenerzielung zur Deckung der Ausgaben der öffentlichen Hand

Verteilungs- und sozialpolitische Gründe
Umverteilung von Einkommen und Vermögen im Sinne des Sozialstaatsprinzips

Wirtschaftspolitische Gründe

■ Konjunkturpolitische Ziele

Beispiel: Senkung der Einkommensteuer

■ Wettbewerbspolitische Ziele

Beispiel: Einfuhrzölle für Importe aus Ländern außerhalb des EU-Einflussbereichs

■ Strukturpolitische Ziele

Beispiel: Steuererleichterungen für Industrieansiedlungen in Thüringen

■ Ökologische Lenkung

Beispiel: Erhöhung der Mineralölsteuer

Länderfinanzausgleich

Um zu starke Wohlstandsun-terschiede innerhalb Deutsch-lands zu vermeiden, wurde im Grundgesetz der Länderfinanz-ausgleich vorgesehen.

Beim **vertikalen Länderfinan-zausgleich** gibt der Bund in besonders gelagerten Fällen Hilfen an die Länder.

Beim **horizontalen Länderfi-nanzausgleich** haben finanz-stärkere Länder Ausgleichszah-lungen an finanzschwächere Länder zu leisten.

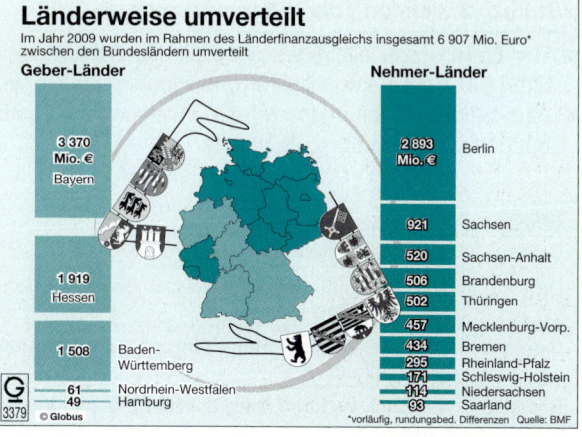

Länderweise umverteilt

Im Jahr 2009 wurden im Rahmen des Länderfinanzausgleichs insgesamt 6 907 Mio. Euro* zwischen den Bundesländern umverteilt

Geber-Länder

3 370 Mio. € Bayern
1 919 Hessen
1 508 Baden-Württemberg
61 Nordrhein-Westfalen
49 Hamburg

Nehmer-Länder

2 893 Mio. € Berlin
921 Sachsen
520 Sachsen-Anhalt
506 Brandenburg
502 Thüringen
457 Mecklenburg-Vorp.
434 Bremen
295 Rheinland-Pfalz
171 Schleswig-Holstein
114 Niedersachsen
93 Saarland

3379 © Globus

*vorläufig, rundungsbed. Differenzen Quelle: BMF

9

9.3.4   Geldpolitik im Europäischen System der Zentralbanken

9.3.4.1   Europäische Wirtschafts- und Währungsunion

Kaum ein anderes europapolitisches Thema hat die Menschen bei uns in der jüngeren Vergangenheit mehr bewegt als die europäische **Wirtschafts- und Währungsunion (WWU)**.

■ Maastrichter Vertrag – Dreistufenplan

Grundlage der Währungsunion ist der 1992 von den damals 12 EU-Mitgliedsländern geschlossene Vertrag von Maastricht. Zu seinen Inhalten zählt nicht nur die Schaffung einer einheitlichen Währung in den EU-Mitgliedsländern, sondern auch die Förderung des politischen Zusammenwachsens der Länder in Europa. Durch eine verstärkte Kooperation in der Außen-, Innen- und Rechtspolitik soll langfristig eine politische Union aller Länder Europas erreicht werden.

Die gemeinsame europäische Währung wurde in drei Schritten verwirklicht.

Stufe 1: **Vorbereitungsphase bis Ende 1998**

- Gegenseitige Überwachung und Koordination der Wirtschaftspolitik zwischen den EU-Ländern
- Beschlussfassung über die Aufnahme in die WWU
- Errichtung der Europäischen Zentralbank (EZB)
- Vorbereitung der einheitlichen Geldpolitik

Stufe 2: **Beginn der Endstufe ab 1. Januar 1999**

- Unwiderrufliche Fixierung der Wechselkurse der „alten" EU-Währungen untereinander und zum Euro.
- Einführung des Euro als Buchgeldwährung neben den in einer Übergangsphase noch weiter existierenden alten Währungen.
- Ausübung der europäischen Geldpolitik durch die Europäische Zentralbank innerhalb der Union und gegenüber den Drittwährungen in Euro.

Stufe 3: **Vollendung der Währungsunion ab 2002**

- Der Euro wurde alleiniges gesetzliches Zahlungsmittel in den Mitgliedsländern. Die alten DM-Scheine sowie DM- und Pfennigmünzen wurden aus dem Verkehr gezogen.
- Alle anderen Zahlungsmittel (Überweisungen, Lastschriften, Schecks usw.) wurden endgültig auf den Euro umgestellt.

Begriff	Erläuterungen
Sorten	**Bare Zahlungsmittel** einer Währung wie z. B. Banknoten, Münzen
Devisen	**Unbare Zahlungsmittel** wie z. B. Buchgeld, Scheck, Wechsel, Banknoten in ausländischer Währung
Geldkurs	Die Bank **kauft fremde Währung** zum **Ankaufkurs**. Der Geldkurs ist niedrigerer als der Briefkurs.
Briefkurs	Die Bank **verkauft fremde Währung** zum **Verkaufskurs**.

9

Seit dem 1. Januar 2002 gilt in den meisten Ländern[1] der Europäischen Wirtschaftsunion der Euro als Währung.

> **Der Wechselkurs ist die Preisangabe für Währungseinheiten einer anderen Währung.**

Folgende **Sorten- und Devisenkurse** wurden am 14.10.2008 um 15:55 Uhr festgestellt:

		Sortenkurse Ankauf in Euro	Sortenkurse Verkauf in Euro	Devisenkurse Geld/Ankauf in Euro	Devisenkurse Brief/Verkauf in Euro
USA	1 USD	0,714	0,752	0,7264	0,7296
Großbritannien	1 GBP	1,238	1,311	1,2771	1,2837
Kanada	1 CAD	0,602	0,662	0,6367	0,6416
Schweiz	100 CHF	63,678	66,428	64,4081	64,5745
Dänemark	100 DKK	12,695	14,231	13,3795	13,4515
Norwegen	100 NOK	11,300	12,501	11,8312	11,8988
Schweden	100 SKR	9,872	10,893	10,2955	10,3466
Japan	100 YEN	0,708	0,756	0,7078	0,7102
Australien	1 AUD	0,472	0,515	0,4939	0,4943
Tschech. Rep.	100 CZK	3,618	4,621	4,0482	4,0563
Türkei	100 LTK	50,015	55,574	52,4164	52,5569
Polen	100 PLN	25,994	30,798	28,1508	28,1714
Ungarn	100 HUF	0,347	0,458	0,3939	0,3956

Quelle: Sorten: Reisebank/Devisen: Reuters/J.H.J., Stand: 14.10.2008, 15:55 Uhr

Beispiel:

Erwerb von US-Dollar für 100,00 EUR Bargeld.
Es ist der Verkaufskurs für Bargeld (= Sorten) zugrunde zu legen (= 0,752), damit Erhalt von 132,98 USD.
Verkauf von 132,98 USD in EUR Bargeld.
Es ist der Ankaufskurs für Bargeld (= Sorten) zugrunde zu legen (= 0,714), damit Erhalt von 94,95 EUR.

Konvergenzkriterien

Die Aufnahme in die Währungsunion ist abhängig von der Einhaltung bestimmter, im Maastrichter Vertrag vereinbarter Bedingungen, den **Konvergenzkriterien**. Die Teilnehmerländer sollen einen bestimmten Gleichlauf ihrer wirtschaftlichen Entwicklung hinsichtlich Preisniveau, Zinsniveau, Haushaltsdisziplin und Wechselkursstabilität erreicht haben, um die Stabilität des Euro zu sichern und Spannungen in der Währungsunion zu vermeiden.

Die Sinnhaftigkeit der Konvergenzkriterien ist unter den Wirtschaftsprofessoren und Politikern zwar umstritten, ihre Einhaltung ist allerdings inzwischen zu einer Vertrauensmesslatte für eine stabile Währungsunion geworden.

---

[1] Belgien, Deutschland, Finnland, Frankreich, Griechenland, Irland, Italien, Luxemburg, Malta, Niederlande, Österreich, Portugal, Slowakei, Slowenien, Spanien und Zypern; weiterhin ist der Euro Zahlungsmittel in Andorra, Französisch Guyana, Guadeloupe, Kosovo, Martinique, Montenegro, Réunion, Mayotte, Saint Pierre und Miquelon, Monaco, San Marino, Vatikanstadt. Der Euro ist nicht eingeführt in Dänemark, Großbritannien und Schweden.

9

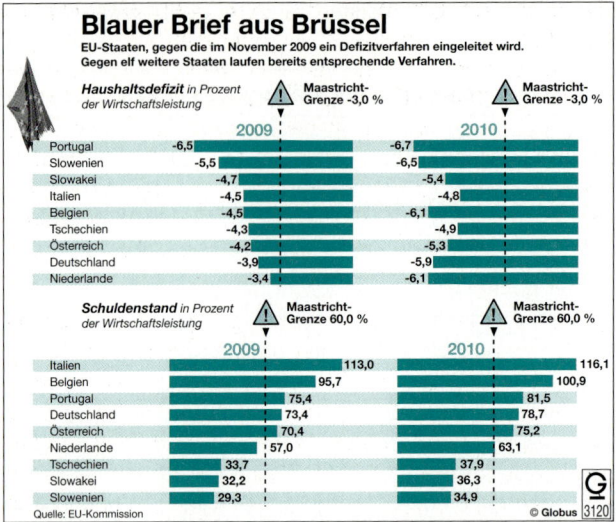

Voraussetzungen für die Aufnahme in die europäische Währungsunion

■ **Preisstabilität**
Der Anstieg der Verbraucherpreise, die Inflationsrate, darf den Durchschnitt der drei preisstabils-
ten Länder um nicht mehr als 1,5 Prozentpunkte übersteigen.

■ **Wechselkursstabilität**
Die Währung eines Mitgliedslandes muss dem Europäischen Währungssystem (EWS) angehören
und darf in den letzten beiden Jahren nicht abgewertet worden sein.

■ **Kapitalmarktzinsniveau**
Die durchschnittliche Rendite langfristiger Staatsanleihen, der Zinssatz für langfristiges Kapital,
darf höchstens 2 Prozentpunkte über dem Durchschnitt der entsprechenden Zinsen in den drei
Ländern mit der niedrigsten Inflationsrate liegen.

■ **Haushaltsdisziplin**
Das jährliche Budgetdefizit, die Neuverschuldung der öffentlichen Haushalte, darf höchstens 3 %
des Bruttoinlandsprodukts betragen, es sei denn, die Quote ist erheblich rückläufig und liegt in
der Nähe des Höchstsatzes.

■ **Staatsverschuldung**
Die Gesamtverschuldung der öffentlichen Haushalte darf nicht mehr als 60 % des Bruttoinlands-
produkts betragen, es sei denn, die Quote ist rückläufig und nähert sich rasch genug dem
Höchstsatz.

▉ Ziele der Währungsunion

Die Ziele und positiven Wirkungen einer Währungsunion sind wenig umstritten.

■ Durch eine einheitliche Währung können Preise über die Grenzen hinweg untereinander
   verglichen werden. Mehr Preistransparenz führt zu intensiverem Wettbewerb und damit
   zum Vorteil für die Verbraucher.

■ Die währungsbedingten Transaktionskosten (Geld-/Brief-Spanne beim An- und Verkauf
   von Sorten und Devisen, Umtauschgebühren) entfallen ebenso wie die durch Wechselkursschwankungen hervorgerufenen Wechselkursrisiken.

■ Die deutschen Exporte betragen fast 35 % des Bruttoinlandsprodukts und gehen zu
   mehr als 60 % in die Länder der EU. Unternehmen können mit dem Euro ihre Investitionen und Preise besser kalkulieren. Der Waren-, Dienstleistungs- und Kapitalverkehr
   wird innerhalb der EU dadurch leichter planbar.

9

- Der Euro wird eine der wichtigsten Handels- und Reservewährungen der Welt werden und die wirtschaftliche und politische Stellung Europas in der Welt stärken.
- Der Euro-Währungsraum ist aufgrund seiner Größe vor den immer wieder aufgetretenen Währungsspekulationen auf den internationalen Finanzmärkten besser geschützt. Der Euro kann zu mehr Stabilität des Weltwährungssystems beitragen.
- Eine gemeinsame Währung bringt die Menschen in Europa auch politisch näher und macht den Frieden in Europa sicherer. Die WWU dient nicht nur als „Motor" der wirtschaftlichen Integration, sondern auch als Hebel der politischen Einigung Europas. Damit trägt sie nicht nur zu höherem Wohlstand, sondern auch zu Frieden und Partnerschaft im Sozialraum Europa bei.

Befürchtet wurde von den Kritikern, dass die strengen Konvergenzkriterien auf Dauer nur von wenigen EU-Ländern erfüllt werden und dass es unter dem Druck des politischen Durchsetzungswillens sowie aufgrund der Auswirkungen der Wirtschafts- und Finanzkrise nicht nur zu einer Schwächung des Euro, sondern auch zu einer nachhaltigen Aufweichung der Konvergenzkriterien komme. Diese Befürchtungen wurden durch die Vereinbarungen im Rahmen der Griechenlandkrise im Jahr 2010 bestärkt. Gerade aus deutscher Sicht wurde befürchtet, dass dann der Euro eine weniger stabile Währung als die „alte" DM sein könnte.

9.3.4.2 Europäisches System der Zentralbanken

Die Europäische Zentralbank (EZB) bildet im Verbund mit den nationalen Zentralbanken das Europäische System der Zentralbanken (ESZB).
Das Europäische System der Zentralbanken ist zweistufig aufgebaut und setzt sich aus der Europäischen Zentralbank (EZB) und den nationalen Zentralbanken (NZB) der an der Europäischen Währungsunion teilnehmenden Länder zusammen.

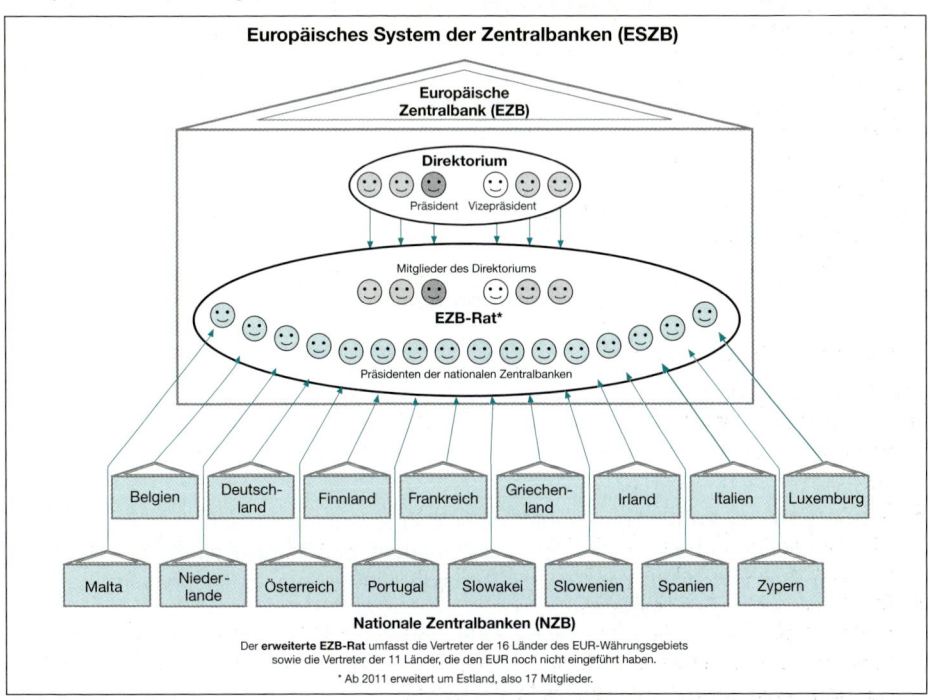

9

Europäische Zentralbank

Die EZB wird geleitet vom EZB-Rat, der aus einem sechsköpfigen Direktorium einschließlich des Präsidenten besteht, sowie den Präsidenten der nationalen Zentralbanken der Euro-Zonen-Länder. Die Europäische Zentralbank bildet im Verbund mit den Zentralbanken das Europäische System der Zentralbanken.

Rechtsform:	Gesellschaft sui generis nach internationalem Völkerrecht
Sitz:	Frankfurt/Main
Rechtsgrundlagen:	Vertrag über die Europäische Gemeinschaft *(EGV)* Satzung des Europäischen Systems der Zentralbanken und der Europäischen Zentralbank *(ESZB-, EZB-Satzung)*
Gezeichnetes Kapital:	5,76 Milliarden EUR
	Das gezeichnete Kapital wird von den nationalen Zentralbanken nach einem Schlüssel aufgebracht, der den Anteil der eigenen Bevölkerung und des eigenen Bruttoinlandsprodukts an der Gesamtbevölkerung bzw. dem gesamten Bruttoinlandsprodukt der Gemeinschaft berücksichtigt. Die Gewinnverwendung erfolgt entsprechend den Anteilen der nationalen Zentralbanken am gezeichneten Kapital.
Währungsreserven:	Zur Erfüllung ihrer devisenpolitischen Aufgaben haben die nationalen Zentralbanken einen Teil ihrer Währungsreserven aus Drittwährungen *(z. B. USD, Yen)* an die EZB zu übertragen. Hierbei gilt der gleiche Schlüssel wie bei der Aufbringung des gezeichneten Kapitals. Die nationalen Zentralbanken haben in Höhe des Gegenwertes Forderungen gegen die Europäische Zentralbank erhalten.
Beginn der Tätigkeit:	1. Januar 1999
Unabhängigkeit:	Die Europäische Zentralbank (EZB) ist finanziell und disziplinarisch unabhängig von den Regierungen und anderen EU-Institutionen.

Ziele und Aufgaben der Europäischen Zentralbank

Die EZB hat mit Beginn ihrer Tätigkeit die währungs- und geldpolitischen Aufgaben der nationalen Zentralbanken übernommen. Diese wiederum werden von der EZB zur Durchführung von Geschäften aus dem Aufgabenbereich des ESZB in Anspruch genommen.

Es gilt das **Subsidiaritätsprinzip**. Die EZB führt nur diejenigen Aufgaben selbst aus, die von den nationalen Zentralbanken nicht in der gewünschten Weise wahrgenommen werden können.

Die EZB beeinflusst mit ihrer **Geldpolitik** das Wirtschaftsgeschehen innerhalb der Gemeinschaft und ist damit neben den Regierungen der Euro-Mitglieder wichtigster Träger der Konjunkturpolitik.

> Die **Europäische Zentralbank** regelt mithilfe ihrer währungspolitischen Befugnisse den Geldumlauf und die Kreditversorgung innerhalb der Gemeinschaft. Als **„Hüterin der Währung"** verfolgt sie das Ziel, die **Preisstabilität** innerhalb der Gemeinschaft zu sichern *(Art. 105 Abs. 2 EGV)*.

9

Die EZB hat die allgemeine Wirtschaftspolitik in der Europäischen Währungsunion zu unterstützen, soweit dies ohne Beeinträchtigung der Preisstabilität möglich ist *(Art. 105 Abs. 1 EGV)*.

Autonomie des Europäischen Systems der Zentralbanken

> Bei der Wahrnehmung ihrer Befugnisse, Aufgaben und Pflichten darf weder die Europäische Zentralbank noch eine nationale Zentralbank Weisungen von Organen oder Einrichtungen der Gemeinschaft, Regierungen der Mitgliedstaaten oder anderen Stellen einholen oder entgegennehmen *(Art. 107 EGV)*.

Die Unabhängigkeit des ESZB ist eine wichtige Voraussetzung für die Sicherung eines stabilen Geldwertes innerhalb der Gemeinschaft. Die Autonomie des ESZB soll sicherstellen, dass Geldmenge und Zinsniveau unter Kontrolle gehalten werden. Die Erfahrungen mit regierungsabhängigen Zentralnotenbanken sind denkbar schlecht. Immer wieder wurde auf diese Weise in der Vergangenheit die Zentralnotenbank zur Finanzierung öffentlicher Ausgaben missbraucht. Aufgrund mangelnder Etatdisziplin und einer durch die Zentralbank finanzierten öffentlichen Kreditaufnahme kam es zu einer Ausweitung der Geldmenge (Fiskalinflation) und damit zu einer Geldwertminderung.

Um das ESZB vor unerwünschten Eingriffen durch die Gemeinschaft und die nationalen Regierungen zu schützen, ist

- die Unterstützung der allgemeinen Wirtschaftspolitik durch das ESZB dem Ziel der Preisstabilität untergeordnet,
- die Kreditgewährung an öffentliche Haushalte weder der EZB noch den nationalen Zentralbanken erlaubt.

Geschäftskreis des Europäischen Systems der Zentralbanken

Geschäftspartner des ESZB sind nur Kreditinstitute. Sofern eine Mindestreservepflicht besteht, dürfen nur die mindestreservepflichtigen Kreditinstitute an den Refinanzierungsgeschäften teilnehmen. Ansonsten umfasst der Geschäftskreis alle Kreditinstitute im Euro-Währungsraum.

9

■ Organe der Europäischen Zentralbank

Der **Europäische Zentralbankrat (EZB-Rat)** bestimmt die Geld- und Währungspolitik der Europäischen Zentralbank. Die Beschlüsse werden mit einfacher Mehrheit gefasst. Nur bei Fragen der Kapitalausstattung, der Währungsreserven und der Gewinnverteilung verfügen die nationalen Zentralbanken über ein gewichtiges Stimmrecht, das sich nach der Höhe des Kapitalanteils richtet.

Seine **Mitglieder** sind

- die Präsidenten der nationalen Zentralbanken,
- die Mitglieder des Direktoriums.

Das **Direktorium** verwaltet die EZB und führt die Beschlüsse des EZB-Rates aus, soweit sie die zentrale Zuständigkeit betreffen.

Die Mitglieder des Direktoriums werden von den Regierungen der Mitgliedsstaaten auf Empfehlung des Wirtschafts- und Finanzausschusses (ECOFIN-Rat) ernannt.

Die Amtszeit beträgt 8 Jahre. Eine Wiederwahl ist nicht möglich.

Seine **Mitglieder** sind

- der EZB-Präsident,
- der EZB-Vizepräsident,
- bis zu vier weitere Mitglieder.

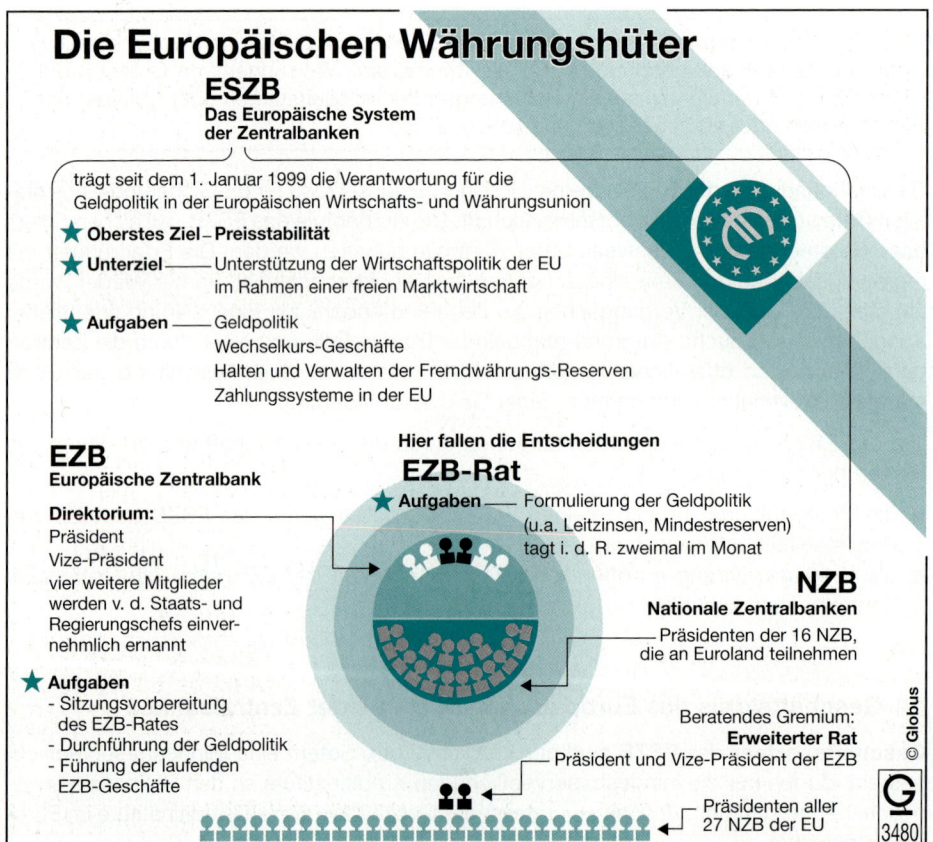

Die Europäischen Währungshüter

ESZB
Das Europäische System der Zentralbanken

trägt seit dem 1. Januar 1999 die Verantwortung für die Geldpolitik in der Europäischen Wirtschafts- und Währungsunion

★ **Oberstes Ziel** – Preisstabilität

★ **Unterziel** —— Unterstützung der Wirtschaftspolitik der EU im Rahmen einer freien Marktwirtschaft

★ **Aufgaben** —— Geldpolitik
Wechselkurs-Geschäfte
Halten und Verwalten der Fremdwährungs-Reserven
Zahlungssysteme in der EU

EZB
Europäische Zentralbank

Direktorium:
Präsident
Vize-Präsident
vier weitere Mitglieder
werden v. d. Staats- und
Regierungschefs einvernehmlich ernannt

★ **Aufgaben**
- Sitzungsvorbereitung des EZB-Rates
- Durchführung der Geldpolitik
- Führung der laufenden EZB-Geschäfte

Hier fallen die Entscheidungen
EZB-Rat
★ **Aufgaben** —— Formulierung der Geldpolitik
(u.a. Leitzinsen, Mindestreserven)
tagt i. d. R. zweimal im Monat

NZB
Nationale Zentralbanken
— Präsidenten der 16 NZB, die an Euroland teilnehmen

Beratendes Gremium:
Erweiterter Rat
— Präsident und Vize-Präsident der EZB

— Präsidenten aller 27 NZB der EU

© Globus
3480

9

Der **erweiterte EZB-Rat** koordiniert die Geld- und Währungspolitik der Euro-Länder und der Nicht-Euro-Länder.

Seine Mitglieder sind

- der EZB-Präsident,
- der EZB-Vizepräsident,
- die Präsidenten der Zentralbanken aller EU-Mitgliedsländer.

Auf diese Weise werden auch diejenigen Länder, die noch nicht an der Währungsunion teilnehmen, an Beratungen beteiligt.

Deutsche Bundesbank

Die **Deutsche Bundesbank** ist die Zentralbank der Bundesrepublik Deutschland. Die Geschäfte der Bundesbank werden von den Hauptverwaltungen sowie den Filialen wahrgenommen.

Als **nationale Zentralbank** innerhalb des ESZB und als Mitglied des Europäischen Systems der Zentralbanken führt die Bundesbank die in ihren Zuständigkeitsbereich fallenden geldpolitischen Beschlüsse der EZB aus.

Rechtsform:	Bundesunmittelbare juristische Person des öffentlichen Rechts
Sitz:	Frankfurt/Main
Rechtsgrundlage:	Gesetz über die Deutsche Bundesbank *(BBankG)*
Gesetzliche Rücklagen:	2,5 Mrd. EUR
Grundkapital:	2,5 Mrd. EUR
	Das Grundkapital steht dem Bund zu und damit auch der entstehende Bundesbankgewinn *(vgl. § 27 BBankG)*

Die nationalen Banken unterhalten bei der EZB bzw. bei der nationalen Zentralbank – hier der Deutschen Bundesbank – Konten; die Kontonummer bei der Deutschen Bundesbank entspricht der Bankleitzahl.

Aufgaben der Deutschen Bundesbank

Die Deutsche Bundesbank ist nach *§ 3 BBankG* als Zentralbank der Bundesrepublik Deutschland integraler Bestandteil des Europäischen Systems der Zentralbanken.

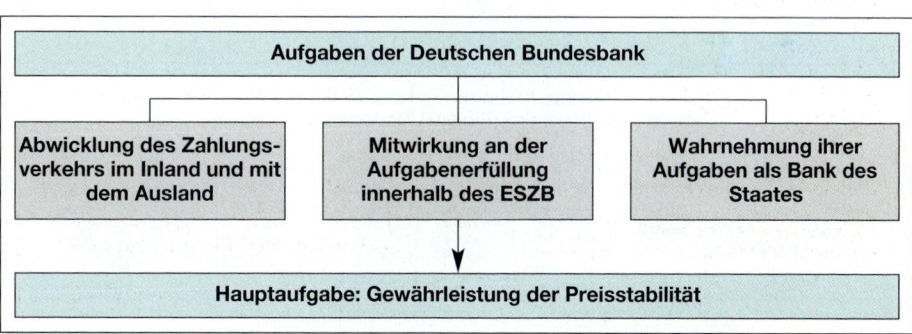

Aufgaben der Deutschen Bundesbank		
Abwicklung des Zahlungsverkehrs im Inland und mit dem Ausland	Mitwirkung an der Aufgabenerfüllung innerhalb des ESZB	Wahrnehmung ihrer Aufgaben als Bank des Staates

Hauptaufgabe: Gewährleistung der Preisstabilität

9

Weitere Aufgaben:	
Aufgaben im Eurosystem/ESZB	**Nationale und internationale Aufgaben**
■ Mitwirkung bei der Erfüllung der Aufgaben des Eurosystems mit dem vorrangigen Ziel der Preisstabilität ■ Mitentscheidung der gemeinsamen Geldpolitik im EZB-Rat durch den Präsidenten der Deutschen Bundesbank ■ Umsetzung der Geldpolitik des Eurosystems in Deutschland ■ Refinanzierung des deutschen Bankensystems ■ Versorgung mit Bargeld und Pflege des Bargeldumlaufs ■ Verwaltung der Währungsreserven der Deutschen Bundesbank ■ Sorge für die bankmäßige Abwicklung des Zahlungsverkehrs im Inland und mit dem Ausland ■ Information und Öffentlichkeitsarbeit über die Aufgaben und die Geldpolitik des Eurosystems	■ Mitwirkung bei der Bankenaufsicht ■ Erhebung, Aufbereitung und Veröffentlichung von Wirtschaftsstatistiken, Zahlungsbilanz ■ Hausbank des Staates, Kontenführung für den Staat, Übernahme des Zahlungsverkehrs, Unterstützung beim Emissionsgeschäft, Beratung ■ Beratung der Bundesregierung in währungspolitischen Angelegenheiten ■ Portfoliomanagement: Versorgungsrücklage für Bundesbeamte, Vermögensverwaltung „Geld und Währung" ■ Schlichtungsstelle für den Überweisungsverkehr ■ Wahrnehmung der deutschen Mitgliedschaft im Internationalen Währungsfonds (IWF), Vertretung in internationalen Gremien (G7, G10, OECD, BIZ, WFA) ■ technische Zentralkooperation ■ volkswirtschaftliches Forschungszentrum ■ allgemeine Information und Öffentlichkeitsarbeit

Aufbau und Organe der Deutschen Bundesbank

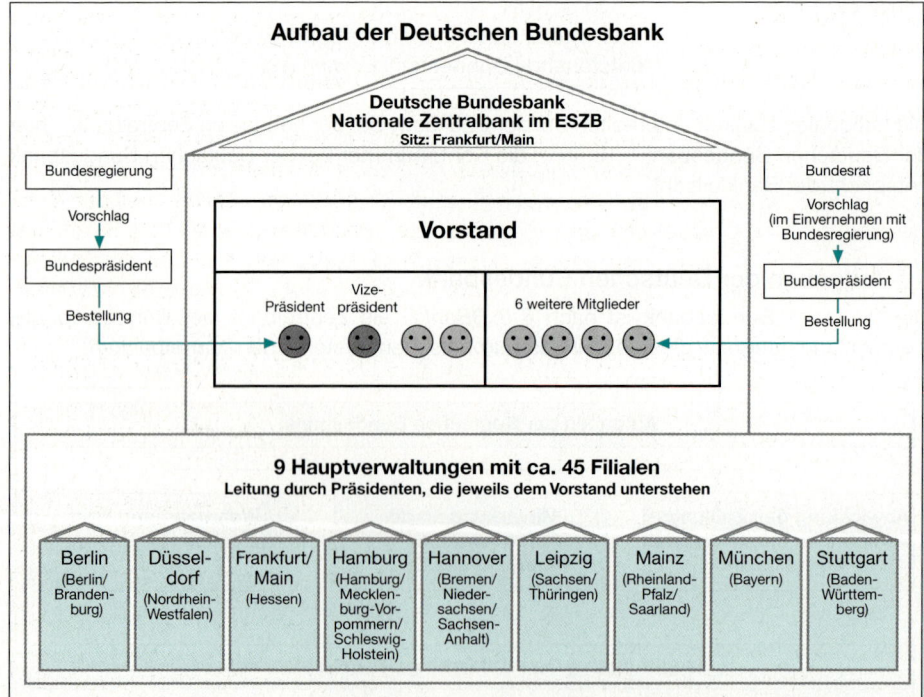

Aufbau der Deutschen Bundesbank

Organe der Deutschen Bundesbank	
Vorstand *(§ 7 BBankG)*	**Hauptverwaltungen** *(§ 8 BBankG)*
Der Vorstand verwaltet die Bundesbank. Dem Vorstand gehören an: ■ der Präsident und der Vizepräsident der Bundesbank, ■ 6 weitere Mitglieder. Die Mitglieder des Vorstands werden vom Bundespräsidenten bestellt. Die Bestellung des Präsidenten und des Vizepräsidenten sowie von 2 weiteren Mitgliedern erfolgt auf Vorschlag der Bundesregierung, die der übrigen Mitglieder auf Vorschlag des Bundesrates im Einvernehmen mit der Bundesregierung.	Die Hauptverwaltungen werden jeweils von einem Präsidenten geleitet, der dem Vorstand der Deutschen Bundesbank untersteht. Diese tragen die Bezeichnung Präsident der Hauptverwaltung.

9.3.4.3 Geldpolitische Instrumente

Die **Europäische Zentralbank** ist neben der Bundesregierung wichtigster Träger der Konjunkturpolitik. Mit ihrer **Geldpolitik** steuert die EZB die innerhalb des Euro-Währungsraums verfügbare Geldmenge und beeinflusst das Zinsniveau. Die Geldpolitik der EZB ist somit nicht speziell auf die einzelnen Mitgliedsstaaten ausgerichtet, sondern betrifft stets den gesamten Euro-Währungsraum. Die **Deutsche Bundesbank** führt als nationale Notenbank innerhalb des ESZB die geldpolitischen Beschlüsse des EZB-Rates aus, soweit sie ihren Zuständigkeitsbereich betreffen.

Geschäftspartner bei den geldpolitischen Operationen des ESZB sind nur Kreditinstitute innerhalb des Euro-Währungsraumes. Die Geldpolitik beruht auf der Überlegung, dass sowohl das **Zinsniveau** als auch die **Geldmenge** Einfluss auf die gesamtwirtschaftliche Nachfrage und damit auf die Beschäftigung, das Preisniveau und das Wachstum in der Wirtschaft haben. Sie knüpft dabei an den Erfahrungstatbestand an, dass auf mittlere Sicht ein Fortschreiten des Inflationsprozesses ohne ein starkes Wachstum der Geldmenge kaum möglich ist. Die EZB orientiert deshalb die von ihr beabsichtigte **Ausweitung der Geldmenge** am Wachstum der Produktionsmöglichkeiten innerhalb der Wirtschaft. Sie möchte innerhalb des Euro-Währungsraumes grundsätzlich nur in dem Maße zusätzliche Liquidität zur Verfügung stellen, wie die Produktionsmöglichkeiten und das Güterangebot zunehmen.

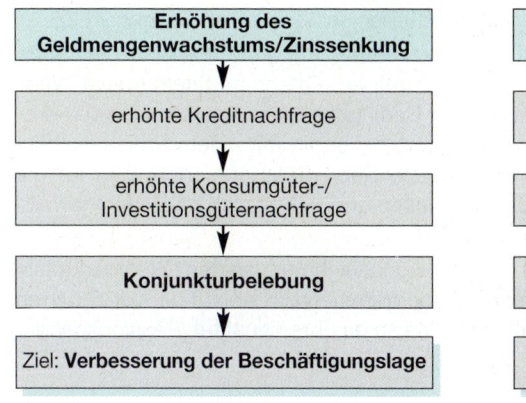
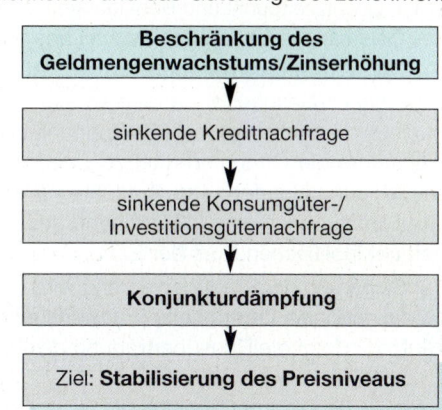

9

Zur Erreichung ihrer Ziele verfügt die EZB über besondere geldpolitische Instrumente, mit denen sie die Liquiditätsausstattung der Kreditinstitute und damit deren Möglichkeiten der Kreditschöpfung beeinflusst.

◼ Offenmarktgeschäfte

Offenmarktgeschäfte spielen innerhalb des ESZB die zentrale Rolle. Sie erfolgen auf Beschluss des EZB-Rates. Ihre Ausführung fällt in den Zuständigkeitsbereich der nationalen Zentralbanken.

Beispiel:

Deutschland: Deutsche Bundesbank   Frankreich: Banque de France

> **Offenmarktgeschäfte** sind befristete Transaktionen, bei denen das ESZB den Kreditinstituten gegen entsprechende refinanzierungsfähige Sicherheiten (Offenmarkttitel) Liquidität zur Verfügung stellt, indem sie diese entweder mit einer gleichzeitigen Rückkaufvereinbarung kauft oder als Pfand nimmt.

Das wichtigste Offenmarktgeschäft sind die Hauptrefinanzierungsoperationen.

Hauptrefinanzierungsoperationen	
Über sie ...	◼ werden Zinssätze gesteuert, ◼ wird Liquidität zugeführt, ◼ werden Signale bezüglich des geldpolitischen Kurses gesetzt.
Merkmale	◼ wöchentliche Durchführung, ◼ Laufzeit zwei Wochen, ◼ dezentrale Durchführung auf Ebene der nationalen Zentralbanken, ◼ Durchführung über Zins- oder Mengentender.

Als **Offenmarkttitel** kommen folgende **refinanzierungsfähige Sicherheiten** in Betracht:

◼ Schuldverschreibungen　　　◼ Aktien　　　◼ Kreditforderungen

Wahl, Einsatzzeitpunkt und Bedingungen der Offenmarkttransaktionen dienen der Regulierung des Geldmarktes und ändern sich mit den jeweils aktuellen geldpolitischen Zielen der EZB.

Bei den **Offenmarktgeschäften mit Rückkaufvereinbarung** *(kurz: Pensionsgeschäfte bzw. Repo[1]-Geschäfte)* handelt es sich um den Kauf von Offenmarkttiteln (meist Wertpapiere) durch die nationale Zentralbank unter der Bedingung, dass die verkaufenden Kreditinstitute die Offenmarkttitel zu einem festgesetzten Termin mit einem Preisaufschlag wieder zurückkaufen. Der Aufschlag *(Pensionssatz, Repo-Satz)* entspricht den für die Liquiditätsüberlassung in Rechnung gestellten Zinsen und richtet sich nach dem jeweiligen geldpolitischen Kurs der EZB.

Zur Sicherung der Kreditgewährung wird das Sicherungseigentum an den Offenmarkttiteln an die nationale Zentralbank *(Pensionsnehmer)* übertragen. Nach Ablauf der vereinbarten Laufzeit erfolgt die Rückübertragung des Eigentums an das Kreditinstitut *(Pensionsgeber)*.

---

[1] Repo = <u>Re</u>purchase <u>O</u>peration.

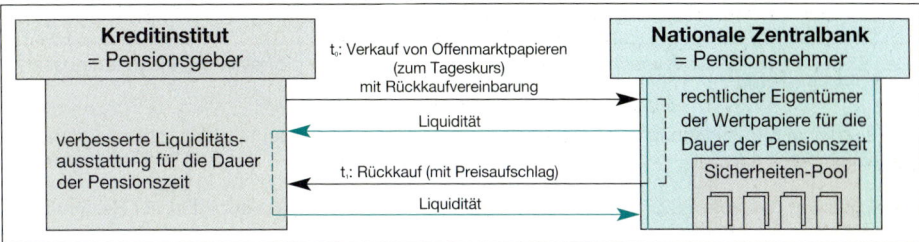

Bei **Pfandkrediten** wird der nationalen Zentralbank *(Pfandgläubiger)* ein Pfandrecht an den Offenmarkttiteln eingeräumt. Das Eigentum an den Offenmarkttiteln verbleibt während der Kreditinanspruchnahme bei dem Kreditinstitut *(Verpfänder)*.

Sicherheitenpool: Um eine rasche und flexible Refinanzierung zu ermöglichen, unterhalten die Kreditinstitute bei ihrer nationalen Zentralbank einen Pool mit refinanzierungsfähigen Sicherheiten (meist Wertpapiere). Diese können auf diese Weise ohne aufwendige Depotumlegungen für Refinanzierungszwecke eingesetzt werden.

Tenderverfahren: Um die dem Bankensystem zuzuführende Liquidität hinreichend dosieren und zu einem marktgerechten Zinssatz absetzen zu können, werden die Wertpapierpensionsgeschäfte im Wege eines Ausschreibungsverfahrens angeboten.

Die Abwicklung des Tenderverfahrens erfolgt in drei Schritten:

Das ESZB praktiziert alternativ zwei Verfahren:

Mengentender[1]
Das ESZB gibt in seiner **Ausschreibung** einen bestimmten Zinssatz fest vor („Festsatz").
▼
Die Kreditinstitute nennen in ihren **Geboten** den gewünschten Betrag.
▼
Die **Zuteilung** des vom ESZB vorgesehenen Ausschreibungsvolumens erfolgt gleichmäßig auf die vorliegenden Einzelgebote. Bei Überzeichnung des Ausschreibungsvolumens erhalten die Kreditinstitute Zuteilung entsprechend der sich ergebenden Zuteilungsquote.

Beispiel:

Festsatz .... 3,7 %
Ausschreibungsvolumen .... 8.000 Mio. EUR
Gesamtsumme der vorliegenden Gebote .... 20.000 Mio. EUR
Zuteilungsquote .... 40 %

Alle an der Ausschreibung teilnehmenden Kreditinstitute erhalten eine Zuteilung in Höhe von 40 % ihres Gebotes.

9

---

[1] Die ESZB hat Ende Juli 2000 vom Mengentender- auf das Zinstender-Verfahren umgestellt. Im Zuge der Finanzkrise wurde ab Oktober 2008 wieder der Mengentender eingeführt.

Zinstender

Das ESZB lässt in seiner **Ausschreibung** den Zinssatz offen oder gibt einen Mindestbietungssatz („Mindestsatz") vor.

▼

Die Kreditinstitute nennen in ihren **Geboten** den gewünschten Betrag und den Zinssatz, den sie zu zahlen bereit sind.

▼

Die Zuteilung des vom ESZB vorgesehenen Ausschreibungsvolumens erfolgt in der Reihenfolge der Höhe der Zinsgebote.

- Beim **„holländischen Verfahren"** erfolgt sie einheitlich zu dem Zinssatz, bei dem das vom ESZB vorgesehene Ausschreibungsvolumen realisiert wird.
- Beim **„amerikanischen Verfahren"** erfolgt sie zu den jeweils von den Kreditinstituten tatsächlich genannten Zinsgeboten, bis das vom ESZB vorgesehene Ausschreibungsvolumen realisiert ist.

Volle Zuteilung erhalten die Gebote, die über dem „Grenzzinssatz" liegen. Zu diesem Satz abgegebene Gebote werden ggf. repartiert, darunter liegende Gebote kommen nicht zum Zuge.

> **Beispiel:**
>
> Mindestsatz .... 4,00 %
> Ausschreibungsvolumen .... 15.000 Mio. EUR
> Gebote der Kreditinstitute:
> K_1 .... 35 Mio. EUR; 4,50 %
> K_2 .... 50 Mio. EUR; 4,45 %
> .   .
> .   .
> .   .
> K_{117} .... 12 Mio. EUR; 4,25 %
> Zwischensumme .... 15.000 Mio. EUR;
> K_{118} .... 40 Mio. EUR; 4,20 %
> .   .
> .   .
> .   .
> K_{382} .... 30 Mio. EUR; 4,00 %
> Gesamtsumme .... 36.950 Mio. EUR;
>
> K_1–K_{117} erhalten volle Zuteilung:
> - Beim „holländischen Verfahren" einheitlich zum Zuteilungssatz von 2,25 %,
> - beim „amerikanischen Verfahren" zu den jeweils genannten Zinsgeboten.

Geldpolitische Steuerungsmöglichkeiten im Tenderverfahren

Festlegung des Zuteilungssatzes	Festlegung des Zuteilungsvolumens

Durch eine Veränderung der Refinanzierungssätze und des Refinanzierungsvolumens lassen sich die Kosten und das Volumen der Geldbeschaffung der Kreditinstitute beim ESZB und damit indirekt auch die Kreditkonditionen innerhalb des Bankensystems beeinflussen.

Die Zinssätze der EZB bei ihren **Hauptrefinanzierungsoperationen** und **ständigen Fazilitäten** werden als die **Leitzinsen** bezeichnet, weil durch sie letzten Endes die Entwicklung des Zinsniveaus auf den Geld- und Kapitalmärkten bestimmt wird.

- Erhöht das ESZB seine Leitzinsen, so kündigt es eine Politik des „knappen" Geldes an und leitet einen *kontraktiven* Kurs der Geldpolitik ein. In Erwartung steigender Kreditzinsen kommt es innerhalb der Wirtschaft zu einer *pessimistischen* Zukunftseinschätzung.
- Senkt das ESZB seine Leitzinsen, so kündigt es eine Politik des „billigen" Geldes an und leitet einen *expansiven* Kurs der Geldpolitik ein. In Erwartung fallender Kreditzinsen kommt es innerhalb der Wirtschaft zu einer *optimistischen* Zukunftseinschätzung.

9

Leitzinsänderungen üben folglich eine wichtige **Signalwirkung** für die Wirtschaft aus: Das ESZB gibt hierdurch zu erkennen, dass es eine bestimmte Zielrichtung der Geldpolitik verfolgt. Bereits die unmittelbare Bekanntgabe einer Zinsänderung führt zur psychologischen Beeinflussung der Wirtschaft und kann das Verhalten der Wirtschaftssubjekte in die gewünschte Richtung lenken.

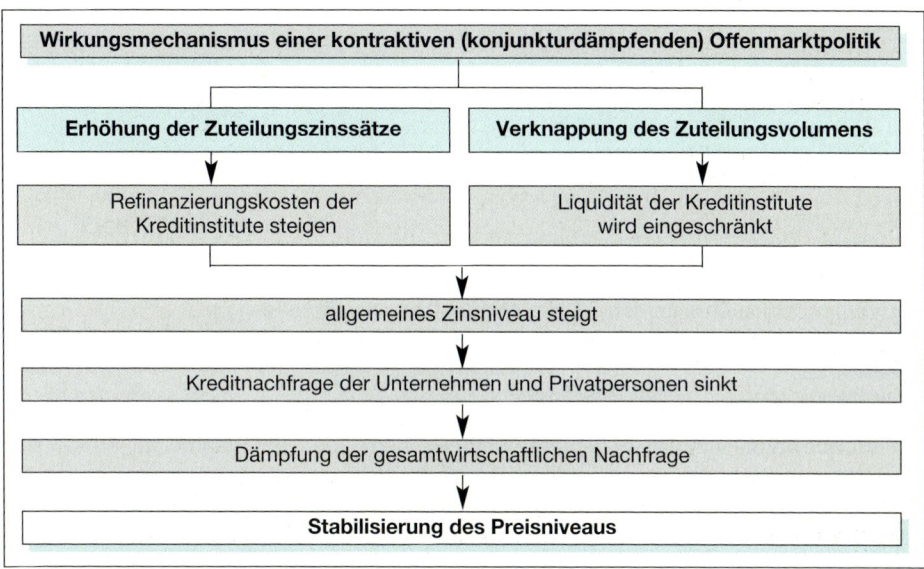

Ständige Fazilitäten

> Die **ständigen Fazilitäten** *(ständig angebotene Geschäfte)* dienen dazu, den Kreditinstituten je nach individuellem Bedarf kurzfristig Liquidität zur Verfügung zu stellen bzw. kurzfristige Geldanlagemöglichkeiten zu bieten.

Mit den jeweiligen Zinssätzen werden wichtige geldpolitische Signale gesetzt und die **Ober-** und **Untergrenze** für die Zinsentwicklung auf dem Markt für Tagesgeld abgesteckt.

- Mit der **Spitzenrefinanzierungsfazilität** können sich die Kreditinstitute bei ihrer nationalen Zentralbank bis zum nächsten Geschäftstag Liquidität gegen refinanzierungsfähige Sicherheiten beschaffen *(Geldaufnahme „overnight")*. Eine Kredithöchstgrenze ist nicht vorgesehen. Der Zinssatz der Spitzenrefinanzierungsfazilität bildet in der Regel die Obergrenze des Zinsniveaus auf dem Markt für Tagesgeld.
- Die **Einlagefazilität** können die Kreditinstitute nutzen, um bis zum nächsten Geschäftstag überschüssige Liquidität bei ihrer nationalen Zentralbank anzulegen *(Geldanlage „overnight")*. Der Zinssatz der Einlagefazilität bildet in der Regel die Untergrenze des Zinsniveaus auf dem Markt für Tagesgeld.

9

▊ Mindestreserve

> Zur Beeinflussung des Geldumlaufs und der Kreditgewährung kann der EZB-Rat beschließen, dass die Kreditinstitute einen bestimmten Prozentsatz ihrer Verbindlichkeiten als Guthaben auf ihrem Konto bei ihrer nationalen Zentralbank unterhalten müssen.

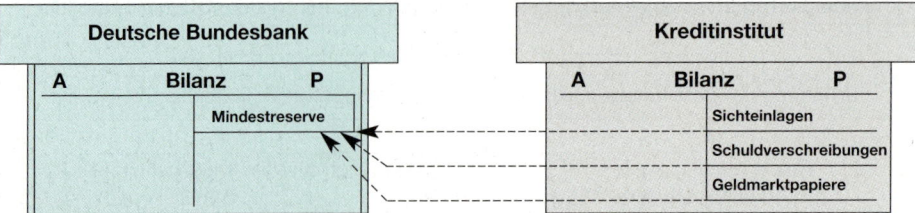

Im Rahmen seiner **Mindestreservepolitik** kann der EZB-Rat für die verschiedenen Arten von Verbindlichkeiten unterschiedliche **Mindestreservesätze** festlegen.

> **Beispiel:**
>
> *Sichteinlagen: 2,0 %   Spareinlagen: 1,5 %*

Um Wettbewerbsnachteile gegenüber Mitbewerbern aus den Staaten außerhalb des Euro-Währungsgebietes zu vermeiden, wird die Mindestreserve zum Zinssatz des Hauptfinanzierungsinstrumentes verzinst. Die Mindestreserve ist ein äußerst dirigistisches geldpolitisches Instrument *(„schwerer Säbel der Geldpolitik"),* da das ESZB damit direkt die Kreditschöpfungsmöglichkeiten der Kreditinstitute beeinflussen kann.

> Je höher die Mindestreservesätze von der EZB festgesetzt werden, desto geringer ist für die Kreditinstitute der Spielraum für die Gewährung von Krediten. Die Erhöhung der Mindestreservesätze führt darüber hinaus zu einer Verknappung des Geldangebotes und damit zu einer Erhöhung der Zinsen. Bei der Senkung der Mindestreservesätze treten die umgekehrten Wirkungen ein.

> **Beispiel:**
>
> *Der EZB-Rat beschließt eine Mindestreserve auf Spareinlagen in Höhe von 2 %.*
> *Bei der Sparkasse Rheinland werden Spareinlagen in Höhe von 300 Mio. EUR unterhalten.*
> *Die Sparkasse Rheinland muss 6 Mio. EUR auf ihrem DBB-Guthaben als Mindestreserveguthaben unterhalten, sodass ihr nur 294 Mio. EUR für eine andere Verwendung (z. B. Kreditvergabe) zur Verfügung stehen.*

Geldpolitik	
zur Konjunkturbelebung (expansive Geldpolitik)	**zur Konjunkturdämpfung** (kontraktive Geldpolitik)
■ Senkung der Zinsen im Offenmarktgeschäft und in der Spitzenrefinanzierungsfazilität	■ Erhöhung der Zinsen im Offenmarktgeschäft und in der Spitzenrefinanzierungsfazilität
■ Senkung der Zinsen für die Einlagefazilität und Termineinlagen	■ Erhöhung der Zinsen für die Einlagefazilität und Termineinlagen
■ Erhöhung des Refinanzierungsvolumens (der Zuteilung) im Tenderverfahren	■ Verringerung des Refinanzierungsvolumens (der Zuteilung) im Tenderverfahren
■ Senkung der Mindestreservesätze	■ Erhöhung der Mindestreservesätze
■ Definitive Käufe zentralbankfähiger Aktiva *(z. B. Devisen)*	■ Definitive Verkäufe zentralbankfähiger Aktiva
	■ Emission eigener Schuldverschreibungen

9

Zusammenfassung:

Die Geldpolitik innerhalb der Europäischen Währungsunion basiert auf drei Säulen:
- die laufende Geldmarktsteuerung im Rahmen von Offenmarktgeschäften,
- die Bereitstellung von zwei ständigen Fazilitäten und   ■ die Mindestreserve.

Geldpolitisches Instrumentarium des ESZB				
Offenmarktgeschäfte		**ständige Fazilitäten**		**Mindestreserve-politik**
Hauptrefinanzie-rungsinstrument	**Längerfristige Refinanzierungs-geschäfte**	**Spitzenfinan-zierungs-fazilitäten**	**Einlage-fazilitäten**	
Die EZB gibt den Geschäftsbanken Kredite mit einer **Laufzeit** von **1 Woche** gegen Hinterlegung von Sicherheiten wie z. B. Wertpapieren.	Die EZB gibt den Geschäftsbanken Kredite mit einer **Laufzeit** von **3 Monaten.**	Die Geschäftsbanken erhalten zu einem bestimmten Zinssatz mit einer **Laufzeit** von **einem Geschäftstag** Liquidität in gewünschter Höhe (Geldaufnehmen „overnight").	Die Geschäftsbanken können überschüssige Liquidität ganz **kurzfristig** zinsbringend anlegen (Geldanlage „overnight").	Die Geschäftspartner der EZB müssen einen bestimmten Prozentsatz ihrer Verbindlichkeiten als Guthaben bei der nationalen Zentralbank unterhalten. Diese Zwangsrücklage der Geschäftsbanken wird verzinst. Der Zinssatz orientiert sich an dem der Hauptrefinanzierungsinstrumente.
Mit diesem Instrument wird der größte Anteil des Geldvolumens im Umlauf gesteuert.	Bezogen auf die umlaufende Geldmenge ist dieses Instrument nicht so bedeutend.			
Mit beiden Instrumenten steuert die EZB ständig aktiv den Refinanzierungsspielraum der Geschäftsbanken, weil sie die Zinssätze herauf- oder herabsetzt und damit das Volumen mengenmäßig einschränkt (Tenderverfahren). Auf diesen beiden Geschäftsarten von Offenmarktgeschäften liegt das Schwergewicht. **Weitere Geschäftsarten**[1] der Offenmarktgeschäfte sind ■ **die Feinsteuerungsoptionen**[2] **und** ■ **die strukturellen Operationen**[3].		Mit den ständigen Fazilitäten steuert die EZB ■ über einen Soll-Zinssatz (Spitzenrefinanzierungsfazil.), ■ über einen Haben-Zinssatz (Einlagenfazilitäten) das Verhalten der Geschäftsbanken (bilaterale Geschäfte).		Indem die EZB den Mindestreservesatz herauf- bzw. herabsetzt, nimmt sie Einfluss auf die Möglichkeit der Banken, Kredite zu gewähren und damit weiteres Geld in Umlauf zu bringen.

---

[1] **Laufzeit:** nach geldpolitischem Bedarf; als Tenderverfahren oder bilaterale Geschäfte situativ angeboten.

[2] **Devisenswapgeschäfte:** Das ESZB kauft (verkauft) Devisen per Kasse und verkauft (kauft) diese gleichzeitig per Termin zu einem festgelegten Datum.
 Termineinlagen: Zur Feinsteuerung kann das ESZB die Hereinnahme von verzinslichen Termineinlagen bei der nationalen Notenbank des Mitgliedsstaates anbieten, um damit Liquidität abzuschöpfen. Die Zinsen werden, wie beim Europäischen System der Zentralbanken üblich, nach der Eurozinsmethode berechnet und bei Fälligkeit der Einlage bezahlt.
 Definitive Käufe bzw. Verkäufe: Dieses Instrument bezeichnet Transaktionen, bei denen das ESZB endgültig zentralbankfähige Aktiva kauft oder verkauft. Außerdem finden **befristete Transaktionen** statt.

[3] Das ESZB kann **Schuldverschreibungen** begeben. Sie stellen eine Verbindlichkeit der EZB gegenüber dem Inhaber dar. Die Schuldverschreibungen werden in abgezinster Form emittiert. Die Differenz zwischen dem Emissionsbetrag und dem Nennbetrag entspricht der Verzinsung zum vereinbarten Zinssatz über die Laufzeit.

9

9.4   Wettbewerbspolitik

Aufgabe der Wettbewerbspolitik ist es, im Interesse der Verbraucher und der Unternehmen einen möglichst unbeschränkten Wettbewerb zu gewährleisten und nachhaltig zu sichern.

Funktionierender Wettbewerb ist eine wesentliche Voraussetzung für Wachstum und Beschäftigung in unserer Volkswirtschaft. Wettbewerb fördert Innovationen, eine optimale Allokation (Zuteilung) von Ressourcen, die Souveränität der Verbraucher sowie eine leistungsgerechte Verteilung finanzieller Mittel, darüber hinaus begrenzt er wirtschaftliche Macht.

9.4.1   Wirtschaftsordnung der Bundesrepublik Deutschland

Die Wirtschaftsordnung der Bundesrepublik Deutschland ist eine Weiterentwicklung der freien Marktwirtschaft. In ihr vereinigen sich die Grundprinzipien des marktwirtschaftlichen Leistungswettbewerbs mit einer um sozialen Ausgleich bemühten staatlichen Beeinflussung des Wirtschaftsgeschehens.

Der Staat versucht, möglichen Fehlentwicklungen und den sozialen Folgeproblemen der freien Marktwirtschaft, wie sie unter den Bedingungen des wirtschaftlichen Liberalismus sichtbar wurden, durch seine Sozialpolitik und durch die Festsetzung geeigneter Rahmenbedingungen entgegenzutreten.

Der Wirtschaftswissenschaftler **Alfred Müller-Armack**, einer der geistigen Väter dieser Wirtschaftsordnung, prägte hierfür die Bezeichnung **„soziale Marktwirtschaft"**. **Ludwig Erhard**, der erste Wirtschaftsminister der Bundesrepublik Deutschland, verhalf ihr 1948 zum politischen Durchbruch.

„Sinn der sozialen Marktwirtschaft ist es, das Prinzip der Freiheit auf dem Markt mit dem des sozialen Ausgleichs zu verbinden." (Müller-Armack)

Leitlinien staatlichen Handelns sind danach:
- Schaffung sozialer Gerechtigkeit und Sicherheit,
- Sicherstellung eines störungsfreien Wirtschaftsablaufs unter Aufrechterhaltung der marktwirtschaftlichen Ordnung.

Der erfolgreiche Neuaufbau der deutschen Wirtschaft im Anschluss an den Zweiten Weltkrieg („Das deutsche Wirtschaftswunder") und der weitgehend gewahrte soziale Frieden innerhalb der Bundesrepublik Deutschland werden größtenteils der Konzeption der sozialen Marktwirtschaft zugeschrieben und haben ihr weltweit Anerkennung eingetragen.

Meinungsunterschiede bestehen in erster Linie über das wünschenswerte **Ausmaß der staatlichen Einflussnahme** auf die Wirtschaft.

- Zum Teil wird eine stärkere Betonung der **marktwirtschaftlichen Komponente** gefordert. Der wachsende Staatsanteil berge die Gefahr in sich, dass der marktwirtschaftliche Steuerungsmechanismus nach und nach durch die immer gewichtiger werdende Rolle des Staates in Wirtschaft und Gesellschaft behindert werde. Dringendstes Problem sei eine überzeugende Wettbewerbspolitik, welche den Selbststeuerungskräften des Marktes zu mehr Geltung verhelfe und den Konzentrationstendenzen innerhalb der Wirtschaft entschiedener als bisher entgegentrete.

9

■ Auf der anderen Seite wird die Auffassung vertreten, dass die **soziale Komponente** nicht konsequent genug verwirklicht sei. Nur über eine verstärkte staatliche Einflussnahme könnten die drängenden Probleme des Arbeitsmarktes, des Umweltschutzes, der Vermögensbildung, der Energieversorgung usw. gelöst werden.

Die weltweite **Finanzkrise** führte zu einer dramatischen globalen Verschlechterung der wirtschaftlichen Lage. Zur Problemlösung werden die sozialen Komponenten und die staatlichen Interventionsmechanismen einhergehend mit einer verstärkten staatlichen Einflussnahme gewünscht und praktiziert.

9.4.2 Ordnungspolitische Rahmenbedingungen der Marktwirtschaft

Die Rolle des Staates ist innerhalb der Marktwirtschaft naturgemäß eine andere als innerhalb ihres Gegenmodells, der Zentralverwaltungswirtschaft.

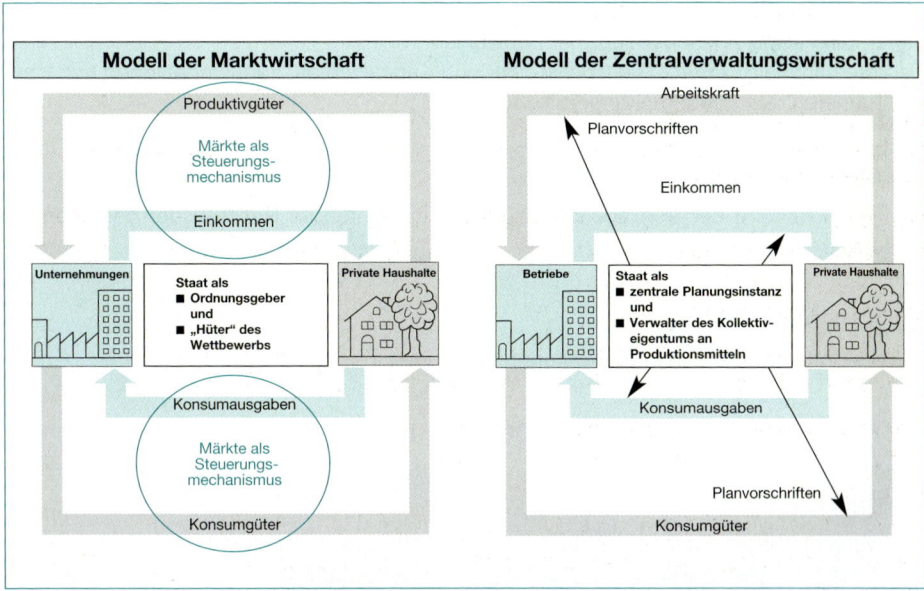

Während innerhalb der Zentralverwaltungswirtschaft der Staat den Wirtschaftsprozess bis ins Detail durch einen umfassenden volkswirtschaftlichen Gesamtplan lenkt, planen und entscheiden innerhalb der Marktwirtschaft die Wirtschaftssubjekte selbstständig. Der Staat verzichtet grundsätzlich auf unmittelbare Eingriffe in das Wirtschaftsgeschehen. Er setzt lediglich die Rahmenbedingungen, die die Wirtschaftssubjekte bei ihren Entscheidungen zu berücksichtigen haben.

Beispiele:

■ *Steuergesetzgebung*
■ *Arbeits- und Sozialgesetzgebung*
■ *Umweltschutzbestimmungen*

9

Insbesondere hat der Staat als Ordnungsgeber die Aufgabe, für die Einhaltung der Spielregeln des marktwirtschaftlichen Wettbewerbs zu sorgen. Die Wettbewerbspolitik steht daher im Mittelpunkt der Ordnungspolitik des Staates.

Damit sich das freie Spiel der Marktkräfte ungehindert entfalten kann, hat der Staat bestimmte **Freiheitsrechte** zu garantieren:

Gewerbefreiheit

Die Gründung eines Unternehmens, die Festlegung des Unternehmensgegenstandes und die unternehmerischen Entscheidungen sind unter Beachtung der vom Staat gesetzten Rahmenbedingungen frei.

Schutz des Privateigentums (Eigentumsgarantie)

Die Wirtschaftssubjekte haben grundsätzlich die freie Verfügungsgewalt über ihr Privateigentum an Produktionsmitteln und Konsumgütern.

Freihandel

Jeder kann seinen Geschäftspartner frei wählen.
Der internationale Waren-, Dienstleistungs- und Kapitalverkehr kann ungehindert von Handelsbarrieren und Beschränkungen fließen.

Vertragsfreiheit

Die Ausgestaltung der Verträge bleibt den Kontrahenten im Rahmen der bestehenden Gesetze frei überlassen.

Konsumfreiheit

Die Konsumenten sind in ihren Kaufentscheidungen frei.

Freie Berufswahl, freie Wahl der Arbeitsstätte

Die Arbeitnehmer können ihre Arbeitskraft anbieten, in welchem Beruf und bei welchem Arbeitgeber auch immer sie wollen.

Die wirtschaftlichen Freiheitsrechte sind lediglich in solchen Fällen beschränkt und beschränkbar, bei denen dies aus übergeordneten gesellschaftlichen Interessen angezeigt ist.

Beispiel:

Der Grundsatz der Gewerbefreiheit wird insoweit durchbrochen, als bestimmte Gewerbezweige, die von gesamtwirtschaftlicher Bedeutung sind (Kreditinstitute, Versicherungen), nur mit staatlicher Genehmigung und unter staatlicher Aufsicht betrieben werden dürfen.

9

9.4.3 Wettbewerb als „Motor" der Marktwirtschaft

Im Mittelpunkt der marktwirtschaftlichen Ordnung steht der Wettbewerb. Er ist gleichsam der Motor, der die Wirtschaft antreibt.

Der Wettbewerb zwingt die Unternehmen, sich ganz auf die Wünsche der Konsumenten einzustellen. Um am Markt bestehen zu können, müssen die Produzenten Güter oder Dienstleistungen herstellen, die nach Art, Qualität und Preis den Vorstellungen der Verbraucher entsprechen.

Das Gewinnstreben und der Druck des Wettbewerbs lassen zwischen den Unternehmen einen harten **Konkurrenzkampf** entstehen. Allerdings wird dieser Kampf mit friedlichen Mitteln ausgetragen, denn einzig erlaubte **Kampfmittel** sind Preise, Produktqualitäten, Konditionen, Serviceleistungen, Werbung. Nutznießer des Wettbewerbs sind allein die Konsumenten.

Der **Wettbewerb** erfüllt folgende gesamtwirtschaftlich wichtige Funktionen:

- **Innovationsfunktion:** *Antrieb zum Fortschritt*
  Um ihren Gewinn zu erhöhen oder um dem Druck der Konkurrenz zu begegnen, suchen die Unternehmen ständig nach günstigeren Produktionsmethoden, nach technischen Neuerungen, nach verbesserten oder neuartigen Produkten. Dies bewirkt einen Fortschritt innerhalb der Wirtschaft, der den allgemeinen Lebensstandard hebt und den Verbrauchern zugute kommt.

- **Ausschaltungsfunktion:** *Ausschaltung nicht konkurrenzfähiger Unternehmen*
  Unternehmen, die mit der technischen und wirtschaftlichen Entwicklung nicht Schritt halten können, die im Preis von ihren Konkurrenten unterboten werden, die in der Qualität ihrer Produkte hinter anderen Unternehmen zurückstehen, werden vom Markt verdrängt.

- **Lenkungsfunktion:** *Lenkung der Produktionsfaktoren*
  Der Wettbewerb lenkt die produktiven Kräfte innerhalb der Volkswirtschaft dorthin, wo sie besonders rentabel (Ertrag bringend) eingesetzt werden können. Die jeweiligen Marktpreise geben ein Bild von der Situation auf den verschiedenen Märkten. Hohe Marktpreise signalisieren den Unternehmen, wo sich Gewinnchancen bieten und Marktlücken existieren. Produktionszweige, die aufgrund einer rückläufigen Nachfrage nicht mehr rentabel sind, werden aufgegeben. Die dabei freigesetzten Produktionsfaktoren finden stattdessen bei der Produktion solcher Güter Verwendung, die besonders gefragt sind und Zukunft haben.

9.4.4 Unternehmenskonzentration

Die wirtschaftliche Realität zeigt, dass sich ein wirksamer Wettbewerb nicht automatisch von alleine einstellt und erhält, sondern dass auf der Unternehmensseite häufig die Tendenz besteht, sich dem Konkurrenzdruck durch den Zusammenschluss mit anderen Unternehmen zu entziehen.

Die **Wettbewerbskonzentration** führt dazu, dass die Anzahl der Wettbewerber abnimmt und sich die Anteile der am Markt verbleibenden Unternehmen auf immer weniger große Anbieter konzentrieren. Sie kann die Innovations-, Ausschaltungs- und Lenkungsfunktion des Wettbewerbs beeinträchtigen.

Unternehmenszusammenschlüsse, einerlei in welcher Form sie sich vollziehen, führen zur Konzentration wirtschaftlicher Kraft. Nach der Produktionsstufe lassen sich verschiedene **Konzentrationsformen** unterscheiden.

9

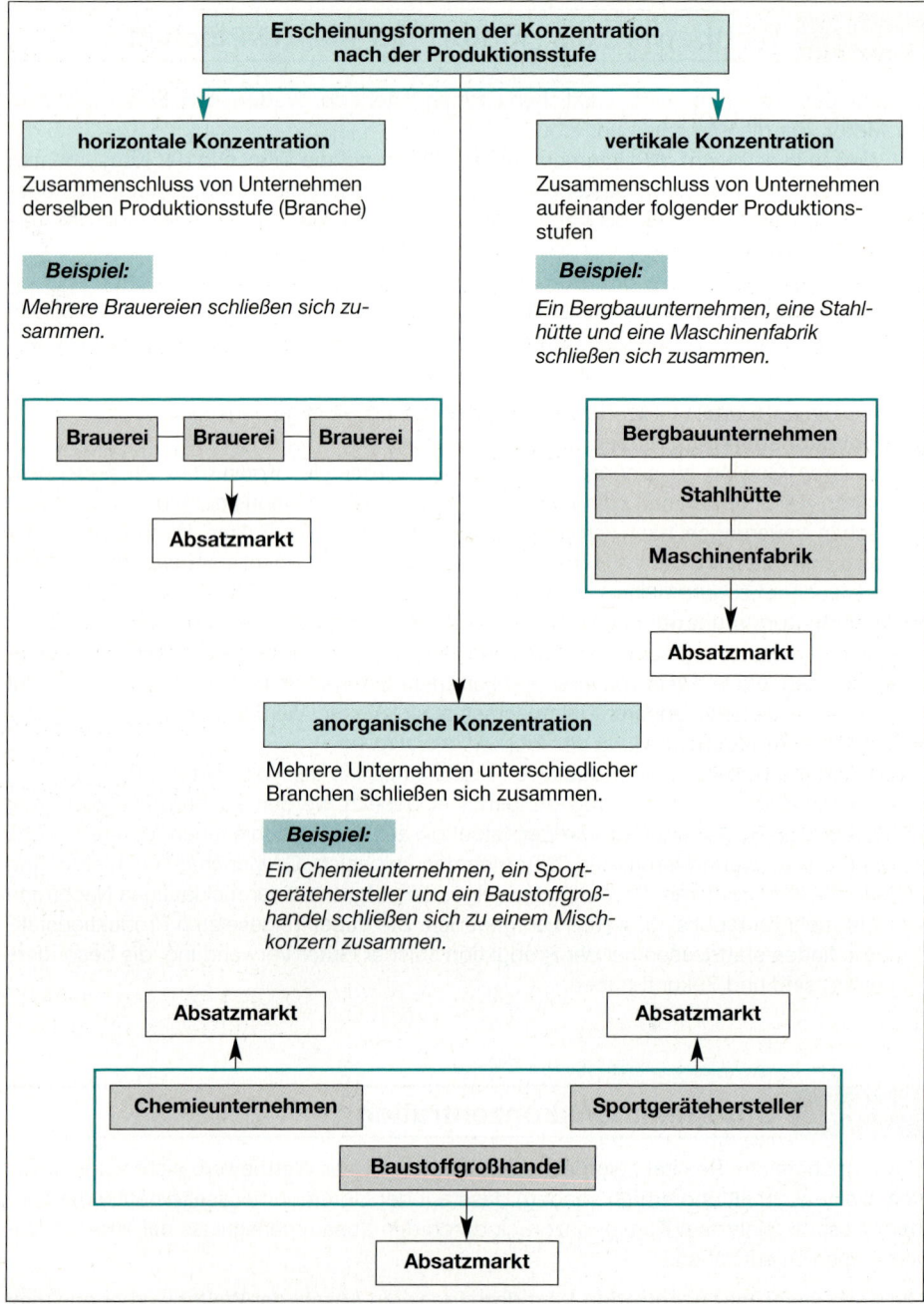

Wirtschaftliche Konzentrationsprozesse müssen sehr differenziert beurteilt werden. Eine einseitig negative Beurteilung wäre sachlich falsch:

■ Oft entsteht erst durch Konzentration ein leistungsfähiges Unternehmen, das einerseits dem Druck der nationalen und globalen Konkurrenz standhalten kann, andererseits für etablierte Wettbewerber zu einem ernst zu nehmenden Konkurrenten wird. Konzentrationsprozesse können auf diese Weise die Wettbewerbsintensität sogar erhöhen.

9

- Die industrielle Konzentration ermöglicht eine Produktion in großen Stückzahlen. Dadurch können die Stückkosten gesenkt werden (Gesetz der Massenproduktion). Diese Kostenvorteile kommen den Konsumenten in Form niedriger Preise zugute.

- Bestimmte Produkte (z. B. Flugzeuge, Benzin, Industrieanlagen) können aus Wirtschaftlichkeitsgründen und aufgrund technischer Gegebenheiten nur von Großunternehmen hergestellt werden.

- Konzentration führt zu einer größeren Kapitalkraft, die teure Investitionen und umfangreiche Ausgaben für Forschung und Entwicklung erst möglich macht.

- Diversifizierende Unternehmen (Mischkonzerne) sind weniger krisenanfällig, da sie die in einer Geschäftssparte gegebenenfalls entstehenden Verluste durch Gewinne in den anderen Geschäftssparten ausgleichen können; dies erhöht die Arbeitsplatzsicherheit.

Konzentrationsprozesse sind vor allem dann negativ zu beurteilen, wenn

- durch sie Wettbewerbsbeschränkungen entstehen, sodass die Wettbewerbsintensität zum Nachteil der Konsumenten verringert wird,
  und
- sie zur Erlangung von Marktmacht führen.

Unternehmen bzw. Unternehmenszusammenschlüsse mit großer Marktmacht sind zumindest der Versuchung ausgesetzt, ihre Marktmacht zu missbrauchen, d.h. Gewinne zu erzielen, die weniger auf ihrer eigentlichen Marktleistung als vielmehr auf ihrer marktbeherrschenden Stellung beruhen.

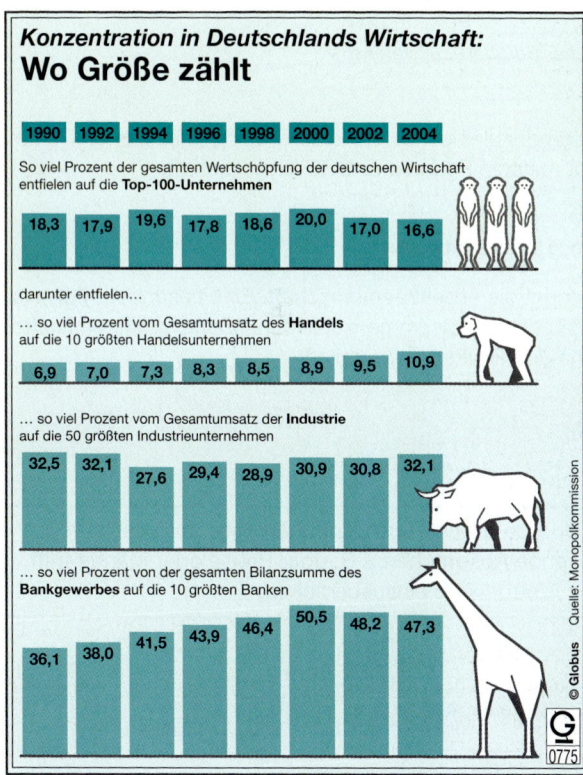

Konzentration in Deutschlands Wirtschaft:
Wo Größe zählt

1990 1992 1994 1996 1998 2000 2002 2004

So viel Prozent der gesamten Wertschöpfung der deutschen Wirtschaft entfielen auf die **Top-100-Unternehmen**

18,3 | 17,9 | 19,6 | 17,8 | 18,6 | 20,0 | 17,0 | 16,6

darunter entfielen...

... so viel Prozent vom Gesamtumsatz des **Handels** auf die 10 größten Handelsunternehmen

6,9 | 7,0 | 7,3 | 8,3 | 8,5 | 8,9 | 9,5 | 10,9

... so viel Prozent vom Gesamtumsatz der **Industrie** auf die 50 größten Industrieunternehmen

32,5 | 32,1 | 27,6 | 29,4 | 28,9 | 30,9 | 30,8 | 32,1

... so viel Prozent von der gesamten Bilanzsumme des **Bankgewerbes** auf die 10 größten Banken

36,1 | 38,0 | 41,5 | 43,9 | 46,4 | 50,5 | 48,2 | 47,3

Quelle: Monopolkommission

© Globus 0775

Wettbewerbsbeschränkungen können schon aufgrund von eher „lockeren" Absprachen zwischen wirtschaftlich und rechtlich selbstständigen Unternehmen entstehen. Sie entstehen vor allem dann, wenn sich Unternehmen so zusammenschließen, dass sie gemeinsam eine marktbeherrschende Stellung erlangen.

9

Zusammenschlüsse von Unternehmungen

Kooperation	**Konzentration**
▪ Interessengemeinschaft ▪ Arbeitsgemeinschaft ▪ Kartell ▪ Syndikat ▪ abgeschirmte Verhaltensweisen	▪ Kapitalverflechtungen ▪ Konzern ▪ Holding ▪ Fusion

---

Kooperationsformen

Interessengemeinschaft

Unternehmen, die rechtlich selbstständig bleiben, schließen sich zu einem gemeinsamen wirtschaftlichen Zweck zusammen, meist in der Rechtsform einer BGB-Gesellschaft (GbR) oder eines eingetragenen Vereins (e. V.).

Gemeinsame Zwecke können sein:

- Forschung und Entwicklung
- Nutzung von Datenverarbeitungsanlagen
- Aus- und Weiterbildung der Mitarbeiter
- Durchführung von Marktuntersuchungen
- Werbung und Öffentlichkeitsarbeit (Public Relations)
- Ausbeutung von Rohstoffvorkommen

Beispiele:

▪ *Verband der Automobilindustrie e. V.*
▪ *Interessengemeinschaft Saarländischer Bergbau-Zulieferer e. V.*

Arbeitsgemeinschaft (ARGE)

Unternehmen, die rechtlich selbstständig bleiben, schließen sich zur gemeinsamen Durchführung eines Auftrags zusammen, meist in Form einer BGB-Gesellschaft.

Beispiele:

▪ *Bau einer Brücke*   ▪ *Errichtung eines Kraftwerks*

Nach Durchführung des Auftrags endet die Arbeitsgemeinschaft. Eine besondere Form ist das **Konsortium**, bei dem sich Unternehmen zusammenschließen, um bei größeren finanzwirtschaftlichen Vorhaben Volumina und Risiken zu verteilen.

Beispiele:

Kreditkonsortium, Emissionskonsortium

Kartelle

Ein **Kartell** liegt vor, wenn eine Gruppe gleichartiger, unabhängiger Unternehmen gemeinsam wettbewerbsbeschränkende Absprachen z. B. über Preise oder Märkte trifft, um diese aufzuteilen und um den Wettbewerb einzuschränken.

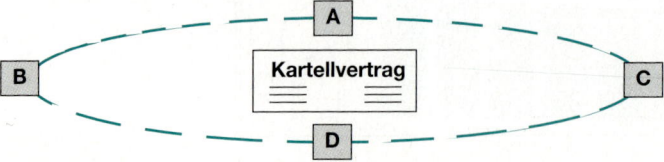

9

Die Kartellmitglieder bleiben rechtlich und wirtschaftlich selbstständig, sie können sich auf einen festgelegten Marktanteil verlassen und haben es nicht nötig, neue Produkte oder Qualitätsleistungen zu wettbewerbsfähigen Preisen anzubieten. Letztlich zahlen also die Verbraucher höhere Preise für weniger Qualität. Kartelle sind in Deutschland **grundsätzlich verboten**.

Beispiele:

Kartellrechtlich unzulässige Absprachen:

Preiskartelle	*Wettbewerber A und Wettbewerber B vereinbaren, dass sie künftig ihre Produkte nicht unter einem bestimmten Mindestpreis anbieten werden.*
Quoten- oder Produktionskartelle	*Zwei Baustahlhändler kommen überein, dass innerhalb Bayerns Unternehmen A ausschließlich Kunden beliefern soll, die einen jährlichen Bedarf von mehr als 150.000 t Stahl haben. Kunden mit einem darunterliegenden Jahresbedarf sollen ausschließlich von Unternehmen B versorgt werden.*
Gebietskartelle	*Vier Zementhersteller teilen sich Deutschland in vier Verkaufsgebiete auf und verpflichten sich, die Verkaufsgebiete der jeweils anderen drei Mitbewerber nicht zu beliefern.*
Submissionskartelle	*Bauunternehmen sprechen ihre Preise bei der öffentlichen Ausschreibung einer Flughafenerweiterung ab.*

Freistellung vom Kartellverbot

Das Gesetz gegen Wettbewerbsbeschränkungen (GWB) erlaubt unter bestimmten Bedingungen eine Freistellung vom Kartellverbot. Es gilt die Generalklausel des *§ 2 GWB*. Danach ist eine Vereinbarung vom Kartellverbot freigestellt, wenn sie den Wettbewerb fördert und den Beteiligten keine unnötigen Beschränkungen auferlegt *(System der Legalausnahme)*. Unternehmen müssen daher in allen Fällen eigenverantwortlich selbst beurteilen, ob ihr Verhalten sich spürbar auf den Wettbewerb auswirkt und die Voraussetzungen für eine Freistellung erfüllt. Diese Selbsteinschätzung erfordert umfangreiche Kenntnisse des Wettbewerbsrechtes. Ein Anspruch gegenüber dem Kartellamt auf eine Auskunft über die rechtliche Zulässigkeit der geplanten Vereinbarung besteht nicht.

---

§ 2 GWB

Freigestellte Vereinbarungen

(1) Vom Verbot des § 1 GWB freigestellt sind Vereinbarungen zwischen Unternehmen, Beschlüsse von Unternehmensvereinigungen oder aufeinander abgestimmte Verhaltensweisen, die unter angemessener Beteiligung der Verbraucher an dem entstehenden Gewinn zur Verbesserung der Warenerzeugung oder -verteilung oder zur Förderung des technischen oder wirtschaftlichen Fortschritts beitragen, ohne dass den beteiligten Unternehmen

1. Beschränkungen auferlegt werden, die für die Verwirklichung dieser Ziele nicht unerlässlich sind, oder
2. Möglichkeiten eröffnet werden, für einen wesentlichen Teil der betreffenden Waren den Wettbewerb auszuschalten.

(2) ...

9

Mittelstandskartelle

Eine Ausnahme von der Freistellung kraft Gesetzes gilt für Vereinbarungen zwischen kleineren und mittleren Unternehmen (bis 250 Mitarbeiter, bis 50 Mio. EUR Umsatz, bis 43 Mio. EUR Bilanzsumme) die im Wettbewerb miteinander stehen. Ihnen ist die Bildung von Mittelstandskartellen nach § 3 GWB gestattet. Um Klarheit über die Zuverlässigkeit Ihrer Kartellbildung zu erlangen, haben sie einen Anspruch auf eine Entscheidung des Kartellamtes, dass kein Anlass zum Ergreifen besteht (Nichttätigkeitsbescheid).

---

§ 3 GWB

Mittelstandskartelle

(1) Vereinbarungen zwischen miteinander im Wettbewerb stehenden Unternehmen und Beschlüsse von Unternehmensvereinigungen, die die Rationalisierung wirtschaftlicher Vorgänge durch zwischenbetriebliche Zusammenarbeit zum Gegenstand haben, erfüllen die Voraussetzungen des § 2 Abs. 1 GWB, wenn

1. dadurch der Wettbewerb auf dem Markt nicht wesentlich beeinträchtigt wird und
2. die Vereinbarung oder der Beschluss dazu dient, die Wettbewerbsfähigkeit kleiner oder mittlerer Unternehmen zu verbessern.

(2) Unternehmen oder Unternehmensvereinigungen haben ... einen Anspruch auf eine Entscheidung (über das Nichttätigwerden der Kartellbehörde, Anm. d. Verf.), wenn sie ein erhebliches rechtliches oder wirtschaftliches Interesse an einer solchen Entscheidung darlegen.

Beispiel:

Mehrere Schreinereibetriebe gründen eine gemeinsame Gesellschaft zur Durchführung von Generalunternehmeraufträgen bei Großprojekten im Bereich von Schreinerausbaugewerken sowie Laden- und Geschäftsausstattungen. Die Gesellschafter haben sich auf unterschiedliche Bereiche des Bauschreinerhandwerks und benachbarter Bereiche spezialisiert, wie z. B. den Ladenbau einschließlich der Schlosserei, Kühltechnik, Gastronomieausbau, Türen- und Fensterbau, Treppenbau, Einbruchsicherung, Feuerschutz. Sie bringen ihre jeweiligen Fachkenntnisse in die Kooperation mit ein und bewirken so eine Rationalisierung der betrieblichen Abläufe bei allen Beteiligten; die gemeinsame Gesellschaft eröffnet ihnen bessere Möglichkeiten zur Vermarktung ihres Angebots.

Syndikat

Das **Syndikat** ist eine Sonderform des Kartells mit eigener Rechtspersönlichkeit: Es wickelt als Verkaufs- und Abrechnungsstelle den gesamten Absatz der beteiligten Unternehmen ab.

Dieser Zusammenschluss ist also eine besonders straffe **Form des Absatzkartells**. In der Regel wird es in der Rechtsform einer GmbH geführt.

Es kommt vor allem in Wirtschaftszweigen vor, in denen die Produkte weitgehend standardisiert sind (Kohle, Eisen, Stahl). Sein Vorteil liegt in der zentralen Absatzorganisation, die eine gemeinsame Werbung und Absatzpolitik ermöglicht. Dadurch sind Kostenvorteile erzielbar.

9

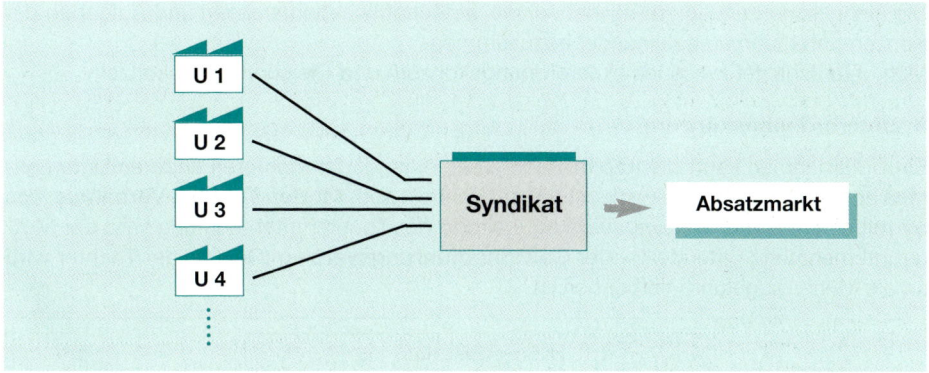

Abgestimmte Verhaltensweisen

> **Abgestimmte Verhaltensweisen** sind informelle Absprachen bzw. stillschweigende Übereinkommen *(Parallelverhalten)* zwischen Unternehmen derselben Branche zum Zweck der Wettbewerbsbeschränkung.

Sie sind häufig in Oligopolmärkten zu beobachten: Preispolitische Entscheidungen eines Unternehmens *(Preisführer)* üben eine Signalwirkung aus und ziehen gleichgerichtete Preisänderungen bei Konkurrenzunternehmen nach sich. Abgestimmte Verhaltensweisen können in der Regel nur vermutet, letzten Endes aber nicht bewiesen werden.

■ Konzentrationsformen

Die jeweiligen Unternehmen verlieren bei dem Konzern und der Holding ihre wirtschaftliche Selbstständigkeit; bei der Fusion zusätzlich die rechtliche Selbstständigkeit.

■ Kapitalverflechtungen

Kapitalverflechtungen entstehen dadurch, dass sich ein Unternehmen an einem anderen Unternehmen kapitalmäßig beteiligt.
- Minderheitsbeteiligungen
- Schachtelbeteiligungen (über 25 %)
- Mehrheitsbeteiligungen (über 50 %)
- indirekte Beteiligungen (mittelbar)

Die Beherrschung der Tochter erfolgt bei der Aktiengesellschaft in drei Stufen.

- **Sperrminorität:** Mit 25 % Kapitalanteil (plus 1 Stimme) können Hauptversammlungsbeschlüsse verhindert werden, die eine 3/4-Mehrheit erfordern.
- **Absolute Mehrheit:** Mit 50 % Kapitalanteil (plus 1 Stimme) können die meisten Ziele eines Hauptaktionärs durchgesetzt werden.
- **Satzungsändernde Mehrheit:** Mit 75 % Kapitalanteil können praktisch alle eigenen Vorstellungen in der Gesellschaft verwirklicht werden.

Konzern

> Kapitalverflechtungen führen zur Entstehung eines **Konzerns**, wenn ein herrschendes Unternehmen *(Muttergesellschaft)* über ein oder mehrere abhängige Unternehmen *(Tochtergesellschaften)* die einheitliche Leitung ausübt.

9

Die einheitliche Leitung ermöglicht es, die wirtschaftlichen Interessen und Aufgaben der Konzernunternehmen aufeinander abzustimmen.

Man unterscheidet zwischen Unterordnungskonzern und Gleichordnungskonzern.

■ Unterordnungskonzern

Ein Unternehmen kauft die Kapitalmehrheit an einem oder mehreren anderen Unternehmen auf. Durch die Kapitalverflechtung entsteht ein sog. **Mutter-Tochter-Verhältnis**, das oft mit einem **Beherrschungsvertrag** (Leitung der Tochterunternehmung wird der Mutterunternehmung unterstellt) oder **Gewinnabführungsvertrag** (Gewinn der Tochter wird an die Mutter abgeführt) verbunden ist.

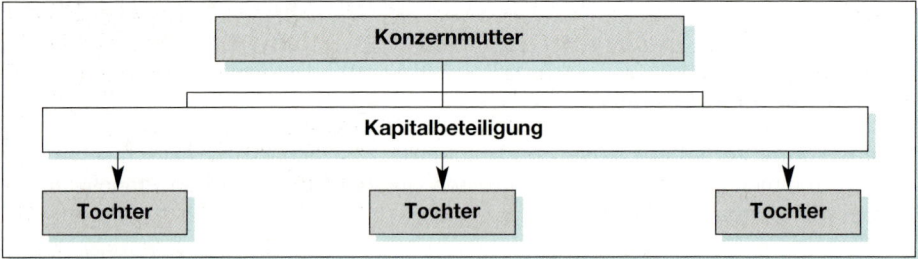

■ Gleichordnungskonzern

Die Konzernunternehmungen tauschen ihre Kapitalbeteiligungen gleichmäßig aus. Dazu müssen die Unternehmen kein neues Kapital aufbringen. Aufgrund der Ausgewogenheit der Beteiligung besteht ein gleichgewichtiger, gegenseitiger Einfluss. Man spricht dann von **Schwestergesellschaften**. Die einheitliche Leitung entsteht hier durch gegenseitige Abstimmung.

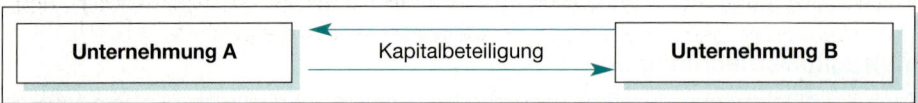

Holding

Als Dachgesellschaft stellt sie die Verwaltungsspitze eines Konzerns dar und beherrscht die angeschlossenen Gesellschaften. Sie ist in der Regel reine Verwaltungs- und Finanzierungsgesellschaft. Die beteiligten Unternehmen bleiben rechtlich selbstständig.

> **Beispiele:**
> *AWG Holding AG, Douglas Holding AG, IVG Holding AG*

Fusion

> Bei einer **Fusion** (= Verschmelzung) wird eine Unternehmung unter Aufgabe ihrer rechtlichen und wirtschaftlichen Selbstständigkeit mit dem gesamten Vermögen in ein anderes Unternehmen eingegliedert.

Die aufzunehmende Unternehmung erlischt durch die **Fusion**. Es ist auch möglich, dass alle fusionierenden Unternehmen gelöscht werden. Sie übertragen dann ihr gesamtes Vermögen auf eine gemeinsam von ihnen gegründete neue Gesellschaft (Fusion durch Neugründung).

9

Kapitalbeteiligungen und beabsichtigte Fusionen müssen dem **Bundeskartellamt** und ggf. der EU-Kommission ab einer bestimmten Größenordnung angezeigt werden. Fusionsverbote können ausgesprochen werden, wenn durch den Zusammenschluss eine marktbeherrschende Stellung entstehen würde.

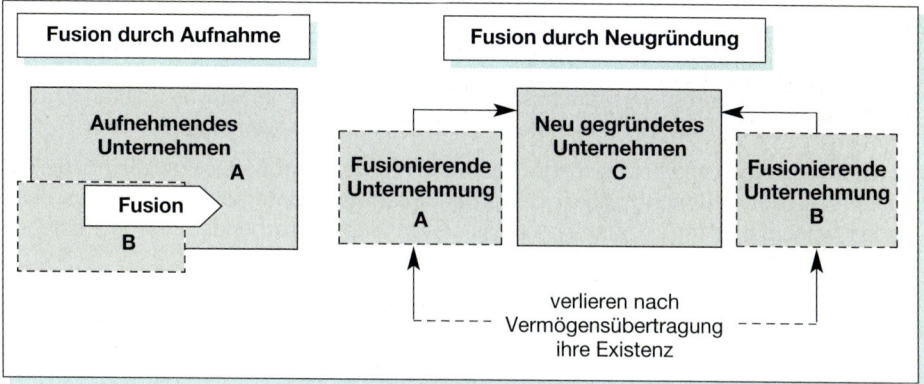

9.4.5   Wettbewerbsrecht

Die Wettbewerbspolitik verfolgt zwei Zielrichtungen:

- Auf der einen Seite ist Aufgabe der Wettbewerbspolitik, einen **funktionsfähigen Wettbewerb** zu erhalten und den Konsumenten vor Wettbewerbsbeschränkungen zu schützen.

- Auf der anderen Seite ist Aufgabe der Wettbewerbspolitik, unlautere Wettbewerbspraktiken zu verhindern, d. h. für einen **fairen Wettbewerb** zu sorgen.

Beispiel:

Man kann den marktwirtschaftlichen Wettbewerb durchaus mit einem sportlichen Wettkampf vergleichen:
Würde ein Fußballspieler im Kampf um den Ball seinen Gegenspieler mit einem Stoß seines Ellbogens ausschalten, so würde dies den Tatbestand des unlauteren Wettbewerbs erfüllen (= Foul).
Eine bereits vorher unter den beiden Mannschaften getroffene Absprache darüber, wer aus dem Spiel als Sieger hervorgeht, oder eine einseitige Begünstigung durch den Schiedsrichter, wäre eine Wettbewerbsbeschränkung (= Schiebung).

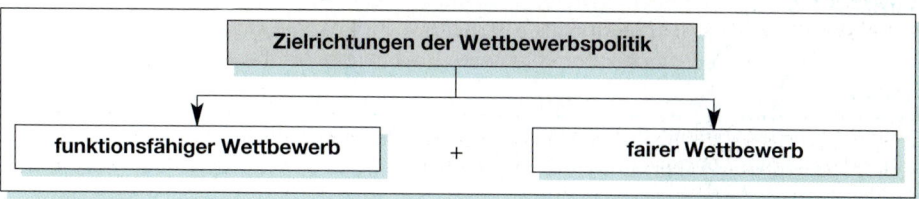

Der **Wettbewerb** ist funktionsfähig, wenn die Innovations-, Ausschaltungs- und Lenkungsfunktion des Wettbewerbs gesichert und die Erzielung von „Machtgewinnen" ausgeschlossen ist.

9

Gesetz gegen Wettbewerbsbeschränkungen

Das **Gesetz gegen Wettbewerbsbeschränkungen** (*GWB*, kurz *Kartellgesetz* genannt) kann als das „Grundgesetz" der Marktwirtschaft bezeichnet werden. Sein Kerngedanke ist, dass ein funktionsfähiger Wettbewerb den größten Nutzeffekt für die Gesamtwirtschaft, insbesondere aber für die Konsumenten gewährleistet. Das **Bundeskartellamt** mit Sitz in Bonn beobachtet die Wettbewerbssituation in Deutschland und kann mithilfe seiner wettbewerbspolitischen Instrumente gegen Wettbewerbsbeschränkungen vorgehen. Als *„Hüter des Wettbewerbs"* versucht das Bundeskartellamt, die künstliche Entstehung von Marktmacht und den Missbrauch bestehender Marktmacht zu verhindern.

Kapitalbeteiligungen und beabsichtigte **Fusionen** müssen dem Bundeskartellamt ab einer bestimmten Größenordnung angezeigt werden. **Fusionsverbote** können ausgesprochen werden, wenn durch den Zusammenschluss eine marktbeherrschende Stellung entstehen würde.

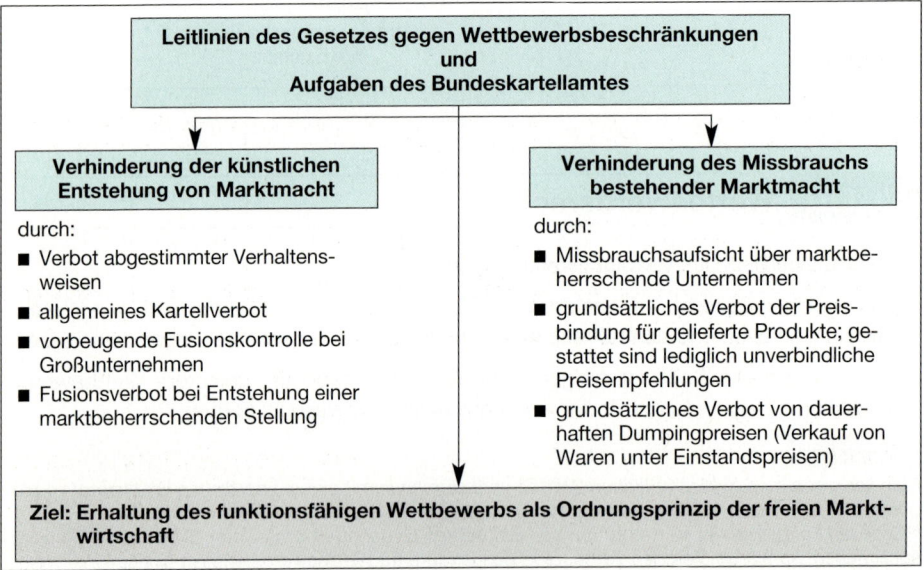

Leitlinien des Gesetzes gegen Wettbewerbsbeschränkungen und Aufgaben des Bundeskartellamtes

Verhinderung der künstlichen Entstehung von Marktmacht

durch:
- Verbot abgestimmter Verhaltensweisen
- allgemeines Kartellverbot
- vorbeugende Fusionskontrolle bei Großunternehmen
- Fusionsverbot bei Entstehung einer marktbeherrschenden Stellung

Verhinderung des Missbrauchs bestehender Marktmacht

durch:
- Missbrauchsaufsicht über marktbeherrschende Unternehmen
- grundsätzliches Verbot der Preisbindung für gelieferte Produkte; gestattet sind lediglich unverbindliche Preisempfehlungen
- grundsätzliches Verbot von dauerhaften Dumpingpreisen (Verkauf von Waren unter Einstandspreisen)

Ziel: Erhaltung des funktionsfähigen Wettbewerbs als Ordnungsprinzip der freien Marktwirtschaft

Gesetz gegen den unlauteren Wettbewerb

Das **Gesetz gegen den unlauteren Wettbewerb** *(UWG)* soll dafür sorgen, dass der Wettbewerb unter den Anbietern fair, d.h. ausschließlich mit zulässigen Wettbewerbsinstrumenten (Preispolitik, Produktpolitik, Werbung, Vertriebspolitik) geführt wird. Es schützt Unternehmen und Verbraucher vor unlauteren (= unfairen) Wettbewerbspraktiken.

Unlauterer Wettbewerb ist eine Verhaltensweise, durch die ein Anbieter für sich Vorteile gegenüber seinem/seinen Konkurrenten erreichen will, die nicht auf seiner Leistung, sondern auf unfairen Wettbewerbspraktiken beruhen.

> Das Gesetz dient dem **Schutz** der Mitbewerber, der Verbraucherinnen und Verbraucher sowie der sonstigen Marktteilnehmer vor unlauteren geschäftlichen Handlungen. Es schützt zugleich das Interesse der Allgemeinheit an einem unverfälschten Wettbewerb *(§ 1 UWG i.v.m. der Richtlinie über unlautere Geschäftspraktiken des Europäischen Parlaments – EWR).*

Beispiele:

- *Durch Herausstellen einzelner Niedrigpreisartikel (ohne Kennzeichnung als Sonderangebot) wird ein preisgünstiges Gesamtangebot vorgetäuscht (Lockvogelwerbung).*
- *Ein Kühlschrank ohne technische Spitzenausführung wird als „Luxusausführung" gekennzeichnet (irreführende Werbung).*
- *Der Hinweis auf die Eigenschaft als Hersteller oder Großhändler, wenn nicht deutlich angegeben wird, ob man an den Endverbraucher zu den gleichen Bedingungen wie an Wiederverkäufer verkauft, ist unzulässig.*
- *Die mengenmäßige Beschränkung von werbend herausgestellten Waren („Abgabe nur in haushaltsüblichen Mengen", „Abgabe nur 5 Stück pro Person") und der Ausschluss von Wiederverkäufern vom Kauf solcher Waren gilt als irreführend.*

Sittenwidriges Verhalten

Sittenwidrig ist das „Anreißen", die Belästigung durch aufdringliche Werbung. Es verhindert eine ruhige und sachliche Prüfung des Angebotes.

Beispiele:

- *unerbetene Telefonanrufe, um Geschäftsabschlüsse anzubahnen,*
- *Zusenden unbestellter Waren (der Empfänger lehnt durch Schweigen das Angebot des Verkäufers ab; er muss die Ware nur eine angemessene Zeit aufbewahren und darf sie nicht in Gebrauch nehmen),*
- *Ansprechen von Kunden auf der Straße,*
- *Firmen- und Markenzeichenmissbrauch,*
- *Saisonschlussverkäufe außerhalb der festgelegten Zeiten,*
- *Verleumdung (Diskriminierung) von Konkurrenten,*
- *Bestechung von Geschäftspartnern durch Geschenke oder „Schmiergelder", um im Wettbewerb bevorzugt zu werden,*
- *unerlaubte Benutzung anvertrauter Vorlagen, Vorschriften, Modelle usw. zu eigenen Zwecken.*

Vergleichende Werbung

Vergleichende Werbung ist nicht ausdrücklich gesetzlich verboten, ein Katalog von Bedingungen muss jedoch erfüllt sein *(EU-Richtlinie zur vergleichenden Werbung)*:

- Sie darf nicht irreführend sein,
- sie muss sich auf gleiche Waren oder Dienstleistungen für den gleichen Bedarf beziehen,
- sie muss die Waren oder Dienstleistungen objektiv und nachprüfbar vergleichen,
- sie darf zu keiner Herabsetzung oder Verunglimpfung der Konkurrenz führen.

Beispiele:

Erlaubte Slogans:
- *Brillenhersteller „Lieber besser aussehen als zu viel bezahlen"*
- *Betreiber von Autowaschanlagen: „Ja zur Autowäsche mit weichem Textil – Nein zu Kratzern im Lack"*

Nicht erlaubt:
- *Aufstellung eines Nachrichtenmagazins „Die 500 besten Ärzte Deutschlands"*
- *Gaststätte: „Unsere Preise sind unübertroffen: Bei uns kostet ein Glas Kölsch 1,00 EUR, in der Rathausschänke dagegen unverschämte 1,50 EUR."*

9

■ Europäisches Wettbewerbsrecht

> Die Europäische Kommission und die nationalen Wettbewerbsbehörden setzen sich gemeinsam für die **Wahrung eines freien und lauteren Wettbewerbs** in der Europäischen Union ein:
> - Sie gehen gegen wettbewerbsbeschränkende Geschäftspraktiken vor,
> - sie prüfen Unternehmenszusammenschlüsse, um festzustellen, ob sie den Wettbewerb behindern,
> - sie öffnen Branchen für den Wettbewerb, die bisher durch staatliche Monopole geprägt waren,
> - sie überwachen Finanzhilfen nationaler EU-Regierungen für Unternehmen,
> - sie kooperieren weltweit mit anderen Wettbewerbsbehörden.

Die Europäische Gemeinschaft und die Mitgliedstaaten sind dem „Grundsatz einer offenen Marktwirtschaft mit freiem Wettbewerb" verpflichtet *(Art. 4, 98 EG)*. Die Wettbewerbsregeln der *Art. 81–89 EG* sind eine wesentliche Säule des geforderten „Systems, das den Wettbewerb innerhalb des Binnenmarkts vor Verfälschungen schützt".

Im Rahmen der Wirtschaftspolitik in der Europäischen Union und der Anwendung der Gesetzgebung hat die **Europäische Kommission** eine wesentliche Bedeutung. Europäisches Recht ist maßgeblich bei Kartellen und der Missbrauchsaufsicht, wenn der zwischenstaatliche Handel und gemeinschaftsweit bedeutende Wirtschaftsaktivitäten betroffen sind. Die nationalen Kartellbehörden und Gerichte sind uneingeschränkt verpflichtet, europäisches Recht anzuwenden, damit wird die Anwendung des europäischen Wettbewerbsrechts dezentralisiert.

Für die Kontrolle von Unternehmenszusammenschlüssen ist die Europäische Kommission zuständig, wenn die Umsätze der betroffenen Unternehmen bestimmte in *Art. 1 der Fusionskontrollverordnung* festgelegte Grenzen überschreiten.

Die neuen europäischen Regelungen zeugen insgesamt von einem stärker ökonomisch orientierten Ansatz in der europäischen Wettbewerbspolitik, dem sog. „more economic approach". Damit gemeint ist eine stärkere Ausrichtung auf **ökonomische Effizienz**, verbunden mit dem Einsatz moderner ökonomischer Modelle und statistischer Methoden sowie einer größeren Berücksichtigung von Konsumenteninteressen.

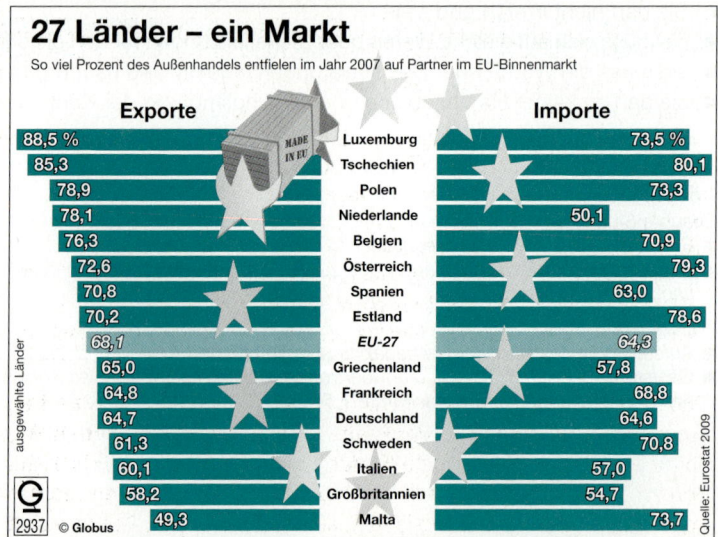

27 Länder – ein Markt

So viel Prozent des Außenhandels entfielen im Jahr 2007 auf Partner im EU-Binnenmarkt

ausgewählte Länder

Exporte		Importe
88,5 %	Luxemburg	73,5 %
85,3	Tschechien	80,1
78,9	Polen	73,3
78,1	Niederlande	50,1
76,3	Belgien	70,9
72,6	Österreich	79,3
70,8	Spanien	63,0
70,2	Estland	78,6
68,1	EU-27	64,3
65,0	Griechenland	57,8
64,8	Frankreich	68,8
64,7	Deutschland	64,6
61,3	Schweden	70,8
60,1	Italien	57,0
58,2	Großbritannien	54,7
49,3	Malta	73,7

2937 © Globus

Quelle: Eurostat 2009

9

EU-Kommission treibt Kartellverfahren gegen E.ON und GDF voran

Brüssel – Die EU-Kommission treibt ihr Kartellverfahren gegen die Energiekonzerne E.ON und Gaz de France (GDF) voran. Die Wettbewerbshüter hegen den Verdacht, dass sich E.ON und GDF rechtswidrig über Gaslieferungen abgesprochen haben.

Die Brüsseler Behörde bestätigte am Donnerstag, dass sie den beiden führenden Gasanbietern in Deutschland und Frankreich ihre Beschwerdepunkte zur laufenden Untersuchung mitgeteilt habe.

Die beiden Marktführer sollen vereinbart haben, sich auch nach der Öffnung der europäischen Erdgasmärkte jeweils vom Heimatmarkt des Konkurrenten fernzuhalten. „Die Vereinbarungen und/oder abgestimmten Verhaltensweisen könnten vor allem Lieferungen von Erdgas über die MEGAL-Pipeline betreffen, die E.ON und GDF gemeinsam gehört und durch die Erdgas von Tschechien durch Süddeutschland nach Österreich beziehungsweise Frankreich befördert wird", erläuterte die Behörde.

Die Unternehmen könnten nun auf die Beschwerdepunkte antworten, hieß es. Sie könnten auch eine Anhörung beantragen, um zu den Vorwürfen Stellung zu beziehen. Danach könne die Kommission entscheiden, ob das Verhalten der Konzerne gegen europäisches Wettbewerbsrecht verstieß oder nicht. (dpa)

Quelle: Wirtschaft und Finanzen, Juni 2008

9.4.6 Verbraucherschutz

Die Europäische Union ist ein freier Markt mit zur Zeit 27 Ländern und 500 Millionen Verbrauchern. Der Schutz der Verbraucher ist eines der übergeordneten Ziele der EU, um die Lebensqualität aller Verbraucher zu verbessern. Das **Vertrauen der Verbraucher** ist für eine wettbewerbsfähige EU unbedingt notwendig, um Wachstum und Arbeitsplätze zu schaffen.

Der Verbraucherschutz in der EU wird

- durch rechtliche EU-Regelungen, die in nationales Recht umzusetzen sind, für alle Mitgliedsstaaten vereinheitlicht,
- durch Unterstützung der Verbraucherzentralen in den einzelnen Ländern, durch Informations- und Aufklärungskampagnen gefördert.

Wesentliche Grundsätze des Verbraucherschutzes in der EU
■ Jeder soll kaufen können, was er will und wo er will.
■ Ist die Ware nicht in Ordnung, kann sie zurückgeschickt werden.
■ Für Lebensmittel und Konsumgüter sollen hohe Sicherheitsstandards gelten.
■ Jeder hat ein Recht darauf zu wissen, was er isst.
■ Es muss für Verbraucher faire Verträge geben.
■ Verbraucher müssen ihre Meinung ändern dürfen.
■ Die Preise sollen vergleichbar sein.
■ Verbraucher dürfen nicht in die Irre geführt werden.
■ Der Verbraucherschutz muss auch im Urlaub gelten.
■ Bei grenzüberschreitenden Streitigkeiten müssen effektive Rechtsschutzmöglichkeiten greifen.

Das **Wirtschaftsleben** in der EU ist gekennzeichnet durch Vertragsfreiheit und Privatautonomie. Das freie Spiel der Kräfte braucht einen **staatlichen Regelungsrahmen**, um so für einen gerechten Ausgleich der Interessen aller am Wirtschaftsverkehr Teilnehmenden zu sorgen. Insbesondere Verbraucher/-innen brauchen rechtlichen Schutz, weil sie gegenüber Unternehmen vielfach in einer schwächeren Position sind.

9

Der Verbraucherschutz ist eine wichtige Ergänzung der Wettbewerbspolitik. Er stärkt den Wettbewerb, indem er die Verbraucher gegenüber den Unternehmen, die eine vergleichsweise starke Position innehaben, schützt.

Ursachen für die schwache Wettbewerbsposition der Verbraucher sind:

- mangelnde Markttransparenz der Konsumenten,
- mangelnde Kenntnis der Verbraucherrechte,
- mangelnder Wettbewerb unter den Anbietern,
- Nachfrage nach Kleinstmengen,
- irrationales Konsumverhalten.

Unter **Verbraucherschutz**[1] ist die Gesamtheit der rechtlichen Bestimmungen zu verstehen, die den Verbraucher nach *§ 13 BGB* im Verhältnis zum Unternehmer nach *§ 14 BGB* beim Abschluss von Verträgen und anderen Rechtsgeschäften vor Übervorteilung schützen sollen.

Die **Verbraucherzentralen** in den 16 Bundesländern bieten als gemeinnützige Vereine, die durch die öffentliche Hand (EU, Bund, Länder, Gemeinden) finanziert werden:

- Verbraucherberatung, vor allem durch Aktionen und Kampagnen, Ausstellungen, Einzelberatungen, Gruppenberatungen, schriftliche Beratung i. d. R. per E-Mail, Internetgestaltung und -recherche, Kurzauskünfte und Verweise, Presse- und Öffentlichkeitsarbeit, Schulung von Multiplikatoren, Selbstinformationssystem/Infothek,
- Informationen zu Fragen des Verbraucherschutzes,
- Hilfe bei Rechtsproblemen und Vertretung der Interessen der Verbraucher auf Landesebene.

Die Dachorganisation, die Verbraucherzentrale Bundesverband, vertritt die Interessen der Verbraucher gegenüber Politik, Wirtschaft und Gesellschaft auf Bundesebene.

Verbrauchersendungen im Hörfunk und im Fernsehen sowie Verbraucherzeitschriften – wie die Stiftung Warentest als selbstständige rechtsfähige Stiftung des bürgerlichen Rechts (Beschluss des Bundestages vom 04.12.1964) – bieten Information und Aufklärung durch Vergleiche von Warenpreisen und -qualitäten, vergleichende Warentests und kritische Bewertungen von Produkten und Dienstleistungen. Außerdem nehmen sie Stellung zu Verkaufs- und Werbemethoden, Ernährungs-, Gesundheits-, Umwelt-, Steuer- und Rechtsfragen.

Verbraucherschutzverbände und **Verbraucherzeitschriften** stehen im Dienst der Verbraucher, indem sie

- Preis- und Leistungsvergleiche (Tests) durchführen, auswerten und veröffentlichen,
- über Verbraucherrechte und die „Tücken des Kleingedruckten" informieren,
- leichtgläubige Konsumenten vor „Verkäufertricks" und „Konsumentenfallen" warnen.

Nur ein gut informierter und kritischer Verbraucher ist ein gleichgewichtiger und vor einer Übervorteilung geschützter Marktpartner.

9

---

[1] www.dolceta.eu

■ Verbraucherschutzgesetze

Die Vorschriften zum Verbraucherschutz in der EU verlangen, dass an dem Rechtsgeschäft auf der einen Seite ein Verbraucher und auf der anderen Seite ein Unternehmer beteiligt ist.

> **Verbraucher** ist jede natürliche Person, die ein Rechtsgeschäft zu einem Zweck abschließt, der weder ihrer gewerblichen noch ihrer selbstständigen beruflichen Tätigkeit zugerechnet werden kann.

> **Unternehmer** ist, wer ein Rechtsgeschäft in Ausübung einer gewerblichen oder selbstständigen beruflichen Tätigkeit mit Dritten abschließt. Unternehmer ist demnach Gewerbetreibender, Landwirt und Freiberufler.

Im deutschen Recht gibt es kein kompaktes Verbraucherschutzgesetz, weil Verbraucherschutz rechtlich nicht immer abgrenzbar ist.

Verbraucherschutznormen	
Normen im Bürgerlichen Gesetzbuch (BGB)	**Sonstige Rechtsnormen**
■ Allgemeine Schutznormen • Allgemeine Geschäftsbedingungen (§§ 305–310 BGB) ■ Besondere Vertragstypen • Vertrag über Grundstücke (§ 311b Abs. 1 BGB i. V. m. dem Beurkundungsgesetz) • Verbrauchsgüterverkauf (§ 474 ff. BGB) • Verbraucherdarlehensverträge (§ 491 ff. BGB) • Finanzierungshilfen (§ 499 ff. BGB) • Ratenlieferungsverträge (§ 505 BGB) • Darlehensvermittlungsverträge (§ 655a BGB) • Teilzeit-Wohnrechtevertrag (§ 481 ff. BGB) • Vorschriften über die Wohnraummiete (§§ 549–577a BGB) ■ Besondere Vertriebsformen • Haustürgeschäfte (§ 312 BGB) • Fernabsatzverträge (§ 312b ff. BGB) • Elektronische Rechtsgeschäfte (§ 312e BGB)	■ BGB-Informationspflichten-Verordnung (BGB-InfoV) ■ EG-Verbraucherschutzdurchsetzungsgesetz (VSchDG) ■ Europäische Gerichtsstands- und Vollstreckungsverordnung (EuGVVO) ■ Fernunterrichtsschutzgesetz (Fern-USG) ■ Gesetz zur Verbesserung von Fahrgastrechten im Eisenbahnverkehr ■ Gesetz gegen den unlauteren Wettbewerb (UWG) ■ Gesetz über den Verkehr mit Lebensmitteln, Tabakerzeugnissen, kosmetischen Mitteln und sonstigen Bedarfsgegenständen ■ Preisangabenverordnung (PAngV) ■ Rechtsberatungsgesetz (RBerG) ■ Telekommunikationsgesetz (TKG) ■ Telekommunikations-Kundenschutzverordnung (TKV) ■ Verbraucherinformationsgesetz ■ Verbraucherinsolvenz (§ 286 ff. InsO) ■ Wohnungsvermittlungsgesetz (WoVermG) ■ zahlreiche Verordnungen mit sehr detaillierten Vorschriften, z. B. Kosmetikverordnung, Fleischhygienegesetz, Arzneimittelgesetz

Verbraucherschutzgesetze basieren in der Regel auf europäische Normen. EU-Verbraucherschutzgesetze gelten für jeden Verkauf durch gewerbliche Verkäufer an in der EU ansässige Verbraucher; dies gilt unabhängig vom Geschäftssitz des Verkäufers (z. B. USA, China, Schweiz etc.).

Beispiel:

Bei eBay erfolgen gewerbliche Verkäufe an in der EU ansässige Verbraucher, sofern der Verkäufer
• *zu verkaufende Waren auf einer für ein EU-Mitgliedsland bestimmten eBay-Webseite einstellt oder*
• *weltweiten Versand anbietet und eindeutig in der EU ansässige Kunden anspricht (z. B. durch die Sprache des Angebots, durch Nennung spezifischer Versandkosten in der EU etc.).*

9

Gewerbliche Verkäufer müssen in allen Angeboten in deutlich sichtbarer und verständlicher Weise folgende Informationen angeben:

■ Kontaktdaten:
  • den Namen ihres Unternehmens und (soweit anwendbar) die vollständigen Namen der Vertretungsbefugten des Unternehmens,
  • die Anschrift des Unternehmens (Postfach reicht nicht aus),
  • Kontaktangaben einschließlich E-Mail-Anschrift, Telefonnummer, Faxnummer,
  • Gesellschaftsnummer und Handelsregister (soweit anwendbar),
  • Umsatzsteuer-Identifikationsnummer (soweit anwendbar).

■ Eindeutige, klare und unmissverständliche Preisangaben sowie Angaben, ob im Preis Steuern und Lieferung enthalten sind, ferner sind für den Käufer evtl. anfallende Kosten wie *z. B. Zölle, Einfuhrsteuern oder Gebühren* anzugeben.

■ Informationen über das Vertragsrücktrittsrecht des Käufers.

■ Nennung der Allgemeinen Geschäftsbedingungen im Angebot oder im Rahmen einer Selbstauskunft.

Allgemeine Geschäftsbedingungen

Die allgemeinen Geschäftsbedingungen sind

■ vorformulierte Vertragsbedingungen, die vorgegeben werden (somit nicht ausgehandelt werden) und deren Inhalt reglementiert ist
■ die für eine Vielzahl von Verträgen gelten,
■ die der Verwender stellt, d. h. es gibt keine individuelle Abreden zwischen den Vertragsparteien.

Die AGB sind branchenbezogen vereinheitlicht worden und bezwecken einen reibungslosen Geschäftsablauf.

Die AGB werden nur dann Bestandteil des Vertrages, wenn die nachfolgenden Voraussetzungen erfüllt sind *(§ 305 Abs. 2 BGB)*:

1. der Verkäufer muss den Käufer durch ausdrücklichen Hinweis oder durch sichtbaren Aushang auf die AGB hinweisen (Einbeziehungsvereinbarungen),
2. dem Käufer muss zumutbar die Möglichkeit gegeben werden, den Inhalt der AGB zur Kenntnis nehmen zu können,
3. der Käufer muss ausdrücklich mit der Geltung der AGB einverstanden sein.

Die allgemeinen Geschäftsbedingungen sind

■ **nicht** anwendbar
  a) bei Verträgen der Versorgungswirtschaft *(§ 310 Abs. 2 BGB)*,
  b) bei Verträgen des Familien- und Erbschaftsrechtes, bei gesellschaftsrechtlichen Verträgen sowie bei Teilen des Arbeitsrechts *(§ 310 Abs. 4 BGB)*,

■ **eingeschränkt** einsetzbar bei Verträgen zwischen Unternehmen *(§ 310 Abs. 1 BGB)*.

Für Verbraucherverträge gelten Sonderregelungen *(§ 310 Abs. 3 BGB)*.

9

Allgemeine Geschäftsbedingungen

Definition	Bedeutung	Inhalte
■ Alle für eine Vielzahl von Verträgen vorformulierten Vertragsbedingungen, ■ die eine Vertragspartei von der anderen Vertragspartei einseitig verlangt, ■ ohne dass die Klauseln im Einzelnen vereinbart worden sind.	■ Vereinfachen den Abschluss von Massenverträgen, ■ begrenzen das Risiko des Unternehmens durch die Einschränkung seiner Vertragspflichten, ■ stärken die Stellung des Unternehmens, ■ schränken die Rechte des Kunden ein.	Vorschriften des BGB, die den Verbraucher schützen, können *nicht* durch Bestimmungen der AGB umgangen werden.

Beispiele:

- *AGB der Banken*
- *AGB der Versicherungen*
- *AGB der Reiseveranstalter*
- *AGB der Transportunternehmer*

Beispiele:

- *Zahlungsweise*
- *Verpackungskosten*
- *Beförderungskosten*
- *Eigentumsvorbehalt*
- *Erfüllungsort*
- *Gerichtsstand*
- *Gewährleistungsansprüche bei Mängeln*

Schutz des Verbrauchers durch allgemeine Schutzbestimmungen und Klauselverbote bei allgemeinen Geschäftsbedingungen *(§§ 305–310 BGB)*

Allgemeine Schutzbestimmungen

- Das Unternehmen *(„der Verwender")* muss ausdrücklich auf die Einziehung der AGB in den Vertrag hinweisen.
- Der Kunde *(„die andere Vertragspartei")* muss die AGB leicht erreichen und mühelos lesen können.
- Der Kunde muss den AGB zustimmen.
- Individuelle Absprachen haben Vorrang vor abweichenden AGB.
- Überraschende und mehrdeutige Klauseln werden nicht Vertragsbestandteil.
- Die BGB-Bestimmungen finden auch Anwendung, wenn sie durch anderweitige Gestaltungen umgangen werden.

Klauselverbote bei Verbraucherverträgen

Unwirksam sind insbesondere ...

- Bestimmungen, durch die sich der Unternehmer eine unangemessen lange Frist für die Annahme oder Ablehnung eines Angebotes oder die Erbringung einer Leistung vorbehält,
- eine Bestimmung, welche kurzfristige Preiserhöhungen für Waren oder Dienstleistungen vorsieht, die innerhalb von vier Monaten nach Vertragsschluss geliefert oder erbracht werden sollen,
- eine Bestimmung, die vorsieht, dass eine Erklärung des Unternehmers von besonderer Bedeutung dem Verbraucher als zugegangen gilt,
- Bestimmungen, durch die ein Leistungsverweigerungsrecht des Verbrauchers ausgeschlossen oder eingeschränkt wird,
- eine Bestimmung, durch die dem Verbraucher für den Fall der Nichtabnahme oder verspäteten Abnahme der Leistung, des Zahlungsverzugs oder für den Fall, dass er sich vom Vertrag löst, die Zahlung einer Vertragsstrafe auferlegt wird,
- Bestimmungen, durch die dem Verbraucher die Befugnis einer Aufrechnung genommen wird,
- Bestimmungen, durch die der Unternehmer von der gesetzlichen Verpflichtung freigestellt wird, den Verbraucher zu mahnen oder ihm eine Frist für die Leistung oder Nacherfüllung zu setzen,
- der Ausschluss oder die Begrenzung der Haftung für Schäden aus der Verletzung des Lebens, des Körpers oder der Gesundheit und für sonstige Schäden, die auf einer grob fahrlässigen Pflichtverletzung des Unternehmers beruhen,
- eine Bestimmung, durch die bei Verträgen über Lieferungen neu hergestellter Sachen oder Werkleistungen die Ansprüche des Verbrauchers wegen eines Mangels insgesamt oder bezüglich einzelner Teile ausgeschlossen werden oder von der vorherigen gerichtlichen Inanspruchnahme Dritter abhängig gemacht werden,
- ein Dauerschuldverhältnis, das die regelmäßige Lieferung von Waren oder die regelmäßige Erbringung von Dienst- oder Werkleistungen zum Gegenstand hat oder eine länger als zwei Jahre bindende Laufzeit.

GRUNDSATZ
Der Verbraucher darf durch allgemeine Geschäftsbedingungen nicht unangemessen benachteiligt werden.

9

- Die **BGB-Bestimmungen zum Verbraucherdarlehen** sollen sicherstellen, dass der Kreditnehmer umfassend über seine Kreditverpflichtungen informiert wird und vor einer übereilten Verschuldung geschützt wird.

Begriff (§ 491 BGB)	**Verbraucherdarlehen** sind Kredite an natürliche Personen (Verbraucher) für private Zwecke, ausgenommen grundpfandrechtlich abgesicherte Darlehen.
Formvorschrift **Pflichtangaben** (§ 492 BGB)	Der Darlehensvertrag bedarf der Schriftform. Der Darlehensvertrag muss zwingend folgende Angaben enthalten: ■ Nettodarlehensbetrag (auszuzahlender Kreditbetrag) oder Höchstgrenze des Darlehens, ■ Gesamtbetrag aller vom Verbraucher zu leistenden Teilzahlungen (Tilgungen, Zinsen und sämtliche Kosten), ■ Rückzahlungsmodalitäten oder Regelung der Vertragsbeendigung, ■ Zinssatz und (anfänglicher) effektiver Jahreszins, ■ bei variablen Zinsen die Bedingungen, unter welchen der Zinssatz von dem Kreditinstitut geändert werden kann, ■ bei einem Disagio den Zeitraum, auf den die Verrechnung erfolgt, ■ alle sonstigen Kosten im Detail *(z. B. Kosten der Sicherheitenbestellung)*, ■ ggf. die vom Kunden zu tragende Vermittlungsprovision, ■ die Kosten einer im Zusammenhang mit dem Kreditvertrag abgeschlossenen Versicherung *(z. B. Restschuldversicherung)*, ■ die zu bestellenden Sicherheiten.
Überziehungskredit (§ 493 BGB)	Die Pflichtangaben gelten nicht für Überziehungskredite, wenn außer den Zinsen keine weiteren Kosten entstehen und die Zinsen nicht in kürzeren Perioden als 3 Monaten belastet werden. Der Verbraucher muss allerdings vor Inanspruchnahme der Kreditlinie unterrichtet werden über: ■ das eingeräumte Kreditlimit, ■ den geltenden Jahreszins, ■ die Bedingungen, unter denen der Zinssatz verändert werden kann, ■ die Regelung der Vertragsbeendigung.
„Sanktionsmaßnahmen" (§ 494 BGB)	Wurde der Kredit bereits bereitgestellt, obwohl im Kreditvertrag die Angaben ■ des Nominalzinssatzes, ■ des effektiven bzw. anfänglichen effektiven Jahreszinses, ■ des Gesamtbetrages aller vom Verbraucher zu entrichtenden Kosten fehlen, reduziert sich der Nominalzins auf den gesetzlichen Zinssatz von 4 % p. a. *(§ 246 BGB)*. Nicht angegebene Kosten werden vom Verbraucher nicht geschuldet.
Widerrufsrecht (§§ 495, 355 BGB)	Der Verbraucher kann seine Willenserklärung auf Abschluss eines Kreditvertrages innerhalb von zwei Wochen widerrufen. Die Widerrufsfrist beginnt mit Aushändigung einer vom Verbraucher zu unterschreibenden Widerrufsbelehrung. Die Widerrufsbelehrung muss drucktechnisch übersichtlich gestaltet sein. Das Widerrufsrecht kann nicht vertraglich ausgeschlossen werden.
Tilgungsrecht (§§ 489, 498 BGB)	Der Verbraucher hat das Recht, seine Verbindlichkeiten aus dem Kreditvertrag unter Einsparung von Zinsen und laufzeitabhängigen Kosten vorzeitig zu erfüllen. **Ordentliches Kündigungsrecht des Darlehensnehmers** ■ Darlehen mit **Festzinsvereinbarung** frühestens sechs Monate nach Auszahlung des Darlehens unter Einhaltung einer Kündigungsfrist von drei Monaten, ■ Darlehen mit **veränderlichem Zinssatz** jederzeit unter Einhaltung einer Kündigungsfrist von drei Monaten. **Außerordentliches Kündigungsrecht des Kreditinstituts** Fristlose Kündigung, wenn ■ in den Vermögensverhältnissen des Darlehensnehmers oder ■ in der Werthaltigkeit der bereitgestellten Sicherheiten eine wesentliche Verschlechterung eintritt oder einzutreten droht.

- Das **BGB** schützt den Verbraucher vor unangemessenen Benachteiligungen aufgrund **allgemeiner Geschäftsbedingungen**, indem es bestimmte Klauseln verbietet.
- Das **BGB** schützt den Verbraucher beim voreiligen Abschluss eines **Teilzahlungsgeschäftes** *(§ 501 ff. BGB)*, bei dem der Verbraucher den Kaufpreis für eine Sache in mehreren Teilzahlungen (Raten) zu entrichten hat. Der Käufer kann ohne Begründung innerhalb von zwei Wochen nach Vertragsabschluss ein Teilzahlungsgeschäft widerrufen. Die gleichen Vorschriften gelten auch für **Haustürgeschäfte** *(§ 312 ff. BGB)* und für **Ratenlie-**

9

ferungsverträge *(§ 505 BGB)*, welche die regelmäßige Lieferung von Sachen gleicher Art oder die Verpflichtung zum wiederkehrenden Erwerb oder Bezug von Sachen *(z. B. Mitgliedschaft in einem Buchclub, Zeitschriftenabonnement)* zum Gegenstand haben.

- Das ***BGB*** schützt den Verbraucher bei Verträgen, die unter Einschaltung von **Fernkommunikationsmitteln** im elektronischen Geschäftsverkehr *(§ 312e BGB)* ohne gleichzeitige körperliche Anwesenheit der Vertragspartner zustande kommen. Es verpflichtet den Unternehmer zur Einhaltung besonderer Informationspflichten und räumt dem Verbraucher ein Widerrufsrecht bzw. Rückgaberecht bei Fernabsatzverträgen ein.

- Die **Preisangabeverordnung** verpflichtet Unternehmen, die Waren oder Dienstleistungen Endverbrauchern anbieten, ihre Preise einschließlich Umsatzsteuer und sonstiger Preisbestandteile (Bruttopreise) anzugeben bzw. die Waren auszuzeichnen.

- Das **Produkthaftungsgesetz** gibt dem Verbraucher bei Schäden, die aufgrund eines fehlerhaften Produktes entstehen, einen Schadenersatzanspruch gegenüber dem Hersteller. Ein Produkt gilt nach dem Gesetz als fehlerhaft, wenn es nicht die Sicherheit bietet, die unter Berücksichtigung aller Umstände berechtigterweise erwartet werden kann.

> **Beispiele:**
>
> - *nicht tragfähige Haushaltsleiter aus Leichtmetall*
> - *defekte Skibindung*
> - *mangelhafter Kontaktkleber*

Der Hersteller eines Produktes innerhalb der EU haftet für die Folgeschäden aus einem Produktfehler, unabhängig davon, ob ein Verschulden vorliegt (Gefährdungshaftung). Der Hersteller muss selbst den Beweis führen, dass der Schaden nicht durch das Produkt entstanden ist *(umgekehrte Beweislast)*.

Sachschäden bis zu einer Höhe von 500,00 EUR muss der Geschädigte selbst tragen. Die Haftungshöchstgrenze für **Personenschäden** ist auf max. 80 Mio. EUR begrenzt *(EU-weit tätige Unternehmen überschreiten bei Serienschäden schnell diese Grenze)*.

> **Beispiel:**
>
> *Frau Mahler bricht sich bei der Benutzung einer kürzlich gekauften Haushaltsleiter einen Arm, weil eine Leitersprosse sich aus der Verankerung löst. Frau Mahler entstehen 3.500,00 EUR Verdienstausfall und Arztkosten. Der Farbeimer, der auf der Plattform der Leiter stand, ergießt seinen Inhalt über Teppichboden und Wohnzimmerschrank. Der Sachschaden beträgt 4.500,00 EUR. Frau Mahler hat einen Schadenersatzanspruch in Höhe von 8.000,00 EUR abzüglich 500,00 EUR Selbstbeteiligung.*

9.5 Strukturpolitik

Die Entwicklung einer Volkswirtschaft ist mittel- und langfristig gesehen durch Wandlungen ihrer Wirtschaftsstruktur gekennzeichnet.

In einer dynamischen Wirtschaft entwickeln sich nicht alle Wirtschaftsbereiche gleichmäßig. Während einige Branchen hohe Wachstumsraten aufweisen, stagnieren andere oder verzeichnen eine rückläufige Tendenz. Auch in den einzelnen Regionen kann es zu einer unterschiedlichen Entwicklung kommen.

> **Beispiel:**
>
> *Unterbeschäftigung in bestimmten Branchen oder Regionen*

9

> Unter **Strukturwandel** versteht man im Gegensatz zu den saisonalen und konjunkturellen Schwankungen (Konjunkturpolitik) die langfristigen Änderungen der Wirtschaftsstruktur.

Wesentliche **Strukturelemente** einer Volkswirtschaft sind:

- Produktionsschwerpunkte
- Bevölkerungs-/Bedarfsstruktur
- Stand des technischen Wissens
- vorhandene Infrastruktur
- Wirtschaftsordnung/Rechtsordnung/Steuersystem
- staatlicher Anteil am Bruttoinlandsprodukt
- Standortverteilung der Unternehmungen
- Bildungsstand der Bevölkerung

Maßstab für den Strukturwandel ist die Veränderung der Anteile der verschiedenen *Wirtschaftsbereiche, -branchen und -regionen* am Bruttoinlandsprodukt.

> Unter **sektoraler Strukturpolitik** werden wirtschaftspolitische Maßnahmen verstanden, die auf bestimmte Wirtschaftszweige (= Sektoren) ausgerichtet sind.

Die sektorale Strukturpolitik kann darauf gerichtet sein, bestehende Strukturen zu erhalten, ihre Anpassung an die sich wandelnden Bedingungen zu erleichtern oder die künftige Wirtschaftsstruktur zu gestalten.

Sektoraler Strukturwandel in Deutschland Anteil der Wirtschaftssektoren am Bruttoinlandsprodukt in Prozent											
Bereich/Jahr		1950	1960	1970	1980	1990	2000	2005	2006	2007	2008
Primärer Bereich	Landwirtschaft	25,00	2,80	2,00	1,80	1,80	1,20	1,00	0,85	0,92	0,88
Sekundärer Bereich	Produzierendes Gewerbe	43,00	47,80	49,00	44,20	40,20	30,30	33,00	29,58	30,36	30,14
Tertiärer Bereich	Dienstleistungen	32,00	49,40	49,00	54,00	58,00	68,50	66,00	69,57	68,72	68,98

Anteil der Beschäftigten in den drei Sektoren in Prozent											
Bereich/Jahr		1950	1960	1970	1980	1990	2000	2005	2006	2007	2008
Primärer Bereich	Landwirtschaft	7,80	2,40	1,50	1,20	1,10	1,30	1,30	1,30	1,30	1,24
Sekundärer Bereich	Produzierendes Gewerbe	55,30	57,30	52,50	44,30	39,00	30,10	27,00	26,50	26,40	26,20
Tertiärer Bereich	Dienstleistungen	37,00	40,20	46,10	54,50	60,00	68,60	71,70	72,20	72,30	72,56

Veränderungen der Wirtschaftsstruktur führen zunächst für die betroffenen Wirtschaftssubjekte zu Problemen.

Beispiele:

- *Arbeitnehmer verlieren ihre Arbeitsplätze in ihren angestammten Berufen und müssen sich umschulen lassen.*
- *Unternehmen müssen bestimmte Produktbereiche/Produktionsstandorte aufgeben.*
- *Kommunen verlieren durch Unternehmensschließungen Steuereinnahmen.*

9

Strukturpolitik (auch Kohäsionspolitik genannt)

■ ist ein Teilbereich der allgemeinen Wirtschaftspolitik durch EU, Bund, Länder und Gemeinden;

■ will auf vorhandene Wirtschaftsstrukturen so einwirken, dass sie für die Zukunft besser gerüstet sind, so soll z. B. wirtschaftlich schwächeren **Regionen** geholfen werden, Standortnachteile abzubauen, um an der allgemeinen Wirtschaftsentwicklung teilnehmen zu können;

■ beinhaltet staatliche wirtschaftspolitische Maßnahmen, um z. B.
  • sektoral bestimmte Wirtschaftszweige wie *z. B. Landwirtschaft, Kohlebergbau* **(sektorale Strukturpolitik)** oder
  • regional bestimmte Gebiete wie *z. B. Ruhrgebiet, neue Bundesländer* **(regionale Strukturpolitik)**

in einer Volkswirtschaft strukturell zu beeinflussen.

Wichtige Instrumente der Strukturpolitik sind insbesondere Steuererleichterungen, Subventionen, Gebote und Verbote sowie finanzielle Förderung von Forschung, Bildung und Ausbildung.

Aktionsbereiche der Strukturpolitik

| Gesamtwirtschaft | Wirtschaftssektoren | Wirtschaftsregionen |

Wichtige **Förderziele** bzw. **Förderbereiche der Strukturpolitik** sind:

■ Aufbau und Ausbau der Infrastruktur,

■ Umweltschutz,

■ Bildungssektor/Erhöhung der Produktivität des „human capital",

■ Förderung von Forschung und Entwicklung/Wissenschaftsförderung,

■ Wohnungsbauförderung,

■ Vermögensbildung/gerechte Einkommens- und Vermögensverteilung,

■ Mittelstandsförderung/Hilfe bei Existenzgründungen,

■ Sicherung eines freien und effizienten Kapitalmarktes,

■ Regionalförderung in strukturschwachen bzw. monostrukturierten Gebieten.

9

Instrumente der Strukturpolitik

Subventionspolitik

Staatliche Einnahmenpolitik	Staatliche Ausgabenpolitik

■ Steuererleichterungen
■ Sonderabschreibungen
	■ öffentliche Finanzhilfen
	  – Eigenkapitalhilfen
	  – zinsgünstige Darlehen
	  – Investitionszulagen
	■ öffentliche Aufträge

Ordnungspolitik

Möglichkeit 1: **Deregulierung** *(„weniger Staat")*

■ Abbau von Verwaltungshemmnissen des Staates
■ Privatisierung öffentlicher Einrichtungen und staatlicher Unternehmungen bzw. Unternehmensbeteiligungen

Gegensätzliche Positionen

Möglichkeit 2: **Regulierung** *(„mehr Staat")*

■ staatliche Genehmigung und Beaufsichtigung für bestimmte Branchen
■ Verbote und Auflagen für bestimmte Produkte bzw. Produktionsverfahren
■ Verstaatlichung privater Unternehmungen bzw. Gründung staatlicher Betriebe

9.5.1   Infrastrukturpolitik

Die optimale Ausnutzung der vorhandenen Ressourcen und damit die Verwirklichung eines größtmöglichen Wohlstandszuwachses ist entscheidend beeinflusst von der Infrastruktur. Sie stellt eine wichtige Vorbedingung für die wirtschaftliche Gesamtentwicklung der Volkswirtschaft dar.

> **Infrastruktur** bezeichnet die wirtschaftlichen und organisatorischen Grundlagen, die für das Funktionieren und die Entwicklung einer arbeitsteiligen Volkswirtschaft notwendig sind.

Zu unterscheiden sind
■ die **natürliche Infrastruktur:** *z. B. Klima, geografische Lage, Menschen;*
■ die von **privaten Organisationen gestaltete Infrastruktur:** *z. B. Investitionen und Dienstleistungen von Unternehmen, Bau von privaten Flughäfen und Straßen, private Schulen und Kindergärten, private Krankenhäuser, Energieversorgungs- und Telekommunikationsanbieter;*
■ die **vom Staat zur Verfügung gestellte Infrastruktur:** *z. B. Verwaltungs- und Bildungseinrichtungen, Universitäten, Verkehrssysteme wie Straßen, Wasser- und Schienenwege, Flugplätze, Gesundheitswesen, innere und äußere Sicherheit, Rechtssystem*

9

Infrastrukturinvestitionen des Staates sind oftmals erst die Voraussetzung für private Investitionen.

Beispiel: *Unzureichende Verkehrswege verursachen hohe Transportkosten, sodass private Investitionen nicht rentabel sind.*

Besonders in den Entwicklungsländern wird diesem Teilbereich der Strukturpolitik zu Recht eine Priorität eingeräumt.

Eine besondere Schwierigkeit bei der Beurteilung von Infrastrukturinvestitionen besteht darin, dass ihre Nützlichkeit nicht wie bei privaten Investitionen über eine Rentabilitätskennziffer abzuschätzen ist. Die Art, das Ausmaß und die Prioritätenfolge der Infrastrukturinvestitionen sind daher in der Regel politisch umstritten.

Die Kosten der Infrastrukturinvestitionen werden überwiegend aus den Etats der einzelnen Gebietskörperschaften (Bund, Länder und Gemeinden) bestritten und – sofern das Steueraufkommen nicht ausreicht – über öffentliche Kreditaufnahmen auf dem Kapitalmarkt refinanziert.

Beispiele: *Emission von Bundesanleihen, -obligationen, Kommunalschuldverschreibungen usw.*

9.5.2 Umweltpolitik

> **Natürliche Lebensgrundlagen** *(Artikel 20a GG)*
> Der Staat schützt auch in Verantwortung für die künftigen Generationen die natürlichen Lebensgrundlagen im Rahmen der verfassungsmäßigen Ordnung durch die Gesetzgebung und nach Maßgabe von Gesetz und Recht durch die vollziehende Gewalt und Rechtsprechung.

Die Eingriffe des Menschen in die Natur haben in den „modernen" Gesellschaften so zugenommen, dass sie mehr und mehr zu einer globalen Bedrohung nicht nur für die zukünftigen Generationen, sondern auch für die lebenden Menschen geworden sind.

Die wirtschaftliche Entwicklung hat den Menschen in der Vergangenheit zwar einen hohen materiellen Wohlstand beschert, doch gleichzeitig zu einer globalen Umweltbelastung geführt, die die Regenerationsfähigkeit von Boden, Wasser und Luft überfordert.

> **Umweltbewusstes Handeln beginnt in den Köpfen der Konsumenten und Produzenten!**
>
> *Der **Konsument** kann sich fragen:*
> - *Wie kann ich die Entstehung von Müll vermeiden?*
> - *Wie kann ich Energie und Wasser sparen?*
> - *Bin ich bereit, auf umweltschädliche Produkte zu verzichten?*
> - *Bin ich bereit, für ein umweltfreundliches Produkt einen ggf. höheren Preis zu zahlen?*
> - *Nutze ich Mehrwegverpackungen und Recyclingcontainer?*
> - *Bin ich bereit, Einkäufe und Besorgungen zu Fuß oder mit dem Fahrrad zu erledigen?*
> - *Bin ich bereit, wo es geht, auf das Autofahren zu verzichten und öffentliche Verkehrsmittel zu benutzen?*
>
> *Der **Produzent** kann sich fragen:*
> - *Sind die verwendeten Materialien giftfrei und recyclingfähig?*
> - *Sind die verwendeten Materialien ausreichend gekennzeichnet?*
> - *Erfolgt die Produktion Energie sparend und unter Vermeidung von umweltschädlichen Emissionen und Lärm?*
> - *Sind die Arbeitsplätze in meinem Unternehmen frei von Gefährdungen für die Gesundheit meiner Mitarbeiter?*
> - *Werden die von meinen Lieferanten bezogenen Produkte umweltverträglich hergestellt?*
> - *Ist das Produkt reparaturfreundlich und langlebig?*
> - *Ist die Verpackung des Endproduktes umweltgerecht?*
> - *Ist für eine umweltgerechte Entsorgung von Abfallstoffen gesorgt?*

9

Unser aller Aufgabe ist es, den gegenwärtigen und nachfolgenden Generationen eine lebenswerte Umwelt zu erhalten.

Wer seine Pläne ohne die Umwelt macht, ist bald nicht mehr wettbewerbsfähig

Neue Ideen dürfen heute nicht allein daran gemessen werden, wie weit sie für den Einzelnen einen Nutzen haben oder auch für die Gesellschaft insgesamt von Vorteil sind. Ebenso wichtig sind die Fragen: Stehen sie im Einklang mit der Umwelt? Werden kostbare Ressourcen geschont? Wird sparsam mit der Energie umgegangen, um zum Beispiel die Kohlendioxid-Emission in Grenzen zu halten?

Der Bau von Klär- und Filteranlagen bringt drastische Rückgänge bei den Emissionen. Jedoch ist es eine viel intelligentere Lösung, von vornherein neue Produktionsverfahren zu wählen, bei denen weniger Abfälle, Abwässer oder Emissionen entstehen, damit kostenintensive nachsorgende Maßnahmen überflüssig werden. Das gilt gleichermaßen auch für neue Produkte. Voraussetzung dazu ist allerdings, dass man sich schon bei der Forschung und Entwicklung Gedanken darüber macht, was mit dem Produkt nach dem Gebrauch passiert.

Deshalb ist der Aufbau von Kreisläufen für die stoffliche Wiederverwertung ein wichtiger Schwerpunkt unserer Arbeit. Oft sind es auch nur viele kleine Verfahrensverbesserungen, die in ihrer Summe für die Umwelt jedoch ein bedeutender Schritt sind. Und damit sind sie auch ein wichtiger Beitrag im Sinne des **Sustainable Development,** also einer nachhaltigen und umweltgerechten Entwicklung.

Denn wir haben uns der kommenden Generation gegenüber verpflichtet, alles zu unternehmen, um ihre Entwicklungsmöglichkeiten nicht zu beeinträchtigen. Das verlangt in vielen Bereichen eine Neuorientierung. Und es erfordert Innovationen, die mehr sein müssen als nur ein technischer Fortschritt: Sie müssen ökonomischen, ökologischen und sozialen Zielsetzungen gleichermaßen gerecht werden.

Quelle: Frankfurter Allgemeine Zeitung

Die Erfahrung hat jedoch gezeigt, dass Privatinitiative und individuelles Umweltbewusstsein zur Bewahrung der Umwelt nicht ausreichend sind. Die Erhaltung des Ökosystems ist daher auch eine staatliche Aufgabe von besonderer Bedeutung.

Regierungen in aller Welt haben von ihren Wählern den Auftrag zu grundlegenden Veränderungen bekommen. Aber sie sind nicht die Einzigen. Auch die führenden Köpfe der Wirtschaft haben die Möglichkeit, den Wandel mitzugestalten.

Die Finanzkrise war ein deutlicher Weckruf. Schlagartig hat sie uns die Augen für die Gefahren hoch komplexer globaler Systeme geöffnet. Im ersten Jahrzehnt des 21. Jahrhunderts gab es eine ganze Serie solcher Weckrufe. Ihr gemeinsamer Nenner: die globale Integration wird Wirklichkeit – mit zum Teil schwer vorhersehbaren Folgen.

Zu diesen Folgen einer umfassend vernetzten Welt gehören viele Probleme, die uns seit dem Beginn des Jahrzehnts beschäftigen: Klimawandel, Energie, die weltweite Versorgung mit Nahrungsmitteln und Medizin, neue Bedrohungen von Online-Kriminalität bis Terrorismus.

Wir müssen einsehen, dass „vernetzt sein" alleine nicht genügt. Es genügt nicht, dass die Welt immer „kleiner" und „flacher" wird. Zum Glück zeichnet sich noch eine weitere vielversprechende Entwicklung ab: die Welt wird „smarter". Soll heißen, Intelligenz durchdringt zusehends die Abläufe unserer Welt: all die Prozesse, Systeme, Infrastrukturen, die wir brauchen, um Produkte zu entwickeln und zu produzieren; um den Austausch von Waren, Leistungen und Kapital, von Geld, Öl, Wasser oder Informationen zu erleichtern.

Wie funktioniert das?

1. Durch neue technische Möglichkeiten. Können Sie sich vorstellen, dass pro Kopf mehr als eine Milliarde Transistoren existieren? Nein? Dabei ist es fast schon soweit. Sensoren sind allgegenwärtig: in Autos, Haushaltsgeräten, Kameras, Straßen, Pipelines ... sogar in der Tierzucht und der Medizin.

2. Durch zunehmende Vernetzung. Milliarden Menschen nutzen das Internet – aber auch Systeme und Gegenstände lernen, miteinander zu kommunizieren. Kaum vorstellbar, welche Flut von Daten dadurch entstehen wird.

3. Durch die zunehmende „Intelligenz" all dieser vernetzten Gegenstände. Sie entsteht, wenn man dieses Netzwerk mit leistungsstarken Backend-Systemen verbindet, die ihre Daten verarbeiten – mithilfe hochentwickelter Analysemethoden – zu aussagekräftigem Wissen verdichten, und zwar in Echtzeit. Wenn es möglich ist, nicht nur Computer, sondern alle möglichen Dinge mit Rechenleistung auszustatten, kann jede Person, jeder Prozess, jede Dienstleistung und jede

Organisation aktiver Teil einer digitalen Infrastruktur werden – vernetzt und „smart".

Wenn diese Möglichkeiten derart kostengünstig zur Verfügung stehen – warum sollten wir sie nicht nutzen? Welche Prozesse sollten wir nicht verbessern? Welche Geräte nicht einbinden? Welche Erkenntnisse nicht gewinnen? Welche Leistung sollten wir Kunden, Bürgern, Studenten oder Patienten nicht anbieten?

Natürlich werden wir die neuen Möglichkeiten nutzen. Weil wir es können. Und weil wir eigentlich gar keine andere Wahl haben.

Warum:

Der Stau auf Europas Straßen kostete uns 2007 ca. 135 Mrd. EUR (verlorene Arbeitszeit, Abnutzung der Straßen, verschwendetes Benzin). Und darin sind die Kosten für die Umweltfolgen noch nicht enthalten.

In den USA verursachen ineffiziente Lieferketten jedes Jahr allein in der Handelsbranche Produktionsausfälle in Höhe von 40 Mrd. US-Dollar – also von mehr als 3 % des gesamten Umsatzes.

Auch unsere Gesundheitssysteme sind alles andere als wirtschaftlich. Kosten explodieren, auch weil es an der Vernetzung von Versicherern, Krankenhäusern, Ärzten, Pharma-Unternehmen und Patienten mangelt.

Jeder fünfte Bewohner unseres Planeten hat kein sauberes Trinkwasser.

Und was geschieht, wenn man Risiken zwar verteilen, aber nicht kontrollieren kann, haben wir gerade an den Finanzmärkten eindrucksvoll erlebt.

Nur auf einem smarteren Planeten sind diese Probleme lösbar.

In Stockholm zum Beispiel konnte man Staus um 20 % reduzieren, Emissionen um 12 % senken und die Nutzung öffentlicher Verkehrsmittel drastisch steigern – dank eines „smarten" Verkehrssystems.

„Smarte" RFID-Technologie erlaubt es, Fleisch und Geflügel vom Erzeuger bis ins Supermarktregal lückenlos zu verfolgen. „Smarte" Systeme sorgen für effiziente Logistik, Energie- und Wasserversorgung. Sie helfen, die Echtheit von Medikamenten und die Sicherheit von Devisengeschäften zu überwachen.

Quelle: Machen wir den Planeten ein bisschen smarter, in: IBM Think

9

Aufgabenbereiche der Umweltpolitik	
Schutz der Natur vor nachteiligen Wirkungen menschlicher Eingriffe	Beseitigung bereits eingetretener Naturschäden

Handlungsbereiche der Umweltpolitik	
■ Luft- und Wasserreinhaltung ■ Abfallwirtschaft/Recycling von Abfallstoffen ■ Förderung umweltfreundlicher Energie- erzeugung ■ Lärmbekämpfung/Lärmschutz	■ umweltgerechte Verkehrs- und Städteplanung ■ Naturschutz und Landschaftspflege ■ Altlastensanierung/Rekultivierung

Ziele
■ Das Verhalten aller Wirtschaftssubjekte soll so beeinflusst werden, dass Umweltbelastungen, Ressourcenabbau und Umweltrisiken reduziert und vermieden werden. ■ Umweltschutz muss das Interesse der Menschen am Schutz der Naturgrundlagen zum langfristigen Selbstschutz und Eigennutz in einer lebenswerten Umwelt berücksichtigen.

▨ Prinzipien der Umweltpolitik

Die Umweltpolitik gibt Grundsätze vor, wie umweltpolitische Instrumente ausgewählt und ausgestaltet werden sollten.

Prinzipien der Umweltpolitik		
Prinzipien	**Erklärungen**	***Beispiele***
Verursacherprinzip	Kosten zur Vermeidung, zur Beseitigung und zum Ausgleich von Umweltbelastungen und -schäden sollen demjenigen zugerechnet werden, der sie verursacht hat.	■ *Abwassergebühren* ■ *Emissionsabgaben* ■ *Abfallgebühren*
Vermeidungsprinzip, Vorsorgeprinzip	Vorbeugend sollen Umweltschäden vermieden bzw. möglichst gering gehalten werden. Umweltschutz soll vorausschauend und zukunftsorientiert sein.	■ *Auflagen* ■ *Abgaben wie z. B. Ökosteuer* ■ *Haftung für Umweltschäden*
Gemeinlastenprinzip	Die Kosten für Umweltbelastungen und -schäden sollen von allen getragen werden, d. h. die öffentliche Hand finanziert die Maßnahmen. Dieses Prinzip sollte dann angewendet werden, wenn ■ die Umweltbelastungen nicht zugeordnet werden können, ■ die Zuordnung für den Einzelnen wirtschaftlich nicht zumutbar ist.	■ *Sonderabschreibungen für Umweltschutzinvestitionen* ■ *staatliche Zuschüsse für Umweltinvestitionen*
Kooperationsprinzip	Alle Gruppen der Gesellschaft, d. h. alle Bürger, die Unternehmen und alle staatstaatlichen Institutionen sind zum Umwelt-Umweltschutz aufgerufen, weil er eine Gemeinschaftsaufgabe ist.	■ *Umweltverträglichkeitsprüfungen* ■ *Umweltschutzmaßnahmen, z. B. zur Vermeidung von Luftverschmutzung, Gewässerschutz* ■ *Selbstverpflichtungen*
Nutznießerprinzip	Der Nutzer einer Umweltressource zahlt demjenigen eine Entschädigung, der durch Unterlassen seiner Umweltnutzung die Qualität der Ressource erhält bzw. verbessert und deshalb Einkommenseinbußen hat.	■ *Hilfen zur Unterlassung von Urwaldabholzungen* ■ *Dept-for-Nature-Swaps*
Quellenprinzip	Umweltbelastungen sollen an der Quelle des Entstehens bekämpft werden.	*EU-Verbot für grenzüberschreitende Abfalltransporte*

9

Staatliche Maßnahmen

Die Instrumente der staatlichen Umweltpolitik sind vielfältig geworden.

Nur **hoheitlichen Vorschriften** mit verbindlichen Standards, Genehmigungsverfahren, Geboten, Verboten und überprüfbaren Zielvorgaben würden bei dem raschen technischen Fortschritt sehr schnell zu Überregulierungen führen. Deshalb müssen neben den hoheitlichen Vorschriften Anpassungsspielräume zugelassen werden. Es muss die Eigenverantwortlichkeit der Verursacher gefördert werden.

staatliche Umweltmaßnahmen in verschiedenen Teilbereichen	
Bereich	*Beispiele*
Energieerzeugung	■ *Ausstieg aus der Energieerzeugung durch Atomkraftwerke* ■ *Förderung erneuerbarer Energien wie Solarstrom, Stromerzeugung durch Windkraftwerke* ■ *Emissionshandel zum Klimaschutz*
Agrarbereich	■ *Förderung erneuerbarer Energie wie Gaserzeugung aus Biomassen* ■ *Förderung der ökologischen Landwirtschaft* ■ *Förderung des Anbaus von Pflanzen, die zur Energieerzeugung verwendet werden können wie Raps* ■ *Errichtung von Landschaftsschutzgebieten und Biotopen*
Bauen	■ *Strenge Bauvorschriften zur Energieeinsparung* ■ *Förderung des ökologischen Bauens* ■ *Maßnahmen zum Gewässerschutz* ■ *Müllentsorgung* ■ *FCKW-Verbot*
Verkehr	■ *Einführung der Ökosteuer und der Lkw-Maut* ■ *Förderung umweltfreundlicher Motoren* ■ *Einführung des Katalysators für alle Fahrzeuge* ■ *Ausgestaltung der Kfz-Steuer nach dem CO_2-Ausstoß* ■ *Förderung von Biotreibstoffen* ■ *Modernisierung des Bahnnetzes* ■ *Lärmschutzvorschriften*
Steuerpolitik	■ *Abschaffung bzw. Einschränkung der Pendlerpauschale* ■ *Abschaffung der Eigenheimzulage* ■ *Einbeziehung ökologischer Grundsätze bei der Kfz-Steuer* ■ *Einführung der Lkw-Maut* ■ *Sonderabschreibungen für bestimmte ökologische Maßnahmen*

Beispiel:

Der Staat kann versuchen, durch finanzpolitische Maßnahmen in Form spezieller Umweltsteuern („Ökosteuern") umweltschädliche Verhaltensweisen zu „bestrafen" oder in Form von Subventionen umweltfreundliches Verhalten zu „belohnen".

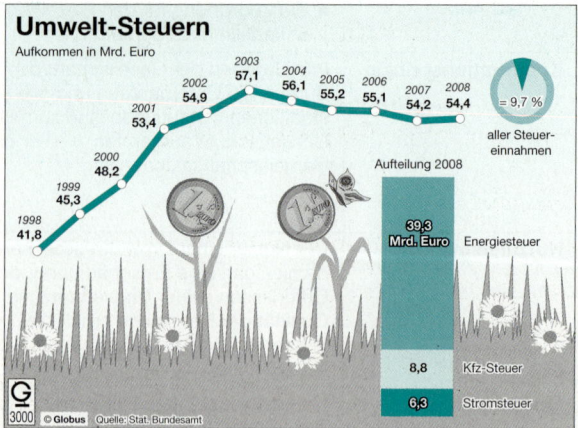

9

Allgemeine Verbote und Auflagen

Der Staat kann durch Verbote, Auflagen und Haftungsvorschriften versuchen, umweltverträgliches Verhalten zu erzwingen. Diese sind zwar schnell wirksam, haben jedoch den Nachteil, dass solche Produzenten bzw. Konsumenten, die keine Ausweichmöglichkeit haben, hart betroffen sind. Umweltschutzdirigismen müssen folglich ausgewogen eingesetzt werden, um die übrigen wirtschaftspolitischen Ziele nicht zu gefährden.

Beispiele:

- *Umweltverträglichkeitsprüfung*
- *Kohlendioxid-Grenzwertauflagen*
- *generelles FCKW-Verbot*

Das **Bundesimmissionsschutzgesetz** schützt vor schädlichen Umwelteinwirkungen durch Luftverunreinigungen, Lärm, Erschütterungen und ähnlichen Vorgängen. Die betroffenen Unternehmen müssen sich einem Genehmigungsverfahren unterziehen.

Beispiele:

- *Chemieanlagen*
- *Tankstellen/Autowaschanlagen*
- *Müllverbrennungsanlagen*
- *tierwirtschaftliche Anlagen*
- *Eisen- und Stahlgießereien*

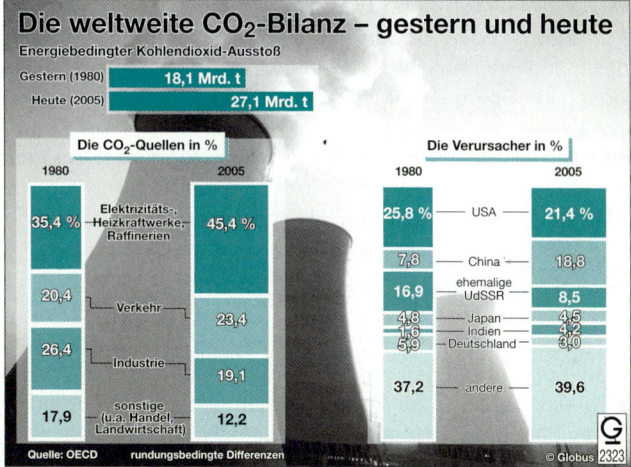

Die weltweite CO_2-Bilanz – gestern und heute

Energiebedingter Kohlendioxid-Ausstoß

Gestern (1980)	18,1 Mrd. t
Heute (2005)	27,1 Mrd. t

Die CO_2-Quellen in %

	1980	2005
Elektrizitäts-, Heizkraftwerke, Raffinerien	35,4 %	45,4 %
Verkehr	20,4	23,4
Industrie	26,4	19,1
sonstige (u. a. Handel, Landwirtschaft)	17,9	12,2

Die Verursacher in %

	1980	2005
USA	25,8 %	21,4 %
China	7,8	18,8
ehemalige UdSSR	16,9	8,5
Japan	4,8	4,5
Indien	1,6	4,2
Deutschland	5,9	3,0
andere	37,2	39,6

Quelle: OECD   rundungsbedingte Differenzen   © Globus 2323

Das **Umwelthaftungsgesetz** regelt Schadenersatzansprüche bei Beeinträchtigungen von Luft und Boden durch den Betrieb einer gefahrgeneigten Anlage. Kerngedanke der Gefährdungshaftung im Umweltrecht ist, dass eine Schadenersatzpflicht des Verursachers auch dann eintritt, wenn ihm kein fahrlässiges oder vorsätzliches Verschulden nachzuweisen ist. Allein die Errichtung und Unterhaltung einer erhöhten Gefahrenquelle stellt eine Gefährdung dar, die zur Haftung führen kann.

9.5.3 Sektorale Strukturpolitik

Aufgabe der **sektoralen Strukturpolitik** ist die Unterstützung einzelner Wirtschaftszweige oder ganzer Wirtschaftssektoren.

Beispiele:

- *Subventionen an Unternehmen, die Energie sparende oder umweltfreundliche Technologien einsetzen oder entwickeln*
- *Unterstützung der Landwirtschaft*

Ihr Anliegen ist es, auf der einen Seite die zukunftsträchtigen Bereiche der Wirtschaft zu fördern und ggf. auf der anderen Seite den zur Schrumpfung neigenden Branchen im Strukturwandel Anpassungshilfen für eine erfolgreiche Zukunftsbewältigung zu geben.

9

Bei der Gewährung von **Anpassungs-** oder **Erhaltungssubventionen** an vom Markt weniger begünstigte und zur Schrumpfung neigende Branchen/Produktionszweige ist zunächst deren Erhaltungsnotwendigkeit bzw. Anpassungsfähigkeit zu prüfen.

Dabei muss unterschieden werden zwischen strukturellen Marktveränderungen und nur temporären Marktkrisen, in denen durch Rationalisierung und Anpassung an neue Bedarfsstrukturen die Wettbewerbsfähigkeit der betroffenen Unternehmen wieder hergestellt werden kann. Da es in einer Marktwirtschaft in erster Linie Aufgabe der Unternehmen selbst ist, sich am Markt zu behaupten sowie Änderungen des Marktes frühzeitig zu erkennen und darauf zu reagieren, wird der Staat mit seiner Strukturpolitik nur dann ausnahmsweise und in der Regel zeitlich begrenzt durch Gewährung von **Anpassungssubventionen** eingreifen, wenn ein tief greifender Strukturwandel von der Wirtschaft aus eigener Kraft nicht bewältigt werden kann.

> **Beispiel:**

Unterstützung des Steinkohlebergbaus

Erhaltungssubventionen kommen nur dann in Betracht, wenn eine Branche innerhalb des marktwirtschaftlichen Wettbewerbsprozesses aus eigener Kraft nicht lebensfähig ist, jedoch aus übergeordneten gesamtgesellschaftlichen, insbesondere sozialen Erwägungen ihre Existenzsicherung angezeigt ist. Sie werden häufig aus Gründen der Beschäftigungs- und der Versorgungssicherheit gewährt. Sie belasten in erheblichem Maß die Etats der öffentlichen Haushalte. Schließlich führen sie in aller Regel zu Überkapazitäten und damit letztlich zur Verschwendung volkswirtschaftlicher Ressourcen.

> **Beispiel:**

Erhaltung landwirtschaftlicher Betriebe

Die Subventionspraxis zeigt immer wieder, dass allen öffentlichen Finanzhilfen und sonstigen Vergünstigungen aufgrund des Gewöhnungseffektes bei den Subventionsempfängern eine Tendenz zur Dauerhaftigkeit innewohnt. In der Realität werden Subventionen daher häufig zum Hemmnis statt zum Motor des Strukturwandels, und nicht wenige Anpassungshilfen erweisen sich im Nachhinein als reine „Konservierungsmittel". Subventionen verhindern marktgerechte Preise, da sie die Produktion von Gütern künstlich verbilligen. Es bedarf einer großen politischen Durchsetzungskraft, einmal bewilligte Subventionen wieder zu kürzen oder gar zu streichen.

9.5.4   Regionale Strukturpolitik

In jeder Volkswirtschaft gibt es Gebiete, die sich durch eine unterdurchschnittliche Wirtschaftsleistung auszeichnen.

Solche sogenannten **strukturschwache Gebiete**
- sind häufig monostrukturiert *(Dominanz einer bestimmten Branche)*,
- haben vielfach mit natürlichen Standortnachteilen (Randlage) zu kämpfen,
- weisen eine unzulängliche Infrastruktur *(unzulängliche Verkehrsanbindung)* auf,
- haben oftmals Imageprobleme.

> Aufgabe der **regionalen Strukturpolitik** ist die Unterstützung einzelner Wirtschaftszonen.

9

Ziel der regionalen Strukturpolitik ist die optimale Nutzung des zur Verfügung stehenden Wirtschaftsraumes und die Erreichung einer geografisch ausgewogenen Wirtschaftsstruktur. Gleichzeitig soll ein binnenwirtschaftliches Wohlstands-/Einkommensgefälle vermieden werden.

> Das **Grundgesetz** verpflichtet den Staat zur Wahrung der **Einheitlichkeit der Lebensverhältnisse** auf dem gesamten Bundesgebiet *(Art. 72 GG)*.

Westfälisches Ruhrgebiet – strukturschwache Region im Wandel

Das wirtschaftliche Umfeld im westfälischen Ruhrgebiet (IHK-Bezirk Dortmund, Hamm, Unna) wandelt sich weiter. Strukturen, die gestern für die Region von größter Bedeutung waren, nämlich die Montanindustrie, verlieren an Gewicht; andere Bereiche, vor allem der Dienstleistungssektor, expandieren. Gaben früher ganz überwiegend die Großbetriebe der Wirtschaft das entscheidende Gepräge, so fällt diese Rolle jetzt immer mehr den mittelständischen Unternehmen zu. Die Standortstruktur wird nicht mehr überwiegend durch Kohle und Stahl, so wichtig diese Bereiche nach wie vor sind, sondern vor allem durch die hervorragende Verkehrslage und die vielfältigen von der Hochschullandschaft ausge-

henden Impulse bestimmt. Logistik, Technologie, Qualifizierung: Nicht zuletzt diese Bereiche sind es, die den Kurs der Region in diesem Jahrtausend entscheidend bestimmen werden. Die Wertschöpfungsanteile der Industrie werden abnehmen. Der Dienstleistungssektor mit Großhandel, Einzelhandel, Kreditwirtschaft und Versicherungen, um diese Sparten besonders herauszustellen, geben der Region immer stärker den wirtschaftlichen Rückhalt.

Quelle: Die Zukunft gewinnen, IHK-Kursbuch für das westfälische Ruhrgebiet, hrsg. von der Industrie- und Handelskammer zu Dortmund.

Zur Förderung benachteiligter Regionen gilt es zunächst, die Infrastruktur zu verbessern, um durch günstige Rahmenbedingungen Anreize für private Investoren zu schaffen.

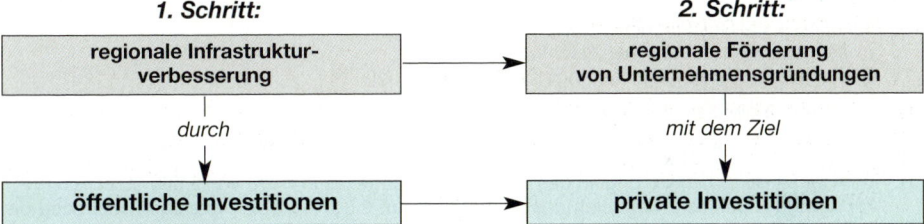

Neue Impulse erfährt die regionale Strukturpolitik aus den europäischen Gemeinschaftsaufgaben und Förderungsprogrammen, die die Entwicklung bestimmter Wirtschaftsräume innerhalb der Europäischen Union beeinflussen.

9.6 Idee und Wirklichkeit der sozialen Marktwirtschaft

Die Gegenüberstellung von Idee und Wirklichkeit der sozialen Marktwirtschaft zeigt, dass ungeachtet ihrer unbestreitbaren Erfolge in vielen Bereichen von Wirtschaft und Gesellschaft nur teilweise befriedigende Ergebnisse erreicht wurden.

Gemessen an ihren Zielen blieben wichtige Probleme vor allem auf den Gebieten der Konjunktur-, Wettbewerbs-, Vermögens- und Umweltpolitik ungelöst.

- Mithilfe der Konjunkturpolitik konnten weder Vollbeschäftigung noch Preisniveaustabilität dauerhaft gewährleistet werden.
- Die Konzentration innerhalb der Wirtschaft nimmt weiterhin zu und bedroht den marktwirtschaftlichen Leistungswettbewerb.

9

- Die Vermögensverteilung innerhalb der Gesellschaft wird vielfach als ungerecht empfunden.
- Zunehmende Umweltbelastungen gefährden die Lebensgrundlagen von Mensch und Natur. Trotzdem wird die Erfahrungsbilanz der sozialen Marktwirtschaft insgesamt positiv bewertet. Sämtliche führende Parteien bekennen sich zu ihren Leitsätzen. Meinungsunterschiede betreffen in erster Linie das wünschenswerte Ausmaß der staatlichen Einflussnahme auf die Wirtschaft.
- Zum Teil wird eine stärkere Betonung der **marktwirtschaftlichen Komponente** gefordert. Der hohe Staatsanteil berge die Gefahr in sich, dass der marktwirtschaftliche Steuerungsmechanismus durch die Rolle des Staates in Wirtschaft und Gesellschaft behindert werde. Dringendstes Problem sei eine überzeugende Wettbewerbspolitik, welche den Selbststeuerungskräften des Marktes zu mehr Geltung verhelfe.
- Auf der anderen Seite wird die Auffassung vertreten, dass die **soziale Komponente** nicht konsequent genug verwirklicht sei. Nur über eine verstärkte staatliche Einflussnahme könnten die drängenden Probleme des Arbeitsmarktes, des Umweltschutzes, der Vermögensbildung, der Energieversorgung usw. gelöst werden.

Übungsaufgaben

1. Erläutern Sie die Aufgaben des Staates im Rahmen der
   a) Konjunkturpolitik,   c) Strukturpolitik,
   b) Wettbewerbspolitik,   d) Umweltpolitik.

2. Grenzen Sie konjunkturelle und saisonale Schwankungen voneinander ab.

3. Nennen Sie die Bestimmungsfaktoren
   a) der gesamtwirtschaftlichen Nachfrage,
   b) des gesamtwirtschaftlichen Angebots.

4. Erläutern Sie die Ziele des „magischen Vierecks".

5. Unterscheiden Sie zwischen Nominalwert und Realwert des Geldes.

6. Ein Angestellter erhielt zu Beginn des Jahres ein Nettogehalt in Höhe von 2.500,00 EUR.
   Am Ende des Jahres erhöht sich das Nettogehalt auf 2.687,50 EUR. Im selben Jahr stieg der Preisindex für die Lebenshaltung von 120 % auf 129,6 %.
   Stellen Sie fest,
   a) um wie viel Prozent,   b) um wie viel EUR
   sich die Kaufkraft des Angestellten real verändert hat.

7. Beschreiben Sie die „Warenkorbmethode" als Instrument der Kaufkraftmessung.

8. Begründen Sie, weshalb der Inhalt des Warenkorbes, der zur Kaufkraftmessung herangezogen wird, von Zeit zu Zeit in seiner Zusammensetzung verändert werden muss.

9. Nennen Sie die Einflussgrößen, die aufgrund der Quantitätstheorie des Geldes den Geldwert bestimmen.

10. Was versteht man unter dem außenwirtschaftlichen Gleichgewicht?

11. Unterscheiden Sie die Begriffe „quantitatives" und „qualitatives" Wachstum. Gehen Sie ein auf das Spannungsverhältnis von Ökonomie und Ökologie.

12. Nennen Sie Instrumente des Staates zur sozialen Umverteilungspolitik.

13. In einer Volkswirtschaft ist die Arbeitsproduktivität um 4 % und im gleichen Zeitraum das Lohnniveau um 7 % gestiegen.
    Mit welchen Auswirkungen muss gerechnet werden
    a) ... auf die Preispolitik der Unternehmungen?
    b) ... auf die Ertragskraft der Unternehmungen?
    c) ... auf die Personalpolitik der Unternehmungen?

14. Erläutern Sie das Konzept der antizyklischen Fiskalpolitik.

9

15. Stellen Sie fest, um welche Art der Arbeitslosigkeit es sich in den nachfolgenden Fällen handelt.
    a) Ein Arbeitnehmer kündigt sein Beschäftigungsverhältnis, um sich eine besser bezahlte Stelle zu suchen; zwischenzeitlich ist er arbeitslos.
    b) Aufgrund der hohen Überkapazitäten innerhalb der Werftindustrie müssen mehrere Werke stillgelegt werden.
    c) Aufgrund einer allgemeinen Nachfrageschwäche müssen die Unternehmungen ihre Produktion drosseln. Es kommt zu Entlassungen.
    d) Aufgrund des frühen Wintereinbruchs kommt die Bauwirtschaft zum Erliegen. Die Bauarbeiter erhalten Schlechtwettergeld.

16. Ordnen Sie den nachfolgenden wirtschaftspolitischen Entscheidungen den zutreffenden Bereich der Wirtschaftspolitik zu.
    a) Anhebung des Zinsniveaus.
    b) Novellierung des *GWB* zum Zweck der verschärften Missbrauchsaufsicht über marktbeherrschende Unternehmen.
    c) Genehmigung eines Strukturkrisenkartells für die deutsche Stahlindustrie.
    d) Erhöhung der Umsatzsteuer zur Finanzierung eines Beschäftigungsprogramms.
    e) Erhöhung der Mindestreservesätze.
    f) Subventionierung öffentlicher Verkehrsträger.

Ordnungspolitik	1
Fiskalpolitik	2
Geldpolitik	3
Strukturpolitik	4

17. Entscheiden Sie, ob die Verhaltensweisen der nachfolgend aufgeführten Wirtschaftssubjekte in den jeweiligen konjunkturellen Phasen konjunkturneutral (1), zyklisch (2) oder antizyklisch (3) wirken.

Verhaltensweisen	Konjunkturphase
a) Die privaten Haushalte schränken ihre Konsumausgaben ein.	Rezession
b) Das Ausland tritt auf den inländischen Gütermärkten verstärkt als Nachfrager auf.	Boom
c) Die Bundesregierung beschließt drastische Sparmaßnahmen, damit durch die konjunkturbedingten Steuermindereinnahmen kein Haushaltsdefizit entsteht.	Rezession
d) Die Bundesregierung beschließt ein Förderprogramm zugunsten der Werftindustrie.	Boom
e) Die Investitionsgüternachfrage der Unternehmen ist rückläufig.	Rezession
f) Die EZB senkt die Zinsen.	Rezession

18. Im **StabG** sind die fiskalpolitischen Ziele und Instrumente des Bundes und der Länder zur Globalsteuerung der Volkswirtschaft festgelegt.
    Entscheiden Sie bei den nachfolgenden fiskalpolitischen Maßnahmen, ob diese der

1	Einnahmenpolitik zur Konjunkturbelebung
2	Einnahmenpolitik zur Konjunkturdämpfung
3	Ausgabenpolitik zur Konjunkturbelebung
4	Ausgabenpolitik zur Konjunkturdämpfung

zuzuordnen sind.
    a) Herabsetzung der Einkommensteuer um 10 % für die Dauer eines Jahres,
    b) Gewährung eines Investitionsbonus in Form von Steuererleichterungen,
    c) Aussetzung der degressiven Abschreibung,
    d) Verwendung der konjunkturbedingten Steuermehreinnahmen zur Bildung einer Konjunkturausgleichsrücklage.

19. Welche Kriterien müssen von den EU-Mitgliedsstaaten erfüllt sein, um an der Europäischen Währungsunion teilnehmen zu können?

20. Beschreiben Sie die Aufgaben der Europäischen Zentralbank.

21. Erläutern Sie die Aufgaben, Ziele und Organe der Europäischen Zentralbank.

22. Mit der Veränderung ihrer Leitzinsen gibt die EZB ein wichtiges geldpolitisches Signal. Begründen Sie diese Aussage.

23. Erläutern Sie die Wirkungsweise der Mindestreservepolitik.

24. Informieren Sie sich über die Höhe der aktuellen Leitzinsen der EZB und begründen Sie diese vor dem aktuellen konjunkturellen Hintergrund.

9

25. Welche Funktionen erfüllt der Wettbewerb innerhalb der marktwirtschaftlichen Ordnung?

26. Stellen Sie die möglichen Nachteile und Vorteile von Konzentrationsprozessen innerhalb der Volkswirtschaft gegenüber.

27. Grenzen Sie horizontale, vertikale und anorganische Konzentration voneinander ab.

28. Stellen Sie die Aufgaben des *GWB* und des *UWG* vergleichend gegenüber.

29. Begründen Sie die Notwendigkeit einer Verbraucherschutzgesetzgebung.

30. Welche Instrumente stehen im Rahmen der Strukturpolitik zur Verfügung?

31. Umweltbewusstes Handeln zwingt die Wirtschaftsteilnehmer zu einem Umdenkungsprozess, um wettbewerbsfähig zu bleiben. Welche Maßnahmen im Rahmen der Umweltpolitik sind möglich, um das Ziel „Sicherung einer lebenswerten Umwelt" zukünftig zu erreichen?

32. Welche gesetzlichen Regelungen sollen ein umweltverträgliches Verhalten erzwingen? Inwieweit unterstützt die Verpackungsverordnung die gewünschte Verhaltensänderung?
Grenzen Sie voneinander ab die „sektorale" und „regionale" Strukturpolitik.

33. Stellen Sie die Auswirkungen auf die Strukturpolitik dar, wenn im Rahmen der aktuellen Steuerreform die Subventionen erheblich gekürzt werden sollen.

34. Der Warenkorb ist die Grundlage für die Berechnung des Verbraucherpreisindex.
a) Erklären Sie die Ermittlung des Verbraucherpreisindex.
b) Zeigen Sie an einem selbst gewählten Beispiel, wie der prozentuale Anstieg der Inflation zweier aufeinanderfolgender Jahre errechnet werden kann.

35. Eine hohe Inflationsrate ist schädlich für die Volkswirtschaft. Begründen Sie dies an einem Beispiel und stellen Sie die Folgen anhand einer Wirkungskette dar.

36. Inflation kann verschiedene Ursachen haben. Beschreiben Sie drei verschiedene Ursachen.

37. Wenn in einer Volkswirtschaft kontinuierlich die Preise steigen, dann hat das in der Regel negative Auswirkungen. Daher versucht die EZB eine Inflation zu verhindern.
a) Wann gilt das Ziel der Preisstabilität für die EZB als erreicht?
b) Erklären Sie, wie die Erreichung der Zielsetzung Stabilität des Preisniveaus in der Bundesrepublik Deutschland gemessen wird.
c) Erklären Sie, welche Folgen der Kaufkraftverlust des Geldes für die verschiedenen Wirtschaftsteilnehmer in einer Volkswirtschaft hat.

38. Grenzen Sie die Begriffe Erwerbslose – Arbeitslose voneinander ab.

39. Warum ist die Einführung des Euro in der EU von Bedeutung?

40. Welche Verpflichtungen gehen die EU-Länder mit der Einführung des Euro ein?

41. Welche Elemente umfasst die Wirtschaftspolitik der EU?

9

Sachwortverzeichnis